Lapwor
Station L
Lapworth
Nr Sollhull
B94 6LT

A Learner's Chinese DICTIONARY

基础汉语学习字典

Advisors: Lü Bisong   Li Xingjian
Chief Editor: Zheng Shupu
Chinese Editors: Zhang Chunxin   Zhang He   Yang Xiaomei
English Editors: Jia Yuxin   Yao Weidan   Jia Rui

顾　问：吕必松　李行健
总主编：郑述谱
汉语编者：张春新　张　鹤　杨晓梅
英语编者：贾玉新　姚伟丹　贾　睿

外语教学与研究出版社
FOREIGN LANGUAGE TEACHING AND RESEARCH PRESS
北京　BEIJING

图书在版编目(CIP)数据

基础汉语学习字典 = A Learner's Chinese Dictionary：英语版／郑述谱主编．— 北京：外语教学与研究出版社，2008.10
ISBN 978 - 7 - 5600 - 7919 - 6

Ⅰ．基⋯　Ⅱ．郑⋯　Ⅲ．汉语—对外汉语教学—字典
Ⅳ．H195.4

中国版本图书馆 CIP 数据核字 (2008) 第 168582 号

出　版　人：于春迟
责任编辑：刘建梅　杨晓梅
封面设计：张　峰
版式设计：蔡　颖
出版发行：外语教学与研究出版社
社　　址：北京市西三环北路 19 号 (100089)
网　　址：http://www.fltrp.com
印　　刷：北京京师印务有限公司
开　　本：787×1092　1/32
印　　张：32.75
版　　次：2009 年 3 月第 1 版　2009 年 3 月第 1 次印刷
书　　号：ISBN 978 - 7 - 5600 - 7919 - 6
定　　价：119.00 元
*　　*　　*
如有印刷、装订质量问题出版社负责调换
制售盗版必究　举报查实奖励
版权保护办公室举报电话：(010)88817519
物料号：179190001

目 录

前言	1
用法说明	5
图示	12
音序检字表	16
部首检字表	40
正文	1—968
附录	
常见部首名称和笔顺	969
汉字书写笔顺规则	972

Contents

Foreword 3

How to Use This Dictionary 8

Explanatory Chart 14

Phonetical Guide to Entries 16

Radical Guide to Entries 40

The Dictionary A-Z 1 — 968

Appendices

    Commonly Used Names of Radicals and Order of Strokes   969

    Basic Rules for Writing Chinese Characters   972

前　言

　　《基础汉语学习字典·英语版》是针对母语为非汉语的学习者为主要使用对象的工具书。这部字典有以下两个明显的特点：

　　第一，严格选收字和词。本字典收字约3000个。这些字中包括《现代汉语常用字表》确定的2500个一级常用字以及该表中使用频率高、构词能力强的另外500个汉字。本字典收词与表达32000多个，基本涵盖了中国汉语水平考试（HSK）词汇大纲中的词语。总之，本字典提供的汉字和词语对初学汉语的非母语学习者来说都是最必须、最有用的。

　　第二，突出汉字与汉语关系的规律性。1）字是形、音、义三者的结合体，许多单个儿的字本身就是一个单音词；2）字(也可以说是语素)在构成词的时候，位置一般不固定。3）常用字往往是多义的。由字组成的合成词，其意义常常与构成该词的汉字的某个意义有联系，有的词义甚至可以根据字义推导出来。

　　本词典的条目结构主要是基于上述几点认识来设计的。

　　首先，作为一部为初级汉语学习者编写的字典，必须要帮助初学者学会正确地读、写汉字，了解汉字的基本信息。因此，在每个条目字之后，都标注其拼音，提供汉字的笔画、部首，并用直观的方式展示这个字的笔顺。另外，本字典的例词、例句都标有汉语拼音。

　　其次，本字典将逆序词放在相关的字义之下。例如在"单"字条目表示"覆盖用的纺织品"义项下，列出"床单"一词。这样一来，学习者能学到更多与该义项含义有关的词语，发现字与词之间的关联，从而扩大其词汇量。

教学工具书应该看作教材的一个有机组成部分。编者相信,学习者结合教材中遇到的问题经常查阅本字典,一定能更快、更好地掌握汉语。

郑述谱

2008 年 10 月

英语对应词。

21. 有些名物词直接给出英语对应词,省略汉语释义,如"肠(腸) cháng [名] intestines"。

22. 有些单字条目本身没有意义,只能跟其他汉字一起构成词语来表达意义,则其释义参见例词释义,用"See..."表示。

23. 单字条目在某一义项如果有反义词的,则在该义项的释义后用括号指明其反义词,用"跟……相对"表示。

24. 每个单字条目(纯语素义除外),在释义之后,均给出例证,释义与例证之间用"|"隔开。

25. 例证包括词语搭配、短语和句子三种形式。若三种形式均有,则排列顺序为词语搭配在前,其后为短语,最后为句子。多个例子之间用"/"隔开。

26. 词语搭配与例句中使用条目字时,均用"～"代替。

How to Use This Dictionary

I. Listing of Entries

1. The entries are classifred into single-character and multi-character categories. Single-character entries are noted by a larger type. They are marked with Pinyin, the number of strokes, and their radicals are shown separately. Meanwhile, the sequence of writing strokes is shown in red.

2. In case that an entry has a number of meanings, the sequence of meanings is shown in black numerals.

3. Immediately below most single-character entries are multi-character entries that begin with the head character, listed in alphabetical order according to the pronunciation of the second character. Words that are not directly illustrated by any given meaning are marked by "◇", and listed after other multi-character entries.

4. Backward-sequence words, i.e. words that do not begin with the head character, are listed after relevant regular entries.

5. Single-character entries are listed in the alphabetical order of Chinese Pinyin. Homonyms are arranged according to their number of strokes from fewer to more; those with the same number of strokes are listed in order of the horizontal stroke (—), the vertical stroke (|), the downward stroke to the left (丿), the dot (丶) and the horizontal stroke with a bending tip (㇆).

6. Single-character entries, with the same forms but different pronunciations and meanings, such as 好(hǎo) and 好(hào), 当(dāng) and 当(dàng), are listed as separate entries; those in identical forms

and with similar meanings but different in pronunciation and usage, such as 剥(bāo) and 剥(bō), are also listed as separate entries.

7. Multi-character entries under a certain meaning (including backward-sequence words) are arranged in order of the number of their component characters; two-character words come before three-character words, which come before four-character words, etc. Words formed with the same number of characters are listed in order of the Pinyin alphabet of the second character or the third character if the second character pronounced the same, etc. Multi-character words similar in pronunciation but different in form are arranged in order of their strokes, from fewer to more.

II. Written Forms of Characters

8. The dictionary follows the standard of the current simplified Chinese characters. Traditional forms of corresponding single-character entries are put in brackets. The traditional forms of multi-character entries are not provided.

9. The dictionary does not provide variant forms of characters.

10. Words that may or may not be inflected with the character 儿 in written Chinese but that must be spoken with the inflection are indicated by 儿, such as 小孩儿, 大伙儿; words that are not normally inflected in written form but that are usually inflected in spoken form are not indicated by 儿.

III. Pronunciation

11. All entries (including backward-sequence words) are provided with Pinyin. All examples (phrases and sentences) are provided with Pinyin, too. Tones are indicated in their original pronunciation, whereas tone changes in certain combination of words are not marked.

12. All the phonetic transcriptions follow the *Basic Rules for Hanyu Pinyin Orthography*.

13. As regards 儿 inflection, all entries with 儿 inflection have the consonant "r" to the end of their basic Pinyin transcription, such as 纽扣儿 (niǔkòur).

14. An apostrophe "'" is used in transcribing multi-character entries in order to avoid possible confusion among syllables, such as 平安(píng'ān).

IV. Part-of-speech

15. Part-of-speech is given only in single-character entries but not in multi-character entries.

16. For single-character entries with a number of meanings, each of the meanings is given its part-of-speech.

17. Part-of-speech is concisely given in square brackets [ ], such as [名],[动],[形]，etc.

18. Part-of-speech used in the dictionary falls into the following categories:

[名]名词 noun　　[动]动词 verb　　[形]形容词 adjective
[副]副词 adverb　　[量]量词 classifier　[连]连词 conjunction
[代]代词 pronoun　　[数]数词 numeral　[助]助词 auxiliary word
[介]介词 preposition[叹]叹词 interjection[象声]象声词 onomatopoeia
[词尾]词尾 end morpheme [词头]词头 head morpheme

V. Definitions

19. Definitions are based on contemporary Chinese.

20. Definitions of single-character entries are given both in Chinese and English. For multi-character entries only their English equivalents are given.

21. For some nouns denoting names of things, their English equivalents are immediately given, with their Chinese definitions omitted, such as 肠(腸) cháng [名] intestines.

22. For some single-character entries that have no meaning by themselves and can only be used together with another character to denote meaning, "See..." is used to mean that the learner should read the example words for reference.

23. Some single-character entries have certain senses with respective antonyms. In such cases, the corresponding antonym is put in brackets at the end of the definition. "The opposite of ..." is used.

24. After the definition of each single-character entry (with the exception of pure morphemes) are given usage illustrations; between each definition and illustration, a vertical line " | " is used to keep them apart.

25. Usage illustrations include word collocations, phrases and sentences. A left slash "/" is used to keep two or more examples apart.

26. If a head character is used in an illustration, it is substituted by the symbol " ~ ".

图 示

担(擔) dān　8画 扌部 ········ 繁体字

担 担担担担担担担担 ········ 读音、笔画数及部首
　　　　　　　　　　　　　　　 笔顺
❶ [动]用肩挑：carry on a shoulder　 汉字结构
pole ｜ ~水 dānshuǐ *carry*
water (with a shoulder pole　　　 词类
and buckets) ｜ ~柴 dānchái
carry firewood with a shoulder　 释义采用汉外双解的方式，有些
pole　　　　　　　　　　　　　　 名词直接给出英语对应词。
❷ [动]负起;承当：take on; undertake
｜ ~责任 dān zérèn *shoulder re-*
sponsibility ｜ ~风险 dān
fēngxiǎn run risks; take risks
担负 dānfù bear; shoulder; take
on; be charged with
担任 dānrèn assume the office;
hold the post
担心 dānxīn worry; feel anx-
ious
担忧 dānyōu worry; be anx- ···· 组词(包含该字头的正序和逆序
ious　　　　　　　　　　　　　　　词语)
承担 chéngdān　负担 fùdān
See dàn. ······························ 多音字

单(單) dān　8画 ˙部

单 单单单单单单单单

❶ [形]一个：one; single ｜ ~身
dānshēn *unmarried; single* ｜ ~ ····· 例证标注汉语拼音
扇门 dānshànmén *single-leaf*
door
单词 dāncí word

单项 dānxiàng (sports) individual event

单一 dānyī single; unitary

单元 dānyuán unit

孤单 gūdān

❷ [形]薄弱：thin; weak ｜ ~薄 dānbó *thin; frail* / 你的身体太~了。Nǐ de shēntǐ tài dān le. *You are too thin and weak.*

❸ [形]不复杂；纯一：simple

单纯 dānchún ① simple; pure ② alone; purely; merely

单调 dāndiào monotonous; dull; drab

简单 jiǎndān

❹ [形]只有一层的：unlined ｜ ~衣 dānyī *unlined garment* / ~裤 dānkù *unlined trousers* / 这件大衣是~的还是夹层的？Zhè jiàn dàyī shì dān de háishì jiācéng de? *Is this coat unlined or lined?*

❺ [名]覆盖用的纺织品：sheet ｜ 被~ bèidān *sheet*

床单 chuángdān

❻ [名]记事用的纸片：bill; list ｜ 账~ zhàngdān *bill; check* / 价目~ jiàmùdān *price list*

❼ [形]奇数的（跟"双 shuāng"相对）：odd (the opposite of "双 shuāng") ｜ ~号 dānhào *odd number* / ~数 dānshù *singular number*

单方面 dānfāngmiàn one-sided; unilateral

◇单位 dānwèi unit

图示

· 例证中的条目字用"~"代替。

· 多个例子之间用"/"隔开。

· 词语搭配、短语或句子例证。

· 释义与例证之间用"｜"隔开。

· 反义词

无法用所列义项解释的词例，用"◇"隔开。

13

Explanatory Chart

担(擔) dān　8画 扌部

担 担担担担担担担

❶[动]用肩挑: *carry on a shoulder pole* | ~水 dānshuǐ *carry water (with a shoulder pole and buckets)* / ~柴 dānchái *carry firewood with a shoulder pole*

❷[动]负起; 承当: *take on; undertake* | ~责任 dān zérèn *shoulder responsibility* / ~风险 dān fēngxiǎn *run risks; take risks*

担负 dānfù *bear; shoulder; take on; be charged with*

担任 dānrèn *assume the office; hold the post*

担心 dānxīn *worry; feel anxious*

担忧 dānyōu *worry; be anxious*

承担 chéngdān　负担 fùdān
　　See dàn.

- traditional form
- pronunciation, number of strokes, and radicals
- order of strokes
- structure of Chinese character
- part-of-speech
- definition illustrated bilingually, English equivalents are directly given to some nouns
- forming phrases with words (including sequence and backward-sequence words, and phrases preceded by the given character)
- homonym

单(單) dān　8画 丷部

单 单单单单单单单

❶ [形]一个: *one; single*. | ~身 dānshēn *unmarried; single* / ~扇门 dānshànmén *single-leaf door*

单词 dāncí *word*

- illustration in Pinyin

单项 dānxiàng (sports) individual event
单一 dānyī single; unitary
单元 dānyuán unit
孤单 gūdān

❷ [形]薄弱：thin; weak | ~薄 dānbó *thin; frail* /.你的身体太~了。Nǐ de shēntǐ tài dān le. *You are too thin and weak.*

❸ [形]不复杂；纯一：simple
单纯 dānchún ① simple; pure ② alone; purely; merely
单调 dāndiào monotonous; dull; drab
简单 jiǎndān

❹ [形]只有一层的：unlined | ~衣 dānyī *unlined garment* / ~裤 dānkù *unlined trousers* / 这件大衣是~的还是夹层的？Zhè jiàn dàyī shì dān de háishì jiácéng de? *Is this coat unlined or lined?*

❺ [名]覆盖用的纺织品：sheet | 被~ bèidān *sheet*
床单 chuángdān

❻ [名]记事用的纸片：bill; list | 账~ zhàngdān *bill; check* / 价目~ jiàmùdān *price list*

❼ [形]奇数的（跟"双 shuāng"相对）：odd (the opposite of "双 shuāng") | ~号 dānhào *odd number* / ~数 dānshū *singular. number*
单方面 dānfāngmiàn one-sided; unilateral

◇单位 dānwèi unit

head character in an illustration is represented by "~"

between examples, "/" is used to keep them apart

collocations, phrases and sentences

"|" is used to keep definition and illustration apart

antonym

word not illustrated by any meaning given above is kept apart with "◇"

15

音序检字表

Phonetical Guide to Entries

(汉字右边的数字指字典正文页码。The number to the right of each character indicates the page number in the dictionary.)

A

阿 ā	1
啊 ā	1
á	1
ǎ	1
à	1
a	2
哎 āi	2
哀 āi	3
埃 āi	3
挨 āi	3
唉 āi	3
挨 ái	4
癌 ái	4
矮 ǎi	4
蔼(藹)ǎi	5
艾 ài	5
爱(愛)ài	5
隘 ài	6
碍(礙)ài	6
安 ān	6
岸 àn	7
按 àn	7
案 àn	7
暗 àn	8
昂 áng	8
凹 āo	9
熬 áo	9
袄(襖)ǎo	9
傲 ào	9
奥 ào	9
澳 ào	10

B

八 bā	11
巴 bā	11
扒 bā	11
叭 bā	11
芭 bā	12
吧 bā	12
疤 bā	12
捌 bā	12
笆 bā	12
拔 bá	12
把 bǎ	13
坝(壩)bà	13
爸 bà	14
罢(罷)bà	14
霸 bà	14
吧 ba	14
掰 bāi	15
白 bái	15
百 bǎi	16
柏 bǎi	16
摆(擺襬)bǎi	16
败(敗)bài	17
拜 bài	18
扳 bān	18
班 bān	18
般 bān	19
颁(頒)bān	19
斑 bān	19
搬 bān	19
板 bǎn	20
版 bǎn	20
办(辦)bàn	20
半 bàn	21
扮 bàn	22
伴 bàn	22
拌 bàn	22
绊(絆)bàn	23
瓣 bàn	23
邦 bāng	23
帮(幫)bāng	23
绑(綁)bǎng	24
榜 bǎng	24
膀 bǎng	24
棒 bàng	24
傍 bàng	24
谤(謗)bàng	25
磅 bàng	25
包 bāo	25
苞 bāo	26
胞 bāo	26
剥 bāo	26
雹 báo	27
薄 báo	27
饱(飽)bǎo	27
宝(寶)bǎo	27
保 bǎo	28
堡 bǎo	29
报(報)bào	29

抱 bào	30	鄙 bǐ	41	冰 bīng	52	步 bù	63
豹 bào	30	币(幣)bì	41	兵 bīng	52	怖 bù	64
暴 bào	30	必 bì	41	丙 bǐng	52	部 bù	64
爆 bào	31	毕(畢)bì	42	秉 bǐng	53	埠 bù	65
杯 bēi	31	闭(閉)bì	42	柄 bǐng	53		
卑 bēi	31	毙(斃)bì	42	饼(餅)bǐng	53		
背 bēi	32	痹 bì	43	禀 bǐng	53	**C**	
悲 bēi	32	辟 bì	43	并 bìng	53		
碑 bēi	32	碧 bì	43	病 bìng	54	擦 cā	66
北 běi	32	蔽 bì	43	拨(撥)bō	55	猜 cāi	66
贝(貝)bèi	33	弊 bì	43	波 bō	55	才(纔)cái	66
狈(狽)bèi	33	壁 bì	43	玻 bō	55	材 cái	68
备(備)bèi	33	避 bì	43	剥 bō	56	财(財)cái	68
背 bèi	33	臂 bì	44	菠 bō	56	裁 cái	68
倍 bèi	34	边(邊)biān	44	播 bō	56	采 cǎi	69
被 bèi	35	编(編)biān	45	伯 bó	56	彩 cǎi	69
辈(輩)bèi	35	鞭 biān	45	驳(駁)bó	56	睬 cǎi	69
惫(憊)bèi	35	贬(貶)biǎn	46	泊 bó	57	踩 cǎi	70
臂 bei	36	扁 biǎn	46	勃 bó	57	菜 cài	70
奔 bēn	36	变(變)biàn	46	舶 bó	57	参(參)cān	70
本 běn	36	便 biàn	47	脖 bó	57	餐 cān	71
奔 bèn	37	遍 biàn	47	博 bó	57	残(殘)cán	71
笨 bèn	38	辨 biàn	48	搏 bó	58	蚕(蠶)cán	71
崩 bēng	38	辩(辯)biàn	48	膊 bó	58	惭(慚)cán	71
绷(綳)bēng	38	辫(辮)biàn	48	薄 bó	58	惨(慘)cǎn	72
甭 béng	39	标(標)biāo	48	簸 bǒ	58	灿(燦)càn	72
蹦 bèng	39	表(錶)biǎo	49	卜 bǔ	58	仓(倉)cāng	72
逼 bī	39	憋 biē	50	补(補)bǔ	59	苍(蒼)cāng	72
鼻 bí	39	别 bié	51	捕 bǔ	59	舱(艙)cāng	72
比 bǐ	39	别(彆)biè	51	哺 bǔ	59	藏 cáng	73
彼 bǐ	40	宾(賓)bīn	51	不 bù	60	操 cāo	73
笔(筆)bǐ	41	滨(濱)bīn	52	布 bù	63	糙 cāo	73

音序检字表

17

槽 cáo	73	猖 chāng	84	臣 chén	94	匙 chí	104
草 cǎo	74	长(長)cháng		尘(塵)chén	94	尺 chǐ	104
册 cè	74		85	辰 chén	94	齿(齒)chǐ	105
厕(廁)cè	74	肠(腸)cháng		沉 chén	94	侈 chǐ	105
侧(側)cè	75		86	陈(陳)chén	95	耻 chǐ	105
测(測)cè	75	尝(嘗)cháng	86	晨 chén	95	斥 chì	105
策 cè	75	常 cháng	86	衬(襯)chèn	96	赤 chì	105
层(層)céng	76	偿(償)cháng		称(稱)chèn	96	翅 chì	105
曾 céng	76		87	趁 chèn	96	充 chōng	106
蹭 cèng	77	厂(廠)chǎng		称(稱)chēng		冲(衝)chōng	
叉 chā	77		87		96		106
差 chā	77	场(場)chǎng		撑 chēng	97	虫(蟲)chóng	
插 chā	78		87	成 chéng	98		107
茶 chá	78	敞 chǎng	88	呈 chéng	99	重 chóng	107
查 chá	78	畅(暢)chàng		诚(誠)chéng		崇 chóng	107
碴 chá	79		88		99	宠(寵)chǒng	
察 chá	79	倡 chàng	88	承 chéng	100		108
岔 chà	80	唱 chàng	89	城 chéng	100	冲(衝)chòng	
诧(詫)chà	80	抄 chāo	89	乘 chéng	100		108
差 chà	80	钞(鈔)chāo	90	盛 chéng	101	抽 chōu	108
拆 chāi	81	超 chāo	90	程 chéng	101	仇 chóu	109
差 chāi	81	巢 cháo	90	惩(懲)chéng		绸(綢)chóu	109
柴 chái	81	朝 cháo	90		102	畴(疇)chóu	109
掺(摻)chān	81	嘲 cháo	91	澄 chéng	102	酬 chóu	110
搀(攙)chān	82	潮 cháo	91	橙 chéng	102	稠 chóu	110
馋(饞)chān	82	吵 chǎo	91	秤 chèng	102	愁 chóu	110
缠(纏)chán	82	炒 chǎo	92	吃 chī	102	筹(籌)chóu	110
产(産)chǎn	83	车(車)chē	92	痴 chī	103	踌(躊)chóu	110
铲(鏟)chǎn	84	扯 chě	93	池 chí	103	丑(醜)chǒu	110
阐(闡)chǎn	84	彻(徹)chè	93	驰(馳)chí	103	臭 chòu	111
颤(顫)chàn	84	撤 chè	93	迟(遲)chí	103	出 chū	111
昌 chāng	84			持 chí	104	初 chū	114

除 chú	114	唇 chún	124	搓 cuō	133	胆(膽)dǎn	149
厨 chú	115	醇 chún	124	磋 cuō	134	旦 dàn	149
锄(鋤)chú	115	蠢 chǔn	124	撮 cuō	134	但 dàn	149
橱 chú	115	词(詞)cí	124	蹉 cuō	134	担(擔)dàn	150
处(處)chǔ	115	瓷 cí	125	挫 cuò	134	诞(誕)dàn	150
础(礎)chǔ	116	辞(辭)cí	125	措 cuò	134	淡 dàn	150
储(儲)chǔ	116	慈 cí	126	错(錯)cuò	134	弹(彈)dàn	151
处(處)chù	117	磁 cí	126			蛋 dàn	151
畜 chù	117	雌 cí	126			氮 dàn	151
触(觸)chù	117	此 cǐ	126	**D**		当(當噹)dāng	151
川 chuān	118	次 cì	127				
穿 chuān	118	伺 cì	127	搭 dā	136	挡(擋)dǎng	153
传(傳)chuán		刺 cì	127	答 dā	136	党(黨)dǎng	153
	118	匆 cōng	128	达(達)dá	137	当(當)dàng	153
船 chuán	119	葱 cōng	128	答 dá	137	荡(蕩)dàng	154
喘 chuǎn	120	聪(聰)cōng	128	打 dǎ	137	档(檔)dàng	154
串 chuàn	120	从(從)cóng	128	大 dà	140	刀 dāo	154
疮(瘡)chuāng		丛(叢)cóng	129	呆 dāi	143	叨 dāo	155
	120	凑 còu	129	歹 dǎi	144	导(導)dǎo	155
窗 chuāng	120	粗 cū	130	逮 dǎi	144	岛(島)dǎo	155
床 chuáng	121	促 cù	130	代 dài	144	捣(搗)dǎo	155
闯(闖)chuǎng		醋 cù	131	带(帶)dài	145	倒 dǎo	155
	121	簇 cù	131	贷(貸)dài	146	蹈 dǎo	156
创(創)chuàng		窜(竄)cuàn	131	待 dài	146	到 dào	156
	121	催 cuī	131	怠 dài	146	倒 dào	157
吹 chuī	122	摧 cuī	132	袋 dài	147	盗 dào	158
炊 chuī	123	脆 cuì	132	逮 dài	147	悼 dào	158
垂 chuí	123	粹 cuì	132	戴 dài	147	道 dào	158
捶 chuí	123	翠 cuì	132	丹 dān	147	稻 dào	160
锤(錘)chuí	123	村 cūn	132	担(擔)dān	147	得 dé	160
春 chūn	123	存 cún	133	单(單)dān	148	德 dé	161
纯(純)chún	124	寸 cùn	133	耽 dān	149	地 de	161

音序检字表

19

的 de	161	电(電)diàn	173	懂 dǒng	183	堆 duī	194
得 de	162	店 diàn	174	动(動)dòng	183	队(隊)duì	194
得 děi	162	垫(墊)diàn	174	冻(凍)dòng	185	对(對)duì	195
灯(燈)dēng	162	淀(澱)diàn	174	栋(棟)dòng	185	兑 duì	196
登 dēng	163	惦 diàn	175	洞 dòng	185	吨(噸)dūn	196
蹬 dēng	163	奠 diàn	175	都 dōu	185	蹲 dūn	197
等 děng	163	殿 diàn	175	兜 dōu	186	盾 dùn	197
凳 dèng	164	刁 diāo	175	抖 dǒu	186	顿(頓)dùn	197
瞪 dèng	164	叼 diāo	175	陡 dǒu	186	多 duō	197
低 dī	165	雕 diāo	175	斗(鬥)dòu	186	哆 duō	199
堤 dī	165	吊 diào	176	豆 dòu	187	夺(奪)duó	199
嘀 dī	165	钓(釣)diào	176	逗 dòu	187	踱 duó	199
滴 dī	166	调(調)diào	176	都 dū	187	朵 duǒ	199
的 dí	166	掉 diào	177	督 dū	188	垛 duǒ	199
敌(敵)dí	166	爹 diē	177	毒 dú	188	躲 duǒ	199
涤(滌)dí	166	跌 diē	177	独(獨)dú	188	垛 duò	200
笛 dí	166	谍(諜)dié	178	读(讀)dú	189	舵 duò	200
嘀 dí	167	叠 dié	178	堵 dǔ	189	堕(墮)duò	200
抵 dǐ	167	碟 dié	178	赌(賭)dǔ	190	惰 duò	200
底 dǐ	167	蝶 dié	178	睹 dǔ	190	跺 duò	200
地 dì	168	丁 dīng	178	杜 dù	190		
弟 dì	169	叮 dīng	179	肚 dù	190		
的 dì	169	盯 dīng	179	妒 dù	190	**E**	
帝 dì	169	钉(釘)dīng	179	度 dù	190		
递(遞)dì	169	顶(頂)dǐng	179	渡 dù	191	讹(訛)é	201
第 dì	170	订(訂)dìng	180	镀(鍍)dù	191	俄 é	201
蒂 dì	170	钉(釘)dìng	181	端 duān	191	鹅(鵝)é	201
缔(締)dì	170	定 dìng	181	短 duǎn	192	蛾 é	201
掂 diān	170	丢 diū	182	段 duàn	193	额(額)é	201
颠(顛)diān	170	东(東)dōng	182	断(斷)duàn	193	恶(惡噁)ě	201
典 diǎn	171	冬 dōng	183	缎(緞)duàn	194	恶(惡)è	202
点(點)diǎn	171	董 dǒng	183	锻(鍛)duàn	194	饿(餓)è	202

恩 ēn	202	坊 fāng	216	丰(豐)fēng	228	府 fǔ	237
儿(兒)ér	203	芳 fāng	217	凤(鳳)fèng	229	俯 fǔ	237
而 ér	203	防 fáng	217	封 fēng	230	辅(輔)fǔ	238
尔(爾)ěr	204	坊 fáng	217	疯(瘋)fēng	230	腐 fǔ	238
耳 ěr	204	妨 fáng	217	峰 fēng	231	父 fù	238
二 èr	204	肪 fáng	218	锋(鋒)fēng	231	付 fù	238
贰(貳)èr	205	房 fáng	218	蜂 fēng	231	负(負)fù	239
		仿 fǎng	218	逢 féng	231	妇(婦)fù	239
F		访(訪)fǎng	218	缝(縫)féng	231	附 fù	240
		纺(紡)fǎng	219	讽(諷)fěng	232	赴 fù	240
		放 fàng	219	凤(鳳)fèng	232	复(復)fù	240
发(發)fā	206	飞(飛)fēi	220	奉 fèng	232	副 fù	241
乏 fá	208	非 fēi	221	缝(縫)fèng	232	赋(賦)fù	241
伐 fá	208	肥 féi	222	佛 fó	233	富 fù	242
罚(罰)fá	208	匪 fěi	222	否 fǒu	233	腹 fù	242
阀(閥)fá	208	诽(誹)fěi	222	夫 fū	233	缚(縛)fù	242
法 fǎ	209	肺 fèi	222	肤(膚)fū	233	覆 fù	243
发(髮)fà	210	废(廢)fèi	223	敷 fū	234		
帆 fān	210	沸 fèi	223	伏 fú	234	**G**	
番 fān	210	费(費)fèi	223	扶 fú	234		
翻 fān	210	分 fēn	224	佛 fú	234		
凡 fán	211	芬 fēn	226	拂 fú	235	该(該)gāi	244
烦(煩)fán	211	吩 fēn	226	服 fú	235	改 gǎi	244
繁 fán	212	纷(紛)fēn	226	俘 fú	236	钙(鈣)gài	245
反 fǎn	212	氛 fēn	226	浮 fú	236	盖(蓋)gài	245
返 fǎn	213	坟(墳)fén	226	符 fú	236	溉 gài	246
犯 fàn	214	粉 fěn	226	袱 fú	236	概 gài	246
饭(飯)fàn	214	分 fèn	227	幅 fú	236	干(乾)gān	246
泛 fàn	215	份 fèn	227	辐(輻)fú	237	甘 gān	247
范(範)fàn	215	奋(奮)fèn	228	福 fú	237	杆 gān	247
贩(販)fàn	215	粪(糞)fèn	228	抚(撫)fǔ	237	肝 gān	248
方 fāng	215	愤(憤)fèn	228	斧 fǔ	237	竿 gān	248

杆 gǎn 248	格 gé 258	勾 gōu 273	管 guǎn 285
秆 gǎn 248	隔 gé 259	构(構)gòu 273	贯(貫)guàn 286
赶(趕)gǎn 248	个(個)gè 259	购(購)gòu 274	冠 guàn 286
敢 gǎn 249	各 gè 260	够 gòu 274	惯(慣)guàn 286
感 gǎn 249	给(給)gěi 261	估 gū 274	灌 guàn 287
干(幹)gàn 250	根 gēn 262	咕 gū 275	罐 guàn 287
冈(岡)gāng 250	跟 gēn 263	孤 gū 275	光 guāng 287
刚(剛)gāng 250	更 gēng 263	姑 gū 275	广(廣)guǎng 289
纲(綱)gāng 251	耕 gēng 264	菇 gū 275	
钢(鋼)gāng 251	耿 gěng 264	辜 gū 275	逛 guàng 289
缸 gāng 251	梗 gěng 264	古 gǔ 276	归(歸)guī 289
岗(崗)gǎng 252	更 gèng 264	谷(穀)gǔ 276	龟(龜)guī 290
港 gǎng 252	工 gōng 264	股 gǔ 276	规(規)guī 290
杠 gàng 252	弓 gōng 266	骨 gǔ 277	闺(閨)guī 291
高 gāo 252	公 gōng 266	鼓(皷)gǔ 277	瑰 guī 291
羔 gāo 254	功 gōng 268	固 gù 278	轨(軌)guǐ 291
膏 gāo 254	攻 gōng 268	故 gù 278	诡(詭)guǐ 291
篙 gāo 254	供 gōng 269	顾(顧)gù 279	鬼 guǐ 291
糕 gāo 254	宫 gōng 269	雇 gù 279	柜(櫃)guì 292
搞 gǎo 255	恭 gōng 270	瓜 guā 280	贵(貴)guì 292
稿 gǎo 255	躬 gōng 270	刮(颳)guā 280	桂 guì 292
告 gào 255	巩(鞏)gǒng 270	寡 guǎ 280	跪 guì 293
疙 gē 256	汞 gǒng 270	挂 guà 280	滚 gǔn 293
哥 gē 256	拱 gǒng 270	乖 guāi 281	棍 gùn 293
胳 gē 256	共 gòng 271	拐 guǎi 281	郭 guō 293
鸽(鴿)gē 257	贡(貢)gòng 271	怪 guài 282	锅(鍋)guō 293
搁(擱)gē 257	勾 gōu 272	关(關)guān 282	国(國)guó 294
割 gē 257	沟(溝)gōu 272	观(觀)guān 284	果 guǒ 295
歌 gē 257	钩(鈎)gōu 272	官 guān 284	裹 guǒ 295
革 gé 258	苟 gǒu 273	棺 guān 285	过(過)guò 295
阁(閣)gé 258	狗 gǒu 273	馆(館)guǎn 285	guo 297

H

哈 hā	298	浩 hào	308	哄 hǒng	317	画(畫)huà	328
咳 hāi	298	呵 hē	308	哄 hōng	318	话(話)huà	328
还(還)hái	298	喝 hē	308	侯 hóu	318	怀(懷)huái	329
孩 hái	299	禾 hé	309	喉 hóu	318	槐 huái	329
海 hǎi	299	合 hé	309	猴 hóu	318	坏(壞)huài	329
害 hài	300	何 hé	310	吼 hǒu	318	欢(歡)huān	330
酣 hān	301	和 hé	310	后(後)hòu	318	还(還)huán	330
憨 hān	301	河 hé	311	厚 hòu	319	环(環)huán	330
含 hán	301	荷 hé	311	候 hòu	320	缓(緩)huǎn	331
函 hán	302	核 hé	311	乎 hū	320	幻 huàn	331
寒 hán	302	盒 hé	312	呼 hū	320	换 huàn	331
罕 hǎn	302	贺(賀)hè	312	忽 hū	321	唤 huàn	332
喊 hǎn	302	赫 hè	312	狐 hú	321	患 huàn	332
汉(漢)hàn	302	褐 hè	312	弧 hú	321	荒 huāng	332
汗 hàn	303	黑 hēi	313	胡(鬍)hú	321	慌 huāng	333
旱 hàn	303	嘿 hēi	313	壶(壺)hú	322	皇 huáng	333
捍 hàn	303	痕 hén	313	葫 hú	322	黄 huáng	333
焊 hàn	303	很 hěn	314	湖 hú	322	煌 huáng	334
撼 hàn	304	狠 hěn	314	蝴 hú	322	蝗 huáng	334
憾 hàn	304	恨 hèn	314	糊 hú	322	恍 huǎng	334
行 háng	304	哼 hēng	314	虎 hǔ	323	晃 huǎng	334
航 háng	304	恒 héng	315	互 hù	323	谎(謊)huǎng	
毫 háo	305	横 héng	315	户 hù	323		335
豪 háo	305	衡 héng	315	护(護)hù	324	晃 huàng	335
好 hǎo	305	哼 hèng	315	花 huā	324	灰 huī	335
号(號)hào	307	横 hèng	316	哗(嘩)huā	325	挥(揮)huī	335
好 hào	307	轰(轟)hōng	316	划(劃)huá	325	恢 huī	336
耗 hào	308	烘 hōng	316	华(華)huá	326	辉(輝)huī	336
		红(紅)hóng	316	猾 huá	326	徽 huī	336
		宏 hóng	317	滑 huá	326	回(迴)huí	336
		虹 hóng	317	化 huà	327	悔 huǐ	337
		洪 hóng	317	划(劃)huà	327	毁 huǐ	337

音序检字表

23

汇(匯彙)huì	337	机(機)jī	347	继(繼)jì	358	捡(撿)jiǎn	368
会(會)huì	338	肌 jī	348	祭 jì	358	检(檢)jiǎn	368
绘(繪)huì	339	鸡(鷄)jī	348	寄 jì	358	减 jiǎn	369
贿(賄)huì	339	积(積)jī	348	寂 jì	359	剪 jiǎn	369
秽(穢)huì	340	基 jī	349	绩(績)jì	359	简(簡)jiǎn	369
惠 huì	340	激 jī	349	加 jiā	359	碱 jiǎn	370
慧 huì	340	及 jí	349	夹(夾)jiā	360	见(見)jiàn	370
昏 hūn	340	吉 jí	350	佳 jiā	360	件 jiàn	371
婚 hūn	340	级(級)jí	350	家 jiā	360	间(間)jiàn	372
浑(渾)hún	340	极(極)jí	351	嘉 jiā	362	建 jiàn	372
魂 hún	341	即 jí	351	颊(頰)jiá	362	荐(薦)jiàn	372
混 hùn	341	急 jí	352	甲 jiǎ	362	贱(賤)jiàn	372
豁 huō	341	疾 jí	352	假 jiǎ	362	剑(劍)jiàn	373
活 huó	341	集 jí	352	价(價)jià	363	健 jiàn	373
火 huǒ	342	辑(輯)jí	353	驾(駕)jià	363	舰(艦)jiàn	373
伙(夥)huǒ	343	籍 jí	353	架 jià	364	渐(漸)jiàn	373
或 huò	343	几(幾)jǐ	353	假 jià	364	践(踐)jiàn	373
货(貨)huò	344	己 jǐ	354	嫁 jià	365	溅(濺)jiàn	374
获(獲穫)huò	344	挤 jǐ	354	尖 jiān	365	鉴(鑒)jiàn	374
		脊 jǐ	354	奸 jiān	365	键(鍵)jiàn	374
祸(禍)huò	344	计(計)jì	354	歼(殲)jiān	365	箭 jiàn	374
惑 huò	345	记(記)jì	355	坚(堅)jiān	366	江 jiāng	374
霍 huò	345	纪(紀)jì	355	间(間)jiān	366	将(將)jiāng	374
		技 jì	356	肩 jiān	366	姜(薑)jiāng	375
J		系(繫)jì	356	艰(艱)jiān	367	浆(漿)jiāng	375
		忌 jì	356	监(監)jiān	367	僵 jiāng	375
		际(際)jì	356	兼 jiān	367	疆 jiāng	375
		季 jì	357	煎 jiān	367	讲(講)jiǎng	376
几(幾)jǐ	346	剂(劑)jì	357	拣(揀)jiǎn	368	奖(獎)jiǎng	377
讥(譏)jī	346	迹 jì	357	茧(繭)jiǎn	368	桨(槳)jiǎng	377
击(擊)jī	346	济(濟)jì	357	柬 jiǎn	368	匠 jiàng	377
饥(飢)jī	346	既 jì	358	俭(儉)jiǎn	368	降 jiàng	378

酱(醬)jiàng	378	劫 jié	389	禁 jìn	401	居 jū	412
交 jiāo	378	杰 jié	390	茎(莖)jīng	401	鞠 jū	413
郊 jiāo	380	洁(潔)jié	390	京 jīng	401	局 jú	413
浇(澆)jiāo	380	结(結)jié	390	经(經)jīng	401	菊 jú	413
娇(嬌)jiāo	380	捷 jié	391	惊(驚)jīng	402	橘 jú	413
骄(驕)jiāo	380	截 jié	391	睛 jīng	403	矩 jǔ	414
胶(膠)jiāo	380	竭 jié	391	兢 jīng	403	举(舉)jǔ	414
教 jiāo	381	姐 jiě	391	精 jīng	403	巨 jù	414
椒 jiāo	381	解 jiě	392	鲸(鯨)jīng	404	句 jù	415
焦 jiāo	381	介 jiè	392	井 jǐng	404	拒 jù	415
蕉 jiāo	381	戒 jiè	393	颈(頸)jǐng	404	具 jù	415
嚼 jiáo	381	届 jiè	393	景 jǐng	405	俱 jù	415
角 jiǎo	381	界 jiè	393	警 jǐng	405	剧(劇)jù	415
狡 jiǎo	382	诫(誡)jiè	394	净 jìng	406	据(據)jù	416
饺(餃)jiǎo	382	借(藉)jiè	394	竞(競)jìng	406	距 jù	416
绞(絞)jiǎo	382	巾 jīn	394	竟 jìng	406	惧(懼)jù	417
矫(矯)jiǎo	382	斤 jīn	394	敬 jìng	407	锯(鋸)jù	417
脚 jiǎo	383	今 jīn	395	静 jìng	407	聚 jù	417
搅(攪)jiǎo	383	金 jīn	395	境 jìng	407	捐 juān	417
缴(繳)jiǎo	383	津 jīn	396	镜(鏡)jìng	408	卷(捲)juǎn	418
叫 jiào	383	筋 jīn	396	纠(糾)jiū	408	卷 juǎn	418
觉(覺)jiào	384	仅(僅)jǐn	396	究 jiū	408	倦 juàn	418
轿(轎)jiào	385	尽(儘)jǐn	396	揪 jiū	409	绢(絹)juàn	419
较(較)jiào	385	紧(緊)jǐn	397	九 jiǔ	409	圈 juàn	419
教 jiào	385	锦(錦)jǐn	397	久 jiǔ	409	决 jué	419
阶(階)jiē	386	谨(謹)jǐn	398	灸 jiǔ	409	觉(覺)jué	419
皆 jiē	386	尽(盡)jìn	398	酒 jiǔ	409	绝(絕)jué	420
结(結)jiē	386	进(進)jìn	398	旧(舊)jiù	410	掘 jué	421
接 jiē	387	近 jìn	399	救 jiù	410	军(軍)jūn	421
揭 jiē	388	劲(勁)jìn	400	就 jiù	410	均 jūn	421
街 jiē	388	晋(晉)jìn	400	舅 jiù	412	君 jūn	421
节(節)jié	389	浸 jìn	400	拘 jū	412	菌 jūn	422

俊 jùn 422	渴 kě 433	款 kuǎn 444	拦(攔)lán 453
峻 jùn 422	克(剋)kè 433	筐 kuāng 444	栏(欄)lán 453
	刻 kè 433	狂 kuáng 444	蓝(藍)lán 453
K	客 kè 434	旷(曠)kuàng 445	篮(籃)lán 453
	课(課)kè 434		览(覽)lǎn 453
	肯 kěn 435	况 kuàng 445	懒(懶)lǎn 454
咖 kā 423	恳(懇)kěn 435	矿(礦)kuàng 445	烂(爛)làn 454
卡 kǎ 423	啃 kěn 435		滥(濫)làn 454
开(開)kāi 423	坑 kēng 435	框 kuàng 445	狼 láng 454
凯(凱)kǎi 426	空 kōng 436	眶 kuàng 446	朗 lǎng 455
刊 kān 426	孔 kǒng 436	亏(虧)kuī 446	浪 làng 455
看 kān 426	恐 kǒng 436	葵 kuí 446	捞(撈)lāo 455
勘 kān 426	空 kòng 437	昆 kūn 446	劳(勞)láo 456
砍 kǎn 426	控 kòng 437	捆 kǔn 447	牢 láo 456
看 kàn 427	抠(摳)kōu 437	困(睏)kùn 447	老 lǎo 456
康 kāng 427	口 kǒu 438	扩(擴)kuò 447	姥 lǎo 458
慷 kāng 428	扣 kòu 438	括 kuò 447	涝(澇)lào 458
糠 kāng 428	枯 kū 439	阔(闊)kuò 448	乐(樂)lè 458
扛 káng 428	哭 kū 439		了 le 459
抗 kàng 428	窟 kū 440	**L**	勒 lēi 459
炕 kàng 428	苦 kǔ 440		雷 léi 460
考 kǎo 429	库(庫)kù 440		垒(壘)lěi 460
烤 kǎo 429	裤(褲)kù 440	垃 lā 449	泪 lèi 460
靠 kào 429	夸(誇)kuā 441	拉 lā 449	类(類)lèi 460
科 kē 430	垮 kuǎ 441	喇 lǎ 449	累 lèi 461
棵 kē 431	挎 kuà 441	落 là 450	棱 léng 461
颗(顆) kē 431	跨 kuà 441	腊(臘)là 450	冷 lěng 461
磕 kē 431	会(會)kuài 442	蜡(蠟)là 450	愣 lèng 462
壳(殼)ké 431	块(塊)kuài 442	辣 là 450	厘 lí 462
咳 ké 431	快 kuài 442	来(來)lái 450	离(離)lí 462
可 kě 431	筷 kuài 443	赖(賴)lài 452	梨 lí 462
	宽(寬)kuān 443	兰(蘭)lán 452	犁 lí 463

黎 lí	463	凉 liáng	474	领(領)lǐng	483	旅 lǚ	492
篱(籬)lí	463	梁 liáng	474	另 lìng	484	铝(鋁)lǚ	492
礼(禮)lǐ	463	量 liáng	474	令 lìng	484	屡(屢)lǚ	492
李 lǐ	463	粮(糧)liáng	475	溜 liū	484	履 lǚ	492
里(裏)lǐ	464	两(兩)liǎng	475	留 liú	484	律 lǜ	493
理 lǐ	464	亮 liàng	475	流 liú	485	虑(慮)lǜ	493
力 lì	465	谅(諒)liàng	476	硫 liú	486	率 lǜ	493
历(歷)lì	466	辆(輛)liàng	476	榴 liú	486	绿(綠)lǜ	493
立 lì	466	量 liàng	476	瘤 liú	486	卵 luǎn	493
丽(麗)lì	467	晾 liàng	477	柳 liǔ	486	乱(亂)luàn	494
励(勵)lì	467	辽(遼)liáo	477	六 liù	487	掠 lüè	494
利 lì	467	疗(療)liáo	477	龙(龍)lóng	487	略 lüè	494
沥(瀝)lì	468	聊 liáo	477	聋(聾)lóng	487	抡(掄)lūn	495
例 lì	468	潦 liáo	477	笼(籠)lóng	487	轮(輪)lún	495
隶(隸)lì	469	了(瞭)liǎo	477	隆 lóng	487	论(論)lùn	495
荔 lì	469	料 liào	478	拢(攏)lǒng	487	啰(囉)luō	496
栗 lì	469	列 liè	478	垄(壟)lǒng	488	罗(羅)luó	496
粒 lì	469	劣 liè	479	笼(籠)lǒng	488	萝(蘿)luó	496
俩(倆)liǎ	469	烈 liè	479	楼(樓)lóu	488	逻(邏)luó	496
连(連)lián	469	猎(獵)liè	479	搂(摟)lǒu	488	锣(鑼)luó	496
怜(憐)lián	470	裂 liè	479	漏 lòu	488	箩(籮)luó	496
帘(簾)lián	471	邻(鄰)lín	480	露 lòu	489	骡(騾)luó	496
莲(蓮)lián	471	林 lín	480	炉(爐)lú	489	螺 luó	497
联(聯)lián	471	临(臨)lín	480	房(虜)lǔ	489	骆(駱)luò	497
廉 lián	471	淋 lín	481	鲁(魯)lǔ	489	落 luò	497
镰(鐮)lián	472	伶 líng	481	陆(陸)lù	489		
脸(臉)liǎn	472	灵(靈)líng	481	录(錄)lù	490	**M**	
练(練)liàn	472	铃(鈴)líng	481	鹿 lù	490		
炼(煉)liàn	473	凌 líng	481	路 lù	490		
恋(戀)liàn	473	零 líng	482	露 lù	491	妈(媽)mā	498
链(鏈)liàn	473	龄(齡)líng	482	驴(驢)lǘ	491	麻 má	498
良 liáng	473	岭(嶺)lǐng	482	侣 lǚ	492	马(馬)mǎ	498

码(碼)mǎ	499	煤 méi	507	妙 miào	517	牧 mù	528
蚂(螞)mǎ	499	酶 méi	507	庙(廟)miào	518	墓 mù	528
骂(罵)mà	499	霉(黴)méi	507	灭(滅)miè	518	幕 mù	529
吗(嗎)ma	499	每 měi	507	蔑 miè	518	睦 mù	529
嘛 ma	500	美 měi	508	民 mín	518	慕 mù	529
埋 mái	500	妹 mèi	509	敏 mǐn	519	穆 mù	529
买(買)mǎi	500	闷(悶)mēn	509	名 míng	519		
迈(邁)mài	501	门(門)mén	509	明 míng	520	N	
卖(賣)mài	501	闷(悶)mèn	510	鸣(鳴)míng	521		
脉 mài	501	们(們)men	510	命 mìng	521		
埋 mán	501	蒙(矇)mēng		谬(謬)miù	522	拿 ná	530
馒(饅)mán	501		510	摸 mō	522	哪 nǎ	530
瞒(瞞)mán	502	萌 méng	511	模 mó	523	那 nà	531
满(滿)mǎn	502	猛 měng	511	膜 mó	523	呐 nà	531
蔓 màn	502	梦(夢)mèng	511	摩 mó	523	纳(納)nà	532
漫 màn	503	眯 mī	511	磨 mó	523	乃 nǎi	532
慢 màn	503	弥(彌瀰)mí	512	蘑 mó	524	奶 nǎi	532
忙 máng	503	迷 mí	512	魔 mó	524	耐 nài	533
盲 máng	504	谜(謎)mí	512	抹 mǒ	524	男 nán	533
茫 máng	504	米 mǐ	513	末 mò	525	南 nán	533
猫 māo	504	秘 mì	513	陌 mò	525	难(難)nán	534
毛 máo	504	密 mì	513	莫 mò	525	nàn	534
矛 máo	505	蜜 mì	514	墨 mò	525	挠(撓)náo	535
茂 mào	505	眠 mián	514	默 mò	526	恼(惱)nǎo	535
冒 mào	505	棉 mián	514	谋(謀)móu	526	脑(腦)nǎo	535
贸(貿)mào	505	免 miǎn	514	某 mǒu	526	闹(鬧)nào	535
帽 mào	505	勉 miǎn	515	模 mú	526	呢 ne	536
没 méi	506	面(麵)miàn	515	母 mǔ	527	内 nèi	537
玫 méi	506	苗 miáo	516	亩(畝)mǔ	527	嫩 nèn	537
眉 méi	507	描 miáo	517	姆 mǔ	527	能 néng	538
梅 méi	507	秒 miǎo	517	木 mù	527	嗯 ńg	539
媒 méi	507	渺 miǎo	517	目 mù	528	尼 ní	539

泥 ní	539	**O**		刨 páo	556	骗(騙)piàn	565
拟(擬)nǐ	539			跑 pǎo	556	漂 piāo	565
你 nǐ	539			泡 pào	556	飘(飄)piāo	565
逆 nì	540	噢 ō	548	炮 pào	557	票 piào	566
年 nián	540	哦 ó	548	陪 péi	557	漂 piào	566
捻 niǎn	541	欧(歐)ōu	548	培 péi	557	撇 piē	566
撵(攆)niǎn	541	殴(毆)ōu	548	赔(賠)péi	558	瞥 piē	566
念 niàn	541	呕(嘔)ǒu	548	佩 pèi	558	拼 pīn	566
娘 niáng	542	偶 ǒu	548	配 pèi	558	贫(貧)pín	567
酿(釀)niàng	542			喷(噴)pēn	559	频(頻)pín	567
鸟(鳥)niǎo	542	**P**		盆 pén	559	品 pǐn	567
尿 niào	543			烹 pēng	560	聘 pìn	568
捏 niē	543			朋 péng	560	乒 pīng	568
您 nín	543	趴 pā	550	棚 péng	560	平 píng	568
宁(寧)níng	543	扒 pā	550	蓬 péng	560	评(評)píng	569
柠(檸)níng	543	爬 pá	550	膨 péng	560	苹(蘋)píng	570
凝 níng	543	怕 pà	550	捧 pěng	560	凭(憑)píng	570
拧(擰)nǐng	544	拍 pāi	551	碰 pèng	561	屏 píng	570
宁(寧)nìng	544	排 pái	551	批 pī	561	瓶 píng	570
牛 niú	544	徘 pái	552	坯 pī	562	萍 píng	571
扭 niǔ	544	牌 pái	552	披 pī	562	坡 pō	571
纽(紐)niǔ	545	派 pài	553	劈 pī	562	泼(潑)pō	571
农(農)nóng	545	攀 pān	553	皮 pí	562	颇(頗)pō	571
浓(濃)nóng	545	盘(盤)pán	553	疲 pí	563	婆 pó	571
弄 nòng	545	判 pàn	554	脾 pí	563	迫 pò	571
奴 nú	546	盼 pàn	554	匹 pǐ	563	破 pò	572
努 nǔ	546	叛 pàn	554	屁 pì	563	剖 pōu	572
怒 nù	546	畔 pàn	555	譬 pì	563	扑(撲)pū	573
女 nǚ	546	庞(龐)páng	555	偏 piān	563	铺(鋪)pū	573
暖 nuǎn	547	旁 páng	555	篇 piān	564	仆(僕)pú	573
挪 nuó	547	胖 pàng	555	便 pián	564	葡 pú	573
		抛 pāo	555	片 piàn	564	朴(樸)pǔ	574

普 pǔ	574	洽 qià	583	桥(橋)qiáo	591	球 qiú	601
谱(譜)pǔ	574	恰 qià	584	瞧 qiáo	591	区(區)qū	602
瀑 pù	574	千 qiān	584	巧 qiǎo	592	曲 qū	602
		迁(遷)qiān	584	翘(翹)qiào	592	驱(驅)qū	602
Q		牵(牽)qiān	585	切 qiē	592	屈 qū	603
		铅(鉛)qiān	585	茄 qié	592	趋(趨)qū	603
		谦(謙)qiān	585	且 qiě	592	渠 qú	603
七 qī	576	签(簽)qiān	585	切 qiè	593	曲 qǔ	602
沏 qī	576	前 qián	585	怯 qiè	593	取 qǔ	603
妻 qī	576	钱(錢)qián	586	窃(竊)qiè	593	娶 qǔ	604
凄 qī	576	钳(鉗)qián	587	钦(欽)qīn	593	去 qù	604
期 qī	576	潜(潛)qián	587	侵 qīn	594	趣 qù	605
欺 qī	577	浅(淺)qiǎn	587	亲(親)qīn	594	圈 quān	605
漆 qī	577	遣 qiǎn	588	芹 qín	595	权(權)quán	605
齐(齊)qí	577	谴(譴)qiǎn	588	琴 qín	595	全 quán	606
其 qí	578	欠 qiàn	588	禽 qín	595	泉 quán	607
奇 qí	578	嵌 qiàn	588	勤 qín	595	拳 quán	607
歧 qí	578	歉 qiàn	588	青 qīng	596	犬 quǎn	607
骑(騎)qí	578	枪(槍)qiāng		轻(輕)qīng	596	劝(勸)quàn	607
棋 qí	579		589	氢(氫)qīng	597	券 quàn	607
旗 qí	579	腔 qiāng	589	倾(傾)qīng	597	缺 quē	607
乞 qǐ	579	强 qiáng	589	清 qīng	597	瘸 qué	608
岂(豈)qǐ	579	墙(墻)qiáng		蜻 qīng	598	却 què	608
企 qǐ	579		590	情 qíng	598	确(確)què	608
启(啟)qǐ	580	抢(搶)qiǎng		晴 qíng	599	裙 qún	609
起 qǐ	580		590	请(請)qǐng	599	群 qún	609
气(氣)qì	581	强 qiǎng	590	庆(慶)qìng	600		
弃 qì	582	悄 qiāo	591	穷(窮)qióng		**R**	
汽 qì	582	锹(鍬)qiāo	591		600		
砌 qì	583	敲 qiāo	591	丘 qiū	600		
器 qì	583	乔(喬)qiáo	591	秋 qiū	601	然 rán	610
掐 qiā	583	侨(僑)qiáo	591	求 qiú	601	燃 rán	610

染 rǎn	610	若 ruò	624	删 shān	631	摄(攝)shè	642
壤 rǎng	611	弱 ruò	624	珊 shān	632	谁(誰)shéi	642
嚷 rǎng	611			闪(閃)shǎn	632	申 shēn	643
让(讓)ràng	611	**S**		扇 shàn	632	伸 shēn	643
饶(饒)ráo	612			善 shàn	632	身 shēn	643
扰(擾)rǎo	612			擅 shàn	633	呻 shēn	644
绕(繞)rào	612	撒 sā	625	伤(傷)shāng		绅(紳)shēn	644
惹 rě	612	洒(灑)sǎ	625		633	深 shēn	644
热(熱)rè	613	腮 sāi	625	商 shāng	634	什 shén	645
人 rén	614	塞 sāi	625	晌 shǎng	634	神 shén	646
仁 rén	616	赛(賽)sài	625	赏(賞)shǎng		审(審)shěn	646
忍 rěn	616	三 sān	626		634	婶(嬸)shěn	647
认(認)rèn	617	伞(傘)sǎn	626	上 shàng	635	肾(腎)shèn	647
任 rèn	617	散 sǎn	626	尚 shàng	637	甚 shèn	647
扔 rēng	618		sàn	627	裳 shang	638	渗(滲)shèn	647
仍 réng	618	桑 sāng	627	捎 shāo	638	慎 shèn	647
日 rì	619	嗓 sǎng	627	烧(燒)shāo	638	升 shēng	648
荣(榮)róng	619	丧(喪)sàng	627	梢 shāo	638	生 shēng	648
绒(絨)róng	620	扫(掃)sǎo	628	稍 shāo	638	声(聲)shēng	
容 róng	620	嫂 sǎo	628	勺 sháo	639		650
溶 róng	621	色 sè	628	少 shǎo	639	牲 shēng	651
熔 róng	621	森 sēn	629	shào	639	绳(繩)shéng	
融 róng	621	杀(殺)shā	629	哨 shào	640		651
柔 róu	621	沙 shā	629	奢 shē	640	省 shěng	651
揉 róu	621	纱(紗)shā	629	舌 shé	640	圣(聖)shèng	
肉 ròu	622	刹 shā	630	蛇 shé	640		652
如 rú	622	砂 shā	630	舍(捨)shě	640	胜(勝)shèng	
乳 rǔ	623	傻 shǎ	630	设(設)shè	641		652
入 rù	623	厦 shà	630	社 shè	641	盛 shèng	652
软(軟)ruǎn	623	筛(篩)shāi	630	舍 shè	640	剩 shèng	653
锐(銳)ruì	624	晒(曬)shài	630	射 shè	641	尸 shī	653
瑞 ruì	624	山 shān	631	涉 shè	642	失 shī	653

师(師)shī	654	适(適)shì	667	树(樹)shù	678	松(鬆)sōng	689
诗(詩)shī	655	室 shì	668	竖(豎)shù	678	耸(聳)sǒng	689
狮(獅)shī	655	逝 shì	668	数(數)shù	678	送 sòng	689
施 shī	655	释(釋)shì	668	刷 shuā	679	诵(誦)sòng	690
湿(濕)shī	655	誓 shì	668	耍 shuǎ	680	颂(頌)sòng	690
十 shí	656	收 shōu	669	衰 shuāi	680	搜 sōu	690
什 shí	656	手 shǒu	670	摔 shuāi	680	艘 sōu	690
石 shí	656	守 shǒu	671	甩 shuǎi	680	苏(蘇)sū	690
时(時)shí	656	首 shǒu	671	帅(帥)shuài	681	俗 sú	691
识(識)shí	657	寿(壽)shòu	672	率 shuài	681	诉(訴)sù	691
实(實)shí	658	受 shòu	672	拴 shuān	681	肃(肅)sù	691
拾 shí	658	授 shòu	672	双(雙)shuāng	681	素 sù	691
食 shí	659	售 shòu	673			速 sù	692
史 shǐ	659	兽(獸)shòu	673	霜 shuāng	682	宿 sù	692
使 shǐ	659	瘦 shòu	673	爽 shuǎng	682	塑 sù	692
始 shǐ	660	书(書)shū	673	水 shuǐ	682	酸 suān	692
驶(駛)shǐ	660	叔 shū	674	税 shuì	683	蒜 suàn	693
屎 shǐ	660	殊 shū	674	睡 shuì	683	算 suàn	693
士 shì	660	梳 shū	674	顺(順)shùn	684	虽(雖)suī	694
示 shì	661	舒 shū	674	说(説)shuō	684	随(隨)suí	694
世 shì	661	疏 shū	675	司 sī	685	岁(歲)suì	695
市 shì	662	输(輸)shū	675	丝(絲)sī	685	碎 suì	695
式 shì	662	蔬 shū	675	私 sī	686	隧 suì	695
似 shì	663	熟 shú	675	思 sī	686	穗 suì	695
势(勢)shì	663	暑 shǔ	676	斯 sī	687	孙(孫)sūn	695
事 shì	663	属(屬)shǔ	676	撕 sī	687	损(損)sǔn	696
侍 shì	664	鼠 shǔ	677	死 sǐ	687	笋 sǔn	696
饰(飾)shì	664	数(數)shǔ	677	四 sì	688	缩(縮)suō	696
试(試)shì	665	术(術)shù	677	寺 sì	688	所 suǒ	697
视(視)shì	665	束 shù	678	似 sì	688	索 suǒ	697
是 shì	666	述 shù	678	饲(飼)sì	689	锁(鎖)suǒ	698

T

字	页码
他 tā	699
它 tā	699
她 tā	699
塌 tā	699
踏 tā	700
塔 tǎ	700
踏 tà	700
台(臺)tái	700
抬 tái	701
太 tài	701
汰 tài	702
态(態)tài	702
泰 tài	702
贪(貪)tān	703
摊(攤)tān	703
滩(灘)tān	703
瘫(癱)tān	703
谈(談)tán	703
弹(彈)tán	704
痰 tán	704
坦 tǎn	704
毯 tǎn	704
叹(嘆)tàn	705
炭 tàn	705
探 tàn	705
汤(湯)tāng	705
堂 táng	706
塘 táng	706
糖 táng	706
倘 tǎng	706
躺 tǎng	706
烫(燙)tàng	707
趟 tàng	707
涛(濤)tāo	707
掏 tāo	707
滔 tāo	707
逃 táo	708
桃 táo	708
陶 táo	708
淘 táo	708
讨(討)tǎo	709
套 tào	709
特 tè	710
疼 téng	710
腾(騰)téng	711
藤 téng	711
踢 tī	711
提 tí	711
题(題)tí	713
蹄 tí	713
体(體)tǐ	713
屉 tì	714
剃 tì	714
惕 tì	714
替 tì	714
天 tiān	715
添 tiān	716
田 tián	716
甜 tián	716
填 tián	717
挑 tiāo	717
条(條)tiáo	718
调(調)tiáo	718
挑 tiǎo	719
跳 tiào	719
贴(貼)tiē	720
铁(鐵)tiě	720
厅(廳)tīng	720
听(聽)tīng	720
亭 tíng	721
停 tíng	721
挺 tǐng	722
艇 tǐng	722
通 tōng	722
同 tóng	724
铜(銅)tóng	725
童 tóng	725
统(統)tǒng	725
捅 tǒng	726
桶 tǒng	726
筒 tǒng	726
痛 tòng	726
偷 tōu	727
头(頭)tóu	727
投 tóu	729
透 tòu	729
凸 tū	730
秃 tū	730
突 tū	731
图(圖)tú	731
徒 tú	732
途 tú	732
涂(塗)tú	732
屠 tú	732
土 tǔ	732
吐 tǔ	733
吐 tù	733
兔 tù	733
团(團)tuán	734
推 tuī	734
腿 tuǐ	735
退 tuì	736
吞 tūn	736
屯 tún	737
托 tuō	737
拖 tuō	737
脱 tuō	738
驮(馱)tuó	738
妥 tuǒ	738
椭(橢)tuǒ	739
唾 tuò	739

W

字	页码
挖 wā	740
蛙 wā	740
娃 wá	740
瓦 wǎ	740
袜(襪)wà	740
哇 wa	740
歪 wāi	740
外 wài	741
弯(彎)wān	742
湾(灣)wān	743

豌 wān	743	卫(衛)wèi	752	伍 wǔ	763	喜 xǐ	771
丸 wán	743	为(爲)wèi	753	武 wǔ	763	戏(戲)xì	771
完 wán	743	未 wèi	753	侮 wǔ	764	系(係)xì	772
玩 wán	744	位 wèi	753	舞 wǔ	764	细(細)xì	772
顽(頑)wán	744	味 wèi	754	勿 wù	764	虾(蝦)xiā	773
挽 wǎn	744	畏 wèi	754	务(務)wù	764	瞎 xiā	773
晚 wǎn	744	胃 wèi	754	物 wù	764	峡(峽)xiá	773
惋 wǎn	745	喂 wèi	755	误(誤)wù	765	狭(狹)xiá	773
碗 wǎn	745	慰 wèi	755	恶(惡)wù	766	霞 xiá	774
万(萬)wàn	745	温 wēn	755	悟 wù	766	下 xià	774
汪 wāng	746	瘟 wēn	756	雾(霧)wù	766	吓(嚇)xià	776
亡 wáng	746	文 wén	756			夏 xià	776
王 wáng	746	闻(聞)wén	757	**X**		仙 xiān	776
网(網)wǎng	747	蚊 wén	757			先 xiān	777
往 wǎng	747	吻 wěn	757			纤(纖)xiān	777
妄 wàng	748	稳(穩)wěn	758	西 xī	767	掀 xiān	777
忘 wàng	748	问(問)wèn	758	吸 xī	767	鲜(鮮)xiān	778
旺 wàng	748	窝(窩)wō	759	希 xī	768	闲(閑)xián	778
望 wàng	748	我 wǒ	759	牺(犧)xī	768	贤(賢)xián	778
危 wēi	749	沃 wò	759	息 xī	768	弦 xián	778
威 wēi	749	卧 wò	759	悉 xī	768	咸(鹹)xián	779
微 wēi	749	握 wò	760	惜 xī	768	衔(銜)xián	779
为(爲)wéi	753	乌(烏)wū	760	稀 xī	769	嫌 xián	779
违(違)wéi	750	污 wū	760	锡(錫)xī	769	显(顯)xiǎn	779
围(圍)wéi	750	巫 wū	760	溪 xī	769	险(險)xiǎn	780
桅 wéi	751	呜(嗚)wū	761	熄 xī	769	县(縣)xiàn	780
唯 wéi	751	诬(誣)wū	761	膝 xī	769	现(現)xiàn	781
维(維)wéi	751	屋 wū	761	习(習)xí	770	限 xiàn	781
伟(偉)wěi	751	无(無)wú	761	席 xí	770	线(綫)xiàn	782
伪(偽)wěi	751	梧 wú	762	袭(襲)xí	770	宪(憲)xiàn	782
尾 wěi	752	五 wǔ	763	媳 xí	770	陷 xiàn	783
委 wěi	752	午 wǔ	763	洗 xǐ	770	馅(餡)xiàn	783

羡 xiàn	783	些 xiē	794	型 xíng	805	绪(緒)xù	813
献(獻)xiàn	783	歇 xiē	794	醒 xǐng	805	续(續)xù	813
乡(鄉)xiāng	784	协(協)xié	795	兴(興)xìng	805	絮 xù	813
相 xiāng	784	邪 xié	795	杏 xìng	806	蓄 xù	813
香 xiāng	785	胁(脅)xié	795	幸 xìng	806	宣 xuān	814
箱 xiāng	785	挟(挾)xié	795	性 xìng	806	悬(懸)xuān	814
镶(鑲)xiāng	785	斜 xié	795	姓 xìng	807	旋 xuán	814
详(詳)xiáng	786	谐(諧)xié	795	凶 xiōng	807	选(選)xuǎn	815
降 xiáng	786	携 xié	796	兄 xiōng	807	削 xuē	815
祥 xiáng	786	鞋 xié	796	汹 xiōng	808	靴 xuē	815
翔 xiáng	786	写(寫)xiě	796	胸 xiōng	808	穴 xué	816
享 xiǎng	786	血 xiě	796	雄 xióng	808	学(學)xué	816
响(響)xiǎng	787	泄 xiè	797	熊 xióng	808	雪 xuě	817
想 xiǎng	787	泻(瀉)xiè	797	休 xiū	808	血 xuè	817
向(嚮)xiàng	788	卸 xiè	797	修 xiū	809	熏 xūn	817
项(項)xiàng	788	屑 xiè	797	羞 xiū	809	旬 xún	818
巷 xiàng	788	械 xiè	798	朽 xiǔ	810	寻(尋)xún	818
相 xiàng	789	谢(謝)xiè	798	秀 xiù	810	巡 xún	818
象 xiàng	789	心 xīn	798	袖 xiù	810	询(詢)xún	818
像 xiàng	789	辛 xīn	799	绣(繡)xiù	810	循 xún	818
橡 xiàng	790	欣 xīn	799	锈(銹)xiù	810	训(訓)xùn	819
削 xiāo	790	锌(鋅)xīn	800	嗅 xiù	810	讯(訊)xùn	819
消 xiāo	790	新 xīn	800	须(須)xū	811	迅 xùn	819
销(銷)xiāo	791	薪 xīn	801	虚 xū	811		
小 xiǎo	791	信 xìn	801	墟 xū	811	**Y**	
晓(曉)xiǎo	793	衅(釁)xìn	802	需 xū	811		
孝 xiào	793	兴(興)xīng	802	徐 xú	812	压(壓)yā	820
肖 xiào	793	星 xīng	802	许(許)xǔ	812	呀 yā	820
校 xiào	793	腥 xīng	803	序 xù	812	押 yā	820
笑 xiào	793	刑 xíng	803	叙 xù	812	鸦(鴉)yā	821
效 xiào	794	行 xíng	803	畜 xù	813	鸭(鴨)yā	821
啸(嘯)xiào	794	形 xíng	804	酗 xù	813		

35

牙 yá 821	阳(陽)yáng 829	衣 yī 841	银(銀)yín 851
芽 yá 821	杨(楊)yáng 829	医(醫)yī 842	淫 yín 851
崖 yá 821	洋 yáng 829	依 yī 842	引 yǐn 851
哑(啞)yǎ 822	仰 yǎng 830	仪(儀)yí 843	饮(飲)yǐn 852
轧(軋)yà 822	养(養)yǎng 830	宜 yí 843	隐(隱)yǐn 852
亚(亞)yà 822	氧 yǎng 831	姨 yí 843	印 yìn 852
讶(訝)yà 822	痒(癢)yǎng 831	移 yí 843	应(應)yīng 853
呀 ya 822	样(樣)yàng 831	遗(遺)yí 844	英 yīng 853
烟 yān 822	妖 yāo 832	疑 yí 844	婴(嬰)yīng 853
淹 yān 823	要 yāo 832	乙 yǐ 844	樱(櫻)yīng 853
延 yán 823	腰 yāo 832	已 yǐ 844	鹰(鷹)yīng 854
严(嚴)yán 823	邀 yāo 832	以 yǐ 845	迎 yíng 854
言 yán 824	窑 yáo 832	倚 yǐ 846	盈 yíng 854
岩 yán 824	谣(謠)yáo 833	椅 yǐ 846	营(營)yíng 854
炎 yán 824	摇 yáo 833	亿(億)yì 846	蝇(蠅)yíng 854
沿 yán 825	遥 yáo 833	义(義)yì 846	赢(贏)yíng 854
研 yán 825	咬 yǎo 833	艺(藝)yì 846	影 yǐng 855
盐(鹽)yán 825	药(藥)yào 834	忆(憶)yì 847	应(應)yìng 855
颜(顏)yán 825	要 yào 832	议(議)yì 847	映 yìng 856
衍 yǎn 825	钥(鑰)yào 835	亦 yì 847	硬 yìng 856
掩 yǎn 826	耀 yào 836	异 yì 847	哟(喲)yo 856
眼 yǎn 826	爷(爺)yé 836	抑 yì 848	拥(擁)yōng 856
演 yǎn 826	也 yě 836	译(譯)yì 848	庸 yōng 857
厌(厭)yàn 827	冶 yě 836	易 yì 848	永 yǒng 857
咽 yàn 827	野 yě 836	益 yì 848	泳 yǒng 857
艳(艷)yàn 827	业(業)yè 837	谊(誼)yì 849	勇 yǒng 857
宴 yàn 828	叶(葉)yè 838	意 yì 849	涌 yǒng 858
验(驗)yàn 828	页(頁)yè 838	毅 yì 850	踊(踴)yǒng 858
焰 yàn 828	夜 yè 838	翼 yì 850	用 yòng 858
燕 yàn 828	液 yè 838	因 yīn 850	优(優)yōu 859
扬(揚)yáng 828	一 yī 839	阴(陰)yīn 850	忧(憂)yōu 860
羊 yáng 829	伊 yī 841	音 yīn 851	幽 yōu 860

悠 yōu	860	郁(鬱)yù	870	悦 yuè	880	遭 zāo	889
尤 yóu	860	育 yù	870	跃(躍)yuè	880	糟 zāo	889
由 yóu	860	狱(獄)yù	870	越 yuè	880	凿(鑿)záo	890
邮(郵)yóu	861	浴 yù	871	晕(暈)yūn	881	早 zǎo	890
犹(猶)yóu	861	预(預)yù	871	云(雲)yún	881	枣(棗)zǎo	891
油 yóu	861	域 yù	871	匀 yún	881	澡 zǎo	891
铀(鈾)yóu	862	欲 yù	872	允 yǔn	881	皂 zào	891
游 yóu	862	遇 yù	872	孕 yùn	881	灶(竈)zào	891
友 yǒu	862	喻 yù	872	运(運)yùn	882	造 zào	891
有 yǒu	863	御(禦)yù	872	酝(醞)yùn	882	噪 zào	892
又 yòu	864	寓 yù	872	韵 yùn	882	燥 zào	892
右 yòu	865	裕 yù	873	蕴(蘊)yùn	882	躁 zào	892
幼 yòu	865	愈 yù	873			则(則)zé	892
诱(誘)yòu	865	誉(譽)yù	873			责(責)zé	893
于 yú	866	冤 yuān	873	Z		择(擇)zé	893
余(餘)yú	866	元 yuán	873			贼(賊)zéi	893
鱼(魚)yú	867	园(園)yuán	874	杂(雜)zá	884	怎 zěn	893
娱 yú	867	员(員)yuán	874	砸 zá	884	增 zēng	893
渔(漁)yú	867	原 yuán	875	灾 zāi	884	赠(贈)zèng	894
愉 yú	867	圆(圓)yuán	875	栽 zāi	885	扎 zhā	894
榆 yú	867	援 yuán	876	载(載)zǎi	885	渣 zhā	894
愚 yú	868	缘(緣)yuán	876	宰 zǎi	885	扎 zhá	895
舆(輿)yú	868	猿 yuán	876	再 zài	885	闸(閘)zhá	895
与(與)yǔ	868	源 yuán	876	在 zài	886	炸 zhá	895
予 yǔ	868	远(遠)yuǎn	877	载(載)zài	887	眨 zhǎ	895
宇 yǔ	868	怨 yuàn	877	咱 zán	887	诈(詐)zhà	895
羽 yǔ	869	院 yuàn	877	攒(攢)zǎn	888	炸 zhà	895
雨 yǔ	869	愿(願)yuàn	878	暂(暫)zàn	888	榨 zhà	896
语(語)yǔ	869	约(約)yuē	878	赞(贊)zàn	888	摘 zhāi	896
与(與)yù	870	月 yuè	879	脏(髒)zāng	889	宅 zhái	896
玉 yù	870	乐(樂)yuè	879	脏(臟)zàng	889	窄 zhǎi	896
吁(籲)yù	870	阅(閱)yuè	879	葬 zàng	889	债(債)zhài	897

寨 zhài 897	沼 zhǎo 905	证(證)zhèng 917	帜(幟)zhì 927
沾 zhān 897	召 zhào 905	郑(鄭)zhèng 918	制(製)zhì 927
粘 zhān 897	兆 zhào 906	政 zhèng 918	质(質)zhì 928
瞻 zhān 898	照 zhào 906	挣 zhèng 918	治 zhì 928
斩(斬)zhǎn 898	罩 zhào 907	症 zhèng 918	挚(摯)zhì 928
盏(盞)zhǎn 898	折 zhē 907	之 zhī 918	致(緻)zhì 929
展 zhǎn 898	遮 zhē 908	支 zhī 919	秩 zhì 929
崭(嶄) zhǎn 899	折(摺)zhé 907	只(隻)zhī 920	掷(擲)zhì 929
占 zhàn 899	哲 zhé 908	汁 zhī 920	智 zhì 929
战(戰)zhàn 899	者 zhě 909	芝 zhī 920	滞(滯)zhì 930
站 zhàn 900	这(這)zhè 909	枝 zhī 920	置 zhì 930
张(張)zhāng 900	着 zhe 910	知 zhī 921	稚 zhì 930
章 zhāng 901	贞(貞)zhēn 910	织(織)zhī 921	中 zhōng 930
彰 zhāng 901	针(針)zhēn 910	脂 zhī 921	忠 zhōng 932
长(長)zhǎng 901	侦(偵)zhēn 910	蜘 zhī 921	终(終)zhōng 932
涨(漲)zhǎng 902	珍 zhēn 911	执(執)zhí 921	钟(鐘)zhōng 933
掌 zhǎng 902	真 zhēn 911	直 zhí 922	衷 zhōng 933
丈 zhàng 903	诊(診)zhěn 912	侄 zhí 922	肿(腫)zhǒng 933
帐(帳)zhàng 903	枕 zhěn 912	值 zhí 923	种(種)zhǒng 933
账(賬)zhàng 903	阵(陣)zhèn 912	职(職)zhí 923	中 zhòng 934
胀(脹)zhàng 903	振 zhèn 912	植 zhí 924	众(衆)zhòng 934
障 zhàng 904	震 zhèn 912	殖 zhí 924	种(種)zhòng 935
招 zhāo 904	镇(鎮)zhèn 913	止 zhǐ 924	重 zhòng 935
朝 zhāo 904	正 zhēng 913	只(祇)zhǐ 924	舟 zhōu 936
着 zhāo 905	争 zhēng 913	旨 zhǐ 925	州 zhōu 936
找 zhǎo 905	征(徵)zhēng 914	址 zhǐ 925	周 zhōu 936
	挣 zhēng 915	纸(紙)zhǐ 925	
	睁 zhēng 915	指 zhǐ 925	
	蒸 zhēng 915	至 zhì 926	
	整 zhěng 915	志 zhì 926	
	正 zhèng 916		

洲 zhōu 937	拽 zhuài 945	幢 zhuāng 950	纵(縱)zòng 959
粥 zhōu 937	专(專)zhuān 945	追 zhuī 950	走 zǒu 959
宙 zhòu 937		缀(綴)zhuì 951	奏 zòu 960
昼(晝)zhòu 937	砖(磚)zhuān 945	准(準)zhǔn 951	揍 zòu 960
皱(皺)zhòu 938	转(轉)zhuǎn 946	拙 zhuō 951	租 zū 961
珠 zhū 938		捉 zhuō 951	足 zú 961
株 zhū 938	传(傳)zhuàn 947	桌 zhuō 952	族 zú 961
诸(諸)zhū 938		卓 zhuó 952	阻 zǔ 962
猪 zhū 938	转(轉)zhuàn 947	浊(濁)zhuó 952	组(組)zǔ 962
竹 zhú 939		酌 zhuó 952	祖 zǔ 962
逐 zhú 939	赚(賺)zhuàn 947	啄 zhuó 952	钻(鑽)zuān 963
烛(燭)zhú 939		着 zhuó 952	钻(鑽)zuàn 963
主 zhǔ 939	妆(妝)zhuāng 947	咨 zī 953	嘴 zuǐ 963
拄 zhǔ 941		姿 zī 953	最 zuì 963
煮 zhǔ 941	庄(莊)zhuāng 947	资(資)zī 953	罪 zuì 964
嘱(囑)zhǔ 941		滋 zī 954	醉 zuì 964
助 zhù 941	桩(椿)zhuāng 947	子 zǐ 954	尊 zūn 964
住 zhù 942		仔 zǐ 955	遵 zūn 964
注 zhù 942	装(裝)zhuāng 948	紫 zǐ 955	昨 zuó 965
驻(駐)zhù 943		自 zì 955	琢 zuó 965
柱 zhù 943	壮(壯)zhuàng 949	字 zì 956	左 zuǒ 965
祝 zhù 943		宗 zōng 957	作 zuò 965
著 zhù 943	状(狀)zhuàng 949	综(綜)zōng 957	坐 zuò 966
铸(鑄)zhù 944		棕 zōng 957	座 zuò 967
筑(築)zhù 944	撞 zhuàng 949	踪 zōng 958	做 zuò 967
抓 zhuā 944		总(總)zǒng 958	
爪 zhuǎ 944			

部首检字表

Radical Guide to Entries

说明

Introduction

1. 本表采用的部首跟一般字典用的部首基本相同。部首次序按照笔画数由少到多顺序排列，同笔画数的，按起笔笔形横（一）、竖（丨）、撇（丿）、点（、）、折（𠃍）顺序排列，第一笔相同的，按第二笔，以此类推。
2. 本表的部首分主部首和附形部首，附形部首有些加"△"单立部，有些加"（ ）"附在主部首的后边，不单立部。
3. 在《检字表》中，繁体字加"（ ）"附在简体字后，同部首的字按部首以外笔画数的多少依次排列。
4. 检字时，需先在《部首目录》里查出待查字所属部首的页码，然后再查《检字表》。
5. 为方便读者查检，有些字分收在几个部首内，如"杰"字在"木"部和"灬"部都能查到。

1. The list of redicals as a guide to the entries in the dictionary is largely the same as those in other Chinese dictionaries. Radicals are listed from fewer to more strokes; those with the same number of strokes are listed in the order of their beginning stroke, i.e. horizontal stroke (一), vertical stroke (丨), downward stroke to the left (丿), dot (、), and horizontal stroke with a bending tip (𠃍), and so on.
2. Variants of radicals are listed after the last entry under the normal radical and are indicated with the symbol "△", or annotated in brackets immediately after the normal radicals.
3. In the Radical Guide, traditional forms of characters are listed in the brackets under the relevant entries. Nonstandard variants of characters are not included in this dictionary.
4. Look up the page number of the redical in Contents of Radicals first and then look up the page number of the needed character in the Radical Guide.
5. Some characters are listed under different radicals, such as 杰, which is listed under both the radicals of 木 and 灬.

Ⅰ. 部首目录
Contents of Radicals

（部首右边的号码是该部首在汉字部首检字表中的页码。 The number to the right of each radical indicates the page number in the Radical Guide.）

一画

一部	43
丨部	43
丿部	43
丶部	44
一(乛乙)部	44

二画

十部	44
厂(厂)部	44
匚部	44
(卜)部	45
刂部	44
△刀部	45
△𠂊部	45
△卜(⺊)部	45
冂(冂)部	45
亻部	45
△人部	46
△入部	46
八(丷)部	46
(𠆢)部	45
(冂)部	45
勹部	46
儿部	46
匕部	47
几(几)部	47

亠部	47
冫部	47
冖部	47
讠部	47
△言部	48
凵部	48
卩(㔾)部	48
阝(左)部	48
阝(右)部	48
(刀)部	45
力部	48
厶部	49
又部	49
廴部	49
(㔾)部	48

三画

干部	49
工部	49
土部	49
△士部	50
扌部	50
△手𠂇部	51
艹部	51
寸部	52
廾部	52
大部	52

尢(兀)部	52
弋部	52
小部	52
△⺌部	52
口部	52
囗部	53
山部	53
巾部	53
彳部	54
彡部	54
犭部	54
△犬部	54
夕部	54
夂部	54
饣部	54
△食部	54
斗部	54
广部	55
门部	55
氵部	55
△水部	56
△氺部	56
忄部	56
△心小部	56
宀部	57
辶部	57
彐(彑)部	58

尸部	58
己(已巳)部	58
弓部	58
子部	58
屮部	58
女部	58
飞部	59
马部	59
纟部	59
△糸部	59
幺部	59
巛部	59

四画

王部	59
△玉部	59
无(旡)部	59
(耂)部	67
木部	60
支部	60
(犬)部	54
歹部	60
车部	60
牙部	61
戈部	61
比部	61
瓦部	61

止部	61
(⺌)部	56
日(曰冐)部	61
贝部	61
(水)部	56
见部	62
牛(牜)部	62
(手𠂇)部	51
毛部	62
气部	62
攵(支)部	62
长部	62
片部	62
斤部	62
爪(⺥)部	62
父部	62
月(⺼)部	62
氏部	63
欠部	63
风部	63
殳部	63
文部	63
方部	63
火部	63
△灬部	63
斗部	64
户部	64

礻部	64	瓜部	66	肉部	67	里部	69	面部	70
△示部	64	鸟部	66	缶部	67	足(⻊)部	69	骨部	70
(心)部	56	疒部	66	舌部	67	身部	69	香部	70
聿部	64	立部	66	竹(⺮)部	67	采部	69	鬼部	70
毋(母)部	64	穴部	66	臼部	68	谷部	69	(食)部	54
五画		衤部	66	自部	68	豸部	69	音部	70
		△衣部	66	血部	68	龟部	69	首部	70
(玉)部	59	疋(𤴔)部	66	舟部	68	角部	69	**十画**	
(示)部	64	皮部	66	色部	68	(言)部	48		
甘部	64	癶部	66	齐部	68	辛部	69	高部	70
石部	64	矛部	67	(衣)部	66	**八画**		**十一画**	
龙部	64	(母)部	64	羊(⺶⺷)部	68				
业部	64	**六画**		米部	68	青部	69	黄部	70
(氺)部	56			艮部	68	卓部	69	麻部	70
目部	64	耒部	67	羽部	68	雨部	69	鹿部	70
田部	64	老(耂)部	67	(糸)部	59	非部	70	**十二画**	
罒部	65	耳部	67	**七画**		齿部	70		
皿部	65	臣部	67			隹部	70	黑部	70
钅部	65	覀(西)部	67	走部	68	(金)部	65	**十三画**	
△金部	65	而部	67	赤部	69	鱼部	70		
生部	65	页部	67	豆部	69	隶部	70	鼓部	70
矢部	65	至部	67	酉部	69	**九画**		鼠部	70
禾部	65	虍部	67	辰部	69			**十四画**	
白部	66	虫部	67	豕部	69	革部	70	鼻部	70

II. 检字表
Radical Guide

(汉字右边的数字指字典正文页码。The number to the right of each character indicates the page number in the dictionary.)

一部		云(雲)	881	六画		凸	730	乃	532
		专(專)	945	严(嚴)	823	旧(舊)	410	千	584
一	839	五	763	求	601	半	21	川	118
一画		不	60	更	263	且	592	久	409
二	204	屯	737		264	甲	362	丸	743
丁	178	互	323	束	678	申	643	及	349
七	576	四画		两(兩)	475	电(電)	173	三画	
二画		未	753	丽(麗)	467	由	860	升	648
三	626	末	525	来(來)	450	史	659	长(長)	85
于	866	正	913	七画以上		凹	9		901
亏(虧)	446		916	奉	232	五画以上		币(幣)	41
才(纔)	66	世	661	表(錶)	49	师(師)	654	乏	208
下	774	本	36	事	663	曲	602	丹	147
丈	903	且	592	枣(棗)	891		603	乌(烏)	760
与(與)	868	丙	52	奏	960	肉	622	四画	
	870	丛(叢)	129	甚	647	串	120	失	653
万(萬)	745	册	74	柬	368	非	221	丘	600
三画		平	568	歪	740	果	295	乎	320
丰(豐)	228	灭(滅)	518	甬	39	畅(暢)	88	甩	680
井	404	东(東)	182	面(麵)	515	临(臨)	480	乐(樂)	458
开(開)	423	丝(絲)	685	昼(晝)	937				879
天	715	五画		哥	256	丨部		册	74
夫	233	亚(亞)	822			三至四画		丿部	
元	873	再	885	丨部		中	930	一至二画	
		百	16	三至四画			934	九	409
		而	203	中	930			年	540
		夹(夾)	360						

43

部首检字表

乔(喬)	591	半	21	四画	七至八画	质(質)	928

乔(喬)	591
乒	568
向(嚮)	788
兆	906

六至七画
我	759
系(繫)	356
系(係)	772
卵	493
垂	123
乖	281
秉	53
卑	31

八画以上
重	107
	935
乘	100
舞	764

丶部

二至三画
义(義)	846
之	918
叉	77
丹	147
为(爲)	750
	753

四画
| 主 | 939 |

半	21
头(頭)	727
必	41
永	857

五画以上
州	936
农(農)	545
良	473
叛	554
举(舉)	414

一(乛乙)部
| 乙 | 844 |

一画
刁	175
了	459
了(瞭)	477
乃	532

二画
也	836
乞	579
习(習)	770
乡(鄉)	784

三画
丑(醜)	110
巴	11
予	868
书(書)	673

四画
司	685
民	518
发(發)	206
发(髮)	210

五画以上
买(買)	500
乱(亂)	494
承	100
乳	623

十部
| 十 | 656 |

一至四画
千	584
古	276
午	763
毕(畢)	42
华(華)	326
协(協)	795

五至六画
克(剋)	433
卓	952
直	922
丧(喪)	627
卑	31
卖(賣)	501

七至八画
南	533
栽	885
载(載)	885
	887
真	911
索	697

九画以上
章	901
率	493
	681
博	57
裁	68
截	391
兢	403
戴	147

厂(廠)部
| 厂(廠) | 87 |

二画
厅(廳)	720
反	212
历(歷)	466

四至六画
后(後)	318
辰	94
压(壓)	820
厌(厭)	827

| 质(質) | 928 |
| 厕(廁) | 74 |

七至九画
盾	197
厘	462
厚	319
唇	124
原	875

十画以上
厨	115
厦	630
愿(願)	878

匚部

二画
区(區)	602
匹	563
巨	414

四画以上
匠	377
医(醫)	842
匪	222

刂部

三至四画
| 刊 | 426 |

44

刑	803	九画以上		化	327		688
则(則)	892			仍	618	五画	
刚(剛)	250	副	241	仅(僅)	396		
创(創)	121	剩	653	卜(⼘)部		估	274
五画		割	257	卜	58	体(體)	713
别	51			上	635	三画	
别(彆)	51	△刀部		卡	423	付	238	何	310
利	467			占	899	代	144	但	149
删	631	刀	154	处(處)	115	仙	776	伸	643
刨	556	分	224		117	仪(儀)	843	作	965
判	554		227	贞(貞)	910	们(們)	510	伯	56
六画		切	592	卧	759	仔	955	伶	481
刺	127		593	冂(冂)部		他	699	低	165
到	156	叨	155	冈(岡)	250	四画		你	539
制(製)	927	召	905	内	537	伟(偉)	751	住	942
刹	630	券	607	用	858	传(傳)	118	位	753
剂(劑)	357	剪	369	甩	680		947	伴	22
刻	433	劈	562	册	74	休	808	伺	127
刷	679			同	724	伍	763	佛	233
七画		△勹部		网(網)	747	伏	234		234
削	790	四至五画		周	936	优(優)	859	六画	
	815	负(負)	239			伐	208	佳	360
剑(劍)	373	危	749	亻部		件	371	侍	664
剃	714	争	913	一至二画		任	617	供	269
八画		免	514			伤(傷)	633	使	659
剖	572	角	381	亿(億)	846	价(價)	363	例	468
剥	26	六画以上		仁	616	份	227	侄	922
	56	兔	733	什	645	仰	830	侦(偵)	910
剧(劇)	415	象	789		656	仿	218	侣	492
		赖(賴)	452	仆(僕)	573	伙(夥)	343	侧(側)	75
				仇	109	伪(偽)	751	侨(僑)	591
						伊	841	佩	558
						似	663	侈	105

依	842	倦	418	以	845	二至三画		八画以上	
七画		健	373	仓(倉)	72	分	224	真	911
		九画		**三至四画**			227	兼	367
便	47	做	967	令	484	公	266	黄	333
	564	偿(償)	87	全	606	兰(蘭)	452	普	574
俩(倆)	469	偶	548	会(會)	338	**四画**		粪(糞)	228
修	809	偷	727		442	共	271	尊	964
保	28	停	721	合	309	并	53	曾	76
促	130	偏	563	企	579	关(關)	282	煎	367
俄	201	假	362	众(衆)	934	兴(興)	802	舆(輿)	868
侮	764		364	伞(傘)	626		805		
俭(儉)	368	**十画**		**五画以上**		**五画**		**勹部**	
俗	691	傲	9	余(餘)	866	兑	196	**一至二画**	
俘	236	傍	24	舍(捨)	640	兵	52	勺	639
信	801	储(儲)	116	舍	641	弟	169	勿	764
侵	594	**十一画以上**		命	521	岔	80	匀	881
候	318	催	131	贪(貪)	703	**六画**		勾	272
俊	422	傻	630	念	541	其	578		273
八画		像	789	拿	530	具	415	**三画以上**	
债(債)	897	僵	375	盒	312	单(單)	148	句	415
借(藉)	394			舒	674	典	171	匆	128
值	923	**△人部**		禽	595	贫(貧)	567	包	25
倚	846	人	614			**七画**		旬	818
倾(傾)	597	**一至二画**		**△入部**		盆	559	够	274
倒	155	个(個)	259	入	623	养(養)	830		
	157	介	392			前	585	**儿部**	
倘	706	从(從)	128	**八(丷)部**		首	671	儿(兒)	203
俱	415	今	395	八	11			元	873
倡	88								
候	320								
俯	237								
倍	34								

先	777	衷	933	况	445	让(讓)	611
兆	906	高	252	冷	461	训(訓)	819
充	106	离(離)	462	冶	836	讯(訊)	819
克(尅)	433	旁	555	净	406	议(議)	847
兑	196	畜	117			记(記)	355
党(黨)	153		813	八画以上			
兜	186			凌	481	四画	
竞	406	九画以上		凄	576	讲(講)	376
		毫	305	准(準)	951	讶(訝)	822
匕部		烹	560	凉	474	许(許)	812
北	32	商	634	凑	129	讹(訛)	201
老	456	率	493	减	369	论(論)	495
死	687	就	410	凝	543	讽(諷)	232
此	126	豪	305			设(設)	641
旨	925		681	冖部		访(訪)	218
匙	104	禀	53	写(寫)	796	五画	
疑	844	裹	295	军(軍)	421	证(證)	917
		膏	254	罕	302	评(評)	569
几(几)部		赢(贏)	854	冠	286	识(識)	657
几(幾)	346			冤	873	诈(詐)	895
	353	冫部				诉(訴)	691
凡	211	一至四画		讠部		诊(診)	912
凤(鳳)	232	习(習)	770	二画		词(詞)	124
朵	199	冲(衝)	106	计(計)	354	译(譯)	848
壳(殼)	431		108	订(訂)	180	六画	
凯(凱)	426	冰	52	认(認)	617	试(試)	665
亮	475	次	127	讥(譏)	346	诗(詩)	655
凭(憑)	570	决	419	三画		诚(誠)	99
凳	164	五至六画		讨(討)	709	话(話)	328
		冻(凍)	185			诞(誕)	150
		衰	680			询(詢)	818

诡(詭)	291	**十画**		印	852	**七画**		郊	380
该(該)	244			危	749			郑(鄭)	918
详(詳)	786	谢(謝)	798	却	608	陡	186	都	185
诧(詫)	80	谣(謠)	833	卵	493	除	114		187
		谤(謗)	25	卷(捲)	418	险(險)	780	郭	293
七画		谦(謙)	585	卷	418	院	877	部	64
诚(誠)	394	**十一画以上**		即	351	**八画**		鄙	41
诬(誣)	761	谨(謹)	398	卸	797	陶	708		
语(語)	869	谬(謬)	522			陷	783	**力部**	
误(誤)	765	谱(譜)	574	**阝(左)部**		陪	557		
诱(誘)	865	谴(譴)	588					力	465
说(說)	684	辩(辯)	48	**二至四画**		**九画**			
诵(誦)	690			队(隊)	194	随(隨)	694	**二至三画**	
		△言部		阵(陣)	912	隆	487	办(辦)	20
八画		言	824	阳(陽)	829	隐(隱)	852	劝(勸)	607
请(請)	599	信	801	阶(階)	386			功	268
诸(諸)	938	誉(譽)	873	阴(陰)	850	**十画以上**		务(務)	764
读(讀)	189	誓	668	防	217	隔	259	加	359
诽(誹)	222	警	405			隘	6	边(邊)	44
课(課)	434	譬	563	**五画**		障	904	幼	865
谁(誰)	642			际(際)	356	隧	695		
调(調)	176	**凵部**		陆(陸)	489			**四至五画**	
	718			阿	1	**阝(右)部**		动(動)	183
谅(諒)	476	凶	807	陈(陳)	95			劣	479
谈(談)	703	击(擊)	346	阻	962	**四至五画**		劫	389
谊(誼)	849	出	111	附	240	邦	23	劳(勞)	456
		画(畫)	328			邪	795	励(勵)	467
九画		函	302	**六画**		那	531	助	941
谋(謀)	526			陌	525	邮(郵)	861	男	533
谍(諜)	178			限	781	邻(鄰)	480	努	546
谎(謊)	335	**卩(㔾)部**		降	378			劲(勁)	400
谐(諧)	795				786	**六画以上**			
谜(謎)	512	卫(衛)	752			郁(鬱)	870	**六画以上**	
								势(勢)	663

勃	57	发(髮)	210	**工部**		地	161	**七画**		部首检字表
勉	515						168			
勇	857	**四至五画**		工	264	场(場)	87	埋	500	
勘	426	戏(戲)	771	**二至三画**		**四画**			501	
勤	595	观(觀)	284	左	965	坏(壞)	329	埃	3	
		欢(歡)	330	巧	592	址	925	**八画**		
厶部		鸡(鷄)	348	功	268	坚(堅)	366	堵	189	
云(雲)	881	**六画**		巩(鞏)	270	坝(壩)	13	基	349	
允	881	取	603	**四画**		均	421	域	871	
去	604	艰(艱)	367	丞	270	坐	966	堂	706	
台(臺)	700	叔	674	贡(貢)	271	坟(墳)	226	堆	194	
丢	182	受	672	攻	268	坑	435	埠	65	
县(縣)	780	变(變)	46	巫	760	坊	216	培	557	
参(參)	70	**七画以上**		**六画以上**			217	隋(隓)	200	
怠	146	叙	812	项(項)	788	块(塊)	442	**九画**		
能	538	难(難)	534	差	77	**五画**		塔	700	
		桑	627		80	坯	562	堤	165	
又部		叠	178		81	垄(壟)	488	堡	29	
又	864					坦	704	**十画**		
一至二画		**廴部**		**土部**		垃	449	填	717	
叉	77	延	823			幸	806	塌	699	
友	862	建	372	土	732	坡	571	塘	706	
反	212			**二至三画**		**六画**		墓	528	
劝(勸)	607	**干部**		去	604	型	805	塑	692	
双(雙)	681	干(乾)	246	圣(聖)	652	垮	441	塞	625	
三画		干(幹)	250	寺	688	城	100	**十一画**		
圣(聖)	652	刊	426	在	886	垛	199	墙(牆)	590	
对(對)	195	罕	302	至	926	垫(墊)	174	墟	811	
发(發)	206			尘(塵)	94	垒(壘)	460	境	407	

49

十二画以上		扎	11	投	729	招	904	捕	59
			550	抗	428	披	562	振	912
增	893	扔	618	抖	186	拨(撥)	55	捎	638
墨	525			护(護)	324	择(擇)	893	捍	303
壁	43	三画		扭	544	抬	701	捏	543
疆	375	扛	428	把	13			捉	951
壤	611	扣	438	报(報)	29	六画		捆	446
		托	737	拟(擬)	539	挂	280	捐	417
△士部		执(執)	921			持	104	损(損)	696
		扩(擴)	447	五画		拱	270	捌	12
士	660	扫(掃)	628	抹	524	挎	441	捡(撿)	368
		扬(揚)	828	拢(攏)	487	挟(挾)	795	挫	134
三至四画				拔	12	挠(撓)	535	换	331
吉	350	四画		栋(揀)	368	挡(擋)	153	挽	744
壮(壯)	949	扶	234	担(擔)	147	拽	945	捣(搗)	155
壳(殼)	431	抚(撫)	237		150	挺	722	捅	726
志	926	技	356	押	820	括	447	挨	3
声(聲)	650	抠(摳)	437	抽	108	拴	681		4
		扰(擾)	612	拐	281	拾	658		
七画以上		拒	415	拖	737	挑	717	八画	
壶(壺)	322	找	905	拍	551		719	捧	560
喜	771	批	561	拆	81	指	925	措	134
鼓(皷)	277	扯	93	拥(擁)	856	挣	915	描	517
嘉	362	抄	89	抵	167		918	掩	826
		折	907	拘	412	挤	354	捷	391
扌部		折(摺)	908	抱	30	拼	566	排	551
		抓	944	拄	941	挖	740	掉	177
一至二画		扳	18	拉	449	按	7	捶	123
扎	894	抢(搶)	495	拦(攔)	453	挥(揮)	335	推	734
	895	扮	22	拌	22	挪	547	掀	777
打	137	抢(搶)	590	拧(擰)	544			授	672
扑(撲)	573	抑	848	拂	235	七画		捻	541
		抛	555	拙	951	捞(撈)	455	掏	707

招	583	携	796	**五至六画**		苏(蘇)	690	**八画**	
掠	494	搬	19			**五画**			
掂	170	摇	833	拜	18	苦	440	著	943
接	387	搞	255	看	426	若	624	萌	511
掷(擲)	929	摊(攤)	703		427	茂	505	萝(蘿)	496
控	437			挚(摯)	928	苹(蘋)	570	菌	422
探	705	**十一画**		拿	530	苗	516	菜	70
据(據)	416	摧	132	拳	607	英	853	菊	413
掘	421	摘	896			苟	273	萍	571
掺(摻)	81	摔	680	**八画以上**		苞	26	波	56
		撒	566	掌	902	范(範)	215	营(營)	854
九画				掰	15	茄	592	菇	275
		十二画		摩	523	茎(莖)	401		
揍	960	撑(撐)	541	攀	553			**九画**	
搭	136	撕	687			**六画**		葫	322
提	711	撒	625	**艹部**		荐(薦)	372	惹	612
揭	388	撑	97			草	74	葬	889
插	78	撮	134	**一至三画**		茧(繭)	368	董	183
揪	409	播	56	艺(藝)	846	茶	78	葡	573
搜	690	撞	949	艾	5	荒	332	葱	128
援	876	撤	93	节(節)	389	茫	504	蒂	170
搀(攙)	82			芝	920	荡(蕩)	154	落	450
搁(擱)	257	**十三画以上**				荣(榮)	619		497
搓	133	撼	304	**四画**		荔	469	葵	446
搂(摟)	488	操	73	芽	821	药(藥)	834		
搅(攪)	383	擅	633	花	324			**十画**	
握	760	擦	66	芹	595	**七画**		蒜	693
揉	621	攒(攢)	888	芬	226	莲(蓮)	471	蓝(藍)	453
				苍(蒼)	72	莫	525	墓	528
十画		**△手𠂇部**		芳	217	荷	311	幕	529
摄(攝)	642	手	670	劳(勞)	456	获(獲穫)	344	蓬	560
摸	522			芭	12			蓄	813
搏	58							蒙(矇)	510
摆(擺襬)	16								

蒸	915	尊	964	**七画以上**	当(當噹)	151	另	484
十一画					当(當)	153	加	359
		廾部		套	709	肖	793	叹(嘆)	705
慕	529			奢	640	尚	637	**三画**	
蔓	502	开(開)	423	爽	682	尝(嘗)	86		
蔑	518	异	847	奥	9			呼(籲)	870
蔽	43	弄	545	奠	175	**七画以上**		吐	733
蔼(藹)	5	弃	582			党(黨)	153	吓(嚇)	776
		葬	889	**九(兀)部**		堂	706	吊	176
十二画		弊	43			常	86	吃	102
蕉	381			尤	860	辉(輝)	336	向(嚮)	788
蔬	675	**大部**		光	287	赏(賞)	634	后(後)	318
蕴(蘊)	882					掌	902	吸	767
		大	140	**弋部**		裳	638	名	519
十三画		**一至三画**				耀	836	各	260
薪	801	天	715	式	662			吗(嗎)	499
薄	27	太	701	贰(貳)	205	**口部**			
	58	夸(誇)	441					**四画**	
十四画以上		夺(奪)	199	**小部**		口	438	呈	99
								吞	736
藏	73	**五画**		小	791	**二画**		呆	143
藤	711			少	639	叶(葉)	838	否	233
蘑	524	奔	36	尔(爾)	204	可	431	呕(嘔)	548
			37	尖	365	叮	179	呀	820
		奇	578	劣	479	右	865		822
寸部		奋(奮)	228	京	401	号(號)	307	吨(噸)	196
				省	651	只(隻)	920	吵	91
寸	133	**六画**		尘(塵)	94	只(祇)	924	呐	531
对(對)	195					叭	11	员(員)	874
寺	688	牵(牽)	585	**△ 㐅部**		兄	807	告	255
夺(奪)	199	奖(獎)	377			叼	175	听(聽)	720
导(導)	155	美	508	**三至六画**		叫	383	含	301
寿(壽)	672	类(類)	460			叨	155	吩	226
封	230			光	287				

吻	757	响(響)	787	售	673	器	583	岂(豈)	579
吹	122	哈	298	兽(獸)	673	噪	892	岗(崗)	252
呜(嗚)	761	哆	199	啸(嘯)	794	嚼	381	岔	80
启(啓)	580	咬	833			嚷	611	岛(島)	155
君	421	咳	298	**九画**					
吧	12		431	喜	771	**口部**		**五至六画**	
	14	喷(噴)	559				
吼	318	哟(喲)	856	喇	449	**二至三画**		岸	7
		咨	953	喊	302			岩	824
五画				喝	308	四	688	岭(嶺)	482
味	754	**七画**		喂	755	团(團)	734	凯(凱)	426
哎	2	哥	256	喘	120	因	850	炭	705
咕	275	哲	908	喉	318	回(迴)	336	峡(峽)	773
呵	308	哺	59	喻	872			幽	860
呻	644	唇	124			**四画**			
知	921	哨	640	**十画**		园(園)	874	**七画以上**	
和	310	哭	439	嗯	539	围(圍)	750	峰	231
呼	320	哦	548	嗅	810	困(睏)	447	峻	422
鸣(鳴)	521	唤	332	嗓	627			崖	821
呢	536	哼	314			**五画以上**		崭(嶄)	899
咖	423		315	**十一画**		国(國)	294	崩	38
		高	252	嘛	500	固	278	崇	107
六画		啊	1	嘀	165	图(圖)	731	嵌	588
哇	740		2		167	圆(圓)	875		
哄	317	唉	3	**十二画**		圈	419	**巾部**	
	318			嘲	91		605	巾	394
哑(啞)	822	**八画**		嘿	313				
虽(雖)	694	啄	952	噢	548	**山部**		**一至四画**	
品	567	啧	435	嘱(囑)	941	山	631	币(幣)	41
咽	827	唱	89					布	63
骂(罵)	499	啰(囉)	496	**十三画以上**		**三至四画**		帅(帥)	681
哗(嘩)	325	唾	739	嘴	963	岁(歲)	695	吊	176
咱	887	唯	751					帆	210

帐(帳)	903	**七至八画**		狂	444	臭	111	饮(飲)	852
希	768	徒	732	犹(猶)	861	献(獻)	783	饰(飾)	664
五至六画		徐	812	狈(狽)	33	器	583	饱(飽)	27
帜(幟)	927	徘	552	**五至六画**				饲(飼)	689
帮(幫)	23	得	160	狐	321	**夕部**		**六画以上**	
带(帶)	145		162	狗	273	外	741	饶(饒)	612
帝	169	衔(銜)	779	狭(狹)	773	名	519	饺(餃)	382
八画以上		**九画**		狮(獅)	655	岁(歲)	695	饼(餅)	53
常	86	街	388	独(獨)	188	多	197	饿(餓)	202
幅	236	御(禦)	872	狡	382	罗(羅)	496	馅(餡)	783
帽	505	循	818	狱(獄)	870	梦(夢)	511	馆(館)	285
幕	529	**十画以上**		狠	314	舞	764	馋(饞)	82
幢	950	微	749	**七至八画**				馒(饅)	501
		德	161	狼	454	**夂部**			
彳部		衡	315	猜	66	处(處)	115	**△食部**	
三至四画		徽	336	猪	938		117	食	659
行	304			猎(獵)	479	冬	183	餐	71
	803	**彡部**		猫	504	务(務)	764		
彻(徹)	93	形	804	猩	84	各	260	**丬部**	
五画		参(參)	70	猛	511	条(條)	718	壮(壯)	949
征(徵)	914	须(須)	811	**九画以上**		备(備)	33	妆(妝)	947
往	747	彩	69	猾	326	复(復)	240	状(狀)	949
彼	40	彰	901	猴	318	夏	776	将(將)	374
六画		影	855	猿	876	惫(憊)	35		
待	146							**广部**	
衍	825	**犭部**		**△犬部**		**忄部**		广(廣)	289
律	493	**二至四画**		犬	607	**二至五画**		**三至四画**	
很	314	犯	214	状(狀)	949	饥(飢)	346	庄(莊)	947
				哭	439	饭(飯)	214		

54

庆(慶)	600	**一至三画**	汉(漢)	302	泡	556	酒	409
床	121				注	942	涉	642
库(庫)	440	闪(閃)	632	**三画**	泻(瀉)	797	消	790
应(應)	853	闭(閉)	42	汗	303	泳	857	浩	308
	855	问(問)	758	污	760	泥	539	海	299
序	812	闯(闖)	121	江	374	沸	223	涂(塗)	732
				池	103	沼	905	浴	871
五画		**四至五画**		汤(湯)	705	波	55	浮	236
庞(龐)	555	闲(閑)	778			泼(潑)	571	涤(滌)	166
店	174	间(間)	366	**四画**		治	928	流	485
庙(廟)	518		372	汪	746			浪	455
府	237	闷(悶)	509	汰	702	**六画**		浸	400
底	167		510	沥(瀝)	468	洁(潔)	390	涨(漲)	902
废(廢)	223	闸(閘)	895	沏	576	洪	317	涌	858
		闹(鬧)	535	沙	629	洒(灑)	625		
六画以上		**六画**		汽	582	浇(澆)	380	**八画**	
度	190	闺(閨)	291	沃	759	浊(濁)	952	清	597
席	770	闻(聞)	757	泅	808	洞	185	添	716
座	967	阀(閥)	208	泛	215	测(測)	75	淋	481
麻	498	阁(閣)	258	沟(溝)	272	洗	770	淹	823
康	427			没	506	活	341	渐(漸)	373
鹿	490	**七画以上**		沉	94	派	553	混	341
庸	857	阅(閱)	879			洽	583	淫	851
廉	471	阐(闡)	84	**五画**		济(濟)	357	渔(漁)	867
腐	238	阔(闊)	447	浅(淺)	587	洋	829	淘	708
摩	523			法	209	洲	937	液	838
磨	523	**氵部**		泄	797	浑(渾)	340	淡	150
鹰(鷹)	854			河	311	浓(濃)	545	淀(澱)	174
魔	524	**二画**		沽	897	津	396	深	644
		汁	920	泪	460			渗(滲)	647
门部		汇(匯彙)	337	油	861	**七画**			
				泊	57	涛(濤)	707	**九画**	
门(門)	509			沿	825	涝(澇)	458	港	252

滞(滯)	930	漏	488	忙	503	惕	714	忠	932
湖	322	**十二画**		怀(懷)	329	惊(驚)	402	念	541
渣	894			忧(憂)	860	惦	175	忽	321
渺	517	潜(潛)	587	快	442	惋	745	**五画**	
湿(濕)	655	潮	91	**五画**		惨(慘)	72	思	686
温	755	潦	477	怯	593	惯(慣)	286	怎	893
渴	433	澳	10	怖	64	**九画**		怨	877
溅(濺)	374	澄	102	性	806	愤(憤)	228	急	352
滑	326	**十三画以上**		怕	550	慌	333	总(總)	958
湾(灣)	743			怜(憐)	470	惰	200	怒	546
渡	191	澡	891	怪	282	愣	462	怠	146
游	862	激	349	**六画**		愉	867	**六画**	
滋	954	瀑	574	恒	315	**十画以上**		恭	270
溉	246	灌	287	恢	336	慎	647	恐	436
十画		△**水部**		恍	334	慢	503	恶(惡噁)	201
满(滿)	502			恰	584	慷	428	恶(惡)	202
源	876	水	682	恼(惱)	535	懂	183		766
滥(濫)	454	乘	270	恨	314	懒(懶)	454	虑(慮)	493
滔	707	泉	607	**七画**		憾	304	恩	202
溪	769	浆(漿)	375	悟	766			息	768
溜	484	△**氺部**		悄	591	△**心忄部**		恋(戀)	473
滚	293			悔	337	心	798	恳(懇)	435
滨(濱)	52	隶(隸)	469	悦	880	**三画**		**七画**	
溶	621	泰	702	**八画**		志	926	悬(懸)	814
滩(灘)	703	黎	463	情	598	忘	748	患	332
十一画				惜	768	忍	616	悠	860
漆	577	忄**部**		惭(慚)	71	**四画**		您	543
漂	565	**一至四画**		悼	158			悉	768
	566								
漫	503	忆(憶)	847	惧(懼)	417	态(態)	702		
滴	166								
演	826								

八画		宇	868	家	360		297	七画	
		守	671	宴	828	达(達)	137		
惹	612	宅	896	宾(賓)	51	迈(邁)	501	逝	668
惠	340	字	956	容	620	迅	819	速	692
惑	345	安	6	宰	885	迁(遷)	584	逗	187
悲	32	四画		案	7	巡	818	逐	939
惩(懲)	102			八画		四画		造	891
念(慫)	35	完	743			进(進)	398	透	729
九画		宏	317	寄	358	远(遠)	877	途	732
		牢	456	寂	359	违(違)	750	逛	289
想	787	灾	884	宿	692	运(運)	882	逢	231
感	249	五画		密	513	还(還)	298	递(遞)	169
愚	868			九至十画			330	通	722
愁	110	宝(寶)	27			连(連)	469	八画	
愈	873	宗	957	寒	302	近	399		
意	849	定	181	富	242	返	213	逻(邏)	496
慈	126	宠(寵)	108	寓	872	迎	854	逮	144
十画以上		宜	843	塞	625	这(這)	909		147
		审(審)	646	十一画以上		迟(遲)	103	九画	
慕	529	宙	937			五至六画			
愿(願)	878	官	284	寨	897			逼	39
慧	340	实(實)	658	赛(賽)	625	述	678	遇	872
憋	50	六画		寡	280	迫	571	遗(遺)	844
憨	301			察	79	选(選)	815	道	158
慰	755	宣	814	蜜	514	适(適)	667	遍	47
		室	668	豁	341	追	950	十画以上	
宀部		宫	269	辶部		逃	708		
		宪(憲)	782			迹	357	遭	588
二至三画		客	434	二至三画		送	689	遥	833
		七画				迷	512	遭	889
宁(寧)	543			辽(遼)	477	逆	540	遮	908
	544	害	300	边(邊)	44	退	736	遵	964
它	699	宽(寬)	443	过(過)	295			邀	832

57

部首检字表

避	43	屈	603	张(張)	900	中部		委	752
				弧	321			始	660
彐(彑)部		六画		弥(彌瀰)	512	出	111	姆	527
		屋	761	弦	778				
		昼(晝)	937	弯(彎)	742	女部		六画	
归(歸)	289	屏	570					娃	740
寻(尋)	818	屎	660	七画以上		女	546	姥	458
当(當噹)	151			弱	624			要	832
当(當)	153	七画以上		弹(彈)	151	二至三画			834
灵(靈)	481	展	898		704	奶	532	威	749
录(錄)	490	屑	797	强	589	奴	546	耍	680
		屠	732		590	奸	365	姨	843
尸部		属(屬)	676	粥	937	如	622	娇(嬌)	380
		屡(屢)	492	疆	375	妄	748	姿	953
尸	653	履	492			妇(婦)	239	姜(薑)	375
一至三画				子部		好	305		
尺	104	己(已巳)部		子	954		307	七至八画	
尼	539	己	354			她	699	娱	867
尽(盡)	398	已	844	一至四画		妈(媽)	498	娘	542
尽(儘)	396	巴	11	孔	436			娶	604
四画		导(導)	155	孕	881	四画		婴(嬰)	853
层(層)	76	异	847	存	133	妙	517	婚	340
屁	563	改	244	孙(孫)	695	妖	832	婆	571
尿	543	忌	356	李	463	妥	738	婶(嬸)	647
尾	752	巷	788			妨	217		
局	413			五画以上		妒	190	九画以上	
五画		弓部		季	357			媒	507
				孤	275	五画		嫂	628
屈	714	弓	266	享	786	妹	509	媳	770
居	412			学(學)	816	姑	275	嫌	779
届	393	一至六画		孩	299	妻	576	嫁	365
		引	851			姐	391	嫩	537
						姓	807		

飞部		红(紅)	316	绕(繞)	612	缝(縫)	231	三至四画	
		纤(纖)	777	绘(繪)	339		232	弄	545
飞(飛)	220	级(級)	350	给(給)	261	缠(纏)	82	玩	744
		约(約)	878	绝(絕)	420			环(環)	330
马部		纪(紀)	355	绞(絞)	382	十一画以上		现(現)	781
				统(統)	725	缩(縮)	696	玫	506
马(馬)	498	四画				缴(繳)	383		
		纯(純)	124	七画		辫(辮)	48	五画	
三至四画		纱(紗)	629	绢(絹)	419			珍	911
驮(馱)	738	纲(綱)	251	绣(繡)	810			珊	632
驰(馳)	103	纳(納)	532	继(繼)	358	△糹部		玻	55
驱(驅)	602	纵(縱)	959			系(繫)	356		
驳(駁)	56	纷(紛)	226	八画		系(係)	772	六至七画	
驴(驢)	491	纸(紙)	925	绩(績)	359	素	691	珠	938
		纺(紡)	219	绪(緒)	813	索	697	班	18
五画		纽(紐)	545	续(續)	813	紧(緊)	397	球	601
驶(駛)	660			绳(繩)	651	紫	955	理	464
驻(駐)	943	五画		维(維)	751	絮	813	望	748
驾(駕)	363	线(線)	782	绷(繃)	38	繁	212		
		练(練)	472	绸(綢)	109			八画以上	
六画		组(組)	962	综(綜)	957	幺部		琴	595
骂(罵)	499	绅(紳)	644	绿(綠)	493			琢	965
骄(驕)	380	细(細)	772	缀(綴)	951	幻	331	斑	19
骆(駱)	497	织(織)	921			幼	865	瑞	624
		终(終)	932	九画				瑰	291
七画以上		绊(絆)	23	缎(緞)	194	巛部			
验(驗)	828	经(經)	401	缓(緩)	331	巢	90	△玉部	
骑(騎)	578			缔(締)	170			玉	870
骗(騙)	565	六画		编(編)	45	王部			
骡(騾)	496	绑(綁)	24	缘(緣)	876	王	746	无(旡)部	
		绒(絨)	620			玉	870		
纟部		结(結)	386	十画				无(無)	761
二至三画			390	缚(縛)	242				
纠(糾)	408								

部首检字表

59

既	358	枝	920	栽	885	棱	461	樱(櫻)	853
		杯	31	柴	81	棋	579	橡	790
木部		柜(櫃)	292	桌	952	植	924		
		果	295	档(檔)	154	森	629	**十二画**	
木	527	板	20	株	938	椅	846	橱	115
一画		松(鬆)	689	桥(橋)	591	椒	381	橙	102
		枪(槍)	589	桃	708	棵	431	橘	413
本	36	构(構)	273	桅	751	棍	293		
末	525	杰	390	格	258	集	352	**支部**	
术(術)	677	枕	912	桨(槳)	377	棉	514		
二画				桩(樁)	947	棚	560	支	919
		五画		校	793	棕	957	鼓(皷)	277
朽	810	标(標)	48	核	311	棺	285		
朴(樸)	574	某	526	样(樣)	831	椭(橢)	739	**歹部**	
杀(殺)	629	枯	439	案	7				
朵	199	柄	53	根	262	**九画**		歹	144
机(機)	347	栋(棟)	185	桑	627	槐	329	列	478
杂(雜)	884	查	78			榆	867	死	687
权(權)	605	相	784	**七画**		楼(樓)	488	歼(殲)	365
			789	械	798	概	246	残(殘)	71
三画		柏	16	梗	264			殊	674
杆	247	柳	486	梧	762	**十画**		殖	924
	248	柱	943	梢	638	模	523		
杠	252	栏(欄)	453	梨	462		526	**车部**	
杜	190	染	610	梅	507	榴	486		
材	68	柠(檸)	543	检(檢)	368	榜	24	车(車)	92
村	132	架	364	梳	674	寨	897	**一至四画**	
杏	806	树(樹)	678	渠	603	榨	896		
极(極)	351	柔	621	梁	474			轧(軋)	822
李	463			桶	726	**十一画**		轨(軌)	291
杨(楊)	829	**六画**				横	315	转(轉)	946
四画		框	445	**八画**			316		947
林	480	桂	292	棒	24	槽	73	斩(斬)	898

轮(輪)	495			步	63	冒	505	暴	30	
软(軟)	623	**三至五画**		武	763	映	856			
轰(轟)	316	戒	393	歧	578	星	802	**贝部**		
		或	343	肯	435	昨	965			
五至六画		战(戰)	899	些	794			贝(貝)	33	
轻(輕)	596	咸(鹹)	779			**六画**		**二至三画**		
载(載)	885	威	749	**日(曰⺜)部**		晋(晉)	400	贞(貞)	910	
	887	**六画以上**		日	619	晒(曬)	630	则(則)	892	
轿(轎)	385	栽	885			晓(曉)	793	贡(貢)	271	
较(較)	385	载(載)	885	**一至三画**		晃	334	财(財)	68	
			887	旦	149		335	员(員)	874	
七画以上		裁	68	旧(舊)	410	晌	634	**四画**		
辅(輔)	238	截	391	早	890	晕(暈)	881	责(責)	893	
辆(輛)	476	戴	147	旨	925	**七至八画**		贤(賢)	778	
辈(輩)	35			旱	303	晨	95	败(敗)	17	
辐(輻)	237	**比部**		时(時)	656	晚	744	账(賬)	903	
辑(輯)	353	比	39	旷(曠)	445	晴	599	货(貨)	344	
输(輸)	675	毕(畢)	42			替	714	贩(販)	215	
		皆	386	**四画**		量	474	贪(貪)	703	
牙部		毙(斃)	42	旺	748		476	贫(貧)	567	
牙	821			者	909	暑	676	贬(貶)	46	
邪	795	**瓦部**		昆	446	最	963	购(購)	274	
鸦(鴉)	821	瓦	740	昌	84	暂(暫)	888	贯(貫)	286	
		瓷	125	明	520	智	929			
戈部		瓶	570	昏	340	景	405	**五画**		
				易	848	晾	477	贰(貳)	205	
二画		**止部**		昂	8	普	574	贱(賤)	372	
划(劃)	325	止	924	**五画**		曾	76	贴(貼)	720	
	327	此	126	春	123	**九画以上**		贵(貴)	292	
成	98			是	666	暖	547	贷(貸)	146	
戏(戲)	771			显(顯)	779	暗	8	贸(貿)	505	

61

费(費)	223			败(敗)	17	片部		爸	14
贺(賀)	312	牛(牜)部		放	219			爹	177
六画				五至六画		片	564		
		牛	544			版	20	月(月)部	
贼(賊)	893	牧	528	政	918	牌	552		
贿(賄)	339	物	764	故	278			月	879
资(資)	953	牵(牽)	585	致(緻)	929	斤部		二至三画	
八画		牲	651	敌(敵)	166				
		特	710	效	794	斤	394	有	863
赋(賦)	241	牺(犧)	768			斥	105	肌	348
赌(賭)	190	犁	463	七画		斩(斬)	898	肝	248
赏(賞)	634			教	381	所	697	肚	190
赔(賠)	558	毛部			385	斧	237	肠(腸)	86
九画以上				救	410	欣	799	四画	
赖(賴)	452	毛	504	敏	519	断(斷)	193	肤(膚)	233
赚(賺)	947	毫	305	敢	249	斯	687	肺	222
赛(賽)	625	毯	704	八画以上		新	800	肯	435
赞(贊)	888							肾(腎)	647
赠(贈)	894	气部		散	626	爪(爫)部		肿(腫)	933
赢(贏)	854				627			胀(脹)	903
		气(氣)	581	敬	407	爪	944	朋	560
见部		氖	226	敞	88	妥	738	股	276
		氢(氫)	597	数(數)	677	采	69	肪	218
见(見)	370	氧	831		678	受	672	育	870
观(觀)	284	氮	151	敲	591	爬	550	肩	366
规(規)	290			敷	234	乳	623	肥	222
视(視)	665	攵(攴)部		整	915	爱(愛)	5	服	235
览(覽)	453							胁(脅)	795
觉(覺)	384	二至四画		长部		父部		五画	
	419	收	669	长(長)	85	父	238	胡(鬍)	321
		攻	268		901	爷(爺)	836	背	32
		改	244			斧	237		

	33	九画		欧(歐)	548	方部		炸	895
胆(膽)	149			软(軟)	623			炮	557
胜(勝)	652	腰	832	欣	799	方	215	烂(爛)	454
胞	26	腥	803	炊	123	放	219	六画	
胖	555	腮	625	七画以上		施	655		
脉	501	腹	242			旅	492	烤	429
六画		腾(騰)	711	欲	872	旁	555	耿	264
		腿	735	款	444	族	961	烘	316
脆	132	十画		欺	577	旋	814	烦(煩)	211
脂	921			歇	794	旗	579	烧(燒)	638
胸	808	膜	523	歌	257			烛(燭)	939
胳	256	膊	58	歉	588	火部		烟	822
脏(臟)	889	膏	254					烫(燙)	707
脏(髒)	889	膀	24	风部		火	342	七至九画	
脊	354	十一画以上				一至三画			
胶(膠)	380			风(風)	229			焊	303
脑(腦)	535	膝	769	飘(飄)	565	灭(滅)	518	焰	828
朗	455	膨	560			灯(燈)	162	煤	507
七画		臂	36	殳部		灰	335	煌	334
			44			灶(竈)	891	十画以上	
脚	383	氏部		殴(毆)	548	灿(燦)	72		
脖	57			段	193	灸	409	熄	769
脸(臉)	472	昏	340	毁	337	灾	884	熔	621
脱	738			殿	175	灵(靈)	481	燃	610
八画		欠部		毅	850	四画		燥	892
								爆	31
期	576	欠	588	文部		炒	92		
腊(臘)	450	二至四画				炊	123	△灬部	
朝	90			文	756	炕	428		
	904	次	127	齐(齊)	577	炎	824	四至七画	
脾	563	欢(歡)	330	斑	19	炉(爐)	489	杰	390
腔	589	吹	122			五画		点(點)	171
						炼(煉)	473	热(熱)	613

63 部首检字表

烈	479	衤部		某	526	碴	79
烹	560					碱	370
		礼(禮)	463	石部		磋	134
八至九画		社	641			磁	126
煮	941	视(視)	665	石	656		
黑	313	祖	962			十画以上	
焦	381	神	646	三至四画		磕	431
然	610	祝	943	矿(礦)	445	磅	25
照	906	祥	786	码(碼)	499	磨	523
煎	367	祸(禍)	344	研	825		
		福	237	砖(磚)	945	龙部	
十画以上				砌	583		
熬	9	△示部		砂	630	龙(龍)	487
熏	817	示	661	砍	426	垄(壟)	488
熊	808	票	566			聋(聾)	487
熟	675	祭	358	五至七画		袭(襲)	770
燕	828	禁	401	砸	884		
		禀	53	础(礎)	116	业部	
斗部				破	572	业(業)	837
		聿部		硬	856	凿(鑿)	890
斗(鬥)	186			确(確)	608		
斜	795	肃(肅)	691	硫	486	目部	
						目	528
户部		毋(母)部		八画			
				碍(礙)	6	二至四画	
户	323	母	527	碑	32	盯	179
启(啓)	580	每	507	碎	695	盲	504
所	697	贯(貫)	286	碰	561	省	651
房	218	毒	188	碗	745	看	426
肩	366						427
扁	46	甘部		九画		盾	197
扇	632			碧	43		
雇	279	甘	247	碟	178		

盼	554		
眨	895		
眉	507		
五至六画			
眠	514		
眶	446		
睁	915		
着	905		
	910		
	952		
眯	511		
眼	826		
八画			
睛	403		
睹	190		
睦	529		
督	188		
睡	683		
睬	69		
十画以上			
瞒(瞞)	502		
瞎	773		
瞥	566		
瞧	591		
瞪	164		
瞻	898		
田部			
田	716		

二至四画		盈	854	钳(鉗)	587	锯(鋸)	417	二至三画	
亩(畝)	527	盏(盞)	898	钻(鑽)	963	**九画以上**		利	467
男	533	盐(鹽)	825	铀(鈾)	862			秃	730
奋(奮)	228	监(監)	367	铁(鐵)	720	锹(鍬)	591	秀	810
备(備)	33	益	848	铃(鈴)	481	锻(鍛)	194	私	686
畏	754	**六画以上**		铅(鉛)	585	镀(鍍)	191	秆	248
胃	754			**六画**		镇(鎮)	913	和	310
界	393	盛	101			镜(鏡)	408	委	752
思	686		652	铝(鋁)	492	镰(鐮)	472	季	357
五画以上		盘(盤)	553	铜(銅)	725	镶(鑲)	785	**四画**	
留	484	盒	312	铲(鏟)	84	△**金部**		秒	517
畜	117	盗	158	银(銀)	851			香	785
	813	盖(蓋)	245	**七画**		金	395	种(種)	933
畔	555					鉴(鑒)	374		935
略	494	**钅部**		铸(鑄)	944	**生部**		秋	601
累	461			铺(鋪)	573			科	430
畴(疇)	109	**二至三画**		链(鏈)	473	生	648	**五画**	
番	210	钉(釘)	179	销(銷)	791	星	802	秤	102
			181	锁(鎖)	698			乘	100
四部		针(針)	910	锄(鋤)	115	**矢部**		租	961
罗(羅)	496	钓(釣)	176	锅(鍋)	293			积(積)	348
罚(罰)	208	**四画**		锈(銹)	810	知	921	秩	929
罢(罷)	14	钙(鈣)	245	锋(鋒)	231	矩	414	称(稱)	96
置	930	钞(鈔)	90	锌(鋅)	800	矫(矯)	382	秘	513
罪	964	钟(鐘)	933	锐(銳)	624	短	192	**六至七画**	
罩	907	钢(鋼)	251	**八画**		矮	4	秽(穢)	340
		钥(鑰)	835	错(錯)	134	**禾部**		移	843
皿部		钦(欽)	593	锡(錫)	769			稍	638
		钩(鈎)	272	锣(鑼)	496	禾	309	程	101
四至五画		**五画**		锤(錘)	123				
盆	559	钱(錢)	586	锦(錦)	397				
				键(鍵)	374				

稀	769	鸦(鴉)	821	瘦	673	空	436	裕	873
税	683	鸭(鴨)	821	瘤	486		437	裤(褲)	440
八画以上		鸽(鴿)	257	瘫(癱)	703	帘(簾)	471	裙	609
		鹅(鵝)	201	瘸	608			褐	312
稚	930	鹰(鷹)	854	癌	4	**四至五画**			
稠	110					突	731	△**衣部**	
稳(穩)	758	**疒部**		**立部**		穿	118		
稻	160					窃(竊)	593	衣	841
黎	463	**二至四画**		立	466	窄	896	哀	3
稿	255			**一至四画**		**六画以上**		衷	680
穆	529	疗(療)	477					袭(襲)	770
穗	695	疙	256	产(產)	83	窖	832	袋	147
		疮(瘡)	120	竖(豎)	678	窜(竄)	131	裁	68
白部		疯(瘋)	230	亲(親)	594	窝(窩)	759	裂	479
		疤	12	音	851	窗	120	装(裝)	948
白	15	**五画**		**五画以上**		窟	440	裳	638
百	16							裹	295
皂	891	症	918	站	900	**衤部**			
的	161	病	54	竞(競)	406			**疋(正)部**	
	166	疾	352	章	901	**二至四画**			
	169	疼	710	竟	406			蛋	151
皇	333	疲	563	童	725	补(補)	59	疏	675
泉	607	**六至八画**		意	849	衬(襯)	96		
				竭	391	袄(襖)	9	**皮部**	
瓜部		痒(癢)	831	端	191	**五画**			
		痕	313					皮	562
瓜	280	痛	726	**穴部**		袜(襪)	740	皱(皺)	938
瓣	23	痹	43			袖	810	颇(頗)	571
		痴	103	穴	816	初	114		
鸟部		痰	704	**二至三画**		被	35	**癶部**	
		九画以上				**六画以上**			
鸟(鳥)	542			究	408			登	163
鸡(鷄)	348	瘟	756	穷(窮)	600	袱	236	凳	164

矛部		聚	417	四画		肩(肩)	489	螺	497
		聪(聰)	128	顽(頑)	744	虚	811	蠢	124
矛	505			顾(顧)	279	虑(慮)	493		
柔	621	臣部		顿(頓)	197			肉部	
				颁(頒)	19	虫部			
耒部		臣	94	颂(頌)	690			肉	622
		卧	759	烦(煩)	211	虫(蟲)	107		
耕	264			预(預)	871			缶部	
耗	308	覀(西)部				三画			
				五至六画		虹	317	缸	251
老(耂)部		西	767	领(領)	483	虾(蝦)	773	缺	607
		要	832	颇(頗)	571	虽(雖)	694	罐	287
考	429		834	颈(頸)	404	蚂(螞)	499		
老	456	栗	469	颊(頰)	362			舌部	
孝	793	票	566			四至七画			
者	909	覆	243	七画以上		蚕(蠶)	71	舌	640
				频(頻)	567	蚊	757	乱(亂)	494
耳部		而部		颗(顆)	431	蛇	640	刮(颳)	280
				题(題)	713	蛙	740	甜	716
耳	204	而	203	颜(顏)	825	蛾	201	辞(辭)	125
		耐	533	额(額)	201	蜂	231		
二至四画		耍	680	颠(顛)	170			竹(⺮)部	
				颤(顫)	84	八画			
取	603					蜻	598	竹	939
耻	105	页部				蜡(蠟)	450		
耸(聳)	689			至部		蝇(蠅)	854	三至四画	
耿	264	页(頁)	838			蜘	921	竿	248
耽	149			至	926			笔(筆)	41
		二至三画		到	156	九画以上		笑	793
五画以上		顶(頂)	179	致(緻)	929			笋	696
		项(項)	788			蝶	178	笆	12
职(職)	923	顺(順)	684	虍部		蝴	322		
聊	477	须(鬚)	811			蝗	334	五画	
联(聯)	471			虎	323	融	621	笨	38
聘	568								

笼(籠)	487	**十画以上**		**五画以上**		着	952	糠	428
	488						905		
笛	166	篮(籃)	453	盘(盤)	553		910	**艮部**	
符	236	篙	254	舶	57	盖(蓋)	245		
第	170	簏(籮)	463	船	119	羡	783	良	473
		簇	131	舵	200	善	632	艰(艱)	367
六画		簸	58	艇	722	翔	786	恳(懇)	435
		籍	353	艘	690	群	609		
筐	444							**羽部**	
等	163	**臼部**		**色部**		**米部**			
筑(築)	944							羽	869
策	75	舅	412	色	628	米	513	翅	105
筛(篩)	630			艳(艷)	827			扇	632
筒	726	**自部**				**三至五画**		翘(翹)	592
答	136			**齐部**		类(類)	460	翔	786
	137	自	955			粉	226	翠	132
筋	396	臭	111	齐(齊)	577	料	478	翼	850
						粘	897	翻	210
七画		**血部**		**羊(⺸⺶)部**		粗	130		
筹(籌)	110					粒	469	**走部**	
签(簽)	585	血	796	羊	829				
简(簡)	369		817			**六至八画**		走	959
筷	443	衅(釁)	802	**三画**		粪(糞)	228	赴	240
				差	77	粥	937	赶(趕)	248
八画		**舟部**			80	粮(糧)	475	起	580
算	693				81	精	403	越	880
箩(籮)	496	舟	936	美	508	粹	132	趁	96
管	285			养(養)	830			趋(趨)	603
		四画		姜(薑)	375	**九画以上**		超	90
九画		舰(艦)	373			糊	322	趣	605
箱	785	舱(艙)	72	**四画以上**		糙	73	趟	707
箭	374	般	19	羔	254	糖	706		
篇	564	航	304	羞	809	糕	254		
						糟	889		

赤部		辰部		路	490	采部		辩(辯)	48
				跟	263			辫(辮)	48
赤	105	辰	94			悉	768	瓣	23
赫	312	唇	124	七至八画		番	210		
				踌(躊)	110	释(釋)	668	青部	
豆部		豕部		踊(踴)	858			青	596
豆	187	家	360	踢	711	谷部		静	407
短	192	象	789	踏	700	谷(穀)	276		
登	163	豪	305	踩	70	豁	341	卓部	
豌	743			踪	958			朝	90
		里部		九至十画		豸部			904
西部		里(裏)	464	蹑	199	豹	30	雨部	
三至六画		野	836	蹄	713			雨	869
酌	952			蹉	134	龟部			
配	558	足(𧾷)部		蹈	156	龟(龜)	290	三至五画	
酝(醞)	882	足	961	十一画以上				雪	817
酗	813	二至五画		蹦	39	角部		雷	460
酣	301			蹲	197	角	381	零	482
酱(醬)	378	趴	550	蹭	77	触(觸)	117	雾(霧)	766
酬	110	距	416	蹬	163	解	392	雹	27
七画以上		跃(躍)	880	躁	892				
		践(踐)	373			辛部		六至八画	
酶	507	跌	177	身部		辛	799	需	811
酿(釀)	542	跑	556	身	643	辜	275	震	912
酸	692	六画		射	641	辞(辭)	125	霉(黴)	507
醋	131			躬	270	辟	43	霍	345
醇	124	跨	441	躲	199	辣	450	九画以上	
醉	964	跳	719	躺	706	辨	48	霜	682
醒	805	跺	200						
		跪	293						

69

霞	774	雌	126	鞭	45	竟	406	鹿部	
霸	14	焦	381			韵	882		
露	489	雕	175	面部		意	849	鹿	490
	491	截	391	面(麵)	515	首部		黑部	
非部		鱼部		骨部		首	671	黑	313
								墨	525
非	221	鱼(魚)	867	骨	277	高部		默	526
辈(輩)	35	鲁(魯)	489			高	252		
悲	32	鲜(鮮)	778	香部		膏	254	鼓部	
靠	429	鲸(鯨)	404	香	785			鼓(皷)	277
齿部		隶部		鬼部		黄部		鼠部	
齿(齒)	105	隶(隸)	469	鬼	291	黄	333	鼠	677
龄(齡)	482			魂	341				
		革部		魔	524	麻部		鼻部	
佳部		革	258			麻	498	鼻	39
难(難)	534	勒	459	音部		摩	523		
售	673	靴	815			磨	523		
集	352	鞋	796	音	851	魔	524		
雄	808	鞠	413						

A a

阿 ā 7画 阝(左)部

阿阿阿阿阿阿阿

❶[词头]用在兄弟姐妹等称谓和小名、姓氏的前面：used before terms of address such as brother and sister, pet names and surnames ｜ ～哥 āgē *elder brother* / ～妹 āmèi *younger sister* / ～宝 Ā Bǎo *A Bao* / ～张 Ā Zhāng *A Zhang*

❷[词头]用在某些亲属名称的前面：used before terms of address for some relatives

阿舅 ājiù uncle (mother's brother)

阿姨 āyí aunt

◇阿拉伯语 Ālābóyǔ Arabic (language)

啊 ā 10画 口部

啊啊啊啊啊啊啊啊啊啊

[叹]表示惊讶或赞叹：expressing admiration or surprise ｜ ～，下雪了！Ā, xiàxuě le! *Oh, it's snowing!* / ～，风景太美了！Ā, fēngjing tāi měi le! *Oh, the view is so beautiful!* / ～，这幅画真好看哪！Ā, zhè fú huà zhēn hǎokàn na! *Oh, what a beautiful picture!*

See ǎ; ǎ; à; a.

啊 á 10画 口部

啊啊啊啊啊啊啊啊啊啊

[叹]表示追问：pressing for an answer or asking for a repeat ｜ ～，真的吗？Á, zhēn de ma? *Oh, is it true?* / ～，你说什么？Á, nǐ shuō shénme? *Ah, what did you say?*

See ā; ǎ; à; a.

啊 ǎ 10画 口部

啊啊啊啊啊啊啊啊啊啊

[叹]表示惊疑：expressing surprise or puzzlement ｜ ～，我的帽子呢？Ǎ, wǒ de màozi ne? *Well, where is my hat?* / ～，这怎么可能呢？Ǎ, zhè zěnme kěnéng ne? *Well, how can this be true?*

See ā; á; à; a.

啊 à 10画 口部

啊啊啊啊啊啊啊啊啊啊

❶[叹]表示应诺：expressing compliance or agreement ｜ ～，就这样办吧！À, jiù zhèyàng bàn ba! *OK. Let's do it this way.*

❷[叹]表示醒悟：expressing sudden realization ｜ ～，原来是你呀！À, yuánlái shì nǐ ya! *Ah, so it's you.*

❸[叹]表示赞叹或惊异：expressing admiration or amazement ｜ ～，家乡的变化真大呀！À, jiāxiāng de biànhuà zhēn dà ya! *What great changes have taken place in our hometown!* ／～，你说得真好！À, nǐ shuō de zhēn hǎo! *Mm, well said!*

See ā; á; ǎ; a.

啊

a　10画 口部

啊啊啊啊啊啊啊啊啊啊

❶[助]用在句子末尾，加重语气：used at the end of a sentence for emphasis ｜ 你可真行～！Nǐ kě zhēn xíng a! *Oh, you are so great!* ／你找谁～？Nǐ zhǎo shéi a? *Whm are you looking for?*

❷[助]用在句中停顿处，表示强调或列举：used at the pauses of sentences to emphasis or to enumerate items ｜ 这个孩子～，可真可爱。Zhège háizi a, kě zhēn kě'ài. *Oh, how lovely the child is!* ／那里的山～，水～，一切都很美。Nàli de shān a, shuǐ a, yīqiè dōu hěn měi. *Everything there — mountains and rivers — is so beautiful.*

❸[叹]表示劝导或轻度提示：expressing advice or suggestion ｜ 你在家等着～！Nǐ zài jiā děngzhe a! *You'd better wait at home.*

See ā; á; ǎ; à.

哎

āi　8画 口部

哎哎哎哎哎哎哎哎

❶[叹]表示惊讶或不满意：expressing surprise or dissatisfaction ｜ ～！真想不到你也来了！Āi! Zhēn xiǎngbudào nǐ yě lái le! *Hey, I didn't expect that you came here!* ／～，真怪啊！Āi, zhēn guài a! *Why, how strange it is!* ／～，你怎么能这样说呢！Āi, nǐ zěnme néng zhèyàng shuō ne! *Hey, how can you say so?* ／～，你怎么在这儿吸烟？Āi, nǐ zěnme zài zhèr xīyān? *Hey, how can you smoke here?* ／～，你怎么搞的！Āi, nǐ zěnme gǎo de! *See, what you have done!*

哎呀　āiyā ① expressing astonishment or pain, used as "ah" or "my god", etc. ② expressing complaint or showing impatience, used as "goodness" or

"oh dear", etc.
哎哟 āiyō expressing surprise and agony
❷[叹]表示提醒：reminding somebody of something ｜ ~,要迟到了! Āi,yào chídào le! *Oh, I'm going to be late.* / ~,我想起来了。Āi, wǒ xiǎng qǐlai le. *Ah, now I remember it.*

哀 āi 9画 亠部

❶[形]难过；悲伤；悲痛：grief, sorrow ｜ 喜怒~乐 xǐ-nù-āi-lè *happiness, anger, grief and joy* 悲哀 bēi'āi
❷[动]对死去的人表示悼念：mourn 哀悼 āidào grief over sb.'s death; mourn over sb.'s death; lament sb.'s death
❸[副]苦苦地：piteously 哀求 āiqiú entreat; implore

埃 āi 10画 土部

[名]灰尘；尘土：dust
尘埃 chén'āi

挨 āi 10画 扌部

❶[动]顺次，逐一：follow a regular order or sequence ｜ ~家赠送礼品 āi jiā zèngsòng lǐpǐn *distribute gifts from door to door* / ~着号叫 āizhe hào jiào *call the roll* / 把这些东西~着次序放好。Bǎ zhèxiē dōngxi āizhe cìxù fànghǎo. *Arrange these things in order.*
挨个 āigè in turn; one by one
❷[动]靠近；接触；紧接着：get close to; be next or near to ｜ 一个~着一个 yī gè āizhe yī gè *next to one another* / 他家~着图书馆。Tā jiā āizhe túshūguǎn. *His house is next to the library.* / 我们俩的座位紧~在一起。Wǒmen liǎ de zuòwèi jǐn āi zài yīqǐ. *Our seats are next to each other.*
挨近 āijìn be near to; get close to
挨着 āizhe be next to; get close to
See ái.

唉 āi 10画 口部

❶[叹]表示应答：a sound used as an answering voice ｜ ~,我这就去。Āi,wǒ zhè jiù qù. *Yes, I'm going right away.*

❷[叹]叹息声：a sighing sound | ~!真拿他没办法! Ài! Zhēn ná tā méi bànfǎ! *Alas, there's no way to deal with him.* / ~，这下完了! Ài, zhè xià wán le! *Alas, it's finished!* / ~，太累了! Ài, tài lèi le! *Oh, I'm so tired.*

挨 āi 10画 扌部

挨挨挨挨挨挨挨挨挨挨

❶[动]遭受：suffer; endure | ~冻 āidòng *suffer from cold* / ~饿 āi'è *go hungry* / ~骂 āimà *be scolded; get a dressing-down* / 他没带着伞，这下要~淋了。Tā méi dàizhe sǎn, zhè xià yào āilín le. *He forgot his umbrella and would be caught in the rain.* / ~批评 āi pīpíng *be criticized sharply* / 他~了一个耳光。Tā āile yī gè ěrguāng. *He was given a slap in the face.*

❷[动]拖延：delay; put off | ~时间 āi shíjiān *play for time*

❸[动]困难地度过（时间）：struggle to pull through (hard times) | 总算~过了这段苦日子。Zǒngsuàn āiguo le zhè duàn kǔ rìzi. *At last we struggled to pull through that period of miserable time.* / 老人的病恐怕~不过三个月。Lǎorén de bìng kǒngpà āibuguò sān gè yuè. *The old man is so ill that he is not likely to endure for another three months.*

See āi.

癌 ái 17画 疒部

癌癌癌癌癌癌癌癌癌癌癌癌癌癌癌

[名]恶性肿瘤：malignant tumour
癌症 áizhèng cancer

矮 ǎi 13画 矢部

矮矮矮矮矮矮矮矮矮矮矮矮矮

❶[形]身材短：short of stature | ~个子 ǎi gèzi *a short person* / 弟弟比哥哥~。Dìdi bǐ gēge ǎi. *The younger brother is shorter than the elder brother.*

❷[形]高度小的；低：short in height or low | 这几棵小树很~。Zhè jǐ kē xiǎoshù hěn ǎi. *These small trees are very short.* / 院子四周有一道~墙。Yuànzi sìzhōu yǒu yī dào ǎi qiáng. *There is a low wall around the courtyard.*

❸[形]等级、地位低：low in grade or position | 他比我~一个年级。Tā bǐ wǒ ǎi yī gè niánjí. *He is one grade lower than me.*

4

蔼（藹） ǎi　14画 艹部

蔼蔼蔼蔼蔼蔼蔼蔼蔼蔼蔼蔼蔼蔼

[形]和气；态度温和：kindly and friendly
和蔼 hé'ǎi

艾　ài　5画 艹部

艾艾艾艾艾

[名]一种药用植物：Chinese mugwort
◇艾滋病 àizībìng AIDS (acquired immune deficiency syndrome)

爱（愛） ài　10画 爫部

爱爱爱爱爱爱爱爱爱爱

❶[动]对人或事物有深厚的感情：love; deep feeling for people or things｜他很~自己的妻子。Tā hěn ài zìjǐ de qīzi. *He loves his wife devotedly.*／她最~花儿。Tā zuì ài huār. *She loves flowers most.*
爱戴 àidài love and esteem
爱国 àiguó love one's country; be patriotic
爱心 àixīn love; compassion; sympathy
爱面子 àimiànzi be concerned about face-saving; be sensitive about one's reputation

慈爱 cí'ài　　关爱 guān'ài
敬爱 jìng'ài　　亲爱 qīn'ài
热爱 rè'ài　　友爱 yǒu'ài

❷[动]喜好；喜欢：like; be fond of｜老李从小~唱歌。Lǎo Lǐ cóng xiǎo ài chànggē. *Lao Li has been fond of singing since childhood.*／年轻人~热闹。Niánqīngrén ài rènao. *Young people enjoy jolly time.*
爱好 àihào like; love; be fond of; be keen on
喜爱 xǐ'ài　　心爱 xīn'ài

❸[动]怜惜；爱护：cherish; treasure, hold dear; take good care of｜~公物 ài gōngwù *Cherish public property*
爱护 àihù cherish; take good care of; treasure
爱惜 àixī cherish; treasure; use sparingly

❹[动]容易发生某种行为（或变化）：be apt to; be in the habit of; tend to｜弟弟~哭。Dìdi ài kū. *The younger brother is apt to cry.*／铁~生锈。Tiě ài shēngxiù. *Iron rusts easily.*

❺[名]特指男女间爱恋的感情：love between a man and a woman
爱情 àiqíng love (between sexes)
爱人 àirén ①husband or wife ②

5

sweetheart; lover
恋爱 liàn'ài　相爱 xiāng'ài

隘 ài 12画 阝(左)部

隘隘隘隘隘隘隘隘隘隘隘隘

❶[形]狭窄；狭小：narrow
狭隘 xiá'ài
❷[名]关口；险要的地方：narrow way over or through mountains | 要~ yào'ài *a narrow pass*

碍(礙) ài 13画 石部

碍碍碍碍碍碍碍碍碍碍碍碍碍

[动]妨害，阻挡：hinder; obstruct; be in the way of
碍事 àishì ① be in the way; be a hindrance ② be of consequence; matter
妨碍 fáng'ài　障碍 zhàng'ài
阻碍 zǔ'ài

安 ān 6画 宀部

安安安安安安安

❶[形]平安，没有事故或危险：safe and sound
安全 ānquán safe; secure
安全带 ānquándài safety belt; seat belt
安全套 ānquántào condom; sheath
保安 bǎo'ān　公安 gōng'ān
平安 píng'ān　晚安 wǎn'ān
治安 zhì'ān
天安门 Tiān'ānmén
一路平安 yīlù-píng'ān
❷[形]平静；稳定：calm, stable | 心神不~ xīnshén-bù'ān *feel uneasy* / 这孩子坐立不~。Zhè háizi zuòlì-bù'ān. *The child fidgets whether sitting or standing.*
安定 āndìng ① stable; quiet; settled ② stabilize; maintain
安静 ānjìng quiet; peaceful
安宁 ānníng peaceful; tranquil
安稳 ānwěn firm and secure
安详 ānxiáng composed; serene; unruffled
安心 ānxīn ① feel at ease; be relieved; set one's mind at rest ② harbour an ulterior motive
不安 bù'ān
❸[动]使安定；使稳定：stabilize; settle down | 他到这里后一直没有~下心来。Tā dào zhèlǐ hòu yīzhí méiyǒu ānxià xīn lai. *He has not felt at ease yet since he came here.*
安慰 ānwèi comfort; console
❹[动]安置；使人或物有适当的位置：find a place for | 把他~到了重要部门。Bǎ tā āndàole zhòngyào bùmén. *He was arranged to an important de-*

partment.

安排 ānpái arrange; fix up; plan
安置 ānzhì arrange for; find a place for; help settle down

❺[动]装设：install; assemble｜~电灯 ān diàndēng *install electric lights* / ~空调 ān kōngtiáo *install an air conditioner*

安装 ānzhuāng install; fix; mount

❻[动]存着；怀着：harbour an intention｜你~的什么心，我全知道。Nǐ ān de shénme xīn, wǒ quán zhīdào. *I know all about what you are up to.*

岸

ān　8画 山部

岸岸岸岸岸岸岸岸

[名]江、河、湖、海等水域边缘的陆地：bank; shore; coast｜小河两~种了许多柳树。Xiǎohé liǎng'àn zhòngle xǔduō liǔshù. *A lot of willows are planted on either bank of the river.* / 船马上就靠~了。Chuán mǎshàng jiù kào àn le. *The ship is nearing the shore.*

对岸 duì'àn　　海岸 hǎi'àn
口岸 kǒu'àn　　沿岸 yán'àn

按

ān　9画 扌部

按按按按按按按按按

❶[动]用手或指尖压：press or push down with hand or fingers｜~门铃 àn ménlíng *ring the door bell* / ~图钉 àn túdīng *drive a drawing pin*

按摩 ànmó massage

❷[动]经过考核研究后下论断：draw a conclusion after investigation and research

编者按 biānzhě'àn

❸[动]依照：according to; on the basis of｜~人数计算 àn rénshù jìsuàn *make calculations according to the number of people* / ~理说你应该去。Ànlǐshuō nǐ yīnggāi qù. *Reasonably speaking, you should go.*

按揭 ànjiē mortage
按期 ànqī on time; on schedule
按时 ànshí on time; on schedule
按照 ànzhào according to; in accordance with; in the light of; on the basis of
按劳分配 ànláo fēnpèi distribute to each according to his work

案

àn　10画 木部

案案案案案案案案案案

❶[名]长方形的桌子：a long narrow

7

desk. | 书~上摆满了书。Shū'àn shang bǎimǎn le shū. *Books are all over the long narrow desk.*

❷[名]记录事件或处理公务的文书：documents of institutions or organizations | 记录在~jìlù zài'àn *be recorded*

档案 dàng'àn

❸[名]有关计划、建议的文件：a plan or proposal submitted for consideration

草案 cǎo'àn　　答案 dá'àn
方案 fāng'àn　　提案 tí'àn
议案 yì'àn

❹[名]涉及法律或政治的事件：law case or political event | 破~ pò'àn *clear up a criminal case* / 办~ bàn'àn *handle a case*

案件 ànjiàn law case; legal case
案例 ànlì case
案情 ànqíng case; details of a case
案子 ànzi law case; case

报案 bào'àn　　法案 fǎ'àn
个案 gè'àn　　　立案 lì'àn
作案 zuò'àn

暗　àn　13画 日部

暗暗暗暗暗暗暗暗暗暗暗暗暗

❶[形]光线不足；不明亮：not bright; dim; dark | 灯光太~。Dēngguāng tài àn. *The light is too dim.* / 这个房间比较~，开开灯吧。Zhège fángjiān bǐjiào àn, kāikai dēng ba. *This room is dark. Turn on the light.* / 天色渐渐~下来了。Tiānsè jiànjiàn àn xiàlai le. *It's getting dark.* / 不要在光线~的地方看书。Bùyào zài guāngxiàn àn de dìfang kànshū. *Don't read books in dim light.*

暗淡 àndàn dim; dismal; faint; gloomy

黑暗 hēi'àn　　阴暗 yīn'àn

❷[形]隐藏的；不外露的：secret; hidden | 他虽然不说，心里却~自高兴。Tā suīrán bù shuō, xīnli què ànzì gāoxìng. *He didn't say anything, but felt pleased in his heart.* / 明人不做~事。Míng rén bù zuò ànshì. *One who is aboveboard does nothing on the sly.*

❸[副]偷偷地；私下里：secretly

暗暗 àn'àn secretly; inwardly; to oneself
暗恋 ànliàn love secretly; fall in love with sb. secretly
暗杀 ànshā assassinate
暗示 ànshì drop a hint; hint; suggest
暗中 ànzhōng in secret; on the sly

昂　áng　8画 日部

昂

昂昂昂昂昂昂昂昂

❶[动]仰着(头)：hold high｜~头挺胸 ángtóu tǐngxiōng *hold up one's head and throw out one's chest*

❷[形]价钱高：(of price) high, expensive
昂贵 ánggùi *expensive; costly*

❸[形]精神振奋；情绪高涨：high-spirited
昂扬 ángyáng *high-spirited*
高昂 gāo'áng

凹   āo   5画 ｜部

凹凹凹凹凹

❶[形]中间低，四周高：sunken｜~凸不平 āotū bù píng *full of bumps and holes; uneven*

❷[动]由周围向中心陷下：hollow; sunken｜他的脸颊已经瘦得~进去了。Tā de liǎnjiá yǐjīng shòu de āo jìnqu le. *His cheeks have sunken in.*

熬   áo   14画 灬部

熬熬熬熬熬熬熬熬熬熬熬熬熬

❶[动]久煮：stew; boil｜~粥 áozhōu *cook gruel* ／ ~药 áoyào *decoct medicinal herbs*

❷[动]忍受；勉强支撑：endure; hold out｜~夜 áoyè *stay up late or all night* ／ ~白了头 áobáile tóu *suffer so much that one's hair has turned gray*

袄 (襖)   ǎo   9画 衤部

袄袄袄袄袄袄袄袄袄

[名]有衬里的中式上衣：lined Chinese-style coat or jacket｜棉~ mián'ǎo *cotton-padded jacket*

傲   ào   12画 亻部

傲傲傲傲傲傲傲傲傲傲傲傲

[形]自高自大，看不起别人：proud; haughty｜这个人很~。Zhège rén hěn ào. *This person is quite arrogant.*
骄傲 jiāo'ào

奥   ào   12画 大部

奥奥奥奥奥奥奥奥奥奥奥奥

[形]含义深，不容易懂：profound and difficult to understand
奥秘 àomì *profound mystery*
深奥 shēn'ào

9

◇奥运会 Àoyùnhuì the Olympic Games

奥林匹克 Àolínpǐkè the Olympic

澳 ào 15画 氵部

澳澳澳澳澳澳澳澳澳澳澳澳澳澳澳

❶[名]指澳门：Macao
❷[名]指澳大利亚：Australia

澳洲 Àozhōu Australia (the continent)

B b

八 bā 2画 八部

八八八

[数]数字：eight｜7加1等于八。Qī jiā yī děngyú bā. *Seven plus one equals eight.*

乱七八糟 luànqībāzāo
七嘴八舌 qīzuǐ-bāshé
四面八方 sìmiàn-bāfāng
五花八门 wǔhuā-bāmén
◇ 丑八怪 chǒubāguài

巴 bā 4画 一部

巴巴巴巴

❶ [动]盼望；期望：look forward to; earnestly wish｜～望 bāwàng *hope; look forward to*

❷ [动]讨好：curry favour with; fawn on
巴结 bājie curry favour with; fawn on; make up to

❸ [词尾] as a suffix
尾巴 wěiba　下巴 xiàba
嘴巴 zuǐba

◇ 巴士 bāshì bus（a transliteration）

扒 bā 5画 扌部

扒扒扒扒扒

❶ [动]抓住（可依附的东西）：cling to; hold on to｜～着栏杆 bāzhe lángān *hold on to the railing*／～着窗户 bāzhe chuānghu *hold on to the window*

❷ [动]刨开；挖：dig up｜～房子 bā fángzi *pull down the house*

❸ [动]拨动：push aside｜～开草丛 bākāi cǎocóng *push aside a thick growth of grass*／～开众人 bākāi zhòngrén *push aside the crowd of people*

❹ [动]剥下；脱掉：strip off; take off｜他把鞋一～，趟水过河了。Tā bǎ xié yī bā, tāngshuǐ guòhé le. *Taking off his shoes, he waded across the river.*／～下衣裳 bāxià yīshang *take off the clothes*

See pá.

叭 bā 5画 口部

叭叭叭叭叭

[拟声] crack｜～的一声枪响 bā de yī shēng qiāng xiǎng *the crack of a shot*
喇叭 lǎba

11

芭 bā 7画 艹部

芭芭芭芭芭芭芭

See 芭蕾舞
芭蕾舞 bāléiwǔ ballet

吧 bā 7画 口部

吧吧吧吧吧吧吧

[拟声] crack | ～的一声，树枝折断了。Bā de yī shēng, shùzhī zhéduàn le. *The branch broke with a snap.* / 大门～的一下关上了。Dàmén bā de yīxià guānshang le. *The door shut with a slam.*

◇吧台 bātái bar; pub counter
酒吧 jiǔbā   网吧 wǎngbā
See ba.

疤 bā 9画 疒部

疤疤疤疤疤疤疤疤疤

❶ [名] 疮口或伤口长好后留下的痕迹：scar | 他腿上有块～。Tā tuǐshang yǒu kuài bā. *There's a scar on his leg.*

❷ [名] 器物上像疤的痕迹：a scar-like mark on a utensil | 这个茶杯上有个～。Zhège chábēi shang yǒu ge bā. *There is a scar-like mark on the cup.*

捌 bā 10画 扌部

捌捌捌捌捌捌捌捌

[数] "八"的大写：complicated form of the numeral "八" (eight)

笆 bā 10画 竹部

笆笆笆笆笆笆笆笆

[名] 用竹片或树枝等编成的东西：sth. made of bamboo or tree twigs
篱笆 líba

拔 bá 8画 扌部

拔拔拔拔拔拔拔拔

❶ [动] (连根) 拉出：pull; pull out; uproot | ～剑 bá jiàn *draw one's sword* / ～草 bá cǎo *pull up weeds* / ～牙 bá yá *pull out a tooth* / 把钉子～出来。Bǎ dīngzi bá chūlai. *Pull out the nail.*

拔河 báhé tug-of-war
一毛不拔 yīmáo-bùbá

❷ [动] 超出；高出：surpass
海拔 hǎibá

❸ [动]挑取；提升：choose; select; promote

提拔 tíbá　　选拔 xuǎnbá

把 bǎ　7画 扌部

把 把把把把把把把

❶ [动]拿；握住：hold; grasp｜两手~着栏杆 liǎng shǒu bǎzhe lángān *hold on to railings with both hands* / 他紧紧地~着我的手。Tā jǐnjǐn de bǎzhe wǒ de shǒu. *He held my hand tightly.*

把柄 bǎbǐng handle; mistake that can be used against oneself
把脉 bǎmài feel the pulse
把手 bǎshǒu handle
把握 bǎwò ① grasp; hold ② assurance; certainty

❷ [动]控制；掌握：grasp; control｜~握时机 bǎwò shíjī *seize the opportunity; seize the right time*

❸ [动]看守；管：guard; watch｜~门 bǎmén *guard a gate*

把关 bǎguān check on; guard a pass; strictly check against the criteria to prevent errors

❹ [名]器物上的柄：handle

❺ [量]用于有把手的器具：used for sth. with a handle｜一~扇子 yī bǎ shānzi *a fan* / 一~刀 yī bǎ dāo *a knife*

❻ [量]用于一只手可以托住或抓起来的数量：used for sth. that one hand can hold｜一~糖 yī bǎ táng *a handful of candies* / 一~米 yī bǎ mǐ *a handful of rice* / 两~花 liǎng bǎ huā *two bunches of flowers*

❼ [量]用于某些抽象事物：used for some abstract things｜一~力气 yī bǎ lìqi *be quite strong* / 加~劲 jiā bǎ jìn *make an extra effort* / 我都一大~年纪了。Wǒ dōu yī dà bǎ niánjì le. *I'm getting on in years.*

❽ [介]表示致使：used to shift the object in front of the verb｜~房间收拾一下 bǎ fángjiān shōushi yīxià *tidy the room* / ~他累坏了。Bǎ tā lèihuài le. *He was tired out.* / 请~门带上。Qǐng bǎ mén dàishang. *Shut the door, please.*

❾ [数]约略估计：about; or so｜个~月 gè bǎ yuè *about a month* / 他只有千~块钱。Tā zhǐyǒu qiān bǎ kuài qián. *He has only about a thousand yuan.*

◇ 把戏 bǎxì ① acrobatics; juggling ② trick; deceit

一把手 yībǎshǒu

坝 (壩) bà　7画 土部

坝 坝坝坝坝坝坝

[名]拦水的建筑物：a barrier preventing the flow of water | 水~ shuǐbà *dam* / 堤~ dībà *dykes and dams*

爸 bà 8画 父部

爸爸爸爸爸爸爸爸

[名]父亲：father

爸爸 bàba *papa; dad; father*

罢(罷) bà 10画 四部

罢罢罢罢罢罢罢罢罢罢

❶ [动]停止：stop; rest; cease | ~课 bàkè *students' strike*
罢工 bàgōng *strike; go on strike*

❷ [动]免去；解除：dismiss from office | ~去官职 bàqù guānzhí *remove sb. from office* / ~职 bàzhí *remove from office; dismiss*

❸ [动]完了；完毕：finish | 吃~饭 chībà fàn *finish one's meal* / 他说~就走了。Tā shuōbà jiù zǒu le. *With these words he left.* / 说~，他站了起来。Shuōbà, tā zhànle qǐlai. *With these words he stood up.*

霸 bà 21画 雨部

霸霸霸霸霸霸霸霸霸霸霸霸霸霸霸霸霸霸霸霸霸

❶ [名]古代诸侯联盟的首领：the leader of an alliance of feudal lords
霸王 bàwáng *overlord; despot*

❷ [名]依靠权势蛮横无理欺压他人的人：tyrant; bully | 恶~ èbà *local tyrant (or despot)*

❸ [动]依仗权势强行占有或占据：forcibly occupy; seize
霸道 bàdào *high-handed; overbearing*
霸权 bàquán *hegemony; supremacy*
霸占 bàzhàn *forcibly occupy; seize*

吧 ba 7画 口部

吧吧吧吧吧吧吧

❶ [助]用于句尾，表示商量、建议、命令、请求：used at the end of a sentence to indicate suggestion, command or request | 帮帮我的忙~! Bāngbāng wǒ de máng ba! *Give me a hand!* / 还是你去~。Háishì nǐ qù ba. *It would be better to go by yourself.* / 别说了~! Bié shuōle ba! *Say no more!*

❷ [助]用于句尾，表示估计、推测、不敢肯定的语气：used at the end of a sentence to indicate estimation, inference, doubt or conjecture｜今天不会下雨～。Jīntiān bù huì xiàyǔ ba. *It is not likely to rain today.* / 大概是前天～，他来过这儿。Dàgài shì qiántiān ba,tā láiguo zhèr. *It was probably the day before yesterday that he came here.*

❸ [助]用于句尾，表示同意：used at the end of a sentence to indicate agreement or approval｜好～，我明天去。Hǎo ba, wǒ míngtiān qù. *All right, I'll go tomorrow.* / 好～，就这么办～。Hǎo ba, jiù zhème bàn ba. *OK, let's do it this way.* / 好～，我答应你。Hǎo ba, wǒ dāying nǐ. *All right. You can have my consent.*

❹ [助]用于句中停顿处，有两难之意：used to indicate a pause in a sentence, suggesting a dilemma｜走～，不好；不走～，也不好。Zǒu ba, bù hǎo; bù zǒu ba, yě bù hǎo. *To go or not to go, neither is appropriate.*

See bā.

掰 bāi 12画 手部

掰 掰 掰 掰 掰 掰 掰 掰 掰 掰 掰

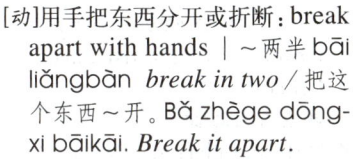

[动]用手把东西分开或折断：break apart with hands｜～两半 bāi liǎngbàn *break in two* / 把这个东西～开。Bǎ zhège dōngxi bāikāi. *Break it apart.*

掰开 bāikāi break off with fingers and thumbs

白 bái 5画 白部

白 白 白 白 白 白

❶ [形]像雪或霜那样的颜色：white; colour of snow or frost｜～手帕 bái shǒupà *a white handkerchief* / 他的头发全～了。Tā de tóufa quán bái le. *All his hair has turned gray.*

白宫 Báigōng the White House
白酒 báijiǔ spirit usu. distilled from sorghum or maize; white spirit
白领 báilǐng white collar
白人 báirén white man or woman
白色 báisè white (colour)
白头 báitóu hoary head; old age
苍白 cāngbái　黑白 hēibái
雪白 xuěbái

❷ [形]明亮：bright
白天 báitiān daytime; day
白日梦 báirìmèng daydream;

15

wishful thinking

❸ [形]清楚；明白：clear; make clear; plain
白话文 báihuàwén vernacular Chinese (as against classical Chinese)
明白 míngbai

❹ [形]没有加上什么东西的；空的：blank; pure | ～开水 bái kāishuǐ plain boiled water / 交～卷 jiāo báijuàn hand in a blank examination paper
空白 kòngbái

❺ [副]无效果地：in vain; to no effect | ～去一回 bái qù yī huí run a fruitless errand / ～费力气 bái fèi lìqi make efforts for nothing
白白 báibái in vain; for nothing

❻ [副]不付代价地：free of charge | ～吃 báichī eat sth. without paying for it / ～送我都不要。Báisòng wǒ dōu bù yào. I wouldn't have it even offered free of charge.

❼ [形]读音或字形错误：(of words) wrongly pronounced or written | 写～字 xiě báizì write a character wrongly

◇ 白菜 báicài Chinese cabbage
白血病 báixuèbìng leukaemia
大白菜 dàbáicài
蛋白质 dànbáizhì
开场白 kāichǎngbái

百 bǎi 6画 白部

百 百百百百百百

❶ [数]数目：hundred | 五～个学生 wǔ bǎi gè xuésheng five hundred students
百分比 bǎifēnbǐ percentage
百分点 bǎifēndiǎn one percentage point

❷ [数]形容很多：numerous
百倍 bǎibèi hundredfold; a hundred times
百货 bǎihuò general merchandise
百姓 bǎixìng common people
百花齐放 bǎihuā-qífàng a hundred flowers in bloom
百家争鸣 bǎijiā-zhēngmíng let a hundred schools of thought contend
老百姓 lǎobǎixìng
千方百计 qiānfāng-bǎijì
身价百倍 shēnjià-bǎibèi

◇ 百合 bǎihé lily

柏 bǎi 9画 木部

柏 柏柏柏柏柏柏柏柏

See 柏树
柏树 bǎishù cypress

摆 (擺❶-❺ 襬❻) bǎi 13画 扌部

摆 摆摆摆摆摆摆摆摆摆摆摆

❶[动]安放；排列：display; exhibit; arrange｜桌子上~着许多书。Zhuōzi shang bǎizhe xǔduō shū. *There are a lot of books on the desk.* / 把东西~好。Bǎ dōngxi bǎihǎo. *Put the things in order.*

摆放 bǎifàng put; place; lay

摆设 bǎishe ① ornaments; decorations ② objects or articles merely for show

❷[动]列举；陈述：enumerate; state clearly｜~事实，讲道理 bǎi shìshí, jiǎng dàolǐ *present the facts and reason things out*

❸[动]显示；炫耀：show; display; flaunt｜~阔 bǎikuò *display or parade one's wealth* / ~威风 bǎiwēifēng *put on airs; give oneself airs*

摆架子 bǎijiàzi put on airs; give oneself airs

❹[动]摇动：sway; wave｜~尾巴 bǎi wěiba *wag tail* / 他向我直~手。Tā xiàng wǒ zhí bǎishǒu. *He waved his hand to me continuously.*

摆动 bǎidòng swing; sway

摆脱 bǎituō cast off; shake off; break away from; free oneself from

摇摆 yáobǎi

❺[名]钟表或仪器上能往复摇动的机械装置：pendulum｜钟~ zhōngbǎi *pendulum*

❻[名]衣裙的下边：the lower hem of a gown, jacket or shirt｜下~ xiàbǎi *the lower hem of a gown, jacket or shirt*

败（败）bài   8画 贝部

败 败败败败败败败败

❶[动]毁坏；把事情搞坏：ruin; spoil｜~家 bàijiā *ruin the family* / 他~了我的名声。Tā bàile wǒ de míngshēng. *He spoiled my reputation.*

败坏 bàihuài ruin; corrupt; undermine

❷[动]输；失利；不成功：be defeated; fail｜惨~ cǎnbài *a crushing defeat; disastrously defeated* / 主队以二比三~于客队。Zhǔduì yǐ èr bǐ sān bàiyú kèduì. *The host team lost to the guest team 2 to 3.*

败诉 bàisù lose a lawsuit

成败 chéngbài

❸[动]打败；使失败：defeat; beat; cause to fail｜击~敌军 jībài díjūn *defeat the enemy troops* / 打~对手 dǎbài duìshǒu *beat the opponent*

打败 dǎbài   击败 jībài

❹[形]破旧；腐烂；衰落；凋谢：decay; wither｜这些花没开几天就~了。Zhèxiē huā méi kāi jǐ tiān jiù bài le. *These flowers withered in a few days.*

腐败 fǔbài

拜 bài 9画 手部

拜 拜拜拜拜拜拜拜拜拜

❶ [动]表示敬意的礼节、仪式：an old etiquette to show one's respect for others
礼拜 lǐbài
礼拜天 lǐbàitiān

❷ [动]尊崇，敬仰：respect; admire
崇拜 chóngbài

❸ [动]行礼祝贺：do obeisance to; congratulate ｜ ~寿 bàishòu *congratulate an elderly person on his birthday; offer birthday felicitations*
拜年 bàinián pay a New Year call

❹ [动]以礼会见：make a polite visit
拜访 bàifǎng pay a visit; call on
拜会 bàihuì pay an official call; call on

❺ [动]通过一定的仪式结成某种关系：form a certain relationship with sb. ceremoniously ｜ ~他为师 bài tā wéi shī *take him as one's teacher*

◇拜托 bàituō request a favour

扳 bān 7画 扌部

扳 扳扳扳扳扳扳

[动]用力使一端固定的东西改变方向或转动：pull sth. that is fixed at one end to change its direction ｜ ~动开关 bāndòng kāiguān *turn on a switch* ／ ~着指头算 bānzhe zhǐtou suàn *count on one's fingers*

班 bān 10画 王部

班 班班班班班班班班班

❶ [名]工作或学习的组织：groups organized for the sake of study or work ｜ 我们这个年级有六个~。Wǒmen zhège niánjí yǒu liù gè bān. *There are six classes in our grade.*
班长 bānzhǎng class monitor; squad leader; team leader
班子 bānzi group; team
班主任 bānzhǔrèn teacher in charge of a class
培训班 péixùnbān

❷ [名]工作按时间分成的段落：shift; duty ｜ 你今天上什么~？Nǐ jīntiān shàng shénme bān? *Which shift are you on today?*
加班 jiābān   接班 jiēbān
上班 shàngbān 下班 xiàbān
夜班 yèbān   值班 zhíbān

❸ [名]定时开行的(交通工具)：regularly-run; scheduled

班机 bānjī airliner; regular air service
航班 hángbān

❹[名]军队编制中的基层单位：squad (basic unit in the military establishment)

❺[量]用于定时开行的交通运输工具：used to refer to means of transportation that are regularly run | 你搭下一~飞机走吧。Nǐ dā xiàyībān fēijī zǒu ba. *Take the next flight, will you?*

般 bān 10画 舟部

般般般般般般般般般般

❶[名]种；样：kind; way | 百~ bǎibān *in every possible way* / 这~ zhèbān *such; this kind of*

❷[助]一样，似的：same as; just like | 暴风雨~的掌声 bàofēngyǔ bān de zhǎngshēng *thunderous applause* / 兄弟~的情谊 xiōngdi bān de qíngyì *brotherly affection*

颁 (頒) bān 10画 页部

颁颁颁颁颁颁颁颁颁颁

[动]发布；公布：promulgate; issue
颁布 bānbù promulgate; issue; publish
颁发 bānfā award
颁奖 bānjiǎng award medal, certificate or merit, or trophy, etc.

斑 bān 12画 王部

斑斑斑斑斑斑斑斑斑斑斑斑

❶[名]杂色的点子或条纹：spot; speck; speckle | 红~ hóngbān *erythema* / 黑~ hēibān *black speck* / 脸上有块~。Liǎnshang yǒu kuài bān. *There is a speck on the face.*

❷[形]有斑点或条纹的：spotted; striped | ~马 bānmǎ *zebra*

搬 bān 13画 扌部

搬搬搬搬搬搬搬搬搬搬搬搬搬

❶[动]移动较重的物体：move; remove | ~家具 bān jiājù *move the furniture* / 这些东西我~不动。Zhèxiē dōngxi wǒ bānbudòng. *I can't move these things by myself.*

❷[动]迁移：move | 他家早就~走了。Tā jiā zǎo jiù bānzǒu le. *His family moved away long ago.*

搬迁 bānqiān move; transfer
搬运 bānyùn carry; transport

板 bǎn 8画 木部

板 板板板板板板板板

❶[名]片状的较硬的物体：sth. flat, thin and comparatively hard｜玻璃~ bōlibǎn *glass plate*
板凳 bǎndèng wooden bench or stool
地板 dìbǎn　黑板 hēibǎn
❷[形]不灵活；少变化：stiff; lack of change｜~正 bǎnzhèng *stiff; unnatural*
❸[动]使面部表情严肃：look serious｜他~着脸不说话。Tā bǎnzhe liǎn bù shuōhuà. *He kept a straight face without a word.*

版 bǎn 8画 片部

版 版版版版版版版版

❶[名]上面有文字或图形的供印刷的底子：a printing plate with words or pictures on it｜排~ páibǎn *composing; typesetting* / 底~ dǐbǎn *photographic plate*
版权 bǎnquán copyright
出版 chūbǎn　盗版 dàobǎn
正版 zhèngbǎn
出版社 chūbǎnshè
❷[名]印刷物排印的次数：edition; the number of times that a printed matter is printed｜再~ zàibǎn *second edition* / 修订~ xiūdìngbǎn *revised edition* / 绝~ juébǎn *out of print*
版本 bǎnběn edition
❸[名]报纸的一面叫一版：a page of a newspaper｜头~头条 tóubǎn tóutiáo *front-page headline* / 今天的日报共十四~。Jīntiān de rìbào gòng shísì bǎn. *There are fourteen pages in today's newspaper.*
版面 bǎnmiàn ① space of a whole page ② layout of a printed sheet
◇版图 bǎntú domain; territory

办(辦) bàn 4画 力部

办 办办办办

❶[动]处理：handle｜~手续 bàn shǒuxù *go through the formalities* / 这件事到现在还没有~呢。Zhè jiàn shì dào xiànzài hái méiyǒu bàn ne. *This matter has not been done yet.*
办案 bàn'àn ① handle a legal case ② apprehend (a suspect)
办法 bànfǎ way; means; measure
办公 bàngōng handle official business; work
办理 bànlǐ handle; conduct;

transact
办事 bànshì handle affairs; work
办公室 bàngōngshì office
办事处 bànshìchù office; agency
包办 bāobàn　承办 chéngbàn
代办 dàibàn　主办 zhǔbàn

❷ [动]置备；采购：purchase; get sth. ready | ~年货 bàn niánhuò *do New Year shopping; do shopping for the Spring Festival* 筹~展览会 chóubàn zhǎnlǎnhuì *prepare an exhibition* / ~酒席 bàn jiǔxí *prepare a feast; give a banquet*

❸ [动]处罚：punish (by law) | 法~ fǎbàn *punish by law*
惩办 chéngbàn

❹ [动]创立；经营：set up; run | ~工厂 bàn gōngchǎng *run a factory* / 村里新~了一所中学。Cūn li xīn bànle yī suǒ zhōngxué. *A new middle school has been set up in the village.*
办学 bànxué conduct a school; run a school
创办 chuàngbàn　举办 jǔbàn
开办 kāibàn　兴办 xīngbàn

半　bàn　5画　丶部

半 半半半半半

❶ [数]二分之一；一半：half; semi- | ~个月 bàn gè yuè *half a month* / 一天~ yī tiān bàn *one and a half days* / 减~ jiǎnbàn *reduce by half*
半截 bànjié half
半径 bànjìng radius
半拉 bànlǎ half
半数 bànshù half the number; half
半天 bàntiān ① half of the day ② a long time; quite a while
半夜 bànyè midnight
半边天 bànbiāntiān ① half of the sky ② women of the new society (from Mao Zedong's saying)
半决赛 bànjuésài (sports) semifinals
半真半假 bànzhēn-bànjiǎ be half genuine and half forged; be partly true and partly false
大半 dàbàn
北半球 běibànqiú
东半球 dōngbànqiú
南半球 nánbànqiú
西半球 xībànqiú

❷ [形]中间：middle
半路 bànlù halfway; midway; on the way
半途而废 bàntú'érfèi stop halfway

❸ [形]不完全：partly; not completely | ~透明 bàntòumíng *translucent* / ~自动 bànzìdòng *semi-automatic* / 他的房

半
bàn

B

21

门~掩着。Tā de fángmén bàn yǎnzhe. *The door of his room was half closed.*

半岛 bàndǎo peninsula

半导体 bàndǎotǐ semiconductor

❹ [数]比喻很少：very little; the least bit｜一星~点 yīxīngbàndiǎn *a tiny bit; a very small amount* / 他~句话都没说就走了。Tā bànjùhuà dōu méi shuō jiù zǒu le. *He left without breathing a word.* / 等了一上午，~点消息都没有。Děngle yī shàngwǔ, bàn diǎn xiāoxi dōu méiyǒu. *We waited the whole morning but there was no news whatsoever.*

扮 bàn 7画 扌部

扮扮扮扮扮扮扮

❶ [动]化装成(某种角色)：play the part of; disguise oneself as｜小周在这出戏里~主角。Xiǎo Zhōu zài zhè chū xì li bàn zhǔjué. *Xiao Zhou acted the leading role in the play.*

打扮 dǎbàn

❷ [动]装成(某种样子)：put on (an expression)｜~鬼脸 bàn guǐliǎn *make grimaces; make faces* / 他在表演中男~女装。Tā zài biǎoyǎn zhōng nánbàn-nǚzhuāng. *He disguised himself as a woman in the show.*

扮演 bànyǎn play the part of; act

伴 bàn 7画 亻部

伴伴伴伴伴伴伴

❶ [名]同在一起工作或生活的人：companion; partner｜搭个~儿 dā ge bànr *join sb. on a trip; travel together* / 让我来跟你做个~儿吧。Ràng wǒ lái gēn nǐ zuò ge bànr ba. *Let me keep you company.* / 结~ jiébàn *have sb. for company*

伴侣 bànlǚ spouse; companion; mate; partner

老伴 lǎobàn　同伴 tóngbàn

❷ [动]陪着：accompany｜有他陪~我，你放心吧。Yǒu tā péibàn wǒ, nǐ fàngxīn ba. *Do set your mind at rest since I am with him.*

伴随 bànsuí accompany; follow

陪伴 péibàn

❸ [动]从旁配合：accompany

伴郎 bànláng groomsman; best man

伴娘 bànniáng bridesmaid

伴奏 bànzòu (of music) accompany

拌 bàn 8画 扌部

拌 拌拌拌拌拌拌拌拌

[动]搅和：mix ｜ ~糖 bàn táng *mix sugar*
搅拌 jiǎobàn

绊 (絆) bàn 8画 纟部

绊 绊绊绊绊绊绊绊绊

[动]行走中腿脚被缠住或挡住：stumble over or be tied up by sth. while walking ｜ ~手~脚 bàn shǒu bàn jiǎo *be in the way* ／ ~了一跤 bànle yī jiāo *trip and fall*
绊脚石 bànjiǎoshí stumbling block; obstacle

瓣 bàn 19画 辛部

瓣 瓣瓣瓣瓣瓣瓣瓣瓣瓣瓣瓣瓣瓣瓣瓣瓣瓣

❶ [名]花冠的分片或草木的叶片：petal; pieces that form the corolla ｜ 花~ huābàn *petal*
❷ [名]植物的种子、果实等可以分开的小块：segment or section (of a tangerine, etc.); clove (of garlic, etc.) ｜ 橘子~儿 júzibànr *tangerine slices*
❸ [量]用于计算片状物：used for a petal, a leaf or a fragment of fruit ｜ 他把苹果切成四~。Tā bǎ píngguǒ qiēchéng sì bàn. *He cut the apple in four.*

邦 bāng 6画 阝(右)部

邦 邦邦邦邦邦邦

[名]国：state; country
联邦 liánbāng

帮 (幫) bāng 9画 巾部

帮 帮帮帮帮帮帮帮帮帮

❶ [名]物体两旁或周围的部分：the side of sth.; the outer leaf ｜ 鞋~ xiébāng *uppers (of a shoe)* ／ 船~ chuánbāng *the side of a ship*
❷ [动]相助：help; assist ｜ 我做不好，请~~我。Wǒ zuòbuhǎo, qǐng bāngbāng wǒ. *I can't do it well all by myself. Please help me.* ／ ~他一把 bāng tā yī bǎ *give him a hand; help him*
帮忙 bāngmáng help; give a hand; lend a hand
帮助 bāngzhù help; assist
帮倒忙 bāngdàománg be more of a hindrance than a help; do sb. a disservice
❸ [动]从事雇佣劳动：work ｜ ~短工 bāng duǎngōng *work as a casual labourer*
❹ [名]群；伙；为某种目的组合在一

起的集体: clique; gang; band | 匪~ fěibāng *bandit gang*
❺ [量]用于一群人: a group; a gang; a band | 一~中学生 yī bāng zhōngxuéshēng *a group of middle school students* / 一~人围在那儿看热闹。Yī bāng rén wéi zài nàr kàn rènào. *A crowd of people were there watching the busling scene.*

绑 (綁) bǎng 9画 纟部

绑绑绑绑绑绑绑绑绑

[动]捆; 缠绕: bind; tie | 把两根棍子~在一起 bǎ liǎng gēn gùnzi bǎng zài yīqǐ *tie two sticks together* / ~紧 bǎng jǐn *tie up tight*
绑架 bǎngjià kidnap
捆绑 kǔnbǎng

榜 bǎng 14画 木部

榜榜榜榜榜榜榜榜榜榜榜榜榜

[名]张贴的文告或名单: a notice or a list of names posted up | ~上有名 bǎng shang yǒu míng *with one's name on the list of successful candidates* / 他等着看~。Tā děngzhe kàn bǎng. *He is waiting to see the list of successful candidates.*
排行榜 páihángbǎng
◇ 榜样 bǎngyàng example; model

膀 bǎng 14画 月部

膀膀膀膀膀膀膀膀膀膀膀膀膀膀

❶ [名]肩膀: shoulder
❷ [名]翅膀: wing

棒 bàng 12画 木部

棒棒棒棒棒棒棒棒棒棒棒

❶ [名]棍子: rod; stick | ~球~ bàngqiúbàng *baseball bat*
棒球 bàngqiú baseball
❷ [形]好, 多指体力、能力、成绩: (of one's body) strong, (of ability and achievement) excellent | 画得好~! Huà de hǎo bàng! *The painting is excellently done.* / 这小伙子身体真~! Zhè xiǎohuǒzi shēntǐ zhēn bàng! *This young fellow is really strong!*

傍 bàng 12画 亻部

傍傍傍傍傍傍傍傍傍傍

❶ [动]靠近；依靠：be close to｜~近 bāng jìn *be close to; near*
❷ [动]时间临近：draw near; be close to
傍晚 bàngwǎn *toward evening; at nightfall; at dusk*

谤 (謗) bàng 12画 讠部

谤谤谤谤谤谤谤谤谤谤谤谤

[动]恶意地说人坏话：slander; defame
诽谤 fěibàng

磅 bàng 15画 石部

磅磅磅磅磅磅磅磅磅磅磅磅磅磅

[名] pound｜一~牛奶 yī bàng niúnǎi *one pound of milk* / 两~肉 liǎng bàng ròu *two pounds of meat* / 他的体重大约有150~。Tā de tǐzhòng dàyuē yǒu yībǎi wǔshí bàng. *He weighs about 150 pounds.*

包 bāo 5画 勹部

包包包包包

❶ [动]裹起来：wrap｜把糖果~起来。Bǎ tángguǒ bāo qǐlai. *Wrap up the sweets.* / 用布把伤口~好。Yòng bù bǎ shāngkǒu bāohǎo. *Wrap up the wound with some cloth.*
包围 bāowéi surround; encircle
包装 bāozhuāng pack; package
❷ [名]裹起来的东西：sth. wrapped up｜这一大~你拿不动。Zhè yī dà bāo nǐ nábudòng. *You can hardly carry such a big bundle.*
包袱 bāofu ① a bundle wrapped in cloth ② millstone round one's neck; load; weight; burden
包裹 bāoguǒ bundle; package; parcel
红包 hóngbāo　邮包 yóubāo
❸ [名]装东西的口袋：bag｜请你把书装进~里。Qǐng nǐ bǎ shū zhuāngjìn bāo li. *Please put the books in the bag.*
背包 bēibāo　钱包 qiánbāo
书包 shūbāo　提包 tíbāo
掏腰包 tāoyāobāo
❹ [名]凸出的包状物：protuberance; swelling｜头上碰了个~ tóushang pèngle gè bāo *have (get) a bump on one's head* / 树干上有个大鼓~。Shùgàn shang yǒu gè dà gǔbāo. *There is a big protuberance on the tree trunk.*
❺ [名]有馅的面制食品：steamed bun with stuffing
包子 bāozi steamed stuffed bun
❻ [量]用于成包的东西：used for a

bundle or a pack of things | 两~糖果 liǎng bāo tángguǒ *two packets of sweets* / 一~花生米 yī bāo huāshēngmǐ *a pack of shelled peanuts* / 一~火柴 yī bāo huǒchái *a box of matches*

❼[动]容纳；总括：include; contain
包含 bāohán contain; embody; include
包括 bāokuò include; contain; consist of; comprise; incorporate

❽[动]把整个任务承担下来，全面负责：undertake the whole thing; take full responsibility | ~销 bāoxiāo *have exclusive selling rights*／~教~会 bāojiāo bāohuì *undertake to help sb. master certain skill, etc. with guarantee* / 这件事~在我身上。Zhè jiàn shì bāo zài wǒ shēn shang. *I shall take full charge of the matter.*
包办 bāobàn take care of everything; run the whole show; monopolize everything
承包 chéngbāo

❾[动]担保：guarantee; assure | ~你满意。Bāo nǐ mǎnyì. *You'll like it, I assure you.*

❿[动]约定专用：reserve; charter | 这场电影是我们公司~的。Zhè chǎng diànyǐng shì wǒmen gōngsī bāo de. *This film show is chartered by our company.* / 我们~的车还没到。Wǒmen bāo de chē hái méi dào. *The car we chartered hasn't arrived yet.*

苞 bāo 8画 艹部

苞苞苞苞苞苞苞苞

[名]花未开时包着花朵底部的小叶片：bud | 含~待放 hánbāodàifàng *be in bud and ready to burst*

胞 bāo 9画 月部

胞胞胞胞胞胞胞胞胞

❶[名]同父母的；嫡亲的：born of the same parents | ~兄 bāoxiōng *full brothers; blood brothers* / ~妹 bāomèi *full sisters; blood sisters*

❷[名]同一国家或民族的人：fellow countryman
侨胞 qiáobāo 同胞 tóngbāo
◇干细胞 gànxìbāo

剥 bāo 10画 刂部

剥剥剥剥剥剥剥剥剥剥

[动]去掉（外面的皮或壳）：shell;

peel; get rid of (the shell or skin) | ~花生 bāo huāshēng *shell peanuts* / ~橘子 bāo júzi *peel a tangerine*

See bō.

雹 bāo 13画 雨部

雹雹雹雹雹雹雹雹雹雹雹雹雹

[名]hail | 冰~ bīngbáo *hail; hailstone*

雹子 báozi *hail*

薄 báo 16画 艹部

薄薄薄薄薄薄薄薄薄薄薄薄薄薄薄薄

❶ [形]厚度小：thin | 这块布太~。Zhè kuài bù tài báo. *The cloth is too flimsy.* / 地上结了一层~~的冰。Dìshang jiēle yī céng báobao de bīng. *The ground is covered with a thin layer of ice.*

❷ [形]不肥沃：infertile; poor | 这一带的土地很~。Zhè yī dài de tǔdì hěn báo. *The soil of this area is infertile (poor).*

❸ [形]冷淡：cold; indifferent | 我待她不~，可她始终不喜欢我。Wǒ dài tā bù báo, kě tā shǐzhōng bù xǐhuan wǒ. *I treated her quite well, but she never liked me.*

❹ [形]不浓；淡：(of taste) weak; light | 酒味很~。Jiǔ wèi hěn báo. *This is a light wine.*

See bó.

饱 (飽) bǎo 8画 饣部

饱饱饱饱饱饱饱饱

❶ [形]吃足：have eaten one's fill; be full | 不能吃得过~。Bùnéng chī de guò bǎo. *Don't fill yourself to the point of bursting.*

❷ [形]足；充分：full; plump | 谷粒儿很~。Gǔlìr hěn bǎo. *The grains are quite plump.*

饱和 bǎohé *saturation*

饱满 bǎomǎn *full; plump*

❸ [动]满足：satisfy | 大~眼福 dàbǎo-yǎnfú *feast one's eyes on certain scene*

宝 (寶) bǎo 8画 宀部

宝宝宝宝宝宝宝宝

❶ [名]珍贵的东西：sth. precious | 粮食是个~。Liángshi shì gè bǎo. *Grain is the treasure.* / 那幅画是无价之~。Nà fú huà shì wújiàzhībǎo. *That painting is a priceless treasure.*

宝库 bǎokù treasure-house; mine

法宝 fǎbǎo　珠宝 zhūbǎo　传家宝 chuánjiābǎo

❷[形]珍贵的：precious

宝贝 bǎobèi ① treasured object; treasure ② darling; baby

宝贵 bǎoguì valuable; precious

宝剑 bǎojiàn double-edged sword

宝石 bǎoshí precious stone; gem

◇宝宝 bǎobao (a pet name for a child) darling; baby

保 bǎo　9画 亻部

保保保保保保保保保

❶[动]保护；守卫：defend; protect from damage or loss ｜～家卫国 bǎojiā-wèiguó protect our homes and defend our country

保安 bǎo'ān ensure public security

保存 bǎocún preserve; conserve; keep

保单 bǎodān ① warranty ② insurance policy

保管 bǎoguǎn take care of

保护 bǎohù protect; safeguard

保健 bǎojiàn health protection; health care

保姆 bǎomǔ nurse; babysitter

保卫 bǎowèi defend; safeguard

保养 bǎoyǎng ① take good care of one's health ② maintain; keep in good condition

保障 bǎozhàng ensure; guarantee; safeguard

保重 bǎozhòng take care of oneself

❷[动]保持，维持住：guard; keep ｜～平衡 bǎo pínghéng keep one's balance

保持 bǎochí keep; maintain; preserve

保留 bǎoliú ①continue to have; retain ② hold back; keep back; reserve

保密 bǎomì maintain secrecy; keep sth. secret

保守 bǎoshǒu ① guard; keep ② conservative

保温 bǎowēn heat preservation; keep warm

保鲜 bǎoxiān keep something fresh; preserve freshness

保值 bǎozhí maintain the original value of the monetary purchasing power

❸[动]负责；担保：take responsibility; guarantee ｜～质～量 bǎozhì-bǎoliàng guarantee both quality and quantity

保险 bǎoxiǎn insurance

保证 bǎozhèng pledge; guarantee; assure; ensure

保险柜 bǎoxiǎnguì strongbox; safe

保证金 bǎozhèngjīn ① cash

deposit ② (leg) bail
担保 dānbǎo　　确保 quèbǎo
准保 zhǔnbǎo

堡 bǎo　12画 土部

堡堡堡堡堡堡堡堡堡堡堡堡

[名]土筑的小城，也泛指军事上构筑的工事：fort; fortress｜~垒 bǎolěi fort; fortress; stronghold; blockhouse

报(報) bào　7画 扌部

报报报报报报报

❶[动]告诉；通知：announce; report｜~火警 bào huǒjǐng *report a fire* / ~捷 bàojié *announce a victory; report a success* / 电台每个小时一时一次。Diàntái měi gē xiǎoshí bàoshí yī cì. *The radio station gives the correct time every hour.*

报案 bào'àn report a case to the security authorities
报到 bàodào report for duty; check in; register
报道 bàodào report (news); cover
报告 bàogào ① report; make known ② speech; lecture
报价 bàojià quoted price
报警 bàojǐng ① report (an incident) to the police ② give an alarm
报考 bàokǎo register for examination; enter oneself for an examination
报名 bàomíng register one's name; sign up
报销 bàoxiāo submit an expense account; apply for reimbursement
播报 bōbào　　汇报 huìbào
上报 shàngbào　申报 shēnbào
通报 tōngbào

❷[名]报纸：newspaper｜今天~上登了一条重要新闻。Jīntiān bào shang dēngle yī tiáo zhōngyào xīnwén. *An important piece of news has been published in the newspaper today.*

报刊 bàokān newspapers and periodicals
报社 bàoshè newspaper office
报纸 bàozhǐ newspaper
晨报 chénbào　日报 rìbào
晚报 wǎnbào　周报 zhōubào

❸[名]某些刊物：periodical; journal
画报 huàbào

❹[名]传达消息、言论的文字或信号：telegram; cable; bulletin; report
电报 diànbào　公报 gōngbào
海报 hǎibào　警报 jǐngbào
情报 qíngbào

❺[动]回答大家：respond｜~以热

烈的掌声 bāoyǐ rèliè de zhǎngshēng respond with warm applause

❻ [动]报答：repay; pay back
报仇 bàochóu revenge; avenge
报酬 bàochou reward; remuneration; pay
报答 bàodá repay; pay back
报复 bàofù make reprisals; retaliate; get one's revenge
报国 bàoguó dedicate oneself to the service of one's country
报应 bàoyìng retribution; judgment
回报 huíbào

抱 bāo 8画 扌部

抱抱抱抱抱抱抱抱

❶ [动]心里存着：harbour; cherish | 我对这件事的成功不~什么幻想。Wǒ duì zhè jiàn shì de chénggōng bù bāo shénme huànxiǎng. *I cherish no illusion for the accomplishment of this task.* / 你对这件事~什么态度？Nǐ duì zhè jiàn shì bāo shénme tàidu? *What's your attitude towards it?*
抱负 bàofù aspiration; ambition
抱歉 bàoqiàn be sorry; feel apologetic; regret
抱怨 bàoyuàn complain; grumble

❷ [动]用手臂围住：hold or carry in the arms | 她激动得紧紧~住妈妈。Tā jīdòng de jǐnjǐn bàozhù māma. *She was so excited that she embraced her mother tightly.* / 他~着很多参考书走进了教室。Tā bàozhe hěn duō cānkǎoshū zǒujìnle jiàoshì. *He entered the classroom with many reference books in his arms.*
拥抱 yōngbào

❸ [动]初次得到(儿孙)：have one's first child or grandchild | 听说他已经~孙子了。Tīngshuō tā yǐjīng bào sūnzi le. *I hear that he has become a grandfather.*

豹 bào 10画 豸部

豹豹豹豹豹豹豹豹豹豹

[名] panther; leopard

暴 bào 15画 日部

暴暴暴暴暴暴暴暴暴暴暴暴暴暴暴

❶ [动]显现：expose
暴露 bàolù expose

❷ [形]突然而且猛烈：sudden and violent
暴动 bàodòng insurrection; rebellion
暴发 bàofā ① break out ② sud-

denly become rich or important; get rich quick

暴利 bàolì sudden huge profits
暴雨 bàoyǔ torrential rain; rainstorm
暴涨 bàozhǎng (of flood, prices, etc.) rise suddenly and sharply
暴风骤雨 bàofēng-zhòuyǔ violent storm; hurricane; tempest
风暴 fēngbào

❸ [形]凶狠：fierce; cruel
暴力 bàolì violence; force
残暴 cánbào　强暴 qiángbào

❹ [形]急躁：short-tempered; irritable｜这人脾气很~。Zhè rén píqi hěn bào. *This fellow has a very hot temper.*
粗暴 cūbào

爆 bào 19画 火部

爆爆爆爆爆爆爆爆爆爆爆爆爆爆爆爆爆爆爆

[动]猛然破裂或迸出：burst violently｜气球~了。Qìqiú bào le. The balloon has burst. / 汽车轮胎~了。Qìchē lúntāi bào le. *The tyre has burst.*

爆发 bàofā erupt; burst out; break out
爆破 bàopò blow up; demolish; dynamite; blast
爆炸 bàozhà explode; blow up; detonate
爆竹 bàozhú firecracker
引爆 yǐnbào
◇火爆 huǒbào

杯 bēi 8画 木部

杯杯杯杯杯杯杯杯

❶ [名]杯子，盛液体的器具：cup; glass; a utensil used to contain wine, water, tea, etc.｜~子 bēizi *cup; glass*/ 酒~ jiǔbēi *wineglass*
杯子 bēizi cup; glass
干杯 gānbēi

❷ [名]杯状的奖品：(prize) cup, trophy｜奖~ jiǎngbēi *cup (as a prize)* / 金~ jīnbēi *gold cup*

❸ [量]用于杯子：used for a cup, glass, etc.｜一~茶 yī bēi chá *a cup of tea* / 一~啤酒 yī bēi píjiǔ *a mug of beer* / 再喝一~吧。Zài hē yī bēi ba. *Have another cup (or glass).*

卑 bēi 8画 丿部

卑卑卑卑卑卑卑卑

❶ [形]低下：low｜~贱 bēijiàn *lowly; humble*
自卑 zìbēi

❷ [形]品质低劣：mean
卑鄙 bēibǐ base; mean; con-

temptible; despicable

背 bēi　9画 月部

背背背背背背背背背

❶ [动]用背驮：carry sth. on one's back ｜ ~行李 bēi xíngli *carry luggage* / ~着孩子 bēizhe háizi *carry a baby on one's back*
背包 bēibāo packsack; knapsack
背黑锅 bēihēiguō (inf.) be made a scapegoat; be unjustly blamed

❷ [动]承受；负担：bear; shoulder ｜ 为了治好父亲的病，他~了一身债。Wèile zhìhǎo fùqīn de bìng, tā bēile yī shēn zhài. *In order to cure his father's disease, he was saddled with debts.* / 这个责任我~得起。Zhège zérèn wǒ bēideqǐ. *I presume I am up to this responsibility.*
See bèi.

悲 bēi　12画 非部

悲悲悲悲悲悲悲悲悲悲悲悲

[形]伤心；哀痛：sorrowful; sad
悲哀 bēi'āi sad
悲惨 bēicǎn miserable; tragic
悲愤 bēifèn grief and indignation
悲观 bēiguān pessimistic
悲剧 bēijù tragedy
悲伤 bēishāng sad; sorrowful; melancholy
悲痛 bēitòng grieved; sorrowful

碑 bēi　13画 石部

碑碑碑碑碑碑碑碑碑碑碑碑

[名]刻有文字或图画作为纪念或标记的石头：stele (stela); an upright stone tablet bearing a commemorative inscription or design ｜ 这块~立于1931年2月。Zhè kuài bēi lìyú yījiǔsānyī nián èr yuè. *The stele was erected in February 1931.*
纪念碑 jìniànbēi
里程碑 lǐchéngbēi

北 běi　5画 匕部

北北北北北

[名]north ｜ 往~去 wǎng běi qù *go northward* / 这屋子朝~，冬天很冷。Zhè wūzi cháo běi, dōngtiān hěn lěng. *This house faces north, so it is very cold in winter.*
北边 běibian north; the northern part

北部 běibù north; the northern part
北侧 běicè north; the northern side
北方 běifāng north; the northern part of a country or certain area
北京 Běijīng Beijing (Peking)
北面 běimiàn north; the northern side
北半球 běibànqiú the Northern Hemisphere
北冰洋 Běibīngyáng the Arctic (Ocean)
北美洲 Běiměizhōu North America
东北 dōngběi　　西北 xīběi

贝 (貝) bèi　4画 贝部

贝 贝贝贝贝

❶ [名] shellfish; clam; pearl oyster; cowrie
贝壳 bèiké shell
❷ [名] shell
宝贝 bǎobèi

狈 (狽) bèi　7画 犭部

狈 狈狈狈狈狈狈狈

[名] 传说中的一种野兽，前腿短，行动时趴在狼身上：a legendary animal with such short forelegs that it moves about by crouching over a wolf
狼狈 lángbèi

备 (備) bèi　8画 夂部

备 备备备备备备备备

❶ [形] 齐全：complete
责备 zébèi
❷ [动] 具备；具有：be equipped with; have ｜ 德才兼~ décáijiānbèi have both ability and integrity
具备 jùbèi　　　配备 pèibèi
完备 wánbèi
❸ [动] 准备；防备：prepare; provide against; take precautions against
备用 bèiyòng reserve; spare; alternate
备战 bèizhàn ① prepare for war ② be prepared against war
备忘录 bèiwànglù ① (diplomacy) memorandum ② memorandum book
筹备 chóubèi　　储备 chǔbèi
防备 fángbèi　　预备 yùbèi
准备 zhǔnbèi
❹ [名] 设备：equipment
军备 jūnbèi　装备 zhuāngbèi

背 bèi　9画 月部

背 背背背背背背背背背

33

背 bèi

❶ [名]脊背，躯干的一部分：the back of the body｜马~ mǎbèi *the back of a horse* / 他把~靠在墙上。Tā bǎ bèi kào zài qiáng shang. *He leans his back against the wall.* / 立正时~要挺直。Lìzhèng shí bèi yào tǐngzhí. *One should keep his back upright when stands at attention.*

背后 bèihòu behind sb.'s back；at the back; in the rear

背心 bèixīn waistcoat; vest

❷ [名]物体的反面或后部：the back or reverse side of an object｜手~ shǒubèi *the back of a hand* / 刀~ dāobèi *the back of a knife*

背景 bèijǐng background; backdrop

背面 bèimiàn the back; the reverse side; the wrong side

❸ [动]用背部对着：sit, stand, etc., with the back towards｜他~着太阳站在那里。Tā bèizhe tàiyáng zhàn zài nàli. *He stands there with his back towards the sun.* / 不要~着光线写字。Búyào bèizhe guāngxiàn xiězì. *Do not write with your back to the light.*

❹ [动]违反；不遵守：act contrary to; violate｜~约 bèiyuē *break an agreement*

背叛 bèipàn betray; forsake

违背 wéibèi

❺ [形]倒霉；不顺利：unlucky｜手气~ shǒuqì bèi *unlucky at gambling, card playing, etc.*

❻ [动]躲避；瞒着：hide sth. from view; do sth. behind sb's back｜我没做什么~着人的事。Wǒ méi zuò shénme bèi zhe rén de shì. *I have done nothing to hide from anyone.*

❼ [动]凭记忆读出：recite from memory; learn by heart｜~诗 bèi shī *recite a poem from memory* / ~数学公式 bèi shùxué gōngshì *learn a mathematics formula by heart*

背诵 bèisòng recite; repeat from memory

❽ [形]听觉不灵：weak in hearing｜奶奶的耳朵有些~。Nǎinai de ěrduo yǒu xiē bèi. *Grandma is weak in hearing.*

❾ [形]偏僻：out-of-the-way｜~街 bèijiē *back street; side street* / 这地方太~了。Zhè dìfang tài bèi le. *This place is rather out-of-the-way.*

See bēi.

倍 bèi 10画 亻部

倍倍倍倍倍倍倍倍倍倍

[量] times; fold; be multiplied by｜8是4的2~。Bā shì sì de èr bèi. *Eight is twice as much as* four. / 他的水平比我不知高出多少~。Tā de shuǐpíng bǐ wǒ bù zhī gāochū duōshǎo bèi. *His ability is much stronger than mine.*

倍数 bèishù (math.) multiple

百倍 bǎibèi

身价百倍 shēnjià-bǎibèi

被 bèi 10画 衤部

❶ [名]被子：quilt | 盖~ gài bèi *cover oneself with a quilt* / 床上只有一条~。Chuáng shang zhǐyǒu yī tiáo bèi. *There is only one quilt on the bed.*

被子 bèizi quilt

❷ [助]用在动词前，表示该动作是被动的：used before verbs as a symbol of passiveness | 树枝~压弯了。Shùzhī bèi yāwān le. *The branches were weighed down.* / 他~选为会议主席。Tā bèi xuǎn wéi huìyì zhǔxí. *He was elected chairman of the conference.*

被捕 bèibǔ be arrested; under arrest

被动 bèidòng passive

被告 bèigào defendant; the accused

被迫 bèipò be forced; be compelled

被告人 bèigàorén (leg.) defendant; the accused

被害人 bèihàirén (leg.) the injured party; the victim

❸ [介]用在名词前，表示名词所指的人或事物是主动者：used before a noun, which is the doer of an action in a passive sentence | 这本书~人借走了。Zhè běn shū bèi rén jièzǒu le. *The book was borrowed by someone.* / 帽子~风刮掉了。Màozi bèi fēng guādiào le. *The cap was blew off.*

辈 (輩) bèi 12画 非部

❶ [名]辈分：generation in a family | 长~ zhǎngbèi *elder members of a family; one's seniors* / 晚~ wǎnbèi *the younger generation; one's juniors* / 我们是同~人。Wǒmen shì tóngbèi rén. *We belong to the same generation.*

老一辈 lǎoyībèi

❷ [名]一生：lifetime | 一~子 yībèizi *all one's life*

惫 (憊) bèi 12画 心部

[形]疲乏：tired; exhausted
疲惫 píbèi

臂 bei 17画 月部

臂臂臂臂臂臂臂臂臂臂臂臂臂臂臂臂臂

[名]上臂：arm
胳臂 gēbei
See bì.

奔 bēn 8画 大部

奔奔奔奔奔奔奔奔

❶[动]跑；急走：walk quickly; run | 他急忙～向药店。Tā jímáng bēnxiàng yàodiàn. *He walked quickly to the drugstore.* / 孩子见爸爸回来了，连忙～了过去。Háizi jiàn bàba huílai le, liánmáng bēnle guòqu. *On seeing his father back home, the child quickly ran over to him.*
奔驰 bēnchí run quickly; speed
奔跑 bēnpǎo run
奔腾 bēnténg ① gallop ② surge forward; roll on in waves
东奔西走 dōngbēn-xīzǒu

❷[动]赶忙去做：hurry | ～命 bēnmìng *rush about on errands; be kept on the run*
奔波 bēnbō rush about; be busy running about

奔赴 bēnfù hurry to (a place); rush to
See bèn.

本 běn 5画 木部

本本本本本

❶[名]草木的茎干或根；事物的根源：the root or stem of a plant; the origin of sth. | 你这样说可真是忘了～了! Nǐ zhèyàng shuō kě zhēn shì wàngle běn le! *You forget your past by saying so.*
根本 gēnběn   基本 jīběn
基本上 jīběnshàng

❷[形]重要的；中心的：central; principal
本质 běnzhì essence; true nature; origin

❸[形]本来；原来：original
本领 běnlǐng skill; ability; capability
本能 běnnéng instinct
本事 běnshi skill; ability; capability
本性 běnxìng natural instinct; natural character; nature; inherent quality
原本 yuánběn

❹[形]现今的：current | ～世纪 běn shìjì *the present century* / ～次列车 běn cì lièchē *this train*

❺[代]自己或自己方面的：one's

own｜~工厂 běn gōngchǎng *our factory* / ~合同 běn hétong *this contract* / ~公司 běn gōngsī *our company* / ~校 běn xiào *our school*

本地 běndì this locality; local
本人 běnrén I; me; myself; oneself; in person
本身 běnshēn itself; in itself
本土 běntǔ one's native country (or land)
本命年 běnmìngnián every 12th year after the year of one's birth

❻[副]本来：originally｜他~姓李。Tā běn xìng Lǐ. *His original surname was Li.* / 我~以为她会来的。Wǒ běn yǐwéi tā huì lái de. *I thought she would come.* / 他~是广东人。Tā běn shì Guǎngdōngrén. *He comes from Guangdong originally.*

本来 běnlái ① original ② originally; at first ③ it goes without saying of course
本色 běnsè natural colour

❼[名]本钱：capital; principal｜够~儿 gòuběnr *make enough money to cover the cost; break even* / 连~带利都还给你。Lián běn dài lì dōu huángěi nǐ. *Pay back the capital (or principal) plus interest to you.*

本金 běnjīn capital; principal
本钱 běnqián ① capital; principal ② (fig.) qualification; ability; asset

成本 chéngběn 赔本 péiběn
资本 zīběn 资本家 zīběnjiā
资本主义 zīběn zhǔyì

❽[名]本子；书册：book; notebook｜笔记~ bǐjìběn *notebook* / 练习~ liànxíběn *exercise book*

版本 bǎnběn 车本 chēběn
剧本 jùběn 课本 kèběn
书本 shūběn 样本 yàngběn
正本 zhèngběn

❾[量]用于书籍、簿、册等：used for books, albums, etc.｜四~书 sì běn shū *four books* / 我向他借了三~杂志。Wǒ xiàng tā jièle sān běn zázhì. *I borrowed three magazines from him.*

◇ 本科 běnkē regular undergraduate course
本着 běnzhe in line with; in conformity with; in the light of
本科生 běnkēshēng undergraduate

奔

bēn 8画 大部

奔 奔 奔 奔 奔 奔 奔 奔

❶[动]径直(向目的地)走去：go straight towards; head for｜直~车站 zhí bēn chēzhàn *head straight for the station* / ~向远方 bēnxiàng yuǎnfāng *go to a distant place* / 他一下火车就直~学校报到。Tā yī xià huǒchē jiù zhí bēn

37

xuéxiào bàodào. *After getting off the train, he went straight to school to register.*

各奔前程 gèbēnqiánchéng

❷[动]为某事奔走：try one's best for certain purpose | 需要什么？我去～。Xūyào shénme? Wǒ qù bèn. *What do you need? I'll go and get it.*

❸[动]年岁接近：(of age) approach | 这位老大爷都～80了。Zhè wèi lǎodàye dōu bèn bāshí le. *The grandpa is getting on for eighty.*

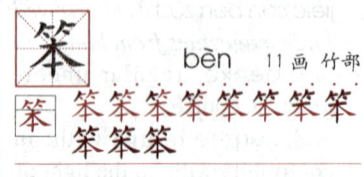

See bēn.

笨 bèn 11画 竹部

笨笨笨笨笨笨笨笨笨笨笨

❶[形]不聪明；不灵巧：foolish; unintelligent; clumsy | ～手～脚 bènshǒu-bènjiǎo *clumsy; all thumbs* / 愚～ yúbèn *stupid* / 脑子～ nǎozi bèn *stupid; slow-witted*

笨蛋 bèndàn fool; idiot

笨拙 bènzhuō clumsy; awkward; stupid

❷[形]庞大；沉重：large in size; heavy | 这个衣柜样子太～。Zhège yīguì yàngzi tài bèn. *The wardrobe looks too heavy.* / 穿上那么～的靴子，还怎么走路？Chuānshàng nàme bèn de xuēzi, hái zěnme zǒu lù? *Wearing such heavy boots, how can I walk?*

笨重 bènzhòng heavy; unwieldy

崩 bēng 11画 山部

崩崩崩崩崩崩崩崩崩崩崩

❶[动]倒塌：collapse | 雪～ xuěbēng *snowslide; avalanche* / 山～地裂 shānbēng-dìliè *land sliding and ground cracking*

❷[动]破裂：burst | 他把气球吹～了。Tā bǎ qìqiú chuībēng le. *He filled the balloon with so much air that it burst.* / 俩人谈～了。Liǎ rén tánbēng le. *The negotiation between the two broke down.*

绷 (繃) bēng 11画 纟部

绷绷绷绷绷绷绷绷绷绷绷

❶[动]拉紧；张紧：stretch (or draw) tight | 把绳子～直了 bǎ shéngzi bēngzhí le *pull the string straight* / 衣服紧～在身上。Yīfu jǐnbēng zài shēn shang. *The clothes are tight on her.*

❷[动]猛然弹起：spring; bounce | 她把橡皮筋~断了。Tā bǎ xiāngpíjīn bēngduàn le. *She stretched the rubber band broken.*

❸[动]粗粗地缝上或用别针别上：stitch loosely | ~被面 bēng bèimiàn *stitch up the quilt cover*

◇绷带 bēngdài *bandage*

甭 béng 9画 一部

甭甭甭甭甭甭甭甭甭

〈方〉"不用"的合音，表示不需要：don't; needn't | ~着急 béng zháojí *don't worry* / 您~客气。Nín béng kèqi. *Please don't stand on ceremony.* / ~管他。Béng guǎn tā. *Leave him alone.*

蹦 bèng 18画 足部

蹦蹦蹦蹦蹦蹦蹦蹦蹦蹦蹦蹦蹦蹦蹦蹦蹦蹦

[动]跳：jump | ~跳 bèngtiào *skip and jump* / 他高兴得~起来。Tā gāoxìng de bèng qǐlai. *He jumped for joy.*

逼 bī 12画 辶部

逼逼逼逼逼逼逼逼逼逼逼逼

❶[动]靠近；迫近：close in on; press on towards; press up to | 直~城下 zhí bī chéngxià *press up to the city wall*
逼近 bījìn *press on towards; close in on; approach; draw near*

❷[动]威胁；强迫：force; compel | 寒气~人 hánqì-bīrén *there is a nip in the air* / 他们~我开口。Tāmen bī wǒ kāikǒu. *They forced me to talk.*
逼迫 bīpò *force; compel; coerce*

鼻 bí 14画 鼻部

鼻鼻鼻鼻鼻鼻鼻鼻鼻鼻鼻鼻鼻鼻

[名]鼻子：nose
鼻涕 bítì *nasal mucus; snivel*
鼻子 bízi *nose*

比 bǐ 4画 比部

比比比比

❶[动]比较；较量：compare; compete | ~本领 bǐ běnlǐng *compare one's ability (or skill) with other people* / 你俩~一~，看谁跑得快。Nǐ liǎ bǐyibǐ, kàn shéi pǎodekuài. *You two can compete with each other to see who runs faster.*

比较 bǐjiào ① compare; contrast ② fairly; comparatively; relatively; quite; rather

比赛 bǐsài match; competition

对比 duìbǐ　　评比 píngbǐ

无比 wúbǐ　　相比 xiāngbǐ

❷ [动] 表示比赛双方得分的对比：used to indicate the different scores of two contestants or contesting teams | 北京队以二～一胜了广州队。Běijīngduì yǐ èr bǐ yī shēngle Guǎngzhōuduì. *Beijing Team beat Guangzhou Team by two to one.*

比分 bǐfēn score

❸ [动] 仿照：copy; model after | 请你～着这张图样再画一张。Qǐng nǐ bǐzhe zhè zhāng túyàng zài huà yī zhāng. *Please draw a new picture after this one.*

❹ [动] 比方：compare to; draw an analogy; liken to | 人们常把儿童～作花朵。Rénmen cháng bǎ értóng bǐzuò huāduǒ. *People often compare children to flowers.*

比方 bǐfang ① analogy; instance ② suppose ③ for example; such as

比如 bǐrú for example; for instance; such as

比喻 bǐyù metaphor; analogy; figure of speech

好比 hǎobǐ

打比方 dǎbǐfang

❺ [名] 同类事物数量的比较关系：ratio; proportion

比价 bǐjià price relations; rate of exchange

比例 bǐlì proportion

比率 bǐlǜ ratio; rate

比重 bǐzhòng ① specific gravity ② proportion; amount of sth. in its entirety

正比 zhèngbǐ　　反比 fǎnbǐ

百分比 bǎifēnbǐ

❻ [介] 比较性质、状态和程度的差别，引进比较的对象：used to compare the difference in degree or properties between two things or people | 妹妹～弟弟更喜欢唱歌。Mèimei bǐ dìdi gèng xǐhuan chànggē. *The younger sister likes singing more than the younger brother.* / 他英语说得～我好一点儿。Tā Yīngyǔ shuō de bǐ wǒ hǎo yīdiǎnr. *His oral English is a bit better than mine.* / 我每天～他早来十分钟。Wǒ měi tiān bǐ tā zǎo lái shí fēnzhōng. *I come 10 minutes earlier than he every day.*

彼　bǐ　8画 彳部

彼彼彼彼彼彼彼彼

❶ [代] 那；那个：that; that one | 此

起~伏 cǐqǐ-bǐfú *as one falls, another rises; rise here and subside there*

彼此 bǐcǐ each other; one another

❷[代]他；对方：the other party｜知己知~ zhījǐ-zhībǐ *know both your opponent and yourself*

笔 (筆) bǐ 10画 竹部

笔笔笔笔笔笔笔笔笔笔

❶[名]写字、绘画的工具：writing or painting tool｜一支~ yī zhī bǐ *a pen*

粉笔 fěnbǐ　　钢笔 gāngbǐ
毛笔 máobǐ　　铅笔 qiānbǐ
大手笔 dàshǒubǐ
圆珠笔 yuánzhūbǐ

❷[动]写：write

笔记 bǐjì notes
笔迹 bǐjì handwriting
笔试 bǐshì written examination
笔友 bǐyǒu pen friend; pen pal
笔者 bǐzhě the present writer; the author
笔记本 bǐjìběn notebook

❸[名]笔画：stroke; touch｜这个字你少写了一~。Zhège zì nǐ shǎo xiěle yī bǐ. *For this character, you missed a stroke.* / 再添几~ zài tiān jǐ bǐ *add a few touches*

❹[量]用于一定数额的钱款：(of money) amount｜一~款子 yī bǐ kuǎnzi *a sum of money* / 他的父亲留下了一~遗产。Tā de fùqīn liúxiàle yī bǐ yíchǎn. *His father bequeathed a legacy to him.*

◇笔直 bǐzhí perfectly straight; straight as a ramrod

鄙 bǐ 13画 阝(右)部

鄙鄙鄙鄙鄙鄙鄙鄙鄙鄙鄙鄙鄙

❶[形]粗俗；恶劣：low; mean; vulgar

卑鄙 bēibǐ

❷[动]看不起：look down upon; despise

鄙视 bǐshì despise; disdain; look down upon

币 (幣) bì 4画 丿部

币币币币

[名]钱；货币：money; currency

港币 gǎngbì　　货币 huòbì
外币 wàibì
人民币 rénmínbì

必 bì 5画 丶部

必必必必必

[副]必然；一定要：surely; certainly

| 分秒～争 fēnmiǎo-bìzhēng *seize every minute and second; make every second count; not a second is to be lost* / ～不可少 bìbùkěshǎo *absolutely necessary; indispensable*

必定 bìdìng be bound to; be sure to

必将 bìjiāng will certainly; surely will

必然 bìrán inevitable; certain

必修 bìxiū (of a course) required; obligatory

必须 bìxū must; have to

必需 bìxū essential; indispensable

必要 bìyào necessary; essential; indispensable

不必 bùbì　　何必 hébì
势必 shìbì　　未必 wèibì
务必 wùbì

毕 (畢) bì　　6画 比部

毕 毕毕毕毕毕毕

[动]结束；完成：finish; accomplish | 完～wánbì *finish; complete; end* / 阅～请放回原处。Yuèbì qǐng fànghuí yuánchù. *Please replace it after reading.*

毕业 bìyè graduate; finish school

毕业生 bìyèshēng graduate

◇毕竟 bìjìng after all; all in all

闭 (閉) bì　　6画 门部

闭 闭闭闭闭闭闭

❶[动]合；关：shut; close | ～着眼睛 bìzhe yǎnjing *with one's eyes closed* / 每天晚上10点～灯。Měi tiān wǎnshang shí diǎn bì dēng. *The light is turned off at 10:00 every night.*

倒闭 dǎobì　　封闭 fēngbì
关闭 guānbì

❷[动]堵塞：obstruct; block up | 他～住气又游了十米。Tā bìzhù qì yòu yóule shí mǐ. *He held his breath and swam another 10 metres.*

闭塞 bìsè ① stop up; close up ② hard to get to; out-of-the-way; inaccessible

❸[动]结束：stop; draw to a close

闭幕 bìmù ① the curtain falls; lower the curtain ② close; conclude

闭幕式 bìmùshì closing ceremony

毙 (斃) bì　　10画 比部

毙 毙毙毙毙毙毙毙毙毙毙

[动]死：die

枪毙 qiāngbì

痹 bì 13画 广部

[名]中医指由于风、寒、湿等引起的肢体疼痛或麻木的病症：the disease of ache or numbness in the limbs, usu. caused by wind, cold, dampness, etc.
麻痹 mábì

辟 bì 13画 辛部

[名]君主：monarch; sovereign
复辟 fùbì

碧 bì 14画 石部

[名]青绿色：bluish green
碧绿 bìlǜ dark green

蔽 bì 14画 艹部

[动]遮盖；挡住：cover; shelter; hide
隐蔽 yǐnbì

弊 bì 14画 廾部

❶[名]害处；毛病：disadvantage; harm
弊病 bìbìng ① malady; evil; malpractice ② drawback; disadvantage
弊端 bìduān malpractice; abuse; corrupt practice
利弊 lìbì

❷[名]欺蒙人的行为：fraud; abuse; malpractice
作弊 zuòbì

壁 bì 16画 土部

❶[名]墙：wall | 四~ sìbì *the four walls of the room*
隔壁 gébì 　　碰壁 pèngbì
墙壁 qiángbì

❷[名]直立的山崖：cliff | 陡~ dǒubì *sheer cliff*

避 bì 16画 辶部

❶[动]躲开：avoid; manage to keep away from | ~风 bìfēng *seek*

43

shelter from the wind / ~暑 bìshǔ *be away for summer holidays; go somewhere or do sth. to escape the summer heat* / 咱们在这里~~雨吧。Zánmen zài zhèli bìbì yǔ ba. *Let's take shelter from the rain here.*
避开 bìkāi keep clear of; avoid
躲避 duǒbì 　　回避 huíbì
逃避 táobì
❷[动]防止：prevent
避免 bìmiǎn avoid; refrain from; avert
不可避免 bùkěbìmiǎn

臂 bì　17画 月部

臂臂臂臂臂臂臂臂臂臂臂臂臂臂臂臂臂

[名]胳膊：arm | 左~ zuǒbì *the left arm* / 他~上有一块伤疤。Tā bì shang yǒu yī kuài shāngbā. *There is a scar on his arm.*
手臂 shǒubì
See bei.

边 (邊) biān　5画 辶部

边边边边边

❶[名]边缘；界限：side; border | 海~ hǎibiān *seaside* / 河~ hébiān *riverside* / 他坐在床~儿上。Tā zuò zài chuángbiānr shang. *He sat on the edge of the bed.*
边缘 biānyuán edge; brink
两边 liǎngbiān 　周边 zhōubiān
❷[名]近旁；靠近物体的地方：near; close by (an object) | 手~ shǒubiān *on hand; at hand* / 马路~ mǎlùbiān *on the side of a street*
旁边 pángbiān 　身边 shēnbiān
❸[名]两个地区交界处：border between countries or regions
边防 biānfáng frontier defence; border defence
边疆 biānjiāng border area; borderland; frontier; frontier region
边界 biānjiè boundary; border
边境 biānjìng border; frontier
❹[名]方面：sides; parties
单边 dānbiān 　那边 nàbiān
双边 shuāngbiān
这边 zhèbiān
半边天 bànbiāntiān
❺[副]两个"边"字分别与动词连用，表示同时动作：used before verbs, indicating the simultaneous progression or development of two actions | ~走~唱 biān zǒu biān chàng *go along singing; sings as one goes along* / ~学~干 biān xué biān gàn *learn while working; learn on the job; learn by doing* / 他们~喝茶~闲谈。Tāmen biān

hēchá biān xiántán. *They had a chat over a cup of tea.*

边…边… biān ... biān ... used with two verbs to indicate the simultaneous progression or development of two actions

一边…一边… yībiān... yībiān...

❻ [名]几何学术语,线段：side of a geometrical figure | 三角形有三条~。Sānjiǎoxíng yǒu sān tiáo biān. *A triangle has three sides.*

❼ 方位词词尾：suffix of nouns of locality

北边 běibian	东边 dōngbian
后边 hòubian	里边 lǐbian
南边 nánbian	前边 qiánbian
上边 shàngbian	外边 wàibian
西边 xībian	下边 xiàbian
右边 yòubian	左边 zuǒbian

编(編) biān 12画 纟部

编 编编编编编编编编编编编编

❶ [动]把细长条的东西交织起来：weave; plait | ~草帽 biān cǎomào *weave a straw hat*

❷ [动]组织；排列：organize; arrange | ~组 biān zǔ *organize into groups* / 这本书已经~过号了。Zhè běn shū yǐjīng biānguo hào le. *This book has already been given a serial number.*

编号 biānhào give numbers (to)
编制 biānzhì ① weave; plait; braid ② work out; draw up ③ authorized strength; establishment

❸ [动]编辑；创作：edit; compile; write; compose | ~杂志 biān zázhì *edit a magazine* / ~字典 biān zìdiǎn *compile a dictionary* / 他特别会~写故事。Tā tèbié huì biānxiě gùshi. *He is particularly good at writing stories.*

编辑 biānjí ① edit ② editor
编剧 biānjù ① write a play, scenario, etc. ② screenwriter; scenarist
编写 biānxiě ① compile ② write; compose
改编 gǎibiān

❹ [动]虚构；捏造：fabricate; invent; make up | ~谎话 biān huǎnghuà *make up a lie* / 这个故事也~得太离奇了。Zhège gùshi yě biān de tài líqí le. *This story is fabricated too fantastically.*

◇ 邮编 yóubiān

鞭 biān 18画 革部

鞭 鞭鞭鞭鞭鞭鞭鞭鞭鞭鞭鞭鞭鞭鞭鞭鞭

❶ [名]鞭子，驱赶牲畜的用具：

whip; sth. used to drive livestock | 皮~ pí biān *leather-thonged whip* / 马~ mǎbiān *horse-whip*

鞭子 biānzi whip

❷ [动] 用鞭子打: lash with a whip | ~策 biāncè *spur on; urge on; encourage*

❸ [名] 成串的爆竹: small firecrackers woven into strings | 一挂~ yī guà biān *a string of firecrackers*

鞭炮 biānpào firecrackers

贬 (貶) biǎn 8画 贝部

贬 贬贬贬贬贬贬贬贬

❶ [动] 减低;降低: reduce; devalue
贬值 biǎnzhí devalue

❷ [动] 给予低的、不好的评价: depreciate; play down | 你不该把他~得那么低。Nǐ bù gāi bǎ tā biǎn de nàme dī. *You shouldn't censure him to such an extent.*

贬低 biǎndī degrade; play down

贬义 biǎnyì derogatory sense

扁 biǎn 9画 户部

扁 扁扁扁扁扁扁扁扁扁

[形] 物体宽平而较薄: flat and thin | 鸭子的嘴很~。Yāzi de zuǐ hěn biǎn. *The bill of the duck is quite flat.* / 纸盒压~了。Zhǐhé yābiǎn le. *The cardboard box was crushed flat.*

扁豆 biǎndòu hyacinth bean

变 (變) biàn 8画 又部

变 变变变变变变变变

❶ [动] 改变; 性质、状态或情况跟原来不同: change; become different in quality, state, or situation | 天气~了。Tiānqì biàn le. *The weather has changed.* / 这地方~得认不出来了。Zhè dìfang biàn de rèn bù chūlái le. *The place has changed beyond recognition.*

变成 biànchéng change into; turn into; become

变动 biàndòng change; alteration

变革 biàngé transform; change

变更 biàngēng change; alter; modify

变化 biànhuà change; vary

变换 biànhuàn vary; alternate

变脸 biànliǎn suddenly turn hostile

变迁 biànqiān change

变数 biànshù (math.) variable

变相 biànxiāng in disguised form; covert

变形 biànxíng be out of shape; become deformed

变质 biànzhì go bad; deteriorate

改变 gǎibiàn　转变 zhuǎnbiàn
千变万化 qiānbiàn-wànhuà

❷ [动]使改变：transform; change; turn | 现在少数～成了多数。Xiànzài shǎoshù biànchéng le duōshū. *The minority now has become the majority.*

变为 biànwéi change into; turn into

❸ [动]表演戏法或魔术：perform conjuring tricks; conjure | 他的魔术～得真好!Tā de móshù biàn de zhēn hǎo! *His magic was performed so well!*

便　biàn　9画 亻部

便便便便便便便便便

❶ [形]方便；便利：convenient; handy | ～利 biànlì *handy; convenience*

便道 biàndào shortcut; sidewalk

便捷 biànjié ① convenient ② quick

便民 biànmín for the convenience of the people

便于 biànyú be easy to; be convenient for

不便 bùbiàn　简便 jiǎnbiàn
轻便 qīngbiàn　随便 suíbiàn
以便 yǐbiàn

❷ [形]简单的；非正式的：simple; informal

便饭 biànfàn an ordinary meal; a simple meal

便条 biàntiáo a brief note

❸ [名]小便；大便：piss or shit; urine or excrement

小便 xiǎobiàn

❹ [副]就：then; in that case; just; simply | 这～是我的家。Zhè biànshì wǒ de jiā. *This is my house.* / 这几天不是刮风,～是下雨。Zhè jǐ tiān bùshì guāfēng, biànshì xiàyǔ. *It has been either windy or rainy these days.*

See pián.

遍　biàn　12画 辶部

遍遍遍遍遍遍遍遍遍遍遍遍

❶ [形]全：all over; everywhere | ～野 biànyě *all over the fields* / 我们的朋友～天下。Wǒmen de péngyou biàn tiānxià. *We have friends all over the world.* / 他走～了书店,就是没有买到这本书。Tā zǒubiànle shūdiàn, jiùshì méiyǒu mǎidào zhè běn shū. *He went from bookstore to bookstore but still failed to get this book.*

遍布 biànbù be found everywhere; spread all over
遍地 biàndì everywhere; all around
普遍 pǔbiàn

❷[量]指动作从开始到结束的整个过程：used to indicate the process of an action from beginning to end | 看了一~ kànle yī biàn *read sth. once* / 这首曲子我听过好几~。Zhè shǒu qǔzi wǒ tīngguo hǎo jǐ biàn. *I have heard the melody several times.* / 请你再说一~，我没听清楚。Qǐng nǐ zài shuō yī biàn, wǒ méi tīng qīngchu. *I couldn't catch what you said. Please repeat it.*

辨 biàn 16画 辛部

[动]区别；识别：distinguish; differentiate | 明~是非 míngbiàn-shìfēi *make a clear distinction between right and wrong*

辨别 biànbié differentiate; distinguish; discriminate
辨认 biànrèn distinguish
分辨 fēnbiàn

辩(辯) biàn 16画 辛部

[动]争论；说明是非或真假：argue; make clear what is right or wrong, what is true or false | 善~ shànbiàn *have the gift of the gab* / 两个人~来~去，谁也说不服谁。Liǎng gè rén biàn lái biàn qù, shéi yě shuōbufú shéi. *The two of them kept arguing and neither of them could convince the other.*

辩护 biànhù defend; plead
辩解 biànjiě exculpate
辩论 biànlùn argue; debate
辩证 biànzhèng investigate and authenticate
辩证法 biànzhèngfǎ dialectics
分辩 fēnbiàn

辫(辮) biàn 17画 辛部

[名]把头发分股编成的条状物：plait; braid; pigtail | 梳小~儿 shū xiǎobiànr *wear pigtails*

辫子 biànzi plait; braid; pigtail

标(標) biāo 9画 木部

❶ [名]非根本的或非主要的事物(跟"本běn"相对)：external sign; symptom (the opposite of "本běn") | 治～不如治本 zhì biāo bùrú zhì běn *cure the disease rather than merely relieve the symptoms*

❷ [名]标志；记号；符号：mark; sign | 路～lùbiāo *road sign*

标本 biāoběn specimen; sample

标点 biāodiǎn punctuation

标签 biāoqiān lable; tag

标示 biāoshì mark; indicate

标志 biāozhì ① sign; mark; symbol; hallmark ② indicate; mark; symbolize

标准 biāozhǔn standard; criterion

标准化 biāozhǔnhuà standardize; standardization

超标 chāobiāo　达标 dábiāo
光标 guāngbiāo　目标 mùbiāo
商标 shāngbiāo　鼠标 shǔbiāo
指标 zhǐbiāo

❸ [动]用文字或其他事物表明：mark sth. with words or other things | ～上号码 biāoshàng hàomǎ *put a number on* / 文章的重点部分已用红线～出。Wénzhāng de zhòngdiǎn bùfen yǐ yòng hóngxiàn biāochū. *The important parts in the article has been marked with red lines.* / 商品都～了价格。Shāngpǐn dōu biāole jiàgé. *There is a price tag on each item.*

标价 biāojià ① mark a price ② marked price

标题 biāotí title; heading; headline; caption

标语 biāoyǔ slogan; poster

标枪 biāoqiāng javelin

标致 biāozhì (usu. of women) beautiful; handsome

竞标 jìngbiāo
中标 zhòngbiāo
锦标赛 jǐnbiāosài

表 (錶)❺ biǎo　8画 一部

表 表表表表表表表表

❶ [名]外面；外部；外貌：surface; outside; external | ～里一致 bǎolǐ-yīzhì *think and act in one and the same way*

表面 biǎomiàn surface; face; outside appearance

外表 wàibiǎo　　仪表 yíbiǎo

❷ [动]表示；显示：show; indicate

表达 biǎodá express; show; voice; convey

表明 biǎomíng make known; make clear; state

表情 biǎoqíng expression; countenance; look

表示 biǎoshì show; express; indicate

表述 biǎoshù explain; state

表态 biǎotài make known one's position; declare where

one stands

表现 biǎoxiàn show; express; display; manifest

表演 biǎoyǎn perform; act; play; demonstrate

表扬 biǎoyáng praise; commend

表彰 biǎozhāng cite (in dispatches); commend

代表 dàibiǎo　　发表 fābiǎo

代表团 dàibiǎotuán

❸ [名]分类分项记录事物的书籍或表格：table; form | 课程~ kèchéngbiǎo school timetable / 请在这张~上填上你的名字。Qǐng zài zhè zhāng biǎo shàng tiánshang nǐ de míngzi. Please fill your name in this form.

表格 biǎogé form; table

图表 túbiǎo

时间表 shíjiānbiǎo

❹ [名]称呼父亲、祖父的姊妹所生的子女，或者母亲、祖母的兄弟姊妹所生的子女。表示亲戚关系：cousin; cousinship; the relationship between the children or grandchildren of brothers or of sisters | ~哥 biǎogē cousin / ~兄弟 biǎoxiōngdi cousins

表弟 biǎodì younger male cousin; cousin

表姐 biǎojiě elder female cousin; cousin

表妹 biǎomèi younger female cousin; cousin

❺ [名]计时器具：watch | 你的~停了，该上弦了。Nǐ de biǎo tíng le, gāi shàng xián le. Your watch has stopped and it needs winding.

手表 shǒubiǎo 钟表 zhōngbiǎo

❻ [名]测量某种量的器具：metre; gauge | 温度~ wēndùbiǎo thermometer / 体温~ tǐwēnbiǎo (clinical) thermometre

biē　15画 心部

憋憋憋憋憋憋憋憋憋憋憋憋憋

❶ [动]气不通：suffocate; feel oppressed | 气压低，~得人透不过气来。Qìyā dī, biē de rén tōubuguò qì lái. The atmospheric pressure was so low that one could hardly breathe. / 她心里~得慌，想出去走走。Tā xīnli biēdehuang, xiǎng chūqu zǒuzou. As she felt oppressed, she wanted to go out for a walk.

❷ [动]抑制或忍住：suppress, hold back | ~着一口气 biēzhe yī kǒu qì hold one's breath / 他们~足了劲儿，要踢赢这场球。Tāmen biēzúle jìnr, yào tīyíng zhè chǎng qiú. They are bursting with energy to win this game.

别 bié 7画 刂部

别别别别别别别

❶ [动]分离：leave | 久～重逢 jiǔbié chóngféng *meet again after a long separation* / 一～二十多年，今天又相见了。Yī bié èrshí duō nián, jīntiān yòu xiāngjiàn le. *Today, they met again at last after a separation of more than twenty years.* / 久～故乡 jiǔbié gùxiāng *leave one's native place for years*
分别 fēnbié　　告别 gàobié
离别 líbié
不辞而别 bùcí'érbié

❷ [动]区分；分辨：distinguish; differentiate
辨别 biànbié　　鉴别 jiànbié
区别 qūbié　　　识别 shíbié

❸ [名]差别：difference; distinction
差别 chābié　　个别 gèbié
特别 tèbié

❹ [名]类别：category; kind
级别 jíbié　　　类别 lèibié
派别 pàibié　　 性别 xìngbié

❺ [代]另外的：other
别处 biéchù another place; elsewhere
别人 biérén other people; others; people
别字 biézì wrongly written or mispronounced character

❻ [动]用针等附着或固定：fasten or pin | 把两张发票～在一起 bǎ liǎng zhāng fāpiào bié zài yīqǐ *clip the two receipts together* / 他胸前～着一朵小白花。Tā xiōng qián biézhe yī duǒ xiǎo bāihuā. *He has a little white flower pinned on his breast.*

❼ [副]不要，表示禁止或劝阻：don't; had better not (used in giving commands or advice against doing sth.) | 在公共场所～抽烟。Zài gōnggòng chǎngsuǒ bié chōuyān. *Don't smoke in public places.* / ～走了，就在这儿住下吧。Bié zǒu le, jiù zài zhèr zhùxià ba. *Don't leave. Just stay with us.* / ～忙，这事得商量商量。Bié máng, zhè shì děi shāngliang shāngliang. *Don't hurry. We'd better talk it over.*

See biè.

别 (彆) biè 7画 刂部

别别别别别别别

See 别扭
别扭 bièniu awkward; difficult
See bié.

宾 (賓) bīn 10画 宀部

宾

宾宾宾宾宾宾宾宾宾宾

[名]客人：guest

宾馆 bīnguǎn　guest-house; hotel
贵宾 guìbīn　　　来宾 láibīn
外宾 wàibīn

◇宾语 bīnyǔ (gram.) object

滨 (濱) bīn　13画 氵部

滨滨滨滨滨滨滨滨滨滨滨滨滨

[名]靠近水边的地方：bank; shore | ~海 bīnhǎi *by the sea* / 长江之~ Cháng Jiāng zhī bīn *on the bank of the Yangtze River*

冰 bīng　6画 冫部

冰冰冰冰冰冰冰

❶ [名] ice | 河里的~已经化了。Hé li de bīng yǐjīng huà le. *The ice in the river has melted.*

冰棍儿 bīnggùnr popsicle; ice-lolly; ice-sucker; frozen sucker
冰淇淋 bīngqílín ice cream
滑冰 huábīng

❷ [动]使人感到寒冷：make one feel very cold | 这水很~手。Zhè shuǐ hěn bīngshǒu. *The water is very icy.* / 河水~冷。Héshuǐ bīnglěng. *The river water is freezing cold.*

❸ [动]用冰使食物变凉：ice; cool food with ice | 把汽水~一下。Bǎ qìshuǐ bīng yī xià. *Ice the soda water for a while.*

冰箱 bīngxiāng refrigerator; freezer
冰镇 bīngzhèn iced
电冰箱 diànbīngxiāng

◇冰毒 bīngdú ice (a highly addictive stimulant that works on the central and sympathetic nervous system, used as a narcotic drug.)

兵 bīng　7画 八部

兵兵兵兵兵兵兵

❶ [名]战士；军队：soldier; army | 他是一个~。Tā shì yī gè bīng. *He is a soldier.*

步兵 bùbīng　　练兵 liànbīng
民兵 mínbīng　　哨兵 shàobīng
士兵 shìbīng

❷ [名]军事或战争：military | 纸上谈~ zhǐshàng-tánbīng *be an armchair strategist*

丙 bǐng　5画 一部

丙丙丙丙丙

[名]天干的第三位，也表示次序第三：the third of the ten Heavenly Stems; third in order | 他

在甲班，我在～班。Tā zài jiǎ bān, wǒ zài bǐng bān. *He is in class A and I am in class C.*

秉 bǐng 8画 丿部

秉秉秉秉秉秉秉秉

❶[动]拿着；握着：(in old written language) grasp; hold｜～烛 bǐngzhú *(in written) carry a candle*
❷[动]掌握；主持：control; preside over
◇秉性 bǐngxìng nature; disposition; natural instincts

柄 bǐng 9画 木部

柄柄柄柄柄柄柄柄柄

❶[名]器物的把手：handle of sth.｜刀～dāobǐng *the handle of a knife* / 伞～sǎnbǐng *the shaft of an umbrella*
❷[名]喻指在言行上被人抓住的材料：handle; target｜话～huàbǐng *subject for ridicule* 把柄 bǎbǐng
❸[名]花、叶、果实同枝丫或茎相连的部分：(of a flower, leaf or fruit) the part that combines with the twig or stem｜别把花～弄断了。Bié bǎ huābǐng nòngduàn le. *Don't break the small stem of the flower.*

饼(餅) bǐng 9画 饣部

饼饼饼饼饼饼饼饼饼

❶[名]扁圆形的面制食品：round flat cake
饼干 bǐnggān biscuit; cracker
烧饼 shāobing 月饼 yuèbing
❷[名]形状像饼的东西：sth. shaped like a cake｜柿～shìbǐng *dried persimmon* 铁饼 tiěbǐng

禀 bǐng 13画 一部

禀禀禀禀禀禀禀禀禀禀禀禀禀

[动]向上级或长辈报告：report to one's superior or senior
禀告 bǐnggào report (to one's superior or senior)

并 bìng 6画 丷部

并并并并并并

❶[动]合在一起：combine together｜把这两张桌子～在一起。Bǎ zhè liǎng zhāng zhuōzi bìng zài yīqǐ. *Put the two desks together.* / 把几个小厂～成一个大厂。Bǎ jǐ gè xiǎo chǎng bìngchéng yī gè dà chǎng. *Combine several small factories into a big one.*

兼并 jiānbìng　合并 hébìng

❷[动]并排；挨着：side by side | 肩~着肩 jiān bìngzhe jiān *(walk or act, etc.) side by side*

❸[副]一齐；同时：simultaneously; side by side

并存 bìngcún exist side by side; coexist

❹[副]放在否定词前，加强否定的语气，带有反驳的意味：(not) at all (used before a negative for emphasis) | 天气~不冷。Tiānqì bìng bù lěng. *It is by no means cold.* / 他~不糊涂。Tā bìng bù hútu. *He is not muddleheaded at all.*

并非 bìngfēi really not

❺[连]表示进一层的意思：and (indicating increased degree) | 同意~拥护 tóngyì bìng yōnghù *agree with and support sth.* / 会议讨论~通过了这个方案。Huìyì tǎolùn bìng tōngguòle zhège fāng'àn. *This project was discussed and got through at the meeting.*

并且 bìngqiě and; besides; moreover; furthermore

病　bìng　10画 疒部

病 病病病病病病病病病病

❶[名]生理上或心理上出现的不健康、不正常的状态：disease; ailment | 害了一场~ hàile yī chǎng bìng *fall seriously ill* / 有了~，应该及时医治。Yǒule bìng, yīnggāi jíshí yīzhì. *Once you fall ill, you should get timely treatment.* / 他的~已经好了。Tā de bìng yǐjīng hǎo le. *He has already recovered from illness.*

病毒 bìngdú virus
病菌 bìngjūn pathogenic bacteria; germs
病例 bìnglì case (of illness)
病情 bìngqíng patient's condition
得病 débìng　发病 fābìng
患病 huànbìng　疾病 jíbìng
看病 kànbìng
生病 shēngbìng
胃病 wèibìng　艾滋病 àizībìng
白血病 báixuèbìng
糖尿病 tángniàobìng
心脏病 xīnzàngbìng

❷[动]生病：be sick; be taken ill | 孩子~得很厉害。Háizi bìng de hěn lìhai. *The child was seriously ill.* / 她~了三天。Tā bìngle sān tiān. *She has been ill for three days.*

病床 bìngchuáng hospital bed; sickbed

病房 bìngfáng ward; sickroom
病号 bìnghào sick person; patient
病人 bìngrén patient; invalid
❸[名]弊害：malady; evil
弊病 bìbìng
❹[名]缺点；错误：fault; defect | 通~ tōngbìng common failing / 请找出语~。Qǐng zhǎochū yǔbìng. Please find out the faulty expression.
毛病 máobìng

拨 (撥) bō 8画 扌部
拨 拨拨拨拨拨拨拨

❶[动]用手脚或棍棒等横向用力，使东西移动或分开：turn, move with one's hand, foot, or a stick | ~电话号码 bō diànhuà hàomǎ dial a telephone number / ~好闹钟 bōhǎo nàozhōng set the alarm clock
拨打 bōdǎ dial; call
挑拨 tiǎobō

❷[动]分给；调配：allocate; assign; set aside | ~一笔款子 bō yī bǐ kuǎnzi allocate a sum of money / ~两个人给我 bō liǎng gè rén gěi wǒ assign two persons to me
拨款 bōkuǎn ① appropriate fund; allocate funds ② appropriation

❸[量]用于成批的、分组的人或物：batch; group | 分两~儿干活 fēn liǎng bōr gànhuó work in two groups / 一~年轻工人到工地来了。Yī bō niánqīng gōngrén dào gōngdì lái le. A group of young workers came to the construction site. / 你们班50个同学分~儿去参观。Nǐmen bān wǔshí gè tóngxué fēnbōr qù cānguān. The 50 students of your class will go to visit in batches.

波 bō 8画 氵部
波 波波波波波波波

[名]一起一伏的浪纹：wave; ripple | 水~ shuǐbō wave
波动 bōdòng undulate; fluctuate; rise and fall
波及 bōjí spread to; involve; affect
波浪 bōlàng wave
波涛 bōtāo great waves; billows
◇奔波 bēnbō 风波 fēngbō 微波炉 wēibōlú

玻 bō 9画 王部
玻 玻玻玻玻玻玻玻玻玻

See 玻璃
玻璃 bōlí glass

剥

bō　10画 刂部

剥剥剥剥剥剥剥剥剥剥

[动]强行夺去：deprive by force

剥夺 bōduó deprive; expropriate; strip

剥削 bōxuē exploit

See bāo.

菠

bō　11画 艹部

菠菠菠菠菠菠菠菠菠菠菠

See below

菠菜 bōcài spinach

菠萝 bōluó pineapple

播

bō　15画 扌部

播播播播播播播播播播播播播

❶ [动]撒；撒种：sow | 种子已经全部~到田里去了。Zhǒngzi yǐjīng quánbù bōdào tián li qù le. *All the seeds have been sowed in the fields.*

播种 bōzhǒng sow seeds

❷ [动]散布；传扬：broadcast | 这条新闻在今天中午又~了一遍。Zhè tiáo xīnwén zài jīntiān zhōngwǔ yòu bōle yī biàn. *The news was broadcast again this noon.*

播报 bōbào broadcast

播放 bōfàng broadcast

播送 bōsòng broadcast; transmit

播音 bōyīn broadcast

重播 chóngbō　传播 chuánbō

点播 diǎnbō　广播 guǎngbō

直播 zhíbō　转播 zhuǎnbō

伯

bó　7画 亻部

伯伯伯伯伯伯伯

❶ [名]父亲的哥哥：father's elder brother | ~伯 bóbo *father's elder brother*

❷ [名]尊称年龄大、辈分高的人：a respectful form of address for someone older than one's father

伯伯 bóbo ① father's elder brother; uncle ② a term of address for a man of one's father's generation who is older than one's father; uncle

伯父 bófù father's elder brother; uncle

伯母 bómǔ aunt; wife of father's elder brother

◇阿拉伯语 Ālābóyǔ

驳

(駁) bó　7画 马部

驳驳驳驳驳驳驳

[动]说明理由，否定对方意见：state one's own opinions to refute other's points | 真理是～不倒的。Zhēnlǐ shì bōbudǎo de. *Truth fears no refutation.* / 这种说法不值一～。Zhè zhǒng shuōfa bùzhí-yībō. *Such remarks are not worth refuting.*
驳斥 bōchì refute; denounce
驳回 bōhuí reject (an appeal, request, proposal, etc.); turn down; overrule
反驳 fǎnbó

泊

泊 bó　8画 氵部

泊泊泊泊泊泊泊泊

❶ [动]船靠岸：anchor alongside the shore
停泊 tíngbó
❷ [动]停留：stop; stay for a time
漂泊 piāobó

勃

勃 bó　9画 力部

勃勃勃勃勃勃勃勃勃

❶ [形]旺盛：vigorous; thriving | 生机～～ shēngjī-bóbó *full of vigour*
朝气蓬勃 zhāoqì-péngbó
❷ [形]突然，忽然：(in written) sudden | ～发 bófā *break out*

舶

舶 bó　11画 舟部

舶舶舶舶舶舶舶舶舶舶舶

[名]大海船：oceangoing ship
船舶 chuánbó

脖

脖 bó　11画 月部

脖脖脖脖脖脖脖脖脖脖脖

❶ [名]头同身躯相连接的部分：neck
脖子 bózi　neck
❷ [名]身体上或器物上像脖子的部分：sth. like (or function as) a neck | 脚～子 jiǎobózi *ankle*

博

博 bó　12画 十部

博博博博博博博博博博博博

❶ [形]广，多：abundant; plentiful
博物馆 bówùguǎn museum
❷ [形]见识广：well-informed | ～古通今 bógǔ-tōngjīn *possess a wide knowledge of things both ancient and modern*
博士 bóshì (of academic degree) doctor
博士后 bóshìhòu ① postdoctoral student of researcher ② postdoctoral study of research ③ postdoctoral; postdoctorate

博士生 bóshìshēng the student who studies for a doctorate

博览会 bólǎnhuì (international) fair; trade fair

❸[动]以某种言行获取同情或欢心：win; gain ｜ ～取信任 bóqǔ xìnrèn *win the confidence* ／ ～得同情 bódé tóngqíng *win sympathy*

博彩 bócǎi gambling in the form of a tomabola, or lottery

赌博 dǔbó

搏 bó 13画 扌部

搏搏搏搏搏搏搏搏搏搏搏搏

❶[动]对打：wrestle; combat

搏斗 bódòu wrestle; fight; struggle

❷[动]跳动：beat; pulsate

脉搏 màibó

膊 bó 14画 月部

膊膊膊膊膊膊膊膊膊膊膊膊膊膊

[名]上身近肩的部分：upper arm ｜ 赤～ chìbó *stripped to the waist*

胳膊 gēbo

薄 bó 16画 艹部

薄薄薄薄薄薄薄薄薄薄薄薄薄薄薄

❶[形]轻微；少：slight; meagre; small

薄弱 bóruò weak; frail

❷[动]看不起；轻视：look down upon; despise

❸[形]不庄重，不厚道：frivolous; ungenerous; unkind; mean ｜ 我待你不～。Wǒ dài nǐ bù bó. *I have never treated you ungenerously.*

薄膜 bómó ① membrane ② film

See báo.

簸 bǒ 19画 竹部

簸簸簸簸簸簸簸簸簸簸簸簸簸簸簸簸簸

❶[动]用簸箕颠动食物，扬去其中的杂物：winnow with a fan to get rid of chaff and dust ｜ ～稻谷 bǒ dàogǔ *winnow away the chaff*

❷[动]上下颤动：quiver; shake

颠簸 diānbǒ

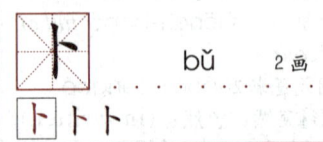

卜 bǔ 2画 卜部

卜卜卜

❶[动]占卜：divine ｜ ～卦 bǔguà

a system of divination

❷[动]预测；推测：foretell; predict | 吉凶难～jíxiōng-nánbǔ *It's difficult to predict how it will turn out* / 胜败可～ shēngbài-kěbǔ *victory or defeat can be predicted; one can forecast the outcome*

补 (補) bǔ　7画　衤部

补 补补补补补补补

❶[动]加上材料，修理破损的东西：mend; repair | ～衣服 bǔ yīfu *mend (or patch) clothes* / ～过的鞋子 bǔguo de xiézi *mended shoes*

❷[动]把不足或缺少的填上；使齐全：supply; make up for | 把作业～齐 bǎ zuòyè bǔqí *make up the unfinished assignment* / 弥～赤字 míbǔ chìzì *make up (meet) a deficit* / 我们还得～三个人。Wǒmen hái děi bǔ sān gè rén. *We have three vacancies to be filled; We need three more people.* / 把漏了的字～上 bǎ lòule de zì bǔshang *fill in the missing words*

补偿 bǔcháng compensate; make up

补充 bǔchōng ① replenish; supplement; complement ②additional; complementary; supplementary

补救 bǔjiù remedy
补课 bǔkè make up missed lessons
补贴 bǔtiē subsidy; allowance
补习 bǔxí take lessons after school or work
补语 bǔyǔ (gram.) complement
补助 bǔzhù subsidy; allowance
候补 hòubǔ　　互补 hùbǔ
弥补 míbǔ　　替补 tìbǔ
填补 tiánbǔ
取长补短 qǔcháng-bǔduǎn

❸[动]滋养：nourish | ～身体 bǔ shēntǐ *take nutritious food to build up one's health* / ～元气 bǔ yuánqì *help restore vitality*

捕 bǔ　10画　扌部

捕捕捕捕捕捕捕捕捕

[动]捉；逮：catch; seize | ～鱼 bǔ yú *catch fish* / ～老鼠 bǔ lǎoshǔ *catch the mouse*

捕捞 bǔlāo fish for; catch
捕捉 bǔzhuō catch; seize
被捕 bèibǔ　　逮捕 dàibǔ
抓捕 zhuābǔ　　追捕 zhuībǔ

哺 bǔ　10画　口部

哺 哺哺哺哺哺哺哺哺哺哺

[动]喂: feed | ~养 bǔyǎng *feed; rear*
哺乳 bǔrǔ breast-feed; nurse

不　　bù　4画 一部

不 不不不不

❶ [副]用在动词、形容词、助动词或其他副词前，表示否定；没有: (used before verbs, adjectives, auxiliary and some adverbs to indicate negation) not; no | 这件衣服~干净。Zhè jiàn yīfu bù gānjìng. *This coat is a dirty one.* / 今天下雨，我就~回家了。Jīntiān xiàyǔ, wǒ jiù bù huíjiā le. *I will not go home today as it rains.* / 他~常来。Tā bù cháng lái. *He does not come here often.* / 天气~怎么冷。Tiānqì bù zěnme lěng. *It's not very cold.*

不安 bù'ān ① turbulent; unstable ② uneasy; disturbed; worried
不比 bùbǐ unlike
不必 bùbì need not; not have to
不便 bùbiàn inconvenient; inappropriate; unsuitable
不曾 bùcéng never (have done sth.)
不错 bùcuò ① correct; right ② not bad; pretty good
不但 bùdàn not only
不当 bùdàng unsuitable; improper; inappropriate
不得 bùde (used after a verb to indicate disallowance or forbiddance) must not; not be allowed
不等 bùděng vary; differ
不定 bùdìng not sure; indefinite
不断 bùduàn unceasing; uninterrupted; continuous; constant
不对 bùduì incorrect; wrong
不法 bùfǎ lawless; illegal; unlawful
不妨 bùfáng there is no harm in; might as well
不服 bùfú refuse to obey (or comply); remain unconvinced by; not give in to
不符 bùfú not agree (or square) with; be inconsistent with
不公 bùgōng unjust; unfair
不顾 bùgù in spite of; regardless of
不管 bùguǎn no matter (what, how, etc.); regardless of
不光 bùguāng ① not the only one ② (conj.) not only
不过 bùguò ① used as an intensifier after an adjective ② only; merely; no more than
不见 bùjiàn not see; not meet
不解 bùjiě not understand

不禁 bùjīn can't help (doing sth.); can't refrain from

不仅 bùjǐn ① not the only one ② not only

不久 bùjiǔ ① soon; before long ② not long after; soon after

不堪 bùkān ① cannot bear; cannot stand ② utterly; extremely

不可 bùkě ① cannot; should not; must not ② used in "非 fēi…不可" to indicate what one is set to do

不愧 bùkuì be worthy of

不利 bùlì unfavourable; disadvantageous; harmful; detrimental

不良 bùliáng bad; harmful; unhealthy

不料 bùliào happen unexpectedly

不论 bùlùn no matter (what, how, who, etc.)

不满 bùmǎn resentful; discontented; dissatisfied

不免 bùmiǎn unavoidable

不明 bùmíng ① not clear; unknown ② fail to understand

不平 bùpíng ① injustice; unfairness; wrong ② grievance

不然 bùrán ① not so ② if not so; or else; otherwise (used at the beginning of a sentence to indicate disagreement)

不容 bùróng not tolerate; not allow; not brook

不如 bùrú ① not as good as; inferior to ② had better; would rather

不少 bùshǎo many

不时 bùshí from time to time

不是 bùshi fault; blame

不停 bùtíng without stop

不同 bùtóng different from; distinct from

不惜 bùxī ① not stint; regardless of; not spare ② not scruple (to do sth.)

不行 bùxíng ① won't do; be out of the question ② be no good; won't work

不幸 bùxìng ① misfortune; adversity ② unfortunate; sad

不朽 bùxiǔ immortal

不许 bùxǔ not allow; must not

不要 bùyào don't

不宜 bùyí unsuitable; inadvisable

不易 bùyì not easy; difficult

不用 bùyòng need not

不再 bùzài no more; no longer; not any longer

不止 bùzhǐ ① incessant; without end ② more than; not limited to

不只 bùzhǐ not only; not merely

不住 bùzhù ceaselessly; continuously

不足 bùzú less than; insufficient

不得不 bùdébù have no choice / option but to; cannot but; have

不

bù

to

不得了 bùdéliǎo desperately serious; disastrous

不得已 bùdéyǐ act against one's will; have no alternative but to; cannot help but

不动产 bùdòngchǎn real estate; immovable property

不敢当 bùgǎndāng I'm flattered; it's too much an honour

不见得 bùjiàndé not necessarily; not likely

不景气 bùjǐngqì ① (econ.) depression; recession ② in a depressed state

不买账 bùmǎizhàng not willing to accept sth.; to think nothing of sb.

不起眼 bùqǐyǎn (dial.) not attract attention; not be noticeable; not be attractive

不像话 bùxiànghuà ① unreasonable ② shocking; outrageous

不要紧 bùyàojǐn it doesn't matter; never mind; it's not serious

不要脸 bùyàoliǎn (offens.) have no sense of shame; shameless

不一定 bùyīdìng uncertain; not sure; not necessarily so

不由得 bùyóude can't help

不至于 bùzhìyú not as far as; unlikely

不卑不亢 bùbēi-bùkāng neither humble nor disrespectful

不辞而别 bùcí'érbié leave without saying goodbye

不法分子 bùfǎ fēnzǐ a lawless person

不顾一切 bùgù-yīqiè fling caution to the winds; regardlessness

不好意思 bùhǎoyìsi ① feel bashful; be shy; be ill at ease ② find it embarrassing (to do sth.)

不慌不忙 bùhuāng-bùmáng unhurried; calm; leisurely

不可避免 bùkě-bìmiǎn inevitably; inescapability; ineluctability

不可思议 bùkě-sīyì inconceivable; unimaginable

不劳而获 bùláo'érhuò gains without pains

不同寻常 bùtóng-xúncháng outstanding; out of the ordinary; above the common run

不相上下 bùxiāng-shàngxià equally matched; roughly the same

不言而喻 bùyán'éryù it goes without saying; it is self-evident

不由自主 bùyóu-zìzhǔ can't help; involuntarily

不正之风 bùzhèngzhīfēng malpractice; unhealthy tendency

不知不觉 bùzhī-bùjué unconsciously; unwittingly; without being aware of sth.

从不 cóngbù   绝不 juébù
差不多 chàbuduō

恨不得 hènbudé
可不是 kěbushì
前不久 qiánbujiǔ
说不定 shuōbudìng
想不到 xiǎngbudào
要不然 yàoburán
要不是 yàobushì
哭笑不得 kūxiào-bùdé

❷ [助] 用在动补结构中间，表示不能达到某种结果：used between a verb and its complement, indicating a certain result that cannot be achieved | 做~好 zuòbuhǎo *can not do sth. well* / 天太黑，看~清楚。Tiān tài hēi, kàn bù qīngchu. *It's too dark to identify it clearly.* / 太重了，我拿~动。Tài zhòng le, wǒ nábudòng. *It's too heavy to lift by myself.*

对不起 duìbuqǐ
顾不得 gùbudé
怪不得 guàibudé
来不及 láibují
看不起 kànbuqǐ
忍不住 rěnbuzhù
舍不得 shěbudé
用不着 yòngbuzháo

❸ [副] 单用，表示否定性的回答：used by itself as a negative answer | "他知道吧？"——"~，他不知道。" "Tā zhīdào ba?" —— "Bù, tā bù zhīdào." *Does he know? — No, he doesn't.*

◇ 了不起 liǎobuqǐ

布 bù 5画 巾部

布 布布布布布

❶ [名] 棉、麻等织物的统称：cloth | 花~ huābù *cotton print* / 这块~的颜色不太好看。Zhè kuài bù de yánsè bù tài hǎokàn. *The colour of this cloth is not so good.*
布鞋 bùxié cloth shoe
布艺 bùyì fabric art
抹布 mābù

❷ [动] 分散到各处；广泛传播：spread
遍布 biànbù　分布 fēnbù
散布 sànbù　纱布 shābù

❸ [动] 设置：arrange
布局 bùjú overall arrangement; layout; distribution
布置 bùzhì ① fix up; arrange; decorate ② make arrangement for; give instructions about

❹ [动] 宣告；陈述：declare; announce; state to the public
布告 bùgào notice; bulletin; proclamation
颁布 bānbù　发布 fābù
公布 gōngbù　宣布 xuānbù

步 bù 7画 止部

步 步步步步步步步

❶ [动] 走：walk; go on foot | ~入会场 bùrù huìchǎng *walk into*

the meeting-place
步兵 bùbīng infantry
步入 bùrù step in; pace in
步行 bùxíng go on foot; walk

❷[名]脚步：step; pace｜这孩子刚学迈～。Zhè háizi gāng xué màibù. *The child has just begun to learn to walk.* ／每天跑跑步，对身体有好处。Měi tiān pǎopao bù, duì shēntǐ yǒu hǎochu. *Jogging every day does good to one's health.* ／邮局离这儿只有几～路。Yóujú lí zhèr zhǐyǒu jǐ bù lù. *The post office is only a few steps away.*

步伐 bùfá step; pace
步子 bùzi step; pace

进步 jìnbù	跑步 pǎobù
起步 qǐbù	让步 ràngbù
散步 sànbù	同步 tóngbù
退步 tuìbù	稳步 wěnbù

❸[名]程度；阶段：stage; step｜事情一～比一～顺利。Shìqing yī bù bǐ yī bù shùnlì. *Things are getting easier and easier.* ／下一～怎么办？Xià yī bù zěnme bàn? *What's the next step (move)?*

步骤 bùzhòu step; move
初步 chūbù　　逐步 zhúbù
进一步 jìnyībù

❹[名]地步；境地：state; situation｜没想到他竟会落到这样的地～。Méi xiǎngdào tā jìng huì luòdào zhèyàng de dìbù. *We have never expected that he has come to such a pass.*
地步 dìbù

怖 bù　8画 忄部

怖怖怖怖怖怖怖怖

[动]惧怕：fear
恐怖 kǒngbù

部 bù　10画 阝(右)部

部部部部部部部部部部

❶[名]全体中的一份：part; section｜胸～xiōngbù *chest; thorax*
部分 bùfen part; section; portion
部件 bùjiàn parts; components; assembly
部位 bùwèi position; place; part; section

北部 běibù	底部 dǐbù
东部 dōngbù	腹部 fùbù
局部 júbù	面部 miànbù
南部 nánbù	内部 nèibù
全部 quánbù	头部 tóubù
外部 wàibù	中部 zhōngbù

❷[名]某些机关、军队、企业中单位的名称：unit; department; ministry｜教育～jiàoyùbù *the Ministry of Education* ／编辑～biānjíbù *editorial board*
部队 bùduì army; forces; troops

部门 bùmén department; branch
部长 bùzhǎng minister
干部 gànbù　　支部 zhībù
俱乐部 jùlèbù
司令部 sīlìngbù
❸[动]安排：dispose; deploy
❹[量]用于书籍、影片等：used for books, films, etc.｜三～小说 sān bù xiǎoshuō *three novels* ／一～电影 yī bù diànyǐng *a film*

◇部落 bùluò tribe

埠 bù　11画　土部

埠埠埠埠埠埠埠埠埠埠埠

[名]停船的码头；也指有码头的城镇：wharf; a town with a wharf｜本～běnbù *this port; this locality*

Cc

擦 cā 17画 扌部

擦擦擦擦擦擦擦擦擦擦擦擦擦擦擦擦擦

❶ [动]摩擦;接触: rub; scrape | ~根火柴 cā gēn huǒchái *strike a match* / 手上~破一点皮。Shǒu shang cāpò yīdiǎn pí. *Just a slight scratch on the hand.*

❷ [动]贴近: very close to | 他从我身边~过。Tā cōng wǒ shēnbiān cāguò. *He brushed past me.*

❸ [动]用手、布等揩拭: clean; wipe | ~黑板 cā hēibǎn *clean the blackboard* / ~脸 cā liǎn *dry one's face* / ~汗 cā hàn *wipe the sweat away*

❹ [动]涂抹: smear; put on | 这药只能~, 不能口服。Zhè yào zhǐnéng cā, bùnéng kǒufú. *This medicine is for skin use only, not to be taken orally.* / 她淡淡地~了一点儿口红。Tā dàndàn de cāle yīdiǎnr kǒuhóng. *She lipsticked her lips lightly.* / 这种鞋油一~就亮。Zhè zhǒng xiéyóu yī cā jiù liàng. *This polish puts a good shine on shoes easily.*

猜 cāi 11画 犭部

猜猜猜猜猜猜猜猜猜猜

❶ [动]怀疑: doubt; suspect | 我~他说的不是真话。Wǒ cāi tā shuō de bū shì zhēnhuà. *I think he told us a lie.* / 我~他和这件事有点牵连。Wǒ cāi tā hé zhè jiàn shì yǒudiǎn qiānlián. *I suspect that he is more or less involved in the affair.*

❷ [动]推测: guess | ~谜语 cāi míyǔ *guess a riddle* / 你~他是谁? Nǐ cāi tā shì shéi? *Guess who he is?* / 你~他有多大年纪。Nǐ cāi tā yǒu duō dà niánjì. *Guess how old he is.* / 我们都~不出他的心思。Wǒmen dōu cāibuchū tā de xīnsi. *None of us know what he thinks about.*

猜测 cāicè guess; conjecture; surmise

猜想 cāixiǎng suppose; guess; suspect

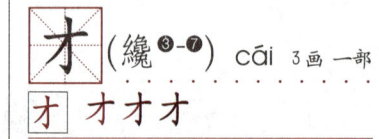

才 (纔❸-❼) cái 3画 一部

才才才

❶ [名]能力: ability; capacity; capability | 德~兼备 décáijiānbèi *have both ability and integrity* / 多~多艺 duōcái duōyì *be gifted in many ways* / 这个人很有~。Zhège rén hěn yǒu cái. *This person is very talented.*

才干 cáigàn ability; competence; talent

才华 cáihuá literary or artistic talent

才能 cáinéng talent

才智 cáizhì ability and wisdom

❷ [名] 从才能方面指称某类人：used to address a capable person
人才 réncái　　天才 tiāncái

❸ [副] 刚刚，表示事情发生不久：a moment ago; just; just now | 他~走。Tā cái zǒu. *He has just left.* / 节目~开始。Jiémù cái kāishǐ. *The performance has just started.* / 这首歌我是~学会的。Zhè shǒu gē wǒ shì cái xuéhuì de. *I have but just learned to sing this song.*

刚才 gāngcái

❹ [副] 表示事情发生或结束得晚：(used to indicate that sth. happens or ends late) not until; only | 他晚上~能到。Tā wǎnshang cáinéng dào. *He won't arrive until night falls.* / 会议一直开到深夜~结束。Huìyì yīzhí kāidào shēnyè cái jiéshù. *The meeting didn't finish until late at night.* / 大雨到清晨~停。Dàyǔ dào qīngchén cái tíng. *The heavy rain didn't let up until early next morning.*

❺ [副] 表示范围小、数量少、程度低等：used to indicate a small scale, amount or low level | 我们公司~二十来个人。Wǒmen gōngsī cái èrshí lái gè rén. *There are only about 20 employees in our company.* / 他刚来中国，~会说几句汉语。Tā gāng lái Zhōngguó, cái huì shuō jǐ jù Hànyǔ. *He has just arrived in China and speaks only a bit of Chinese.* / 当时他~五岁。Dāngshí tā cái wǔ suì. *He was only five years old then.*

❻ [副] 表示限于某个范围：within the limit | 因为过节，他~穿了件新衣服。Yīnwèi guòjié, tā cái chuānle jiàn xīn yīfu. *He wears a new coat for the festival.* / 只有肯努力，~能得到好的学习成绩。Zhǐyǒu kěn nǔlì, cáinéng dédào hǎo de xuéxí chéngjì. *Only by studying harder, will you get good results.*

❼ [副] 表示强调确定语气：used to indicate an emphatic tone | 这~是我想听的。Zhè cái shì wǒ xiǎng tīng de. *This is what I expect to hear.* / 那场球赛~精彩呢! Nà chǎng qiúsài cái jīngcǎi ne! *What an exciting game it was!*

材 cái 7画 木部

材 材材材材材材材

❶ [名]木料，泛指原料：wood; timber; materials in a broad sense
材料 cáiliào material; facts for reference
材质 cáizhì ① quality or texture of timber ② quality of material
钢材 gāngcái　　棺材 guāncai
建材 jiàncái　　木材 mùcái
器材 qìcái　　　药材 yàocái
原材料 yuáncáiliào

❷ [名]资料：material
教材 jiàocái　　　题材 tícái

财 (財) cái 7画 贝部

财 财财财财财财财

[名]金钱和物资的总称：general term for money and property | 发~ fācái get rich / 理~ lǐcái manage money matters
财产 cáichǎn property
财富 cáifù wealth; riches
财经 cáijīng finance and economics
财会 cáikuài finance and accounting
财力 cáilì financial resources; financial capacity
财务 cáiwù financial affairs
财物 cáiwù belongings
财政 cáizhèng (public) finance
钱财 qiáncái

裁 cái 12画 衣部

裁 裁裁裁裁裁裁裁裁裁裁裁裁

❶ [动]用剪子铰或用刀割开：cut sth. into parts | 把纸~开 bǎ zhǐ cáikāi cut the paper into parts / 衣服~得很合适。Yīfu cái de hěn héshì. The garment is well cut.
裁缝 cáifeng tailor; dressmaker

❷ [动]削减；去掉不用的或多余的：cut; reduce; slash | ~减人员 cáijiǎn rényuán reduce (cut down) the staff / 国家~减了军费开支。Guójiā cáijiǎn le jūnfèi kāizhī. The government has cut down the military expenditure. / 工厂~了18名工人。Gōngchǎng cáile shíbā míng gōngrén. The factory dismissed 18 workers.
裁军 cáijūn disarmament
裁员 cáiyuán cut down the number of persons employed; reduce the staff

❸ [动]控制：control; command; dominate
独裁 dúcái　　　制裁 zhìcái
总裁 zǒngcái

❹ [动]判断：judge | ~夺 cáiduó

give an opinion; appraise critically
裁定 cáidìng (leg.) decide or declare judicially; rule
裁决 cáijué ruling; adjudication
裁判 cáipàn ① judgment ② act as referee
裁判员 cáipànyuán ① (sports) act as referee ② (sports) referee; judge; umpire
仲裁 zhòngcái

采 cǎi 8画 爫部

采 采采采采采采采采

❶ [动]摘：pick; take off | ～茶 cǎichá *pick tea* / 她～了一朵花。Tā cǎile yī duǒ huā. *She picked a flower.*

❷ [动]选取：select; choose
采购 cǎigòu make purchases; purchase
采纳 cǎinà accept; adopt
采取 cǎiqǔ adopt; take
采用 cǎiyòng put to use; adopt; employ

❸ [动]搜集：gather; collect | ～标本 cǎi biāoběn *collect specimens*
采访 cǎifǎng cover (news); gather material; interview
采集 cǎijí gather; collect

❹ [动]挖掘矿藏：mine; tap mineral ore | ～煤 cǎiméi *mine coal* / 这里的金矿已经被～完了。Zhèli de jīnkuàng yǐjīng bèi cǎiwán le. *This gold mine has been fully exploited.*
开采 kāicǎi
◇ 风采 fēngcǎi
兴高采烈 xìnggāo-cǎiliè

彩 cǎi 11画 彡部

彩 彩彩彩彩彩彩彩彩彩彩彩

❶ [名]各种颜色：different colours | ～虹 cǎihóng *rainbow* / ～旗 cǎiqí *colourful flag; bunting*
彩电 cǎidiàn colour television set; colour TV
彩色 cǎisè multicolour; colour
光彩 guāngcǎi 色彩 sècǎi
云彩 yúncai
丰富多彩 fēngfù-duōcǎi

❷ [名]彩色的丝绸：coloured silk | 张灯结～ zhāngdēng-jiécǎi *decorate with lanterns and colourful ribbons*
剪彩 jiǎncǎi

❸ [形]光荣；完美：glorious, perfect
精彩 jīngcǎi
◇ 彩票 cǎipiào lottery ticket
博彩 bócǎi

睬 cǎi 13画 目部

睬 睬睬睬睬睬睬睬睬睬睬睬睬睬

[动]管理；理会：pay attention to; give heed to | 不要~他。Bùyào cǎi tā. *Take no notice of him.; Ignore him.*

理睬 lǐcǎi

踩 cǎi 15画 足部

踩踩踩踩踩踩踩踩踩踩踩踩踩踩踩

[动]脚接触地面或物体：step on; trample | 小心，别~着地上的花草。Xiǎoxīn, bié cǎizháo dìshang de huācǎo. *Be careful not to trample the grass and flowers on the ground.* / 对不起！我~你脚了吧？Duìbuqǐ! Wǒ cǎi nǐ jiǎo le ba? *Sorry! Did I step on your foot?*

菜 cǎi 11画 艹部

菜菜菜菜菜菜菜菜菜菜菜

❶[名]蔬菜，供做副食品的植物：vegetables; greens | 种~ zhòngcài *grow vegetables* / 鲜~ xiāncài *fresh vegetables* / 夏季上市的~很多。Xiàjì shàngshì de cài hěn duō. *Plenty of vegetables appear on the market in summer.*

白菜 báicài　　菠菜 bōcài
凉菜 liángcài　　芹菜 qíncài
青菜 qīngcài　　蔬菜 shūcài
香菜 xiāngcài　　油菜 yóucài
大白菜 dàbáicài
大头菜 dàtóucài

❷[名]经过烹调的蔬菜、肉类等副食品的统称：cooked vegetables and meat | 烧~ shāo cài *cook dishes; prepare dishes* / 她做的~特别好吃。Tā zuò de cài tèbié hǎochī. *The dishes she prepares are very tasty.*

菜单 cāidān menu
菜谱 cāipǔ ① menu ② cookery book
川菜 chuāncài　　点菜 diǎncài
素菜 sùcài　　咸菜 xiáncài

参 (參) cān 8画 厶部

参参参参参参参参

❶[动]加入：join; take part in
参观 cānguān visit; look around
参加 cānjiā join; attend; take part in
参军 cānjūn join the army
参谋 cānmóu ① staff officer ② give advice
参赛 cānsài participate in a match or contest
参与 cānyù participate in; have a hand in
参议院 cānyìyuàn senate

❷[动]对照别的材料加以考察：contrast; compare

参考 cānkǎo ① consult; refer to ② reference

参阅 cānyuè consult; refer to

参照 cānzhào consult; refer to

餐 cān 16画 食部

餐餐餐餐餐餐餐餐餐餐餐餐餐餐餐餐

❶ [动] 吃；吃饭：eat ｜ 聚~jùcān dine together / 野~yěcān go on a picnic; picnic

餐车 cānchē restaurant car

餐馆 cānguǎn restaurant

餐厅 cāntīng dining room; restaurant

餐饮 cānyǐn food and drink

❷ [名] 饭食：meal ｜ 快~kuàicān snack / 一顿美~yī dùn měicān a delicious meal

大餐 dàcān　套餐 tàocān
午餐 wǔcān　西餐 xīcān
中餐 zhōngcān

残 (殘) cán 9画 歹部

残残残残残残残残残

❶ [动] 伤害，破坏：hurt; injure ｜ ~害 cánhài cruelly injure or kill　摧残 cuīcán

❷ [形] 凶狠的；凶恶的：fierce; malicious; malevolent

残暴 cánbào cruel and ferocious; ruthless; brutal; savage

残酷 cánkù cruel; brutal; ruthless

残忍 cánrěn cruel; ruthless

❸ [形] 剩余的；快完的：surplus; remainder ｜ ~冬 cándōng *the last days of winter* / ~汤剩饭 cántāng-shèngfàn *remains of a meal; leftovers; crumbs from the table*

残余 cányú remnants; remains; vestiges

❹ [形] 不完整的，有缺损的：incomplete ｜ ~稿 cángǎo *an incomplete manuscript* / ~缺 cánquē *incomplete; with parts missing*

残疾 cánjí deformity; handicap

残障 cánzhàng deformity; handicap; physical disability

残疾人 cánjírén a disabled (or handicapped) person

蚕 (蠶) cán 10画 虫部

蚕蚕蚕蚕蚕蚕蚕蚕蚕蚕

[名] 家蚕、柞蚕等的统称：silkworm ｜ 养~yǎng cán *silkworm breeding; sericulture* / ~丝 cánsī *natural silk*

惭 (慚) cán 11画 忄部

惭 惭惭惭惭惭惭惭惭惭惭惭

[副]羞愧：ashamed; shameful
惭愧 cánkuì feel ashamed

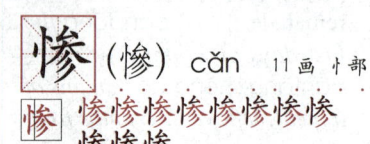

惨 (慘) cǎn 11画 忄部

惨 惨惨惨惨惨惨惨惨惨惨惨

❶ [形]表示程度严重：to a serious degree; disastrous | 这盘棋输得真~! Zhè pán qí shū de zhēn cǎn! *What a disastrous defeat we suffered in the chess game!* / 今天可把我累~了。Jīntiān kě bǎ wǒ lèicǎn le. *I was tired out today.*
惨败 cǎnbài be crushingly (or disastrously) defeated
惨重 cǎnzhòng heavy; grievous; disastrous

❷ [形]令人难受；悲惨：feel ill; feel unhappy | 孩子哭得真~! Háizi kū de zhēn cǎn! *How bitterly the child cried!*
悲惨 bēicǎn   凄惨 qīcǎn

灿 (燦) càn 7画 火部

灿 灿灿灿灿灿灿灿

[形]光彩耀眼：very bright coloured and dazzling
灿烂 cànlàn splendid; resplendent; bright

仓 (倉) cāng 4画 人部

仓 仓仓仓仓

[名]储存谷物等的建筑物：storehouse | 粮~ liángcāng *barn; granary* / 货~ huòcāng *warehouse*
仓库 cāngkù warehouse; storehouse
◇仓促 cāngcù hurriedly; hastily; all of a sudden

苍 (蒼) cāng 7画 艹部

苍 苍苍苍苍苍苍苍

❶ [形]青色：blue or green | ~天 cāngtiān *the blue sky; Heaven*
苍蝇 cāngying fly

❷ [形]灰白色：greyish white
苍白 cāngbái pale; pallid; wan

舱 (艙) cāng 10画 舟部

舱 舱舱舱舱舱舱舱舱舱舱

[名]船或飞机中载人或装东西的空间：cabin; module | 客~ kēcāng *passenger cabin* / ~里装满了货物。Cāng li zhuāngmǎnle huòwù. *The hold is full of cargo.*

cáng 17画 艹部

藏藏藏藏藏藏藏藏藏藏藏藏藏藏藏藏藏

❶ [动]躲藏：hide ｜ 东西被～起来了。Dōngxi bèi cáng qǐlai le. *Things have been hidden.* / 他～在树后。Tā cáng zài shù hòu. *He hid behind the tree.*
躲藏 duǒcáng 隐藏 yǐncáng

❷ [动]储存；存放：keep in reserve; store up ｜ 贵重物品应该～好。Guìzhòng wùpǐn yīnggāi cánghǎo. *Valuables should be kept properly.* / 这些名画一直完好地～到今天。Zhèxiē mínghuà yīzhí wánhǎo de cángdào jīntiān. *These famous paintings have been well preserved until today.*
储藏 chǔcáng
矿藏 kuàngcáng
收藏 shōucáng
蕴藏 yùncáng

cāo 16画 扌部

操操操操操操操操操操操操操操操操

❶ [动]拿着；掌握：grasp; hold ｜ ～刀 cāodāo *hold a knife*
操纵 cāozòng ① control; operate ② manipulate; rig

❷ [动]从事：be engaged (occupied) in ｜ 重～旧业 chóngcāo-jiùyè *resume one's old profession; take up one's old trade again*
操劳 cāoláo work hard
操作 cāozuò operate; manipulate

❸ [动]使用（某种语言或方言）：master ｜ 他～一口流利的英语。Tā cāo yī kǒu liúlì de Yīngyǔ. *He speaks fluent English.*

❹ [名]有规定动作的运动：drill; exercise ｜ 广播～ guǎngbōcāo *setting-up exercises to radio music* / 做～ zuòcāo *do exercises*
操场 cāochǎng sports ground
操练 cāoliàn drill; exercise
体操 tǐcāo

◇ 操心 cāoxīn worry about; trouble about; take pains to do sth.

cāo 16画 米部

糙糙糙糙糙糙糙糙糙糙糙糙糙糙糙

[形]不细致；不光滑：coarse; crude; rough ｜ 这活儿做得很～。Zhè huór zuò de hěn cāo. *This is a rough piece of work.*

cáo 15画 木部

槽

槽槽槽槽槽槽槽槽槽槽槽槽槽槽槽

❶ [名]一种盛饲料或液体等的器具：manger (for water or animal feeding) | 马~ mǎcáo manger / 水~ shuǐcáo water trough; kitchen sink
跳槽 tiàocáo

❷ [名]物体上两边高起，中间凹下的部分：groove; slot | 在木板上挖个~。Zài mùbǎn shang wā gè cáo. *Cut a groove in the plank.*

草 cǎo 9画 艹部

草草草草草草草草草

❶ [名] grass | 拔~ bácǎo *pull weeds; weed* / 院子里的~长得太高了。Yuànzi li de cǎo zhǎng de tài gāo le. *The grass in the courtyard has grown too high.*
草地 cǎodì grassland; meadow
草垛 cǎoduǒ haystack
草原 cǎoyuán grasslands; steppe
烟草 yāncǎo
奇花异草 qíhuā-yìcǎo

❷ [名]特指作燃料或饲料的稻、麦类茎叶：straw | ~帽 cǎomào *straw hat* / ~鞋 cǎoxié *straw sandals* / ~绳 cǎoshéng *straw rope*

❸ [形]不仔细；马虎：careless; casual | 字写得很~。Zì xiě de hěn cǎo. *The handwriting is very careless.*
草书 cǎoshū (in Chinese calligraphy) cursive script
草率 cǎoshuài careless; perfunctory; rash
潦草 liáocǎo

❹ [名]没最后确定的(文稿、文件等)：draft
草案 cǎo'àn draft (of a plan, law, etc.)
起草 qǐcǎo
◇ 皮草 pícǎo

册 cè 5画 丿部

册册册册册

❶ [名]装订好的本子：volume; book | 画~ huàcè *picture album; album of paintings* / 纪念~ jìniàncè *autograph book; autograph album; commemorative album*

❷ [量]用于书籍：(used for books) copy; volume | 全套书共有五~。Quán tào shū gòng yǒu wǔ cè. *The whole set of book is in five volumes.* / 每~书都有精美的插图。Měi cè shū dōu yǒu jīngměi de chātú. *Each book has exquisite illustrations.*

厕 (廁) cè 8画 厂部

厕 厕厕厕厕厕厕厕厕

See below

厕所 cèsuǒ lavatory; toilet

公厕 gōngcè

侧（側）cè　8画 亻部

侧侧侧侧侧侧侧侧

❶[名]旁边：side｜左～zuǒcè *the left side* / 街道两～种了许多花。Jiēdào liǎngcè zhòngle xǔduō huā. *Many flowers are cultivated on either side of the street.*

侧面 cèmiàn side; aspect; flank; profile; side face

北侧 běicè　　东侧 dōngcè
右侧 yòucè

❷[动]向旁边扭或转：lean to one side｜～耳细听 cè'ěr xìtīng *incline the head and listen attentively; prick up one's ears* / ～着身子睡 cèzhe shēnzi shuì *sleep on one's side* / 他～过头来听我们说话。Tā cèguò tóu lai tīng wǒmen shuōhuà. *He inclined his head to listened to us.*

测（測）cè　9画 氵部

测测测测测测测测测

❶[动]量：measure; survey｜～体重 cè tǐzhòng *measure the weight* / ～身高 cè shēngāo *measure the height* / 用这种仪器能～出人体内的某些疾病。Yòng zhè zhǒng yíqì néng cèchū réntǐ nèi de mǒuxiē jíbìng. *With this equipment, certain diseases in a human body can be detected.*

测定 cèdìng determine

测量 cèliáng survey; measure; gauge

测试 cèshì test

测算 cèsuàn measure and calculate

测验 cèyàn test

观测 guāncè　　监测 jiāncè
检测 jiǎncè　　探测 tàncè

❷[动]料想；推测：guess; infer

猜测 cāicè　　推测 tuīcè
预测 yùcè

策　cè　12画 竹部

策策策策策策策策策策策策

❶[动]计划；谋划：scheme; plan

策划 cèhuà plan; plot; scheme; engineer

❷[动]用马鞭子赶马：spur a horse｜～马前进 cèmǎ qiánjìn *spur a horse on*

鞭策 biāncè

❸[名]计谋；办法：scheme; plan｜计～jìcè *stratagem; plan* / 良～

liángcè *good (the best) plan*
策略 cèlüè ① tactics ② tactful
对策 duìcè   **决策** juécè
政策 zhèngcè

层(層) céng 7画 尸部

层层层层层层层

❶ [名]重叠的东西中的一部分；层次：layer; level; component part in a sequence
层次 céngcì ① arrangement of ideas (in writing or speech) ② administrative levels ③ (photog.) gradation
层级 céngjí level; layer
层面 céngmiàn ① scope; range ② aspect; field
高层 gāocéng   **基层** jīcéng
阶层 jiēcéng
上层 shàngcéng
深层 shēncéng

❷ [量]用于重叠或累积的事物：(of anything that consists of several layers or stratums) tier; stratum | 五~大楼 wǔ céng dà lóu *a five-storey building* / 前边出了什么事，围了好几~人？Qiánbian chūle shénme shì, wéile hǎo jǐ céng rén? *A big crowd is gathering. What's going on over there?* / 这块糖包着两~纸。Zhè kuài táng bāozhe liǎng céng zhǐ. *The candy is wrapped up with two layers of paper.*

❸ [量]用于覆盖在物体表面上的东西：(of anything that can be spread over sth. else) layer | 涂了一~油漆 túle yī céng yóuqī *coated with a layer of paint* / 河面上结了一~厚厚的冰。Hé miàn shang jiéle yī céng hòuhòu de bīng. *The river is covered with a thick layer of ice.*

❹ [量]用于可以分项、分步骤的事物，主要是表示思想、含义、理由等抽象意思：a component part in a sequence (indicating abstract conceptions, such as thoughts, meanings, reasons, etc.) | 这段话有两~意思。Zhè duàn huà yǒu liǎng céng yìsi. *This remark has double implication.* / 你能做到这一~我就放心了。Nǐ néng zuòdào zhè yī céng wǒ jiù fàngxīn le. *I feel relieved as you have achieved this point.*

❺ [副]一次又一次地：repeatedly; time and again; again and again
层出不穷 céngchū-bùqióng occur frequently; appear repeatedly; emerge in an endless stream

曾 céng 12画 丷部

曾曾曾曾曾曾曾曾曾曾曾

[副]表示以前有过某种行为或情况：(used to indicate that an action once happened or a state once existed) once; formerly | 他~说过这句话。Tā céng shuōguo zhè jù huà. *He once said this.* / 我不~去过长城。Wǒ bùcéng qùguo Chángchéng. *I have never been to the Great Wall.* / 几年前我~见过她一面。Jǐ nián qián wǒ céng jiànguo tā yī miàn. *I met her once several years ago.*

曾经 céngjīng once
不曾 bùcéng

蹭 cèng 19画 足部

蹭蹭蹭蹭蹭蹭蹭蹭蹭蹭蹭蹭蹭蹭蹭蹭蹭蹭蹭

❶[动]摩擦：rub; scrape | ~了一身泥 cèngle yīshēn ní *the clothes were all stained with mud* / 把手~破了 bǎ shǒu cèngpò le *graze one's hand* / 桌面上的漆都~没了。Zhuōmiàn shang de qī dōu cèngméi le. *The paint on the surface of the table has worn off.*

❷[动]擦过并沾上：rub against sth. and get stained | 小心~上油漆。Xiǎoxīn cèngshang yóuqī. *Mind the fresh paint.*

❸[动]慢吞吞地行动：be slow in moving | 磨~ mócèng *dilly-dally* / 你走得这么慢，什么时候才能~到家! Nǐ zǒu de zhème màn, shénme shíhou cáinéng cèngdào jiā! *You'll never get home if you drag along like this all the way!*

叉 chā 3画 叉部

叉叉叉

❶[名]fork | 吃西餐要用~。Chī xīcān yào yòng chā. *People eat Western food with forks.*

叉子 chāzi fork
刀叉 dāochā

❷[动]用叉子挑或扎：work with a fork | ~鱼 chāyú *spear fish* / 他喜欢把苹果切成块儿~着吃。Tā xǐhuan bǎ píngguǒ qiēchéng kuàir chāzhe chī. *He likes cutting apples in pieces and taking with a fork.*

❸[动]交错：crisscross; interlock
交叉 jiāochā

差 chā 9画 羊部

差差差差差差差差差

❶[形]不相合；不同：different; dissimilar

差别 chābié difference; disparity

差距 chājù gap; disparity
差异 chāyì difference; divergence; discrepancy; diversity
反差 fǎnchā　误差 wùchā
偏差 piānchā　时差 shíchā

❷ [名] 失误；错误：fault; mistake
差错 chācuò mistake; error; slip

❸ [名] 两数相减所得的数：difference | 15减8的～是7。Shí wǔ jiǎn bā de chā shì qī. *Take 8 from 15 and the remainder is 7.*
差价 chājià price difference
See chà; chāi.

插　chā　12画 扌部

插插插插插插插插插插插插

❶ [动] 扎入；把细长或薄的东西挤入：prick; stab | ～蜡烛 chā làzhú *stick in a candle* / 她头上～了一朵花。Tā tóushang chāle yī duǒ huā. *She had a flower stuck in her hair.*

插秧 chāyāng transplant rice seedlings (shoots)

❷ [动] 加入进去：stick in; insert | 他在这篇文章中间～进了一段话。Tā zài zhè piān wénzhāng zhōngjiān chājìnle yī duàn huà. *He inserted a paragraph into the article.* / 他说个没完，别人半句话也～不进。Tā shuōge méi-wán, biéren bànjùhuà yě chābujìn. *He talked on and on and nobody else could get a word in edgeways.*

插嘴 chāzuǐ interrupt; chip in

茶　chá　9画 艹部

茶茶茶茶茶茶茶茶茶

❶ [名] tea plant | 这～怎么样，我品不出来。Zhè chá zěnmeyàng, wǒ pǐn bù chūlái. *I cannot tell the quality of the tea.; I am not a good judge of tea.*
茶叶 cháyè tea
花茶 huāchá　绿茶 lǜchá

❷ [名] 茶叶沏成的饮料：tea | 沏～ qī chá *make tea* / 喝杯～吧。Hē bēi chá ba. *Have a cup of tea.*
茶馆 cháguǎn teahouse
茶几 chájī tea table; side table

❸ [名] 某些饮料的名称：certain kinds of drink or liquid food | 面～ miànchá *seasoned millet mush* / 奶～ nǎichá *tea with milk* / 杏仁儿～ xìngrénrchá *almond tea*

查　chá　9画 木部

查查查查查查查查查

❶ [动] 检查；仔细验看：check;

examine | ~卫生 chá wèishēng *make a public health and sanitation check* / 请你~一下出席人数。Qǐng nǐ chá yīxià chūxí rénshù. *Please find out how many people are present.* / 无论谁进门都得~一下出入证。Wúlùn shéi jìnmén dōu děi chá yīxià chūrùzhèng. *No admission without credentials examined.*

查封 cháfēng seal up; close down
查获 cháhuò hunt down and seize; ferret out; track down
查看 chákàn look over; examine
查询 cháxún inquire about
查找 cházhǎo look for
抽查 chōuchá 核查 héchá
检查 jiǎnchá 清查 qīngchá
审查 shěnchá 搜查 sōuchá

❷[动]调查；仔细了解: investigate | ~一~事故的原因 chá yi chá shìgù de yuányīn *find out the cause of an accident* / 要好好儿~~这个事故是谁的责任。Yào hǎohāor cháchá zhège shìgù shì shéi de zérèn. *We must find out who is to blame for the accident.*

查处 cháchǔ investigate and prosecute
查明 chámíng prove through investigation
调查 diàochá 普查 pǔchá
追查 zhuīchá

❸[动]翻检；看看: look up | ~字典 chá zìdiǎn *look up a word in the dictionary; consult a dictionary* / ~资料 chá zīliào *consult the reference material (on a special subject)* / 我在电话簿里~到他的电话号码了。Wǒ zài diànhuàbù li chádào tā de diànhuà hàomǎ le. *I find his phone number in a telephone book.*

查阅 cháyuè consult; look up
查号台 cháhàotái (at a telephone exchange) directory inquiries; information desk

碴 chá 14画 石部

碴碴碴碴碴碴碴碴碴碴碴碴碴碴

❶[名]东西上的破口: sharp edge of broken glass (or sth. else) | 碗上有一道破~儿。Wǎn shang yǒu yī dào pò chár. *There is a sharp edge on the bowl.*

❷[名]引起争吵的事由: the cause of a quarrel | 找~打架 zhǎochá dǎjià *pick a quarrel (with sb.)*

❸[名]小碎块: broken pieces | 玻璃~子 bōli cházi *fragments of glass* / 冰~儿 bīngchár *small pieces of ice*

察 chá 14画 宀部

察

察察察察察察察察察察察察察察

[动]仔细看；调查：look into; check carefully

观察 guānchá　监察 jiānchá
检察 jiǎnchá　警察 jǐngchá
觉察 juéchá　考察 kǎochá
视察 shìchá　侦察 zhēnchá
检察官 jiǎncháguān

岔 chà　7画 山部

岔岔岔岔岔岔岔

❶ [名]由干道分出的山、水流或道路：branch; fork ｜ ～路 chàlù *branch road* / ～道 chàdào *side road*

❷ [动]转移话题：change the topic ｜ 请你别把话～远了。Qǐng nǐ bié bǎ huà chàyuǎn le. *Please don't digress from the topic.*

❸ [动]错开时间，防止冲突：stagger; space out ｜ 两个会议的时间最好～开。Liǎng gè huìyì de shíjiān zuì hǎo chàkāi. *It would be better to have the two meetings staggered.*

❹ [动]离开原来的方向而偏到一边：turn off ｜ 汽车～上那条小路开走了。Qìchē chàshang nà tiáo xiǎolù kāizǒu le. *The car turned off into a path.*

诧 (詫) chà　8画 讠部

诧诧诧诧诧诧诧诧

[形]惊讶：surprised

诧异 chàyì surprised; amazed; astonished

差 chà　9画 羊部

差差差差差差差差差

❶ [形]不相同：different; dissimilar ｜ 虽然是兄弟俩，但性格～远了。Suīrán shì xiōngdì liǎ, dàn xìnggé chàyuǎn le. *Though being brothers, they are worlds apart in character.*

差不多 chàbuduō just the same; similar; almost; just about; nearly; just about right; just about enough; not far off

❷ [动]欠缺；短少：be short of; be deficient in ｜ ～两个人 chà liǎng gè rén *two people short*

差点儿 chàdiǎnr ① not quite up to the mark; not good enough ② almost; nearly; on the verge of

❸ [形]不好；不够标准：bad; not up to the standard ｜ 质量～ zhìliàng chà *poor quality* / 学习成绩～ xuéxí chéngjì chà *poor academic record*

❹ [形]错误：wrong; mistaken ｜

弄~了 nòngchā le *make a mistake* / 说~了 shuōchā le *be wrongly spoken* / 这件事我可能记~了。Zhè jiàn shì wǒ kěnéng jìchā le. *Perhaps my poor memory made it wrongly.*

See chā; chāi.

拆 chāi 8画 扌部

拆拆拆拆拆拆拆拆

❶ [动]把合在一起的东西打开；卸下来：take apart; strip | ~信 chāi xìn *open a letter* / ~机器 chāi jīqì *disassemble a machine; take a machine apart*

拆散 chāisǎn break up (a marriage, family, group, etc.)

❷ [动]拆毁：pull down | ~房子 chāi fángzi *pull down a house* / 北京的古城墙几乎全~光了。Běijīng de gǔ chéngqiáng jīhū quán chāiguāng le. *The ancient walls of Beijing have been almost pulled down completely.*

拆除 chāichú dismantle; tear down; demolish

差 chāi 9画 羊部

差差差差差差差差差

❶ [动]派去做事：assign sb. to do sth. | 他~人去请大夫。Tā chāi rén qù qǐng dàifu. *He sent someone for a doctor.* / 这件事可以~他去。Zhè jiàn shì kěyǐ chāi tā qù. *He is the appropriate candidate for this job.*

❷ [名]公务；职务；被派遣去做的事情：job; errand; official post | 上个月我出了一趟~。Shàng gè yuè wǒ chūle yī tàng chāi. *I went on an official (or business) trip last month.* / 他兼了好几个~。Tā jiānle hǎo jǐ gè chāi. *He held more than one job (or post) concurrently.*

差事 chāishi errand; assignment
出差 chūchāi 公差 gōngchāi

See chā; chà.

柴 chái 10画 木部

柴柴柴柴柴柴柴柴柴柴

[名] firewood | 砍~ kǎnchái *cut firewood*

火柴 huǒchái
◇柴油 cháiyóu diesel oil

掺(掺) chān 11画 扌部

掺掺掺掺掺掺掺掺掺掺掺

[动]把一种东西混合到另一种东西里去：mix | 这牛奶里~了水。

Zhè niúnǎi li chānle shuǐ. *The milk has been adulterated with water.*

掺假 chānjiǎ adulterate
掺杂 chānzá mix; mingle

挽 (攙) chān 12画 扌部

挽挽挽挽挽挽挽挽挽挽挽挽

❶ [动]用手轻轻架着别人的手或胳膊：support sb. gently by the arm | 他~着老大娘过马路。Tā chānzhe lǎodàniáng guò mǎlù. *He helped the old woman across the street.* / 护士把病人~到床上。Hùshi bǎ bìngrén chāndào chuáng shang. *The nurse helped the patient to the bed.*

❷ [动]同"掺 chān"，把两种东西混合在一起：mix | 咖啡里多~点儿奶。Kāfēi li duō chān diǎnr nǎi. *Add some more milk into the coffee.* / 牛奶里~了一些糖。Niúnǎi li chānle yīxiē táng. *Some sugar was added into the milk.*

馋 (饞) chān 12画 饣部

馋馋馋馋馋馋馋馋馋馋馋馋

❶ [形]贪吃；专爱吃好的：greedy | 这孩子的嘴~得很。Zhè háizi de zuǐ chándehěn. *The child is greedy for food.* / 这是只小~猫，每天都要吃鱼。Zhè shì zhī xiǎo chán māo, měi tiān dōu yào chī yú. *This little cat is greedy. It eats fish every day.*

❷ [形]羡慕：admire | 他看见那个孩子钢琴弹得那么好，真~得要命。Tā kànjiàn nàge háizi gāngqín tán de nàme hǎo, zhēn chán de yāomìng. *That child played the piano so well. It made him filled with admiration.*

缠 (纏) chán 13画 纟部

缠缠缠缠缠缠缠缠缠缠缠缠缠

❶ [动]绕；围绕：twine; wind | 再多~上两道绳子就结实多了。Zài duō chánshang liǎng dào shéngzi jiù jiēshi duō le. *It would be more solid if two more cords were wound round it.* / 他手上~着一块纱布。Tā shǒu shang chánzhe yī kuài shābù. *His hand was bandaged with gauze.* / 她把长辫子~在头上。Tā bǎ cháng biànzi chán zài tóushang. *She wound her long plait on the head.*

❷ [动]搅扰；纠缠：nag; pester | 孩子~着我要买玩具。Háizi chánzhe wǒ yào mǎi wánjù. *The child kept pestering me to buy* him toys. / 他最近特别忙，别总去～他。Tā zuìjìn tèbié máng, bié zǒng qù chǎn tā. *He has been especially busy these days. Don't always nag him.* / 他被事情～住了没能来。Tā bèi shìqing chǎnzhùle méi néng lái. *He couldn't come because he was too involved to get away.*

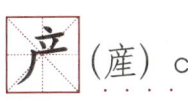

产 (產) chǎn 6画 一部

产 产产产产产产

❶ [动] 人或动物生子：give birth to | 她顺利地～下了一个女婴。Tā shùnlì de chǎnxiàle yī gè nǚyīng. *She gave birth to a girl smoothly.*

❷ [动] 生产；出产：produce; manufacture | 奶牛～奶。Nǎiniú chǎn nǎi. *Milch cows yield milk.* / 这里～鱼和虾。Zhèli chǎn yú hé xiā. *Fish and shrimps are the local products.* / 今年这块地～了很多粮食。Jīnnián zhè kuài dì chǎn le hěn duō liángshi. *This farmland has harvested a bumper crop this year.*

产出 chǎnchū output; yield
产地 chǎndì place of production; place of origin
产区 chǎnqū production area
产生 chǎnshēng bring about; give rise to; emerge; come into being
产物 chǎnwù outcome; result; product
超产 chāochǎn 出产 chūchǎn
丰产 fēngchǎn 高产 gāochǎn
国产 guóchǎn 减产 jiǎnchǎn
生产 shēngchǎn
盛产 shèngchǎn
投产 tóuchǎn
增产 zēngchǎn
生产力 shēngchǎnlì
生产率 shēngchǎnlǜ
生产线 shēngchǎnxiàn

❸ [名] 生产出来的东西；出产的东西：product; produce
产量 chǎnliàng output; yield
产品 chǎnpǐn product; produce
产值 chǎnzhí value of output; output value
矿产 kuàngchǎn 水产 shuǐchǎn
特产 tèchǎn
农产品 nóngchǎnpǐn
畜产品 xùchǎnpǐn

❹ [名] 物质财富；财产：property; estate | 他的动～不动～合起来有几百万美元。Tā de dòngchǎn bùdòngchǎn hé qǐlai yǒu jǐ bǎiwàn měiyuán. *The total of his movables and immovables is worth millions of US dollars.*

产权 chǎnquán property right
产业 chǎnyè ① estate; property ② industry
财产 cáichǎn 房产 fángchǎn
破产 pòchǎn 遗产 yíchǎn

83

资产 zīchǎn
不动产 bùdòngchǎn
共产党 gòngchǎndǎng
房地产 fángdìchǎn
共产主义 gòngchǎn zhǔyì
无产阶级 wúchǎn jiējí
资产阶级 zīchǎn jiējí

铲 (鏟) chǎn 11画 钅部

铲铲铲铲铲铲铲铲铲铲铲

❶ [名]用来削平或撮取东西的工具：shovel; spade｜煤~ méichǎn *coal shovel* / 铁~ tiěchǎn *iron spade*
❷ [动]用铲子削平或撮取东西：lift or move sth. with a shovel｜快把门口的垃圾~走。Kuài bǎ ménkǒu de lājī chǎnzǒu. *Move away the rubbish at the door with a spade at once.* / 我~土，你种花。Wǒ chǎn tǔ, nǐ zhòng huā. *I shovel earth while you plant flowers.*

阐 (闡) chǎn 11画 门部

阐阐阐阐阐阐阐阐阐阐

[动]说明；表明：explain; clarify
 阐明 chǎnmíng expound; clarify
 阐述 chǎnshù expound; elaborate; set forth

颤 (顫) chàn 19画 页部

颤颤颤颤颤颤颤颤颤颤颤颤颤颤颤颤颤

[动]短促而频繁地震动；发抖：vibrate｜他兴奋得声音发~。Tā xīngfèn de shēngyīn fā chàn. *His voice trembled with excitement.* / 天真冷啊，我们冻得直~。Tiān zhēn lěng a, wǒmen dòng de zhí chàn. *What a cold day! We were shivering all over.*
 颤动 chàndòng vibrate; quiver
 颤抖 chàndǒu shake; tremble; quiver; shiver

昌 chāng 8画 日部

昌昌昌昌昌昌昌昌

[形]兴旺；发达：prosperous; flourishing
 昌盛 chāngshèng prosper; thrive

猖 chāng 11画 犭部

猖猖猖猖猖猖猖猖猖猖猖

[形]凶猛；狂妄：ferocious; savage

猖狂 chāngkuáng savage; furious; outrageous

长(長) cháng 4画 长部

长 长长长长

❶ [形]距离大(兼指时间和空间)：distant; long (referring to time and space) | 夏季昼～夜短。Xiàjì zhòucháng yèduǎn. *In summer, days are long and nights are short.* / 他在中国住的时间不～。Tā zài Zhōngguó zhù de shíjiān bù cháng. *He has not lived in China for a long time.* / 这条河真～。Zhè tiáo hé zhēn cháng. *This river is very long.* / 这部小说写得很～。Zhè bù xiǎoshuō xiě de hěn cháng. *This novel was written at full length.*

长城 Chángchéng ① the Great Wall ② impregnable bulwark
长假 chángjià long leave of absence; resignation
长江 Cháng Jiāng the Changjiang (Yangtze) River
长久 chángjiǔ for a long time; permanently
长期 chángqī over a long period of time; long term
长寿 chángshòu long life; longevity
长途 chángtú long-distance
长项 chángxiàng good qualities; strong points
长效 chángxiào enduring effect
长远 chángyuǎn long-term; long-range
长征 chángzhēng long march
长方体 chángfāngtǐ rectangular parallelepiped; cuboid
长方形 chángfāngxíng rectangle
长颈鹿 chángjǐnglù giraffe
长舌妇 chángshéfù a gossipy woman
长筒袜 chángtǒngwà stockings
长年累月 chángnián-lěiyuè year in year out; over the years
漫长 màncháng
延长 yáncháng
天长地久 tiāncháng-dìjiǔ

❷ [名]长度：length; footage | 这条公路全～700千米。Zhè tiáo gōnglù quáncháng qībǎi qiānmǐ. *The whole length of the highway is 700 km.*
长度 chángdù length
长短 chángduǎn length

❸ [名]长处；优点：strong point
长处 chángchu forte; merit
擅长 shàncháng
特长 tècháng
专长 zhuāncháng
一技之长 yījìzhīcháng
　　See zhǎng.

肠 (腸) cháng 7画 月部

肠 肠 肠 肠 肠 肠 肠

[名] intestine

香肠 xiāngcháng

尝 (嘗) cháng 9画 ⺌部

尝 尝 尝 尝 尝 尝 尝 尝 尝

❶ [动] 吃一点试试；辨别滋味：taste | ~~汤的味道 chángcháng tāng de wèidào *taste the soup* / 请你~一下菜的味道。Qǐng nǐ cháng yīxià cài de wèidào. *Please have a taste of the dish.*

❷ [动] 试：try

尝试 chángshì attempt; try

❸ [动] 经历；体验：experience; come to know | 他开始~到了生活的甘苦。Tā kāishǐ chángdàole shēnghuó de gānkǔ. *He began to taste the hardship of life.*

常 cháng 11画 ⺌部

常 常 常 常 常 常 常 常 常 常 常

❶ [形] 一般；普通；平常：general; ordinary; common

常规 chángguī convention; rule; common practice; routine

常识 chángshí common sense; general knowledge; elementary knowledge

常务 chángwù day-to-day business; routine

反常 fǎncháng 非常 fēicháng

家常 jiācháng

平常 píngcháng

日常 rìcháng

通常 tōngcháng

往常 wǎngcháng

寻常 xúncháng 异常 yìcháng

照常 zhàocháng

正常 zhèngcháng

家常饭 jiāchángfàn

拉家常 lājiācháng

不同寻常 bùtóng xúncháng

❷ [形] 不变的；经常的：frequent; constant | 柏树四季~青。Bǎishù sìjì cháng qīng. *Cypress stays green throughout the year.*

常年 chángnián throughout the year; year in year out

常委 chángwěi member of the standing committee

❸ [副] 时常；常常：frequently; often; usually | 他~参加体育锻炼。Tā cháng cānjiā tǐyù duànliàn. *He often goes for sports.* / 希望你~给我们写信。Xīwàng nǐ cháng gěi wǒmen xiěxìn. *Hope you write to us often.* / 他身体不好，~生病。Tā shēntǐ bù hǎo, cháng shēngbìng. *He is weak and*

often gets ill.
常常 chángcháng frequently; often; usually
常见 chángjiàn common; everyday
常用 chángyòng in common use
经常 jīngcháng

偿 (償) cháng 11画 亻部
偿偿偿偿偿偿偿偿偿偿偿

[动] 归还；抵补：repay; compensate for | ～债 chángzhài *pay (discharge) a debt*
偿还 chánghuán repay; pay back
补偿 bǔcháng 赔偿 péicháng
无偿 wúcháng
有偿 yǒucháng
得不偿失 débùchángshī

厂 (廠) chǎng 2画 厂部
厂 厂 厂

[名] 工厂：factory; plant; mill | 这家～主要生产服装。Zhè jiā chǎng zhǔyào shēngchǎn fúzhuāng. *Clothing is the main product of this factory.*
厂房 chǎngfáng factory building
厂家 chǎngjiā manufacturer; firm
厂商 chǎngshāng manufacturer; firm
厂长 chǎngzhǎng factory director
工厂 gōngchǎng

场 (場) chǎng 6画 土部
场 场场场场场场

❶ [名] 适应某种需要的较大的地方；事情发生的地方：large place where people gather for a specific purpose; yard; site; field
场地 chǎngdì space; place; site
场馆 chǎngguǎn sports grounds or gymnasiums and stadiums
场合 chǎnghé occasion; situation
场景 chǎngjǐng ① scene in theatre, film and TV ② sight; scene; picture
场所 chǎngsuǒ place; arena
操场 cāochǎng
出场 chūchǎng
当场 dāngchǎng
到场 dàochǎng
赌场 dǔchǎng
广场 guǎngchǎng
会场 huìchǎng 机场 jīchǎng
剧场 jùchǎng
考场 kǎochǎng
林场 línchǎng 牧场 mùchǎng
农场 nóngchǎng

球场 qiúchǎng 入场 rùchǎng
商场 shāngchǎng
市场 shìchǎng
现场 xiànchǎng
刑场 xíngchǎng
战场 zhànchǎng
主场 zhǔchǎng
体育场 tǐyùchǎng
公共场所 gōnggòng chǎngsuǒ
农贸市场 nóngmào shìchǎng

❷ [名] 舞台：stage; arena | 快，该你上~了，怎么还不化装？Kuài, gāi nǐ shàngchǎng le, zěnme hái bù huàzhuāng? *Be quick! You are the next to come on stage. Why haven't you put on your make-up?* | ~上正在表演舞蹈。Chǎng shang zhèng zài biǎoyǎn wǔdǎo. *A dance is being performed on the stage.*
登场 dēngchǎng
上场 shàngchǎng
下场 xiàchǎng

❸ [量] 用于文娱、体育活动：used for entertainment and sports activities | 两~球赛 liǎng chǎng qiúsài *two ball games* | 一~电影 yī chǎng diànyǐng *a film show*
场次 chǎngcì the number of showing of a film, play, etc.
场面 chǎngmiàn scene; spectacle; occasion
一场空 yīchǎngkōng
◇ 开场白 kāichǎngbái

敞 chǎng 12画 攵部

敞敞敞敞敞敞敞敞敞敞敞

❶ [形] 宽阔；没有遮拦：spacious; open
宽敞 kuānchǎng

❷ [动] 张开；打开：open | ~着门 chǎngzhe mén *leave the door open; with the door open*
敞开 chǎngkāi open wide; unlimited; unrestricted

畅（暢）chàng 8画 丨部

畅畅畅畅畅畅畅畅

❶ [形] 没有阻碍：smooth; unimpeded | 流~ liúchàng *easy and smooth; fluent*
畅通 chàngtōng unimpeded; unblocked
畅销 chàngxiāo be in good demand; sell well; have a ready market
顺畅 shùnchàng

❷ [形] 痛快；尽情：joyful; carefree | ~饮 chàngyǐn *drink one's fill*
畅谈 chàngtán talk freely and to one's heart's content
舒畅 shūchàng

倡 chàng 10画 亻部

倡

倡倡倡倡倡倡倡倡倡倡

[动]首先提出；带头发起：promote; initiate; advocate ｜ 提～ tíchāng advocate; promote; encourage; recommend

倡导 chàngdǎo initiate; advocate

倡议 chàngyì propose; sponsor

唱

chàng 11画 口部

唱唱唱唱唱唱唱唱唱唱唱

❶ [动]唱出乐音：sing ｜ 他～了一首抒情歌曲。Tā chàngle yī shǒu shūqíng gēqǔ. *He sang a lyric song.* / 他激动得～不下去了。Tā jīdòng de chàng bù xiàqù le. *He is too excited to go on singing.*

唱歌 chànggē sing (a song)

唱片 chàngpiàn phonograph (or gramophone) record; disc

唱反调 chàngfǎndiào a different tune; speak or act contrary to

唱高调 chànggāodiào mouth high-sounding words; say fine-sounding things

唱对台戏 chàng duìtáixì put on a rival show; enter into rivalry with sb.

歌唱 gēchàng 合唱 héchàng

演唱 yǎnchàng

演唱会 yǎnchànghuì

❷ [动]高声叫、念：call in a loud voice ｜ ～票 chàngpiào *call out the names of candidates on a vote while counting ballot-slips*

抄

chāo 7画 扌部

抄抄抄抄抄抄抄

❶ [动]照原文或底稿写：copy ｜ ～生词 chāo shēngcí *copy the new words* / 请把稿件～一下。Qǐng bǎ gǎojiàn chāo yīxià. *Please make a fair copy of the manuscript.*

抄写 chāoxiě copy

❷ [动]抄别人的作品当自己的：plagiarize ｜ 这一段是作者从别人的作品中～来的。Zhè yī duàn shì zuòzhě cóng biérén de zuòpǐn zhōng chāolai de. *The author lifted the paragraph from the work of someone else.*

❸ [动]搜查并没收：search out and confiscate ｜ 公安机关～了一家赌场。Gōng'ān jīguān chāo le yī jiā dǔchǎng. *The public security organs ransacked a gambling house and confiscated its property.*

❹ [动]从侧面走捷径：take a short cut; outflank ｜ 我们还是～小道走吧。Wǒmen háishì chāo xiǎodào zǒu ba. *We'd better take a short cut.*

钞 (鈔) chāo 9画 钅部

钞钞钞钞钞钞钞钞钞

[名]纸币：banknote; paper money
钞票 chāopiào banknote; paper money

超 chāo 12画 走部

超超超超超超超超超超超超

❶ [动]超出；越过：surpass; exceed | 我在学习上总也~不过他。Wǒ zài xuéxí shang zǒng yě chāobuguo tā. *I have never surpassed him in study.* / 我的假期已经~了，一定得回去了。Wǒ de jiàqī yǐjīng chāo le, yīdìng děi huíqu le. *I have exceeded my period of leave and must go back.*
超标 chāobiāo surpass the set standard; exceed the quota
超产 chāochǎn overfulfil a production target
超出 chāochū overstep; go beyond; exceed
超额 chāo'é exceed the quota
超过 chāoguò outstrip; surpass; exceed
超越 chāoyuè surmount; overstep; transcend; surpass
超载 chāozài (transportation) overload

❷ [形]超过一般的：extraordinary; above average
超级 chāojí super
超市 chāoshì supermarket
高超 gāochāo

巢 chāo 11画 巛部

巢巢巢巢巢巢巢巢巢巢巢

[名]鸟窝；蜂、蚁的窝：nest; comb | 鸟~ niǎocháo *bird's nest* / 蜂~ fēngcháo *honeycomb* / 蚁~ yǐcháo *ant nest*

朝 chāo 12画 朝部

朝朝朝朝朝朝朝朝朝朝朝朝

❶ [名]朝代；一姓君主世代相传的整个统治时期：dynasty | 唐~ tángcháo *the Tang Dynasty*
朝代 cháodài dynasty
王朝 wángcháo

❷ [动]面对着；向着：face; look | 仰面~天 yǎngmiàn cháo tiān *lie on one's back* / 孩子转脸~着我。Háizi zhuǎn liǎn cháozhe wǒ. *The child turned his face to me.*

❸ [介]向：toward; in the direction of | 大门~南开。Dàmén cháo nán kāi. *The gate faces south.* /

他们～着河边慢慢走去。Tāmen cháozhe hébiān mànmàn zǒuqù. *They walked slowly toward the river bank.* / 他～大家点点头表示同意了。Tā cháo dàjiā diǎndiǎn tóu biǎoshì tóngyì le. *He gave a nod of assent to all.*

See zhāo.

嘲 cháo 15画 口部

嘲嘲嘲嘲嘲嘲嘲嘲嘲嘲嘲嘲嘲嘲嘲

[动]讽刺；讥笑: satirize; mock | 冷～热讽 lěngcháo-rèfěng *freezing irony and burning satire*

嘲笑 cháoxiào ridicule; deride; jeer at; laugh at

潮 cháo 15画 氵部

潮潮潮潮潮潮潮潮潮潮潮潮潮潮

❶ [名]tide | 涨～ zhǎngcháo *flood tide* / 落～ luòcháo *ebb tide* / ～水 cháoshuǐ *tide water; tidal water*

潮流 cháoliú ① tide; tidal current ② trend

浪潮 làngcháo

❷ [名]比喻像潮水那样起伏的事物: large-scale social upheaval; rise and fall of a campaign | 学～ xuécháo *student strike; campus upheaval*

高潮 gāocháo 热潮 rècháo
思潮 sīcháo

❸ [形]微湿: moist; damp | 这房间有点儿～。Zhè fángjiān yǒudiǎnr cháo. *It is a bit damp in this room.* / 火柴受～了。Huǒchái shòu cháo le. *The matches have got damp.*

潮湿 cháoshī moist; damp

吵 chǎo 7画 口部

吵吵吵吵吵吵吵

❶ [动]声音杂乱扰人: disturb sb. by making noises | 别～他! Bié chǎo tā! *Don't disturb him!* / 他被收音机～醒了。Tā bèi shōuyīnjī chǎoxǐng le. *He was awakened by the radio.*

❷ [动]争吵；拌嘴: quarrel; squabble; have words with | 不要为一点儿小事就～起来。Bùyào wèi yīdiǎnr xiǎoshì jiù chǎo qǐlai. *Don't squabble over trifles.* / 你们别～，有话慢慢讲。Nǐmen biē chǎo, yǒu huà mànmàn jiǎng. *Stop quarreling. Speak calmly to each other.*

吵架 chǎojià quarrel; wrangle; have a row

吵闹 chǎonào ① wrangle; kick up a row ② din; hubbub

吵嘴 chǎozuǐ quarrel; bicker

争吵 zhēngchǎo

炒 chǎo 8画 火部

炒 炒炒炒炒炒炒炒炒

[动]把食物放在锅里边加热边翻动使熟：stir-fry | ~花生 chǎo huāshēng *roasted peanuts* / 他~的菜很好吃。Tā chǎo de cài hěn hǎochī. *The dishes he stir-fried taste good.*

◇ 炒股 chǎogǔ speculate in stocks and shares
炒作 chǎozuò publicity hype; persistent media promotion; publicizing a person or an event; hype

车 (車) chē 4画 车部

车 车车车车

❶ [名]陆地上有轮子的交通工具：vehicle | 他买了一辆新~。Tā mǎile yī liàng xīn chē. *He bought a new car.* / ~已经开走了。Chē yǐjīng kāizǒu le. *The bus (car) has already left.*

车本 chēběn driving license
车程 chēchéng (used to describe the distance of a journey, usu. of an automobile) distance covered in a certain amount of time
车道 chēdào (traffic) lane; roadway
车队 chēduì motorcade
车祸 chēhuò traffic accident; road accident
车辆 chēliàng vehicle; car
车轮 chēlún wheel (of a vehicle)
车门 chēmén door (of a vehicle)
车牌 chēpái license plate
车票 chēpiào train or bus ticket; ticket
车身 chēshēn the body of a vehicle
车速 chēsù speed of a motor vehicle
车头 chētóu ① the front of a vehicle ② engine (of a train); locomotive
车位 chēwèi parking spot; parking space
车厢 chēxiāng railway carriage
车型 chēxíng model (or type) of a vehicle
车站 chēzhàn station; depot; stop
车子 chēzi ① a small vehicle (such as a car, pushcart, etc.) ② (dial.) bicycle

餐车 cānchē	打车 dǎchē
倒车 dàochē	电车 diànchē
火车 huǒchē	机车 jīchē
轿车 jiàochē	警车 jǐngchē
卡车 kǎchē	客车 kèchē
列车 lièchē	马车 mǎchē
跑车 pǎochē	汽车 qìchē
赛车 sàichē	刹车 shāchē
停车 tíngchē	通车 tōngchē
小车 xiǎochē	

出租车 chūzūchē
公交车 gōngjiāochē
机动车 jīdòngchē
吉普车 jípǔchē
开夜车 kāiyèchē
面包车 miànbāochē
摩托车 mótuōchē
三轮车 sānlúnchē
停车场 tíngchēchǎng
自行车 zìxíngchē
公共汽车 gōnggòng qìchē

❷[名]利用轮轴转动来工作的生产器械：lathe
车床 chēchuáng lathe

❸[名]泛指机器：machine (in a general sense)
车间 chējiān workshop

扯 chě 7画 扌部

扯 扯扯扯扯扯扯

❶[动]拉：drag; pull｜孩子～住妈妈的衣服不放。Háizi chězhù māma de yīfu bù fàng. *The child pulled at his mother's dress and wouldn't let go.* / 他把绳子～断了。Tā bǎ shéngzi chěduàn le. *He pulled apart the rope.*

牵扯 qiānchě

❷[动]撕：tear; tear off｜他把墙上的广告～下来了。Tā bǎ qiáng shang de guǎnggào chě xiàlai le. *He tore down the advertisement from the wall.* / 他看过信后就把信～了。Tā kàn guo xìn hòu jiù bǎ xìn chě le. *Having read the letter, he tore it up.*

❸[动]随便谈：talk freely｜请别把问题～远了。Qǐng bié bǎ wèntí chěyuǎn le. *Don't drift away from the topic.* / 这两个好朋友一见面，就～个没完。Zhè liǎng gè hǎo péngyou yī jiànmiàn, jiù chě ge méiwán. *The two friends have been talking since the moment they met.*

彻 (徹) chè 7画 彳部

彻 彻彻彻彻彻彻彻

[副]通；透：thorough; penetrating
彻底 chèdǐ thorough; thoroughgoing
贯彻 guànchè　透彻 tòuchè

撤 chè 15画 扌部

撤 撤撤撤撤撤撤撤撤撤撤撤撤撤撤

❶[动]除去；取消：remove; take away; withdraw｜这些空盘子可以～走了。Zhèxiē kōng pánzi kěyǐ chèzǒu le. *These empty plates can be cleared away.* / 前面的岗哨已经～了。Qiánmian de gǎngshào yǐjīng chè le. *The front sentry*

93

has already been withdrawn.
撤出 chèchū withdraw; evacuate
撤销 chèxiāo cancel; rescind; revoke

❷[动]退：retreat | 向后~ xiàng hòu chè *withdraw; retreat* | 我们的军队有计划地往南~。 Wǒmen de jūnduì yǒu jìhuà de wǎng nán chè. *Our troop withdrew southward as planned.*
撤军 chèjūn withdraw troops
撤离 chèlí withdraw from; leave; evacuate
撤退 chètuì withdraw; pull out

臣 chén 6画 臣部

臣臣臣臣臣臣

[名]君主制时代的官吏：officials in feudal society; subject
大臣 dàchén

尘 (塵) chén 6画 小部

尘尘尘尘尘尘

[名]飞扬的极细的灰土：dust; dirt in the air
尘埃 chén'āi dust
尘土 chéntǔ dust
灰尘 huīchén

辰 chén 7画 辰部

辰辰辰辰辰辰辰

❶[名]地支的第五位，也用作次序第五：the fifth of the twelve Earthly Branches

❷[名]日、月、星的总称：the general name for celestial bodies
星辰 xīngchén

❸[名]日子；时间：time of the day
诞辰 dànchén
生辰 shēngchén

沉 chén 7画 氵部

沉沉沉沉沉沉沉

❶[动]没入水里：sink into water | 船~了。 Chuán chén le. *The boat (ship) has sunk.* / 石头~到水底。 Shítou chéndào shuǐdǐ. *The rock sank to the bottom of the water.* / 她不会游泳，很快就~下去了。 Tā bù huì yóuyǒng, hěn kuài jiù chén xiàqu le. *She sank into the water quickly as she couldn't swim.*
沉淀 chéndiàn sediment; precipitate

❷[动]往下陷落；降落：sink; keep down; go down | 太阳已经西~。 Tàiyáng yǐjīng xī chén. *The sun has set in the west.*

❸[动]情绪等低落：be upset; be unhappy; be depressed | 把脸

一~bǎ liǎn yī chén *put on a grave expression; pull a long face* / 听到这个消息，大家的心一~。Tīngdào zhège xiāoxi, dàjiā de xīn yī chén. *Our heart sank at the news.*

沉闷 chénmèn ① oppressive; depressing ② depressed; in low spirits

❹[形]镇定；稳重：calm; able to hold back one's feelings | 她~下心来，又仔细研究了一遍。Tā chénxià xīn lai, yòu zǐxì yánjiūle yī biàn. *She calmed down and examined it carefully once again.* / 别紧张，要~住气。Bié jǐnzhāng, yào chénzhù qì. *Don't be nervous. Keep calm.*

沉静 chénjìng quiet; calm; serene; placid

沉着 chénzhuó cool-headed; composed; steady

深沉 shēnchén

❺[形]程度深：deep; profound; sound | 他睡得很~。Tā shuì de hěn chén. *He slept soundly.*

沉默 chénmò ① reticent; taciturn; uncommunicative ② silent

沉思 chénsī ponder; meditate; be lost in thought

沉痛 chéntòng ① deeply grieved ② deeply felt; bitter

❻[形]重；分量大：heavy | 这件行李真~。Zhè jiàn xíngli zhēn chén. *This piece of luggage is really heavy.* / 这么多书，多~啊！Zhème duō shū, duō chén a! *So many books, how heavy they are!*

沉重 chénzhòng ① heavy ② serious; critical

❼[形]感到沉重、不舒服：feel heavy or uncomfortable | 胳膊~得抬不起来。Gēbo chén de tái bù qǐlái. *My arm is too stiff to be raised.* / 我的头有点发~。Wǒ de tóu yǒudiǎn fā chén. *My head feels a bit heavy.*

陈 (陳) chén 7画 阝(左)部

陈陈陈陈陈陈陈

❶[动]安放；摆设：lay out; put on display

陈列 chénliè display; set out; exhibit

❷[动]叙说：state; recite; chat

陈述 chénshù state

陈述句 chénshùjù (gram.) declarative sentence

❸[形]旧的；时间很久的：old; stale | ~酒 chénjiǔ *old wine; mellow wine*

陈旧 chénjiù outmoded; obsolete; old-fashioned; out-of-date

新陈代谢 xīnchén-dàixiè

晨 chén 11画 日部

晨 chén

晨晨晨晨晨晨晨晨晨晨晨

[名] morning

晨报 chénbào morning edition (of a newspaper)

晨练 chénliàn do morning exercises

凌晨 língchén 清晨 qīngchén 早晨 zǎochén

衬 (襯) chèn 8画 衣部

衬衬衬衬衬衬衬衬

❶ [形]贴身的(衣服)：(of clothes) underneath

衬衫 chènshān shirt; blouse

衬衣 chènyī underclothes; shirt

❷ [动]在里面托上一层：place sth. underneath | ～上一层布 chènshang yī céng bù *put a piece of cloth underneath*

称 (稱) chèn 10画 禾部

称称称称称称称称称称

[动]适合；相当：fit; match; suit | 颜色相～ yánsè xiāngchèn *be well matched in colour*

称心 chènxīn feel sth. satisfactory; be gratified

对称 duìchèn

See chēng.

趁 chèn 12画 走部

趁趁趁趁趁趁趁趁趁趁趁趁

[介]利用(时间、机会)：take advantage of (time, opportunity) | ～热打铁 chènrè-dǎtiě *strike the iron while it is hot* | ～天不黑，你快走吧。Chèn tiān bù hēi, nǐ kuài zǒu ba. *You'd better leave while it is still light.* | 我想～这个机会讲几句话。Wǒ xiǎng chèn zhège jīhuì jiǎng jǐ jù huà. *I'd like to take this opportunity to say a few words.* | ～着年轻多学点儿知识。Chènzhe niánqīng duō xué diǎnr zhīshi. *Learn more when you are still young.*

称 (稱) chēng 10画 禾部

称称称称称称称称称称

❶ [动]测重量：weigh | ～体重 chēng tǐzhòng *(body) weight weighing* | 请你给我～1公斤梨。Qǐng nǐ gěi wǒ chēng yī gōngjīn lí. *I'd like one kilogram of pears, please.*

❷ [动]赞扬：praise

称赞 chēngzàn praise; acclaim; commend

❸[动]说：say; speak｜大家连声~好。Dàjiā liánshēng chēng hǎo. *Everybody said repeatedly in praise: "Well done!"*
宣称 xuānchēng
❹[动]叫；叫做：call｜我们都~他老师傅。Wǒmen dōu chēng tā lǎoshīfu. *We all call him master craftsman.* / 他的所作所为~得起"人民英雄"这个称号。Tā de suǒzuò-suǒwéi chēngdeqǐ "rénmín yīngxióng" zhège chēnghào. *What he has done is worthy of the honourable title of "People's Hero".*
称呼 chēnghu call; address
称为 chēngwéi call or be called; be known as
称作 chēngzuò call or be called; be known as
称得上 chēngdeshàng deserve to be called; be worthy of the name of
号称 hàochēng　自称 zìchēng
❺[名]名称：name; title
称号 chēnghào title; name; designation
简称 jiǎnchēng
职称 zhíchēng
尊称 zūnchēng
　　　　See chèn.

撑　chēng　15画 扌部
撑撑撑撑撑撑撑撑撑撑撑撑撑撑撑

❶[动]用力抵住：support; prop up｜她手~着下巴沉思。Tā shǒu chēngzhe xiàba chénsī. *She was lost in thought, with her chin propped up in her hands.*
❷[动]支持；支撑：support; prop up｜一家人的生活，他一人~着。Yī jiā rén de shēnghuó, tā yī rén chēngzhe. *He supported his family all by himself.*
支撑 zhīchēng
❸[动]用篙抵住河床使船行进：punt; move a boat forward by setting a bamboo pole against the river bottom and pushing｜他把船~到了河对岸。Tā bǎ chuán chēngdàole hé duì'àn. *He poled the boat to the opposite bank.* / 你~船，我掌舵。Nǐ chēng chuán, wǒ zhǎngduò. *You pole the boat while I am at the helm.*
❹[动]张开：open; unfurl｜请你把伞~开。Qǐng nǐ bǎ sǎn chēngkāi. *Please open the umbrella.* / 你把口袋~大一点儿!Nǐ bǎ kǒudai chēngdà yīdiǎnr! *Hold the sack wide open.*
❺[动]装得过满；吃得过饱：fill up｜你少装一点儿，这口袋都~破了。Nǐ shǎo zhuāng yīdiǎnr, zhè kǒudai dōu chēngpò le. *Pack no more or the sack will burst.* / 我肚子有点儿~。Wǒ dùzi yǒu diǎnr chēng. *I'm rather full.*

成 chéng 6画 戈部

成成成成成成

❶ [动]完成；成功：finish; succeed; accomplish | 事情已经~了。Shìqing yǐjīng chéng le. *We've done it.* / 这笔买卖谈~了。Zhè bǐ mǎimai tánchéng le. *We have made the bargain.*
成败 chéngbài success or failure
成功 chénggōng succeed; success
成交 chéngjiāo strike a bargain; conclude a transaction
成立 chénglì ①found; establish; set up ② be tenable; hold water
成名 chéngmíng become famous; make a name for oneself
促成 cùchéng 达成 dáchéng
合成 héchéng 速成 sùchéng
完成 wánchéng
养成 yǎngchéng
组成 zǔchéng

❷ [动]成为：become; turn into | 他俩~了好朋友。Tā liǎ chéngle hǎo péngyou. *The two of them have become good friends.* / 雪化~水。Xuě huàchéng shuǐ. *Snow melts into water.* / 她~了一名独唱演员。Tā chéngle yī míng dúchàng yǎnyuán. *She became a soloist.*
成为 chéngwéi become

变成 biànchéng
当成 dàngchéng
构成 gòuchéng 合成 héchéng
落成 luòchéng
形成 xíngchéng

❸ [动]成熟：be ripe; be mature
成熟 chéngshú mature; ripen
成长 chéngzhǎng grow up; grow to maturity
老成 lǎochéng

❹ [形]发育成熟的：ripe; mature
成年 chéngnián grow up; come of age
成人 chéngrén ① grow up; become full-grown ② adult; grown-up
成年人 chéngniánrén grown-up; adult
未成年人 wèichéngniánrén

❺ [形]已定的；定型的；现成的：ready-made
成品 chéngpǐn end product; finished product
成药 chéngyào pharmacist-prepared medicine; patent medicine
成语 chéngyǔ set phrase; idiom; idioms and allusions
现成 xiànchéng

❻ [名]成就；成果：achievement; accomplishment; success
成果 chéngguǒ achievement
成绩 chéngjì result; achievement; success
成就 chéngjiù ① achievement; success; attainment ② achieve;

accomplish
成效 chéngxiào effect; result
收成 shōucheng

❼ [动]表示同意；许可：agree; approve | ～，就这么办吧。Chéng, jiù zhème bàn ba. *All right. Let's do it this way.*
赞成 zànchéng

❽ [动]表示达到了一定的数量：in a considerable number or amount
成套 chéngtào a complete set
成天 chéngtiān all day long
成千上万 chéngqiān-shàngwàn tens of thousands of; thousands and thousands of

❾ [量]十分之一叫一成：one tenth | 今年的产量又提高了一～。Jīnnián de chǎnliàng yòu tígāole yī chéng. *The output of this year has increased by 10 percent.*
分成 fēnchéng

◇ 成本 chéngběn cost
成分 chéngfèn ① composition; component; part; ingredient ② one's profession or economic status
成心 chéngxīn intentionally; on purpose
成员 chéngyuán member

呈 chéng 7画 口部

呈 呈 呈 呈 呈 呈 呈

❶ [动]恭敬地送上去：respectfully present | 公文～上去了。Gōngwén chéng shàngqu le. *The official paper has been presented to the higher authorities for approval.* / 他双手～上贺信。Tā shuāngshǒu chéngshang hèxìn. *He presented the letter of congratulation with both of his hands.*

❷ [动]显露出：display; reveal | 这种叶子～椭圆形。Zhè zhǒng yèzi chéng tuǒyuánxíng. *This kind of leaf is oval in shape.* / 梨树的花一般～白色。Líshù de huā yībān chéng báisè. *Pear flowers are white in general.*
呈现 chéngxiàn present; appear; emerge

◇ 辞呈 cíchéng

诚 (誠) chéng 8画 讠部

诚 诚 诚 诚 诚 诚 诚 诚

[形]真实的：honest; sincere
诚恳 chéngkěn sincere
诚实 chéngshí honest
诚信 chéngxìn honest; keep or live up to one's promise; credit
诚意 chéngyì good faith; sincerity
诚挚 chéngzhì sincere; cordial
诚心诚意 chéngxīn-chéngyì with all one's heart; earnestly and sincerely
真诚 zhēnchéng
忠诚 zhōngchéng

承 chéng 8画 一部

承承承承承承承承

❶ [动] 担当；接受：undertake; contract (to do a job)
承办 chéngbàn undertake
承包 chéngbāo contract
承担 chéngdān bear; undertake; assume
承接 chéngjiē ① continue; carry on ② undertake the task of; contract to accept
承诺 chéngnuò promise to undertake; undertake to do sth.
承认 chéngrèn ① admit; acknowledge ② give diplomatic recognition; recognize
承受 chéngshòu bear; support; endure
承载 chéngzài bear the weight of
❷ [动] 继续：carry on; continue
继承 jìchéng

城 chéng 9画 土部

城城城城城城城城城

❶ [名] 城墙：city wall｜颐和园在北京~外。Yíhéyuán zài Běijīng chéng wài. The Summer Palace is on the outskirts of Beijing city.
城墙 chéngqiáng city wall
长城 Chángchéng
❷ [名] 城墙以内的地方：city; capital｜东~ dōng chéng east of a city / 我家以前住在西~。Wǒ jiā yǐqián zhù zài xī chéng. My family used to live in the west of the city.
城区 chéngqū the city proper
❸ [名] 城市：city｜北京是中国历史文化名~。Běijīng shì Zhōngguó lìshǐ wénhuà míngchéng. Beijing is a famous historical and cultural city of China. / 这是一个小~，人口不多。Zhè shì yī gè xiǎochéng, rénkǒu bù duō. This is a small city with a small population.
城市 chéngshì city
城镇 chéngzhèn cities and towns

乘 chéng 10画 丿部

乘乘乘乘乘乘乘乘乘乘

❶ [动] 搭坐交通工具：ride｜~飞机 chéng fēijī travel by plane / 我每天~公共汽车上班。Wǒ měi tiān chéng gōnggòng qìchē shàngbān. I go to work by bus every day.
乘客 chéngkè passenger
乘坐 chéngzuò take a ride (in a car, ship, etc.)
乘务员 chéngwùyuán crew

member; attendant on a train
搭乘 dāchéng

❷ [动]趁；利用：take advantage of
乘机 chéngjī seize the opportunity

❸ [动]算术上指求一个数的若干倍的运算方法：multiply｜3～5等于15。Sān chéng wǔ děngyú shíwǔ. *Five times three is fifteen.*
乘法 chéngfǎ (math.) multiplication
乘方 chéngfāng involution; power

盛 chéng 11画 皿部

盛盛盛盛盛盛盛盛盛盛盛

❶ [动]把东西放在容器里：put sth. into a container｜你们坐着，我来～饭。Nǐmen zuòzhe, wǒ lái chéng fàn. *Keep your seats. I'll fill the bowls with rice for you.*｜我把鱼～在盘子里。Wǒ bǎ yú chéng zài pánzi li. *I put the fish into the plate.*｜这碗汤是～给客人的。Zhè wǎn tāng shì chénggěi kèrén de. *This bowl of soup is for the guest.*

❷ [动]容纳：contain; hold｜箱子太小，～不了这么多东西。Xiāngzi tài xiǎo, chéngbuliǎo zhème duō dōngxi. *The box is too small to hold so many things.* See shèng.

程 chéng 12画 禾部

程程程程程程程程程程程程

❶ [名]规矩；法则：rule; regulation｜规～guīchéng *rules*
章程 zhāngchéng

❷ [名]距离：distance
单程 dānchéng 里程 lǐchéng
路程 lùchéng
行程 xíngchéng
远程 yuǎnchéng

❸ [名]道路：journey; stage of a journey
车程 chēchéng 历程 lìchéng
启程 qǐchéng
前程 qiánchéng
全程 quánchéng
专程 zhuānchéng
各奔前程 gèbēnqiánchéng

❹ [名]进度；程序；过程：course; procedure; sequence
程度 chéngdù level; degree
程序 chéngxù order; procedure; course; sequence
工程 gōngchéng
过程 guòchéng 进程 jìnchéng
课程 kèchéng 日程 rìchéng
议程 yìchéng
工程师 gōngchéngshī
课程表 kèchéngbiǎo

101

惩 (懲) chéng 12画 心部

惩惩惩惩惩惩惩惩惩惩惩惩

[动]处罚：punish; penalize | ~前毖后 chéngqián-bìhòu *learn from past mistakes to avoid future ones*

惩办 chéngbàn punish; chastise; punishment; chastisement

惩罚 chéngfá punish; penalize

澄 chéng 15画 氵部

澄澄澄澄澄澄澄澄澄澄澄澄澄澄澄

❶ [形]水很清：clear; limpid
❷ [动]使清楚：clarify; make clear

澄清 chéngqīng ① clear; transparent ② clear up; clarify

橙 chéng 16画 木部

橙橙橙橙橙橙橙橙橙橙橙橙橙橙橙橙

❶ [名]常绿乔木，果实为橙子：orange

橙汁 chéngzhī orange juice
橙子 chéngzi orange

❷ [形]红和黄合成的颜色：orange | ~色 chéngsè *orange (colour)*

秤 chēng 10画 禾部

秤秤秤秤秤秤秤秤秤秤

[名]balance; scales | 请过一下~。Qǐng guò yīxià chèng. *Weigh it, please.* / 用~称一下有多重。Yòng chèng chēng yīxià yǒu duō zhòng. *Weigh it on the scales and see how much it weighs.*

吃 chī 6画 口部

吃吃吃吃吃吃吃

❶ [动]eat; take | 一天~三顿饭 yī tiān chī sān dùn fàn *have three meals a day*
吃饭 chīfàn have a meal
大吃大喝 dàchī-dàhē

❷ [动]吸收：absorb | 这种纸不~水。Zhè zhǒng zhǐ bù chī shuǐ. *This kind of paper doesn't absorb water.*

❸ [动]消灭（用于军事或下棋等）：wipe out | ~掉一个卒子 chī-diào yī gè zúzi *take a pawn (in chess)* / 这次战斗中，我军~掉敌人一个团。Zhè cì zhàndòu zhōng, wǒ jūn chīdiào dírén yī gè tuán. *Our troops wiped out an enemy regiment in the battle.*

❹[动]承受；感受：suffer; bear; withstand｜他~尽了没有文化的苦头。Tā chījìnle méiyǒu wénhuà de kǔtou. *He suffered a great deal for his illiteracy.* / 我可不~这一套。Wǒ kě bù chī zhè yī tào. *I am not willing to accept this.*

吃惊 chījīng be startled; be shocked; be amazed; be taken aback

吃苦 chīkǔ bear hardships

吃亏 chīkuī ①suffer losses; get the worst of it ② at a disadvantage; in an unfavourable situation

吃力 chīlì strenuous; painstaking; be a strain

吃苦头 chīkǔtou suffer loss; endure hardships; come to grief

吃老本 chīlǎoběn live off one's past gains; rest on one's laurels

痴 chī 13画 疒部

痴痴痴痴痴痴痴痴痴痴痴痴痴

❶[形]傻：foolish; stupid｜白~ báichī *idiot*

痴呆 chīdāi dull-witted; mentally retarded

❷[形]形容极度迷恋：crazy; infatuated; obsessed

痴迷 chīmí infatuated

痴情 chīqíng passionate love

池 chí 6画 氵部

池池池池池池

[名]水塘（多指人工挖的）：pool; pond｜游泳~ yóuyǒngchí *swimming pool* / ~里的鱼真不少。Chí li de yú zhēn bù shǎo. *There are quite a lot of fish in the pond.*

池塘 chítáng pool; pond

驰 (馳) chí 6画 马部

驰驰驰驰驰驰

[动]快跑（多指车马）：speed; gallop｜飞~ fēichí *speed along* / 那辆汽车奔~而过。Nà liàng qìchē bēnchí ér guò. *The car sped away.*

奔驰 bēnchí

迟 (遲) chí 7画 辶部

迟迟迟迟迟迟迟

❶[形]慢：slow; tardy｜延~ yánchí *delay; defer; postpone* / 这事为何至今仍然~~不解决？Zhè shì wèihé zhìjīn réngrán chíchí bù jiějué? *Why does this problem take so long to solve?* / 大家等了一个多小时，

他~~不来。Dàjiā děngle yī gè duō xiǎoshí, tā chíchí bù lái. *We've been waiting for over an hour. There is still no sign of him.*

迟缓 chíhuǎn slow; tardy; sluggish

迟疑 chíyí hesitate

❷[形]比规定的或合适的时间晚：delayed｜时间太~了，来不及了。Shíjiān tài chí le, láibují le. *It is too late to do it.*／会议已经开始，他来~了。Huìyì yǐjīng kāishǐ, tā láichí le. *He did not show up until the meeting had started.*

迟到 chídào be late; come late; arrive late

推迟 tuīchí

持 chí 9画 扌部

持持持持持持持持持

❶[动]拿着；握着：hold｜~枪 chí qiāng *hold a gun*

持有 chíyǒu hold; own

❷[动]掌管；料理：manage; handle｜勤俭~家 qínjiǎn-chíjiā *be industrious and thrifty in managing a household*

主持 zhǔchí

主持人 zhǔchírén

❸[动]守住不变：hold; keep｜我依然~过去的看法。Wǒ yīrán chí guòqù de kànfǎ. *I still stick to my old opinion.*

持久 chíjiǔ lasting; enduring; protracted

持平 chípíng unbiased; fair

持续 chíxù continued; sustained

保持 bǎochí　　坚持 jiānchí

维持 wéichí　　支持 zhīchí

❹[动]控制；挟制：control; take advantage of sb.'s weakness and control them

劫持 jiéchí　　挟持 xiéchí

匙 chí 11画 匕部

匙匙匙匙匙匙匙匙匙匙

[名]舀东西的小勺：spoon｜汤~ tāngchí *tablespoon; soup spoon*

尺 chǐ 4画 尸部

尺尺尺尺

❶[量]市制长度单位，十寸为一尺，十尺为一丈：a traditional Chinese unit of length. One "*chi*" is equal to 10 "*cun*". And ten "*chi*" is equal to one "*zhang*". One meter is equal to three "*chi*".｜妹妹买了三~花布。Mèimei mǎile sān chǐ huā bù. *The younger sister bought 3 chi*

of cotton print.
尺寸 chǐcùn measurement; dimension; size
尺度 chǐdù yardstick; measure; scale
公尺 gōngchǐ　英尺 yīngchǐ
❷[名]量长度或画图的用具：ruler
尺子 chǐzi ruler

齿（齒） chǐ　8画 齿部

齿 齿齿齿齿齿齿齿齿

❶[名]牙齿：tooth
咬牙切齿 yǎoyá-qièchǐ
❷[名]像牙齿那样排列的东西：tooth-like object｜这把梳子的~儿很密。Zhè bǎ shūzi de chǐr hěn mì. *The teeth of the comb are closely set.*
齿轮 chǐlún gear wheel; gear

侈 chǐ　8画 亻部

侈 侈侈侈侈侈侈侈

[形]浪费：waste; squander
奢侈 shēchǐ

耻 chǐ　10画 耳部

耻 耻耻耻耻耻耻耻耻耻

[动]羞愧：shame; disgrace
无耻 wúchǐ　　羞耻 xiūchǐ

斥 chì　5画 斤部

斥 斥斥斥斥斥

❶[动]责备：blame; reproach｜~责 chìzé *reprimand; rebuke; denounce*
驳斥 bóchì
❷[动]使离开：repel; dismiss
排斥 páichì

赤 chì　7画 赤部

赤 赤赤赤赤赤赤赤

❶[形]比红稍暗的颜色；泛指红色：dark red; red｜~色 chìsè *red colour*
❷[形]空：empty; bare｜~手空拳 chìshǒu-kōngquán *be barehanded*
赤字 chìzì deficit
❸[动]光着；露着：naked; bare｜~脚 chìjiǎo *barefoot*
◇赤道 chìdào equator

翅 chì　10画 支部

翅 翅翅翅翅翅翅翅翅翅

See 翅膀
翅膀 chìbǎng wing

105

充 chōng 6画 儿部

充 充充充充充充

❶ [形]满，足：sufficient; full

充分 chōngfèn full; ample; abundant

充满 chōngmǎn full of; brimming with; permeated with; imbued with

充沛 chōngpèi plentiful

充实 chōngshí ① substantial; rich ② substantiate; enrich; replenish

充足 chōngzú adequate; sufficient; abundant; ample

❷ [动]填满；装：fill; fill up; pack up | 他给汽车的电池～了电。Tā gěi qìchē de diànchí chōng le diàn. *He charged the battery of his car.*

充电 chōngdiàn charge (a battery)

补充 bǔchōng 扩充 kuòchōng

❸ [动]担任：assume the office of; serve as

充当 chōngdāng serve as; act as; play the part of

❹ [动]假冒：disguise as; pretend to be | ～内行 chōng nèiháng *pretend to be an expert*

冒充 màochōng

冲 (衝) chōng 6画 冫部

冲 冲冲冲冲冲冲

❶ [动]很快地向前闯；猛烈撞击：charge forward quickly | 他们迅速～出敌人重围。Tāmen xùnsù chōngchū dírén chōngwéi. *They quickly broke through the close siege of the enemy.*

冲刺 chōngcì (sports) spurt; sprint

冲动 chōngdòng ① impulse ② get excited; be impetuous

冲锋 chōngfēng charge; assault

冲浪 chōnglàng (sports) surfing; surfboarding

冲破 chōngpò break through; breach

❷ [动]用开水等浇：pour boiling water on | ～茶 chōngchá *make tea* / 我给你～一杯浓咖啡。Wǒ gěi nǐ chōng yī bēi nóng kāfēi. *I'll make a cup of strong coffee for you.* / 这种奶粉用热水一～就化。Zhè zhǒng nǎifěn yòng rèshuǐ yī chōng jiù huà. *This kind of milk powder dissolves instantly in hot water.*

❸ [动]冲洗，冲击：wash; rinse | 把盘子～一～bǎ pánzi chōngyichōng *rinse the plates*

冲击 chōngjī lash; pound; break against

◇冲突 chōngtū conflict

See chǒng.

虫 (蟲) chóng 6画 虫部

虫虫虫虫虫虫

[名]昆虫或某些动物：worm; insect | 害~ hàichóng *pest* / 益~ yìchóng *useful insect*

虫子 chóngzi insect; worm

重 chóng 9画 丿部

重重重重重重重重重

❶ [动]重复：repeat; duplicate | 你举的两个例子~了。Nǐ jǔ de liǎng gè lìzi chóng le. *The two examples you gave are the same.* / 这本书买~了。Zhè běn shū mǎichóng le. *Two copies of the same book were bought by mistake.*

重叠 chóngdié one on top of another; overlapping

重阳节 Chóngyángjié the Double Ninth Festival (the 9th day of the 9th lunar month)

❷ [副]再；重新：again; once more | ~写一遍 chóng xiě yī biàn *write it once more* / 请你~说一遍。Qǐng nǐ chóng shuō yī biàn. *Please say it again.*

重播 chóngbō ① rebroadcast a programme (from the same station) ② resow (the same field)

重复 chóngfù repeat; duplicate

重建 chóngjiàn rebuild; reestablish; restoration

重申 chóngshēn reaffirm; reiterate; restate

重现 chóngxiàn recur; reappear

重新 chóngxīn again; anew; afresh

❸ [量]层：layer; tier | 再翻过两~山就到了。Zài fānguo liǎng chóng shān jiù dào le. *We'll arrive there after climbing over two more mountains.* / 他们克服了一~又一~的困难。Tāmen kèfúle yī chóng yòu yī chóng de kùnnan. *They overcame one difficulty after another.*

双重 shuāngchóng

See zhòng.

崇 chóng 11画 山部

崇崇崇崇崇崇崇崇崇崇崇

❶ [形]高：lofty; high

崇高 chónggāo sublime; lofty; noble

❷ [动]尊重；重视：attach importance to; respect; esteem | 推~ tuīchóng *hold in esteem; praise highly*

崇拜 chóngbài worship; adore

崇敬 chóngjìng esteem; respect; revere

宠 (寵) chǒng 8画 宀部

宠 宠宠宠宠宠宠宠宠

[动]偏爱；过分地爱：dote on; bestow favour on | 你把孩子~坏了。Nǐ bǎ háizi chǒnghuài le. *You've spoiled the child.*

宠物 chǒngwù pet (e.g. a cat or a dog)

冲 (衝) chōng 6画 冫部

冲 冲冲冲冲冲冲

❶ [动]对着；向着：towards; facing | 大门是~南的。Dàmén shì chōng nán de. *The gate faces south.* / 他的桌子~着窗户。Tā de zhuōzi chōngzhe chuānghu. *His desk faces the window.*

❷ [介]对着；向着：at; towards | 他~着我笑。Tā chōngzhe wǒ xiào. *He smiled at me.*

❸ [介]凭；根据：because of; on the basis of; according to | ~他的聪明才干，准能胜任这个工作。Chōng tā de cōngmíng cáigàn, zhǔn néng shèngrèn zhège gōngzuò. *He is surely qualified for the work with his ability and wisdom.* / ~你这句话，我也要帮你一把。Chōng nǐ zhè jù huà, wǒ yě yào bāng nǐ yī bǎ. *I'll give you a hand on account of your kindly remarks.*

❹ [形]猛烈：strong and pungent | 这药味很~。Zhè yào wèi hěn chōng. *This medicine has a strong smell.*

See chōng.

抽 chōu 8画 扌部

抽 抽抽抽抽抽抽抽抽

❶ [动]把夹在中间的东西取出：take sth. out from in between | 他把信纸从信封中~了出来。Tā bǎ xìnzhǐ cóng xìnfēng zhōng chōule chūlai. *He took the letter out of the envelope.* / 我从书架上~出一本书。Wǒ cóng shūjià shang chōuchū yī běn shū. *I took a book from the bookshelf.*

抽屉 chōuti drawer

❷ [动]从总体中取出一部分：take a part from a whole | 这篇文章请您~时间看看。Zhè piān wénzhāng qǐng nín chōu shíjiān kànkan. *Please manage to find time to read the article.* / 他被~到国家队去参加国际比赛。Tā bèi chōudào guójiāduì qù cānjiā guójì bǐsài. *He has been transferred to the national team for inter-*

national competitions.

抽查 chōuchá carry out selective examinations; make spot checks; spot-check

抽检 chōujiǎn inspect or examine sth. through samplings

抽奖 chōujiǎng draw lots to determine the prize-winners; draw a winning number (in lottery or raffle)

抽空 chōukōng manage to find time

抽签 chōuqiān draw (or cast) lots

抽象 chōuxiàng abstract

❸ [动]长出：grow | 春天到了，树枝上~出了新芽。Chūntiān dào le, shùzhī shang chōuchūle xīn yá. *Spring has come and the trees are putting out buds.*

❹ [动]收缩：shrink | 这种布一下水就~。Zhè zhǒng bù yī xià shuǐ jiù chōu. *This cloth shrinks when washed.*

❺ [动]吸：inhale | ~烟 chōu yān smoke (a cigarette, a cigar, etc.) | 他们已经把河里的水~干了。Tāmen yǐjīng bǎ hé li de shuǐ chōugān le. *They have pumped the river dry.*

❻ [动]用长条形东西打：lash; whip | 马被~了一鞭子。Mǎ bèi chōule yī biānzi. *The horse was given a lash.*

抽打 chōudǎ lash; whip; thrash

仇 chóu 4画 亻部

仇 仇仇仇仇

❶ [名]强烈的怨恨：hatred; enmity | 深~大恨 shēnchóu-dàhèn *profound hatred* | 你跟他有什么~？Nǐ gēn tā yǒu shénme chóu? *Why do you hate him so much?*

仇恨 chóuhèn hatred; enmity; hostility

报仇 bàochóu   复仇 fùchóu

❷ [名]敌人：enemy; foe | ~敌 chóudí *enemy; foe*

绸 (綢) chóu 11画 纟部

绸 绸绸绸绸绸绸绸绸绸绸绸

See below

绸子 chóuzi silk fabric; silk

丝绸 sīchóu

畴 (疇) chóu 12画 田部

畴 畴畴畴畴畴畴畴畴畴畴畴

[名]种类：category

范畴 fànchóu

酬 chóu 13画 酉部

酬酬酬酬酬酬酬酬酬酬酬酬

❶[名]报酬；为报答别人的劳动等而付给的钱物：reward; payment | ~谢 chóuxiè *thank sb. with gift, money, etc.*
报酬 bàochou 薪酬 xīnchóu
❷[动]交际往来：have social intercourse with
应酬 yìngchou

稠 chóu 13画 禾部

稠稠稠稠稠稠稠稠稠稠稠稠

❶[形]多而密：dense
稠密 chóumì dense
❷[形]液体的浓度大：dense; thick | 粥太~了。Zhōu tài chóu le. *The porridge is too thick.*

愁 chóu 13画 心部

愁愁愁愁愁愁愁愁愁愁愁愁

[动]忧虑；苦闷：worry | 这件事可把我~坏了。Zhè jiàn shì kě bǎ wǒ chóuhuài le. *I was extremely worried about this.* / 他~找不到一个好工作。Tā chóu zhǎobudào yī gè hǎo gōngzuò. *He is worried about being unable to get a good job.*
发愁 fāchóu

筹（籌） chóu 13画 竹部

筹筹筹筹筹筹筹筹筹筹筹筹

[动]想办法；谋划：prepare; plan; raise | ~款 chóukuǎn *raise funds*
筹备 chóubèi prepare; arrange
筹集 chóují accumulate; raise (money)
筹建 chóujiàn prepare to construct or establish sth.
统筹 tǒngchóu
◇筹码 chóumǎ chip; counter

踌（躊） chóu 14画 足部

踌踌踌踌踌踌踌踌踌踌踌踌踌

See 踌躇
踌躇 chóuchú hesitate; shilly-shally

丑（醜❷❸） chǒu 4画 一部

丑丑丑丑

❶[名]地支的第二位：the second of the twelve Earthly Branches

❷ [形]相貌难看：ugly; unpleasant to look at｜她长得并不~。Tā zhǎng de bìng bù chǒu. *She is not ugly.*

丑八怪 chǒubāguài (inf.) a very ugly person

❸ [形]可耻的；讨厌的：shameful; detestable｜说这些脏话真~! Shuō zhèxiē zānghuà zhēn chǒu! *It's a shame to say such obscene words!*

丑恶 chǒu'è ugly; repulsive; hideous

丑闻 chǒuwén scandal

❹ [名]戏剧里的滑稽的角色：clown; buffoon

小丑 xiǎochǒu

臭 chòu 10画 自部

臭 臭臭臭臭臭臭臭臭臭臭

❶ [形]气味难闻：foul; smelly; stinking｜这条鱼~了。Zhè tiáo yú chòu le. *This fish smells foul.* / 气味好~呀! Qìwèi hǎo chòu ya! *How stinking the smell is!*

❷ [形]令人厌恶的；可耻的：shameful; disgraceful｜他总是摆出一副教训别人的~架子。Tā zǒngshì bǎichū yī fù jiāoxùn biérén de chòujiàzi. *He always puts on airs, like a Dutch uncle.* / 他的名声很~。Tā de míngshēng hěn chòu. *He is notorious.*

❸ [副]狠狠地：severely; relentlessly｜~骂 chòumà *a tongue-lashing*

出 chū 5画 凵部

出 出出出出出

❶ [动]由里到外：go out｜从屋里~来 cóng wūli chūlai *get out of the room* / ~了这条街你就看见那座楼了。Chūle zhè tiáo jiē nǐ jiù kànjiàn nà zuò lóu le. *Getting out of the street, you'll see that building.*

出差 chūchāi be away on business; go on a business (or official) trip

出场 chūchǎng ① come on the stage; appear on the scene ② enter the arena

出动 chūdòng set out; start off

出发 chūfā set out; start off; leave; proceed from

出访 chūfǎng visit a foreign country

出国 chūguó go abroad

出击 chūjī ① launch an attack; hit out; make a sally ② fight against (evil, crime, etc.)

出境 chūjìng leave the country

出局 chūjú out (in baseball, softball, etc.)

出口 chūkǒu ① speak; utter ② exit; way out ③ export

111

出 chū

出来 chūlái(lai) come out; emerge
出路 chūlù way out
出门 chūmén ① go out ② leave home; be away from home; go on a journey
出去 chūqù(qu) go out; get out
出入 chūrù ① come in and go out; go out and come in ② discrepancy; divergence; inconsistency
出院 chūyuàn leave hospital
出征 chūzhēng go on an expedition; go out to battle
出走 chūzǒu leave one's home or country under compulsion; run away
出发点 chūfādiǎn purpose
输出 shūchū   退出 tuìchū
外出 wàichū

❷ [动] 显露；出现：appear; show; reveal | 雨过天晴，天空～了一道彩虹。Yǔ guò tiān qíng, tiānkōng chūle yī dào cǎihóng. *After the rain, the sky cleared up and a rainbow appeared.* / 夜晚的天空～了好多星星。Yèwǎn de tiānkōng chūle hǎo duō xīngxing. *Numerous stars appeared in the night sky.*
出面 chūmiàn act in one's own capacity or on behalf of sb.; appear personally; come forth
出名 chūmíng famous; well-known
出示 chūshì ① show; produce ② (formal) put up a notice
出台 chūtái make a public appearance
出庭 chūtíng appear in court
出现 chūxiàn appear; arise; emerge; turn up
出风头 chūfēngtou seek or be in the limelight; enjoy being the centre of attention
出洋相 chūyángxiàng make a laughing stock of oneself; make an exhibition of oneself
提出 tíchū   突出 tūchū
演出 yǎnchū   指出 zhǐchū
展出 zhǎnchū
层出不穷 céngchū-bùqióng

❸ [动] 来到：come
出世 chūshì be born
出席 chūxí attend; be present

❹ [动] 拿出；支付：give; prepare; put forth | 你给我～个主意吧。Nǐ gěi wǒ chū ge zhǔyi ba. *Think of a way for me, please.* / 谁～钱？Shéi chū qián? *Who'll pay for it?* / 晚会上你～什么节目？Wǎnhuì shang nǐ chū shénme jiémù? *What are you going to perform at the party?*
出卖 chūmài ① offer for sale; sell ② sell out; betray; barter away
出让 chūràng sell (one's own things)
出手 chūshǒu get (hoarded goods, etc.) off one's hands; dispose of; sell

112

出售 chūshòu offer for sale; sell

出资 chūzī provide funding

出租 chūzū hire; let; rent out

出点子 chūdiǎnzi offer advice; make suggestions

出难题 chūnántí pose a difficult problem; set sb. a very difficult task

出租车 chūzūchē taxi; taxi cab

付出 fùchū   支出 zhīchū

❺ [动]超出：exceed | 考试内容～不了这个范围。Kǎoshì nèiróng chūbuliǎo zhège fànwéi. *The examination questions are within the given range.* / 球～了边线。Qiú chūle biānxiàn. *The ball went beyond the sideline.*

出界 chūjiè (sports) out-of-bounds; outside; out

出色 chūsè outstanding; remarkable; splendid

出线 chūxiàn (sports) qualify for the next round of competitions

出众 chūzhòng be out of the ordinary; be outstanding

出人意料 chūrén-yìliào exceeding all expectations; beyond all expectations

杰出 jiéchū   超出 chāochū

❻ [动]产生；发生；出产：produce; turn out | ～成果 chū chéngguǒ *bear fruit* / 他又～了一本书。Tā yòu chūle yī běn shū. *He has another book published.* / 我的家乡～茶叶。Wǒ de jiāxiāng chū cháyè. *Tea is the speciality of my hometown.*

出版 chūbǎn come off the press; publish; come out

出产 chūchǎn produce; manufacture

出处 chūchù source (of a quotation or allusion)

出品 chūpǐn ① produce; manufacture; make ② product

出身 chūshēn class origin; family background

出生 chūshēng be born

出事 chūshì meet with a mishap; have an accident

出自 chūzì come from; originate from

出版社 chūbǎnshè publishing house

产出 chǎnchū   得出 déchū

有出息 yǒuchūxi

❼ [动]发出：send out; give out | ～汗 chūhàn *perspire; sweat* / 别～声，大家都休息了。Bié chūshēng, dàjiā dōu xiūxi le. *Be quiet. We are taking a rest.* / 他吓得气也不敢～。Tā xià de qì yě bù gǎn chū. *He was so scared that he almost did not dare to breathe.*

出血 chūxiě ① bleed; shed blood ② (dial.) give out money or things

❽ [动]放在动词后，表示向外或完es成：used after a verb to indicate

113

an outward movement or completion of an action | 他把客人送～门外。Tā bǎ kèrén sòngchū mén wài. *He saw the guest out of the door.* / 他在工作中作～了很大成绩。Tā zài gōngzuò zhōng zuòchū le hěn dà chéngjì. *He made a remarkable achievement in his work.*

撤出 chēchū　　露出 lùchū
推出 tuīchū

◇ 出神 chūshén be spellbound; be in a trance; be lost in thought

出息 chūxi prospects; a bright future

初 chū 7画 衤部

初初初初初初初

❶ [形] 开始的：beginning; initial part | 年～ niánchū *at the beginning of the year*

初步 chūbù initial; preliminary; tentative

初次 chūcì the first time

初期 chūqī initial stage; early days

初衷 chūzhōng one's original intention

当初 dāngchū　　起初 qǐchū
月初 yuèchū　　最初 zuìchū

❷ [副] 第一次；刚刚：first time; only a short time ago; just | ～次 chūcì *first time* / ～学外语时，要特别注意打好语音基础。Chū xué wàiyǔ shí, yào tèbié zhùyì dǎhǎo yǔyīn jīchǔ. *At the beginning of learning a foreign language, we should pay particular attention to laying a solid foundation of pronunciation.*

❸ [形] 最低的：on the initial stage of | ～等 chūděng *elementary; primary*

初级 chūjí elementary; primary; junior

初中 chūzhōng junior middle school

除 chú 9画 阝(左)部

除除除除除除除除除

❶ [动] 去掉：eliminate; get rid of | ～害虫 chú hàichóng *get rid of insects*

拆除 chāichú　　废除 fèichú
解除 jiěchú　　开除 kāichú
扣除 kòuchú　　免除 miǎnchú
排除 páichú　　破除 pòchú
清除 qīngchú　　扫除 sǎochú

❷ [介] 不计算在内：except | ～了一张床，屋里都是书。Chúle yī zhāng chuáng, wūli dōu shì shū. *There were books all over the room except a bed.* / ～他以外，我们都去了。Chú tā yǐwài, wǒmen dōu qùle. *We all went except him.*

除了 chúle (prep.) ① except ② besides; in addition to

除外 chúwài except; except for; but

除此之外 chúcǐzhīwài with the exception of this; excepting this

❸ [名]算术中的除法：division in arithmetic | 3～12得4。Sān chú shí'èr dé sì. *12 divided by 3 is 4.* / 加减乘～四则运算 jiā-jiǎn-chéng-chú sìzé yùnsuàn *the four fundamental operations of arithmetic (addition, subtraction, multiplication and division)*

除法 chúfǎ (math.) division

◇除非 chúfēi ① only if; only when ② unless

除夕 chúxī New Year's Eve

厨

chú　12画 厂部

厨厨厨厨厨厨厨厨厨厨厨厨

❶ [名]kitchen | 她妈妈亲自下～做菜。Tā māma qīnzì xiàchú zuòcài. *Her mother did the cooking herself in the kitchen.*
厨房 chúfáng kitchen

❷ [名]以烹调为职业的人：a professional cook
厨师 chúshī cook; chef

锄 (鋤)

chú　12画 钅部

锄锄锄锄锄锄锄锄锄锄锄锄

❶ [名]松土、除草的用具：hoe, a tool used to loosen the soil or weed | 这把～头很好用。Zhè bǎ chútou hěn hǎo yòng. *This hoe works very well.*

❷ [动]用锄松土、除草：dig soil and weed with a hoe | ～草 chúcǎo *hoe up weeds; weed with a hoe* / ～地 chúdì *hoe the fields*

橱

chú　16画 木部

橱橱橱橱橱橱橱橱橱橱橱橱橱橱

[名]放置衣服等物件的家具：furniture for keeping clothes or other stuff | 书～shūchú *bookcase* / 衣～yīchú *wardrobe*

处 (處)

chǔ　5画 夂部

处处处处处

❶ [动]居于(某种位置、条件、情况等)：be situated in | 灾民正～在十分困难的境地。Zāimín zhèng chǔzài shífēn kùnnan de jìngdì. *The victims of this natural calamity are in a very difficult situation.* / 我要是~在他的地位，就不会这么做。Wǒ yào shì chǔzài tā de dìwèi, jiù bù huì zhème zuò. *If I were in his place, I would not do it.*

处境 chǔjìng (usu. refer to) unfavourable situation; plight

处于 chǔyú be (in a certain situation)

❷ [动]同在一起生活；交往：get along with; live together | 他俩~得很好。Tā liǎ chǔ de hěn hǎo. *The two of them are getting along well with each other.* / 他们在一起~了好几十年。Tāmen zài yīqǐ chǔle hǎo jǐshí nián. *They have been living together for tens of years.*

难处 nánchǔ　相处 xiāngchǔ
和平共处 hépíng gòngchǔ

❸ [动]办理：deal with; handle | 这小伙子~事挺老练的。Zhè xiǎohuǒzi chǔshì tǐng lǎoliàn de. *This young man is experienced in dealing with matters.*

处方 chǔfāng ① write out a prescription; prescribe ② prescription; recipe

处决 chǔjué put to death; execute

处理 chǔlǐ ①handle; deal with; dispose of; manage; settle ②sell at reduced prices ③ treatment; treat by a special process

处置 chǔzhì ① handle; deal with; manage; dispose of ② punish

处方药 chǔfāngyào prescription drug; prescription medicine

处理器 chǔlǐqì processor

❹ [动]惩罚：punish | 他被~三年徒刑。Tā bèi chǔ sān nián túxíng. *He was sentenced to three years' imprisonment.*

处罚 chǔfá punish; penalize

处分 chǔfēn take disciplinary action against; punish

查处 cháchǔ　判处 pànchǔ
　See chǔ.

础 (礎) chǔ　10画 石部

础础础础础础础础础础

[名]置于房柱下的石块叫础石：plinth

基础 jīchǔ

储 (儲) chǔ　12画 亻部

储储储储储储储储储储储

[动]积蓄；存放：store up; keep in reserve

储备 chǔbèi store for future use; lay in; lay up; reserve

储藏 chǔcáng save and preserve; store; keep

储存 chǔcún lay in; lay up; store up; keep in reserve; stock-

pile
储蓄 chǔxù save; deposit
存储 cúnchǔ

处 (處) chǔ 5画 夂部

处 处 处 处 处 处

❶ [名]地方：place; locality | 住~ zhùchù residence; lodging / 故事说到伤心~，听众也都落下眼泪。Gùshi shuōdào shāngxīn chù, tīngzhòng yě dōu luòxià yǎnlèi. *The audience shed tears when the story came up to the grievous plot.*
处处 chùchù everywhere; in all respects
处所 chùsuǒ location
别处 biéchù　出处 chūchù
四处 sìchù　深处 shēnchù
办事处 bànshìchù

❷ [名]部分；点：part of; centre
长处 chángchu
短处 duǎnchu　害处 hàichu
好处 hǎochu　坏处 huàichu
难处 nánchu
用处 yòngchu
恰到好处 qiàdào-hǎochù

❸ [名]单位或单位里的一个部门：department; office | 教育~ jiàoyùchù *educational department* / 财务~ cáiwùchù *financial department* / 人事~ rénshìchù *personnel division*

See chǔ.

畜 chù 10画 田部

畜 畜 畜 畜 畜 畜 畜 畜 畜 畜

[名]禽兽；多指家畜：birds and beasts; domestic animal; livestock
家畜 jiāchù　牲畜 shēngchù
See xù.

触 (觸) chù 13画 角部

触 触 触 触 触 触 触 触 触 触 触 触 触

❶ [动]接触；碰；撞：touch | ~电 chùdiàn *get an electric shock* / 他用手~了一下我的肩膀。Tā yòng shǒu chùle yīxià wǒ de jiānbǎng. *He touched my shoulder with his hand.*
接触 jiēchù

❷ [动]触动；感动：touch; move | ~动 chùdòng *touch sth.; move sb.* / 这封信~起了他对往事的回忆。Zhè fēng xìn chùqǐle tā duì wǎngshì de huíyì. *The letter awakened his recollection of the past.*
触犯 chùfàn offend; go against; violate

117

川 chuān 3画 丿部

川 川川川

❶[名]河流：river | 高山大~ gāoshān dàchuān *high mountains and big rivers*
川流不息 chuānliú-bùxī *flow past in an endless stream*
❷[名]平地，平原：plain
❸[名]指四川省：abbreviation for Sichuan Province
川菜 chuāncài *Sichuan food; Sichuan cuisine*

穿 chuān 9画 穴部

穿 穿穿穿穿穿穿穿穿穿

❶[动]破；透：bore (punch) a hole | 他在门上~了个小孔。Tā zài mén shang chuān le ge xiǎo kǒng. *He bored a hole through the door.* / 衣服上烧~了两个洞。Yīfu shang shāochuānle liǎng gē dòng. *Two holes are burnt on the coat.*
❷[动]从空隙里通过：go through | ~过这片小树林就看见海了。Chuānguo zhè piàn xiǎo shùlín jiù kànjiàn hǎi le. *Going through the woods, we'll come in sight of the sea.* / 行人迅速~过马路。Xíngrén xùnsù chuānguo mǎlù. *The pedestrians crossed the street quickly.*
穿越 chuānyuè *pass through; cut across*
❸[动]把物体串连起来：string together | 这是用贝壳~成的项链。Zhè shì yòng bèiké chuānchéng de xiàngliàn. *This is a necklace strung with shells.*
❹[动]把衣服、鞋袜等套在身上：put on dress, shoes, socks, etc. | ~衣服 chuān yīfu *put on clothes*
穿着 chuānzhuó *dress; apparel*

传（傳） chuán 6画 亻部

传 传传传传传传

❶[动]传递：deliver; transmit | 这些家产是他祖父~下来的。Zhèxiē jiāchǎn shì tā zǔfù chuán xiàlai de. *The family property is bequeathed from his grandfather.* / 这张纸条请往前~。Zhè zhāng zhǐtiáo qǐng wǎng qián chuán. *Please pass on this slip of paper.* / 他~球~得又准又快。Tā chuánqiú chuán de yòu zhǔn yòu kuài. *He passed the ball fast and accurately.*
传达 chuándá ① pass on (information, etc.); transmit; relay; communicate ② reception and registration of callers at a pub-

lic establishment

传递 chuándì transmit; deliver; transfer

传说 chuánshuō ① legend; tradition ② it is said; they say

传送 chuánsòng convey; deliver

传统 chuántǒng tradition

传奇 chuánqí legend; romance

传家宝 chuánjiābǎo ① family heirloom ② a cherished tradition or heritage

流传 liúchuán 遗传 yíchuán

❷ [动]传授；教给：pass on knowledge, skill, etc. to; teach | ～手艺 chuán shǒuyì *pass on craftsmanship* / 他年纪大了，想赶快把这些经验～下去。Tā niánjì dà le, xiǎng gǎnkuài bǎ zhèxiē jīngyàn chuán xiàqu. *As he is getting old, he wishes to pass on his experience (or skills) without delay.*

传授 chuánshòu pass on (knowledge, skill, etc.); impart; teach

❸ [动]传播；散布：disseminate; spread | 这个喜讯很快在全校～开了。Zhège xǐxùn hěn kuài zài quán xiào chuánkāi le. *The good news spread all over the school quickly.*

传播 chuánbō disseminate; propagate; spread

传单 chuándān leaflet; handbill; propaganda sheet

传媒 chuánméi media

传染 chuánrǎn infect; be contagious

传闻 chuánwén ① it is said; they say ② hearsay; rumour; talk

传言 chuányán hearsay; rumour

传染病 chuánrǎnbìng infectious (or contagious) disease

宣传 xuānchuán

❹ [动]表达：express; show | ～神 chuánshén *vivid; lifelike*

❺ [动]叫来：subpoena or summon people related to a case | 法院～他去一趟。Fǎyuàn chuán tā qù yī tàng. *He was summoned to court.*

❻ [动]传导：conduct; propagate | ～电 chuándiàn *conduct electricity* / 电波能～到很远的地方。Diànbō néng chuándào hěn yuǎn de dìfang. *Electric current can be conducted over a long distance.*

传真 chuánzhēn fax

传真机 chuánzhēnjī fax machine

See zhuàn.

船 chuán 11画 舟部

船船船船船船船船船船船

[名]ship; boat | 坐～zuòchuán *go*

by ship / 划～huáchuán *paddle (row) a boat; go boating*

船舶 chuánbó *shipping; boats and ships*

船员 chuányuán *(ship's) crew*

船只 chuánzhī *shipping; vessels*

渡船 dùchuán 帆船 fānchuán 轮船 lúnchuán 汽船 qìchuán 游船 yóuchuán 渔船 yúchuán

喘 chuǎn 12画 口部

喘喘喘喘喘喘喘喘喘喘喘喘

[动] 呼吸急促：breathe heavily; pant; puff｜等我～一口气再跟你说。Děng wǒ chuǎn yī kǒu qì zài gēn nǐ shuō. *Let me take a breath before I go on.* / 他一走快就～。Tā yī zǒukuài jiù chuǎn. *He pants whenever he walks fast.* / 屋子里闷得人都～不过气来。Wūzi li mēn de rén dōu chuǎnbuguò qì lái. *It is too stuffy to breathe in this room.*

气喘 qìchuǎn

串 chuàn 7画 丨部

串串串串串串串

❶ [量] 用于连贯在一起的东西：a string of｜一～钥匙 yī chuàn yàoshi *a bunch of keys* / 一～葡萄 yī chuàn pútáo *a cluster of grapes* / 这～葡萄有多重？Zhè chuàn pútáo yǒu duō zhòng? *How much does this cluster of grapes weigh?*

❷ [动] 互相勾结：conspire; gang up

❸ [动] 往来；走动：go from one place to another｜～门儿 chuànménr *call at sb.'s home; drop in; stop by* / ～亲戚 chuàn qīnqi *go visiting one's relatives*

❹ [动] 错乱地连接：connect wrongly｜他的电话经常～到我这里来。Tā de diànhuà jīngcháng chuàndào wǒ zhèli lai. *His phone call is often misconnected with mine.* / 他念～行了，自己都没发现。Tā niàn chuànháng le, zìjǐ dōu méi fāxiàn. *He read the wrong line without being aware of it.*

疮 (瘡) chuāng 9画 疒部

疮疮疮疮疮疮疮疮疮

[名] skin ulcer; boil｜腿上长了个～。Tuǐ shang zhǎngle ge chuāng. *There is a boil on my leg.*

窗 chuāng 12画 穴部

窗窗窗窗窗窗窗窗窗窗窗窗

[名]window｜关~guānchuāng *close the window* / 他喜欢开着~睡觉。Tā xǐhuan kāizhe chuāng shuìjiào. *He likes to sleep with the windows open.*
窗户 chuānghu window
窗花 chuānghuā paper-cut for window decoration
窗口 chuāngkǒu window
窗帘 chuānglián (window) curtain
窗台 chuāngtán windowsill

床 chuáng 7画 广部

床床床床床床床

❶ [名]bed｜木~mùchuáng *wooden bed* / 这张~没人睡。Zhè zhāng chuáng méi rén shuì. *Nobody sleeps on this bed.*
床单 chuángdān sheet
床铺 chuángpū sleeping bunk
床位 chuángwèi berth; bunk; bed
病床 bìngchuáng
临床 línchuáng
起床 qǐchuáng

❷ [名]像床的东西：sth. like a bed
车床 chēchuáng
机床 jīchuáng

❸ [量]用于被子等：used for quilt, bunk, etc.｜一~被 yī chuáng bèi *a quilt*

闯 (闖) chuǎng 6画 门部

闯闯闯闯闯闯闯

❶ [动]猛冲：dash, charge｜突然外边~进一个人来。Tūrán wàibian chuǎngjìn yī gè rén lai. *Suddenly a man rushed in from the outside.*

❷ [动]惹下：incur; get into trouble｜这个乱子是他~的。Zhège luànzi shì tā chuǎng de. *It was he who caused the trouble.*
闯祸 chuǎnghuò get into trouble; bring disaster

❸ [动]经历，锻炼：temper oneself｜真不简单，他在外边居然~出名了。Zhēn bù jiǎndān, tā zài wàibian jūrán chuǎngchū míng le. *It is a wonder that he has become famous in the outside world.* / 年轻人应该到社会上去~一~。Niánqīngrén yīnggāi dào shèhuì shang qù chuǎngyichuǎng. *Young people should be tempered in society.*

创 (創) chuàng 6画 刂部

创创创创创创创

[动]开始做，初次做：begin to do sth.; do sth. for the first time｜~纪录 chuàng jìlù *make a new record* / 这份家业是他祖父~下的。Zhè fèn jiāyè shì tā zǔfù chuàngxià de. *The family property was built up by his grandfather.* / 他决心在这方面~出一番事业来。Tā juéxīn zài zhè fāngmiàn chuàngchū yī fān shìyè lai. *He was determined to start an undertaking in this field.*

创办 chuàngbàn establish; set up; found

创建 chuàngjiàn found; establish; set up

创立 chuànglì found; originate

创设 chuàngshè ① found; create; set up ② create (conditions, etc.)

创新 chuàngxīn innovate; create sth.

创业 chuàngyè start an undertaking; do pioneering work; found an undertaking

创意 chuàngyì original idea

创造 chuàngzào create; produce; bring about

创作 chuàngzuò ① create; produce; write ② creative work; creation

创始人 chuàngshǐrén founder; originator; initiator

创造性 chuàngzàoxìng creative power (or ability)

开创 kāichuàng

首创 shǒuchuàng

原创 yuánchuàng

吹 chuī　7画 口部

吹 吹吹吹吹吹吹吹

❶ [动]合拢嘴唇用力吐气：blow with force | ~口哨 chuī kǒushào *whistle* / 他~了~手上的灰。Tā chuīlechuī shǒushang de huī. *He blew the dust off his hand.* / 他把蜡烛~灭了。Tā bǎ làzhú chuīmiè le. *He blew out the candle.*

❷ [动]吹气演奏：play (a wind instrument) | 他的笛子~得特别好。Tā de dízi chuī de tèbié hǎo. *He played the flute extremely well.*

❸ [动]说大话；夸张：brag; boast | 别听他~，他根本干不了。Bié tīng tā chuī, tā gēnběn gànbuliǎo. *Don't believe his bragging. He can't do the job at all.* / 这个人做了一点儿事就到处~。Zhège rén zuòle yīdiǎnr shì jiù dàochù chuī. *This chap does little but boasts too much.*

吹牛 chuīniú boast; brag; talk big

吹捧 chuīpěng flatter; laud to the skies; lavish praise on; extol

鼓吹 gǔchuī

❹ [动]不成功：fall through; break off | 小王出国的事已经~了。Xiǎo Wáng chūguó de shì yǐjīng chuī le. *Xiao Wang's plan of going abroad has broken off.*

❺[动]空气流动：blow | 那张纸被风~走了。Nà zhāng zhǐ bèi fēng chuīzǒu le. *That piece of paper was blown away by the wind.* / 北风呼呼地~着。Běifēng hūhū de chuīzhe. *The north wind was whistling.*

炊 chuī 8画 火部

炊炊炊炊炊炊炊炊

[动]烧火做饭菜：cook a meal
炊事员 chuīshìyuán cook; kitchen staff

垂 chuí 8画 丿部

垂垂垂垂垂垂垂垂

❶[动]挂下；低下：hang down; let fall | ~下头 chuíxià tóu *lower one's head*
垂直 chuízhí perpendicular; vertical

❷[动]流传：hand down
永垂不朽 yǒngchuí-bùxiǔ

捶 chuí 11画 扌部

捶捶捶捶捶捶捶捶捶捶捶

[动]敲打：beat with a stick or fist | 你给我~~腰。Nǐ gěi wǒ chuíchuí yāo. *I would like you to pound my waist.*

锤 (錘) chuí 13画 钅部

锤锤锤锤锤锤锤锤锤锤锤锤锤

❶[名]hammer | 拿把~来敲钉子。Ná bǎ chuí lái qiāo dīngzi. *Go and get a hammer to drive in the nail.*
锤子 chuízi hammer

❷[动]用锤子打：beat with a hammer | 你把这根钉子~进去。Nǐ bǎ zhè gēn dīngzi chuí jìnqu. *Drive in the nail, please.*

春 chūn 9画 日部

春春春春春春春春春

❶[名]春季：spring | ~夏秋冬 chūn-xià-qiū-dōng *spring, summer, autumn and winter*
春风 chūnfēng ① spring breeze ② a kindly and pleasant countenance
春耕 chūngēng spring ploughing
春季 chūnjì spring
春联 chūnlián Spring Festival couplets (pasted on gateposts or door panels conveying one's best wishes for the year); New Year couplets

春节 Chūnjié Spring Festival
春天 chūntiān spring
❷[名]生机；活力：life; vitality
青春 qīngchūn

纯 (純) chún 7画 纟部

纯纯纯纯纯纯纯

❶[形]单一；不杂：pure | 这块金子很~。Zhè kuài jīnzi hěn chún. *This bar of gold is of pure quality.* | 他的英语发音很~。Tā de Yīngyǔ fāyīn hěn chún. *He speaks standard English.*
纯粹 chúncuì ① pure; unadulterated ② solely; purely; only
纯洁 chúnjié ① pure; clean and honest ② purify
纯属 chúnshǔ purely belong to; sheerly be part of
单纯 dānchún
❷[形]熟练：skilled; proficient | 你的功夫还不~，还得练。Nǐ de gōngfu hái bù chún, hái děi liàn. *You are not skillful enough. Keep on practising.*

唇 chún 10画 辰部

唇唇唇唇唇唇唇唇唇唇

[名]lip
嘴唇 zuǐchún

醇 chún 15画 酉部

醇醇醇醇醇醇醇醇醇醇醇醇醇

[形]酒味浓厚：(of wine) mellow | ~酒 chúnjiǔ *mellow wine; rich wine*

蠢 chǔn 21画 虫部

蠢蠢蠢蠢蠢蠢蠢蠢蠢蠢蠢蠢蠢蠢蠢蠢蠢蠢

❶[形]愚笨：stupid; clumsy | 这件事你做得太~了。Zhè jiàn shì nǐ zuò de tài chǔn le. *You simply played the fool in the affair.* | 这个人真~，这么简单的问题也不明白！Zhège rén zhēn chǔn, zhème jiǎndān de wèntí yě bù míngbai! *The man is so stupid that he cannot understand such a simple question!*
愚蠢 yúchǔn
❷[形]笨拙：clumsy; awkward | 他胖得都有些~了。Tā pàng de dōu yǒuxiē chǔn le. *He is so fat that he appears clumsy in movement.*

词 (詞) cí 7画 讠部

词 词词词词词词词

❶ [名]语言里能独立运用的最小单位：word; term ｜ 这些~他一个也不懂。Zhèxiē cí tā yī gē yě bù dǒng. *He knows none of these words.* / 你知道这个~的词性吗？Nǐ zhīdāo zhège cí de cíxìng ma? *Can you tell the part of speech of this word?*

词典 cídiǎn dictionary
词汇 cíhuì vocabulary; words and phrases
词句 cíjù words and phrases; expressions

代词 dàicí	单词 dāncí
动词 dòngcí	副词 fùcí
歌词 gēcí	介词 jiècí
连词 liáncí	量词 liàngcí
名词 míngcí	生词 shēngcí
实词 shící	叹词 tāncí
虚词 xūcí	组词 zǔcí

❷ [名]说话或诗歌、文章、戏剧中的语句：words in speeches, poems, articles, or plays ｜ 他在台上一着急，忘~儿了。Tā zài tái shang yī zháojí, wàng cír le. *He was so nervous on stage that he forgot his lines.*

贺词 hècí　　　致词 zhìcí

❸ [名]古代一种诗歌体裁，句子有长有短：a kind of Chinese poetry written in fixed numbers of lines and words ｜ 这位老先生填了一首~。Zhè wèi lǎo xiānsheng tiánle yī shǒu cí. *This old gentleman composed a piece of ci poem.*

瓷 cí 10画 瓦部

瓷瓷瓷瓷瓷瓷瓷瓷瓷瓷

[名] porcelain ｜ 这些碗碟都是~的。Zhèxiē wǎndié dōu shì cí de. *These bowls and plates are all of porcelain.*

瓷瓶 cípíng ① china vase ② popular name of insulator
瓷器 cíqì porcelain; chinaware

辞 (辭) cí 13画 舌部

辞辞辞辞辞辞辞辞辞辞辞辞辞

❶ [动]不接受，请求离去：resign; bid farewell; say good-bye ｜ 你还是~了工作吧。Nǐ háishì cíle gōngzuò ba. *You'd better resign this job.* / 你怎么能这样随意地把工作~了？Nǐ zěnme néng zhèyàng suíyì de bǎ gōngzuò cí le? *How could you resign the job so casually?*

辞呈 cíchéng (written) resignation
辞去 cíqù decline; resign (one's post, duty, etc.)
辞职 cízhí resign; hand in one's resignation

125

❷[动]逃避；推却：decline
推辞 tuīcí
❸[动]解雇：dismiss; discharge | 他上班老迟到，最后被老板~了。Tā shàngbān lǎo chídào, zuìhòu bèi lǎobǎn cí le. *At last, he got dismissed by the boss for being always late for work.*
❹[动]告别：take leave
告辞 gàocí
不辞而别 bùcí'érbié

慈 cí 13画 心部

[形]和善；怜惜：kind; loving
慈爱 cí'ài love; affection; kindness
慈善 císhàn charitable; benevolent; philanthropic
慈祥 cíxiáng kindly
仁慈 réncí

磁 cí 14画 石部

[名]magnetism | ~力 cílì *magnetic force*
磁带 cídài tape
磁卡 cíkǎ magnetic card
磁盘 cípán (computer) magnetic disk
磁铁 cítiě magnet; ferromagnet

雌 cí 14画 隹部

[形]母的；阴性的：female | ~性 cíxìng *female*

此 cǐ 6画 止部

❶[代]这；这个：this | ~人是这家公司的经理。Cǐ rén shì zhèjiā gōngsī de jīnglǐ. *The person is the manager of this company.* / ~书的作者是位农民。Cǐ shū de zuòzhě shì wèi nóngmín. *The author of this book is a farmer.*
此后 cǐhòu from now on; henceforward
此刻 cǐkè at present; now
此人 cǐrén this person
此时 cǐshí this moment; now
此事 cǐshì this matter
此外 cǐwài besides; in addition
彼此 bǐcǐ   特此 tècǐ
因此 yīncǐ
由此可见 yóucǐ-kějiàn
❷[代]此地；此时：this place; here | 在~集合 zài cǐ jíhé *assemble here* / 谈话到~结束。Tánhuà dào cǐ jiéshù. *The conversation stops here.*

从此 cóngcǐ
岂有此理 qǐyǒn-cǐlǐ
与此同时 yǔcǐ-tóngshí
诸如此类 zhūrú-cǐlèi

❸ [代] 这样：like this; such
如此 rúcǐ

次 cì 6画 冫部

次次次次次次

❶ [形] 第二：second | ～日 cìrì *the next day*
❷ [形] 质量较差的；等级较低的：poor in quality; inferior | 你的成绩太～了! Nǐ de chéngjì tài cì le! *Your score is too poor!* / 这种布料很～。Zhè zhǒng bùliào hěn cì. *This cloth is of poor quality.*

次品 cìpǐn substandard goods
次要 cìyào less important; secondary; subordinate
其次 qícì

❸ [名] 顺序：order
次序 cìxù order; sequence
层次 céngcì 场次 chǎngcì
档次 dàngcì 名次 míngcì
依次 yīcì

❹ [量] 用于反复出现或可能反复出现的事情：occurrence; time | 无数～试验 wúshù cì shìyàn *countless experiments* / 我去过两～美国。Wǒ qùguo liǎng cì Měiguó. *I have been to America twice.* / 这个月我参加了三～会议。Zhège yuè wǒ cānjiāle sān cì huìyì. *I have attended three meetings this month.*

次数 cìshù times
初次 chūcì 屡次 lǚcì
再次 zàicì 一次性 yīcìxìng
三番五次 sānfān-wǔcì

伺 cì 7画 亻部

伺伺伺伺伺伺伺

See 伺候
伺候 cìhou wait upon; serve

刺 cì 8画 刂部

刺刺刺刺刺刺刺刺

❶ [动] 尖的东西扎入或穿透：stab with sth. pointed | 我的手被鱼刺～了。Wǒ de shǒu bèi yúcì cì le. *My hand was pricked by fishbone.* / 蜜蜂～了我一下。Mìfēng cìle wǒ yīxià. *I was stung by a bee.*

刺绣 cìxiù ① embroider ② embroidery
冲刺 chōngcì

❷ [动] 挖苦；嘲讽：ridicule; satirize
讽刺 fěngcì

❸ [名] 尖锐像针的东西：sth. like a pin; thorn; prickle | 手上扎了个～儿。Shǒu shang zhāle ge cìr. *I get a thorn in the hand.* / 这种鱼好吃，但是～多。Zhè zhǒng yú hǎo chī, dànshì cì duō. *This kind of fish tastes good, but it has too many fishbones.*

❹[动]刺激：stimulate; irritate | 阳光～得人睁不开眼。Yángguāng cì de rén zhēngbu-kāi yǎn. *Dazzled by the sun, I cannot open my eyes.* / 我故意用话～他。Wǒ gùyì yòng huà cì tā. *I said these to irritate him.*

刺激 cìjī stimulate

匆 cōng 5画 勹部

匆 匆匆匆匆匆

[形]急促：hastily; hurriedly

匆匆 cōngcōng hurriedly; in a rush; in haste

匆忙 cōngmáng hastily; in a hurry; in haste

葱 cōng 12画 艹部

葱 葱葱葱葱葱葱葱葱葱葱葱葱

[名]一种用作蔬菜或调味品的草本植物：spring onion

大葱 dàcōng 洋葱 yángcōng

聪(聰) cōng 15画 耳部

聪 聪聪聪聪聪聪聪聪聪聪聪聪聪聪

[形]智力强：bright; intelligent

聪明 cōngmíng clever; bright

从(從) cóng 4画 人部

从 从从从从

❶[动]听从；依顺：obey

服从 fúcóng 盲从 mángcóng

❷[动]做；参与：participate

从事 cóngshì ① go in for; be engaged in ② deal with

从业 cóngyè obtain employment

❸[介]表示时间、处所或范围的起点：from (a time, a place, a point of view, etc.) | ～明天起开始上课。Cóng míngtiān qǐ kāishǐ shàngkè. *Class will begin tomorrow.* / 我刚～学校回来。Wǒ gāng cóng xuéxiào huílai. *I've just come back from school.* / ～不懂到懂，他付出了很大的努力。Cóng bù dǒng dào dǒng, tā fùchūle hěn dà de nǔlì. *He has built up his knowledge from scratch through strenuous efforts.*

从…出发 cóng...chūfā from (a time, a place, or a point of view)

从此 cóngcǐ from now on

从而 cóng'ér thus; thereby

从前 cóngqián before; in the past

从头 cóngtóu from the begin-

ning
从小 cóngxiǎo from childhood; as a child
从中 cóngzhōng out of; from among; therefrom
从…到… cóng... dào... from...to...
从…看来 cóng... kànlái view from...; observe from...
从…起 cóng... qǐ from... (certain time, certain thing, etc.) onwards
从头到尾 cóngtóu dàowěi from the very beginning to the very end; in great detail
无从 wúcóng　自从 zìcóng

❹ [介]表示经过的路线：route; line | ~小路走 cóng xiǎolù zǒu *walk along a path* / 我每天都~这个商场门前经过。Wǒ měi tiān dōu cóng zhège shāngchǎng ménqián jīngguò. *I walk past this store every day.* / 火车~大桥上驶过。Huǒchē cóng dàqiáo shang shǐguò. *The train runs along the bridge.*

❺ [介]表示凭借、根据：base on; go by | ~小事做起 cóng xiǎoshì zuòqǐ *start from doing sth. small* / 作决策要~实际出发。Zuò juécè yào cóng shíjì chūfā. *Decision making should proceed from the actual situation.*

❻ [副]一向；向来：earlier on; lately | ~不计较 cóngbù jìjiào *never give any consideration to* / ~没听说过这件事。Cóngméi tīngshuōguo zhè jiàn shì. *I've never heard of it.*
从不 cóngbù never
从来 cónglái at all times; always
从没 cóngméi ⇒从不
从未 cóngwèi never

◇从容 cóngróng calm; unhurried; leisurely
从容不迫 cóngróng-bùpò take it leisurely; go easy; calm and unhurried

丛（叢）cóng　5画 一部

丛 丛丛丛丛丛

[名]聚集在一起的人或东西：gather; crowd together | ~书 cóngshū *a series of books; collection* / 我看着他消失在树~中。Wǒ kànzhe tā xiāoshī zài shùcóng zhōng. *I saw him disappearing in the woods.*

凑 còu　11画 冫部

凑 凑凑凑凑凑凑凑凑凑凑凑

❶ [动]聚集：crowd together | 几个人~在一起说说笑笑。Jǐ gè rén còu zài yīqǐ shuōshuō-xiāo-

xiāo. *Several people got together, talking and laughing.* / 再加一个学生就可以～一个班。Zài jiā yī gè xuésheng jiù kěyǐ cōu yī gè bān. *Add one more student to form a class.*

❷ [动] 接近：approach; move close to | ～近点儿。Cōu jìn diǎnr. *Come closer, please.* / 小黄～上来跟他打招呼。Xiǎo Huáng cōu shànglai gēn tā dǎ zhāohu. *Xiao Huang went up to greet him.* / 他拿起一束鲜花～着鼻子闻。Tā náqǐ yī shù xiānhuā cōuzhe bízi wén. *He took up a bunch of flowers and pressed it to his nose to smell it.*

凑热闹 cōurènao join in the fun

❸ [动] 碰上；赶：happen to | 正～上是个星期天。Zhèng cōushang shì gè xīngqītiān. *It happened to be a Sunday.*

粗 cū 11画 米部

粗粗粗粗粗粗粗粗粗粗粗

❶ [形] 不精致：coarse; crude | 这手工活儿真～。Zhè shǒugōnghuór zhēn cū. *The workmanship of this is very coarse.* / 他的手艺～得很。Tā de shǒuyì cūdehěn. *His craftsmanship is quite poor.*

粗粮 cūliáng inferior foodstuff; coarse food grains

❷ [形] 疏忽；不周密：careless | 这个人就是心太～。Zhège rén jiù shì xīn tài cū. *This person is rather careless.*

粗心 cūxīn careless; thoughtless

粗心大意 cūxīn-dàyì negligent; careless

❸ [形] 粗大：wide; thick | 这棵树真～。Zhè kē shù zhēn cū. *This tree has a thick trunk.*

粗细 cūxì (degree of) thickness

❹ [形] 声音低而响：(of sound) low and resonant | 他说话声音真～。Tā shuōhuà shēngyīn zhēn cū. *He has a husky voice.*

❺ [形] 鲁莽；没礼貌：rude; rough | 他满口～话，真没修养。Tā mǎnkǒu cūhuà, zhēn méi xiūyǎng. *He always speaks rudely. What a poor-bred fellow he is!*

粗暴 cūbào rude; rough; crude; brutal

粗鲁 cūlǔ rough; rude; boorish

❻ [副] 略微：slightly; a little | ～略 cūlüè rough; sketchy

促 cù 9画 亻部

促促促促促促促促促

❶ [形] 急迫；时间紧：in a hurry; in haste

仓促 cāngcù　　短促 duǎncù

❷ [动]催促；推动：promote; advance

促成 cūchéng help to bring about; facilitate

促进 cùjìn promote; advance; accelerate

促使 cùshǐ impel; urge; spur

促销 cùxiāo promote

督促 dūcù

醋 cù　15画　酉部

醋醋醋醋醋醋醋醋醋醋醋醋醋醋醋

[名] vinegar | 这~真够酸的。Zhè cù zhēn gòu suān de. *This vinegar is really sour.*

醋坛子 cùtánzi a jealous woman

簇 cù　17画　竹部

簇簇簇簇簇簇簇簇簇簇簇簇簇簇簇簇簇

[量] 用于聚集成团或成堆的东西：cluster | 一~鲜花 yī cù xiānhuā *a bunch of flowers* / 一~人群 yī cù rénqún *a group of people*

窜 (竄) cuàn　12画　穴部

窜窜窜窜窜窜窜窜窜窜窜窜

[动] 奔逃；乱跑：flee; scurry | 一群小鹿被狼追赶得在林中乱~。Yī qún xiǎolù bèi láng zhuīgǎn de zài lín zhōng luàncuàn. *Chased by wolves, a group of deer fled in all directions in the forest.* / 在阅览室，别~来~去的。Zài yuèlǎnshì, bié cuān lái cuān qù de. *Don't rush around in the reading room.* / 老鼠一下子~到洞里去了。Lǎoshǔ yīxiàzi cuàndào dòng li qù le. *The mouse scurried into the hole.*

催 cuī　13画　亻部

催催催催催催催催催催催催催

❶ [动] 叫人赶快行动：urge; press | 学校~我回去。Xuéxiào cuī wǒ huíqu. *The school urged me to return.* / 妈妈~女儿快起床。Māma cuī nǚ'ér kuài qǐchuáng. *The mother hurried her daughter to get up.* / 他又来电话~了。Tā yòu lái diànhuà cuī le. *He called again to urge us.*

❷ [动] 使事物的产生和变化加快：hasten or speed up the production or development of certain things | 这种药可以~你很快入

睡。Zhè zhǒng yào kěyǐ cuī nǐ hěn kuài rùshuì. *This medicine can help you fall asleep very soon.*

摧 cuī 14画 扌部

摧摧摧摧摧摧摧摧摧摧摧摧摧摧

[动]折断；毁坏：break; destroy; ruin
摧残 cuīcán wreck; destroy; devastate
摧毁 cuīhuǐ destroy; smash; wreck

脆 cuì 10画 月部

脆脆脆脆脆脆脆脆脆脆

❶[形]容易断或碎：fragile; brittle | 玻璃很～。Bōli hěn cuì. *Glass is very brittle.* / 这种金属管比较～，容易断。Zhè zhǒng jīnshǔguǎn bǐjiào cuì, róngyì duàn. *This kind of metal tube is rather brittle and easy to break.*
脆弱 cuìruò fragile; frail; weak
❷[形]声音清亮：clear; crisp | 他说话的声音很～。Tā shuōhuà de shēngyīn hěn cuì. *He has a very clear voice.* / 她的嗓音又～又甜。Tā de sǎngyīn yòu cuì yòu tián. *Her voice is clear and sweet.*
❸[形]说话做事爽利痛快：be crisp; be clean-cut; be frank
干脆 gāncuì

粹 cuì 14画 米部

粹粹粹粹粹粹粹粹粹粹粹粹粹粹

[形]纯；不杂：pure
纯粹 chúncuì
◇纳粹 Nàcuì

翠 cuì 14画 羽部

翠翠翠翠翠翠翠翠翠翠翠翠翠翠

[形]青绿色：emerald green
翠绿 cuìlǜ emerald green; jade green

村 cūn 7画 木部

村村村村村村村

[名]村庄：village
村民 cūnmín villager; village people
村庄 cūnzhuāng village
村子 cūnzi village
农村 nóngcūn 乡村 xiāngcūn

cún 6画 子部

存 存存存存存存

❶ [动]存在；活着：alive | 这位老人六十多了，父母俱~。Zhè wèi lǎorén liùshí duō le, fùmǔ jù cún. *This old man is over sixty years old, yet his parents are still alive.*
存在 cúnzài exist; be
并存 bìngcún　生存 shēngcún

❷ [动]积聚；保存：keep in store; preserve | 冰箱里~了好多肉和菜。Bīngxiāng li cúnle hǎo duō ròu hé cài. *A lot of meat and vegetables are preserved in the refrigerator.*
存储 cúnchǔ (electron.) memory; storage
存款 cúnkuǎn savings
存盘 cúnpán (computer) save
存折 cúnzhé deposit book; bankbook
保存 bǎocún　储存 chǔcún
库存 kùcún　内存 nèicún

❸ [动]寄放：leave with | 把自行车~在寄车处。Bǎ zìxíngchē cún zài jìchēchù. *Leave your bicycle in the bicycle park.* / 这些东西暂时在你这儿~一下行吗？Zhèxiē dōngxi zànshí zài nǐ zhèr cún yīxià xíng ma? *May I leave these things temporarily in your care?*

存放 cúnfàng leave with; leave in sb.'s care

❹ [动]心中怀有：keep in mind | 不~幻想 bù cún huànxiǎng *harbour no illusions* / 我对他~有很大希望。Wǒ duì tā cúnyǒu hěn dà xīwàng. *I am placing high expectations on him.*

❺ [动]保留：reserve; retain | 有话快说，别~在肚子里。Yǒu huà kuài shuō, bié cún zài dùzi li. *Speak up. Don't hold back your tongue.*

cùn 3画 寸部

寸 寸寸寸

[量]长度单位，市寸的通称：cun, a traditional unit of length, equal to one tenth of one *chi*
尺寸 chǐcùn　分寸 fēncun
英寸 yīngcùn

cuō 12画 扌部

搓 搓搓搓搓搓搓搓搓搓搓搓搓

[动]两手相对摩擦或用手来回揉擦别的东西：rub with one's hands on sth. repeatedly | 衣服太脏了，得用手~洗。Yīfu tài zāng le, děi yòng shǒu cuōxǐ. *The clothes are so dirty that you must wash them by hand.* / 天

133

气冷得他直~双手。Tiānqì lěng de tā zhí cuō shuāngshǒu. *It is so cold that he has to rub his hands to keep warm.*

磋 cuō 14画 石部

磋磋磋磋磋磋磋磋磋磋磋磋磋磋

See 磋商

磋商 cuōshāng consult; exchange views

撮 cuō 15画 扌部

撮撮撮撮撮撮撮撮撮撮撮撮撮撮撮

❶[动]用手指捏取(细碎的东西):take up with fingers | ~了一点儿盐。Cuōle yīdiǎnr yán. *Take a pinch of salt.*

❷[量]用于可用手撮的东西,借指极小的量: used to indicate a tiny amount | 一~盐 yī cuō yán *a pinch of salt* / 一~茶叶 yī cuō cháyè *a pinch of tea*

蹉 cuō 16画 足部

蹉蹉蹉蹉蹉蹉蹉蹉蹉蹉蹉蹉蹉蹉蹉蹉

See 蹉跎

蹉跎 cuōtuó waste time

挫 cuò 10画 扌部

挫挫挫挫挫挫挫挫挫挫

[动]事情进行得不顺利;失败:defeat; frustrate

挫折 cuòzhé setback; frustration

措 cuò 11画 扌部

措措措措措措措措措措措

See 措施

措施 cuòshī measure; step

错(錯) cuò 13画 钅部

错错错错错错错错错错错错错

❶[动]交叉;杂乱: interlocked and jagged; complex

交错 jiāocuò

❷[形]不正确;与事实不符: wrong; mistaken | 别把东西放~了地方。Bié bǎ dōngxi fàngcuòle dìfang. *Do not put your things in the wrong place.* / 这道题目我做~了。Zhè dào tímù wǒ zuòcuò le. *I did this exercise problem wrongly.* / 她~把我当成她妈妈了。Tā cuò bǎ wǒ dāngchéng tā māma le. *She*

mistook me for her mother.
错过 cuòguò miss; let slip
错误 cuòwù ① wrong; mistaken; erroneous ②mistake; error; blunder
错字 cuòzì misprint; wrongly written character
差错 chācuò

❸ [名] 过失：fault ｜这是我的～。Zhè shì wǒ de cuò. *This is my fault.* / 我向你认个～。Wǒ xiàng nǐ rèn ge cuò. *I must apologize to you.*
过错 guòcuò

❹ [形] 坏；差（用于否定式）：bad; poor (used in negative sentences) ｜这幅画儿画得不～。Zhè fú huàr huà de bùcuò. *This painting is not bad.* / 她们俩的关系不～。Tāmen liǎ de guānxi bùcuò. *They are on good terms with each other.* / 菜的味道不～。Cài de wèidào bùcuò. *The dish tastes good.*
不错 bùcuò

❺ [动] 避开，使不碰上或不冲突：avoid; evade ｜～开会议时间 cuòkāi huìyì shíjiān *stagger the time for the meeting*
错位 cuòwèi (med.) dislocation

D d

搭

dā　12画 扌部

搭搭搭搭搭搭搭搭搭搭搭搭

❶ [动]轻放；附挂：put over; hang over｜毛巾~在肩上 máojīn dā zài jiān shang *put a towel over one's shoulder* / 衣服~在竹竿上 yīfu dā zài zhúgān shang *hang the washing on a bamboo pole*

❷ [动]乘；坐：take (a ship, plane, train, etc.); travel (or go) by｜~车 dāchē *take a bus* / ~船 dāchuán *travel by ship* / 他总算~上了最后一班飞机。Tā zǒngsuàn dāshangle zuìhòu yī bān fēijī. *He caught the last flight at last.*

搭乘 dāchéng travel by (plane, car, ship, etc.)

搭载 dāzài (of trucks, freighters, etc.) pick up extra passengers or freight

❸ [动]支架起来：put up; build｜~桥 dā qiáo *build a bridge* / ~棚子 dā péngzi *put up a shed* / 喜鹊在树上~了一个窝。Xǐquè zài shù shang dāle yī gè wō. *The magpie built a nest in the tree.*

搭建 dājiàn put up (a shed, etc.)

❹ [动]配合：arrange in pairs or groups

搭配 dāpèi ① arrange in pairs or groups ② collocation

搭档 dādàng ① partner ② cooperate; work together

❺ [动]附加上：add｜卖大的~小的 mài dà de dā xiǎo de *sell big ones together with small ones* / 为了帮助她学习，我~进去很多时间。Wèile bāngzhù tā xuéxí, wǒ dā jìnqù hěn duō shíjiān. *I spent a lot of time helping her with her study.*

❻ [动]连接：come into contact; join｜前言不~后语 qiányán bù dā hòuyǔ *speak incoherently; mumble disconnected phrases* / 两根电线~在一起。Liǎng gēn diànxiàn dā zài yīqǐ. *The two wires are joined.*

答

dā　12画 竹部

答答答答答答答答答答答答

[动]用于口语表示"答应""答理"等：used in spoken language as 答应(dāying) and 答理(dāli)

答理 dāli respond

答应 dāying ① answer; reply; respond ② promise; agree

See dá.

达 (達) dá 6画 辶部

达 达达达达达达

❶ [动]通；到：reach; get to | 四通八~ sìtōng-bādá *extend in all directions* / 这列火车直~北京。Zhè liè huǒchē zhí dá Běijīng. *This is a through train to Beijing.*
到达 dàodá 抵达 dǐdá

❷ [动]实现：realize; attain | ~成协议 dáchéng xiéyì *reach an agreement* / 我们不~目的决不罢休。Wǒmen bù dá mùdì juébù bàxiū. *We will never give up until we achieve our goal.*
达标 dábiāo reach a set standard
达成 dáchéng reach (agreement, etc.)
达到 dádào achieve; attain; reach

❸ [动]通晓明白：understand thoroughly | 通情~理 tōngqíng-dálǐ *be understanding and reasonable*

❹ [动]告知；表达：express; communicate; convey | 词不~意 cí bù dá yì *the words fail to convey the idea*
表达 biǎodá 传达 chuándá
下达 xiàdá 转达 zhuǎndá

❺ [形]显贵：distinguished; eminent | 显~ xiǎndá *eminent; distinguished*

答 dá 12画 竹部

答 答答答答答答答答答答答

❶ [动]回答；回复：answer; reply; respond | 一问一~ yī wèn yī dá *question and answer* / 老师提的问题我都~对了。Lǎoshī tí de wèntí wǒ dōu dáduì le. *I answered all the teacher's questions correctly.* / 他想了半天也~不出来。Tā xiǎngle bàntiān yě dá bù chūlái. *After thinking for a long time, he still couldn't answer the question.*
答案 dá'àn answer; solution
答辩 dábiàn reply (to a charge, query, or an argument)
答复 dáfù answer; reply
答卷 dájuàn examination paper
答谢 dáxiè express appreciation (for sb.'s kindness or hospitality)
解答 jiědá 问答 wèndá

❷ [动]回报别人给自己的好处：return; reciprocate
报答 bàodá
See dā.

打 dǎ 5画 扌部

打 打打打打打

❶ [动]击；敲：strike; hit; beat | ~钟 dǎzhōng *ring the bell* / 趁

137

热～铁 chènrè-dǎtiě *strike while the iron is hot*
打鼓 dǎgǔ *beat a drum*
抽打 chōudǎ
敲锣打鼓 qiāoluó-dǎgǔ

❷ [动]物体因受撞击而破碎：break; smash | 别把玻璃杯～了。Bié bǎ bōlibēi dǎ le. *Be careful not to break the glass.* / 花瓶～得粉碎。Huāpíng dǎ de fěnsuì. *The vase was smashed to pieces.*

❸ [动]攻打；殴打：fight; attack | ～成一团 dǎchéng yī tuán *fight together* / 这两个男孩又～起来了。Zhè liǎng gè nánhái yòu dǎ qǐlai le. *The two boys are exchanging blows again.*
打败 dǎbài *defeat; beat*
打倒 dǎdǎo *overthrow*
打击 dǎjī *hit; strike; attack*
打架 dǎjià *come to blows; fight; scuffle*
打破 dǎpò *break; smash*
打人 dǎrén *beat a person*
打仗 dǎzhàng *fight; go to war; make war*
打嘴仗 dǎzuǐzhàng *quarrel; bicker; wrangle*

❹ [动]放射；发出：send; dispatch | ～电话 dǎ diànhuà *make a telephone call*
打雷 dǎléi *thunder*
拨打 bōdǎ

❺ [动]发生与人交涉的行为：negotiate; make representations | ～官司 dǎguānsi *go to law (against sb.); go to the court*
打交道 dǎjiāodào *come into contact with*

❻ [动]建筑；制造：construct; build | ～墙 dǎ qiáng *build a wall* / ～地基 dǎ dìjī *lay a foundation* / ～首饰 dǎ shǒushi *make jewelry* / ～家具 dǎ jiājù *make furniture*
打造 dǎzào *make (metal work); forge*

❼ [动]捆；收拾：tie up; pack | ～包 dǎbāo *tie up in a bundle* / 行李已经～好了。Xíngli yǐjīng dǎhǎo le. *The luggage has been packed.*

❽ [动]编织：knit; weave | ～毛衣 dǎ máoyī *knit a sweater* / ～草鞋 dǎ cǎoxié *weave straw sandals*

❾ [动]翻动，开启：open | 请大家把书～开。Qǐng dàjiā bǎ shū dǎkāi. *Please open your books.* / ～开箱子 dǎkāi xiāngzi *open the chest (trunk)*
打开 dǎkāi ① *open; unfold* ② *turn on; switch on*
打通 dǎtōng *get through; open up*

❿ [动]涂抹；写画；印：make a mark on; draw | ～鞋油 dǎ xiéyóu *polish one's shoes with shoe polish* / ～图样 dǎ túyàng *draw a pattern* / ～分数 dǎ fēnshù *give a mark* / ～手印 dǎ shǒuyìn *put one's fingerprint on (a document)*

打卡 dǎkǎ punch the clock

打印 dǎyìn typing and printing

打印机 dǎyìnjī printer

⓫ [动]举；提：raise; hoist｜～灯笼 dǎ dēnglong *carry (hold) a lantern* /～起精神来 dǎqǐ jīngshen lái *raise one's spirits; cheer up*

打伞 dǎsǎn hold up an umbrella

打旗 dǎqí hold up a flag

⓬ [动]舀取：draw, fetch｜从井里～水 cóng jǐng li dǎshuǐ *draw water from a well*

打水 dǎshuǐ draw water

⓭ [动]割取：collect; reap｜～粮食 dǎ liángshi *gather in grain*

打草 dǎcǎo mow down the hay

打柴 dǎchái gather firewood

⓮ [动]捉(鱼、禽、兽等)：catch; hunt｜～鱼 dǎyú *catch fish*

⓯ [动]注入：inject

打针 dǎzhēn give or receive an injection

⓰ [动]盘算；计划：work out; draw｜～草稿 dǎ cǎogǎo *work out a draft* /～主意 dǎ zhǔyi *think up an idea*

打算 dǎsuan intend; plan; think; mean

精打细算 jīngdǎ-xìsuàn

⓱ [动]表示身体上的某些动作：used to indicate certain body movements｜～手势 dǎ shǒushì *make a gesture* /～哆嗦 dǎ duōsuo *tremble; shiver* /～瞌睡 dǎ kēshuì *doze off; nod*

⓲ [动]做；从事：do; engage in｜～夜班 dǎ yèbān *go on night shift*

打工 dǎgōng work for others; be employed

打下手 dǎxiàshǒu act as an assistant; be a helper

打杂儿 dǎzár do odds and ends

⓳ [动]进行某些球类活动或游戏：play｜～秋千 dǎ qiūqiān *have a swing* /～篮球 dǎ lánqiú *play basketball* /～扑克 dǎ pūkè *play poker; play cards*

打球 dǎqiú play a ball game

单打 dāndǎ

⓴ [动]采取某种行为或方法：adopt; use

打比方 dǎbǐfang draw an analogy

打官腔 dǎguānqiāng speak in a bureaucratic tone; stall with official jargon

打招呼 dǎzhāohu greet; say hello; tip one's hat; give a previous notice; warn

㉑ [动]购买：buy (using one's own container)｜～酒 dǎjiǔ *buy some wine (using one's own container)*

打票 dǎpiào buy a ticket

㉒ [动]与其他动词结合成一个动词：used with other verbs to form a new verb

打扮 dǎban dress up; make up;

deck out

打发 dǎfa ① send; dispatch ② dismiss; send away ③ while away (one's time)

打量 dǎliang ① measure with one's eyes; look sb. up and down; size up ② think; suppose; reckon

打猎 dǎliè go hunting

打扰 dǎrǎo disturb; trouble

打扫 dǎsǎo sweep; clean

打听 dǎting ask about; inquire about

㉓ [介]自；从：from; since | ～今天起 dǎ jīntiān qǐ *from now on* / ～这儿走。Dǎ zhèr zǒu. *This way, please.* / 他～门缝里往外看。Tā dǎ ménfèng li wǎng wài kàn. *He looked out through the crack between the door and its frame.*

◇ 打车 dǎchē call a taxi; take a taxi

打动 dǎdòng move; touch

大 dà　3画 大部

大 大大大

❶ [形]面积超过一般或所比较的对象：big; large | ～城市 dà chéngshì *a big city* / 这间房比那间～。Zhè jiān fáng bǐ nà jiān dà. *This room is bigger than that one.*

大地 dàdì the earth

大陆 dàlù continent; mainland

大海 dàhǎi sea; ocean

大西洋 Dàxīyáng the Atlantic (Ocean)

大洋洲 Dàyángzhōu Oceania; Oceanica

大自然 dàzìrán nature

广大 guǎngdà

❷ [形]宽度超过一般或所比较的对象：wide; main

大道 dàdào wide road; main road

大街 dàjiē main street; street

大街小巷 dàjiē-xiǎoxiàng streets and lanes

❸ [形]形体、形制超过一般或所比较的对象：big; large; great

大葱 dàcōng green Chinese onion

大豆 dàdòu soybean; soya bean

大风 dàfēng ① gale; strong wind ② (meteorol.) fresh gale

大楼 dàlóu multi-storied building

大门 dàmén entrance (or front) door; gate

大米 dàmǐ rice

大脑 dànǎo cerebrum; brain

大炮 dàpào artillery; big gun; cannon

大厦 dàshà large building

大腿 dàtuǐ thigh

大象 dàxiàng elephant

大小 dàxiǎo ① size ② big or small

大型 dàxíng large-scale; large

大衣 dàyī overcoat

大白菜 dàbáicài Chinese cabbage

大肚子 dàdùzi (inf.) ① pregnant ② big eater ③ pot belly

大头菜 dàtóucài (bot.) rutabaga

大拇指 dàmǔzhǐ thumb

大手大脚 dàshǒu-dàjiǎo wasteful; extravagant

高大 gāodà　　巨大 jùdà
宽大 kuāndà　　庞大 pángdà

❹ [形]规模超过一般或所比较的对象：main; major | ~手术 dà shǒu- shù *major operation*

大餐 dàcān ① a sumptuous meal ② Western-style food

大幅 dàfú by a wide margin

大会 dàhuì ① plenary session ② mass meeting; mass rally

大奖 dàjiǎng award at the highest level or with large prize

大举 dàjǔ carry out (a military operation) on a large scale

大赛 dàsài match on a large scale and high level

大选 dàxuǎn general election

大吃大喝 dàchī-dàhē eat and drink to one's heart's content; eat and drink extravagantly

夸大 kuādà　　宏大 hóngdà
盛大 shèngdà

❺ [形]重要的；主要的：important; great | ~人物 dà rénwù *important person; great personage*

大臣 dàchén minister (of a monarchy)

大概 dàgài general; rough; approximate

大局 dàjú overall (general, whole) situation

大师 dàshī ① great master; master ② Great Master, a courtesy title used to address a Buddhist monk

大事 dàshì great (or major) event; important matter; major issue

大体 dàtǐ ① on the whole; by and large; roughly ② general interest; fundamental principle

大王 dàwáng ① king; magnate ② a person of the highest class or skill in sth.; ace

大意 dàyì ① general idea; main points; gist; tenor ② careless; negligent; inattentive

大致 dàzhì generally; roughly; approximately; more or less

大手笔 dàshǒubǐ ① the work of a well-known writer ② a well-known writer

大同小异 dàtóng-xiǎoyì much the same but with minor differences; alike except for slight differences; very much the same

重大 zhòngdà
顾全大局 gùquán-dàjú

❻ [形]数量多：in great number

大半 dàbàn ① more than half ② very likely; most probably

大都 dàdū for the most part; mostly

141

大队 dàduì a military unit corresponding to a battalion or regiment

大多 dàduō for the most part; mostly

大家 dàjiā all; everybody

大量 dàliàng a large number; a great quantity

大批 dàpī large quantity or number; large amount of

大众 dàzhòng the masses; the public; the broad masses of the people

大多数 dàduōshù great (vast) majority; the bulk

大伙儿 dàhuǒr we all; all of us

广大 guǎngdà

发扬光大 fāyáng-guāngdà

❼ [形]某方面的能力超过一般或所比较的对象：great

大胆 dàdǎn bold; daring; audacious

大方 dàfang ① generous; liberal ② natural and poised; easy; unaffected

伟大 wěidà

❽ [形]职位、等级较高的：of higher rank or class

大使 dàshǐ ambassador

大学 dàxué college; university

大使馆 dàshǐguǎn embassy

大学生 dàxuéshēng university (or college) student

❾ [形]超过实际情况，不真实的：not true

大话 dàhuà big talk; tall talk; boast; bragging

说大话 shuōdàhuà

❿ [形]用的力量超过一般或所比较的对象：strong; heavy

大力 dàlì energetically; vigorously

大声 dàshēng loud voice

大肆 dàsì without restraint; wantonly

大喊大叫 dàhǎn-dàjiào shout at the top of one's voice

⓫ [副]程度深：greatly; fully ｜ ~吃一惊 dàchīyījīng *be greatly surprised; be quite taken aback* / ~有问题 dà yǒu wèntí *very problematic* / 天已经~亮了。Tiān yǐjīng dàliàng le. *It is already broad daylight.*

大大 dàdà greatly; enormously

大有可为 dàyǒu-kěwéi be well worth doing

粗心大意 cūxīn-dàyì

恍然大悟 huǎngrán-dàwù

⓬ [形]范围较广：vast in range

放大 fàngdà 扩大 kuòdà

远大 yuǎndà 壮大 zhuàngdà

⓭ [形]年长；排行第一：eldest ｜ ~哥 dàgē *eldest brother* / ~嫂 dàsǎo *eldest sister-in-law*

大姐 dàjiě ① eldest sister ② elder sister (a polite form of address for a woman about one's own age)

大妈 dàmā ① father's elder brother's wife; aunt ② aunt (an

affectionate or respectful form of address for an elderly woman)

大娘 dàniáng aunt (a respectful form of address for an elderly woman)

大爷 dàye (inf.) ① father's elder brother; uncle ② uncle (a respectful form of address for an elderly man)

老大爷 lǎodàye

❶ [形]再；时间更远：earlier in time

大后年 dàhòunián three years from now

大后天 dàhòutiān three days from now

大前天 dàqiántiān three days ago

❶ [形]敬词，称与对方有关的事物：term of respect ｜ ~作 dàzuò *your work; your writing* / 尊姓~名? Zūnxìng dàmíng? *May I have your name?*

❶ [形]年纪大小：of age ｜你的孩子多~了? Nǐ de háizi duō dà le? *How old is your child?* / 他比我~三岁。Tā bǐ wǒ dà sān suì. *He is three years older than me.*

大人 dàrén ① adult; grown-up ② Your (His) Excellency

❶ [副]跟"不 bù"连用，表示程度浅或次数少：used after "不 bù" to indicate low degree or frequency ｜不~清楚 bùdà qīngchu *not too clear* / 他对这个工作不~满意。Tā duì zhège gōngzuò bùdà mǎnyì. *He is not very satisfied with this job.* / 他不~看电影。Tā bùdà kàn diànyǐng. *He seldom goes to the cinema.*

◇ 大便 dàbiàn defecate; have a bowel movement; shit

大气 dàqì ① (meteorol.) atmosphere; air ② heavy breathing

大蒜 dàsuàn garlic

大雁 dàyàn wild goose

大约 dàyuē approximately; about

大理石 dàlǐshí marble

大气压 dàqìyā atmospheric pressure; atmosphere

大舌头 dàshétou thick-tongued person; one who lisps

马大哈 mǎdàhā

呆 dāi 7画 口部

呆 呆呆呆呆呆呆呆

❶ [形]傻；愚蠢 stupid; silly
❷ [形]不灵活；死板：slow-witted; dull ｜ ~头~脑 dāitóu-dāinǎo *dull-looking* / ~~地望着 dāidāi de wàngzhe *stare at sth. blankly* / 这孩子有些~。Zhè háizi yǒuxiē dāi. *The child is slow-witted.*

书呆子 shūdāizi

❸ [动]停留；迟延：stay ｜他在北京~了几天。Tā zài Běijīng dāile jǐ tiān. *He stayed in*

Beijing for several days.

歹 dǎi 4画 歹部

歹 歹 歹 歹 歹

[形]坏；恶：bad; evil; vicious | 好～不分 hǎodǎi-bùfēn unable to tell good from bad | 为非作～ wéifēi-zuòdǎi do evil

歹徒 dǎitú hoodlum; ruffian; evildoer

逮 dǎi 11画 辶部

逮 逮 逮 逮 逮 逮 逮 逮 逮 逮

[动]捉，捕：catch; hunt | 猫会～老鼠。Māo huì dǎi lǎoshǔ. Cats can catch mice. | 小偷被～住了。Xiǎotōu bèi dǎizhù le. The thief has been caught.

See dài.

代 dài 5画 亻部

代 代 代 代 代

❶ [动]代替：replace; take the place of; act for (or on behalf of) others | 请你～我写一份报告。Qǐng nǐ dài wǒ xiě yī fèn bàogào. Please write a report on behalf of me. | 张老师在替李老师～课。Zhāng lǎoshī zài tì Lǐ lǎoshī dàikè. Teacher Zhang has taken over teacher Li's classes. | 请～我向他致意。Qǐng dài wǒ xiàng tā zhìyì. Please give him my regards.

代办 dàibàn ①do sth. for sb.; act on sb.'s behalf ②chargé d'affaires
代表 dàibiǎo ① deputy; delegate; representative ② represent; stand for ③ on behalf of; in the name of
代词 dàicí (gram.) pronoun
代号 dàihào code name
代价 dàijià price; cost
代理 dàilǐ act on behalf of; act as agent
代数 dàishù algebra
代替 dàitì replace; substitute for; take the place of
代表团 dàibiǎotuán delegation; mission; deputation
代理人 dàilǐrén ① agent; deputy; proxy ② (leg.) procurator; attorney
代理商 dàilǐshāng agent; procurator; surrogate; vicegerent
代言人 dàiyánrén spokesman; mouthpiece
取代 qǔdài   替代 tìdài
新陈代谢 xīnchén-dàixiè

❷ [名]历史上的分期：historical period
朝代 cháodài   当代 dāngdài
古代 gǔdài   近代 jìndài
历代 lìdài   年代 niándài

时代 shídài　　现代 xiàndài
现代化 xiàndàihuà

❸ [名]世系的辈分：generation | 后～hòudài *posterity; descendants* / 下一～ xiàyīdài *the next generation* / 祖孙三～ zǔsūn sān dài *three generations*
世代 shìdài

带(帶) dài　9画 巾部

带带带带带带带带带

❶ [名]带子或像带子的长条物：belt; girdle; ribbon; band; tape | 领～ lǐngdài *necktie* / 鞋～xiédài *shoelaces*
带儿 dàir belt; girdle; ribbon; band
绷带 bēngdài　　磁带 cídài
皮带 pídài　　　腰带 yāodài
安全带 ānquándài
录像带 lùxiàngdài

❷ [名]地带；区域：zone; area; belt | 黄河一～ Huáng Hé yīdài *the Yellow River region*
地带 dìdài　　寒带 hándài
热带 rèdài　　温带 wēndài
副热带 fùrèdài

❸ [动]随身拿着；take; bring; carry | ～行李 dài xíngli *bring luggage* / ～雨具 dài yǔjù *take rain gear* / 我的包儿忘～了。Wǒ de bāor wàng dài le. *I forgot to carry my bag*.

带来 dàilái bring along
携带 xiédài

❹ [动]领；引导：lead; take | 他把我～进会客室。Tā bǎ wǒ dàijìn huìkèshì. *He led me into the reception room.* / 老师～着学生参观展览。Lǎoshī dàizhe xuésheng cānguān zhǎnlǎn. *The teacher took the students to the exhibition.*/ 李教授～了三个研究生。Lǐ jiàoshòu dàile sān gè yánjiūshēng. *There are three graduate students under Professor Li's guidance.*
带动 dàidòng drive; spur on; bring along; boost
带领 dàilǐng lead; guide
带头 dàitóu take the lead; be the first; take the initiative; set an example

❺ [动]连带；附带：have sth. attached; (do sth.) simultaneously | 连枝～叶 liánzhī-dàiyè *with branches and leaves on* / 连说～笑地走进来 liánshuō-dàixiào de zǒu jìnlai *enter laughing and talking* / 这些～叶的桃子真新鲜。Zhèxiē dài yè de táozi zhēn xīnxiān. *The peaches with leaves on are very fresh.*
附带 fùdài
连滚带爬 liángǔn-dàipá

❻ [动]顺便做：do sth. incidentally | 你出去请把门～上。Nǐ chūqù qǐng bǎ mén dàishang. *Please close the door when you go out.*

145

/ 上街时给我～点儿茶叶来。Shàngjiē shí gěi wǒ dài diǎnr cháyè lái. *When you go out, please buy some tea for me.*

❼ [动] 呈现；含有：bear; have; with | 面～笑容 miàn dài xiàoróng *wear a smile* / 这梨～点儿酸味。Zhè lí dài diǎnr suānwèi. *This pear tastes a bit sour.*

带劲儿 dàijìnr energetic; wonderful

贷 (貸) dài 9画 贝部

贷贷贷贷贷贷贷贷贷

[动] 借出；借入：borrow or lend | 向银行～款 xiàng yínháng dàikuǎn *get a bank loan* / 银行～给这家公司大量款项。Yínháng dàigěi zhè jiā gōngsī dàliàng kuǎnxiàng. *The bank granted huge loan to this company.*

贷款 dàikuǎn provide a loan; extend a credit; credit

还贷 huándài

待 dài 9画 亻部

待待待待待待待待待

❶ [动] 等；等候：wait for; await | 整装～发 zhěngzhuāng-dàifā *get ready and wait* / 有～改进 yǒudài gǎijìn *have yet to be improved*

待业 dàiyè be unemployed

等待 děngdài 期待 qīdài

有待 yǒudài

❷ [动] 要；打算：be going to; be about to | 我正～出门，他来了。Wǒ zhèng dài chūmén, tā lái le. *He came as I was about to go out.*

❸ [动] 对待：treat; deal with | 平等～人 píngděng dàirén *treat others as equals* / 你应该～他更客气些。Nǐ yīnggāi dài tā gèng kèqi xiē. *You should treat him more politely.*

待遇 dàiyù ① treatment ② remuneration; pay; wages; salary

看待 kàndài 亏待 kuīdài

善待 shàndài

❹ [动] 招待：treat; entertain | ～客周到 dàikè zhōudào *entertain guests thoughtfully* / 她～客很慷慨。Tā dàikè hěn kāngkǎi. *She entertained her guests handsomely.*

接待 jiēdài 款待 kuǎndài

招待 zhāodài

招待会 zhāodàihuì

怠 dài 9画 心部

怠怠怠怠怠怠怠怠怠

❶ [形] 轻慢；不恭敬：neglect; disrespect

怠慢 dàimàn cold-shoulder; slight

❷[形] 懒惰；松垮：idle; slack
怠工 dàigōng work with less efficiency; slow down with purpose

袋 dài 11画 衣部

袋袋袋袋袋袋袋袋袋袋袋袋

❶[名]用布、纸、皮、塑料等制成的有口盛器：bag; sack | 衣~ yīdài pocket / 旅行~ lǚxíngdài travelling bag / 文件~ wénjiàndài documents pouch; dispatch case
口袋 kǒudài   麻袋 mádài
手袋 shǒudài

❷[量]用于袋装的东西：bag | 一~糖果 yī dài tángguǒ a sack of candy / 两~米 liǎng dài mǐ two sacks of rice / 三~水泥 sān dài shuǐní three sacks of cement

逮 dài 11画 辶部

逮逮逮逮逮逮逮逮逮逮逮

[动]捉拿：capture; catch
逮捕 dàibǔ arrest; take into custody
　　See dǎi.

戴 dài 17画 戈部

戴戴戴戴戴戴戴戴戴戴戴戴戴戴戴戴戴

❶[动]把东西加在头、脸、颈、胸、臂、手等处：put sth. on (one's head, face, neck, chest, arm, hand, etc.) | ~帽子 dài màozi have on a hat / ~眼镜 dài yǎnjìng wear glasses / ~红花 dài hónghuā wear a red flower / ~手表 dài shǒubiǎo wear a watch

❷[动]拥护；尊敬：respect; honour | 爱~ àidài love and respect / 拥~ yōngdài support (sb. as a leader)

丹 dān 4画 丿部

丹 丹丹丹丹

❶[形]红色：red | ~顶鹤 dāndǐnghè red-crowned crane

❷[名]依成方配制成的、颗粒状或粉末状的中药：a kind of traditional Chinese medicine, usually pellets or powder, prepared according to a certain set of prescriptions | 清凉~ qīngliángdān cooling pellets

担 (擔) dān 8画 扌部

担 担担担担担担担

❶[动]用肩挑：carry on a shoulder

pole | ～水 dānshuǐ *carry water (with a shoulder pole and buckets)* / ～柴 dānchái *carry firewood with a shoulder pole*

❷[动]负起;承当: take on; undertake | ～责任 dān zérèn *shoulder responsibility* / ～风险 dān fēngxiǎn *run risks; take risks*

担保 dānbǎo assure; guarantee; vouch for

担当 dāndāng take on; undertake; assume

担负 dānfù bear; shoulder; take on; be charged with

担任 dānrèn assume the office; hold the post

担心 dānxīn worry; feel anxious

担忧 dānyōu worry; be anxious

承担 chéngdān　负担 fùdān See dàn.

单 (單) dān 8画 丷部

单单单单单单单单

❶ [形]一个: one; single | ～身 dānshēn *unmarried; single* / ～扇门 dānshànmén *single-leaf door*

单边 dānbiān (econ.) unilateral

单程 dānchéng one way

单词 dāncí word

单独 dāndú alone; by oneself; on one's own; single-handed; independently

单项 dānxiàng (sports) individual event

单一 dānyī single; unitary

单元 dānyuán unit

孤单 gūdān

❷ [形]薄弱: thin; weak | ～薄 dānbó *thin; frail* / 你的身体太～了。Nǐ de shēntǐ tài dān le. *You are too thin and weak.*

❸ [形]不复杂,纯一: simple

单纯 dānchún ① simple; pure ② alone; purely; merely

单调 dāndiào monotonous; dull; drab

简单 jiǎndān

❹ [形]只有一层的: unlined | ～衣 dānyī *unlined garment* / ～裤 dānkù *unlined trousers* / 这件大衣是～的还是夹层的? Zhè jiàn dàyī shì dān de háishì jiácéng de? *Is this coat unlined or lined?*

❺ [名]覆盖用的纺织品: sheet | 被～ bèidān *sheet*

床单 chuángdān

❻ [名]记事用的纸片: bill; list | 账～ zhàngdān *bill; check* / 价目～ jiàmùdān *price list*

保单 bǎodān　菜单 càidān
传单 chuándān　订单 dìngdān
罚单 fádān　　名单 míngdān
清单 qīngdān
黑名单 hēimíngdān

❼ [形]奇数的（跟"双 shuāng"相对）：odd (the opposite of "双 shuāng") | ～号 dānhào *odd number* / ～数 dānshù *singular number*

单打 dāndǎ (sports) singles

单方面 dānfāngmiàn one-sided; unilateral

❽ [副]只；仅：only; solely; alone | 不能～凭经验 bùnéng dān píng jīngyàn *can not rely on experience alone* / ～靠书本知识是不够的。Dān kào shūběn zhīshi shì bù gòu de. *Merely depending on book learning is not enough.*

◇ 单位 dānwèi unit

耽 dān 10画 耳部

耽耽耽耽耽耽耽耽耽耽

[动]迟延：delay | ～搁 dānge *stop over; delay*

耽误 dānwu delay; hold up

胆（膽） dǎn 9画 月部

胆胆胆胆胆胆胆胆胆

❶ [名]胆囊：gallbladder
❷ [名]胆量；勇气：courage; guts; bravery | 壮～ zhuàngdǎn *boost sb.'s courage* / 浑身是～ húnshēn shì dǎn *be every inch a hero; be the very embodiment of valour* / 他从小～就大，什么也不怕。Tā cóngxiǎo dǎn jiù dà, shénme yě bù pà. *Being dauntless since he was a child, he is never afraid of anything.*

胆量 dǎnliàng courage

胆怯 dǎnqiè timid; coward

胆子 dǎnzi courage; guts; bravery

大胆 dàdǎn

❸ [名]某些器物内部装气或水的东西：inner container | 暖瓶～ nuǎnpíngdǎn *the glass liner of a thermos*

旦 dàn 5画 日部

旦旦旦旦旦

❶ [名]早晨；天亮的时候：(in old written) dawn; daybreak
❷ [名]某一天：day; daytime | 元～ yuándàn *New Year's Day*
❸ [名]传统戏曲中扮演妇女的角色：the female role in traditional opera | 花～ huādàn *the female role of girls* / 老～ lǎodàn *the female role of old ladies*

但 dàn 7画 亻部

但但但但但但但

❶ [副]只；仅：only; merely | ～愿如此 dànyuàn rúcǐ *I wish it*

were true!; We hope so.
不但 búdàn
❷ [连]不过；可是：but; yet; nevertheless｜他们都去了，～我没去。Tāmen dōu qù le, dàn wǒ méi qù. They all went except me.
但是 dànshì but; yet; still; nevertheless

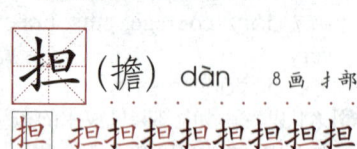

担 (擔) dān 8画 扌部

担担担担担担担担

❶ [名] a carrying pole with loads
担子 dānzi a carrying pole with loads
❷ [量]用于可挑的东西：shoulder-pole load｜两～水 liǎng dàn shuǐ two buckets of water (carried with a shoulder pole)
挑重担 tiāozhòngdàn
　　See dàn.

诞 (誕) dàn 8画 讠部

诞诞诞诞诞诞诞诞

❶ [形]荒唐的；不合情理的：absurd; fantastic｜怪～ guàidàn weird; strange / 荒～ huāngdàn fantastic
❷ [动]出生：be born
诞生 dànshēng be born; come into being; emerge
圣诞 shèngdàn
圣诞节 Shèngdànjié

❸ [名]生日：birthday｜寿～ shòu-dàn birthday celebration for elderly people
诞辰 dànchén birthday

淡 dàn 11画 氵部

淡淡淡淡淡淡淡淡淡淡淡

❶ [形]味道不浓：tasteless; weak; light｜～而无味 dàn ér wú wèi tasteless; insipid / 这个菜太～了。Zhège cài tài dàn le. The flavour of this dish is too light.
淡水 dànshuǐ fresh water
❷ [形]所含的某种成分少；稀薄(跟"浓 nóng"相对)：thin; light (the opposite of "浓 nóng")｜一杯～酒 yī bēi dànjiǔ a glass of light wine
❸ [形]颜色浅：light; faint; pale｜这幅画颜色上得太～了。Zhè fú huà yánsè shàng de tài dàn le. The colouring of this painting is too pale.
淡化 dànhuà desalinate
暗淡 àndàn
❹ [形]不热心：indifferent; apathetic｜～～地答应了一声 dàndàn de dāyingle yī shēng reply drily / 他对人向来就很～。Tā duì rén xiànglái jiù hěn dàn. He is always indifferent to people.
冷淡 lěngdàn
❺ [形]营业不旺盛：slack; dull｜

清~ qīngdàn *slack*
淡季 dànjì *slack season*

弹 (彈) dàn 11画 弓部

弹弹弹弹弹弹弹弹弹弹弹

❶ [名] 小丸：ball; pellet | 泥~ nídàn *mud ball* / 铁~ tiědàn *iron ball*

❷ [名] 内装爆炸物，具有破坏、杀伤能力的东西：bullet; bomb | 枪~ qiāngdàn *cartridge; bullet*
弹药 dànyào *ammunition*
导弹 dǎodàn   炮弹 pàodàn
炸弹 zhàdàn   子弹 zǐdàn
手榴弹 shǒuliúdàn
原子弹 yuánzǐdàn
　　See tán.

蛋 dàn 11画 虫部

蛋蛋蛋蛋蛋蛋蛋蛋蛋蛋蛋

❶ [名] egg | 下~ xiàdàn *lay eggs*
蛋糕 dàngāo *cake*
蛋白 dànbái ① egg white; albumen ② protein
蛋白质 dànbáizhì *protein*
鸡蛋 jīdàn

❷ [名] 形状像蛋的东西：an egg-shaped thing | 泥~儿 nídànr *mud ball*

❸ [名] 指具有某种特点的人：a person of certain character (often negative)
笨蛋 bèndàn   坏蛋 huàidàn
穷光蛋 qióngguāngdàn
◇ 完蛋 wándàn

氮 dàn 12画 气部

氮氮氮氮氮氮氮氮氮氮氮氮

[名] nitrogen (N)

当 (當噹❽) dāng 6画 小部

当当当当当当

❶ [动] 相配；相称：be equal; match with | 实力相~ shílì-xiāngdāng *well-matched in strength*
相当 xiāngdāng
相当于 xiāngdāngyú
门当户对 méndāng-hùduì

❷ [动] 主持；掌管：run; manage
当家 dāngjiā *manage (household) affairs*
当局 dāngjú *the authorities*

❸ [动] 承担；承受：bear; accept; deserve | 敢做敢~ gǎnzuò-gǎndāng *dare to do sth. and take responsibility for it* / 我可~不起这样的夸奖。Wǒ kě dāngbuqǐ zhèyàng de kuājiǎng. *I don't deserve such praise.* / 一人做事一人~。Yī rén zuòshì yī rén dāng. *One should answer for what he does*.

当事人 dāngshìrén litigant; person involved
担当 dāndāng
不敢当 bùgǎndāng

❹ [动] 充当；担任：serve (act) as | ~翻译 dāng fānyì *serve (act) as an interpreter* / 选他~组长 xuǎn tā dāng zǔzhǎng *elect him as group leader* / 他在一家银行~办事员。Tā zài yī jiā yínháng dāng bànshìyuán. *He serves as a clerk in a bank*.

当选 dāngxuǎn be elected
充当 chōngdāng

❺ [介] 对着；向着：in sb.'s presence; to sb.'s face | ~着大家谈 dāngzhe dàjiā tán *speak out in the presence of everyone*

当面 dāngmiàn to sb.'s face; in sb.'s presence

❻ [介] 正在（那时候或那地方）：just at (a certain time or place)

当场 dāngchǎng on the spot; then and there
当初 dāngchū originally; in the beginning; in the first place
当代 dāngdài the present age; the contemporary time
当地 dāngdì at the place in question; in the locality; local
当红 dānghóng (performers) be in the height of one's popularity
当即 dāngjí at once; right away
当今 dāngjīn now; at present; nowadays
当年 dāngnián ① in those years; in those days ② the prime of life
当前 dāngqián ① (sth. is) before one; (sth. is) facing one ② present; current
当日 dāngrì at that time; back then
当时 dāngshí at that time; then
当中 dāngzhōng ① in the middle; in the centre ② among
当…的时候 dāng... de shíhou when...; as...; while...
正当 zhèngdāng

❼ [动] 应该：should; ought to | 理~如此 lǐdāng-rúcǐ *that's just as it should be* / 能省的就省，~用的就要用。Néng shěng de jiù shěng, dāng yòng de jiù yào yòng. *Save what you can, but use what you must*.

当然 dāngrán ① as it should be; only natural ② without doubt; certainly; of course; to be sure
理所当然 lǐsuǒdāngrán

❽ [拟声] 撞击金属器物的声音：clank; clang, the sound of a gong or a bell | ~~的钟声 dāngdāng de zhōngshēng *the tolling of a bell; the ding-dong of bells*

◇ 当心 dāngxīn take care; be

careful; look out
See dǎng.

挡 (擋) dǎng 9画 扌部

挡 挡挡挡挡挡挡挡挡挡

❶ [动]阻拦；抵抗：block; keep off | ~道 dǎngdào *block the road* / ~住去路 dǎngzhù qùlù *get in the way*
阻挡 zǔdǎng

❷ [动]遮住：shelter from; keep out | ~雨 dǎng yǔ *keep off the rain* / ~太阳 dǎng tàiyáng *shelter from the sun* / 窗户~得严严实实。Chuānghu dǎng de yányán-shíshí. *The window is covered completely.*
挡箭牌 dǎngjiànpái ① shield ② excuse; pretext

党 (黨) dǎng 10画 儿部

党 党党党党党党党党党党

❶ [名]由私人利害关系而结成的集团：a gang of people getting together for private interests
❷ [名] 政党：political party
党派 dǎngpài political parties and groups
党委 dǎngwěi party committee
党性 dǎngxìng party spirit
党员 dǎngyuán party member
党章 dǎngzhāng party constitution
党中央 dǎngzhōngyāng the Party Central Committee
政党 zhèngdǎng
共产党 gòngchǎndǎng
国民党 guómíndǎng

当 (當) dàng 6画 ⺌部

当 当当当当当当

❶ [形]适合：proper | 用词不~ yòng cí bùdàng *inappropriate choice of words*
不当 bùdàng　恰当 qiàdàng
适当 shìdàng　妥当 tuǒdàng
稳当 wěndàng

❷ [动]抵得上；等于：equal; match | 以一~十 yī yī dàng shí *pit one against ten* / 一个人~两个人用 yī gè rén dàng liǎng gè rén yòng *one person does the work of two*

❸ [动]看作；作为：regard as; serve as; treat as; take for | 把公众的事~自己的事 bǎ gōngzhòng de shì dàng zìjǐ de shì *treat public affairs as one's own*
当成 dàngchéng regard as; treat as; take for
当做 dàngzuò regard as; treat as; take for

❹ [动]以为；认为：think | 我~是谁，原来是你！Wǒ dàng shì

153

shéi, yuánlái shì nǐ! *Oh, it's you! I thought it was someone else at first.*

❺[动]指用实物作抵押向当铺借钱；也指押出实物：pawn | 家里实在没东西可~了。Jiāli shízài méi dōngxi kě dàng le. *There is really nothing at home to be pawned.*

❻[介]指事情发生的那个时候：when ...; at the time... | ~日 dàngrì *the same day*

当天 dàngtiān *the same day; that very day*

当晚 dàngwǎn *at the same evening*

　See dāng.

荡 (蕩) dàng 9画 艹部

荡荡荡荡荡荡荡荡荡

❶[动]洗刷：wash; rinse | 用开水把杯子~一~。Yòng kāishuǐ bǎ bēizi dàngyidàng. *Rinse the cup with boiled water.*

❷[动]摇动：swing; sway | ~秋千 dàng qiūqiān *play on a swing*

动荡 dòngdàng　震荡 zhèndàng

❸[动]没有目的地走来走去：loaf about; wander; roam; loiter | 东游西~ dōngyóu-xīdàng *loaf about here and there*

档 (檔) dàng 10画 木部

档档档档档档档档档档

❶[名]存放公文、案卷的橱架：shelves for documents, files | 存~ cúndàng *keep in the archives;* / 归~ guīdàng *place on file; file*

❷[名]分类保存的文件、材料等：files; archives

档案 dàng'àn *files; archives; record; dossier*

❸[名]等级：grade

档次 dàngcì *grade*

高档 gāodàng

◇档期 dàngqī *(of films or television programmes) slot; time or season to be shown*

搭档 dādàng

刀 dāo 2画 刀部

刀刀刀

❶[名] knife; sword | 用~切菜 yòng dāo qiēcài *cut up vegetables*

刀叉 dāochā *(of tableware) knife and fork*

刀刃 dāorèn *the edge of a knife*

刀子 dāozi *knife; sword*

剪刀 jiǎndāo　　开刀 kāidāo

镰刀 liándāo

❷[名]形状像刀的东西：sth. shaped like a knife | 冰~ bīngdāo *ice skates*

叨 dāo 5画 口部

叨 叨叨叨叨叨

See 叨唠

叨唠 dāolao talk on and on; chatter away

导（導） dǎo 6画 己部

导 导导导导导导

❶[动] 引；带领：lead; guide
导读 dǎodú give guidance to readers; guide to reading
导航 dǎoháng navigation
导游 dǎoyóu ① conduct a sightseeing tour ② tour guide
导致 dǎozhì lead to; bring about; result in; cause
导火线 dǎohuǒxiàn ① (blasting) fuse ② a small incident that touch off a big one
倡导 chàngdǎo 领导 lǐngdǎo
误导 wùdǎo 向导 xiàngdǎo
引导 yǐndǎo 主导 zhǔdǎo

❷[动] 启发；教育：instruct; give guidance to
导师 dǎoshī tutor; teacher; supervisor
导演 dǎoyǎn director
辅导 fǔdǎo 教导 jiàodǎo
指导 zhǐdǎo

❸[动] 传导：transmit; conduct | ~热 dǎorè heat conduction / ~电 dǎodiàn transmit electric current; conduct electricity
导体 dǎotǐ conductor
半导体 bàndǎotǐ
◇导弹 dǎodàn missile

岛（島） dǎo 7画 山部

岛 岛岛岛岛岛岛岛

[名] island | ~上没有居民。Dǎo shang méiyǒu jūmín. *There are no inhabitants on this island.*
岛屿 dǎoyǔ islands
半岛 bàndǎo 群岛 qúndǎo

捣（搗） dǎo 10画 扌部

捣 捣捣捣捣捣捣捣捣

❶[动] 用棍棒等工具的头撞击：pound with a pestle, etc.; smash; crush | ~蒜 dǎosuàn *mash garlics*
❷[动] 搅乱：disturb
捣蛋 dǎodàn make trouble
捣乱 dǎoluàn make trouble; create a disturbance

倒 dǎo 10画 亻部

倒 倒倒倒倒倒倒倒倒倒

❶[动] 由直立变成横卧：fall; topple | 跌~ diēdǎo *fall; tumble* /

墙~了。Qiáng dǎo le. *The wall collapsed.*

倒塌 dǎotā collapse; topple down

倾倒 qīngdǎo

❷[动]失败；垮台：collapse; be overthrown; close down | 商店经营得不好，没过两月就~了。Shāngdiàn jīngyíng de bù hǎo, méi guō liǎng yuè jiù dǎo le. *The store was poorly managed and closed down within two months.*

倒闭 dǎobì close down; go bankrupt; go into liquidation

打倒 dǎdǎo

❸[动]（人的某些器官）受到损伤或刺激致使功能变坏：(of organs of the body) be harmed; lose voice | 他的嗓子~了。Tā de sǎngzi dǎo le. *He has lost his voice.*

❹[动]转换；更换：change | ~班 dǎobān *work on shifts* / ~车 dǎochē *change trains or buses*

倒腾 dǎoteng ① turn upside down; turn over and over ② engage in buying and selling

❺[动]买卖：resell at a profit | 他~水果赚了不少钱。Tā dǎo shuǐguǒ zhuànle bù shǎo qián. *He dealt in fruit and made a lot of money.*

倒爷 dǎoyé profiteer

投机倒把 tóujī-dǎobǎ

◇倒霉 dǎoméi have bad luck; be out of luck; be down on one's luck

See dào.

蹈

dǎo　17画 足部

蹈蹈蹈蹈蹈蹈蹈蹈蹈蹈蹈蹈蹈蹈蹈蹈蹈

❶[动]踩；践踏：tread; step | 赴汤~火 fùtāng-dǎohuǒ *go through fire and water; defy all difficulties and dangers*

❷[动]跳动：skip; jump | 手舞足~ shǒuwǔ-zúdǎo *dance for joy*

舞蹈 wǔdǎo

到

dào　8画 刂部

到到到到到到到到

❶[动]达到；到达：arrive; reach | 春天~了。Chūntiān dào le. *Spring has come.* / 火车~上海了。Huǒchē dào Shànghǎi le. *The train has arrived in Shanghai.*

到场 dàochǎng be present; show up; turn up

到处 dàochù at all places; everywhere

到达 dàodá arrive; get to; reach

到底 dàodǐ ① to the end; to the finish ② at last; in the end; finally ③ (used in questions for emphasis) on earth

156

到来 dàolái arrival; advent
到期 dàoqī become due; mature; (what) expire
到位 dàowèi be in place or position; reach the designated place
到…为止 dào...wéizhǐ until (certain time); close (by a specified time)
报到 bàodào   迟到 chídào
直到 zhídào
从头到尾 cóngtóu-dàowěi
归根到底 guīgēn-dàodǐ
恰到好处 qiàdào-hǎochù

❷ [动]往；去 go to; leave for | ~北京 dào Běijīng go to Beijing

❸ [形]周密；周到：thoughtful; considerate | 面面俱~ miànmiàn-jùdào attend to every aspect (of certain matter) / 有照顾不~的地方请谅。Yǒu zhàogù bū dào de dìfang qǐng yuánliàng. Please excuse me if I am inconsiderate in any respect.
周到 zhōudào

❹ [动]用作动词的补语，表示动作有结果：used after a verb as a complement to indicate achievement of certain thing | 想不~ xiǎngbudào do not expect / 办得~ bàndedào capable of doing sth. / 报名参加考试的学生已增加~800人。Bàomíng cānjiā kǎoshì de xuésheng yǐ zēngjiā dào bābǎi rén. The total of students who signed up to take the exam has reached 800.

达到 dádào   得到 dédào
等到 děngdào 感到 gǎndào
受到 shòudào 提到 tídào
遇到 yùdào   遭到 zāodào

倒 dǎo 10画 亻部

倒倒倒倒倒倒倒倒倒倒

❶ [动]上下或前后的位置相反：turn upside down; reverse; invert | 你把书摆~了。Nǐ bǎ shū bǎidǎo le. You have put the book upside down.

❷ [形](位置、次序、方向等)相反的；反过来的：upside down; backward; reversed | ~数第一 dǎoshǔ dì-yī the last one / 次序~了。Cìxù dǎo le. The order is reversed.
倒数 dǎoshǔ (math.) reciprocal
倒计时 dǎojìshí countdown
帮倒忙 bāngdàománg

❸ [动]向后；向相反的方向移动：move backward | ~车 dǎochē back the car / 你再往后~一~，我们就过去了。Nǐ zài wǎng hòu dǎoyīdǎo, wǒmen jiù guòqu le. Back your car a little farther, and we'll go through.
倒退 dàotuì go backwards

❹ [动]倾斜或反转容器，使里面的

东西出来：pour; tip; dump | ~水 dàoshuǐ *pour water* / ~茶 dàochá *pour tea* / ~垃圾 dào lājī *dump rubbish*
倾倒 qīngdǎo

❺ [副] 表示跟预料的相反：(contrast to one's expection) but; yet | 都春天了，~下起雪了。Dōu chūntiān le, dào xià qǐ xuě le. *Although it's spring already, it is snowing.* / 房间不算大，~还干净。Fángjiān bù suàn dà, dào hái gānjing. *The room is not big, but it is clean.*

❻ [副] 表示催促、追问、不满意等语气：used to indicate urge, impatience or dissatisfaction | 你~说句话呀! Nǐ dào shuō jù huà ya! *Say something please!* / 你~去不去呀?Nǐ dào qùbuqù ya? *Do you want to go or not?*

❼ [副] 表示让步：used to denote a concession | 我去~去了，但他们都不在。Wǒ qù dào qù le, dàn tāmen dōu bù zài. *I did go there, but none of them were there.*

❽ [副] 表示舒缓的语气：used to indicate a mild tone | 你说她聪明，那~不见得。Nǐ shuō tā cōngmíng, nà dào bùjiànde. *You say she is smart, but maybe I cannot agree with you.* / 咱俩一起走，那~挺好。Zán liǎ yīqǐ zǒu, nà dào tǐnghǎo. *So we both shall go together. That's good.*

See dǎo.

盗

dào　11画 皿部

盗盗盗盗盗盗盗盗盗盗盗

❶ [动] 偷：steal; rob
盗版 dàobǎn illegally copy; pirate
盗窃 dàoqiè steal
盗印 dàoyìn print illegally; pirate

❷ [名] 偷窃、抢劫财物的人：thief; robber
强盗 qiángdào

悼

dào　11画 忄部

悼悼悼悼悼悼悼悼悼悼

[动] 悲伤；哀念：mourn; grieve
悼念 dàoniàn mourn; grieve over
哀悼 āidào

道

dào　12画 辶部

道道道道道道道道道道道道

❶ [名] 路：road; way; path | 林阴小~ línyīn xiǎodào *a shady path* / 从这条~走比较近。Cóng

158

zhē tiáo dào zǒu bǐjiào jìn. *It's nearer if we take this route.*

道路 dàolù road; way; path

便道 biàndào	车道 chēdào
大道 dàdào	地道 dìdao
地道 dìdào	轨道 guǐdào
国道 guódào	航道 hángdào
街道 jiēdào	楼道 lóudào
跑道 pǎodào	频道 píndào
隧道 suìdào	铁道 tiědào
通道 tōngdào	一道 yīdào
走道 zǒudào	
人行道 rénxíngdào	

❷ [名]水、气通行的途径：channel, course (for the passage of water or gas)

管道 guǎndào	河道 hédào
渠道 qúdào	
呼吸道 hūxīdào	

❸ [名]方向；途径：way; method | 养生之~ yǎngshēng zhī dào *the way to keep fit* / 生财之~ shēngcái zhī dào *ways to develop financial resources; ways to make money*

柔道 róudào

❹ [名]道理：doctrine; principle | 志同~合 zhìtóng-dàohé *cherish the same ideals and follow the same path; have a common goal* / 他讲得头头是~。Tā jiǎng de tóutóushìdào. *What he said was very clear and logical.*

道理 dàolǐ principle; reason

霸道 bàdào　公道 gōngdào

❺ [名]道德；正义：moral; morality

道德 dàodé morals; morality; ethics

人道主义 réndào zhǔyì

❻ [名]道教的简称：Taoist; Taoism | ~士 dàoshi *Taoist priest*

道家 Dàojiā Taoist school; Taoists

道教 Dàojiào the Taoist religion; Taoism

❼ [名]线条：line | 画了一条横~ huàle yī tiáo héngdào *draw a line*

❽ [动]说；用语言表示：say; speak; talk | 能说会~ néngshuō-huìdào *have a glib tongue* / "我明白了。"他回答~。"Wǒ míngbaile." Tā huídá dào. *"I see." He replied.*

道歉 dàoqiàn apologize; make an apology

报道 bàodào

微不足道 wēibùzúdào

❾ [量]用于条形的东西：used for anything in the form of a line | 一~彩虹 yī dào cǎihóng *a rainbow* / 裂了一~缝 lièle yī dào fèng *have a crack*

❿ [量]用于门、关口等阻拦的事物：used for doors, walls, etc. | 三~门 sān dào mén *three successive doors* / 院子中间隔着一~墙。Yuànzi zhōngjiān gézhe yī dào qiáng. *A wall stood in the middle of the yard.*

⓫ [量]用于题目、命令等：used for

159

orders or questions｜一~命令 yī dào mìnglìng *an order*/两~算术题 liǎng dào suànshùtí *two arithmetic questions*

⑫ [量]用于连续事物中的一次：*a step or stage in procedures; time*｜省一~手续 shěng yī dào shǒuxù *eliminate one step from the process*

◇ 打交道 dǎjiāodào
东道主 dōngdàozhǔ

稻 dào 15画 禾部

稻稻稻稻稻稻稻稻稻稻稻稻稻稻

[名] *rice; paddy*

稻米 dàomǐ *rice*
稻子 dàozi *rice; paddy*

得 dé 11画 彳部

得得得得得得得得得得得

❶ [动]（获取）到（跟"失 shī"相对）：*get; gain; obtain (the opposite of "失 shī")*｜多劳多~ duōláo-duōdé *more pay for more work*｜~了两次冠军 déle liǎng cì guànjūn *won championship twice*｜他在国外~了博士学位。Tā zài guówài déle bóshì xuéwèi. *He has obtained a doctoral degree abroad.*

得病 débìng *fall ill*
得出 déchū *reach (a conclusion); obtain (a result)*
得到 dédào *get; gain*
得分 défēn *score*
得手 déshǒu *come off; do fine; succeed*
得知 dézhī *have learned of sth.; have heard of sth.*
得主 dézhǔ *winner of a cup or a medal in a game or competition*
得罪 dézuì *offend; displease*

懂得 dǒngdé   夺得 duódé
获得 huòdé   记得 jìdé
觉得 juédé   难得 nándé
求得 qiúdé   取得 qǔdé
认得 rèndé   舍得 shědé
省得 shěngdé 使得 shǐdé
所得 suǒdé   显得 xiǎndé
晓得 xiǎodé   心得 xīndé
赢得 yíngdé   值得 zhídé
舍不得 shěbudé

❷ [动]可以；容许：*permit; allow*｜阅览室的书一律不~带出室外。Yuèlǎnshì de shū yīlǜ bùdé dàichū shìwài. *The books cannot be taken outside the reading room.*｜这笔钱不~动用。Zhè bǐ qián bùdé dòngyòng. *This sum of money is not allowed to use.*

❸ [动]适合：*fit; proper*
得力 délì *capable; competent*

❹ [形]满意：*satisfied; pleased*
得意 déyì *proud of oneself; pleased with oneself; compla-*

cent

❺[动]完成：be finished; be ready | 菜做~了就开饭。Cài zuò dé le jiù kāifàn. *The meal will be served as soon as done.*

❻[动]演算产生结果：(of a calculation) result in | 二四~八。Èr sì dé bā. *Two times four is eight.*

得以 déyǐ so that...can...; so that...may...

不得不 bùdébù

不由得 bùyóude

不得了 bùdéliǎo

不得已 bùdéyǐ

不见得 bùjiàndé

See de; děi.

德 dé 15画 彳部

德德德德德德德德德德德德德德德

❶[名]品行；道德：virtue; morals | 品~ pǐndé *moral character* / ~才兼备 décái-jiānbèi *have both ability and moral integrity; be both capable and noble-minded*

德行 déxíng moral integrity; moral conduct

德育 déyù moral education; education in ethics

道德 dàodé   美德 měidé

❷[名]恩惠；好处：favour; benefit | 恩~ ēndé *kindness; benevolence*

◇德文 Déwén German (language)
德语 Déyǔ German (language)

地 de 6画 土部

地 地地地地地地

[助]表示它前面的词或词组是状语：used to indicate the word or phrase in front of it is an adverbial | 天气渐渐~冷了。Tiānqì jiànjiān de lěng le. *The weather is getting cold.* / 她愉快~笑了。Tā yúkuài de xiào le. *She laughed cheerfully.*

See dì.

的 de 8画 白部

的 的的的的的的的的

❶[助]表示它前面的词或词组是定语：used to indicate the word or phrase in front of it is an attribute | 伟大~祖国 wěidà de zǔguó *great motherland* / 勤劳~人民 qínláo de rénmín *hardworking people*

❷[助]附在部分词语后面构成词组，代替跟这些词语有关的人或物：used after words to form a noun phrase or nominal expression as a substitute for certain people or certain thing | 开车~ kāichē de *a driver* / 爱吃甜~ àichī tián de *sb. who prefers sweet food*

161

❸[助]用在句末,表示肯定的语气,常跟"是"相应:used at the end of a declarative sentence for emphasis, often used correspondingly with "是shì" | 太阳是从东方升起~。Tàiyáng shì cóng dōngfāng shēngqǐ de. *The sun rises in the east.*
　　See dí; dì.

得 de 11画 彳部

得得得得得得得得得得得

❶[助]用在动词后面表示可能或可以:used after certain verbs to indicate possibility or permission | 这东西晒不~。Zhè dōngxi shāibude. *It cannot be exposed to the sun.* / 我为什么就去不~? Wǒ wèishénme jiù qùbude? *Why can't I go?*
恨不得 hènbude

❷[助]用在动词或形容词后连接表示程度或结果的补语:used after a verb or an adjective as a complement to indicate result or degree | 写~清楚 xiě de qīngchu *be clearly written* / 讲~不快 jiǎng de bù kuài *speak not fast* / 他汉语说~非常流利。Tā Hànyǔ shuō de fēicháng liúlì. *He speaks fluent Chinese.* / 雪下~很大。Xuě xià de hěn dà. *It's snowing heavily.*

不由得 bùyóude
称得上 chēngdeshàng
对得起 duìdeqǐ
来得及 láidejí
　　See dé; děi.

得 děi 11画 彳部

得得得得得得得得得得得

❶[动]必须;需要;应该:must; need; have to | 你~好好想想。Nǐ děi hǎohǎo xiǎngxiǎng. *You must think it over.* / 我~亲自去一次。Wǒ děi qīnzì qù yī cì. *I have to go myself.*

❷[动]表示估计揣测:probably; certainly will | 看天色,今天~下雨。Kàn tiānsè, jīntiān děi xiàyǔ. *It looks like a raining day.* / 爸爸准~来。Bàba zhǔn děi lái. *Papa is sure to come.*
　　See dé; de.

灯 (燈) dēng 6画 火部

灯灯灯灯灯灯

[名]照明或作其他用途的发光器具:lamp; light | 开~kāi dēng *turn on the light* / 关~guān dēng *turn off the light*

灯火 dēnghuǒ lights
灯光 dēngguāng ① the light of a lamp; lamplight ② (stage)

lighting
灯笼 dēnglong lantern
灯泡 dēngpào electric (light) bulb
灯饰 dēngshì decoration lamps
电灯 diàndēng
红灯 hóngdēng
幻灯 huàndēng　路灯 lùdēng
开绿灯 kāilǜdēng

登 dēng 12画 癶部

登登登登登登登登登登登登

❶ [动] 由低处往高处行进：ascend, mount | ～山 dēngshān *climb a mountain* / ～车 dēngchē *get on a bus* / ～上讲台 dēngshang jiǎngtái *mount the platform (prepared for instructors)*

登场 dēngchǎng come on stage
登机 dēngjī board a plane
登陆 dēnglù land; disembark
登录 dēnglù register; enter; log on (to certain Internet website)

❷ [动] 刊载；记载：publish; record; enter | ～在报纸上 dēng zài bàozhǐ shang *publish in the newspaper* / 这条消息～在头版头条。Zhè tiáo xiāoxi dēng zài tóubǎn tóutiáo. *This news made the top headline of the newspaper.*

登记 dēngjì register; check in; enter one's name
刊登 kāndēng

蹬 dēng 19画 足部

蹬蹬蹬蹬蹬蹬蹬蹬蹬蹬蹬蹬蹬蹬蹬

❶ [动] 踩；踏：step on; tread | 脚～在门槛上 jiǎo dēng zài ménkǎn shang *step on the threshold* / 他～着梯子上去了。Tā dēngzhe tīzi shàngqu le. *He got up by a ladder.*

❷ [动] 腿和脚向脚底方向用力：pedal; press down with the foot | ～自行车 dēng zìxíngchē *pedal the bicycle* / ～被子 dēng bèizi *kick off the quilt*

蹬车 dēngchē pedal a bike

等 děng 12画 竹部

等等等等等等等等等等等等

❶ [形] 程度、数量相同：equal in quantity or degree | 大小不～ dàxiǎo-bùděng *not equal in size; vary in size*

等于 děngyú ① be equal to; be equivalent to ② be the same as; amount to
不等 bùděng　平等 píngděng
相等 xiāngděng

163

❷[名]等级：grade; class; rank | 一~品 yīděngpǐn *top quality goods* / 优~生 yōuděngshēng *top students* / 产品质量共分三~。Chǎnpǐn zhìliàng gòng fēn sān děng. *The quality of products is classified into three grades.*

等级 děngjí ① grade; rank ② order and degree; social estate

高等 gāoděng 上等 shàngděng 同等 tóngděng 中等 zhōngděng

❸[助]表示列举未尽：and so on; etc. | 我去过日本、美国、加拿大~国。Wǒ qùguo Rìběn, Měiguó, Jiānádà děng guó. *I have been to Japan, the U. S., Canada and so on.* / 李明、张海~人 Lǐ Míng, Zhāng Hǎi děng rén *Li Ming, Zhang Hai and other people*

❹[助]列举后煞尾：used to end an enumeration | 五金通常是指金、银、铜、铁、锡~五种金属。Wǔjīn tōngcháng shì zhǐ jīn, yín, tóng, tiě, xī děng wǔ zhǒng jīnshǔ. *The five metals usually refer to gold, silver, copper, iron and tin.*

❺[动]等候：wait; await | ~一会儿 děng yīhuìr *wait a moment* / ~得心急了 děng de xīnjí le *become impatient after waiting for a long time* / 你先走，我~她一起走。Nǐ xiān zǒu, wǒ děng tā yīqǐ zǒu. *You go first and I'll wait for her to go together.*

等待 děngdài wait; await
等到 děngdào by the time; when
等候 děnghòu wait; await; expect

❻[动]等到：by the time; when

凳 dèng 14画 几部

凳凳凳凳凳凳凳凳凳凳凳凳凳凳

[名]stool; bench | 方~ fāngdèng *square stool* / 圆~ yuándèng *round stool*

凳子 dèngzi stool
板凳 bǎndèng

瞪 dèng 17画 目部

瞪瞪瞪瞪瞪瞪瞪瞪瞪瞪瞪瞪瞪瞪瞪瞪瞪

❶[动](因生气或不满)睁大眼睛直视：(due to anger or resentment) stare; glare | 老张~了他一眼。Lǎo Zhāng dèngle tā yī yǎn. *Lao Zhang gave him an angry glare.*

❷[动]睁大眼睛：open one's eyes wide | 她~着一双大眼睛发呆。Tā dèngzhe yī shuāng dà yǎnjing fādāi. *She stared blankly with wide open eyes.* / 她～着眼看我。Tā dēngzhe yǎn kàn wǒ. *She stared at me.*

低 dī 7画 亻部

低 低低低低低低低

❶ [形]从下到上的距离小；离地面近(跟"高gāo"相对)：low (the opposite of "高gāo") | 飞机飞得很～。Fēijī fēi de hěn dī. *The plane flies at a low altitude.*
高低 gāodī

❷ [动]向下垂：let droop; hang down | ～着头走路 dīzhe tóu zǒulù *walk with one's head bowed* / ～头弯腰 dītóu wānyāo *lower one's head and crouch one's back* / 姑娘不好意思地～下了头。Gūniang bùhǎoyìsi de dīxiàle tóu. *The girl lowered her head coyly.*

❸ [形]在一般标准或平均程度之下：lower than the average standard or degree | 声音～ shēngyīn dī *in a low voice* / 水平～ shuǐpíng dī *of a low level* / 我的英语水平很～。Wǒ de Yīngyǔ shuǐpíng hěn dī. *My English is not good.*

低调 dīdiào ① low-key ② (photog.) low tone
低估 dīgū underestimate; underrate
低谷 dīgǔ all-time low
低廉 dīlián cheap; low
低劣 dīliè inferior; low-grade
低迷 dīmí (oft. of an economic depression) sluggish; slumping
低温 dīwēn low temperature; microtherm
低下 dīxià low; lowly
贬低 biǎndī   减低 jiǎndī
降低 jiàngdī

❹ [形]等级在下的(跟"高gāo"相对)：low in grade (the opposite of "高gāo") | ～档 dīdàng *low-grade* / ～年级 dī niánjí *(of students) the junior years or lower grades* / 我比他～一年级。Wǒ bǐ tā dī yī niánjí. *I am one grade below him.*
低级 dījí elementary; rudimentary; lower; vulgar

堤 dī 12画 土部

堤 堤堤堤堤堤堤堤堤堤堤堤堤

[名]dyke; embankment | 河～ hédī *river embankment* / 海～ hǎidī *sea embankment*

嘀 dī 14画 口部

嘀 嘀嘀嘀嘀嘀嘀嘀嘀嘀嘀嘀嘀嘀嘀

See 嘀嗒
嘀嗒 dīdā tick; tick-tack
See dí.

滴 dī 14画 氵部

滴滴滴滴滴滴滴滴滴滴滴滴滴

❶ [动](使)液体一点点落下来：drip | ～眼药水 dī yǎnyàoshuǐ *put eye drops into one's eyes* / 汗水直往下～。Hànshuǐ zhí wǎng xià dī. *Sweat kept dripping.*

❷ [名]落下的少量液体：drop of liquid | 雨～ yǔdī *raindrops* / 汗～直往下落。Hàndī zhí wǎng xià luò. *Beads of sweat kept dripping.*

❸ [量]用于滴下的液体的数量：drop | 一～汗 yī dī hàn *a bead of sweat* / 两～眼泪 liǎng dī yǎnlèi *two drops of tears* / 几～油 jǐ dī yóu *several drops of oil*

的 dí 8画 白部

的的的的的的的的

[副]确实；实在：indeed; trully
的确 díquè indeed; really
◇ 的士 díshì (transliteration) taxi
See de; dì.

敌(敵) dí 10画 攵部

敌敌敌敌敌敌敌敌敌敌

❶ [名]对手；敌人：enemy; foe | 化～为友 huàdí wéiyǒu *turn an enemy into an ally* / 你怎么～我不分呢？Nǐ zěnme dí wǒ-bū-fēn ne? *How could you fail to distinguish the enemies and the friends?*
敌人 dírén enemy; foe
敌视 díshì be hostile to; be antagonistic to; adopt a hostile attitude towards

❷ [动]抵挡；对抗：fight; resist; withstand | 北京队不～国家队，以一比二告负。Běijīngduì bù dí guójiāduì, yǐ yī bǐ èr gàofù. *The Beijing Team was beaten by the National Team with the score of 1:2.* / 你一个人～不过他们。Nǐ yī gè rén díbuguò tāmen. *You alone are no rival to them.*
敌对 díduì hostile; antagonistic

涤(滌) dí 10画 氵部

涤涤涤涤涤涤涤涤涤涤

[动]洗；清除：wash; cleanse
洗涤 xǐdí

笛 dí 11画 竹部

笛笛笛笛笛笛笛笛笛笛笛

❶[名] bamboo flute｜竹~zhúdí *bamboo flute* / 长~chángdí *flute*

笛子 dízi flute; bamboo flute

❷[名] 响声尖厉的发音器：whistle｜汽~qìdí *steam whistle* / 警~jǐngdí *police whistle; siren*

嘀 dí 14画 口部

嘀嘀嘀嘀嘀嘀嘀嘀嘀嘀嘀嘀嘀嘀

See 嘀咕

嘀咕 dígu ① talk in whispers; talk in a very low voice ② have misgivings about sth.

See dī.

抵 dǐ 8画 扌部

抵抵抵抵抵抵抵抵

❶[动] 支撑：support; sustain｜把门~上 bǎ mén dǐshang *prop sth. against the door* / 他双手~着下巴沉思。Tā shuāngshǒu dǐzhe xiàba chénsī. *He was thinking, with his chin propped in his hands.*

❷[动] 挡；抗拒：resist; withstand｜坚决~住 jiānjué dǐzhù *withstand firmly*

抵抗 dǐkàng resist; stand up to
抵制 dǐzhì resist; boycott

❸[动] 相当；能代替：be equal to｜一个人~两个人用。Yī gè rén dǐ liǎng gè rén yòng. *He can do two men's job.*

❹[动] 到达：arrive; reach｜平安~京 píng'ān dǐ jīng *arrive in Beijing safe and sound*

抵达 dǐdá arrive; reach

❺[动] 抵押：mortgage｜贷款要拿房产作~。Dàikuǎn yào ná fángchǎn zuò dǐ. *The house is mortgaged for a loan.*

抵押 dǐyā mortgage

底 dǐ 8画 广部

底底底底底底底底

❶[名] 最下面的部分：bottom; base｜海~hǎidǐ *the bottom of a sea* / 鞋~xiédǐ *sole (of a shoe)*

底部 dǐbù bottom; base
底盘 dǐpán chassis (of a car)
底下 dǐxià ① under; below; beneath ② next; later; afterwards
彻底 chèdǐ　　到底 dàodǐ
井底之蛙 jǐngdǐzhīwā

❷[名] 根源；内情；基础：base; basis; foundation

底线 dǐxiàn ① (sports) baseline of a football field, or a basketball or tennis court ② principle; base line
归根到底 guīgēn-dàodǐ

❸[名] 做根据的底子：a copy or duplicate kept as a record｜留个~儿 liú gè dǐr *keep a copy on file;*

duplicate and file (a letter, etc.) / ~稿 dǐgǎo *draft; manuscript*
底片 dǐpiān *negative; photographic plate*
❹[名]（时间的）末了：*end* ｜ 年~ niándǐ *the end of a year* / 月~ yuèdǐ *the end of a month*

地 dì 6画 土部

地 地地地地地地

❶[名] 地球；陆地；土地：*the earth; land; soil*
地板 dìbǎn *floor board*
地道 dìdào *tunnel*
地道 dìdao *authentic*
地理 dìlǐ ① *geographical features of a place* ② *geograghy*
地面 dìmiàn *the earth's surface; ground*
地球 dìqiú *the earth; the globe*
地势 dìshì *physical features of a place; terrain*
地毯 dìtǎn *carpet; rug*
地铁 dìtiě *metro; subway; underground*
地图 dìtú *map*
地下 dìxià *underground; subterranean*
地下 dìxia *on the ground*
地形 dìxíng *topography; terrain*
地震 dìzhèn *earthquake; seism*
地质 dìzhì *geology*
地主 dìzhǔ *landlord*
地下水 dìxiàshuǐ *groundwater*

遍地 biàndì 草地 cǎodì
大地 dàdì 耕地 gēngdì
荒地 huāngdì 陆地 lùdì
落地 luòdì 绿地 lǜdì
盆地 péndì 山地 shāndì
天地 tiāndì 田地 tiándì
土地 tǔdì 种地 zhòngdì
房地产 fángdìchǎn
天昏地暗 tiānhūn-dì'àn

❷[名] 地区；地点：*a certain area; place; locality* ｜ 目的~ mùdìdì *destination* / 这里是省会的所在~。Zhèlǐ shì shěnghuì de suǒzàidì. *This is the provincial capital.* / 请在原~等我。Qǐng zài yuándì děng wǒ. *Please stay where you are and wait for me.*
地带 dìdài *district; region; zone; belt*
地点 dìdiǎn *place; site; locale*
地段 dìduàn *a sector (or section) of a town, etc.; area*
地方 dìfang ① *place; space; room* ② *part; respect*
地区 dìqū *area; district; region*
地址 dìzhǐ *address*
地方戏 dìfāngxì *local opera; local drama*
本地 běndì 产地 chǎndì
场地 chǎngdì 当地 dāngdì
各地 gèdì 工地 gōngdì
基地 jīdì 就地 jiùdì
内地 nèidì 外地 wàidì
阵地 zhèndì
殖民地 zhímíndì
随时随地 suíshí-suídì

❸[名]处境；地位：position; situation | 留有余~ liúyǒu-yúdì *allow for unforeseen circumstances; leave some leeway*

地步 dìbù extent; degree
地位 dìwèi position; standing; place; status
余地 yúdì
❹[名]衬托花纹图案的底子：background | 白~黑字 báidì hēizì *black characters on a white background*
See de.

弟 dì 7画 丷部

弟弟弟弟弟弟弟

❶[名]称同父母或同辈亲戚中年纪比自己小的男子：younger brother
弟弟 dìdi younger brother
弟兄 dìxiong brothers
表弟 biǎodì
❷[名]男性朋友间的谦称；称比自己年纪小的男性朋友：a modest form of address between men brother, a close friend, companion (used to address a younger man of one's same generation)
◇弟子 dìzǐ disciple; pupil; follower

的 dì 8画 白部

的的的的的的的的

[名]箭靶的中心：target; bull's-eye
目的 mùdì
See de; dí.

帝 dì 9画 巾部

帝帝帝帝帝帝帝帝帝

❶[名]上帝：the Supreme Being; God
❷[名]君主：emperor
帝国 dìguó empire
帝国主义 dìguó zhǔyì imperialism
皇帝 huángdì 黄帝 Huángdì
炎帝 Yándì

递 (遞) dì 10画 辶部

递递递递递递递递递递

❶[动]传送：hand over; pass | ~支烟给他。Dì zhī yān gěi tā. *Hand him a cigarette.* / 请把报纸~给我。Qǐng bǎ bàozhǐ dìgěi wǒ. *Hand me the newspaper, please.*
递交 dìjiāo hand over; present; submit
传递 chuándì   快递 kuàidì
❷[副]顺次：successively; in the proper order
递增 dìzēng increase progre-

ssively

第 dì 11画 竹部

第第第第第第第第第第第

[助]表示次序的词头：used before numerals to form ordinal numbers | 考试他得了全班~一名。Kǎoshì tā déle quánbān dì-yī míng. *He tops his class in the exam.* / 请把书翻到~3页。Qǐng bǎ shū fāndào dì-sān yè. *Please turn to page 3.*

第一 dì-yī first; primary; foremost
第二 dì-èr second
第三者 dìsānzhě a third party (of disputes, divorce proceedings, etc.)

蒂 dì 12画 艹部

蒂蒂蒂蒂蒂蒂蒂蒂蒂蒂蒂蒂

[名]the base of a fruit | 瓜熟~落 guāshú-dìluò *when a melon is ripe, it falls off its stem; things will be easily settled when conditions are ripe*

缔 (締) dì 12画 纟部

缔缔缔缔缔缔缔缔缔缔缔缔

[名]结合；订立：combine; unite | ~约 dìyuē *conclude a treaty*
缔结 dìjié conclude; establish

掂 diān 11画 扌部

掂掂掂掂掂掂掂掂掂

[动]用手托着东西上下抖动估量轻重：weigh sth. in the hand | 这个包~着不轻。Zhège bāo diānzhe bù qīng. *This bag weighs heavy in the hand.* / ~~分量有多重。Diāndiān fēnliàng yǒu duō zhòng. *Weigh this in your hand.*

颠 (顛) diān 16画 页部

颠颠颠颠颠颠颠颠颠颠颠颠颠颠颠颠

❶ [名]顶端：top; summit | 山~ shāndiān *the top of a mountain*
❷ [动]跌落；倒下：totter; tumble
颠倒 diāndǎo ① put upside down; turn upside down; transpose; reverse; invert ② confused; disordered
颠覆 diānfù overturn; subvert
❸ [动]摇动；震荡：jolt; bump | 车子~得厉害。Chēzi diān de lìhai. *The car jolted badly.*

颠簸 diānbǒ jolt; bump; toss

典 diǎn 8画 八部

典典典典典典典典

❶ [名] 可以作为标准、典范的书籍：classical works
词典 cídiǎn　　古典 gǔdiǎn
经典 jīngdiǎn　　字典 zìdiǎn

❷ [名] 标准；法则：standard; law
典范 diǎnfàn model; example; paragon
典型 diǎnxíng ① typical case (example); model; type ② typical; representative

❸ [名] 郑重举行的礼节、仪式等：ceremony
典礼 diǎnlǐ ceremony; celebrations
庆典 qìngdiǎn
◇ 典故 diǎngù allusion

点 (點) diǎn 9画 灬部

点点点点点点点点点

❶ [名] 液体的小滴：spot; dot; speck; drop
水点 shuǐdiǎn　　污点 wūdiǎn
雨点 yǔdiǎn

❷ [名] 小的痕迹：spot; dot; speck | 斑～ bāndiǎn spot; stain / 黑～ hēidiǎn a black spot
墨点 mòdiǎn　　油点 yóudiǎn

❸ [名] 汉字的笔画，形状是"、"：dot stroke (、) in Chinese characters | 这个字少写了一～。Zhège zì shǎoxiěle yī diǎn. This character lacks a dot stroke.

❹ [名] 时间单位，相当于"时 shí"：(used to indicate time) o'clock | 飞机9～到京。Fēijī jiǔ diǎn dào jīng. The plane will arrive in Beijing at 9:00. / 现在是下午两～。Xiànzài shì xiàwǔ liǎng diǎn. It's two o'clock in the afternoon.

❺ [名] 钟点；规定的时间：o'clock; appointed time | 到～了。Dào diǎn le. It's time.
钟点 zhōngdiǎn
钟点工 zhōngdiǎngōng

❻ [名] 一定的位置或程度的标志：point (indicating locality or degree) | 起～ qǐdiǎn starting point / 沸～ fēidiǎn boiling point
点球 diǎnqiú (football) penalty kick
景点 jǐngdiǎn　　热点 rèdiǎn
出发点 chūfādiǎn

❼ [名] 事物的方面或部分：part; point; aspect | 从这～来看 cóng zhè diǎn lái kàn view from this point (aspect)
焦点 jiāodiǎn　　论点 lùndiǎn
难点 nándiǎn　　缺点 quēdiǎn
弱点 ruòdiǎn　　视点 shìdiǎn
特点 tèdiǎn　　要点 yàodiǎn
疑点 yídiǎn　　优点 yōudiǎn
重点 zhòngdiǎn

171

❽ [名]小数点：point | 3.2 读作三点二。3.2 dúzuō sān diǎn èr. *3.2 is read as three point two.*
小数点 xiǎoshūdiǎn

❾ [名]数学中指没有长、宽、高而只有位置的几何图形交点：point, a geometric figure

❿ [名]点心；食品：pastry | 茶~ chádiǎn *tea and pastries; refreshments* / 糕~ gāodiǎn *cake; pastry*
点心 diǎnxin refreshments
早点 zǎodiǎn

⓫ [动]用笔加上点子：put a dot | 他在字下面~了一个点儿。Tā zài zì xiàmian diǎnle yī gē diǎnr. *He put a dot under the word.* / 老师告诉我们怎样~标点符号。Lǎoshī gàosu wǒmen zěnyàng diǎn biāodiǎn fúhào. *The teacher taught us how to use punctuation marks.*
标点 biāodiǎn

⓬ [动]装饰：embellish; ornament; adorn
点缀 diǎnzhuì ① embellish; ornament; adorn ② use sth. merely for decoration

⓭ [动]一落一起的动作：move up and down; touch on briefly | ~了下头 diǎnle xià tóu *nod one's head* / 用手指~了点 yòng shǒuzhǐ diǎnle diǎn *point at sth. with one's finger*
点播 diǎnbō request a programme from a radio station, etc.

⓮ [动]使液体一点点落下：drip | ~眼药水 diǎn yǎnyàoshuǐ *put drops in the eyes*

⓯ [动]逐个查对：check one by one | ~货品 diǎn huòpǐn *check over goods; take stock*
点名 diǎnmíng ① make a roll-call; call the roll; call over names ② mention by name; name
盘点 pándiǎn

⓰ [动]指定：select; choose | ~歌 diǎngē *song requested by a listener; request a song to be played on the radio, TV, etc.* / ~菜 diǎncài *order dishes (in a restaurant)*
点击 diǎnjī click; hit

⓱ [动]指明；启示：instruct; hint | 一~就明白 yī diǎn jiù míngbai *take the hint quickly* / ~破真相 diǎnpò zhēnxiāng *throw light on the truth* / ~到了要害 diǎndàole yàohài *come to the point; hit the point*
点评 diǎnpíng ① make comments on; discuss ② comment (spoken or written)
指点 zhǐdiǎn

⓲ [动]燃火：light; burn; kindle | ~灯 diǎndēng *light a lamp* / ~蜡烛 diǎn làzhú *light a candle*
点火 diǎnhuǒ ① light a fire ② ignition
点燃 diǎnrán light; kindle; ig-

nite

⑲ [量]表示少量的：a little | 喝~儿水 hē diǎnr shuǐ *drink some water* / 多做一~儿工作 duō zuò yīdiǎnr gōngzuò *do a little more work*

差点儿 chàdiǎnr

一点儿 yīdiǎnr

有点儿 yǒudiǎnr

⑳ [量]用于事项：item; part | 三~意见 sān diǎn yìjiàn *three suggestions* / 内容有四~。Nèiróng yǒu sì diǎn. *The content consists of four points.*

◇点子 diǎnzi ① key point ② idea; pointer

出点子 chūdiǎnzi

百分点 bǎifēndiǎn

电 (電) diàn 5画 | 部

电 电电电电电

❶ [名] electricity

电车 diànchē trolleybus

电池 diànchí (electric) cell; battery

电灯 diàndēng electric lamp; electric bulb

电动 diàndòng (of machinery) power-driven

电话 diànhuà telephone; phone

电力 diànlì electric power; power

电铃 diànlíng electric bell

电流 diànliú electric current

电炉 diànlú ① electric stove; hot plate ② electric furnace

电路 diànlù electric circuit

电脑 diànnǎo computer

电气 diànqì electric

电器 diànqì electrical appliance; electrical equipment

电扇 diànshàn electric fan

电视 diànshì television

电台 diàntái ① transmitter-receiver; transceiver ② radio station

电梯 diàntī lift; elevator

电网 diànwǎng electrified wire netting; live wire entanglement

电线 diànxiàn electric wires

电信 diànxìn telecommunications

电压 diànyā voltage

电影 diànyǐng film; movie; motion picture

电源 diànyuán electricity supply

电子 diànzǐ electron

电冰箱 diànbīngxiāng refrigerator; fridge; freezer

电风扇 diànfēngshàn electric fan

电话卡 diànhuàkǎ telephone card

电话亭 diànhuàtíng telephone booth; telephone kiosk; call box

电视机 diànshìjī television; TV

电视剧 diànshìjù TV drama; TV play

电视台 diànshìtái TV station

电影院 diànyǐngyuàn cinema

173

充电 chōngdiàn　发电 fādiàn
闪电 shǎndiàn　水电 shuǐdiàn
停电 tíngdiàn
手电筒 shǒudiàntǒng
公用电话 gōngyòng diànhuà

❷ [动]电流打击；触电：give or get an electric shock｜别~着了。Bié diànzháo le. *Be careful of the strong electric current.*

❸ [名]电报：telegram｜贺~ hèdiàn *message of congratulation; congratulatory telegram*
外电 wàidiàn　邮电 yóudiàn
致电 zhìdiàn
◇彩电 cǎidiàn
无线电 wúxiàndiàn

店 diǎn 8画 广部

店店店店店店店店

❶ [名]商店：store; shop｜花~ huādiàn *florist shop*｜新开了一个~ xīn kāile yī gè diàn *a shop is newly opened*
店铺 diànpù shop; store
店员 diànyuán salesman or saleswoman; shop assistant
店主 diànzhǔ ① shopkeeper ② innkeeper; restaurateur
饭店 fàndiàn　酒店 jiǔdiàn
商店 shāngdiàn　书店 shūdiàn
药店 yàodiàn
专卖店 zhuānmàidiàn

❷ [名]旅店：inn

垫 (墊) diàn 9画 土部

垫垫垫垫垫垫垫垫垫

❶ [动]用东西支、铺或衬：put sth. under sth. else to raise it or make it level; cushion; pad｜把桌子~高 bǎ zhuōzi diàngāo *put sth. under the legs of the table to increase its height*｜床不平，需要~一~。Chuáng bù píng, xūyào diànyidiàn. *You need to put sth. under the bed to make it level.*

❷ [名]垫在下面的东西：pad; cushion; mat｜~子 diànzi *mat; pad; cushion*｜床~ chuángdiàn *mattress*
垫圈 diànquān (mech.) washer
气垫 qìdiàn

❸ [动]暂时替人付钱：pay for sb. (and expect to be repaid later)｜我先给你~上。Wǒ xiān gěi nǐ diànshang. *I will pay for you for the time being (and you can pay me back later).*

淀 (澱) diàn 11画 氵部

淀淀淀淀淀淀淀淀淀淀淀

[动]液体里沉下来东西：form sediment

淀粉 diànfěn starch
沉淀 chéndiàn

惦 diàn 11画 忄部

惦惦惦惦惦惦惦惦惦惦

[动]挂念: be concerned about; keep thinking about | ~念 diànniàn keep thinking about / ~记 diànjì remember with concern / 她心里只~着孩子。Tā xīnli zhǐ diànzhe háizi. *She is only concerned about her child.*

奠 diàn 12画 大部

奠奠奠奠奠奠奠奠奠奠奠奠

❶[动]陈列祭品向死者致祭: make offerings to the spirit of the dead | 祭~ jìdiàn *hold a memorial ceremony*

❷[动]安置; 建立 establish; settle 奠定 diàndìng establish; settle

殿 diàn 13画 殳部

殿殿殿殿殿殿殿殿殿殿殿殿殿

[名]高大的建筑物; 特指封建帝王受理朝事或宗教徒供奉神佛的房屋: hall; palace, esp. imperial palace (where the emperors handle state affairs, or the followers of a religion make offerings to the god, buddha, etc.) | 太和~ Tàihédiàn *the Hall of Supreme Harmony*

刁 diāo 2画 ㄱ部

刁 ㄱ 刁

[形]狡诈; 无赖: tricky; artful; sly | 做人不能太~, 要宽厚一些。Zuòrén bùnéng tài diāo, yào kuānhòu yī xiē. *One shouldn't be deceitful to others. It's better to be honest and broad-minded instead.*

叼 diāo 5画 口部

叼 叼叼叼叼叼

[动]用嘴夹住: hold in the mouth | 嘴里~着一支烟 zuǐ li diāozhe yī zhī yān *bite a cigarette between one's teeth* / 狼把一只羊羔~走了。Láng bǎ yī zhī yānggāo diāozǒu le. *The wolf ran off with a lamb in its mouth.*

雕 diāo 16画 隹部

雕雕雕雕雕雕雕雕雕雕雕雕雕雕雕

❶[名] vulture

175

❷ [动]雕刻：carve; engrave
雕刻 diāokè carve; engrave
雕塑 diāosù sculpture
❸ [名]雕刻成的器物：carving | 木～ mùdiāo wood carving
浮雕 fúdiāo

吊 diāo 6画 口部

吊 吊吊吊吊吊吊

❶ [动]祭奠死者,或向死者家属、有关团体表示慰问：condole; hold a memorial ceremony for the dead or offer condolences to the family or related group of the deceased | ～丧 diàosāng pay a condolence visit
❷ [动]悬挂：hang; suspend | 门前～着两盏灯。Ménqián diàozhe liǎng zhǎn dēng. There are two lights hanging over the door.
❸ [动]用绳子向上提或向下放：lift up or let down with a rope | ～水 diàoshuǐ draw water / 把楼板～上去。Bǎ lóubǎn diào shàngqu. Hoist up the floor slab.

钓(釣) diào 8画 钅部

钓 钓钓钓钓钓钓钓钓

[动]fish | ～鱼 diàoyú angle; go fishing

调(調) diào 10画 讠部

调 调调调调调调调调调调

❶ [动]调动；分派：transfer; shift | ～工作 diào gōngzuò transfer to another post / 他是从外地～来的。Tā shì cóng wàidì diàolái de. He was transferred from other parts of the country. / 老师想把他～到二年级去。Lǎoshī xiǎng bǎ tā diàodào èr niánjí qù. The teacher wants to transfer him to the second grade.
调动 diàodòng ① transfer; shift ② move (troops); maneuver; muster ③ bring into play; arouse; mobilize
调度 diàodù ①dispatch (trains, buses, etc.) ②dispatcher ③manage; control
调换 diàohuàn exchange; change; swap
❷ [动]考查；了解：investigate
调查 diàochá investigate; inquire into; look into; survey
❸ [名]戏曲或歌曲的调子：(of an opera or a song) melody; tune | 这个～儿很好听。Zhège diàor hěn hǎotīng. The tune is melodious.
唱反调 chàngfǎndiào
唱高调 chànggāodiào

❹[名]说话的声音、语气等：tone; tune｜他说话的~儿有点儿特别。Tā shuōhuà de diàor yǒudiǎnr tèbié. *His tone of speaking is a bit unusual.*
低调 dīdiào　高调 gāodiào
声调 shēngdiào　语调 yǔdiào
See tiáo.

掉 diāo 11画 扌部

掉掉掉掉掉掉掉掉掉掉掉

❶[动]回转：turn｜~过脸来 diàoguò liǎn lai *turn one's face*
掉头 diàotóu turn round; turn about

❷[动]对换：exchange; change｜~个座位 diào ge zuòwèi *exchange seats; swap places with sb.*
掉换 diàohuàn change; exchange

❸[动]落下：fall; drop｜~头发 diào tóufa *lose one's hair* / ~眼泪 diào yǎnlèi *shed tears* / 帽子~在地上了。Màozi diào zài dìshang le. *The cap fell on the ground.*
老掉牙 lǎodiàoyá

❹[动]落在后面：fall behind
掉队 diàoduì drop out; drop off; fall behind

❺[动]遗失；遗漏：lose; be missing｜钢笔~了。Gāngbǐ diào le. *The pen is lost.* / 帽子不知~在什么地方了。Màozi bùzhī diào zài shénme dìfang le. *The hat has been left somewhere.*
丢掉 diūdiào

❻[动]减损；降低：reduce｜鸡蛋的价格一直~不下来。Jīdàn de jiàgé yīzhí diào bù xiàlái. *The price of egg hasn't fallen these days.*
掉价 diàojià fall in price; devalue

❼[动]在动词后表示去除或离开：used after certain verbs to indicate to get rid of or to leave from｜把东西吃~ bǎ dōngxi chīdiào *eat sth. up* / 改~了坏习气 gǎidiàole huài xíqì *have abandoned bad habits*

爹 diē 10画 父部

爹爹爹爹爹爹爹爹爹爹

[名]父亲：father

跌 diē 12画 足部

跌跌跌跌跌跌跌跌跌跌跌

❶[动]摔倒：fall; stumble｜~了个跟头 diēle ge gēntou *have a fall* / 他~伤了。Tā diēshāng le. *He fell down and got injured.*

下跌 xiàdiē

❷[动]下降：drop; fall | 这几天股票~得厉害。Zhè jǐ tiān gǔpiào diē de lìhai. *These days stock prices have dropped sharply.* / 物价~下来了。Wùjià diē xiàlai le. *The prices of consumer goods have dropped.*

谍（諜） dié 11画 讠部

谍谍谍谍谍谍谍谍谍谍谍

[名]espionage | 间~ jiàndié *spy*

叠 dié 13画 又部

叠叠叠叠叠叠叠叠叠叠叠叠叠

❶[动]一层一层往上加；累积：pile up; overlap | 把书一摞一摞~好。Bǎ shū yī luò yī luò diéhǎo. *Pile up the books.*
重叠 chóngdié

❷[动]折叠：fold | ~衣服 dié yīfu *fold up clothes* / ~报纸 dié bàozhǐ *fold the newspaper*

碟 dié 14画 石部

碟碟碟碟碟碟碟碟碟碟碟碟碟

[名]盛食物等的小盘子：small plate | 菜~儿 càidiér *a small dish plate*
碟子 diézi small plate
飞碟 fēidié 光碟 guāngdié

蝶 dié 15画 虫部

蝶蝶蝶蝶蝶蝶蝶蝶蝶蝶蝶蝶蝶蝶

[名]butterfly
蝴蝶 húdié

丁 dīng 2画 一部

丁丁丁

❶[名]天干的第四位，也用作次序第四：the fourth of the ten Heavenly Stems; the fourth in a sequence | 他在甲班，我在~班。Tā zài jiǎbān, wǒ zài dīngbān. *He is in Class A and I am in Class D.*

❷[名]成年男子；从事某种劳动的人：man; a person engaged in a certain occupation (usu. manual work)
园丁 yuándīng

❸[名]蔬菜、肉类切成的小块：small cube of meat or vegetable; cube | 肉~儿 ròudīngr *cubes of meat* / 鸡~儿 jīdīngr *cubes of chicken*

叮 dīng 5画 口部

叮 叮叮叮叮叮

❶ [动] 蚊子等咬人：sting; bite | 腿上被蚊子~了一口 tuǐshang bèi wénzi dīngle yī kǒu *get a mosquito bite on the leg*

❷ [动] 再三嘱咐：urge again and again; remind repeatedly
叮嘱 dīngzhǔ remind repeatedly; exhort

盯 dīng 7画 目部

盯 盯盯盯盯盯盯盯

[动] 把视线集中在一点上；注视：gaze at; stare at; fix one's eyes on | 两眼~着她看 liǎngyǎn dīngzhe tā kàn *fix one's eyes on her* | 他~着墙上的照片，回忆着往事。Tā dīngzhe qiáng shang de zhàopiàn, huíyìzhe wǎngshì. *Staring at the picture on the wall, he recalled the past.*

钉 (釘) dīng 7画 钅部

钉 钉钉钉钉钉钉钉

❶ [名] nail; tack
钉子 dīngzi nail
螺丝钉 luósīdīng

❷ [动] 紧跟着：follow closely; tail | 小李~住了对方的前锋。Xiǎo Lǐ dīngzhùle duìfāng de qiánfēng. *Xiao Li is guarding the forward of the opposite team.* | 有人一直在~我的梢。Yǒu rén yīzhí zài dīng wǒ de shāo. *Someone has been tailing me.*

❸ [动] 督促；催：urge; press | 你要经常~着他吃药。Nǐ yào jīngcháng dīngzhe tā chīyào. *You must remind him regularly to take his medicine.*

碰钉子 pèngdīngzi
See dìng.

顶 (頂) dǐng 8画 页部

顶 顶顶顶顶顶顶顶顶

❶ [名] 最高最上的部分：top; peak; summit; crown | 头~ tóudǐng *the crown of the head* | 山~ shāndǐng *the top of a mountain*
顶点 dǐngdiǎn apex; zenith; acme; pinnacle
顶端 dǐngduān top; peak; apex
顶尖 dǐngjiān ① top-class ② tip
顶头上司 dǐngtóu shàngsi (inf.) one's immediate (or direct) superior
屋顶 wūdǐng

❷ [副] 最；极：very, most, extremely

| ~好 dǐnghǎo *the best* / ~多再有两个星期就放假了。Dǐngduō zài yǒu liǎng gè xīngqī jiù fàngjià le. *The vacation is coming in two weeks.*

❸ [量]用于有顶的东西：used for sth. with a top | 两~帽子 liǎng dǐng màozi *two caps*

❹ [动]用头支着：support with one's head | 她用头~着一罐水。Tā yòng tóu dǐngzhe yī guàn shuǐ. *She carried a pitcher of water on the head.* / 这么重的东西，我可~不动。Zhème zhòng de dōngxi, wǒ kě dǐngbudòng. *I can't carry such a heavy thing on my head.*

❺ [动]用东西支撑或抵住：prop up | 把门~好 bǎ mén dǐnghǎo *prop sth. against the door*

❻ [副]相当；抵得上：equal; be equivalent to | 他干活儿一个人~两个人。Tā gànhuór yī gè rén dǐng liǎng gè rén. *He did the work of two men.*

❼ [动]代替：take the place of; substitute; replace | 拿次货~好货 ná cìhuò dǐng hǎohuò *substitute goods of superior quality with goods of inferior quality*

顶替 dǐngtì take sb.'s place; replace

❽ [动]用头撞击：gore; butt | ~球 dǐngqiú *head a ball* / 这头牛~人。Zhè tóu niú dǐng rén. *This bull gores people.*

❾ [动]迎着：go against; brave | ~风冒雪 dǐngfēng-màoxuě *brave wind and snow*

❿ [动]顶撞，强硬地反驳别人：contradict; retort | 妻子~了他几句。Qīzi dǐngle tā jǐ jù. *His wife said a few words to him in retort.*

⓫ [动]从下面拱起：push from below; prop up | 蒸汽把锅盖~起来了。Zhēngqì bǎ guōgài dǐng qǐlai le. *Steam has pushed up the lid of the cooking pot.*

订 (訂) dìng 4画 讠部

订订订订订

❶ [动]改正、核定：make corrections; revise
修订 xiūdìng

❷ [动]经过商量而立下条约、计划、章程等：draw up; conclude; agree on (a treaty, a plan, regulations, etc.) | ~条约 dìng tiáoyuē *conclude a treaty* / ~计划 dìng jìhuà *draw up a plan* / ~规章制度 dìng guīzhāng zhìdù *lay down rules and regulations*

订婚 dìnghūn be engaged; be betrothed
签订 qiāndìng　制订 zhìdìng

❸ [动]预订：subscribe to; book; order | ~报纸 dìng bàozhǐ

subscribe to a newspaper / ～了两桌酒席 dìngle liǎng zhuō jiǔxí *order two tables of feast*
订单 dìngdān order for goods; order form
订购 dìnggòu order (goods)
订货 dìnghuò order goods
订阅 dìngyuè subscribe
预订 yùdìng
❹[动]把书页等穿连成册：staple together | ～书机 dìngshūjī *stapler; stapling machine*
装订 zhuāngdìng

钉 (釘) dìng 7画 钅部

钉 钉钉钉钉钉钉钉

❶[动]用钉子把东西固定起来：nail | ～钉子 dìng dīngzi *drive in a nail*
❷[动]缝在一起：sew on | ～扣子 dìng kòuzi *sew a button on*
See dīng.

定 dìng 8画 宀部

定 定定定定定定定

❶[形](使)平静；安稳：calm down | 心神不～ xīnshén-búdìng *be ill at ease; feel restless* / ～下心来 dìngxià xīn lai *pull oneself together*
安定 āndìng　不定 búdìng
稳定 wěndìng　镇定 zhèndìng

❷[动]使确定；决定：decide; fix; set | ～计划 dìng jìhuà *make a plan* / 会议～在明天上午开。Huìyì dìng zài míngtiān shàngwǔ kāi. *The meeting is scheduled at tomorrow morning.*
定点 dìngdiǎn fixed point; designated place
定金 dìngjīn deposit (put down on sth. for future purchase)
定居 dìngjū settle down
定位 dìngwèi ① fixed position; location; orientation ② orientate; position
定性 dìngxìng determine the nature of sth.
裁定 cáidìng　　测定 cèdìng
奠定 diàndìng　断定 duàndìng
否定 fǒudìng　　假定 jiǎdìng
界定 jièdìng　　决定 juédìng
肯定 kěndìng　　拟定 nǐdìng
判定 pàndìng　　评定 píngdìng
确定 quèdìng　　设定 shèdìng
审定 shěndìng　锁定 suǒdìng
协定 xiédìng　　选定 xuǎndìng
预定 yùdìng　　约定 yuēdìng
指定 zhǐdìng　　制定 zhìdìng
注定 zhùdìng

❸[形]不可改变的，已经确定的：fixed; established; settled
定理 dìnglǐ theorem
定律 dìnglǜ law
定义 dìngyì definition
必定 bìdìng　　法定 fǎdìng
固定 gùdìng　　坚定 jiāndìng
限定 xiàndìng　议定 yìdìng

不一定 bùyīdìng
议定书 yìdìngshū

❹ [动]预先约好：subscribe to; order | ~票 dìngpiào *book a ticket* / ~货 dìnghuò *order goods; place an order for goods*
定购 dìnggòu order

❺ [形]规定的：fixed, established
定额 dìng'é quota; norm
定价 dìngjià ① fix a price ② fixed price; price
定量 dìngliàng ration; fixed quantity
定期 dìngqī ① fix a date ② regular; at regular intervals; periodical
定向 dìngxiàng ① directional ② orient ③ orientation; sense of orientation
规定 guīdìng　特定 tèdìng
◇定语 dìngyǔ (gram.) attribute

丢　diū　6画 ㇈部

丢丢丢丢丢丢丢

❶ [动]失去：lose; be missing | 手表~了。Shǒubiǎo diū le. *The watch is lost.*
丢人 diūrén lose face; be disgraced
丢失 diūshī lose

❷ [动]扔；抛弃：throw; cast; toss | 不要随地~纸屑。Bùyào suídì diū zhǐxiè. *Don't litter scraps of paper.* / 把钥匙~过来 bǎ yàoshi diū guòlai *toss me the keys*

❸ [动]搁置；放：put aside; dismiss (from one's mind) | 这件事情不能~开不管。Zhè jiàn shìqing bùnéng diūkāi bù guǎn. *This matter cannot be completely ignored.*

东 (東) dōng　5画 一部

东东东东东

❶ [名] east | 由西向~ yóu xī xiàng dōng *from west to east* / 往~走一点儿，就到邮局了。Wǎng dōng zǒu yīdiǎnr, jiù dào yóujú le. *Go eastwards a little further and there is the Post Office.*
东北 dōngběi ① northeast ② northeast China; the Northeast
东边 dōngbian the east side
东部 dōngbù the east area
东侧 dōngcè east side
东方 dōngfāng ① east ② the East; the Orient
东风 dōngfēng ① east wind; spring wind ② driving force of revolution
东海 Dōng Hǎi the Donghai Sea; the East China Sea
东面 dōngmian ① face east ② the east
东南 dōngnán ① southeast ② southeast China; the Southeast
东半球 dōngbànqiú the East-

ern Hemisphere

东奔西走 dōngbēn-xīzǒu run to and fro; run about busily (for sth.)

中东 Zhōngdōng

❷[名]主人；请客的人：host | 这次请客谁做~? Zhècì qǐngkè shéi zuòdōng? *Who will play the host this time?*

东道主 dōngdàozhǔ one who treats sb. (to a meal, etc.); host

房东 fángdōng　股东 gǔdōng

◇东西 dōngxi thing; creature

冬 dōng 5画 夂部

冬冬冬冬冬

[名]一年四季中的第四季：winter | 寒~腊月 hándōng làyuè *a severe winter; a hard winter* / ~去春来 dōng qù chūn lái *spring follows winter*

冬季 dōngjì winter

冬青 dōngqīng (bot.) Chinese ilex

冬天 dōngtiān winter

越冬 yuèdōng

◇冬瓜 dōngguā wax gourd; white gourd

董 dǒng 12画 艹部

董董董董董董董董董董董董

[动]监督管理：direct; supervise

董事 dǒngshì director; trustee

董事会 dǒngshìhuì board of directors (in an enterprise); board of trustees (in an educational institution)

董事长 dǒngshìzhǎng chairman (or president) of the board of directors

懂 dǒng 15画 忄部

懂懂懂懂懂懂懂懂懂懂懂懂懂懂懂

[动]明白；了解：understand; know | 他~俄语。Tā dǒng Éyǔ. *He knows Russian.* / 你的话我听不~。Nǐ de huà wǒ tīngbudǒng. *I don't understand what you are saying.*

懂得 dǒngde understand; know; grasp

懂事 dǒngshì sensible; perceptive

动 (動) dòng 6画 力部

动动动动动动

❶[动]改变原来的位置或状态（跟"静jìng"相对）：move; stir (the opposite of "静jìng") | 微风吹~树叶。Wēifēng chuīdòng shùyè. *A breeze stirred the leaves.* / 桌子上的书~过了。Zhuōzi

183

shang de shū dōngguo le. *The book on the table has been moved.*

动词 dōngcí (gram.) verb

动荡 dōngdàng turbulence; upheaval; unrest

动感 dōnggǎn (of images in paintings, sculpture, literature, etc.) dynamic; vibrant with life; lively; vivid

动画 dōnghuà animated cartoon; cartoon; motion picture

动力 dōnglì ① motive power; power ② motive force; driving force; impetus

动乱 dōngluàn turmoil; disturbance; upheaval; turbulence

动脉 dōngmài artery

动身 dōngshēn go on a journey; set out on a journey

动态 dōngtài trends; developments

动向 dōngxiàng trend; tendency

动摇 dōngyáo shake; vacillate; waver

摆动 bǎidòng　变动 biàndòng
波动 bōdòng　颤动 chàndòng
打动 dǎdòng　电动 diàndòng
浮动 fúdòng　滚动 gǔndòng
活动 huódòng　流动 liúdòng
跳动 tiàodòng　移动 yídòng
运动 yùndòng　振动 zhèndòng
震动 zhèndòng
转动 zhuǎndòng
自动 zìdòng

不动产 bùdòngchǎn
机动车 jīdòngchē
运动会 yùndònghuì
运动员 yùndòngyuán

❷ [动] 使用：use | ～脑筋 dōng nǎojīn *use one's brain*

动手 dōngshǒu ① start work; get to work ② touch; handle

动用 dōngyòng put to use; employ; draw on

机动 jīdòng

❸ [动] 活动；行动：act; get moving | 只要大家都～起来，事情就好办了。Zhǐyào dàjiā dōu dōng qǐlai, shìqing jiù hǎobàn le. *It will be easier if everybody puts in his effort.*

动工 dōnggōng ① begin construction; start building ② construct

动机 dōngjī motive; intention

动静 dōngjing movement; activity

动作 dōngzuò movement; motion; action

暴动 bàodòng　被动 bèidòng
出动 chūdòng　带动 dàidòng
发动 fādòng　反动 fǎndòng
互动 hùdòng　开动 kāidòng
劳动 láodòng　启动 qǐdòng
推动 tuīdòng　行动 xíngdòng
主动 zhǔdòng

发动机 fādòngjī
劳动力 láodònglì

❹ [动] 使人情感受触动：touch (one's heart); arouse | ～感情

dōng gǎnqíng *be carried away by emotion; get worked up*
动人 dòngrén *moving; touching*
动员 dòngyuán *mobilize; arouse*
冲动 chōngdòng
调动 diàodòng 感动 gǎndòng
鼓动 gǔdòng 轰动 hōngdòng
激动 jīdòng 惊动 jīngdòng

❺[动] 作动词的补语：(used as a complement after a verb) be moved | 拿得~ nádedòng *be able to carry* / 走不~ zǒubudòng *be unable to walk* / 箱子太重，你一个人拿不~。Xiāngzi tài zhòng, nǐ yī gè rén nábudòng. *The trunk is too heavy, you can't carry it alone.*

◇动物 dòngwù *animal*
动物园 dòngwùyuán *zoo*

冻 (凍) dòng 7画 冫部

冻冻冻冻冻冻冻

❶[动] 液体遇冷凝结：freeze | 水~成冰了。Shuǐ dòngchéng bīng le. *Water is frozen into ice.*
冻结 dòngjié *freeze; congeal*

❷[动] 受冷；感到冷：feel cold | 多穿点儿衣服，别~着。Duō chuān diǎnr yīfu, bié dòngzháo. *Put on more clothes to keep warm.* / 孩子的脚~了。Háizi de jiǎo dòng le. *The child's feet are frostbitten.*

栋 (棟) dòng 9画 木部

栋栋栋栋栋栋栋栋栋

[量] 用于房屋：used for buildings | 五~楼房 wǔ dòng lóufáng *five buildings*

洞 dòng 9画 氵部

洞洞洞洞洞洞洞洞洞

[名] 物体上穿通的或凹入很深的部分：hole; cavity; cave | 这个~很深。Zhège dòng hěn shēn. *This cave is quite deep.* / 衣服上破了一个~。Yīfu shang pòle yī gè dòng. *There is a hole on the clothes.*
漏洞 lòudòng

都 dōu 10画 阝(右)部

都都都都都都都都都都

❶[副] 表示总括全部：all; both | 大家~来了。Dàjiā dōu lái le. *Everybody is here.* / 人人~说好。Rénrén dōu shuō hǎo. *Everybody agrees with it.*

❷[副] 甚至：even | 他的事连我~不知道。Tā de shì lián wǒ dōu bù zhīdào. *Even I know noth-*

ing about his matter.

❸[副]已经：already | 天～黑了，快走吧！Tiān dōu hēi le, kuài zǒu ba! *It's already dark. Hurry up!* / 饭～凉了，快吃吧！Fàn dōu liáng le, kuài chī ba! *The meal is already cold. Be quick to eat.* / ～半夜了，快睡吧！Dōu bànyè le, kuài shuì ba! *It's already midnight. Go to bed quickly.*
See dū.

兜 dōu 11画 儿部

兜兜兜兜兜兜兜兜兜兜

❶[动]做成口袋形把东西拢住：wrap up in a piece of cloth folded like a bag, etc. | 用头巾～着几个鸡蛋 yòng tóujīn dōuzhe jǐ gè jīdàn *carry several eggs wrapped up with a scarf*

❷[名]口袋一类的东西：pocket; bag | 衣～儿 yīdōur *pocket* / 网～儿 wǎngdōur *string bag*
兜儿 dōur pocket; bag

抖 dǒu 7画 扌部

抖抖抖抖抖抖抖

❶[动]颤动；哆嗦：tremble; shiver; quiver | 浑身直～ húnshēn zhí dǒu *tremble all over*
颤抖 chàndǒu　发抖 fādǒu

❷[动]振动；甩动：shake | 把身上的雪～掉 bǎ shēnshang de xuě dǒudiào *shake off the snow on one's body*

❸[动]振作：rouse; stir up | ～起精神来 dǒuqǐ jīngshen lai *pluck up one's spirits*

❹[动]全部倒出：shake off; shake out of sth. | 他把抽屉里的东西全～出来了。Tā bǎ chōuti li de dōngxi quán dǒu chūlai le. *He dumped everything out of the drawer.*

❺[动]彻底揭穿：expose; bring to light | 老底～出来了。Lǎodǐ dǒu chūlai le. *The unsavoury past has been exposed.* / 在警察面前，他把知道的事全～出来了。Zài jǐngchá miànqián, tā bǎ zhīdào de shì quán dǒu chūlai le. *He told the policemen everything he knew.*

陡 dǒu 9画 阝(左)部

陡陡陡陡陡陡陡陡陡

[形]斜度很大：steep; precipitous | 这个坡真～。Zhège pō zhēn dǒu. *This slope is really steep.* / 山～路险 shāndǒu-lùxiǎn *the hill is steep and the route is dangerous*

斗 (鬥) dòu 4画 斗部

斗 斗斗斗斗

❶[动]对打：fight; struggle against
搏斗 bódòu　　战斗 zhàndòu

❷[动]斗争：struggle; combat; fight | 我们要坚决和坏人坏事～到底。Wǒmen yào jiānjué hé huàirén huàishì dòu dào dǐ. *We should struggle resolutely against evil doers and evil deeds.*
斗争 dòuzhēng struggle; combat; fight
斗志 dòuzhì will to fight; moral
奋斗 fèndòu
艰苦奋斗 jiānkǔ-fèndòu

❸[动]争胜：contest with; contend with | ～智 dòuzhì *duel of wits* 我～不过你。Wǒ dòubuguò nǐ. *I'm not your match.*

❹[动]使动物对打：make animals fight (as a game or show) | ～牛 dòuniú *bullfight* / ～鸡 dòujī *cockfight*

豆　　dòu　7画 豆部

豆豆豆豆豆豆豆

❶[名]豆类植物的统称；这些植物的种子：a general term for legumes (such as soybeans, peas and broad beans), also indicate their seeds
豆腐 dòufu bean curd; tofu
豆浆 dòujiāng soya-bean milk
豆角 dòujiǎo fresh kidney beans
豆奶 dòunǎi soya-bean milk
豆芽 dòuyá bean sprouts
豆子 dòuzi beans; peas; legumes
扁豆 biǎndòu　　大豆 dàdòu
豌豆 wāndòu
荷兰豆 hélándòu

❷[名]形状像豆的东西：a bean-shaped thing | 花生～ huāshēngdòu *shelled peanut; peanut kernel*
土豆 tǔdòu

逗　　dòu　10画 辶部

逗逗逗逗逗逗逗逗逗逗

❶[动]停留：stay; stop | ～留 dòuliú *stay; stop*

❷[动]招引，惹：play with; tease; tantalize | 你别～了。Nǐ bié dòu le. *Stop teasing me.* / 孩子有一双～人喜爱的大眼睛。Háizi yǒu yī shuāng dòu rén xǐ'ài de dà yǎnjing. *The child has big charming eyes.*

都　　dū　10画 阝(右)部

都都都都都都都都都都

❶[名]大城市：big city
都市 dūshì city; metropolis

❷[名]首都：capital
See dōu.

督 dū 13画 目部

督督督督督督督督督督督督督

[动]监管；察看：superintend and direct

督促 dūcù supervise and urge
◇基督教 Jīdūjiào

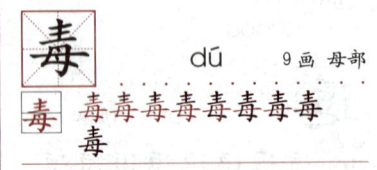

毒 dú 9画 母部

毒毒毒毒毒毒毒毒毒

❶ [名]对其他生物体有害的物质：poison; toxin | 蝎子有～。Xiēzi yǒu dú. *Scorpions are poisonous.*

病毒 bìngdú 杀毒 shādú
消毒 xiāodú

❷ [名]对思想意识有害的事物：sth. that is harmful to one's mind | 他看黄色小说中了～。Tā kàn huángsè xiǎoshuō zhōngle dú. *Those pornographic novels have brought about corrosive influence on him.* / 不要看这种书，小心中～。Bùyào kàn zhè zhǒng shū, xiǎoxīn zhòngdú. *Don't read this kind of book. Be careful not to be poisoned.*

❸ [形]凶狠；残酷：malicious; cruel; fierce | 他的心肠真～！Tā de xīncháng zhēn dú! *How cruel he is!* / 太阳正～，把地都晒裂了。Tàiyáng zhèng dú, bǎ dì dōu shàiliè le. *The heat of the sun was so fierce that the land was dry and cracked.*

恶毒 èdú 狠毒 hěndú

❹ [动]用有毒的东西杀害：kill with poison | 用药～老鼠 yòng yào dú lǎoshǔ *poison rats*

毒害 dúhài poison

❺ [形]有毒的：poisonous; noxious | 这是一条～蛇，千万小心。Zhè shì yī tiáo dúshé, qiānwàn xiǎoxīn. *This is a poisonous snake. You must be careful.*

毒品 dúpǐn narcotic drugs; narcotics

毒性 dúxìng poisonousness; toxicity

❻ [名]毒品：narcotics

毒贩 dúfàn drug trafficker
冰毒 bīngdú 贩毒 fàndú
戒毒 jièdú

独 (獨) dú 9画 犭部

独独独独独独独独独

❶ [形]单一；只有一个：only; sole | ～子 dúzǐ *the only son* / ～木桥 dúmùqiáo *single plank (single-log) bridge*

独家 dújiā sole; the only one; exclusive

独特 dútè unique; distinctive

独有 dúyǒu have sth. all to oneself; monopolize

独生子女 dúshēng zǐnǚ only child

独一无二 dúyī-wú'èr unique; unparalleled; unmatched

❷ [副] 单独; 独自: alone | ~唱 dúchàng *solo* / ~坐 dúzuò *sit alone*

独立自主 dúlì-zìzhǔ maintain independence and keep the initiative; act independently and with the initiative in one's own hands

❸ [形] 自私; 容不得人: stand-offish | 这人很~, 从不跟人来往。Zhè rén hěn dú, cóngbù gēn rén lāiwǎng. *He is rather stand-offish and has never had any dealings with other people.* / 一个人生活了二十多年, ~惯了。Yī gè rén shēnghuóle èrshí duō nián, dú guàn le. *I have lived by myself for more than 20 years and have been used to being alone.*

读 (讀) dú 10画 讠部

读读读读读读读读读读

❶ [动] 照文字念出声来: read aloud | ~报 dú bào *read the newspaper aloud* / ~文章 dú wénzhāng *read the article aloud* / 请你把这封信~一~。Qǐng nǐ bǎ zhè fēng xìn dúyidú. *Please read this letter.*

读书 dúshū ① read; study ② attend school

朗读 lǎngdú　宣读 xuāndú
重读 zhòngdú

❷ [动] 阅读; 看: read | 这本书很容易~。Zhè běn shū hěn róngyì dú. *This book is easy to read.* / 这部小说值得一~。Zhè bù xiǎoshuō zhíde yī dú. *This novel is worth reading.*

读物 dúwù readings; reading material

读者 dúzhě reader

导读 dǎodú　阅读 yuèdú

❸ [动] 上学: go to school or college | 他在~大学。Tā zài dú dàxué. *He is studying at university.* / 他~完高中就参加了工作。Tā dúwán gāozhōng jiù cānjiāle gōngzuò. *He went to work after he graduated from high school.*

复读 fùdú　攻读 gōngdú

堵 dǔ 11画 土部

堵堵堵堵堵堵堵堵堵堵堵

❶ [动] 塞住: block up; stop up | 把洞~上 bǎ dòng dǔshang *block up the hole* / 别~着门! Biè dǔzhe mén! *Don't stand in the*

189

doorway!

堵车 dǔchē traffic jam; traffic congestion

堵塞 dǔsè stop up; block up

❷ [形]心中不畅快：suffocated; oppressed｜心里~得慌 xīnli dǔdehuang *feel suffocated; feel tight in the chest*

❸ [量]用于墙壁：used for walls｜一~墙 yī dǔ qiáng *a wall*

赌（賭）dǔ　12画 贝部

赌赌赌赌赌赌赌赌赌赌赌赌

❶ [动]用财物作注来争输赢：gamble｜他~输了。Tā dǔshū le. *He lost at gambling.*

赌博 dǔbó gamble

赌场 dǔchǎng gambling house

❷ [动]泛指争输赢：bet｜我提出与他打~。Wǒ tíchū yǔ tā dǎdǔ. *I offered to bet with him.*｜咱俩打个~，看谁说的对。Zán liǎ dǎ ge dǔ, kàn shéi shuōdeduì. *Let's make a bet and see who is right.*

睹 dǔ　13画 目部

睹睹睹睹睹睹睹睹睹睹睹睹睹

[动]看见：see｜有目共~ yǒumùgòngdǔ *be there for all to see; be obvious to all*

目睹 mùdǔ

杜 dù　7画 木部

杜杜杜杜杜杜杜

[动]堵塞；防止：prevent; eradicate

杜绝 dùjué stop; put an end to

肚 dù　7画 月部

肚肚肚肚肚肚肚

❶ [名]belly｜~里难受 dùli nánshòu *feel ill at abdomen*｜一口吞下~去 yīkǒu tūnxià dù qu *gobble up in one gulp*

肚子 dùzi belly; abdomen; stomach

大肚子 dàdùzi

❷ [名]物体圆而凸起或中间鼓出的部分：(of certain object) a belly-shaped part

妒 dù　7画 女部

妒妒妒妒妒妒妒

[动]因为别人比自己强而忌恨：be jealous (or envious) of; envy｜嫉~ jídù *be envious of*

度 dù　9画 广部

度 度度度度度度度度度

❶ [名]按一定计量标准规定的单位：(unit of measurement) degree, level
季度 jìdù　　角度 jiǎodù
年度 niándù

❷ [名]程度；限度：limit; extent; degree | 劳累过~ láolèi guòdù *be overworked*
长度 chángdù　程度 chéngdù
尺度 chǐdù　　幅度 fúdù
高度 gāodù　　过度 guòdù
宽度 kuāndù　厚度 hòudù
力度 lìdù　　　密度 mìdù
难度 nándù　　浓度 nóngdù
强度 qiángdù　深度 shēndù
湿度 shīdù　　速度 sùdù
温度 wēndù　限度 xiàndù
透明度 tòumíngdù
温度计 wēndùjì

❸ [名]法则，应遵守执行的标准：law; regulation
制度 zhìdù

❹ [动]经过；经历：spend; pass | 欢~佳节 huāndù jiājié *joyously celebrate a festival*
度过 dùguò tide over; go through
度假 dùjià spend one's holidays (or vacation); go vacationing

❺ [量]次：occasion; time | 一年一~ yī nián yī dù *once a year* / 再~声明 zàidù shēngmíng *state sth. for a second time*
一度 yīdù

◇ 印度洋 Yìndùyáng

渡 dù 12画 氵部
渡渡渡渡渡渡渡渡渡渡渡

[动]由一岸到另一岸：cross (a river, the sea, etc.) | ~河 dùhé *cross a river* / 远~重洋 yuǎndùchóngyáng *travel across the vast oceans*
渡船 dùchuán ferryboat; ferry
渡口 dùkǒu ferry
过渡 guòdù

镀 (鍍) dù 14画 钅部
镀镀镀镀镀镀镀镀镀镀镀镀镀镀

[动]用化学方法使一种金属附着到别的金属或器物的表面：plate | 这块铁皮上~了一层锌。Zhè kuài tiěpí shang dùle yī céng xīn. *This iron-sheet has been plated with a layer of zinc.*

端 duān 14画 立部
端端端端端端端端端端端端端端

❶ [形]正；直：upright; proper | 品行不~ pǐnxíng bù duān *improper behavior; (or moral conduct) misconduct*

端详 duānxiáng look sb. up and down

端正 duānzhèng ① upright; regular ② proper; correct

❷ [动] 平举着拿：hold sth. level with both hands; carry | ~茶 duānchá *serve tea* / ~饭上菜 duānfàn shàngcài *serve a meal*

❸ [动] 把事情、问题、困难等全摆出来：come out (with issues, problems, difficulties, etc.) | 有什么想法都~出来。Yǒu shénme xiǎngfǎ dōu duān chūlai. *Whatever you think, come out with it.* / 把问题全~出来，大家一起研究。Bǎ wèntí quán duān chūlai, dàjiā yīqǐ yánjiū. *Let's set forth all the problems and discuss together.*

❹ [名] 东西的一头：end; extremity | 从这一~到另一~ cóng zhè yīduān dào lìng yīduān *from this end to that end* / 岛的南~ dǎo de nánduān *the southern tip (end) of the island*
顶端 dǐngduān 高端 gāoduān
极端 jíduān 尖端 jiānduān
终端 zhōngduān

❺ [名] 开头：beginning | 开~ kāiduān *beginning*

❻ [名] 项目；方面：item; point | 变化多~ biànhuà duōduān *very changeable; always changing* / 举其一~ jǔ qí yīduān *for instance; just to mention one example*

弊端 bìduān

◇ 端午节 Duānwǔjié the Dragon Boat Festival (the fifth day of the fifth lunar month)

短 duǎn 12画 矢部

短短短短短短短短短短短短

❶ [形] 空间或时间的距离小：short; brief | ~距离 duǎn jùlí *a short distance* / 时间~ shíjiān duǎn *a short time* / 发言要~。Fāyán yào duǎn. *Make your speech brief.* / 昼长夜~ zhòu cháng yè duǎn *the day is long and the night is short* / 这条路最~。Zhè tiáo lù zuì duǎn. *This is the shortest route.*

短促 duǎncù of very short duration; very brief

短期 duǎnqī short-term

短信 duǎnxìn message; note

短语 duǎnyǔ (gram.) phrase

短暂 duǎnzǎn of short duration; transient

长短 chángduǎn 简短 jiǎnduǎn
缩短 suōduǎn

❷ [名] 不足；缺点：weak point; fault | 取长补~ qǔcháng-bǔduǎn *learn from others' strong points to offset one's weakness* / 不要揭人的~。Bùyào jiē rén de duǎn. *Do not pick on others' weakness.*

短处 duǎnchu shortcoming; failing; fault; weakness
◇短缺 duǎnquē shortage
寻短见 xúnduǎnjiàn

段 duàn 9画 殳部
段段段段段段段段段

❶ [名]时间、事物的一部分：section; part; segment
阶段 jiēduàn

❷ [量]用于条状物分成的若干部分：used for sections, segments, or parts｜两~木头 liǎng duàn mùtou *two blocks of wood* / 一~铁路 yī duàn tiělù *a section of railway*

❸ [量]用于时间或空间的一定距离：used for a period or distance｜一~时间 yī duàn shíjiān *a period of time* / 一~路 yī duàn lù *a certain distance* / 再往前走一~就到了。Zài wǎng qián zǒu yī duàn jiù dào le. *Go forward farther and we will be there.*
地段 dìduàn

❹ [量]用于事物的一部分：used of a paragraph or passage｜一~故事 yī duàn gùshi *a passage of a story* / 一~话 yī duàn huà *part of a speech* / 这支曲子分三~。Zhè zhī qǔzi fēn sān duàn. *The song can be divided into three parts.*

◇手段 shǒuduàn

断(斷) duàn 11画 斤部
断断断断断断断断断断断

❶ [动]长形的东西分成两段或几段：break; snap; cut｜绳子~了。Shéngzi duàn le. *The rope snapped.* / 粉笔掉到地上~成几节。Fěnbǐ diàodào dìshang duànchéng jǐ jié. *The chalk fell to the floor and broke into pieces.*
断裂 duànliè ① split; crack ② (geol.) rift

❷ [动]隔绝；不继续：break off; cut off｜~电 duàndiàn *cut off electricity* / 他俩已~了联系。Tā liǎ yǐ duànle liánxi. *They have lost contact with each other.*
断绝 duànjué break out; cut off; sever
断断续续 duànduàn-xùxù intermittently
不断 búduàn　隔断 géduàn
中断 zhōngduàn

❸ [动]判定；决定：judge; decide｜当机立~ dāngjī-lìduàn *decide promptly and opportunely; make a prompt decision* / 我可~不清你们的事。Wǒ kě duànbuqīng nǐmen de shì. *I cannot make a clear judgment on your business.* / 法院~这个案子~得很

193

公平。Fǎyuàn duàn zhège ànzi duàn de hěn gōngpíng. *The court judged this case fairly.*

断定 duàndìng conclude; form a judgment; decide; determine
果断 guǒduàn　判断 pànduàn
诊断 zhěnduàn

❹[动]戒除：give up; abstain from | ~烟 duànyān *give up smoking; quit (stop) smoking* / 他心脏不好，大家都劝他把酒~了。Tā xīnzàng bù hǎo, dàjiā dōu quàn tā bǎ jiǔ duàn le. *People persuade him to give up drinking for the sake of his heart problems.*

缎 (緞) duàn 12画 纟部

[名]satin | 绸~ chóuduàn *silks and satins*
缎子 duànzi satin

锻 (鍛) duàn 14画 钅部

[动]把金属加热后锤打：forge | ~铁 duàntiě *wrought iron*
锻炼 duànliàn ① temper; steel; toughen ② take exercise; have physical training

堆 duī 11画 土部

❶[动]累积聚集在一起：pile; stack | 路边~了很多沙子。Lùbiān duīle hěn duō shāzi. *Sands were piled beside the road.* / 粮食~了一仓。Liángshi duīle yī cāng. *The storehouse is heaped with grain.*

堆积 duījī pile up; heap up

❷[名]堆积在一起的东西：heap; pile; stack | 雪~ xuěduī *snow drift; snowbank* / 草~ cǎoduī *haystack* / 土~ tǔduī *mound*

❸[量]用于成堆的物或人：heap; pile; crowd | 一~衣服 yī duī yīfu *a heap of clothes* / 一~人 yī duī rén *a crowd of people*

队 (隊) duì 4画 阝(左)部

❶[名]行列：a row (or line) of people | 列~欢迎 lièduì huānyíng *line up to welcome sb.* / 排成两~ páichéng liǎng duì *fall into two lines*

队伍 duìwu ① troops ② ranks; procession; parade
车队 chēduì　排队 páiduì

❷[名]集体；具有某种性质的群体：team; group｜消防～xiāofángduì *fire brigade* / 篮球～lánqiúduì *basketball team*
队员 duìyuán team member
队长 duìzhǎng group leader; team leader

部队 bùduì	分队 fēnduì
军队 jūnduì	连队 liánduì
领队 lǐngduì	球队 qiúduì
团队 tuánduì	乐队 yuèduì
中队 zhōngduì	

对 (對) duì 5画 又部

对 对对对对对

❶[动]回答：answer; reply｜～话 duìhuà *dialogue; conversation*
❷[动]朝着；向着：face｜门口～着小河。Ménkǒu duìzhe xiǎohé. *The door faces the small river.* / 她的话不是～着你的。Tā de huà bù shì duìzhe nǐ de. *What she said was not directed at you.*
面对 miànduì
面对面 miànduìmiàn
门当户对 méndāng-hùduì
❸[介]向；跟：with; to｜他～我笑了笑。Tā duì wǒ xiàole xiào. *He smiled at me.*
对…来说 duì... láishuō to...; as to...; in respect of...
❹[动]对待；对付：treat; counter｜～事不～人 duì shì bù duì rén *direct at facts and not at individuals* / 她～我很好。Tā duì wǒ hěn hǎo. *She treats me well.* / 上海队～北京队 Shànghǎiduì duì Běijīngduì *the Shanghai team versus the Beijing team*
对策 duìcè the way to deal with the situation; countermeasure; countermove
对待 duìdài treat; approach; handle
对付 duìfu ① deal with; cope with; counter; tackle ② make do
对不起 duìbuqǐ ① pardon me; I beg your pardon ② let sb. down; be unworthy of; do a disservice to; be unfair to
对得起 duìdeqǐ not let sb. down; treat sb. fairly; be worthy of
❺[介]对于：concerning; with regard to
相对 xiāngduì　针对 zhēnduì
❻[形]对面的；对立的：opposing; opposite
对岸 duì'àn the opposite bank; the other side of the river
对称 duìchèn symmetry
对方 duìfāng the other side; the other party; the opposite side
对话 duìhuà dialogue
对抗 duìkàng ① antagonism; confrontation ② resist; oppose
对立 duìlì oppose; set sth.

195

against; be antagonistic to
对门 duìmén the house opposite
对面 duìmiàn opposite
对手 duìshǒu ① opponent; adversary ② match; equal
对头 duìtou enemy; opponent
对象 duìxiàng ① target; object ② boy / girl friend
死对头 sǐduìtou
唱对台戏 chàngduìtáixì

❼ [副]互相：mutually
对应 duìyìng corresponding
敌对 díduì   反对 fǎnduì

❽ [名]双；成对的：pair; couple
对联 duìlián antithetical couplet
对仗 duìzhàng (in poetry, etc.) a matching of both sound and sense in two lines, sentences, etc., usu. with the matching words in the same part of speech; antithesis

❾ [动]把两个东西放在一起比较看是否相符：check against; compare; identify | ～笔迹 duì bǐjì *identify the handwriting* / ～号码 duì hàomǎ *check numbers*
对比 duìbǐ ① contrast; balance ② ratio
对照 duìzhào contrast; compare

❿ [形]正确：correct; right | 说得～。Shuōdeduì. *What you said is correct.* / 数目不～。Shùmù bù duì. *It does not accord with the original number.* / ～，就这么办。Duì, jiù zhème bàn. *Fine, just go ahead.*

⓫ [动]掺和液体：mix; add | ～点开水 duì diǎn kāishuǐ *add some boiled water* / 牛奶里～水了。Niúnǎi li duìshuǐ le. *The milk has been adulterated with water.*

⓬ [量]pair; couple | 一～花瓶 yī duì huāpíng *a pair of vases* / 一～夫妇 yī duì fūfù *a married couple* / 一～选手 yī duì xuǎnshǒu *a couple of players*

兑 duì 7画 ⼉部

兑兑兑兑兑兑兑

[动]交换：exchange | ～款 duìkuǎn *change money* / 请将这张支票～成现金。Qǐng jiāng zhè zhāng zhīpiào duìchéng xiànjīn. *I'd like to cash this cheque please.*
兑换 duìhuàn exchange; convert
兑现 duìxiàn ① cash (a cheque, etc.) ② honor (a commitment, etc.); fulfil; make good
兑换率 duìhuànlǜ rate of exchange (between two currencies)

吨 (噸) dūn 7画 口部

吨吨吨吨吨吨吨

[量]ton

蹲 dūn 19画 足部

蹲蹲蹲蹲蹲蹲蹲蹲蹲蹲蹲蹲蹲蹲蹲蹲蹲蹲蹲

❶[动] squat | ~在火边 dūn zài huǒ biān *squat about (by) the fire*

❷[动] 比喻呆着或闲居：stay or enjoy one's leisure | ~在家里看书 dūn zài jiāli kànshū *stay at home to read books* / 毕业后，他一直在家~着。Bìyè hòu, tā yīzhí zài jiā dūnzhe. *He has stayed at home since he graduated from school.*

❸[动] 较长时间地留在某地工作：stay somewhere for a long time for work | 他在实验室里一~就是好几个小时。Tā zài shíyànshì li yī dūn jiùshì hǎo jǐ gè xiǎoshí. *He would stay for hours at a stretch in the laboratory.*

盾 dùn 9画 厂部

盾盾盾盾盾盾盾盾盾

[名] shield
矛盾 máodùn
自相矛盾 zìxiāng-máodùn

顿(頓) dùn 10画 页部

顿顿顿顿顿顿顿顿顿顿

❶[动] 稍停：pause | 他~了一下，接着又往下说。Tā dùnle yīxià, jiēzhe yòu wǎng xià shuō. *After a short pause, he went on talking.*
停顿 tíngdùn

❷[动] 安排；处理：arrange; settle
整顿 zhěngdùn

❸[量] 表示次数：time | 一天三~饭 yī tiān sān dùn fàn *three meals a day* / 批评了一~ pīpíngle yī dùn *give (sb.) a dressing-down*

◇顿时 dùnshí immediately; at once

多 duō 6画 夕部

多多多多多多

❶[形] 数量大（跟"少shǎo"相对）：many; much (the opposite of "少shǎo") | 书很~ shū hěn duō *a lot of books* / ~种~样 duōzhǒng-duōyàng *(of species, types, etc.) varied; manifold* / 家里来了很~客人。Jiāli láile hěn duō kèrén. *Many guests come to visit our home.*

多少 duōshǎo ① number; amount ② somewhat; more or less

多少 duōshao ① an unspecified number or amount ② how much; how many

多数 duōshù majority; most

多样 duōyàng diversified

多功能 duōgōngnéng multifunctional; multi-purpose

多媒体 duōméitǐ multimedia

多劳多得 duōláo-duōdé more pay for more work

大多 dàduō　繁多 fánduō
好多 hǎoduō　许多 xǔduō
至多 zhìduō　众多 zhòngduō
诸多 zhūduō
丰富多彩 fēngfù-duōcǎi
或多或少 huòduō-huòshǎo

❷ [动]有余，比原来的或应有的数量有所超过或增加：more; too many or too much | ～了两个人 duōle liǎng gè rén *two extra persons* / 这里你～写了一个字。Zhèli nǐ duōxiěle yī gè zì. *You have written an extra character here.* / 他～喝了一点儿。Tā duōhēle yīdiǎnr. *He's had a few excessive drops of wine.*

多半 duōbàn ① the greater part; most; mostly ② probably; most likely

多余 duōyú ① extra; surplus ② unnecessary; superfluous

❸ [形]过分的; 不必要的：excessive; unnecessary | ～疑 duōyí oversensitive; oversuspicious; given to suspicion

❹ [形]表示相差的程度大：much more; far more | 他比我强～了。Tā bǐ wǒ qiángduō le. *He is much better than me.* / 今年冬天比去年冷～了。Jīnnián dōngtiān bǐ qùnián lěngduō le. *This winter is much colder than last one.*

差不多 chàbuduō

❺ [形]表示疑问：(used in questions) how, what | 这孩子～大了？Zhè háizi duō dà le? *How old is this child?*

❻ [副]多么，表示赞叹：(used in exclamations) to what an extent | 这叶子～绿啊! Zhè yèzi duō lǜ a! *How green the leaves are!* / 看她～精神! Kàn tā duō jīngshen! *How energetic she is!*

❼ [副]虚指某种程度：to an unspecified extent | 有～大劲使～大劲。Yǒu duō dà jìn shǐ duō dà jìn. *Use all your strength.* / 无论困难～大，他都不怕。Wúlùn kùnnan duō dà, tā dōu bù pà. *No matter how great the difficulty is, he has no fear.*

多么 duōme ① (used in questions) to what extent ② (used in exclamations) to what extent

❽ [数]表示整数后的零头：odd; over; more than | 五十～岁 wǔshí duō suì *over fifty years old* / 我每天工作十～个小时。Wǒ měitiān gōngzuò shí duō gè xiǎoshí. *I work more than ten hours every day.*

◇多亏 duōkuī thanks to; luckily

哆 duō 9画 口部

哆哆哆哆哆哆哆哆哆

See 哆嗦

哆嗦 duōsuo tremble; shiver

夺（奪）duó 6画 大部

夺夺夺夺夺夺

❶[动]强取；抢：take by force; seize | 他从我手里把书～去了。Tā cóng wǒ shǒuli bǎ shū duóqù le. *He wrested the book out of my hands.*

夺取 duóqǔ ① capture; seize; wrest ② strive for

剥夺 bōduó　掠夺 lüèduó
抢夺 qiǎngduó

❷[动]争先取得：strive for | ～得冠军 duódé guànjūn *carry off the championship* / 我们有信心把失去的奖杯再～回来。Wǒmen yǒu xìnxīn bǎ shīqù de jiǎngbēi zài duó huílai. *We are sure to win the cup back.*

夺得 duódé take; seize; win; carry off

争夺 zhēngduó

踱 duó 16画 足部

踱踱踱踱踱踱踱踱
踱踱踱踱踱踱踱

[动]慢慢地走：pace; stroll | ～方步 duó fāngbù *walk with measured tread* / ～来～去 duóláiduóqù *pace to and fro; pace up and down*

朵 duǒ 6画 木部

朵朵朵朵朵朵

❶[名]植物的花或苞：flower or bud of a plant
花朵 huāduǒ

❷[量]计算花朵、云彩或类似东西的单位：used for flowers, clouds or sth. in a cluster | 一～花 yī duǒ huā *a flower* / 两～云 liǎng duǒ yún *two clouds*

垛 duǒ 9画 土部

垛垛垛垛垛垛垛垛
垛

[名]用泥土、砖、石等建成的掩蔽物：crenel; battlement | 城～ chéngduǒ *battlement on a city wall*

See duò.

躲 duǒ 13画 身部

躲躲躲躲躲躲躲
躲躲躲躲躲

[动] 避开；隐藏：avoid; hide; dodge | ~雨 duǒyǔ *take shelter from the rain* | 你怎么老~着他？Nǐ zěnme lǎo duǒzhe tā? *Why do you always avoid meeting him?* | 有车，快~开！Yǒu chē, kuài duǒkāi! *A car is coming! Get out of the way!* | 老鼠~在洞里。Lǎoshǔ duǒ zài dòng li. *The mouse hid in its cave.*

躲避 duǒbì dodge; avoid; elude
躲藏 duǒcáng hide oneself; conceal oneself; go into hiding

垛 duǒ 9画 土部

垛垛垛垛垛垛垛垛垛

❶ [动] 把分散的东西整齐地堆积起来：pile up neatly; stack | 把晒干的稻草~起来 bǎ shàigān de dàocǎo duǒ qǐlai *pile up the dried hay*

❷ [名] 成堆的东西：pile; stack
草垛 cǎoduò
See duò.

舵 duò 11画 舟部

舵舵舵舵舵舵舵舵舵舵舵

[名] rudder; helm | 掌~ zhǎngduò *operate the rudder; be at the helm* | 你划桨，我把~。Nǐ huájiǎng, wǒ bǎduò. *You pull the oars and I steer the rudder.*

堕(墮) duò 11画 土部

堕堕堕堕堕堕堕堕堕堕堕

[动] 落下：fall; sink
堕落 duòluò degenerate; sink low

惰 duò 12画 忄部

惰惰惰惰惰惰惰惰惰惰惰惰

[形] 懒：lazy; indolent | 懒~ lǎnduò *lazy* | ~性 duòxìng *inertia*

跺 duò 13画 足部

跺跺跺跺跺跺跺跺跺跺跺跺跺

[动] 用力踏地：stamp (one's foot) | 他急得直~脚。Tā jí de zhí duòjiǎo. *He stamped his foot with anxiety.* | 他用力~去脚上的土。Tā yònglì duòqù jiǎoshang de tǔ. *He stamped his foot to get the dirt off.*

E e

讹 (訛) é 6画 讠部

讹讹讹讹讹讹

❶ [名] 错误：error (in written) | ~字 ézì incorrect words
❷ [动] 敲诈：blackmail | ~诈 ézhà extort under false pretences; blackmail | ~人 érén blackmail sb.

俄 é 9画 亻部

俄俄俄俄俄俄俄俄俄

[名] 俄罗斯的略称：short for Russia
俄文 Éwén Russian (language)
俄语 Éyǔ Russian (language)

鹅 (鵝) é 12画 鸟部

鹅鹅鹅鹅鹅鹅鹅鹅鹅鹅鹅鹅

[名] goose | 一群~ yī qún é a drove (flock) of geese | ~的羽毛可用来做羽绒服。 É de yǔmáo kě yònglái zuò yǔróngfú. *Goose feather can be used to make down jackets.*
◇ 企鹅 qǐ'é

蛾 é 13画 虫部

蛾蛾蛾蛾蛾蛾蛾蛾蛾蛾蛾蛾蛾

See 蛾子
蛾子 ézi moth

额 (額) é 15画 页部

额额额额额额额额额额额额额额额

❶ [名] 头部眉毛以上头发以下的部位：forehead | 前~ qián'é forehead
❷ [名] 规定的数量：quota; a fixed number or amount
额外 éwài extra; additional; added

超额 chāo'é	定额 dìng'é
份额 fèn'é	金额 jīn'é
名额 míng'é	数额 shù'é
余额 yú'é	总额 zǒng'é

恶 (惡噁) ě 10画 心部

恶恶恶恶恶恶恶恶恶恶

See 恶心
恶心 ěxin ① feel sick; nauseate; disgust ② disgusting; nauseating

201

See ě; wù.

恶 (惡) è 10画 心部

❶ [名] 极坏的行为(跟"善 shàn"相对): evil; vice; wickedness (the opposite of "善 shàn") | 作~ zuò'è do evil

❷ [形] 凶狠; 凶猛: vicious; ferocious; fierce | ~人 èrén evil person; vile creature; villain | ~心肠 è xīncháng evil-minded

恶毒 èdú vicious; malicious; venomous
凶恶 xiōng'è

❸ [形] 极坏的; 不好的: evil; wicked | ~势力 è shìlì evil force

恶化 èhuà worsen; deteriorate; take a turn for the worse
恶劣 èliè odious; abominable; disgusting; very bad; mean
恶性 èxìng malignant; pernicious; vicious
恶意 èyì evil (or ill) intention; ill will; malice
恶作剧 èzuòjù a practical joke; a mischievous prank; mischief
丑恶 chǒu'è
See ě; wù.

饿 (餓) è 10画 饣部

❶ [形] 肚子空, 想吃东西(跟"饱 bǎo"相对): hungry; feel like eating (the opposite of "饱 bǎo") | 挨~ ái'è go hungry; starve | 我肚子~了。Wǒ dùzi è le. *I'm hungry.*

❷ [动] 使挨饿: starve | 别~着小猫。Bié èzháo xiǎomāo. *Don't starve the kitten.* / 家里没人做饭, 让孩子~了一整天。Jiāli méi rén zuòfàn, ràng háizi èle yī zhěng tiān. *Nobody cooked at home, which made the child starved the whole day.*

恩 ēn 10画 心部

[名] 给予或得到的好处: kindness, favour; grace | 救命之~ jiùmìngzhī'ēn owe one's life to sb. | 报~ bào'ēn requite benevolence; pay a debt of gratitude

恩爱 ēn'ài (of a married couple) be deeply in love with each other
恩情 ēnqíng loving kindness; love; kindness
恩人 ēnrén benefactor
感恩节 Gǎn'ēnjié
小恩小惠 xiǎo'ēn-xiǎohuì

儿(兒) ér 2画 儿部

儿 儿儿

❶[名] 小孩子：child | 婴~ yīng'ér *baby; infant*
儿童 értóng children
托儿所 tuō'érsuǒ
幼儿园 yòu'éryuán

❷[名] 儿子：son | 生~育女 shēng'ér-yùnǚ *raise children* / 他有一~一女。Tā yǒu yī ér yī nǚ. *He has a son and a daughter.*
儿女 érnǚ sons and daughters; children
儿子 érzi son

❸[名] 年轻人：youngster; youth | 男~ nán'ér *man* / 健~ jiàn'ér *valiant fighter; good athlete*

❹[词尾] 同前一字连成一个卷舌音：retroflex ending | 盆~ pénr *(small) basin* / 小猫~ xiǎomāor *kitten* / 他火~了。Tā huǒr le. *He got angry.*
哪儿 nǎr
差点儿 chàdiǎnr
大伙儿 dàhuǒr
干活儿 gànhuór
老头儿 lǎotóur
聊天儿 liáotiānr
墨水儿 mòshuǐr
男孩儿 nánháir
纽扣儿 niǔkòur
女孩儿 nǚháir
玩意儿 wányìr
小孩儿 xiǎoháir
心眼儿 xīnyǎnr
烟卷儿 yānjuǎnr
药水儿 yàoshuǐr
一点儿 yīdiǎnr
一会儿 yīhuìr
一块儿 yīkuàir
有点儿 yǒudiǎnr
这会儿 zhèhuìr
闹着玩儿 nàozhewánr
偏心眼儿 piānxīnyǎnr
小心眼儿 xiǎoxīnyǎnr
走后门儿 zǒuhòuménr

而 ér 6画 而部

而 而而而而而而

❶[连] 表示前后意思互相补充：used to indicate coordination | 少~精 shǎo ér jīng *small in quantity but good in quality* / 有名~无实 yǒu míng ér wú shí *own sth. in name but not in reality*
而且 érqiě and also; but also
时而 shí'ér

❷[连] 表示转折：and yet; but | 不谋~合 bùmóu'érhé *agree without prior consultation* / 地少~人多 dì shǎo ér rén duō *a small territory with a large population*
反而 fǎn'ér
半途而废 bàntú'érfèi
不辞而别 bùcí'érbié

203

不劳而获 bùláo'érhuò
不言而喻 bùyán'éryù
似是而非 sìshì'érfēi

❸[连] 表示前面的话是后面话的目的、原因、依据方式、状态等：used to connect cause and effect | 为未来的事业～努力学习。Wèi wèilái de shìyè ér nǔlì xuéxí. *Study hard for the undertaking of the future.*

而后 érhòu after that; then
从而 cóng'ér 　进而 jìn'ér
因而 yīn'ér
敬而远之 jìng'éryuǎnzhī
可想而知 kěxiǎng'érzhī
显而易见 xiǎn'éryìjiàn
一概而论 yīgài'érlùn
一哄而散 yīhōng'érsàn
总而言之 zǒng'éryánzhī

❹[连] 表示由一种状态过渡到另一种状态：used to indicate change from one state to another | 自上～下 zìshàng'érxià *from top to bottom*

而已 éryǐ that is all; nothing more

尔（爾） ěr　5画 小部

尔 尔尔尔尔

❶[代] 如此；这样：like that; so | 不过～～ bùguò-ěr'ěr *(in written) just middling*
❷[代] 你；你的：you; your | ～等 ěrděng *(in old Chinese) you people*
偶尔 ǒu'ěr

耳 ěr　6画 耳部

耳 耳耳耳耳耳耳

❶[名] ear | 我亲～听他这么说的。Wǒ qīn'ěr tīng tā zhème shuō de. *I heard him say so with my own ears.*/ 这音乐很刺～。Zhè yīnyuè hěn cì'ěr. *The music is ear-piercing.*

耳朵 ěrduo ear

❷[名] 形状像耳朵的东西：any ear-like thing | 银～ yín'ěr *tremella*

二 èr　2画 一部

二 二二

❶[数] 数目字：two | ～两茶叶 èr liǎng cháyè *two liang of tea*/ ～路公共汽车 èr lù gōnggòng qìchē *No. 2 bus*

二胡 èrhú *erhu, a two-stringed bowed instrument with a lower register than jinghu.*
二手 èrshǒu second-hand
二战 Èrzhàn the Second World War
二氧化碳 èryǎnghuàtàn (chem.) carbon dioxide
独一无二 dúyī-wú'èr
接二连三 jiē'èr-liánsān
一分为二 yīfēnwéi'èr

一干二净 yīgān-èrjìng

❷ [数] 次等的: second; inferior | 这件衣服是~等品。Zhè jiàn yīfu shì èrděngpǐn. *The quality grade of this garment is second-class.* / 他得了~等奖。Tā déle èrděngjiǎng. *He won the second prize.*

◇ 二百五 èrbǎiwǔ ① (inf.) a stupid person ② (dial.) dabbler; smatterer

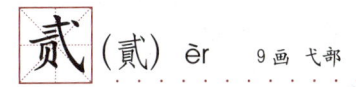

贰 (貳) èr   9画 弋部

贰 贰贰贰贰贰贰贰贰贰

[数] "二 èr" 的大写: two (the corresponding character of the numeral "二 èr", used on cheques, banknotes, etc. to avoid mistakes or alterations) | 填写汇款单时,"二"这个数要大写,写成"~"。Tiánxiě huìkuǎndān shí, "èr" zhège shù yào dàxiě, xiěchéng "贰". *When filling in a money order, you should write "贰" in place of "二".*

F f

发 (發) fā 5画 又部

发 发发发发发

❶ [动] 放射：launch; fire; radiate | ~炮 fāpào *discharge a gunshot* / 百~百中 bǎifā-bǎizhòng *shoot with unfailing accuracy* / ~光~热 fāguāng fārè *emit light and heat*

发球 fāqiú serve a ball

发射 fāshè launch; emit; fire; shoot; discharge

❷ [动] 产生；发生：occur; take place | ~芽 fāyá *sprout* / 旧病复~ jiùbìng fùfā *have an attack of a recurrent sickness; have a recurrence of an old illness*

发病 fābìng (of a disease) come on; attack

发电 fādiàn generate electricity; furnish power; power generation

发热 fārè generate heat; have a fever

发烧 fāshāo have (run) a fever (temperature)

发生 fāshēng happen; occur; take place; arise; crop up

发炎 fāyán inflame; inflammation; fire

暴发 bàofā　　爆发 bàofā
突发 tūfā

❸ [动] 引起；开始行动：cause; give rise to

发动 fādòng start; launch; call into action; mobilize; arouse

发起 fāqǐ initiate; sponsor; start; launch

发动机 fādòngjī engine; motor

发愤图强 fāfèn-túqiáng strive for progress (prosperity) with determination

激发 jīfā　　引发 yǐnfā

❹ [动] 显现；感到：show; feel | ~黄 fāhuáng *turn yellow* / 脸色~白 liǎnsè fābái *lose colour; become pale* / ~苦 fākǔ *have a bitter taste* / ~酸 fāsuān *have a sour taste* / 有点儿~冷 yǒudiǎnr fālěng *feel a bit chilly*

发愁 fāchóu worry; be anxious

发抖 fādǒu shiver; shake; tremble

发火 fāhuǒ ignite; go off; get angry; lose one's temper

发蒙 fāmēng (inf.) get confused; get into a muddle

发作 fāzuò ① break out; show effect ② have a fit of anger; flare up

发脾气 fāpíqi lose one's temper; get angry

❺ [动] 财势兴旺：prosperous both in wealth and power | ~家 fājiā *build up a prosperous family*

发财 fācái get rich; make a fortune; make a pile

❻ [动] 开展；兴起：rise; spring up

发达 fādá developed; flourishing

发扬 fāyáng ① develop; carry on (forward) ② make the most of; make full use of

发育 fāyù growth; development

发展 fāzhǎn ① develop; expand; grow; burgeon ② recruit; admit

发扬光大 fāyáng-guāngdà enhance; develop; carry forward

❼ [动] 特指食物由于发酵或水泡而体积增大：(of food stuffs) rise or expand when fermented or soaked | ～面 fāmiàn *leaven dough* / 面～起来了。Miàn fā qǐlai le. *The dough has risen.*

❽ [动] 离开；起程：leave; set out | 车船齐～。Chēchuán qí fā. *All the boats and vehicles started off at the same time.* / 早上8点钟～车。Zǎoshang bā diǎn zhōng fāchē. *The train departs at 8:00 in the morning.*

出发 chūfā
出发点 chūfādiǎn
从…出发 cóng...chūfā

❾ [动] 揭露；打开：discover; unfold

发觉 fājué find; discover; detect

发掘 fājué excavate; unearth; explore

发明 fāmíng invent; invention

发现 fāxiàn find; discover

揭发 jiēfā   开发 kāifā

启发 qǐfā

❿ [动] 散发；散开：send out; diffuse | 挥～huīfā *volatilize* / ～散 fāsàn *diverge*

蒸发 zhēngfā

⓫ [动] 说出；表达：express; convey | ～命令 fā mìnglìng *give out orders* / 他这个人就好～议论。Tā zhège rén jiù hào fā yìlùn. *He likes to make comments on whatever things.*

发表 fābiǎo publish; issue; deliver; report; project; announce

发布 fābù announce; issue; release

发挥 fāhuī ① bring into play; give play to; give free rein to ② develop; elaborate

发声 fāshēng produce a sound

发誓 fāshì vow; swear

发言 fāyán speak; make a statement (speech)

发音 fāyīn pronounce; enunciate

发言人 fāyánrén spokesman; spokeswoman

⓬ [动] 送出；派出：transmit; dispatch | ～电报 fā diànbào *send a telegram* / ～奖金 fā jiǎngjīn *distribute bonus* / 作业还没～下来。Zuòyè hái méi fā xiàlai. *The assignment papers have not been given back.*

207

发出 fāchū issue; send out; give out; emit
发放 fāfàng provide; grant; extend
发售 fāshòu sell; put on sale
发行 fāxíng issue; publish; distribute; put on sale
颁发 bānfā　　打发 dǎfā
批发 pīfā　　签发 qiānfā
散发 sànfā

⑬ [量] used for ammunition | 一～子弹 yī fā zǐdàn *a bullet*
◇ 发票 fāpiào bill; receipt
See fà.

乏 fá　4画 丿部

乏 乏 乏 乏

❶ [动] 缺少；lack | ～味 fáwèi *dull* / 不～其人 bùfáqírén *there's no lack of such people*
贫乏 pínfá　　缺乏 quēfá
❷ [形] 疲劳；tired | 走～了 zǒufá le *be tired from a long walk* / 人困马～ rénkùn-mǎfá *dog-tired; exhausted*
疲乏 pífá

伐 fá　6画 亻部

伐 伐 伐 伐 伐 伐

❶ [动] 砍；cut down; chop | 砍～ kǎnfá *cut; chop; hack* / ～树 fá shù *cut down trees*

❷ [动] 攻打；攻击：strike; attack | 讨～ tǎofá *send a punitive expedition*
◇ 步伐 bùfá

罚 (罰) fá　9画 四部

罚 罚 罚 罚 罚 罚 罚 罚 罚

[动] 处分；惩处：punish | 赏～分明 shǎngfá-fēnmíng *be fair in meting out rewards or punishments* / 他被～了不少钱。Tā bèi fále bùshǎo qián. *He has been heavily fined.* / 他因多次犯规被判红牌～下。Tā yīn duōcì fànguī bèi pàn hóngpái fáxià. *Having fouled time and again, he was ordered off the field by a red card.*

罚单 fádān slip of penalty
罚款 fákuǎn impose a fine (forfeit); fine; forfeit; penalty
罚球 fáqiú (in basketaball) foul shot; free throw; (in football) penalty kick
惩罚 chéngfá　　处罚 chǔfá

阀 (閥) fá　9画 门部

阀 阀 阀 阀 阀 阀 阀 阀

❶[名] 在某一方面有势力的人、家族或集团：a powerful person,

family or group
军阀 jūnfá
❷[名]管道或机器上的活门：valve | ～门 fǎmén *valve* / 水～ shuǐfá *water valve* / 安全～ ānquánfá *safety valve*

法 fǎ 8画 氵部
法法法法法法法法

❶[名]指国家立法机关制定的一切法规：law, a general term for the rules and regulations made and enforced by the legislative body of a state | 无论谁犯了～，都要受法律制裁。Wúlùn shéi fànle fǎ, dōu yào shòu fǎlǜ zhìcái. *Who violates the law must be punished by legal sanctions regardless of who he is.*
法案 fǎ'àn proposed law; bill
法定 fǎdìng legal; statutory
法官 fǎguān judge; justice
法规 fǎguī laws and regulations
法令 fǎlìng laws and decrees; decree
法律 fǎlǜ law; statute
法人 fǎrén legal person; juridical person
法庭 fǎtíng court; tribunal
法网 fǎwǎng the net of justice; the arm of the law
法学 fǎxué the science of law; law
法医 fǎyī legal medical expert
法院 fǎyuàn court of justice; law court; court
法制 fǎzhì legal system; legal institution; legality

不法 bùfǎ	犯法 fànfǎ
非法 fēifǎ	国法 guófǎ
合法 héfǎ	立法 lìfǎ
守法 shǒufǎ	司法 sīfǎ
违法 wéifǎ	宪法 xiànfǎ
刑法 xíngfǎ	执法 zhífǎ

国际法 guójìfǎ
不法分子 bùfǎ fènzǐ

❷[名]标准；模式：pattern; standard | 效～ xiàofǎ *take as model*
法则 fǎzé rule; law
书法 shūfǎ   语法 yǔfǎ

❸[名]方法；办法：way; mode | 表达～ biǎodáfǎ *mode of expression*
法宝 fǎbǎo ① (Buddhism) the Sutras ② a magic weapon or formula
法子 fǎzi way; method

办法 bànfǎ	乘法 chéngfǎ
除法 chúfǎ	方法 fāngfǎ
加法 jiāfǎ	减法 jiǎnfǎ
看法 kànfǎ	疗法 liáofǎ
设法 shèfǎ	手法 shǒufǎ
书法 shūfǎ	说法 shuōfa
想法 xiǎngfǎ	写法 xiěfǎ
用法 yòngfǎ	作法 zuòfǎ
做法 zuòfǎ	

辩证法 biànzhèngfǎ
书法家 shūfǎjiā

❹[名]法国的简称：short for France

209

法郎 fǎláng franc
法文 Fǎwén French
法语 Fǎyǔ French (language)
◇法西斯 fǎxīsī fascist

发 (髮) fā　5画 又部

发发发发发

[名] 头发: hair | 毛~ máofà hair / 短~ duǎnfà short hair / 理~ lǐfà have one's hair cut
理发师 lǐfàshī
See fā.

帆 fān　6画 巾部

帆帆帆帆帆帆

[名] sail | 扬起风~ yángqǐ fēngfān hoist sail / 一~风顺 yīfānfēngshùn plain sailing
帆船 fānchuán sailing boat

番 fān　12画 采部

番番番番番番番番番番番

❶ [量] 次；回: a turn; time | 嘱咐了一~ zhǔfùle yī fān exhort sb. to do a certain thing in a certain way, etc. / 他思考了一~才作决定。Tā sīkǎole yī fān cái zuò juédìng. He considered it carefully before making his decision.
三番五次 sānfān-wǔcì
❷ [量] 倍: times; -fold | 产量翻了两~ chǎnliàng fānle liǎng fān redouble the output
❸ [量] 种: kind; sort | 一~好意 yī fān hǎoyì a show of hospitality / 别有一~天地 bié yǒu yī fān tiāndì an entirely different world
◇番茄 fānqié tomato

翻 fān　18画 羽部

翻翻翻翻翻翻翻翻翻翻翻翻翻翻翻

❶ [动] 上下或里外位置变换；歪倒: turn upside down or inside out; turn over | ~跟头 fān gēntou turn a somersault / 车~了。Chē fān le. The truck turned over. / 孩子~了一下身子，又睡着了。Háizi fānle yīxià shēnzi, yòu shuìzháo le. The child turned over and fell asleep again.
翻身 fānshēn turn one's body over
推翻 tuīfān
❷ [动] 变换；改变: reverse; overturn | 他的后代把这个案子~了过来。Tā de hòudài bǎ zhège ànzi fānle guòlai. His posterity reversed the original verdict through legal procedure.

❸[动]翻译：translate | 英文~中文 Yīngwén fān Zhōngwén *translate English into Chinese* / 这篇日文稿请你~一下。Zhè piān Rìwéngǎo qǐng nǐ fān yīxià. *Please translate this Japanese article.*

翻译 fānyì translate; (口头 oral) interpret

❹[动]态度突然变坏：suddenly turn hostile | 他俩闹~了。Tā liǎ nàofān le. *They fell out with each other.* / 你怎么跟人家~起脸来了？Nǐ zěnme gēn rénjia fānqǐ liǎn lai le? *How did you fall out with him (or her)?*

❺[动]数量成倍地增长：multiply | 生产~一番 shēngchǎn fān yī fān *double the output* / 老师的工作量~了一倍。Lǎoshī de gōngzuòliàng fānle yī bèi. *The teacher's workload doubled.*

❻[动]越过：get over; climb over | ~山越岭 fānshān-yuèlǐng *get over hills and mountains* / ~墙而过 fān qiáng ér guò *climb over the wall*

凡 fán 3画 几部

凡凡凡

❶[名]大概；要略：general idea; outline | 大~ dàfán *in most cases*

❷[副]凡是；所有的：all; any; every | ~在这方面犯有错误的人，都要受批评。Fán zài zhè fāngmiàn fànyǒu cuòwù de rén, dōu yào shòu pīpíng. *People who made mistakes in this respect should be criticized.* / ~到过的地方，他都拍了照片。Fán dàoguo de dìfang, tā dōu pāile zhàopiàn. *He took pictures wherever he went.*

凡是 fánshì all; every; any

❸[形]平常的；寻常：common; ordinary | ~人 fánrén *mortal*

非凡 fēifán　　平凡 píngfán

❹[名]指尘世：this mortal world | ~间 fánjiān *this mortal world*

烦 (煩) fán 10画 火部

烦烦烦烦烦烦烦烦烦烦

❶[形]苦闷：restless; irritable; depressed | 真~人！Zhēn fán rén! *How annoying!* / 这几天心里特别~。Zhè jǐ tiān xīnli tèbié fán. *I have been deeply vexed these days.*

烦闷 fánmèn be unhappy; be worried; moody

烦恼 fánnǎo vexed; fretted; worried

烦躁 fánzào fidgety; agitated; fretful; restless

❷[动]厌烦；使厌烦：be tired of;

211

annoy | 我特别~他。Wǒ tèbié fán tā. *I quite dislike him.* / 我今天心情不好，别来~我。Wǒ jīntiān xīnqíng bù hǎo, bié lái fán wǒ. *Leave me alone. I am in low spirits today.* / 这些话我都听~了。Zhèxiē huà wǒ dōu tīngfán le. *I'm tired of such remarks.*

耐烦 nàifán

❸ [动] 烦劳，表示请人帮忙：trouble; request | ~你捎个信。Fán nǐ shāo ge xìn. *Could you please pass on a message for me?*

麻烦 máfan

繁 fán 17画 糸部

繁繁繁繁繁繁繁繁繁繁繁繁繁繁繁

❶ [形] 多；复杂：numerous and complicated | ~星 fánxīng *an array of stars* / 枝叶~茂 zhīyè fánmào *luxuriant branches and leaves* / 手续太~，应该尽量简化。Shǒuxù tài fán, yīnggāi jìnliàng jiǎnhuà. *The procedures are too complicated and should be simplified.*

繁多 fánduō various; numerous
繁华 fánhuá flourishing; bustling
繁忙 fánmáng busy; occupied
繁荣 fánróng flourishing; prosperous; booming
繁体 fántǐ the original complex form of simplified Chinese character
繁重 fánzhòng heavy
繁体字 fántǐzì unsimplified Chinese character
频繁 pínfán

❷ [动] 生殖：reproduce
繁殖 fánzhí breed; multiply; propagate

反 fǎn 4画 厂部

反 反反反反

❶ [动] 转换；翻转：turn over | ~败为胜 fǎnbài-wéishèng *turn failure to success*

反常 fǎncháng unusual; abnormal; perverse; strange
反复 fǎnfù ① repeatedly; again and again; over and over again; time and again; time and time again ② reversal; relapse; changeable; fickle

❷ [形] 颠倒的；方向相背的：upside down; reverse | ~方向 fǎn fāngxiàng *in the opposite direction* / 袜子穿~了。Wàzi chuānfǎn le. *He has his socks on inside out.* / 你把我的意思弄~了。Nǐ bǎ wǒ de yìsi nòngfǎn le. *What you understand is the opposite of my idea.*

反比 fǎnbǐ inverse ratio

反差 fǎnchā ① (photog.) contrast ② contrast between good and bad, and the beautiful and the ugly in people or things
反讽 fǎnfěng irony
反馈 fǎnkuì feedback
反面 fǎnmiàn ① reverse side; wrong side; back ② opposite; negative side
反射 fǎnshè reflex; reflection
反思 fǎnsī introspection; reflect over the past
反弹 fǎntán ① bounce off; rebound in the opposite direction after meeting an obstacle ② (fig.) (of price or market conditions) rebound (after a fall)
反问 fǎnwèn ask (a question) in reply; ask in retort
反响 fǎnxiǎng repercussion; echo; reverberation
反省 fǎnxǐng engage in introspection, self-examination or soul-searching
反应 fǎnyìng ① reaction ② response; repercussion
反映 fǎnyìng ① reflect; mirror ② report; make known
反之 fǎnzhī conversely; on the contrary; otherwise
相反 xiāngfǎn
唱反调 chàngfǎndiào
❸ [动] 对抗；背叛：rebel; revolt | 你简直~了! Nǐ jiǎnzhí fǎn le! *How dare you!*

反驳 fǎnbó refute; retort
反动 fǎndòng reactionary
反对 fǎnduì oppose
反感 fǎngǎn repugnance; loathing; abhorrence; be disgusted with; be averse to; dislike
反攻 fǎngōng counteroffensive; counterattack
反击 fǎnjī stride back; beat back; counterattack
反抗 fǎnkàng revolt; resist
❹ [副] 反而：on the contrary; instead | 近来身体~不如以前。Jìnlái shēntǐ fǎn bùrú yǐqián. *On the contrary, my health condition is worse than before.* / 解释了半天，~让人听不懂了。Jiěshìle bàntiān, fǎn ràng rén tīngbudǒng le. *A lot of explanations had been given out; nevertheless, nobody understood what they meant.*
反倒 fǎndào on the contrary; instead
反而 fǎn'ér conversely
◇反正 fǎnzhèng anyway; anyhow; all the same; in any case

返 fǎn 7画 辶部

返 返返返返返返返

[动] 回：return | ~家 fǎnjiā *return home* / 往~ wǎngfǎn *go to and fro; go (somewhere) and come back* / 一去不复~ yī qù bù fùfǎn *gone forever; leaving (going) without returning*

返还 fǎnhuán return; give or sent back

返回 fǎnhuí return; come or go back

犯 fàn 5画 犭部

犯犯犯犯犯

❶ [动] 侵害；进攻：violate; encroach on
侵犯 qīnfàn

❷ [动] 违反；抵触：violate; run counter to | ～纪律 fàn jìlǜ *violate discipline* / 他～了法，自己还不知道。Tā fànle fǎ, zìjǐ hái bù zhīdào. *Without realizing it, he has violated the law.*

犯法 fànfǎ break (violate; transgress) the law; be against the law

犯规 fànguī ① break the rules ② (sports) foul

触犯 chùfàn　违犯 wéifàn

❸ [动] 发生；发作：break out; take effect | ～错误 fàn cuòwù *commit a mistake* / 最近他的旧病又～了。Zuìjìn tā de jiùbìng yòu fàn le. *His old illness came again recently.* / 他的胃病又～了。Tā de wèibìng yòu fàn le. *He suffered a relapse of stomach trouble.*

犯浑 fànhún be unreasonable

犯罪 fànzuì commit (perpetrate) a crime (an offence)

❹ [名] 有罪的人：offender; criminal

犯人 fànrén criminal; convict; prisoner

嫌犯 xiánfàn　战犯 zhànfàn
罪犯 zuìfàn

饭 (飯) fàn 7画 饣部

饭饭饭饭饭饭饭

❶ [名] 粮食做成的熟食，特指米饭：cooked rice or other cereals, usu. cooked rice | 蛋炒～ dànchǎofàn *cooked rice fried with eggs* / 今天的～做得有点儿硬。Jīntiān de fàn zuò de yǒudiǎnr yìng. *Today's cooked rice is a bit hard.*

便饭 biànfàn　米饭 mǐfàn
稀饭 xīfàn

❷ [名] 每天定时吃的主食：meal | 一天三顿～ yī tiān sān dùn fàn *three meals a day* / ～前洗手。Fàn qián xǐshǒu. *Clean your hands before the meal.* / 我喜欢吃妈妈做的～。Wǒ xǐhuan chī māma zuò de fàn. *I like the meals prepared by my mother.*

饭店 fàndiàn restaurant
饭馆 fànguǎn restaurant; luncheonette

214

饭碗 fànwǎn ① rice bowl ② job; means of livelihood
吃饭 chīfàn　　开饭 kāifàn
晚饭 wǎnfàn　　午饭 wǔfàn
早饭 zǎofàn　　做饭 zuòfàn
家常饭 jiācháng fàn
年夜饭 niányèfàn
铁饭碗 tiěfànwǎn

泛 fàn　7画　氵部

泛泛泛泛泛泛泛

❶ [动] 透出；浮现出：appear; show | ~出香味 fànchū xiāngwèi *smell aromatic (sweet-smelling)* / 脸上~红 liǎnshang fànhóng *one's cheeks suffused with blushes*

❷ [形] 不切实；不深入：superficial; unrealistic | 空~ kōngfàn *vague and general*

❸ [形] 普遍；一般：ordinary; general
广泛 guǎngfàn

❹ [动] 水向四处溢出：flood; overflow
泛滥 fànlàn be in flood; overflow; spread unchecked

范 (範) fàn　8画　艹部

范范范范范范范范

❶ [名] 榜样：example; model | 典~ diǎnfàn *example*

风范 fēngfàn　　规范 guīfàn
模范 mófàn　　师范 shīfàn
示范 shìfàn

❷ [名] 一定的界限：limit; range; scope
范畴 fànchóu category; domain; scope
范围 fànwéi scope; limits; range

❸ [动] 限制：place restrictions on; confine | 防~ fángfàn *be on guard; keep a lookout*

贩 (販) fàn　8画　贝部

贩贩贩贩贩贩贩贩

❶ [名] 买进货物后再卖出以获取利润的行商或小商人：trader; monger | 小~ xiǎofàn *pedlar*
贩卖 fànmài peddle; sell
毒贩 dúfàn

❷ [动] 购进货物再卖出：buy to resell | 他从外地刚刚~来这些货物。Tā cóng wàidì gānggāng fànlai zhèxiē huòwù. *He has just transported these goods from other place for resale.* / 从南方~来一批货。Cóng nánfāng fànlai yī pī huò. *A batch of goods has been bought from the south.*
贩毒 fàndú traffic in narcotics

方 fāng　4画　方部

方 方方方方

❶ [形] square｜这块玻璃是～的。Zhè kuài bōli shì fāng de. *The shape of the glass is square.*
长方体 chángfāngtǐ
长方形 chángfāngxíng
正方体 zhèngfāngtǐ

❷ [名] 地区；地方：area; region
地方 dìfāng　远方 yuǎnfāng

❸ [名] 方向：direction｜四面八～ sìmiàn-bāfāng *in all directions* / 前～ qiánfāng *ahead; front*
方向 fāngxiàng direction; orientation
方针 fāngzhēn policy; guiding principle; orientation
方向盘 fāngxiàngpán steering wheel
北方 běifāng　东方 dōngfāng
后方 hòufāng　南方 nánfāng
四方 sìfāng　西方 xīfāng

❹ [名] 方面：side; party｜责任在 A～，不在 B～。Zérèn zài A fāng, bù zài B fāng. *It's party A who should assume the responsibility instead of party B.*
方面 fāngmiàn respect; aspect; side; field
对方 duìfāng　官方 guānfāng
双方 shuāngfāng
单方面 dānfāngmiàn

❺ [名] 方法：method; way; means｜教导有～ jiāodǎo-yǒufāng *exercise good instruction* / 张先生教子有～。Zhāng xiānsheng jiāo zǐ yǒufāng. *Mr Zhang always guides his children in the proper way.*
方案 fāng'àn scheme; plan; programme; proposal; suggestion; formula
方法 fāngfǎ method; way; means
方式 fāngshì way; fashion; mode; pattern
千方百计 qiānfāng-bǎijì
想方设法 xiǎngfāng-shèfǎ

❻ [名] 配药的单子：(of medicine) prescription｜验～ yànfāng *proved recipe* / 偏～儿 piānfāngr *folk prescription*
处方 chǔfāng　配方 pèifāng
药方 yàofāng
处方药 chǔfāngyào

❼ [名] 乘方：power; involution｜2 的 3 次～是 8。Èr de sān cì fāng shì bā. *The third power of 2 is 8.*
方程 fāngchéng equation
乘方 chéngfāng
立方 lìfāng
立方米 lìfāngmǐ
平方米 píngfāngmǐ
平方公里 píngfāng gōnglǐ

◇方便 fāngbiàn convenient
比方 bǐfāng
打比方 dǎbǐfāng

坊

fāng　7画 土部

坊 坊坊坊坊坊坊坊

[名]城镇中的小街小巷：lane (usu. as part of a street name)
街坊 jiēfang
　　See fāng.

芳 fāng 7画 艹部

芳 芳芳芳芳芳芳芳

[形]香：fragrant; scented | ～香 fāngxiāng *fragrant*
芬芳 fēnfāng

防 fāng 6画 阝(左)部

防 防防防防防防

❶[名]挡水的建筑物：dyke; embankment | 堤～ dīfáng *dyke*
❷[动]防备；戒备；守卫：guard against | ～身 fángshēn *defend oneself* / 以～万一 yǐfángwànyī *be prepared for all contingencies; be ready for any eventuality*
防备 fángbèi guard against
防范 fángfàn be on guard; keep a lookout
防护 fánghù protect; shelter
防空 fángkōng air defense
防守 fángshǒu defend; guard
防伪 fángwěi counterfeit prevention
防线 fángxiàn line of defence
防汛 fángxùn flood prevention or control
防疫 fángyì epidemic prevention
防御 fángyù defend; guard
防止 fángzhǐ prevent; guard against; forestall
防治 fángzhì prevention and cure
边防 biānfáng　国防 guófáng
消防 xiāofáng　预防 yùfáng

坊 fāng 7画 土部

坊 坊坊坊坊坊坊

[名]小手工业者的工作场所和某些店铺的名称：workshop; mill | 磨～ mòfāng *mill* / 油～ yóufāng *oil mill* / 染～ rǎnfāng *dyer's workshop*
　　See fáng.

妨 fāng 7画 女部

妨 妨妨妨妨妨妨

[动]阻碍：hinder; obstruct | 不～同他再谈一次。Bùfáng tóng tā zài tán yī cì. *We might as well have another talk with him.* / 不～早点儿动身。Bùfáng zǎodiǎnr dòngshēn. *We'd better leave a little earlier.*
妨碍 fáng'ài hinder; hamper; impede; obstruct; interfere with

217

肪 fáng 8画 月部

肪肪肪肪肪肪肪肪

See 脂肪
脂肪 zhīfáng

房 fáng 8画 户部

房房房房房房房房

❶ [名] 房子：house | 瓦~ wǎfáng *tile-roofed house* / 草~ cǎofáng *thatched cottage*

房产 fángchǎn house property
房东 fángdōng landlord or landlady
房屋 fángwū house; building
房子 fángzi house or building; room; apartment
房租 fángzū rent; rental
房地产 fángdìchǎn real estate
厂房 chǎngfáng　楼房 lóufáng
现房 xiànfáng　住房 zhùfáng

❷ [名] 房间：room | 卧~ wòfáng *bedroom* / 书~ shūfáng *study*

房间 fángjiān room
病房 bìngfáng　厨房 chúfáng
库房 kùfáng　牢房 láofáng
票房 piàofáng　新房 xīnfáng

❸ [名] 指家族的一支：a branch of a clan | 远~ yuǎnfáng *(of kinship) distantly related*

◇ 乳房 rǔfáng

仿 fǎng 6画 亻部

仿仿仿仿仿仿

❶ [动] 类似；像：be more or less the same; resemble | 相~ xiāngfǎng *be similar; be like*

仿佛 fǎngfú ①seemingly; as if; as though ②be more or less the same; be similar

❷ [动] 照样子做：imitate | ~照 fǎngzhào *imitate* / ~制 fǎngzhì *copy*

仿造 fǎngzào copy; be modeled on
仿真 fǎngzhēn ① emulate; experiment with a model that simulates the real thing ② simulation; have or take on the external appearance
模仿 mófǎng

访 (訪) fǎng 6画 讠部

访访访访访访

❶ [动] 调查；寻求：seek by enquiry or search | 寻~ xúnfǎng *seek by enquiry or search*

采访 cǎifǎng

❷ [动] 拜访；探望：pay a visit; call on | 来~ láifǎng *come to visit* / 家~ jiāfǎng *(officially) visit somebody's family* / ~友 fǎngyǒu *call on a friend*

访谈 fǎngtán interview
访问 fǎngwèn visit; call on; interview; pay (make) a call
拜访 bàifǎng

纺 (紡) fǎng 7画 纟部

纺纺纺纺纺纺纺

[动] spin | ~线 fǎngxiàn *spin into thread*
纺织 fǎngzhī spinning and weaving
纺织品 fǎngzhīpǐn textile; fabric

放 fàng 8画 方部

放放放放放放放放

❶ [动] 不加约束：give way to | ~声大笑 fàngshēng dàxiào *laugh a hearty laugh* / ~声歌唱 fàngshēng gēchàng *sing heartily*

❷ [动] 解除约束：release; let go; set free | ~开手脚 fàngkāi shǒujiǎo *give sb. a free hand; unrestrained* / 不要~他走。Bùyào fàng tā zǒu. *Don't let him go.* / 女儿把关在笼子里的鸟儿~了。Nǚ'ér bǎ guān zài lóngzi li de niǎor fàng le. *My daughter released the bird from the cage.* / 游泳池的水全~干净了。Yóuyǒngchí de shuǐ quán fàng gānjìng le. *All the water has been let out of the swimming pool.*
放弃 fàngqì give up; abandon; renounce; abstain from
放手 fàngshǒu let go; release; have a free hand
放心 fàngxīn set one's mind at rest; be at ease; rest assured; feel relieved
解放 jiěfàng   排放 páifàng
释放 shìfàng

❸ [动] 带牲畜到野外去活动、吃草：put out to pasture; herd | ~羊 fàng yáng *herd sheep* / ~牛 fàng niú *pasture cattle*

❹ [动] 暂时停止工作或学习，使自由活动：dismiss; let out
放假 fàngjià have a day off; have a holiday (vacation)
放学 fàngxué dismiss school

❺ [动] 点燃：light | ~爆竹 fàng bàozhú *light firecrackers* / ~火 fànghuǒ *set on fire* / 国庆节的夜晚，广场上~了两个小时的礼花。Guóqìngjié de yèwǎn, guǎngchǎng shang fàngle liǎng gè xiǎoshí de lǐhuā. *On the night of the National Day, fireworks were displayed on the square for two hours.*
燃放 ránfàng

❻ [动] 发出：let off | ~炮 fàngpào *fire guns* / ~风筝 fàng fēngzheng *fly a kite* / 今天学校礼堂~电影。Jīntiān xuéxiào

219

lǐtáng fàng diànyǐng. *The school auditorium has a film show today.*

放射 fàngshè radiate; emit; shoot; emission

放映 fàngyìng show; project

播放 bōfàng　　发放 fāfàng

❼[动]开：come into bloom | 鲜花开～。Xiānhuā kāifàng. *Flowers blossom.* / 心花怒～xīnhuā-nùfàng be wild with joy

开放 kāifàng

百花齐放 bǎihuā-qífàng

❽[动]扩展；加大：enlarge; widen | ～宽一寸 fàngkuān yī cùn *let out an inch* / ～松一点 fàngsōng yīdiǎn *loosen a little* / 照片～得太大了。Zhàopiān fàng de tài dà le. *The photograph is oversizely enlarged.*

放大 fàngdà enlarge; magnify; amplify

放松 fàngsōng relax

❾[动]搁；置：lay aside; shelve | 这件事暂且～一～。Zhè jiàn shì zànqiě fàngyifàng. *Lay this matter aside for the moment.*

放下 fàngxià lay down; put down; drop

放置 fàngzhì lay up; lay aside

摆放 bǎifàng　　存放 cúnfàng

投放 tóufàng

❿[动]加进去：put in | 我喝牛奶不～糖。Wǒ hē niúnǎi bù fàng táng. *I prefer the milk without adding sugar.*

⓫[动]控制(行动、态度等)：control; manage | 声音～大点儿。Shēngyīn fàngdà diǎnr. *Speak louder.* / 脚步～轻些。Jiǎobù fàngqīng xiē. *Step more softly* / 把速度～慢点儿。Bǎ sùdù fàngmàn diǎnr. *Slow down a little.*

飞 (飛) fēi 3画 飞部

飞 飞 飞

❶[动](鸟、虫等)拍动翅膀在空中行动：fly | 小鸟～了。Xiǎoniǎo fēi le. *The bird flew away.* / 老鹰在天上～来～去。Lǎoyīng zài tiānshang fēi lái fēi qù. *The eagle hovers back and forth in the sky.* / 蜻蜓在水面上～。Qīngtíng zài shuǐmiàn shang fēi. *The dragonflies skim on the surface of the water.*

飞快 fēikuài ① very fast ② extremely sharp

飞舞 fēiwǔ dance in the air; flutter

飞翔 fēixiáng flight; circle in the air; hover

飞跃 fēiyuè leap

❷[动](物体)在空中飘动或行驶：drift; flutter | ～雪花了。Fēi xuěhuā le. *Snowflakes flutter in the air.* / 这架飞机已经累计～了一千多个小时。Zhè jià fēijī yǐjīng lěijì fēile yīqiān duō ge xiǎoshí. *The flight time of this plane has totalled more than 1,000 hours.*

飞船 fēichuán airship

飞碟 fēidié ① (sports) skeet shooting; skeet trapshooting ② flying saucer; UFO

飞机 fēijī airplane; plane; aeroplane; aircraft

飞速 fēisù at full speed

飞行 fēixíng flight; flying; aviate

飞行员 fēixíngyuán pilot; aviator; flyer

起飞 qǐfēi

❸ [动] 挥发: volatilize | 香味儿~光了。Xiāngwèir fēiguāng le. *The sweet scent all disappeared.*

非

fēi　　8画 非部

非 非非非非非非非非

❶ [动] 不合于；违背: run counter to; go against; violate | ~礼 fēilǐ *a breach of etiquette; impolite; take liberties with (a woman)* / 那些~人道的做法受到了公众的谴责。Nàxiē fēiréndào de zuòfǎ shòudàole gōngzhòng de qiǎnzé. *Those inhuman ways of doing are condemned by the public.*

非常 fēicháng extraordinary; unusual; special; extremely

非法 fēifǎ illegal; unlawful; illicit

❷ [名] 错误；坏事: mistake; wrong; error | 招惹是~ zhāorě-shìfēi *ask for trouble* / 明辨是~ míngbiàn-shìfēi *make a clear distinction between right and wrong*

是非 shìfēi

❸ [动] 不是: be wrong; be not | 答~所问 dáfēisuǒwèn *give an irrelevant answer*

非凡 fēifán outstanding; extraordinary; uncommon

并非 bìngfēi　　绝非 juéfēi

似是而非 sìshì'érfēi

似笑非笑 sìxiào-fēixiào

❹ [副] 跟"不"呼应，表示必须: used in cooperation with "不 bù", expressing necessity | 学外语，~下苦功不可。Xué wàiyǔ, fēi xià kǔgōng bùkě. *One cannot master a foreign language without making great efforts.* / 今天的会议很重要，你~参加不可。Jīntiān de huìyì hěn zhòngyào, nǐ fēi cānjiā bùkě. *You must attend today's meeting as it is highly important.* / 你这病~动手术不可。Nǐ zhè bìng fēi dòng shǒushù bùkě. *An operation must be taken according to the condition of your illness.*

非…不可 fēi... bùkě ① must;

221

have to ② will inevitably; be bound to
无非 wúfēi

❺ [名] 非洲的简称：short for Africa
非洲 Fēizhōu Africa
◇除非 chúfēi

肥 féi 8画 月部

肥 肥肥肥肥肥肥肥肥

❶ [形] 胖；含脂肪多的：fat; oily | ~肉 féiròu *fat meat* / ~胖 féipàng *fat; corpulent* / 鸡养得很~。Jī yǎng de hěn féi. *Those fat chickens are well fed.* 减肥 jiǎnféi

❷ [形] 土质好：fertile; rich | 土质~ tǔzhì féi *rich soil* / 这里的土地很~。Zhèlǐ de tǔdì hěn féi. *The soil of this area is very fertile.*
肥沃 féiwò fertile; rich

❸ [名] 肥料：fertilizer; manure
肥料 féiliào fertilizer
化肥 huàféi 施肥 shīféi

❹ [形] 宽大 (指衣服、鞋袜等)：(of clothes, shoes, socks, etc.) large; big; loose | 裤腰太~了。Kùyāo tài féi le. *The waist of the trousers is too large.* / 这衣服稍微~了点儿。Zhè yīfu shāowēi féile diǎnr. *The coat is a bit too loose.*

◇肥皂 féizào soap

匪 fěi 10画 匚部

匪 匪匪匪匪匪匪匪匪匪匪

[名] 强盗：bandit; robber | 盗~ dàofěi *brigand*
匪徒 fěitú gangster; bandit; outlaw; robber
劫匪 jiéfěi

诽 (誹) fěi 10画 讠部

诽 诽诽诽诽诽诽诽诽诽诽

See 诽谤
诽谤 fěibàng slander; calumniate; libel; defame

肺 fèi 8画 月部

肺 肺肺肺肺肺肺肺肺

[名] lung | 妈妈的~一直不好。Māma de fèi yīzhí bù hǎo. *My mother has been suffering from lung problems.* / 老师做了~切除手术。Lǎoshī zuòle fèi-qiēchú shǒushù. *The teacher underwent a pneumonectomy.*
肺炎 fèiyán pneumonia

废 (廢) fèi   8画 广部

废废废废废废废废

❶ [动] 取消；停止；不用：abandon; abolish; abrogate
废除 fèichú abolish; abrogate; annul; repeal
作废 zuòfèi
半途而废 bàntú'érfèi

❷ [形] 没用的：useless | ～报纸 fèi bàozhǐ back copies of newspaper / ～铁 fèitiě scrap iron
废话 fèihuà nonsense; rubbish; superfluous words
废旧 fèijiù (of things) old and useless
废品 fèipǐn waste product; reject; scrap; waste
废气 fèiqì waste gas; exhaust gas
废物 fèiwù ① waste material; trash ② good-for-nothing
废墟 fèixū ruins

沸 fèi   8画 氵部

沸沸沸沸沸沸沸沸

[动] 液体受热到一定程度，产生气泡而翻腾：boil; bubble up | 水～了。Shuǐ fèi le. The water is boiling.

沸腾 fèiténg ① boiling; ebullition ② boil over; seethe with excitement

费 (費) fèi   9画 贝部

费费费费费费费费费

❶ [动] 消耗：consume; spend | ～脑筋 fèi nǎojīn rack one's brains / ～功夫 fèi gōngfu be time-consuming / ～时间 fèi shíjiān take time / ～力气 fèi lìqi need or use great effort / 这样花钱太～了。Zhèyàng huāqián tài fèi le. It is too extravagant to squander in this way.

费力 fèilì need or exert great effort; be strenuous
费心 fèixīn ① give a lot of care; take a lot of trouble ② (pol.) (used in making a request or giving thanks) may I trouble you (to do sth.); would you mind (doing sth.)

❷ [名] 费用：cost; expenses | 电～ diànfèi charges for electricity / 水～ shuǐfèi water rates / 生活～ shēnghuófèi living expenses / 住院～ zhùyuànfèi hospitalization expenses

费用 fèiyòng cost; expenses

付费 fùfèi	公费 gōngfèi
话费 huàfèi	经费 jīngfèi
免费 miǎnfèi	收费 shōufèi
税费 shuìfèi	邮费 yóufèi
学费 xuéfèi	资费 zīfèi

自费 zìfèi
消费品 xiāofèipǐn
消费者 xiāofèizhě

分 fēn 4画 八部

分 分分分分

❶ [动] 分开；使整体变成若干部分：divide; separate | ～成两半 fēnchéng liǎngbàn *divide into two* / 这些东西我们～了吧。Zhèxiē dōngxi wǒmen fēnle ba. *Let's share out these things.* / 一年～四季 yī nián fēn sìjì *the year is divided into four seasons*

分别 fēnbié ① part; leave each other ② distinguish; differentiate ③ separately; individually; respectively

分布 fēnbù be distributed over an area; be dispersed; be scattered; spread

分成 fēnchéng (money, property, goods, etc.) share; divide by tenths

分割 fēngē cut apart; break up; carve up; decollate

分化 fēnhuà become divided; break up; split up

分解 fēnjiě ① resolve; decompose; disintegrate; break down; break up ② explain; disclose

分开 fēnkāi ① be apart; part ② (cause to) separate or part

分类 fēnlèi classify

分离 fēnlí separate; sever; leave; part

分裂 fēnliè fission; split; divide; break up

分流 fēnliú ① distributary; split-flow ② diversion; (of crowds and vehicles) split flow

分批 fēnpī in batches; in turn

分期 fēnqī by stages

分散 fēnsàn disperse; scatter; decentralize

分手 fēnshǒu part company; say good-bye

分析 fēnxī analyze; analysis

瓜分 guāfēn   划分 huàfēn

一分为二 yīfēn-wéi'èr

❷ [动] 分配；分给：distribute; allot | 他～了一间单人宿舍。Tā fēnle yījiān dānrén sùshè. *He was allotted a one-room apartment.* / 这个月每人～了300元奖金。Zhège yuè měi rén fēnle sānbǎi yuán jiǎngjīn. *Each person was awarded a premium of 300 yuan this month.*

分工 fēngōng division of labor

分红 fēnhóng draw dividends; share profits

分配 fēnpèi distribute; allot; assign; distribution

分享 fēnxiǎng share (joy, rights, etc.); partake of

按劳分配 ànláo fēnpèi

❸ [名] 从主体中分出来的：division

or subdivision of organization, etc. | ~店 fēndiàn *branch store* / ~公司 fēngōngsī *a branch company*

分队 fēnduì contingent; detachment

分机 fēnjī (telephone) extension

分支 fēnzhī subdivision; branch

❹ [动] 辨别；区别：distinguish | 他是非不~。Tā shìfēi bù fēn. *He couldn't distinguish right from wrong.* / 我总是~不清他和他的弟弟。Wǒ zǒngshì fēnbuqīng tā hé tā de dìdi. *I can never tell him from his younger brother.*

分辨 fēnbiàn distinguish; tell apart; make out; identify

分辩 fēnbiàn defend oneslf (against a charge); offer an explanation

分明 fēnmíng clearly demarcated; obviously; evidently

分歧 fēnqí differ; difference; divergence

分清 fēnqīng distinguish; draw a clear distinction between

区分 qūfēn

❺ [量] 表示成绩的计数单位：point; mark

总分 zǒngfēn

❻ [量] 表示分数：portion; part | 三~之一 sān fēn zhī yī *one-third*

分母 fēnmǔ denominator

分子 fēnzǐ numerator

百分比 bǎifēnbǐ

百分点 bǎifēndiǎn

❼ [量] 十分之一；成数：percentage

十分 shífēn 万分 wànfēn

❽ [名] 成绩或比赛胜负的分数：marks or points one gets in an exam or contest | 他英语考了 95~。Tā Yīngyǔ kǎole jiǔshíwǔ fēn. *He scored 95 in English examination.* / 排球比赛我队以 1~之差败了。Pǎiqiú bǐsài wǒ duì yǐ yī fēn zhī chā bàile. *We lost by one point in the volleyball match.* / 他的体操项目在运动会上得了满~。Tā de tǐcāo xiàngmù zài yùndònghuì shang déle mǎnfēn. *His gymnastics won full marks in the sports meeting.*

分数 fēnshù ① fraction; fractional number ② mark; grade; point

分数线 fēnshùxiàn bottom or floor mark for enrolment eligibility

比分 bǐfēn

❾ [量] 时间单位，1小时的六十分之一：minute | 6点20~ liù diǎn èrshí fēn *twenty past six* / 现在是几点几~? Xiànzài shì jǐ diǎn jǐ fēn? *What's the time to the minutes now?*

分钟 fēnzhōng minute

❿ [量] 我国货币单位，1角钱的十分之一：cent; *fen* (a unit of RMB, equal to 0.1 *jiao*)

225

◇分寸 fēncun proper limits for speech or action; sense of propriety; sense of proportion
分泌 fēnmì secrete
分子 fēnzǐ ① (math.) numerator (in a fraction) ② (chem.) molecule
　　See fèn.

芬 fēn 7画 艹部

芬芬芬芬芬芬芬

[名] 香气: fragrance; perfume
芬芳 fēnfāng sweet smell; frgrance

吩 fēn 7画 口部

吩吩吩吩吩吩吩

See 吩咐
吩咐 fēnfù tell; instruct

纷 (紛) fēn 7画 纟部

纷纷纷纷纷纷纷

❶ [形] 多；杂乱: numerous; confused; disorderly | ~杂 fēnzá numerous and disorderly / 雪片~飞 xuěpiàn fēnfēi snowflakes flutter about
纷纷 fēnfēn ① numerous and confused ② one after another; in succession

❷ [名] 争执: dispute
纠纷 jiūfēn

氛 fēn 8画 气部

氛氛氛氛氛氛氛氛

[名] 情景；状况: atmosphere
气氛 qìfēn

坟 (墳) fén 7画 土部

坟坟坟坟坟坟坟

See 坟墓
坟墓 fénmù grave; tomb

粉 fěn 10画 米部

粉粉粉粉粉粉粉粉粉

❶ [名] 特指化妆用的香粉: (of cosmetics) face powder | 涂脂抹~ túzhī-mǒfěn apply powder and paint / 这种~真香。Zhè zhǒng fěn zhēn xiāng. This brand of powder is so fragrant!

❷ [名] 细末状的东西: powder-like thing | 米~ mǐfěn rice flour / 洗衣~ xǐyīfěn detergent powder
粉末 fěnmò powder
淀粉 diànfěn　　面粉 miànfěn
奶粉 nǎifěn

❸ [动] 变成或使变成粉末: turn into

powder

粉碎 fěnsuì ① broken to pieces ② smash; shatter; crush

❹ [名] 用淀粉等制成的食品：meals made from starch | 凉～liángfěn *bean jelly* / ～丝fěnsī *vermicelli made from bean starch, etc.*

❺ [形] 红和白合成的颜色：pink; pale-red colour | ～红fěnhóng *pink* / 这块绸子是～的。Zhè kuài chóuzi shì fěn de. *The colour of this silk fabric is pink.*

◇ 粉笔 fěnbǐ chalk

分 fēn 4画 八部

分 分分分分

❶ [名] 成分；构成事物的不同的物质或因素：element; content | 水～shuǐfēn *moisture content*
分量 fēnliàng weight
分子 fēnzǐ member; element
部分 bùfèn   成分 chéngfèn
充分 chōngfèn 养分 yǎngfèn
缘分 yuánfèn
不法分子 bùfǎ fènzǐ
知识分子 zhīshi fènzǐ

❷ [名] 职责和权利的限度：limits of powers or rights | 本～běnfèn *one's duty; honest* / 恰如其～qiàrúqífèn *appropriate; just right*
分外 fènwài beyond one's duty
◇ 过分 guòfèn

See fēn.

份 fèn 6画 亻部

份 份份份份份份

❶ [名] 整体里的一部分：share; part; portion
份额 fèn'é share; portion
成分 chéngfèn   股份 gǔfèn
股份制 gǔfènzhì

❷ [量] 用于整体分成的部分或组成整体的部分：share; part; portion | 一～礼 yī fèn lǐ *a gift* / 每人都有一～。Měi rén dōu yǒu yī fèn. *Everyone has his share.*

❸ [量] 用于报刊、文件等：used for newspaper, document, etc. | 一～报纸 yī fèn bàozhǐ *a copy of the newspaper* / 一～文件 yī fèn wénjiàn *a copy of document* / 合同一式两～。Hétong yī shì liǎng fèn. *The contract has been done in duplicate.*

❹ [量] 用于餐厅、商店为单人搭配的食物量：set meal | 中午买了一～米饭。Zhōngwǔ mǎile yī fèn mǐfàn. *I bought a portion of cooked rice at noon.* / 快餐六块钱一～。Kuàicān liù kuài qián yī fèn. *Quick meals are sold at 6 yuan a set.*

❺ [名] 用在"省、县、年、月"后面，表示划分的单位：used after

227

"省 shěng" "县 xiàn" "年 nián" "月 yuè" to indicate units of differentiation | 省~ shěngfèn *province*
月份 yuèfèn
身份证 shēnfènzhèng

奋 (奮) fèn 8画 大部

奋奋奋奋奋奋奋奋

[动] 振作；鼓劲：exert oneself; act vigorously
奋斗 fèndòu struggle; fight; strive
奋力 fènlì do all one can; spare no effort
奋勇 fènyǒng summon up all one's courage and energy
奋战 fènzhàn fight bravely; work strenuously
勤奋 qínfèn 兴奋 xīngfèn
振奋 zhènfèn
兴奋剂 xīngfènjì

粪 (糞) fèn 12画 米部

粪粪粪粪粪粪粪粪粪粪粪粪

[名] 屎：excrement | 鸟~ niǎofèn *droppings of fowls* / ~是最好的有机肥料。Fèn shì zuìhǎo de yǒujī féiliào. *Excrement is the best organic fertilizer.*

愤 (憤) fèn 12画 忄部

愤愤愤愤愤愤愤愤愤愤愤愤

[动] 因为不满意而激动；发怒：get angry; resent
愤恨 fènhèn indignantly resent; detest
愤怒 fènnù indignation; anger; wrath; fury
悲愤 bēifèn   气愤 qìfèn
发愤图强 fāfèn-túqiáng

丰 (豐) fēng 4画 一部

丰丰丰丰

[形] 丰富：rich; abundant | ~盛 fēngshèng *rich* / ~年 fēngnián *a bumper harvest year*
丰产 fēngchǎn high yield; bumper crop
丰富 fēngfù abundant; ample; rich; plentiful
丰厚 fēnghòu ① thick ② rich and generous
丰满 fēngmǎn plentiful; full and round; plump
丰收 fēngshōu yield abundantly; abundant (ample; bounteous; bumper; good; plenteous; plentiful; rich; splendid) harvests
丰富多彩 fēngfù-duōcǎi rich

and varied; rich and colourful

风 (風) fēng 4画风部

风 风风风风

❶ [名] wind | ~把树吹得哗哗响。Fēng bǎ shù chuī de huāhuā xiǎng. *The leaves are rustling in the wind.* / 北京春天~多。Běijīng chūntiān fēng duō. *During the spring, it's rather windy in Beijing.*

风暴 fēngbào windstorm; storm; tempest; a violent commotion

风波 fēngbō ① wind and waves ② (fig.) disturbance; storm

风浪 fēnglàng stormy waves; storm

风力 fēnglì wind-force

风沙 fēngshā sand blown by the wind

风衣 fēngyī windcheater; windbreaker; windjacket

风雨 fēngyǔ wind and rain; trials and hardships

风云 fēngyún wind and cloud; a stormy or unstable situation

风筝 fēngzheng kite

风和日丽 fēnghé-rìlì a bright sun and a gentle breeze; warm and sunny weather

风调雨顺 fēngtiáo-yǔshùn good weather for the crops; favourable weather

春风 chūnfēng 大风 dàfēng

东风 dōngfēng
狂风 kuángfēng
台风 táifēng
通风 tōngfēng 微风 wēifēng

❷ [名] 风气；习俗：practice; custom; atmosphere | 学~ xuéfēng *academic atmosphere; academic discipline* / 文~ wénfēng *style of writing*

风貌 fēngmào ① style and features ② elegant appearance and bearing

风气 fēngqì general mood; atmosphere; common practice

风情 fēngqíng ① (formal) bearing; demeanour ② amorous feelings; flirtatious expressions ③ local conditions and customs

风尚 fēngshàng prevailing custom (practice, habit)

风俗 fēngsú custom

风味 fēngwèi special flavor; local colours (flavors)

风土人情 fēngtǔ-rénqíng local conditions and customs

不正之风 bùzhèngzhīfēng

❸ [名] 外在的姿态；作风：gesture; style

风采 fēngcǎi ① (formal) elegant demeanour; graceful bearing ② (formal) literary grace

风度 fēngdù demeanor; bearing

风范 fēngfàn (formal) ① demeanour; bearing; poise ② style; manner; air

风格 fēnggé style; manner;

229

mode
风趣 fēngqù humor; wit
整风 zhěngfēng 作风 zuòfēng
❹[名]消息；风声：word; news; rumour | 闻~而逃 wénfēng'értáo *flee at the news* / 最近没听到什么~声? Zuìjìn méi tīngdào shénme fēngshēng? *Have you had any news recently?*
❺[名]景象：scene; picture; sight
风光 fēngguāng scenery; scene; view; sight
风光 fēngguang grand; impressive; in style
风景 fēngjǐng scenery; landscape
◇ 风琴 fēngqín organ
风险 fēngxiǎn risk; hazard
风云人物 fēngyún rénwù man of the hour
担风险 dānfēngxiǎn

封 fēng 9画 寸部

封封封封封封封封封

❶[动]古代帝王把爵位、土地或称号赐给臣子：(of ancient Kings) grant title or territories to their family members or subordinates
封建 fēngjiàn the system of enfeoffment; feudalism
❷[动]封闭：seal; cap | 把瓶口~住 bǎ píngkǒu fēngzhù *seal the bottle* / 这个出口被~了。Zhège chūkǒu bèi fēng le. *The entrance was blocked.* / 大雪~山了。Dàxuě fēngshān le. *The mountains are blocked by heavy snow.*
封闭 fēngbì seal; close; seal off
封锁 fēngsuǒ block or seal off; blockade
查封 cháfēng 密封 mìfēng
❸[名]用来封东西的物品：envelope; package
封面 fēngmiàn front cover; the front and back cover of a book
信封 xìnfēng
❹[量]用于封着的东西：used for sth. packed or sealed | 一~信 yī fēng xìn *a letter* / 两~电报 liǎng fēng diànbào *two telegrams*

疯(瘋) fēng 9画 疒部

疯疯疯疯疯疯疯疯疯

❶[形] mad; crazy | 发~ fāfēng *become crazy* / 他完全~了。Tā wánquán fēng le. *He was stark mad.*
疯狂 fēngkuáng frenzied; unbridled; insane
疯子 fēngzi lunatic; madman
❷[形]野性的，不受拘束的：unbridled; wild | 孩子都玩~了，连饭都顾不上吃。Háizi dōu wánfēng le, lián fàn dōu

gūbushang chī. *The children are enjoying themselves so wildly that they even forget their meals.*

峰 fēng 10画 山部

峰峰峰峰峰峰峰峰峰峰

[名] 高而尖的山顶：summit; peak
峰会 fēnghuì summit; summit meeting; meeting of heads of states
顶峰 dǐngfēng
山峰 shānfēng

锋 (鋒) fēng 12画 钅部

锋锋锋锋锋锋锋锋锋锋锋锋

❶[名] 刀、剑等兵器的锐利部分；器物的尖端部分：a sharp point or cutting edge of a knife, etc. | 剑～ jiànfēng *the cutting edge of a sword* / 针～相对 zhēnfēng-xiāngduì *give tit for tat*
锋利 fēnglì sharp; keen; incisive; poignant
交锋 jiāofēng

❷[名] 带头在前的人：vanguard | 前～ qiánfēng *spearhead of army*
先锋 xiānfēng
中锋 zhōngfēng

蜂 fēng 13画 虫部

蜂蜂蜂蜂蜂蜂蜂蜂蜂蜂蜂蜂蜂

[名] bee; wasp
蜂蜜 fēngmì honey
黄蜂 huángfēng 蜜蜂 mìfēng
一窝蜂 yīwōfēng

逢 fēng 10画 辶部

逢逢逢逢逢逢逢逢逢逢

[动] 遇到；遇见：meet; encounter; come across | 重～ chóngféng *meet again* / 每～星期日他都去看电影。Měi féng xīngqīrì tā dōu qù kàn diànyǐng. *He goes to the cinema every Sunday.*
逢年过节 féngnián-guòjié on New Year's Day or other festivals
萍水相逢 píngshuǐ-xiāngféng

缝 (縫) féng 13画 纟部

缝缝缝缝缝缝缝缝缝缝缝缝缝

[动] 用针线连缀：sew; stitch | ～衣服 féng yīfu *sew a dress* / ～伤口 féng shāngkǒu *sew up a wound*
See fèng.

讽 (諷) fěng 6画 讠部

讽 讽讽讽讽讽讽

[动] 用含蓄的话指责、劝告或讥笑：criticize a person or thing with implicit remarks | 讥~ jīfěng *ridicule; mock* / 冷嘲热~ lěngcháo-rèfěng *with biting sarcasm*

讽刺 fěngcì satirize; mock; ridicule; sarcasm

反讽 fǎnfěng

凤 (鳳) fèng 4画 几部

凤 凤凤凤凤

[名] 传说中的百鸟之王。雄的叫"凤"，雌的叫"凰"：phoenix, a legendary bird king. A male is called "凤 fèng", while the female one is called "凰 huáng" | 百鸟朝~ bǎiniǎo cháofèng *all kinds of birds pay respects to the phoenix*

凤凰 fènghuáng phoenix

奉 fèng 8画 一部

奉 奉奉奉奉奉奉奉奉

❶ [动] 恭敬地献上；送：present with respect | ~送 fèngsòng *offer as a gift* / ~上新茶一盒，请收下。Fèngshang xīn chá yī hé, qǐng shōuxia. *(in polite writing) Please kindly accept a box of newly picked and processed tea I herewith send you.*

奉献 fèngxiàn offer as a tribute; present with all respect

❷ [动] 遵照；遵照执行：obey; act in accordance with | ~命 fèngmìng *receive orders*

奉行 fèngxíng pursue (a policy, etc.)

❸ [副] 敬词，用于自己的举动涉及对方时：term used to show respect to the one concerned | ~劝 fèngquàn *offer a piece of advice* / ~陪 fèngpéi *keep company*

无可奉告 wúkěfènggào

缝 (縫) féng 13画 纟部

缝 缝缝缝缝缝缝缝缝缝缝缝缝缝

❶ [名] 接合的地方：seam | 门~ ménfèng *the crack between the door and its frame* / 无~钢管 wúfèng gāngguǎn *seamless steel tube*

❷ [名] 间隙：crack | 墙壁裂了一道~。Qiángbì lièle yī dào fèng. *There is a crack in the wall.*

See féng.

佛 fó 7画 亻部

佛佛佛佛佛佛佛

❶[名]指佛教创始人释迦牟尼：the founder of Buddhism—Sakyamuni

❷[名]修成佛道的人：real Buddhist

❸[名]佛教：Buddhism
佛教 fójiào Buddhism

❹[名]佛像：figure of the Buddha | 大殿上塑着三尊~。Dàdiàn shang sùzhe sān zūn fó. *There are three statues of Buddha in the main hall of the temple.*

See fú.

否 fǒu 7画 口部

否否否否否否否

❶[副]否定；不同意：vote down; deny | 我的建议被他~了。Wǒ de jiànyì bèi tā fǒu le. *My suggestion was voted down by him.*
否定 fǒudìng negate; deny; refute; contradict; reject
否决 fǒujué vote down; veto; overrule; reject; vote against
否认 fǒurèn deny; repudiate

❷[副]表示疑问：used in an interrogative sentence | 你能~帮我一下？Nǐ néngfǒu bāng wǒ yīxià? *Could you help me?* / 我们能~按时到达北京？Wǒmen néngfǒu ānshí dàodá Běijīng? *Can we arrive in Beijing on time?*
是否 shìfǒu

◇否则 fǒuzé otherwise; if not; or else

夫 fū 4画 一部

夫夫夫夫

❶[名]丈夫，女子的配偶：husband | ~妇 fūfù *husband and wife*
夫妻 fūqī husband and wife
姑夫 gūfu   姨夫 yífu
丈夫 zhàngfu

❷[名]称从事某种体力劳动的人：manual worker; labourer | 农~ nóngfū *farmer* / 渔~ yúfū *fisherman* / 车~ chēfū *driver*

❸[名]成年男子的通称：man

◇夫人 fūrén a lady of high rank; the wife of a feudal lord; Lady; Madame; madam; Signora; Mrs
下功夫 xiàgōngfu
高尔夫球 gāo'ěrfūqiú

肤 (膚) fū 8画 月部

肤肤肤肤肤肤肤肤

❶[名]身体表面包在肌肉外面的组织：skin | 肌~ jīfū *skin* / ~色 fūsè *colour (of skin)*

233

皮肤 pífū

❷ [形] 表面的；浅薄的：shallow; superficial
肤浅 fūqiǎn superficial; shallow

敷 fū 15画 攵部

敷敷敷敷敷敷敷敷敷敷敷敷敷敷敷

[动] 搽，涂：apply | ~药 fūyào *apply medical ointment or powder* / 护士给孩子~上了药。Hùshi gěi háizi fūshang le yào. *The nurse applied the plaster for the child.*
热敷 rèfū

◇ 敷衍 fūyǎn act in a perfunctory manner; muddle through one's work

伏 fú 6画 亻部

伏伏伏伏伏伏

❶ [动] 身体向前靠在物体上，趴：bend over or lean over sth. | ~在桌子上 fú zài zhuōzi shang *bend over one's desk* / 她~在我的肩上哭起来。Tā fú zài wǒ de jiān shang kū qǐlai. *She leant over my shoulder crying.*

❷ [动] 隐藏：conceal; remain under cover | 潜~ qiánfú *hide*
埋伏 máifú

❸ [动] 低下去：lower
起伏 qǐfú

❹ [动] 屈服，低头顺服：yield; surrender | 在事实面前他只有~罪。Zài shìshí miànqián tā zhǐyǒu fúzuì. *In face of the facts, he had no alternative but to admit his guilt.*

扶 fú 7画 扌部

扶扶扶扶扶扶扶

❶ [动] 用手支持使起来或不倒：support with the hand | ~老携幼 fúlǎo-xiéyòu *bring along the old and the young* / ~着孩子点儿，别让他摔着。Fúzhe háizi diǎnr, bié ràng tā shuāizháo. *Hold the child, in case he might tumble.*

❷ [动] 帮助；援助：help | ~助 fúzhù *help; aid* / 护士~着病人坐起来。Hùshi fúzhe bìngrén zuò qǐlai. *The nurse helped the patient to sit up.*

佛 fú 7画 亻部

佛佛佛佛佛佛佛

See 仿佛
仿佛 fǎngfú
See fó.

拂 fú 8画 扌部

拂拂拂拂拂拂拂拂

❶ [动] 轻轻擦过：touch lightly; stroke | 春风~面 chūnfēng fú miàn *a spring breeze is stroking the face softly*

❷ [动] 掸去：brush off; flick | ~袖而去 fúxiù'érqù *leave in anger*

服 fú 8画 月部

服服服服服服服服

❶ [动] 担任；承当：serve | ~役 fúyì *be on active service; enlist in the army*
服务 fúwù give service to; be in the service of; serve
服刑 fúxíng serve a sentence
服务器 fúwùqì server
服务台 fúwùtái service desk (or counter); information and reception desk
服务员 fúwùyuán attendant; waiter; waitress; porter; server

❷ [动] 听从；信服：obey; be convinced | 心~口~ xīnfú-kǒufú *be sincerely convinced* | 大家对张师傅的技术没有不~的。Dàjiā duì Zhāng shīfu de jìshù méiyǒu bùfú de. *Everyone submits willingly to Master Zhang's consummate skills.* | 你有道理，我自然~你。Nǐ yǒu dàolǐ, wǒ zìrán fú nǐ. *Since what you said is reasonable, I am convinced.*
服从 fúcóng obey; submit oneself to; be subordinated to; subject; succumb
服气 fúqì be convinced; be won over
服输 fúshū admit defeat
不服 bùfú 克服 kèfú
佩服 pèifú 屈服 qūfú
说服 shuōfú 征服 zhēngfú

❸ [动] 习惯；适应：suit; fit; accustom | 水土不~ shuǐtǔ bùfú *not accustomed to the climate (of a new place)*

❹ [动] 吃：eat; have; take | ~药 fúyào *take medicine* | ~毒 fúdú *take poison* | 这种药片每次~三片。Zhè zhǒng yàopiàn měicì fú sān piàn. *Take three tablets each time.*
服用 fúyòng take (medicine)

❺ [名] 衣服：clothes; garments | 工作~ gōngzuòfú *work uniform*
服饰 fúshì dress and personal adornment; dress
服装 fúzhuāng dress; clothing; costume; garment; apparel
西服 xīfú 衣服 yīfu
制服 zhìfú 羽绒服 yǔróngfú

235

俘

俘 fú 9画 亻部

俘俘俘俘俘俘俘俘俘

❶[动]作战时把对方捉住：capture | 被~ bèifú *be captured*
俘虏 fúlǔ capture; take prisoner
❷[名]作战时被对方捉住的人：prisoner | 战~ zhànfú *prisoner of war*
俘虏 fúlǔ captive; captured personnel

浮

浮 fú 10画 氵部

浮浮浮浮浮浮浮浮浮浮

❶[动]停留在液体表面上：float | 油~在水面上。Yóu fú zài shuǐmiàn shang. *Oil floats on the surface of the water.* / 沉船终于~上来了。Chénchuán zhōngyú fú shànglai le. *The shipwreck floated off at last.*
❷[动]在水里游：swim | 他一口气能~到对岸。Tā yīkǒuqì néng fúdào duì'àn. *He can swim across the river at one go.*
浮动 fúdòng ① drift ② be unsteady
◇浮雕 fúdiāo relief sculpture

符

符 fú 11画 竹部

符符符符符符符符符符符

❶[名]记号；标记：symbol; mark | 音~ yīnfú *musical notes*
符号 fúhào symbol; mark
❷[动]相合：accord with; conform to | 他所说的与事实不~。Tā suǒ shuō de yǔ shìshí bùfú. *What he said is inconsistent with the facts.*
符合 fúhé accord with; tally with; conform to; be in keeping with
不符 bùfú　　相符 xiāngfú

袱

袱 fú 11画 衤部

袱袱袱袱袱袱袱袱袱袱

[名]包裹或覆盖东西用的布单：cloth-wrapper
包袱 bāofu

幅

幅 fú 12画 巾部

幅幅幅幅幅幅幅幅幅幅幅

❶[名]泛指宽度：width; size
幅度 fúdù range; scope; extent
大幅 dàfú　　增幅 zēngfú
涨幅 zhǎngfú
❷[量]用于布匹、字画等：used for cloth, picture, etc. | 两~布 liǎng fú bù *two sheets of cloth* /

一~画 yī fú huà *a painting*

辐 (輻) fú 13画 车部

辐辐辐辐辐辐辐辐辐辐辐辐辐

[名] 车轮上连接轮边到轮中心的一条条细金属杆：spoke of a wheel
辐条 fútiáo spoke
◇辐射 fúshè radiation; exposure; beaming

福 fú 13画 衤部

福福福福福福福福福福福福福

❶[名] 幸福：happiness; blessing | 植树造林是造~子孙的事。Zhíshù zàolín shì zào fú zǐsūn de shì. *Afforestation is an undertaking benefiting our future generations.*
福利 fúlì welfare; well-being; material benefits
享福 xiǎngfú 幸福 xìngfú
祝福 zhùfú

❷[名] 福气：good luck; a happy lot | 他是个有~的人。Tā shì ge yǒu fú de rén. *He is a man of good luck.*
福气 fúqi good luck; good fortune; a happy lot

抚 (撫) fǔ 7画 扌部

抚抚抚抚抚抚抚

❶[动] 用手轻触摸：stroke; soothe by hand | ~琴 fǔqín *play the zither*
抚摸 fǔmō stroke; fondle

❷[动] 慰问：comfort; console | 安~ ānfǔ *pacify* / ~慰 fǔwèi *comfort*

❸[动] 扶持；保护：support with the hand; give aid to
抚养 fǔyǎng foster; raise; bring up
抚育 fǔyù foster; nurture; tend

斧 fǔ 8画 父部

斧斧斧斧斧斧斧斧

See 斧子
斧子 fǔzi axe; hatchet

府 fǔ 8画 广部

府府府府府府府府

See 政府
政府 zhèngfǔ

俯 fǔ 10画 亻部

俯俯俯俯俯俯俯俯俯俯

237

[动]低头；向下：bow one's head; bend forward or down | ～视 fǔshì *look down at* / ～冲 fǔchōng *dive* / 她～下身亲了亲孩子。Tā fǔxià shēn qīnle qīn háizi. *She bent down and kissed the child.*

辅 (輔) fǔ　11画 车部

辅辅辅辅辅辅辅辅辅辅辅

[动]帮助：assist; help

辅导 fǔdǎo give guidance in study or training; coach

辅路 fǔlù auxiliary lane; narrow roads used to alleviate traffic congestion

辅修 fǔxiū minor; selected subject

辅助 fǔzhù assist; assistance; subsidiary; auxiliary; supplementary

腐 fǔ　14画 广部

腐腐腐腐腐腐腐腐腐腐腐腐腐腐

❶[动]烂；变坏：become rotten; go bad; decay | 陈～chénfǔ *stale* / 流水不～liúshuǐ-bùfǔ *running water is never stale*

腐败 fǔbài rotten; putrid; decayed; corruption

腐化 fǔhuà degenerate; become corrupt; dissolute or depraved; rot; decay

腐烂 fǔlàn decompose; become putrid; become rotten

腐蚀 fǔshí corrode; corrosion; rot; eat off

腐朽 fǔxiǔ rotten; decayed; decadent; degenerate

❷[名]豆制食品：bean products

豆腐 dòufu

父 fù　4画 父部

父父父父

❶[名]父亲：father | ～子 fùzǐ *father and son*

父母 fùmǔ father and mother; parents

父亲 fùqīn father

❷[名]对男性长辈的称呼：address for male seniors

伯父 bófù　　　　祖父 zǔfù

外祖父 wàizǔfù

付 fù　5画 亻部

付付付付付

[动]交给：hand or turn over; pay | ～电费 fù diànfèi *pay for electricity* / 我们商店不欠账，要～现钱。Wǒmen shāngdiàn bù qiànzhàng, yào fù xiànqián. *We do not sell on credit. You can only pay cash.*

付出 fùchū pay; expend
付费 fùfèi pay a sum of money
付款 fùkuǎn pay a sum of money
交付 jiāofù　　赔付 péifù
支付 zhīfù
◇对付 duìfu　　应付 yīngfù

负(負) fù 6画 ⺈部

负 负负负负负负

❶ [动] 背：shoulder; carry on the back or shoulder | 他每天~重跑步。Tā měi tiān fùzhòng pǎobù. *He goes for a loaded run every day.*

❷ [名] 担任；承担：bear; undertake; assume | 身~重任 shēn fù zhòngrèn *shoulder an important task* / ~责任 fù zérèn *be responsible*

负担 fùdān bear; shoulder; burden; load; encumbrance
负责 fùzé be responsible for; be in charge of; take charge of
负责人 fùzérén person in charge; leading cadre
抱负 bàofù　　担负 dānfù
自负盈亏 zìfù yíngkuī

❸ [动] 遭受：suffer; sustain
负伤 fùshāng be wounded (injured)

❹ [动] 欠：owe | 你~了债要还的。Nǐ fùle zhài yào huán de. *You should pay your debts.*

负债 fùzhài ① be in debt; incur debts ② liabilities

❺ [动] 背弃；违背：betray; break; violate | ~心 fùxīn *unfaithful* / 宁可别人~我，我决不~人。Nìngkě biérén fù wǒ, wǒ juébù fù rén. *I'd rather be betrayed than betray others.*
辜负 gūfù　　欺负 qīfù

❻ [动] 输；失败：be defeated, lose | 不分胜~ bù fēn shèngfù *end in a draw* / 甲队以两分之差~于乙队。Jiǎduì yǐ liǎng fēn zhī chā fùyú yǐduì. *Team A lost by two points to team B.*
胜负 shèngfù

❼ [形] 小于零的（跟"正 zhēng"相对）：minus; negative (the opposite of "正 zhēng") | ~数 fùshù *negative number*
负面 fùmiàn negative; downside
负增长 fùzēngzhǎng negative growth; decrease; reduction or drop in scale, amount, etc.

妇(婦) fù 6画 女部

妇 妇妇妇妇妇妇

❶[名] 妇女：woman; matron; lady
妇女 fùnǚ woman; matron; lady
孕妇 yùnfù
长舌妇 chángshéfù

❷[名] 已婚的女子。引申为女性的通称：married woman; a general term for women

239

妇人 fùrén married woman; lady
寡妇 guǎfu　　　媳妇 xífu
❸[名]妻子：wife
夫妇 fūfù

附

fù　　7画 阝(左)部

附 附附附附附附附

❶[动]依从；依附：comply with; yield to ｜ ～议 fùyì *second a motion*
附和 fùhè echo; chime in with; repeat what others say
附属 fùshǔ subsidiary; auxiliary; attached; affiliated
❷[动]靠近；贴近：approach; near; be close by ｜ 她～在他的耳边低声说话。Tā fù zài tā de ěrbiān dīshēng shuōhuà. *She whispers in his ear.*
附近 fùjìn nearby; neighboring; neighborhood
❸[动]附带；外加：attach; appendix ｜ ～寄一张照片 fù jì yī zhāng zhàopiàn *enclose herewith a photo* ｜ 你写信请代我～上一笔。Nǐ xiěxìn qǐng dài wǒ fùshang yī bǐ. *Please add a few words for me in your letter.*
附带 fùdài in passing; attach; subsidiary; supplementary
附加 fùjiā add; attach; additional; attached; appended

赴

fù　　9画 走部

赴赴赴赴赴赴赴赴赴

❶[动]前往：go to; attend ｜ ～约会 fù yuēhuì *keep an appointment* ｜ ～宴 fùyàn *attend a banquet*
奔赴 bēnfù
❷[动]参加；投入：take part in; join ｜ 全力以～ quánlìyǐfù *spare no effort*

复 (復)

fù　　9画 夂部

复复复复复复复复复

❶[动]转过来或转过去：turn around; turn over ｜ 翻来～去 fānlái-fùqù *toss in bed; over and over again* ｜ 反～无常 fǎnfù-wúcháng *changeable; capricious*
反复 fǎnfù
❷[动]回答；回报：answer ｜ 收到我的电邮后，请～。Shōudào wǒ de diànyóu hòu, qǐng fù. *Please reply after receiving my e-mail.*
答复 dáfù　　　批复 pīfù
❸[动]恢复：resume; return to ｜ ～学 fùxué *go back to school*
复辟 fùbì restore; restoration of the old order or a dethroned monarch
复活 fùhuó bring back to life;

revive; resurrection
复苏 fùsū ① come back to life or consciousness; resuscitate ② recovery; resurgence
复兴 fùxīng revive; resurge; rejuvenate; resuscitate
复活节 Fùhuójié Easter; Easter Sunday
恢复 huīfù　　康复 kāngfù
收复 shōufù　　修复 xiūfù

❹ [动] 重复：repeat; duplicate
复读 fùdú re-taking of a year or grade
复述 fùshù repeat; retell
复习 fùxí review; revise; go over
复印 fùyìn duplicate; replication; photocopy; xerox
复制 fùzhì duplicate; reproduce; copy; make a copy of; reproduction; dubbing
复印机 fùyìnjī Xerox (machine); duplicator
重复 chóngfù

❺ [动] 报复：make reprisal
复仇 fùchóu revenge; avenge
报复 bàofù

❻ [形] 繁多的；不单一的：compound; complicated
复合 fùhé compound; complex; composite
复杂 fùzá complicated; complex; sophisticated; intricate

副　副副副副副副副副副副副

❶ [形] 第二位的；起辅助作用的：deputy; vice; assistant｜～市长 fùshìzhǎng deputy mayor /～经理 fùjīnglǐ deputy manager

❷ [形] 次等的；次要的；附带的：secondary; auxiliary
副刊 fùkān supplement
副食 fùshí non-staple food
副业 fùyè sideline; side occupation
副热带 fùrèdài subtropical zone; subtropics; semitropics
副作用 fùzuòyòng side effect; by-effect

❸ [动] 符合：accord with
名副其实 míngfùqíshí

❹ [量] 用于成对成套的东西：used for a set or pair of objects｜两～手套 liǎng fù shǒutào two pairs of gloves /一～眼镜 yī fù yǎnjìng a pair of glasses

❺ [量] 用于面部表情：used for facial expressions｜一～笑脸 yī fù xiàoliǎn a smiling face /一～严肃的面孔 yī fù yánsù de miànkǒng a grave face

◇ 副词 fùcí ① (Chin. gram.) adverbial word, any of a class of words that are used mainly to modify a verb or an adjective ② (Eng. gram.) adverb

副　fù　11画 刂部

赋 (賦) fù　12画 贝部

赋赋赋赋赋赋赋赋赋赋赋赋

[动]交给：bestow on; endow with
赋予 fùyǔ give; endow; entrust
天赋 tiānfù

富 fù 12画 宀部

富富富富富富富富富富富

❶ [形] 丰富：rich; abundant | 年～力强 niánfù-lìqiáng *in one's prime* / ～于创造性 fùyú chuàngzàoxìng *be highly creative* / 这种食品～含维生素。Zhè zhǒng shípǐn fù hán wéishēngsù. *This food is rich in vitamins.* / 青少年总是～于幻想。Qīng-shàonián zǒngshì fùyú huànxiǎng. *Young people are always full of imagination.*
富强 fùqiáng prosperous and strong; thriving and powerful; rich and mighty
富余 fùyú have more than needed; surplus
丰富 fēngfù
丰富多彩 fēngfù-duōcǎi
❷ [形] 财产多：rich | 这户人家很～。Zhè hù rénjiā hěn fù. *This family is very rich.* / 现在他～了。Xiànzài tā fù le. *Now he has become rich.*
富豪 fùháo rich and powerful people
富翁 fùwēng man of wealth; moneybags
富有 fùyǒu rich; wealthy; full of
富裕 fùyù prosperous; well-to-do; well-off
❸ [名] 资源、财产的总称：wealth
财富 cáifù 致富 zhìfù

腹 fù 13画 月部

腹腹腹腹腹腹腹腹腹腹腹腹腹

[名]肚子：abdomen; stomach | 这种药应该空～吃。Zhè zhǒng yào yīnggāi kōngfù chī. *The medicine should be taken on an empty stomach.* / 做体操时注意收～。Zuò tǐcāo shí zhùyì shōufù. *Mind to contract your abdominal muscle while doing exercises.*
腹部 fùbù belly (of the body); abdomen; stomach
腹泻 fùxiè diarrhoea

缚 (縛) fù 13画 纟部

缚缚缚缚缚缚缚缚缚缚缚缚缚

[动]捆绑；缠束：bind; tie up
束缚 shùfù

覆 fù 18画 西部

[动]遮盖: cover
覆盖 fùgài cover; plant cover

G g

该 (該) gāi 8画 讠部

该该该该该该该该

❶ [动] 应当是：ought to; should | 这件事～我去做。Zhè jiàn shì gāi wǒ qù zuò. *It's my responsibility to handle this matter.* / 今天～你值班了。Jīntiān gāi nǐ zhíbān le. *It's your turn to be on duty today.* / ～你表演节目了。Gāi nǐ biǎoyǎn jiémù le. *It is your turn to give a performance.*

❷ [动] 活该；不委屈：serve sb. right; not feel wronged | ～！谁让你不听劝告。Gāi! Shéi ràng nǐ bù tīng quàngào. *It served you right! Why didn't you take my advice?*

❸ [助] 表示理应如此；应当：ought to be; should | 我～走了。Wǒ gāi zǒu le. *It's time for me to go.* / 你不～听他的话。Nǐ bù gāi tīng tā de huà. *You shouldn't obey him.* / ～做的一定要做。Gāi zuò de yīdìng yào zuò. *What ought to be done must be done.*

❹ [助] 估计情况应当如此：suppose | 火车～到站了。Huǒchē gāi dàozhàn le. *The train is to be arriving.*

❺ [动] 欠：owe | 我～他几块钱。Wǒ gāi tā jǐ kuài qián. *I owe him a few yuan.*

❻ [代] 指上面说过的人或事：used to refer to the above-mentioned person or thing | ～书 gāi shū *this book* / ～地 gāi dì *this (or the mentioned) place* / ～生表现良好。Gāi shēng biǎoxiàn liánghǎo. *The student behaved well.*

改 gǎi 7画 己部

改改改改改改改

❶[动] 改变：change | ～日期 gǎi rìqī *change a date* / ～名字 gǎi míngzi *change a name* / 开会的时间～在明天了。Kāihuì de shíjiān gǎi zài míngtiān le. *The date of the meeting was changed to tomorrow.*

改变 gǎibiàn change
改革 gǎigé reform
改建 gǎijiàn reconstruct; rebuild
改进 gǎijìn improve; modify
改良 gǎiliáng ① improve; ameliorate ② reform
改期 gǎiqī change the date; postpone
改善 gǎishàn improve; ameliorate
改造 gǎizào transform; reform;

remould; remake
改组 gǎizǔ reorganize; reshuffle
更改 gēnggǎi

❷ [动] 纠正：correct; rectify | 知过必~ zhīguòbìgǎi *always correct an error whenever one becomes aware of it* / 请把写错的字~过来。Qǐng bǎ xiěcuò de zì gǎi guòlai. *Please correct the wrong words.*

改正 gǎizhèng correct; amend; put right
改邪归正 gǎixié-guīzhèng give up evil and return to good; turn over a new leaf
悔改 huǐgǎi

❸ [动] 修改：revise; alter | ~文章 gǎi wénzhāng *revise an article* / ~衣服 gǎi yīfu *alter a dress*
改编 gǎibiān ① adapt; rearrange; revise ② reorganize; redesignate
改写 gǎixiě rewrite; adapt
批改 pīgǎi　　修改 xiūgǎi

钙 (鈣) gài　9画 钅部

钙钙钙钙钙钙钙钙钙

[名] calcium | 牛奶中含有丰富的~。Niúnǎi zhōng hányǒu fēngfù de gài. *Milk contains plenty of calcium.* / 中老年人应补~。Zhōng-lǎonián rén yīng bǔ gài. *Middle-aged and old-aged people should be replenished with calcium.*

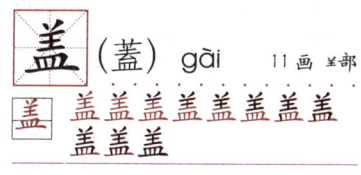

盖 (蓋) gài　11画 䒑部

盖盖盖盖盖盖盖盖盖盖盖

❶ [名] (~儿) 覆盖器物的东西：lid; cover | 瓶~儿 pínggàir *a bottle top* / 锅~儿 guōgàir *lid of a cooking pot*
盖子 gàizi lid; cover; cap; top

❷ [动] 由上而下地遮掩；蒙上：put a cover on; cover | ~被子 gài bèizi *cover oneself (someone) with a quilt* / 用纸把书上的字~住。Yòng zhǐ bǎ shū shang de zì gàizhu. *Cover the words on the page with a piece of paper.*

覆盖 fùgài　　铺盖 pūgài
铺盖 pūgai　　掩盖 yǎngài
卷铺盖 juǎnpūgai

❸ [动] 印上去：affix; stamp; seal | ~图章 gài túzhāng *affix a seal* / ~钢印 gài gāngyìn *affix a steel seal*

❹ [动] 压倒；超过：overwhelm; surpass; exceed | ~世无双 gàishì-wúshuāng *unparalleled anywhere on earth; matchless throughout the world* / 欢呼声~过了他的叫声。Huānhūshēng gàiguole tā de jiàoshēng. *Cheers drowned his shouting.* / 他游泳的本领已经~过我了。Tā yóuyǒng de běnlǐng yǐjīng gàiguo wǒ le. *He surpasses me in swimming.*

❺ [动] 建筑：build; put up | ~房子 gài fángzi *build a house* / 图书馆~好了。Túshūguǎn gàihǎo le. *The library has been built up.*

溉 gài 12画 氵部

溉溉溉溉溉溉溉溉溉溉溉

[动] 浇灌：irrigate
灌溉 guàngài

概 gài 13画 木部

概概概概概概概概概概概概概

❶ [名] 气度：bearing; tolerance
气概 qìgài

❷ [名] 大略：general idea
概况 gàikuàng general situation; survey
概括 gàikuò ①summarize; generalize; epitomize ② briefly; in broad outline
概率 gàilǜ (math.) probability
概念 gàiniàn concept; conception; notion
大概 dàgài

❸ [副] 一律：all; without exception | ~不外借 gài bù wài jiè *cannot to be lent out* / 这些货物售出，~不退换。Zhèxiē huòwù shòuchū, gài bù tuìhuàn. *Once these commodities are sold, they are not to be returned or exchanged.*
一概 yīgài
一概而论 yīgài'érlùn

干 (乾❹-❿) gān 3画 干部

干 干干干

❶ [动] 扰乱：harass; disturb
干扰 gānrǎo disturb; interfere; obstruct

❷ [动] 牵连；涉及：involve; concern | 不相~ bù xiānggān *have nothing to do with*
干涉 gānshè interfere; intervene; meddle
干预 gānyù intervene; interpose; meddle

❸ [名] 天干，历法中用的"甲、乙、丙、丁、戊、己、庚、辛、壬、癸"十个字，也作编排次序用：*tiangan,* the heavenly stems, used as the ten serial numbers and also used to arrange order

❹ [形] 没有水分或水分很少：dry | 油漆未~ yóuqī wèi gān *wet paint* / 衣服晒~了。Yīfu shàigān le. *The washing has dried off in the sun.*

干旱 gānhàn (of weather or soil) arid; dry

干燥 gānzào ① dry; arid ② dull; uninteresting

❺ [形] 净尽；枯竭；空虚：completely or utterly dried up; exhausted; spiritually empty | ~一杯 gān yī bēi *drink a toast* / 大河没水小河~。Dàhé méi shuǐ xiǎohé gān. *When the main stream is low, the small streams run dry.* / 酒瓶~了。Jiǔpíng gān le. *The wine bottle is empty.*

干杯 gānbēi cheers; drink a toast
干净 gānjìng ①clean; neat and tidy ② complete; total
一干二净 yīgān-èrjìng

❻ [副] 徒然；白白地：in vain; to no purpose | ~着急 gān zháojí *be anxious but unable to do anything about it* / 我~等了他半天。Wǒ gān děngle tā bàntiān. *I wasted a lot of time waiting for him (and he didn't turn up).*

❼ [形] 拜认的(亲属)：nominally acknowledge sb. as one's kinsfolk | ~妈 gānmā *godmother; nominally adoptive mother* / ~女儿 gānnǚ'ér *nominally adoptive daughter*

❽ [形] 只有形式的：only in form | ~哭 gānkū *cry tearlessly* / ~笑 gānxiào *hollow laugh*

❾ [形] 不用水的：clean (without using water) | ~洗 gānxǐ *dry-clean; dry cleaning*

❿ [名] 干的食品：dried or dehydrated food | 葡萄~ pútáogān *raisins* / 豆腐~ dòufugān *dried bean curd*

饼干 bǐnggān

◇干脆 gāncuì ①clear-cut; straightforward ② simply; just; altogether

See gàn.

甘 gān 5画 甘部

甘甘甘甘甘

❶ [形] 甜；美好：sweet; fine; happy | 苦尽~来 kǔjìn-gānlái *the hardship ends and the happiness begins* / 同~共苦 tónggān-gòngkǔ *share weal and woe; share comforts and hardships*

甘薯 gānshǔ sweet potato
甘蔗 gānzhe sugarcane

❷ [动] 情愿：be willing | 不~落后 bùgān-luòhòu *unwilling to lag behind* / ~心情愿 gānxīn-qíngyuàn *willingly and gladly*

甘心 gānxīn ① willingly; readily ② be reconciled to; resign oneself to

杆 gān 7画 木部

杆

杆杆杆杆杆杆杆

[名]较长的棍状物：a lengthy rod or stick | 电线~子 diànxiàn gānzi *wire pole* / 把衣服搭在~上 bǎ yīfu dā zài gān shang *hang the clothes on the pole (to dry in the air)*

栏杆 lángān　　桅杆 wéigān
See gǎn.

肝 gān 7画 月部

肝肝肝肝肝肝肝

[名] liver

肝炎 gānyán *hepatitis*
乙肝 yǐgān

竿 gān 9画 竹部

竿竿竿竿竿竿竿竿竿

[名]截取竹子的主干而成的杆子：the main stalk of the bamboo plant | 钓鱼~ diàoyúgān *fishing rod* / 竹~ zhúgān *bamboo pole*

杆 gǎn 7画 木部

杆杆杆杆杆杆杆

[名]器物上细长的棍状部分：the shaft or arm of sth. | 笔~ bǐgǎn *penholder* / 枪~ qiānggǎn *the barrel of a rifle*

See gān.

秆 gǎn 8画 禾部

秆秆秆秆秆秆秆秆

[名]某些植物的茎：the stalk of certain plants | 高粱~儿 gāoliánggǎnr *sorghum stalk*

赶 (趕) gǎn 10画 走部

赶赶赶赶赶赶赶赶赶赶

❶ [动] 追：try to catch; hurry; rush | 你追我~ nǐzhuī-wǒgǎn *emulate one another*

赶上 gǎnshàng ① overtake; catch up with; keep pace with ② be in time for; run into (certain situation)

赶时髦 gǎnshímáo follow the fashion; try to be in style
追赶 zhuīgǎn

❷ [动] 加快行动，使不误时间：quicken paces so as to avoid delay | ~火车 gǎn huǒchē *catch a train* / ~任务 gǎn rènwù *rush through one's job* / ~写文章 gǎn xiě wénzhāng *dash off an article*

赶紧 gǎnjǐn lose no time; hasten; hurry
赶快 gǎnkuài at once; quickly

赶忙 gǎnmáng make haste

❸ [动] 驱逐：drive away (out) | ～羊 gǎn yáng *herd the sheep* / ～苍蝇 gǎn cāngying *whisk flies off*

❹ [动] 驾驭：drive; control | ～大车 gǎn dàchē *drive a cart*

❺ [动] 碰上：happen to; chance to | ～上好运气 gǎnshang hǎo yùnqi *as luck would have it* / 正～上他没在家。Zhèng gǎnshang tā méi zài jiā. *He happened to be out at the moment.*

敢 gǎn 11画 攵部

敢敢敢敢敢敢敢敢敢敢

❶ [形] 有胆量；有勇气：bold; courageous; daring | ～想～干 gǎnxiǎng gǎngàn *dare to have a dream and dare to realize it* / ～负责任 gǎn fù zérèn *dare to take responsibility* / 我不～再往前走一步。Wǒ bùgǎn zài wǎng qián zǒu yī bù. *I dare not venture a step further.*
敢于 gǎnyú dare to; be bold in; have the courage to
勇敢 yǒnggǎn
不敢当 bùgǎndāng

❷ [助] 表示有把握作某种判断：have confidence to; be certain | 医生也不～保证他的病马上就好。Yīshēng yě bùgǎn bǎozhèng tā de bìng mǎshàng jiù hǎo. *The doctor cannot guarantee the quick recovery of his illness.* / 我～说他一定会来。Wǒ gǎn shuō tā yīdìng huì lái. *I am sure that he will come.*

感 gǎn 13画 心部

感感感感感感感感感感感感感

❶ [动] 受到外界影响而引起思想情绪变化：feel; sense
感动 gǎndòng move; touch
感化 gǎnhuà convert; influence
感慨 gǎnkǎi sigh with emotion
感情 gǎnqíng ① emotion; feeling; sentiment ② affection; attachment; love
感染 gǎnrǎn ① infect ② influence; affect; contagion
感人 gǎnrén touching; moving
感受 gǎnshòu ① be affected by ② feel; experience
感叹 gǎntàn sigh with feeling
感想 gǎnxiǎng impressions; reflections; thoughts
灵感 línggǎn

❷ [名] 感觉；情感；感想：feeling; emotion; impression | 自豪～ zìháogǎn *a sense of pride* / 他的责任～很强。Tā de zérèngǎn hěn qiáng. *He has a strong sense of responsibility.*
感觉 gǎnjué sense; feeling

动感 dōnggǎn　反感 fǎngǎn
好感 hǎogǎn　敏感 mǐngǎn
情感 qínggǎn　性感 xìnggǎn
安全感 ānquángǎn
真情实感 zhēnqíng-shígǎn

❸ [动] 觉得: feel | 深～内疚 shēn gǎn nèijiù *feel guilty deeply*
感到 gǎndào feel; sense; find
感兴趣 gǎnxìngqù be interested

❹ [动] 怀有谢意: be grateful | 深～厚谊 shēn gǎn hòuyì *profound sentiments of friendship*
感激 gǎnjī feel grateful; be thankful; feel indebted
感谢 gǎnxiè thank; be grateful
感恩节 Gǎn'ēnjié Thanksgiving Day

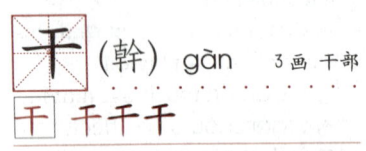

◇感冒 gǎnmào cold

干 (幹) gàn　3画 干部

干 干 干 干

❶ [名] 事物的主体或重要部分: trunk or main part of a thing or object | 躯～ qūgàn *trunk; torso*
干线 gànxiàn main line; trunk line
干细胞 gànxìbāo stem cell
骨干 gǔgàn　　树干 shùgàn

❷ [动] 做(事): work; work on a job | ～工作 gàn gōngzuò *work; have a job* | 埋头苦～ máitóu-kǔgàn *quietly immerse oneself in hard work* | 你在～什么? Nǐ zài gàn shénme? *What are you doing?*
干劲 gànjìn drive; vigour; enthusiasm
干事 gànshi a secretary (or clerical worker) in charge of sth.
干活儿 gànhuór work; work on a job

❸ [名] 办事能力: ability; capability | 真能～ zhēn néng gàn *really capable*
才干 cáigàn
能干 nénggàn

❹ [动] 担任(某种职务); 从事(某种工作): work as; serve as; go in for; be engaged in | ～导游 gàn dǎoyóu *be a tour guide* / ～翻译 gàn fānyì *be a translator* / 他～过队长。Tā gànguo duìzhǎng. *He used to be a team leader.* / 这活儿他～过。Zhè huór tā gànguo. *He once engaged in this kind of work before.*

See gān.

冈 (岡) gāng　4画 冂部

冈 冈 冈 冈 冈

[名] 较低的山脊: ridge of (a low hill) | 山～ shāngāng *low hill; hillock*

刚 (剛) gāng　6画 刂部

刚 刚刚刚刚刚刚

❶ [形] 坚强；硬：firm; strong; indomitable; hard | 性情~正 xìngqíng gāngzhèng *upright; honorable* / 这人性子太~。Zhè rén xìngzi tài gāng. *He has an indomitable character.*

❷ [副] 表示发生在不久前；才；方才：(happened) not long ago; just; just now | ~下过一场雨。Gāng xiàguo yī chǎng yǔ. *It has just rained.* / 电影~开始。Diànyǐng gāng kāishǐ. *The film has just started.* / 他~从北京回来。Tā gāng cóng Běijīng huílai. *He has just returned from Beijing.*

刚才 gāngcái just now; a moment ago

刚刚 gānggāng ① just; only; exactly ② a moment ago; just now

❸ [副] 表示勉强达到某种程度；仅仅：only; barely; simply | 声音很小，~可以听到。Shēngyīn hěn xiǎo, gāng kěyǐ tīngdào. *The voice was so low that it could barely be heard.*

❹ [副] 正好：just; exactly | 这顶帽子不大不小，~好适合你。Zhè dǐng màozi bù dà bù xiǎo, gānghǎo shìhé nǐ. *The size of the hat fits you nicely.* / ~达到标准 gāng dádào biāozhǔn *just come up to the certain standard*

刚好 gānghǎo ① just; exactly ② by chance; by coincidence

纲 (綱) gāng 7画 纟部

纲 纲纲纲纲纲纲纲

[名] 网上的总绳；比喻事物最主要的部分：the head of fishing net; key part of sth.; key link | 大~ dàgāng *the general program; outline*

纲领 gānglǐng programme; guiding principle

纲要 gāngyào ① outline; sketch ② essentials; compendium

提纲 tígāng

钢 (鋼) gāng 9画 钅部

钢 钢钢钢钢钢钢钢钢钢

[名] steel | ~铁 gāngtiě *iron and steel; steel* / 不锈~ bùxiùgāng *stainless steel*

钢笔 gāngbǐ pen; fountain pen
钢材 gāngcái steel products; steels
钢琴 gāngqín piano

缸 gāng 9画 缶部

251

缸

缸缸缸缸缸缸缸缸缸

❶[名]用陶瓷、玻璃等制作的盛东西的器物，一般底小口大：a pottery or glass container with a big mouth and a small bottom; vat; jar; crock | 水~ shuǐgāng *water vat* / 鱼~ yúgāng *fish tank* / ~里装满了水。Gāng li zhuāngmǎnle shuǐ. *The vat is filled with water.*
❷[名]像缸的东西：vat-like vessel | 汽~ qìgāng *cylinder*

岗

(崗) gǎng　7画 山部

岗岗岗岗岗岗岗

❶[名]高起的土坡：hillock; mound | 黄土~儿 huángtǔgǎngr *loess hills*
❷[名]守卫的位置：place where a guard is stationed | 站~ zhàngǎng *be on sentry*
岗位 gǎngwèi post; station

港

gǎng　12画 氵部

港港港港港港港港港港港港

❶[名]水运和空运线上供上下旅客、装卸货物的地方：place where passengers embark and disembark, and cargo is loaded and unloaded | 船一到~，你就会看到接你的人。Chuán yī dào gǎng, nǐ jiù huì kàndào jiē nǐ de rén. *When the boat arrives at the harbour, you will see the person who is to pick you up.*
港口 gǎngkǒu port; harbour
海港 hǎigǎng
❷[名]指香港：Hong Kong
港币 gǎngbì Hong Kong dollar

杠

gàng　7画 木部

杠杠杠杠杠杠杠

[名]较粗的棍子：thick stick | 木~ mùgàng *a wooden bar* / 铁~ tiěgàng *a thick iron stick*
杠杆 gànggǎn lever
敲竹杠 qiāozhúgàng

高

gāo　10画 高部

高高高高高高高高高高

❶[形]由下至上的距离大；离地面远：high; tall | ~山 gāoshān *a high mountain* / 飞机飞得真~。Fēijī fēi de zhēn gāo. *The plane is flying very high in the sky.*
高大 gāodà ①tall and big; tall ② lofty
高低 gāodī ①height ②sense of propriety; discretion

高度 gāodù ① altitude; height ② a high degree of; highly

高峰 gāofēng peak; summit; height

高空 gāokōng high altitude; upper air

高原 gāoyuán plateau; highland; tableland

提高 tígāo 跳高 tiàogāo

❷ [名] 高度：height | 他俩一样～。Tā liǎ yīyàng gāo. *The two of them are of the same height.* / 这棵小树长得有三层楼那么～了。Zhè kē xiǎoshù zhǎng de yǒu sān céng lóu nàme gāo le. *The height of the small tree has reached as high as a three-storey building.*

身高 shēngāo

❸ [形] 地位、等级在上的：high rank and status | 地位～dìwèi gāo *superior position* / ～年级 gāo niánjí *higher grades*

高层 gāocéng senior; high-ranking; high-level; high

高档 gāodàng top grade; superior quality

高等 gāoděng higher; advanced

高官 gāoguān senior cadre; high-ranking official

高贵 gāoguì ① noble; high ② highly privileged; elitist

高级 gāojí ① senior; high-ranking; high-level; high ② high-grade; high quality; advanced

高考 gāokǎo college entrance examination

高手 gāoshǒu past master; master-hand; ace

高中 gāozhōng senior middle school

高等教育 gāoděng jiàoyù higher education

高等学校 gāoděng xuéxiào institutions of higher learning; colleges and universities

❹ [形] 在一般标准或平均程度之上：above the average degree | 质量～zhìliàng gāo *of good quality* / ～速度 gāo sùdù *high speed* / 他的汉语水平特别～。Tā de Hànyǔ shuǐpíng tèbié gāo. *He has high proficiency in Chinese.*

高昂 gāo'áng ① hold high (one's head, etc.) ② high; elated ③ dear; expensive

高产 gāochǎn ① high yield; high production ② productive; prolific

高超 gāochāo superb; excellent

高潮 gāocháo ① tide; high water ② upsurge; high tide; climax

高调 gāodiào ① lofty tone; high-sounding words ② (photog.) high tone

高端 gāoduān high; high-grade; high-quality; advanced

高价 gāojià high price

高龄 gāolíng advanced age

(usu. over 60); venerable age
高明 gāomíng brilliant; wise
高尚 gāoshàng noble; lofty
高烧 gāoshāo high fever
高速 gāosù high speed
高危 gāowēi be liable to; be susceptible to (sth. undesirable or threatening)
高温 gāowēn high temperature
高效 gāoxiào high efficiency; highly active
高兴 gāoxìng ① glad; happy; cheerful ② be willing to; be happy to
高压 gāoyā ①high pressure ② high tension; high voltage ③ high-handed
高涨 gāozhǎng rise; upsurge; run high
高血压 gāoxuèyā hypertension; high blood pressure
高速公路 gāosù gōnglù expressway; freeway
崇高 chónggāo
兴高采烈 xìnggāo-cǎiliè
❺ [形] 敬词，称别人的事物：term of respect, used to address other people | ~见 gāojiàn (your) brilliant idea; insightful opinion
◇ 高粱 gāoliang kaoliang; Chinese sorghum
高尔夫球 gāo'ěrfūqiú golf; golf ball

羔

gāo   10画 羊部

[名]小羊；泛指幼小的动物：lamb; fawn; a general term for baby animals | 羊~ yánggāo lamb; kid

膏

gāo   14画 高部

[名]很稠的糊状物：paste; cream; ointment | ~药 gāoyào plaster; medicated plaster
牙膏 yágāo

篙

gāo   16画 竹部

[名]撑船的竹竿或木杆：bamboo or wood pole used to move a boat | 用~把船撑出去 yòng gāo bǎ chuán chēng chūqu punt the boat off with a pole

糕

gāo   16画 米部

[名]用米、面、豆等制成的块状食品：cakes made from rice, wheat and bean

蛋糕 dàngāo　年糕 niángāo

搞 gǎo 13画 扌部

搞搞搞搞搞搞搞搞搞搞搞搞

❶[动] 做；弄；干；办：do; carry on; be engaged in | ~工作 gǎo gōngzuò *carry on one's work* / ~教学 gǎo jiāoxué *engage in teaching* / ~清问题 gǎoqīng wèntí *obtain a clear understanding of the question (or problem); clear up the matter* / 这事儿不太好~。Zhè shìr bù tài hǎo gǎo. *It is not easy to do.* / 他在学校~了一个美术展览。Tā zài xuéxiào gǎole yī gē měishù zhǎnlǎn. *He set up an art exhibition in the school.*

搞鬼 gǎoguǐ play tricks; be up to some mischief

搞活 gǎohuó enliven; vitalize; invigorate

搞笑 gǎoxiào provoke laughter; amuse

❷[动] 设法得到：manage to get | ~两张电影票 gǎo liǎng zhāng diànyǐngpiào *manage to get two film tickets* / 咱们先给他们~点儿东西吃。Zánmen xiān gěi tāmen gǎo diǎnr dōngxi chī. *Let's get them something to eat first.*

稿 gǎo 15画 禾部

稿稿稿稿稿稿稿稿稿稿稿稿稿稿稿

❶[名] 文章或图画的底子：draft of an article or rough sketch of a drawing | 底~ dǐgǎo *draft; manuscript* / 初~ chūgǎo *the first draft*

❷[名] 写或画成的文章、图画作品：article or drawing that has been finished

稿件 gǎojiàn manuscript; contribution

稿纸 gǎozhǐ squared or lined paper for making drafts or copying manuscripts

稿子 gǎozi ① draft; sketch ② manuscript; contribution

告 gào 7画 口部

告告告告告告告

❶[动] 把事情、意见等说给别人听：tell; notify | 忠~ zhōnggào *sincere advice* / 胜利的消息传来，大家奔走相~。Shènglì de xiāoxi chuánlái, dàjiā bēnzǒu xiānggào. *When the news of victory came, people ran around spreading it.*

告诫 gàojiè warn; admonish; exhort

告诉 gàosu tell; let know
报告 bàogào 广告 guǎnggào
警告 jǐnggào 劝告 quàngào
转告 zhuǎngào
无可奉告 wúkěfènggào

❷[动]请求：request; ask for | ~假 gàojià *ask for leave* / ~饶 gàoráo *beg for mercy; ask for pardon*

❸[动]宣布或说明某种情况的实现或完成：announce the completion of sth. | 大功~成 dàgōnggàochéng *be crowned with success* / 事情已~结束。Shìqing yǐ gào jiéshù. *The matter has come to an end.*

❹[动]表明，表示：declare; announce | ~辞 gàocí *take leave (of one's host)*

告别 gàobié ① take leave of; part from ② bid farewell to; say good-bye to

布告 bùgào   公告 gōnggào
通告 tōnggào 宣告 xuāngào
预告 yùgào

❺[动]揭发；提出诉讼：report an offender; inform against; go to law against | 有人~他贪污。Yǒu rén gào tā tānwū. *He was accused of corruption.* / 你可以去法院~他。Nǐ kěyǐ qù fǎyuàn gào tā. *You can go to the court to sue him.*

告状 gàozhuàng ① go to law against sb.; bring a lawsuit against sb. ② lodge a complaint against sb.; tell on sb.

被告 bèigào 原告 yuángào
被告人 bèigàorén

疙

gē 8画 疒部

疙疙疙疙疙疙疙疙

See 疙瘩

疙瘩 gēda ① pimple; lump; a swelling on the skin ② lump; knot (in one's mind); misunderstanding (among people)

哥

gē 10画 口部

哥哥哥哥哥哥哥哥哥哥

❶[名]同父母或同辈亲戚中比自己年龄大的男子：elder brother | 大~ dàgē *the eldest brother* / 表~ biǎogē *older male cousin*
哥哥 gēge (elder) brother

❷[名]称呼年龄跟自己差不多的男子：term of address for elder males of one's own generation | 张大~ Zhāng dàgē *Brother Zhang*

胳

gē 10画 月部

胳胳胳胳胳胳胳胳胳胳

See below

胳臂 gēbei arm
胳膊 gēbo arm

鸽 (鴿) gē 11画 鸟部

鸽鸽鸽鸽鸽鸽鸽鸽鸽鸽鸽

[名] pigeon; dove｜信~xìngē *carrier pigeon; homing pigeon* / 和平~hépínggē *peace dove*
鸽子 gēzi pigeon; dove

搁 (擱) gē 12画 扌部

搁搁搁搁搁搁搁搁搁搁搁搁

❶[动] 放；使处于一定的位置：put or lay sth. in a certain position｜把书~在桌子上吧。Bǎ shū gē zài zhuōzi shang ba. *Put the book on the table.* / 把衣服~进箱子里。Bǎ yīfu gējìn xiāngzi li. *Pack the clothes in the case.*

❷[动] 放着；暂缓进行：put aside; leave on the shelf｜这事~了一个月。Zhè shì gēle yī gè yuè. *The matter was put aside for a month.* / 这问题咱们先~一~。Zhè wèntí zánmen xiān gēyigē. *Let's put (lay) the problem aside for a while.*

❸[动] 加进去：add｜盐~在水里就化了。Yán gē zài shuǐ li jiù huà le. *Salt melts in water.*

割 gē 12画 刂部

割割割割割割割割割割割割

[动] 截断；放弃：cut off; give up｜~草 gē cǎo *cut grass; mow* / 手~破了。Shǒu gēpò le. *The hand was cut.*

歌 gē 14画 欠部

歌歌歌歌歌歌歌歌歌歌歌歌歌

❶[动] 唱：sing｜高~ gāogē *sing heartily* / 能~善舞 nénggēshànwǔ *good at both singing and dancing*
歌唱 gēchàng sing (usu. in praise)
歌迷 gēmí people who love listening to songs or are engrossed by singing
歌声 gēshēng sound of singing
歌手 gēshǒu singer; vocalist
歌颂 gēsòng sing the praise of; extol; eulogize
歌厅 gētīng karaoke hall
歌舞 gēwǔ song and dance
歌星 gēxīng singer; vocalist
歌咏 gēyǒng singing
可歌可泣 kěgē-kěqì
❷[名] 歌曲：song｜请老师教我

257

们唱中文~儿。Qǐng lǎoshī jiāo wǒmen chàng Zhōngwén gēr. *Ask the teacher to teach us singing Chinese songs.* / 这首~曲调很优美。Zhè shǒu gē qǔdiào hěn yōuměi. *The melody of this song is very beautiful.*

歌词 gēcí lyric; word of a song
歌剧 gējù opera
歌曲 gēqǔ song
唱歌 chànggē　　民歌 míngē
诗歌 shīgē

革 gé　9画 革部

革革革革革革革革革

❶ [名] 去毛加工后的兽皮：leather; hide that has been processed | 制~ zhìgé *process hides; tan* 皮革 pígé

❷ [动] 改变；更换：change; reform | 洗心一面 xǐxīn-gémiàn *turn over a new leaf; thoroughly reform oneself*
革新 géxīn innovation
变革 biàngé　　改革 gǎigé

❸ [动] 撤除；去掉：eliminate; get rid of | ~除 géchú *abolish; get rid of* / ~职 gézhí *remove sb. from office; cashier*

◇ 革命 gémìng revolution

阁 (閣) gé　9画 门部

阁阁阁阁阁阁阁阁阁

❶ [名] 旧指女子的卧房：(arch.) chamber for an unmarried woman

❷ [名] 一种类似楼房的建筑物（风景区或庭院里供人休息、远视的建筑物，多为两层）：pavilion; a structure like a storeyed building in a scenic spot or in a yard attached to a private house for people to have a rest, or do some sightseeing

❸ [名] 指内阁，某些国家的最高行政机关：cabinet, the highest administrative organ of some countries

格 gé　10画 木部

格格格格格格格格格格

❶ [名] 隔成的方形空栏或框子：squares formed by crossed lines | 打~子 dǎ gézi *square off the paper* / 这个书架有四层~儿。Zhège shūjià yǒu sì céng gér. *This bookshelf has four levels of shelves.*
表格 biǎogé

❷ [名] 标准；式样：standard; model; style; type
格局 géjú layout
格式 géshì pattern; format
规格 guīgé　　合格 hégé
及格 jígé　　价格 jiàgé

严格 yángé　　　资格 zīgé

❸[名] 品质；风度：character; quality; demeanor; bearing

风格 fēnggé　　　人格 réngé

性格 xìnggé

◇格外 géwài especially; all the more

格格不入 gégé-bùrù incompatible with; out of tune with; out of one's element; like a square (round) peg in a round (square) hole

隔 gé 12画 阝(左)部

隔隔隔隔隔隔隔隔隔隔隔隔

❶[动] 拦断；阻隔：cut off; separate | ～着一堵墙 gézhe yī dǔ qiáng *wall off* / 这间屋子很大，可以～成两间。Zhè jiān wūzi hěn dà, kěyǐ géchéng liǎng jiān. *The room is big enough to be partitioned into two.*

隔壁 gébì next door (neighbour)

隔断 géduàn cut off; separate; obstruct

隔阂 géhé communications gap; barrier

隔绝 géjué completely cut off; isolated

隔离 gélí keep apart; isolate; segregate

❷[动] 间隔；距离：separate; space; be apart from | 我和他～得很远。Wǒ hé tā gé de hěn yuǎn. *I was far away from him.* / 我们～两天再去。Wǒmen gé liǎng tiān zài qù. *We'll go again in two days.*

间隔 jiàngé

个(個) gè 3画 人部

个个个个

❶[量] 用于没有专用量词的事物，也可以用于某些有专用量词的事物：used before a noun which has / hasn't a fixed measure word | 一～地方 yī gè dìfang *a place* / 两～苹果 liǎng gè píngguǒ *two apples* / 三～星期 sān gè xīngqī *three weeks* / 一～故事 yī gè gùshi *a story* / 一～理想 yī gè lǐxiǎng *an ideal*

个个 gègè each and every one; all

各个 gègè

❷[量] 用于约数的前面，显得语气轻快、随便：used before an approximate number to make the tone mild and casual | 每星期来～一两趟 měi xīngqī lái ge yī liǎng tàng *come once or twice a week* / 差～两三岁 chà ge liǎng sān suì *about two or three years younger (to certain standard)* / 这本书我得看～三遍五遍的。Zhè běn shū wǒ děi kàn ge sān biàn wǔ biàn de. *For me, this book is worth reading for several times.*

❸ [量] 用于带宾语的动词后，有表示动量的作用，使整个语句显得轻松、随便：used between a verb and its object to make the tone mild and casual | 见～面 jiàn ge miàn *meet a person* / 说～话 shuō ge huà *have a talk* / 洗～澡 xǐ ge zǎo *have a bath*

❹ [动] 用在动词和补语中间，表示程度或持续：used between a verb and its complement to denote the degree or continuity of an action | 笑～不停 xiào ge bù tíng *keep on laughing* / 问～明白 wèn ge míngbai *keep asking until everything is clear* / 明天我们要玩～痛快。Míngtiān wǒmen yào wán ge tòngkuài. *We are sure to have a wonderful time tomorrow.*

❺ [动] 前面加"一"跟少数名词、动词结合，用在谓语动词前，表示快速或突然：used after "一" in combination with certain nouns or verbs to express fastness or abruptness | 一～跟头栽了下来 yī gè gēntou zāile xiàlai *have a sudden fall*

❻ [名] 单独的；单独的事物：individual; things taken singly

个案 gè'àn case; individual case; exceptional case

个别 gèbié ① individual; individually; separately ② very few; one or two; exceptional; specific

个人 gèrén ① individual (person) ② oneself; in one's opinion

个体 gètǐ individual

个性 gèxìng individual character; individuality; personality

个体户 gètǐhù petty entrepreneur; self-employed labourer

某个 mǒugè　哪个 nǎge
那个 nàge　这个 zhège
整个 zhěnggè

❼ [名] 人的身材或物体的大小：size (height; stature) of a person or thing | 高～子 gāo gèzi *a tall person* / 馒头～儿不小。Mántou gèr bù xiǎo. *The buns are quite big.*

个儿 gèr ① size; height; stature ② persons or things taken singly

个子 gèzi height; stature; build

各　gè　6画 夂部

各 各各各各各各

❶ [代] 指某个范围内的所有个体：each; different | 世界～国 shìjiè gè guó *all countries of the world* / 他～门功课都不错。Tā gè mén gōngkè dōu bùcuò. *He is doing well in all subjects at school.* / 他们～订一份报纸。Tāmen gè dìng yī fèn bāozhǐ. *Each of them subscribes to a newspaper.*

各别 gèbié ①distinct; different ② out of the ordinary; peculiar ③ odd; eccentric; funny

各地 gèdì different places (or areas)

各个 gègè ① each; every; various ② one by one

各界 gèjiè all walks of life; all circles

各位 gèwèi ① everybody (a term of address) ② every

各种 gèzhǒng various kinds (species, categories)

各自 gèzì each; respective

各行各业 gèháng-gèyè the various walks of life; all trades and professions

各式各样 gèshì-gèyàng a variety of

各种各样 gèzhǒng-gèyàng all kinds of

❷ [副] 表示分别做或分别具有: used to indicate that each thing or person does or possesses sth. | ~有特点 gè yǒu tèdiǎn *Each has its own characteristics.* / ~占一半 gè zhàn yībàn *each takes up a half*

各奔前程 gèbènqiánchéng each pursues his own course; each goes his own way

给 (給) gěi   9画 纟部

给 给给给给给给给给

❶ [动] 使对方得到或受到: give sth. to sb. | 老师~了我一张话剧票。Lǎoshī gěile wǒ yī zhāng huàjùpiào. *The teacher gave me a drama ticket.* / 请把钢笔~我。Qǐng bǎ gāngbǐ gěi wǒ. *Please hand me the pen.* / ~他一顿批评 gěi tā yī dùn pīpíng *give him a dressing-down*

给以 gěiyǐ give; grant

❷ [介] 被: used in passive sentences | 玻璃杯~我打碎了。Bōlibēi gěi wǒ dǎsuì le. *I have broken the glass.* / 羊~狼吃了。Yáng gěi láng chī le. *The sheep was eaten by the wolf.* / 衣服~雨淋湿了。Yīfu gěi yǔ línshī le. *The clothes have got soaked with rain.*

❸ [介] 表示行为的对象; 为: used to denote the object of an action | 他~我们当翻译。Tā gěi wǒmen dāng fānyì. *He is our interpreter.* / 他~她送去一束花。Tā gěi tā sòngqu yī shù huā. *He sent her a bunch of flowers.* / 医生~他看病。Yīshēng gěi tā kànbìng. *The doctor examined him.*

❹ [动] 引进动作的接受者; 朝; 向: used to introduce the receiver of an action; in the direction of; toward | ~老师行个礼 gěi lǎoshī xíng ge lǐ *salute the teacher* /

261

根

～他道歉 gěi tā dàoqiàn *make an apology to him* / 他～我使了个眼色。Tā gěi wǒ shǐle ge yǎnsè. *He tipped me the wink.*

❺ [介] 引进交付、传递的接受者：used to introduce the receiver | ～我来封信 gěi wǒ lái fēng xìn *write me a letter* / 家里～他寄来几件衣服。Jiāli gěi tā jìlai jǐ jiàn yīfu. *He received some clothes from his family by mail.* /这本词典留～你用吧。Zhè běn cídiǎn liúgěi nǐ yòng ba. *I leave this dictionary to you.*

交给 jiāogěi

❻ [介] 加强语气，表示说话人的意志，用于命令句，常说"给我……"：used to lay emphasis, expressing the will of the speaker in an imperative tone | 你～我小心点儿！Nǐ gěi wǒ xiǎoxīn diǎnr! *Be cautious, and mind what you do!* / ～我下来！Gěi wǒ xiàlai! *Come down now!*

根 gēn 10画 木部

根根根根根根根根根根

❶ [名] 植物茎干下部长在土里的部分：root, the lower part of the stem that grows beneath the soil | 树～ shùgēn *the roots of a tree* / 这棵小树已经扎～了。Zhè kē xiǎoshù yǐjīng zhāgēn le. *The young tree has struck root.*

根深蒂固 gēnshēn-dìgù deep-rooted; ingrained; inveterate

斩草除根 zhǎncǎo-chúgēn

❷ [名] 物体的下部或同其他东西连着的部分：the lower part of sth. or the part connected with the other part | 耳～ ěrgēn *the base of an ear* / 牙～ yágēn *the root of a tooth* / 墙～ qiánggēn *the foot of a wall*

命根子 mìnggēnzi

❸ [名] 事物的本源：origin of sth. | 祸～ huògēn *the root of trouble or disaster* / 知～知底 zhīgēn-zhīdǐ *know (sb. or sth.) to the very root or source*

根本 gēnběn ① basic; fundamental; essential; cardinal ② at all; simply ③ radically; thoroughly

根源 gēnyuán source; origin; root

归根到底 guīgēn-dàodǐ

❹ [名] 依据：basis

根据 gēnjù on the basis of; according to; in the light of; in line with

根据地 gēnjùdì base area; base

❺ [副] 从根本上；彻底地：fundamentally; thoroughly; once for all | ～除 gēnchú completely do away with

❻ [量] 用于条形物：used for things of long and cylindrical shape |

几~铅笔 jǐ gēn qiānbǐ *several pencils* / 两~绳子 liǎng gēn shéngzi *two lengths of ropes*

❼ [名] 代数方程式内未知数的解：root of an unknown number in an algebraic equation | 立方~ lìfānggēn *cube root*

跟 gēn 13画 足部

跟跟跟跟跟跟跟跟跟跟跟跟跟

❶ [名] 脚或鞋、袜的后部：rear part of a foot, shoe, sock | 脚后~ jiǎohòugēn *heel* / 高~儿鞋 gāogēnrxié *high-heeled shoes*

❷ [动] 随；紧接着同一方向行动：follow; move immediately in the same direction | 你走慢点儿，我~不上。Nǐ zǒumàn diǎnr, wǒ gēnbushàng. *Walk slowly please. I can't keep up with you.* / 他唱一句，我也~着唱一句。Tā chàng yī jù, wǒ yě gēnzhe chàng yī jù. *He sang a line at a time, and I followed him right away.* / 开完会~着就参观。Kāiwán huì gēnzhe jiù cānguān. *A visit tour has been arranged right after the meeting.*

跟随 gēnsuí follow
跟踪 gēnzōng follow the tracks of

❸ [介] 引进动作的对象：introducing the object of an action同 with | 有事~我们商量。Yǒu shì gēn wǒmen shāngliang. *If there is any problem, please consult with us.* / 我的看法~他差不多。Wǒ de kǎnfǎ gēn tā chàbuduō. *My opinion is not much different from his.* / 我~你一起去。Wǒ gēn nǐ yīqǐ qù. *I will go with you.* / 这本书是~朋友借的。Zhè běn shū shì gēn péngyou jiè de. *I borrowed this book from my friend.* / 你~大家说说。Nǐ gēn dàjiā shuōshuo. *Tell us about it.*

❹ [介] 引进比较异同的对象：introducing a different object or opposite view | 我的意见~你的相反。Wǒ de yìjiàn gēn nǐ de xiāngfǎn. *I hold opposite opinions with you.* / 她待我~亲人一样。Tā dài wǒ gēn qīnrén yīyàng. *She treated me as her own kinsfolk.* / 我~你不同。Wǒ gēn nǐ bùtóng. *I am different from you.*

◇跟前 gēnqián ① in front of; close to; near ② nearby; near at hand
跟头 gēntou ① fall ② somersault

更 gēng 7画 一部

更更更更更更更

263

[动]改变；改换：replace; change; alter

更改 gēnggǎi change; alter

更换 gēnghuàn change; replace

更名 gēngmíng rename; change one's name

更新 gēngxīn renew; replace

更正 gēngzhèng make corrections

更衣室 gēngyī shì change-room; dressing room

变更 biàngēng

自力更生 zìlì-gēngshēng

See gěng.

耕 gēng 10画 耒部

耕耕耕耕耕耕耕耕耕耕

[动]用犁翻松土：loosen the soil with a plough | 精~细作 jīnggēngxìzuò *intensive cultivation*

耕地 gēngdì ① till the land (fields) ② cultivated land

耕种 gēngzhòng till; cultivate

春耕 chūngēng

耿 gěng 10画 耳部

耿耿耿耿耿耿耿耿耿耿

[形]正直；honest and just; upright

耿直 gěngzhí honest and frank; upright

梗 gěng 11画 木部

梗梗梗梗梗梗梗梗梗梗梗

[名]某些植物的枝或茎：stem or stalk of certain plants | 菠菜~儿 bōcàigěngr *spinach stem* / 茶叶~儿 cháyègěngr *tea leaf stalks*

更 gèng 7画 一部

更更更更更更更

[副]表示程度增高；愈加；越发：indicating a higher degree; more; still more; all the more | 北风一吹就~冷了。Běifēng yī chuī jiù gèng lěng le. *With the north wind blowing, it is even colder.* / 问题~复杂了。Wèntí gèng fùzá le. *The situation has become even more complicated.*

更加 gèngjiā more; still more; even more

See gēng.

工 gōng 3画 工部

工工工工

❶[名]工人和工人阶级：worker and the working class | 车~ chēgōng *turner; lathe operator* / 技~ jìgōng *skilled worker* / 女~ nǚgōng *woman worker*

工会 gōnghuì trade union; labour union

工人 gōngrén worker; workman

工人阶级 gōngrén jiējí the working class

矿工 kuànggōng

民工 míngōng

职工 zhígōng

❷ [名] 工作；生产劳动：work; productive labour | 周末他常出去打~。Zhōumò tā cháng chūqù dǎgōng. *On weekends he often goes to do temporary jobs.* / 这事很费~。Zhè shì hěn fèigōng. *This is a time-consuming job.*

工厂 gōngchǎng factory; mill; plant

工地 gōngdì building site; construction site

工具 gōngjù tool; means; instrument; implement

工龄 gōnglíng length of service; standing; seniority

工钱 gōngqián ① money paid for odd jobs; charge for a service ② wages; pay

工序 gōngxù working procedure; process

工资 gōngzī wages; pay; salary

工作 gōngzuò work; job

工具书 gōngjùshū reference books

工作日 gōngzuòrì workday; working day

罢工 bàgōng 怠工 dàigōng

动工 dònggōng 分工 fēngōng

加工 jiāgōng 旷工 kuànggōng

人工 réngōng 手工 shǒugōng

完工 wángōng 义工 yìgōng

员工 yuángōng 做工 zuògōng

磨洋工 móyánggōng

小时工 xiǎoshígōng

钟点工 zhōngdiǎngōng

❸ [名] 一个劳动力干一天的工作量：man-day; work done by one worker in one day | 这项工作需要多少个~? Zhè xiàng gōngzuò xūyào duōshǎo ge gōng? *How many workdays will it take to complete this project?*

❹ [名] 工程：engineering; project | 竣~ jùngōng *complete a project* / 体育馆下半年动~兴建。Tǐyùguǎn xiàbànnián dònggōng xīngjiàn. *The gymnasium will be under construction in the latter half of the year.*

工程 gōngchéng engineering; project

工程师 gōngchéngshī engineer

❺ [名] 工业：industry

工业 gōngyè industry

工业化 gōngyèhuà industrialization

化工 huàgōng

轻工业 qīnggōngyè

265

重工业 zhònggōngyè
◇工夫 gōngfu ① time ② leisure time ③ at that time
工事 gōngshì fortifications; defence works
工艺 gōngyì technology; craft
工艺品 gōngyìpǐn handicraft article; handiwork; handicraft

弓 gōng 3画 弓部

弓 弓弓弓

❶ [名] 射箭或发弹丸的器械：bow | ~箭 gōngjiàn *bow and arrow* / 一张~ yī zhāng gōng *a bow*

❷ [名] 弯着：bend | ~着腰 gōng zhe yāo *with one's back bent forward*

公 gōng 4画 八部

公 公公公公

❶ [形] 属于群众、集体的或国家的；公事：belonging to the public, collective or the state; public; official
公差 gōngchāi public errand; go on official business
公费 gōngfèi at public (state) expense
公款 gōngkuǎn public money (or fund)
公立 gōnglì established and maintained by the government; public
公路 gōnglù highway; road
公民 gōngmín citizen
公社 gōngshè ① primitive commune ② commune ③ people's commune
公司 gōngsī firm; company
公诉 gōngsù (leg.) public prosecution
公务 gōngwù public affairs; official business
公债 gōngzhài (government) bonds
公职 gōngzhí public office; public employment
公务员 gōngwùyuán government office worker; civil servant
子公司 zǐgōngsī
高速公路 gāosù gōnglù

❷ [名] 属于群众、集体或国家的事务：public affairs; official business | 因~出差 yīn gōng chūchāi *go on a business trip*
办公 bàngōng
办公室 bàngōngshì

❸ [形] 公正合理：just; fair; impartial; reasonable | 大~无私 dàgōng-wúsī *selfless; unselfish*
公道 gōngdào fair; just; reasonable; impartial
公平 gōngpíng fair; just; impartial; equitable
公正 gōngzhèng just; fair; impartial; fair-minded

❹ [形] 共同的；大家承认的：common; public; universally acknowledged | 每逢~休日，他常常和家人逛~园。Měi féng gōngxiūrì, tā chángcháng hé jiārén guàng gōngyuán. *On public holidays, he often takes a stroll with his family in the park.*

公安 gōng'ān public security

公厕 gōngcè toilet (for public); W. C.

公共 gōnggòng public; common; communal

公认 gōngrèn generally ackowledged (recognized); (universally) accepted; established

公式 gōngshì formula

公益 gōngyì public good; public welfare

公用 gōngyòng for public use; public; communal

公有 gōngyǒu publicly-owned; public

公寓 gōngyù ① lodging houses for long-term boarders paying by the month, mainly for working people or students ② apartment buildings; complex housing shared by many families, usually with suites of rooms and well equipped

公园 gōngyuán park

公众 gōngzhòng public

公积金 gōngjījīn accumulation fund (of a socialist economic collective)

公交车 gōngjiāochē bus; public bus having a regular route and fixed stops

公有制 gōngyǒuzhì public ownership (of means of production)

公共场所 gōnggòng chǎngsuǒ public places

公共汽车 gōnggòng qìchē bus

公用电话 gōngyòng diànhuà public telephone

❺ [形] 国际通用的：internationally acknowledged

公尺 gōngchǐ metre (m.)

公分 gōngfēn ① centimetre (cm.) ② gram (g.)

公斤 gōngjīn kilogram (kg.); kilo

公里 gōnglǐ kilometre (km.)

公顷 gōngqǐng hectare (ha.)

公元 gōngyuán the Christian era

公约 gōngyuē ① convention; pact ② joint pledge

平方公里 píngfāng gōnglǐ

❻ [形] 公开的：open; public; known to the public

公报 gōngbào communique; bulletin

公布 gōngbù announce; publish; make public

公告 gōnggào announcement; proclamation

公开 gōngkāi open; make public

公然 gōngrán openly; undisguisedly; brazenly

公证 gōngzhèng acknowledge; notarize

❼ [名] 对上了年纪的男子的尊称：(old) a reverent form of address to a male senior citizen | 张~ Zhāng gōng *the revered Mr. Zhang*

❽ [名] 丈夫的父亲：father of a woman's husband
公公 gōnggong ① husband's father; father-in-law ② grandpa; grandad

❾ [形] 雄性的：male | ~牛 gōngniú *bull* / ~鸡 gōngjī *cock; rooster*

◇ 公主 gōngzhǔ princess
老公 lǎogōng 外公 wàigōng
主人公 zhǔréngōng
花花公子 huāhuā gōngzǐ

功

gōng   5画 工部

功 功功功功功

❶ [名] 作出的贡献；较大的成绩：contribution made; outstanding achievement | 立~ lìgōng *do a deed of merit* / 记大~一次 jì dà gōng yī cì *award sb. a citation for merit of first class*
功绩 gōngjì merits and achievements; contribution
功劳 gōngláo contribution; meritorious service; credit

❷ [名] 成效；效果：result; effect | 徒劳无~ túláo-wúgōng *make a fruitless effort* / 这个地区经济的发展，教育~不可没。Zhège dìqū jīngjì de fāzhǎn, jiàoyù gōng bù kě mò. *It is education that has made great contributions to the economic development of economy in this area.*
功率 gōnglǜ power; rate of work in unit time
功能 gōngnéng function
功效 gōngxiào efficacy; effect
成功 chénggōng
多功能 duōgōngnéng

❸ [名] 技术和技术修养：technique and skills | 唱~ chànggōng *art of singing; singing* / 下苦~ xiàkǔgōng *exert painstaking efforts* / 基本~ jīběngōng *basic training; basic skill*
功夫 gōngfu ① skill; attainment ② same as 工夫
功课 gōngkè schoolwork; homework
气功 qìgōng 用功 yònggōng
下功夫 xiàgōngfu

攻

gōng   7画 工部

攻 攻攻攻攻攻攻攻

❶ [动] 主动打击敌人：attack; take the offence | 能~能守 nénggōng-néngshǒu *be equally good at attacking and defending*
攻关 gōngguān ① storm a strategic pass ② tackle key problems
攻击 gōngjī ① attack; assault;

launch an offensive ② accuse; charge; vilify
攻克 gōngkè capture; take
反攻 fǎngōng 进攻 jìngōng 围攻 wéigōng

❷[动] 致力研究；学习：devote oneself to the study of sth.; specialize in | 专~医学 zhuān gōng yīxué *major in medicine* / 努力三年，他终于~下了英语。Nǔlì sān nián, tā zhōngyú gōngxiàle Yīngyǔ. *He eventually mastered English as the result of three years' hard work.*
攻读 gōngdú study; major in; specialize in

供 gōng 8画 亻部

供供供供供供供供

❶[动] 拿出物资或钱财给需要者应用：supply sth. needed or useful (usu. money or goods) | ~养 gōngyǎng *provide for; support* / 姐姐~他上的大学。Jiějie gōng tā shàng de dàxué. *It was his elder sister who gave him full financial support during his college years.*
供给 gōngjǐ supply; provide; furnish
供销 gōngxiāo supply and marketing
供养 gōngyǎng provide for (one's parents or elders); support
供应 gōngyìng supply
供不应求 gōngbùyìngqiú supply falls short of demand; demand exceeds supply

❷[动] 提供某种东西让使用：offer sth. for use | 仅~参考 jǐn gōng cānkǎo *for your reference only* / 这儿有个小亭子~游客休息。Zhèr yǒu ge xiǎo tíngzi gōng yóukè xiūxi. *Here is a pavilion for tourists to have a rest.* / 这本字典~小学生使用。Zhè běn zìdiǎn gōng xiǎoxuéshēng shǐyòng. *This dictionary is compiled for elementary school pupils.*
提供 tígōng

宫 gōng 9画 宀部

宫宫宫宫宫宫宫宫宫

❶[名] 指古代帝王的住所：residence of an ancient emperor | 皇~ huánggōng *(imperial) palace*
宫殿 gōngdiàn palace
故宫 Gùgōng 王宫 wánggōng

❷[名] 神话中神仙的住所：house or temple in which supernatural beings live | 天~ tiāngōng *the Palace of Heaven*

❸[名] 一些文化娱乐场所的名称：a

269

place for cultural activities and recreation | 少年~ shàonián-gōng *the Children's Palace* / 文化~ wénhuàgōng *the Cultural Palace*

◇白宫 Báigōng

恭 gōng 10画 小部

恭恭恭恭恭恭恭恭恭恭

[形]严肃而有礼貌:serious and courteous

恭候 gōnghòu (pol.) await respectfully

恭敬 gōngjìng respectful; reverent

恭喜 gōngxǐ congratulations

躬 gōng 10画 身部

躬躬躬躬躬躬躬躬躬躬

[动]弯下身子:bend one's body | ~身行礼 gōngshēn xínglǐ *bend one's body to bow (or salute)*

巩 (鞏) gōng 6画 工部

巩巩巩巩巩巩

[形]牢固:firm; secure

巩固 gǒnggù ① consolidate; strengthen; solidify ② consolidated

汞 gǒng 7画 工部

汞汞汞汞汞汞汞

[名]mercury | ~是银白色的。Gǒng shì yínbáisè de. *Mercury is silver in colour.*

拱 gǒng 9画 扌部

拱拱拱拱拱拱拱拱拱

❶ [动]两手在胸前合抱,表示敬意:(Chinese traditional form of etiquette, for males) cup one hand in the other before one's chest to make an obeisance | ~手 gǒngshǒu *make an obeisance by cupping one hand in the other before one's chest*

❷ [形]弧形的(建筑物):arched; curved | ~门 gǒngmén *arched door* / ~桥 gǒngqiáo *arch bridge*

❸ [动](肢体)向上耸或向前弯成弧形:arch; hunch up | ~肩膀 gǒng jiānbǎng *hunch up one's shoulders* / 小猫~了~腰,从桌子上跳了下来。Xiǎomāo gǒngle gǒng yāo, cóng zhuōzi shang tiàole xiàlai. *The little cat arched her back and jumped down from the table.*

❹ [动] 向前或向上顶；向里或向外钻：forward; push upward or wriggle one's way outside or inside | 猪用嘴~地。Zhū yòng zuǐ gǒng dì. *Pigs dig earth with their snouts.* / 麦苗~出土了。Màimiáo gǒngchū tǔ le. *The wheat seedlings sprang up from the soil.*

❺ [动] 环绕：surround; encircle | 众星~月 zhòngxīng-gǒngyuè *a myriad of stars surround the moon; enjoy the respect and support from a host of people*

共 gǒng 6画 八部

共 共共共共共共

❶ [副] 一起；一块儿：together; jointly | 同甘~苦 tónggān-gòngkǔ *share weal and woe; share comforts and hardships* / 宾主~进晚餐。Bīnzhǔ gòngjìn wǎncān. *The hosts and guests had dinner together.*

共有 gòngyǒu in common; pool; communion; intercommunity
共产党 gòngchǎndǎng the Communist Party
共和国 gònghéguó republic
共青团 gòngqīngtuán the Communist Youth League
共产主义 gòngchǎn zhǔyì communism
和平共处 hépíng gòngchǔ

❷ [形] 相同的：similar; identical; the same
共鸣 gòngmíng sympathetic response
共识 gòngshí common understanding; consensus; to concur on
共同 gòngtóng ① common ② together; jointly
共性 gòngxìng commonplace; general character; generality

❸ [形] 共同：common
共享 gòngxiǎng enjoy together; share
公共 gōnggòng
公共场所 gōnggòng chǎngsuǒ

❹ [副] 表示总计：in total | 这本书~有12篇课文。Zhè běn shū gòng yǒu shí'èr piān kèwén. *There are 12 texts in the book altogether.* / 我们班~有20名学生。Wǒmen bān gòng yǒu èrshí míng xuésheng. *There are 20 students in our class.*
共计 gòngjì altogether; in all; all told
一共 yīgòng 总共 zǒnggòng

❺ [名] 共产党的简称：short form for the Communist Party

贡 (貢) gòng 7画 工部

贡 贡贡贡贡贡贡贡

[动] 古代臣子或属国向帝王进献物品：articles of tribute presented to the emperor in ancient times

271

by a vassal state or a subject | 进~ jìngòng *pay tribute to (an imperial court)*
贡献 gòngxiàn ① contribute ② contribution

勾 gōu 4画 勹部

勾 勾勾勾勾

❶ [动] 用笔画出符号，表示重点或删除：draw signs under the words to show emphasis or deletion | 把优美的文句~出来 bǎ yōuměi de wénjù gōu chūlai *underline the beautiful sentences* / ~掉这笔账 gōudiào zhè bǐ zhàng *write off the debt* / 一笔~销 yībǐ-gōuxiāo *liquidate; tick off*

❷ [动] 描画：draw; delineate | 他只几笔就把这座建筑的轮廓~出来了。Tā zhǐ jǐ bǐ jiù bǎ zhè zuò jiànzhù de lúnkuò gōu chūlai le. *He drew the outline of the building with only a few strokes.*

❸ [动] 串通：work hand in glove with
勾结 gōujié collude with; collaborate with; gang up with

❹ [动] 招引：induce; evoke; call to mind | 他的话~起了我的回忆。Tā de huà gōuqǐle wǒ de huíyì. *What he said called forth my reminiscences.* / 这一问~起他的话来了。Zhè yī wèn gōuqǐ tā de huà lai le. *The question touches off his remarks.*

❺ [动] 用灰、水泥等涂抹砖石建筑物的缝儿：fill up the joints of brickwork with mortar or cement | ~墙缝儿 gōu qiángfèngr *point a brick wall*

See gòu.

沟 (溝) gōu 7画 氵部

沟 沟沟沟沟沟沟沟

❶ [名] 水道：water course; water route | 排水~ páishuǐgōu *drainage ditch; drain* / 这条~又陡又深。Zhè tiáo gōu yòu dǒu yòu shēn. *The ditch is deep.*
山沟 shāngōu

❷ [名] 沟状的防御工事：ditch-like defensive work | 地~ dìgōu *sewer* / 暗~ àngōu *underground passage*

❸ [名] 像沟的浅槽：shallow trough shaped like a ditch | 车~ chēgōu *rut*

◇沟通 gōutōng link up; communicate

钩 (鉤) gōu 9画 钅部

钩 钩钩钩钩钩钩钩钩

❶ [名] hook | 钓鱼~ diàoyúgōu *fishhook* / 挂~儿 guàgōur *hook*
钩子 gōuzi hook
❷ [动] 用钩状物搭、挂或探取：secure, explore or probe with a hook | ~住 gōuzhù *get hooked* / 把床底下那本书~出来。Bǎ chuáng dǐxia nà běn shū gōu chūlai. *Try to fish the book out under the bed.* / 我把水桶从井里~上来了。Wǒ bǎ shuǐtǒng cóng jǐng li gōu shànglai le. *I have fished the bucket up from the well.*
❸ [动] 用带钩的针编织、缝：use a hooked needle to knit, sew | ~毛衣 gōu máoyī *crochet a sweater* / 这块桌布全是手工~成的。Zhè kuài zhuōbù quán shì shǒugōng gōuchéng de. *This tablecloth is manually made with a hooked needle.*

苟 gǒu 8画 艹部

苟苟苟苟苟苟苟苟

[形] 随便；马虎：careless; casual | 一丝不苟 yīsī-bùgǒu

狗 gǒu 8画 犭部

狗狗狗狗狗狗狗

[名] dog | 他养了一只可爱的小~。Tā yǎngle yī zhī kě'ài de xiǎo gǒu. *He keeps a lovely little dog.* ◇ 热狗 règǒu

勾 gōu 4画 勹部

勾勾勾勾

See 勾当
勾当 gōudàng (derog.) business; deal
See gōu.

构 (構) gòu 8画 木部

构构构构构构构构

❶ [动] 把各个组成部分安排、结合起来：construct; form; compose | ~图 gòutú *composition (of a picture)* / ~词 gòucí *form a word*
构成 gòuchéng constitute; form; compose; make up
构建 gòujiàn (mostly in abstracts) build; construct
构造 gòuzào construct
机构 jīgòu   结构 jiégòu
❷ [名] 结成（用于抽象事物）：form (sth. abstract) | 虚~ xūgòu *fabrication*
构思 gòusī ①(of writers or artists) work out the plot of a literary work or the composition of a painting ② conception
构想 gòuxiǎng conception

273

购 (購) gòu 8画 贝部

购购购购购购购购

[动] 买：buy | 我们研究所最近～进几台很高级的电脑。Wǒmen yánjiūsuǒ zuìjìn gòujìn jǐ tāi hěn gāojí de diànnǎo. *Recently our research institute purchased several high-quality computers.*

购买 gòumǎi purchase; buy
购物 gòuwù go shopping; shopping for sth.
购置 gòuzhì buy; purchase (oft. durable goods)
购买力 gòumǎilì purchasing power

采购 cǎigòu 订购 dìnggòu
定购 dìnggòu 收购 shōugòu
选购 xuǎngòu

够 gòu 11画 勹部

够够够够够够够够够够够

❶ [动] 足；满足需要的数量标准、程度等：be enough; be up to standard in quantity and degree | 这些书～你读的。Zhèxiē shū gòu nǐ dú de. *It will take you enough time to read through these books.* / 这些铅笔～你一年用的。Zhèxiē qiānbǐ gòu nǐ yī nián yòng de. *These pencils are enough for your one year's consumption.* / 她昨晚没睡～。Tā zuówǎn méi shuìgòu. *She didn't have enough sleep last night.*

不够 bùgòu 足够 zúgòu

❷ [副] 修饰形容词，表示达到一定标准或某种程度：used to modify adjectives, to indicate reaching a certain standard or degree | 他汉语说得～好的了。Tā Hànyǔ shuō de gòu hǎo de le. *His Chinese is good enough.* / 这个孩子～结实的。zhège háizi gòu jiēshi de. *The child is very strong.*

能够 nénggòu

❸ [副] 修饰形容词，表示程度很高：used to modify an adjective to indicate a very high degree | 天气～冷的。Tiānqì gòu lěng de. *It's rather cold.*

❹ [动] 伸直了胳膊或用长形的工具取东西：reach out one's hand or use a lengthy tool to get sth. | 东西挂得太高了，我～不着。Dōngxi guà de tài gāo le, wǒ gòubuzháo. *It was hung too high for me to reach.* / 他伸手到架子上～东西。Tā shēnshǒu dào jiàzi shang gōu dōngxi. *He reached out his hand for something on the shelf.*

估 gū 7画 亻部

估

估估估估估估估

[动] 揣测，大致推算：estimate; appraise ｜ ~~价钱 gūyigū jiàqián *evaluate the price of sth.* / 这楼房的造价你~得出来吗? Zhè lóufáng de zàojià nǐ gū de chūlái ma? *Could you calculate the construction cost of the building?*

估计 gūjì estimate; appraise; reckon

估算 gūsuàn estimate; appraise; reckon

低估 dīgū

咕 gū 8画 口部

咕咕咕咕咕咕咕咕

[拟声] coo ｜ ~~叫 gūgu jiào *coo*

孤 gū 8画 子部

孤孤孤孤孤孤孤孤

❶ [形] 幼年丧父或父、母双亡的：fatherless; parentless; orphaned

孤儿 gū'ér orphan

❷ [形] 单独：lonely; solitary ｜ ~雁 gūyàn *a solitary wild goose*

孤单 gūdān alone; lonely; friendless

孤独 gūdú lonely; solitary

孤立 gūlì ① isolated ② isolate

姑 gū 8画 女部

姑姑姑姑姑姑姑姑

❶ [名] 父亲的姐妹：sister of one's father; aunt

姑夫 gūfu husband of father's sister; uncle

姑姑 gūgu father's sister; aunt

❷ [副] 暂且：for the time being

姑且 gūqiě tentatively; for the moment

◇姑娘 gūniang ① girl ② daughter

菇 gū 11画 艹部

菇菇菇菇菇菇菇菇菇菇菇

[名] 蘑菇：mushroom ｜ 香~ xiānggū *fragrant mushroom*

辜 gū 12画 辛部

辜辜辜辜辜辜辜辜辜辜辜辜

[动] 负；违背：let down; fail to live up to

辜负 gūfù let down; fail to live up to; be unworthy of; disappoint

古 gǔ 5画 十部

古 古古古古古

❶ [名] 过去已久的年代；很久以前: in the remote past; ancient times; long ago | ～为今用 gǔwéi-jīnyòng *make the past serve the present*

古今中外 gǔjīn-zhōngwài ancient and modern, Chinese and foreign; at all times and in all countries

自古 zìgǔ

万古长青 wàngǔ-chángqīng

❷ [名] 古代的事物: ancient things; antiquities

考古 kǎogǔ

❸ [形] 时代久远的: age-old; ancient | ～书 gǔshū *ancient books* / ～画 gǔhuà *ancient painting* / ～建筑 gǔjiànzhù *ancient building*

古城 gǔchéng ancient city

古代 gǔdài ancient times; antiquity

古典 gǔdiǎn classical allusion; classical

古迹 gǔjì historic site; place of historic interest

古老 gǔlǎo ancient; age-old

古琴 gǔqín ancient Chinese stringed instrument made of parasol wood with five strings and later seven strings

古人 gǔrén the ancients; forefathers

古文 gǔwén prose written in the classical literary style; ancient Chinese prose

古体诗 gǔtǐshī ancient Chinese poems and songs

名胜古迹 míngshèng-gǔjì

◇古怪 gǔguài odd; eccentric; queer

谷 (穀❷) gǔ 7画 谷部

谷 谷谷谷谷谷谷谷

❶ [名] gully; ravine | 峡～ xiágǔ *gorge; canyon*

低谷 dīgǔ　　　山谷 shāngǔ

❷ [名] 一种粮食作物: a kind of grain

谷子 gǔzi ①millet ②unhusked rice

股 gǔ 8画 月部

股 股股股股股股股股

❶ [量] 用于条形的东西: used for sth. lengthy | 一～泉水 yī gǔ quánshuǐ *a stream of spring water* / 一～线 yī gǔ xiàn *a skein of thread*

❷ [量] 用于气体、气味、气力等: used for things such as gas, smell, strength, etc. | 一～热气 yī gǔ rèqì *a stream of hot air* / 一～香味 yī gǔ xiāngwèi *a whiff of fragrance* / 一～劲儿 yī gǔ jìnr *a burst of energy* / 一～力量 yī gǔ lìliàng *a burst of strength*

❸ [量] 用于成批的人：used to refer to groups of people | 两～敌人 liǎng gǔ dírén *two groups of enemy*

❹ [名] 股票：share; stock | 每个职工都可以入～。Měi gè zhígōng dōu kěyǐ rùgǔ. *All staff members can be shareholders of the company.*

股东 gǔdōng shareholder; stockholder

股份 gǔfèn share; stock

股价 gǔjià prices of stocks

股民 gǔmín shareholder; stockholder

股票 gǔpiào share certificate; share; stock

股市 gǔshì ① stock market ② stock market quotations; current prices of stocks

股份制 gǔfènzhì joint-stock system; organizational form of enterprise property management and profit distribution

炒股 chǎogǔ

骨 gǔ 9画 骨部

骨骨骨骨骨骨骨骨骨

❶ [名] bone | 脊椎～ jǐzhuīgǔ *spinebone* / 我的脚～扭伤了。Wǒ de jiǎogǔ niǔshāng le. *I had my ankle sprained.*

骨干 gǔgàn backbone; mainstay

骨肉 gǔròu flesh and blood; kindred

骨头 gǔtou bone

骨折 gǔzhé bone fracture; break

甲骨文 jiǎgǔwén

懒骨头 lǎngǔtou

❷ [名] 物体内部支撑的架子：frame used to support the inside of an object | 钢～ gānggǔ *steel framework*

❸ [名] 品质；气概：character; quality; lofty quality

骨气 gǔqì strength of character; moral integrity; backbone

鼓 (皷) gǔ 13画 鼓部

鼓鼓鼓鼓鼓鼓鼓鼓鼓鼓鼓鼓鼓

❶ [名] drum | 敲锣打～，真热闹！Qiāoluó dǎgǔ, zhēn rènao! *There is a deafening sound of drums and gongs everywhere. How noisy and lively!*

敲锣打鼓 qiāoluó-dǎgǔ

❷ [动] 使某些乐器或东西发声：play or beat (some musical instruments, etc.) | ～琴 gǔqín *(in written) play the zither*

鼓掌 gǔzhǎng clap one's hands; applaud

❸ [动] 发动；振奋：rouse; agitate; rise with spirit; stimulate; inspire

277

| ~足干劲 gǔzú gānjìn *pluck up one's enthusiasm* / 老师的话使他又~起了勇气。Lǎoshī de huà shǐ tā yòu gǔqǐ le yǒngqì. *What the teacher said plucked up his courage.*
鼓吹 gǔchuī ① advocate ② preach; advertise; play up
鼓动 gǔdòng ① agitate; arouse ② egg on; incite; instigate
鼓励 gǔlì encourage; urge
鼓舞 gǔwǔ inspire; hearten

❹ [动] 凸起；涨大：protrude; go up | 他~着嘴半天没出声。Tā gǔzhe zuǐ bàntiān méi chūshēng. *He pouted and kept silence for a long time.*

固 gù 8画 口部

固 固 固 固 固 固 固 固

❶ [形] 结实；牢靠：firm; fast | 稳~ wěngù *stable; steady*
固定 gùdìng ① fixed; regular ② fix; regularize
巩固 gǒnggù   坚固 jiāngù
牢固 láogù
根深蒂固 gēnshēn-dìgù

❷ [形] 坚硬：hard; solid
固体 gùtǐ solid body; solid
凝固 nínggù

❸ [形] 坚定；坚决：firm; staunch; steadfast; firm; resolute; determined
固守 gùshǒu defend tenaciously; be firmly entrenched in
固执 gùzhí ① obstinate; stubborn ② persist in; cling to
顽固 wángù

❹ [副] 原来；本来：originally; at first | ~当如此 gù dāng rúcǐ *it is just as it should be*
固然 gùrán no doubt; it is true; of course; admittedly
固有 gùyǒu intrinsic; inherent; innate

故 gù 9画 攵部

故 故 故 故 故 故 故 故 故

❶ [名] 原因：cause | 不知何~ bùzhī hégù *out of unknown reason* / 开会时，他常常无~缺席。Kāihuì shí, tā chángcháng wúgù quēxí. *He is always absent from meetings without any reason.*
缘故 yuángù

❷ [名] 意外的或不幸的事情：accident; sth. unfortunate
故障 gùzhàng hitch; breakdown; stoppage; trouble; malfunction
事故 shìgù

❸ [副] 故意；有意地：on purpose; intentionally; deliberately | 明知~犯 míngzhī-gùfàn *knowingly violate; deliberately break (a rule, etc.)* / ~作镇静 gùzuò-zhènjìng *pretend to be calm*

故意 gùyì intentionally; wilfully

❹ [形] 原来的；过去的；旧有的：original; former; past; old | ~人 gūrén *old friends* / ~居 gùjū *former residence*

故宫 Gùgōng palace of a former dynasty, esp. refer to the Imperial Palace of the Qing Dynasty in Beijing

故乡 gùxiāng native place; hometown; birthplace

❺ [连] 所以；因此：so; therefore | 因有急事，~不能前往。Yīn yǒu jíshì, gù bùnéng qiánwǎng. *I can't go there because of an urgent matter.* / 他有坚强的意志，~能克服困难。Tā yǒu jiānqiáng de yìzhì, gù néng kèfú kùnnan. *It's his strong will that enabled him overcome the difficulty.*

◇ 故事 gùshi ① story; tale ② plot
世故 shìgù

顾 (顧) gù 10画 页部

顾顾顾顾顾顾顾顾顾顾

❶ [动] 回头看；看：turn round and look; look back | 环~ huángù *look around*
回顾 huígù

❷ [动] 照看；注意：look after; notice | 他只~别人，不~自己。Tā zhǐ gù biérén, bùgù zìjǐ. *He always cares for others, without thinking for himself.*

顾虑 gùlǜ misgiving; apprehension; worry

顾问 gùwèn adviser; consultant

顾不得 gùbudé can't take into account; can't give consideration to; have no time to attend to

顾全大局 gùquán-dàjú take the interests of the whole into account

不顾 bùgù   照顾 zhàogù
只顾 zhǐgù
不顾一切 bùgù-yīqiè

◇ 顾客 gùkè customer; shopper; client

雇 gù 12画 户部

雇雇雇雇雇雇雇雇雇雇雇

❶ [动] 出钱叫人做事：hire; employ | ~保姆 gù bǎomǔ *hire a housemaid* / 他的公司~了四个职员。Tā de gōngsī gùle sì gè zhíyuán. *His company employs 4 clerks.*

雇佣 gùyōng employ; hire
雇员 gùyuán employee
雇主 gùzhǔ employer; person who employs

❷ [动] 租赁交通工具：hire a vehicle | 我想~一辆出租车。

Wǒ xiǎng gù yī liàng chūzūchē. *I need to hire a car.*

瓜 guā 5画 瓜部

瓜瓜瓜瓜瓜

[名] 果实可吃的葫芦科植物：general term for water melon, pumpkin, white gourd, cucumber, etc. | 种~ zhòng guā *plant melons* / 摘~ zhāi guā *pick melons*

瓜分 guāfēn carve up; divide up; partition

瓜子 guāzǐ melon seeds

冬瓜 dōngguā　黄瓜 huángguā
苦瓜 kǔguā　　木瓜 mùguā
南瓜 nánguā　　甜瓜 tiánguā
西瓜 xīguā
哈密瓜 hāmìguā

刮 (颳❷) guā 8画 舌部

刮刮刮刮刮刮刮刮

❶ [动] 用刀等在物体的表面移动，除去物体表面的东西：scrape; shave | ~铁锈 guā tiěxiù *scrape the rust* / ~胡子 guā húzi *shave the beard*

❷ [动] (风)吹：blow | 大风把树叶全都~下来了。Dàfēng bǎ shùyè quán dōu guā xiàlai le. *The strong wind blew all the leaves off.*

寡 guǎ 14画 宀部

寡寡寡寡寡寡寡寡寡寡寡寡寡寡

[形] 死了丈夫的：widowed | 守了几年~ shǒule jǐnián guǎ *live in widowhood for several years*

寡妇 guǎfu widow

挂 guà 9画 扌部

挂挂挂挂挂挂挂挂挂

❶ [动] 用钩子、钉子等使物体悬在某个地方：hang; put up (with a hook, nail, etc.) | ~衣服 guà yīfu *hang the clothes* / 请你帮我把地图~起来。Qǐng nǐ bāng wǒ bǎ dìtú guà qǐlai. *Please help me put up the map.*

悬挂 xuánguà

❷ [动] 惦记：remember; keep in mind | 你让他办的事，他会~在心上的。Nǐ ràng tā bàn de shì, tā huì guà zài xīnshang de. *It's sure for him to remember what you ask him to do.*

挂念 guàniàn worry about sb. who is absent; miss

❸ [动] 连接上或切断电话；钩上：connect or disconnect the phone; hook | 把电话~上。Bǎ diànhuà guàshang. *Hang up.* / 请

你～外事处。Qǐng nǐ guà wàishìchù. *Please put me through to the Foreign Affairs Section.* / 钉子把衣服～住了。Dīngzi bǎ yīfu guàzhù le. *The garment got caught on a nail.*

挂钩 guàgōu ① couple (two railway coaches); articulate ② link up with; establish contact with; get in touch with

❹ [动] 登记：record; register; check in | ～失 guàshī *report the loss of sth.*

挂号 guàhào ① register (at a hospital etc.) ② send by registered mail

乖 guāi 8画 丿部

乖乖乖乖乖乖乖乖

❶ [形] (小孩儿)听话；不淘气：(of children) obedient; not naughty | ～孩子 guāi háizi *good boy (or girl)* / 小宝宝很～。Xiǎobǎobǎo hěn guāi. *The little one is well-behaved.*

❷ [形] 机灵：clever; smart; intelligent | 这孩子嘴～。Zhè háizi zuǐ guāi. *The child is cute with words.* / 上了一次当，他也学～了。Shàngle yī cì dàng, tā yě xuéguāi le. *He became cleverer after being taken in once.*

拐 guǎi 8画 扌部

拐拐拐拐拐拐拐拐

❶ [名] 走路时帮助支持身体的棍子：walking stick; crutch | ～棍儿 guǎigùnr *walking stick* / 一位老人在拄着～走路。Yī wèi lǎorén zài zhǔzhe guǎi zǒulù. *An old man was walking with a cane.*

❷ [形] 走路不稳；瘸：walk unsteadily; limp | 他一瘸一～地走到学校去。Tā yī qué yī guǎi de zǒudào xuéxiào qù. *He limped toward the school.* / 他的腿～得很厉害。Tā de tuǐ guǎi de hěn lìhai. *His leg is very lame.*

❸ [动] 转弯；改变方向：turn round; change direction | 向右～ xiàng yòu guǎi *turn to the right* / 那人～进胡同里去了。Nà rén guǎijìn hútong li qù le. *That man turned into a lane.*

拐弯儿 guǎiwānr ① turn a corner; turn ② turn round; pursue a new course

❹ [动] 用诱骗手段弄走：kidnap; abduct | 骗子～了他的钱就逃走了。Piànzi guǎile tā de qián jiù táozǒu le. *The swindler made off with all his money.* / 那孩子被人～走了。Nà háizi bèi rén guǎizǒu le. *That child was abducted.*

怪 guāi 8画 忄部

怪 怪怪怪怪怪怪怪怪

❶ [形] 奇异的；不平常的：strange; unusual | ~现象 guài xiànxiàng *something quite unusual* / ~样子 guài yàngzi *odd-looking* / 这件事真是有点儿~。Zhè jiàn shì zhēn shì yǒudiǎnr guài. *It is really a bit odd.*
古怪 gǔguài　　奇怪 qíguài

❷ [名] 传说中的妖魔：monster in legend
妖怪 yāoguài
丑八怪 chǒubāguài

❸ [副] 很；非常：very; quite; rather | ~不好意思的 guài bùhǎoyìsi de *feel rather embarrassed* / 这只小猫~可爱的! Zhè zhī xiǎo māo guài kě'ài de! *How cute the little cat is!*

❹ [动] 责备；埋怨：blame; reproach | 自己做错了事，不能~别人。Zìjǐ zuòcuò le shì, bùnéng guài biérén. *Don't blame others for what you have done wrong.* / 这事不能~他。Zhè shì bùnéng guài tā. *He's not to blame for this.*

怪不得 guàibude ① no wonder; so that's why; that explains why ② not to blame
难怪 nánguài　　责怪 zéguài

关 (關) guān 6画 丷部

关 关关关关关关

❶ [动] 闭；使开着的物体合上：close; shut | ~窗子 guān chuāngzi *close (shut) the window* / ~上箱子 guānshang xiāngzi *close the case* / 他把我~在门外边了。Tā bǎ wǒ guān zài mén wàibian le. *He shut me out.*
关闭 guānbì ① close; shut ② (of a shop or factory) close down; shut down
开关 kāiguān

❷ [动] 放在里面不使出来：confine; lock up | 笼子里~着一只鸟。Lóngzi li guānzhe yī zhī niǎo. *A bird was confined in the cage.* / 他把宠物~在家里了。Tā bǎ chǒngwù guān zài jiāli le. *He left the pet shut up at home.*
关押 guānyā lock up; imprison; put under detention

❸ [动] 使开动的机器、电气设备等停止工作：switch off (machines, electric appliances, etc.) | ~机 guānjī *stop (turn off) the machine*

❹ [动] 停止营业：suspend business; close down | 商店~了。Shāngdiàn guān le. *The shop has closed down.* / 他们决定把那个分公司~了。Tāmen juédìng bǎ nàge fēngōngsī guān le. *They have decided to close down the branch company.*

❺ [名] 古代在险要的地方或交通要道设置的防守处所：mountain pass or guarded passage at the strategic place or on the border | 边~biānguān *border checkpoint* / ~口 guānkǒu *strategic pass*

❻ [名] 货物进出口征税的地方：government organization established to collect taxes when goods leave or enter a country
关税 guānshuì customs duty; customs; tariff
海关 hǎiguān

❼ [名] 重要的转折点或不易度过的一段时间：time that has a transformational function; a critical juncture | 他有信心过好这一~。Tā yǒu xìnxīn guòhǎo zhè yī guān. *He is confident of being able to pass this critical juncture.*
关头 guāntóu juncture; moment
把关 bǎguān 攻关 gōngguān
难关 nánguān
鬼门关 guǐménguān

❽ [名] 起转折关联作用的部分：joint; a key link
关键 guānjiàn hinge; key; crux
关联 guānlián interrelation among different things; be related; be connected
关节炎 guānjiéyán arthritis
机关 jīguān 卖关子 màiguānzi

❾ [动] 牵连；关系：involve; concern | 这不~他的事。Zhè bù guān tā de shì. *It doesn't concern him.* / 事~成败，你一定要小心。Shì guān chéngbài, nǐ yīdìng yào xiǎoxīn. *Success or failure hinges on it. Do handle the matter with caution.* / 你的意见已经反映到有~部门了。Nǐ de yìjiàn yǐjīng fǎnyìng dào yǒuguān bùmén le. *Your suggestion has been transferred to the department concerned.*

关爱 guān'ài express solicitude for the well-being of
关怀 guānhuái show loving care for; show solicitude for
关切 guānqiē be deeply concerned; show one's concern over
关系 guānxi ① relation; relationship ② bearing; impact; significance
关心 guānxīn be concerned with; show solicitude for; be interested in; care for
关于 guānyú about; on; with regard to; concerning
关照 guānzhào ① look after; keep an eye on ② notify by word of mouth
关注 guānzhù follow with interest; pay close attention to; show solicitude for
公关 gōngguān 无关 wúguān
相关 xiāngguān 有关 yǒuguān

283

没关系 méiguānxi

观(觀) guān 6画 又部

观 观观观观观观

❶ [动] 看：look | 走马～花 zǒumǎguānhuā *look at flowers while riding a horse; gain a shallow understanding from a fleeting glance*
观测 guāncè observe
观察 guānchá observe; watch; survey
观光 guānguāng go sightseeing; visit; tour
观看 guānkàn watch; view
观赏 guānshǎng view and admire; enjoy the sight of
观望 guānwàng ① wait and see ② look around
观众 guānzhòng spectator; viewer; audience
参观 cānguān
坐井观天 zuòjǐng-guāntiān

❷ [名] 景象；样子：scene; appearance
宏观 hóngguān 景观 jǐngguān
美观 měiguān 奇观 qíguān
外观 wàiguān
微观 wēiguān
壮观 zhuàngguān

❸ [名] 对事物的认识或态度：view; concept; attitude
观点 guāndiǎn point of view; viewpoint; standpoint
观念 guānniàn sense; idea; concept
悲观 bēiguān 客观 kèguān
乐观 lèguān 主观 zhǔguān
价值观 jiàzhíguān
世界观 shìjièguān

官 guān 8画 宀部

官 官官官官官官官官

❶ [名] 属于国家或政府的：pertaining to state or government; official
官方 guānfāng of or by the government; official
官司 guānsi (oral) lawsuit
打官腔 dǎguānqiāng
打官司 dǎguānsi

❷ [名] 在国家机构中，担任一定公职的人员：one who serves as a public officer | 听说他最近升～了。Tīngshuō tā zuìjìn shēngguān le. *It was said that he has been promoted recently.* / 他是一位外交～。Tā shì yī wèi wàijiāoguān. *He is a diplomat.*
官僚 guānliáo bureaucrat
官员 guānyuán official
官僚主义 guānliáo zhǔyì bureaucracy
法官 fǎguān 警官 jǐngguān
军官 jūnguān 贪官 tānguān
检察官 jiǎncháguān
外交官 wàijiāoguān

❸ [名] 生物体上有特定功能的部分：

organ; part of the human body with a specific function | 五～ wǔguān *five sense organs*

棺 guān 12画 木部

棺棺棺棺棺棺棺棺棺棺棺棺

See 棺材
棺材 guāncai *coffin*

馆 (館) guǎn 11画 饣部

馆馆馆馆馆馆馆馆馆馆馆

❶ [名] 招待宾客或旅客居住的房屋: place where accommodation is provided for guests
宾馆 bīnguǎn　　旅馆 lǚguǎn

❷ [名] 一个国家在另一个国家办理外交事务的人员办公的处所: residence in a country where diplomats from another country deal with diplomatic affairs | 领事～ lǐngshìguǎn *consulate*
使馆 shǐguǎn
大使馆 dàshǐguǎn

❸ [名] 某些服务性店铺的名称: shop; store | 照相～ zhàoxiàngguǎn *photo studio* / 理发～ lǐfàguǎn *barbershop; hairdresser's*
餐馆 cānguǎn　茶馆 cháguǎn
场馆 chǎngguǎn
饭馆 fànguǎn

❹ [名] 某些陈列文物或进行文化体育活动的场所: place of cultural activities
博物馆 bówùguǎn
纪念馆 jìniànguǎn
体育馆 tǐyùguǎn
图书馆 túshūguǎn

管 guǎn 14画 竹部

管管管管管管管管管管管管管管

❶ [名] 细长中空的圆筒: pipe; tube | 钢～ gāngguǎn *steel tube* / 水～ shuǐguǎn *waterpipe*
管道 guǎndào *pipeline; piping; conduit; tubing*
管子 guǎnzi *tube; pipe*
血管 xuèguǎn
气管炎 qìguǎnyán

❷ [动] 管理; 负责: manage; be in charge of | ～家务 guǎn jiāwù *run the house; keep house* / ～吃～住 guǎnchī guǎnzhù *provide meal and accommodation (by host)* / 这些工作都由他来～。Zhèxiē gōngzuò dōu yóu tā lái guǎn. *He is in charge of all these works.*
管理 guǎnlǐ *manage; run; administer; supervise*
管辖 guǎnxiá *administer*
管制 guǎnzhì ① *control* ② *put (a criminal, etc.) under surveillance*

285

保管 bǎoguǎn　接管 jiēguǎn
托管 tuōguǎn
掌管 zhǎngguǎn　主管 zhǔguǎn

❸ [动] 约束；照料：practice rigid discipline; take care of | ～孩子 guǎn háizi *discipline the child* / 这件事你们得好好儿～～。Zhè jiàn shì nǐmen děi hǎohāor guǎnguǎn. *You should take good care of this matter.*

❹ [动] 过问；参与：attend to; involve; look after; interfere | ～闲事 guǎn xiánshì *poke one's nose into other people's business* / 不该你～的事，你不要～。Bù gāi nǐ guǎn de shì, nǐ bùyào guǎn. *Don't poke your nose into none of your business.* / 这事我们不能不～。Zhè shì wǒmen bùnéng bù guǎn. *We cannot leave this matter alone.*

不管 bùguǎn　尽管 jǐnguǎn
只管 zhǐguǎn

贯 (貫) guàn　8画 贝部

贯贯贯贯贯贯贯贯

❶ [动] 穿透；连通：penetrate; connect; pass through | 铁路～通 tiělù guàntōng *the railway line has been linked up*

贯彻 guànchè carry out (through); implement; put into effect

❷ [名] 世代居住的地方；出生地：place where people live generation after generation; birthplace

籍贯 jíguàn

冠 guàn　9画 一部

冠冠冠冠冠冠冠冠冠

[动] 超出众人，居第一位：surpass all others and rank first | 名～世界 míng guàn shìjiè *be known as the best in the world*

冠军 guànjūn champion

惯 (慣) guàn　11画 忄部

惯惯惯惯惯惯惯惯惯惯惯

❶ [形] 习以为常的：be used to; be in the habit of | 她任性～了。Tā rènxìng guàn le. *She has been used to having her own way.* / 他已经～了，每天都睡得很晚。Tā yǐjīng guàn le, měi tiān dōu shuì de hěn wǎn. *He has been used to staying up late.* / 他过～了这种平静的生活。Tā guòguànle zhè zhǒng píngjìng de shēnghuó. *He has been accustomed to this tranquil life.*

惯例 guànlì convention; usual practice

惯用语 guānyòngyǔ word and phrase commonly and habitually used

习惯 xíguàn

❷ [动] 纵容；过分宠爱：spoil; indulge | 不要把孩子~坏了。Bùyào bǎ háizi guànhuài le. *Don't spoil the child.* / 她爱孩子，但从来不~着他们。Tā ài háizi, dàn cónglái bù guànzhe tāmen. *Though she is attached to her children, she never spoils them.*

娇惯 jiāoguàn

娇生惯养 jiāoshēng-guànyǎng

灌 guàn 20画 氵部

灌灌灌灌灌灌灌灌灌灌灌灌灌灌灌灌灌灌灌灌

❶ [动] 浇水：irrigate; sprinkle water | 引水~田 yǐnshuǐ guàntián channel water into the fields

灌溉 guàngài irrigate

浇灌 jiāoguàn

❷ [动] 倒进去或装进去：pour; fill | ~一瓶水 guàn yī píng shuǐ *fill a bottle with water* / 那响亮的声音直往他耳朵里~。Nà xiǎngliàng de shēngyīn zhí wǎng tā ěrduo li guàn. *His ears were filling with the loud and clear sound.* / 这个歌曲已经~了唱片了。Zhège gēqǔ yǐjīng guànle chàngpiàn le. *The song has been made into gramophone record.*

◇灌木 guànmù bush; shrub

罐 guàn 23画 缶部

罐罐罐罐罐罐罐罐罐罐罐罐罐罐罐罐罐罐罐罐罐罐罐

[名]盛东西用的大口的圆筒形器具：container with a big mouth | 铁~儿 tiěguànr *an iron jar* / 把茶叶装进~里。Bǎ cháyè zhuāngjìn guàn li. *Put the tea into the tin.*

罐头 guàntou tin; can

光 guāng 6画 小部

光光光光光光

❶ [名] light | 没有~，屋里一片漆黑。Méiyǒu guāng, wū li yī piàn qīhēi. *Without any light, it is pitch dark in the house.*

光标 guāngbiāo (computer) cursor

光碟 guāngdié compact disc; CD

光辉 guānghuī ① radiance; brilliance; glory ② brilliant; magnificent; glorious

光芒 guāngmáng rays of light; brilliant rays; radiance

287

光盘 guāngpán compact disc; CD

光线 guāngxiàn light; ray

灯光 dēngguāng

激光 jīguāng

亮光 liàngguāng

日光 rìguāng

眼光 yǎnguāng

阳光 yángguāng

月光 yuèguāng

❷ [形] 明亮：bright | 地板擦得~~的。Dìbǎn cā de guāngguāng de. *The shining floor is well polished.*

光亮 guāngliàng ① bright; shiny; luminous ② light

光明 guāngmíng ① light ② bright; promising

❸ [名] 光荣，荣誉：honour; glory; credit | 为国增~ wèi guó zēngguāng *bring honour to one's country* / 她特别得意，感到脸上有~。Tā tèbié déyì, gǎndào liǎnshang yǒu guāng. *Her face is radiant with complacence.*

光彩 guāngcǎi ① lustre; splendour ② honourable; glorious

光荣 guāngróng honour; glory; credit

赏光 shǎngguāng

发扬光大 fāyáng-guāngdà

❹ [名] 时间；日子：time; days

光阴 guāngyīn time

时光 shíguāng

❺ [名] 景色；景物：scene; scenery; view; landscape

风光 fēngguāng

观光 guānguāng

❻ [形] 物体表面平滑：smooth; glossy; polished | 地板很~。Dìbǎn hěn guāng. *The floor is very smooth.*

光滑 guānghuá smooth; glossy; sleek

❼ [形] 净；尽；一点儿不剩：clean; complete; without anything left | 喝~了 hēguāng le *drink up* / 他把整块蛋糕都吃~了。Tā bǎ zhěng kuài dàngāo dōu chīguāng le. *He has eaten up the whole cake.* / 纸都用~了。Zhǐ dōu yòngguāng le. *The paper has been used up.*

❽ [动] 露着（身体）：bare | ~着膀子 guāngzhe bǎngzi *be stripped to the waist* / ~着头 guāngzhe tóu *be bare-headed* / ~着脚 guāngzhe jiǎo *be barefooted*

❾ [副] 只；单：only; merely; just; alone | 今天我们~谈学习。Jīntiān wǒmen guāng tán xuéxí. *Today we'll confine our discussion to study only.* / 不要~凭热情干事。Bùyào guāng píng rèqíng gànshì. *Doing things cannot rely on enthusiasm alone.* / 不~他一个人，还有别人去。Bùguāng tā yī gè rén, hái yǒu biérén qù. *He is not alone, there are others going too.*

不光 bùguāng

◇光棍儿 guānggùnr unmarried man; bachelor

光临 guānglín presence (of a guest etc.)

穷光蛋 qióngguāngdàn

广 (廣) guǎng 3画 广部

广 广 广 广

❶ [形] (面积、范围)宽阔: (of area, scope) wide | 他的知识面很~。Tā de zhīshimiàn hěn guǎng. *He owns a wide range of knowledge.* / 这个动人的故事流传很~。Zhège dòngrén de gùshi liúchuán hěn guǎng. *This moving story is widely spread.*

广场 guǎngchǎng public square; square

广大 guǎngdà ① vast; wide; extensive ② large-scale; widespread

广阔 guǎngkuò vast; wide; broad

宽广 kuānguǎng

❷ [动] 扩大: spread; extend | 好人好事应该~为宣传。Hǎo rén hǎo shì yīnggāi guǎng wéi xuānchuán. *Good people and their good deeds should be propagated extensively.*

广播 guǎngbō broadcast; be on the air

广告 guǎnggào advertisement

推广 tuīguǎng

❸ [形] 多: numerous; a lot of | 此人阅历很~。Cǐ rén yuèlì hěn guǎng. *He has plenty of experience.*

广泛 guǎngfàn extensive; wide-ranging; widespread

逛 guǎng 10画 辶部

逛 逛 逛 逛 逛 逛 逛 逛

[动] 闲游; 游览: go out for an airing; stroll; wander | ~公园 guàng gōngyuán *stroll in the park; have a stroll in the park* / ~商店 guàng shāngdiàn *go shopping*

归 (歸) guī 5画 彐部

归 归 归 归 归 归

❶ [动] 返回: go back; return | 早出晚~ zǎochū-wǎnguī *leave home early and return late* / 他整天不~家。Tā zhěngtiān bù guī jiā. *He's not at home all day long.*

归来 guīlái be back to one's original place; return; come back

回归 huíguī

改邪归正 gǎixié-guīzhèng

❷ [动] 还给: return | 物~原主 wù guī yuánzhǔ *return sth. to its*

rightful owner

归还 guīhuán return; revert

❸ [动] 集中到一起；把性质相同的问题归为一类：gather; assemble; call together; concentrate | 把两支队伍~在一起。Bǎ liǎng zhī duìwu guī zài yīqǐ. *Join the two armies together.* / 千条河流~大海。Qiān tiáo héliú guī dàhǎi. *A thousand rivers find their ways to the sea.*

归结 guījié ① sum up; put in a nutshell ② end (of a story etc.)

归纳 guīnà induce; conclude; sum up

归根到底 guīgēn-dàodǐ in the final analysis

❹ [动] 归；属于（谁所有）：go to; belong to | 这个荣誉不~我个人，是大家的。Zhège róngyù bù guī wǒ gèrén, shì dàjiā de. *The honour does not belong to myself, but to all of us.* / 这些东西应该~他。Zhèxiē dōngxi yīnggāi guī tā. *These things should belong to him.*

归属 guīshǔ belong to; come under the jurisdiction of; be affiliated to

❺ [动] 由（谁负责）：be in charge of | 这些工具~我管。Zhèxiē gōngjù guī wǒ guǎn. *I'm in charge of these tools.* / 这件事~我处理。Zhè jiàn shì guī wǒ chǔlǐ. *I'm in charge of this matter.*

龟 (龜) guī   7画 龟部

龟龟龟龟龟龟龟

[名] tortoise | 海~ hǎiguī *marine (sea) turtle*
乌龟 wūguī

规 (規) guī   8画 见部

规规规规规规规规

❶ [名] 法则；惯例：law; rule; convention; usual practice | 校~ xiàoguī *school regulations* / 法~ fǎguī *laws and regulations*

规范 guīfàn standard; norm

规格 guīgé specifications; standards; norms

规矩 guīju ① established practice; custom ② well-behaved; law-abiding

规律 guīlǜ law; regular pattern

规模 guīmó scale; scope; dimensions

规则 guīzé ① rule; regulation ② regular

规章 guīzhāng rules; regulations

常规 chángguī 犯规 fànguī
正规 zhèngguī

❷ [动] 打算；谋划：intend; plot

规定 guīdìng ① stipulate; provide ② stipulation; prescript

规划 guīhuà programme; plan

闺 (閨) guī 9画 门部

闺 闺闺闺闺闺闺闺闺闺

[名] 旧指未婚女子的卧室: (in former times) unmarried lady's chamber
闺女 guīnü daughter

瑰 guī 13画 王部

瑰 瑰瑰瑰瑰瑰瑰瑰瑰瑰瑰瑰瑰

See 玫瑰
玫瑰 méigui

轨 (軌) guǐ 6画 车部

轨 轨轨轨轨轨轨

[名] 本指车子两轮之间的距离, 后指车轮碾过的痕迹: originally used to refer to the distance between two wheels, later also used to indicate the deep harrow track left in soft ground by wheel | 钢~ gānggǔi rail
轨道 guǐdào ① track ② orbit; trajectory
轨迹 guǐjì ① locus ② orbit ③ (fig.) track; path along which a person goes through his or her life, or along with which sth. develops

诡 (詭) guǐ 8画 讠部

诡 诡诡诡诡诡诡诡

[形] 狡诈；奸滑: deceitful; cunning; slick; sleek
诡计 guǐjì crafty plot; cunning scheme; trick; ruse

鬼 guǐ 9画 鬼部

鬼 鬼鬼鬼鬼鬼鬼鬼鬼鬼

❶ [名] 迷信的人指人死后的灵魂: ghost | ~神 guǐshén *ghosts and spirits; supernatural beings* / 我从小爱听~故事。Wǒ cóngxiǎo ài tīng guǐ gùshi. *I like to listen to ghost stories since my childhood.*
鬼门关 guǐménguān (superstition) gates of hell; jaws of death; (fig.) dangerous place; jaws of danger
魔鬼 móguǐ
做鬼脸 zuòguǐliǎn
❷ [名] 对人表示轻蔑、憎恨的称呼: address of contempt or dislike for sb. | 胆小~ dǎnxiǎoguǐ *coward* / 酒~ jiǔguǐ *drunkard*
鬼子 guǐzi devil (address of abuse for foreign invaders)
冒失鬼 màoshiguǐ
小气鬼 xiǎoqìguǐ

❸ [名] 不可告人的勾当、打算：sinister design; dark scheme | 他不回答你的问题，准是心里有~。Tā bù huí dá nǐ de wèntí, zhǔn shì xīnli yǒu guǐ. *In account of his neglect of your question, it's sure that there is something fishy in his mind.*
搞鬼 gǎoguǐ
❹ [形] 恶劣；糟糕：nasty; terrible; lousy | ~天气 guǐ tiānqì *terrible weather*
❺ [形] 机灵：smart; clever | 这孩子真~。Zhè háizi zhēn guǐ. *This kid is really smart.*
◇ 机灵鬼 jīlingguǐ

柜(櫃) guì 8画 木部

柜柜柜柜柜柜柜柜

[名] cupboard | 橱~ chúguì *kitchen cabinet* / 衣~ yīguì *wardrobe*
柜台 guìtái counter; bar
柜子 guìzi cupboard; cabinet
保险柜 bǎoxiǎnguì

贵(貴) guì 9画 贝部

贵贵贵贵贵贵贵贵贵

❶ [形] 价钱或价值高：expensive; dear | 这地方东西很~。Zhè dìfang dōngxi hěn guì. *The commodity prices of this place are very expensive.* / 这本书不~。Zhè běn shū bù guì. *This book is not expensive.* / 钢比铁~。Gāng bǐ tiě guì. *Steel is more expensive than iron.*
贵重 guìzhòng valuable; precious
昂贵 ángguì
❷ [形] 地位高：high in status | ~妇人 guìfūrén *noble woman*
贵宾 guìbīn honoured guest; distinguished guest
贵族 guìzú noble; aristocrat
高贵 gāoguì
❸ [形] 值得珍视或重视：highly valued; valuable | 物以稀为~ wù yǐ xī wéi guì *when a thing is scarce, it is precious*
宝贵 bǎoguì   可贵 kěguì
名贵 míngguì   珍贵 zhēnguì
❹ [形] 敬词，称与对方有关的事物：term of respect, used to address things related to the other side | ~国 guìguó *your country* / ~校 guìxiào *your school*
贵姓 guìxìng your surname

桂 guì 10画 木部

桂桂桂桂桂桂桂桂桂桂

[名] 桂花树，常绿乔木，花白色或黄色，极香：cassia-bark tree, evergreen, sweet scented, with yellow or white flowers | ~花 guìhuā

sweet-scented osmanthus
◇桂冠 guìguān laurel (as an emblem of victory or distinction)

跪 guì 13画 足部

跪跪跪跪跪跪跪跪跪跪跪跪跪

[动]两膝弯曲，使一个或两个膝盖着地：kneel | 下~xiàguì *kneel upon one's knees; kneel down (before sb.)*

滚 gǔn 13画 氵部

滚滚滚滚滚滚滚滚滚滚滚滚滚

❶[动]旋转着移动；使翻转：roll; trundle | ~铁环 gǔn tiěhuán *trundle an iron hoop* / 荷叶上~着水珠。Héyè shang gǔnzhe shuǐzhū. *Water beads rolled on the lotus leaves.* / 石头从山顶上~下来。Shítou cóng shāndǐng shang gǔn xiàlai. *Rocks rolled down from the mountain top.*

滚动 gǔndòng roll
摇滚 yáogǔn
连滚带爬 liángǔn-dàipá

❷[动]液体达到沸点而翻腾：boil | 水~了。Shuǐ gǔn le. *The water is boiling.* / 油锅烧~了。Yóuguō shāogǔn le. *The oil in the pot is boiling.*

❸[动]走开；离开(用于辱骂或斥责)：get away; leave here (used when reprimanding sb.) | ~出去！Gǔn chūqu! *Get out of here!*

棍 gùn 12画 木部

棍棍棍棍棍棍棍棍棍棍棍棍

[名]用树枝、竹子截成或用金属制成的圆长条：rod; stick | 木~mùgùn *wood rod* / 铜~tónggùn *brass rod*

棍子 gùnzi rod
冰棍儿 bīnggùnr
曲棍球 qūgùnqiú
◇光棍儿 guānggùnr

郭 guō 10画 阝(右)部

郭郭郭郭郭郭郭郭郭郭

[名]古代在城的外围加筑的城墙：(in ancient times) the outer wall of a city | 城~chéngguō *the inner and outer city walls*

锅(鍋) guō 12画 钅部

锅锅锅锅锅锅锅锅锅锅锅锅

❶[名] pot; pan | 饭~fànguō *a*

293

rice pot / 火~ huǒguō *chafing dish*

背黑锅 bēihēiguō

❷ [名] 某些装液体加热用的器具: utensils used to heat water or other liquids

锅炉 guōlú boiler

国 (國) guó 8画 口部

国 国 国 国 国 国 国 国

❶ [名] 国家: country | 他一直在~外学习。Tā yīzhí zài guówài xuéxí. *He has been studying abroad all along.* / 中国是个大~。Zhōngguó shì ge dà guó. *China is a big country.*

国法 guófǎ the law of the land; national law; law

国防 guófáng national defence

国会 guóhuì parliament

国籍 guójí nationality

国际 guójì international

国家 guójiā country; state; nation

国力 guólì national power (or strength, might)

国民 guómín national

国内 guónèi internal; domestic; home

国情 guóqíng the condition (or state) of a country; national conditions

国庆 guóqìng National Day

国土 guótǔ territory; land

国外 guówài external; overseas; abroad

国王 guówáng king

国营 guóyíng state-operated; state-run

国有 guóyǒu state-owned

国际法 guójìfǎ (public) international law; law of nations

国民党 guómíndǎng the Kuomintang (KMT)

国庆节 guóqìngjié National Day (October 1, in China)

国务院 guówùyuàn the State Council

国际象棋 guójì xiàngqí chess (a board game for 2 players, each with 16 pieces in 6 kinds)

爱国 àiguó　　报国 bàoguó
出国 chūguó　　帝国 dìguó
邻国 línguó　　卖国 màiguó
全国 quánguó　三国 Sān Guó
外国 wàiguó　　王国 wángguó
战国 Zhànguó　中国 Zhōngguó
祖国 zǔguó

联合国 Liánhéguó

外国语 wàiguóyǔ

异国他乡 yìguó-tāxiāng

❷ [形] 代表国家的: national | ~歌 guógē *national anthem*

国旗 guóqí national flag

❸ [形] 属于本国的: of the state; of our country | ~画 guóhuà *traditional Chinese painting*

国产 guóchǎn domestic produced; made in one's own country

国道 guódào state highway; national road; national highway
国语 guóyǔ Mandarin (former term for *putonghua* or standard Chinese); official national language of a country
国债 guózhài national debt; treasury bond
国库券 guókùquàn treasury bond (TB); treasury bill; treasury stock

果 guǒ 8画 l部

果 果果果果果果果果

❶[名]果实，植物花落后含有种子的部分：fruit | 水~ shuǐguǒ *fruit*
果实 guǒshí ① fruit ② gain; fruit
果树 guǒshù fruit tree
苹果 píngguǒ

❷[名]事情的最后；结局：result; consequence; ending; conclusion | 前因后~ qiányīn-hòuguǒ *cause and effect; the entire process*
成果 chéngguǒ 后果 hòuguǒ
结果 jiéguǒ   效果 xiàoguǒ

❸[副]确实；真的：indeed; really / 他~真来了吗？Tā guǒzhēn lái le ma? *Does he really come?*
果然 guǒrán really; as expected; sure enough
如果 rúguǒ

❹[形]坚决：determined; resolute
果断 guǒduàn resolute; decisive

裹 guǒ 14画 亠部

裹 裹裹裹裹裹裹裹裹裹裹裹裹裹裹

❶[动]包；缠绕：wrap; bind | ~伤口 guǒ shāngkǒu *bind up the wound* / 用纸~上 yòng zhǐ guǒ shang *wrap it with paper*

❷[动]卷进去：be carried along; be drawn along | 他们干的是违法的事，你可别~进去。Tāmen gàn de shì wéifǎ de shì, nǐ kě bié guǒ jìnqu. *What they are doing is against the law. Don't get involved in it.*

过 (過) guò 6画 辶部

过 过过过过过过

❶[动]经过(处所)：pass through | ~马路 guò mǎlù *cross the street* / ~河 guò hé *cross a river*
过程 guòchéng course; process
过渡 guòdù transition; interim
过户 guòhù (of property, vehicles, stocks and bonds, etc.) transfer of ownership from one person to another in conformity with certain legal procedures;

295

transfer of names

过来 guòlái(lai) come over; come up

过去 guòqu go over; pass by

经过 jīngguò　路过 lùguò
通过 tōngguò

❷ [动] 经过或度过（某段时间）：pass, spend (a period of time) | ~年 guònián *celebrate the New Year* / ~节 guòjié *celebrate a festival* / 我~两天再来。Wǒ guò liǎng tiān zài lái. *I'll come again in a few days.* / 日子越~越好。Rìzi yuè guò yuè hǎo. *Our life is becoming better and better.*

过后 guòhòu afterwards; later

过去 guòqù in or of the past; formerly; previously

过日子 guòrìzi lead a life; get by; get along; live

逢年过节 féngnián-guòjié

❸ [动] 使经过（某种处理）：go through (a certain process) | 他常常说话不~脑子。Tā chángcháng shuōhuà bù guò nǎozi. *He seldom uses his head when making a statement.* / 把这批货~~数吧。Bǎ zhè pī huò guòguò shù ba. *Please count this batch of goods.*

❹ [动] 超出（某种范围或限度）：surpass; exceed (certain range or limit) | 探望病人的时间已~。Tànwàng bìngrén de shíjiān yǐ guò. *The time for visiting the sick is over.* / 这罐头已~了保质期。Zhè guàntou yǐ guòle bǎozhìqī. *The guarantee date of this canned food has expired.* / 投票已~半数。Tóupiào yǐ guò bànshù. *The votes cast have already exceeded half of the total.*

过度 guòdù excessive; undue; over

过分 guòfèn excessive; undue; over

过奖 guòjiǎng (in response to a compliment) overpraise; lay it on thick

过敏 guòmǐn ① allergy; allergic reaction ② oversensitive

过期 guòqī exceed the time limit; be overdue

过于 guòyú too; unduly; excessively

超过 chāoguò　越过 yuèguò

❺ [名] 错误：mistake; error | 知~必改 zhīguò-bìgǎi *always correct the error when you become aware of it* / 功大于~ gōng dàyú guò *one's achievements outweigh one's errors* / 学校决定给他记~一次。Xuéxiào juédìng gěi tā jìguò yī cì. *The school has decided to give him a demerit record.*

过错 guòcuò fault; error; blame; offence

过剩 guòshèng excess; surplus; oversupply

过失 guòshī fault; slip; error
See guo.

过 (過) guo 6画 辶部

过 过过过过过过

❶ [助] 用在动词后, 表示动作完毕: used after a verb to indicate the completion of an action | 我已经吃~饭了。Wǒ yǐjīng chīguo fàn le. *I have already had my meal.*

❷ [助] 用在动词后, 表示过去曾经有这样的事情: used after a verb to denote sth. that happened in the past already | 我们曾经谈~这个问题。Wǒmen céngjīng tánguo zhège wèntí. *We discussed about this question before.* / 他去年来~北京。Tā qùnián láiguo Běijīng. *He came to Beijing last year.* / 这个地方三年前我曾经来~。Zhège dìfang sān nián qián wǒ céngjīng láiguo. *I was here three years ago.*

❸ [助] 用在形容词后, 表示曾经有过某种性质或状态: used after an adjective to denote a certain quality or condition existing in the past | 上星期冷~几天, 现在又热起来了。Shàng xīngqī lěngguo jǐ tiān, xiànzài yòu rè qǐlai le. *It was cold for a couple of days last week, and now it is getting hot again.* / 他从没这么高兴~。Tā cóngméi zhème gāoxìngguo. *He has never been so happy.*

◇ 错过 cuòguò
See guò.

H h

哈 hā 9画 口部

哈哈哈哈哈哈哈哈哈

❶[动]张口呼气；blow one's breath; breathe out | 他～了一口气。Tā hāle yī kǒu qì. *He breathed out with his mouth open.*

❷[拟声]模拟笑声（大多叠用）：sound of laughing (usu. in reduplicated form) | 他～～地笑个不停。Tā hāhā de xiào ge bù tíng. *He kept on roaring with laughter.*

哈哈 hāhā ha-ha
◇哈密瓜 hāmìguā Hami melon; saccharinus
马大哈 mǎdàhā

咳 hāi 9画 口部

咳咳咳咳咳咳咳咳咳

[叹]表示伤感、后悔或惊异：used to express sentimentality, regret or surprise | ～！我怎么这么糊涂！Hāi! Wǒ zěnme zhème hútu! *Dam it! How stupid I was!* / ～！真有这种怪事。Hāi! Zhēn yǒu zhè zhǒng guàishì. *What! That's really queer!*

See ké.

还 (還) hái 7画 辶部

还还还还还还还

❶[副]表示动作或状态持续不变；仍然：used to indicate a continuous action or state; still | 十年过去了，她～是那么年轻。Shí nián guòqu le, tā háishì nàme niánqīng. *Ten years have passed, but she still looks so young.* / 过两天我～会来的。Guò liǎng tiān wǒ hái huì lái de. *I'll come again in a couple of days.*

还是 háishì ① still; nevertheless; all the same ② had better ③ or

❷[副]表示在某种程度之上有所增加；更加：used to indicate an increase of a certain degree; all the more | 今天比昨天～冷。Jīntiān bǐ zuótiān hái lěng. *Today is even colder than yesterday.*

❸[副]表示项目、数量增加范围扩大：used to indicate an expansion of a project or an increase of a number | 他们参观了学校，～参观了工厂和医院。Tāmen cānguānle xuéxiào, hái cānguānle gōngchǎng hé yīyuàn. *They visited factories, hospitals as well as schools.* / 孩子们～想再玩一次这个游戏。Háizimen hái xiǎng zài wán yī cì zhège yóuxì. *Children want to play this game again.*

还有 háiyǒu (still) have; have (more)

❹ [副] 用在形容词前，表示程度上勉强过得去：used before an adjective to indicate that something is passable to certain extent | 菜的味道～可以。Cài de wèidào hái kěyǐ. *The taste of the dish is not bad.* / 你现在走～来得及。Nǐ xiànzài zǒu hái láidejí. *It is not too late if you leave now.*

❺ [副] 表示数量小，时间不到：used to indicate that a number is small, that it is not yet time to...

❻ [副] 用在上半句里，作为陪衬，下半句作推论；尚且：used to form a contrast in the first part of the sentence and introduce a deduction in the latter part of the sentence | 连你～不知道，我怎么可能知道呢？Lián nǐ hái bù zhīdào, wǒ zěnme kěnéng zhīdào ne? *Even you don't know that. How could I?*

❼ [副] 表示超出预料，有赞叹的语气：used to indicate a happening beyond expectation with a tone of praise and admiration | 他～真有办法。Tā hái zhēn yǒu bànfǎ. *He is really resourceful.*

❽ [副] 表示应该怎样而不怎样，有责备或讥讽的语气：used to express a tone of reproach or irony | 你～说得出！Nǐ hái shuōdechū! *And you have the nerve to say that!*

❾ [副] 表示加强语气，用于反问：used to lay emphasis in a rhetorical question | 那～用说！Nà hái yòng shuō! *That goes without saying!*

See huán.

孩 hái 9画 子部

孩孩孩孩孩孩孩孩孩

[名] 儿童：child
孩子 háizi ① child ② son or daughter; children
男孩儿 nánháir
小孩子 xiǎoháizi

海 hǎi 10画 氵部

海海海海海海海海海海

❶ [名] sea | 南～Nán Hǎi *the South China Sea* / 他常去～边游泳。Tā cháng qù hǎibiān yóuyǒng. *He often goes swimming at the beach.*

海岸 hǎi'àn seacoast; coast; seashore

海拔 hǎibá height above sea level; elevation

海滨 hǎibīn seashore; seaside

海港 hǎigǎng seaport; harbour

海关 hǎiguān custom house; customs

海军 hǎijūn navy

海面 hǎimiàn sea level

海水 hǎishuǐ seawater; brine; the sea

海滩 hǎitān seabeach; beach

海外 hǎiwài overseas; abroad

海峡 hǎixiá strait; channel

海鲜 hǎixiān seafood

海啸 hǎixiào tsunami; seismic sea wave

海洋 hǎiyáng seas and oceans; ocean

大海 dàhǎi　　东海 Dōng Hǎi
航海 hánghǎi　沿海 yánhǎi
山珍海味 shānzhēn-hǎiwèi

❷ [名] 比喻聚集成一大片的人或事物：used figuratively to indicate myriads of people or things | 林～ línhǎi *a vast stretch of forest* / 火～ huǒhǎi *a sea of fire* / 人～ rénhǎi *crowds of people*

❸ [形] 大：big; vast | ～碗 hǎiwǎn *big bowl* / 夸下～口 kuāxià hǎikǒu *boast; talk big*

◇ 海报 hǎibào playbill; poster; notice

害 hài　10画 宀部

害害害害害害害害害害

❶ [动] 使受损害：do harm to; make sb. suffer from | 你～我白跑了一趟。Nǐ hài wǒ báipǎole yī tàng. *You made me go all that way for nothing.* / 你这样做既～了别人，又～了自己。Nǐ zhèyàng zuò jì hàile biérén, yòu hàile zìjǐ. *In doing so, you have done harm both to others and to yourself.*

受害 shòuhài

❷ [名] 祸患；坏处：disaster; scourge; harm | 大家一齐动手消灭虫～。Dàjiā yīqí dòngshǒu xiāomiè chónghài. *Let's take action together to get rid of the insects (pests).* / 吸烟对身体有～。Xīyān duì shēntǐ yǒu hài. *Smoking is harmful to health.*

❸ [形] 有害的（跟"益 yì"相对）：harmful; destructive (the opposite of "益 yì")

害虫 hàichóng injurious (destructive) insect

害处 hàichu harm; damage

❹ [动] 杀；杀死：kill; murder | 他被～了。Tā bèi hài le. *He was murdered.*

遇害 yùhài

被害人 bèihàirén

❺ [动] 发生（疾病）：contract (a disease); | ～眼病 hài yǎnbìng *suffer from eye disease* / 我不

久前~了一场重病。Wǒ bùjiǔ qián hàile yī chǎng zhòngbìng. *I have just recovered from a serious attack of illness.*

❻ [动]产生不安的感觉或情绪：feel uneasy or ashamed | 我实在为你感到~臊。Wǒ shízài wèi nǐ gǎndào hàisào. *I am utterly ashamed of you.*

害怕 hàipà be afraid; be scared
害羞 hàixiū bashful; be shy
◇ 厉害 lìhai

酣 hān 12画 酉部

[形]尽兴；畅快：to one's heart's content; heartily | ~畅 hānchàng *merry and lively* / ~睡 hānshuì *sleep soundly; be fast asleep*

憨 hān 15画 心部

❶ [形]傻；呆：slowwitted; foolish | 这人有点儿~，你不要惹他。Zhè rén yǒudiǎnr hān, nǐ bùyào rě tā. *He is a little slowwitted. Be careful not to provoke him.*

❷ [形]朴实；天真：simple; plain; innocent | ~态 hāntài *naive manner*

含 hán 7画 口部

❶ [动]嘴里放着东西，不吐也不咽：keep in the mouth | 你~一片药，嗓子就不痛了。Nǐ hán yī piàn yào, sǎngzi jiù bù tòng le. *Keep a tablet in the mouth and your sore throat will be relieved.* / 孩子嘴里~着一块糖。Háizi zuǐli hánzhe yī kuài táng. *The child kept a pill candy in his mouth.*

❷ [动]藏在(里面)；包括：contain | ~水分 hán shuǐfèn *containing water or moisture* / 这种蔬菜~维生素比较多。Zhè zhǒng shūcài hán wéishēngsù bǐjiào duō. *This vegetable contains a lot of vitamins.*

含量 hánliàng content
含义 hányì meaning; implication
含有 hányǒu contain; include
包含 bāohán

❸ [动]怀着某种意思、情感：nurse; harbour; cherish | 他~笑对我点头。Tā hánxiào duì wǒ diǎntóu. *He nodded to me with a smile.*

含糊 hánhu ① ambiguous; vague ② careless; perfunctory

301

函 hán 8画 凵部

函函函函函函函函

[名]信件：letter; correspondence | 来～已经收到。Láihán yǐjīng shōudào. *I have received your letter.*

函授 hánshòu teach by correspondence; give a correspondence course

寒 hán 12画 宀部

寒寒寒寒寒寒寒寒寒寒寒寒

❶[形]冷：cold | 天～tiān hán *the weather is cold*
寒带 hándài frigid zone; cold zone
寒冷 hánlěng cold; frigid; chilly
寒暄 hánxuān exchange greetings
饥寒交迫 jīhán-jiāopò
❷[名]寒冷的季节（跟"暑shǔ"相对）：cold season (the opposite of "暑shǔ") | ～来暑往 hánlái-shǔwǎng *summer goes and winter comes; with the passage of time*
寒假 hánjià winter vacation
❸[形]灰心；害怕：disheartening; discouraging; afraid; scared | 心～xīnhán *be bitterly disappointed*

罕 hǎn 7画 冖部

罕罕罕罕罕罕罕

[形]稀少：rare | ～闻 hǎnwén *seldom heard* / 稀～xīhǎn *rare* / 这真是世间～有的事。Zhè zhēn shì shìjiān hǎn yǒu de shì. *It's really a rare event under the sun.*

罕见 hǎnjiàn seldom seen; rare

喊 hǎn 12画 口部

喊喊喊喊喊喊喊喊喊喊喊

❶[动]大声叫：shout; cry; holler | ～口号 hǎn kǒuhào *shout slogans* / 别大声～，人家都休息了。Bié dàshēng hǎn, rénjia dōu xiūxi le. *Stop shouting. People are having a rest.*
喊叫 hǎnjiào shout; cry out
叫喊 jiàohǎn
大喊大叫 dàhǎn-dàjiào
❷[动]招呼；叫（人）：call; hail; greet; call sb. | 你～谁？Nǐ hǎn shéi? *Whom are you calling?* / 你走时～他一声。Nǐ zǒu shí hǎn tā yī shēng. *Call him when you leave.*

汉(漢) hàn 5画 氵部

汉

汉汉汉汉汉

❶[名]朝代，公元前206—公元220年：the Han Dynasty (206 BC—220 AD)

❷[名]汉族：the Han nationality
汉奸 hànjiān traitor; collaborator (to China)
汉学 hànxué the Han school of classical philology; Sinology
汉语 Hànyǔ Chinese (language)
汉字 Hànzì Chinese character
汉族 Hànzú the Han nationality

❸[名]男子：man
好汉 hǎohàn　　老汉 lǎohàn
◇门外汉 ménwàihàn

汗

hàn　6画 氵部

汗汗汗汗汗汗

[名]从皮肤表面排出的液体：sweat; perspiration｜他出了一身~。Tā chūle yī shēn hàn. *He sweated himself all over.*
汗水 hànshuǐ sweat; perspiration

旱

hàn　7画 日部

旱旱旱旱旱旱旱

❶[形]长时间不下雨、雪或雨量太小（跟"涝lào"相对）：drought (the opposite of "涝 lào")｜抗~ kànghàn combat drought; fight against drought／防~ fánghàn prevent drought／总不下雨，庄稼都~了。Zǒng bù xiàyǔ, zhuāngjia dōu hàn le. *There hasn't been any rain for a long time and the crops are suffering from the drought.*
旱灾 hànzāi drought
干旱 gānhàn

❷[形]跟水无关的：unrelated to water｜~田 hàntián *non-irrigated farmland*／~地 hàndì *non-irrigated farmland; dry farmland*／~路 hànlù *overland route*

捍

hàn　10画 扌部

捍捍捍捍捍捍捍捍捍

[动]保卫：defend
捍卫 hànwèi defend; guard

焊

hàn　11画 火部

焊焊焊焊焊焊焊焊焊焊

[动]用熔化的金属连接或修补金属器物：weld; solder｜这个接头断了，要~一下。Zhège jiētóu duàn le, yào hàn yīxià. *The joint is disconnected and need to be soldered.*

撼 hàn 16画 扌部

撼撼撼撼撼撼撼撼撼撼撼撼撼撼撼

[动] 摇；摇动：shake; vibrate | ~动 hǎndōng *shake*
震撼 zhènhàn

憾 hàn 16画 忄部

憾憾憾憾憾憾憾憾憾憾憾憾憾憾憾

[动] 失望；不满意：disappoint; dissatisfy | ~事 hànshì *a matter for regret* / 缺~ quēhàn *regret*
遗憾 yíhàn

行 háng 6画 彳部

行行行行行行

❶ [名] 行列：line; row | 单~ dānháng *single line* / 柳树成~ liǔshù chéng háng *lined with rows of willows*
行列 hángliè ranks
排行榜 páihángbǎng

❷ [名] 行业；职业：line; profession; occupation | 他热爱教师这一~。Tā rè'ài jiàoshī zhè yī háng. *He has a deep love for teaching.* / 咱们是同~。Zán men shì tóngháng. *We are of the same trade.* / 他在这一~干得很出色。Tā zài zhè yī háng gàn de hěn chūsè. *He is doing very well in this trade.*
行情 hángqíng quotations (on the market); prices
行业 hángyè trade; profession; industry
内行 nèiháng   同行 tóngháng
外行 wàiháng
各行各业 gèháng-gèyè

❸ [量] 用于成行的东西：used for things shaped into a line | 两~眼泪 liǎng háng yǎnlèi *two lines of tears* / 一~字 yī háng zì *a line of words*

◇ 银行 yínháng
See xíng.

航 háng 10画 舟部

航航航航航航航航航航

[动] (船)行驶；(飞行器)飞行：navigate; navigate by water; fly; navigate by air
航班 hángbān flight; flight number
航道 hángdào channel; lane; course
航海 hánghǎi navigation
航空 hángkōng aviation
航天 hángtiān spaceflight; aerospace
航线 hángxiàn air or shipping

line; route; course
航行 hángxíng ① navigate by water; sail ② navigate by air
航运 hángyùn shipping
导航 dǎoháng　民航 mínháng
通航 tōngháng
宇航员 yǔhángyuán

毫 háo　11画 毛部

毫毫毫毫毫毫毫毫毫毫毫

❶ [量]计量单位名称，10毫等于1厘：unit of weight (10 *hao* equals 1 *li*)
毫米 háomǐ millimetre; mm.
丝毫 sīháo
❷ [副]数量极少；一点：very little in amount; in the least | ～无诚意 háowú chéngyì *without the least sincerity*
毫不 háobù not in the least; not at all
毫无 háowú not at all; without

豪 háo　14画 豕部

豪豪豪豪豪豪豪豪豪豪豪豪豪豪

[形]气魄大：forthright; unrestrained | ～放 háofàng *bold and unconstrained* / ～爽 háoshuǎng *straightforward; forthright*
◇豪华 háohuá luxurious; sumptuous

好 hǎo　6画 女部

好好好好好好好

❶ [形]优点多的；使人满意的（跟"坏huài"相对）：good; virtuous; satisfying; nice; (the opposite of "坏huài") | ～消息 hǎo xiāoxi *good news* / ～主意 hǎo zhǔyi *a good idea* / 我们的生活越过越～。Wǒmen de shēnghuó yuè guò yuè hǎo. *Our living standard is getting better and better.*
好处 hǎochu ① good; benefit; advantage ② gain; profit
好坏 hǎohuài good and bad; mishap; anyway
好评 hǎopíng favourable comment; high opinion
好运 hǎoyùn good luck
好转 hǎozhuǎn take a turn for the better; take a favourable turn; improve
好好儿 hǎohāor ① in perfectly good condition; when everything is all right ② all out; to one's heart's content
好好先生 hǎohǎo xiānsheng one who tries not to offend anybody
刚好 gānghǎo　良好 liánghǎo
美好 měihǎo　恰好 qiàhǎo
幸好 xìnghǎo

305

正好 zhènghǎo 最好 zuìhǎo 恰到好处 qiàdào-hǎochù

❷ [形]友爱；和睦；相好，好感：friendly; kind; good; affinitive | ～朋友 hǎo péngyou *great (good) friend* / 她一直对我很～。Tā yīzhí duì wǒ hěn hǎo. *She has always been kind to me.*

好感 hǎogǎn good opinion
好友 hǎoyǒu good friend
要好 yàohǎo 友好 yǒuhǎo

❸ [形]用在动词后，作结果补语，表示完成或达到完善的地步：used after a verb as a complement to indicate completion or a perfect condition of sth. | 计划订～了。Jìhuà dìnghǎo le. *The plan has been drawn up.* / 文章已经写～了。Wénzhāng yǐjīng xiěhǎo le. *The article has been finished.*

❹ [形]健康；痊愈：in good health; recovered | 他的病完全～了。Tā de bìng wánquán hǎo le. *He recovered completely from illness.* / 他身体一直很～。Tā shēntǐ yīzhí hěn hǎo. *He has always been in good health.*

❺ [副]用在形容词、动词前，表示程度深：used before an adjective or verb to denote a high degree | ～冷啊!Hǎo lěng a! *How cold it is!* / 街上～热闹!Jiēshang hǎo rènao! *How noisy it is in the streets!* / ～险哪! Hǎo xiǎn na! *What a near thing!*

❻ [副]用在数量词、时间词或形容词"多"、"久"前，强调多或久：used before a quantity word, time word or adjectives such as "many", "long" for emphasis | ～半天 hǎo bàntiān *quite a while* / 他学过～几年英语。Tā xuéguo hǎo jǐ nián Yīngyǔ. *He has studied English for several years.*

好多 hǎoduō a good many; a good deal; a lot of
好久 hǎojiǔ long; for a long time
好些 hǎoxiē quite a lot; a good deal of; many

❼ [形]表示赞成、同意、结束或不满等语气：used to express approval, agreement, completion or dissatisfaction | ～，干得漂亮。Hǎo, gàn de piàoliang. *Great. It's well done.* / ～了，不要再说了。Hǎole, bùyào zài shuō le. *All right. There's no need to say any more.*

好说 hǎoshuō a polite response used to express gratitude or compliments; a polite response used to express possible agreement

❽ [形]容易（跟"难nán"相对）：easy (the opposite of "难nán") | 那篇文章～懂。Nà piān wénzhāng hǎo dǒng. *The article is easy to understand.* / 这个问题很～解决。Zhège wèntí hěn hǎo jiějué. *The problem is very easy to solve.*

好说话 hǎoshuōhuà good-natured; open to persuasion; easy to deal with

❾ [形]表示效果(形象、声音、气味、味道、感觉等)好：used to indicate the effect (image, voice, smell, feeling, etc.) is good

好吃 hǎochī tasty; delicious
好看 hǎokàn ① good-looking; nice ② honoured; proud
好听 hǎotīng pleasant to hear
好像 hǎoxiàng seem; be like
好在 hǎozài fortunately; luckily
好玩儿 hǎowánr amusing; interesting

◇好比 hǎobǐ can be compared to; may be likened to; be just like
不好意思 bùhǎoyìsi
See hào.

号 (號) hào 5画 口部

号 号号号号号

❶ [名]命令：command; order
号召 hàozhào call; appeal
口号 kǒuhào

❷ [名]军队或乐队中使用的西式喇叭：bugle | 长~ chánghào *trombone* / 军~ jūnhào *bugle*

❸ [名]用号吹出的表示一定意义的声音：bugle call; any call made on a bugle to convey a certain meaning | 起床~ qǐchuánghào *reveille* / 熄灯~ xīdēnghào *taps*

❹ [名]名称：name | 外~ wàihào *nickname* / 国~ guóhào *the name of a dynasty*

号称 hàochēng ①be known as ② claim to be
称号 chēnghào   旗号 qíhào
字号 zìhào

❺ [名]标志；信号：sign; signal | 信~灯 xìnhàodēng *signal lamp* / 做记~ zuò jìhao *mark; make a mark*

代号 dàihào   符号 fúhào
句号 jùhào   信号 xìnhào

❻ [名]表示次第；等级；规格：order; sequence; grade; specifications; standards; norms； | 第一~ dìyī hào *number one* / 中~ zhōnghào *medium size*

号码 hàomǎ number; size
编号 biānhào 挂号 guàhào
型号 xínghào
账号 zhànghào
查号台 cháhàotái

◇号脉 hàomài (traditional Chinese medicine) feel the pulse

好 hǎo 6画 女部

好 好好好好好好

❶ [动]喜爱(跟"恶 wù"相对)：like (the opposite of "恶 wù") | ~下棋 hào xiàqí *like playing chess* / ~喝酒 hào hējiǔ *like drinking alcohol* / 这个人~说

笑话。Zhège rén hào shuō xiàohua. *The man likes to tell jokes.*

好客 hàokè be hospitable; keep open house

好奇 hàoqí be curious; be full of curiosity

爱好 àihào

❷[动]常容易(发生某种状态或行为)：having a tendency to be a certain situation or to do sth.; be liable to ｜～发脾气 hào fā píqi *apt to lose one's temper* / 这孩子～哭。Zhè háizi hào kū. *The child often cries.*

See hǎo.

耗 hào 10画 耒部

耗耗耗耗耗耗耗耗耗耗

❶[动]减损;消费：wear; spend; consume ｜锅里的水都快～干了。Guō li de shuǐ dōu kuài hàogān le. *The pot is nearly boiling dry.*

耗费 hàofèi consume; expend

消耗 xiāohào

❷[动]拖延：delay ｜～时间 hào shíjiān *waste time; dawdle* / 别～着了,快干吧。Bié hàozhe le, kuài gàn ba. *Stop idling and take action quickly.*

浩 hào 10画 氵部

浩浩浩浩浩浩浩浩浩浩

[形](气势、规模等)大：great; vast; grand (in momentum or size) ｜声势～大 shēngshì-hàodà *great in strength and impetus; powerful and dynamic*

浩浩荡荡 hàohào-dàngdàng vast and mighty

呵 hē 8画 口部

呵呵呵呵呵呵呵呵

[叹]表示惊讶：expressing surprise ｜～,你来了。Hē, nǐ lái le. *Oh, you have come.* / ～,你真漂亮! Hē, nǐ zhēn piàoliang! *Wow, how pretty you are!* / ～,这小伙子真了不起! Hē, zhè xiǎohuǒzi zhēn liǎobuqǐ! *Wow, this young chap is terrific!*

喝 hē 12画 口部

喝喝喝喝喝喝喝喝喝喝喝喝

❶[动]吸食液体或流质食物：take in liquid food or be on a liquid diet ｜～茶 hē chá *drink tea* / ～咖啡 hē kāfēi *drink coffee*

／～粥 hē zhōu *have gruel*
❷[动]特指喝酒：like drinking｜这个人就是爱～两口。Zhège rén jiùshì ài hē liǎng kǒu. *This person likes a drink of liquor most.*

大吃大喝 dàchī-dàhē

禾 hé 5画 禾部

禾禾禾禾禾

[名]谷类作物的幼苗，特指水稻：standing grain (esp. rice)

禾苗 hémiáo seedlings of cereal crops

合 hé 6画 人部

合合合合合合

❶[动]关闭；合拢：close; shut｜～眼 héyǎn *close the eyes; sleep* ／把书～起来 bǎ shū hé qǐlai *close the book*

❷[动]聚集在一起(跟"分fēn"相对)：gather (the opposite of "分fēn")

合并 hébìng merge; amalgamate
合成 héchéng ① compose; compound ② synthetize; synthesize
合伙 héhuǒ form a partnership
合计 héjì amount to; add up to; total
合金 héjīn alloy
合同 hétong contract
合资 hézī pool capital; enter into partnership; joint
合作 hézuò cooperate; collaborate; work together

凑合 còuhe　　复合 fùhé
化合 huàhé　　磨合 mòhé
配合 pèihé　　融合 rónghé
整合 zhěnghé　　组合 zǔhé
综合 zōnghé　　混合物 hùnhéwù

❸[副]共同；一起：together; jointly
合唱 héchàng chorus
合营 héyíng jointly owned; jointly operated
合影 héyǐng group photo (or picture)

❹[动]符合；适合：suit｜他说的话正～我的心意。Tā shuō de huà zhèng hé wǒ de xīnyì. *What he said suits my mind exactly.*

合法 héfǎ legal; lawful; legitimate; rightful
合格 hégé qualified; up to standard
合乎 héhū conform with (to); correspond to; accord with; tally with
合理 hélǐ rational; reasonable; equitable
合适 héshì suitable; appropriate; becoming; right
合算 hésuàn ① paying; worthwhile ② reckon up

合情合理 héqíng-hélǐ fair and reasonable; fair and sensible
符合 fúhé　　巧合 qiǎohé
适合 shìhé　　吻合 wěnhé
迎合 yínghé

❺ [动] 折算；相当于：convert into; amount to | 一米～多少尺? Yī mǐ hé duōshǎo chǐ? *How many chi is one meter equal to?*
折合 zhéhé

◇ 合约 héyuē (esp. one with simple clauses) contract
百合 bǎihé　　回合 huíhé
汇合 huìhé

何 hé 7画 亻部

何何何何何何何

❶ [代] 表示疑问，有"什么""哪""哪里""为什么"的意思：used to indicate queries such as "what" "where" "why" | 有～困难? Yǒu hé kùnnan? *Is there any problem?* / 从～说起 cóng hé shuōqǐ *where to start the story*
任何 rènhé　　如何 rúhé
为何 wèihé
无可奈何 wúkěnàihé
无论如何 wúlùn-rúhé

❷ [代] 表示反问：used to indicate a rhetorical question | ～足挂齿 hézúguàchǐ *not worth mentioning* / 谈～容易 tán hé róngyì *not easy at all*
何必 hébì there is no need; why

何等 héděng ① what kind ② how; what (used in exclamations)
何况 hékuàng much less; let alone

和 hé 8画 禾部

和和和和和和和和

❶ [形] 协调；相处得好：harmonious; (be) on good terms with
和解 héjiě become reconciled
和睦 hémù harmony; concord; amity
和平 hépíng ① peace ② mild ③ peaceful; tranquil
和谐 héxié harmonious
和约 héyuē peace treaty
和平共处 hépíng gòngchǔ peaceful coexistence
缓和 huǎnhé　　柔和 róuhé
调和 tiáohé　　温和 wēnhé
共和国 gònghéguó
风和日丽 fēnghé-rìlì

❷ [形] 温和；不激烈；不粗暴：gentle; mild; kind
和蔼 hé'ǎi kind; affable; amiable
和气 héqi gentle; kind; polite; amiable
平和 pínghé

❸ [形] 不分胜负：ending in a draw | 这盘棋～了。Zhè pán qí hé le. *The game of chess ended in a draw.*

❹ [介] 表示共同、协同；跟：together with | 有事要～大伙儿商量。

Yǒu shì yào hé dàhuǒr shāngliang. *You should discuss things with the others.*

❺ [介]指示动作的对象；向；对；跟：to; toward | 你～大家谈谈自己的看法。Nǐ hé dàjiā tántán zìjǐ de kànfǎ. *Please tell us your own opinions.* ／林老师有话～你讲。Lín lǎoshī yǒu huà hé nǐ jiǎng. *Teacher Lin wants to talk to you.*

❻ [介]表示与某事有联系：in; with | 这件事～他有关。Zhè jiàn shì hé tā yǒuguān. *He is involved in this matter.* ／我去不去～你不相干。Wǒ qùbuqù hé nǐ bù xiānggān. *It's none of your business whether I shall go or not.*

❼ [介]引进用来比较的对象；跟：used to introduce the object for comparison | 他讲的～他做的不一致。Tā jiǎng de hé tā zuò de bù yīzhì. *What he said does not agree with what he did.*

❽ [连]表示平等的联合关系：and | 哥哥～姐姐 gēge hé jiějie *brothers and sisters* ／工业～农业 gōngyè hé nóngyè *industry and agriculture*

❾ [连]表示选择，相当于"或huò"：or

❿ [名]加起来的总数：sum; total | 两数之～liǎng shù zhī hé *the sum of two numbers*
总和 zǒnghé

◇和尚 héshang Buddhist monk

河 hé 8画 氵部

河河河河河河河河

❶ [名]特指黄河：specially referring to the Yellow River
黄河 Huáng Hé

❷ [名]水道的通称：general term for waterways | 这条～全长20千米。Zhè tiáo hé quán cháng èrshí qiānmǐ. *The river is 20 kilometres long.*
河道 hédào river course
河流 héliú rivers
山河 shānhé　　运河 yùnhé
◇河马 hémǎ hippopotamus; hippo; river horse
拔河 báhé　　银河 yínhé

荷 hé 10画 艹部

荷荷荷荷荷荷荷荷荷荷

[名]lotus | ～叶 héyè *lotus leaf*
荷花 héhuā lotus
◇荷兰豆 hélándòu mangetout; snow pea

核 hé 10画 木部

核核核核核核核核核核

❶ [名]pit, stone | 这是一种无～葡

萄。Zhè shì yī zhǒng wúhé pútáo. *This is a kind of seedless grape.* / 桃子的~通常很大。Táozi de hé tōngcháng hěn dà. *The peach-pit is usually big.*
核桃 hétao walnut

❷[名]物体中像核的部分：core-like part in an object | 细胞~ xìbāohé *cell nucleus*

❸[名]原子核：atomic nucleus | ~战争 hézhànzhēng *nuclear war*
核弹 hédàn common name for nuclear weapons such as the atomic bomb and hydrogen bomb
核武器 héwǔqì nuclear weapons

❹[动]仔细地对照考察：examine; check | ~算 hésuàn *assess; check; calculate*
核查 héchá check; exam and verify
核实 héshí verify; check
考核 kǎohé　　审核 shěnhé
◇核心 héxīn nucleus; core; kernel

盒 hé　11画 皿部

盒盒盒盒盒盒盒盒盒盒盒

[名]box | 纸~ zhǐhé *paper box* / 文具~ wénjùhé *pencil box* / 火柴~ huǒcháihé *match box*

墨盒 mòhé

贺 (賀) hè　9画 贝部

贺贺贺贺贺贺贺贺贺

[动]庆祝；道喜：celebrate; congratulate | ~喜 hèxǐ *congratulate on a happy occasion*
贺词 hècí speech (message) of congratulation; congratulations; greetings
贺岁 hèsuì extend New Year greetings
庆贺 qìnghè　　祝贺 zhùhè

赫 hè　14画 赤部

赫赫赫赫赫赫赫赫赫赫赫赫赫赫

[形]显耀；盛大：conspicuous; grand; very impressive | 声势~~ shēngshì hèhè *grand in strength and impetus; powerful and dynamic*
赫赫有名 hèhè-yǒumíng prominent; noted
显赫 xiǎnhè

褐 hè　14画 衤部

褐褐褐褐褐褐褐褐褐褐褐褐

[形]黄黑色：brown

黑 hēi 12画 黑部

黑黑黑黑黑黑黑黑黑黑黑黑

❶ [形]像煤的颜色(跟"白bái"相对)：black (the opposite of "白bái") | ~皮鞋 hēi pí xié *black shoes* / ~头发 hēi tóufa *black hair*

黑白 hēibái ① black and white ② right and wrong
黑板 hēibǎn blackboard
黑人 hēirén Black people; Black; Negro
黑色 hēisè black
黑龙江 Hēilóng Jiāng ① the Heilongjiang River ② Heilongjiang (Province)
背黑锅 bēihēiguō

❷ [形]光线昏暗：dark | 天~了。Tiān hēi le. *It's dark.* / 屋子里很~。Wūzi li hěn hēi. *It's dark in the room.*

黑暗 hēi'àn dark
黑夜 hēiyè dark night
漆黑 qīhēi

❸ [形]坏；狠毒：wicked; sinister | ~心 hēixīn *black hearted; evil-minded* / 这个人心真~。Zhège rén xīn zhēn hēi. *This person is really black-hearted.*

❹ [形]秘密的；非法的：secret; shady; illegal | ~名单 hēimíngdān *blacklist* / ~社会 hēishèhuì *underworld; criminal clique*

黑幕 hēimù inside story of a plot; shady deal, etc.

嘿 hēi 15画 口部

嘿嘿嘿嘿嘿嘿嘿嘿嘿嘿嘿嘿嘿嘿嘿

❶ [叹]表示得意或赞叹：expressing complacence, pleasure, praise | ~，我总算找到你了。Hēi, wǒ zǒngsuān zǎodào nǐ le. *Hey, I have found you at last.* / ~，这个真好!Hēi, zhège zhēn hǎo! *Oh, how nice this is!*

❷ [叹]表示招呼或提醒：expressing a greeting or reminder | ~，你来啦。Hēi, nǐ lái la. *Hey, you are here.* / ~！当心点！Hēi! Dāngxīn diǎn! *Hey! Be careful!*

❸ [叹]表示惊异：expressing surprise | ~，下雪了!Hēi, xiàxuě le! *Why, it's snowing!*

痕 hén 11画 疒部

痕痕痕痕痕痕痕痕痕痕痕

[名]事物留下的印迹：mark; trace | 泪~ lèihén *tear stains* / 伤~ shānghén *scar from a wound* / 裂~ lièhén *rift; crack; fissure*

313

痕迹 hénjì mark; trace; vestige

很

hěn 9画 彳部

很很很很很很很很很

[副]表示程度相当高：used to indicate quite a high degree | 好得~ hǎodehěn *very good* / ~可能 hěn kěnéng *very likely* / ~满意 hěn mǎnyì *feel very satisfied; feel quite pleased*

狠

hěn 9画 犭部

狠狠狠狠狠狠狠狠

❶ [形]残忍；凶恶：ruthless; relentless; fierce; ferocious; fiendish | 他的心真~。Tā de xīn zhēn hěn. *He is such a cruel man*. 狠毒 hěndú vicious; venomous 狠心 hěnxīn cruel-hearted; heartless; merciless 凶狠 xiōnghěn

❷ [形]严厉；坚决：stern; severe; firm; resolute; determined | ~抓服务质量 hěn zhuā fúwù zhìliàng *vigorously promote the quality of service*

恨

hèn 9画 忄部

恨恨恨恨恨恨恨恨恨

❶ [动]仇视；怨：hate; resent; be hostile to; blame; complain | ~之入骨 hènzhīrùgǔ *hate sb. to the marrow of one's bones* / 他因为这件事~我。Tā yīnwèi zhè jiàn shì hèn wǒ. *He hates me for it.* / 我对他~不起来。Wǒ duì tā hèn bù qǐlái. *I can't hate him*. 仇恨 chóuhèn 愤恨 fènhèn 痛恨 tònghèn

❷ [动]遗憾；懊悔：regret; be sorry that; feel remorse; repent | ~铁不成钢 hèn tiě bù chéng gāng *feel disappointed that sb. does not live up to one's expectations* 悔恨 huǐhèn

◇ 恨不得 hènbudé how one wish one could; one would if one could; itch to

哼

hēng 10画 口部

哼哼哼哼哼哼哼哼哼哼

❶ [动]鼻子发出声音：groan | 那个病人昨天~了一整夜。Nàge bìngrén zuótiān hēngle yī zhěngyè. *The patient groaned for a whole night last night.*

❷ [动]低声唱：sing in a low voice | 他边走边~着小调。Tā biān zǒu biān hēngzhe xiǎodiào. *He hummed a tune as he walked along.*

See hèng.

恒 héng 9画 忄部

恒恒恒恒恒恒恒恒恒

[形]长久；固定不变的：permanent; lasting; solid; fixed; constant

恒星 héngxīng star

永恒 yǒnghéng

横 héng 15画 木部

横横横横横横横横横横横横横横横

❶ [形]（跟"竖shù""直zhí""纵zōng"相对）：horizontal (the opposite of "竖shù""直zhí" or "纵zōng") ｜ ～梁 héngliáng *crossbeam* ／ 人行～道 rénxíng héngdào *(pedestrians') crossing; zebra crossing*

纵横 zònghéng

❷ [形]蛮不讲理：impervious; persistent in being unreasonable ｜ ～加阻拦 héngjiā zǔlán *wilfully obstruct*

横行 héngxíng run wild; run amuck; be on a rampage

❸ [动]使物体变成横向：move crosswise; traverse ｜ 这条铁路～贯全国。Zhè tiáo tiělù héngguàn quánguó. *The railway traverses the country.* ｜ 把扁担～过来放。Bǎ biǎndan héng guòlai fàng. *Put the carrying pole in a horizontal position.*

❹ [动]下定决心，不顾一切：resolve to do sth. despite any obstacle ｜ 他～下一条心，决定与她分手。Tā héngxia yī tiáo xīn, juédìng yǔ tā fēnshǒu. *He is resolved to break up with her.*

❺ [名]汉字的笔画，平着从左向右，形状是"—"：a stroke in Chinese characters written from left to right

See hèng.

衡 héng 16画 彳部

衡衡衡衡衡衡衡衡衡衡衡衡衡衡衡衡

❶ [动]掂量；比较：weigh; compare ｜ 权～ quánhéng *weigh*

衡量 héngliáng weigh; measure; judge

❷ [形]平：flat; level; even; smooth

平衡 pínghéng

哼 hēng 10画 口部

哼哼哼哼哼哼哼哼哼哼

[叹]表示不满、瞧不起或气愤：expressing dissatisfaction, comtempt or anger ｜ ～，没这

315

么便宜！Hēng, méi zhème piányi! *Humph, I won't let him off so lightly.*

See hēng.

横 hèng 15画 木部

横横横横横横横横横横横横横横横

❶ [形]粗暴；凶狠的：rough; fierce and malicious; malevolent | 蛮~ mánhèng *rude and unreasonable* / 专~ zhuānhèng *imperious; peremptory; domineering*

❷ [形]意外的：unexpected | ~财 hèngcái *ill-gotten wealth* / ~祸 hènghuò *unexpected calamity*

See héng.

轰 (轟) hōng 8画 车部

轰轰轰轰轰轰轰轰

❶ [拟声]表示巨大的声响：bang; boom | ~的一声巨响，震得地动山摇。Hōng de yī shēng jùxiǎng, zhèn de dìdòngshānyáo. *The explosion shook the earth with a big bang.*

❷ [动]打雷、爆炸或炮击：rumble; bombard; explode | ~击 hōngjī *bombard*

轰炸 hōngzhà *bomb*

❸ [动]驱赶：drive out | 把猫~出去。Bǎ māo hōng chūqu. *Drive away the cat.; Shoo the cat away.*

◇ 轰动 hōngdòng *cause a sensation; make a stir*

轰轰烈烈 hōnghōng-lièliè *on a grand and spectacular scale; vigorous*

烘 hōng 10画 火部

烘烘烘烘烘烘烘烘烘烘

[动]烤：bake; roast; toast

红 (紅) hóng 6画 纟部

红红红红红红

❶ [形]red | ~玫瑰 hóng méigui *red rose* / 万紫千~ wànzǐqiānhóng *a riot of colours* / 山上的枫叶都~了。Shānshang de fēngyè dōu hóng le. *All the maple leaves have turned red over hill and dale.*

红包 hóngbāo *red paper envelope containing money as a gift, tip, or bonus*

红茶 hóngchá *black tea*

红灯 hóngdēng *red light*

红牌 hóngpái *red card (warning card used in some ball games*

by the referee to punish players who commit flagrant fouls)

红旗 hóngqí red flag or banner

红色 hóngsè red colour

红烧 hóngshāo braised in soy sauce

红领巾 hónglǐngjīn ①red scarf (worn by Chinese Young Pioneers) ② Young Pioneer

红楼梦 Hónglóumèng *Dream of the Red Chamber* (a Chinese classic)

通红 tōnghóng 鲜红 xiānhóng 西红柿 xīhóngshì

❷[形]象征喜庆、顺利、成功或受人重视、欢迎等：symbolizing a happy event or occasion, success, etc. | 开门~ kāiménhóng *get off to a good start* / 满堂~ mǎntánghóng *success in every field* / 她唱戏唱~了。Tā chàngxì chànghóng le. *She has won success as a Chinese traditional opera singer.*

红火 hónghuǒ (dial.) flourishing; prosperous

当红 dānghóng

❸[形]象征革命或政治觉悟高的：symbolizing revolutionariness, high political consciousness | ~军 hóngjūn *the Red Army*

◇红利 hónglì bonus; extra dividend

宏 hóng 7画 宀部

宏 宏宏宏宏宏宏宏

[形]广大：great; grand; magnificent | ~观 hóngguān *macroscopic*

宏大 hóngdà grand; great

宏伟 hóngwěi magnificent; grand

虹 hóng 9画 虫部

虹 虹虹虹虹虹虹虹虹

[名]rainbow | 彩~ cǎihóng *rainbow*

洪 hóng 9画 氵部

洪 洪洪洪洪洪洪洪洪洪

❶[名]大水：flood | 防~ fánghóng *flood controling* / 抗~ kànghóng *fight (combat) a flood*

❷[形]大：big; vast

洪水 hóngshuǐ flood; floodwater

哄 hǒng 9画 口部

哄 哄哄哄哄哄哄哄哄哄

❶[动]用假话骗人：fool; humbug | 你不要~我。Nǐ búyào hǒng wǒ. *Don't kid me.*

317

❷[动]用言语或行动引人高兴，特指照顾小孩儿：coax; humour, especially referring to attending children | 他很会~小孩儿。Tā hěn huì hǒng xiǎoháir. *He knows how to handle children.; He has a way with children.* / 妈妈~孩子睡觉。Māma hǒng háizi shuìjiào. *The mother coaxed her child to sleep.*

See hǒng.

哄 hōng 9画 口部

哄哄哄哄哄哄哄哄哄

[动]吵闹；开玩笑：be in an uproar; horseplay | 起~qǐhōng *(of a crowd of people) intentionally create a disturbance; boo and hoot*

一哄而散 yīhōng'érsàn

See hǒng.

侯 hóu 9画 亻部

侯侯侯侯侯侯侯侯侯

[名]古代贵族的一种爵位：a nobleman or a high official in ancient time | 王~wánghóu *aristocrats*

喉 hóu 12画 口部

喉喉喉喉喉喉喉喉喉喉喉喉

See 喉咙

喉咙 hóulóng *throat*

猴 hóu 12画 犭部

猴猴猴猴猴猴猴猴猴猴猴

See 猴子

猴子 hóuzi *monkey*

吼 hǒu 7画 口部

吼吼吼吼吼吼吼

❶[动]猛兽大声叫：(of animals) roar; howl | 狮子~shīzi hǒu *the roar of a lion*

❷[动]发怒或情绪激动时大声喊叫：shout out of anger or excitement | 不要对我大~大叫。Bùyào duì wǒ dà hǒu dà jiào. *Don't roar at me.*

怒吼 nùhǒu

❸[动]泛指发出巨大的响声：roar; howl | 汽笛一声长~qìdí yī shēng cháng hǒu *the long howl of the steam whistle*

后 (後 ❷-❻) hòu 6画 厂部

后后后后后后

❶ [名]帝王的妻子：empress; queen
皇后 huánghòu
王后 wánghòu
❷ [形]时间上较晚的；未来的（跟"先xiān""前qián"相对）：later in time; coming; approaching; future (the opposite of "先xiān" or "前qián") | 先来～到 xiānláihòudào *in the order of arrival; first come, first served* / 不久以～ bùjiǔ yǐhòu *soon after*
后代 hòudài ① later periods (in history); later ages ② later generations; descendants; posterity
后果 hòuguǒ consequence; aftermath
后患 hòuhuàn future trouble
后悔 hòuhuǐ regret; repent
后来 hòulái afterwards; later
后年 hòunián the year after next
后期 hòuqī later stage; later period
后天 hòutiān ① the day after tomorrow ② postnatal; acquired
大后年 dàhòunián
大后天 dàhòutiān
思前想后 sīqián-xiǎnghòu
❸ [名]空间位置在背面的（跟"前qián"相对）：rear; behind; back (the opposite of "前qián") | 向～转 xiàng hòu zhuǎn *about-turn* / 他朝～看了一眼。Tā cháo hòu kànle yī yǎn. *He looked back.*
后边 hòubian behind
后方 hòufāng rear
后面 hòumian ① at the back; in the rear; behind ② later
后勤 hòuqín rear service; logistics
后台 hòutái ① backstage ② backstage supporter; behind-the-scenes backer
后头 hòutou at the back; in the rear
后退 hòutuì draw back; fall back; retreat
开后门 kāihòumén
拖后腿 tuōhòutuǐ
走后门儿 zǒuhòuménr
❹ [形]次序靠近末尾的：last; back (in sequence) | ～排 hòupái *back row* / ～十名 hòu shí míng *the last ten (persons)*
后者 hòuzhě the latter
前赴后继 qiánfù-hòujì
争先恐后 zhēngxiān-kǒnghòu
❺ [词尾]指在某事或某时间以后：(of time) later; (of an event) yet to come
博士后 bóshìhòu
❻ [名]子孙，后代：offspring; posterity | ～人 hòurén ① *later generations* ② *posterity; desendants*
◇ 善后 shànhòu

厚 hòu 9画 厂部

厚 厚厚厚厚厚厚厚厚厚

319

❶ [形]扁平物上下两面的距离较大(跟"薄 báo"相对):thick (the opposite of "薄 báo") | ~棉被 hòumiánbèi *a thick quilt* / ~木板 hòumùbǎn *a thick plank*

❷ [名]厚度;扁平物体上下两面间的距离:thickness | 昨夜雪落得很~。Zuóyè xuě luò de hěn hòu. *It snowed heavily last night.*
厚度 hòudù thickness

❸ [形](利润)大;(礼物)重;(味道)浓:(of profit) big; (of gifts) large; (of taste) rich or strong | 这礼太~了。Zhè lǐ tài hòu le. *The gifts are too generous.* / 酒味很~。Jiǔwèi hěn hòu. *The wine tastes pure and strong.*
丰厚 fēnghòu   浓厚 nónghòu
雄厚 xiónghòu

❹ [动]优待;重视;推崇:favour; stress | ~待 hòudài *treat sb. kindly*

❺ [形](感情)深:deep; profound | 深情~意 shēnqíng-hòuyì *profound affection*
深厚 shēnhòu

候 hòu 10画 亻部

候候候候候候候候候候

❶ [动]看望;问安:visit and inquire after; send one's regards
伺候 cìhou   侍候 shìhòu
问候 wènhòu

❷ [动]等待:wait | 稍~片刻。Shāo hòu piànkè. *Wait a minute.*
候补 hòubǔ be a candidate (for a vacancy); be an alternate
候选人 hòuxuǎnrén candidate
等候 děnghòu   恭候 gōnghòu
守候 shǒuhòu

❸ [名]时间、季节:time; season | 气~ qìhòu *climate*
候鸟 hòuniǎo migratory bird; migrant
时候 shíhou

乎 hū 5画 丿部

乎乎乎乎乎

[助]用在文言文的句子末尾,表示疑问、反问等语气,相当于"吗 ma":used at the end of a sentence in classical Chinese as a question or rhetorical question, same as "吗 ma" in Chinese vernacular

呼 hū 8画 口部

呼呼呼呼呼呼呼呼

❶ [动]往外出气(跟"吸 xī"相对):breathe out (the opposite of "吸 xī") | 他深深地~了一口气。Tā shēnshēn de hūle yī kǒu qì.

He exhaled a deep breath.
呼吸 hūxī breathe; respire
呼吸道 hūxīdào respiratory tract

❷[动]大喊：shout out; call out | ～口号 hū kǒuhào *shout slogans* / 大声疾～ dàshēng-jíhū *shout loudly; call for*
呼唤 hūhuàn call; shout to
呼声 hūshēng cry; voice
呼啸 hūxiào whistle; scream; whiz
呼吁 hūyù appeal; call on
欢呼 huānhū

❸[动]唤；叫（人来）：call out; summon; call sb. | 直～姓名 zhí hū xìngmíng *address sb. by name*
称呼 chēnghu   招呼 zhāohu
打招呼 dǎzhāohu

❹[拟声]模拟刮风、吹气等的声音：imitating the blowing of wind and the exhaling of breath | 北风～～。Běifēng hūhū. *The north wind is whistling.*
呼呼 hūhū onomatopoeia, imitating the sound of the wind

忽 hū 8画 心部

忽忽忽忽忽忽忽忽

❶[动]不注意；粗心：neglect; overlook; ignore
忽略 hūlüè neglect; overlook; lose sight of
忽视 hūshì ignore; overlook; neglect
疏忽 shūhu

❷[副]表示情况发生得迅速而又出人意料：used to indicate sth. happens rapidly and out of one's expectation | ～冷～热 hūlěng-hūrè *cold one minute and hot the next* / ～高～低 hūgāo-hūdī *sudden shifts of mood; in high spirits one moment and in low spirits the next* / ～明～暗 hūmíng-hū'àn *flash and die by turns; flicker*
忽然 hūrán suddenly; all of a sudden

狐 hú 8画 犭部

狐狐狐狐狐狐狐狐

See 狐狸
狐狸 húli fox

弧 hú 8画 弓部

弧弧弧弧弧弧弧弧

[名]圆周上的任意一段：part of a curved line or circle | ～形 húxíng *arc* / 圆～ yuánhú *arc*

胡 (鬍❷) hú 9画 月部

胡胡胡胡胡胡胡胡胡

❶[副]不认真；随意乱来：in a messy manner; carelessly; at will | ~来 húlái ① mess things up; fool with sth. ② run wild; make trouble / 你在书上~写些什么呀！Nǐ zài shū shang húxiě xiē shénme ya! *What are you scribbling on the book?*

胡乱 húluàn carelessly; casually; at random

胡说 húshuō ① talk nonsense; drivel ② nonsense

❷[名]胡子：beard; moustache or whiskers | ~须 húxū *beard*

胡子 húzi beard; moustache or whiskers

◇胡同 hútòng lane; alley

胡琴 húqin *huqin*, a general term for certain two-stringed bowed instruments, such as *erhu, jinghu*, etc.

胡萝卜 húluóbo carrot

二胡 èrhú

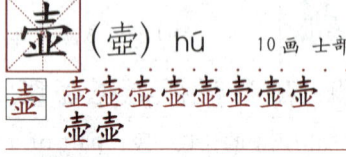

壶 (壺) hú 10画 士部

壶壶壶壶壶壶壶壶壶壶

[名]盛液体的用具，一般有嘴儿和把儿：kettle, pot, vessel with handle and spout for holding liquid | 铜~ tónghú *copper kettle* / 水~ shuǐhú *kettle* / ~里有水。Hú li yǒu shuǐ. *There is some water in the kettle.*

葫 hú 12画 艹部

葫葫葫葫葫葫葫葫葫葫葫葫

See 葫芦

葫芦 húlu bottle gourd; calabash

湖 hú 12画 氵部

湖湖湖湖湖湖湖湖湖湖湖

[名]lake | ~光山色 húguāngshānsè *the landscape of lakes and mountains* / ~里养了许多鱼。Hú li yǎngle xǔduō yú. *A great many of fish are raised in the lake.*

湖泊 húpō lakes

西湖 Xī Hú

蝴 hú 15画 虫部

蝴蝴蝴蝴蝴蝴蝴蝴蝴蝴蝴蝴蝴

See 蝴蝶

蝴蝶 húdié butterfly

糊 hú 15画 米部

糊糊糊糊糊糊糊糊糊糊糊糊糊

[动]粘贴：paste | ~窗户 hú chuāng-

hu *paste a piece of paper over a lattice window* / 你的书皮破了，我替你~好。Nǐ de shūpí pò le, wǒ tì nǐ húhǎo. *The book cover of yours has been worn-out. Let me mend it for you.*
◇糊涂 hútu muddled; confused; bewildered

虎 hǔ 8画 虎部
虎 虎虎虎虎虎虎虎

[名]tiger | 驯~ xūn hǔ *train a tiger*
◇马马虎虎 mǎmǎhūhū

互 hù 4画 一部
互 互互互互

[副]表示彼此进行相同的动作或具有相同的关系：mutually; each other / ~教~学 hùjiāo-hùxué *teach and learn from each other* / ~不干涉 hù bù gānshè *mutually noninterference*

互补 hùbǔ ① be at an supplementary angle to each other ② mutually complement
互动 hùdòng interact; interaction
互利 hùlì mutually beneficial
互相 hùxiāng mutual; each other
互助 hùzhù help each other
互联网 hùliánwǎng Internet
相互 xiānghù

户 hù 4画 户部
户 户户户户

❶[名]门：door | 门~ ménhù *door; important passageway*
户外 hùwài outdoors; open air; the wild
❷[名]住户；人家：household; family | 千家万~ qiānjiā-wànhù *innumerable households or families; every family*
户籍 hùjí ① census register; household register ② registered permanent residence
户口 hùkǒu ① number of households and total population ② registered permanent residence
客户 kèhù 　　农户 nónghù
用户 yònghù 　　住户 zhùhù
家家户户 jiājiā-hùhù
家喻户晓 jiāyù-hùxiǎo
❸[名]门第：family status
门当户对 méndāng-hùduì
❹[名]指建立了正式财物往来关系的个人或团体：individual or group which has opened an account with a bank | 账~ zhànghù *account* / 开~ kāihù *open an account*
过户 guòhù
◇个体户 gètǐhù
专业户 zhuānyèhù

护 (護) hù　7画 扌部

护护护护护护护

❶ [动]保卫; 照顾: guard; care for | 看～ kānhù look after /～航 hùháng escort; convoy

护栏 hùlán ① iron railing by the roadside or between a roadway and the sidewalk ② guardrail; protective railing (fence)

护理 hùlǐ nurse; tend and protect

护士 hùshi (hospital) nurse

爱护 àihù　　　保护 bǎohù
辩护 biànhù　　防护 fánghù
维护 wéihù　　掩护 yǎnhù
拥护 yōnghù
救护车 jiùhùchē

❷ [动]偏袒; 包庇: be partial to; shield; harbour; cover up | ～短 hùduǎn shield a shortcoming or fault / 不要总是～着他。Bùyào zǒngshì hùzhe tā. Don't be partial to him all the time.

◇护照 hùzhào passport

花　huā　7画 艹部

花花花花花花花

❶ [名] flower | 开～ kāihuā come into bloom / 一束～儿 yī shù huār a bunch of flowers

花茶 huāchá scented tea
花朵 huāduǒ flower
荷花 héhuā　　菊花 júhuā
葵花 kuíhuā　　兰花 lánhuā
梅花 méihuā　　棉花 miánhua
桃花 táohuā　　樱花 yīnghuā
牵牛花 qiānniúhuā
水仙花 shuǐxiānhuā

❷ [名]可供观赏的植物: ornamentary plant | 栽～ zāihuā cultivate flowers / 赏～ shǎnghuā admire flowers

花园 huāyuán flower garden; garden
鲜花 xiānhuā
百花齐放 bǎihuā-qífàng
奇花异草 qíhuā-yìcǎo

❸ [名]像花朵的东西: sth. like a flower in shape | 雪～ xuěhuā snowflakes / 火～ huǒhuā spark

窗花 chuānghuā

❹ [名]烟火的一种: a kind of fireworks | 礼～ lǐhuā fireworks / 放～ fànghuā set off fireworks
烟花 yānhuā

❺ [名]花纹; 图案: decorative pattern; figure; pattern; design | 她织的～儿真好看。Tā zhī de huār zhēn hǎokàn. The patterns she knitted are really beautiful.

花轿 huājiào (old) bridal sedan chair
花色 huāsè ①design and colour

②(merchandise) a variety of designs, sizes, and colours
花纹 huāwén pattern; design
花样 huāyàng pattern; variety
绣花 xiùhuā

❻[形]有花纹的;颜色或种类错杂的: multicoloured; variegated | 头发~白 tóufa huābái greyhaired / ~边 huābiān decorative border; lace / 那只猫是~的。Nà zhī māo shì huā de. *The cat is variegated.*
五花八门 wǔhuā-bāmén

❼[形](看东西)模糊: not clear; confusing | ~眼 huāyǎn presbyopia; be dazzled / 眼~了。Yǎn huā le. *The eyes are blurred.*

❽[形]用来迷惑人的;不真实或不真诚的: tending to confuse or puzzle; false; dishonest | 耍~招 shuǎ huāzhāo play tricks / ~言巧语 huāyán-qiǎoyǔ fancy words and fine promises; sweet talk; flattery

❾[名]作战时受的外伤: wound received in action | 挂~ guàhuā be wounded (in action)

❿[动]耗费;用: spend; expend; use | ~钱 huāqián spend money / ~功夫 huā gōngfu spend time / 我~了不少时间查对资料。Wǒ huāle bùshǎo shíjiān cháduì zīliào. *I have spent a lot of time in checking the data.*
花费 huāfèi money spent; expenditure; expenses

◇ 花卷 huājuǎn steamed twisted roll
花生 huāshēng peanut; groundnut
花花公子 huāhuā gōngzǐ dandy; coxcomb; fop

哗 (嘩) huā 9画 口部

哗 哗哗哗哗哗哗哗哗哗

[拟声]模拟流水、下雨等的声音: imitating the sound of flowing water and downpouring rain | 水~~地流。Shuǐ huāhuā de liú. *The water went gurgling.* / 铁门~的一声打开了。Tiěmén huā de yī shēng dǎkāi le. *The iron gate was pulled open with a clang.* / 风吹得树叶~~直响。Fēng chuī de shùyè huāhuā zhí xiǎng. *The leaves rustled in the wind.*
哗哗 huāhuā gurgle

划 (劃)❸ huá 6画 戈部

划 划划划划划划

❶[动]拨水前进: paddle (a boat) forward | ~船 huá chuán paddle (row) a boat; go boating / 船从对岸~过来了。Chuán cóng duì'àn huá guòlai le. *A boat came from the opposite bank.*

皮划艇 píhuátǐng

❷[形]合算：to one's advantage; to one's profit ｜ ~得来 huádeláí *be worth it*

❸[动]用尖锐的东西割开或擦过物体表面：scratch; cut sth. with a knife or sth. else ｜ ~玻璃 huá bōli *cut a piece of glass* ／ ~火柴 huá huǒchái *strike a match* ／他的手~破了。Tā de shǒu huápò le. *His hands were scratched.*

See huà.

华 (華) huá　6画 十部

华华华华华华

❶[形]繁荣：prosperous; flourishing ｜ 荣~富贵 rónghuá-fùguì *high rank and great wealth*
繁华 fánhuá

❷[形]光彩好看：lustrous; splendid; radiant; pleasing to the eye
华丽 huálì magnificent; resplendent; gorgeous
豪华 háohuá　　奢华 shēhuá

❸[名]事物最美好的部分：best part; cream; essence
才华 cáihuá　　精华 jīnghuá

❹[名]指中国：China ｜ ~夏 Huáxià *China*
华侨 huáqiáo overseas Chinese
华人 huárén Chinese
中华 Zhōnghuá

◇嘉年华 jiāniánhuá

猾　huá　12画 犭部

猾猾猾猾猾猾猾猾猾猾

[形]奸诈；不诚实：cunning; dishonest

狡猾 jiǎohuá

滑　huá　12画 氵部

滑滑滑滑滑滑滑滑滑滑滑滑

❶[形]smooth ｜ 下雨天路~。Xiàyǔ tiān lù huá. *The road is slippery when it rains.* ／桌面很光~。Zhuōmiàn hěn guānghuá. *The tabletop is very smooth.*
光滑 guānghuá

❷[动]在光滑的物体表面迅速移动：slip; slide ｜ 他冰~得很好。Tā bīng huá de hěn hǎo. *He is good at skating.*
滑冰 huábīng ice-skating; skating
滑坡 huápō (geol.) landslide; landslip
滑雪 huáxuě skiing

❸[形]不诚实；狡诈：cunning; crafty; slippery ｜ 这人很~。Zhè rén hěn huá. *This fellow is very crafty.*

油腔滑调 yóuqiāng-huádiào

化 huà 4画 亻部

化 化化化化

❶[动]改变原来的性质或状态：change; turn; transform ｜～整为零 huàzhěng-wéilíng *break up the whole into parts*
化名 huàmíng (use an) assumed name; alias
化妆 huàzhuāng put on makeup; make up
化妆品 huàzhuāngpǐn cosmetics, including rouge, powder, lipstick, perfume, etc.
变化 biànhuà
造化 zàohua
转化 zhuǎnhuà
千变万化 qiānbiàn-wànhuà

❷[动]用言语行动影响人，使人转变：convert; influence ｜ 教～jiàohuà *educate* / 开～kāihuà *become civilized*
感化 gǎnhuà

❸[动]融解；消散：melt; thaw ｜ 冰～了。Bīng huà le. *The ice has melted.*
熔化 rónghuà 融化 rónghuà

❹[动]消除；消化：digest ｜ ～食 huàshí *help digestion*
消化 xiāohuà

❺[名]化学的简称：short form for chemistry
化肥 huàféi chemical fertilizer
化工 huàgōng chemical industry
化合 huàhé chemical combination
化纤 huàxiān chemical fibre
化学 huàxué chemistry
化验 huàyàn chemical examination; laboratory test

❻[词尾]附在名词或形容词后，表示转变成某种性质或状态：suffix attached to a noun or adjective to indicate transforming to a certain property or state ｜ 现代～xiàndàihuà *modernization* / 科学～ kēxuéhuà *resort to science; apply scientific knowledge to sth.*
淡化 dànhuà　　恶化 èhuà
分化 fēnhuà　　腐化 fǔhuà
简化 jiǎnhuà　　进化 jìnhuà
净化 jìnghuà　　开化 kāihuà
绿化 lǜhuà　　　美化 měihuà
强化 qiánghuà
氧化 yǎnghuà　　优化 yōuhuà
标准化 biāozhǔnhuà
工业化 gōngyèhuà
数字化 shùzìhuà
◇二氧化碳 èryǎnghuàtàn

划（劃） huà 6画 戈部

划 划划划划划划

❶[动]把整体分开：divide; carve out ｜ ～清界限 huàqīng jièxiàn *draw a clear line of de-*

marcation / ~分区域 huàfēn qūyù *divide a region into certain areas*

划分 huàfēn ① *divide* ② *differentiate*

❷[动]计划、拟定做事的办法和步骤等：*make plans to do sth.* | 筹~ chóuhuà *plan and prepare*

策划 cèhuà　　规划 guīhuà
计划 jìhuà

❸[动](把账目或钱物)分出来拨给：*appropriate; transfer (funds on account or money)* | ~款 huàkuǎn *transfer money; (of money) distribute and hand out* / ~拨 huàbō *transfer*

See huá.

画 (畫) huà　8画 凵部

画 画画画画画画画画

❶[动]*draw; paint* | ~个圈 huà ge quān *draw a circle* / ~地图 huà dìtú *draw a map*

画家 huàjiā *painter; artist*

画像 huàxiàng ① *draw a portrait; portray* ② *portrait; portrayal*

画蛇添足 huàshé-tiānzú *draw a snake and add feet to it; ruin the overall effect by adding sth. superfluous*

绘画 huìhuà

❷[名]绘出的图画：*painting* | 一张~儿 yī zhāng huàr *a picture* / 风景~ fēngjǐnghuà *landscape painting*

画报 huàbào *illustrated magazine or newspaper; pictorial*

画面 huàmiàn ① *general appearance of a picture; tableau* ② *(movie) frame*

动画 dònghuà　　漫画 mànhuà
书画 shūhuà　　图画 túhuà
油画 yóuhuà　　字画 zìhuà
诗情画意 shīqíng-huàyì

话 (話) huà　8画 讠部

话 话话话话话话话话

❶[名]说出或写出的语言：*spoken or written word* | 普通~ pǔtōnghuà *Putonghua; standard Chinese pronunciation* / 无~可说 wúhuà-kěshuō *have nothing to say* / 这些~很有道理。Zhèxiē huà hěn yǒu dàolǐ. *These words are reasonable.* / 这些~说得太好了。Zhèxiē huà shuō de tài hǎo le. *These remarks are wonderful.*

废话 fèihuà　　讲话 jiǎnghuà
空话 kōnghuà　　梦话 mènghuà
神话 shénhuà　　实话 shíhuà
说话 shuōhuà　　俗话 súhuà
听话 tīnghuà　　通话 tōnghuà
童话 tónghuà　　闲话 xiánhuà
笑话 xiàohuà
好说话 hǎoshuōhuà
客套话 kètàohuà

闹笑话 nàoxiàohua
说大话 shuōdàhuà
说闲话 shuōxiánhuà

❷ [动]说；谈：say; speak | ～别 huàbié *say good-bye* / ～家常 huà jiācháng *chitchat*

话费 huàfèi payment for telephone service

话剧 huàjù modern drama; stage play

话题 huàtí subject of a talk; topic of a conversation

话筒 huàtǒng ① microphone ② telephone transmitter ③ megaphone

电话 diànhuà　对话 duìhuà
会话 huìhuà　谈话 tánhuà
电话卡 diànhuàkǎ
电话亭 diànhuàtíng
公用电话 gōngyòng diànhuà

◇不像话 bùxiànghuà

怀 (懷) huái 7画 忄部

怀 怀怀怀怀怀怀怀

❶ [名]胸部；胸前：thorax; chest; bosom | 把小孩儿抱在～里 bǎ xiǎoháir bào zài huáili *hold a child in one's arms (or to one's bosom)*

❷ [动]想念：miss; cherish | ～乡 huáixiāng *be homesick*

怀念 huáiniàn cherish the memory of; think of

关怀 guānhuái

❸ [动]心中存有：harbour; entertain; cherish | 不～好意 bù huái hǎoyì *harbour evil designs* / 胸～壮志 xiōnghuái-zhuàngzhì *harbour great ambitions; have lofty aspirations*

怀疑 huáiyí doubt; suspect
满怀 mǎnhuái
◇怀孕 huáiyùn pregnant

槐 huái 13画 木部

槐 槐槐槐槐槐槐槐槐 槐槐槐槐槐

See 槐树
槐树 huáishù pagoda tree; Chinese scholar tree

坏 (壞) huài 7画 土部

坏 坏坏坏坏坏坏坏

❶ [形]东西受到损伤变成无用、有害的：broken and useless; bad | 自行车～了。Zìxíngchē huài le. *The bicycle is broken.* / 苹果都～了。Píngguǒ dōu huài le. *The apples are all rotten.*

❷ [形]用在一些动词后，作补语表示导致损坏：used after some verbs to serve as a complement indicating the result of ruining | 摔～shuāihuài *cause to fall and break* / 弄～nònghuāi *ruin; break*

❸ [动]使人不满意的;恶劣的(跟"好hǎo"相对):*dissatisfying; foul; bad (the opposite of* "好hǎo") | ～脾气 huài píqi *bad temper* / ～主意 huài zhǔyì *bad idea* / ～天气 huài tiānqì *bad (foul) weather*

坏处 huàichu *harm; disadvantage*

坏蛋 huàidàn *scoundrel; bastard*

❹ [形]表示程度深:*expressing a high degree* | 累～了 lèihuài le *be extremely tired; be exhausted* / 气～了 qìhuài le *be beside oneself with rage* / 真把我忙～了。Zhēn bǎ wǒ mánghuài le. *I was extremely occupied.*

欢 (歡) huān 6画又部

欢 欢欢欢欢欢欢

[形]快乐;高兴:*joyous; merry; jubilant*

欢呼 huānhū *hail; cheer; acclaim*

欢乐 huānlè *happy; joyous; gay*

欢送 huānsòng *see off; send off*

欢喜 huānxǐ ① *joyful; happy; delighted* ② *like; be fond of; delight in*

欢笑 huānxiào *laugh heartily*

欢迎 huānyíng *welcome; greet*

联欢 liánhuān 喜欢 xǐhuan

还 (還) huán 7画辶部

还 还还还还还还还

❶ [动]返回;恢复原状:*return; go back; return to the original shape* | ～乡 huánxiāng *return to one's native place* / 生～ shēnghuán *return alive*

还原 huányuán *restore (return) to the original condition*

❷ [动]归还:*give back* | ～钱 huánqián *pay back money* / 把它～给我。Bǎ tā huángěi wǒ. *Give it back to me.*

还贷 huándài *pay one's loan*

偿还 chánghuán 返还 fǎnhuán

归还 guīhuán 退还 tuìhuán

❸ [动]回报;回敬:*give back; return; return a compliment* | ～手 huánshǒu *hit back* / ～礼 huánlǐ *present a gift in return*

讨价还价 tǎojià-huánjià

See hái.

环 (環) huán 8画王部

环 环环环环环环环环

❶ [名]圆圈形的东西:*ring; loop* | 耳～ěrhuán *earring* / 花～ huāhuán *garland*

❷ [动]围绕:*surround* | ～绕 huánrào *surround* / ～球

huánqiú *round the world* / ～视 huánshì *look around*

环境 huánjìng environment; surroundings; circumstances

循环 xúnhuán

❸ [名]指互相关联的许多事物中的一个：used to indicate one of the many interrelated things | 重要一～zhòngyào yī huán *an important link* / 一～扣一～yī huán kòu yī huán *closely linked*

环节 huánjié link

缓 (緩) huǎn 12画 纟部

缓缓缓缓缓缓缓缓缓缓缓缓

❶ [形]不紧张；不剧烈：not tense; relaxed; not violent; not fierce | 轻重～急 qīngzhòng huǎnjí *relative importance or urgency* / ～冲 huǎnchōng *buffer*

缓和 huǎnhé relax; ease up; mitigate; alleviate

❷ [形]慢（跟"急jí"相对）：slow (the opposite of "急jí") / ～步 huǎnbù *walk unhurriedly*

缓缓 huǎnhuǎn slow; unhurried; in an easy manner

缓慢 huǎnmàn slow

迟缓 chíhuǎn

❸ [动]推迟；延迟：put off; defer; postpone; delay | ～兵之计 huǎnbīngzhījì *measures to stave off an attack; stalling tactics* / ～两天再办 huǎn liǎng tiān zài bàn *postpone sth. for one or two days; do sth. a couple of days later*

缓解 huǎnjiě relieve; alleviate; ease

延缓 yánhuǎn

❹ [动]恢复正常的生理状态：come to; revive | 让我～一口气再走吧。Ràng wǒ huǎn yī kǒu qì zài zǒu ba. *Let me have a respite before going on.* / 过了好一阵他才～过来。Guòle hǎo yī zhèn tā cái huǎn guòlai. *He revived after a long time.*

幻 huàn 4画 幺部

幻 幻幻幻幻

❶ [形]不可能实现的；不真实的：imaginary rather than existent; unreal; illusory | 梦～ mènghuàn *dream* / 虚～ xūhuàn *unreal; imaginary*

幻想 huànxiǎng illusion; fancy; fantasy

❷ [动]不寻常的变化：change magically | 变～ biànhuàn *change irregularly*

幻灯 huàndēng slide show

换 huàn 10画 扌部

换 换换换换换换换换换

331

❶ [动]change; alter | 互~ hūhuàn *exchange* / 以物~物 yǐ wù huàn wù *barter*
换取 huànqǔ exchange (barter) sth. for sth.; get in return
兑换 duìhuàn 交换 jiāohuàn
兑换率 duìhuànlǜ
❷ [动]变换；以一种代替另一种：change; convert; replace; swap | ~衣服 huàn yīfu *change one's clothes* / 你愿意和我~座位吗? Nǐ yuànyì hé wǒ huàn zuòwei ma? *Will you change seats with me?*

唤 huàn 10画 口部

唤唤唤唤唤唤唤唤唤唤

[动]叫；呼喊：call; shout | 呼~ hūhuàn *call* / ~醒 huànxǐng *wake up*

患 huàn 11画 心部

患患患患患患患患患患

❶ [名]灾祸；灾难：trouble; calamity; disaster; misfortune | 免除水~ miǎnchú shuǐhuàn *prevent floods*
后患 hòuhuàn 隐患 yǐnhuàn
有备无患 yǒubèi-wúhuàn
❷ [动]生病；害病：fall ill; suffer from an illness; contract a disease | 他最近~了一场大病。Tā zuìjìn huànle yī chǎng dà bìng. *He is seriously ill recently.*
患病 huànbìng suffer from an illness; fall ill
患者 huànzhě sufferer; patient

荒 huāng 9画 艹部

荒荒荒荒荒荒荒荒荒

❶ [形]长满野草的、无人耕种的：waste; uncultivated | 开~ kāihuāng *open up wasteland* / 地~了。Dì huāng le. *The land lies waste (uncultivated).*
荒地 huāngdì wasteland; uncultivated (undeveloped) land
❷ [名]因欠收或无粮引起的灾难：famine; crop failure | 饥~ jīhuāng *famine*
逃荒 táohuāng 灾荒 zāihuāng
❸ [形]人烟稀少；偏僻：sparsely populated; remote; out-of-the-way; far off | ~郊 huāngjiāo *wilderness* / ~野 huāngyě *wilderness*
荒凉 huāngliáng bleak and desolate; wild
❹ [形]极不合情理的：unreasonable
荒谬 huāngmiù absurd; preposterous
荒唐 huāngtáng ① absurd; fantastic; preposterous ② dissi-

pated; loose; intemperate

慌 huāng 12画 忄部

慌慌慌慌慌慌慌慌慌慌慌慌

❶[形]不沉着；忙乱：alarmed; disturbed; agitated; flurried; alarmed and bewildered ｜ ~里~张 huāngli-huāngzhāng *hurried and confused* ／他做事太~。Tā zuòshì tài huāng. *He does things too hurriedly.*
慌乱 huāngluàn flurried; flustered; confused
慌忙 huāngmáng in a great rush; in a flurry; hurriedly
慌张 huāngzhāng flurried; flustered; confused
不慌不忙 bùhuāng-bùmáng

❷[动]由慌张而造成某种状态：mental condition caused by agitation ｜心里发~ xīnli fāhuāng *feel nervous* ／~了手脚 huāngle shǒujiǎo *be panic-stricken; get into a panic* ／你要沉住气，不要~。Nǐ yào chénzhù qì, bùyào huāng. *Be calm. Don't be flurried.*
恐慌 kǒnghuāng

❸[形]放在动词或形容词后作补语（读轻声），表示情况或状态达到较高的程度：used after a verb or adjective as a complement to indicate a higher degree of certain condition ｜累得~ lèidehuang *be tired out* ／闷得~ mēndehuang *bored beyond endurance; too stuffy*

皇 huáng 9画 白部

皇皇皇皇皇皇皇皇皇

[名]皇帝；君主：emperor; monarch
皇帝 huángdì emperor
皇宫 huánggōng imperial palace
皇冠 huángguān imperial crown, symbolizing imperial power
皇后 huánghòu empress

黄 huáng 11画 黄部

黄黄黄黄黄黄黄黄黄黄黄

❶[形]yellow ｜ ~土地 huángtǔdì *yellow soil* ／树叶变~了。Shùyè biànhuáng le. *Leaves have turned yellow.*
黄蜂 huángfēng wasp
黄瓜 huángguā cucumber
黄昏 huánghūn dusk
黄金 huángjīn gold
黄酒 huángjiǔ yellow rice or millet wine; Shaoxing wine
黄牌 huángpái (sports) yellow card

333

黄色 huángsè ① yellow ② obscene; pornographic
黄油 huángyóu butter
金黄 jīnhuáng

❷[动]事情失败、计划落空：(of a plan, etc.) fail; fizzle out｜这件事～不了。Zhè jiàn shì huángbuliǎo. *This project will not fail.*

◇黄帝 Huángdì Xuan Yuan, also known as the Yellow Emperor, a legendary ruler of China in remote antiquity; ancestor of Chinese

黄河 Huáng Hé the Huanghe River; the Yellow River

黄山 Huáng Shān the Huangshan Mountain

煌 huáng 13画 火部

煌煌煌煌煌煌煌煌煌煌煌煌煌

[形]明亮：bright; brilliant｜星火～～ xīnghuǒ huánghuáng *bright with sparks*

辉煌 huīhuáng

蝗 huáng 15画 虫部

蝗蝗蝗蝗蝗蝗蝗蝗蝗蝗蝗蝗蝗蝗蝗

See 蝗虫

蝗虫 huángchóng locust

恍 huǎng 9画 忄部

恍恍恍恍恍恍恍恍恍

❶[形]模糊；不清楚：dim; unable to see clearly
恍惚 huǎnghū absent-minded; faintly

❷[副]忽然：suddenly; abruptly
恍然大悟 huǎngrán-dàwù suddenly see the light; suddenly realize what has happened

晃 huǎng 10画 日部

晃晃晃晃晃晃晃晃晃晃

❶[形](亮光)闪耀：dazzling｜～眼 huǎngyǎn *dazzle; make (sb.) unable to see clearly because of too much light* / 明～～ mínghuǎnghuǎng *shining; gleaming*

❷[动]很快地闪过：pass quickly; flash past｜一～半个月过去了。Yī huǎng bàn gè yuè guòqù le. *A fortnight passed in a flash.* / 窗户上有个人影，一～就不见了。Chuānghu shang yǒu ge rényǐng, yī huǎng jiù bùjiàn le. *At the window, a man's shadow flashed past.*

See huàng.

谎 (謊) huǎng 11画 讠部

谎谎谎谎谎谎谎谎谎谎谎

❶ [名]假话；不真实的话：lie | 说~ shuōhuǎng *tell lies* / 撒~ sāhuǎng *tell lies*

❷ [形]假的；不真实的：false

晃 huǎng 10画 日部

晃晃晃晃晃晃晃晃晃晃

[动]摇动；摆动：shake; sway; swing; shake from side to side | 摇头~脑 yáotóu-huǎngnǎo *wag one's head* / 树枝来回~。Shùzhī láihuí huǎng. *The branches are swaying to and fro.*

摇晃 yáohuàng
　　See huàng.

灰 huī 6画 火部

灰灰灰灰灰灰

❶ [名]物体燃烧后剩下的粉末：ash | 炉~ lúhuī *stove ashes* / 烟~ yānhuī *tobacco or cigarette ash*

❷ [名]尘土；(某些)粉末状的东西：dust; stuff in powder form | 屋里蒙上了一层~。Wū li méngshàngle yī céng huī. *Everything in the room is covered with dust.*

灰尘 huīchén dust; dirt

❸ [形]介于黑色和白色之间的颜色：grey | ~布 huībù *grey cloth* / 天色变~了，大概要下雨了。Tiānsè biànhuī le, dàgài yào xiàyǔ le. *The sky is turning murky grey and looks like going to rain.*

❹ [形]消沉；失望：downhearted; dejected; disappointed; disappointing

灰心 huīxīn lose heart; be discouraged

心灰意懒 xīnhuī-yìlǎn

挥 (揮) huī 9画 扌部

挥挥挥挥挥挥挥挥挥

❶ [动]举起手臂摆动：raise and wave one's arm(s) | ~手告别 huīshǒu gàobié *wave farewell* / 大笔一~ dà bǐ yī huī *with one stroke of the writing brush*

指挥 zhǐhuī

❷ [动]抹去或甩掉(泪、水等)：wipe away (tears, sweat, etc.) | ~汗 huīhàn *drip with sweat* / ~泪 huīlèi *wipe away tears; shed tears*

❸ [动]散出；散发：sprinkle; scatter; disperse | ~洒 huīsǎ *shed* / ~发 huīfā *volatilize*

335

挥霍 huīhuò spend freely; squander

发挥 fāhuī

恢 huī 9画 忄部

恢恢恢恢恢恢恢恢恢

See 恢复

恢复 huīfù ① resume; renew ② recover; regain

辉 (輝) huī 12画 光部

辉辉辉辉辉辉辉辉辉辉辉辉

[名]闪耀的光：brightness; shining rays | 余~ yúhuī afterglow

辉煌 huīhuáng brilliant; splendid; glorious

光辉 guānghuī

徽 huī 17画 彳部

徽徽徽徽徽徽徽徽徽徽徽徽徽徽徽徽徽

[名]标志；符号：sign; symbol | 国~ guóhuī national emblem / 校~ xiàohuī school badge

回 (迴)❶❷ huí 6画 口部

回回回回回回

❶ [动]掉转：turn | ~过身来 huíguò shēn lai turn back / 他头也不~就走了。Tā tóu yě bù huí jiù zǒule. *He left without turning his head.*

回顾 huígù look back; review

回头 huítóu ① turn one's head; turn around ② repent ③ some other time; later

❷ [动]返回到原来的地方：return to where one came from | ~家 huíjiā *go back home* / ~国 huíguó *return to one's country* / ~到原地 huídào yuándì *return to where one came from*

回归 huíguī ① return ② draw back; fall back; retreat ③ (statistics) regression

回来 huílái(lai) return; come back; be back

回去 huíqù(qu) ① return; go back; come back ② back

回收 huíshōu retrieve; recover; reclaim

回想 huíxiǎng think back; recollect; recall

回忆 huíyì call to mind; recollect; recall

驳回 bóhuí   返回 fǎnhuí
收回 shōuhuí   退回 tuìhuí
挽回 wǎnhuí

❸ [动]回报；答复：repay; reciprocate; reply | ~敬 huíjìng *do or give sth. in return; return a compliment* / 我只~过他一封

信。Wǒ zhǐ huíguo tā yī fēng xìn. *I have only sent him one letter in reply.*
回报 huíbào ① report back on what has been done ② repay; requite; reciprocate ③ retaliate; get one's own back
回答 huídá answer; reply; response
回击 huíjī fight back; return fire; counterattack
回扣 huíkòu sales commission
回信 huíxìn ① write in reply; write back ② a letter in reply
回应 huíyìng answer; respond
回执 huízhí a short note; acknowledging receipt of sth.; receipt

❹ [量]指事情、动作的次数：time; occasion | 两~ liǎng huí *twice* / 他来过一~。Tā láiguo yī huí. *He has been here once.*
回合 huíhé round; bout

❺ [量]用于事情。有"件"的意思：a; one | 是这么~事。Shì zhème huí shì. *It's like this.* / 这是怎么~事? Zhè shì zěnme huí shì? *What's the matter?* / 咱俩说的不是一~事。Zánliǎ shuō de bùshì yī huí shì. *We were not talking about the same thing.*

❻ [量]章回小说或评书所分的章节：chapter of a Chinese novel or *Pingshu* | 第十~ dì shí huí *Chapter 10*

◇ 回避 huíbì evade; dodge; avoid (meeting sb.)

悔 huǐ 10画 忄部

悔悔悔悔悔悔悔悔悔悔

[动]做错事或说错话后心里责怪自己：regret | 懊~ àohuǐ *repent*
悔改 huǐgǎi repent and mend one's ways
悔恨 huǐhèn regret deeply; be bitterly remorseful
后悔 hòuhuǐ

毁 huǐ 13画 殳部

毁毁毁毁毁毁毁毁毁毁毁毁毁

[动]破坏；损坏：destroy; ruin; damage | 好好儿的一个玩具，让你给~了。Hǎohāor de yī gè wánjù, ràng nǐ gěi huǐ le. *What a nice toy, but you have ruined it.*
毁坏 huǐhuài destroy; damage
毁灭 huǐmiè destroy; exterminate
摧毁 cuīhuǐ   烧毁 shāohuǐ
销毁 xiāohuǐ

汇 (匯彙❶❷) huì 5画 氵部

汇汇汇汇汇

❶[动]聚集；综合：come or flow together; synthesize｜~成巨流 huìchéng jùliú *converge into a mighty current*

汇报 huìbào report; give an account of

汇合 huìhé converge; join

汇集 huìjí ①collect; compile ② come together; converge; assemble

❷[名]聚集而成的事物：things collected｜~编 huìbiān *compile*

词汇 cíhuì

❸[动]通过银行或邮局把钱由一地拨付到另一地：remit money from one place to another｜货款已经~出。Huòkuǎn yǐjīng huìchū. *The payment for the goods has been remitted.*

汇款 huìkuǎn ① remit money; make a remittance ②remittance

◇汇率 huìlǜ exchange rate

会 (會) huì 6画 人部

会 会会会会会会

❶[动]聚集在一起：get together; assemble; meet together｜在哪儿~合? Zài nǎr huìhé? *Where shall we meet together?*

会谈 huìtán talks

会同 huìtóng (of handling an affair) jointly with (other organizations concerned)

聚精会神 jùjīng-huìshén

❷[动]见面：meet; see｜我要~一~他。Wǒ yào huìyihuì tā. *I want to meet him.* / 我们偶然相~。Wǒmen ǒurán xiānghuì. *We met by chance.*

会见 huìjiàn (formally) meet with

会客 huìkè receive a visitor (guest)

会面 huìmiàn meet

会晤 huìwù meet

拜会 bàihuì　约会 yuēhuì

再会 zàihuì　照会 zhàohuì

❸[名]有一定目的的集会：meeting｜纪念~jìniànhuì *commemoration meeting* / 这个~一定要开。Zhège huì yīdìng yào kāi. *This meeting must be held.*

会场 huìchǎng meeting place; conference hall

会议 huìyì meeting; conference

会议室 huìyìshì meeting (or conference) room; council chamber

大会 dàhuì　　峰会 fēnghuì

集会 jíhuì　　酒会 jiǔhuì

聚会 jùhuì　　开会 kāihuì

庙会 miàohuì　全会 quánhuì

散会 sànhuì　　晚会 wǎnhuì

舞会 wǔhuì　　宴会 yànhuì

奥运会 Àoyùnhuì

博览会 bólǎnhuì

演唱会 yǎnchànghuì

音乐会 yīnyuèhuì

展览会 zhǎnlǎnhuì

招待会 zhāodàihuì

座谈会 zuòtánhuì

❹[名]为一定目的而成立的团体、组织：union or association｜学生~ xuéshēnghuì *student union; student association* ／校友~ xiàoyǒuhuì *society of alumni*

会员 huìyuán member

工会 gōnghuì	教会 jiàohuì
团会 tuánhuì	协会 xiéhuì
学会 xuéhuì	议会 yìhuì

董事会 dǒngshìhuì
基金会 jījīnhuì
居委会 jūwěihuì
理事会 lǐshìhuì
委员会 wěiyuánhuì

❺[名]中心城市：central city
省会 shěnghuì

❻[名]时机：opportunity; an opportune moment
机会 jīhuì

❼[动]理解；领悟：understand; grasp｜领~ lǐnghuì *understand; grasp*
理会 lǐhuì　　体会 tǐhuì
误会 wùhuì

❽[动]熟悉；通晓：know｜他~法语。Tā huì Fǎyǔ. *He knows French.*

❾[动]擅长：be good at; be skilful｜你真~说话。Nǐ zhēn huì shuōhuà. *You are so eloquent.*

❿[动]懂得怎样做或有能力做某事：can; be able to｜他~游泳。Tā huì yóuyǒng. *He can swim.*

⓫[助]表示有可能：expressing possibility｜今天不~下雨。Jīntiān bù huì xiàyǔ. *It's not likely to rain today.* ／我想他不~不懂。Wǒ xiǎng tā bù huì bù dǒng. *I don't think he may not understand it.*

◇会话 huìhuà conversation (as in a language course)

社会 shèhuì　　一会儿 yīhuìr
这会儿 zhèhuìr
社会主义 shèhuì zhǔyì
See kuài.

绘 (繪) huì　9画 纟部

绘绘绘绘绘绘绘绘绘

[动]画出图形：draw; paint｜~图 huìtú *mapping; charting* ／~制 huìzhì *draw*

绘画 huìhuà drawing; painting
描绘 miáohuì

贿 (賄) huì　10画 贝部

贿贿贿贿贿贿贿贿贿贿

❶[动]用财物买通别人替自己做事：buy over; bribe｜行~ xínghuì *practise bribery*

贿赂 huìlù bribe; bribery

❷[名]买通别人所用的财物：bribery
受贿 shòuhuì

339

秽(穢) huì 11画 禾部

秽秽秽秽秽秽秽秽秽秽秽

❶ [形]肮脏：dirty | 污~wūhuì filthy

❷ [形]丑恶的；下流的：ugly; abominable; low-down; mean; dirty | 淫~yínhuì obscene

惠 huì 12画 心部

惠惠惠惠惠惠惠惠惠惠

[名]给予或受到的好处：favour; benefit | 实~shíhuì material benefit / 优~yōuhuì favourable; preferential

小恩小惠 xiǎo'ēn-xiǎohuì

慧 huì 15画 心部

慧慧慧慧慧慧慧慧慧慧慧慧慧

[形]聪明；有才智：clever; talented | ~眼 huìyǎn insight; mental discernment

智慧 zhìhuì

昏 hūn 8画 氏部

昏昏昏昏昏昏昏昏

❶ [名]天刚黑的时候：dusk | 晨~ chénhūn dawn and dusk

黄昏 huánghūn

❷ [形]黑暗；模糊不清：dark; unclear; murky

天昏地暗 tiānhūn-dì'àn

❸ [形]神志不清；糊涂：insane; muddleheaded | 发~fāhūn feel giddy (or dizzy)

昏头昏脑 hūntóu-hūnnǎo addle-brained

头昏脑胀 tóuhūn-nǎozhàng

❹ [动]失去知觉：lose consciousness | 他~过去了。Tā hūn guòqu le. He has fainted.

昏迷 hūnmí stupor; coma

婚 hūn 11画 女部

婚婚婚婚婚婚婚婚婚婚

❶ [动]男女双方经过合法手续结为夫妻：wed; marry | 已~yǐhūn married / 新~xīnhūn newly-married

❷ [名]婚姻：marriage

婚礼 hūnlǐ wedding ceremony; wedding

婚姻 hūnyīn marriage; matrimony

订婚 dìnghūn   结婚 jiéhūn

浑(渾) hún 9画 氵部

浑

浑浑浑浑浑浑浑浑浑

❶ [形]水不清；污浊：(of water) muddy; turbid ｜ ～水坑 húnshuǐkēng *a muddy water pool*
浑浊 húnzhuó muddy; turbid
❷ [形]整个的；满：whole; all over
浑身 húnshēn from head to foot; all over

魂

hún　13画　鬼部

魂魂魂魂魂魂魂魂魂魂魂魂魂

[名]迷信的人指能离开肉体而单独存在的精神：soul; spiritual part of a person believed to be able to be existent apart from the human body ｜ 鬼～ guǐhún *ghost; spirit*
灵魂 línghún

混

hùn　11画　氵部

混混混混混混混混混混混

❶ [动](不同的东西)掺杂在一起：mix; confuse; mingle ｜ 这两件事不能～在一起。Zhè liǎng jiàn shì bùnéng hùn zài yīqǐ. *These two matters should not be mixed up.*
混纺 hùnfǎng (text.) blending
混合 hùnhé mix; blend; mingle
混乱 hùnluàn confusion; chaos
混淆 hùnxiáo obscure; confound
混合物 hùnhéwù mixture
混凝土 hùnníngtǔ concrete
❷ [动]用欺骗的手段使人相信假的东西：pass for; pass off as ｜ 你别想～过去。Nǐ bié xiǎng hùn guòqu. *You can't get by under false pretences.*
❸ [形]不清洁：unclean
混浊 hùnzhuó muddy; turbid
❹ [动]将就过日子：drift along aimlessly ｜ ～日子 hùn rìzi *fool away one's time*

豁

huō　17画　谷部

豁豁豁豁豁豁豁豁豁豁豁豁豁豁豁豁豁

❶ [动]裂开：fissure; crack ｜ ～口 huōkǒu *opening; break* ／ 这块木板～开了。Zhè kuài mùbǎn huōkāi le. *There is a crack in the plank.*
❷ [动]狠心舍弃；舍弃：sacrifice; give up ｜ ～出性命 huōchu xìngmìng *risk one's life; go all out regardless of danger to one's life* ／ ～出几天时间 huōchu jǐ tiān shíjiān *spare several days to do sth.*

活

huó　9画　氵部

活

活活活活活活活活活

❶[动]生存；有生命（跟"死sǐ"相对）：survive; live (the opposite of "死sǐ") | 通常鱼在水里才能~。Tōngcháng yú zài shuǐ li cái néng huó. *Generally speaking, fish can only live in water.* / 新栽的这棵树~了。Xīn zāi de zhè kē shù huó le. *The newly planted tree is alive.*

活力 huólì vigour; vitality; energy

复活 fùhuó　搞活 gǎohuó
激活 jīhuó　生活 shēnghuó
养活 yǎnghuó

❷[名]工作：job; chore | 做~儿 zuòhuór *do some work* / 零~ línghuó *odd jobs* / 重~儿 zhònghuór *heavy work*

干活儿 gànhuór

❸[名]产品；制成的东西：product; finished work | 这~儿做得真好。Zhè huór zuò de zhēn hǎo. *This job is well done.*

❹[形]生动自然：lively and natural; resourceful | 脑子很~ nǎozi hěn huó *have a quick mind*

活泼 huópo lively; vivacious; vivid

活跃 huóyuè ① brisk; active; dynamic ② enliven; animate; invigorate

❺[形]有生命的；在活的状态下的：living; when alive | ~捉 huózhuō *capture alive* / ~字典 huó zìdiǎn *a walking dictionary* / 在他~着的时候 zài tā huózhe de shíhou *during his lifetime (when he was alive)*

❻[形]不固定的；可移动的：not fixed; movable; mobile | 这扇门是~的。Zhè shàn mén shì huó de. *This door is movable.*

活动 huódòng ①move about; exercise ②shaky; unsteady ③movable; mobile ④activity ⑤use personal influence or irregular means (to achieve certain purpose)

活塞 huósāi (mech.) piston

灵活 línghuó

◇活该 huógāi serve sb. right

活受罪 huóshòuzuì (inf.) suffer a living hell; have a hell of a life

火

huǒ　4画 火部

火火火火

❶[名]物体燃烧时发出的光和焰：fire; flame | 用~取暖 yòng huǒ qǔnuǎn *warm by fire* / ~烧得很旺。Huǒ shāo de hěn wàng. *The fire was burning roaringly.*

火柴 huǒchái match
火车 huǒchē train
火锅 huǒguō chafing dish
火花 huǒhuā spark

342

火箭 huǒjiàn rocket
火力 huǒlì firepower; fire
火热 huǒrè ① burning hot; fervent; fiery ② intimate
火山 huǒshān volcano
火星 huǒxīng ①Mars ② spark
火焰 huǒyàn flame
火灾 huǒzāi fire (as a disaster); conflagration
灯火 dēnghuǒ 　点火 diǎnhuǒ
烈火 lièhuǒ
❷ [动]指怒气：be anger; be furious | 他~儿了。Tā huǒr le. *He flared up.*
火爆 huǒbào ① (dial.) fiery; irritable ② vigorous; exuberant; lively
发火 fāhuǒ 　　恼火 nǎohuǒ
怒火 nùhuǒ
❸ [名]中医指引起发炎、红肿、烦躁等症状的病因：(in traditional Chinese medicine) internal heat, a cause that leads to inflammation, red swelling, fidgets and other symptoms | 上~ shànghuǒ *suffer from excessive internal heat* / 清~ qīnghuǒ *reduce the internal heat*
退火 tuìhuǒ
❹ [名]指枪炮弹药：firearms; ammunition | 军~ jūnhuǒ *munitions*
火药 huǒyào gunpowder; powder
炮火 pàohuǒ
导火线 dǎohuǒxiàn

伙 (夥 ❶-❸) huǒ 6画 亻部
伙 伙伙伙伙伙伙

❶ [名]同伴：companion; fellow | 同~儿 tōnghuǒr *partner; companion; pal*
伙伴 huǒbàn partner; companion
❷ [名]由同伴组成的集体：partnership; company | 入~ rùhuǒ *join in a partnership or team*
合伙 héhuǒ 　　团伙 tuánhuǒ
大伙儿 dàhuǒr
❸ [量]用于人群：group; crowd | 一~人 yī huǒ rén *a group of people* / 三个一群，五个一~ sān gè yī qún, wǔ gè yī huǒ *in twos and threes*
❹ [名]伙食：mess; food | 起~ qǐhuǒ *cook meals* / 包~ bāohuǒ *board*
伙食 huǒshí mess; food; meals
◇伙计 huǒji ① partner ② fellow; mate ③ salesman; salesclerk
小伙子 xiǎohuǒzi

或 huò 8画 戈部
或 或或或或或或或或

❶ [连]表示选择关系：or | 同意~反对 tóngyì huò fǎnduì *for or against*
或是 huòshì or

或者 huòzhě ①perhaps; maybe ② or; either...or...
❷[连]表示几种交替的情况:either... or... | ~去~留 huò qù huò liú *either stay or leave*
或多或少 huòduō-huòshǎo more or less; to a greater or lesser extent; in varying degrees
◇或许 huòxǔ perhaps; maybe

货 (貨) huò   8画 贝部

货货货货货货货货

❶[名]商品;供出售的商品: goods; commodity; commodity for sale | ~真价实 huòzhēn-jiǎshí *genuine goods at a fair price* / 这个店里的~很便宜。Zhège diàn li de huò hěn piányi. *The goods of this shop are very cheap.* / 明天店里来新~。Míngtiān diàn li lái xīnhuò. *We'll have some new goods delivered to our store tomorrow.*

货物 huòwù goods; commodity; merchandise
百货 bǎihuò   订货 dìnghuò
定货 dìnghuò   期货 qīhuò
售货 shòuhuò
冒牌货 màopáihuò

❷[名]钱: money
货币 huòbì money; currency

获 (獲❶❷ 穫❸) huò 10画 艹部

获获获获获获获获获

❶[动]捉住;抓住: capture; get hold of | 捕~ bǔhuò *catch* / 缴~ jiǎohuò *capture*
查获 cháhuò   破获 pòhuò
抓获 zhuāhuò

❷[动]得到; 取得: get; obtain; achieve | ~奖 huòjiǎng *win a prize* / ~胜 huòshèng *win victory*
获得 huòdé gain; obtain; acquire; win; achieve
获取 huòqǔ obtain; gain; procure
荣获 rónghuò
不劳而获 bùláo'érhuò

❸[动]收割庄稼: gather (bring) in the crops
收获 shōuhuò

祸 (禍) huò   11画 礻部

祸祸祸祸祸祸祸祸祸祸

❶[名]危害性大的事情;灾难(跟"福fú"相对): misfortune; disaster (the opposite of "福fú") | 闯~ chuǎnghuò *get into trouble; bring disaster* / 大~临头 dàhuò-líntóu *disaster is imminent*
车祸 chēhuò

❷[动]损害; 危害: harm; damage; endanger; imperil | ~国殃民

huǒguó-yāngmín *bring calamity to the country and the people*

祸害 huòhai ① disaster; curse; scourge ② damage; destroy

惑 huò 12画 心部

惑惑惑惑惑惑惑惑惑惑惑惑

❶ [形] 不明白：be puzzled; be bewildered | 大~不解 dàhuò-bùjiě *be extremely puzzled*
困惑 kùnhuò　迷惑 míhuò
疑惑 yíhuò

❷ [动] 使迷惑：puzzle; confuse | 妖言~众 yāoyán-huòzhòng *spread fallacies to deceive people*
诱惑 yòuhuò

霍 huò 16画 雨部

霍霍霍霍霍霍霍霍霍霍霍霍霍霍霍霍

[形] 迅速；快：quickly; fast | ~然 huòrán *suddenly; quickly* / ~地站起来 huò de zhàn qǐlái *stand up suddenly*

J j

几 (幾) jī 2画 几部

几 几几

[副]差一点儿；将近：nearly; almost | 到会者~近三千人。Dàohuìzhě jījìn sānqiān rén. *Nearly 3,000 people came to the meeting.*

几乎 jīhū nearly; almost; practically

◇茶几 chájī
　　See jǐ.

讥 (譏) jī 4画 讠部

讥 讥讥讥讥

[动]讽刺；挖苦：satirize; ridicule; mock; sneer at | 反唇相~ fǎnchún-xiāngjī *answer back sarcastically*

讥笑 jīxiào ridicule; jeer; sneer at; deride

击 (擊) jī 5画 凵部

击 击击击击击

❶ [动]打；敲打：strike; knock; beat | ~鼓 jīgǔ *beat the drum* / ~掌 jīzhǎng *clap one's hands*

点击 diǎnjī

❷ [动]攻打：attack; strike | 拳~ quánjī *give a punch; boxing*

击败 jībài defeat; beat; vanquish

出击 chūjī　　打击 dǎjī
反击 fǎnjī　　攻击 gōngjī
回击 huíjī　　抗击 kàngjī
射击 shèjī　　突击 tūjī
袭击 xíjī　　　游击 yóujī

❸ [动]碰；接触：touch; bump into; get touched | 撞~ zhuàngjī *ram; dash against* / 目~ mùjī *see with one's own eyes; witness* / 他不小心被电~了一下。Tā bù xiǎoxīn bèi diàn jīle yīxià. *He got an electric shock out of carelessness.*

冲击 chōngjī
目击者 mùjīzhě

❹ [动]刺：stab
击剑 jījiàn fencing; swordplay

饥 (飢) jī 5画 饣部

饥 饥饥饥饥饥

[形]饿：hungry | 又~又渴 yòu jī yòu kě *be hungry and thirsty* / ~不择食 jībùzéshí *be too hungry to be picky and choosy*

饥饿 jī'è hungry; starved
饥寒交迫 jīhán-jiāopò suffer

from cold and hunger

机 (機) jī 6画 木部

机 机机机机机机

❶ [名]机器：machine | 发电~fādiànjī *generator* / 打字~dǎzìjī *typewriter* / 收音~shōuyīnjī *radio* / 他现在已经能上~操作了。Tā xiànzài yǐjīng néng shàngjī cāozuò le. *Now he is capable of operating the machine.*

机车 jīchē locomotive; engine
机床 jīchuáng machine tool
机动 jīdòng ① flexible; expedient; mobile ② in reserve; for emergency use ③ power-driven; motorized
机构 jīgòu ① mechanism ② organization; setup
机关 jīguān ① stratagem; scheme; intrigue ② office; organ; body
机器 jīqì machine; machinery; apparatus
机枪 jīqiāng machine gun
机械 jīxiè ① machinery; machine; mechanism ② mechanical; inflexible; rigid
机油 jīyóu engine oil; machine oil
机动车 jīdòngchē vehicles
机器人 jīqìrén robot
分机 fēnjī
司机 sījī
死机 sǐjī
相机 xiàngjī
打印机 dǎyìnjī
发动机 fādòngjī
复印机 fùyìnjī
计算机 jìsuànjī
录音机 lùyīnjī
摄像机 shèxiàngjī
拖拉机 tuōlājī
洗衣机 xǐyījī
照相机 zhàoxiàngjī

❷ [形]灵巧；机敏： skilful (in hand); handy; adroit; clever; sharp
机灵 jīling clever; smart; sharp; intelligent
机智 jīzhì quick-witted; resourceful
机灵鬼 jīlingguǐ a clever person

❸ [名]特指飞机：aircraft; plane | 客~kèjī *a passenger plane* / 旅客们被要求全部离~。Lǚkèmen bèi yāoqiú quánbù lí jī. *All passengers are asked to leave the plane.* / ~上各种设备非常齐全。Jī shang gèzhǒng shèbèi fēicháng qíquán. *The plane is equipped with complete sets of facilities.*

机场 jīchǎng airport; aerodrome
班机 bānjī
飞机 fēijī

❹ [名]关键的时刻； 适宜的时候： chance; occasion; opportune moment | 见~行事 jiànjīxíngshì *do as one sees fit; use*

one's discretion
机会 jīhuì chance; opportunity
机遇 jīyù favourable circumstances; opportunity

乘机 chéngjī	良机 liángjī
商机 shāngjī	随机 suíjī
投机 tóujī	危机 wēijī
转机 zhuǎnjī	
投机倒把 tóujī-dǎobǎ	

❺[名]极重要而有保密性质的事情: important matter which should be kept secret | ~密 jīmì *sth. secret; secret* / ~要 jīyào *confidential*

❻[名]心思；念头: speculation; reflection; conjecture; idea
动机 dòngjī

◇机体 jītǐ ①organism ②fuselage
手机 shǒujī

肌 jī 6画 月部

肌 肌肌肌肌肌肌

[名] muscle; flesh
肌肤 jīfū (formal) (human) skin and muscle
肌肉 jīròu muscle; flesh

鸡 (鷄) jī 7画 又部

鸡 鸡鸡鸡鸡鸡鸡鸡

[名] chicken | 我们家里养了许多~。Wǒmen jiāli yǎngle xǔduō jī. *We keep a flock of chicken at courtyard.* / 他最喜欢吃~。Tā zuì xǐhuan chī jī. *He likes eating chicken most.*
鸡蛋 jīdàn egg
公鸡 gōngjī

积 (積) jī 10画 禾部

积 积积积积积积积积积积

[动] 逐渐聚集: accumulate, amass, store up little by little | ~少成多 jīshǎo-chéngduō *many a little makes a mickle* / 几年来他~了不少钱。Jǐ nián lái tā jīle bùshǎo qián. *He has scraped up quite a lot of money over the years.* / 柜子上~了厚厚一层灰。Guìzi shang jīle hòuhòu yī céng huī. *A thick layer of dust collected on the shelves.* / 垃圾越~越多。Lājī yuè jī yuè duō. *More and more rubbish has been stored up.*

积累 jīlěi accumulate
积蓄 jīxù ① put aside; save; accumulate ② savings
积压 jīyā keep long in stock; overstock
堆积 duījī 公积金 gōngjījīn
◇积极 jījí ① positive ② active; energetic; vigorous
积极性 jījíxìng zeal; initiative; enthusiasm

基 jī 11画 土部

基基基基基基基基基基基

❶ [名]基础；建筑物的根底部分：foundation; base of a building | 地~dìjī foundation / 墙~qiángjī the base of a wall
基础 jīchǔ foundation; base; basis
❷ [形]起始的；根本的：primary; elementary; initial
基本 jīběn ① foundation ② basic; fundamental; elementary ③ main; essential
基层 jīcéng basic level; primary level; grassroots
基地 jīdì base
基金 jījīn fund
基因 jīyīn (biol.) gene
基本上 jīběnshàng basically; in the main; by and large
基金会 jījīnhuì foundation
转基因 zhuǎnjīyīn
◇基督教 Jīdūjiào Christianity; the Christian religion

激 jī 16画 氵部

激激激激激激激激激激激激激激激

❶ [动]水受阻或震荡而涌起或溅起：(of water) wash; surge; dash | ~起浪花 jīqǐ lànghuā (of waves) break up into a spray
❷ [动]使感情冲动：arouse; stimulate; excite | 用话~他 yòng huà jī tā stimulate him with words / 他被~怒了。Tā bèi jīnù le. He was infuriated to anger.
激动 jīdòng excite; stir; agitate
激发 jīfā arouse; stimulate; set off
激励 jīlì encourage; impel; urge
激素 jīsù hormone
刺激 cìjī   感激 gǎnjī
❸ [形]急剧；猛烈：rapid; sharp; sudden; fierce; violent | ~战 jīzhàn fierce battle
激烈 jīliè intense; sharp; fierce; acute
激情 jīqíng intense emotion; fervour; passion; enthusiasm
❹ [动]因受冷水刺激而得病：fall ill from getting wet | 他被雨~病了。Tā bèi yǔ jībìng le. He got a chill from getting wet in the rain.
◇激光 jīguāng laser
激活 jīhuó (phys.) activation

及 jí 3画 丿部

及 及及及

❶ [动]达到：reach; come up to | 由表~里 yóubiǎo-jílǐ from the outside to the inside; from the surface to the centre / 力所能~ lìsuǒnéngjí within one's power or ability / 水深~腰。Shuǐ

349

shēn jí yāo. *The water came up to the waist.; The water was waist-deep.*

及格 jígé pass a test, examination, etc.; pass

波及 bōjí　　普及 pǔjí
涉及 shèjí　　来不及 láibují
来得及 láidejí

❷ [动] 趁着: take advantage of; avail oneself of

及时 jíshí ① timely; in time; seasonable ② promptly; without delay

及早 jízǎo at an early date; as soon as possible; before it is too late

❸ [连] 连接并列的名词性成分: and | 地里种着小麦、油菜~其他作物。Dì li zhòngzhe xiǎomài, yóucài jí qítā zuòwù. *Wheat, rape and other crops are growing in the fields.*

及其 jíqí and; as well as

吉 jí　6画 士部

吉吉吉吉吉吉

[形] 幸福；顺利（跟"凶 xiōng"相对）: happy; smooth (the opposite of "凶 xiōng") | ~日 jírì *the date of good luck* / 万事大~ wànshì-dàjí *all is well; everything is fine*

吉利 jílì lucky; auspicious; propitious

吉祥 jíxiáng lucky; auspicious; propitious

吉祥物 jíxiángwù mascot
凶多吉少 xiōngduō-jíshǎo
◇吉他 jítā guitar

级 (級) jí　6画 纟部

级级级级级级

❶ [名] 等次: grade; rank; level; class | 他今年又提了一~工资。Tā jīnnián yòu tíle yī jí gōngzī. *He had another rise in salary this year.*

级别 jíbié rank; level; grade; scale

层级 céngjí　　超级 chāojí
等级 děngjí　　低级 dījí
高级 gāojí　　阶级 jiējí
上级 shàngjí　　升级 shēngjí
特级 tèjí　　下级 xiàjí
工人阶级 gōngrén jiējí
无产阶级 wúchǎn jiējí
资产阶级 zīchǎn jiējí

❷ [名] 年级: grade | 升~ shēngjí *(of grade) go up* / 留~ liújí *(of pupils) fail to go up to the next grade* / 高年~ gāo niánjí *senior grade*

年级 niánjí

❸ [量] 用于台阶、楼梯等: used for steps, stairs, etc. | 那台阶有十多~。Nà táijiē yǒu shí duō jí. *That flight has more than ten steps.*

极 (極) jí 7画 木部

极 极极极极极极

❶ [形] 最高的；最终的：the utmost point; extreme; of the highest degree; ultimate | 登峰造~ dēngfēng-zàojí *reach the peak of perfection* / 他的事迹使我们~受鼓舞。Tā de shìjì shǐ wǒmen jí shòu gǔwǔ. *His deeds has encouraged us greatly.* / 他是个~聪明的孩子。Tā shì ge jí cōngmíng de háizi. *He is an extremely clever child.*

极度 jídù extremely; exceedingly; to the utmost

极端 jíduān ① extreme ② extremely; exceedingly

极力 jílì do one's utmost; spare no effort

极限 jíxiàn the limit; the maximum; the ultimate

南极 nánjí 南极洲 Nánjízhōu 太极拳 tàijíquán

❷ [副] 表示最高程度：extremely; to the highest extent | ~重要 jí zhòngyào *of the utmost importance* / 冷~了 lěngjí le *extremely cold* / 高兴~了 gāoxìng jí le *extremely happy*

极其 jíqí most; extremely; exceedingly

◇ 积极 jījí

消极 xiāojí
积极性 jījíxìng

即 jí 7画 卩部

即 即即即即即即即

❶ [动] 靠近；接触：reach; be near; touch; approach | 可望而不可~ kě wàng ér bù kě jí *within sight but beyond reach*
若即若离 ruòjí-ruòlí

❷ [动] 就是：in other words; namely; be; mean | 番茄~西红柿。Fānqié jí xīhóngshì. *Fanqie is tomato.*

❸ [副] 表示动作在很短时间内或在某种条件下立即发生；立即，马上：used to indicate an action which takes place immediately; under a certain circumstance; promptly; at once | 两三天~可见效。Liǎng-sān tiān jí kě jiànxiào. *It's going to produce effect in a day or two.*

即将 jíjiāng (adv.) be about to; be on the point of; soon

即日 jírì (formal) ① this or that very day ② within the next few days

当即 dāngjí

❹ [副] 表示在某种条件下就会有某种结果：used to indicate the result of an action prompted under a certain condition | 稍加修改，~可使用。Shāo jiā xiūgǎi,

jí kě shǐyòng. *It will be applicable after a bit modification.*
◇ 即便 jíbiàn even; even if; even though
即使 jíshǐ even; even if; even though

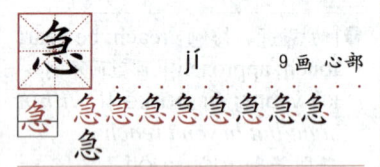

急 jí 9画 心部

急急急急急急急急急

❶ [形] 迅速而且猛烈：rapid and violent | 水流得很~。Shuǐ liú de hěn jí. *The current is swift.* / 雨下得正~。Yǔ xià de zhèng jí. *It's raining hard.*

急剧 jíjù rapid; sharp; sudden

❷ [形] 迫切，紧迫：pressing; urgent | 任务很~。Rènwù hěn jí. *The task is very urgent.* / 有件~事，请赶快办一办。Yǒu jiàn jíshì, qǐng gǎnkuài bànyibàn. *There is a pressing matter. It needs to be dealt with immediately.* / 他走得很~。Tā zǒu de hěn jí. *He left in a hurry.*

急救 jíjiù first aid; emergency treatment
急切 jíqiè ① eager; impatient ② in a hurry; in haste
急需 jíxū ① be badly in need of ② urgent need
加急 jiājí　　紧急 jǐnjí
危急 wēijí　　应急 yìngjí

❸ [形] 想要达到某种目的而激动不安：impatient; anxious | 别~着走。Bié jízhe zǒu. *Don't leave in such a hurry.*

急忙 jímáng in a hurry; in haste
急于 jíyú be eager; be anxious; be impatient
焦急 jiāojí　　着急 zháojí

❹ [形] 容易发怒；急躁：irritated; annoyed; ill-tempered | ~性子 jí-xìngzi *an impetuous person* / 别人没说上几句他就~了。Biérén méi shuōshang jǐ jù tā jiù jí le. *He was annoyed at a few words from other people.*

急躁 jízào irritable; rash

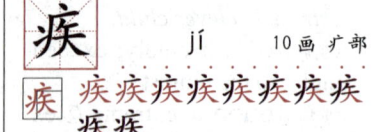

疾 jí 10画 疒部

疾疾疾疾疾疾疾疾疾疾

[名] 病：illness | 积劳成~ jīláochéngjí *fall ill from constant overwork*

疾病 jíbìng disease; illness
残疾人 cánjírén

集 jí 12画 隹部

集集集集集集集集集集集集

❶ [动] 聚在一起；会合：get together; converge

集合 jíhé gather; assemble; muster; call together

集会 jíhuì assembly; rally; gathering; meeting
集体 jítǐ collective
集团 jítuán group; clique; circle; bloc
集训 jíxùn assemble for training
集邮 jíyóu stamp collecting; philately
集中 jízhōng concentrate; centralize; focus; amass; put together
集资 jízī raise funds; collect money; pool resources
集装箱 jízhuāngxiāng container

采集 cǎijí 筹集 chóují
汇集 huìjí 聚集 jùjí
密集 mìjí 收集 shōují
搜集 sōují 召集 zhàojí
征集 zhēngjí

❷[名]由许多单篇作品汇编成的书：collection; anthology | 歌曲~ gēqǔjí *a collection of songs* / 诗~ shījí *a collection of poems*
全集 quánjí 选集 xuǎnjí

❸[名]定期或临时聚在一起进行买卖的场所：fair; market | 赶~ gǎnjí *go to a country fair; go to market* / 这个~不大，却很热闹。Zhège jí bù dà, què hěn rènao. *This country fair is a small one, but filled with hubbub.* / 这是在~上买的。Zhè shì zài jí shang mǎi de. *I picked it up at the fair.*

集市 jíshì country fair; market

辑 (輯) jí　13画 车部

辑辑辑辑辑辑辑辑辑辑辑辑辑

[动]聚集材料编书、报等：(of books, newspaper, etc.) collect; compile; edit | 专~zhuānjí *special edition* / 这部丛书共有十~。Zhè bù cóngshū gòng yǒu shí jí. *This collection has 10 volumes.*
编辑 biānjí
◇逻辑 luóji

籍 jí　20画 竹部

籍籍籍籍籍籍籍籍籍籍籍籍籍籍籍籍

❶[名]书：book | 书~ shūjí *books*
❷[名]出生地或祖居地：birthplace or home of one's ancestors | 原~ yuánjí *ancestral home*
籍贯 jíguàn the place of one's birth or origin; native place
户籍 hùjí

几 (幾) jǐ　2画 几部

几几几

❶[数]询问数目的多少：how many | ~个人？Jǐ gè rén？ *How*

many people? / 来~年了?Lái jǐ nián le? *How many years have you been here?*

❷[数]表示不定的数目：a few; some | ~本书 jǐ běn shū *several books* / 他才十几岁。Tā cái shí jǐ suì. *He is only a teenager.*

◇几何 jǐhé geometry
　　See jī.

己 jǐ　3画 己部

己己己

[代]自己：oneself | 坚持~见 jiānchí jǐjiàn *stick to one's own opinion*

舍己为人 shějǐ-wèirén
损人利己 sǔnrén-lìjǐ

挤 jǐ　9画 扌部

挤挤挤挤挤挤挤挤挤

❶[动]用力推、拥：squeeze; press; push against; jostle | ~进会场 jǐjìn huìchǎng *push one's way into the meeting hall* / 人太多，~不过去。Rén tài duō, jǐ bù guòqù. *We couldn't push our way through because it was too crowded.*

❷[动]用力压出：squeeze sth. out | ~牙膏 jǐ yágāo *squeeze the toothpaste out* / ~牛奶 jǐ niúnǎi *milk a cow*

❸[形]紧紧地挨在一起：packed with; crowded with | 屋里~满了人。Wūli jǐmǎnle rén. *The room is crowded with people.*

拥挤 yōngjǐ

脊 jǐ　10画 月部

脊脊脊脊脊脊脊脊脊脊

[名]spine; backbone | ~骨 jǐgǔ spine

脊梁 jǐliang back (of the human body)

计(計) jì　4画 讠部

计计计计

❶[动]核算：calculate; count; check | 不~其数 bùjì-qíshù *countless; innumerable*

计较 jìjiào ① haggle over; fuss about; bother about ② argue; dispute

计算 jìsuàn ① count; compute; calculate ② consideration; planning

计算机 jìsuànjī computer
计算器 jìsuànqì calculator; counter

共计 gòngjì　　　估计 gūjì
会计 kuàijì　　　统计 tǒngjì
预计 yùjì　　　　总计 zǒngjì

倒计时 dàojìshí
会计师 kuàijìshī

❷[动]谋划；打算：plan; plot; intend | 预~ yùjì *budget* / 估~ gūjì *estimate*
计划 jìhuà ① map out; plan ② project; programme
设计 shèjì　　设计师 shèjìshī

❸[名]策略；主意：tactics; scheme; idea | 妙~ miàojì *an excellent idea; a brilliant scheme*
千方百计 qiānfāng-bǎijì

❹[名]测量有关数值的仪器：meter; gauge | 温度~ wēndùjì *thermometer* / 血压~ xuèyājì *sphygmomanometer*

记 (記) jì　　5画 讠部

记 记记记记记

❶[动]把事物写下来：write down | ~日记 jì rìjì *keep a diary* / 把这些内容都~在笔记本上。Bǎ zhèxiē nèiróng dōu jì zài bǐjìběn shang. *Write down all these in the notebook.*
记录 jìlù ① take notes; keep the minutes; record ② minutes; notes; record ③ notetaker
记载 jìzǎi ① put down in writing; record ② record; account
记者 jìzhě reporter; correspondent; newsman; journalist
登记 dēngjì　　书记 shūjì

❷[动]把印象保持在脑子里：bear in mind | ~不清楚 jì bù qīngchu *can not recall exactly* / 你要~住这件事。Nǐ yào jìzhù zhè jiàn shì. *You should remember this.*
记得 jìde remember
记性 jìxing memory
记忆 jìyì ① remember; recall ② memory
记忆力 jìyìlì the faculty of memory; memory
惦记 diànjì　　牢记 láojì
忘记 wàngjì

❸[名]记载事物的书或文章：notes; records | 大事~ dàshìjì *chronicle of events*
笔记 bǐjì　　日记 rìjì
传记 zhuànjì
笔记本 bǐjìběn

◇记号 jìhao mark; sign

纪 (紀) jì　　6画 纟部

纪 纪纪纪纪纪纪

❶[名]制度；纪律：system; discipline | 校~ xiàojì *school discipline* / 违法乱~ wéifǎ-luànjì *break the law and violate discipline*
纪律 jìlǜ discipline

❷[动]记载：record; take notes | ~事 jìshì *account of events*
纪念 jìniàn commemorate; mark
纪要 jìyào summary of min-

utes; summary
纪录片 jìlùpiān documentary film; documentary
纪念碑 jìniànbēi monument; memorial
纪念馆 jìniànguǎn memorial hall; museum in memory of sb.
纪念品 jìniànpǐn souvenir; keepsake; memento
纪念日 jìniànrì commemoration day

❸ [名]纪年的单位。古时以十二年为一纪；公历以一百年为一世纪：epoch; one epoch equals twelve years in ancient China; a hundred years is one century

年纪 niánjì　　世纪 shìjì

技 jì　　7画 扌部

技技技技技技技

[名]某方面的能力；本领：ability; skill | 一~之长 yīyìzhīcháng proficiency in a particular line; professional skill

技能 jìnéng technical ability; mastery of a skill or technique
技巧 jìqiǎo skill; technique; craftsmanship
技师 jìshī technician
技术 jìshù technology; skill; technique
技术员 jìshùyuán technician
竞技 jìngjì　　科技 kējì

演技 yǎnjì　　杂技 zájì

系 (繫) jì　　7画 系部

系系系系系系系

[动]结；扎：tie; fasten; bind; tie | ~扣子 jì kòuzi button up / ~鞋带 jì xiédài do up the shoelaces / ~领带 jì lǐngdài wear a tie

See xì.

忌 jì　　7画 己部

忌忌忌忌忌忌忌

❶ [动]因为别人比自己强而怨恨：be jealous of | 妒~ dùjì jealousy / ~恨 jìhèn envy and hate

❷ [动]怕：fear; dread | 顾~ gùjì scruple; misgiving

❸ [动]因为不适合或不喜欢而避免：regard certain thing as unfit and avoid it | ~口 jìkǒu avoid certain food / ~生冷 jì shēnglěng avoid cold and raw food

❹ [动]戒除：give up; quit | ~烟 jìyān quit smoking / ~酒 jìjiǔ give up alcohol

际 (際) jì　　7画 阝(左)部

际际际际际际际

❶ [名]交界或靠边的地方：border;

edge | 天~ tiānjì *horizon* / 水~ shuǐjì *the edge of a body of water; waterside*

无边无际 wúbiān-wújì

一望无际 yīwàng-wújì

❷[名]彼此之间：between; among | 国~ guójì *international* / 校~ xiàojì *interschool* / 人~关系 rénjì guānxi *interpersonal relations*

国际法 guójìfǎ

国际象棋 guójì xiàngqí

◇实际 shíjì

季 jì 8画 禾部

季季季季季季季季

❶[名]season | 一年分春、夏、秋、冬四～。Yī nián fēn chūn, xià, qiū, dōng sì jì. *A year is divided into four seasons, spring, summer, autumn and winter.*

季度 jìdù a quarter (of a year)

春季 chūnjì　　　冬季 dōngjì

秋季 qiūjì　　　四季 sìjì

夏季 xiàjì　　　月季 yuèjì

❷[名]一年里具有某种特征的一段时期：a period of the year featured by particular conditions of weather, temperature, etc. | 雨~ yǔjì *rainy season*

季节 jìjié season

淡季 dànjì　　　赛季 sàijì

◇季军 jìjūn *third place winner in a sports competition*

剂 (劑) jì 8画 刂部

剂剂剂剂剂剂剂剂

[名]配制成的药物：pharmaceutical or chemical preparation | 针~ zhēnjì *injection* / 药~ yàojì *medicament; drug* / 润滑~ rùnhuájì *lubricant*

兴奋剂 xīngfènjì

迹 jì 9画 辶部

迹迹迹迹迹迹迹迹迹

❶[名]留下的印子：mark; trace | 血~ xuèjì *blood stain* / 笔~ bǐjì *handwriting*

迹象 jìxiàng sign; indication

轨迹 guǐjì　　　痕迹 hénjì

足迹 zújì

❷[名]前人遗留下的事物：remains; vestige | 名胜古~ míngshèng-gǔjì *places of historical interest and scenic beauty*

济 (濟) jì 9画 氵部

济济济济济济济济济

[动]用钱或物帮助有困难的人；救助：help those in distress and peril with money or other things;

aid; help | 救～jiùjì *help sb. in difficulty; succor* / 接～jiējì *help (with money, food, etc.)*

既 jì 9画 无部

既既既既既既既既既

[连]跟"且 qiě""又 yǒu""也 yě" 呼应，表示两种情况同时存在：used in combination with "且 qiě" "又 yǒu" "也 yě", meaning "and; both...and..." | ～高又大jì gāo yòu dà *tall and massive* / ～快又好jì kuài yòu hǎo *both quick and well done* / ～生动又活泼jì shēngdòng yòu huópo *both lively and vigorous*

既…也… jì... yě... both...and; as well as

既…又… jì...yòu... both...and; as well as

◇既然 jìrán *since; as; now that*

继 (繼) jì 10画 纟部

继继继继继继继继继继

[动]接续；连续；接替：continue; go on continuously; succeed; replace | ～任jìrèn *succeed sb. in a post*

继承 jìchéng ① inherit ② carry on

继续 jìxù continue; go on
相继 xiāngjì

祭 jì 11画 示部

祭祭祭祭祭祭祭祭祭祭祭

❶ [动]供奉鬼神或祖先：hold a memorial ceremony for (the deceased ancestors, ghosts and gods, etc.) | ～神jìshén *offer a sacrifice to a god*

❷ [动]对死者表示追悼：perform a memorial service for the dead | ～奠jìdiàn *hold a memorial ceremony for (the dead)*

寄 jì 11画 宀部

寄寄寄寄寄寄寄寄寄寄寄

❶ [动]托付：entrust; place | 这些东西～放在他那里。Zhèxiē dōngxi jìfàng zài tā nàli. *These things are left to his care.*

寄托 jìtuō ① entrust to the care of sb.; leave with sb. ② place (hope) on; find sustenance in

❷ [动]依附；靠：depend on; attach oneself to | ～生jìshēng *parasitic* / ～居jìjū *live away from home; live with other's family*

❸ [动]通过邮局传递：send by post

| ~信 jìxìn *post (or mail) a letter* / ~包裹 jì bāoguǒ *send a parcel by post*
邮寄 yóujì

寂 jì 11画 宀部

寂寂寂寂寂寂寂寂寂寂寂

❶[形]静；没有声音：silent; quiet; soundless | ~然无声 jìrán wúshēng *quiet and still*
寂静 jìjìng quiet; still; silent
❷[形]冷清；冷落：lonely; deserted; desolate
寂寞 jìmò ① lonely; lonesome ② quiet; still; silent

绩 (績) jì 11画 纟部

绩绩绩绩绩绩绩绩绩绩绩

[名]功业；成果：achievement; merit; exploit; fruit; result | 伟大的功~ wěidà de gōngjì *great merits and achievements; great contribution*
成绩 chéngjì 业绩 yèjì

加 jiā 5画 力部

加加加加加

❶[动]把本来没有的添上去；安放：add; put in; append; place; put | ~标点符号 jiā biāodiǎn fúhào *put in punctuation marks* / ~注解 jiā zhùjiě *append notes to* / 汤里~点儿盐。Tāng li jiādiǎnr yán. *Put a bit salt in the soup.*
加工 jiāgōng process
加入 jiārù ① add; mix; put in ② join; accede to
加油 jiāyóu oil; refuel; lubricate
参加 cānjiā 添加 tiānjiā
❷[动]在原有的基础上增多、扩大或提高：increase; gain; add | ~工资 jiā gōngzī *increase (raise) sb.'s wage* / ~件衣服再出去。Jiā jiàn yīfu zài chūqù. *Put on one more clothes before you go out.* / 我们小组又~了一个人。Wǒmen xiǎozǔ yòu jiāle yī gè rén. *One more person has been assigned to our group.*
加班 jiābān work overtime; work an extra shift
加急 jiājí urgent (telegram, postal matter, etc.)
加紧 jiājǐn step up; speed up; intensify
加剧 jiājù aggravate; intensify; exacerbate
加强 jiāqiáng strengthen; enhance; augment; reinforce
加热 jiārè heat
加深 jiāshēn deepen
加速 jiāsù quicken; speed up; accelerate; expedite
加重 jiāzhòng make or become

heavier or more serious; aggravate

加油站 jiāyóuzhàn filling (or petrol, gas) station

附加 fùjiā　　更加 gèngjiā
增加 zēngjiā

❸[动]施以某种动作：carry out a certain action or pay certain consideration | 不~考虑 bù jiā kǎolǜ *not consider certain thing at all* / ~以保护 jiāyǐ bǎohù *protect; safeguard* / 多~注意 duō jiā zhùyì *pay more attention*

加以 jiāyǐ in addition; moreover

❹[动]把两个或两个以上的数目或东西合在一起：add two or more numerals | 三个数相~ sān gè shù xiāngjiā *add up three numerals*

加法 jiāfǎ (math.) addition

夹 (夾) jiā　6画 一部

夹 夹夹夹夹夹夹

❶ [动] 从两旁用力使物品不动：press from both sides; place in between | 用筷子~菜 yòng kuàizi jiā cài *pick up food with chopsticks* / 手指被门~住 shǒuzhǐ bèi mén jiāzhù *fingers got squeezed by the door* / 鞋子~脚。Xiézi jiā jiǎo. *The shoe pinches.*

❷[动]夹在胳膊底下：carry sth. under one's armpit | ~着几本书 jiāzhe jǐ běn shū *carry several books under the armpit* / ~着皮包 jiāzhe píbāo *carry a briefcase under the armpit*

❸[动]混杂；掺杂：mix; mingle; couple with | 风声~着雨声 fēngshēng jiāzhe yǔshēng *a mixture of the sounds of wind and rain* / ~在人群里 jiā zài rénqún lǐ *mingle with the crowd*

夹杂 jiāzá be mixed up with; be mingled with

❹[名]夹东西的器具：clip; folder | 皮~儿 píjiār *wallet* / 文件~ wénjiànjiā *folder; binder* / 衣~ yījiā *clothes peg*

夹子 jiāzi ①clip; tongs ②folder; wallet

◇夹克 jiākè jacket
皮夹克 píjiākè

佳 jiā　8画 亻部

佳 佳佳佳佳佳佳佳佳

[形]美；好：beautiful; good | ~音 jiāyīn *welcome news; good tidings* / ~作 jiāzuò *a fine piece of writing; an excellent work* / 身体欠~ shēntǐ qiàn jiā *not feel well*

最佳 zuìjiā

家 jiā　10画 宀部

家 家家家家家家家家家家

❶ [名] 家庭的住所：home｜回～ huíjiā *go home* / 他的～在北京。Tā de jiā zài Běijīng. *His home is in Beijing.*

老家 lǎojiā

❷ [名] 家庭：family｜我～有四口人。Wǒ jiā yǒu sì kǒu rén. *There are 4 family members in my family.*

家常 jiācháng daily life of a family; domestic trivia
家具 jiājù furniture
家人 jiārén family member
家属 jiāshǔ family member; (family) dependant
家庭 jiātíng family; household
家务 jiāwù household duties
家乡 jiāxiāng hometown; native place
家用 jiāyòng family expenses; housekeeping money
家园 jiāyuán home; homeland
家长 jiāzhǎng head of a family; parent or guardian of a child
家政 jiāzhèng ① household management ② home economics
家族 jiāzú clan; family
家常饭 jiāchángfàn ① homely food; simple meal ② common occurrence; routine; all in the day's work
家家户户 jiājiā-hùhù each and every family; every household
家喻户晓 jiāyù-hùxiǎo widely known; known to all
当家 dāngjiā   国家 guójiā
传家宝 chuánjiābǎo
拉家常 lājiācháng

❸ [名] 经营某种行业的人家或具有某种身份的人：person or family who engages in a certain profession or trade or owns a certain status｜酒～jiǔjiā *wineshop; restaurant* / 渔～yújiā *fisherman's family*

独家 dújiā   商家 shāngjiā
赢家 yíngjiā   庄家 zhuāngjiā
企业家 qǐyèjiā

❹ [词尾] 指掌握某种专门学识或从事某种专门活动的人：specialist in a certain field / 科学～kēxuéjiā *scientist* / 文学～wénxuéjiā *a man of letters; writer*

画家 huàjiā   专家 zhuānjiā
作家 zuòjiā   书法家 shūfǎjiā
艺术家 yìshùjiā
政治家 zhèngzhìjiā
资本家 zīběnjiā

❺ [名] 学术流派：school of thought｜儒～Rújiā *the Confucian school*

道家 Dàojiā

❻ [形] 人工饲养的（跟"野 yě"相对）：domesticated (the opposite of "野 yě")

家畜 jiāchù domestic animal; livestock
家禽 jiāqín domestic fowl; poultry

❼ [名] 对人称自己的亲属中年纪大或辈分高的：used to address

family members or relatives older than oneself when talking with others | ~父 jiāfù *my father*

◇家伙 jiāhuo ① tool; utensil; weapon ② fellow; guy
老人家 lǎorénjia

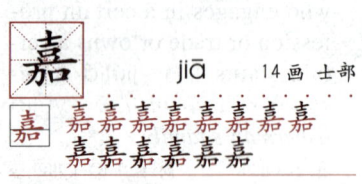

嘉 jiā 14画 士部

嘉嘉嘉嘉嘉嘉嘉嘉嘉嘉嘉嘉嘉嘉

❶[形]善；美：good; nice; beautiful
嘉宾 jiābīn distinguished guest
❷[动]夸奖；赞许：commend; praise; speak well of ; speak favourably of | 精神可~jīngshen kějiā *the spirit is worthy of praise*
嘉奖 jiājiǎng commend; cite
◇嘉年华 jiāniánhuá carnival

颊（頰） jiá 12画 页部

颊颊颊颊颊颊颊颊颊颊颊颊

[名]脸的两侧眼以下的部分：cheek | 两~发红 liǎngjiá fāhóng *with rosy cheeks* / 泪水沿着她的面~流下来。Lèishuǐ yánzhe tā de miànjiá liú xiàlai. *Tears streamed (ran) down her cheeks.*

甲 jiǎ 5画 |部

甲甲甲甲甲

❶[名]顺序或等级的第一位：the first of the ten Heavenly Stems; the first in sequence or grade | 桂林山水~天下。Guìlín shānshuǐ jiǎ tiānxià. *The mountains and rivers in Guilin are the finest under the sun.*
❷[名]动物身上有保护作用的硬壳：shell or carapace, hard protective outer covering of some animals | 龟~ guījiǎ *tortoise shell*
甲骨文 jiǎgǔwén inscriptions on bone or tortoise shells of the Shang Dynasty (c. 16th-11th centuries B.C.)
❸[名]手指和脚趾上的角质硬壳：nail
指甲 zhǐjia
❹[名]围在物体外面起保护作用的装备：protective covering wrapped round the outside of an object | 盔~ kuījiǎ *helmet*
◇甲板 jiǎbǎn deck

假 jiǎ 11画 亻部

假假假假假假假假假假假

❶[形]虚伪的；不真实的；伪造的；

人造的（跟"真zhēn"相对）：hypocritical; sham; untrue; unreal; false; fake (the opposite of "真zhēn") | ~发jiǎfà *wig* / ~话jiǎhuà *lie; falsehood* / 这些金银首饰都是~的。Zhèxiē jīnyín shǒushi dōu shì jiǎ de. *These gold and silver jewels are not genuine.*

假冒 jiǎmào pass oneself off as; palm off (a fake as genuine)
假装 jiǎzhuāng pretend; feign; simulate; make believe
虚假 xūjiǎ
半真半假 bànzhēn-bànjiǎ
弄虚作假 nòngxū-zuòjiǎ

❷[副]姑且：for the time being
假定 jiǎdìng ① suppose; assume; grant; presume ② hypothesis
假设 jiǎshè ① suppose; assume; grant; presume ② hypothesis

❸[连]如果：if
假如 jiǎrú if; supposing; in case
假若 jiǎruò if; supposing; in case
假使 jiǎshǐ if; in case; in the event that

See jià.

价 (價) jià　6画 亻部

价 价价价价价价

❶[名]商品的价钱：price of commodity | 物~稳定 wùjià wěndìng *commodity prices remain stable*

价格 jiàgé price
价钱 jiàqian price
价位 jiàwèi marked price; price
报价 bàojià　　比价 bǐjià
标价 biāojià　　差价 chājià
代价 dàijià　　定价 dìngjià
高价 gāojià　　股价 gǔjià
讲价 jiǎngjià　　降价 jiàngjià
廉价 liánjià　　票价 piàojià
售价 shòujià　　调价 tiáojià
物价 wùjià　　造价 zàojià
涨价 zhǎngjià
讲价钱 jiǎngjiàqian
讨价还价 tǎojià-huánjià

❷[名]价值：value | 等~交换 děngjià jiāohuàn *exchange of equal values* / 我请他对这些画估个~。Wǒ qǐng tā duì zhèxiē huà gū ge jià. *I asked him to evaluate these paintings.*

价值 jiàzhí ① value ② cost; be worth
价值观 jiàzhíguān values
评价 píngjià
身价百倍 shēnjià-bǎibèi

驾 (駕) jià　8画 马部

驾 驾驾驾驾驾驾驾驾

❶[动]使牲口拉（车或农具）：make an animal pull a cart or farm tool | 两匹马~着车。Liǎng pǐ mǎ jiàzhe chē. *Two horses are harnessed to the cart.*

❷[动]操纵（车、船或飞机等）：

363

drive; operate | ~车 jiàchē *drive a car* / ~飞机 jià fēijī *pilot a plane*

驾驶 jiàshǐ drive; pilot
驾驶员 jiàshǐyuán driver (of a vehicle); pilot (of an airplane)

❸[名]对人的尊称：you (term of respect) | 大~光临 dàjià guānglín *you honour us with your presence*

劳驾 láojià

架 jiǎ 9画 木部

架架架架架架架架架

❶[名]支撑物体的构件或放置器物的用具：frame or rack used to support or place an object on | 笔~儿 bǐjiàr *pen rack; pen holder* / 衣~ yījià *coat hanger*

架子 jiàzi ① frame; rack; shelf; stand ② framework; skeleton; outline ③ airs; haughty manner ④ posture; stance

框架 kuàngjià   书架 shūjià

❷[动]搭；支起：put up; pitch; prop | ~桥 jiàqiáo *build a bridge* / ~电线 jià diànxiàn *set up power lines*

❸[动]抵挡；承受：ward off; fend off; withstand | 拿我的长枪~住他的刀。Ná wǒ de cháng qiāng jiàzhù tā de dāo. *I fended off his sword with my spear.*

❹[动]劫持：kidnap; hijack; abduct

绑架 bǎngjià

❺[动]争吵；殴打：make a row; quarrel; fight

吵架 chǎojià   打架 dǎjià

❻[量]用于某些有支柱或骨架的物体：used for machinery things which have a stand as a support | 几百~飞机 jǐ bǎi jià fēijī *several hundred planes* / 一~钢琴 yī jià gāngqín *a piano*

◇摆架子 bǎijiàzi

假 jiǎ 11画 亻部

假假假假假假假假假假假

[名]法定或经批准暂时停止工作、学习的时间：holiday or leave of absence | 病~ bìngjià *sick leave* / 事~ shìjià *leave of absence (to attend to personal matters)*

假期 jiàqī holiday; vacation
假日 jiàrì holiday; day off
假条 jiàtiáo application for leave

长假 chángjià   度假 dùjià
放假 fàngjià   寒假 hánjià
请假 qǐngjià   暑假 shǔjià
休假 xiūjià   节假日 jiéjiàrì

See jiǎ.

嫁 jià 13画 女部

嫁嫁嫁嫁嫁嫁嫁嫁嫁嫁嫁嫁

❶[动]女子结婚（跟"娶 qǔ"相对）：(of female) marry (the opposite of "娶 qǔ") | 出~ chūjià *(of a girl) marry* | 她~给了一位医生。Tā jiàgěile yī wèi yīshēng. *She married a doctor.*

❷[动]转移（罪名、损失、负担等）：shift; transfer (charge, loss, burden, etc.) | ~祸于人 jiàhuòyúrén *shift the misfortune onto sb. else; put the blame on sb. else*

尖 jiān 6画 小部

尖尖尖尖尖尖

❶[形]末端细小、锐利：pointed; tip; sharp | 铅笔削~了。Qiānbǐ xiāojiān le. *The pencil is sharpened.*

尖端 jiānduān ① pointed end; acme; peak ② most advanced; sophisticated

尖锐 jiānruì ① sharp-pointed ② penetrating; incisive; sharp; keen

顶尖 dǐngjiān

❷[形]声音又高又细：high-pitched and sharp | ~嗓子 jiān sǎngzi *sharp voice* | 声音非常~。Shēngyīn fēicháng jiān. *The voice is piercing.*

❸[形]感觉灵敏：(of senses) sensitive; keen; agile; acute | 眼~ yǎnjiān *have sharp eyes; have a keen sight* | 耳朵~ ěrduo jiān *have sharp ears*

◇尖子 jiānzi the best of its kind; the pick of the bunch; the cream of the crop

奸 jiān 6画 女部

奸奸奸奸奸奸

❶[形]虚伪、狡猾；自私：hypocritical and treacherous; selfish | 这人很~。Zhè rén hěn jiān. *The man is very treacherous.*

❷[名]出卖国家、阶级、民族利益的人：traitor

汉奸 hànjiān

❸[动]发生不正当的男女关系：have illicit sexual relations | 强~ qiángjiān *rape*

歼 (殲) jiān 7画 歹部

歼歼歼歼歼歼歼

[动]消灭：eliminate; wipe out; annihilate | 围~ wéijiān *surround and annihilate*

歼灭 jiānmiè annihilate; wipe out; destroy

365

坚 (堅) jiān 7画 土部

坚坚坚坚坚坚坚

❶[形]硬；结实：hard; solid | ~冰 jiānbīng *solid ice*
坚固 jiāngù firm; solid; sturdy; strong; durable
坚韧 jiānrèn ① tough and tensile ② firm and tenacious
坚实 jiānshí solid; substantial
坚硬 jiānyìng hard; solid

❷[形]不动摇：unyielding; unshakable
坚持 jiānchí persist in; persevere in; uphold; stick to; adhere to
坚定 jiāndìng ① firm; staunch; steadfast ② strengthen
坚决 jiānjué firm; resolute; determined; resolved
坚强 jiānqiáng strong; firm; staunch
坚信 jiānxìn firmly believe; be firmly convinced; be fully confident of
坚贞 jiānzhēn faithful; constant
坚贞不屈 jiānzhēn-bùqū stand firm and unyielding

间 (間) jiān 7画 门部

间间间间间间间

❶[名]中间，两段时间或两种事物相接的地方：space in between; opening | 天地~ tiāndì jiān *between the sky and the earth* / 相互~有差别。Xiānghù jiān yǒu chābié. *Differences exist between each other.*

❷[名]一定的时间或范围：a certain time or area | 田~ tiánjiān *in the field* / 晚~ wǎnjiān *in the evening*
空间 kōngjiān   民间 mínjiān
期间 qījiān   人间 rénjiān
日间 rìjiān   夜间 yèjiān
空间站 kōngjiānzhàn
时间表 shíjiānbiǎo

❸[名]房间：room | 卫生~ wèishēngjiān *toilet (room)* / 衣帽~ yīmàojiān *cloakroom*
车间 chējiān   房间 fángjiān

❹[量]房屋的最小单位：the smallest unit in a building | 两~教室 liǎng jiān jiàoshì *two classrooms* / 三~房子 sān jiān fángzi *three rooms*

See jiàn.

肩 jiān 8画 户部

肩肩肩肩肩肩肩肩

[名]shoulder | 左~ zuǒjiān *left shoulder* / 右~ yòujiān *right shoulder*
肩膀 jiānbǎng shoulder

披肩 pījiān

艰(艱) jiān 8画 又部

艰艰艰艰艰艰艰艰

[形]困难：difficult; hard ｜ ～辛 jiānxīn *hardships*

艰巨 jiānjù arduous; formidable; onerous

艰苦 jiānkǔ arduous; difficult; hard; tough

艰难 jiānnán difficult; hard; arduous

艰险 jiānxiǎn hardships and dangers; perilous

艰苦奋斗 jiānkǔ-fèndòu hard struggle

监(監) jiān 10画 皿部

监监监监监监监监监监

❶ [动]从旁严密注视；督察：supervise; inspect ｜ ～考 jiānkǎo *invigilate* / ～工 jiāngōng *supervise work; supervisor*

监测 jiāncè monitor

监察 jiānchá supervise; control

监督 jiāndū supervise; superintend; control

监禁 jiānjìn take into custody; imprison; put in jail (or prison)

监控 jiānkòng inspect and control

监视 jiānshì keep watch on; keep a lookout over; guard

总监 zǒngjiān

❷ [名]关押犯人的处所：prison; jail

监狱 jiānyù prison; jail

兼 jiān 10画 丷部

兼兼兼兼兼兼兼兼兼兼

[形]同时涉及或具有几种事物：having or involving more than one thing ｜ ～管 jiānguǎn *be concurrently in charge of; look after (another matter) at the same time* / 品学～优 pǐnxué-jiānyōu *(of a student) perform good both in moral conduct and scholarship*

兼并 jiānbìng annex (territory, property, etc.)

兼顾 jiāngù give consideration to (or take account of) two or more things

兼任 jiānrèn hold a concurrent post

兼职 jiānzhí ① hold two or more posts concurrently ② concurrent post; part-time job

煎 jiān 13画 灬部

煎煎煎煎煎煎煎煎煎煎煎煎煎

❶[动]把食物放在少量热油里加热使熟：fry in a small amount of oil | ~鱼 jiān yú *fry fish in shallow oil*
❷[动]用水熬煮：simmer in water; decoct | ~药 jiānyào *decoct medicinal herbs*

拣 (揀) jiǎn   8画 扌部

拣 拣拣拣拣拣拣拣拣

❶[动]挑选；选择：choose; select | 挑~ tiāojiǎn *pick and choose* / ~重活儿干 jiǎn zhònghuór gàn *choose the heavy work voluntarily*
❷[动]把地上的东西拿起来：collect | ~废品 jiǎn fèipǐn *pick up waste materials*

茧 (繭) jiǎn   9画 艹部

茧 茧茧茧茧茧茧茧茧茧

❶[名]某些昆虫变蛹之前吐丝做成的壳：cocoon | 蚕~ cánjiǎn *silkworm cocoon*
❷[名]手掌脚掌因摩擦而生成的硬皮：callus | 老~ lǎojiǎn *thick callus*

柬   jiǎn   9画 一部

柬 柬柬柬柬柬柬柬柬柬

[名]信件、请帖等：general term for letters, visiting cards, invitations | 请~ qǐngjiǎn *invitation card*

俭 (儉) jiǎn   9画 亻部

俭 俭俭俭俭俭俭俭俭俭

[形]节省；不浪费：thrifty; frugal; economical | 勤~ qínjiǎn *frugal*
俭朴 jiǎnpǔ thrifty and simple; economical
勤工俭学 qíngōng-jiǎnxué

捡 (撿) jiǎn   10画 扌部

捡 捡捡捡捡捡捡捡捡捡捡

[动]把地上的东西拿起来：pick up; collect | ~柴 jiǎn chái *gather firewood* / 把笔~起来 bǎ bǐ jiǎn qǐlai *pick up the pen*

检 (檢) jiǎn   11画 木部

检 检检检检检检检检检检检

[动]查：check up; examine | ~阅 jiǎnyuè *inspect; review*

检测 jiǎncè examine and survey
检查 jiǎnchá ① check up; inspect; examine ② self-criticism
检察 jiǎnchá procuratorial work
检举 jiǎnjǔ report (an offence) to the authorities; inform against (an offender)
检讨 jiǎntǎo self-criticism
检修 jiǎnxiū examine and repair; overhaul
检验 jiǎnyàn test; examine; inspect; verify
检察官 jiǎncháguān public procurator (or prosecutor)
抽检 chōujiǎn　　体检 tǐjiǎn

减 jiǎn 11画 冫部

减减减减减减减减减减减

❶ [动] 从总体或原有的数量中去掉一部分（跟"增 zēng"相对）: subtract; deduct (the opposite of "增 zēng") | ~掉一半 jiǎndiào yī bàn *reduce by half* / 5~3是2。Wǔ jiǎn sān shì èr. *5 minus 3 is 2.*

减法 jiǎnfǎ subtraction
减免 jiǎnmiǎn ① mitigate or annul (a punishment) ② reduce or remit (taxation, etc.)
减轻 jiǎnqīng lighten; ease; alleviate; mitigate
减少 jiǎnshǎo reduce; decrease; lessen; cut down

削减 xuējiǎn

❷ [动] 降低；衰退: decrease; weaken; decline; wane | 他工作热情不~。Tā gōngzuò rèqíng bù jiǎn. *He works as enthusiastically as before.*

减产 jiǎnchǎn reduction of output; drop in production
减低 jiǎndī reduce; lower; bring down; cut
减肥 jiǎnféi reduce weight; slim
减弱 jiǎnruò weaken; abate
减速 jiǎnsù slow down; decelerate; retard

剪 jiǎn 11画 刀部

剪剪剪剪剪剪剪剪剪剪剪

❶ [动] 用剪刀等使东西断开: cut with scissors, shears, etc. | 把绳子~断 bǎ shéngzi jiǎnduàn *cut the rope* / 他头发~短了。Tā tóufa jiǎnduǎn le. *He has his hair cut short.*

剪彩 jiǎncǎi cut the ribbon at an opening ceremony
剪纸 jiǎnzhǐ paper-cut; scissor-cut

❷ [名] 一种用来剪断东西的用具: scissors | ~子 jiǎnzi *scissors*
剪刀 jiǎndāo scissors; shears

简 (簡) jiǎn 13画 竹部

简

简简简简简简简简简简简简简简

❶[形]不复杂;简单(跟"繁fán"相对):uncomplicated; simple; simplified (the opposite of "繁fán") | ~本 jiǎnběn *simplified version (of a book)*

简便 jiǎnbiàn simple and convenient; handy

简称 jiǎnchēng ① the abbreviated form of a name; abbreviation ② be called sth. for short

简单 jiǎndān ① simple; uncomplicated ② (usu. used in the negative) commonplace; ordinary ③ oversimplified; casual

简短 jiǎnduǎn brief; short

简洁 jiǎnjié succinct; terse; pithy

简介 jiǎnjiè introduction; synopsis; summarized account

简陋 jiǎnlòu simple and crude

简历 jiǎnlì biographical notes; résumé

简明 jiǎnmíng simple and clear; concise

简要 jiǎnyào concise and to the point; brief

简易 jiǎnyì ① simple and easy ② simply constructed; simply equipped; unsophisticated

简体字 jiǎntǐzì simplified Chinese character

❷[动]使简单;简化:simplify; make simple | 精~ jīngjiǎn retrench; reduce

简化 jiǎnhuà simplify

◇简直 jiǎnzhí simply; at all; virtually

碱 jiǎn 14画 石部

碱碱碱碱碱碱碱碱碱碱碱碱碱碱

[名] alkali | 烧~ shāojiǎn *alkali* / 纯~ chúnjiǎn *soda*

见(見) jiǎn 4画 见部

见见见见

❶[动]看到:see; catch sight of | ~闻 jiànwén *what one sees and hears* / 眼~是实。Yǎn jiàn shì shí. *Seeing is believing.*

见证 jiànzhèng witness; testimony

见世面 jiànshìmiàn see the world; enrich one's experience

不见 bùjiàn　常见 chángjiàn
罕见 hǎnjiàn　少见 shǎojiàn

❷[动]会面:meet; call; see | 明天~。Míngtiān jiàn. *See you tomorrow.* / 他要来~你。Tā yào lái jiàn nǐ. *He'll come to see you.*

见面 jiànmiàn meet; see

会见 huìjiàn　　接见 jiējiàn
再见 zàijiàn

❸[动]接触;遇到:get in touch with; meet with | 这种药怕~光。Zhè zhǒng yào pà jiàn guāng. *This medicine cannot be exposed to light.* / 冰~热就化。Bīng jiàn rè jiù huà. *Ice melts with heat.*

❹[名]对事物的认识和看法: view; opinion | ~地 jiàndì *insight; judgment* / 主~ zhǔjiàn *one's own judgment*

见解 jiànjiě view; opinion; understanding; idea

见识 jiànshi knowledge and experience

偏见 piānjiàn　　意见 yìjiàn
预见 yùjiàn
寻短见 xúnduǎnjiàn

❺[动]看得出；显现出: show evidence of; appear to be | ~分晓 jiàn fēnxiǎo *know the outcome* / 日久~人心。Rìjiǔ jiàn rénxīn. *Time reveals a person's true colour.*

见效 jiànxiào become effective; produce the desired result

可见 kějiàn
显而易见 xiǎn'éryìjiàn
由此可见 yóucǐ-kějiàn

❻[动]指明出处或需要参看的地方: refer to; see (in written language) | ~上 jiànshàng *see above* / ~右图 jiàn yòutú *refer to the picture on the right*

❼[动]用在表示感觉、视觉、听觉、嗅觉等动词的后面，表示结果: used after some verbs, denoting senses to indicate result | 听得~ tīngdejiàn *can hear* / 看不~ kànbujiàn *cannot see*

看见 kànjiàn　　碰见 pèngjiàn
听见 tīngjiàn　　遇见 yùjiàn
◇不见得 bùjiàndé

件

jiān　6画 亻部

件 件件件件件件

❶[名]指可以一一计算的事物: piece; item

案件 ànjiàn　　部件 bùjiàn
零件 língjiàn　　配件 pèijiàn
软件 ruǎnjiàn　　事件 shìjiàn
信件 xìnjiàn　　硬件 yìngjiàn
邮件 yóujiàn　　元件 yuánjiàn

❷[名]文件: document | 急~ jíjiàn *urgent document or dispatch* / 密~ mìjiàn *confidential (classified) document; secret paper*

稿件 gǎojiàn　　快件 kuàijiàn
文件 wénjiàn
证件 zhèngjiàn

❸[量]用于衣服（上衣类）、个体器物、公文、事情等: used for a jacket, article, document, matter, etc. | 一~大衣 yī jiàn dàyī *an overcoat* / 两~东西 liǎng jiàn dōngxi *two articles* / 一~艺术品 yī jiàn yìshùpǐn *a piece of work of art* / 几~公文 jǐ jiàn gōngwén *several documents* / 一~事 yī jiàn shì *a matter*

间 (間) jiān 7画 门部

间 间间间间间间

❶ [名] 空隙：interval | 当～儿 dāngjiānr *in the middle; in the interval*
亲密无间 qīnmì-wújiān
❷ [动] 隔开；不连接：separate; disconnect | ～断 jiānduàn *be disconnected; be interrupted*
间隔 jiàngé separate
间接 jiànjiē indirect; second-hand
See jiān.

建 jiàn 8画 廴部

建 建建建建建建建

❶ [动] 修筑；修造：build; construct | 重～家园 chóngjiàn jiāyuán *rebuild one's homeland* / 学校新～了一座教学大楼。Xuéxiào xīn jiànle yī zuò jiàoxué dàlóu. *The school has newly put up a classroom building.*
建材 jiàncái construction materials
建造 jiànzào build; construct; erect
建筑 jiànzhù ① build; construct ② building; structure
建筑师 jiànzhùshī architect
重建 chóngjiàn 搭建 dājiàn
改建 gǎijiàn 扩建 kuòjiàn
兴建 xīngjiàn 修建 xiūjiàn
❷ [动] 设立；创立：establish; set up; found | ～校 jiàn xiào *found a school* / 这个工厂刚～起来。Zhège gōngchǎng gāng jiàn qǐlai. *The factory has just been set up.*
建交 jiànjiāo establish diplomatic relations
建立 jiànlì build; establish; set up; found
建设 jiànshè build; construct
筹建 chóujiàn 创建 chuàngjiàn
组建 zǔjiàn
❸ [动] 提出自己的主张：propose; suggest
建议 jiànyì ① propose; suggest; recommend ② proposal; suggestion; recommendation

荐 (薦) jiàn 9画 艹部

荐 荐荐荐荐荐荐荐荐

[动] 推举；介绍：elect; introduce | 举～ jǔjiàn *recommend (a person)*
推荐 tuījiàn

贱 (賤) jiàn 9画 贝部

贱 贱贱贱贱贱贱贱贱

❶ [形] 价钱低（跟"贵 guì"相对）：

cheap (the opposite of "贵guì") | 价格~ jiàgé jiān *of cheap price*

❷[形]地位低下：low in status | 贫~ pínjiān *poor and lowly*

剑 (劍) jiàn 9画 刂部

剑剑剑剑剑剑剑剑剑

[名]古代兵器，前端尖，两面有刃，有鞘：sword | 宝~ bǎojiàn *double-edged sword* / 舞~ wǔjiàn *perform a sword-dance* / 这把~真锋利。Zhè bǎ jiàn zhēn fēnglì. *This sword is very sharp.*

健 jiàn 10画 亻部

健健健健健健健健健健

[形]具有活力的；强壮的：healthy; strong | 稳~的脚步 wěnjiàn de jiǎobù *firm steps*

健康 jiànkāng in good health; sound; fit

健美 jiànměi strong and handsome

健全 jiànquán ① sound; perfect ② improve; refine; perfect

健壮 jiànzhuàng healthy and strong

保健 bǎojiàn　　稳健 wěnjiàn

◇健身 jiànshēn take exercise; have physical training

舰 (艦) jiàn 10画 舟部

舰舰舰舰舰舰舰舰舰舰

[名]大型军用船只：big ship for military use; warship; man-of-war | ~队 jiànduì *fleet; naval force*

军舰 jūnjiàn　　旗舰 qíjiàn

渐 (漸) jiàn 11画 氵部

渐渐渐渐渐渐渐渐渐渐渐

[副]慢慢地；一步步地：gradually; by degrees; step by step | 天气~冷。Tiānqì jiàn lěng. *The weather is getting cold.*

渐渐 jiànjiàn gradually; by degrees; little by little

循序渐进 xúnxù-jiànjìn

践 (踐) jiàn 12画 𧾷部

践践践践践践践践践践践践

❶[动]踩；踏：tread; trample; step on

践踏 jiàntà tread on; trample underfoot

❷[动]实行；履行：practise; carry out; put into practice; keep | ~

约 jiānyuē *keep an appointment*
实践 shíjiàn

溅(濺) jiàn 12画 氵部

溅溅溅溅溅溅溅溅溅溅溅溅

[动]液体受冲击而向四外飞射: splash; spatter; sputter | 衣服被~湿了。Yīfu bèi jiànshī le. *The clothes was spattered wet.*

鉴(鑒) jiàn 13画 金部

鉴鉴鉴鉴鉴鉴鉴鉴鉴鉴鉴鉴鉴

[动]审察: appraise; inspect; examine
鉴别 jiànbié distinguish; differentiate; discern; identify
鉴定 jiàndìng ① appraisal ② identify
鉴赏 jiànshǎng appreciate
鉴于 jiànyú (in written) in view of; seeing that
借鉴 jièjiàn

键(鍵) jiàn 13画 钅部

键键键键键键键键键键键键键

❶[名]插门用的金属插销: bolt of a door
❷[名]乐器或机器上可以按动的部分: (of a musical instrument or machine) key | 琴~ qínjiàn *keys of a musical instrument*
键盘 jiànpán keyboard; fingerboard

◇ 关键 guānjiàn

箭 jiàn 15画 竹部

箭箭箭箭箭箭箭箭箭箭箭箭箭箭箭

[名]arrow | 拉弓射~ lāgōng shèjiàn *pull the bow and let go the arrow*
射箭 shèjiàn
挡箭牌 dǎngjiànpái

江 jiāng 6画 氵部

江江江江江江

❶[名]大河: big river | 这条~很长。Zhè tiáo jiāng hěn cháng. *The river is very long.*
黑龙江 Hēilóng Jiāng
❷[名]指长江: referring to the Yangtze River | ~南 Jiāngnán *the Southern Yangtze region*
长江 Cháng Jiāng
珠江 Zhū Jiāng

将(將) jiāng 9画 丬部

将将将将将将将将将

❶ [介]拿；用：with; by means of; by | ～功补过 jiānggōng-bǔguò *make amends for one's faults by good deeds*

将心比心 jiāngxīn-bǐxīn compare oneself to another; feel for others

❷ [介]similar to "把bǎ" | ～门关上 jiāng mén guānshang *close the door* / ～药方交给他 jiāng yàofāng jiāogěi tā *give him the prescription*

❸ [副]表示动作或情况不久就会发生；快要；就要：will; be going to; be about to | 天色～亮了。Tiānsè jiāng liàng le. *It's going to dawn.* / 火车～进站了。Huǒchē jiāng jìnzhàn le. *The train is about to pull into the station.*

将近 jiāngjìn close to; nearly; almost

将来 jiānglái future

将要 jiāngyào be going to; will; shall

即将 jíjiāng

◇将军 jiāngjūn ① general ②(in a chess game) check

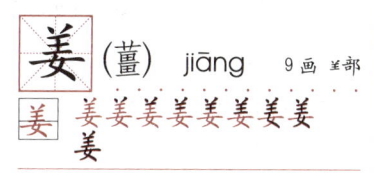

姜 (薑) jiāng 9画 羊部

[名]ginger | 喝～汤可以去寒。Hē jiāngtāng kěyǐ qùhán. *Having ginger soup helps to keep out the cold.* / 做鱼要放些～。Zuò yú yào fàngxiē jiāng. *Put in some ginger while cooking fish.*

浆 (漿) jiāng 10画 水部

[名]较浓的液体：thick liquid | 泥～ níjiāng *slurry; mud* / 纸～ zhǐjiāng *paper pulp; pulp* 豆浆 dòujiāng

僵 jiāng 15画 亻部

❶ [形](肢体)直挺，不能活动：(of body) stiff; numb | 手脚都冻～了。Shǒujiǎo dōu dòngjiāng le. *Both feet and hands are numb with cold.*

❷ [形]事情难于处理；停滞不前：difficult to deal with; deadlocked | 闹～了 nàojiāng le *bring to a deadlock* / ～持 jiāngchí *(of both parties) refuse to budge*

僵局 jiāngjú deadlock; impasse; stalemate

疆 jiāng 19画 弓部

疆 疆疆疆疆疆疆疆疆疆疆疆疆疆疆疆疆疆疆疆

❶ [名]边界：boundary; border | ~域 jiāngyù *territory; domain* 边疆 biānjiāng

❷ [名]极限；止境：the limit; the maximum; the ultimate | 万寿无~ wànshòu-wújiāng *(in old formal written) (may you enjoy) boundless longevity*

讲 (講) jiǎng 6画 讠部

讲 讲讲讲讲讲讲

❶ [动]说；评说：speak; say; tell; talk about | ~故事 jiǎng gùshi *tell a story* | ~笑话 jiǎng xiàohua *crack a joke* | 有什么意见请~出来。Yǒu shénme yìjiàn qǐng jiǎng chūlai. *Please let us know whatever opinion you have.*

讲话 jiǎnghuà ① speak; talk; address ② speech; talk

讲理 jiǎnglǐ ① reason with sb.; argue ② listen to reason; be sensible

讲述 jiǎngshù tell about; give an account of; narrate; relate

❷ [动]就某方面来说：speaking of sth. | ~能力，我不如你。Jiǎng nénglì, wǒ bùrú nǐ. *As to ability, I am not your match.*

❸ [动]商谈；商议：discuss; consult; take counsel with; consult with | ~条件 jiǎng tiáojiàn *negotiate the terms; insist on the fulfilment of certain conditions* / 这件事还没~妥。Zhè jiàn shì hái méi jiǎngtuǒ. *The discussion about this matter has not been finished yet.*

讲价 jiǎngjià ① haggle over the price; bargain ② negotiate the terms; insist on the fulfilment of certain conditions

讲价钱 jiǎngjiàqián ① haggle over the price; bargain ② negotiate the terms; insist on the fulfilment of certain condition

❹ [动]说明；解释：say; illustrate; explain | 你把事情的经过~清楚。Nǐ bǎ shìqing de jīngguò jiǎng qīngchu. *You are asked to give a full account of the matter.* / 他反复~了好几遍，我还是听不懂。Tā fǎnfù jiǎngle hǎo jǐ biàn, wǒ háishi tīngbudǒng. *He explained several times, but I still cannot catch what he meant.* / 这个词有三个~法。Zhège cí yǒu sān gè jiǎngfǎ. *This word has three meanings.*

讲解 jiǎngjiě explain
讲课 jiǎngkè teach; lecture
讲演 jiǎngyǎn lecture; speech
讲义 jiǎngyì lecture notes

讲座 jiǎngzuò a course of lectures

听讲 tīngjiǎng 演讲 yǎnjiǎng

❺[名]注重；追求：stress; be particular about; seek after｜~排场 jiǎng pǎichǎng *go in for ostentation and extravagance; go in for showy display; be ostentatious; show off*｜~卫生 jiǎng wèishēng *pay attention to hygiene*｜~礼貌 jiǎng lǐmào *perform good manners*｜不~情面 bù jiǎng qíngmiàn *have no consideration for anyone's sensibilities*

讲究 jiǎngjiu ① be particular about; pay attention to; stress; strive for ② exquisite; tasteful ③ careful study

奖 (奬) jiǎng 9画 大部

奖奖奖奖奖奖奖奖奖

❶[动]称赞：encourage; praise; reward

过奖 guòjiǎng 嘉奖 jiājiǎng 夸奖 kuājiǎng

❷[动]为了鼓励或表扬而授予（荣誉或钱物等）：encourage and reward｜老师~给他一本词典。Lǎoshī jiǎnggěi tā yī běn cídiǎn. *He got a dictionary from his teacher as a reward.*

奖杯 jiǎngbēi cup (as a prize)

奖金 jiǎngjīn money award; bonus; premium

奖励 jiǎnglì encourage and reward; award; reward

奖牌 jiǎngpái medal

奖品 jiǎngpǐn prize; award

奖状 jiǎngzhuàng certificate of merit; certificate of award; citation; honorary credential; diploma

奖学金 jiǎngxuéjīn scholarship

❸[名]为鼓励、表扬而给的荣誉或物品等：prize or award given as encouragement and praise｜发~ fājiǎng *award prizes*｜获~ huòjiǎng *win a prize*｜一等~ yīděngjiǎng *first prize*｜他在体育比赛中得了~。Tā zài tǐyù bǐsài zhōng déle jiǎng. *He was awarded a prize in the sports competition.*

颁奖 bānjiǎng 抽奖 chōujiǎng 大奖 dàjiǎng 中奖 zhòngjiǎng

桨 (槳) jiǎng 10画 木部

桨桨桨桨桨桨桨桨桨桨

[名]划船的用具：oar; scull; paddle｜划~ huájiǎng *rowing a boat*

匠 jiàng 6画 匚部

匠匠匠匠匠匠匠

[名]有专门技术的手工业工人：craftsman; artisan | 木~ mùjiang *carpenter* / 铁~ tiějiang *blacksmith* / 能工巧~ nénggōng-qiǎojiàng *skillful craftsman; skilled artisan*

降 jiàng 8画 阝(左)部

降 降降降降降降降降

❶[动]由高往低移动；落下（跟"升shēng"相对）：descend (the opposite of "升shēng") | ~雨 jiàngyǔ *rainfall; a fall of rain* / 体温~了。Tǐwēn jiàng le. *The temperature dropped.*
降临 jiànglín befall; arrive; come
降落 jiàngluò descend; land; touch down
降水 jiàngshuǐ precipitation
降温 jiàngwēn ① lower the temperature (as in a workshop) ② drop in temperature
下降 xiàjiàng

❷[动]使落下：make fall | ~级 jiàngjí *reduce to a lower rank* / ~低价格 jiàngdī jiàgé *lower the price* / 这种药可以~血压。Zhè zhǒng yào kěyǐ jiàng xuèyā. *The medicine can bring down high blood pressure.*
降低 jiàngdī reduce; cut down; drop; lower
降价 jiàngjià lower the price
See xiáng.

酱 (醬) jiàng 13画 酉部

酱 酱酱酱酱酱酱酱酱酱酱酱酱酱

❶[名]豆、麦等经发酵制成的调味品：thick sauce made from fermented beans, wheat, etc. | 甜面~ tiánmiànjiàng *sweet sauce made of fermented flour* / 豆瓣儿~ dòubànrjiàng *thick broad bean sauce*
酱油 jiàngyóu soy sauce

❷[形]像酱的糊状食品：food that looks like sauce | 果~ guǒjiàng *jam* / 芝麻~ zhīmajiàng *sesame paste*

交 jiāo 6画 亠部

交 交交交交交交

❶[动]互相交叉；连接：intersect; cross; join; connect | 两条线相~。Liǎng tiáo xiàn xiāngjiāo. *Two lines cross each other.*
交叉 jiāochā ①intersect; cross; criss-cross ② overlapping ③ alternate; stagger
交错 jiāocuò ①interlock; crisscross ② staggered
交点 jiāodiǎn ① point of inter-

section ② node
相交 xiāngjiāo
公交车 gōngjiāochē
立交桥 lìjiāoqiáo

❷[动]互相往来；互相接触：come into contact; get in touch with each other | ~朋友 jiāo péngyou *make friends* / 打~道 dǎjiāodào *come into contact with; have dealings with*

交锋 jiāofēng cross swords; engage in a battle or contest
交际 jiāojì social intercourse; communication
交涉 jiāoshè negotiate; make representations; negotiate with sb. on sth.
交手 jiāoshǒu fight hand to hand; be engaged in a hand-to-hand fight; come to grips
交往 jiāowǎng ① association; ② contact; associate with; be in contact with
外交官 wàijiāoguān

❸[名]朋友；交情：friend; friendship; friendly relation | 建~ jiànjiāo *establish diplomatic relations* / 我和他没有深~。Wǒ hé tā méiyǒu shēnjiāo. *I do not have a deep friendship with him.*

❹[副]互相：mutually | ~流经验 jiāoliú jīngyàn *exchange experience; draw on each other's experience* / ~换意见 jiāohuàn yìjiàn *exchange views; compare notes*

交换 jiāohuàn exchange; swap; interchange
交流 jiāoliú exchange; interflow; interchange
交谈 jiāotán talk with each other; converse; chat
交替 jiāotì ① supersede; replace ② alternately; by turn; in turn
交易 jiāoyì business; deal; trade; transaction

❺[动]把事物转移给有关方面：hand over; deliver; refer (the matter) to the care of the party concerned | 这事~给我办。Zhè shì jiāogěi wǒ bàn. *Leave this matter to me.* / 货已经~齐了。Huò yǐjīng jiāoqí le. *The goods have been delivered in full.*

交代 jiāodài ① turn over; hand over; transfer ② tell; leave words; order ③ explain; make clear; account for ④ confess
交付 jiāofù ① pay ② turn over; hand over; deliver; consign
交给 jiāogěi hand over sth. to sb.; turn over; deliver
交纳 jiāonà hand in
递交 dìjiāo　上交 shàngjiāo
提交 tíjiāo　移交 yíjiāo
转交 zhuǎnjiāo

◇交通 jiāotōng traffic; communications
饥寒交迫 jīhán-jiāopò

379

郊 jiāo 8画 阝(右)部

郊郊郊郊郊郊郊郊

[名]城市周围的地区：outskirts of a city | ~外 jiāowài outskirts / ~游 jiāoyóu outing; excursion
郊区 jiāoqū suburbs; outskirts; suburban district

浇（澆）jiāo 9画 氵部

浇浇浇浇浇浇浇浇浇

❶ [动]把液体倒在物体上：pour liquid on; sprinkle | ~铅字 jiāo qiānzì type casting
❷ [动]灌溉；把水输送到田地里：irrigate; water; lead water to the field | ~花 jiāohuā water flowers / ~水 jiāoshuǐ water. / ~地 jiāodì irrigate the fields
浇灌 jiāoguàn irrigate; water

娇（嬌）jiāo 9画 女部

娇娇娇娇娇娇娇娇娇

❶ [形]柔嫩；美丽可爱：tender; delicate; lovely; charming | ~嫩 jiāonèn tender and delicate / ~弱 jiāoruò tender and fragile
❷ [形]意志脆弱，不坚强：weak-willed; not strong-willed | 她什么都依赖丈夫，真太~了。Tā shēnme dōu yīlài zhàngfu, zhēn tài jiāo le. *She depends on her husband on whatever things. She is really too weak-willed.*
娇气 jiāoqì squeamish
❸ [形]过分宠爱：spoil | 别太~孩子。Bié tài jiāo háizi. *Don't pamper the child.*
娇惯 jiāoguàn pamper; coddle; spoil
娇生惯养 jiāoshēng-guànyǎng grow up in soft surroundings; be pampered and spoiled

骄（驕）jiāo 9画 马部

骄骄骄骄骄骄骄骄骄

[形]自高自大：conceited; proud; arrogant | 胜不~ shèng bù jiāo *not made dizzy with success*
骄傲 jiāo'ào ① arrogant; conceited ② be proud of; take pride in

胶（膠）jiāo 10画 月部

胶胶胶胶胶胶胶胶胶胶

❶ [名]有黏性，能粘合东西的物质：glue; gum | 万能~ wànnéngjiāo all-purpose adhesive / 鞋开~了。Xié kāijiāo le. *The*

shoes have come apart at the seams.
❷[名]指橡胶：rubber | ～皮 jiāopí *rubber* / ～鞋 jiāoxié *rubber boots* / ～布 jiāobù *adhesive plaster*
橡胶 xiàngjiāo
◇胶卷 jiāojuǎn *roll film; film*
胶片 jiāopiàn *film*

教　jiāo　11画　攵部

[动]传授知识、技能：teach; instruct | ～汉字 jiāo Hànzì *teach Chinese characters* / 我～历史。Wǒ jiāo lìshǐ. *I teach history.* / 我～你做。Wǒ jiāo nǐ zuò. *Let me show you how to do it.*
教书 jiāoshū *teaching; education*
See jiào.

椒　jiāo　12画　木部

[名]指某些果实或种子有刺激性味道的植物：hot spice plants | 花～ huājiāo *Chinese prickly ash* / 辣～ làjiāo *chilli*
青椒 qīngjiāo

焦　jiāo　12画　隹部

[形]着急；烦躁：worried; anxious; fidgety; agitated | 心～ xīnjiāo *anxious; worried* / ～虑 jiāolǜ *anxious and worried*
焦急 jiāojí *anxious; worried*
◇焦点 jiāodiǎn ① *focal point; focus* ② *central issue; point at issue*
焦炭 jiāotàn *coke*
聚焦 jùjiāo

蕉　jiāo　15画　艹部

See 香蕉
香蕉 xiāngjiāo

嚼　jiáo　20画　口部

[动]用牙齿磨碎食物：masticate; chew; munch | ～碎 jiáosuì *chew well* / 细～慢咽 xìjiáo-mànyàn *chew carefully and swallow slowly; chew one's food well before swallowing it*

角　jiǎo　7画　角部

角

角角角角角角角

❶ [名]horn; antler | 牛~ niújiǎo *ox horn* / 鹿~ lùjiǎo *antler*

❷ [名]物体两个边沿相接的地方：corner; the point at which two lines, surfaces, or edges meet | 桌子~儿 zhuōzijiǎor *the edge of a table* / 墙~儿 qiángjiǎor *a corner formed by two walls*

角落 jiǎoluò corner; nook

❸ [名]几何学名词：(geog.) angle | 直~ zhíjiǎo *right angle* / 锐~ ruìjiǎo *acute angle*

角度 jiǎodù ① angle ② point of view; angle

三角 sānjiǎo

三角洲 sānjiǎozhōu

❹ [量]我国货币名。10角合人民币1元：(Chinese currency) dime; ten jiao equals one yuan

◇豆角 dòujiǎo   视角 shìjiǎo

狡 jiǎo 9画 犭部

狡狡狡狡狡狡狡狡狡

[形]奸猾；诡诈：crafty; foxy; cunning; deceitful; tricky; sly | ~辩 jiǎobiàn *quibble*

狡猾 jiǎohuá sly; crafty; cunning; tricky

饺 (餃) jiǎo 9画 饣部

饺饺饺饺饺饺饺饺饺

[名]半圆形有馅的面食：dumpling | 水~ shuǐjiǎo *dumplings* / 蒸~ zhēngjiǎo *steamed dumplings*

饺子 jiǎozi dumpling

绞 (絞) jiǎo 9画 纟部

绞绞绞绞绞绞绞绞绞

❶ [动]把两股以上的条状物扭在一起：twist; wring; entangle | 把几股铁丝~在一起 bǎ jǐ gǔ tiěsī jiǎo zài yīqǐ *twist several strands of iron wire together*

❷ [动]握住条状物的两端同时向相反方向转动，使受到挤压：wring; twist | 把毛巾~干 bǎ máojīn jiǎogān *wring out wet towels*

❸ [动]用绳子等捆住或套住，再用力拉紧：hang by the neck | ~刑 jiǎoxíng *death by hanging; sentence to the gallows*

矫 (矯) jiǎo 11画 矢部

矫矫矫矫矫矫矫矫矫矫矫

❶ [动]纠正：rectify; correct; straighten out | ~形 jiǎoxíng *orthopaedics*

矫正 jiǎozhèng correct; put right; rectify

❷[形]强壮;勇敢：strong; brave

矫健 jiǎojiàn strong and vigorous

矫捷 jiǎojié vigorous and nimble; brisk

脚 jiǎo 11画 月部

脚脚脚脚脚脚脚脚脚脚脚

❶[名]foot | ～底 jiǎodǐ *sole* / 她的～走肿了。Tā de jiǎo zǒuzhǒng le. *Her feet are swollen from walking.*

脚步 jiǎobù step; pace

绊脚石 bànjiǎoshí

大手大脚 dàshǒu-dàjiǎo

❷[名]物体的最下部：the foot or base of sth. | 墙～qiángjiǎo *the foot of a wall*

山脚 shānjiǎo

◇做手脚 zuòshǒujiǎo

搅（攪） jiǎo 12画 扌部

搅搅搅搅搅搅搅搅搅搅搅搅

❶[动]扰乱;打乱：disturb; confuse; mess up | 你别把问题～混了。Nǐ bié bǎ wèntí jiǎohùn le. *Don't mess up the question.* / 吵闹的孩子们把我的头都～昏了。Chǎonào de háizimen bǎ wǒ de tóu dōu jiǎohūn le. *The noisy children made me muddle-headed.* / 这事全让他～了。Zhè shì quán ràng tā jiǎo le. *He made a mess of everything.*

❷[动]拌和，使混和物均匀：stir; mix | ～鸡蛋 jiǎo jīdàn *stir the eggs.* / 她用小勺～咖啡。Tā yòng xiǎo sháo jiǎo kāfēi. *She stirred coffee with a teaspoon.*

搅拌 jiǎobàn stir; agitate; mix

缴（繳） jiǎo 16画 纟部

缴缴缴缴缴缴缴缴缴缴缴缴缴缴缴缴

❶[动]交纳;交出：pay; hand over; hand in | 上～shàngjiǎo *turn in to the higher authorities* / ～学费 jiǎo xuéfèi *pay tuition* / 我每月都去邮局～电话费。Wǒ měi yuè dōu qù yóujú jiǎo diànhuàfèi. *I go to pay my telephone bill at the post office every month.*

缴纳 jiǎonà pay; hand in

❷[动]迫使交出(武器)：capture | ～了许多武器 jiǎo le xǔduō wǔqì *seize a lot of weapons* / ～了敌人的枪 jiǎole dírén de qiāng *disarm the enemy*

叫 jiào 5画 口部

383

叫 叫叫叫叫叫

❶ [动] 大声呼喊：cry out | 大~一声 dàjiào yī shēng *give out a loud cry; shout* / 他疼得~了起来。Tā téng de jiào le qǐlái. *He gave out a loud cry of pain.*
叫喊 jiàohǎn shout; yell; howl
叫唤 jiàohuàn cry out; call out
叫嚷 jiàorǎng shout; howl; clamour
喊叫 hǎnjiào
大喊大叫 dàhǎn-dàjiào

❷ [动] 动物发出声音：sound made by animals | 鸟~ niǎo jiào *chirping of a bird* / 鸡~ jī jiào *crowing (of a cock)* / 蝉在树上不停地~。Chán zài shù shang bù tíng de jiào. *The cicadae chirped continuously in the tree.*

❸ [动] 名称(是)；称呼；称作：name; be called | 他~什么名字? Tā jiào shénme míngzi? *What's his name?* / 我~小华。Wǒ jiào Xiǎohuá. *My name is Xiaohua.*
叫做 jiàozuò be called

❹ [动] 呼唤；招呼：call; summon | ~他明天来。Jiào tā míngtiān lái. *Tell him to come over tomorrow.* / 请你把他~来。Qǐng nǐ bǎ tā jiàolái. *Please call him over.*

❺ [动] 通知人送来：tell sb. to have sth. delivered | ~菜 jiào cài *order dishes (at a restaurant) to be delivered to buyer*

❻ [动] 要求；命令；使：demand; order; make; cause | ~人为难 jiào rén wéinán *make sb. feel difficult* / 公司~我马上去开会。Gōngsī jiào wǒ mǎshàng qù kāihuì. *I'm asked to attend a meeting at the company at once.*

❼ [动] 容许；听任：allow; permit; let | 他不~我去。Tā bù jiào wǒ qù. *He forbids me to go.*

❽ [介] 用在句子中表示主语是受事，相当于"被 bèi"：by (used to introduce the doer of an action, same as "被 bèi") | 他的衣服~雨淋湿了。Tā de yīfu jiào yǔ línshī le. *His clothes was soaked in the rain.* / 画儿~风刮下来了。Huàr jiào fēng guā xiàlai le. *The wind tore the picture down.* / 他的手~玻璃划破了。Tā de shǒu jiào bōli huápò le. *His hand was scratched by glass.*

觉 (覺) jiào   9画 见部

觉 觉觉觉觉觉觉觉觉觉

[名] 睡眠：sleep | 午~ wǔjiào *a nap in midday* / 一~醒来 yī jiào xǐnglái *awake from sleep* / 吵得

我睡不成~。Chǎo de wǒ shuìbuchéng jiào. *It was so noisy that I couldn't sleep.*
睡觉 shuìjiào
　　See jué.

轿 (轎) jiào 10画 车部

轿轿轿轿轿轿轿轿轿轿

[名]由人抬着走或由牲口驮着走的旧式交通工具：sedan | 花~ huājiào *a sedan chair for a bride* / 抬~ táijiào *carry a sedan chair*

轿子 jiàozi (old) sedan chair
◇轿车 jiàochē bus or car

较 (較) jiào 10画 车部

较较较较较较较较较较

❶ [副]比较：comparatively | 气温~低 qìwēn jiàodī *the temperature is quite low* / 内容~好 nèiróng jiàohǎo *the content is quite nice*

较量 jiàoliàng measure one's strength with; have a contest with
比较 bǐjiào　　计较 jìjiào
❷ [副]表示具有一定的程度：comparatively
❸ [介]用来比较性状和程度；比：by comparison | 工作~以前更努力 gōngzuò jiào yǐqián gèng nǔlì *work harder than before* / 他~以前胖多了。Tā jiào yǐqián pàngduō le. *He's much fatter than before.*

教 jiào 11画 攵部

教教教教教教教教教教

❶ [动]教育；指导：educate; give instruction; direct; guide | 执~ zhíjiào *be a teacher; teach* / 指~ zhǐjiào *give advice or comments*

教材 jiàocái teaching material
教导 jiàodǎo ① instruct; teach; give guidance ② teaching; guidance
教练 jiàoliàn ① train; drill; coach ② coach; instructor
教师 jiàoshī teacher; schoolteacher
教室 jiàoshì classroom
教授 jiàoshòu ① professor ② instruct; teach
教学 jiàoxué teaching; education
教训 jiàoxùn ① lesson; moral ② give a lesson to sb.
教养 jiàoyǎng ① bring up; train; educate ② upbringing; education; fine breeding
教育 jiàoyù ①education ②educate

385

教员 jiàoyuán teacher; instructor
教科书 jiàokēshū textbook
教练员 jiàoliànyuán coach; instructor; trainer
教师节 Jiàoshījié Teacher's Day (on September 10th in China)
教研室 jiàoyánshì teaching and research section
助教 zhùjiào
高等教育 gāoděng jiàoyù

❷[动]使；令：make; let; order; cause | 他～我别出声。Tā jiào wǒ bié chūshēng. *He instructed me to keep silent.*
教唆 jiàosuō instigate; abet; put sb. up to sth.

❸[名]宗教：religion | 佛～Fójiào *Buddhism* / 道～Dàojiào *the Taoist religion; Taoism*
教会 jiàohuì (the Christian) church
教堂 jiàotáng church; cathedral
教条 jiàotiáo dogma; doctrine; creed; tenet
基督教 Jīdūjiào
天主教 Tiānzhǔjiào
伊斯兰教 Yīsīlánjiào
　　See jiāo.

阶 (階) jiē　6画　阝(左)部

阶阶阶阶阶阶

❶[名]台阶：flight of stairs | ～梯 jiētī *steps* / 石～shíjiē *stone steps*

台阶 táijiē

❷[名]等级：(social) class; grade
阶层 jiēcéng a class of people; a social stratum; a walk of life
阶段 jiēduàn period; phase; stage
阶级 jiējí social class
工人阶级 gōngrén jiējí
无产阶级 wúchǎn jiējí
资产阶级 zīchǎn jiējí

皆 jiē　9画　比部

皆皆皆皆皆皆皆皆皆

[副]全；都：all; each and every | ～大欢喜 jiēdàhuānxǐ *everybody is happy; to the satisfaction of all* / 人人～知 rénrén jiē zhī *everybody knows*

结 (結) jiē　9画　纟部

结结结结结结结结结

[动]植物长出果实或种子：bear fruit or seed | 开花～果 kāihuā jiēguǒ *bloom and bear fruit* / 树上～了很多苹果。Shù shang jiēle hěn duō píngguǒ. *The apple tree bears a lot of apples.*
◇结实 jiēshi tough; strong; sturdy; robust; durable
　　See jié.

接 jiē　11画 扌部

接接接接接接接接接接接

❶[动]靠近；接触：approach; get in contact with│～地线 jiē dìxiàn (elec.) *ground wire; earth lead*

接触 jiēchù ① make contact with; contact; come into contact with; get in touch with ②touch; be exposed to

接近 jiējìn draw near; come close; approach; near to

❷[动]连接：connect; join│～电线 jiē diànxiàn *connect wires*／上句不～下句。Shàngjù bù jiē xiàjù. *The connecting sentences are not related.*

接管 jiēguǎn take over control; take over

接口 jiēkǒu (elec.) socket; jack

间接 jiànjiē　连接 liánjiē
链接 liànjiē　衔接 xiánjiē
直接 zhíjiē

❸[动]连续；继续：continue; go on with│～着往下讲 jiēzhe wǎng xià jiǎng *continue or go on with one's speech*

接力 jiēlì work by relays

接连 jiēlián one after another; in quick (rapid; frequent) succession; repeatedly; continuously; on end; in a row

接着 jiēzhe ① catch; take hold of; accept ② follow; carry on; go on with; proceed; continue ③ then; shortly afterwards; thereupon

接二连三 jiē'èr-liánsān one after another; in quick succession

❹[动]接过别人的工作继续干：take over (duties, etc.); take up; succeed; take the place of│谁～你的班？Shéi jiē nǐ de bān? *Who comes on duty after you?*／主任让我～王老师的课。Zhǔrèn ràng wǒ jiē Wáng lǎoshī de kè. *The director asked me to take over Mr Wang's classes.*

接班 jiēbān take one's turn on duty; take over; carry on; replace

接替 jiētì take over; replace

❺[动]托住；承受：catch; take hold of│～球 jiēqiú *catch a ball*／用手～住 yòng shǒu jiēzhù *catch with hands*／他双手～过礼物。Tā shuāngshǒu jiēguo lǐwù. *He accepted the present in both hands.*

❻[动]接受；收到：accept; receive│～到一封信 jiēdào yī fēng xìn *receive a letter*／我不能～这笔钱。Wǒ bùnéng jiē zhè bǐ qián. *I can't accept this money.*

接到 jiēdào receive; take; accept

接纳 jiēnà admit (into an

387

organization）
接收 jiēshōu take over; expropriate; receive; take in
接受 jiēshòu accept; take; embrace
承接 chéngjiē
❼[动]迎接（跟"送sòng"相对）: greet; meet (the opposite of "sòng") | ~待宾客 jiēdài bīnkè *receive guests* / 到火车站~朋友 dào huǒchēzhàn jiē péngyou *go to the railway station to meet one's friend*
接待 jiēdài receive; reception
接见 jiējiàn receive; grant an interview (audience) to
接洽 jiēqià take up a matter with; arrange (consult; discuss; negotiate with)
迎接 yíngjiē
◇接种 jiēzhòng have an inoculation; inoculate

揭 jiē 12画 扌部

揭揭揭揭揭揭揭揭揭揭揭

❶[动]掀起；掀开: lift; raise; uncover; open | ~被子 jiē bèizi *lift the quilt* / ~锅盖 jiē guōgài *lift the lid (of a cooking pot)* / 把这张膏药~下来。Bǎ zhè zhāng gāoyao jiē xiàlai. *Tear off the (medicated) plaster.*
揭开 jiēkāi uncover; reveal; open
揭幕 jiēmù unveil (a monument, etc.); inaugurate
❷[动]使隐蔽的事物显露: expose; show up | ~短 jiēduǎn *rake up sb.'s faults, shortcomings or weaknesses* / 他的谎言被~穿了。Tā de huǎngyán bèi jiēchuān le. *His lies has been laid bare.*
揭发 jiēfā lay bare (lay open); show up; expose; unmask; bring to light
揭露 jiēlù lay bare; show up; unmask; expose; uncover; bring to light; disclose
揭示 jiēshì ① make public; announce; proclaim; promulgate ② reveal; bring to light
揭晓 jiēxiǎo announce; make known; publish
❸[动]把粘贴着的片状物取下: tear off | 把墙上的画~下来。Bǎ qiáng shang de huà jiē xiàlai. *Peel the painting off the wall.*
按揭 ànjiē

街 jiē 12画 彳部

街街街街街街街街街街街街

[名]street | 上~买东西 shàng jiē mǎi dōngxi *go out shopping* / ~上非常热闹。Jiē shang fēicháng rènao. *The street is bustling.*
街道 jiēdào street; neighbor-

hood

街坊 jiēfang neighbour

街区 jiēqū residential district; neighborhood

街头 jiētóu street; street corner

大街 dàjiē

大街小巷 dàjiē-xiǎoxiàng

节 (節) jié 5画 艹部

节 节节节节节

❶ [名]物体各段之间相连接的地方：length; joint ｜ 竹~ zhújié *bamboo joint*

❷ [名]段落；整体中的一个部分：section; part ｜ ~拍 jiépāi *beat* / 音~ yīnjié *syllable*

节目 jiémù programme; item (on a programme)

节奏 jiézòu rhythm

环节 huánjié　细节 xìjié

❸ [名]节令；节日；纪念日：one of the 24 periods into which the year is divided; festival; anniversary or redletter day ｜ 国际劳动~ Guójì láodòngjié *the International Labour Day* / 春~ Chūnjié *Spring Festival* / 过~我一定回来。Guòjié wǒ yīdìng huílai. *I am sure to come back at the coming festival.*

节日 jiérì festival

重阳节 Chóngyángjié

端午节 Duānwǔjié

复活节 Fùhuójié

感恩节 Gǎn'ēnjié

国庆节 Guóqìngjié

教师节 Jiàoshījié

泼水节 Pōshuǐjié

清明节 Qīngmíngjié

圣诞节 Shèngdànjié

愚人节 Yúrénjié

元宵节 Yuánxiāojié

中秋节 Zhōngqiūjié

逢年过节 féngnián-guòjié

❹ [动]俭省；限制；约束：economize; save; limit; restrict ｜ ~电 jiédiàn *save on electricity* / ~水 jiéshuǐ *save water*

节能 jiénéng save energy

节省 jiéshěng be thrifty; be frugal; be sparing; cut down; economize; save; use sparingly; use with thrift

节育 jiéyù birth control

节约 jiéyuē be thrifty; be frugal; be sparing; economize; save; practice thrift (austerity, economy, frugality)

节假日 jiéjiàrì festivals and holidays

❺ [名]礼仪：ceremony; rite; protocol

礼节 lǐjié

◇调节 tiáojié

劫 jié 7画 力部

劫 劫劫劫劫劫劫劫

❶ [动]强抢；掠夺：rob; plunder

劫匪 jiéfěi cateran
打劫 dǎjié
❷ [动]威逼；胁迫：coerce; compel
劫持 jiéchí ① hijack; kidnap; abduct ② hijacking

杰 jié 8画 木部

杰 木 木 木 木 木 木 杰 杰

[形]突出，超乎寻常：outstanding; extraordinary
杰出 jiéchū outstanding; prominent; distinguished
杰作 jiézuò masterpiece

洁（潔）jié 9画 氵部

洁 洁 洁 洁 洁 洁 洁 洁 洁

[形]干净：clean; pure | 纯~ chúnjié pure and clean
洁白 jiébái immaculate white; pure white; spotlessly (spotless) white
洁具 jiéjù sanitary equipment; sanitary utensils
简洁 jiǎnjié   清洁 qīngjié

结（結）jié 9画 纟部

结 结 结 结 结 结 结 结 结

❶ [动]用条状物打成扣或编织：knit | ~毛衣 jié máoyī knit a sweater / ~网 jié wǎng weave a net
❷ [名]用条状物打成的扣：knot | 蝴蝶~ húdiéjié bowknot / 打个~ dǎ ge jié tie a knot
❸ [动]凝固；凝聚：solidify | ~冰 jiébīng freeze; ice up / 从那时起我们~下了深厚的友谊。Cóng nà shí qǐ wǒmen jiéxiàle shēnhòu de yǒuyì. From then on a deep friendship has been built up between us.
结晶 jiéjīng ① crystallize ② crystal ③ crystallization
冻结 dòngjié
❹ [动]结合；形成某种关系：combine; couple; form a certain kind of relationship | ~交 jiéjiāo make friends with; associate with
结构 jiégòu structure; composition; construction
结合 jiéhé ① combine; unite; integrate; link ② get married; marry; be united
结婚 jiéhūn get married
巴结 bājie   缔结 dìjié
勾结 gōujié   归结 guījié
团结 tuánjié
❺ [动]发展或进行到最后阶段，不再继续：settle; conclude | ~账 jiézhàng settle (or square) accounts; balance the books
结果 jiéguǒ ① result; outcome; consequence ② at last; finally;

in the end

结果 jiéjú final result; outcome; ending; upshot

结论 jiélùn conclusion; verdict

结束 jiéshù end; finish; conclude; wind up; close; come to a close

结算 jiésuàn settle (close, wind up) an account

结业 jiéyè complete a course; wind up one's studies

结账 jiézhàng settle (or square) account; balance the books

终结 zhōngjié　　总结 zǒngjié
See jiē.

捷 jié　11画 扌部

[形]快；迅速：quick; fast; rapid
便捷 biànjié　　快捷 kuàijié
敏捷 mǐnjié

截 jié　14画 隹部

❶[动]切断：cut; sever ｜ ～开木料 jiékāi mùliào *cut the log in parts*
斩钉截铁 zhǎndīng-jiétiě
❷[动]阻挡：stop; check ｜ ～住他 jiézhù tā *stop him*
拦截 lánjié

❸[动]到一定期限停止：end (close) by a specified time ｜ 交费时间～至下午5点半。Jiāofèi shíjiān jiézhǐ xiàwǔ wǔ diǎn bàn. *Payment of bills ends (closes) by 5:30 in the afternoon.*

截止 jiézhǐ close; end

竭 jié　14画 立部

[动]完；尽：use up; exhaust; be completely exhausted; do one's utmost ｜ 衰～ shuāijié *exhaustion; prostration*

竭力 jiélì do one's best (utmost); exert one's utmost strength; spare no efforts

姐 jiě　8画 女部

❶[名]同父母或同辈亲属中比自己年纪大的女子：elder sister ｜ 表～ biǎojiě *cousin*
姐姐 jiějie elder sister
姐妹 jiěmèi sisters
大姐 dàjiě
❷[名]称呼年轻女子：used to address a young woman of the same generation
空中小姐 kōngzhōng xiǎojiě

391

解

jiě 13画 角部

解解解解解解解解解解解解解

❶[动]剖开：cut apart
解剖 jiěpōu dissect

❷[动]分开：separate; take apart | 难分难~ nánfēn-nánjiě *unseparable*
解散 jiěsàn ① dismiss ② dissolve; disband
分解 fēnjiě　　溶解 róngjiě
瓦解 wǎjiě

❸[动]把捆着或系着的东西打开：untie; undo; unfasten | ~扣子 jiě kòuzi *unbutton* / ~鞋带 jiě xiédài *undo the shoelaces* / 他把包装上的绳子~了下来。Tā bǎ bāozhuāng shang de shéngzi jiěle xiàlai. *He untied the rope from the pack.*
解放 jiěfàng ① liberate; emancipate ② liberation; emancipation
解救 jiějiù save; rescue; deliver

❹[动]去掉；消除：dismiss; dispel | ~约 jiěyuē *terminate an agreement; cancel a contract* / ~渴 jiěkě *quench one's thirst* / ~乏 jiěfá *recover from fatigue*
解除 jiěchú absolve; remove; relieve; get rid of; dismiss; annul; cancel
解雇 jiěgù fire; dismiss; discharge; give the sack
解禁 jiějìn lift a ban
解决 jiějué ① resolve; settle; solve ② finish off; dispose of
解密 jiěmì remove the confidential state of certain information (usu. document, archive, etc.)
和解 héjiě　　调解 tiáojiě

❺[动]说明：explain; give an account of | ~说 jiěshuō *explain orally*
解答 jiědá ① answer; explain ② solution
解释 jiěshì ① account for; explain; expound; interpret ② explanation; interpretation
辩解 biànjiě　　见解 jiànjiě
讲解 jiǎngjiě　　注解 zhùjiě

❻[动]明白；懂：know; understand | 费~ fèijiě *hard to understand; obscure* / 感到不~ gǎndào bùjiě *feel puzzled* / 通俗易~ tōngsú yìjiě *easy to understand*
不解 bùjiě　　理解 lǐjiě
谅解 liàngjiě　　了解 liǎojiě
误解 wùjiě

介

jiè 4画 人部

介介介介

❶[动]在两者中间：interpose; put or come between | 中~ zhōngjiè *intermediary; the agent*
介入 jièrù intervene; interpose;

get involved

❷[动]使二者发生联系：introduce; make the two come into contact with each other

介词 jiècí (gram.) preposition

介绍 jièshào ① introduce; present ② recommend; suggest

简介 jiǎnjiè

◇介意 jièyì (usu. used in the negative) take offence; mind

戒

jiè　　7画 戈部

戒戒戒戒戒戒戒

❶[动]防备；警惕：guard; guard against; defend ｜ ~备 jièbèi *guard against* / ~心 jièxīn *vigilance; wariness*

戒严 jièyán cordon off an area; enforce martial law; impose a curfew

❷[动]改掉 (不良嗜好) : get rid of (a habit); kick (a habit) ｜ ~烟 jièyān *give up smoking* / ~酒 jièjiǔ *quit drinking*

戒毒 jièdú come off drugs; drug detoxification

◇戒指 jièzhi (finger) ring

届

jiè　　8画 尸部

届届届届届届届届

[量]用于定期的会议或毕业的班级等：time; session ｜ 本~毕业生 běn jiè bìyèshēng *this year's graduates; the graduating students (class)* / 下一~ xià yī jiè *the next* / 第一~ dì-yī jiè *the first*

界

jiè　　9画 田部

界界界界界界界界界

❶[名]地区跟地区相交的地方：boundary; border ｜ 国~ guójiè *national boundary* / 以河流为~ yǐ héliú wéi jiè *take the river as the boundary*

界定 jièdìng define; decide

界线 jièxiàn boundary

界限 jièxiàn demarcation line; dividing line; bounds; limits

边界 biānjiè

❷[名]一定的范围：scope; extent ｜ 眼~ yǎnjiè *field of vision*

出界 chūjiè　　境界 jìngjiè

世界 shìjiè　　外界 wàijiè

租界 zūjiè　　世界观 shìjièguān

❸[名]特指按职业、工作或性别等划定的范围：circles, esp. groups of people of the same profession, sex, etc. ｜ 文艺~ wényìjiè *the literature and art circles* / 科学~ kēxuéjiè *the scientific circles* / 教育~ jiàoyùjiè *the educational circles*

各界 gèjiè

诫 (誡) jiè 9画 讠部

诫诫诫诫诫诫诫诫诫

[动]警告；劝告：warn; advise; alarm; try to persuade | 告~ gàojiè give warning; admonish / 劝~ quànjiè persuade

借 (藉❸❹) jiè 10画 亻部

借借借借借借借借借

❶[动]暂用别人的；借进：borrow | ~东西 jiè dōngxi borrow sth. from others / 我去图书馆~书。Wǒ qù túshūguǎn jiè shū. I am going to library to borrow books. / 买房子的钱是向哥哥~的。Mǎi fángzi de qián shì xiàng gēge jiè de. It was from my elder brother that I borrowed the money to buy the house.

❷[动]把自己的财物给别人暂用：lend | ~给朋友一笔钱 jiègěi péngyou yī bǐ qián lend a sum of money to a friend / 把书~给同学 bǎ shū jiègěi tóngxué lend books to a classmate / 我把车~给小王了。Wǒ bǎ chē jiègěi Xiǎo Wáng le. I lent my car to Xiao Wang.

续借 xùjiè

❸[动]依靠；利用：depend on; make use of; take advantage of | 凭~ píngjiè rely on / 我~这个机会向大家表示感谢。Wǒ jiè zhège jīhuì xiàng dàjiā biǎoshì gǎnxiè. I would like to take this opportunity to thank you all.

借鉴 jièjiàn learn a lesson from another person's experience; benefit by another person's experience; use for reference

借助 jièzhù have the aid of; draw support from; with the help of

❹[动]假托：use as a pretext | 他~故走了。Tā jiègù zǒu le. He found an excuse and left.

借口 jièkǒu ① use as an excuse; use as a pretext ② excuse; pretense

巾 jīn 3画 巾部

巾巾巾

[名]用来擦、裹或覆盖的纺织品：a piece of cloth used for wiping, wrapping or covering things | 毛~ máojīn towel / 围~ wéijīn scarf / 浴~ yùjīn bath towel

丝巾 sījīn　　纸巾 zhǐjīn
红领巾 hónglǐngjīn

斤 jīn 4画 斤部

斤

斤斤斤斤

[量]市制重量单位，合500克：unit of weight, equaling 500g | 我买一~苹果。Wǒ mǎi yī jīn píngguǒ. *I'd like to buy one jin of apples.* / 这只鸡有三~重。Zhè zhī jī yǒu sān jīn zhòng. *This chicken weighs 3 jin.*

今 jīn　4画 人部

今今今今

[名]当前；现在：present; now | ~春 jīnchūn *this spring* / ~晨 jīnchén *this morning* / 从~以后 cóng jīn yǐhòu *from now on; henceforth*

今后 jīnhòu from now on (forward, onwards); in the days to come; henceforth; hereafter; in future

今年 jīnnián this year

今日 jīnrì ① today ② present; now

今天 jīntiān ① today ② present; now

当今 dāngjīn　　如今 rújīn

至今 zhìjīn

金 jīn　8画 金部

金金金金金金金金

❶ [名]金属的通称，通常指金、银、铜、铁、锡等：general term for metals | 五~店 wǔjīndiàn *hardware store*

金属 jīnshǔ metal

合金 héjīn　　冶金 yějīn

❷ [名]钱：money | 现~ xiànjīn *cash* / 基~ jījīn *fund* / 奖学~ jiǎngxuéjīn *scholarship*

金额 jīn'é amount (sum) of money

金钱 jīnqián money

金融 jīnróng finance; banking

本金 běnjīn　　定金 dìngjīn

美金 měijīn

保证金 bǎozhèngjīn

基金会 jījīnhuì

公积金 gōngjījīn

❸ [名]gold | 镀~ dùjīn *gild* / ~戒指 jīnjièzhi *gold ring*

金牌 jīnpái gold medal

黄金 huángjīn

❹ [形]比喻尊重、贵重：valuable | ~贵 jīnguì *valuable*

❺ [形]像黄金的颜色：golden | ~发 jīnfà *blonde hair*

金黄 jīnhuáng golden yellow; golden

金色 jīnsè golden

金鱼 jīnyú goldfish

金字招牌 jīnzì zhāopái a gold-lettered signboard — a vainglorious title

395

津 jīn 9画 氵部

津津津津津津津津津

See below

津贴 jīntiē subsidy; allowance; money in addition to salary

津津有味 jīnjīn-yǒuwèi with keen pleasure

筋 jīn 12画 竹部

筋筋筋筋筋筋筋筋筋筋筋筋

❶ [名] 肌腱或骨头上的韧带：muscle; tendon; sinew | 扭~了 niǔjīn le get one's sinew (tendon) sprained / 我的腿抽~了。Wǒ de tuǐ chōujīn le. I have a cramp in the leg.

❷ [名] 可以看见的皮下静脉血管：vein | 青~ qīngjīn blue veins / 这条~很粗。Zhè tiáo jīn hěn cū. This vein is rather thick.

❸ [名] 像筋的东西：things resembling a tendon | 钢~ gāngjīn reinforced steel bar / 橡皮~儿 xiàngpíjīnr rubber band

◇ 伤脑筋 shāngnǎojīn

仅 (僅) jǐn 4画 亻部

仅仅仅仅

[副] 单单；只：only; alone; merely | 不~ bùjǐn not only / ~供参考 jǐngōng cānkǎo only for reference / 我和他~是一般的朋友。Wǒ hé tā jǐn shì yībān de péngyou. We are merely ordinary friends.

仅仅 jǐnjǐn only; merely

尽 (儘) jǐn 6画 尸部

尽尽尽尽尽尽

❶ [动] 力求达到最大限度：exert to the greatest extent; try one's best | ~可能减少错误 jǐn kěnéng jiǎnshǎo cuòwù try to avoid mistakes as possible as we can / ~着力气干 jǐnzhe lìqi gàn work as hard as one can

尽快 jǐnkuài as quickly (soon, early) as possible

尽量 jǐnliàng as far as possible; to the best of one's ability

尽早 jǐnzǎo as early as (one) can; as early as possible

❷ [介] 把某些人或事物放在优先地位：giving priority to sb.; using sth. first | ~着老人先坐 jǐnzhe lǎorén xiān zuò let the aged sit down first

◇ 尽管 jǐnguǎn despite; even if; even though; though; in spite of

尽管如此 jǐnguǎn rúcǐ even so

See jǐn.

紧 (緊) jǐn 10画 系部

紧紧紧紧紧紧紧紧紧紧

❶ [形]物体受到拉力或压力后呈现的状态(跟"松sōng"相对)：tight (the opposite of "松sōng") | 把绳子拉~ bǎ shéngzi lājǐn *pull the rope taut* / 这根弦太~。Zhè gēn xián tài jǐn. *The string is too tight.*

❷ [动]收束：tighten | ~一~腰带 jǐnyijǐn yāodài *tighten up the belt* / 把弦~一下 bǎ xián jǐn yīxià *fasten the string*

紧缩 jǐnsuō retrench; curtail; cut down; reduce

❸ [形]非常接近；空隙极小：very tight; very close; leaving hardly any space | 这双鞋太~了。Zhè shuāng xié tài jǐn le. *This pair of shoes are too tight for me.* / 窗户真~，拉不开。Chuānghu zhēn jǐn, lābukāi. *The window got stuck and I cannot open it.* / 他的桌子~靠着墙。Tā de zhuōzi jǐnkàozhe qiáng. *His desk is close to the wall.*

紧密 jǐnmì close together; closely

❹ [形]经济不宽裕：short of money; hard up | 手头~ shǒutóu jǐn *short of money* / 他的日子总是过得很~。Tā de rìzi zǒngshì guò de hěn jǐn. *He is always in financial straits.*

紧缺 jǐnquē in short supply; badly needed

❺ [形]急迫；动作先后密切相连：urgent; pressing; taking place one after another in succession | 任务~。Rènwù jǐn. *The task is urgent.* / 风刮得很~。Fēng guā de hěn jǐn. *The wind blows hard.* / 时间很~。Shíjiān hěn jǐn. *Time is pressing.* / 问题一个~接着一个。Wèntí yī gè jǐnjiēzhe yī gè. *Problems arose one after another.*

紧急 jǐnjí urgent; pressing; critical; emergent

紧迫 jǐnpò pressing; urgent; imminent

紧张 jǐnzhāng nervous; keyed-up; tense; strained in short supply; tight

赶紧 gǎnjǐn　　加紧 jiājǐn
要紧 yàojǐn　　抓紧 zhuājǐn
不要紧 bùyàojǐn

锦 (錦) jǐn 13画 钅部

锦锦锦锦锦锦锦锦锦锦锦锦锦

[名]有彩色花纹的丝织品：brocade | ~缎 jǐnduàn *brocade*

锦绣 jǐnxiù as beautiful as brocade; beautiful; splendid

397

◇锦标赛 jǐnbiāosài championship; contest

谨 (謹) jǐn 13画 讠部

谨谨谨谨谨谨谨谨谨谨谨谨谨

[形] 小心慎重：careful; cautious | ～记 jǐnjì *bear in mind* / ～守诺言 jǐnshǒu nuòyán *strictly keep one's promise*

谨慎 jǐnshèn cautious; prudent; circumspect

严谨 yánjǐn

尽 (盡) jìn 6画 尸部

尽尽尽尽尽尽尽

❶[动] 完：exhaust; use up | 不～ bùjìn *inexhaustible* / 油快燃～了。Yóu kuài rǎnjìn le. *The oil is nearly burned up.*

无穷无尽 wúqióng-wújìn

❷[动] 全部用出；竭力完成：use up; exhaust | ～最大的努力 jìn zuì dà de nǔlì *do one's best; exert one's utmost effort*

尽力 jìnlì do one's best; try one's best; exert oneself; put forth exertion

尽情 jìnqíng to one's heart's content; as much as one likes

尽兴 jìnxìng to one's heart's content; enjoy oneself to the full

详尽 xiángjìn
See jǐn.

进 (進) jìn 7画 辶部

进进进进进进进

❶[动] 向前移动（跟"退 tuì"相对）：advance (the opposite of "退 tuì") | 两国关系～了一大步。Liǎngguó guānxi jìnle yī dà bù. *The bilateral relations of these two countries have greatly improved.*

进步 jìnbù ① advance; improve; progress ② progressive

进程 jìnchéng course; pace; process; progress; proceeding

进度 jìndù ① rate of progress (or advance) ② planned speed; schedule

进而 jìn'ér proceed to the next step

进攻 jìngōng attack; assault; offend

进化 jìnhuà evolution

进军 jìnjūn march; advance

进取 jìnqǔ be aggressive; be eager to make progress; be enterprising

进行 jìnxíng ① be in progress; be underway; go on; progress ② carry on; carry out; conduct

进修 jìnxiū engage in advanced studies; take a refresher

course

进展 jìnzhǎn ① advance; make progress; make headway ② progress; headway; advancement

进一步 jìnyībù go a step further; further

促进 cùjìn	改进 gǎijìn
冒进 màojìn	前进 qiánjìn
上进 shàngjìn	推进 tuījìn
先进 xiānjìn	增进 zēngjìn
循序渐进 xúnxù-jiànjìn	

❷ [动] 从外面到里面(跟"出 chū"相对): enter; come into; go into (the opposite of "出 chū") | 请~。Qǐngjìn. *Come in, please.* / ~大学 jìn dàxué *enter the college* / 闲人免~。Xiánrén miǎnjìn. *No admittance except on business.; Staff only.* / 火车~站了。Huǒchē jìnzhàn le. *The train is pulling in.*

进出 jìnchū ① pass in and out ② (business) turnover

进口 jìnkǒu ① enter port ② import ③ entrance

进来 jìnlái(lai) come in

进去 jìnqù(qu) go in; get in; enter

进入 jìnrù enter; get into

❸ [动] 接纳;收入: admit; receive | ~了一批货 jìnle yī pī huò *lay in a new stock of goods* / ~款 jìnkuǎn *income*

进货 jìnhuò stock (a shop) with goods; lay in a stock of merchandise; replenish one's stock

❹ [动] 用在动词后作补语,表示动作由外到里的趋向: used as a complement after a verb to indicate "in" | 买~一批图书 mǎijìn yī pī túshū *purchase a batch of books*

跑进 pǎojìn   引进 yǐnjìn

近 jìn 7画 辶部

近近近近近近近

❶ [形] 空间或时间距离短(跟"远 yuǎn"相对): (of time or space) near (the opposite of "远 yuǎn") | 这段路可不~啊! Zhè duàn lù kě bù jìn a! *It's a long way to go!* / 高考的日期越来越~了。Gāokǎo de rìqī yuēláiyuè jìn le. *The date of the college entrance examination is drawing near.*

近代 jìndài modern times

近来 jìnlái recently; of late; lately

近年 jìnnián in recent years

近期 jìnqī in the near future

近日 jìnrì ① recently; in the past few days ② within the next few days

近视 jìnshì ① myopia ② short-sighted

逼近 bījìn	附近 fùjìn
接近 jiējìn	就近 jiùjìn

399

靠近 kàojìn　　邻近 línjìn
临近 línjìn　　贴近 tiējìn
新近 xīnjìn　　最近 zuìjìn

❷[形]关系密切：intimate; closely related｜他们的关系很~。Tāmen de guānxi hěn jìn. *They are very intimate.* / 两家关系挺~。Liǎng jiā guānxi tǐng jìn. *The two families are on intimate terms.*

❸[动]靠近；接近：get near; amount to｜观众~万人。Guānzhòng jìn wàn rén. *There were nearly 10,000 spectators.* / 这学期已~期末了。Zhè xuéqī yǐ jìn qīmò le. *This semester is drawing to its end.*

近似 jìnsì approximate; similar
将近 jiāngjìn

劲 (勁) jìn　7画 力部

劲劲劲劲劲劲劲

❶[名]力气；力量：strength; power; might｜用~ yòngjìn *put forth strength* / 手~ shǒujìn *the strength of the hands* / 小王的~真大。Xiǎo Wáng de jìn zhēn dà. *Xiao Wang really owns mighty strength.*
使劲 shǐjìn

❷[名]精神；情绪：vigour; strength; drive; zeal｜干得非常起~ gàn de fēicháng qǐjìn *work with unusual vigour; work with great zeal* / 最近他学习的~儿不足。Zuìjìn tā xuéxí de jìnr bù zú. *Recently he has not put into enough zeal in his study.*

劲头 jìntóu strength; energy
干劲 gànjìn　　起劲 qǐjìn

❸[名]神情；态度：air; manner; expression｜亲热~儿 qīnrè jìnr *intimate attitude* / 瞧他那高兴~儿。Qiáo tā nà gāoxìng jìnr. *See how happy he looks.*

❹[名]兴致；趣味：interest; mood; relish; gusto｜下棋没~ xiàqí méi jìn *no interest in chess games*
带劲 dàijìn

晋 (晉) jìn　10画 日部

晋晋晋晋晋晋晋晋晋晋

[动]向前进；向上升：advance; promote; ascend｜~级 jìnjí *promotion*
晋升 jìnshēng promote to a higher position

浸 jìn　10画 氵部

浸浸浸浸浸浸浸浸浸浸

❶[动]泡在液体里：soak; steep; immerse｜她把面包~在牛奶

里。Tā bǎ miànbāo jìn zài niúnǎi li. *She soaked the bread in milk.* / 衣服要～一会再洗。Yīfu yào jìn yīhuì zǎi xǐ. *Wash the clothes after they have been soaked in water for a while.*

❷[动]液体渗入：soak; saturate | 汗水～透了他的衣服。Hànshuǐ jìntōule tā de yīfu. *He got soaked through with sweat.*

禁 jìn 13画 示部

❶[动]不准;制止：forbid; disallow; stop | 生产重地，严～入内。Shēngchǎn zhōngdì, yánjìn rùnèi. *Entry to the production area forbidden.* / 严～吸烟。Yánjìn xīyān. *No smoking.*
禁毒 jìndú curtail drugs
禁区 jìnqū forbidden zone; restricted zone / area
禁止 jìnzhǐ ban; forbid; prohibit
解禁 jiějìn
紫禁城 Zǐjìnchéng

❷[动]拘押：take into custody | 拘～jūjìn *detain*
监禁 jiānjìn

茎 (莖) jīng 8画 艹部

茎茎茎茎茎茎茎茎

[名]stem | 花～huājīng *the stem of a flower*

京 jīng 8画 亠部

京京京京京京京京

[名]我国首都北京的简称：short for Beijing | 赴～fù Jīng *go to Beijing*
京城 jīngchéng ① the Beijing city ②(old) the capital of a country
京剧 jīngjù Beijing Opera
京戏 jīngxì Beijing Opera
北京 Běijīng

经 (經) jīng 8画 纟部

经经经经经经经经

❶ [名]传统的权威性的著作：classics; scripture; canon | 《诗～》Shījīng *The Book of Songs* / ～书 jīngshū *Confucian classics*
经典 jīngdiǎn ① classics ② scriptures ③ classical

❷[形]长时间不变的：constant; regular
经常 jīngcháng ① day-to-day; everyday; daily ② frequently; constantly; regularly; often
经费 jīngfèi funds; outlay

401

❸[动]经营；治理：manage; run; engage in; rule; govern; administer

经纪 jīngjì ① manage (a business) ② manager; broker

经理 jīnglǐ ① handle ② director; manager

经商 jīngshāng engage in trade; be in business

经销 jīngxiāo sell on commission; deal in; distribute; sell

经营 jīngyíng manage; operate; run; engage in

经销商 jīngxiāoshāng dealer; franchiser

财经 cáijīng
总经理 zǒngjīnglǐ

❹[动]通过（处所、时间、动作等）：travel by way of; go via ｜ 路~大连 lù jīng Dàlián *pass through Dalian* / ~他一说我才知道。*Jīng tā yī shuō wǒ cǎi zhīdào. I learned about it after he mentioned.*

经过 jīngguò ① pass; go by (through) ② as a result of; after; through

经历 jīnglì ① undergo; go through; pass through; experience; see ② experience

经验 jīngyàn experience

曾经 céngjīng　已经 yǐjīng

❺[动]经受；承受：experience; undergo ｜ ~受 jīngshòu *undergo; experience; withstand; stand; weather*

◇经济 jīngjì ① economy ② financial condition; income ③ economical; economic

惊 (驚) jīng 11画 忄部

惊 惊惊惊惊惊惊惊惊惊惊惊

❶[动]骡马因受到突然的刺激而狂跑起来：shy; stampede ｜ 马~了。*Mǎ jīng le. The horse shied.*

❷[动]因突然的刺激而精神紧张或恐惧不安：start; be frightened; be stupefied ｜ 心~肉跳 xīnjīng-ròutiào *be filled with apprehension*

惊慌 jīnghuāng alarmed; scared; panic-stricken

惊奇 jīngqí be surprised (amazed, astonished, astounded)

惊喜 jīngxǐ pleasantly surprised

惊险 jīngxiǎn alarmingly dangerous; breathtaking; thrilling

惊讶 jīngyà surprised; amazed; astonished; astounded

惊异 jīngyì surprised; amazed; astonished; astounded

吃惊 chījīng　震惊 zhènjīng

❸[动]使受惊；惊动：startle; shock; alarm ｜ 打草~蛇 dǎcǎo-jīngshé *beat the grass and frighten away the snake; act rashly and alert the enemy* / 孩子刚睡着，小心不要~了他。*Háizi gāng shuìzháo, xiǎoxīn bùyào jīngle* tā. *The baby has just fallen asleep. Be careful not to disturb him.*

惊动 jīngdòng startle; alarm

惊人 jīngrén alarming; surprising; astonishing; astounding; startling

睛 jīng 13画 目部

睛睛睛睛睛睛睛睛睛睛睛睛睛

[名]眼球;眼珠: eyeball | 画龙点~ huàlóng-diǎnjīng *bring a picture of a dragon to life by putting in the pupils of its eyes — add the touch that bring a work of art to life*

眼睛 yǎnjing

兢 jīng 14画 十部

兢兢兢兢兢兢兢兢兢兢兢兢兢兢

See below

兢兢 jīngjīng cautious and conscientious

兢兢业业 jīngjīng-yèyè cautious and conscientious; (act) with caution and a will

精 jīng 14画 米部

精精精精精精精精精精精精精精

❶ [名]提炼出来的东西: extract; essence | 香~ xiāngjīng *flavoring essence*

酒精 jiǔjīng　　味精 wèijīng

❷ [名]精神;精力: spirit; mind; consciousness; energy; vigour | 聚~会神 jùjīng-huìshén *concentrate one's attention*

精力 jīnglì energy; vigour; vitality

精神 jīngshen ①spirit; mind; consciousness ②vigour; vitality

精神病 jīngshénbìng mental disease; mental disorder; psychosis

❸ [形]经过提炼或挑选的: refined; purified; selected | ~盐 jīngyán *refined salt* / ~白米 jīng báimǐ *polished white rice*

精华 jīnghuá cream; choice; elite; extract; essence; essentials

精品 jīngpǐn ①fine works (of art) ②quality goods; articles of fine quality

精选 jīngxuǎn ①carefully chosen ② choice

精英 jīngyīng essence; cream; flower

❹ [形]完美;最好: perfect; best | 少而~ shǎo ér jīng *smaller quantity, better quality; fewer but better*

精彩 jīngcǎi brilliant; splendid; wonderful; marvelous

精益求精 jīngyìqiújīng strive for perfection; always endeavor

403

to do sth. better
❺ [形] 熟练掌握某种学问或技术：having a good mastery of some knowledge or skill | 他对这方面的技术很~。Tā duì zhè fāngmiàn de jìshù hěn jīng. *He is highly proficient in this field.* / 他懂电脑，但是不~。Tā dǒng diànnǎo, dànshì bù jīng. *He knows computer in general, but isn't proficient in it.*

精通 jīngtōng be versed in; have an excellent (a good) command (mastery) of; expert at; master well; be proficient in; be skilled in; be conversant with; have a sound (thorough) knowledge of

❻ [形] 细致；严密：careful; meticulous; strict; rigorous; exquisite | ~读 jīngdú *intensive reading* / 这花瓶工艺很~。Zhè huāpíng gōngyì hěn jīng. *This vase is of exquisite workmanship.*

精简 jīngjiǎn cut; reduce; retrench; simplify
精美 jīngměi exquisite; elegant
精密 jīngmì precise; accurate
精确 jīngquè precise; accurate; exact
精细 jīngxì meticulous; fine; careful
精心 jīngxīn meticulously; painstakingly; elaborately
精致 jīngzhì fine; exquisite;

delicate
精打细算 jīngdǎ-xìsuàn careful and meticulous calculation

❼ [形] 聪明；机智：smart; clever; bright; quick-witted; resourceful | 这孩子比大人还~。Zhè háizi bǐ dàrén hái jīng. *The child is even smarter than grown-ups.*

鲸 (鯨) jīng　16画 鱼部

鲸鲸鲸鲸鲸鲸鲸鲸鲸鲸鲸鲸鲸鲸鲸鲸

[名] whale
鲸鱼 jīngyú whale

井 jǐng　4画 一部

井井井井

❶ [名] well | 水~ shuǐjǐng *water well* / 挖~ wā jǐng *dig a well*
井底之蛙 jǐngdǐzhīwā be like a frog at the bottom of a well; a person with limited outlook
坐井观天 zuòjǐng-guāntiān

❷ [名] 形状像井的东西：a well-shaped thing | 油~ yóujǐng *oil well* / 排水~ páishuǐjǐng *pumping shaft*
矿井 kuàngjǐng　天井 tiānjǐng

颈 (頸) jǐng　11画 页部

颈

颈颈颈颈颈颈颈颈颈颈颈

[名]neck | 脖～bójǐng neck
长颈鹿 chángjǐnglù

景

jǐng　12画 日部

景景景景景景景景景景景景

❶ [名]情况；情形：situation; condition; circumstance | 好～不长。Hǎojǐng bù cháng. *Good times do not last long.*
景象 jǐngxiàng scene; sight; picture
背景 bèijǐng　场景 chǎngjǐng
前景 qiánjǐng　情景 qíngjǐng
远景 yuǎnjǐng

❷ [名]风景：scene; scenery | 雪～xuějǐng *snow scene* / 街～jiējǐng *view of the street; scenes in the street* / 风～真好。Fēngjǐng zhēn hǎo. *The scenery is so beautiful.*
景点 jǐngdiǎn scenic spot
景观 jǐngguān landscape
景色 jǐngsè view; scene; scenery; landscape; prospect
景物 jǐngwù scenery
风景 fēngjǐng　盆景 pénjǐng

❸ [名]舞台或摄影棚外的景物：scenes or stage outside the film studio | 外～wàijǐng *outdoor scene*

◇景气 jǐngqì prosperity; boom

景泰蓝 jǐngtàilán cloisonné enamel; cloisonné
不景气 bùjǐngqì

警

jǐng　19画 言部

警警警警警警警警警警警警警警警警警警警

❶ [动]提醒；告诫：remind; warn; exhort; admonish
警告 jǐnggào warn; caution; admonish
预警 yùjǐng

❷ [动]戒备；防备：guard; take precautions; be on the alert; guard against; take precautions against
警报 jǐngbào alarm; warning; alert
警戒 jǐngjiè be on the alert against; guard against; keep a close watch on
警卫 jǐngwèi (security) guard

❸ [形](对危险或异常情况)感觉敏锐：alert; vigilant | 机～jījǐng *alert; sharp-witted; vigilant* / ～醒 jǐngxǐng *alert; watchful*
警惕 jǐngtì be on the alert; be on guard against; be vigilant; watch out for

❹ [名]警察：police | 民～mínjǐng *civilian police* / 交通～jiāotōngjǐng *traffic police*
警察 jǐngchá policeman

405

警车 jǐngchē police car; police van

警官 jǐngguān police officer

报警 bàojǐng　巡警 xúnjǐng

净 jìng　8画 冫部

净 净净净净净净净净

❶ [形]清洁；不脏：clean; not dirty | 脸要洗~。Liǎn yào xǐjìng. *Wash your face clean.* / 玻璃擦不~。Bōli cā bù jìng. *The glass panes cannot be wiped clean.*

干净 gānjìng

一干二净 yīgān-èrjìng

❷ [动]使清洁：clean | ~手 jìngshǒu *clean one's hands* / ~一~桌面儿。Jìngyijìng zhuōmiànr. *Clean the top of the table.*

净化 jìnghuà purify

❸ [形]没有剩余：nothing left; completely; thoroughly | 钱用~了。Qián yòngjìng le. *The money is used up.* / 碗里的水没喝~。Wǎn li de shuǐ méi hējìng. *The water in the bowl has not been drunk up.*

❹ [形]纯；单纯：net; merely | ~重 jìngzhòng *net weight* / ~收入 jìngshōurù *net income*

❺ [副]表示单纯而没有别的；只：nothing but; only; merely | ~说不干 jìng shuō bù gàn *all talk, no action* / 满地~是树叶。Mǎndì jìngshì shùyè. *There were nothing but leaves all over the ground.* / 书架上~是科技书。Shūjià shang jìngshì kējì shū. *The books on the bookshelves are exclusively on science and technology.*

竞 (競) jìng　10画 立部

竞 竞竞竞竞竞竞竞竞竞

[动]比赛；互相争胜：compete with each other | ~走 jìngzǒu *jog race*

竞标 jìngbiāo (of bidders) compete in bidding

竞技 jìngjì sports; athletics

竞赛 jìngsài contest; race; competition; emulation

竞选 jìngxuǎn enter into an election contest; campaign for (office); run for

竞争 jìngzhēng compete; contest; vie; contend

竞争力 jìngzhēnglì competitive power

竟 jìng　11画 立部

竟 竟竟竟竟竟竟竟竟竟竟

[副]表示出乎意料之外：indicating something happening out of

expectation | 在这里~遇到多年不见的老同学。Zài zhèli jìng yùdào duō nián bù jiàn de lǎo tóngxué. *Here I ran into an old schoolmate whom I had not seen for years.* / 这么大的事你~会不知道? Zhème dà de shì nǐ jìng huì bù zhīdào? *How could it be that you never heard of such an important event?*

竟然 jìngrán ① unexpectedly; to one's surprise; actually ② go so far as to; go to the length of

敬 jìng 12画 攵部

敬敬敬敬敬敬敬敬敬敬敬敬

❶ [动]尊重: respect; honour | ~客 jìngkè *treat the guest with respect*

敬爱 jìng'ài respect and love
敬业 jìngyè study or work diligently
敬意 jìngyì respect; tribute
敬而远之 jìng'éryuǎnzhī stay at a respectful distance from sb.
崇敬 chóngjìng　恭敬 gōngjìng
致敬 zhìjìng　尊敬 zūnjìng

❷ [动]有礼貌地送上: present (sth.) with respect | ~茶 jìngchá *serve tea (to a guest)* | ~你一杯! Jìng nǐ yī bēi! *To your health!*

敬酒 jìngjiǔ drink (propose) a toast to

敬礼 jìnglǐ ① salute; give a salute ② extend one's greetings

静 jìng 14画 青部

静静静静静静静静静静静静静静

❶ [形]安定不动(跟"动 dòng"相对): still; calm; motionless (the opposite of "动 dòng") | ~止 jìngzhǐ *static; motionless* / 风平浪~ fēngpíng-làngjìng *the wind has dropped and the waves have subsided (fig. calm and tranquil)*

❷ [形]不出声;没有声音: silent; quiet; noiseless; soundless | 夜深人~ yèshēn-rénjìng *in the still of the night* / 会场里慢慢~下来。Huìchǎng li mànmàn jìng xiàlai. *The assembly hall gradually quieted down.*

静悄悄 jìngqiāoqiāo very quiet
安静 ānjìng　寂静 jìjìng
宁静 níngjìng　幽静 yōujìng

❸ [形]安详: composed; serene; unruffled

沉静 chénjìng　动静 dòngjìng
冷静 lěngjìng　平静 píngjìng
镇静 zhènjìng

境 jìng 14画 土部

407

境

境境境境境境境境境境境境境境

❶[名]国界或地域的边界：boundary; border | 国~ guójìng *national boundary*

境内 jìngnèi within the national territory

境外 jìngwài outside the national territory

边境 biānjìng   出境 chūjìng

入境 rùjìng

❷[名]地方；处所：place; location | 仙~ xiānjìng *fairyland; paradise*

境界 jìngjiè ① boundary ② extent reached; plane attained; state; realm

环境 huánjìng

❸[名]情景；状况：condition; situation; circumstances | 家~ jiājìng *family financial situation* / ~况 jìngkuàng *situation*

境地 jìngdì condition; circumstances

处境 chǔjìng   困境 kùnjìng

镜 (鏡) jìng   16画 钅部

镜镜镜镜镜镜镜镜镜镜镜镜镜镜镜镜

❶[名] mirror | 圆~ yuánjìng *round mirror* / 穿衣~ chuānyījìng *dressing mirror*

镜子 jìngzi mirror

❷[名]利用光学原理制成的改善视力或作科学实验的器具：lens; glass | 花~ huājìng *presbyopic glasses; reading-glasses* / 望远~ wàngyuǎnjìng *telescope*

镜头 jìngtóu ① camera lens ② shot; scene

墨镜 mòjìng   眼镜 yǎnjìng

显微镜 xiǎnwēijìng

纠 (糾) jiū   5画 纟部

纠纠纠纠纠

❶[动]缠绕：entangle | ~缠 jiūchán *get entangled*

纠纷 jiūfēn dispute; quarrel; issue; entanglement; tangle

❷[动]改正：correct; rectify | ~错 jiūcuò *correct errors; redress*

纠正 jiūzhèng amend; mend; remedy; correct; rectify; redress

究 jiū   7画 穴部

究究究究究究究

[动]深入追求；钻研：look into; seek after; study carefully; investigate | 深~ shēnjiū *go into (a matter) seriously*

讲究 jiǎngjiu   研究 yánjiū

追究 zhuījiū

研究生 yánjiūshēng

研究所 yánjiūsuǒ

研究员 yánjiūyuán

◇究竟 jiūjìng ① outcome; what actually happened ② on earth ③ after all; anyway

揪 jiū 12画 扌部

揪揪揪揪揪揪揪揪揪揪揪揪

[动]紧紧抓住；抓住并用力拉：hold tight; seize with the hand | ~耳朵 jiū ěrduo *seize sb. by the ear* / ~断了绳子 jiūduànle shéngzi *tear off a rope* / 快~住他。Kuài jiūzhù tā. *Get hold of him quickly.*

九 jiǔ 2画 丿部

九 九九

[数]数目八加一的和：nine | ~成新 jiǔ chéng xīn *ninety percent new* / 三三得~。Sān sān dé jiǔ. *Three times three is nine.*

久 jiǔ 3画 丿部

久 久久久

❶[形]时间长：long; for a long time | 很~以前 hěnjiǔ yǐqián *long time ago* / 日子~了，记不得了。Rìzi jiǔ le, jìbudé le. *It's ages old and not easy to recall.*

不久 bùjiǔ　　长久 chángjiǔ
持久 chíjiǔ　　永久 yǒngjiǔ
悠久 yōujiǔ　　前不久 qiánbùjiǔ

❷[形]时间的长短：length of time | 两个月之~ liǎng gè yuè zhī jiǔ *for as long as two months*
多久 duōjiǔ

灸 jiǔ 7画 火部

灸 灸灸灸灸灸灸灸

[名]中医的一种治疗方法，用燃烧的艾绒（由一种药用植物加工成的制品）熏烤一定的穴位：moxibustion (medical treatment that involves searing or smoking acupoints of the body with moxa)
针灸 zhēnjiǔ

酒 jiǔ 10画 氵部

酒 酒酒酒酒酒酒酒酒酒

[名]alcoholic drink; wine; liquor; spirits | 戒~ jièjiǔ *quit drinking* / 他喜欢喝~。Tā xǐhuan hējiǔ. *He is fond of drinking.*
酒吧 jiǔbā bar; barroom
酒杯 jiǔbēi cup; goblet
酒店 jiǔdiàn wineshop
酒会 jiǔhuì cocktail party
酒精 jiǔjīng ethyl alcohol
酒楼 jiǔlóu winehouse; pub;

public house

酒肉朋友 jiǔròu péngyou wine-and-meat friends; fair-weather friends

白酒 báijiǔ	黄酒 huángjiǔ
敬酒 jìngjiǔ	啤酒 píjiǔ
喜酒 xǐjiǔ	酗酒 xùjiǔ
葡萄酒 pútáojiǔ	

旧 (舊) jiù　5画 丨部

旧 旧 旧 旧 旧 旧

❶ [形] 过去的；过时的；用过的（跟"新 xīn"相对）：past; outdated; second-hand; worn (the opposite of "新 xīn") | ~衣服 jiù yīfu *old clothes* / ~书 jiùshū *old books* / 这些观点大都是~的。Zhè xiē guāndiǎn dàdū shì jiù de. *Generally speaking, these opinions are outdated.*

| 陈旧 chénjiù | 废旧 fèijiù |
| 破旧 pòjiù | |

❷ [形] 原先的；以往的：former; past; bygone | ~都 jiùdū *former capital*

| 仍旧 réngjiù | 依旧 yījiù |
| 照旧 zhàojiù | |

救 jiù　11画 攵部

救 救 救 救 救 救 救 救 救 救

❶ [动] 帮助使灾难或危急情况消除、终止：rescue; save | ~急 jiùjí *cope with an emergency*

救济 jiùjì extend relief to; relieve the distress of

救援 jiùyuán rescue; come to sb.'s help

救灾 jiùzāi provide disaster relief; send relief to a disaster-stricken area

救助 jiùzhù help sb. in danger or difficulty

❷ [动] 援助，使脱离危险或免遭灾难：make sure that sb. is rescued from danger or a disaster | 病人得~了。Bìngrén déjiù le. *The patient was saved.* / 一定要把他~出来。Yīdìng yào bǎ tā jiù chūlai. *We are sure to rescue him.*

救命 jiùmìng ① save sb.'s life ② (call for other people's help in state of emergency) Help!

救护车 jiùhùchē ambulance

补救 bǔjiù	急救 jíjiù
解救 jiějiù	抢救 qiǎngjiù
挽救 wǎnjiù	营救 yíngjiù

就 jiù　12画 亠部

就 就 就 就 就 就 就 就 就 就 就

❶ [动] 凑近；靠近；趋向：come near; get near; move fowards | ~着灯光看书 jiùzhe dēngguāng kànshū *read book by the light of a lamp*

❷ [动]进行；开始从事：engage in; enter upon; undertake; go in for | ～业 jiùyè *obtain employment; get a job*

就餐 jiùcān have a meal

就医 jiùyī seek medical advice; go to a doctor

就职 jiùzhí assume office

❸ [动]趁着；借着：take advantage of; by means of; by the light of | ～着年轻，要抓紧时间好好学习。Jiùzhe niánqīng, yào zhuājǐn shíjiān hǎohǎo xuéxí. *Make good use of your time and study hard when you are young.*

就地 jiùdì on the spot

就近 jiùjìn (do or get sth.) nearby; in the neighbourhood; without having to go far

❹ [介]引进动作的对象、范围或表示行动的凭据：introducing the object, scope of an action, or the basis on which an action takes place | 大家～这个问题谈了自己的看法。Dàjiā jiù zhège wèntí tánle zìjǐ de kànfǎ. *People expressed their own views on this matter.* / ～学习成绩来说，我不如你。Jiù xuéxí chéngjì lái shuō, wǒ bùrú nǐ. *As to the academic performance, I am not as good as you.*

❺ [副]表示动作行为很快要发生、已经发生或两件事紧跟着发生：indicating that an action is about to take place, has already taken place, or two actions following one after another | 我～去。Wǒ jiù qù. *I'm going right away.* / 天很快～亮了。Tiān hěn kuài jiù liàng le. *It will be dawn in short time.* / 事情早～清楚了。Shìqing zǎo jiù qīngchu le. *It's already clear.* / 说干～干。Shuō gàn jiù gàn. *Let's start working at once.; Act without delay.* / 她说完～走。Tā shuōwán jiù zǒu. *She left right after saying so.*

❻ [副]表示肯定或强调的语气：expressing an affirmative or emphatic tone | 这样～好办了。Zhèyàng jiù hǎobàn le. *In this way, it will be easier.* / 不是你去，～是我去。Bùshì nǐ qù, jiùshì wǒ qù. *Either you or I will go.*

就是 jiùshì quite right; exactly; precisely

就要 jiùyào be about to; be going to; be on the point of

❼ [副]仅仅；只：used to indicate a small amount or number; merely; only; just | 他～爱看书。Tā jiù ài kànshū. *He is only fond of reading.* / ～等你一个人了。Jiù děng nǐ yī gè rén le. *You are the only one we are waiting for.* / 我～一件大衣。Wǒ jiù yī jiàn dàyī. *I have only one overcoat.*

❽[副]表示承接上文，得出结论：used to link the above-mentioned and what follows, indicating a deduction | 如果他去，我～不去了。*Rúguǒ tā qù, wǒ jiù bù qù le. If he goes, I won't go.* / 只要天不下雨，运动会～一定开。*Zhǐyào tiān bù xiàyǔ, yùndònghuì jiù yīdìng kāi. The sports meeting will be held unless it rains.*

❾[连]表示假设兼让步；就是；即使：used to indicate a hypothesis and concession; even if; even though (usu. oral) | 你～不说，我也会知道。*Nǐ jiù bù shuō, wǒ yě huì zhīdào. Even if you won't tell me, I'll know it at last.*

就算 jiùsuàn even if; granted that

❿[动]副食搭配着主食或酒吃：be eaten with; go with | ～花生米下酒 jiù huāshēngmǐ xià jiǔ *have peanuts with liquor*

成就 chéngjiù　　造就 zàojiù

舅 jiù　　13画 臼部

舅舅舅舅舅舅舅舅舅舅舅舅舅

[名]母亲的弟兄：mother's brother; uncle | 大～dàjiù *eldest uncle*

舅舅 jiùjiu mother's brother; uncle

舅妈 jiùmā (inf.) wife of mother's brother; aunt

舅母 jiùmǔ wife of mother's brother; aunt

拘 jū　　8画 扌部

拘拘拘拘拘拘拘拘

❶[动]逮捕；扣押：arrest; detain | ～禁 jūjìn *detain; take into custody*

拘留 jūliú ① detain; hold in custody ② detention

❷[动]约束；限制：restrain; restrict; limit; limitation | 无～无束 wújū-wúshù *unconstrained; free and easy*

拘束 jūshù ① restrain; restrict; tie sb. down ② constrained; ill at ease; uneasy; restrained

居 jū　　8画 尸部

居居居居居居居居

❶[动]住：live; inhabit | 分～ fēnjū *live apart*

居民 jūmín resident; inhabitant

居室 jūshì bedroom

居住 jūzhù live; dwell; inhabit; reside

定居 dìngjū

❷[名]住处：lodging; residence | 新～xīnjū *new home; new residence* / 迁～qiānjū *move one's*

home from one place to another
居委会 jūwěihuì neighbourhood (or residents') committee
故居 gùjū

❸ [动]处在某个位置或占有某种地位：occupy | ～中 jūzhōng *be in the middle* / ～世界首位 jū shìjiè shǒuwèi *top the world; rank first in the world*

◇居然 jūrán incredibly; to one's surprise (disbelief); unexpectedly; go so far as to; go to the length of; have the impudence (effrontery) to

鞠

jū   17画 革部

鞠鞠鞠鞠鞠鞠鞠鞠鞠鞠鞠鞠鞠鞠鞠鞠鞠

See 鞠躬

鞠躬 jūgōng ① bow ② in a discreet and scrupulous manner

局

jū   7画 尸部

局局局局局局局

❶ [形]拘束，狭窄：restrained; restricted; narrow; cramped | ～促 júcù *(of time) short*
局限 júxiàn limit; confine

❷ [名]一部分：part; portion
局部 júbù part

❸ [名]政府中按业务划分的办事机构：department in a government; bureau; office | 教育～ jiàoyùjú *education bureau* / 铁路～ tiělùjú *railway bureau* / 电话～ diànhuàjú *telephone exchange*
局长 júzhǎng director

❹ [名]某些业务机构：institutions engaged in certain bussiness | 书～ shūjú *publishing house; book store*
邮局 yóujú

❺ [名]形势；情况：situation; state of affairs | 时～ shíjú *the current political situation*
局面 júmiàn aspect; situation
局势 júshì aspect; situation
布局 bùjú　大局 dàjú
格局 géjú　僵局 jiāngjú
结局 jiéjú　平局 píngjú
全局 quánjú
顾全大局 gùquán-dàjú
◇出局 chūjú

菊

jú   11画 艹部

菊菊菊菊菊菊菊菊菊菊菊

[名] chrysanthemum | 赏～ shǎngjú *admire the chrysanthemum* / ～花 júhuā *chrysanthemum*

橘

jú   16画 木部

橘 橘橘橘橘橘橘橘橘橘橘橘橘橘橘

[名] tangerine
橘子 júzi tangerine

矩 jǔ 9画 矢部

矩矩矩矩矩矩矩矩矩

❶[名]木工画直角或方形的曲尺：carpenter's square
❷[名]法度；规则：rules; regulations | 守规~ shǒu guīju *obey the rules*
规矩 guīju

举(舉) jǔ 9画 丶部

举举举举举举举举举

❶[动]往上抬；往上托：lift; raise; support | ~杯 jǔbēi *raise one's glass* / 他把孩子~到肩上。Tā bǎ háizi jǔdào jiān shang. *He lifted the child up to his shoulder.*
举重 jǔzhòng weight lifting
❷[名]动作；行为：act; deed; move | ~止 jǔzhǐ *bearing; manner*
举动 jǔdòng act; deed; move; action
一举 yījǔ
❸[动]发起；兴起：start | ~事 jǔshì *start a revolt; rise in revolt; stage an uprising*

举办 jǔbàn conduct; hold; host; run; sponsor; organize
举行 jǔxíng hold; take place; have; stage
❹[动]推荐；选拔：recommend; elect; choose | 大家~他做代表。Dàjiā jǔ tā zuò dàibiǎo. *We all elected him as the representative.*
选举 xuǎnjǔ
❺[动]提出：cite; enumerate | ~例说明 jǔlì shuōmíng *illustrate with examples* / ~出事实 jǔchū shìshí *cite the instance; illustrate with examples*
举例 jǔlì give an example; cite
检举 jiǎnjǔ   列举 lièjǔ
❻[形]全：whole; entire | ~国 jǔguó *the whole nation*
举世闻名 jǔshì-wénmíng be known to the whole world; world-famous; world-renowned
举世瞩目 jǔshì-zhǔmù attract worldwide attention
◇举人 jǔrén a successful candidate in the imperial examinations at the provincial level in the Ming and Qing dynasties
大举 dàjǔ

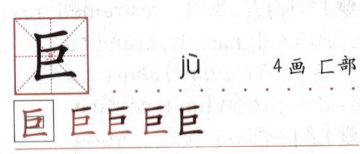

巨 jù 4画 匚部

巨巨巨巨巨

[形]大；非常大：big; huge | ~款 jùkuǎn *a very large sum of*

money / ～型 jùxíng *(of scale) tremendous*

巨大 jùdà huge; tremendous; gigantic

巨人 jùrén giant; colossus

巨头 jùtóu magnate; tycoon

句 jù 5画 勹部

句 句句句句句

❶ [名] sentence
句号 jùhào full stop; full point; period
句子 jùzi sentence
词句 cíjù　　　绝句 juéjù
文句 wénjù　　造句 zàojù
陈述句 chénshùjù

❷ [量] 用于言语或诗文：used for speech or lines of verse ｜ 一～话 yī jù huà *one sentence* / 两～诗 liǎng jù shī *two lines of verse* / 我来说几～。Wǒ lái shuō jǐ jù. *Let me say a few words.*

拒 jù 7画 扌部

拒 拒拒拒拒拒拒

[动] 不接受：not accept ｜ ～不接受 jù bù jiēshòu *refuse to accept*
拒绝 jùjué refuse; reject; turn down; decline

具 jù 8画 八部

具 具具具具具具具具

❶ [名] 日常生活和生产活动中使用的器物：utensil; tool; implement ｜ 餐～ cānjù *tableware* / 雨～ yǔjù *rain gear* / 文～ wénjù *stationery*

工具 gōngjù　　　家具 jiājù
洁具 jiéjù　　　　农具 nóngjù
器具 qìjù　　　　玩具 wánjù
用具 yòngjù
工具书 gōngjùshū

❷ [动] 有：have; possess ｜ ～有 jùyǒu possess; have; bear
具备 jùbèi possess; have; be provided with

❸ [量] 用于棺材、尸体和某些器物：used for a coffin, corpse, etc. ｜ 一～棺材 yī jù guāncai *a coffin* / 一～尸体 yī jù shītǐ *a corpse*

◇ 具体 jùtǐ concrete; exact; specific; particular

俱 jù 10画 亻部

俱 俱俱俱俱俱俱俱俱俱

[副] 全；都：all; entirely; completely ｜ 面面～到 miànmiàn jùdào *attend to each and every aspect of a matter*

◇ 俱乐部 jùlèbù club

剧 (劇) jù 10画 刂部

剧

剧剧剧剧剧剧剧剧剧剧剧

❶ [形]厉害；猛烈：acute; severe; violent; fierce; sharp | ~痛 jùtòng *great pain* / ~变 jùbiàn *great change; dramatic change*

剧烈 jùliè acute; severe; fierce
急剧 jíjù　　　加剧 jiājù

❷ [名]戏剧：drama; play; theatre | 京~ jīngjù *Beijing Opera*

剧本 jùběn ① drama; play ② script; scenario
剧场 jùchǎng theatre
剧目 jùmù a list of plays or operas
剧情 jùqíng the story (or plot) of a play or opera
剧团 jùtuán theatrical company; opera troupe
剧院 jùyuàn theatre

悲剧 bēijù　　　编剧 biānjù
歌剧 gējù　　　话剧 huàjù
喜剧 xǐjù　　　戏剧 xìjù
越剧 yuèjù
连续剧 liánxùjù
◇ 恶作剧 èzuòjù

据（據）jù　11画 扌部

据据据据据据据据据据

❶ [动]依靠；凭借：depend on; rely on

❷ [介]按照；依照：in accordance with | ~报道 jù bàodào *according to (press) reports; it is reported that ...* / 这部电影~同名小说改编。Zhè bù diànyǐng jù tóngmíng xiǎoshuō gǎibiān. *The film is adapted from a novel of the same title.*

据说 jùshuō it is said that...
据悉 jùxī it is reported that...
根据 gēnjù　　　依据 yījù

❸ [名]可以用作证明的东西：evidence; proof; grounds | 字~ zìjù *written pledge* / 真凭实~ zhēnpíng-shíjù *genuine evidence; hard evidence*

数据 shùjù　　　证据 zhèngjù
数据库 shùjùkù

❹ [动]占有：occupy; take by force; seize | ~为己有 jùwéijǐyǒu *take forcible possession of; appropriate*

据点 jùdiǎn strongpoint; fortified point; stronghold
占据 zhànjù

距 jù　11画 𧾷部

距距距距距距距距距距距

❶ [动]在空间或时间上相隔：away from | 两地相~不远。Liǎng dì xiāngjù bù yuǎn. *The two places are not far from each other.* / ~今 jù jīn *(from that time) to present*

距离 jùlí be apart (or away) from; be at a distance from

❷[名]相隔的长度：distance of the length ｜ 行~ hángjù *the distance between the lines*
距离 jùlí ① distance ② be apart (or away) from; be at a distance from
差距 chājù

惧(懼) jù 11画 忄部

惧惧惧惧惧惧惧惧惧惧惧

[动]害怕：fear ｜ ~怕 jùpà *fear; dread*
恐惧 kǒngjù

锯(鋸) jù 13画 钅部

锯锯锯锯锯锯锯锯锯锯锯锯锯

❶[名]saw ｜ 拉~ lājù *saw* / 电~ diànjù *electric saw*
❷[动]用锯割开或截断：cut off with a saw ｜ ~木头 jù mùtou *saw wood* / 把竹竿~断 bǎ zhúgān jùduàn *cut up a bamboo pole with a saw* / 他们正在~树。Tāmen zhèng zài jù shù. *They are cutting trees with a saw.*

聚 jù 14画 耳部

聚聚聚聚聚聚聚聚聚聚聚聚聚聚

[动]会集；集合：get together; meet together; assemble; gather ｜ ~在一起谈天 jù zài yīqǐ tántiān *get together to have a chat* / 星期天咱们找个地方~~。Xīngqītiān zánmen zhǎo ge dìfang jùjù. *Let's get together somewhere on this Sunday.*
聚会 jùhuì ① get together; meet; assemble; gather ② meeting; gathering
聚集 jùjí gather; assemble; collect
聚焦 jùjiāo (phys.) focus
聚精会神 jùjīng-huìshén do sth. attentively (with attention); concentrate (center) all one's attention on...
凝聚 níngjù

捐 juān 10画 扌部

捐捐捐捐捐捐捐捐捐捐

❶[动]献出或舍弃：donate; relinquish; abandon ｜ ~棉衣 juān miányī *offer cotton-padded coats (as material assistance)*
捐款 juānkuǎn contribute (donate, subscribe) money; contribution; donation
捐献 juānxiàn contribute (to an

organization); donate; present
捐赠 juānzèng contribute (as a gift); donate; present
捐助 juānzhù offer (financial or material assistance); contribute; donate

❷ [名]税收的一种名称：taxes and levies (now usu. use "税shuì" instead) | 车~ chējuān *tax on a vehicle* / 房~ fángjuān *tax on housing*

卷 (捲) juǎn 8画 已部

卷卷卷卷卷卷卷卷

❶ [动]把东西弯转成圆筒形：roll up; coil; curl | ~行李 juǎn xíngli *roll up one's bedding (into a pack)* / ~帘子 juǎn liánzi *roll up the screen (or curtain)*
卷铺盖 juǎnpūgai to pack the bedding — dismissal from work; to get fired; to pack oneself off
卷心菜 juǎnxīncài (dial.) cabbage

❷ [动]强力裹挟带动：sweep off; carry along; swirl | 汽车~起尘土。Qìchē juǎnqǐ chéntǔ. *A cloud of dust was raised by a passing car.* / 风~着雨点儿 fēng juǎnzhe yǔdiǎnr *the wind blowing along with rain drops*

❸ [名]弯转成圆筒形的东西：sth. rolled in a cylindrical shape | 烟~儿 yānjuǎnr *cigarette* / 纸~儿 zhǐjuǎnr *a roll of paper* / 行李~儿 xínglijuǎnr *bedroll; bedding pack*
花卷 huājuǎn

❹ [量]用于成卷儿的东西：roll; reel | 一~儿纸 yī juǎnr zhǐ *a roll of paper* / 一~布 yī juǎn bù *a roll of cloth*
  See juàn.

卷 juàn 8画 已部

卷卷卷卷卷卷卷卷

[名]回答试题用的纸：examination paper | 交~ jiāojuàn *hand in the examination paper* / 历史~子 lìshǐ juànzi *examination paper for history*
卷子 juànzi examination paper
试卷 shìjuàn 问卷 wènjuàn
  See juǎn.

倦 juàn 10画 亻部

倦倦倦倦倦倦倦倦倦倦

[形]劳累；疲乏：tired; run down; overworked; weary | 困~ kùnjuàn *tired and sleepy* / 不~地工作 bù juàn de gōngzuò *work tirelessly*
疲倦 píjuàn

绢(絹) juàn 10画 纟部

绢 绢绢绢绢绢绢绢绢绢绢

[名]一种薄而结实的丝织品：thin, hard wearing silk
手绢 shǒujuàn

圈 juàn 11画 口部

圈 圈圈圈圈圈圈圈圈圈圈圈

[名]饲养家畜或家禽的场所，一般有栏或围墙：pen; fold｜猪~ zhūjuàn *pigsty; pigpen* / 羊~ yángjuàn *sheepfold; sheeppen*
See quān.

决 jué 6画 冫部

决 决决决决决决

❶[动]水冲垮（堤岸）：breach; burst｜~裂 juéliè *break with*
决口 juékǒu breach; break

❷[动]作出判断，确定：arrive at a judgment; decide; determine; resolve
决策 juécè ①make policy; make a strategic decision ②policy decision; decision of strategic importance
决定 juédìng decide; determine
决算 juésuàn final accounts
决心 juéxīn ①decide; be determined; make up one's mind ②determination; resolve; resolution
决议 juéyì resolution
裁决 cáijué　　否决 fǒujué
解决 jiějué　　判决 pànjué
判决书 pànjuéshū

❸[动]决定最后胜负：decide the outcome (of a game, war, etc.)
决赛 juésài the final
决战 juézhàn decisive battle (engagement)
半决赛 bànjuésài

❹[形]果断；坚定：decisive; determined; definite; firm
坚决 jiānjué
犹豫不决 yóuyù-bùjué

❺[副]一定：definitely; certainly｜~无此事。Jué wú cǐ shì. *Definitely no such a thing has ever happened.* / 他~不会失败。Tā jué bùhuì shībài. *He'll never fail.*
决不 juébù by no means; under no circumstances

觉(覺) jué 9画 见部

觉 觉觉觉觉觉觉觉觉觉

❶[动]醒悟；明白：become aware of; realize
觉悟 juéwù ①become aware;

419

awake; awaken ② consciousness

觉醒 juéxǐng awaken

发觉 fājué　　自觉 zìjué

❷[动]感到：feel | 我～出他不高兴。Wǒ juéchu tā bù gāoxìng. *I realized he was not happy at the moment.* / 不知不～bùzhī-bùjué *unconsciously; unwittingly* / 下雪了，～出冷来了。Xiàxuě le, juéchū lěng lai le. *It is really cold in the snow.*

觉察 juéchá detect; become aware of; perceive; be awake to; realize; sense

觉得 juéde ① be conscious of; be aware of; find ② feel; think; hold; be of the opinion that; in sb.'s opinion; to one's mind

不觉 bùjué　　感觉 gǎnjué

❸[名]对外界刺激的感受和辨别：sense; perception

视觉 shìjué　　知觉 zhījué

See jiào.

绝 (絕) jué　9画 纟部

绝绝绝绝绝绝绝绝绝

❶[动]断：cut off; sever | 掌声不～zhǎngshēng bùjué *prolonged applause*

绝望 juéwàng give up all hope; despair

绝缘 juéyuán ① insulation ② be cut off from; be isolated from

杜绝 dùjué　　断绝 duànjué

隔绝 géjué　　拒绝 jùjué

谢绝 xièjué

滔滔不绝 tāotāo-bùjué

❷[形]完；穷尽：finished; used up; exhausted | 斩尽杀～zhǎnjìn-shājué *kill all* / 方法都用～了。Fāngfǎ dōu yòngjué le. *All possible means and ways have been tried.*

❸[形]独一无二的；没有人能赶上的：unique; superb; matchless | 叫～jiàojué *express admiration by thumping the table* / 你这个办法真～。Nǐ zhège bànfǎ zhēn jué. *Your idea is really superb.*

❹[副]最；极：extremely; most | ～大多数 jué dà duōshù *most; the overwhelming majority* / ～好的机会 jué hǎo de jīhuì *a wonderful opportunity*

❺[副]断然；绝对：definitely; categorically; absolutely | ～不可能 juébù kěnéng *absolutely impossible* / 你这样做，我～不同意。Nǐ zhèyàng zuò, wǒ juébù tóngyì. *In no case will I agree to your doing so.*

绝不 juébù nohow; not in the least

绝对 juéduì absolute(ly); definite(ly)

绝非 juéfēi nohow; not in the

least
◇ 绝句 juéjū *jueju*, a poem of four lines, each containing five or seven characters, with a strict tonal pattern and rhyme scheme; quatrain

掘 jué 11画 扌部

掘掘掘掘掘掘掘掘掘掘

[动] 刨；挖：dig; excavate; dig | ~土 jué tǔ *dig up the soil* / ~一口井 jué yī kǒu jǐng *dig a well*
发掘 fājué　　　挖掘 wājué

军 (軍) jūn 6画 冖部

军军军军军军

❶ [名] 军队：armed forces; army; troop
军备 jūnbèi armament; arms
军队 jūnduì armed forces; army; troop
军阀 jūnfá warlord
军官 jūnguān officer
军火 jūnhuǒ munitions; arms and ammunition
军舰 jūnjiàn warship; naval vessel
军人 jūnrén soldier; serviceman; armyman
军事 jūnshì military affairs
军用 jūnyòng for military use; military
军医 jūnyī medical officer; military surgeon
军装 jūnzhuāng military (army) uniform

裁军 cáijūn　　参军 cānjūn
撤军 chèjūn　　海军 hǎijūn
进军 jìnjūn　　　空军 kōngjūn
陆军 lùjūn　　　行军 xíngjūn
千军万马 qiānjūn-wànmǎ

❷ [名] 军队编制单位，是师的上一级：corps (military unit, higher than a division)
军长 jūnzhǎng army commander
◇ 季军 jìjūn

均 jūn 7画 土部

均均均均均均均

[形] 分布或分配在各部分的数量相同：equal; even | 分布不~ fēnbù bù jūn *not equally distributed*
均衡 jūnhéng balance; equilibrium
均匀 jūnyún even
平均 píngjūn　　人均 rénjūn

君 jūn 7画 口部

君君君君君君君

❶ [名] 国家的最高统治者：supreme ruler; monarch; sovereign |

国～ guójūn

君主 jūnzhǔ monarch; sovereign

❷ [名] 对人的尊称：(term of respect) Mr.; Ms. | 张～ Zhāng jūn *Mr. Zhang* / 我有要事与诸～商议。Wǒ yǒu yàoshì yǔ zhūjūn shāngyì. *I have something important to discuss with all of you.*

◇伪君子 wěijūnzǐ

菌 jūn 11画 艹部

菌菌菌菌菌菌菌菌菌菌菌

[名] 指细菌：bacteria

病菌 bìngjūn　　细菌 xìjūn

俊 jūn 9画 亻部

俊俊俊俊俊俊俊俊俊

❶ [名] 才智出众的人：a person of outstanding talent

俊杰 jūnjié a person of outstanding talent; hero

❷ [形] 相貌清秀好看：handsome; pretty in appearance | 那小姑娘真～。Nà xiǎo gūniang zhēn jūn. *That little girl is so pretty.*

英俊 yīngjùn

峻 jūn 10画 山部

峻峻峻峻峻峻峻峻峻峻

❶ [形] (山) 高大：(of mountains) high and big | 高山～岭 gāoshān-jùnlǐng *high mountains and lofty ranges*

❷ [形] 严厉：stern; severe | 严～ yánjùn *stern*

K k

咖 kā 8画 口部

咖 咖咖咖咖咖咖咖

See 咖啡

咖啡 kāfēi coffee

卡 kǎ 5画 卜部

卡 卡卡卡卡卡

❶[名]指卡车，运输货物等的载重汽车：lorry; truck

卡车 kǎchē lorry; truck

❷[名]卡片：card | 优惠～yōuhuìkǎ *preferential card* / 贺年～hèniánkǎ *New Year card* / 读者～dúzhěkǎ *library card*

卡片 kǎpiàn card

磁卡 cíkǎ 打卡 dǎkǎ

刷卡 shuākǎ

信用卡 xìnyòngkǎ

❸[量]热量单位卡路里的简称：short for calorie, the amount of heat needed to raise the temperature of one gram of water by one degree centigrade

◇卡通 kǎtōng ① caricature; cartoon ② animated film (or drawing)

开（開）kāi 4画 一部

开 开开开开

❶[动]打开（跟"关 guān""闭 bì"相对）：open (the opposite of "关 guān" or "闭 bì") | ～门 kāi mén *open the door* / ～抽屉 kāi chōuti *open a drawer*

开刀 kāidāo ① (inf.) perform or have an operation; operate or be operated on ② make sb. the first target of attack

开关 kāiguān switch

开口 kāikǒu open one's mouth; start to talk

开幕 kāimù ① the curtain rises ② open; inaugurate

开眼界 kāiyǎnjiè open one's eyes; widen one's view (or horizons); broaden one's mind

打开 dǎkāi 公开 gōngkāi

❷[动]解除；除掉：be released; quit; get rid of

开除 kāichú expel; discharge

开放 kāifàng ① come into bloom ② lift a ban, restriction, etc. ③ open to traffic or public use; be open (to the public)

❸[动]（液体）沸腾：boil | 水～了。Shuǐ kāi le. *The water is boiling.*

开水 kāishuǐ ① boiling water ② boiled water

423

❹[动]打通；开辟：get through; open up; hew out | ~路 kāilù *open a way* / ~矿 kāikuàng *open up a mine; exploit a mine*

开采 kāicǎi mine; extract; exploit

开发 kāifā develop; open up; exploit

开垦 kāikěn open up (reclaim) wasteland; bring under cultivation

开辟 kāipì open up; hew out; establish

开启 kāiqǐ open; start

开通 kāitōng ① remove obstacles from; dredge; clear ② open-minded; liberal; enlightened

开拓 kāituò open up; reclaim

开天辟地 kāitiān-pìdì ① when heaven was separated from earth; the creation of the world ② since the beginning of history

❺[动]开创；设立：set up; found; start; pioneer; establish; set up | ~工厂 kāi gōngchǎng *run a factory* / ~医院 kāi yīyuàn *set up a hospital* / 这里新~了一家店。Zhèlǐ xīn kāile yī jiā diàn. *A new shop has been set up here recently.*

开办 kāibàn open; set up; establish; start; found

开创 kāichuàng start; initiate

开设 kāishè open; set up; establish

开业 kāiyè ① (of a shop, etc.) start business ② (of a lawyer, doctor, etc.) open a private practice

开张 kāizhāng ① open a business; begin doing business ② conduct the first transaction of a day's business ③ (of certain activities) begin; start

❻[动]起始：begin; start | 这篇文章头~得好。Zhè piān wénzhāng tóu kāidehǎo. *The beginning of the article is well written.*

开饭 kāifàn serve a meal

开工 kāigōng ① (of a factory, etc.) go into operation ② (of work on a construction project, etc.) start

开课 kāikè ① school begins ② (chiefly in college) give a course; teach a subject

开盘 kāipán (econ.) give the opening quotation (on the exchange)

开始 kāishǐ begin; start; commence

开头 kāitóu begin; start

开学 kāixué school opens; term begins

开演 kāiyǎn begin; start

开场白 kāichǎngbái ① prologue (of a play) ② opening (or introductory) remarks

❼[动]举行(会议等)：hold / host (a meeting, etc.) | 会不~了。Huì bù kāi le. *The meeting is* cancelled. / 这个讨论会要~三天。Zhège tǎolùnhuì yào kāi sān tiān. *The symposium will last three days.*

开会 kāihuì hold a meeting
召开 zhàokāi

❽ [动]发动；操纵：start; operate; control | ~车 kāichē *drive a car* / ~动脑筋 kāidòng nǎojīn *exercise one's wits* / 火车~了。Huǒchē kāi le. *The train has started.*

开动 kāidòng start; set in motion

开枪 kāiqiāng fire with a rifle, pistol, etc.

❾ [动](合拢或连接的东西)展开；分离：spread out; unfold; separate; sever | 花~了。Huā kāi le. *The flowers bloomed.* / 扣子~了。Kòuzi kāi le. *The button has come untied.*

开花 kāihuā ① blossom; bloom ② feel happy or smile happily
开心 kāixīn feel happy
开展 kāizhǎn develop; launch
避开 bìkāi   分开 fēnkāi
揭开 jiēkāi   离开 líkāi
撇开 piēkāi   盛开 shèngkāi
展开 zhǎnkāi

❿ [动]写出；标出(价钱)：write out; make out; mark; indicate (the price) | ~发票 kāi fāpiào *make an invoice* / ~药方 kāi yàofāng *write out a prescription* / 介绍信~好了。Jièshào-xìn kāihǎo le. *The letter of introduction has been prepared.*

⓫ [动]支付：pay | ~工资 kāi gōngzī *pay out wages* / ~销 kāixiāo *expenses; spending*

开支 kāizhī spend; pay expenses

⓬ [动](队伍)由驻地或休息处出发：(of troops) move; set out | 队伍~走了。Duìwu kāizǒu le. *The troops moved away.*

⓭ [动]用在动词或形容词后作补语，表示动作扩大或继续下去：(used as a complement after a verb, indicating the extension or continuation of an action) open; widely | 睁~眼 zhēngkai yǎn *open one's eyes* / 打~窗子 dǎkai chuāngzi *open the window* / 这话传~了。Zhè huà chuánkai le. *These words have spread about.*

开化 kāihuà become civilized
开阔 kāikuò open; wide
开朗 kāilǎng sanguine; optimistic; outgoing
开明 kāimíng enlightened; liberal-minded
开玩笑 kāiwánxiào crack a joke; joke; make fun of
开夜车 kāiyèchē work late into the night; put in extra time at night; burn the midnight oil

◇ 开后门 kāihòumén open the "backdoor" — give sb. special advantage or privilege
开绿灯 kāilǜdēng give the green light; give the go-ahead

425

凯 (凯) kǎi 8画 几部

凯凯凯凯凯凯凯凯

[名]军队得胜回来奏的乐曲：(of troops) triumphant strains ｜ ~歌 kǎigē *a song of triumph*

凯旋 kǎixuán *triumphant return*

刊 kān 5画 干部

刊刊刊刊刊

❶[动]刻；排印出版：carve; engrave; print; publish ｜ ~载 kānzǎi *publish in a newspaper or magazine* / 停~ tíngkān *stop publication*

刊登 kāndēng publish in a newspaper or magazine; carry

❷[名]杂志；报纸上的专栏：magazine; a regular colume or feature in a newspaper ｜ 月~ yuèkān *monthly magazine*

刊物 kānwù *publication*

报刊 bàokān　　副刊 fùkān
期刊 qīkān　　书刊 shūkān
周刊 zhōukān

看 kān 9画 手部

看看看看看看看看看

❶[动]照料；守护：look after; take care of; guard; defend ｜ ~小孩 kān xiǎohái *look after the child* / ~门 kānmén *guard the entrance; serve as a doorkeeper* / ~家 kānjiā *look after the house; mind the house*

❷[动]监管：take into custody ｜ 把他~起来 bǎ tā kān qǐlai *detain him*

See kàn.

勘 kān 11画 力部

勘勘勘勘勘勘勘勘勘勘勘

[动]实地查看；探测：reconnoitre; prospect; survey; sound; probe ｜ ~查 kānchá *reconnoitre; prospect*

勘探 kāntàn *explore; prospect; exploration; prospecting*

砍 kǎn 9画 石部

砍砍砍砍砍砍砍砍砍

❶[动]用刀、斧猛劈：chop; cut (with a kinfe or axe) ｜ ~柴 kǎnchái *cut firewood* / 把树枝~下来 bǎ shùzhī kǎn xiàlai *cut off branches*

❷[动]削减；取消：cut (down / off) ｜ 这个项目被~掉了。Zhège

xiāngmù bèi kǎndiào le. *The project has been cancelled.*

看 kàn 9画 手部

看看看看看看看看看

❶ [动] 使视线接触人或物：see; look at ｜ ~书 kànshū *read (a book)* / ~电影 kàn diànyǐng *watch a film; go to the movies*

看见 kànjiàn catch sight of; see

看台 kàntái bleachers; stands

观看 guānkàn　好看 hǎokàn
难看 nánkàn　眼看 yǎnkàn

❷ [动] 观察并判断：observe and size up the situation ｜ 依我~ yī wǒ kàn *in my opinion (view)* / 他~问题很全面。Tā kàn wèntí hěn quánmiàn. *He always considers things in an all-round way.*

看来 kànlái it seems; it looks as if

看中 kànzhòng take a fancy to; settle on

看起来 kànqǐlai it looks as if; it seems; it appears

看上去 kànshàngqu it appears; it seems

看样子 kànyàngzi it seems (appears); it looks as if

查看 chákàn

❸ [动] 看待；对待：look upon; regard; treat; approach; handle ｜ 别把我当外人~。Bié bǎ wǒ dāng wàirén kàn. *Don't treat me as an outsider.*

看待 kàndài look upon; regard; treat

看法 kànfǎ view; a way of looking at things

看作 kànzuò look upon as; regard as

看不起 kànbuqǐ look down upon; disdain; scorn

❹ [动] 表示试一试：have a try ｜ 你猜猜~。Nǐ cāicāi kàn. *Take a guess.*

❺ [动] 诊治：treat; attend; give medical advice ｜ 大夫把我的病~好了。Dàifu bǎ wǒ de bìng kànhǎo le. *The doctor has cured my illness.*

看病 kànbìng ① attend; give medical advice ② see a doctor; consult a doctor

❻ [动] 提防；小心：mind; take care; watch out ｜ 别跑，~摔着。Bié pǎo, kàn shuāizháo. *Don't run. Be careful not to fall.*

❼ [动] 访问：visit ｜ ~朋友 kàn péngyou *visit one's friends* / 到医院里去~病人 dào yīyuàn li qù kàn bìngrén *go to the hospital to visit (or see) a patient*

看望 kànwàng call on; visit; see See kān.

康 kāng 11画 广部

康

康康康康康康康康康康康

[形] 身体强健: in good health | ~乐 kānglè *happy and peaceful*

康复 kāngfù *restored to health; recovered*

健康 jiànkāng

慷 kāng 14画 忄部

慷慷慷慷慷慷慷慷慷慷慷慷慷慷

See 慷慨

慷慨 kāngkǎi *generous; fervent*

糠 kāng 17画 米部

糠糠糠糠糠糠糠糠糠糠糠糠糠糠糠糠糠

[名] 从稻、麦、谷子等子实上脱下来的皮、壳: chaff; husk; bran | 米~ mǐkāng *rice bran*

扛 káng 6画 扌部

扛扛扛扛扛扛

[动] 用肩膀担着: carry on the shoulder | ~枪 káng qiāng *shoulder a gun* / ~粮食 káng liángshi *carry (a bag of) grain on one's shoulder* / 这箱子太重，我~不动。Zhè xiāngzi tài zhòng, wǒ kángbudòng. *The suitcase is too heavy for me to carry on.*

抗 kàng 7画 扌部

抗抗抗抗抗抗抗

❶ [动] 抵挡；抵御: resist; combat; defend; guard against | ~洪 kànghóng *fight or combat a flood*

抗旱 kànghàn *fight (combat) a drought*

抗击 kàngjī *resist; beat back*

抗战 kàngzhàn ① *war of resistance against aggression* ② *short for the War of Resistance Against Japan*

抵抗 dǐkàng 对抗 duìkàng
反抗 fǎnkàng

❷ [动] 拒绝；不接受: refuse; defy | ~拒 kàngjù *resist; defy* / ~命 kàngmìng *defy orders; disobey*

抗议 kàngyì *protest*

炕 kàng 8画 火部

炕炕炕炕炕炕炕炕

[名] 北方用砖或土坯砌成的睡觉用的长方台，下面有洞，连通烟道，可烧火取暖: *kang*, heatable bed made of brick, clay, etc., with a hole underneath attached to a chimney (generally used in North China) | ～烧得真热。Kàng shāo de zhēn rè. *The kang is so warm.*

考 kǎo 6画 尸部

考 考考考考考考

❶ [动] 考试：give an examination; take an examination | ～语文 kǎo yǔwén *examination in Chinese* / 数学很难～。Shùxué hěn nán kǎo. *The mathematics examination is very difficult.*

考场 kǎochǎng an examination hall or room

考取 kǎoqǔ pass an entrance examination; be admitted to school or college (after an examination)

考生 kǎoshēng a candidate for an examination; examinee

考试 kǎoshì ①take an exam ② examination; test

报考 bàokǎo　　高考 gāokǎo

❷ [动] 检查：check; inspect | ～勤 kǎoqín *check on work attendance*

考察 kǎochá ① inspect; make an on-the-spot investigation ② observe and study

考核 kǎohé exam; check; assess sb.'s proficiency

考验 kǎoyàn test; trial; ordeal

❸ [动] 仔细地想；研究：think over; consider; study; investigate | ～证 kǎozhèng *make textual criticism; do textual research*

考古 kǎogǔ ①engage in archaeological studies ② archaeology

考虑 kǎolǜ think over; consider

参考 cānkǎo　　思考 sīkǎo

烤 kǎo 10画 火部

烤 烤烤烤烤烤烤烤烤烤烤

❶ [动] 用火把东西烘熟或烘干：bake; roast; toast | ～面包 kǎo miànbāo *toast; toast bread* / 把你的湿袜子～干。Bǎ nǐ de shī wàzi kǎogān. *Dry your wet socks by the fire.*

烤鸭 kǎoyā roast duck

❷ [动] 靠近火取暖：warm oneself by a fire or other sources of heat | ～手 kǎoshǒu *warm one's hands (by a fire or a heater, etc.)* / 围炉～火 wéi lú kǎohuǒ *warm oneself by a fire*

靠 kào 15画 非部

靠 靠靠靠靠靠靠靠靠靠靠靠靠靠靠

❶ [动] (人) 倚在别的人或东西上支持身体：lean against; lean on | 背～沙发 bèi kào shāfā *lean one's back against the sofa* / ~墙站着 kào qiáng zhànzhe *lean against the wall* / 孩子~在妈妈身上睡着了。Háizi kào zài māma shēnshang shuìzháo le. *The child has fallen asleep on her mother's lap.*

❷[动] 物体凭借别的东西支持而立住：lean against sth. for support | 雨伞~着椅子。Yǔsǎn kàozhe yǐzi. *The umbrella was leaning against the chair.*

❸[动] 接近；挨近：get near; come up to | 船~岸了。Chuán kào'àn le. *The ship has pulled into shore.*

靠近 kàojìn ① be close to; be near ② draw near; approach
停靠 tíngkào

❹[动] 依赖：depend on; rely on; be dependent on | 要创造幸福，全~我们自己。Yào chuàngzào xìngfú, quán kào wǒmen zìjǐ. *It all depends on ourselves to bring about happiness in our life.* / 他学习好完全是~勤奋。Tā xuéxí hǎo wánquán shì kào qínfèn. *It is hard work that enables him to excel in study.* / 我~朋友的帮助解决了困难。Wǒ kào péngyou de bāngzhù jiějuéle kùnnan. *I overcame the difficulty with the help of my friends.* / 他~自学考上了大学。Tā kào zìxué kǎoshàngle dàxué. *He passed the college entrance examination by self-learning.*

依靠 yīkào

❺[动] 信任；信赖：have confidence in; trust; count on; have faith in | ~得住 kàodezhù *reliable; trustworthy* / 这个人~不住。Zhège rén kàobuzhù. *This fellow is not trustworthy.*

可靠 kěkào

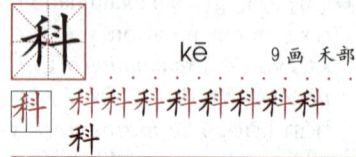

科 kē 9画 禾部

科科科科科科科科科

❶[名] 学术或业务的类别：branch of academic or vocational study | 牙~ yákē *dentistry* / 文~ wénkē *liberal arts* / 理~ lǐkē *science (as a branch of study)*

科技 kējì science and technology
科目 kēmù subject (in a curriculum); course
科普 kēpǔ popular science
科学 kēxué science; scientific knowledge
科研 kēyán scientific research
科学家 kēxuéjiā scientist
科学院 kēxuéyuàn academy of sciences
本科 běnkē   内科 nèikē
外科 wàikē   学科 xuékē
本科生 běnkēshēng
教科书 jiàokēshū

❷ [名]行政机关按工作性质而分设的办事部门：department; section | 财务~cáiwùkē *finance section* / 总务~zǒngwùkē *general affairs section*
科长 kēzhǎng section chief

棵 kē 12画 木部

棵棵棵棵棵棵棵棵棵棵棵棵

[量]用于植物等：used for plants | 一~树 yī kē shū *a tree* / 三~白菜 sān kē báicài *three heads of Chinese cabbage*

颗（顆） kē 14画 页部

颗颗颗颗颗颗颗颗颗颗颗颗颗颗

[量]多用于圆粒状的东西：used for things small and roundish | 一~珍珠 yī kē zhēnzhū *a piece of pearl* / 一~心 yī kē xīn *a heart*
◇颗粒 kēlì ① anything small and roundish (as a bean, pearl, etc.); pellet ② grain

磕 kē 15画 石部

磕磕磕磕磕磕磕磕磕磕磕磕磕磕磕

❶ [动]碰在硬东西上：knock against sth. hard | ~破了头 kēpòle tóu *knocked heavily and injured one's head* / 碗边~掉了一块。Wǎnbiān kēdiàole yī kuài. *The edge of the bowl was partly chipped.*
❷ [动]磕打：knock sth. out of a vessel; knock out; rap | 请把烟灰~在烟灰缸里。Qǐng bǎ yānhuī kē zài yānhuīgāng li. *Please knock off cigarette ash in the ashtray.*

壳（殼） ké 7画 士部

壳壳壳壳壳壳壳壳

[名]坚硬的外皮：shell | 鸡蛋~儿 jīdànkér *egg shell* / 子弹~儿 zǐdànkér *bullet shell*
贝壳 bèiké

咳 ké 9画 口部

咳咳咳咳咳咳咳咳咳

[动] cough | 病人~得很厉害。Bìngrén ké de hěn lìhai. *The patient coughed badly.*
咳嗽 késou cough
See hāi.

可 kě 5画 口部

431

可 可可可可可

❶ [动] 表示准许：expressing approval; may｜不置～否 bùzhìkěfǒu *neither approve nor deny*

认可 rènkě　　　许可 xǔkě

❷ [动] 可以或能够：can or may｜～大～小 kě dà kě xiǎo *can be larger or smaller* /～长～短 kě cháng kě duǎn *can be either longer or shorter*

可见 kějiàn it is thus clear (evident, obvious) that

可靠 kěkào reliable

可乐 kělè ① laughable; funny; amusing ② cola (a type of non-alcoholic drink)

可行 kěxíng feasible

可疑 kěyí suspicious; dubious; questionable

可以 kěyǐ ① can; may ② passable; pretty good; not bad

可想而知 kěxiǎng'érzhī you can imagine it

不可 bùkě　　　宁可 nìngkě

不可避免 bùkě bìmiǎn

不可思议 bùkě-sīyì

大有可为 dàyǒu-kěwéi

无话可说 wúhuà-kěshuō

无可奉告 wúkěfènggào

无可奈何 wúkěnàihé

由此可见 yóucǐ-kějiàn

❸ [动] 表示值得或应该：be worth (doing); need (doing)｜这本书没什么～看的。Zhè běn shū méi shénme kě kàn de. *The book is not worth reading in general.*

可爱 kě'ài lovely

可观 kěguān ① worth seeing ② considerable; sizable

可贵 kěguì valuable; praiseworthy; commendable

可怜 kělián ① pitiful; pitiable; poor ② have pity on; pity

可怕 kěpà fearful; frightful; terrible

可恶 kěwù hateful; abominable; detestable

可惜 kěxī it's a pity; it's too bad

可喜 kěxǐ gratifying; heartening

可笑 kěxiào laughable; ridiculous

可歌可泣 kěgē-kěqì move one to song and tears

❹ [副] 用在不同类型的句子里，加强不同的语气：used in various types of sentences to intensify the tone｜他学习～用功了。Tā xuéxí kě yònggōng le. *He studies really hard.* / 你～知道？Nǐ kě zhīdào? *Have you ever known it?* / 这话～是真的？Zhè huà kě shì zhēn de? *Is that really true?*

可不是 kěbushì isn't it so (used in a rhetorical question)

❺ [连] 可是；但是：yet; but｜大家很累，～都很愉快。Dàjiā hěn lèi, kě dōu hěn yúkuài. *Everybody was very tired and yet so happy.* / 他年纪虽小，～知道的事不少。Tā niánjì suī xiǎo, kě zhīdào de shì bù shǎo. *Young as he is, he knows a lot.*

可是 kěshì but; yet; however

❻[动] 适合；合意：suit; fit; satisfy; to the satisfaction of ｜ ~心 kěxīn *satisfying; to the satisfaction of one's heart*

可口 kěkǒu good to eat; delicious; tasty; palatable

可巧 kěqiǎo as luck would have it; luckily

◇ 可能 kěnéng ① possibility ② possible

渴 kě 12画 氵部

渴渴渴渴渴渴渴渴渴渴渴渴

❶[形] 口干想喝水：thirsty (for water) ｜ 我~了。Wǒ kě le. *I'm thirsty.* / 西瓜可以解~。Xīguā kěyǐ jiěkě. *Watermelon can quench one's thirst.*

❷[形] 迫切地：eager ｜ ~求 kěqiú *crave for*

渴望 kěwàng thirst for; long for; yearn for

克 (剋❶) kè 7画 十部

克克克克克克克

❶[动] 制服；抑制：overcome; overwhelm; restrain; control; check ｜ 以柔~刚 yǐróu-kè-gāng *subdue toughness with softness*

克服 kèfú surmount; overcome; conquer

攻克 gōngkè

❷[量] 法定质量单位，1000 克为 1 公斤：unit of weight, 1,000 grams is equal to one kilogram ｜ 每人每天吃8~盐就够了。Měi rén měi tiān chī bā kè yán jiù gòu le. *It is enough for one person to take in eight grams of salt each day.*

◇ 克隆 kèlóng clone

夹克 jiākè 　皮夹克 píjiākè

巧克力 qiǎokèlì

奥林匹克 Àolínpǐkè

刻 kè 8画 刂部

刻刻刻刻刻刻刻刻

❶[动] 用刀子在器物上雕：carve; engrave; cut ｜ ~图章 kè túzhāng *cut a seal*

雕刻 diāokè

❷[量] 时间单位，十五分钟为一刻：unit of time, 15 minutes; quarter ｜ 飞机下午两点一~起飞。Fēijī xiàwǔ liǎng diǎn yī kè qǐfēi. *The plane takes off at 2:15 pm.* / 一个课时有三~钟。Yī gè kèshí yǒu sān kè zhōng. *One period lasts 3 quarters.*

❸[名] 短暂的时间；时候：a short time; time ｜ 顷~ qīngkè *in a*

moment
此刻 cǐkè　　　立刻 lìkè
片刻 piànkè　　时刻 shíkè

❹ [形] 形容程度极深：indicating a very high degree | 深~ shēnkè *profound; penetrating*

刻苦 kèkǔ ① assiduous; hardworking; painstaking ② (of life style) simple and frugal

刻意 kèyì be painstaking; be meticulous about; sedulously strive

客 kè　9画 宀部

客 客客客客客客客客客

❶ [名] 被邀请或来访的人（跟"主zhǔ"相对）：guest; visitor (the opposite of "主zhǔ") | 招待~人 zhāodài kèrén *entertain guests* / 家里来~了。Jiālǐ lái kè le. *There are visitors to my home.* / 晚上主人请~。Wǎnshang zhǔrén qǐngkè. *The host will treat guests tonight.*

客人 kèrén visitors; guests
客厅 kètīng drawing room; parlour

好客 hàokè　　　会客 huìkè
来客 láikè　　　请客 qǐngkè
作客 zuòkè　　　做客 zuòkè

❷ [名] 旅店业、交通运输业、服务行业对主顾的称呼：guest at a hotel; passenger of public transportation; customer in a service trade

客车 kèchē ① passenger train ② bus
客户 kèhù customer
客机 kèjī passenger plane; airliner

乘客 chéngkè　　顾客 gùkè
旅客 lǚkè　　　　游客 yóukè

❸ [形] 离开人的意识而独立存在的：objective | ~体 kètǐ *object*
客观 kèguān objective

◇ 客气 kèqi ① polite; courteous ② modest ③ make polite remarks or act politely; be polite; be courteous

客套话 kètàohuà polite expressions of formulas

课（課）kè　10画 讠部

课 课课课课课课课课课课

❶ [名] 有计划的分段教学：lesson | 今天没~。Jīntiān méi kè. *We don't have class today.*

课本 kèběn textbook
课程 kèchéng course; curriculum
课时 kèshí class hour; period
课堂 kètáng classroom; schoolroom
课题 kètí ① a theme for study or discussion ② problem; task
课文 kèwén text
课程表 kèchéngbiǎo school

timetable; class schedule
补课 bǔkè　　讲课 jiǎngkè
开课 kāikè　　旷课 kuàngkè
上课 shàngkè　下课 xiàkè

❷[名]教学活动的时间单位：class hour; period | 上午有4节～。Shàngwǔ yǒu sì jié kè. *There are four periods in the morning.*
课时 kèshí lesson hour

❸[名]教学科目：subject; course | 这学期新开一门～。Zhè xuéqī xīn kāi yī mén kè. *A new subject has been set in this term.* / 我选修了三门～。Wǒ xuǎnxiūle sān mén kè. *I have three elective courses.*

肯 kěn　8画 止部

肯肯肯肯肯肯肯肯

❶[动] 同意；许可：agree; consent; allow; permit | 他不～来。Tā bù kěn lái. *He is not willing to come over.* / 只要你～做就能成功。Zhǐyào nǐ kěn zuò jiù néng chénggōng. *If only you are willing to have a try, you are sure to make it.*

❷[动] 表示愿意：be willing to | 这孩子～帮助人。Zhè háizi kěn bāngzhù rén. *The child is always willing to offer help to others.* / 只要你～下功夫，就可以学会。Zhǐyào nǐ kěn xià gōngfu, jiù kěyǐ xuéhuì. *If you are willing to make efforts, you are sure to learn it.*

◇肯定 kěndìng ① affirm; confirm; approve; regard as positive ② positive ③ definite; sure

恳 (懇) kěn　10画 心部

恳恳恳恳恳恳恳恳恳恳

[形]真诚：genuine; sincere; true | ～谈 kěntán *exchange opinions sincerely*
恳切 kěnqiè earnest; sincere
恳求 kěnqiú implore; entreat; beseech
诚恳 chéngkěn　勤恳 qínkěn

啃 kěn　11画 口部

啃啃啃啃啃啃啃啃啃啃啃

[动] 一点儿一点儿往下咬；也比喻刻苦地钻研：keep biting hard bit by bit; gnaw; nibble; (fig.) work hard at sth. | ～骨头 kěn gǔtou *gnaw a bone* / ～书本 kěn shūběn *delve into books*

坑 kēng　7画 土部

坑坑坑坑坑坑坑

[名]洼下去的地方：hole; pit;

hollow | 水~shuǐkēng *puddle; pool* / 泥~níkēng *mud pit; mire* / 他们在挖~栽树。Tāmen zài wā kēng zāi shù. *They are digging pits to plant trees in.*

空

kōng 8画 穴部

空空空空空空空空

❶ [形] 里面没有内容或没有东西；不切实际的：empty; hollow; void; unrealistic; impractical | ~房子 kōng fángzi *an empty house* / ~谈 kōngtán *empty talk*
空洞 kōngdòng empty; hollow
空话 kōnghuà empty talk; hollow words
空想 kōngxiǎng day dream; an impractical idea
空心 kōngxīn hollow
空虚 kōngxū hollow; void
一场空 yīchángkōng

❷ [名] 天空：sky; heaven
空间 kōngjiān space
空军 kōngjūn air force
空中 kōngzhōng in the sky; in the air; aerial; overhead
空间站 kōngjiānzhàn space station
空中小姐 kōngzhōng xiǎojiě air hostess; stewdess
高空 gāokōng 航空 hángkōng
上空 shàngkōng 太空 tàikōng
天空 tiānkōng

◇空气 kōngqì ① air ② atmosphere
空前 kōngqián unprecedented
空调 kōngtiáo air-conditioner; air conditioning

See kòng.

孔

kǒng 4画 子部

孔孔孔孔

[名] 洞；窟窿：cave; opening; hole | 鼻~ bíkǒng *nostril* / 针~ zhēnkǒng *the eye of a needle; pinprick*

◇孔雀 kǒngquè peacock
孔子 Kǒngzǐ Confucius

恐

kǒng 10画 心部

恐恐恐恐恐恐恐恐恐恐

[动] 害怕：be afraid of; fear | 唯~完成不了任务 wéikǒng wánchéng bùliǎo rènwù *for fear that the task may not be finished*
恐怖 kǒngbù terror
恐慌 kǒnghuāng panic
恐惧 kǒngjù fear; dread; be afraid of
恐怕 kǒngpà ① fear; dread; be afraid ② perhaps; probably; maybe
争先恐后 zhēngxiān-kǒnghòu

空 kōng 8画 穴部

空空空空空空空空

❶ [动] 腾出来；使空：vacate; leave empty｜～一个格儿 kōng yī gè gér *leave a blank space* / ～出一间房子 kōngchu yī jiān fángzi *vacate a room*

❷ [形] 空缺的；没有使用的：unoccupied; vacant｜～房 kōngfáng *a vacant house (or room)* / ～地 kōngdì *vacant lot; open ground*

空白 kōngbái blank space

空缺 kōngquē ① vacant position; vacancy ② gap (in a broad sense); empty or missing part of sth.

空隙 kōngxì space; gap; interval

❸ [名] 未被利用的地方或时间：free time; spare time; vacant space｜有～儿再来。Yǒu kòngr zài lái. *Come over again when you're free.* / 屋子里满得连一点儿～儿都没有。Wūzi li mǎn de lián yīdiǎnr kòngr dōu méiyǒu. *The room was so crowded that there was no vacant space left at all.*

空儿 kòngr unoccupied; vacant
抽空儿 chōukòngr
钻空子 zuānkòngzi
See kōng.

控 kòng 11画 扌部

控控控控控控控控控控控

❶ [动] 掌握；操纵：grasp; master; know well; operate; control

控制 kòngzhì control; dominate; command

监控 jiānkòng 失控 shīkòng
遥控 yáokòng

❷ [动] 告发；揭发：report (an offender); inform against; expose; lay bare｜～告 kònggào *accuse; charge*

控诉 kòngsù accuse; denounce; make a complaint against

指控 zhǐkòng

抠 (摳) kōu 7画 扌部

抠抠抠抠抠抠抠

❶ [动] 用手指或细小的东西挖或掏：dig or dig out with a finger or sth. pointed｜～了个小洞 kōule ge xiǎo dòng *have dug a small hole* / 这孩子把自已的脸～破了。Zhè háizi bǎ zìjǐ de liǎn kōupò le. *The kid had his face scratched by himself.*

❷ [动] 雕刻：carve; cut｜他把树根～成一件艺术品。Tā bǎ shùgēn kōuchéng yī jiàn yìshùpǐn. *He produced an art work*

437

out of a length of tree root.

❸ [动]不必要的深究：go into (a matter) in unnecessary earnest; split hairs | ~字眼儿 kōu zìyǎnr *find fault carefully with the choice of words* / 死~书本 sǐ kōu shūběn *pay too much attention to book knowledge; be inflexible in studying*

口 kǒu 3画 口部

口 口 口 口

❶ [名]嘴：mouth | 病从~入 bìng cóng kǒu rù *illness finds its way in by the mouth; illness comes from unhealthy eating habit*

口腔 kǒuqiāng oral cavity
口味 kǒuwèi ① a person's taste ② the flavour or taste of food
开口 kāikǒu　　可口 kěkǒu

❷ [名]指说话：talk, speech, utterance

口号 kǒuhào slogan; watchword
口气 kǒuqì tone; note
口试 kǒushì oral examination; oral test
口头 kǒutóu oral; orally
口语 kǒuyǔ spoken language
有口无心 yǒukǒu-wúxīn

❸ [名]容器通外面的地方：opening; mouth | 碗~ wǎnkǒu *rim of a bowl* / 瓶~ píngkǒu *mouth of a bottle*

窗口 chuāngkǒu　接口 jiēkǒu

❹ [名]出入通过的地方：opening; entrance; inlet; outlet; exit | 海~ hǎikǒu *seaport* / 胡同~儿 hútòngkǒur *entrance of an alley*

口岸 kǒu'àn port
出口 chūkǒu　渡口 dùkǒu
港口 gǎngkǒu　进口 jìnkǒu
路口 lùkǒu　　门口 ménkǒu
入口 rùkǒu

❺ [名]（人体或物体表面）破裂的地方；cut; hole; opening | 衣服撕了个~儿。Yīfu sīle ge kǒur. *The clothes was torn split.*

决口 juékǒu　　缺口 quēkǒu
伤口 shāngkǒu

❻ [量]用于人或物：measure word for family members or utensils | 一家五~ yī jiā wǔ kǒu *a family of five* / 一~锅 yī kǒu guō *a pot* / 一~井 yī kǒu jǐng *a well*

❼ [量]用于口腔动作的次数：used to denote the number of oral actions | 一~水 yī kǒu shuǐ *a mouthful of water* / 一~饭 yī kǒu fàn *a mouthful of food*
一口气 yīkǒuqì

◇ 口袋 kǒudài pocket

扣 kòu 6画 扌部

扣 扣 扣 扣 扣 扣

❶ [动]用圈、环一类的东西套住或

搭住：button up; buckle; do up the buttons｜把门~上 bǎ mén kōushang *latch the door* / 他正在~衣服扣子。Tā zhèngzài kòu yīfu kòuzi. *He is doing up the buttons of his clothes.*

❷[名]纽扣：button｜衣~儿 yī-kòur *button*

纽扣儿 niǔkòur

❸[动]强制留下；关押：detain; keep from leaving; hold in custody｜驾驶证被~了。Jiàshǐzhèng bèi kòu le. *The driver's licence has been taken away (by the police).* / 他被~了起来。Tā bèi kòule qǐlai. *He has been detained (or arrested).*

扣押 kòuyā ① detain; hold in custody ② (leg.) distrain; seize

❹[动]从原数额中减去一部分：deduct; take off｜~工资 kòu gōngzī *deduct a certain part from one's salary (because of certain reasons)*

扣除 kòuchú deduct

回扣 huíkòu　　折扣 zhékòu

❺[动]器物口朝下放或覆盖东西：place a cup, bowl, etc. upside down; cover with an inverted container｜把碗~在桌上 bǎ wǎn kòu zài zhuō shang *place the bowl upside down on the table* / 把饭~上，免得凉了。Bǎ fàn kòushang, miǎn de liáng le. *Cover the bowl of rice with a lid to keep warm.*

❻[动]用力朝下击打（球）：smash (the ball forcefully)｜~球 kòuqiú *smash the ball*

枯 kū　9画 木部

枯枯枯枯枯枯枯枯枯

❶[形]植物等失去水分：dried up; withered｜草~了。Cǎo kū le. *The grass withered.* / 树已经~朽了。Shù yǐjīng kūxiǔ le. *The tree has dried and decayed.*

❷[形]（河、井）等变干：(of river, well) dry up｜这口井~了。Zhè kǒu jǐng kū le. *The well has dried up.*

❸[形]没有趣味：uninteresting; dull

枯燥 kūzào dry and dull; uninteresting

哭 kū　10画 犬部

哭哭哭哭哭哭哭哭哭哭

[动]因悲伤或激动而流泪（有时发出声音）：weep; cry; sob｜放声大~ fàngshēng dà kū *cry loudly* / 痛~ tòngkū *weep bitter tears; cry one's heart out* / 姑娘激动得~了。Gūniang jīdòng de kū le. *The girl was so excited that she burst into tears.*

哭笑不得 kūxiào-bùdé not

know whether to laugh or to cry; find sth. both funny and annoying

窟 kū 13画 穴部

窟窟窟窟窟窟窟窟窟窟窟窟窟

[名]洞穴:hole; cave | 狼~lángkū *wolves' den*

窟窿 kūlong ① hole; cavity ② deficit; debt

苦 kǔ 8画 艹部

苦苦苦苦苦苦苦苦

❶[形](跟"甜tián"相对):bitter (the opposite of "甜tián") | 这药很~。Zhè yào hěn kǔ. *This medicine tastes very bitter.* / 良药~口 liángyào-kǔkǒu *good medicine tastes bitter*

苦瓜 kǔguā (bot.) balsam pear

❷[形]难受;痛苦:suffering; pain; having a hard time | 吃~chīkǔ *bear hardships* / ~日子已经过去了。Kǔ rìzi yǐjīng guòqu le. *The hard days have gone.*

苦难 kǔnàn suffering; misery; distress

苦恼 kǔnǎo vexed; worried

艰苦 jiānkǔ   刻苦 kèkǔ
困苦 kùnkǔ   贫苦 pínkǔ
穷苦 qióngkǔ 痛苦 tòngkǔ
辛苦 xīnkǔ

❸[副]竭力;耐心地:with all one's might; assiduously; patiently | ~干苦干 kǔgān *do one's utmost* / ~练基本功 kǔ liàn jīběnggōng *practice basic skill very hard*

苦苦 kǔkǔ strenuously; hard; persistently

库 (庫) kù 7画 广部

库库库库库库库

[名]warehouse | 书~shūkù *stack room (for books)* / 这种商品~里还有很多。Zhè zhǒng shāngpǐn kù li háiyǒu hěn duō. *We have plenty stock of this goods.*

库存 kùcún stock; reserve

库房 kùfáng storehouse; storeroom

宝库 bǎokù   仓库 cāngkù
水库 shuǐkù
国库券 guókùquàn
数据库 shùjùkù

裤 (褲) kù 12画 衤部

裤裤裤裤裤裤裤裤裤裤裤裤

[名]裤子:trousers; pants | 棉~miánkù *cotton-padded trousers* / 短~duǎnkù *shorts*

裤子 kùzi trousers; pants

内裤 nèikù   牛仔裤 niúzǎikù

夸 (誇) kuā 6画 大部

夸夸夸夸夸夸

❶[动]说大话：exaggerate; talk big | ~口 kuākǒu boast; brag / ~张 kuāzhāng exaggerate / 不要~大 bùyào kuādà don't exaggerate; no exaggeration

夸大 kuādà exaggerate; overstate; magnify

❷[动]称赞：praise; commend; speak highly of | 人人都~他进步快。Rénrén dōu kuā tā jìnbù kuài. Everyone praised him for his rapid progress.

夸奖 kuājiǎng praise; commend; extol; compliment

垮 kuǎ 9画 土部

垮垮垮垮垮垮垮垮垮

[动]倒塌：collapse; fall; break down | 房子被大水冲~了。Fángzi bèi dàshuǐ chōngkuǎ le. The flood broke down the house.

挎 kuà 9画 扌部

挎挎挎挎挎挎挎挎挎

❶[动]用胳膊钩或挂住东西：carry on the arm | 他胳膊上~着篮子。Tā gēbo shang kuàzhe lánzi. He carries a basket on his arm.

❷[动]把东西挂在肩上、脖颈或腰里：sling; hang | 肩上~着一个包 jiānshang kuàzhe yī gè bāo carry a bag over one's shoulder / 他脖子上~着一个照相机。Tā bózi shang kuà-zhe yī gè zhàoxiàngjī. He had a camera slung over his neck. / 他腰上~着一把剑。Tā yāoshang kuàzhe yī bǎ jiàn. He had a sword hanging at his side.

跨 kuà 13画 足部

跨跨跨跨跨跨跨跨跨跨跨跨跨

❶[动]抬起一只脚向前或向左右迈（一大步）：stride forward or sideways | ~着大步 kuàzhe dàbù walk with great strides / ~进校门 kuàjìn xiàomén enter a school; enter the school gate

❷[动]两腿分在物体的两边坐着或立着：ride (a horse, etc.) astride; straddle; bestride | ~在马上 kuà zài mǎ shang mount a horse

❸[动]超越一定数量、时间或地区的界限：cut across; go beyond

441

| ～年度 kuà niándù *go beyond the year* / ～地区 kuà dìqū *transregional* / ～行业 kuà hángyè *across professions*
跨越 kuàyuè *stride across; leap over; cut across; span*

会 (會) kuài 6画 人部

会会会会会会

[动]总计；合计：*amount to; add up to; total*
会计 kuàijì *accounting*
会计师 kuàijìshī *certified accountant; chief accountant; treasurer*
　　See huì.

块 (塊) kuài 7画 土部

块块块块块块块

❶[名]成团块状的东西：*piece; lump; chunk* | 糖～儿 tángkuàir *hard candy (or fruit drops); lump of sugar* / 土～儿 tǔkuàir *lump of earth; clod*

❷[量]用于块状或片状的东西：*measure word for a piece (cake) of sth.* | 一～香皂 yī kuài xiāngzào *a cake of perfumed soap* / 一～手表 yī kuài shǒubiǎo *a wristwatch* / 一～布 yī kuài bù *a piece of cloth*

❸[量]用于货币，相当于"元yuán"：*used for currency as "元 yuán"* | 一～钱 yī kuài qián *one yuan*
◇一块儿 yīkuàir

快 kuài 7画 忄部

快快快快快快快

❶[形]高兴；喜悦：*happy; pleased; gratified* | 拍手称～ pāishǒuchēngkuài *clap and cheer*
快活 kuàihuo *happy; cheerful*
快乐 kuàilè *happy; joyful; cheerful*
愉快 yúkuài

❷[形]直爽；直截了当：*plain-spoken; straightforward; forthright* | 心直口～ xīnzhí-kǒukuài *quick in speech and straightforward in thought; open-hearted and outspoken*
爽快 shuǎngkuai
痛痛快快 tòngtòng-kuàikuài

❸[形]速度高，迅速（跟"慢màn"相对）：*fast; quick; rapid; swift (the opposite of "慢màn")* | 车 kuàichē *express train (or bus)* / 进步很～ jìnbù hěn kuài *make rapid progress* / 他跑得真～。Tā pǎo de zhēn kuài. *He runs so fast.*
快餐 kuàicān *quick meal; snack; fast food*
快递 kuàidì *express delivery*
快件 kuàijiàn *express mail, package, etc.*

快捷 kuàijié fast (speed); nimble (action)

快速 kuàisù fast; quick; high-speed

飞快 fēikuài　赶快 gǎnkuài
尽快 jǐnkuài

❹ [形]锋利（跟"钝 dùn"相对）：sharp; keen (the opposite of "钝 dùn") | 这剪刀不~。Zhè jiǎndāo bù kuài. *This pair of scissors is not sharp.*

❺ [形]反映敏捷：quick-witted; ingenious | 脑子~nǎozi kuài *quick-witted; quick-minded*

❻ [副]赶紧；从速：hurry; make haste; as soon as possible | ~上学去! Kuài shàngxué qù! *Hurry to school!* / ~回去吧! Kuài huíqu ba! *Go back immediately!* / 你~来帮我一下。Nǐ kuài lái bāng wǒ yīxià. *Come over hurriedly and give me a hand.*

❼ [副]将要；马上；就：about to; immediately; right away; in a moment | 天~亮了。Tiān kuài liàng le. *It's going to dawn.* / 他~五十岁了。Tā kuài wǔshí suì le. *He is nearly fifty years old.* / 我~毕业了。Wǒ kuài bìyè le. *I'm going to graduate soon.*

◇捞外快 lāowàikuài

筷 kuài　13画 竹部

筷筷筷筷筷筷筷筷筷
筷筷筷筷筷

See 筷子
　筷子 kuàizi chopsticks

宽（寬）kuān　10画 宀部

宽宽宽宽宽宽宽宽
宽宽

❶ [形]横向的距离大；面积大（跟"窄 zhǎi"相对）：wide; broad; roomy; spacious (the opposite of "窄 zhǎi") | 这衣服太~了。Zhè yīfu tài kuān le. *This clothes is too baggy.* / 这条马路很~。Zhè tiáo mǎlù hěn kuān. *The street is spacious.*

宽敞 kuānchǎng spacious; roomy

宽大 kuāndà ① spacious; roomy ② lenient

宽度 kuāndù width; breadth

宽广 kuānguǎng broad; extensive; vast

宽阔 kuānkuò broad; wide

❷ [形]度量大；不严厉：tolerant; magnanimous; generous; lenient | ~容 kuānróng *tolerant; lenient* / ~厚 kuānhòu *tolerant and generous; honest and kind* / 从~处理 cóngkuān chǔlǐ *handle leniently; treat with leniency*

宽松 kuānsōng ① (of clothes)

loose and comfortable ② not crowded ③ feel relieved; be free from worry ④ comfortably off; ample; easy

❸ [形]富余: well-to-do; comfortably off; well-off | 手头不~ shǒutóu bù kuān *not well-off; short of money*

款 kuǎn 12画 欠部

款款款款款款款款款款款款

❶ [形]诚恳；殷勤: sincere; earnest; cordial; eagerly attentive; solicitous | ~待 kuǎndài *treat cordially; entertain; receive cordially*

❷ [名]法令、规章等分条列举的事项: section; paragraph; item | 条~ tiáokuǎn *clause (in a formal document)*

❸ [名]钱: money | 现~ xiānkuǎn *cash*

拨款 bōkuǎn 存款 cúnkuǎn
贷款 dàikuǎn 罚款 fákuǎn
付款 fùkuǎn 公款 gōngkuǎn
货款 huòkuǎn 捐款 juānkuǎn
赔款 péikuǎn

◇款式 kuǎnshì pattern; style; design
新款 xīnkuǎn

筐 kuāng 12画 竹部

筐筐筐筐筐筐筐筐筐筐筐筐

[名]用竹子、柳条或荆条编成的盛东西的器具: basket; crate made of bamboo, willow twigs, etc. | 竹~ zhúkuāng *bamboo basket*
箩筐 luókuāng

狂 kuáng 7画 犭部

狂狂狂狂狂狂狂

❶ [形]疯；精神失常: mad; insane; crazy; out of one's mind | 发~ fākuáng *go mad; go crazy*
狂热 kuángrè fanaticism
疯狂 fēngkuáng

❷ [形]极端的自高自大: extremely conceited; wildly arrogant | 这个人太~了，谁也瞧不起。Zhège rén tài kuáng le, shéi yě qiáobuqǐ. *He is too conceited to look up to anyone.*
狂妄 kuángwàng wildly arrogant; frantic; presumptuous

❸ [形]不加约束；尽情地: unbridled; wild; delirious; unrestrained | ~喜 kuángxǐ *wild with joy* / ~欢 kuánghuān *revelry; carnival*
猖狂 chāngkuáng

❹ [形]猛烈；声势大: violently; great in strength and impetus; powerful and dynamic
狂风 kuángfēng fierce wind;

gale

旷 (曠) kuàng 7画 日部

旷旷旷旷旷旷旷

[动]耽误；荒废：delay; hold up; waste; neglect

旷工 kuànggōng stay away from work without permission

旷课 kuàngkè be absent from school without reason; cut school; cut classes; skip school

况 kuàng 7画 冫部

况况况况况况况

❶[名]情形：condition; situation | 近~ jìnkuàng *recent condition or situation*

路况 lùkuàng 情况 qíngkuàng 状况 zhuàngkuàng

❷[连]表示更进一层：furthermore | 何~ hékuàng *let alone; moreover*

况且 kuàngqiě moreover; besides; in addition

矿 (礦) kuàng 8画 石部

矿矿矿矿矿矿矿矿

❶[名]埋藏在地下的有开采价值的物质：ore deposit | 铁~ tiěkuàng *iron ore* / 煤~ méikuàng *coal ore*

矿藏 kuàngcáng mineral resources (reserves); ore deposits

矿产 kuàngchǎn mineral products; minerals

矿石 kuàngshí ore

矿物 kuàngwù mineral

❷[名]开矿的场所或单位：mine; pit

矿工 kuànggōng miner

矿井 kuàngjǐng mine shaft (pit)

矿区 kuàngqū mining area

矿山 kuàngshān mine (with its accompanying shafts, buildings, etc.)

框 kuàng 10画 木部

框框框框框框框框框框

❶[名]嵌在墙上为安装门窗用的架子：frame; framework for installing doors or windows | 门~ ménkuàng *door frame* / 窗~ chuāngkuàng *window frame*

❷[名]器物周边的支架：frame as support for sth. | 画~ huàkuàng *picture frame* / 眼镜~ yǎnjìngkuàng *rims or frames (of spectacles)*

框架 kuàngjià frame; framework

眶 kuāng 11画 目部

眶眶眶眶眶眶眶眶眶眶眶

[名]眼的四周：eye socket | 眼泪夺~而出。Yǎnlèi duōkuàng'érchū. *Tears gushed.; Tears trickled from the eyes.*

眼眶 yǎnkuàng

亏 (虧) kuī 3画 一部

亏亏亏亏

❶[动]受损失；损耗（跟"盈yíng"相对）：suffer losses; lose; wear and tear (the opposite of "盈yíng") | 经营~本 jīngyíng kuīběn *lose money in business*

亏损 kuīsǔn loss; deficit
吃亏 chīkuī
自负盈亏 zìfù yíngkuī

❷[动]欠缺，短少：lacking; deficient; short of | 理~ lǐkuī *be in the wrong* | 这月钱又花~了。Zhè yuè qián yòu huākuī le. *I have run short of money this month again.*

❸[动]使吃亏，对不起：make suffer losses; fail; treat unfairly | ~心 kuīxīn *have a guilty conscience*

亏待 kuīdài treat unfairly; treat shabbily

❹[动]幸而：fortunately; luckily | ~了你提醒我，我才想起来。Kuīle nǐ tíxǐng wǒ, wǒ cái xiǎng qǐlai. *Thanks for your reminding, I now remember it.*

多亏 duōkuī   幸亏 xìngkuī

❺[动]反说，表示讥讽或斥责：used to express sarcasm or reproach | 这种话~你说得出来。Zhè zhǒng huà kuī nǐ shuō de chūlái. *How could you have the nerve to say so.*

葵 kuí 12画 艹部

葵葵葵葵葵葵葵葵葵葵葵葵

See 向日葵
向日葵 xiàngrìkuí

昆 kūn 8画 日部

昆昆昆昆昆昆昆昆

See 昆虫
昆虫 kūnchóng insect

捆 kǔn 10画 扌部

捆捆捆捆捆捆捆捆捆

[动]用绳子把东西缠紧：tie; bind; fasten sth. with ropes | ~行李

kǔn xíngli *tie up the baggage* / 你把东西~起来。Nǐ bǎ dōngxi kǔn qǐlai. *Tie up your stuff.*

捆绑 kǔnbǎng tie up (usu. a person); truss up; bind

困 (睏❶) kǔn 7画 口部

困 困困困困困困

❶ [形]艰难；穷苦：difficult; hard; arduous; poverty-stricken; poor | 生活~苦 shēnghuó kùnkǔ *live in privation*

困苦 kùnkǔ hardship; tribulation

困难 kùnnan ① difficulty ② financial difficulty; straitened difficulty

贫困 pínkùn

❷ [动]陷在艰难痛苦中难以摆脱：be hard pressed; be distressed | 被疾病所~ bèi jíbìng suǒ kùn *be stricken by illness*

困惑 kùnhuò perplexed; puzzled

困境 kùnjìng difficult position; predicament; straits

❸ [动]控制在一定范围内；包围：confine in some space; surround; pin down | 别把小狗~在屋子里。Bié bǎ xiǎogǒu kùn zài wūzi li. *Don't confine the puppy in the house.*

❹ [形]疲乏想睡：sleepy out of tiredness; drowsy | 孩子~了，该睡觉了。Háizi kùn le, gāi shuìjiào le. *The child is sleepy. It's time for him to go to bed.*

扩 (擴) kuò 6画 扌部

扩 扩扩扩扩扩扩

[动]使(范围、规模等)增大：magnify | ~音器 kuòyīnqì *megaphone; audio amplifier* / ~大范围 kuòdà fànwéi *expand the scope*

扩充 kuòchōng expand; strengthen

扩大 kuòdà enlarge; expand; extend

扩建 kuòjiàn extend (a factory, mine, etc.)

扩散 kuòsàn spread; diffuse; proliferate

扩展 kuòzhǎn expand; spread; extend; develop

扩张 kuòzhāng expand; enlarge; extend

括 kuò 9画 扌部

括 括括括括括括括括

[动]包容：contain; include | 总~ zǒngkuò *sum up*

包括 bāokuò　　概括 gàikuò

阔 (闊) kuò 12画 门部

阔

阔 阔 阔 阔 阔 阔 阔 阔 阔 阔 阔 阔

❶[形](面积)大；宽广：vast; expansive; wide | 海～天空 hǎikuò-tiānkōng *as boundless as the sea and sky; unrestrained and far-ranging* / 广～天地 guǎngkuò tiāndì *a vast world* 广阔 guǎngkuò 开阔 kāikuò 宽阔 kuānkuò 辽阔 liáokuò

❷[形]富裕；讲排场：prosperous; well-to-do; well off; ostentatious; showing off | ～气 kuòqi *luxurious; extravagant* / 你别摆～, 还是节约一点好。Nǐ bié bǎikuò, háishì jiéyuē yīdiǎn hǎo. *Don't be so extravagant. You'd better spend your money wisely.*

L l

垃 lā 8画 土部

垃垃垃垃垃垃垃垃

See 垃圾

垃圾 lājī rubbish; garbage; refuse

拉 lā 8画 扌部

拉拉拉拉拉拉拉拉

❶ [动] pull; draw; tug; drag｜～车 lāchē *pull a cart* /东西太沉，我～不动。Dōngxi tài chén, wǒ lābudòng. *It's too heavy for me to pull it along all by myself.* / 他们手～着手边跳边唱。Tāmen shǒu lāzhe shǒu biān tiào biān chàng. *They danced and sang together hand in hand.* 拖拉机 tuōlājī

❷ [动] 用车载运：transport by vehicle; haul｜～货 lāhuò *transport goods by vehicle* /快把门口的垃圾～走。Kuài bǎ ménkǒu de lājī lāzǒu. *Haul away the garbage at the door quickly.*

❸ [动] 牵动乐器的某一部分使发声：play (a musical instrument)｜～小提琴 lā xiǎotíqín *play the violin* /～二胡 lā èrhú *play the erhu*

❹ [动] 牵累；拉扯：drag in; implicate｜一人做事一人当，不要～上别人。Yī rén zuòshì yī rén dāng, bùyào lāshang biérén. *A man should take the consequences of his own conduct without dragging in other people.*

❺ [动] 拖长；使延长：drag out; draw out; space out｜～长声音 lācháng shēngyīn *(of voice) drawl* /～开距离 lākāi jùlí *space out; leave distances in between* /这两个队的比分～得越来越远。Zhè liǎng gè duì de bǐfēn lā de yuèláiyuè yuǎn. *The scores of these two teams pulled away from each other farther and farther.*

❻ [动] 联络；拉拢：draw in; win over; canvass｜～关系 lā guānxi *try to establish relationship with sb.; cotton up to* /～选票 lā xuǎnpiào *canvass votes*

❼ [动] 排泄：empty the bowels｜～肚子 lā dùzi *suffer from diarrhea; have loose bowels*

◇ 拉家常 lājiācháng talk about everyday matters; engage in small talk; chitchat

阿拉伯语 Ālābóyǔ

喇 lǎ 12画 口部

449

喇

喇喇喇喇喇喇喇喇喇喇喇喇

See 喇叭

喇叭 lǎba ① a popular name for *suona*, a woodwind instrument ② brass-wind instruments in general or any of these instruments

落

là　12画 艹部

落落落落落落落落落落落落

❶ [动] 因跟不上被丢在后面：lag behind; fall behind; drop behind | 快跟上，别～下。Kuài gēnshang, bié làxia. *Close up. Don't fall behind.* / 她～了一个星期的课。Tā làle yī gè xīngqī de kè. *She has missed one week's lessons.*

❷ [动] 遗漏；忘记带走：leave out; forget to take | 这里～了两行。Zhèlǐ làle liǎng háng. *Two lines are missing out here.* / 作业本～在家里了。Zuòyèběn là zài jiālǐ le. *The exercisebook was left at home.*

See luò.

腊 (臘)

là　12画 月部

腊腊腊腊腊腊腊腊腊腊腊腊

[名] 农历十二月：the 12th lunar month

腊月 làyuè the 12th month of the lunar year; the 12th lunar month

蜡 (蠟)

là　14画 虫部

蜡蜡蜡蜡蜡蜡蜡蜡蜡蜡蜡蜡蜡蜡

[名] wax | 涂～ tú là *apply a coat of wax* / 石～ shí là *paraffin wax*

蜡烛 làzhú candle

辣

là　14画 辛部

辣辣辣辣辣辣辣辣辣辣辣辣辣辣

❶ [形] 姜、蒜、辣椒等具有的刺激性的味道：(of the taste of ginger, garlic, hot pepper, etc.) peppery; hot | 他爱吃～的东西。Tā ài chī là de dōngxi. *He likes spicy food.*

辣椒 làjiāo hot pepper

❷ [形] 凶恶；狠毒 vicious; ruthless | 心狠手～ xīnhěn-shǒulà *cruel and ruthless*

来 (來)

lái　7画 一部

来来来来来来来

❶ [动] 从别的地方到说话人所在

450

的地方(跟"去qù""往wǎng"相对):come; move toward the speaker or a particular place (the opposite of "去qù" or "往wǎng") | 家里~了客人。Jiāli láile kèrén. *We have some guests at home.* / 我~北京三年了。Wǒ lái Běijīng sān nián le. *I have been in Beijing for three years.*

来宾 láibīn guest; visitor

来访 láifǎng come to visit; come to call

来回 láihuí ① make a round trip; make a return trip; go to a place and come back ② back and forth; to and fro

来客 láikè guest; visitor

来临 láilín arrive; come; draw near; be at hand

来往 láiwǎng ①come and go ② dealings; contact; intercourse

来信 láixìn ① send a letter here ② incoming letter

来源 láiyuán ①origin; source ② come from; stem from; derive from; be from; originate from

来自 láizì come from

到来 dàolái 归来 guīlái
往来 wǎnglái

❷ [形] 未来的;以后的(时间):future; coming; from now on | ~年 láinián *the coming year; next year*

将来 jiānglái   未来 wèilái

❸ [名] 从过去到说话时为止的一段时间;以来:indicating a period of time that extends from the past to this moment | 这一年~他的进步很大。Zhè yī nián lái tā de jìnbù hěn dà. *He has made great progress in the past year.*

本来 běnlái   从来 cónglái
后来 hòulái   近来 jìnlái
历来 lìlái   向来 xiànglái
以来 yǐlái   原来 yuánlái

❹ [动] (事情、问题等)发生,来到:happen; appear; arise | 春天就要~了。Chūntiān jiùyào lái le. *Spring is coming.* / 问题~了。Wèntí lái le. *Problems have arisen.* / 通知~得很及时。Tōngzhī lái de hěn jíshí. *The notice has arrived just in time.*

❺ [动] 用在另一个动词前,表示要做某件事:used in front of a verb, indicating an intended action | 我~试试。Wǒ lái shìshi. *Let me try.* / 我~问你。Wǒ lái wèn nǐ. *Let me ask you (a question).* / 大家~想想办法。Dàjiā lái xiǎngxiang bànfǎ. *Let's think of a solution.*

❻ [动] 做某个动作(代替意义具体的动词):used as a substitute for a preceding verb | 再~一个! Zài lái yī gè! *Encore!* / 我办不了,你~吧! Wǒ bànbuliǎo, nǐ lái ba! *I cannot make it. Could you have a try?*

胡来 húlái

451

❼ [动] 用在动词后，表示动作的趋向：(used after a verb, indicating motion towards the speaker) hither; (to) here | 前面开~了一辆小汽车。Qiánmiàn kāilaile yī liàng xiǎo qìchē. *Here comes a car.* / 他给我送~了许多参考资料。Tā gěi wǒ sōnglaile xǔduō cānkǎo zīliào. *He has brought me a lot of reference materials.*

出来 chūlái(lai) 带来 dàilái(lai)
过来 guòlái(lai) 回来 huílái(lai)
进来 jìnlái(lai) 起来 qǐlái(lai)
上来 shànglái(lai)
下来 xiàlái(lai)
看起来 kànqǐlái(lai)
推来推去 tuīlái-tuīqù

❽ [数] 表示大概的数目：(used to indicate an estimated number) approximately; about | 十~个 shí lái gè *about ten* / 三米~长 sān mǐ lái cháng *about three metres long* / 五十~岁 wǔshí lái suì *in one's fifties*

◇ 来历 láilì origin; source

来不及 láibují there is not enough time to do sth.; it is too late

来得及 láidejí be able to do sth. in time

用来 yònglái

赖 (賴) lài 13画 ⺉部

赖 赖赖赖赖赖赖赖赖赖赖赖赖赖赖

❶ [动] 倚靠：rely; depend on; lean on | 依~ yīlài *rely on; be dependent on*
信赖 xìnlài

❷ [形] 不好；坏：no good; poor | ~的不要。Lài de bùyào. *Things of poor qualities are not wanted.* / 这孩子字写得不~。Zhè háizi zì xiě de bùlài. *The child's handwriting is good.*

❸ [动] 留在某处不肯走：hang on (at a place) | ~在那儿 lài zài nàr *hang on there* / 孩子~着不肯走。Háizi làizhe bùkěn zǒu. *The child hung on there and refused to leave.*

❹ [动] 抵赖；不承认错误或不承担责任：go back on one's words; deny one's error or responsibility | 事情是你干的，你~不掉。Shìqing shì nǐ gàn de, nǐ làibudiào. *You cannot deny that it is you who did it.*

❺ [动] 责怪；责备：blame; reproach | 这事不~他。Zhè shì bù lài tā. *He's not to blame for this.* / 没有证据不能乱~别人。Méiyǒu zhèngjù bùnéng luàn lài biérén. *You can not put the blame on others without evidence.*

兰 (蘭) lán 5画 ⺌部

兰 兰兰兰兰兰

[名] orchid
兰花 lánhuā orchid; sword-leaved cymbidium
玉兰 yùlán

拦 (攔) lán　8画 扌部

拦 拦拦拦拦拦拦拦拦

[动] 不让通过；阻挡：bar; block | 不要~我。Bùyào lán wǒ. *Let me go.* / 快把那辆车~住。Kuài bǎ nà liàng chē lánzhù. *Stop that car at once.*
拦截 lánjié intercept

栏 (欄) lán　9画 木部

栏 栏栏栏栏栏栏栏栏栏

[名] 用来遮拦的东西：fence; railing
栏杆 lángān railing; banister; balustrade
护栏 hùlán　　木栏 mùlán
◇栏目 lánmù the heading or title of a column (in a magazine, etc.)
专栏 zhuānlán

蓝 (藍) lán　13画 艹部

蓝 蓝蓝蓝蓝蓝蓝蓝蓝蓝蓝蓝蓝蓝

[形] blue; azure | ~墨水 lán mòshuǐ *blue ink* / ~衣服 lán yīfu *blue clothes* / 她有一双美丽的~眼睛。Tā yǒu yī shuāng měilì de lán yǎnjing. *She has beautiful blue eyes.*
蓝色 lánsè blue (colour)
蓝天 lántiān blue sky
景泰蓝 jǐngtàilán

篮 (籃) lán　16画 竹部

篮 篮篮篮篮篮篮篮篮篮篮篮篮篮篮篮篮

❶ [名] 篮子：basket | 竹~ zhúlán *bamboo basket* / 花~ huālán *basket of flowers*
篮子 lánzi basket
摇篮 yáolán

❷ [名] 篮球架上的铁圈和网子：basket with netting on top (for playing basketball) | 球~ qiúlán *goal; basket* / 投~ tóulán *shoot the basket*
篮球 lánqiú basketball

览 (覽) lǎn　9画 见部

览 览览览览览览览览览

[动] 观看：look at | 游~ yóulǎn *tour; go sightseeing* / 阅~ yuèlǎn *read*
展览 zhǎnlǎn

453

博览会 bólǎnhuì
阅览室 yuèlǎnshì
展览会 zhǎnlǎnhuì

懒 (懶) lǎn 16画 忄部

懒懒懒懒懒懒懒懒懒懒懒懒懒懒懒懒

❶ [形] 不勤快；不爱劳动（跟"勤qín"相对）：lazy; indolent (the opposite of "勤qín") | 好吃~做 hàochī-lǎnzuò *be gluttonous and lazy* / 这孩子真~。Zhè háizi zhēn lǎn. *The child is so lazy.*

懒惰 lǎnduò lazy
懒骨头 lǎngǔtou (inf.) lazybones

❷ [形] 疲倦；没力气：sluggish; languid | 浑身发~ húnshēn fālǎn *feel sluggish all over* / 伸~腰 shēn lǎnyāo *stretch oneself*

烂 (爛) làn 9画 火部

烂烂烂烂烂烂烂烂烂

❶ [形] 某些固体物质组织破坏或水分增加后松软：mashed; soft (because of deep cooking) | 肉煮得真~。Ròu zhǔ de zhēn làn. *The meat is stewed so well (that it melts in the mouth).*

❷ [形] 腐坏：rotten or bad | 这些橘子~了。Zhèxiē júzi làn le. *These tangerines are rotten.* / 桃子和葡萄容易~。Táozi hé pútáo róngyì làn. *Peaches and grapes become rotten easily.*

腐烂 fǔlàn

❸ [形] 破碎；残破：worn-out; broken | 破铜~铁 pòtóng làntiě *odds and ends of copper and iron* / 衣服穿~了。Yīfu chuānlàn le. *The clothes have been worn out.*

破烂 pòlàn

❹ [形] 头绪乱：messy; disorderly | ~摊子 làntānzi *an awful mess* / 真是一本~账。Zhēn shì yī běn lànzhàng. *The accounts are (or the situation is) all in a mess.*

❺ [副] 表示程度极深：to a great extent; thoroughly | 台词背得~熟 táicí bèi de lànshú *learn one's lines thoroughly*

滥 (濫) làn 13画 氵部

滥滥滥滥滥滥滥滥滥滥滥滥滥

[动] 水漫出来：overflow; flood
泛滥 fànlàn

狼 láng 10画 犭部

狼狼狼狼狼狼狼狼狼

[名] wolf | ~咬死了好几头羊。Láng yǎosǐle hǎo jǐ tóu yáng. *The wolf bit several sheep to death.*
狼狈 lángbèi in a dilemma; in an awkward situation

朗 lǎng 10画 月部

朗朗朗朗朗朗朗朗朗朗

❶ [形] 明亮；光线充足：light; bright | 明~ mínglǎng *bright and clear* / 开~ kāilǎng ① *spacious and with plenty of light* ② *sanguine; optimistic*
晴朗 qínglǎng

❷ [形] 声音清楚、响亮：loud and clear | 学校里到处书声~~。Xuéxiào li dàochù shūshēng lǎnglǎng. *In the campus, one can hear students reading aloud here and there.*
朗读 lǎngdú read aloud
朗诵 lǎngsòng recite aloud; deliver a recitation

浪 làng 10画 氵部

浪浪浪浪浪浪浪浪浪浪

❶ [名] 水波；波浪：wave; billow | 海~ hǎilàng *ocean wave* / 今天~很大，不要去游泳了。Jīntiān làng hěn dà, bùyào qù yóuyǒng le. *Don't go swimming today, for the sea has turned rough.*
浪潮 làngcháo tide; wave
波浪 bōlàng 冲浪 chōnglàng
风浪 fēnglàng

❷ [名] 像波浪一样起伏的东西：sth. resembling waves | 麦~ màilàng *rippling wheat; billowing wheat fields* / 热~ rèlàng *heat wave; hot wave* / 声~ shēnglàng *sound wave; acoustic wave*

❸ [动] 放纵；不受约束：unrestrained; indulgent | 放~ fànglàng *without restraint; dissolute*
浪费 làngfèi waste; lavish; fritter; squander; go (run) to waste
流浪 liúlàng

◇ 浪漫 làngmàn romantic

捞(撈) lāo 10画 扌部

捞捞捞捞捞捞捞捞捞捞

❶ [动] 从液体中取东西：scoop up from a liquid; fish for | ~鱼 lāo yú *net fish; catch fish* / 打~ dǎlāo *get out of the water; salvage*
捕捞 bǔlāo

❷ [动] 用不正当的手段取得：get by dishonest means | ~油水 lāo yóushuǐ *reap some profit; gain some advantages*

捞外快 lāowàikuài make money (by quick or improper means)

劳 (勞) láo 7画 艹部

劳劳劳劳劳劳劳

❶ [形] 辛苦；累：hard-working; tired | 辛~ xīnláo pains; toil 疲劳 píláo　勤劳 qínláo

❷ [动] 费；烦劳：put sb. to the trouble of | ~您费心了。Láo nín fèixīn le. *I'm sorry to trouble you.* / ~你帮个忙。Láo nǐ bāng ge máng. *Could you please do me a favour (or give me a hand)?*
劳驾 láojià excuse me

❸ [动] 劳动：work; labour | 多~多得 duōláo-duōdé *more pay for more work*
劳动 láodòng labour; work; toil
劳务 láowù labour services
劳动力 láodònglì labour; labour force
操劳 cāoláo
按劳分配 ànláofēnpèi
不劳而获 bùláo'érhuò

❹ [名] 功绩：meritorious deed; service
功劳 gōngláo

牢 láo 7画 宀部

牢牢牢牢牢牢牢

❶ [名] 监禁囚犯的地方：prison; jail | 坐~ zuòláo *be in prison; be in jail* / 监~ jiānláo *prison; jail*
牢房 láofáng cell; ward

❷ [形] 结实；坚固：solid; firm; fast | 记得~ jìdeláo *keep firmly in mind* / 请把钉子钉得~一点儿。Qǐng bǎ dīngzi dìng de láo yīdiǎnr. *Please drive the nail a bit secure.*
牢固 láogù firm; secure
牢记 láojì keep firmly in mind; remember well
◇牢骚 láosāo discontent; complaint; grievance

老 lǎo 6画 老部

老老老老老老

❶ [形] 年岁大（跟"少 shǎo""幼 yòu"相对）：(of age) old (the opposite of "少 shǎo" or "幼 yòu") | 他已经~了。Tā yǐjīng lǎo le. *He is old now.* / 他60岁了，可一点儿也不显~。Tā liùshí suì le, kě yīdiǎnr yě bù xiǎn lǎo. *He is already 60, but doesn't look old at all.*
老伴 lǎobàn (inf.) (of an old married couple) husband or wife
老成 lǎochéng experienced and steady
老汉 lǎohàn ① old man ② (an old man calling himself) "an old fellow like me"

老化 lǎohuà aging
老年 lǎonián old age
老人 lǎorén ① old man or woman; the aged; the old ② one's aged parents or grandparents
老子 lǎozi ① father ② (usu. said in anger or for fun) (of an arrogant man) I, your father
老大妈 lǎodàmā aunty; granny
老大娘 lǎodàniáng aunty; granny
老大爷 lǎodàye uncle; grandpa
老年人 lǎoniánrén old people; the old; the aged
老人家 lǎorénjia ① a respectful form of address for an old person ② parent
老太婆 lǎotàipó old woman
老太太 lǎotàitai ① old lady ② your (my, his, etc.) mother
老头儿 lǎotóur old man; old chap
老一辈 lǎoyībèi older generation
老字号 lǎozìhào old name in business; long-established shop
衰老 shuāilǎo　养老 yǎnglǎo
中老年 zhōnglǎonián
男女老少 nán-nǚ-lǎo-shào
月下老人 yuèxià lǎorén

❷ [形] 时间久的（跟"新xīn"相对）: (of time) long (the opposite of "新xīn") | ～朋友 lǎo péngyou *old friend* / ～毛病 lǎo máobìng *a chronic ailment; an inveterate habit (disease); old weakness*

古老 gǔlǎo

❸ [形] 过时的（跟"新xīn"相对）: outdated; old (the opposite of "新xīn") | ～房子 lǎo fángzi *an old house* / ～机器 lǎo jīqì *outmoded machine* / ～脑筋 lǎo nǎojīn *old way of thinking; an old fogey*

老掉牙 lǎodiàoyá very old; out of date; obsolete; antediluvian
老一套 lǎoyītào conventionality; the same old stuff; the same old story

❹ [形] 原来的: original; former | ～家 lǎojiā *native place; hometown* / ～地方 lǎo dìfang *the same old place*

❺ [形] (蔬菜)生长时间过长或(食物)加工过了火候而不好吃（跟"嫩nèn"相对）: overgrown; overcooked (the oppoite of "嫩nèn") | 菠菜长～了。Bōcài zhǎnglǎo le. *The spinach is overgrown.* / 别把肉丝炒得太～了。Bié bǎ ròusī chǎo de tài lǎo le. *Don't stir-fry shredded pork too long (to avoid being overdone).*

❻ [副] 经常；一直: often; always | 这孩子～迟到。Zhè háizi lǎo chídào. *The boy is always late (for class).* / 这个人～爱开玩笑。Zhège rén lǎo ài kāi wánxiào. *He is cracking jokes all the time.* / 他心里～想着你。Tā xīnli lǎo xiǎngzhe nǐ. *He is always*

thinking of you.
老是 lǎoshì always
❼ [副] 很；极：very; extremely | ～远 lǎoyuǎn *far away* / ～高的个子 lǎogāo de gèzi *very tall stature*
❽ [词头] 附在某动、植物名称及姓氏、排行前面：used to precede a person's surname to indicate seniority; also used to precede certain animals and plants | ～张 Lǎo Zhāng *Lao Zhang* / ～大 Lǎo Dà *the number one; the eldest* / ～三 Lǎo Sān *the number three; the third eldest*
老板 lǎobǎn boss; master; proprietor
老公 lǎogōng (dial.) husband
老虎 lǎohǔ tiger
老婆 lǎopo wife
老师 lǎoshī teacher
老鼠 lǎoshǔ mouse; rat
老外 lǎowài ① layman; raw hand; amateurish ② foreigner
老乡 lǎoxiāng ① fellowtownsman; fellow-villager ② a friendly form of address for people living in the countryside
老爷 lǎoye master; bureaucrat; lord
老百姓 lǎobǎixìng common people; ordinary people; civilians
老天爷 lǎotiānyé God; Heavens
❾ [形] 排行在最后的：youngest in seniority; the last born | ～儿子 lǎo'érzi *the youngest son* / ～舅 lǎojiù *the youngest uncle*
◇老实 lǎoshi ① honestly and sincerely ② honest; truthful; frank; playing no tricks

姥 lǎo 9画 女部

姥姥姥姥姥姥姥姥姥

See below
姥姥 lǎolao (maternal) grandmother; grandma
姥爷 lǎoye (dial.) (maternal) grandfather; grandpa

涝 (澇) lào 10画 氵部

涝涝涝涝涝涝涝涝涝涝

❶ [动] 庄稼因水多被淹：waterlog | 防旱防～ fánghàn fánglào *take precautions against drought and waterlogging* / 庄稼～了。Zhuāngjia lào le. *The fields of crops are waterlogged.*
❷ [名] 田中积存的雨水：rain water held up in the field | 排～ páilào *drain waterlogged areas*

乐 (樂) lè 5画 丿部

乐乐乐乐乐乐

❶ [形] 愉快：joyful; pleasant;

delightful | 取~ qǔlè *make merry; take delight in* / 助人为~ zhùrén-wéilè *feel happy in helping people*

乐观 lèguān ① optimistic ② optimism

乐趣 lèqù delight; pleasure; joy; fun; enjoyment; amusement

乐园 lèyuán paradise; playground; amusement park

欢乐 huānlè　　可乐 kělè
快乐 kuàilè　　享乐 xiǎnglè
娱乐 yúlè

❷ [动] 很高兴（做某事）：be glad to; find pleasure in | ~于助人 lèyú zhùrén *be glad to give help*

乐意 lèyì be willing to; be glad to; be ready to

❸ [动] 笑：laugh | 把一屋子人都逗~了 bǎ yī wūzi rén dōu dòule le *have everyone in the room amused* / 看！宝宝~了！Kàn! bǎobao lè le. *Look! The baby is smiling!*

◇俱乐部 jùlèbù

See yuè.

了

le　　2画 亅部

了 了

❶ [助] 用在动词或形容词后，表示动作或变化已经完成：used after a verb or an adjective, indicating the completion of an action or change | 买~一本书 mǎile yī běn shū *have bought a book* / 看~一半 kànle yībàn *have read half of it* / 吃~饭再走。Chīle fàn zài zǒu. *Do stay for meal*.

除了 chúle

❷ [助] 用在句子末尾，表示出现新情况或发生某种变化：used at the end of a sentence, indicating a change or sth. has newly appeared | 春天来~。Chūntiān lái le. *Spring has come*. / 快下雪~。Kuài xiàxuě le. *It's going to snow*. / 你已经是大学生~。Nǐ yǐjīng shì dàxuéshēng le. *Now you've become a college student*.

❸ [助] 用在句尾或句中停顿处，表示劝阻、催促、命令或感叹等语气：used at the end of a sentence, or in its middle where there is a pause, to indicate a command, request, advice or exclamation in response to a changed situation | 好~，不要说话~。Hǎo le, bùyào shuōhuà le. *Well, no more talking now, everybody*. / 我们不能再等~。Wǒmen bùnéng zài děng le. *We can't wait any longer*. / 别打架~。Bié dǎjià le. *Stop fighting!* / 太棒~！Tài bàng le! *It's great!*

See liǎo.

勒

lēi　　11画 革部

勒

勒勒勒勒勒勒勒勒勒勒勒

[动] 用绳子等捆住或套住，然后拉紧：tie or strap sth. tight (with a rope, etc.) | ～紧点，免得散了。Lēijǐn diǎnr, miǎnde sǎn le. *Tighten it up, lest it will come loose.*

雷 léi 13画 雨部

雷雷雷雷雷雷雷雷雷雷雷雷雷

❶ [名] 闪电时发出的巨响：thunder | 春～ chūnléi *spring thunder* / 一阵响～ yízhèn xiǎngléi *a peal of thunder* / 打～了 dǎléi le *it is thundering*

雷雨 léiyǔ thunderstorm

❷ [名] 军事上用的爆炸武器：mine | 地～ dìléi *mine* / 扫～ sǎoléi *sweep mines; demine*

◇雷达 léidá radar

垒 (壘) lěi 9画 土部

垒垒垒垒垒垒垒垒垒

❶ [名] 军队作防守用的墙壁或工事：fortification or defence works | 两军对～ liǎng jūn duìlěi *two armies pitted against each other*

堡垒 bǎolěi

❷ [动] 用砖、石等砌或建筑：build by piling up bricks, stones and earth | ～墙 lěi qiáng *build a wall*

泪 lèi 8画 氵部

泪泪泪泪泪泪泪泪

[名] 眼泪：tear; teardrop | 流～ liúlèi *shed tears* / ～珠 lèizhū *teardrop* / ～水 lèishuǐ *tear; teardrop*

眼泪 yǎnlèi

类 (類) lèi 9画 米部

类类类类类类类类类

❶ [名] 种类；相似或相同事物的集合：kind; type; class; category | 这一～ zhè yī lèi *(of) this category; (of) this kind* / 蝙蝠和鸟不同～。Biānfú hé niǎo bù tónglèi. *Bat and bird do not belong to the same category.* / 这些问题请你按性质归一下～。Zhèxiē wèntí qǐng nǐ àn xìngzhì guī yīxià lèi. *Please classify these questions according to their nature.*

类别 lèibié classification; category
类型 lèixíng type; sort; category
大类 dàlèi   分类 fēnlèi
另类 lìnglèi   同类 tónglèi

种类 zhǒnglèi
诸如此类 zhūrú-cǐlèi

❷[动]相似：be similar to; resemble
类似 lèisì similar; alike; analogous; like

累 lèi 11画 田部

累累累累累累累累累累累

❶[形]疲劳：tired; weary｜我今天~了。Wǒ jīntiān lèi le. *I'm tired today.* / 我干了一天活儿，真~。Wǒ gànle yī tiān huór, zhēn lèi. *I've been working all day long, and I'm so tired now.*

❷[动]使疲劳；使劳累：tire; wear out｜~病了 lèibìng le *get ill from overwork* / ~坏了 lèihuài le *be tired out* / 别~着他。Bié lèizháo tā. *Don't let him be worn out.*

棱 léng 12画 木部

棱棱棱棱棱棱棱棱棱棱棱棱

❶[名] arris; sharp edge｜有~角 yǒu léngjiǎo *angular* / 窗户~上积了好些灰土。Chuānghuléng shang jīle hǎo xiē huītǔ. *A lot of dust has been collected on the window edges.*

❷[名]物体表面凸起的条状物：ridge, a long narrow raised part of any surface｜瓦~ wǎléng *rows of tiles*

冷 lěng 7画 冫部

冷冷冷冷冷冷冷

❶[形]温度低；感觉温度低（跟"热 rè"相对）：of low temperature; cold (the opposite of "热 rè")｜去年冬天真~。Qùnián dōngtiān zhēn lěng. *It was really cold last winter.* / 好~的水啊！Hǎo lěng de shuǐ a! *How cold the water is!*
冷却 lěngquè cooling
冷饮 lěngyǐn cold drink
冷战 lěngzhàn ① cold war ② (inf.) shiver
寒冷 hánlěng

❷[形]不热情；意含轻蔑、讥诮：cold in manner; frosty; scornful; mocking｜不~不热 bùlěng-bùrè *neither cold nor warm* /他对我态度非常~。Tā duì wǒ tài-dù fēicháng lěng. *He is very cold to me.*
冷淡 lěngdàn cold; indifferent; frosty; icy

❸[形]不热闹；不繁华：cheerless; desolate; not flourishing｜~清 lěngqīng *cold and cheerless; desolate; lonely; deserted* / ~落 lěngluò *unfrequented; desolate*

冷静 lěngjìng calm; sober; composed

愣 lèng 12画 忄部

愣愣愣愣愣愣愣愣愣愣愣愣

[动] 发呆：be dazed; be nonplussed | 两眼发~ liǎngyǎn fālèng *stare blankly* / 吓得他一~ xià de tā yī lèng *he was struck dumb by the fear* / 听我这么说，他~住了。 Tīng wǒ zhème shuō, tā lèngzhù le. *Hearing me saying that, he was bewildered.*

厘 lí 9画 厂部

厘厘厘厘厘厘厘厘厘

[量] 法定长度单位：centi- (unit of length)
厘米 límǐ centimetre

离 (離) lí 10画 二部

离离离离离离离离离离

❶ [动] 分开；分别：part from; separate from | 他每天书不~手。 Tā měi tiān shū bù lí shǒu. *He is continually preoccupied with books.* / 这孩子从来没~过家。 Zhè háizi cónglái méi lí guo jiā. *The child has never been away from home.*
离别 líbié ① leave; separate; part; bid farewell; depart ② departure; separation
离婚 líhūn divorce; break off a marriage; dissolve a marriage
离开 líkāi leave; depart from; deviate from
离去 líqù leave; away; off
离休 líxiū (of veteran cadres) retire

撤离 chèlí　　分离 fēnlí
隔离 gélí　　逃离 táolí
脱离 tuōlí　　远离 yuǎnlí
若即若离 ruòjí-ruòlí

❷ [动] 缺少：without; independent of | 这项工作~不了你。 Zhè xiàng gōngzuò líbuliǎo nǐ. *This job cannot be done without you.*

❸ [动] 相距：be apart from | 我家~这儿很远。 Wǒ jiā lí zhèr hěn yuǎn. *My home is far away from here.* / ~开学只有三天了。 Lí kāixué zhǐyǒu sān tiān le. *It is only three days to the opening of school.*
距离 jùlí

梨 lí 11画 木部

梨梨梨梨梨梨梨梨梨梨梨

[名] pear | 这种~很甜。 Zhè

zhǒng lí hěn tián. *This kind of pear is very sweet.*

犁 lí 11画 牛部

犁犁犁犁犁犁犁犁犁犁犁

❶ [名] 翻土用的农具，用畜力或机器牵引：plough, a farm tool used to plough the land
❷ [动] 用犁耕地：work with a plough ｜ ~田 lítián *plough fields*

黎 lí 15画 水部

黎黎黎黎黎黎黎黎黎黎黎黎黎黎黎

See 黎明
黎明 límíng dawn; daybreak

篱 (籬) lí 16画 竹部

篱篱篱篱篱篱篱篱篱篱篱篱篱篱篱篱

[名] bamboo or twig fence ｜ 竹~ zhúlí *bamboo fence*
篱笆 líba fence; hedge

礼 (禮) lǐ 5画 礻部

礼礼礼礼礼

❶ [名] 为表示敬意、庆祝或纪念而举行的仪式：ceremony or rite held to show respect, express celebration or commemoration in connection with an event
礼堂 lǐtáng assembly hall; auditorium
典礼 diǎnlǐ　　婚礼 hūnlǐ
葬礼 zànglǐ
❷ [名] 表示尊敬或客气的言语、行为：courtesy; manners ｜ 失~ shīlǐ *breach of etiquette; impoliteness; discourtesy*
礼拜 lǐbài ① religious service ② week
礼节 lǐjié courtesy; etiquette; protocol; ceremony; civility; rules of politeness
礼貌 lǐmào polite; courteous; politeness; courtesy; etiquette; good manners; civility
非礼 fēilǐ　　敬礼 jìnglǐ
❸ [名] 礼物：gift; present ｜ ~轻情意重. Lǐ qīng qíngyì zhòng. *Affection outweighs gifts.*
礼品 lǐpǐn gift; present
礼物 lǐwù gift; present
送礼 sònglǐ
◇ 礼拜天 lǐbàitiān (inf.) Sunday

李 lǐ 7画 木部

李李李李李李李

❶ [名] 李子树或它的果实：plum tree; plum
李子 lǐzi plum

❷ [名] 姓：Surname

里 (裏❷❸) lǐ   7画 里部

里里里里里里里

❶ [量] 长度单位：unit of length
里程 lǐchéng ① mileage ② course of development; course
里程碑 lǐchéngbēi milestone
英里 yīnglǐ   公里 gōnglǐ
平方公里 píngfāng gōnglǐ

❷ [名] lining | 被~bèilǐ *the underneath side of a quilt* / 衣服~子 yīfu lǐzi *the lining of a garment*

❸ [名] 里边，内部（跟"外 wài"相对）：inside; in; within (the opposite of "外 wài") | 屋子~ wūzi li *inside the house* / 手~ shǒuli *in one's palm* / 箱子~面 xiāngzi lǐmian *in (or inside) the case*

里边 lǐbian inside; in; within
里面 lǐmian inside; interior
里头 lǐtou inside; interior

❹ [名] 指处所、时间或范围：used to indicate the limit of a place or time
哪里 nǎli   那里 nàli
心里 xīnli   夜里 yèli
这里 zhèli

理 lǐ 11画 王部

理理理理理理理理理理

❶ [动] 管理；办理：manage; run; handle | ~家 lǐjiā keep household; manage family affairs
理财 lǐcái manage money matters; conduct financial transactions
理赔 lǐpéi compensate; pay an indemnity; pay reparations
理事 lǐshì member of a council; director
理事会 lǐshìhuì executive council; board of directors
办理 bànlǐ   处理 chǔlǐ
代理 dàilǐ   管理 guǎnlǐ
护理 hùlǐ   料理 liàolǐ
经理 jīnglǐ   审理 shěnlǐ
受理 shòulǐ   治理 zhìlǐ
助理 zhùlǐ   总理 zǒnglǐ
处理器 chǔlǐqì 代理人 dàilǐrén
代理商 dàilǐshāng
总经理 zǒngjīnglǐ

❷ [动] 对别人的言语、行动表示态度或意见：pay attention to; make known one's position | 答~ dālǐ pay attention to / 他见了我却不~。Tā jiànle wǒ què bù lǐ. *When he saw me, he simply ignored.*
理睬 lǐcǎi pay attention (heed) to; show interest in; acknowledge

❸ [动] 整理；使整齐：put in order; tidy up | 把书~一~ bǎ

shū lǐyílǐ *put the books in order* / 房间太乱了，该～一下了。Fángjiān tài luàn le, gāi lǐ yīxià le. *The room is in a mess. It's time to tidy it up.*

理发 lǐfà haircut; hairdressing
理发师 lǐfàshī barber; hairdresser

清理 qīnglǐ	梳理 shūlǐ
修理 xiūlǐ	整理 zhěnglǐ

❹ [名] 道理；事物的规律：reason; logic | ～应如此 lǐ yīng rúcǐ *the logic (of certain matter) should be so*

理论 lǐlùn ① theory ② argue; debate
理念 lǐniàn ① belief; conviction ② idea; thought; concept
理性 lǐxìng ① rational ② the rational faculty; reason
理由 lǐyóu reason; grounds; excuse; argument; causes
理智 lǐzhì ① reason; intellect ② rational
理所当然 lǐsuǒdāngrán of course; naturally
理直气壮 lǐzhí-qìzhuàng be self-confident on the strength of one's righteousness

道理 dàolǐ	地理 dìlǐ
定理 dìnglǐ	合理 hélǐ
讲理 jiǎnglǐ	情理 qínglǐ
条理 tiáolǐ	推理 tuīlǐ
无理 wúlǐ	原理 yuánlǐ
真理 zhēnlǐ	

合情合理 héqíng-hélǐ

岂有此理 qǐyǒu-cǐlǐ
◇理会 lǐhuì ① understand; comprehend ② take notice of; pay attention to
理解 lǐjiě ① understand; comprehend ② understanding; comprehension
理想 lǐxiǎng ideal

力 lì 2画 力部

力 力力

❶ [名] 力量；能力；体力：strength; ability; power | 身强～壮 shēnqiáng-lìzhuàng *healthy and strong; powerfully built* / 号召～ hàozhàolì *public appeal*

力度 lìdù (mus.) dynamics
力量 lìliàng (physical) strength
力气 lìqi power; force; strength
力所能及 lìsuǒnéngjí within one's power (or ability)

暴力 bàolì	财力 cáilì
吃力 chīlì	大力 dàlì
得力 délì	电力 diànlì
动力 dònglì	费力 fèilì
奋力 fènlì	风力 fēnglì
国力 guólì	活力 huólì
火力 huǒlì	极力 jílì
接力 jiēlì	竭力 jiélì
尽力 jìnlì	精力 jīnglì
马力 mǎlì	耐力 nàilì
脑力 nǎolì	能力 nénglì
努力 nǔlì	气力 qìlì
潜力 qiánlì	权力 quánlì

465

历
立

人力 rénlì	水力 shuǐlì
体力 tǐlì	听力 tīnglì
外力 wàilì	威力 wēilì
无力 wúlì	武力 wǔlì
物力 wùlì	效力 xiàolì
压力 yālì	眼力 yǎnlì
毅力 yìlì	用力 yònglì
有力 yǒulì	智力 zhìlì
主力 zhǔlì	阻力 zǔlì
购买力 gòumǎilì	记忆力 jìyìlì

竞争力 jìngzhēnglì
劳动力 láodònglì
生产力 shēngchǎnlì
生命力 shēngmìnglì
注意力 zhùyìlì

❷ [动] 尽力; 努力: do all one can; make every effort

力求 lìqiú make every effort to; do one's best to; strive to
力图 lìtú try hard to; strive to
力争 lìzhēng struggle hard to; strive to; do one's best to; make every effort to; make all efforts to
全力以赴 quánlìyǐfù
◇巧克力 qiǎokèlì

历 (歷) lì 4画 厂部

厉 历 历 历 历

❶ [动] 经过; 经历: go through; undergo; experience | ～时十年 lìshí shí nián *last ten years*
历程 lìchéng course
历史 lìshǐ history; personal records
经历 jīnglì

❷ [名] 亲身经历的事: what one has experienced | 阅～ yuèlì *experiences*
简历 jiǎnlì
来历 láilì
学历 xuélì

❸ [形] 过去的各次或各个: all previous | ～朝 lìcháo *in the past dynasties*
历代 lìdài successive dynasties; past dynasties
历年 lìnián ① over the years ② calendar year
历来 lìlái always; constantly
◇农历 nónglì   日历 rìlì
台历 táilì

立 lì 5画 立部

立 立 立 立 立

❶ [动] 站; 物体竖直放着: stand; upright; be erected | 坐～不安 zuòlì-bù'ān *be fidgety; be on tenterhooks; be restless* / 他～在门口跟人说话。Tā lì zài ménkǒu gēn rén shuōhuà. *He stands at the gate, talking to someone.*
立场 lìchǎng position; stand; standpoint
立足 lìzú ① have a foothold somewhere ② base oneself upon
挺立 tǐnglì

❷ [动] 使直立; 竖起: set or stand

sth. up; erect |～旗杆 lì qígān *erect a flagstaff* / 先把架子～起来。Xiān bǎ jiàzi lì qǐlai. *Set up the frame first.*

❸ [动] 建立; 树立: set up; build |～碑 lì bēi *set up (or erect) a monument* / ～功 lìgōng *make contributions; render meritorious service*

立案 lì'àn ① register; put on record ② (leg.) place a case on file for investigation and prosecution

立法 lìfǎ make (or enact) laws; legislate

成立 chénglì　创立 chuànglì
公立 gōnglì　建立 jiànlì
确立 quèlì　设立 shèlì
树立 shùlì

❹ [动] 存在; 生存: exist; live | 自～ zìlì *be on one's feet*

独立 dúlì　　对立 duìlì
孤立 gūlì　　中立 zhōnglì
独立自主 dúlì-zìzhǔ

❺ [副] 即刻; 马上: immediately; instantaneously |～等可取 lìděng kěqǔ *prompt (instant) service*

立即 lìjí at once; immediately; promptly

立刻 lìkè at once; immediately; right away

◇立方 lìfāng ① cube ② cubic metre; stere

立体 lìtǐ ① three-dimensional; stereoscopic ② solid

立方米 lìfāngmǐ cubic metre

立交桥 lìjiāoqiáo overpass; flyover; motorway interchange

丽(麗) lì　　7画 一部

丽 丽丽丽丽丽丽丽

[形] 好看; 漂亮: beautiful; pretty | 壮～ zhuànglì *majestic; glorious* / 风和日～ fēnghé-rìlì *with a breeze blowing and the sun shining; warm and sunny*

亮丽 liànglì　　美丽 měilì
秀丽 xiùlì

励(勵) lì　　7画 力部

励 励励励励励励励

[动] 劝勉; 奋勉: encourage

鼓励 gǔlì　　奖励 jiǎnglì
勉励 miǎnlì

利 lì　　7画 禾部

利 利利利利利利利

❶ [形] 器物头尖、刃薄; 快(跟"钝 dùn"相对): sharp (the opposite of "钝 dùn") |～刃 lìrèn *sharp edge (of sword, knife, etc.)* / ～剑 lìjiàn *a sharp sword*

锋利 fēnglì　　锐利 ruìlì

❷ [形] 顺利: smooth; without a hitch | 吉～ jílì *lucky; auspi-*

cious; propitious
便利 biànlì
胜利 shènglì
不利 búlì
顺利 shùnlì

❸ [动] 好处(跟"害hài"或"弊bì"相对): advantage; gain (the opposite of "害hài" or "弊bì")
利弊 lìbì advantages and disadvantages; pros and cons
利害 lìhài ① advantages and disadvantages; gains and losses ② terrible; formidable
利益 lìyì interest; benefit; profit; good; gain; advantage
福利 fúlì
水利 shuǐlì
专利 zhuānlì
权利 quánlì
有利 yǒulì
势利眼 shìlìyǎn

❹ [名] 利润; 利息: profit; interest | 薄～ bólì *a small profit* / 年～ niánlì *annual interest*
利率 lìlǜ rate of interest; interest rate
利润 lìrùn profit; gain
利息 lìxī interest
暴利 bàolì
谋利 móulì
赢利 yínglì
红利 hónglì
让利 rànglì

❺ [动] 使得到好处: do good to; benefit | ～国～民 lìguó lìmín *benefit the nation and its people* / 有～条件 yǒulì tiáojiàn *beneficial conditions; advantageous factors*
利用 lìyòng use; utilize; make use of; take advantage of; avail oneself of; exploit
损人利己 sǔnrén-lìjǐ exploit others to benefit oneself
自私自利 zìsī-zìlì selfish; self-centred

沥 (瀝) lì 7画 氵部

沥 沥沥沥沥沥沥沥

See 沥青
沥青 lìqīng pitch; asphalt; bitumen

例 lì 8画 亻部

例 例例例例例例例例

❶ [名] 从前有过的、可以用来比较或依据的事物: example; instance | 先～ xiānlì *precedent* / 照～ zhàolì *according to usual practice*
惯例 guànlì

❷ [名] 用来说明某种情况或道理的事物: case; instance | 举～ jǔlì *give an example* / 实～ shílì *instance*
例如 lìrú for example; for instance; such as; e.g.
例子 lìzi example; instance; case
案例 ànlì
事例 shìlì
病例 bìnglì

❸ [名] 标准或规则: rule; regulation | 法～ fǎlì *legal statutes* / 不在此～ bùzài cǐ lì *be treated as an exception*
例外 lìwài exception; be an exception

比例 bǐlì　　条例 tiáolì

隶 (隸) lì　8画 隶部

隶 隶隶隶隶隶隶隶

[名] 附属于主人，没有人身自由的人：a person in servitude; a person subordinate to his or her master

奴隶 núlì

◇ 隶书 lìshū official script, an ancient style of calligraphy current in the Han Dynasty (206 B.C.-A.D. 220)

荔 lì　9画 艹部

荔 荔荔荔荔荔荔荔荔荔

See 荔枝

荔枝 lìzhī litchi; lichee

栗 lì　10画 西部

栗 栗栗栗栗栗栗栗栗栗

See 栗子

栗子 lìzi chestnut

粒 lì　11画 米部

粒 粒粒粒粒粒粒粒粒粒粒粒

❶ [名] 小圆珠形或小碎块形的东西：grain; granule; pellet | 米~儿 mǐlìr *grains of rice* / 豆~儿 dòulìr *beans; peas*

颗粒 kēlì

❷ [量] 用于粒状的东西：used for small, grain-like things | 一~米 yī lì mǐ *a grain of rice* / 两~药丸 liǎng lì yàowán *two pills of medicine* / 三~子弹 sān lì zǐdàn *three bullets*

◇ 粒子 lìzǐ (phys.) particle

俩 (倆) liǎ　9画 亻部

俩 俩俩俩俩俩俩俩俩俩

❶ [数] 两个：two | 夫妇~ fūfù liǎ *both husband and wife; the couple* / ~馒头 liǎ mántou *two steamed buns* / 弟兄~长得差不多。Dìxiōng liǎ zhǎng de chàbuduō. *The two brothers look alike.*

❷ [数] 不多；几个：some; several | 他有~钱儿。Tā yǒu liǎ qiánr. *He has some money.* / 就这么~人呀! Jiù zhème liǎ rén ya! *Only such few of people!*

连 (連) lián　7画 辶部

连 连连连连连连连

❶ [动] 连接：link; join | 骨肉相~

469

gǔròu-xiānglián *closely linked as flesh and blood* / 天水相~ tiānshuǐ xiānglián *sky and the water seem to merge* / 我们的心紧紧地~在一起。Wǒmen de xīn jǐnjǐn de lián zài yīqǐ. *Our hearts are closely linked together.*

连词 liáncí (gram.) conjunction
连接 liánjiē join; bind; tie; link; connect
连绵 liánmián continuous; unbroken; uninterrupted
连锁 liánsuǒ linked together
连同 liántóng together with; along with
接连 jiēlián 相连 xiānglián
接二连三 jiē'èr-liánsān

❷ [副] 连续；一个接一个地：in succession; running; continuously | ~打三枪 lián dǎ sān qiāng *fire three shots in succession* / 我们~发了两封信催她回来。Wǒmen lián fāle liǎng fēng xìn cuī tā huílai. *We sent two letters in succession to urge her to return.*

连连 liánlián again and again; time and again; repeatedly; one after another; continuously
连年 liánnián in successive years; in consecutive years; for years running
连续 liánxù ① continuous; successive ② continuously; successively; incessantly; in succession; in a row; at (on) a stretch
连夜 liányè the same night; that very night
连续剧 liánxùjù (of TV show) serial

❸ [介] 表示包括、算上：including; counting | ~根拔 lián gēn bá *tear up by the root; uproot* / ~我一共三人。Lián wǒ yīgòng sān rén. *There are three people altogether including me.*

连滚带爬 liángǔn-dàipá roll and crawl

❹ [介] 表示强调：used for emphasis | 他~饭也没吃就走了。Tā lián fàn yě méi chī jiù zǒu le. *He left even without having his meal.* / 我~想都没想过。Wǒ lián xiǎng dōu méi xiǎngguo. *I didn't even give it a thought.*

❺ [名] 军队的编制单位：company, a military unit | 这个~共有一百二十名战士。Zhège lián gòng yǒu yībǎi èrshí míng zhànshì. *There are one hundred and twenty soldiers in this company.*

连队 liánduì company
◇连忙 liánmáng promptly; at once

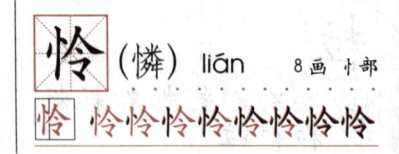

怜 (憐) lián 8画 忄部

怜 怜怜怜怜怜怜怜怜

[动] 对不幸表示同情：sympathize with | ~惜 liánxī *take pity on; show mercy to* / 同病相~ tóngbìng-xiānglián *those who have the same illness (complaint) sympathize with each other*

可怜 kělián

帘 (簾) lián   8画 穴部

帘 帘 帘 帘 帘 帘 帘 帘

[名] 用布、竹子等做的有遮蔽作用的器物：curtain; screen (made of cloth, bamboo, etc.) | 竹~ zhúlián *bamboo screen* / 门~儿 ménliánr *door curtain; portiere*

窗帘 chuānglián

莲 (蓮) lián   10画 艹部

莲 莲 莲 莲 莲 莲 莲 莲 莲 莲

See 莲子

莲子 liánzǐ lotus seed

联 (聯) lián   12画 耳部

联 联 联 联 联 联 联 联 联 联 联 联

[动] 连合；结合在一起：ally oneself with; unite | ~结 liánjié *bind; tie; join*

联邦 liánbāng federation; union; commonwealth

联合 liánhé ① unite; ally; integrate; associate; combine ② alliance; union; coalition; combination ③ joint; combined; concerted

联欢 liánhuān have a get-together

联络 liánluò get in touch with; keep in touch with; communicate with; touch

联盟 liánméng alliance; union; league; coalition

联赛 liánsài (sports) league matches

联手 liánshǒu work in coordination with; cooperate with

联网 liánwǎng interconnect of power transmission networks, telecommunication networks and computer networks to form a larger network

联系 liánxì ① contact; touch; integrate; relate; link ② connection; relation; communication

联想 liánxiǎng ① associate; connect ② association

联合国 Liánhéguó the United Nations (U.N.)

春联 chūnlián   关联 guānlián
互联网 hùliánwǎng

廉   lián   13画 广部

471

廉

廉廉廉廉廉廉廉廉廉廉廉廉廉

❶ [形] 不损公肥私；不贪污受贿：honest and clean; incorruptible | 清～qīnglián *honest and upright; free from corruption*

廉洁 liánjié honest and clean; incorrupt; incorruptible; upright

廉政 liánzhèng honest and clean government

❷ [形] 便宜；价钱低：cheap; low-priced | 低～dīlián *cheap; low-priced* / 价～物美 jiàlián-wùměi *good quality and low price (of a commodity)*

廉价 liánjià cheap; low-priced; inexpensive

镰 (鐮) lián 18画 钅部

镰镰镰镰镰镰镰镰镰镰镰镰镰镰镰镰镰

[名] 收割庄稼和割草用的农具：sickle, a farm tool for cutting grain and grass

镰刀 liándāo sickle

脸 (臉) liǎn 11画 月部

脸脸脸脸脸脸脸脸脸脸脸

❶ [名] 面孔：face | 圆～yuánliǎn *a round face* / 姑娘羞红了～。Gūniang xiūhóngle liǎn. *The girl blushed in shyness*.

脸盆 liǎnpén washbasin; washbowl

脸谱 liǎnpǔ types of facial makeup in operas

脸色 liǎnsè complexion; look; face; facial expression

脸皮厚 liǎnpíhòu (fig.) thick-skinned; shameless

变脸 biànliǎn

❷ [名] 面子：face; reputation; prestige; feelings | 丢～diūliǎn *lose face* / 赏～shǎngliǎn *honour me (with your presence, etc.); show due respect for sb.'s feelings*

不要脸 bùyàoliǎn

❸ [名] 脸上的表情：facial expression | 笑～xiàoliǎn *a smiling face* / 做鬼～zuò guǐliǎn *make grimaces (faces); make a face* / 愁眉苦～chóuméi-kǔliǎn *have a worried look; have a distressed expression*

练 (練) liàn 8画 纟部

练练练练练练练练练

❶ [动] 练习；训练：practise; train | ～操 liàncāo *drill* / ～本领 liàn běnlǐng *practise one's skills*

练兵 liànbīng troop training; training

练习 liànxí ① train; practise; drill ② exercises; drills
操练 cāoliàn　晨练 chénliàn
教练 jiàoliàn　排练 páiliàn
训练 xùnliàn
教练员 jiàoliànyuán

❷ [形] 经验多;纯熟:experienced; skilled | 老~lǎoliàn *experienced and assured* / 干~gànliàn *capable and experienced*
熟练 shúliàn

炼 (煉) liàn　9画 火部

炼炼炼炼炼炼炼炼炼

[动] 用加热等方法使物质纯净或坚韧: temper with fire; smelt | ~钢 liàngāng *make steel; steel making* / ~铁 liàntiě *iron smelting*
炼油 liànyóu ① refine oil ② extract oil by heat ③ heat edible oil
锻炼 duànliàn　提炼 tíliàn
冶炼 yěliàn

恋 (戀) liàn　10画 心部

恋恋恋恋恋恋恋恋恋恋

❶ [动] 不忍分离;想念不忘: long for; feel attached to | ~家 liànjiā *be reluctant to be away from home* / 留~liúliàn *be reluctant to leave; cannot bear to part from (sb. or sth.)*

❷ [动] 男女相爱: love between the sexes | 初~chūliàn *be in love for the first time; first love* / 失~shīliàn *be lovelorn* / 他深深地~着那个女孩儿。 Tā shēnshēn de liànzhe nàge nǚháir. *He felt deeply attached to that girl.*
恋爱 liàn'ài love
恋情 liànqíng romantic love
暗恋 ànliàn

链 (鏈) liàn　12画 钅部

链链链链链链链链链链链链

[名] 用金属环连接而成的长条状的东西: chain | 表~儿 biǎoliànr *watch chain* / 铁~tiěliàn *iron chain; shackles*
链接 liànjiē link; links; interlinkage
链条 liàntiáo ① chain ② roller chain (of a bicycle); chain
链子 liànzi chain
手链 shǒuliàn

良　liáng　7画 丶部

良良良良良良良

[形] 好: good; fine | ~药 liángyào *good medicine* / ~田 liángtián

good farmland; fertile farmland
良好 liánghǎo good; fine; desirable; favourable; well
良机 liángjī (formal) good (or golden) opportunity
良心 liángxīn conscience
良性 liángxìng (med.) benign
良种 liángzhǒng ① (fine) improved variety ② fine breed
不良 bùliáng　改良 gǎiliáng
善良 shànliáng　优良 yōuliáng

凉

liáng　10画　冫部

凉凉凉凉凉凉凉凉凉凉

❶ [形] 温度低：low in temperature | ~风 liángfēng cool breeze / 饭~了。Fàn liáng le. The meal's got cold. / 立秋以后天气~了。Lìqiū yǐhòu tiānqì liáng le. The weather becomes cold after liqiu (the day marking the beginning of autumn).
凉快 liángkuai ① pleasantly cool; cool and comfortable ② cool oneself; cool off; cool down
凉菜 liángcài cold dish
凉水 liángshuǐ ① cold water ② unboiled water
凉鞋 liángxié sandals
着凉 zháoliáng

❷ [形] 比喻灰心或失望：disappointed; discouraged | 听到这消息，我心里就~了。Tīngdào zhè xiāoxi, wǒ xīnli jiù liáng le. My heart sank at the news.
凄凉 qīliáng

❸ [形] 冷落；不热闹：desolate; deserted
荒凉 huāngliáng

梁

liáng　11画　木部

梁梁梁梁梁梁梁梁梁梁梁

❶ [名] 桥：bridge | 桥~ qiáoliáng bridge
❷ [名] 架在墙上或柱子上支撑房顶的横木：roof beam | 栋~ dòngliáng ridgepole and beam; person of great ability
❸ [名] 物体中间高起成长条的部分：ridge | 山~ shānliáng ridge (of a mountain or hill) / 鼻~ bíliáng bridge of the nose
脊梁 jǐliang

量

liáng　12画　日部

量量量量量量量量量量量量

❶ [动] 用作为标准的器具确定东西的长度、重量、大小、多少等：gauge; measure | ~身高 liáng shēngāo measure sb.'s height / ~体温 liáng tǐwēn take sb.'s temperature / 用尺~布 yòng chǐ liáng bù measure a piece of cloth with a ruler

测量 cèliáng

❷ [动] 估计：estimate; reckon | 商～ shāngliang *consult; discuss; talk over*

打量 dǎliang
　　See liàng.

粮 (糧) liáng 13画 米部

粮 粮粮粮粮粮粮粮粮粮粮粮粮粮

[名] 粮食：food; grain; beans
粮食 liángshi grain; cereals; food
杂粮 záliáng

两 (兩) liǎng 7画 一部

两 两两两两两两两

❶ [数] 数目"二 èr"：two | ～万 liǎng wàn *twenty thousand* / ～个人 liǎng gè rén *two persons* / ～本书 liǎng běn shū *two books* / ～个月 liǎng gè yuè *two months* / ～半儿 liǎngbànr *two halves*

两边 liǎngbiān ① both sides; both directions; both places ② both parties; both sides

两极 liǎngjí ① the two poles of the earth ② the two poles (of a magnet or an electric battery)

两旁 liǎngpáng both sides; either side

两口子 liǎngkǒuzi husband and wife; couple

❷ [数] 双方：both sides; the two parties | ～可 liǎngkě *both or either will do* / ～全其美 liǎngquán-qíměi *satisfy both sides; satisfy rival claims*

❸ [数] 表示不定的数目，和"几 jǐ"差不多：(used to indicate an uncertain number) few; some (less than ten) | 过～天再说吧。Guò liǎng tiān zài shuō ba. *Let's leave it for a couple of days.* / 我说～句。Wǒ shuō liǎng jù. *Let me say a few words.* / 他真有～下子。Tā zhēn yǒu liǎngxiàzi. *He is really capable.*

◇两手 liǎngshǒu dual tactics; both hands

亮 liàng 9画 亠部

亮 亮亮亮亮亮亮亮亮亮

❶ [形] 光线强；有光泽：bright; luminant; light | 这个房间非常～。Zhège fángjiān fēicháng liàng. *The room is of good daylighting.* / 今晚的月光真～。Jīnwǎn de yuèguāng zhēn liàng. *The moon is really bright tonight.* / 地板擦得真～。Dìbǎn cā de zhēn liàng. *The floor has been wiped clean and shiny.*

亮光 liàngguāng light
亮丽 liànglì ① brilliant; splendid; bright and beautiful ② beautiful; graceful; brilliant
明亮 míngliàng

❷ [动] 发光：give off light | 天~了。Tiān liàng le. *Day is breaking.* / 屋里~着灯。Wūli liàngzhe dēng. *Lights are on in the room.*

❸ [形] 声音响：loud and clear | 洪~hóngliàng *loud and clear; sonorous* / 她的嗓子真~。Tā de sǎngzi zhēn liàng. *She has a resonant voice.*
响亮 xiǎngliàng

◇ 亮相 liàngxiàng ① (in Beijing opera, dancing, etc.) strike a pose on the stage ② declare one's position; state one's views

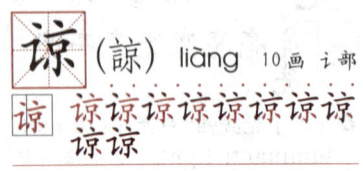

谅 (諒) liàng 10画 讠部

谅谅谅谅谅谅谅谅谅谅

[动] 原谅：forgive; understand | 体~tǐliàng *show understanding and sympathy for; make allowances for*
谅解 liàngjiě ① understanding ② forgivingness; make allowance for
原谅 yuánliàng

辆 (輛) liàng 11画 车部

辆辆辆辆辆辆辆辆辆辆辆

[量] 用于车：used for vehicles | 一~汽车 yī liàng qìchē *a bus (car, etc.)* / 三~卡车 sān liàng kǎchē *three trucks*

量 liàng 12画 日部

量量量量量量量量量量量量

❶ [名] 能容纳或经受的限度：capacity (for tolerance or taking food or drink) | 酒~jiǔliàng *one's capacity for liquor* / 饭~fànliàng *appetite* / 气~qìliàng *tolerance; forbearance*
胆量 dǎnliàng 尽量 jìnliàng
力量 lìliàng 能量 néngliàng

❷ [名] 数量；数目：quantity; amount | 降雨~jiàngyǔliàng *rainfall* / 水流~shuǐliúliàng *rate of flow*

量词 liàngcí (gram.) measure word; classifier
产量 chǎnliàng 大量 dàliàng
定量 dìngliàng 分量 fènliàng
含量 hánliàng 流量 liúliàng
热量 rèliàng 容量 róngliàng
少量 shǎoliàng 数量 shùliàng
销量 xiāoliàng 质量 zhìliàng
重量 zhòngliàng

总量 zǒngliàng

❸ [动] 估计；衡量：estimate; measure; weigh | ~力而行 liànglì'érxíng *do what one is capable of; act according to one's capability*

较量 jiàoliàng
　　See liáng.

晾

liàng　12画　日部

晾晾晾晾晾晾晾晾晾晾晾晾

[动] 把东西放在通风或阴凉的地方，使干燥；晒：dry in the sun or in the air | ~干菜 liàng gāncài *dry vegetable in the air* / ~衣服 liàng yīfu *air clothes in the sun; hung the wash out to dry*

辽 (遼)

liáo　5画　辶部

辽辽辽辽辽

[形] 远：faraway | ~远 liáoyuǎn *distant; faraway; far-off*

辽阔 liáokuò vast; extensive

疗 (療)

liáo　7画　疒部

疗疗疗疗疗疗疗

[动] 医治：treat; cure | ~病 liáobìng *cure an illness; treat sb.'s disease* / 诊~ zhěnliáo *make a diagnosis and give treatment*

疗法 liáofǎ therapy; treatment
疗效 liáoxiào treatment; curative effect
疗养 liáoyǎng recuperate; convalesce

医疗 yīliáo　　治疗 zhìliáo

聊

liáo　11画　耳部

聊聊聊聊聊聊聊聊聊聊聊

[动] 闲谈：chitchat | ~家常 liáo jiācháng *have a small talk* / 晚饭后咱们~~。 Wǎnfàn hòu zánmen liáoliao. *Let's have a chat after supper.*

聊天儿 liáotiānr chat; have a chitchat; talk (have) a small (a cross, a talky, an idle) talk

潦

liáo　15画　氵部

潦潦潦潦潦潦潦潦潦潦潦潦潦潦潦

See 潦草

潦草 liáocǎo ① (of handwriting) hasty and careless; illegible ② sloppy; slovenly

了 (瞭❸)

liǎo　2画　亅部

了了了

料
列

liǎo ~ liè

❶ [动] 完毕; 结束: end; finish; settle; dispose of | 没完没~ méiwán-méiliǎo *endless* / 事情已经~了。Shìqing yǐjīng liǎo le. *It has already been settled.*

❷ [动] 跟"不"或"得"连用, 表示可能或不可能: used with "不" or "得", indicating possibility or impossibility | 他吃不~这样的苦。Tā chībuliǎo zhèyàng de kǔ. *He cannot endure such hardship.* / 这事你办得~。Zhè shì nǐ bàndeliǎo. *You can do it.*

❸ [形] 明白: clear about | 明~ míngliǎo *understand; be clear about* / 一目~然 yīmù-liǎorán *be clear at a glance; discern easily*

了解 liǎojiě understand; know clearly; acquaint oneself with

◇ 了不起 liǎobuqǐ amazing; terrific; extraordinary; wonderful; marvelous; excellent

See le.

料　liào　10画 米部

料料料料料料料料料料

❶ [动] 估计; 推测: suppose; expect; conjecture | 不~ bùliào *unexpectedly; to one's surprise* / 他~事很准。Tā liàoshì hěn zhǔn. *He foretells things with great accuracy.*

不料 bùliào　　意料 yìliào
预料 yùliào
出人意料 chūrényìliào

❷ [动] 处理; 照管: arrange; manage; take care of

料理 liàolǐ arrange; manage; attend to; take care of
照料 zhàoliào

❸ [名] 喂牲口的食物: feed | 草~ cǎoliào *forage; fodder*

饲料 sìliào

❹ [名] 材料; 原料: material; raw material | 衣~ yīliào *material for clothing; dress material* / 木~ mùliào *timber; lumber*

材料 cáiliào　　肥料 féiliào
燃料 ránliào　　染料 rǎnliào
塑料 sùliào　　养料 yǎngliào
油料 yóuliào　　原料 yuánliào
资料 zīliào
原材料 yuáncáiliào

列　liè　6画 歹部

列列列列列列列

❶ [动] 按顺序放或站; 排列: arrange; line up | ~队欢迎 lièduì huānyíng *line up to welcome sb.* / ~出数据 lièchū shùjù *tabulate data* / 他的名字~在名单上。Tā de míngzi liè zài míngdān shang. *His name is on the list.*

列举 lièjǔ enumerate; list; cite

并列 bìngliè　　陈列 chénliè
罗列 luóliè　　排列 páiliè
下列 xiàliè

❷ [名] 排成的行：row; file; rank | 后~ hòuliè *the rear rank*
列车 lièchē train
行列 hángliè　　前列 qiánliè

❸ [量] 用于成行列的事物：used for things presented in a series or rows | 一~火车 yī liè huǒchē *a train* / 一~队伍 yī liè duìwu *a procession*

❹ [动] 安排；归入：arrange; list; include | 名~榜首 mínglièbǎngshǒu *head the list of successful candidates*
列入 lièrù list; enter in a list; be included (incorporated) in
列席 lièxí attend (a meeting) as a nonvoting delegate

劣 liè　6画 力部

劣 劣 劣 劣 劣 劣

[形] 坏；不好（跟"优 yōu"相对）：bad; inferior; of bad quality (the opposite of "优 yōu") | 优~ yōuliè *the good and the bad*
劣质 lièzhì of poor (or low) quality; inferior
低劣 dīliè　　恶劣 èliè

烈 liè　10画 灬部

烈 烈 烈 烈 烈 烈 烈 烈 烈 烈

❶ [形] 强烈；猛烈：strong; violent | ~日 lièrì *burning sun; scorching sun; blazing sun*
烈火 lièhuǒ raging fire; raging flames
激烈 jīliè　　剧烈 jùliè
猛烈 měngliè　　强烈 qiángliè
轰轰烈烈 hōnghōng-lièliè
兴高采烈 xìnggāo-cǎiliè

❷ [名] 为正义事业而牺牲的人：one who sacrifices himself for a just cause | 先~ xiānliè *martyr*
烈士 lièshì martyr

猎 (獵) liè　11画 犭部

猎 猎 猎 猎 猎 猎 猎 猎 猎 猎 猎

[动] 捕捉野兽：hunt wild animals | ~兔 liètù *hunt hare*
猎人 lièrén hunter; huntsman
猎头 liètóu headhunter (who looks for senior talents for enterprises)
打猎 dǎliè

裂 liè　12画 衣部

裂 裂 裂 裂 裂 裂 裂 裂 裂 裂 裂 裂

[动] 破开；分开：split; crack | ~

痕 liěhén *rift; crack* / 手冻～了。Shǒu dōngliě le. *The hands are chapped by the cold.* / 这只碗～了。Zhè zhī wǎn liě le. *This bowl has cracked.*

断裂 duànliě　　分裂 fēnliè

邻 (鄰) lín　7画 阝(右)部

邻 邻邻邻邻邻邻邻

❶ [名] 住处接近的人家：neighbour | 四～ sìlín *one's near neighbours*

❷ [形] 靠近的; 靠近：neighbouring; near | ～乡 línxiāng *neighbouring village*

邻近 línjìn be near; be close to
邻居 línjū neighbour
邻国 línguó neighbouring country

林 lín　8画 木部

林 林林林林林林林

❶ [名] 成片的树木或竹子: forest; woods | 竹～ zhúlín *bamboo forest; groves of bamboo* / 丛～ cónglín *jungle*

林场 línchǎng forestry centre (including tree nursery, lumber camp, etc.); tree farm
林区 línqū forest zone; forest region; forest
森林 sēnlín　　树林 shùlín
园林 yuánlín

❷ [名] 林业：forestry | 农～牧副渔 nóng-lín-mù-fù-yú *farming, forestry, animal husbandry, sideline production and fishery*

林业 línyè forestry

◇奥林匹克 Àolínpǐkè
穆斯林 mùsīlín

临 (臨) lín　9画 丨部

临 临临临临临临临临

❶ [动] 到; 来到：arrive; be present | 来～ láilín *arrive; approach* / 喜事～门 xǐshì lín mén *good news (or a happy event) comes to the house*

临时 línshí temporary; provisional; for the time being; for a short time
光临 guānglín　　降临 jiànglín

❷ [动] 靠近；面对着：near; approach; be faced with | 背山～水 bèishān-línshuǐ *facing the water with hills behind* / 我家房子～街。Wǒ jiā fángzi línjiē. *My house overlooks the street.*

临床 línchuáng (of a doctor) be at the sickbed providing medical services
临近 línjìn close to; close on; close by; draw close; draw near
面临 miànlín

淋

lín　11画　氵部

淋淋淋淋淋淋淋淋淋淋淋

[动] 液体落在东西上或人身上：pour; water; shower | ~浴 línyù *shower; have a shower* / 他被雨~得浑身湿透了。Tā bèi yǔ lín de húnshēn shītòu le. *He was drenched through by the rain.*

◇冰淇淋 bīngqílín

伶

líng　7画　亻部

伶伶伶伶伶伶伶

See 伶俐

伶俐 línglì *clever; bright; quick-witted*

灵（靈）

líng　7画　彐部

灵灵灵灵灵灵灵

❶ [名] 精神；灵魂：spirit; soul | 英~ yīnglíng *spirit of the brave departed; spirit of a martyr*

灵感 línggǎn *inspiration (for creative work)*

灵魂 línghún *soul; spirit*

心灵 xīnlíng

❷ [形] 有效；能够应验：efficacious; effective | 这个办法很~。Zhège bànfǎ hěn líng. *This method works well.* / 这种药治感冒很~。Zhè zhǒng yào zhì gǎnmào hěn líng. *This medicine is an effective treatment of cold.*

灵通 língtōng ① *having quick access to information; well-informed* ② *(dial.) be of use (or help)*

❸ [形] 聪明；机敏：clever; quick; sharp | 心~手巧 xīnlíng-shǒuqiǎo *clever in mind and skillful in hand; clever and deft* / 耳朵很~ ěrduo hěn líng *have sharp ears*

灵活 línghuó *nimble; agile; quick; elastic; quick-witted; quick-minded; flexible*

灵敏 língmǐn *sensitive; keen; agile; acute; skillful; active; nimble*

灵巧 língqiǎo *dexterous; handy; nimble; skillful; ingenious; cute*

机灵 jīling　机灵鬼 jīlingguǐ

铃（鈴）

líng　10画　钅部

铃铃铃铃铃铃铃铃铃铃

[名] bell | 门~ ménlíng *door bell* / 电~ diànlíng *an electric bell* / 摇~ yáolíng *ring the bell*

铃声 língshēng *(bell) ring*

◇马铃薯 mǎlíngshǔ

凌

líng　10画　冫部

凌 凌凌凌凌凌凌凌凌凌凌

[动] 接近：approach; be near
凌晨 língchén very early in the morning; in the small (wee) hours; close on daybreak; just before daybreak (dawn)

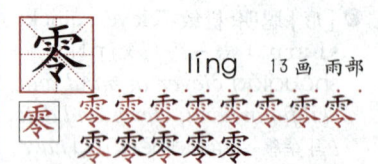

零 líng 13画 雨部
零零零零零零零零零零零零零零

❶ [形] 分散的；细碎的（跟"整 zhěng"相对）：fragmentary; fractional (the opposite of "整 zhěng") | ~用 língyòng money spent on minor purchases; pocket money | ~活儿 línghuór odd jobs
零件 língjiàn part; spare parts; component parts
零钱 língqián small change; petty cash; odd change
零售 língshòu retail; sell retail; sell in small lots
零碎 língsuì ① scrappy; fragmentary; piecemeal ② fragments; fractions; odds and ends
零星 língxīng scattered; fragmentary; odd; sporadic; occasional

❷ [名] 零头；整数以外的零数：(used after a round figure to introduce the fraction) fragment; fraction | 一年~三天 yī nián líng sān tiān *one year and three days*

❸ [数] 表示没有数量：zero; nil | 1减1等于~。Yī jiǎn yī děngyú líng. *One minus one equals zero.* / 光说不做等于~。Guāng shuō bù zuò děngyú líng. *Promising without fulfilling is worth nothing.*
零下 língxià below zero (on a thermometer)

❹ [数] 数的空位，写作"〇"：zero sign in a sum, written as "〇" | 一九八~年 yījiǔbālíng nián *1980 (A.D.)* / 五~二房间 wǔ líng èr fángjiān *Room 502*

龄 (齡) líng 13画 齿部
龄龄龄龄龄龄龄龄龄龄龄龄龄

❶ [名] 岁数：age | 高~ gāolíng *venerable age; over age* / 同~ tónglíng *the same age*
年龄 niánlíng

❷ [名] 年数：length of time; duration | 军~ jūnlíng *length of military service* / 工~ gōnglíng *length of service; years of service; standing*

岭 (嶺) lǐng 8画 山部

岭

岭岭岭岭岭岭岭岭

❶ [名] 有路可通行的山峰：mountain; ridge | 翻山越~ fānshān yuèlǐng *climb mountain after mountain; travel over hill and dale*

❷ [名] 高大的山脉：high mountain | 秦~ Qín Lǐng *the Qinling Mountains* / 南~ Nán Lǐng *the South Mountains*

领

(領) lǐng 11画 页部

领领领领领领领领领领领

❶ [名] 脖子：neck
领带 lǐngdài necktie; tie
红领巾 hónglǐngjīn

❷ [名] 领子：collar; neckband | 衣~ yīlǐng *collar*
领子 lǐngzi collar
白领 báilǐng

❸ [名] 大纲；要点：outline; main point | 抓不住要~ zhuābuzhù yàolǐng *unable to grasp the key points; fail to grasp the main points*
本领 běnlǐng 纲领 gānglǐng
要领 yàolǐng

❹ [动] 占有；管辖：have jurisdiction over; be in possession of | ~海 lǐnghǎi *territorial waters; territorial sea* / ~空 lǐngkōng *territorial sky; territorial air (space)*
领土 lǐngtǔ territory
领域 lǐngyù realm; field; sphere; domain
占领 zhànlǐng

❺ [动] 引导；带领：lead; usher | ~队 lǐngduì *lead a group; leader of a group* / 爷爷~着孩子过马路。Yéye lǐngzhe háizi guò mǎlù. *Grandpa led the child across the street.* / 她~着外宾参观了工厂。Tā lǐngzhe wàibīn cānguānle gōngchǎng. *She showed the foreign visitors round the factory.*
领先 lǐngxiān lead; walk (run, get, draw) ahead; take the lead; have a lead
带领 dàilǐng 率领 shuàilǐng

❻ [动] 接受；领取（发给的东西）：receive; get | ~情 lǐngqíng *feel grateful to sb.; appreciate the kindness* / ~奖品 lǐng jiǎngpǐn *receive a prize*
领取 lǐngqǔ receive; draw; get

❼ [动] 了解；懂得：understand; comprehend | ~悟 lǐngwù *comprehend; grasp*
领会 lǐnghuì understand; appreciate; comprehend; grasp
领略 lǐnglüè have a taste of; understand; appreciate

483

◇领导 lǐngdǎo ① lead; guide ② exercise leadership ③ leader; cadre; guide; leadership
领事 lǐngshì consul
领袖 lǐngxiù leader
首领 shǒulǐng

另 lìng 5画 口部

另 另 另 另 另 另

[副] 之外；其他：besides; other | ~买一个 lìng mǎi yī gè *buy another one* / 我们~想办法吧。Wǒmen lìng xiǎng bànfǎ ba. *Let's try some other way.*

另类 lìnglèi ① people or things not of the mainstream; oddball; nonconformist ② alien; different from the common run; unconventional; offbeat; out of the way

另外 lìngwài besides; in addition

令 lìng 5画 人部

令 令 令 令 令

❶ [名] 上级发布的命令：order; decree | 口~ kǒulìng *word of command; password* / 因违反纪律，学校~他退学。Yīn wéifǎn jìlǜ, xuéxiào lìng tā tuìxué. *As he breached the school regulations, he was ordered to leave school.*

法令 fǎlìng   命令 mìnglìng
司令 sīlìng   下令 xiàlìng
责令 zélìng   指令 zhǐlìng
司令员 sīlìngyuán
总司令 zǒngsīlìng

❷ [动] 使；让：cause sb. (to do sth.); let | ~人兴奋 lìng rén xīngfèn *exciting* / ~人怀疑 lìng rén huáiyí *cause suspicion*

◇夏令营 xiàlìngyíng

溜 liū 13画 氵部

溜 溜 溜 溜 溜 溜 溜 溜 溜 溜 溜 溜 溜

❶ [动] 在平面上滑行或向下滑动：slide; glide | ~冰 liūbīng *skating; roller-skating* / 孩子们~滑梯。Háizimen liū huátī. *Children slid down a slide.*

❷ [动] 偷偷走开：slip away | ~出房间 liūchū fángjiān *slip out of the room* / 他悄悄地~了。Tā qiāoqiāo de liū le. *He sneaked off without being noticed.*

留 liú 10画 田部

留 留 留 留 留 留 留 留 留 留

❶ [动] 停在某个地方或位置；不离开：stay (remain) in a certain place or position | 他~在天津

了。Tā liú zài Tiānjīn le. *He stayed on in Tianjin.* / 你们去吧，我～下来。Nǐmen qù ba, wǒ liú xiàlai. *You may go. I'll stay.*

留恋 liúliàn be reluctant (unwilling) to leave (part); recall with nostalgia; yearn for the past

停留 tíngliú

❷ [动] 不让离开：try to retain sb. | 挽～ wǎnliú *persuade sb. to stay* / 他们～我吃晚饭。Tāmen liú wǒ chī wǎnfàn. *They persuade me to stay for supper.*

拘留 jūliú

❸ [动] 保存；遗留：reserve; keep | ～饭 liú fàn *keep a portion of meal for sb.* / ～底稿 liú dǐgǎo *keep the manuscript or draft* / ～下遗产 liúxià yíchǎn *bequeath a legacy* / ～条子 liú tiáozi *leave a note* / 你给我的信我一直～着。Nǐ gěi wǒ de xìn wǒ yīzhí liúzhe. *I have kept all the letters you wrote to me.*

留念 liúniàn accept as a souvenir

留言 liúyán leave one's comments; leave a message

保留 bǎoliú   遗留 yíliú

❹ [动] 注意力集中在某方面：concentrate on sth.

留神 liúshén pay attention; be careful; take care; look out

留心 liúxīn take care; look out; pay attention; take heed; be careful; be cautious

留意 liúyì pay attention; be careful; be cautious; take care; look out

❺ [动] 特指居留外国求学：study abroad | ～日 liú Rì *study in Japan* / ～美 liú Měi *study in the United States*

留学 liúxué study abroad

留学生 liúxuéshēng student studying abroad; overseas student

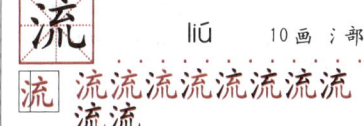

流 liú 10画 氵部

流流流流流流流流流流

❶ [动] 液体移动；流动：(of liquids) flow | ～汗 liúhàn *perspire; sweat* / ～血 liúxuě *lose blood; shed blood* / 水往低处～。Shuǐ wǎng dīchù liú. *Water flows downward.*

流动 liúdòng ① flow; run ② be on the move; move from place to place; mobile; drift

流量 liúliàng volume of flow; rate of flow; flow; discharge

流水 liúshuǐ running water

流向 liúxiàng ① the direction of a current ② the direction of the flow of personnel, commodities, etc.

流水账 liúshuǐzhàng day-to-day (bookkeeping) account; current account

川流不息 chuānliú-bùxī

❷ [动] 没有固定方向地移动：move without a certain direction

流寇 liúkòu roving bandits

流浪 liúlàng roam (loaf, wander) about; rove; stroll; drift; lead a vagrant life

流露 liúlù reveal; betray; evince; manifest; show unintentionally

流氓 liúmáng ① hoodlum; villain; rogue; gangster; hooligan; scoundrel; rascal; ruffian ② immoral behavior; hooliganism

流通 liútōng in circulation; circulate

交流 jiāoliú   轮流 lúnliú
外流 wàiliú

❸ [动] 传下来；传播：disseminate; propagate; spread

流传 liúchuán spread; circulate; hand down; transmit; go about

流失 liúshī ① run off; be washed away ② (of students) drop out

流行 liúxíng prevalent; popular; fashionable

❹ [名] 指流水：the flowing of water

流域 liúyù valley; river basin; drainage area

潮流 cháoliú   河流 héliú
逆流 nìliú   主流 zhǔliú

❺ [动] 像水流一样移动的东西：sth. that moves like water

电流 diànliú   分流 fēnliú
气流 qìliú

❻ [形] 通顺；畅快：fluent; easy and smooth; carefree

流畅 liúchàng (of writing) easy and smooth

流利 liúlì fluent; smooth

❼ [名] 品类；等级：class; grade; school; rate | 一～产品 yīliú chǎnpǐn *top-grade product*

一流 yīliú

硫 liú　12画 石部

硫硫硫硫硫硫硫硫硫硫硫硫

See 硫酸

硫酸 liúsuān sulphuric acid

榴 liú　14画 木部

榴榴榴榴榴榴榴榴榴榴榴榴榴榴

See 石榴

石榴 shíliu

瘤 liú　15画 疒部

瘤瘤瘤瘤瘤瘤瘤瘤瘤瘤瘤瘤瘤瘤瘤

See 瘤子

瘤子 liúzi tumour

柳 liǔ　9画 木部

❶ [动] 合上；使不分散、离开：hold (or gather) together; bring together; tie ｜ ~紧 lǒngjǐn *hold (sth.) tight* / 笑得嘴都合不~了 xiào de zuǐ dōu hébulǒng le *grin from ear to ear* / 妈妈把孩子~在怀里。Māma bǎ háizi lǒng zài huáili. *Mother held the baby to her bosom.*

❷ [动] 梳(头发)：comb ｜ 她用梳子~了~头发。Tā yòng shūzi lǒnglelǒng tóufa. *She arranged her hair with a comb.*

垄 (壟) lǒng 8画 龙部

垄垄垄垄垄垄垄垄

See 垄断
垄断 lǒngduàn monopolize; corner

笼 (籠) lǒng 11画 竹部

笼笼笼笼笼笼笼笼笼笼笼

[动] 遮盖；罩住：cover; envelop
笼罩 lǒngzhào envelop; shroud
See lóng.

楼 (樓) lóu 13画 木部

楼楼楼楼楼楼楼楼楼楼楼楼

❶ [名] 两层或两层以上的房屋：a storied building ｜ 办公~ bàngōnglóu *office building* / 高~大厦 gāolóu-dàshà *tall buildings and large mansions*

楼道 lóudào corridor; passageway
楼房 lóufáng a building of two or more storeys
楼梯 lóutī stair; staircase
大楼 dàlóu   酒楼 jiǔlóu
红楼梦 Hónglóumèng

❷ [名] 楼房的某一层：storey; floor ｜ 三~ sān lóu *(BrE) second floor; (AmE.) third floor*

搂 (摟) lǒu 12画 扌部

搂搂搂搂搂搂搂搂搂搂搂搂

[动] 两臂合抱：hold in arms ｜ ~着腰 lǒuzhe yāo *hold sb. by the waist* / ~着脖子 lǒuzhe bózi *hold sb. by the neck* / 把孩子~在怀里 bǎ háizi lǒu zài huáili *hold a child in one's arms*

漏 lòu 14画 氵部

漏漏漏漏漏漏漏漏漏漏漏漏漏漏

❶ [动] 从孔、缝中流出、透过或掉出：leak ｜ 水壶~了。Shuǐhú lòu le. *The kettle leaks.* / 水龙头~得很厉害。Shuǐlóngtóu

柳 柳柳柳柳柳柳柳柳柳

See 柳树
柳树 liǔshù willow

六 liù 4画 二部

六 六六六六

[数] 数目：six | ~天 liù tiān *six days* / ~个月 liù gē yuè *six months*
五颜六色 wǔyán-liùsè

龙 (龍) lóng 5画 龙部

龙 龙龙龙龙龙

❶ [名] dragon | 墙上画着一条~。Qiáng shang huàzhe yī tiáo lóng. *A dragon was drawn on the wall.*
龙眼 lóngyǎn (bot.) longan
龙舟 lóngzhōu dragon boat

❷ [名] 封建时代用作帝王的象征，也指与帝王有关的东西：symbol of the emperor in feudal times (used to refer to things belonging to the emperor) | ~床 lóngchuáng *the emperor's bed*

❸ [名] 近代古生物学上指一些巨大的爬行动物：used to refer to some big reptiles | 恐~ kǒnglóng *dinosaur*

◇ 龙头 lóngtóu tap; faucet; cock

黑龙江 Hēilóng Jiāng

聋 (聾) lóng 11画 龙部

聋 聋聋聋聋聋聋聋聋聋聋聋

[形] 听不见或听不清声音：deaf; hard of hearing | 他耳朵~了。Tā ěrduo lóng le. *He is deaf. (He is hard of hearing.)*

笼 (籠) lóng 11画 竹部

笼 笼笼笼笼笼笼笼笼笼笼笼

See 笼子
笼子 lóngzi ① cage; coop ② basket; container
See lǒng.

隆 lóng 11画 阝(左)部

隆 隆隆隆隆隆隆隆隆隆隆隆

[形] 盛大：grand; deep
隆重 lóngzhòng grand; solemn; ceremonious; elaborate
◇ 克隆 kèlóng

拢 (攏) lǒng 8画 扌部

拢 拢拢拢拢拢拢拢拢

lòu de hěn lìhai. *The faucet is leaking badly.*

漏洞 lòudòng ① leak ② flaw; hole; loophole

❷ [动] 没保守住秘密；泄露：divulge; leak ｜ ~了风声 lòule fēngshēng *divulge a secret; leak out information* / 走~消息 zǒulòu xiāoxi *leak out the news* / 考题千万不要~出去。Kǎotí qiānwàn búyào lòu chūqu. *Make sure the examination questions must be kept secret.*

❸ [动] 遗落：left out; missing ｜ ~字 lòuzì *missing words* / 这份名单把你的名字~了。Zhè fèn míngdān bǎ nǐ de míngzi lòu le. *Your name is left out in the name list.*

漏税 lòushuì tax evasion

露 lòu 21画 雨部

[动] 显露；表现：show; manifest; display ｜ ~头 lòutóu *appear; emerge* / ~馅儿 lòuxiànr *let the cat out of the bag; give the game away; spill the beans*

露面 lòumiàn show one's face; appear on public occasions; be present; show up; make an appearance; put in an appearance

露马脚 lòumǎjiǎo give oneself away; let the cat out of the bag

露一手 lòuyīshǒu make an exhibition of one's abilities or skills; show off

See lù.

炉 (爐) lú 8画 火部

[名] stove; oven; furnace

炉子 lúzi stove; oven; furnace

微波炉 wēibōlú

虏 (虜) lǔ 8画 虍部

[名] 打仗时捉住的敌人：prisoner of war; captive

俘虏 fúlǔ

鲁 (魯) lǔ 12画 鱼部

❶ [形] 粗野：rude; rough; boorish
粗鲁 cūlǔ

❷ [名] 山东省的别称：*Lu*, another name for Shandong Province

陆 (陸) lù 7画 阝(左)部

陆 陆陆陆陆陆陆

[名] 高出水面的土地：land ｜ 飞机在机场着~了。Fēijī zài jīchǎng zhuólù le. *The plane has landed at the airport.* / 绝大部分鱼不能在~上生活。Jué dà bùfen yú bùnéng zài lù shang shēnghuó. *Most of the fishes cannot survive on land.*

陆地 lùdì land; dry land
陆军 lùjūn ground force; land force; army
大陆 dàlù   登陆 dēnglù
着陆 zhuólù

◇陆续 lùxù one by one; one after another; continuous; in succession

录 (録) lù   8画 彐部

录 录录录录录录录录

❶ [动] 记载；抄写：record; copy; write down ｜ 抄~ chāolù *copy down* / 把他讲的话笔~下来。Bǎ tā jiǎng de huà bǐlù xiàlai. *Copy down his talks.*
登录 dēnglù   记录 jìlù
❷ [名] 记载言行或事物的文字材料：written records ｜ 备忘~ bèiwànglù *memorandum* / 回忆~ huíyìlù *reminiscences; memoirs; recollections*
目录 mùlù
❸ [动] 选取；任用：select; employ ｜ 收~ shōulù *employ; include*
录取 lùqǔ enroll; recruit; admit
录用 lùyòng employ; take sb. on the staff
❹ [动] 用仪器记录（声音或图像）：record sounds or images with apparatuses
录像 lùxiàng video; videotape
录音 lùyīn record; recording; sound recording
录制 lùzhì record; transcribe; REC
录像带 lùxiāngdài ① videotape ② video cassette ③ a videotape recording
录音机 lùyīnjī (tape) recorder
纪录片 jìlùpiàn

鹿 lù   11画 鹿部

鹿 鹿鹿鹿鹿鹿鹿鹿鹿鹿鹿鹿

[名] deer ｜ ~的角是珍贵的药材。Lù de jiǎo shì zhēnguì de yàocái. *The deerhorn is valuable medicine.*

路 lù   13画 足部

路 路路路路路路路路路路路路路

❶ [名] 来往的通道：road; path ｜ 修~ xiūlù *repair a road* / 水~ shuǐlù *waterway; water route* /

这是通往机场的～。Zhè shì tōngwǎng jīchǎng de lù. *This road leads to the airport.*

路灯 lùdēng street lamp; road lamp

路口 lùkǒu crossing; intersection

路况 lùkuàng road conditions (road surface, road traffic flow, etc.)

路面 lùmiàn road surface; pavement

路上 lùshang on one's way; on the way; on one's journey; during one's journey; in route

道路 dàolù	电路 diànlù
辅路 fǔlù	公路 gōnglù
马路 mǎlù	问路 wènlù
走路 zǒulù	走弯路 zǒuwānlù

高速公路 gāosù gōnglù

❷ [名] 路程：distance; journey｜～不远，坐车去只要10分钟。Lù bù yuǎn, zuòchē qù zhǐyào shí fēnzhōng. *It's not far, only ten minutes' drive.*

路程 lùchéng distance; journey; route

一路平安 yīlù-píng'ān

一路顺风 yīlù-shùnfēng

❸ [名] 思想或行动的方向;途径：(of thinking or action) way; means｜思～sīlù *train of thought; thinking* / 去～qùlù *the way along which one is going; outlet*

路子 lùzi way; means; approach

出路 chūlù	销路 xiāolù

❹ [名] 路线：route｜9～电车 jiǔ lù diànchē *No.9 trolleybus*

路线 lùxiàn route; line

线路 xiànlù

◇路过 lùguò pass by or through (a place)

露 lù 21画 雨部

露露露露露露露露露露露露露露露露露露露露露露

[动] 显露；表现出：show; reveal｜～出笑容 lùchū xiàoróng *reveal a smile* / 水面上～出几个小脑袋。Shuǐmiàn shang lùchū jǐ gè xiǎo nǎodai. *Several small heads (of the children) appeared on the water surface.*

露出 lùchū show; reveal; betray

暴露 bàolù	揭露 jiēlù
流露 liúlù	披露 pīlù
透露 tòulù	显露 xiǎnlù
泄露 xièlù	

See lòu.

驴 (驢) lǘ 7画 马部

驴驴驴驴驴驴驴

[名] donkey

毛驴 máolǘ

侣 lǚ 8画 亻部

侣侣侣侣侣侣侣侣

[名] 伙伴；同伴：companion; associate | 情~ qínglǚ *sweetheart; lover*

伴侣 bànlǚ

旅 lǚ 10画 方部

旅旅旅旅旅旅旅旅旅旅

❶ [名] 军队的编制单位：brigade (military unit)
❷ [名] 泛指军队：troops | 军~ jūnlǚ *army; troops*
❸ [动] 离家居留在外地：travel; stay away from home | ~居海外 lǚjū hǎiwài *live abroad*

旅店 lǚdiàn inn; hostel
旅馆 lǚguǎn hotel; hostel
旅客 lǚkè hotel guest; traveler; passenger; lodger
旅途 lǚtú journey; trip; route; on one's way; during one's trip
旅行 lǚxíng travel; journey; tour; trip; traveling
旅游 lǚyóu tour; tourism; travel; traveling
旅行社 lǚxíngshè travel service; travel agency
旅游业 lǚyóuyè tourist trade; tourism
旅游鞋 lǚyóuxié sneakers; walking shoes

铝 (鋁) lǚ 11画 钅部

铝铝铝铝铝铝铝铝铝铝铝

[名] aluminium | ~锅 lǚguō *aluminium cooker*

屡 (屢) lǚ 12画 尸部

屡屡屡屡屡屡屡屡屡屡屡

[副] 多次，不止一次：time and again; repeatedly | ~战~胜 lǚzhàn-lǚshèng *have fought many battles and won every one of them; score one victory after another*

屡次 lǚcì time and again; repeatedly

履 lǚ 15画 尸部

履履履履履履履履履履履履履

[动] 实行；执行：carry out; fulfil | ~约 lǚyuē *keep a promise, agreement, etc.*

履行 lǚxíng meet; fulfil; act up to; enforce; execute; carry out; fulfil; observe; perform

律 lǜ　9画 彳部

律律律律律律律律律

[名] 规章;法则：rule; law; regulation | 规～ guīlǜ *law; regular pattern* / 纪～ jìlǜ *discipline*
法律 fǎlǜ

◇ 律师 lǜshī lawyer; counsel; counselor; solicitor; barrister (barrister-at-law); attorney (attorney-at-law) (American)
自律 zìlǜ

虑 (慮) lǜ　10画 虍部

虑虑虑虑虑虑虑虑虑虑

❶ [动] 思考：consider; ponder | 深思远～ shēnsī-yuǎnlǜ *deep and careful consideration*
考虑 kǎolǜ

❷ [动] 担忧：worry
顾虑 gùlǜ　　　焦虑 jiāolǜ
疑虑 yílǜ　　　忧虑 yōulǜ

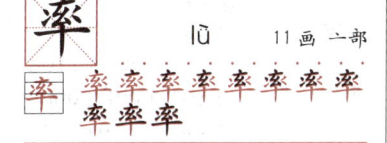

率 lǜ　11画 亠部

率率率率率率率率率率率

[名] 两个相关的数在一定条件下的比值：rate; ratio | 升学～ shēngxuélǜ *enrolment rate* / 出勤～ chūqínlǜ *attendance rate; attendance* / 增长～ zēngzhǎnglǜ *rate of increase; growth rate*
比率 bǐlǜ　　　概率 gàilǜ
功率 gōnglǜ　　汇率 huìlǜ
利率 lìlǜ　　　频率 pínlǜ
税率 shuìlǜ　　效率 xiàolǜ
兑换率 duìhuànlǜ
生产率 shēngchǎnlǜ
See shuǎi.

绿 (綠) lǜ　11画 纟部

绿绿绿绿绿绿绿绿绿绿绿

[形] green | 红花～叶 hónghuā-lǜyè *red flowers and green leaves* / 春天到了，树都～了。Chūntiān dào le, shù dōu lǜ le. *Spring has come, and all trees are turning green.*
绿茶 lǜchá green tea
绿地 lǜdì greenery patches (in a town or city)
绿化 lǜhuà make (a place) green by planting trees, flowers, etc.; afforest
绿色 lǜsè green colour
碧绿 bìlǜ　　　翠绿 cuìlǜ
开绿灯 kāilǜdēng

卵 luǎn　7画 丿部

卵卵卵卵卵卵卵

[名] ovum; egg | 鸟~ niǎoluǎn bird's egg

乱 (亂) luàn 7画 舌部

乱乱乱乱乱乱乱

❶ [形] 没有秩序;没有条理：in disorder; in a mess | 次序~了 cìxù luàn le *it is out of order* / 字写得太~。Zì xiě de tài luàn. *The handwriting is too messy.*
乱七八糟 luànqī-bāzāo be in confusion; be in a mess; chaotic; be in extreme (sad) disorder (chaos, confusion, a tangle); at sixes and sevens
混乱 hùnluàn   杂乱 záluàn

❷ [动] 使混乱;使杂乱：cause confusion; make chaotic | 这使他~了手脚。Zhè shǐ tā luànle shǒujiǎo. *It threw him into chaos.*
捣乱 dǎoluàn   扰乱 rǎoluàn

❸ [形] 动荡不安;战乱：upheaval; riot | 叛~ pànluàn *armed rebellion*
动乱 dòngluàn

❹ [形] (心情、心绪)不安宁：(of mood) be confused and disconcerted; be troubled | 心烦意~ xīnfán-yìluàn *be perturbed; be vexed* / 他心里很~,不知道该说什么。Tā xīnli hěn luàn, bù zhīdào gāi shuō shénme. *He was so confused that he did not know what to say.*
慌乱 huāngluàn

❺ [副] 不加限制地;随便：indiscriminately; at random | ~说 luàn shuō *talk nonsense* / 不能在马路上~跑。Bùnéng zài mǎlù shang luànpǎo. *Don't rush on the street recklessly.*
胡乱 húluàn

掠 lüè 11画 扌部

掠掠掠掠掠掠掠掠掠掠

[动] 抢夺：plunder; pillage | ~取 lüèqǔ *seize; grab; plunder*
掠夺 lüèduó take (seize, rob) by force; plunder; pillage; sack; loot

略 lüè 11画 田部

略略略略略略略略略略

❶ [动] 抢;夺取：rob; seize
侵略 qīnlüè

❷ [名] 计谋;规划：strategy; plan | 方~ fānglüè *general plan* / 谋~ móulüè *tactics; strategy*
策略 cèlüè   战略 zhànlüè

❸ [动] 简化;省去：simplify; omit; delete | ~去 lüèqù *leave out*
忽略 hūlüè   省略 shěnglüè

❹ [副] 大致;稍微：briefly; a little; a bit; slightly | ~知一二

lüèzhī-yī'èr *have only a smattering knowledge of; know only a little about* / 粗~地计算一下 cūlüè de jìsuàn yīxià *make a rough calculation* / 请你~等片刻。Qǐng nǐ lüěděng piànkè. *Please wait for a while.*

略微 lüèwēi slightly; a little; somewhat

◇领略 lǐnglüè

抡 (掄) lūn   7画 扌部

抡 抡抡抡抡抡抡抡

[动] 用力挥动：brandish; swing | ~拳 lūnquán *swing one's fist*

轮 (輪) lún   8画 车部

轮 轮轮轮轮轮轮轮

❶ [名] 轮子：wheel | 车~ chēlún *wheel (of a vehicle)* / 飞~儿 fēilúnr *flywheel; free wheel (of a bicycle)*

轮胎 lúntāi tyre
轮椅 lúnyǐ wheelchair
轮子 lúnzi wheel
齿轮 chǐlún 三轮车 sānlúnchē

❷ [动] 按次序替换：take turns | ~班 lúnbān *in shifts; in relays* / 这回~到我了。Zhè huí lúndào wǒ le. *Now it's my turn.*

轮流 lúnliú take turns; by turns; in turn; in rotation; by rotation

❸ [名] 轮船：ship; boat | 海~ hǎilún *seagoing vessel* / 巨~ jùlún *colossal steamer*

轮船 lúnchuán steamer; steamship; steamboat

◇轮廓 lúnkuò outline; contour; rough sketch

论 (論) lùn   6画 讠部

论 论论论论论论

❶ [动] 分析和说明事理：discuss and analyze; talk about; discourse | ~资历 lùn zīlì *as to qualifications* / 就事~事 jiùshì-lùnshì *confine the discussion to certain issue; deal with a matter on its merits*

论点 lùndiǎn argument; opinion; view; thesis; proposition; point
论述 lùnshù discuss; expound; discourse; treatment; exposition
论文 lùnwén paper; dissertation; treatise; thesis; discourse
论证 lùnzhèng argue; expound; prove; demonstrate; argument; proof; demonstration

辩论 biànlùn   评论 pínglùn
谈论 tánlùn   讨论 tǎolùn
推论 tuīlùn   议论 yìlùn
争论 zhēnglùn
评论员 pínglùnyuán

❷ [动] 评定;看待：decide on; judge; evaluate | ~功行赏 lùngōng-xíngshǎng *award people ac-*

495

cording to their contributions 一概而论 yīgài'érlùn

❸ [名] 分析、说明道理的言论或文章：dissertation, theory, or statement that analyzes or expounds the principles of something | 相对~ xiāngduìlùn theory of relativity

结论 jiélùn	理论 lǐlùn
谬论 miùlùn	言论 yánlùn
舆论 yúlùn	

唯物论 wéiwùlùn
唯心论 wéixīnlùn

◇ 无论如何 wúlùn-rúhé

啰 (囉) luō 11画 口部

啰啰啰啰啰啰啰啰啰啰啰

See 啰唆
啰唆 luōsuo wordy; verbose; long-winded

罗 (羅) luó 8画 四部

罗罗罗罗罗罗罗罗罗

[动] 排列；分布：display; spread out
罗列 luóliè ① spread out; arrange for display; set out; display ② list; enumerate; cite

萝 (蘿) luó 11画 艹部

萝萝萝萝萝萝萝萝萝萝萝

See below
萝卜 luóbo radish; turnip
菠萝 bōluó　胡萝卜 húluóbo

逻 (邏) luó 11画 辶部

逻逻逻逻逻逻逻逻逻逻

[动] 巡查：patrol; inspect
巡逻 xúnluó
◇ 逻辑 luóji logic

锣 (鑼) luó 13画 钅部

锣锣锣锣锣锣锣锣锣锣锣锣

[名] gong | ~鼓 luógǔ gongs and drums
敲锣打鼓 qiāoluó-dǎgǔ

箩 (籮) luó 14画 竹部

箩箩箩箩箩箩箩箩箩箩箩箩箩

See 箩筐
箩筐 luókuāng a large bamboo or wicker basket

骡 (騾) luó 14画 马部

骡

骡骡骡骡骡骡骡骡骡骡骡骡骡骡

See 骡子
骡子 luózi mule

螺 luó 17画 虫部

螺螺螺螺螺螺螺螺螺螺螺螺螺

See 螺丝钉
螺丝钉 luósīdīng screw

骆(駱) luò 9画 马部

骆骆骆骆骆骆骆骆骆

See 骆驼
骆驼 luòtuo camel

落 luò 12画 艹部

落落落落落落落落落落落落

❶ [动] 掉下来：fall; drop | ～泪 luòlèi *shed tears; weep* / 太阳～山了。Tàiyáng luòshān le. *The sun has set.* / 树叶都～光了。Shùyè dōu luòguāng le. *The leaves have all fallen.*

落地 luòdì ① fall to the ground ② (of babies) be born
散落 sǎnluò　　脱落 tuōluò

❷ [动] 下降；使下降：descend; go down; decline
降落 jiàngluò

❸ [动] 归属：fall onto; rest with | 这个任务～到了我身上。Zhège rènwù luòdàole wǒ shēnshang. *The task rested squarely on my shoulder.*

落实 luòshí ① fix in advance; ascertain; make sure; check ② implement; carry out; fulfil

❹ [动] 遗留在后面：lag behind; fall behind | ～伍 luòwǔ *fall behind the ranks; straggle; drop behind; drop out*

落后 luòhòu ① get behind; fall behind; lag behind ② backward; old-fashioned

落选 luòxuǎn fail to win the election; fail to be chosen; lose an election

❺ [动] 停留；留下：sojourn; stay | ～户 luòhù *settle down* / 没有地方～脚 méiyǒu dìfang luòjiǎo *have no place to stay for a time*

◇落成 luòchéng completion (of a building, monument, etc.)
部落 bùluò　　角落 jiǎoluò
坐落 zuòluò
　　See là.

497

M m

妈 (媽) mā　6画 女部

妈 妈妈妈妈妈妈

❶ [名] 母亲: mother | ~的话你要记着。Mā de huà nǐ yào jìzhe. *You should keep mum's words in mind.*
妈妈 māma ma; mum; mummy; mother

❷ [名] 称长一辈或年长已婚的妇女: aunt; auntie (form of address for a woman of an older generation) | 姑~ gūmā *father's sister; aunt* / 姨~ yímā *mother's sister; aunt*
大妈 dàmā　　舅妈 jiùmā

麻 má　11画 麻部

麻 麻麻麻麻麻麻麻麻麻麻

❶ [名] 麻类植物的统称: general term for hemp, flax, etc.
麻袋 mádài gunnysack

❷ [形] 带细碎斑点的: pockmarked; speckled | ~脸 máliǎn *pockmarked face*
麻雀 máquè (house) sparrow

❸ [形] 部分或全部失去感觉: unable to feel anything; numb | 手发~ shǒu fāmá *feel pins and needles in one's hands* / 舌头发~ shétou fāmá *one's tongue becomes numb* / 腿压~了。Tuǐ yāmá le. *My legs become numb because of heavy pressure.*
麻痹 mábì ① paralysis ② off one's guard; slacken one's vigilance
麻木 mámù ① numb ② apathetic; insensitive; lifeless
麻醉 mázuì ① anaesthesia ② corrupt (sb.'s mind); poison
◇麻烦 máfan ① troublesome ② trouble sb.; bother

马 (馬) mǎ　3画 马部

马 马马马

[名] horse | 骑~ qímǎ *ride on a horse* / ~不停蹄 mǎbùtíngtí *doing sth. without stop; nonstop; doing sth. with no stop*
马车 mǎchē (horse-drawn) carriage; cart
马路 mǎlù road; street; avenue
马术 mǎshù horsemanship
马戏 mǎxì circus
河马 hémǎ　　　赛马 sàimǎ
千军万马 qiānjūn-wànmǎ
◇马达 mǎdá motor
马虎 mǎhu careless; casual
马克 mǎkè mark [former mone-

tary unit of Germany]; markka [former monetary unit of Finland]

马力 mǎlì horsepower

马上 mǎshàng at once; immediately; straight away; right away

马大哈 mǎdàhā ① heedless; unmindful ② scatterbrain; careless and forgetful person

马铃薯 mǎlíngshǔ potato

马马虎虎 mǎmǎ-hūhū ① careless; casual ② not very good; just passable; so-so; fair; not so bad

马克思主义 Mǎkèsī zhǔyì Marxism

露马脚 lòumǎjiǎo

码 (碼) mǎ 8画 石部

[名] 表示数目的符号：a sign or thing indicating number | 数~ shùmǎ *number* / 页~ yèmǎ *page number* / 价~ jiàmǎ *marked price*

筹码 chóumǎ   号码 hàomǎ   密码 mìmǎ

◇码头 mǎtóu ① wharf; dock; quay; pier ② port city; commercial and transportation centre

蚂 (螞) mǎ 9画 虫部

See 蚂蚁

蚂蚁 mǎyǐ ant

骂 (罵) mà 9画 马部

[动] 用粗话、恶意的话伤人；斥责：abuse; curse; swear; call names; reproach | ~人 màrén *swear (at people)* / 他~了孩子一顿。Tā màle háizi yī dùn. *He gave his child a scolding.*

吗 (嗎) ma 6画 口部

❶ [助] 用在句末表示疑问：used at the end of a question to indicate doubt | 他明天来~? Tā míngtiān lái ma? *Will he come tomorrow?* / 身体好些了~? Shēntǐ hǎoxiē le ma? *Do you feel better?* / 你听明白了~? Nǐ tīng míngbai le ma? *Do you understand what I say?*

❷ [助] 用在反问句末尾，表示强调、质问、责备的语气：used at the end of a rhetorical question to indicate emphasis, reproach or interrogation | 你这样做对得起父母~? Nǐ zhèyàng zuò duìdeqǐ fùmǔ ma? *Don't you realize that you will disappoint*

499

your parents by doing so? / 难道我还不懂~?Nándào wǒ hái bù dǒng ma? *You think I don't understand that?* / 你不能走快点~? Nǐ bùnéng zǒukuài diǎn ma? *Couldn't you walk a little faster?*

嘛 ma 14画 口部

嘛嘛嘛嘛嘛嘛嘛嘛嘛嘛嘛嘛嘛

❶ [助] 表示事情本应如此或显而易见：indicating that sth. is obvious | 有意见就提~。Yǒu yìjiàn jiù tí ma. *Put forward your suggestions if you have any.* / 这本来就是你的错~。Zhè běnlái jiùshì nǐ de cuò ma. *Obviously it was your fault.* / 人多当然力量大~。Rén duō dāngrán lìliàng dà ma. *It goes without saying that more people means greater strengh.*

❷ [助] 表示希望、劝阻：used to express hope or give advice | 你不要走得那么快~! Nǐ bùyào zǒu de nàme kuài ma! *Hey, don't walk so fast!*

❸ [助] 用在句子停顿处，引起对下文的重视：used to form a pause in a sentence, calling the listener's attention | 大家的事~，就得大家做。Dàjiā de shì ma, jiù děi dàjiā zuò. *Since it is the business of all of us, let's do it together.* / 你~，就不用亲自去了。Nǐ ma, jiù bùyòng qīnzì qù le. *As for you, there is no need to go in person.*

埋 mái 10画 土部

埋埋埋埋埋埋埋埋埋埋

[动] 用土等盖住：cover with earth; bury | 掩~ yǎnmái *bury* / ~种子 mái zhǒngzi *plant seeds* / 树根要~得深一些。Shùgēn yào mái de shēn yīxiē. *The tree should be planted deeper.*

埋伏 máifú ① lie in ambush; ambush ② hide; lie low

埋没 máimò ① cover up; bury ② neglect; stifle

埋头 máitóu immerse oneself in; be engrossed in

See mán.

买 (買) mǎi 6画 一部

买买买买买买

[动] 用钱换取东西(跟"卖mài"相对)：buy (the opposite of "卖mài") | ~书 mǎi shū *buy books* / ~彩电 mǎi cǎidiàn *buy a colour TV set*

买卖 mǎimai ① buying and selling; business; deal; transaction ② a private shop or small business.

购买 gòumǎi　收买 shōumǎi
不买账 bùmǎizhàng
购买力 gòumǎilì

迈 (邁) mài　6画 辶部

迈迈迈迈迈迈迈

[动] 抬脚向前跨步：step; stride | ～过去 mài guòqu *step over* / ～了一大步 màile yī dà bù *take a big stride* / 向前～进 xiàng qián màijìn *stride forward*

卖 (賣) mài　8画 十部

卖卖卖卖卖卖卖卖

❶ [动] 用东西换钱（跟"买 mǎi"相对）：sell (the opposite of "买 mǎi") | ～衣服 mài yīfu *sell clothes* / ～日用品 mài rìyòngpǐn *sell articles of daily use* / 这种商品早就～完了。Zhè zhǒng shāngpǐn zǎo jiù màiwán le. *This commodity was sold out long ago.*

卖淫 màiyín prostitution
贩卖 fànmài　　买卖 mǎimai
拍卖 pāimài　　外卖 wàimài
专卖店 zhuānmàidiàn

❷ [动] 为了自己的利益出卖国家、民族或他人：betray (one's country or friends)

卖国 màiguó betray one's country

出卖 chūmài

❸ [动] 尽量用出：exert oneself; do one's utmost | ～劲儿 màijìnr *exert all one's strength; spare no effort* / ～力气 mài lìqi *exert all one's strength; do one's very best; exert oneself to the utmost*

◇ 卖关子 màiguānzi (stop a story at a climax to) keep the listeners in suspense; keep people guessing

脉 mài　9画 月部

脉脉脉脉脉脉脉脉脉

[名] pulse
脉搏 màibó pulse
把脉 bǎmài　　号脉 hàomài

埋 mán　10画 土部

埋埋埋埋埋埋埋埋埋

See 埋怨
埋怨 mányuàn blame; complain; grumble
　　See mái.

馒 (饅) mán　14画 饣部

馒馒馒馒馒馒馒馒馒馒馒馒

See 馒头

馒头 mántou steamed bun; steamed bread

瞒 (瞞) mán 15画 目部

瞒瞒瞒瞒瞒瞒瞒瞒瞒瞒瞒瞒瞒瞒瞒

[动] 隐藏真实的情况，不使人知道：hide the truth from | 隐～ yǐnmán *hide a secret from people* / 这事不必～他。Zhè shì bùbì mán tā. *There is no need to keep him in the dark about this.*

满 (滿) mǎn 13画 氵部

满满满满满满满满满满满满满

❶ [形] 里面充实；没有余地：full; filled; packed | 桶里的水已经～了。Tǒng li de shuǐ yǐjīng mǎn le. *The pail has been filled with water.* / 会场已经坐～了。Huìchǎng yǐjīng zuòmǎn le. *The assembly hall has been packed with people.*

满怀 mǎnhuái have one's heart filled with; be imbued with
饱满 bǎomǎn 充满 chōngmǎn
丰满 fēngmǎn

❷ [动] 感到足够：be satisfied; be content; be contented | 心～意足 xīnmǎn-yìzú *satisfied; to one's heart's content*

满意 mǎnyì statisfied; pleased; content
满足 mǎnzú ① satisfy; meet (needs, demands) ② satisfied; content; contented
不满 bùmǎn   美满 měimǎn
圆满 yuánmǎn

❸ [形] 骄傲：complacent; self-satisfied; conceited
自满 zìmǎn

❹ [形] 达到一定的期限：reaching the end of a certain period of time; reaching the limit | 假期已～。Jiàqī yǐ mǎn. *The holidays are over.* / 她工作不～三年。Tā gōngzuò bùmǎn sān nián. *It has not been three years yet since she entered her first job.*

满月 mǎnyuè ① full moon ② a baby's completion of its first month of life

❺ [副] 整个；完全：completely; entirely; perfectly; fully | ～口答应 mǎnkǒu dāyìng *readily promise* / ～身是泥 mǎnshēn shì ní *have one's body covered with mud; mud all over* / ～院子都是花。Mǎn yuànzi dōu shì huā. *The flowers are blooming everywhere in the yard.*

满腔 mǎnqiāng have one's bosom filled with

蔓 màn 14画 艹部

蔓 蔓蔓蔓蔓蔓蔓蔓蔓蔓蔓蔓蔓蔓蔓

[动] 滋生；扩展：spread; extend (like weeds)

蔓延 mànyán spread; extend

漫 màn 14画 氵部

漫 漫漫漫漫漫漫漫漫漫漫漫漫漫漫

[形] 时间久或道路长：(of time or distance) very long; endless

漫长 màncháng very long; endless

漫游 mànyóu go on a pleasure trip; roam; wander

◇ 漫画 mànhuà caricature; cartoon

慢 màn 14画 忄部

慢 慢慢慢慢慢慢慢慢慢慢慢慢慢慢

❶ [形] 速度低；迟缓（跟"快kuài"相对）：slow (the opposite of "快kuài")｜车子的速度很~。Chēzi de sùdù hěn màn. *The car moves slowly.* / 你读得真~！Nǐ dú de zhēn màn! *How slow you read!* / 我的表~了5分钟。Wǒ de biǎo mànle wǔ fēnzhōng. *My watch is 5 minutes slow.*

慢性 mànxìng ①chronic ②slow (in taking effect)

缓慢 huǎnmàn

❷ [形] 对人没礼貌：supercilious; rude｜傲~ àomàn *arrogant; haughty*

怠慢 dàimàn

忙 máng 6画 忄部

忙 忙忙忙忙忙忙

❶ [形] 事情多，没有空闲（跟"闲xián"相对）：busy (the opposite of "闲xián")｜工作~ gōngzuò máng *be busy at work; be fully occupied* / 这几天很~。Zhè jǐ tiān hěn máng. *I have been very busy these days.* / 他一个人~不过来。Tā yī gè rén máng bù guòlái. *He can't manage all this by himself.*

忙碌 mánglù be busy; bustle about

帮忙 bāngmáng　繁忙 fánmáng

帮倒忙 bāngdàománg

不慌不忙 bùhuāng-bùmáng

❷ [动] 急迫；急着去做：hurry; hasten｜别~，再想一想。Bié máng, zài xiǎngyixiǎng. *Don't hurry. Think it over.* / 她~于家务。Tā mángyú jiāwù. *She was fully occupied by the housework.*

匆忙 cōngmáng　赶忙 gǎnmáng

慌忙 huāngmáng

急忙 jímáng　连忙 liánmáng

盲

máng 8画 目部

盲盲盲盲盲盲盲盲

❶ [形] 看不见东西：blind; unable to see
盲人 mángrén a blind person
❷ [形] 对某些事物不认识或分辨不清：unable to see or make a difference between things or people | 色~ sèmáng achromatopsia; colour blindness
盲从 mángcóng follow blindly
盲目 mángmù blind
文盲 wénmáng

茫

máng 9画 艹部

茫茫茫茫茫茫茫茫茫

❶ [形] 十分广阔；看不到边：vast; boundless and indistinct
茫茫 mángmáng boundless and indistinct; vast
❷ [形] 不清晰；不明白：indistinct; vague; ignorant; in the dark | ~无头绪 mángwútóuxù be confused without a clue; at a loss
茫然 mángrán ① ignorant; in the dark; at a loss ② feel lost

猫

māo 11画 犭部

猫猫猫猫猫猫猫猫猫猫猫

[名] cat
夜猫子 yèmāozi

毛

máo 4画 毛部

毛毛毛毛

❶ [名] hair; feather | 鸡~ jīmáo chicken feather / 羊~ yángmáo wool / 桃子的表面有一层~。Táozi de biǎomiàn yǒu yī céng máo. The peach has a downy skin.
毛笔 máobǐ brush pen
毛巾 máojīn towel
毛驴 máolǘ donkey
毛线 máoxiàn wool thread
毛衣 máoyī woollen sweater; sweater; woolly
眉毛 méimao 羽毛 yǔmáo
羽毛球 yǔmáoqiú
一毛不拔 yīmáo-bùbá
❷ [形] 小；细微：little; small; tiny | ~孩子 máoháizi a small child; a mere child / ~~雨 máomáoyǔ drizzle
❸ [量] 角，1元钱的1/10：mao, unit of money in China (1 jiao is equal to 1/10 yuan) | 5~钱 wǔ máo qián fifty cents; five mao
❹ [名] 东西上长的霉：mildew; mould | 馒头长~了。Mántou zhǎng máo le. The buns became mildewed.
◇ 毛病 máobìng defect; shortcoming; fault; mistake

矛 máo 5画 矛部

矛矛矛矛矛

[名]古代兵器：spear (an ancient weapon)

矛盾 máodùn ① (philosophy) contradiction ② problem; conflict; contradiction ③ contradictory

自相矛盾 zìxiāng-máodùn

茂 mào 8画 艹部

茂茂茂茂茂茂茂茂

[形]草木旺盛：luxuriant; exuberant | 根深叶~ gēnshēn-yèmào *deep roots and exuberant leaves*

茂密 màomì (of grass or trees) dense; thick

茂盛 màoshèng (of plants) luxuriant; exuberant; flourishing

冒 mào 9画 日部

冒冒冒冒冒冒冒冒冒

❶[动]不顾；顶着：risk; brave; disregard | ~雨 màoyǔ *braving the rain; in spite of the rain*

冒险 màoxiǎn take a risk; take chances

❷[形]轻率；鲁莽：rash; abrupt | ~失 màoshi *rash; abrupt*

冒进 màojìn premature advance; rash advance

冒失鬼 màoshiguǐ harum-scarum

❸[动]用假的充当真的：pass off; assume false identity | ~名 màomíng *go under sb. else's name; assume another's name* / ~领 màolǐng *falsely claim as one's own*

冒充 màochōng pretend to be (sb. or sth. else); pass (sb. or sth.) off as

冒牌 màopái fake

冒牌货 màopáihuò an imitation (of a well-known trade mark); pirated goods

假冒 jiǎmào

❹[动]上升；向外透出来：emit; send out (up, forth) | ~汗 màohàn *sweat* / ~烟 màoyān *send up smoke* / ~热气 mào rèqì *give off steam*

贸(貿) mào 9画 贝部

贸贸贸贸贸贸贸贸贸

[动]交易；买卖：trade; do business with

贸易 màoyì trade

农贸市场 nóngmào shìchǎng

帽 mào 12画 巾部

505

帽

帽帽帽帽帽帽帽帽帽帽帽帽

[名] hat; cap | 礼~ lǐmào *top hat; bowler hat* / 军~ jūnmào *service cap*

帽子 màozi ① headgear; hat; cap ② label; tag; brand

没

méi 7画 氵部

没没没没没没没没

❶ [动] 没有；不存在：not have; there is not; without | ~时间 méi shíjiān *have no time* / ~根据 méi gēnjù *without ground; groundless* / 他~哥哥。Tā méi gēge. *He doesn't have elder brothers.* / 屋里~人。Wūli méi rén. *There isn't anyone in the room.*

没错 méicuò ① it is quite sure; you can rest assured ② can't go wrong

没命 méimìng ① lose one's life; die ② recklessly; desperately; like mad; for all one is worth

没关系 méiguānxi it doesn't matter; it's nothing; that is all right; never mind

没什么 méishénme it doesn't matter; it's nothing; that's all right; never mind

没事儿 méishìr ① have nothing to do; be free; be at a loose end ② it does not matter; it's nothing; that's all right; never mind

没说的 méishuōde ① really good ② there's no need to say any more about it; it goes without saying

没意思 méiyìsi ① bored; boring; uninteresting

❷ [动] 不够；不到（某个数量等）：be less than | ~两个星期他就走了。Méi liǎng gè xīngqī tā jiù zǒu le. *He left in less than two weeks.* / ~几天她就死了。Méi jǐ tiān tā jiù sǐ le. *She died only a few days later.*

❸ [动] 不如：be not so...as | 我学习~他刻苦。Wǒ xuéxí méi tā kèkǔ. *I don't study so hard as he does.* / 这本书~那本有趣。Zhè běn shū méi nà běn yǒuqù. *This book is not so interesting as that one.*

❹ [副] 否定动作或状态已经发生；不曾：have not or did not | 商店还~开门。Shāngdiàn hái méi kāimén. *The shop hasn't opened yet.* / 大水还~退。Dà shuǐ hái méi tuì. *The flood hasn't gone yet.* / 昨天我~见到他。Zuótiān wǒ méi jiàndào tā. *I didn't see him yesterday.*

从没 cóngméi

玫

méi 8画 王部

玫

玫玫玫玫玫玫玫玫

See 玫瑰

玫瑰 méigui *rugosa rose; rose*

眉 méi 9画 目部

眉眉眉眉眉眉眉眉眉

[名] 眉毛：*eyebrow* | ～开眼笑 méikāi-yǎnxiào *be all smiles; beam with joy*

眉毛 méimao *eyebrow; brow*
眉头 méitóu *brows*

梅 méi 11画 木部

梅梅梅梅梅梅梅梅梅梅梅

See below

梅花 méihuā *plum blossom*
杨梅 yángméi

媒 méi 12画 女部

媒媒媒媒媒媒媒媒媒媒媒媒

See below

媒介 méijiè *intermediary; medium; vehicle*

媒体 méitǐ *media (including newspapers, magazines, radio and TV broadcasts and advertising)*

传媒 chuánméi
多媒体 duōméitǐ

煤 méi 13画 火部

煤煤煤煤煤煤煤煤煤煤煤煤煤

[名] coal | 采～cǎiméi *cut (mine) coal*

煤矿 méikuàng *coal mine; colliery*
煤气 méiqì *coal gas; gas*
煤炭 méitàn *coal*

酶 méi 14画 酉部

酶酶酶酶酶酶酶酶酶酶酶酶酶酶

[名] *enzyme; ferment*

霉 (黴❷) méi 15画 雨部

霉霉霉霉霉霉霉霉霉霉霉霉霉霉霉

❶ [动] 东西因发霉而变质：*become mildewed; go mouldy* | 这些旧衣服都发～了。Zhèxiē jiù yīfu dōu fāméi le. *These old clothes have gone mouldy.*

❷ [名] 霉菌：*mould (of food, clothes, etc.)*

每 měi 7画 母部

每

每每每每每每每每

❶ [代] 指全体中的任何一个或一组：every; each | ~人 měi rén *everyone; each person* / ~回 měi huí *every time* / ~次 měi cì *every time; each time* / ~三天 měi sān tiān *every three days* / ~个小组 měi ge xiǎozǔ *each group; every group*

❷ [副] 指反复动作中的任何一次或一组：on each occasion; each time | ~逢星期日休息，měiféng xīngqīrì xiūxi *have a day off every Sunday* / ~六米种一棵树。Měi liù mǐ zhòng yī kē shù. *One tree is planted every six metres.*

美 měi 9画 羊部

美美美美美美美美美

❶ [形] 好看（跟"丑 chǒu"相对）：beautiful (the opposite of "丑 chǒu") | 风景~ fēngjǐng měi *beautiful scenery* / 姑娘长得~。Gūniang zhǎngdeměi. *The girl is pretty.*

美观 měiguān pleasing to the eye; beautiful; artistic

美丽 měilì beautiful

美妙 měimiào beautiful; splendid; wonderful

美女 měinǚ a beautiful woman

美人 měirén a beautiful woman; beauty

美中不足 měizhōng-bùzú a blemish in an otherwise perfect thing; some slight imperfection

健美 jiànměi　　精美 jīngměi
审美 shěnměi　　优美 yōuměi
赞美 zànměi

❷ [动] 使好看：beautify | ~容 měiróng *improve one's looks; beautify appearance* / ~发 měifà *get a haircut; do sb.'s hair*

美化 měihuà beautify; prettify; embellish

❸ [形] 好的；令人满意的：good; fine; satisfying | 完~ wánměi *perfect* / 物~价廉 wùměi-jiàlián *of high quality and inexpensive; good and cheap*

美德 měidé virtue; moral excellence

美好 měihǎo fine; happy; glorious

美满 měimǎn happy; perfectly satisfactory

美食 měishí good food; table delicacies

美味 měiwèi ① delicious food; delicacy ② delicious; dainty

十全十美 shíquán-shíměi

❹ [名] 指美洲或美国：referring to North America or the United States

美金 měijīn American dollar; U.S. dollar

美元 měiyuán American dollar; U.S. dollar

美洲 Měizhōu America
南美 Nánměi
北美洲 Běiměizhōu
南美洲 Nánměizhōu
◇ 美术 měishù ① the fine arts; art ② painting
美术馆 měishùguǎn art gallery

妹 mèi 8画 女部

妹 妹妹妹妹妹妹妹妹

❶ [名] 称同父母比自己年龄小的女子：younger sister of the same parents | 姐~jiěmèi *sisters; elder sister and younger sister* / 兄~xiōngmèi *older brother and younger sister*

妹妹 mèimei younger sister; sister

❷ [名] 亲友中同辈而年龄比自己小的女子：younger female cousin | 表~biǎomèi *younger female cousin*

闷 (悶) mēn 7画 门部

闷 闷闷闷闷闷闷闷

❶ [形] 空气不流通，使人不舒服：stuffy; close | 天气~热。Tiānqì mēnrè. *It's sultry.* / 房间里太~了，快打开窗子吧！Fángjiān li tài mēn le, kuài dǎkāi chuāngzi ba! *It's too stuffy in the room. Open the window right away.*

❷ [动] 使不透气：keep tightly closed | 饭菜~在锅里。Fàncài mēn zài guō li. *The food has been kept in the pot.* / 茶刚泡上，~一会儿再喝。Chá gāng pàoshang, mēn yīhuìr zài hē. *The tea has just been prepared. Let it draw for a while before drink.*

See mèn.

门 (門) mén 3画 门部

门 门门门

❶ [名] 建筑物的出入口；设在出入口能开关的装置：entrance of a building; door; gate | 前~qiánmén *front door* / 房~fángmén *door* / 铁~tiěmén *iron gate*

门口 ménkǒu entrance; doorway

门票 ménpiào entrance ticket; admission ticket

门外汉 ménwàihàn layman; the uninitiated

车门 chēmén   出门 chūmén
大门 dàmén   对门 duìmén
开门 kāimén
鬼门关 guǐménguān
开后门 kāihòumén
天安门 Tiān'ānmén

❷ [名] 器物上可以开关的部分：part of an object that can be

opened or closed | 柜~guìmén cabinet door / 炉~lúmén stove door

❸[名]形状或作用像门的东西：switch; sth. that resembles or functions like a door | 水~shuǐmén water valve / 电~diànmén electric switch / 球~qiúmén goal

射门 shèmén　　油门 yóumén
守门员 shǒuményuán

❹[名]事物的类别：class; category | 分~别类 fēnmén-biélèi divide into different categories

部门 bùmén　　热门 rèmén
专门 zhuānmén
五花八门 wǔhuā-bāmén

❺[名]家庭：family | 喜事临~xǐshì-línmén A blessing has descended upon the family.
门当户对 méndāng-hùduì be well-matched in social and economic status (for marriage)

❻[量]用于炮、技术、功课等：used for artillery, skill, subjects of study | 一~炮 yī mén pào a piece of artillery; a cannon / 学一~技术 xué yī mén jìshù learn a skill / 一~功课 yī mén gōngkè a subject; a course

◇门诊 ménzhěn outpatient service

闷 (悶) mèn　7画 门部

闷 闷闷闷闷闷闷闷

[形]心情不舒畅；心烦：bored; unhappy; depressed | ~~不乐 mènmèn-bùlè depressed; in low spirits

沉闷 chénmèn　烦闷 fánmèn
纳闷儿 nàmènr
See mēn.

们 (們) men　5画 亻部

们 们们们们们

[词尾]用在代词和指人名词的后边，表示多数：suffix (A suffix, used after a personal pronoun or a noun referring to a person or living things to form a plural) | 朋友~ péngyoumen friends / 学生~ xuéshengmen students / 工人~ gōngrénmen workers / 孩子~ háizimen children

你们 nǐmen　　人们 rénmen
他们 tāmen　　它们 tāmen
她们 tāmen　　我们 wǒmen
咱们 zánmen

蒙 (矇) mēng　13画 艹部

蒙 蒙蒙蒙蒙蒙蒙蒙蒙蒙蒙蒙蒙

❶[动]欺骗：cheat; deceive; dupe; hoodwink | 别~人!Bié mēng rén. Don't kid me! / 没人敢~他。

Méi rén gǎn mēng tā. *No one dare to deceive him.*

❷ [动] 胡乱猜测：make a wild guess | 不知道就是不知道，不要乱～。Bù zhīdào jiùshì bù zhīdào, bùyào luàn mēng. *It's no good pretending to know what you don't know. Don't make wild guessess about things.* / 这回叫你～对了。Zhè huí jiào nǐ mēng duì le. *You've made a lucky guess this time.*

萌 méng 11画 艹部

萌萌萌萌萌萌萌萌萌萌萌

[动] 植物发芽：(of plants) sprout; germinate; bud
萌芽 méngyá ① sprout; shoot forth; bud; germinate ② rudiment; shoot; seed; germ

猛 měng 11画 犭部

猛猛猛猛猛猛猛猛猛猛

❶ [形] 凶暴：fierce; violent | ～兽 měngshòu *beast of prey*
凶猛 xiōngměng

❷ [形] 力量大，气势壮：vigorous; energetic | 勇～ yǒngměng *bold and powerful* / 用力太～ yònglì tài měng *use too much strength; overexert oneself* / 火力～ huǒlì měng *heavy gunfire*
猛烈 měngliè fierce; vigorous; violent

❸ [副] 突然：suddenly; abruptly | ～地跑了进来 měng de pǎole jìnlái *run into (a room) suddenly; break into*
猛然 měngrán suddenly; abruptly

梦 (夢) mèng 11画 夕部

梦梦梦梦梦梦梦梦梦梦梦

❶ [名] dream | 我昨天夜里做了一个恶～。Wǒ zuótiān yèli zuòle yī ge èmèng. *I had a nightmare last night.*
梦话 mènghuà ① words uttered in one's sleep; somniloquy ② daydream; nonsense
做梦 zuòmèng
白日梦 báirìmèng
红楼梦 Hónglóumèng

❷ [动] 做梦：have a dream | ～见 mèngjiàn *see in the dream; dream about* / ～游 mèngyóu *sleepwalk*

❸ [名] 比喻幻想：fancy; illusion
梦想 mèngxiǎng ① vain hope; wishful thinking ② vainly hope; dream of

眯 mī 11画 目部

511

眯 眯眯眯眯眯眯眯眯眯眯眯

[动]眼皮微微合上：shut one's eyes slightly | ~着眼笑 mīzhe yǎn xiào *narrow one's eyes into a smile* / 在床上~一会儿 zài chuáng shang mī yīhuìr *take a short nap in bed*

弥 (彌瀰)① mí 8画 弓部

弥 弥弥弥弥弥弥弥弥

❶[形]满，遍：full; all over | ~月 míyuè *(of an infant) full month* / ~天大罪 mítiān-dàzuì *monstrous crime; heinous crime*
弥漫 mímàn *fill the air; spread all over the place*
❷[动]填满：fill to capacity | ~补 míbǔ *make up; remedy; make good*

迷 mí 9画 辶部

迷 迷迷迷迷迷迷迷迷迷

❶[动]分辨不清；失去判断能力：be confused; lose good judgement | ~了路 míle lù *have lost one's way; get lost* / ~了方向 míle fāngxiàng *lose one's bearings; get lost*
迷糊 míhu ① dazed; confused ② misted; blurred; dimmed ③ muddleheaded
迷惑 míhuò puzzle; confuse; perplex; baffle
迷失 míshī lose (one's way, etc.)
低迷 dīmí　　昏迷 hūnmí
❷[动]对某人或某事特别喜爱：be crazy about | 入~ rùmí *be fascinated; be enchanted* / 最近他~上了电脑。Zuìjìn tā míshangle diànnǎo. *These days he is addicted to the computer.* / 他被这些书~住了。Tā bèi zhèxiē shū mízhù le. *He is fascinated by these books.*
迷信 míxìn ① superstition; blind faith ② have blind faith in; make a fetish of
❸[名]对某种事物特别喜爱的人：fan; enthusiast | 棋~ qímí *chess fan; chess enthusiast* / 戏~ xìmí *theatre fan*
歌迷 gēmí　　球迷 qiúmí
❹[动]使人分辨不清或陶醉：fascinate; enchant | 景色~人 jǐngsè mírén *the scenery is enchanting*
迷人 mírén *enchanting; captivating; attractive*

谜 (謎) mí 11画 讠部

谜 谜谜谜谜谜谜谜谜谜谜谜

❶ [名] 暗射事物或文字等让人猜测的言语：riddle; conundrum | 猜~ cāimí *guess a riddle* / 灯~ dēngmí *riddle written on latterns; lattern riddle*
谜语 míyǔ riddle; conundrum
❷ [名] 比喻还没有弄明白的或难以理解的事物：(fig.) enigma; mystery; puzzle | 这对我来说是个~。Zhè duì wǒ lái shuō shì ge mí. *It's a mystery to me.*

米 mǐ 6画 米部

米米米米米米

❶ [名] 去掉壳或皮后的种子等：shelled seed | 花生~ huāshēngmǐ *shelled peanut; peanut kernel*
小米 xiǎomǐ　　玉米 yùmǐ
❷ [名] 稻米；大米：rice | 买一袋~ mǎi yī dài mǐ *buy a bag of rice*
米饭 mǐfàn cooked rice
米粉 mǐfěn ① ground rice; rice flour ② rice noodles
大米 dàmǐ　　稻米 dàomǐ
❸ [量] 法定长度单位：metre (international system of unit of length)
毫米 háomǐ　　厘米 límǐ
立方米 lìfāngmǐ

秘 mì 10画 禾部

秘秘秘秘秘秘秘秘秘秘

[形] 不公开的；叫人摸不透的：secret; mysterious | ~方 mìfāng *secret recipe* / ~诀 mìjué *the secret (of success)*
秘密 mìmì ① secret; clandestine; confidential ② sth. secret
奥秘 àomì　　神秘 shénmì
◇秘书 mìshū secretary
文秘 wénmì

密 mì 11画 宀部

密密密密密密密密密密密

❶ [形] 隐蔽的，不公开的：secret; confidential | ~谈 mìtán *(have) a secret talk* / ~谋 mìmóu *conspire; plot*
密码 mìmǎ cipher; cipher code; secret code
机密 jīmì
❷ [名] 秘密：secret
保密 bǎomì　　解密 jiěmì
秘密 mìmì
❸ [形] 事物之间距离近、间隔小（跟"疏 shū"相对）：close; dense; thick (the opposite of "疏 shū") | ~林 mìlín *thick (dense) forest* / 树长得很~。Shù zhǎng de hěn mì. *Trees grow thick.*
密度 mìdù density
密封 mìfēng ① sealed up ② seal airtight; seal hermetically

密集 mìjí concentrated; crowded together

稠密 chóumì　　紧密 jǐnmì
茂密 màomì　　严密 yánmì

❹[形]关系近；感情好：intimate; close | ～友 mìyǒu *close friend; bosom friend*

密切 mìqiè ① close; intimate ② (forge; establish) close links (between two parties)

亲密 qīnmì

亲密无间 qīnmì-wújiān

❺[形]细致：fine; meticulous | 细～ xìmì *fine and closely-woven; detailed; meticulous*

精密 jīngmì　　周密 zhōumì

◇哈密瓜 hāmìguā

蜜 mì 14画 宀部

蜜蜜蜜蜜蜜蜜蜜蜜蜜蜜蜜蜜蜜蜜

❶[名]蜂蜜：honey | 苹果～ píngguǒmì *apple honey* / 蜜蜂在采～。Mìfēng zài cǎimì. *Bees are collecting honey.*

蜜蜂 mìfēng honeybee; bee
蜂蜜 fēngmì

❷[形]甜美：sweet; luscious | 甜言～语 tiányán-mìyǔ *sweet talk; honeyed words* / 像～一样甜 xiàng mì yīyàng tián *as sweet as honey*

甜蜜 tiánmì

眠 mián 10画 目部

眠眠眠眠眠眠眠眠眠眠

[动]睡觉：sleep | 失～ shīmián *suffer from insomnia* / 安～ ānmián *sleep peacefully* / 他整夜未～。Tā zhěngyè wèi mián. *He was up all night.*

睡眠 shuìmián

棉 mián 12画 木部

棉棉棉棉棉棉棉棉棉棉棉棉

[名] cotton | 这件衣服是纯～的。Zhè jiàn yīfu shì chúnmián de. *This garment is made of pure cotton.*

棉花 miánhuā cotton
棉衣 miányī cotton-padded clothes
棉织品 miánzhīpǐn cotton goods; cotton textiles; cotton fabrics

免 miǎn 7画 ⺈部

免免免免免免免

❶[动]去掉；除掉：remove; dismiss; relieve | ～职 miǎnzhí *remove sb. from office; relieve sb. of his post* / ～税 miǎnshuì *duty free*

免除 miǎnchú ① prevent; avoid ② remit; excuse; exempt; relieve

免费 miǎnfèi free of charge; free; gratis

免去 miǎnqù ① excuse sb. from sth.; exempt; dispense with ② remove from office; dismiss; relieve

减免 jiǎnmiǎn

❷ [动] 避开：avoid; avert; escape | ～受灾害 miǎnshòu zāihài *avert a calamity (disaster)*

免得 miǎnde so as not to; so as to avoid

避免 bìmiǎn　不免 bùmiǎn
难免 nánmiǎn　未免 wèimiǎn
以免 yǐmiǎn
不可避免 bùkěbìmiǎn

勉 miǎn 9画 力部

勉勉勉勉勉勉勉勉勉

❶ [动] 鼓励：encourage; urge; exhort | 自～ zìmiǎn *spur oneself on* / 互～ hùmiǎn *encourage each other*

勉励 miǎnlì exert oneself; try hard; make great efforts

❷ [动] 能力不够或心里不愿意而尽力做：manage with an effort; do sth. with difficulty; strive to do what is beyond one's power

勉强 miǎnqiǎng ① manage with an effort; do with difficulty ② reluctant; grudging ③ force sb. to do sth.

面 (麵 ❼-❾) miàn 9画 面部

面面面面面面面面面

❶ [名] 脸：face | 笑容满～ xiàoróng mǎnmiàn *have a broad smile on one's face* / 脸～ liǎnmiàn *face; self-respect*

面部 miànbù face; front part of the head

面孔 miànkǒng face

面貌 miànmào ① face; features ② appearance (of things); look; aspect

面目 miànmù ① face; features; visage ② apearance (of things); look; aspect

面前 miànqián in (the) face of; in front of; before

面容 miànróng facial features; countenance; face

面对面 miànduìmiàn facing each other; face-to-face

面巾纸 miànjīnzhǐ face tissues
出面 chūmiàn　当面 dāngmiàn
对面 duìmiàn　会面 huìmiàn
见面 jiànmiàn　露面 lòumiàn
迎面 yíngmiàn

❷ [动] 向着；朝着：face (a certain direction) | 背山～水 bèishān miàn shuǐ *with hills behind and the river in front* / 这房

子~南。Zhè fángzi miàn nán. *The house faces south.*

面对 miànduì confront; face

面临 miànlín be faced with; be confronted with; be up against

❸ [名] 事物的部位或方面: side or aspect of a thing

面面俱到 miànmiàn-jùdào attend to each and every aspect; give mature consideration to all aspects

北面 běimian	背面 bèimiàn
表面 biǎomiàn	侧面 cèmiàn
层面 céngmiàn	东面 dōngmiàn
反面 fǎnmiàn	方面 fāngmiàn
负面 fùmiàn	后面 hòumian
里面 lǐmian	片面 piànmiàn
前面 qiánmian	全面 quánmiàn
上面 shàngmian	西面 xīmiàn
下面 xiàmian	右面 yòumiàn
正面 zhèngmiàn	左面 zuǒmiàn

单方面 dānfāngmiàn

四面八方 sìmiàn-bāfāng

一面…一面… yīmiàn...yīmiàn...

❹ [名] 物体的表面，物体外面的那一层: the external surface of sth. flat; surface; face | 镜~ jìngmiàn *surface of a mirror* / 被~儿 bèimiànr *facing of a quilt* / 水~ shuǐmiàn *surface of water*

面积 miànjī area

版面 bǎnmiàn	场面 chǎngmiàn
地面 dìmiàn	封面 fēngmiàn
海面 hǎimiàn	画面 huàmiàn
局面 júmiàn	路面 lùmiàn
平面 píngmiàn	

书面 shūmiàn

❺ [量] 用于扁平或能展开的东西: used for sth. flat and thin or sth. that can be extended | 一~旗 yī miàn qí *a flag* / 一~镜子 yī miàn jìngzi *a mirror* / 一~锣 yī miàn luó *a gong*

❻ [量] 用于表示见面的次数: used to indicate the time of meeting | 见过一~ jiànguo yī miàn *have met once*

❼ [名] 粮食磨成的粉: flour | 小米~ xiǎomǐmiàn *millet flour* / 玉米~ yùmǐmiàn *maize flour; cornmeal*

面包 miànbāo bread

面粉 miànfěn wheat flour; flour

面条 miàntiáo noodles

❽ [名] 像面粉一样的东西；粉末: powder-like things | 药~儿 yàomiànr *medicine powder* / 粉笔~儿 fěnbǐmiànr *chalk powder (or dust)*

❾ [名] 面条: noodles | 挂~ guàmiàn *fine dried noodles; vermicelli* / 切~ qiēmiàn *freshly cut noodles*

◇ 面试 miànshì interview

面子 miànzi ① outer part; outside; face ② reputation; prestige; face

爱面子 àimiànzi

见世面 jiànshìmian

苗 miáo 8画 艹部

苗

苗苗苗苗苗苗苗苗

❶ [名]初生的植物；有时专指某些蔬菜的嫩茎、嫩叶：young plant; seedling; (sometimes) tender parts of certain vegetables | 树~ shùmiáo *young trees* / 麦~儿 màimiáor *wheat seedling* 禾苗 hémiáo

❷ [名]某些初生的饲养的动物：the young of some animals | 鱼~ yúmiáo *(fish) fry* / 猪~ zhūmiáo *piglet; pigling*

描

miáo 11画 扌部

描描描描描描描描描描描

❶ [动]照原样画或写：trace; copy | ~图样 miáo túyàng *trace designs; copy designs* / 把这些字都~下来。Bǎ zhèxiē zì dōu miáo xiàlai. *Copy all these words down.*
描绘 miáohuì depict; describe; portray
描述 miáoshù describe
描写 miáoxiě describe; depict; portray
扫描 sǎomiáo

❷ [动]重复地涂抹：retouch | 写毛笔字不要~。Xiě máobǐzì bùyào miáo. *Don't retouch when writing Chinese characters with a brush pen.*

秒

miáo 9画 禾部

秒秒秒秒秒秒秒秒秒

[量] 计算时间的单位：second (unit of time) | 在比赛中他跑了45~。Zài bǐsài zhōng tā pǎole sìshíwǔ miǎo. *He ran the race in 45 seconds.*

渺

miǎo 12画 氵部

渺渺渺渺渺渺渺渺渺渺渺渺

[形] 微小：tiny; insignificant
渺小 miǎoxiǎo tiny; negligible; insignificant; paltry

妙

miào 7画 女部

妙妙妙妙妙妙妙

❶ [形]美好：wonderful; fine | 这办法真~。Zhè bànfǎ zhēn miào. *It's an excellent idea.* / 这首诗真~。Zhè shǒu shī zhēn miào. *The poem is wonderful.*
美妙 měimiào

❷ [形]神奇：ingenious; subtle | ~计 miàojì *brilliant scheme* / ~用 miàoyòng *magical effect*
奇妙 qímiào 巧妙 qiǎomiào
微妙 wēimiào
莫名其妙 mòmíng-qímiào

517

庙 (廟) miào　8画 广部

庙 庙庙庙庙庙庙庙庙

[名] 供祖先、神、佛及历史上名人的处所：temple; shrine | 孔~ Kǒngmiào *the Confucian Temple* / 龙王~ lóngwángmiào *the Dragon-king Temple*

庙会 miàohuì temple fair
寺庙 sìmiào

灭 (滅) miè　5画 火部

灭 灭灭灭灭灭

❶ [动] 熄灭；使熄灭：extinguish; put out | ~灯 mièdēng *turn off the light* / 火~了。Huǒ miè le. *The fire died out.*

扑灭 pūmiè　　熄灭 xīmiè

❷ [动] 不再存在；使不再存在：eliminate; wipe out | ~蝇 miè yíng *kill flies*

灭亡 mièwáng be destroyed; become extinct; die out
毁灭 huǐmiè　　歼灭 jiānmiè
消灭 xiāomiè

蔑 miè　14画 艹部

蔑 蔑蔑蔑蔑蔑蔑蔑蔑蔑蔑蔑蔑蔑

[形] 小；轻微：slight; inconsiderable | 轻~ qīngmiè *disdain*

蔑视 mièshì despise; show contempt for; scorn

民 mín　5画 一部

民 民民民民民

❶ [名] 人民：people | 为人~ wèi rénmín *for the people*

民间 mínjiān ① among the people; popular; folk ②nongovernmental; people to people
民警 mínjǐng police; policeman
民意 mínyì will of the people; popular will
民众 mínzhòng masses of the people; greneral public; the populace
民主 mínzhǔ ① democracy; democratic rights ②democratic
民族 mínzú nation; nationality; ethnic group

便民 biànmín　村民 cūnmín
公民 gōngmín　国民 guómín
居民 jūmín　　难民 nànmín
贫民 pínmín　　平民 píngmín
全民 quánmín　人民 rénmín
市民 shìmín　　网民 wǎngmín
选民 xuǎnmín　移民 yímín
灾民 zāimín
国民党 guómíndǎng
人民币 rénmínbì
殖民地 zhímíndì

殖民主义 zhímín zhǔyì

❷[名]民间：of the people; folk | ~歌 míngē *folk song* / ~谣 mínyáo *folk rhyme* / ~俗 mínsú *folk custom; folkways*

❸[名]某个民族的人：member of an ethnic group | 回~ Huímín *the Hui people* / 藏~ Zàngmín *the Zang people*

少数民族 shǎoshù mínzú

❹[名]从事某种职业的人：person engaged in a certain occupation | 牧~ mùmín *herdsman*

民工 míngōng labourer working on a public project; farmer labourer

股民 gǔmín　农民 nóngmín
渔民 yúmín

❺[名]非军人；非军事的：civilian | 公~ gōngmín *citizen*

民兵 mínbīng ① people's militia; militia ② militiaman
民航 mínháng civil aviation
民事 mínshì relating to civil law; civil
民用 mínyòng for civil use; civil

敏 mǐn 11画 攵部

敏敏敏敏敏敏敏敏敏敏

[形]灵活；反应快：quick; nimble | ~锐 mǐnruì *sharp; acute* / 机~ jīmǐn *alert and resourceful*

敏感 mǐngǎn sensitive; susceptible
敏捷 mǐnjié quick; nimble; agile
敏锐 mǐnruì sharp; acute; keen
灵敏 língmǐn　过敏 guòmǐn

名 míng 6画 夕部

名名名名名名

❶[名]人或事物的称呼：name of a person or thing | 人~ rénmíng *person's name* / 地~ dìmíng *name of a place* / 他~叫小华。Tā míng jiào Xiǎohuá. *His given name is Xiaohua.*

名称 míngchēng name (of a thing or organization)
名词 míngcí ① (gram.) noun; substantive ② term; phrase ③ (log.) name
名单 míngdān name list
名片 míngpiàn visiting card; business card
名字 míngzi name
报名 bàomíng　点名 diǎnmíng
更名 gēngmíng　化名 huàmíng
命名 mìngmíng　签名 qiānmíng
提名 tímíng　　无名 wúmíng
姓名 xìngmíng　罪名 zuìmíng
黑名单 hēimíngdān

❷[名]名义：name; excuse by which sth. is being done | 他以

519

参加比赛为~不来上课。Tā yǐ cānjiā bǐsài wéi míng bù lái shàngkè. *He was absent from school on the pretext of attending a competition.*

名义 míngyì ① name ② nominal; titular; in name

❸ [名] 声誉：fame; reputation | 有~ yǒumíng *well-known* / ~利 mínglì *fame and gain*

名声 míngshēng reputation; repute; renown

名誉 míngyù ① fame; reputation ② honorary

名副其实 míngfùqíshí the name matches the reality; be sth. in reality as well as in name; be worthy of the name

成名 chéngmíng

出名 chūmíng 闻名 wénmíng

知名 zhīmíng

赫赫有名 hèhè-yǒumíng

举世闻名 jǔshì-wénmíng

❹ [形] 有名的：famous; well-known | ~医 míngyī *a well-known doctor* / ~画 mínghuà *a well-known picture* / ~言 míngyán *well-known saying; maxim; aphorism*

名贵 míngguì famous and precious; rare

名牌 míngpái ① famous brand ② nameplate; name tag

名气 míngqì (inf.) reputation; fame; name

名人 míngrén famous person; eminent person; celebrity; notables

名胜 míngshèng place famous for its scenery or historical relics; scenic spot

名胜古迹 míngshèng-gǔjì places of historical interest and scenic beauty; scenic spots and historical sites

❺ [量] 用于人：used for people | 一~学生 yī míng xuésheng *a student*

◇名次 míngcì position in a name list; place in a competition

名额 míng'é the number of people assigned or allowed; quota of people

排名 páimíng

莫名其妙 mòmíng-qímiào

明

míng 8画 日部

明 明明明明明明明明

❶ [形] 亮(跟"暗 àn"相对)：bright (the opposite of "暗 àn") | 灯火通~ dēnghuǒ tōngmíng *be brightly lit; be brilliantly illuminated* / 天~了。Tiān míng le. *Day is breaking.*

明朗 mínglǎng ① bright and clear ② clear; obvious ③ forthright; bright and cheerful

明亮 míngliàng well-lit; bright

明星 míngxīng a famous performer; star

明信片 míngxìnpiàn *postcard*
光明 guāngmíng 黎明 límíng
透明 tòumíng 鲜明 xiānmíng
照明 zhàomíng
清明节 Qīngmíngjié
透明度 tòumíngdù

❷ [形]（从当前算起的）第二（年、日）: *next; immediately following in time*
明年 míngnián *next year*
明天 míngtiān ① *tomorrow* ② *the near future*

❸ [形] 明白；清楚: *clear; distinct* | 不～ bùmíng *unknown; not clear* / 分～ fēnmíng *distinct; sharply contrasted*
明白 míngbai ① *clear; plain* ② *unequivocal; explicit* ③ *understand; realize; know*
明明 míngmíng (adv.) *obviously; plainly; undoubtedly*
明确 míngquè *clear and definite; clear-cut; unequivocal*
明显 míngxiǎn *clear; obvious; evident; distinct*
表明 biǎomíng 查明 chámíng
简明 jiǎnmíng 声明 shēngmíng
说明 shuōmíng 证明 zhèngmíng
指明 zhǐmíng 注明 zhùmíng
说明书 shuōmíngshū

❹ [形] 视力好；有眼光: *clear-sighted; sharp-eyed* | 眼～手快 yǎnmíng-shǒukuài *quick of eye and deft of hand; sharp and quick*
聪明 cōngmíng

高明 gāomíng 开明 kāimíng

鸣（鳴）míng 8画 口部

鸣鸣鸣鸣鸣鸣鸣鸣

❶ [动]（鸟兽或昆虫）叫: *(of birds, animals or insects) cry* | 鸟～ niǎo míng *cry (or singing) of birds* / 鸡～ jī míng *crow of a cock* / 蝉～ chán míng *singing of cicadas*

❷ [动] 发出声响；使发出声响: *make a sound; ring* | 雷～ léi míng *thunder* / ～礼炮 míng lǐpào *fire a salute*
共鸣 gòngmíng

❸ [动] 表达（情感、意见、看法）: *express (emotions, opinions, etc.); voice; air* | ～谢 míngxiè *express one's thanks formally* / ～不平 míngbùpíng *complain of unfairness; cry out against injustice*
百家争鸣 bǎijiā-zhēngmíng

命 mìng 8画 人部

命命命命命命命命

❶ [动] 上级对下级发出指示: *order; command* | 学校～你立即返校。Xuéxiào mìng nǐ lìjí fǎnxiào. *The school asks you to return to school immediately.*
命令 mìnglìng *order; command*

521

任命 rènmìng

❷[名]命令；指示：order; instruction | 奉~ fēngmìng *receive orders; act under orders* / 遵~ zūnmìng *obey your command* / 随时待~ suíshí dàimìng *await orders at any time*

使命 shǐmìng

❸[名]命运：destiny; fate; lot | 算~ suànmìng *tell sb.'s fortune* / 听天由~ tīngtiān-yóumìng *submit to the will of Heaven; trust to luck; resign oneself to one's fate* / 他的~真苦。Tā de mìng zhēn kǔ. *He has a hard lot.*

命运 mìngyùn destiny; fate; lot
本命年 běnmìngnián

❹[名]生命：life | 救~ jiùmìng *save sb.'s life; Help! Help!*

命根子 mìnggēnzi one's very life; lifeblood

拼命 pīnmìng 生命 shēngmìng
寿命 shòumìng 性命 xìngmìng
要命 yàomìng 致命 zhìmìng
生命力 shēngmìnglì

❺[动]给予或确定：assign; determine

命名 mìngmíng name (sb. or sth.)
命题 mìngtí ① assign a topic; set a question ② proposition

谬 (謬) miù 13画 讠部

谬谬谬谬谬谬谬谬谬谬谬谬谬

[形]错误的；不合情理的：wrong; false, erroneous; mistaken | ~ 误 miùwù *mistake; error; falsehood*

谬论 miùlùn fallacy; false (absurd) theory; falsehood
荒谬 huāngmiù

摸 mō 13画 扌部

摸摸摸摸摸摸摸摸摸摸摸摸摸

❶[动]用手接触或抚摩：feel; stroke; touch | ~~~多光滑 mōmō duō guānghuá *feel how smooth it is* / 我~了他的额头，觉得烫手。Wǒ mōle tā de étóu, juéde tàngshǒu. *I touched his forehead and found it very hot.*

❷[动]用手探取；寻找：feel for; grope | ~鱼 mōyú *grope for fish (in water)* / 他在口袋里~出一个硬币。Tā zài kǒudai li mōchu yī gè yìngbì. *He fished out a coin from his pocket.*

摸索 mōsuǒ feel about

❸[动]试着了解；试着做：try to find out; sound out | ~底 mōdǐ *try to find out the real intention or situation ; sound sb. out; know the real situation* / 先~清

情况 xiān mōqīng qíngkuàng *try to find out the real situation first* / 我~准他的脾气了。Wǒ mōzhǔn tā de píqi le. *I've known his person (his temper) very well already.*
摸索 mōsuǒ try to find out
❹[动]在黑暗中行动：go in the dark; grope for | ~黑 mōhēi *grope in the dark* / ~了半夜才到家 mōle bànyè cái dào jiā *arrive at home after groping one's way for a long time in the night*

模 mó　14画 木部

模模模模模模模模模模模模模

❶[名]标准；规范：pattern; standard | ~范 mófàn *an exemplary person or thing; model; fine example*
模式 móshì pattern
模型 móxíng model
规模 guīmó
❷[动]仿效：imitate; copy | ~拟 mónǐ *imitate; simulate*
模仿 mófǎng imitate; copy; model oneself on
◇模糊 móhu ① blurred; indistinct; dim; vague ② blur; obscure; confuse; mix up
模特儿 mótèr model
See mú.

膜 mó　14画 月部

膜膜膜膜膜膜膜膜膜膜膜膜膜膜

❶[名]人或动物体内像薄皮一样的组织：membrane | 耳~ ěrmó *tympanic membrane*
❷[名]像膜一样的薄皮：film; thin coating | 一层薄~ yī céng bómó *a layer of thin film*

摩 mó　15画 麻部

摩摩摩摩摩摩摩摩摩摩摩摩摩摩摩

[动] rub; scrape; touch
摩擦 mócā ① rub ② friction ③ clash (between two parties); friction
按摩 ànmó
◇摩托车 mótuōchē motorcycle
摩托艇 mótuōtǐng motorboat

磨 mó　16画 麻部

磨磨磨磨磨磨磨磨磨磨磨磨磨磨磨

❶[动]用磨料磨物体使光滑、锋利：grind; polish; sharpen | ~刀 módāo *sharpen (grind) a knife* / ~剪子 mó jiǎnzi *grind (sharpen) scissors*
琢磨 zhuómó
❷[动]摩擦：rub; wear | 袜子~

破了。Wàzi mópò le. *The socks are worn out.* / 这种布耐~。Zhè zhǒng bù nài mó. *This kind of cloth is durable.* / 他手上~起了泡。Tā shǒushang móqǐle pào. *His hands were blistered from rubbing.*

磨合 móhé break in; grind in; wear in

磨嘴皮 mózuǐpí (dial.) argue pointlessly

❸ [动]消耗时间；拖延：waste time; dawdle | ~时间 mó shíjiān *dawdle; waste time*

磨洋工 móyánggōng dawdle over one's work (in a broad sense); loaf on the job; lie down on the job

❹ [动]折磨；纠缠：wear down; wear out | 这病真~人! Zhè bìng zhēn mó rén! *What a torment the illness is!* / 别老来~我! Bié lǎo lái mó wǒ! *Don't keep on bothering me!* / 他不答应，你就跟他~。Tā bù dāying, nǐ jiù gēn tā mó. *If he doesn't agree, just keep on at him until he does.*

折磨 zhémó

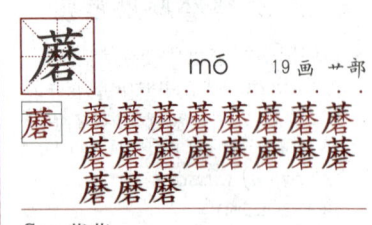

蘑 mó 19画 艹部

See 蘑菇

蘑菇 mógu mushroom

魔 mó 20画 麻部

❶ [名]宗教或神话传说里的鬼怪；也比喻邪恶的坏人：evil spirit; demon; devil; monster | 恶~ èmó *evil spirit* / 病~ bìngmó *tormenting illness*

魔鬼 móguǐ devil; demon; monster

❷ [形]神秘；奇异：magic; mystic | ~力 mólì *magic power*

魔术 móshù magic; conjuring; sleight of hand

抹 mǒ 8画 扌部

❶ [动]涂上：smear; put on | ~粉 mǒ fěn *put on powder* / ~药 mǒ yào *apply ointment*

❷ [动]涂掉；除去：erase; cross out | ~去零头 mǒqù língtou *cross out the odds* / 把这一行~了。Bǎ zhè yī háng mǒ le. *Cross out this line.*

抹杀 mǒshā blot out; obliterate

❸ [动]擦拭：wipe | ~眼泪 mǒ yǎnlèi *wipe one's eyes; weep* / ~

把脸mǒ bǎ liǎn *wipe one's face*

末 mò 5画 木部

末 末末末末末末

❶[名]梢；尽头：tip; end ｜ ~梢 mòshāo *tip; end*

❷[形]最后；终了：end; last stage ｜ 月~ yuèmò *end of a month* / ~班车 mòbānchē *last train or bus; last chance* / 本世纪~ běnshìjìmò *the end of this century* 周末 zhōumò

❸[名]不是根本的、主要的事物（跟"本běn"相对）：trivial matter; trifle; the minutest detail in everything (the opposite of "本běn") ｜ 本~倒置 běnmò-dàozhì *take the branch for the root; put the cart before the horse*

❹[名]碎屑；细粉：power; dust ｜ 肉~儿 ròumòr *minced meat* / 茶叶~儿 cháyèmòr *tea dust; broken tea leaves* / 粉笔~儿 fěnbǐmòr *chalk powder* 粉末 fěnmò

陌 mò 8画 阝(左)部

陌 陌陌陌陌陌陌陌陌

See below

陌生 mòshēng *strange; unfamiliar*

陌生人 mòshēngrén *stranger*

莫 mò 10画 艹部

莫 莫莫莫莫莫莫莫莫莫莫

❶[副]不：do not; no one; nothing; none ｜ ~名其妙 mòmíngqímiào *be unable to make head or tail of sth.;be baffled*

❷[副]不要：no; not ｜ 闲人~入 xiánrén mò rù *no admittance except on business* / ~提此事 mò tí cǐ shì *don't mention it*

墨 mò 15画 黑部

墨 墨墨墨墨墨墨墨墨墨墨墨墨墨墨墨

❶[名]写字绘画用的黑色颜料：Chinese ink ｜ ~汁 mòzhī *prepared Chinese ink* / 磨~ mómò *rub an ink stick against an inkstone* / ~太稠了。Mò tài chóu le. *This kind of Chinese ink is too thick.*

墨盒 mòhé *inkbox (for Chinese calligraphy or painting); ink cartridge*

❷[名]泛指写字、绘画或印刷用的某种颜料：certain color or material for painting or printing ｜ 油~ yóumò *printing ink* / 蓝~ lánmò *blue ink*

墨水儿 mòshuǐr ① *ink* ② *book*

525

learning

❸[名]借指写的字和画的画：written words or paintings | ~宝 mòbǎo *treasured scrolls of calligraphy or painting*

◇墨镜 mòjìng sunglasses

默 mò 16画 黑部

[动]不说话；不出声：silent; tacit; quiet | ~读 mòdú *read silently* / ~记 mòjì *silently remember* / ~认 mòrèn *give tacit consent to; acquiesce in*

默默 mòmò quiet; silent
沉默 chénmò

谋(謀) móu 11画 讠部

❶[动]想主意；策划：plan; plot：~划 móuhuà *plan; scheme*
谋杀 móushā murder
参谋 cānmóu

❷[名]主意；计策：plan; scheme | 有勇无~ yǒuyǒng-wúmóu *more brave than wise; bold but not crafty*
阴谋 yīnmóu

❸[动]设法找到或取得：work for; seek | ~职 móuzhí *look for a job; apply for a post* / 为人民~幸福 wèi rénmín móu xìngfú *strive for the happiness of the people*

谋求 móuqiú seek; strive for; be in quest of

某 mǒu 9画 甘部

❶[代]指不确定的或不便明确地说出来的人或事物：(of people, place, thing) certain; some | ~人 mǒurén *someone; somebody; a certain person* / ~工厂 mǒu gōngchǎng *a certain factory* / ~地 mǒudì *a certain place* / ~年 mǒunián *a certain year*

某个 mǒugè certain; so-and-so
某些 mǒuxiē certain (people, places, things)

❷[代]用在姓氏后，指确定的人或自称：(used after a surname) certain person or oneself | 李~ Lǐ mǒu *a certain person called Li; a certain Li* / 我张~不敢不同意。Wǒ Zhāng mǒu bùgǎn bù tóngyì. *I, Zhang, dare not go against it.*

模 mú 14画 木部

模 模模模模模模模模模模模模模模模

[名] 形状：mould; pattern
模样 múyàng appearance; look
See mó.

母 mǔ 5画 母部

母 母母母母母

❶ [名] 妈妈：mother | 家～jiāmǔ *my mother* / ～女 mǔnǚ *mother and daughter*
母亲 mǔqīn mother
母语 mǔyǔ ① mother tongue ② parent language; linguistic parent
父母 fùmǔ

❷ [名] 亲属中的长辈女子：one's female elders | 姑～gūmǔ *father's sister; aunt* / 姨～yímǔ *mother's sister; aunt*
伯母 bómǔ　舅母 jiùmǔ
祖母 zǔmǔ　外祖母 wàizǔmǔ

❸ [形] (禽兽)雌性的(跟"公gōng"相对)：female (the opposite of "公 gōng") | ～鸡 mǔjī *hen* / ～牛 mǔniú *cow*

❹ [名] 最初的或能产生其他事物的东西：origin; parent | ～校 mǔxiào *one's old school; Alma Mater*
分母 fēnmǔ　声母 shēngmǔ
韵母 yùnmǔ　字母 zìmǔ

亩 (畝) mǔ 7画 一部

亩 亩亩亩亩亩亩亩

[量] 我国的土地面积单位：*mu*, Chinese unit of area | ～产量 mǔchǎnliàng *yield per mu*

姆 mǔ 8画 女部

姆 姆姆姆姆姆姆姆

See 保姆
保姆 bǎomǔ

木 mù 4画 木部

木 木木木木

❶ [名] 树：tree | 草～cǎomù *trees and grass* / 伐～fámù *fell trees*
灌木 guànmù　树木 shùmù

❷ [名] 木头；木料：wood; timber | 松～sōngmù *pinewood*
木材 mùcái wood; timber; lumber
木匠 mùjiang carpenter
木头 mùtou (inf.) wood; log; timber

❸ [形] 身体某些部位失去知觉：numb | 舌头～了。Shétou mù le. *My tongue has gone numb.* / 两脚冻～了。Liǎng jiǎo dòngmù le. *Both feet were numb with cold.*

麻木 mámù

◇ 木瓜 mùguā ① (bot.) Chinese flowering quince ② (dial.) papaya

目 mù 5画 目部

目 目目目目目

❶ [名] 眼睛：eye | 双~失明 shuāngmù shīmíng *be blind in both eyes* / ~瞪口呆 mùdēng-kǒudāi *be stunned (speechless); dumb-struck*

目睹 mùdǔ see with one's own eyes; witness

目光 mùguāng ①sight; vision; view ② gaze; look

目前 mùqián at present; at the moment

目击者 mùjīzhě eyewitness; witness

目中无人 mùzhōng-wúrén consider everyone beneath one's notice; be supercilious; be overweening

盲目 mángmù　面目 miànmù
心目 xīnmù　醒目 xǐngmù
注目 zhùmù
举世瞩目 jǔshì-zhǔmù
引人注目 yǐnrén-zhùmù

❷ [名] 项目，大项下分成的小项：item within a larger category | 细~xìmù *specific item; detail*
节目 jiémù　　科目 kēmù
项目 xiàngmù

❸ [名] 目录，按一定顺序列出的内容名称：catalogue; table of contents | 价~jiàmù *price list* / 剧~jùmù *a list of plays or operas* / 书~shūmù *book list*

目录 mùlù ① list; catalogue ② table of contents; contents

栏目 lánmù　　曲目 qǔmù

◇ 目标 mùbiāo ① objective; target ② goal; aim; objective

目的 mùdì purpose; aim; goal; objective; end

目的地 mùdìdì destination

牧 mù 8画 牛部

牧 牧牧牧牧牧牧牧牧

[动] 放养牲畜：tend (sheep, cattle, etc.); herd | ~羊 mùyáng *tend sheep* / ~童 mùtóng *shepherd boy; buffalo boy*

牧场 mùchǎng grazing-land; pasture; ranch

牧民 mùmín herdsman

牧区 mùqū pastoral area

牧业 mùyè animal husbandry; stock raising

畜牧 xùmù

墓 mù 13画 艹部

墓 墓墓墓墓墓墓墓墓墓墓墓墓

[名] 埋葬死人的地方：grave; tomb

｜公~ gōngmù cemetery / 烈士~ lièshìmù tomb of a revolutionary martyr

坟墓 fénmù

幕 mù 13画 巾部

幕幕幕幕幕幕幕幕幕幕幕幕幕

❶[名]覆盖或悬挂的大块的布、绸等；帐篷: curtain; canopy; tent ｜~已经拉开，演出就要开始了。Mù yǐjīng lākāi, yǎnchū jiùyào kāishǐ le. *The curtain has been raised, and the performance is about to start.*

闭幕 bìmù　　黑幕 hēimù
揭幕 jiēmù　　开幕 kāimù
内幕 nèimù　　屏幕 píngmù
银幕 yínmù
闭幕式 bìmùshì

❷[量]戏剧的一个段落: act of a play or an opera ｜第二~ dì-èr mù *the second act* / 独~剧 dúmùjù *one-act play*

序幕 xùmù

睦 mù 13画 目部

睦睦睦睦睦睦睦睦睦睦睦睦睦

[形]关系好；亲近: peaceful; harmonious ｜~邻 mùlín *good relationship (with one's neighbour or a neighbouring country)*

和睦 hémù

慕 mù 14画 艹部

慕慕慕慕慕慕慕慕慕慕慕慕慕慕

[动]敬仰；喜爱: admire ｜爱~ àimù *admire; love; adore* / 仰~ yǎngmù *look up to with admiration*

羡慕 xiànmù

穆 mù 16画 禾部

穆穆穆穆穆穆穆穆穆穆穆穆穆穆穆穆

See 穆斯林

穆斯林 mùsīlín Moslem; Muslim

N n

拿 ná 10画 手部

拿拿拿拿拿拿拿拿拿拿

❶ [动] 用手取或握住；搬：hold; take; carry | ~东西 ná dōngxi *take something* / 出来 ná chūlai *take out* / 你把书~来。Nǐ bǎ shū nálái. *Bring the book here.*

❷ [动] 捕捉；夺取：seize; capture | 这个工程两年就能~下来。Zhège gōngchéng liǎng nián jiù néng ná xiàlai. *This project can be completed in two years.*

❸ [动] 装出或做出（某种姿态、样子）：put on; assume | ~架子 ná jiàzi *put on airs*

❹ [动] 领取；得到：get; obtain; receive | ~工资 ná gōngzī *get one's pay* / ~一等奖 ná yīděngjiǎng *get a first prize*

❺ [动] 掌握：have a firm grasp of; be sure of | ~主意 názhǔyi *make a decision* / 这事你~得准吗？Zhè shì nǐ nádezhǔn ma? *Are you sure of it?*

❻ [介] 引进所凭借的工具、方法等；用：by means of; with; by | ~水洗 ná shuǐ xǐ *wash with water* / ~尺量 ná chǐ liáng *measure with a ruler* / ~眼睛看 ná yǎnjing kàn *look squarely at* / ~事实来证明 ná shìshí lái zhèngmíng *prove with facts*

❼ [介] 引进所处理的对象：used in the same way as "把bǎ" | 你别~我当小孩。Nǐ bié ná wǒ dāng xiǎohái. *Don't treat me as a child.* / 我~你当朋友看待。Wǒ ná nǐ dāng péngyou kàndài. *I regard you as my friend.*

哪 nǎ 9画 口部

哪哪哪哪哪哪哪哪哪

❶ [代] 用于疑问，要求在同类事物中确认一个：(used in questions) which, or what | 你喜欢读~种书？Nǐ xǐhuan dú nǎ zhǒng shū? *What kind of book is your favourite?* / ~本书是你的？Nǎ běn shū shì nǐ de? *Which book is yours?* / 你学的是~国语言？Nǐ xué de shì nǎ guó yǔyán? *What foreign language are you studying?*

哪儿 nǎr ① where ② wherever; anywhere ③ used in rhetorical questions to express negation, same as " how could "?

哪个 nǎge ① which ② who

哪里 nǎli ① where ② wherever;

where ③ (used as a polite reply to a compliment) I'm flattered
哪怕 nǎpà even; even if; even though; no matter how
哪些 nǎxiē which ones
❷ [代] 指任何一个：which | 这些衣服~一件也不合适。Zhè xiē yīfu nǎ yī jiàn yě bù héshì. *None of these dresses fits me.*
❸ [代] 用于虚指，表示不确定的一个：used in statements to indicate sth. indefinite | 你~天来都行。Nǐ nǎ tiān lái dōu xíng. *You can come any time.*
❹ [副] 用于反问，表示否定：used in rhetorical questions to indicate negation | ~有这样的事? Nǎ yǒu zhèyàng de shì? *Is that possible?* / ~能这样马虎? Nǎ néng zhèyàng mǎhu? *How could you be so careless?*

那

nà 6画 阝(右)部

那 那那那那那那

❶ [代] 指称比较远的人或事物(跟"这 zhè"相对)：that (the opposite of "这 zhè") | ~天 nà tiān *that day* / ~是我的家。Nà shì wǒ de jiā. *That is my house.* / ~是谁? Nà shì shéi? *Who is that?* / ~本书不见了。Nà běn shū bù jiàn le. *I can't find that book.*

那边 nàbiān over there
那个 nàge that
那里 nàli that place; there
那时 nàshí at that time; then; in those days
那些 nàxiē those
那样 nàyàng of that kind; such; so
❷ [代] 代替比较远的人或事物：used to replace a relatively distant person or object
❸ [连] 连接上文说明结果：then; in that case | 他不来，~就得另外找人了。Tā bù lái, nǐ jiù děi lìngwài zhǎo rén le. *If he fails to come, we will have to find someone else to replace him.* / 如果你喜欢，~就买吧! Rúguǒ nǐ xǐhuan, nà jiù mǎi ba! *If you like it, buy it then!*

那么 nàme ① like that; in that way ② about; or so ③ then; in that case; such being the case

哪

nà 7画 口部

哪 哪哪哪哪哪哪哪

[助] 用法同"呢 ne"：used in the same way as "呢 ne"
❶ 表示疑问的语气：used at the end of a rhetorical question to indicate an interrogative mood | 怎么办~? Zěnme bàn na? *What should we do?* / 我错在哪儿~? Wǒ cuò zài nǎr na? *What am I*

to be blamed for?

❷ 用在陈述句的末尾，表示确认事实：used at the end of an indicative sentence to indicate confirmation of a fact | 收获不小～。Shōuhuò bù xiǎo na. *You have gained a lot.* / 到车站还有好几公里～。Dào chēzhàn háiyǒu hǎo jǐ gōnglǐ na. *We have several kilometres to go to the railway (bus) station.*

❸ 用在陈述句的末尾，表示正在进行：used at the end of an indicative sentence to indicate that sth. is in progress | 天下着雨～。Tiān xiàzhe yǔ na. *It's raining now.* / 老吴，有人找你～。Lǎo Wú, yǒu rén zhǎo nǐ na. *Lao Wu, somebody is looking for you.*

❹ 用在句中表示停顿：used in a sentence to indicate a pause | 我骑自行车去，你们～，坐汽车去。Wǒ qí zìxíngchē qù, nǐmen na, zuò qìchē qù. *I will go there by bike and you by bus.*

纳 (納) nà 7画 纟部

纳 纳纳纳纳纳纳纳

❶ [动]放进；接受：accept; let in; admit | 出～ chūnà *receive and pay out money; cashier; teller*
采纳 cǎinà 归纳 guīnà
接纳 jiēnà 容纳 róngnà
吸纳 xīnà

❷ [动]交付：pay; offer
纳税 nàshuì *pay taxes*
交纳 jiāonà

◇纳闷儿 nàmènr *feel puzzled; be perplexed; wonder*
纳粹 Nàcuì *Nazi*

乃 nǎi 2画 丿部

乃 乃乃

[动] 是；就是：be | 失败～成功之母。Shībài nǎi chénggōng zhī mǔ. *Failure is the mother of success.*

奶 nǎi 5画 女部

奶 奶奶奶奶奶

❶ [名]乳房：breast
❷ [名]乳汁；乳制品：milk; dairy product | 羊～ yángnǎi *sheep's milk* / ～油 nǎiyóu *cream* / 妈妈正在给孩子喂～。Māma zhèngzài gěi háizi wèi nǎi. *The mother is breast-feeding the baby (or feeding the baby with a bottle of milk).*
奶茶 nǎichá *tea with milk*
奶粉 nǎifěn *milk powder; powdered milk; dried milk*
奶牛 nǎiniú *milch cow; milk cow; cow*

牛奶 niúnǎi
◇奶奶 nǎinai ① (paternal) grandmother; grandma ② a respectful form of address for an old woman

耐 nài 9画 而部

耐 耐耐耐耐耐耐耐耐耐

[动] 忍受得住；禁得起：be able to endure or bear ｜~洗 nàixǐ be durable for wash ｜~穿 nàichuān be durable for wearing ｜这种植物~寒。Zhè zhǒng zhíwù nàihán. *This plant is cold-resistant.*

耐烦 nàifán patient
耐力 nàilì endurance; staying power; stamina
耐心 nàixīn patient
耐用 nàiyòng durable
忍耐 rěnnài

男 nán 7画 田部

男 男男男男男男男

[形] 男性（跟"女 nǚ"相对）：man; male (the opposite of "女 nǚ") ｜~学生 nánxuésheng *male student; boy student* ｜~演员 nányǎnyuán *actor* ｜一~一女 yī nán yī nǚ *one male and one female*

男人 nánrén ① man ② menfolk
③ husband
男生 nánshēng boy student; scho
男士 nánshì ma
男性 nánxìng ① the male sex ② man
男友 nányǒu boyfriend
男子 nánzǐ man; male
男孩儿 nánháir ① boy ② son
男女老少 nán-nǚ-lǎo-shào men and women, old and young

南 nán 9画 十部

南 南南南南南南南南南

[名] 方向（跟"北 běi"相对）：south (the opposite of "北 běi") ｜往~走 wǎng nán zǒu *go southwards* ｜指~针 zhǐnánzhēn *compass* ｜这屋子朝~。Zhè wūzi cháo nán. *The house faces south.*

南边 nánbian south
南部 nánbù southern part; south
南方 nánfāng ① south ② the southern part of the country
南海 Nánhǎi the Nanhai Sea; the South China Sea
南极 nánjí ① the South Pole; the Antarctic Pole ② the south magnetic pole
南美 Nánměi South America
南面 nánmiàn south; the southern side

南半球 Nánbànqiú the Southern Hemisphere

南极洲 Nánjízhōu the Antarctic Continent; Antarctica

南美洲 Nánměizhōu South America

东南 dōngnán　　西南 xīnán　指南 zhǐnán

◇南瓜 nánguā pumpkin; cushaw

难 (難) nán　10画　又部

难 难难难难难难难难难难

❶ [形] 做起来费事（跟"易yì"相对）：difficult; hard; troublesome (the opposite of "易yì") | 路~走。Lù nán zǒu. *The road is rough.* / 题目很~。Tímù hěn nán. *The questions are quite difficult.* / 说起来容易，做起来~。Shuō qǐlai róngyì, zuò qǐlai nán. *Easier said than done.* / 韩语并不~学。Hányǔ bìng bù nán xué. *Korean is not difficult to learn.*

难处 nánchǔ hard to get along (or on) with

难处 nánchu difficulty; trouble

难得 nándé ①hard to come by; rare ② seldom; rarely

难点 nándiǎn a difficult point; difficulty; a hard nut to crack

难度 nándù degree of difficulty; difficulty

难怪 nánguài ①no wonder ② understandable; pardonable

难关 nánguān difficulty; crisis

难堪 nánkān ①intolerable; unbearable ② embarrassed

难免 nánmiǎn hard to avoid

难题 nántí difficult problem; hard nut to crack

难忘 nánwàng unforgettable; memorable

难以 nányǐ hard to; difficult to

艰难 jiānnán　　困难 kùnnán
为难 wéinán　　疑难 yínán
出难题 chūnántí

❷ [形] 不好（跟"好hǎo"相对）：bad (the opposite of "好hǎo") | ~听 nántīng *unpleasant to the ear* / ~吃 nánchī *taste bad*

难过 nánguò ① have a hard time ② feel sorry; feel bad; be grieved

难看 nánkàn ①ugly; unsightly ② shameful; embarrassing

难受 nánshòu ① feel unwell; feel ill; suffer pain ② feel unhappy; feel bad

◇难道 nándào used to reinforce a rhetorical question

　　See nàn.

难 (難) nàn　10画　又部

难 难难难难难难难难难难

[名]不幸的遭遇：calamity; disaster; trouble | 逃~ táonàn *flee from danger; be a refugee* / 大~临头 dànàn-líntóu *be faced with imminent disaster*

难民 nànmín refugee

苦难 kǔnàn　　遇难 yùnàn

灾难 zāinàn

　　　See nán.

挠 (撓) náo　9画 扌部

挠挠挠挠挠挠挠挠挠

[动] 阻止：hinder; disturb

阻挠 zǔnáo

恼 (惱) nǎo　9画 忄部

恼恼恼恼恼恼恼恼恼

❶ [动] 生气：be/get angry; annoy | 气~ qìnǎo *angry; incensed* / 你别~我。Nǐ bié nǎo wǒ. *Don't be angry with me.*

恼火 nǎohuǒ annoyed; irritated; vexed

❷ [形] 烦闷；心里不痛快：vexed; worried; unhappy

烦恼 fánnǎo　　苦恼 kǔnǎo

脑 (腦) nǎo　10画 月部

脑脑脑脑脑脑脑脑脑脑

❶ [名] brain | 用~过度 yòng nǎo guòdù *overtax one's brains* / 你必须自己动~。Nǐ bìxū zìjǐ dòng nǎo. *You must use your head.*

脑筋 nǎojīn ① brains; mind; head ② way of thinking; ideas

脑力 nǎolì mental power; intelligence

脑子 nǎozi brains; mind; head

大脑 dànǎo　　电脑 diànnǎo

头脑 tóunǎo

伤脑筋 shāngnǎojīn

昏头昏脑 hūntóu-hūnnǎo

头昏脑胀 tóuhūn-nǎozhàng

❷ [名] 头：head | 探头探~ tàntóu-tànnǎo *pop one's head in and look about*

脑袋 nǎodai ① head ② brains; minds

首脑 shǒunǎo

闹 (鬧) nào　8画 门部

闹闹闹闹闹闹闹闹

❶ [形] 声音响而杂乱：noisy | ~市 nàoshì *busy streets; downtown area* / 这里很~。Zhèlǐ hěn nào. *It is very noisy here.*

热闹 rènao　　凑热闹 còurènao

❷ [动] 吵嚷；争吵：raise hell; make a noise; stir up trouble | 又哭

又～ yòu kū yòu nào *make a tearful scene* / 他俩昨天～了一场。Tā liǎ zuótiān nàole yī chǎng. *The two of them made a scene yesterday.*

❸ [动] 搅乱；扰乱：disturb; mess up | ～翻了天 nàofānle tiān *make a hell of a fuss* / ～事 nàoshì *create a disturbance; make trouble*

❹ [动] 发生；发作（不好的事情）：make (sth. bad) happen | ～矛盾 nào máodùn *be at loggerheads* / ～脾气 nào píqi *vent one's spleen; lose one's temper*

闹别扭 nàobièniu *be difficult with sb.; be at odds with sb.*

闹笑话 nàoxiàohua *make a fool of oneself; make a stupid mistake*

❺ [动] 发泄（感情）：give vent (to one's anger or resentment) | ～情绪 nào qíngxù *be disgruntled; be in low spirits*

❻ [动] 搞；弄；干：go in for; make | 把问题～清楚 bǎ wèntí nào qīngchu *get things clear in one's mind*

❼ [动] 戏耍；玩笑：do sth. for fun; joke

闹着玩儿 nàozhewánr *be joking*

呢

ne 8画 口部

呢 呢呢呢呢呢呢呢呢

❶ [助] 用在疑问句（特指问、选择问、正反问）的末尾，表示疑问的语气：used at the end of a question to denote interrogation | 你问谁～? Nǐ wèn shéi ne? *Whom are you talking to?* / 问题出在哪儿～? Wèntí chū zài nǎr ne? *Where is the problem?; What's wrong with the matter?* / 他怎么会忘了～? Tā zěnme huì wàngle ne? *How could he forget it?*

❷ [助] 用在陈述句的末尾，表示确认事实：used at the end of an indicative sentence to confirm a fact | 早着～ zǎozhe ne *it is still early* / 他还没有来～。Tā hái méiyǒu lái ne. *He hasn't come yet.* / 这次学习，收获不小～。Zhè cì xuéxí, shōuhuò bù xiǎo ne. *We have benefited a lot from this learning session.*

❸ [助] 用在陈述句的末尾，表示动作或情况正在继续：used at the end of a declarative sentence to indicate the continuation of an action or situation | 外边正下着雨～。Wàibian zhèng xiàzhe yǔ ne. *It is raining outside.* / 他正睡觉～。Tā zhèng shuìjiào ne. *He is sleeping now.*

❹ [助] 用在句中表示停顿或表示对举：used in the middle of a sentence to mark a pause (oft. meaning "one way or another") | 你要是饿了～，就自己做点儿吃

的。Nǐ yàoshì èle ne, jiù zìjǐ zuòdiǎnr chī de. *If you are hungry, make some food for yourself.* / 喜欢~，你就买；不喜欢~，就别买。Xǐhuan ne, nǐ jiù mǎi; bù xǐhuan ne, jiù bié mǎi. *Buy it if you like, keep your money if you don't.*

内 nèi 4画 门部

内 内 内 内 内

[名] 里面(跟"外 wài"相对)：inside (the opposite of "外 wài") | ~衣 nèiyī *underwear* / 国~ guónèi *internal; home; domestic* / 由~到外 yóu nèi dào wài *from the inside to the outside*

内部 nèibù ① inside; interior; within ② inside; restricted

内存 nèicún internal memory; storage or storage capacity as of a computer

内地 nèidì inland; interior; hinterland

内阁 nèigé cabinet

内行 nèiháng ① be expert at; be adept in; know the ins and outs of ② expert; a dab hand; master

内科 nèikē (department of) internal medicine

内裤 nèikù underwear; underclothes

内幕 nèimù what goes on behind the scenes; inside story

内容 nèiróng content; substance

内外 nèiwài ① inside and outside; domestic and foreign ② around; about

内心 nèixīn heart; innermost being

内在 nèizài inherent; intrinsic; internal; inner

内脏 nèizàng internal organs; viscera

内战 nèizhàn civil war

内政 nèizhèng internal (domestic, home) affairs

境内 jìngnèi　　室内 shìnèi
以内 yǐnèi　　　在内 zàinèi
之内 zhīnèi

嫩 nèn 14画 女部

嫩 嫩 嫩 嫩 嫩 嫩 嫩 嫩 嫩 嫩 嫩 嫩 嫩 嫩

❶ [形] 初生而柔弱的(跟"老 lǎo"相对)：tender; delicate (the opposite of "老 lǎo") | ~芽 nènyá *shoots* / ~叶 nènyè *tender leaves* / 孩子的小手又白又~。Háizi de xiǎo shǒu yòu bái yòu nèn. *The child's little hands are fair and delicate.*

❷ [形] 食物烹调时间短，软而好嚼

(跟"老lǎo"相对)：(of cooked food) rare; tender; underdone (the opposite of "老lǎo") | 这肉片炒得很~。Zhè ròupiàn chǎo de hěn nèn. *The stir-fried sliced meat is quite tender.* / 鸡蛋煮得~。Jīdàn zhǔ de nèn. *The boiled egg is tender.*

❸ [形] (颜色) 浅：light | ~黄 nènhuáng *light yellow* / 这衣服颜色太~，我穿不合适。Zhè yīfu yánsè tài nèn, wǒ chuān bù héshì. *The colour of the dress is too light for me.*

能

néng 10画 厶部

能能能能能能能能能能

❶ [名] 才干; 本领：ability; capability
能力 nénglì ability; capacity; capability
本能 běnnéng 才能 cáinéng
功能 gōngnéng 技能 jìnéng
潜能 qiánnéng 全能 quánnéng
体能 tǐnéng 性能 xìngnéng
职能 zhínéng 智能 zhìnéng
多功能 duōgōngnéng
无能为力 wúnéng-wéilì

❷ [形] 有才干的：able; capable | ~人 néngrén *able person* / 你真~，一个人干两个人的活。Nǐ zhēn néng, yī gè rén gàn liǎng gè rén de huó. *What an able man you are! You have done the work of two.*
能手 néngshǒu dab; expert; master

❸ [动] 表示有能力或有条件做某事：be able to; be capable to | 他~完成任务。Tā néng wánchéng rènwù. *He is able to fulfil the task.* / 他还不~来。Tā hái bùnéng lái. *He is not convenient to come yet.* / 这么简单的题，你应该~做。Zhème jiǎndān de tí, nǐ yīnggāi néng zuò. *The problem is simple, you should be able to solve it.*
力所能及 lìsuǒnéngjí

❹ [动] 表示善于做某事：be good at doing sth. | 我们当中他最~写。Wǒmen dāngzhōng tā zuì néng xiě. *He is most capable in writing among us.*
能干 nénggàn able; capable; competent
能歌善舞 nénggē-shànwǔ can both sing and dance; be good at singing and dancing

❺ [动] 表示有可能：can possibly
可能 kěnéng

❻ [动] 表示有某种用途：have some purpose

❼ [动] 表示情理、环境上许可：be possible; be probable
能够 nénggòu can; be able to; be capable of
只能 zhǐnéng

538

❽ [名] 能量：energy
能量 néngliàng energy
能源 néngyuán source of energy; energy resource; energy
节能 jiénéng
太阳能 tàiyángnéng
原子能 yuánzǐnéng

嗯 ńg 13画 口部

嗯嗯嗯嗯嗯嗯嗯嗯嗯嗯嗯嗯嗯

[叹] 表示疑问：used to indicate query | ~?你说什么?Ńg? Nǐ shuō shénme? *Eh? What did you say?*

尼 ní 5画 尸部

尼尼尼尼尼

See 尼龙
尼龙 nílóng nylon

泥 ní 8画 氵部

泥泥泥泥泥泥泥泥

❶ [名] 土和水混合成的东西：mud; mire | 烂~lànní *slush* / 刚下过雨，地上都是~。Gāng xiàguo yǔ, dì shang dōu shì ní. *After rain, there is mud all over the place.*
泥土 nítǔ ① earth; soil ② clay

❷ [名] 像泥一样的东西：substance like paste or pulp | 印~yìnní *red ink paste used for seals* / 枣~zǎoní *jujube paste* / 肉~ròuní *minced meat*
水泥 shuǐní

拟 (擬) nǐ 7画 扌部

拟 拟拟拟拟拟拟拟

❶ [动] 设计；起草：draft; draw up | ~稿 nǐgǎo *make a draft* / ~一个计划 nǐ yī gè jìhuà *draw up a plan*
拟定 nǐdìng draw up; draft; work out

❷ [动] 打算；想要：intend; plan | ~发表 nǐ fābiǎo *intend to publish* / ~采用 nǐ cǎiyòng *intend to adopt* / 我校~在下周进行考试。Wǒ xiào nǐ zài xiàzhōu jìnxíng kǎoshì. *The examinations will be held in our school next week.*
◇ 模拟 mónǐ 虚拟 xūnǐ

你 nǐ 7画 亻部

你 你你你你你你你

❶ [代] 称对方（一个人）：you (singular) | ~好。Nǐ hǎo. *How are you?* / 这是~的书。Zhè shì nǐ de shū. *This is your book.* / ~的歌唱得真好。Nǐ de gē chàng de zhēn hǎo. *You sing really well.*

你们 nǐmen *you (plural)*

❷[代]泛指任何人(有时实际上指"我")：used to refer to anyone, sometimes the speaker himself/herself｜～想成功，就得努力。Nǐ xiǎng chénggōng, jiù děi nǔlì. *If you want to succeed, you have to work hard.* /～如果骄傲自满,～就不会进步。Nǐ rúguǒ jiāo'ào zìmǎn, nǐ jiù bùhuì jìnbù. *Complacency spells loss.*

❸[代]单位间互相称呼对方：used as an address for the other party｜～方 nǐ fāng *your side; you* / 请～校选派三名学生参加。Qǐng nǐ xiào xuǎnpài sān míng xuésheng cānjiā. *Please select three pupils from your school to take part.*

逆

nì 9画 辶部

逆逆逆逆逆逆逆逆逆

❶[动]向反方向(活动)：counter; go against｜～风 nìfēng *go against the wind* /～水行舟 nìshuǐ-xíngzhōu *sail against the current*

逆流 nìliú *go against the current; countercurrent*

❷[形]不顺当：adverse｜～境 nìjìng *adverse circumstances*

年

nián 6画 丿部

年年年年年年

❶[名]地球绕太阳运行一周的时间：year, the period of time the earth takes to travel once round the sun｜他离家已经20～了。Tā lí jiā yǐjīng èrshí nián le. *It has been twenty years since he left home.* / 我在这个学校学习了五～。Wǒ zài zhège xuéxiào xuéxíle wǔ nián. *As a student, I have been in this school for 5 years.*

年底 niándǐ *the end of the year*
年度 niándù *year (a yearly period fixed for a certain purpose)*
年级 niánjí *grade; year*
年薪 niánxīn *annual salary; yearly pay*
年头儿 niántóur ① *the beginning of a year* ② *year* ③ *years; a long time*

常年 chángnián　　后年 hòunián
今年 jīnnián　　　来年 láinián
历年 lìnián　　　　连年 liánnián
明年 míngnián　　前年 qiánnián
去年 qùnián　　　同年 tóngnián
往年 wǎngnián　　学年 xuénián
终年 zhōngnián　　周年 zhōunián
逐年 zhúnián
本命年 běnmìngnián
长年累月 chángnián-lěiyuè

❷[名]年纪；岁数：age｜～老 niánlǎo *old; at an old age* /～

过六十 nián guò liùshí *over sixty (years old)*
年纪 niánjì age
年龄 niánlíng age
年青 niánqīng young
年轻 niánqīng young
年轻人 niánqīngrén young people

❸ [名] 人的一生中按年龄划分的阶段：a period in one's life
成年 chéngnián
老年 lǎonián　青年 qīngnián
少年 shàonián　童年 tóngnián
晚年 wǎnnián　中年 zhōngnián
成年人 chéngniánrén
老年人 lǎoniánrén
青少年 qīng-shàonián
中老年 zhōng-lǎonián
未成年人 wèichéngniánrén

❹ [名] 时期；时代：a period in history | 光绪～间 Guāngxù niánjiān *during the reign of Emperor* Guangxu
年代 niándài ① age; years; time ② a decade of a century
当年 dāngnián　近年 jìnnián

❺ [名] 年节：lunar New Year; the Spring Festival | ～画儿 niánhuàr *New Year pictures* / ～货 niánhuò *purchases for the Spring Festival*
年糕 niángāo New Year cake (made of glutinous rice flour)
年夜饭 niányèfàn the lunar New Year's Eve dinner
拜年 bàinián　过年 guònián
新年 xīnnián
逢年过节 féngnián-guòjié

捻 niǎn　11画 扌部

捻捻捻捻捻捻捻捻捻捻捻

[动] 用手指搓：twist sth. with the fingers | ～胡子 niǎn húzi *twist one's beard* / ～麻绳 niǎn máshéng *twist hemp strings*

撵 (攆) niǎn　15画 扌部

撵撵撵撵撵撵撵撵撵撵撵撵撵撵撵

[动] 驱逐；赶走：drive out; oust | ～走 niǎnzǒu *drive sb. away* / ～出去 niǎn chūqu *drive sb. out*

念 niàn　8画 心部

念念念念念念念念

❶ [动] 惦记；常常想：think of; miss | 妈妈一直～着你。Māma yīzhí niànzhe nǐ. *Mother misses you all the time.* / 他已离家十年，但还常常～着故乡。Tā yǐ líjiā shí nián, dàn hái chángcháng niànzhe gùxiāng. *Though he has been away from home for 10 years,* he still often misses his homeland.

悼念 dàoniàn　惦念 diànniàn
怀念 huáiniàn　纪念 jìniàn
留念 liúniàn　　思念 sīniàn
想念 xiǎngniàn
纪念碑 jìniànbēi
纪念馆 jìniànguǎn
纪念品 jìniànpǐn
纪念日 jìniànrì

❷ [名] 想法或打算：thought; idea; intention | 杂～ zániàn *distracting thoughts*
念头 niàntou thought; idea; intention
概念 gàiniàn　观念 guānniàn
理念 lǐniàn　　信念 xìnniàn
悬念 xuánniàn

❸ [动] 读：read | ～诗 niàn shī *read a poem* / 请再～一遍。Qǐng zài niàn yī biàn. *Please read it again.* / 他激动得～不下去了。Tā jīdòng de niàn bù xiàqù le. *He was in such an excited mood that he cannot read on.*
念书 niànshū read; study

❹ [动] 指上学：go to school | 她已经～中学了。Tā yǐjīng niàn zhōngxué le. *She is already in secondary school.* / 小王～过大学。Xiǎo Wáng niànguo dàxué. *Xiao Wang has finished his college education already.*

娘

niáng　10画　女部

娘娘娘娘娘娘娘娘娘娘

❶ [名] 母亲：mother | 孩子想～。Háizi xiǎng niáng. *The child misses his mother.*

❷ [名] 称长一辈或年长已婚女性：form of address for an elderly married woman | 婶～ shěnniáng *aunt*
大娘 dàniáng

❸ [名] 年轻女子：general term for young women
姑娘 gūniang　新娘 xīnniáng
伴娘 bànniáng

酿 (釀)

niàng　14画　酉部

酿酿酿酿酿酿酿酿酿酿酿酿酿酿

❶ [动] 通过发酵作用制造：make; brew | ～酒 niàngjiǔ *make wine* / ～造 niàngzào *make (wine, vinegar, etc.)*

❷ [动] 逐渐形成：lead to; result in | ～成水灾 niàngchéng shuǐzāi *lead to flood*
酝酿 yùnniàng

❸ [动] 蜜蜂做蜜：(of bees) make honey | ～蜜 niàngmì *make honey*

鸟 (鳥)

niǎo　5画　鸟部

鸟 鸟鸟鸟鸟鸟

[名] bird
候鸟 hòuniǎo

尿 niǎo 7画 尸部
尿尿尿尿尿尿尿

❶[名] urine｜撒~ sāniǎo pass water
糖尿病 tángniàobìng
❷[动] 撒尿：urinate｜孩子~了。Háizi niào le. *The child pisses.*

捏 niē 10画 扌部
捏捏捏捏捏捏捏捏捏捏

❶[动] 用拇指和其他手指夹住：hold between fingers and thumb｜~着一根针 niēzhe yī gēn zhēn *hold a needle* / 手里~着一张纸条 shǒuli niēzhe yī zhāng zhǐtiáo *hold a slip of paper in one's hand*
❷[动] 用手指把软东西做成一定的形状：knead with fingers｜~泥人 niē nírén *mould clay figurines* /~饺子 niē jiǎozi *make dumplings*
❸[动] 假造；虚构：fabricate; fake; make up
捏造 niēzào fabricate; concoct; fake; trump up

您 nín 11画 心部
您您您您您您您您您您您

[代] 你的尊称：respectful form of address for "你 nǐ"｜~先请。Nín xiān qǐng. *After you, please.* / 请~多多指教。Qǐng nín duōduō zhǐjiào. *Please kindly give us your advice.*

宁 (寧) níng 5画 宀部
宁宁宁宁宁

[形] 安宁：peaceful; tranquil
宁静 níngjìng peaceful; tranquil; quiet; calm
See nìng.

柠 (檸) níng 9画 木部
柠柠柠柠柠柠柠柠柠

See 柠檬
柠檬 níngméng lemon

凝 níng 16画 冫部
凝凝凝凝凝凝凝凝凝凝凝凝凝凝凝凝

❶[动] 气体变为液体或液体变为固体：congeal; condense

543

凝固 nínggù solidify
凝结 níngjié congeal; coagulate; curdle; condense
❷ [动] 聚集；集中：fix (one's attention); concentrate | ~神 níng-shén *with fixed attention*
凝聚 níngjù (of vapour) condense; (of fluids) coagulate or curdle
凝视 níngshì gaze fixedly; stare

拧 (擰) nǐng 8画 扌部

拧拧拧拧拧拧拧拧

[动] 控制住物体向里转或向外转：twist; wring | ~开瓶盖儿 nǐng-kāi pínggàir *screw (twist) the cap off a bottle* / ~螺丝钉 nǐng luósīdīng *drive a screw* / 把水龙头~紧 bǎ shuǐlóngtóu nǐngjǐn *tighten up the tap*

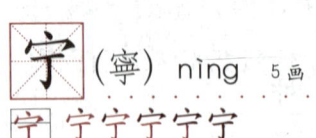

宁 (寧) nìng 5画 宀部

宁宁宁宁宁

[副] 宁可：rather; would rather | ~早勿晚。Nìng zǎo wù wǎn. *Better early than late.* / ~死不屈 nìngsǐ-bùqū *would rather die than submit*
宁可 nìngkě would rather
宁肯 nìngkěn would rather
宁愿 nìngyuàn would rather
See níng.

牛 niú 4画 牛部

牛牛牛牛

[名] cow; ox; cattle | 奶~ nǎiniú *milk cow* / 这头~老了。Zhè tóu niú lǎo le. *The cow is getting old.*
牛奶 niúnǎi milk
牛肉 niúròu beef
牛仔裤 niúzǎikù jeans
吹牛 chuīniú
牵牛花 qiānniúhuā

扭 niǔ 7画 扌部

扭扭扭扭扭扭扭

❶ [动] 拧伤（筋骨）：sprain; wrench | ~了筋 niǔle jīn *wrench sinews* / ~了腰 niǔle yāo *sprain ones' back*

❷ [动] 掉转；转动：turn round; move | ~过脸来 niǔguò liǎn lai *turn one's head round* / ~转身 niǔzhuǎn shēn *turn round*
扭转 niǔzhuǎn turn back; reverse; turn round

❸ [动] 身体左右摇摆：roll; swing | ~秧歌 niǔ yāngge *do the yangge dance (a traditional dance of Chinese Northern area)* / ~着身子走路 niǔzhe shēnzi zǒu lù *walk with a wriggling gait*

◇扭曲 niǔqū twist; distort
闹别扭 nàobièniu

纽 (紐) niǔ 7画 纟部

纽纽纽纽纽纽纽

See 纽扣儿

纽扣儿 niǔkòur button

农 (農) nóng 6画 丶部

农农农农农农

[名] 农业：agriculture; farming | 务~ wùnóng *go in for agriculture; do farming*

农场 nóngchǎng farm

农村 nóngcūn rural area; countryside; village

农户 nónghù peasant/farmer household

农具 nóngjù farm implements; farmtools

农历 nónglì the traditional Chinese calendar; the lunar calendar

农民 nóngmín peasant; farmer

农田 nóngtián farmland; cropland; cultivated land

农药 nóngyào agricultural chemical; farm chemical; pesticide

农业 nóngyè agriculture; farming

农产品 nóngchǎnpǐn agricultural product; farm produce

农作物 nóngzuòwù crops

农贸市场 nóngmào shìchǎng market of farm produce

浓 (濃) nóng 9画 氵部

浓浓浓浓浓浓浓浓浓

[形] 稠密；含某种成分多（跟"淡 dàn"相对）：dense; thick (the opposite of "淡 dàn") | ~烟 nóngyān *dense smoke* / 茶很~。Chá hěn nóng. *The tea tastes strong.*

浓度 nóngdù consistency; concentration; density

浓厚 nónghòu ① strong; pronounced ② dense; thick

浓缩 nóngsuō (chem.) concentrate; enrich

浓郁 nóngyù (of perfume, fragrance, etc.) strong; rich

弄 nòng 7画 王部

弄弄弄弄弄弄弄

❶ [动] 手里拿着玩：play with; toy with; fool with | 不要~火 búyào nòng huǒ *don't play with fire* / 小孩儿爱~沙土。Xiǎoháir ài nòng shātǔ. *Children like to play with sand.*

玩弄 wánnòng

❷ [动] 搞；做；办：do; manage;

handle | ~饭吃 nòng fàn chī *prepare the meal* /把身上~干净 bǎ shēn shang nòng gānjìng *clean oneself* /别把机器~坏了。Bié bǎ jīqì nònghuài le. *Be careful not to damage the machine.*

弄虚作假 nòngxū-zuòjiǎ practise fraud; employ trickery; resort to deception

❸[动]设法取得：manage to get | ~点水来 nòng diǎn shuǐ lái *fetch some water* /听说那个话剧不错,你去~几张票吧！Tīngshuō nàge huàjù bùcuò, nǐ qù nòng jǐ zhāng piào ba! *People say the drama is good. Try to get several tickets.*

奴 nú 5画 女部

奴 奴奴奴奴奴

❶[名]受人压迫和使唤,没有人身自由的人：slave | 农~ nóngnú *serf* /家~ jiānú *lackey; servant*
奴隶 núlì slave

❷[动]像对待奴隶一样：enslave; treat as a slave
奴役 núyì enslave; keep in bondage

努 nǔ 7画 力部

努 努努努努努努努

[动]尽量地使出（力气）：put forth one's strength; exert oneself
努力 nǔlì make great efforts; try hard; exert oneself

怒 nù 9画 心部

怒 怒怒怒怒怒怒怒怒怒

❶[形]生气：angry; furious | 发~ fānù *fly into a rage* /他~气冲冲地走了。Tā nùqì chōngchōng de zǒu le. *He left in great fury.*
怒火 nùhuǒ flames of fury; fury
愤怒 fènnù
喜怒哀乐 xǐ-nù-āi-lè

❷[形]气势强、猛烈：forceful; vigorous; dynamic | ~涛 nùtāo *furious billows* /狂风~号。Kuángfēng nùháo. *A violent wind is howling.* /百花~放 bǎihuā nùfàng *all flowers are in full bloom*
怒吼 nùhǒu roar; howl

女 nǚ 3画 女部

女 女女女

❶[形]女性的（跟"男 nán"相对）：female (the opposite of "男 nán") | ~士 nǚshì *lady* /~学生 nǚxuésheng *female student* /男~平等 nánnǚ píngděng *equality between men and women*

女儿 nǚ'ér daughter

女郎 nǚláng a young woman; maiden; girl

女人 nǚrén woman; womenfolk

女生 nǚshēng woman student; girl student; schoolgirl

女士 nǚshì (a polite term for a woman, married or unmarried) lady; madam

女王 nǚwáng queen

女性 nǚxìng ① the female sex ② woman

女子 nǚzǐ woman; female

女孩儿 nǚháir ① girl ② daughter

女朋友 nǚpéngyou girlfriend

妇女 fùnǚ　　美女 měinǚ

少女 shàonǚ　　仙女 xiānnǚ

男女老少 nán-nǚ-lǎo-shào

❷ [名] 女儿：daughter

儿女 érnǚ　　闺女 guīnǚ

孙女 sūnnǚ　　侄女 zhínǚ

子女 zǐnǚ

独生子女 dúshēng zǐnǚ

生儿育女 shēng'ér-yùnǚ

暖 nuǎn 13画 日部

暖暖暖暖暖暖暖暖暖暖暖暖暖

[形] 不冷也不热：neither hot nor cold; warm | 春～花开 chūn-nuǎn-huākāi *flowers blossom in warm spring* / 天气～了。Tiānqì nuǎn le. *It's getting warm.*

暖和 nuǎnhuo ① (of weather; environment, etc.) warm; nice and warm ② drink some hot water to warm oneself up

暖气 nuǎnqì central heating

温暖 wēnnuǎn

挪 nuó 9画 扌部

挪挪挪挪挪挪挪挪挪

[动] 移动；转移：move; shift | 请您～一下。Qǐng nín nuó yīxià. *Will you move aside a little, please?* / 把桌子～到门口去。Bǎ zhuōzi nuódào ménkǒu qù. *Move the table to the door.*

O o

噢
ō 15画 口部

噢噢噢噢噢噢噢噢噢噢噢噢噢噢噢

[叹]表示了解：used to indicate sudden realization ｜ ~，就是他! Ō, jiùshì tā! *Oh, it's him!* / ~，我懂了! Ō, wǒ dǒng le. *Oh, I see.*

哦
ó 10画 口部

哦哦哦哦哦哦哦哦哦哦

[叹]表示将信将疑：used to indicate surprise or doubt ｜ ~，是这样的吗? Ó, shì zhèyàng de ma? *What! Is it true?* / ~，是那样? Ó, shì nàyàng? *Eh, just like that?*

欧 (歐)
ōu 8画 欠部

欧欧欧欧欧欧欧欧

[名]指欧洲：Europe ｜ ~美 Ōu-Měi *Europe and America* / 东~ Dōng'ōu *Eastern Europe*

欧元 ōuyuán euro
欧洲 Ōuzhōu Europe

殴 (毆)
ōu 8画 殳部

殴殴殴殴殴殴殴殴

[动]打(人)：beat up; hit ｜ 斗~ dòu'ōu *fight*
殴打 ōudǎ beat up

呕 (嘔)
ǒu 7画 口部

呕呕呕呕呕呕呕

[动]吐：vomit; throw up ｜ 吃的东西都~出来了。Chī de dōngxi dōu ǒu chūlai le. *All that had been eaten was vomited out.*
呕吐 ǒutù throw up; vomit

偶
ǒu 11画 亻部

偶偶偶偶偶偶偶偶偶偶

❶[形]双数的；成对的(跟"奇jī"相对)：even (numbers)(the opposite of "奇jī"); in pairs ｜ ~数 ǒushù *even number*

❷[名]夫妻或其中一方：mate; spouse ｜ 佳~ jiā'ǒu *happily married couple*
配偶 pèi'ǒu

❸[副] 不是必然的；不经常的：by

548

chance/accident | ~发事件 ǒufā shìjiàn *an accident; an accidental occurrence*
偶尔 ǒu'ěr once in a while
偶然 ǒurán ① by accident ② accidental
◇ 偶像 ǒuxiàng image; idol

P p

趴 pā 9画 足部

趴 趴趴趴趴趴趴趴趴趴

❶ [动] 胸腹朝下卧倒：lie on one's stomach; lie prone ｜ ~在地上 pā zài dìshang *lie face down on the ground*

❷ [动] 身体向前靠在物体上：bend over; lean on ｜ 弟弟~在桌子上画画。Dìdi pā zài zhuōzi shang huàhuà. *My brother was bending over the desk, drawing a picture.* / 孩子~在妈妈肩上睡着了。Háizi pā zài māma jiān shang shuìzháo le. *With her head on her mother's shoulder, the child fell asleep.*

扒 pā 5画 扌部

扒 扒扒扒扒扒

[动] 用手或工具使东西聚拢或散开：gather up; rake up ｜ ~土 pātǔ *gather the dirt up* / 他把草~在一起。Tā bǎ cǎo pá zài yīqǐ. *He raked the grass together.*
See bā.

爬 pá 8画 爪部

爬 爬爬爬爬爬爬爬爬

❶ [动] 伏在地上手、脚一齐用力向前移动：crawl; creep ｜ 蚂蚁~到洞里去了。Mǎyǐ pá dào dòng li qù le. *The ants crawled into the hole.* / 这孩子才会~。Zhè háizi cái huì pá. *The baby has just learnt to crawl.*
连滚带爬 liángǔn-dàipá

❷ [动] 抓住东西往上去；攀登：climb; scramble ｜ ~山 páshān *climb a mountain* / ~楼梯 pá lóutī *climb the stairs* / 猴子会~树。Hóuzi huì páshù. *Monkeys can climb trees.*

怕 pà 8画 忄部

怕 怕怕怕怕怕怕怕怕

❶ [动] 畏惧；害怕：fear; dread ｜ 老鼠~猫。Lǎoshǔ pà māo. *Mice are afraid of cats.* / 你别~那条狗。Nǐ bié pà nà tiáo gǒu. *Don't be frightened by the dog.* / 他不~死。Tā bù pà sǐ. *He did not fear to die.*
害怕 hàipà

❷ [动] 担心：be afraid that...; expressing doubt or supposition ｜ ~出差错 pà chū chācuò *be afraid of any errors* / 她~把孩

子吵醒。Tā pà bǎ háizi chǎoxǐng. *She was afraid of waking the child.* / 她~在办公室找不到他。Tā pà zài bàngōngshì zhǎobudào tā. *She worried that he might not be in his office.* 恐怕 kǒngpà

❸ [副] 表示估计：used to indicate supposition, estimation or judgement | 他~是不来了。Tā pà shì bù lái le. *I'm afraid that he won't come.* / 会议~要延期了。Huìyì pà yào yánqī le. *I'm afraid the meeting need to be postponed.* / 事情~不这么简单。Shìqing pà bù zhème jiǎndān. *I'm afraid things are not so simple.*

拍 pāi 8画 扌部

拍拍拍拍拍拍拍拍

❶ [动] 用手掌打：pat; clap; beat | ~球 pāiqiú *bounce a ball* / ~手 pāishǒu *clap one's hands* / 他~了一下我的肩膀。Tā pāile yīxià wǒ de jiānbǎng. *He patted me on my shoulder.*

❷ [名] 拍打东西的用具：racket; swatter. | 球~儿 qiúpāir *bat; racket* / 蝇~儿 yíngpāir *flyswatter*

拍子 pāizi ① bat; racket ② beat; time

❸ [动] 发出：send | ~电报 pāi diànbào *send a telegram*

❹ [动] 摄影：shoot; photograph | ~照片 pāi zhàopiān *take a picture* / 公园里正在~电影。Gōngyuán li zhèngzài pāi diànyǐng. *They are shooting a film in the park.*

拍摄 pāishè take (a picture); shoot

拍照 pāizhào take a picture

❺ [动] 奉承：flatter | ~马屁 pāi mǎpì *lick one's boots; flatter* / 吹吹~~ chuīchuī-pāipāi *boast and flatter*

◇ 拍卖 pāimài ① auction ② selling off goods at reduced price; sale

排 pāi 11画 扌部

排排排排排排排排排排排

❶ [动] 除去；消除：exclude; eject; discharge | 打开门窗，把烟气~出去。Dǎkāi ménchuāng, bǎ yānqì pái chūqu. *Open the door and windows to let out the smoke.* / 大家动手，快把污水~出去。Dàjiā dòngshǒu, kuài bǎ wūshuǐ pái chūqu. *Let's work together to drain the dirty water.*

排斥 páichì ① exclude; repel ② exclude; reject

排除 páichú get rid of; overcome; remove

排放 páifàng ① discharge; let out; drain off ② place (things) in correct order

排挤 páijǐ push out; squeeze out

❷ [动] 按顺序站位或摆放：arrange; put in order | 队伍～得很整齐。Duìwu pái de hěn zhěngqí. *They lined up in good order.* / 新学期要重新～座位。Xīn xuéqī yào chóngxīn pái zuòwèi. *The students' seats will be rearranged in the new semester.*

排队 páiduì queue up
排列 páiliè arrange; put in order
排名 páimíng rank
排行榜 páiháng bǎng ranking list
安排 ānpái　　并排 bìngpái

❸ [名] 排成的横队：row | 他坐在第一～。Tā zuò zài dì-yī pái. *He sat in the first row.*

❹ [名] 军队的编制单位：platoon, a military unit | 他是我们～的新兵。Tā shì wǒmen pái de xīnbīng. *He is a recruit of our platoon.*

排长 páizhǎng platoon leader

❺ [动] 演员练习剧目：rehearse | ～戏 páixì rehearse / 彩～ cǎipái dress rehearsal / ～节目 pái jiémù have a rehearsal

排练 páiliàn rehearse
◇排球 páiqiú volleyball

徘

pái　　11画 彳部

徘徘徘徘徘徘徘徘徘徘徘

See 徘徊

徘徊 páihuái ① pace up and down ② hesitate; waver

牌

pái　　12画 片部

牌牌牌牌牌牌牌牌牌牌牌牌

❶ [名] 用木板或其他材料做的标志：plate; tablet | 车～ chēpái *(of vehicle) number plate* / 招～ zhāopai *signboard* / 路～ lùpái *sign*

牌照 páizhào license plate; license tag; license certificate; license

牌子 páizi trademark; brand
红牌 hóngpái　黄牌 huángpái
奖牌 jiǎngpái　金牌 jīnpái
铜牌 tóngpái
挡箭牌 dǎngjiànpái

❷ [名] 一种娱乐用品：cards, dominoes, etc. used for entertainment or in gambling | 纸～ zhǐpái *playing cards* / 扑克～ pūkèpái *playing cards; poker*

❸ [名] 企业为自己的产品起的名称：brand; make | 解放～汽车 jiěfàngpái qìchē *a Liberation Brand truck*

冒牌 màopái　名牌 míngpái
品牌 pǐnpái
冒牌货 màopáihuò
金字招牌 jīnzì zhāopai

派 pài 9画 氵部

派派派派派派派派派

❶ [名] 指立场、见解或作风、习气相同的一些人：group; sect; factions within a political party; learned society or religious group, formed according to their different stands or views | 在学术观点上，他们是一~的。Zài xuéshù guāndiǎn shang, tāmen shì yī pài de. *They belong to the same academic school.*

派别 pàibié faction; school
党派 dǎngpài　学派 xuépài
宗派 zōngpài

❷ [动] 派遣；分配：send; dispatch; assign; appoint | ~工作 pài gōngzuò *assign works to people* / 学校~王老师出国教汉语。Xuéxiào pài Wáng lǎoshī chūguó jiāo Hànyǔ. *The school sent Mr. Wang to teach Chinese abroad.*

派遣 pàiqiǎn send; dispatch
◇派出所 pàichūsuǒ local police station; police substation

攀 pān 19画 手部

攀攀攀攀攀攀攀攀攀攀攀攀攀攀攀攀攀攀攀

❶ [动] 抓住东西往上爬：climb; clamber | ~岩 pānyán *rock climbing* / 他~着绳子往上爬。Tā pānzhe shéngzi wǎng shàng pá. *He climbed up a rope hand over hand.*

攀登 pāndēng climb; clamber

❷ [动] 指跟地位高的人结亲戚或拉关系：seek connection in high places | 高~ gāopān *make friends or claim ties of kinship with sb. of a higher social position or with better qualification* / ~谈 pāntán *engage in small talk; have a chat*

盘 (盤) pán 11画 舟部

盘盘盘盘盘盘盘盘盘盘盘

❶ [名] 盘子：plate; dish | 托~ tuōpán *serving tray* / 茶~儿 chápánr *tea tray* / ~里放着一条鱼。Pán li fàngzhe yī tiáo yú. *There is a fish in the plate.*

盘子 pánzi tray; plate; dish
拼盘 pīnpán

❷ [动] 环绕；旋转：coil; twist; wind | ~绳子 pán shéngzi *coil up*

the rope /树上~着一条蛇。Shù shang pánzhe yī tiáo shé. *A snake coiled round the tree.*

盘旋 pánxuán ① circle ② linger; stay

❸ [动] 仔细查问或清点：check; examine; interrogate | ~问 pánwèn *cross-examine; interrogate* /~货 pánhuò *make an inventory of stock on hand* / 这家店每月~一次账。Zhè jiā diàn měi yuè pán yī cì zhàng. *The shop checks its accounts once a month.*

盘点 pándiǎn check; make an inventory of

❹ [量] 用于盘装的食品等：ready-to-cook dish of meat or vegetables | 一~菜 yī pán cài *a dish* / 两~肉 liǎng pán ròu *two plates of meat*

◇ 磁盘 cípán　存盘 cúnpán
底盘 dǐpán　光盘 guāngpán
开盘 kāipán　硬盘 yìngpán
方向盘 fāngxiàngpán

判 pàn 7画 刂部

判 判判判判判判判

❶ [动] 分辨；断定：distinguish; discriminate | 评~ píngpàn *pass judgment on sth. or sb.*

判定 pàndìng judge; decide; determine

判断 pànduàn decision; judgement

批判 pīpàn

❷ [动] 司法机关对案件作出决定：judge; decide | 这件案子到现在还没有~。Zhè jiàn ànzi dào xiànzài hái méiyǒu pàn. *The case has not been decided.*

判处 pànchǔ sentence; condemn

判决 pànjué decide

判刑 pànxíng pass a sentence on; sentence sb. to

判决书 pànjuéshū (leg.) court verdict; written judgment

裁判 cáipàn　审判 shěnpàn
宣判 xuānpàn
裁判员 cáipànyuán

盼 pàn 9画 目部

盼 盼盼盼盼盼盼盼盼

[动] 希望；期待：hope for; long for; expect | 妈妈~儿子平安归来。Māma pàn érzi píng'ān guīlái. *The mother is longing to see her son return safe and sound.* / 好消息终于~来了。Hǎo xiāoxi zhōngyú pànlái le. *The good news we were yearning for came finally.*

盼望 pànwàng hope for; look forward to

叛 pàn 9画 丶部

叛

叛叛叛叛叛叛叛叛叛

[动]背离自己的一方，投靠敌对一方：betray; rebel against | 反～ fǎnpàn *rebel*

叛变 pànbiàn turn traitor
叛徒 pàntú traitor
背叛 bèipàn

畔   pàn   10画 田部

畔畔畔畔畔畔畔畔畔畔

[名]旁边；附近：side; bank | 河～ hépàn *river bank* / 湖～ húpàn *shore of a lake*

庞 (龐)   páng   8画 广部

庞庞庞庞庞庞庞庞

[形](形体或数量)极大：huge; enormous; colossal; gigantic | 数字～大 shùzì pángdà *innumerable*

庞大 pángdà huge; large; immense

旁   páng   10画 方部

旁旁旁旁旁旁旁旁旁旁

❶[名]近侧；附近：side | 路～ lùpáng *roadside* / ～观 pángguān *look on; be an onlooker*

旁边 pángbiān side
旁听 pángtīng be a visitor at a meeting, in a school class, etc.
两旁 liǎngpáng 一旁 yīpáng

❷[形]其他；另外：other; else | ～人 pángrén *others* / 我还有～的话跟你说。Wǒ hāiyǒu páng de huà gēn nǐ shuō. *I have something else to tell you.*

胖   pàng   9画 月部

胖胖胖胖胖胖胖胖胖

[形](人体)脂肪多；肉厚(跟"瘦 shòu"相对)：fat; stout; plump (the opposite of "瘦 shòu") | ～娃娃 pàng wáwa *a fat baby* / 这人长得真～! Zhè rén zhǎng de zhēn pàng! *How fat the fellow is!*

胖子 pàngzi fat person
肥胖 féipàng

抛   pāo   7画 扌部

抛抛抛抛抛抛抛

❶[动]扔；投：throw; toss; fling | ～球 pāo qiú *toss a ball* / 不要乱～垃圾。Bùyào luàn pāo lājī. *Don't litter.*

❷[动]舍弃；丢下：leave behind;

P

555

cast aside | 他跑得很快，把我们远远地~在后面。Tā pǎo de hěn kuài, bǎ wǒmen yuǎnyuǎn de pāo zài hòumian. *He ran so fast that we were left far behind.*

抛弃 pāoqì abandon; cast aside

刨

pāo　7画 刂部

刨刨刨刨刨刨刨刨

❶ [动]挖掘：dig; excavate | ~土 pāotǔ *dig earth* / ~坑 pāo kēng *dig a pit* / ~花生 pāo huāshēng *dig up peanuts* / 把那棵小树连根~起来。Bǎ nà kē xiǎoshù lián gēn pāo qǐlai. *Dig up the roots of that little tree.*

❷ [动]从原有事物中除去；减去：exclude; substract | ~去他还有两人。Pāoqù tā háiyǒu liǎng rén. *There are two people besides him.* / ~去水、电、房费，还能剩多少钱？Pāoqù shuǐ, diàn, fángfèi, háinéng shèng duōshao qián? *How much can be left after paying the charges for water, electricity and rent?*

跑

pǎo　12画 足部

跑跑跑跑跑跑跑跑跑跑跑跑

❶ [动]迅速前进：run | 快~ kuài pǎo *run fast* / 他~得很快。Tā pǎo de hěn kuài. *He runs very fast.*

跑步 pǎobù run; jog
跑道 pǎodào ① runway ② track
奔跑 bēnpǎo

❷ [动]为某种事而奔走：run about doing sth.; run errands | ~买卖 pǎo mǎimai *go about soliciting clients* / ~材料 pǎo cáiliào *run about buying materials* / 我终于把签证~下来了。Wǒ zhōngyú bǎ qiānzhèng pǎo xiàlai le. *I was eventually granted the visa.*

❸ [动]逃走：run away; escape; flee | 别让小偷~了。Bié ràng xiǎotōu pǎo le. *Don't let the thief run away.*

逃跑 táopǎo

❹ [动]漏出；挥发：leak; evaporate | ~电 pǎodiàn *leakage of electricity* / ~油 pǎoyóu *leakage of gasoline*

◇跑车 pǎochē ① racing bicycle ② (inf.) (of vehicle drivers, train conductors, etc.) be on the job

泡

pāo　8画 氵部

泡泡泡泡泡泡泡泡

❶ [名] 气体在液体内使液体鼓起的球状体：bubble | 水~ shuǐpāo bubble / 冒～儿 màopāor send up bubbles /肥皂～fēizàopāo soap bubbles

泡沫 pāomò foam; froth

❷[名]像泡一样的东西：sth. puffy and soft like a bubble | 脚上起了一个～。Jiǎo shang qǐle yī gè pāo get a blister on one's foot

灯泡 dēngpào

❸[动]较长时间地放在液体里：steep; soak | ～茶 pāochá make tea / 用热水～衣服 yòng rèshuǐ pāo yīfu soak clothes in hot water

❹[动]故意消磨（时间）：dawdle | ～病号 pāo bìnghào shun work on pretense of illness / 他整天～在茶馆里。Tā zhěngtiān pāo zài cháguǎn li. He spent the whole day in the tea house.

炮

pào 9画 火部

炮炮炮炮炮炮炮炮炮

❶[名] cannon; artillery piece | ～声把耳朵都震聋了。Pàoshēng bǎ ěrduo dōu zhènlóng le. Deafened by the sound of the cannon.

炮弹 pàodàn (artillery) shell
炮火 pàohuǒ artillery fire; gunfire

大炮 dàpào

❷[名] 爆竹：firecracker | 春节里我家放了很多～。Chūnjié li wǒ jiā fàngle hěn duō pào. We let off a lot of firecrackers during the Spring Festival.

鞭炮 biānpào

陪

péi 10画 阝(左)部

陪陪陪陪陪陪陪陪陪陪

[动]随同做伴：keep sb. company; accompany | ～客 péikè keep a guest company / 我～你去。Wǒ péi nǐ qù. I'll accompany you there. / 陪我散步 péi wǒ sànbù have a walk with me

陪伴 péibàn accompany; keep sb. company
陪同 péitóng accompany
陪审员 péishěnyuán juror; juryman

培

péi 11画 土部

培培培培培培培培培培培

❶[动]在根基部分加土，以保护植物或建筑物：bank up with earth; earth up | 玉米根部要多～点儿土。Yùmǐ gēnbù yào duō péidiǎnr tǔ. The roots of the maize need to be earthed up soundly.

❷ [动]培养：foster; train | 人工~植人参 réngōng péizhí rénshēn *grow ginseng manually*

培训 péixùn training

培养 péiyǎng ① develop; educate; train ② cultivate

培育 péiyù cultivate; breed; foster

培训班 péixùnbān training course

栽培 zāipéi

赔 (賠) péi　12画 贝部

赔赔赔赔赔赔赔赔赔赔赔

❶ [动]补偿损失：make good a loss; compensate | ~他钱 péi tā qián *compensate him with money* / 损坏东西要~。Sǔnhuài dōngxi yào péi. *Damages should be compensated.*

赔偿 péicháng compensate; pay for

赔付 péifù pay an indemnity; pay reparations

赔款 péikuǎn ① pay an indemnity; pay reparations ② indemnity; reparations

理赔 lǐpéi　　索赔 suǒpéi

❷ [动]经营亏损：operate at a loss | ~本 péiběn *sustain losses in business; run a business at a loss* / ~钱 péiqián *lose money in business*

❸ [动]道歉；认错：make an apology; apologize | ~不是 péibùshi *apologize* / ~礼道歉 péilǐ dàoqiàn *make a formal apology; apologize*

佩　pèi　8画 亻部

佩佩佩佩佩佩佩佩

See 佩服

佩服 pèifú admire; think highly of; revere

配　pèi　10画 酉部

配配配配配配配配配配

❶ [名]丈夫或妻子：husband or wife

配偶 pèi'ǒu spouse

❷ [动] 按比例或标准加以调和或凑在一起：mix according to a fixed ratio; compound | ~药 pèiyào *make up a prescription* / ~颜色 pèi yánsè *mix colours (on a palette); (of dressing) find the correct match of colours*

配方 pèifāng make up a prescription; formula

配套 pèitào form a complete set

搭配 dāpèi　　装配 zhuāngpèi

❸ [动] 有计划地分派；安排：distribute according to a plan; apportion | ~售 pèishòu *ration* / 上级~给我们一辆汽车。Shàngjí pèigěi wǒmen yī liàng qìchē. *We were assigned a car by higher-ups.* / 每个班都~了一台录音机。Měi gè bān dōu pèile yī tái lùyīnjī. *Each class has been equipped with a tape-recorder.*

配备 pèibèi provide; equip; fit out

分配 fēnpèi　　支配 zhīpèi
按劳分配 ànláo fēnpèi

❹ [动] 把缺少的东西补上：replace what is missing or short of | ~钥匙 pèi yàoshi *duplicate a key* / ~零件 pèi língjiàn *replace parts* / 这套书没~齐，还缺一本。Zhè tào shū méi pèiqí, hái quē yī běn. *One book is lacking in the set.*

❺ [动] 衬托；陪衬：match; harmonize with | 红花~绿叶 hónghuā pèi lǜyè *green leaves and red flowers go well together* / 这首歌很~那个舞蹈。Zhè shǒu gē hěn pèi nàge wǔdǎo. *This song harmonizes with that dance.*

配合 pèihé coordinate; cooperate; concert

配件 pèijiàn ① parts, fittings, or accessories ② replacement

配角 pèijué supporting role; supporting actor

配音 pèiyīn dub (a film, etc.)

匹配 pǐpèi

❻ [动] 符合；够得上；相当：agree with; deserve; be qualified | 这菜很~我的胃口。Zhè cài hěn pèi wǒ de wèikǒu. *The dish suits my taste well.* / 他的穿着和年龄很不相~。Tā de chuānzhuó hé niánlíng hěn bù xiāngpèi. *His apparel does not fit his age.*

喷 (噴) pēn　12画 口部

喷喷喷喷喷喷喷喷喷喷喷喷

[动] （液体、气体、粉末等）受到压力而射出：spurt; spout; gush | ~壶 pēnhú *watering can; sprinkling can* / ~农药 pēn nóngyào *spray insecticide* / 火山正在~发。Huǒshān zhèngzài pēnfā. *The volcano is erupting.*

喷射 pēnshè spray; spurt; jet

盆 pén　9画 皿部

盆盆盆盆盆盆盆盆盆

[名] 盛东西或洗东西的用具：basin; tub; pot | 花~ huāpén *flower pot* / 澡~ zǎopén *bathtub*

盆地 péndì basin

盆景 pénjǐng potted landscape; miniature trees and rockery
脸盆 liǎnpén

烹 pēng 11画 灬部

烹烹烹烹烹烹烹烹烹烹烹

[动] 煮；烧制饭菜：boil; cook in water; brew; fry quickly in hot oil and stir in sauce | ~对虾 pēng duìxiā *quick-fried prawns* / ~制中国菜 pēngzhì Zhōngguócài *cook Chinese dishes*

烹饪 pēngrèn cooking; culinary art
烹调 pēngtiáo cook (dishes)

朋 péng 8画 月部

朋朋朋朋朋朋朋朋

[名] 彼此要好的人：friend | 亲~好友 qīnpéng-hǎoyǒu *relatives and friends*
朋友 péngyou ① friend ② boy friend or girl friend
女朋友 nǚpéngyou
酒肉朋友 jiǔròu péngyou

棚 péng 12画 木部

棚棚棚棚棚棚棚棚棚棚棚棚

[名] 简陋的房屋或竹木搭起的架子：shed; shack | 工~ gōngpéng *builders' temporary shed; work shed* / 天~ tiānpéng *ceiling* / 凉~ liángpéng *cool shed*

蓬 péng 13画 艹部

蓬蓬蓬蓬蓬蓬蓬蓬蓬蓬蓬蓬蓬

See 蓬勃
蓬勃 péngbó flourishing; vigorous

膨 péng 16画 月部

膨膨膨膨膨膨膨膨膨膨膨膨膨膨膨膨

[动] 胀大：inflate | ~大 péngdà *expand*
膨胀 péngzhàng expand; swell; dilate; inflate

捧 pěng 11画 扌部

捧捧捧捧捧捧捧捧捧捧捧

❶[动] 用双手托：hold or carry in both hands | ~着一个坛子 pěngzhe yī gè tánzi *hold a jar with both hands* / 手~鲜花 Shǒu pěng xiānhuā *hold flowers in both hands* / 她~起孩子的脸。Tā pěngqǐ háizi de liǎn.

She cupped the child's face in her hands.

❷[量] 用于能用手捧的东西：handful | 一~花生 yī pěng huāshēng *a double handful of peanuts* / 捧了两~米 pěngle liǎng pěng mǐ *scoop up two double-handfuls of rice*

❸[动] 奉承；替人吹嘘：flatter; boast | ~场 pěngchǎng *sing the praises of; boast* / 他被~上天了。Tā bèi pěngshang tiān le. *He was awarded with an extravagantly colourful description.*

吹捧 chuīpěng

碰 pèng 13画 石部

碰碰碰碰碰碰碰碰碰碰碰碰碰

❶[动] 撞击：touch; bump | ~杯 pèngbēi *clink glasses; drink a toast* / ~破了皮 pèngpòle pí *scratch the skin* / 那花瓶一~就碎。Nà huāpíng yī pèng jiù suì. *The vase breaks easily.*

碰壁 pèngbì run up against a stone wall; be rebuffed

碰撞 pèngzhuàng ① collide; run into ② offend; affront ③ (phys.) collision; impact

碰钉子 pèngdīngzi meet with a rebuff

❷[动] 偶然遇见：meet by chance | ~面 pèngmiàn *see each other; meet* / 我在半路上~到他。Wǒ zài bànlù shang pèngdào tā. *I met him on the halfway.*

碰见 pèngjiàn meet unexpectedly; run into

❸[动] 试探：take one's chance | ~运气 pèng yùnqi *try one's luck* / ~机会 pèng jīhuì *take a chance*

批 pī 7画 扌部

批批批批批批批

❶[动] 指示；批改：write instructions or comments on a report from a subordinate; correct students' papers | ~改 pīgǎi *correct* / 你的出国申请~下来了。Nǐ de chūguó shēnqǐng pī xiàlai le. *Your application to go abroad has been approved.*

批复 pīfù give an offcial, written reply to a subordinate body

批示 pīshì written instructions or comments on a report, memorandum, etc. submitted by a subordinate

批准 pīzhǔn approve; ratify; sanction

审批 shěnpī

❷[动] 评判；批评：judge; criticize | 挨~ āi pī *be criticized*

批判 pīpàn criticize

批评 pīpíng criticize

❸[形]大量的：in batches; on a large scale ｜ ~量购买 pīliàng gōumǎi *buy goods in batches*

批发 pīfā ① wholesale ② be authorized for dispatch

大批 dàpī　　　分批 fēnpī

❹[量]用于大量货物或多数的人：batch; lot; group ｜ 一~货 yī pī huò *a batch of goods* / 一~人 yī pī rén *a group of people*

坯 pī　8画 土部

坯坯坯坯坯坯坯坯

[名]特指土坯：unburnt brick; earthen brick; adobe ｜ 打~ dǎpī *make earthen bricks* / 脱~ tuōpī *mould adobe blocks*

披 pī　8画 扌部

披披披披披披披披

[动]覆盖或搭在肩背上：wrap around; drape over one's shoulders ｜ ~着大衣 pīzhe dàyī *have an overcoat draped over one's shoulders*

披肩 pījiān ① cape ② shawl

◇披露 pīlù ① publish; announce ② reveal; show; disclose

劈 pī　15画 刀部

劈劈劈劈劈劈劈劈劈劈劈劈劈劈劈

[动]用刀斧等破开：split; chop; cleave ｜ ~木头 pī mùtou *chop wood* / 木头被~成两半。Mùtou bèi pīchéng liǎng bàn. *The piece of wood was split into two.*

皮 pí　5画 皮部

皮皮皮皮皮

❶[名]人或生物体表面的一层组织：skin; rind; peel ｜ 树~ shùpí *bark* / 西瓜~ xīguāpí *watermelon rind*

皮肤 pífū skin

磨嘴皮 mózuǐpí

❷[名]皮革或毛皮制的：made of leather or fur ｜ ~大衣 pídàyī *leather coat*

皮草 pícǎo (dial.) furs and fur products

皮带 pídài ① leather belt ② (driving) belt

皮革 pígé leather; hide

皮球 píqiú rubber ball; flexible hollow ball

皮鞋 píxié leather shoes

皮划艇 píhuátǐng (sports) canoeing (including kayaking)

皮夹克 píjiākè leather jacket

❸[名]表面或包在外面的东西：cover; wrapper ｜ 封~ fēngpí *(paper) wrapping; cover; enve-*

lope / 饺子~儿 jiǎozipír *dumpling wrapper* / 书~儿 shūpír *book cover; jacket*

疲 pí 10画 疒部

疲疲疲疲疲疲疲疲疲疲

[动] 劳累：tired; weary | 精~力尽 jīngpí-lìjìn *exhausted; run down*

疲惫 píbèi exhausted
疲乏 pífá weary
疲倦 píjuàn tired; fatigued
疲劳 píláo fatigued; tired

脾 pí 12画 月部

脾脾脾脾脾脾脾脾脾脾脾脾

See below

脾气 píqi temperament; disposition
发脾气 fāpíqi

匹 pǐ 4画 匚部

匹匹匹匹

❶ [量] 用于马、骡子等：used for horses, mules, etc. | 三~马 sān pǐ mǎ *three horses*
❷ [量] 用于整卷的布、绸子等：roll, used for cloth or silk | 两~布 liǎng pǐ bù *two bolts of cloth*
◇ 匹配 pǐpèi ① (formal) mate; marry ② matching
奥林匹克 Àolínpǐkè

屁 pì 7画 尸部

屁屁屁屁屁屁屁

[名] 由肛门排出的臭气：wind from bowels | 放~ fàngpì *break wind*

屁股 pìgu ① buttocks; bottom; behind; backside ② end; butt

譬 pì 20画 言部

譬譬譬譬譬譬譬譬譬譬譬譬譬譬譬譬譬譬譬譬

[动] 打比方：example; analogy | ~喻 pìyù *metaphor*

譬如 pìrú for example; for instance; such as

偏 piān 11画 亻部

偏偏偏偏偏偏偏偏偏偏偏

❶ [形] 歪斜（跟"正 zhèng"相对）：inclined to one side; slanting; leaning (the opposite of "正 zhēng") | 镜子挂~了。Jìngzi guàpiān le. *The mirror is in-*

clined to one side. / 这一枪打~了。Zhè yī qiāng dǎpiān le. *The shot has missed.*

偏差 piānchā deviation; error

❷ [形] 单独着重于一方面；不公正：partial; prejudiced | 他的看法太~了。Tā de kànfǎ tài piān le. *His opinion is with great partiality.* / 是他错了，你怎么还~着他? Shì tā cuò le, nǐ zěnme hái piānzhe tā? *It's his mistake. Why do you still shield him?*

偏见 piānjiàn prejudice; bias

偏向 piānxiàng ① erroneous tendency; deviation ② be partial to

偏心眼儿 piānxīnyǎnr partiality; bias

❸ [副] 表示故意跟客观要求或客观情况相反：used to indicate contrary to expectations or anticipations | 你不让我去，我~要去。Nǐ bù ràng wǒ qù, wǒ piān yào qù. *I insist on going even though you don't allow me.*

偏偏 piānpiān wilfully; insistently; persistently

◇ 偏僻 piānpì remote; out-of-the-way

篇 piān 15画 竹部

篇篇篇篇篇篇篇篇篇篇篇篇篇篇篇

[量] 用于纸张、书页或文章等：used for paper, book leaves, articles | 一~论文 yī piān lùnwén *a paper; a thesis* / 一~文章 yī piān wénzhāng *a piece of writing; an article*

便 pián 9画 亻部

便便便便便便便便便

See 便宜

便宜 piányi ① cheap ② petty gain ③ let sb. off lightly
　　See biàn.

片 piàn 4画 片部

片片片片片

❶ [形] 不全的；零星的；短的：odd; short; incomplete | ~断 piànduàn *part of an entirety; extract; fragment*

片刻 piànkè a short while; an instant; a moment

片面 piànmiàn one-sided; unilateral

❷ [名] 扁平而薄的东西：flat, thin piece; slice | 布~ bùpiàn *small piece of cloth* / 纸~ zhǐpiàn *small piece of paper* / 明信~ míngxìnpiàn *postcard* / 碎玻璃~ suì bōlipiàn *bits and pieces of glass*

唱片 chàngpiān
名片 míngpiàn　照片 zhàopiàn

❸[量]用于平而薄的东西：used for sth. flat and thin ｜ 两~药 liǎng piàn yào *two tablets* / 一~儿面包 yī piànr miànbāo *a slice of bread* / 一~枫叶 yī piàn fēngyè *a maple leaf*

❹[量]用于地面、水面等：used for a stretch of land, a water surface, etc. ｜ 一~草地 yī piàn cǎodì *a tract of meadow* / 一~水面 yī piàn shuǐmiàn *an expanse of water*

❺[量]用于景象、声音、语言、心意等：used for atmosphere, scene, sound, feeling, etc. ｜ 一~新气象 yī piàn xīn qìxiàng *a new look* / 一~漆黑 yī piàn qīhēi *a pall of darkness* / 一~真心 yī piàn zhēnxīn *in all sincerity*

◇ 纪录片 jìlùpiàn

骗 (騙) piàn　12画　马部

骗骗骗骗骗骗骗骗骗骗骗骗

[动]用谎言或诡计使人上当：deceive; fool; hoodwink ｜ ~人 piànrén *kid; cheat sb.* / 受~ shòupiàn *be taken in; be deceived* / 你~我。Nǐ piàn wǒ. *You're kidding me.*

骗取 piànqǔ gain sth. by cheating; cheat (or trick, swindle) sb. out of sth.; defraud

骗子 piànzi swindler; impostor; cheat; trickster

欺骗 qīpiàn　诈骗 zhàpiàn

漂 piāo　14画　氵部

漂漂漂漂漂漂漂漂漂漂漂漂漂漂

[动]浮在液体表面；浮在水面上，随着水流、风向移动：flow; drift ｜ 树叶在水面上~着。Shùyè zài shuǐmiàn shang piāozhe. *Leaves are floating on the water surface.* / 小船顺着水~去。Xiǎochuán shùnzhe shuǐ piāoqù. *The boat drifted down the stream.*

漂泊 piāobó float; drift
See piǎo.

飘 (飄) piāo　15画　风部

飘飘飘飘飘飘飘飘飘飘飘飘飘飘飘

[动]随风摇动或飞扬：wave to and fro; float in the air; flutter ｜ 外面~着小雪。Wàimian piāozhe xiǎoxuě. *It was snowing.* / 气球~过天空。Qìqiú piāoguo tiānkōng. *A balloon floated across the sky.*

飘扬 piāoyáng fly; wave

票 piào 11画 西部

票票票票票票票票票票票

[名]印的或写的作为凭证的纸片：ticket | 电影~diànyǐngpiào *movie ticket* / 买~mǎipiào *get (buy) a ticket* / 车~chēpiào *(of train, bus, etc.) ticket* / 凭~入场。Píng piào rùchǎng. *Admission by ticket only.*

票房 piàofáng box office (at a theatre, stadium, etc.); booking office (at a railway station, airport, etc.)

票价 piàojià the price of a ticket; admission fee; entrance fee

彩票 cǎipiào　钞票 chāopiào
发票 fāpiào　股票 gǔpiào
门票 ménpiào　投票 tóupiào
选票 xuǎnpiào　邮票 yóupiào
月票 yuèpiào　支票 zhīpiào

漂 piào 14画 氵部

漂漂漂漂漂漂漂漂漂漂漂漂漂漂

See 漂亮

漂亮 piàoliang ① handsome; good-looking; beautiful ② remarkable; brilliant; splendid See piāo.

撇 piē 14画 扌部

撇撇撇撇撇撇撇撇撇撇撇撇撇撇

❶[动]舍弃；丢下：cast aside; throw overboard; neglect | ~开 piēkāi *leave aside; bypass* / 我们不能~下他。Wǒmen bùnéng piēxià tā. *We should not leave him alone.*

❷[动]由液体表面舀取：skim | ~油 piēyóu *skim off the grease* / ~掉沫儿 piēdiào mòr *skim off the froth*

瞥 piē 16画 目部

瞥瞥瞥瞥瞥瞥瞥瞥瞥瞥瞥瞥瞥瞥瞥

[动]很快地看一下：shoot a glance at | ~了他一眼 piēle tā yī yǎn *cast a glance at him*

拼 pīn 9画 扌部

拼拼拼拼拼拼拼拼拼

❶[动]合在一起：piece together; join | ~图 pīntú *jigsaw puzzle* / 东~西凑 dōngpīn-xīcòu *knock together* / 把两块板子~起来。Bǎ liǎng kuài bǎnzi pīn qǐlai. *Join the two boards together.*

拼盘 pīnpán assorted cold dishe; assorted hors d'oeuvre

❷[动]不顾一切地干：do one's utmost; do sth. adventurously | ~到底 pīndàodǐ *fight to the bitter end*

拼搏 pīnbó struggle hard; exert one's strength to the utmost

拼命 pīnmìng exert all one's strength

贫 (貧) pín 8画 贝部

❶[形] 穷（跟"富fù"相对）：poor; impoverished (the opposite of "富fù") | 清~ qīngpín *poor; badly off* / 许多国家国内的~富差距很大。Xǔduō guójiā guónèi de pínfù chājù hěn dà. *In many countries there is considerable disparity in the economic condition between the rich and the poor.*

贫乏 pínfá poor; short; lacking
贫苦 pínkǔ poor; poverty-stricken; badly off
贫困 pínkùn poor; impoverished; in straitened circumstances
贫民 pínmín poor people; pauper
贫穷 pínqióng poor; needy; impoverished

❷[动] 缺少；不足：be lacking; be inadequate; be deficient | ~血 pínxuě anaemia

频 (頻) pín 13画 页部

[副] 多次；连续几次：frequently; repeatedly | ~~招手 pínpín zhāoshǒu *wave one's hand again and again*

频繁 pínfán frequently; often
频率 pínlǜ frequency
◇频道 píndào (TV) frequency channel; channel
视频 shìpín

品 pǐn 9画 口部

❶[名] 物品：article; product | 赠~ zèngpǐn *gift; present* / 非卖~ fēimàipǐn *articles not for sale* / 木制~ mùzhìpǐn *wood products*

产品 chǎnpǐn　成品 chéngpǐn
出品 chūpǐn　　毒品 dúpǐn
废品 fèipǐn　　奖品 jiǎngpǐn
礼品 lǐpǐn　　商品 shāngpǐn
食品 shípǐn　　物品 wùpǐn
样品 yàngpǐn　药品 yàopǐn
用品 yòngpǐn　展品 zhǎnpǐn
制品 zhìpǐn　　作品 zuòpǐn
纺织品 fǎngzhīpǐn
工艺品 gōngyìpǐn

567

化妆品 huàzhuāngpǐn
纪念品 jìniànpǐn
棉织品 miánzhīpǐn
农产品 nóngchǎnpǐn
日用品 rìyòngpǐn
消费品 xiāofèipǐn
畜产品 xùchǎnpǐn
艺术品 yìshùpǐn

❷[名]种类：grade; class | 上~ shàngpǐn *top grade (goods, products, etc.)* / 下~ xiàpǐn *low grade (goods, products, etc.)* / 精~ jīngpǐn *quality (or choice) goods; articles of fine quality*
品牌 pǐnpái brand of a product, esp. of a famous product
品种 pǐnzhǒng variety

❸[名]性质：character; quality | 人~ rénpǐn *moral quality; character*
品德 pǐndé moral character
品行 pǐnxíng conduct; behaviour
品质 pǐnzhì character; quality

❹[动]辨别好坏：taste sth. with discrimination; sample | ~茶 pǐnchá *sample tea* / 我~出他话里的意思了。Wǒ pǐnchū tā huà li de yìsi le. *I have figured out the meaning of his words.*
品尝 pǐncháng taste; savour
◇ 小品 xiǎopǐn

聘 pìn 13画 耳部

聘聘聘聘聘聘聘聘聘聘聘聘聘

❶[动]请人担任工作：engage | ~书 pìnshū *letter of appointment* / 他被学校~为教授。Tā bèi xuéxiào pìn wéi jiàoshòu. *He was engaged as a professor by the school.* / 他是从国外~来的。Tā shì cóng guówài pìnlái de. *He was recruited from abroad.*
聘请 pìnqǐng engage; invite
聘任 pìnrèn engage; appoint to a position
聘用 pìnyòng employ; engage; appoint to a position
应聘 yìngpìn

❷[动]订婚；女子出嫁：betroth; be married off

乒 pīng 6画 丿部

乒 乒乒乒乒乒乒

See 乒乓球
乒乓球 pīngpāngqiú ① table tennis; ping-pong ② table tennis ball; ping-pong ball

平 píng 5画 一部

平 平平平平平

❶[形]表面没有凹凸，不倾斜：flat; even | 地面很~。Dìmiàn hěn píng. *The ground is quite even.* / 把位置摆~ bǎ wèizhì bǎipíng *put sth. level (or even)* /

把纸铺~了 bǎ zhǐ pūpíng le *smooth out the paper*

平面 píngmiàn plane

平坦 píngtǎn (of land, etc.) level; even; smooth

平原 píngyuán plain; flatlands

平整 píngzhěng ① level ② neat; smooth

❷ [形] 高低相等或不相上下：be on the same level; be on a par; equal | 树梢和屋顶齐~。Shùshāo hé wūdǐng qí píng. *The tree top is level with the roof of the house.*

平等 píngděng equality

平衡 pínghéng balance

平局 píngjú draw; tie

平行 píngxíng parallel

持平 chípíng

❸ [形] 均等；公正：equal; fair | ~分 píngfēn *divide equally*

平均 píngjūn average

不平 bùpíng 公平 gōngpíng

❹ [形] 安定：calm; peaceful | 风~浪静 fēngpíng-làngjìng *the wind has subsided and the waves have calmed down* | ~定 píngdìng *stable; calm down*

平安 píng'ān safe and sound

平和 pínghé gentle; mild; moderate; placid

平静 píngjìng calm; quiet; tranquil

平稳 píngwěn smooth and steady; smooth; stable

和平 hépíng 太平 tàipíng

太平洋 Tàipíngyáng

和平共处 hépíng gòngchǔ

一路平安 yīlù-píng'ān

❺ [形] 一般的；通常的：common; ordinary | ~淡 píngdàn *commonplace; prosaic*

平常 píngcháng common; ordinary

平凡 píngfán ordinary; common

平民 píngmín the common people; the populace

平日 píngrì on ordinary days

平时 píngshí ① at ordinary times; in normal times ② in peacetime

◇ 平方 píngfāng square

平方米 píngfāngmǐ square metre (sq. m.)

平方公里 píngfāng gōnglǐ square kilometer (sq. km.)

评 (評) píng 7画 讠部

评评评评评评评

[动] 议论；判定：comment; criticize; judge; appraise; evaluate | ~理 pínglǐ *judge between right and wrong* | 书~ shūpíng *book review* | 获得好~ huòdé hǎo píng *receive favourable comments; be well received* | 裁判~得公正。Cáipàn píng de gōngzhèng. *The judge gives fair judgment.*

评比 píngbǐ appraise through comparison
评定 píngdìng pass judgment on; evaluate; assess
评估 pínggū assess
评价 píngjià appraise
评论 pínglùn comment on
评判 píngpàn pass judgment on; judge
评审 píngshěn examine and appraise
评选 píngxuǎn choose through public appraisal
评议 píngyì appraise sth. through discussion; deliberate (a question) in a formal meeting
评论员 pínglùnyuán commentator
点评 diǎnpíng 好评 hǎopíng 批评 pīpíng

苹 (蘋) píng 8画 艹部

See 苹果
苹果 píngguǒ apple

凭 (憑) píng 8画 几部

❶[动] 依靠; 倚仗: lean on; depend on; rely on | 光~师傅教是不够的, 还要自己肯学。Guāng píng shīfu jiāo shì bù gōu de, háiyào zìjǐ kěn xué. *Depending on the master's guide is not enough. You must learn hard as well.* / 他~着这点儿资金办成了一家公司。Tā píngzhe zhè diǎnr zījīn bànchéngle yī jiā gōngsī. *He succeeded in setting up his firm with such little capital.*
凭借 píngjiè rely on; depend on
❷[介] 根据: go by; base on | ~票入场 píng piào rùchǎng *admission by ticket* / ~个人的口味挑选 píng gèrén de kǒuwèi tiāoxuǎn *pick (or choose) with one's choice (or taste)*
❸[名] 证据: evidence; proof | ~据 píngjù *evidence; proof*
凭证 píngzhèng proof; evidence; certificate; voucher
文凭 wénpíng

屏 píng 9画 尸部

[名] 遮蔽; 遮挡: screen; shield | ~风 píngfēng *screen*
屏幕 píngmù (electron.) screen
屏障 píngzhàng protective screen
◇ 显示屏 xiǎnshìpíng

瓶 píng 10画 瓦部

瓶 瓶瓶瓶瓶瓶瓶瓶瓶瓶瓶

[名]口小腹大的容器：bottle; vase; jar｜花~ huāpíng *flower vase* / 酒~ jiǔpíng *wine bottle*
瓶子 píngzi bottle
瓷瓶 cípíng

萍 píng 11画 艹部
萍 萍萍萍萍萍萍萍萍萍萍萍

[名] duckweed
萍水相逢 píngshuǐ-xiāngféng (of strangers) meet by chance like patches of drifting duckweed

坡 pō 8画 土部
坡 坡坡坡坡坡坡坡坡

[名]地形倾斜的地方：slope｜山~ shānpō *a mountain slope; hillside* / 高~ gāopō *steep slope* / 上~ shàngpō *an upward slope; climb up a slope* / 下~ xiàpō *a downward slope; going downhill*
滑坡 huápō

泼（潑）pō 8画 氵部
泼 泼泼泼泼泼泼泼泼

[动]用力把液体向外倒或向外洒：sprinkle; splash; spill｜~水 pōshuǐ *splash water*
泼水节 Pōshuǐjié the Water-Splashing (or Water-Sprinkling) Festival of the Dais and some other ethnic minorities

颇（頗）pō 11画 皮部
颇 颇颇颇颇颇颇颇颇颇颇颇

[副]很；相当地：rather; quite｜~感兴趣 pō gǎn xìngqù *have considerable interest*

婆 pó 11画 女部
婆 婆婆婆婆婆婆婆婆婆婆婆

❶[名]称奶奶辈的或年老的妇女：old woman｜老太~ lǎotàipó *old woman*
❷[名]丈夫的母亲：husband's mother｜公~ gōngpó *husband's parents* / ~媳 póxí *a woman and her daughter-in-law*
婆婆 pópo husband's mother; mother-in-law

迫 pò 8画 辶部
迫 迫迫迫迫迫迫迫迫

❶ [动] 强逼；压制：compel; force; press | ~使 pòshǐ force; compel
迫害 pòhài persecute
被迫 bèipò　　逼迫 bīpò
强迫 qiǎngpò　　压迫 yāpò
饥寒交迫 jīhán-jiāopò

❷ [形] 急促；紧急：urgent; pressing | 从容不~ cóngróng-bùpò ① take it leisurely and unoppressively; take one's time ② calm; unhurried
迫切 pòqiè urgent; pressing
紧迫 jǐnpò

破 pò 10画 石部

破破破破破破破破破破

❶ [动] 损坏；使损坏；使分裂：break; damage; split | ~成两半 pòchéng liǎng bàn break (split) into two halves
破产 pòchǎn ① go bankrupt ② fail; fall through
破坏 pòhuài ① destroy; do damage to ② change completely ③ violate
破裂 pòliè break; split
破碎 pòsuì ① tattered; broken ② smash (break) sth. into pieces; crush
爆破 bàopò

❷ [动] 除掉；突破：get rid of; break; violate | ~格 pògé break the rule; make an exception / 打~纪录 dǎpò jìlù break a record
破除 pòchú do away with; get rid of; eradicate; break with
冲破 chōngpò　　打破 dǎpò
突破 tūpò

❸ [动] 把整的换成零的：break (a note) | 请把这一百元的票子~开。Qǐng bǎ zhè yībǎi yuán de piàozi pòkāi. Break this one-hundred-yuan note, please.

❹ [动] 使真相露出；揭穿：lay bare; expose the truth of | ~案 pò'àn crack a criminal case / 看~ kànpò see through / 说~ shuōpò lay bare; reveal
破获 pòhuò crack a case and capture the criminal

❺ [形] 不完整的；破烂的：broken; torn; worn out; tattered | 衣服~了。Yīfu pò le. The clothes are worn out. / 手擦~了皮。Shǒu cāpòle pí. My hand was grazed. / 纸撕~了。Zhǐ sīpò le. The paper is torn.
破旧 pòjiù old and shabby; worn-out; dilapidated
破烂 pòlàn ① ragged; worn-out ② junk

❻ [形] 不好的：lousy; paltry | 我不想看那个~电影。Wǒ bù xiǎng kàn nàge pò diànyǐng. I don't want to see that lousy film.

剖 pōu 10画 刂部

剖 剖剖剖剖剖剖剖剖剖剖

[动] 切开；破开：cut open; rip open ｜ 把瓜~开 bǎ guā pōukāi *cut open the melon*
解剖 jiěpōu

扑 (撲) pū　5画 扌部

扑 扑扑扑扑扑

❶ [动] 拍打：flap; flutter ｜ 海鸥~着翅膀，飞向高空。Hǎi'ōu pūzhe chìbǎng, fēixiàng gāokōng. *The seagulls fluttered their wings and flew into the sky.*
扑灭 pūmiè stamp out; extinguish
❷ [动] 用力向前冲，使身体突然伏在物体上：throw oneself on or at; pounce on ｜ 孩子~到妈妈的怀里。Háizi pūdào māma de huáili. *The child threw himself into his mother's arms.* / 老虎向山羊~去。Lǎohǔ xiàng shānyáng pūqù. *The tiger sprang on the goat.*
❸ [动] 将全部心力用到（某方面）：devote oneself to (work, etc.) ｜ 他一心~在教学上。Tā yīxīn pū zài jiāoxué shang. *He devoted himself heart and soul to teaching.*
◇扑克 pūkè ① playing cards ② poker

铺 (鋪) pū　12画 钅部

铺 铺铺铺铺铺铺铺铺铺铺铺

[动] 把东西展开或摊平：spread; extend; unfold ｜ ~床 pūchuáng *make the bed* / ~路面 pū lùmiàn *surface a road, etc.* / ~平道路 pūpíng dàolù *pave the way*
铺盖 pūgài spread (evenly) over
铺盖 pūgai bedding; bedclothes
卷铺盖 juǎnpūgai

仆 (僕) pú　4画 亻部

仆 仆仆仆仆仆

[名] 指被雇到家中做杂事、供役使的人（跟"主zhǔ"相对）：servant (the opposite of "主zhǔ") ｜ 女~ nǚpú *maidservant* / 男~ nánpú *manservant*
仆人 púrén (domestic) servant

葡 pú　12画 艹部

葡 葡葡葡葡葡葡葡葡葡葡葡

See below
葡萄 pútáo grape
葡萄酒 pútáojiǔ grape wine;

573

wine
葡萄糖 pútáotáng glucose

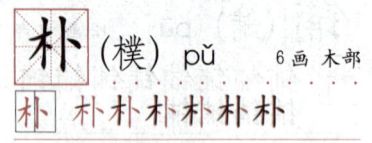

朴(樸) pǔ 6画 木部

朴 朴朴朴朴朴朴

[形] 纯真的；没有经过修饰的：simple; plain

朴实 pǔshí ① simple; plain ② sincere and honest; guileless

朴素 pǔsù simple; plain

质朴 zhìpǔ

普 pǔ 12画 日部

普普普普普普普普普普普普

[形] 广泛；全面：general; universal | ~选 pǔxuǎn *general election* / 阳光~照大地。Yángguāng pǔzhào dàdì. *Sunlight floods the earth; The sun illuminates every corner of the land.* / 昨天晚上全市~降大雨。Zuótiān wǎnshang quánshì pǔ jiàng dàyǔ. *Last night there was a heavy rain all over the city.*

普遍 pǔbiàn general; widespread

普查 pǔchá general investigation

普及 pǔjí popularize; spread

普通 pǔtōng average; common; ordinary

普通话 pǔtōnghuà putonghua; common speech (of the Chinese language); standard Chinese pronunciation

科普 kēpǔ

谱(譜) pǔ 14画 讠部

谱谱谱谱谱谱谱谱谱谱谱谱谱谱

❶ [名] 按照事物的类别或系统编成的表、书或画成的图形：register or record for reference in the form of charts, tables, lists, etc. | 家~jiāpǔ *family tree; genealogical tree* / 食~shípǔ *recipe; cook book* / 棋~qípǔ *chess manual*

菜谱 càipǔ　　脸谱 liǎnpǔ

❷ [名] 用符号记载下来的音乐作品：music score | 歌~gēpǔ *music of a song* / 乐~yuèpǔ *music score*

❸ [动] 为歌词配曲：set to music; compose (music) | 请把这首诗~成歌曲。Qǐng bǎ zhè shǒu shī pǔchéng gēqǔ. *Please set this poem to music.*

谱曲 pǔqǔ set to music

❹ [名] 大致的标准；把握：sth. to count on | 他做事有~。Tā zuòshì yǒu pǔ. *He knows what he is doing.*

瀑 pǔ 18画 氵部

瀑

See 瀑布

瀑布 pùbù waterfall; falls; cataract

Q q

七 qī 2画 一部

七 七

[数] 数字：seven｜一个星期～天。Yī gè xīngqī qī tiān. *A week consists of seven days.*

七嘴八舌 qīzuǐ-bāshé seven mouths and eight tongues; with everybody trying to get a word in

乱七八糟 luànqībāzāo

沏 qī 7画 氵部

沏沏沏沏沏沏沏

[动]（用开水）冲；泡：infuse (with boiling water)｜～茶 qīchá *make tea*

妻 qī 8画 女部

妻妻妻妻妻妻妻妻

[名] 男子的配偶（跟"夫 fū"相对）：wife; spouse of a man (the opposite of "夫 fū")｜未婚～ wèihūnqī *fiancee*

妻子 qīzi wife

凄 qī 10画 冫部

凄凄凄凄凄凄凄凄凄凄

❶ [形] 悲伤：sad; miserable
凄惨 qīcǎn tragic; wretched
❷ [形] 寂寞；冷落：chilly; cold
凄凉 qīliáng desolate; bleak

期 qī 12画 月部

期期期期期期期期期期期期

❶ [名] 预定的时间：scheduled time｜按～完成任务 ànqī wánchéng rènwù *accomplish the task according to schedule* / 你借的书明天到～。Nǐ jiè de shū míngtiān dàoqī. *The book you borrowed is due tomorrow.*

期货 qīhuò (econ.) futures
期限 qīxiàn deadline
按期 ànqī　　档期 dàngqī
到期 dàoqī　　定期 dìngqī
改期 gǎiqī　　过期 guòqī
任期 rènqī　　限期 xiànqī
预期 yùqī　　有效期 yǒuxiàoqī

❷ [名] 一段时间：a period of time｜短训班6个月一～。Duǎnxùnbān liù gè yuè yī qī. *The short-term training class lasts six months each time.*

期间 qījiān in the period of
期刊 qīkān periodical; journal

长期 chángqī　分期 fēnqī
后期 hòuqī　假期 jiàqī
近期 jìnqī　前期 qiánqī
日期 rìqī　时期 shíqī
暑期 shǔqī　同期 tóngqī
星期 xīngqī　学期 xuéqī
早期 zǎoqī　中期 zhōngqī
周期 zhōuqī
星期日 Xīngqīrì
星期天 Xīngqītiān

❸ [量] 用于分期的事物：(for things scheduled by period) issue; number; session | 讲习班办了三~。Jiǎngxíbān bànle sān qī. *The study session has been held for three times.* / 这杂志我读过两~。Zhè zázhì wǒ dúguo liǎng qī. *I have read two issues of this magazine.*

❹ [动] 等待；盼望：expect | ~盼 qīpàn *expect; look forward to*
期待 qīdài expect; hope for; await; look forward to
期望 qīwàng ① hope; expect; wish ② hope; expectation

欺 qī　12画 欠部

❶ [动] 骗：deceive | 自~ zìqī *deceive oneself*
欺骗 qīpiàn deceive; dupe

❷ [动] 压迫、侮辱：bully; take advantage of | ~压 qīyā oppress
欺负 qīfu bully

漆 qī　14画 氵部

[名] 用漆树皮的黏汁或其他树脂做成的涂料：various kinds of paints, both natural and man-made
漆器 qīqì lacquerware; lacquerwork
油漆 yóuqī
◇漆黑 qīhēi as dark as night; pitch dark

齐(齊) qí　6画 齐部

❶ [形] 整齐：uniform; neat | 整~的队伍 zhěngqí de duìwu *neat contingents of marchers* / 书理得很~。Shū lǐ de hěn qí. *Books are put in neat order.*
整齐 zhěngqí

❷ [动] 达到一样的高度：level with; be on a level with | 草长得~人高了。Cǎo zhǎng de qí rén gāo le. *The weeds have grown so tall that they are level with the height of a person.*

❸ [形] 同样；一致：alike; identical | ~心 qíxīn *be of one mind*

/~声歌唱 qíshēng gēchàng *sing in chorus*

❹ [副] 一起；同时：simultaneously; together | 大家~动手。Dàjiā qí dòngshǒu. *All the people pitched in.*

一齐 yīqí

百花齐放 bǎihuā-qífàng

❺ [形] 全；完备：all ready; all present | 客人来~了。Kèrén láiqí le. *The guests are all present.* / 准备~了 zhǔnbèi qí le *everything is ready*

齐全 qíquán complete

其 qí 8画 八部

其其其其其其其其

❶ [代] 那个；那样：that; such | ~中 qízhōng among (that, those, etc.)

其次 qícì ① next; then ② secondary

其间 qíjiān ① between or among them; in it ② time; period

其实 qíshí actually

其余 qíyú the others; the rest

及其 jíqí

❷ [代] 他、她、它(们)的：his (her, its, their) | ~父 qífù *his (or her) father*

❸ [代] 他、她、它(们)：he (she, it; they) | 劝~努力学习 quàn qí nǔlì xuéxí *encourage him to study hard*

其他 qítā other; else

奇 qí 8画 大部

奇奇奇奇奇奇奇奇

❶ [形] 少见的；特殊的：rare; strange; queer | ~人 qírén *a unique person; legendary figure*

奇怪 qíguài peculiar; queer

奇妙 qímiào wonderful

奇特 qítè singular; unusual

奇异 qíyì strange; surprised

奇花异草 qíhuā-yìcǎo exotic flowers and rare herbs

传奇 chuánqí　　好奇 hàoqí

❷ [形] 出人意料的：unexpected; against all expectations | ~袭 qíxí *surprise attack*

奇迹 qíjì marvel; miracle

神奇 shénqí

❸ [动] 觉得奇怪：be surprised; be astonished

惊奇 jīngqí

歧 qí 8画 止部

歧歧歧歧歧歧歧歧

❶ [形] 岔(道)：fork; branch | ~途 qítú *wrong road*

❷ [形] 不相同；不一样：divergent; different

歧视 qíshì discriminate

分歧 fēnqí

骑 (騎) qí 11画 马部

骑 骑骑骑骑骑骑骑骑骑骑骑骑

[动] 两腿分开跨坐：ride; sit on the back | ~马 qímǎ *ride a horse* / ~自行车 qí zìxíngchē *ride a bicycle*

棋 qí 12画 木部

棋 棋棋棋棋棋棋棋棋棋棋棋棋

[名] 文娱项目的一类：chess or any board game | 我们下一盘~吧。Wǒmen xià yī pān qí ba. *Let's play a game of chess.*
棋手 qíshǒu chess player
下棋 xiàqí　象棋 xiàngqí
国际象棋 guójì xiàngqí

旗 qí 14画 方部

旗 旗旗旗旗旗旗旗旗旗旗旗旗旗

[名] 旗子：flag; banner | 国~ guóqí *national flag* / 升~仪式 shēng qí yíshì *flag raising ceremony*
旗号 qíhào banner; pretext
旗舰 qíjiàn flagship
旗帜 qízhì ① banner; flag; colours ② stand; colours ③ good example; model
旗子 qízi flag; banner; pennant
红旗 hóngqí

◇旗袍 qípáo a close-fitting woman's dress with high neck and slit skirt; cheongsam

乞 qǐ 3画 乙部

乞 乞乞乞

[动] 向人讨取；请求：beg (for alms, etc.); supplicate | ~讨 qǐtǎo *beg; go begging*
乞求 qǐqiú beg for; invoke

岂 (豈) qǐ 6画 山部

岂 岂岂岂岂岂岂岂

[副] 怎么；难道，表示反问：used in a rhetorical question for emphasis; where, how | ~敢 qǐgǎn *you flatter me; I don't deserve such praise (or honour)* / ~能 qǐnéng *(used to ask a rhetorical question) how could...; how can...*
岂不 qǐbù isn't that...; doesn't that...; hasn't that...; won't that...
岂有此理 qǐyǒu-cǐlǐ outrageous; absurd; who ever heard of such absurdity

企 qǐ 6画 人部

企 企企企企企企

[动]希望；盼望：anxiously expect; look forward to｜～盼 qīpàn hope for; long for

企图 qǐtú attempt; seek; try

企鹅 qǐ'é penguin

◇企业 qǐyè enterprise; business

企业家 qǐyèjiā entrepreneur; big businessman

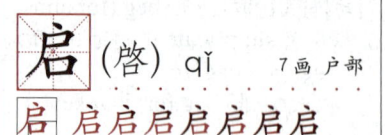

启 (啓) qǐ　7画 户部

启 启启启启启启启

❶[动]开导：enlighten; awaken｜～蒙 qīméng enlighten; enlightenment

启发 qǐfā enlighten; inspire

启示 qǐshì inspiration; enlightenment; revelation

❷[动]开始：start; begin

启程 qǐchéng start off on a journey

启动 qǐdòng start (a machine, etc.); switch on

开启 kāiqǐ

❸[动]陈述；说明：state; inform

启事 qǐshì notice; announcement

起 qǐ　10画 走部

起 起起起起起起起起起

❶[动]由躺而坐；由坐而站：rise; get up; stand up｜早睡早～ zǎoshuì zǎoqǐ *early to bed and early to rise* / 他站～身。Tā zhànqǐ shēn. *He stood up.*

起床 qǐchuáng get up; get out of bed

起伏 qǐfú undulate; rise and fall

起来 qǐlái (lai) stand up

起身 qǐshēn ① get up; rise ② leave; set out; get off

掀起 xiānqǐ

❷[动]物体由下往上升：rise｜皮球拍不～来了。Píqiú pāi bù qǐlái le. *The leather ball cannot bounce.*

❸[动]长出：appear; grow｜脚上～水泡 jiǎo shang qǐ shuǐpào *get blisters on one's feet*

❹[动]发生；开始：start; begin｜～火 qǐhuǒ *fire broke out* /～疑心 qǐ yíxīn *become suspicious* /～作用 qǐ zuòyòng *take effect* /～风了。Qǐfēng le. *The wind is rising.*

起步 qǐbù start; move

起初 qǐchū originally; at first; at the outset

起点 qǐdiǎn starting point

起飞 qǐfēi take off

起哄 qǐhōng ① gather together to create a disturbance ② (of a crowd of people) jeer; boo and hoot

起劲 qǐjìn vigorously; in high spirits

起诉 qǐsù sue; conduct a suit

起义 qǐyì uprising
起源 qǐyuán ① origin; source ② stem from; originate
发起 fāqǐ　　兴起 xīngqǐ
引起 yǐnqǐ

❺ [动]拟订：draft; work out | ~稿 qǐgǎo *make (work out) a draft*
起草 qǐcǎo draft

◇起码 qǐmǎ ① minimum ② at least
不起眼 bùqǐyǎn
对不起 duìbuqǐ
对得起 duìdeqǐ
看不起 kànbuqǐ
看起来 kànqǐlai

气 (氣) qì 4画 气部

气 气气气气

❶ [名]气体；特指空气：gas; air | 打开窗子透透~。Dǎkāi chuāngzi tòutou qì. *Open the window to let the fresh air in.* / 这球~很足。Zhè qiú qì hěn zú. *The ball is fully swelled with air.*

气垫 qìdiàn air cushion
气流 qìliú ① air current; airstream ② breath
气球 qìqiú balloon
气体 qìtǐ gas
气温 qìwēn air temperature; atmospheric temperature
气压 qìyā atmospheric pressure; barometric pressure
大气 dàqì　　电气 diànqì
废气 fèiqì　　空气 kōngqì
煤气 méiqì　　暖气 nuǎnqì
尾气 wěiqì　　氧气 yǎngqì
大气压 dàqìyā
水蒸气 shuǐzhēngqì
天然气 tiānránqì

❷ [名]冷暖阴晴等自然现象：weather; climate | 天~ tiānqì *weather*

气候 qìhòu ① climate; weather ② situation ③ successful development
气象 qìxiàng ① meteorological phenomena ② meteorology ③ atmosphere; scene

❸ [名]呼吸时出入的气；气息：breath | 喘不过~来 chuǎnbuguò qì lái *lose one's breath; gasp for breath* / 上~不接下~ shàngqì bù jiē xiàqì *be out of breath; gasp for breath*

气喘 qìchuǎn asthma
气功 qìgōng breathing exercise
气力 qìlì effort
气息 qìxī ① breath ② flavor; smell
气管炎 qìguǎnyán tracheitis
力气 lìqi　　叹气 tànqì
一口气 yīkǒuqì

❹ [动] 恼怒；使人发怒：get angry; be enraged; be annoyed | 又~又急 yòu qì yòu jí *both angry and worried* / 他~得直哆嗦。Tā qì de zhí duōsuo. *He is trembling with rage.* / 孩子被~哭了。*Hǎizi bèi qìkū le. The kid was enraged to tears.* / 我故意~他一下。*Wǒ gùyì qì tā yīxià. I was deliberately to annoy him.; I made him angry on purpose.*

气愤 qìfèn indignation
生气 shēngqì

❺ [名] 气味：smell; odour; flavour | 香~ xiāngqì *sweet smell*
气味 qìwèi ① smell; odour; flavour ② smack; taste

❻ [名] 人的精神状态：spirit; morale | 神~ shénqì *manner; spirited; cocky*
气氛 qìfēn air; atmosphere
气概 qìgài lofty quality; mettle; spirit
气魄 qìpò boldness of vision; imposing manner
气色 qìsè complexion; colour
气势 qìshì momentum; imposing manner
气质 qìzhì ① temperament; disposition ② qualities; makings

服气 fúqì　　口气 kǒuqì
名气 míngqì　　丧气 sàngqì
泄气 xièqì　　勇气 yǒngqì
语气 yǔqì　　朝气 zhāoqì
争气 zhēngqì　　志气 zhìqì

❼ [名] 作风；习气：airs; manner | 官~ guānqì *bureaucratic airs* / 孩子~ háiziqì *childishness* / 书生~ shūshēngqì *bookish*

风气 fēngqì　　和气 héqì
娇气 jiāoqì　　景气 jǐngqì
客气 kèqi　　脾气 píqi
淘气 táoqì　　正气 zhèngqì
小气鬼 xiǎoqìguǐ
发脾气 fāpíqi

弃

qì　　7画 廾部

弃弃弃弃弃弃弃

[动] 舍去；扔掉：throw away; discard | 遗~ yíqì *abandon; cast off* / ~医从文 qì yī cóng wén *abandon medicine for literature*
放弃 fàngqì　　抛弃 pāoqì

汽

qì　　7画 氵部

汽汽汽汽汽汽汽

❶ [名] 液体或固体受热后变成的气体：vapour; steam | 蒸笼里的~正往外冒。*Zhēnglóng li de qì zhèng wǎngwài mào. The food steamer was sending out steam.* / 他刚洗过澡，卫生间都是水~。*Tā gāng xǐguo zǎo, wèishēngjiān dōu shì shuǐqì. He has just had a bath, and the washroom is full of water vapour.*

汽车 qìchē automobile; car; motor vehicle
汽水 qìshuǐ aerated water; soft drink; soda water

❷[名]特指水蒸气：water steam
汽船 qìchuán steamship; steamer
蒸汽 zhēngqì
◇汽油 qìyóu petrol; gasoline

砌 qì 9画 石部

砌砌砌砌砌砌砌砌砌

[动] 用泥灰将砖石粘合、垒起：build by laying bricks or stones | ~墙 qìqiáng build a wall (with bricks, stones, etc.)

器 qì 16画 口部

器器器器器器器器器器器器器器器器

❶[名]用具；工具：implement; utensil; ware | 瓷~ cíqì chinaware; china; porcelain / 木~ mùqì wooden furniture
器材 qìcái equipment; material
器具 qìjù utensil
器械 qìxiè ① apparatus; appliance; instrument ② weapon
电器 diànqì　机器 jīqì
漆器 qīqì　容器 róngqì
武器 wǔqì　仪器 yíqì
乐器 yuèqì
处理器 chǔlǐqì 服务器 fúwùqì
核武器 héwǔqì
计算器 jìsuànqì
青铜器 qīngtóngqì
热水器 rèshuǐqì
听诊器 tīngzhěnqì
显示器 xiǎnshìqì
❷[名]指器官：organ
器官 qìguān organ

掐 qiā 11画 扌部

掐掐掐掐掐掐掐掐掐掐掐

❶[动]用手指甲按或用指甲刻入、截断：pinch; nip | 不要~花儿。Bùyào qiā huār. Don't nip off the flowers. / 把香烟~了。Bǎ xiāngyān qiā le. Stub out the cigarette.
❷[动]用手的虎口紧紧按住：clutch | ~脖子 qiā bózi seize sb. by the throat; take by the throat / 他~住我的手腕不放。Tā qiāzhù wǒ de shǒuwàn bū fàng. He seized me by the wrist and wouldn't let it go.

洽 qiǎ 9画 氵部

洽洽洽洽洽洽洽洽洽

[动]接头；商量：arrange with; consult | 接~ jiēqiǎ meet to discuss
洽谈 qiàtán consult; discuss together

恰

qiā 9画 忄部

恰恰恰恰恰恰恰恰恰

❶ [形] 合适；适当：appropriate; proper
恰当 qiàdàng proper

❷ [副] 正好：just; exactly | 他来得～是时候。Tā lái de qià shì shíhou. *He came in the nick of time.*
恰好 qiàhǎo just right
恰恰 qiàqià just; exactly; precisely
恰巧 qiàqiǎo by chance; by coincidence
恰到好处 qiàdào-hǎochù just fine
恰如其分 qiàrúqífèn appropriate

千

qiān 3画 十部

千千千

❶ [数] 十个一百：thousand | 成～上万 chéngqiān-shàngwàn *tens of thousands* | 他每月工资是两～元。Tā měiyuè gōngzī shì liǎng qiān yuán. *His monthly pay is two thousand yuan.*
千克 qiānkè kilogram (kg.)
千瓦 qiānwǎ kilowatt (kw.)
千万 qiānwàn ① ten million; millions upon millions ② be sure to
千千万万 qiānqiān-wànwàn thousands upon thousands

❷ [数] 表示很多：a great number of | ～言万语 qiānyán-wànyǔ *thousands and thousands of words*
千变万化 qiānbiàn-wànhuà ever-changing
千方百计 qiānfāng-bǎijì in a thousand and one ways; by every possible means; by hook or by crook
千家万户 qiānjiā-wànhù innumerable households or families; every family
千军万马 qiānjūn-wànmǎ thousands upon thousands of horses and soldiers — a powerful army; a mighty force

迁 (遷)

qiān 6画 辶部

迁迁迁迁迁迁

❶ [动] (住所等) 搬到别处：move | 乔～ qiáoqiān *move to a better place; move to a new house* | 他已经～往外地了。Tā yǐjīng qiān wǎng wàidì le. *He has moved away to another place.*
迁移 qiānyí move; remove; migrate
搬迁 bānqiān

❷ [动] 改变：change | 变～ biànqiān *change of situation;*

change
◇迁就 qiānjiù yield to; accommodate oneself to

牵 (牽) qiān 9画 大部

❶[动]拉；领着向前：lead along; pull｜手～手 shǒu qiān shǒu hand in hand / 这匹马很好～。Zhè pǐ mǎ hěn hǎo qiān. *This horse can easily be led along.*
牵引 qiānyǐn tow; draw
牵制 qiānzhì check
牵牛花 qiānniúhuā (white-edged) morning glory
❷[动]连带；关系到：involve｜他不愿意～进去。Tā bù yuànyì qiān jìnqu. *He doesn't want to get involved.*
牵扯 qiānchě involve; implicate; drag in
牵强 qiānqiǎng farfetched

铅 (鉛) qiān 10画 钅部

❶[名]lead
铅球 qiānqiú (sports) shot
❷[名]指石墨笔心：black lead｜这种铅笔～比较粗。Zhè zhǒng qiānbǐ qiān bǐjiào cū. *The lead of this kind of pencil writes more noticeably.*
铅笔 qiānbǐ pencil

谦 (謙) qiān 12画 讠部

[形]虚心；不自满：modest; self-effacing｜～和 qiānhé *modest and amiable*
谦虚 qiānxū ① modest ② make modest remarks
谦逊 qiānxùn modest and humble

签 (簽) qiān 13画 竹部

[动]在文件或单据上写姓名、文字或画符号：sign; autograph
签订 qiāndìng sign
签发 qiānfā sign and issue
签名 qiānmíng sign
签署 qiānshǔ sign; subscribe
签约 qiānyuē sign a treaty or agreement
签证 qiānzhèng visa
签字 qiānzì sign
标签 biāoqiān 抽签 chōuqiān

前 qián 9画 丷部

前 前前前前前前前前前

❶ [名]在正面的(跟"后 hòu"相对)：front (the opposite of "后 hòu") | ~门 qiánmén *front door* / 向~走 xiàngqián zǒu *go ahead*

前边 qiánbian ① in front; ahead ② above; preceding

前方 qiánfāng ① ahead ② the front

前锋 qiánfēng ① vanguard ② (sports) forward ③ (meteorol.) front

前进 qiánjìn advance

前面 qiánmian front

前头 qiántou ① in front; at the head; ahead ② above; preceding

前往 qiánwǎng go to; leave for

前沿 qiányán (mil.) forward position

当前 dāngqián 跟前 gēnqián 面前 miànqián 目前 mùqián 眼前 yǎnqián

❷ [名]过去的；较早的：past; before; ago | ~几年 qián jǐ nián *several years ago* / 晚饭~ wǎnfàn qián *before supper*

前辈 qiánbèi ① senior (person); elder ② the older generation

前年 qiánnián the year before last

前人 qiánrén forefathers; predecessors

前天 qiántiān the day before yesterday

前不久 qiánbùjiǔ not long ago

前所未有 qiánsuǒwèiyǒu hitherto unknown; unprecedented

大前天 dàqiántiān

❸ [名]未来：future | 向~看 xiàngqián kàn *look ahead; look into the future*

前程 qiánchéng future

前景 qiánjǐng foreground; prospect

前途 qiántú future; prospect

❹ [名]次序在先的(跟"后 hòu"相对)：first (the opposite of "后 hòu") | ~三名 qiánsānmíng *the first three* / 我的号码在你~面。Wǒ de hàomǎ zài nǐ qiánmian. *My queue number is in front of yours.*

前列 qiánliè front

前期 qiánqī earlier stage; early days

前提 qiántí premise

前线 qiánxiàn front

提前 tíqián

❺ [名]指某事物产生之前：earlier; prior to | 事~ shìqián *before sth.; prior to sth.* / 下班~请务必关灯。Xiàbān qián qǐng wùbì guāndēng. *Make sure turn off lights before leaving the office.*

钱 (錢) qián 10画 钅部

钱

钱钱钱钱钱钱钱钱钱钱

❶ [名] 货币：money; currency
花钱 huāqián 金钱 jīnqián
零钱 língqián 现钱 xiànqián
压岁钱 yāsuìqián
赚钱 zhuànqián

❷ [名] 费用；款子：expense; fund; sum ｜ 车～ chēqián *(of bus, taxi, etc.) fare* / 饭～ fànqián *food expenses* / 收到一笔～ shōudào yī bǐ qián *receive a sum of money*
钱包 qiánbāo wallet; purse
本钱 běnqián 工钱 gōngqián
价钱 jiàqian
讲价钱 jiǎngjiàqian

❸ [名] 钱财：wealth; money ｜ 有～人 yǒu qián rén *wealthy people; rich man*
钱财 qiáncái wealth; money

钳 (鉗) qián 10画 钅部

钳钳钳钳钳钳钳钳钳钳

See 钳子
钳子 qiánzi pliers; pincers; forceps

潜 (潛) qián 15画 氵部

潜潜潜潜潜潜潜潜潜潜潜潜潜潜潜

❶ [动] 隐在水面下：go under water ｜ ～水 qiánshuǐ *dive; go under water*
潜艇 qiántǐng submarine

❷ [形] 隐藏的：hidden; latent
潜伏 qiánfú hide in concealment
潜力 qiánlì latent capacity; potential
潜能 qiánnéng (phys.) latent energy
潜逃 qiántáo abscond
潜在 qiánzài latent; potential

浅 (淺) qiǎn 8画 氵部

浅浅浅浅浅浅浅浅

❶ [形] 上下或里外之间的距离小（跟"深 shēn"相对）：shallow (the opposite of "深 shēn") ｜ ～水 qiǎnshuǐ *shallow (shoal) water* / 这条河很～。Zhè tiáo hé hěn qiǎn. *This is a shallow river.*
深浅 shēnqiǎn

❷ [形] 学问、见识不多：lack of experience and knowledge ｜ 他对问题的认识很～。Tā duì wèntí de rènshi hěn qiǎn. *His understanding of the problem is quite superficial.*

❸ [形] 简明易懂：simple; easy ｜ 这篇课文很～。Zhè piān kèwén hěn qiǎn. *This text is very easy.*

❹ [形] 颜色淡：light; pale ｜ ～黄

587

qiānhuáng *pale yellow* / ~绿 qiǎnlǜ *light green*

❺ [形] 感情不深: not on intimate terms | 关系~ guānxi qiǎn *(of interpersonal relationships) not on familiar terms*

遣 qiǎn 13画 辶部

[动] 派出去; 使离去: send; dispatch | ~送 qiǎnsòng *repatriate; send back*
派遣 pàiqiǎn

谴 (譴) qiǎn 15画 讠部

[动] 责备: condemn; censure; reproach
谴责 qiǎnzé condemn

欠 qiǎn 4画 欠部

❶ [动] 缺少; 不够: lack; be not enough | ~妥 qiāntuǒ *be not proper* / 身体~佳 shēntǐ qiānjiā *be not well enough; feel unwell; under the weather* / 说话~考虑 shuōhuà qiǎn kǎolǜ *make a statement without due consideration*

欠缺 qiànquē ① be deficient in; be short of ② shortcoming; deficiency

❷ [动] 借别人的财物等没归还; 应给别人的东西还没给: owe; be behind with | ~人情 qiàn rénqíng *owe sb. a debt of gratitude; be indebted to sb.* / 我~他十块钱。Wǒ qiàn tā shí kuài qián. *I owe him ten yuan.*
拖欠 tuōqiàn

❸ [动] 身体一部分稍稍向上移动: raise slightly a part of the body | ~脚 qiànjiǎo *slightly raise one's heels*

嵌 qiàn 12画 山部

[动] 把较小的东西卡在较大的东西的凹陷里: inlay; embed; set | 镶~ xiāngqiàn *inlay* / 桌面上~着大理石。Zhuōmiàn shang qiànzhe dàlǐshí. *The surface of the desk is set with marble.*

歉 qiàn 14画 欠部

[动] 觉得对不住别人: owe sb. an apology; feel apologetic
歉意 qiànyì apology

抱歉 bàoqiàn　道歉 dàoqiàn

枪(槍) qiāng 8画 木部

枪枪枪枪枪枪枪枪

[名]发射子弹的武器：rifle; gun; firearm

枪毙 qiāngbì execute by shooting

枪战 qiāngzhàn gun battle; shoot-out

枪支 qiāngzhī firearms

标枪 biāoqiāng　机枪 jīqiāng

开枪 kāiqiāng　手枪 shǒuqiāng

腔 qiāng 12画 月部

腔腔腔腔腔腔腔腔腔腔腔腔

❶[名]动物身体里或物体中的空心部分：cavity in human or animal bodies | 鼻～bíqiāng nasal cavity

口腔 kǒuqiāng　满腔 mǎnqiāng

❷[名]乐曲的调子：tune | 唱～chàngqiāng aria / 你唱走～儿了。Nǐ chàngzǒu qiāngr le. *You sang out of tune.*

❸[名]说话；说话的声音、语气等：talk; tone; accent | 学生～xuéshēngqiāng *bookish talk; classroom tone of a student* / 北京～Běijīngqiāng *Beijing accent*

强 qiáng 12画 弓部

强强强强强强强强强强强强

❶[形]健壮；力量大（跟"弱ruò"相对）：strong; powerful (the opposite of "弱ruò") | 身体～壮 shēntǐ qiángzhuàng *strong and healthy*

强大 qiángdà big and powerful; formidable

强度 qiángdù intensity

强化 qiánghuà strengthen

强劲 qiángjìng powerful; forceful

强烈 qiángliè ① strong ② strongly

强盛 qiángshèng (of a country) powerful and prosperous

强硬 qiángyìng strong; tough; unyielding

富强 fùqiáng　加强 jiāqiáng

增强 zēngqiáng

发愤图强 fāfèn-túqiáng

❷[副]使用强力：by force | ～取 qiángqǔ *take by force; extort* / ～令执行 qiánglìng zhíxíng *execute on a peremptory order*

强暴 qiángbào ① violent; brutal ② ferocious adversary

强盗 qiángdào robber; bandit

强奸 qiángjiān violate (a woman); rape

强行 qiángxíng force

强制 qiángzhì by force

❸[副]程度高（常用于感情或意志

方面): great in degree (used for expressing emotions or will) | 能力很~ nénglì hěn qiáng *very capable* / 责任心~ zérènxīn qiáng *have a strong sense of responsibility*
坚强 jiānqiáng 顽强 wánqiáng

❹ [形] 优越; 好: excellent; fine | 一代比一代~。Yī dài bǐ yī dài qiáng. *Each generation surpasses the preceding one.* / 生活一年比一年~。Shēnghuó yī nián bǐ yī nián qiáng. *Life is getting better each year.*

◇ 强调 qiángdiào emphasize See qiǎng.

墙 (墙) qiáng 14画 土部

墙墙墙墙墙墙墙墙墙墙墙墙墙墙

[名] wall | 围~ wéiqiáng *enclosing (surrounding) wall* / 把画挂到~上。Bǎ huà guàdào qiáng shang. *Hang the picture on the wall.*
墙壁 qiángbì wall
城墙 chéngqiáng

抢 (搶) qiǎng 7画 扌部

抢抢抢抢抢抢抢

❶ [动] 把不属于自己的东西强行夺过来: rob; loot; snatch | ~球 qiǎngqiú *scramble for the ball* / 她把照片~了过去。Tā bǎ zhàopiān qiǎngle guòqu. *She snatched the photo away.*
抢夺 qiǎngduó snatch; wrest; seize
抢劫 qiǎngjié rob

❷ [动] 争先: vie for; scramble for | ~着报名 qiǎngzhe bàomíng *vie for enrolling one's name* / ~着说话 qiǎngzhe shuōhuà *interrupt; break in; vie with each other to speak*
抢救 qiǎngjiù rescue; save; salvage

❸ [动] 抓紧时间(做): make the best use of time | ~修 qiǎngxiū *do rush repairs; rush to repair* / ~救 qiǎngjiù *rescue; save*
抢占 qiǎngzhàn ① race to control; seize; grab ② unlawfully occupy

强 qiǎng 12画 弓部

强强强强强强强强强强强强

[形] 迫使: force; compel | ~作笑脸 qiǎngzuò xiàoliǎn *force a smile* / ~作镇静 qiǎngzuò zhènjìng *make an effort to appear composed; try hard to keep one's composure*
强迫 qiǎngpò compel
勉强 miǎnqiǎng

牵强 qiānqiǎng
See qiǎng.

悄 qiāo 10画 忄部

悄悄悄悄悄悄悄悄悄

See 悄悄
悄悄 qiāoqiāo quietly

锹(鍬) qiāo 14画 钅部

锹锹锹锹锹锹锹锹锹锹锹锹锹

[名] spade | 他用～挖土。Tā yòng qiāo wātǔ. *He dug the ground with a spade.*

敲 qiāo 14画 高部

敲敲敲敲敲敲敲敲敲敲敲敲

[动]击；打：knock; beat | ～鼓 qiāogǔ *beat the drums* / ～门 qiāomén *knock at the door* / ～警钟 qiāo jǐngzhōng *sound the alarm bell* / 钟刚～过4点。Zhōng gāng qiāoguo sì diǎn. *The clock has just struck four.*
敲竹杠 qiāozhúgàng fleece; overcharge; make sb. pay through the nose; put the lug on
敲锣打鼓 qiāoluó-dǎgǔ beat drums and gongs (in celebration of sth.)

乔(喬) qiāo 6画 丿部

乔乔乔乔乔乔

[动] 作假：disguise
乔装 qiáozhuāng disguise; dress up

侨(僑) qiáo 8画 亻部

侨侨侨侨侨侨侨侨

❶[动]寄居国外：live abroad
❷[名]寄居在国外的人：person living abroad
侨胞 qiáobāo countrymen (nationals) residing abroad
华侨 huáqiáo

桥(橋) qiáo 10画 木部

桥桥桥桥桥桥桥桥桥

[名] bridge | 木～ mùqiáo *wooden bridge* / 天～ tiānqiáo *overbridge; platform bridge* / 船正从～下过。Chuán zhèng cóng qiáoxià guò. *The boat is passing under the bridge.*
桥梁 qiáoliáng bridge
立交桥 lìjiāoqiáo

瞧 qiáo 17画 目部

瞧

瞧瞧瞧瞧瞧瞧瞧瞧瞧瞧瞧瞧瞧瞧瞧瞧

[动]看：look; see | ～热闹 qiáo rènao *watch the excitement (fun)* / ～，他来了。Qiáo, tā lái le. *Look, here he comes.* / 你～着办吧。Nǐ qiáozhe bàn ba. *It depends on you.*

巧 qiǎo 5画 工部

巧 巧巧巧巧巧

❶ [形]心思灵敏；技术高明：skillful; ingenious; clever | 手～ shǒuqiǎo *deft with one's hands; dexterous* / 他很～。Tā hěn qiǎo. *He is very deft with his hands.*
巧妙 qiǎomiào skillful
技巧 jìqiǎo　灵巧 língqiǎo
心灵手巧 xīnlíng-shǒuqiǎo

❷ [形]正好(碰上机会)：just at the right time | 碰～ pèngqiǎo *by chance; by coincidence* / 你来得真～。Nǐ lái de zhēn qiǎo. *You arrived just at the right time.* / 他偏～那天不在。Tā piānqiǎo nà tiān bù zài. *As luck would have it, he was away that day.*
巧合 qiǎohé coincidence; by chance or coincidence
凑巧 còuqiǎo　可巧 kěqiǎo
恰巧 qiàqiǎo　正巧 zhèngqiǎo

◇ 巧克力 qiǎokèlì chocolate

翘 (翹) qiào 12画 羽部

翘 翘翘翘翘翘翘翘翘翘翘翘

[动]一头儿向上仰起：raise | ～起尾巴 qiàoqǐ wěiba *curl up the tail* / 木板～起来了。Mùbǎn qiào qǐlai le. *The plank bends upwards.*

切 qiē 4画 刀部

切 切切切切

[动]用刀把物体分成几部分：cut; slice | ～菜 qiēcài *cut up vegetables* / ～西瓜 qiē xīguā *cut up a watermelon* / ～成两半 qiēchéng liǎng bàn *cut into halves; cut into two*
See qiè.

茄 qié 8画 艹部

茄 茄茄茄茄茄茄茄茄

See below
茄子 qiézi eggplant; aubergine
番茄 fānqié

且 qiě 5画 丨部

且 且且且且且

❶ [副] 表示暂时；姑且：just; for the time being (usu. in written)

| ~慢 qiēmàn *wait a moment; no hurry* / 这事~放一下。Zhè shì qiě fàng yīxià. *Leave the matter later.*

姑且 gūqiě　　暂且 zānqiě

❷[连] 表示并列关系：also; both ... and ... | 并~ bìngqiě *and; besides; moreover*

而且 érqiě

❸[连] 尚且；表示让步：yet; still

❹[连] 连接两个部分，表示递进关系：used to join two clauses, indicating a progressive increase | 既高~大 jì gāo qiě dà *both tall and big*

况且 kuàngqiě

切 qiè 4画 刀部

切切切切

❶[动] 靠近；接近：near; approach; be close to | ~身利益 qièshēn lìyì *one's immediate interests*

亲切 qīnqiè

❷[形] 急迫：eager; anxious | 回家心~ huíjiā xīnqiè *be anxious to return home; can't wait to go home*

迫切 pòqiè

❸[动] 符合：correspond to | 不~实际 bù qiè shíjì *not correspond to reality; unrealistic; impractical* / 译文不~原意。Yìwén bù qiè yuányì. *The translation does not correspond to the original meaning.*

切实 qièshí ① feasible ② earnestly

◇ 不顾一切 bùgù-yīqiè See qiē.

怯 qiè 8画 忄部

怯怯怯怯怯怯怯怯

[形] 胆小；害怕：timid; cowardly; nervous | 胆~ dǎnqiè *timid; cowardly* / ~场 qièchǎng *have stage fright*

窃 (竊) qiè 9画 穴部

窃窃窃窃窃窃窃窃窃

❶[动] 偷：steal; pilfer | 失~ shīqiè *be stolen* / 行~ xíngqiè *pratise theft; steal*

窃取 qièqǔ *usurp; steal*

盗窃 dàoqiè　　偷窃 tōuqiè

❷[副] 偷偷地；暗中：secretly; furtively; stealthily | ~笑 qièxiào *laugh secretly; laugh up one's sleeve.*

窃听 qiètīng *tap; intercept; eavesdrop*

钦 (欽) qīn 9画 钅部

钦 钦钦钦钦钦钦钦钦钦

[动] 敬重：admire; respect
钦佩 qīnpèi admire; esteem

侵 qīn 9画 亻部

侵侵侵侵侵侵侵侵侵

[动]（外来的敌人或有害的事物）进入内部并造成危害：(of enemies or harmful things) invade; intrude into; infringe upon
侵犯 qīnfàn invade
侵害 qīnhài encroach on; make inroads on
侵略 qīnlüè invade
侵权 qīnquán tort; violate or infringe upon other's lawful rights or interests
侵入 qīnrù invade
侵蚀 qīnshí corrode; erode; embezzle bit by bit
侵占 qīnzhàn seize; invade and occupy
入侵 rùqīn

亲（親） qīn 9画 立部

亲亲亲亲亲亲亲亲亲

❶ [形] 关系密切；感情深：close; intimate; dear ｜ ～如一家 qīn rú yī jiā *close to each other as a family* / 他俩的关系很～。Tā liǎ de guānxi hěn qīn. *They two are very intimate*.
亲爱 qīn'ài dear; beloved
亲密 qīnmì intimate
亲切 qīnqiè cordial
亲热 qīnrè intimate; warm-hearted
亲密无间 qīnmì-wújiàn be on intimate terms
乡亲 xiāngqīn

❷ [名] 父；母；父母：parent(s) ｜ 双～ shuāngqīn *parents*
父亲 fùqīn　　母亲 mǔqīn

❸ [形] 有血统或婚姻关系的：of blood relation; next of kin ｜ 属 qīnshǔ *relative; kinsfolk* / 兄弟 qīnxiōngdì *blood brothers*
亲戚 qīnqi relative; kinsman
亲情 qīnqíng emotional attachment among family members
亲人 qīnrén ① one's parent, spouse, children, etc.; one's family members ②dear ones; those dear to one
亲友 qīnyǒu relatives and friends; kith and kin
探亲 tànqīn

❹ [动] 用嘴唇接触，表示喜爱：kiss ｜ 她－了～孩子的脸。Tā qīnle qīn háizi de liǎn. *She kissed the child on the cheek*.

❺ [副] 自己；亲自：oneself; in person ｜ ～临 qīnlín *(term of respect) come (or present) personally*

亲笔 qīnbǐ ① in one's own handwriting ②one's own handwriting

亲身 qīnshēn personal; firsthand

亲生 qīnshēng one's own (children, parent)

亲手 qīnshǒu with one's own hands; personally; oneself

亲眼 qīnyǎn with one's own eyes; personally

亲自 qīnzì in person

芹 qín 7画 艹部

芹 芹芹芹芹芹芹芹

See 芹菜

芹菜 qíncài celery

琴 qín 12画 王部

琴 琴琴琴琴琴琴琴琴琴琴琴琴

[名]某些乐器的统称：general name for certain musical instruments | 弹~ tánqín *play musical instrument* / 小提~ xiǎotíqín *violin*

风琴 fēngqín　钢琴 gāngqín
古琴 gǔqín　　胡琴 húqín
扬琴 yángqín

禽 qín 12画 人部

禽 禽禽禽禽禽禽禽禽禽禽禽禽

[名]鸟类：bird | 家~ jiāqín *(domestic)fowl; poultry* / 飞~ fēiqín *bird*

勤 qín 13画 力部

勤 勤勤勤勤勤勤勤勤勤勤勤勤勤

❶[形] 努力做事；不偷懒：diligent; industrious; hardworking | ~学 qínxué *study diligently* / 要想写出好文章，就要~动笔。Yào xiǎng xiěchū hǎo wénzhāng, jiùyào qín dòngbǐ. *If you hope to make big progress in composition, you have to practise more.*

勤奋 qínfèn industrious

勤俭 qínjiǎn hard working and thrifty

勤恳 qínkěn diligent and conscientious

勤劳 qínláo industrious

勤工俭学 qíngōng-jiǎnxué part-work and part-study system; work-study program

❷[形]次数多；经常：frequently; regularly; constantly | ~洗澡 qín xǐzǎo *bath regularly* /衣服要~换洗。Yīfu yào qín huànxǐ. *Clothes should be changed and washed regularly.* / 最近他来得很~。Zuìjìn tā lái de hěn qín. *Recently he comes very frequently.*

青 qīng 8画 青部

青 青青青青青青青青

❶ [形] 绿色、蓝色或黑色：green; blue or black | ~草 qīngcǎo *green grass* / ~山绿水 qīngshān-lǜshuǐ *green hills and blue waters*
青菜 qīngcài green vegetable; green
青椒 qīngjiāo green pepper
青蛙 qīngwā frog
青铜器 qīngtóngqì bronze ware
沥青 lìqīng
万古长青 wàngǔ-chángqīng

❷ [形] 年轻：young | 老中~ lǎo-zhōng-qīng *the old, the middle-aged and the young*
青春 qīngchūn young; youth
青年 qīngnián young; youth; young people
青少年 qīngshàonián teenagers; youngsters
年青 niánqīng
共青团 gòngqīngtuán

轻 (輕) qīng 9画 车部

轻 轻轻轻轻轻轻轻轻轻

❶ [形] 重量小（跟"重 zhòng"相对）：light (the opposite of "重 zhòng") | 油比水~。Yóu bǐ shuǐ qīng. *Oil is lighter than water.* / 这块木头很~。Zhè kuài mùtou hěn qīng. *This piece of wood is of little weight.*
轻便 qīngbiàn light; portable
轻工业 qīnggōngyè light industry
减轻 jiǎnqīng

❷ [形] 没有负担；轻松：free from burden; relaxed | ~音乐 qīngyīnyuè *light music*
轻松 qīngsōng ① light; relaxed ② relax; ease up

❸ [形] 不重要；不贵重：unimportant; inexpensive | 责任~ zérèn qīng *carry a light responsibility*

❹ [动] 认为不重要；不重视：belittle; make light of | ~敌 qīngdí *take the enemy lightly*
轻视 qīngshì despise; make light of; look down on; contempt

❺ [形] 不慎重；随便：easily; rashly | ~生 qīngshēng *make light of one's life; commit suicide* / ~信 qīngxìn *readily believe*
轻易 qīngyì ① easily ② rashly

❻ [形] 程度浅；数量少：slight; light; small in amount, number, degree, etc. | 口~ kǒuqīng *(of eating habit) light flavoured* / ~

伤 qīngshāng *slightly wounded* / 他年纪还~。Tā niánjì hái qīng. *He is still young.* / 他的病很~。Tā de bìng hěn qīng. *The symptom of his illness is nothing serious.*

轻微 qīngwēi slight; trifling; light

年轻 niánqīng

年轻人 niánqīngrén

❼ [形] 用力小：gentle｜~拿~放 qīng ná qīng fàng *handle with care; handle gently* / 走路脚步~些。Zǒulù jiǎobù qīngxiē. *Walk gently.*

轻快 qīngkuài ① brisk; spry ② relaxed; lively

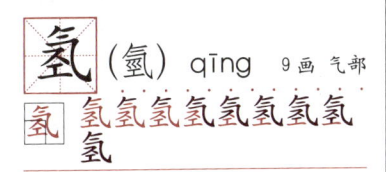

氢 (氫) qīng 9画 气部

氢氢氢氢氢氢氢氢氢

[名] hydrogen

倾 (傾) qīng 10画 亻部

倾倾倾倾倾倾倾倾倾倾

❶ [动] 不正；歪斜；向一边偏过去：incline; bend; lean to one side｜向左~ xiàng zuǒ qīng *incline to the left* / 身子向前~ shēnzi xiàng qián qīng *bend (lean) forward*

倾倒 qīngdǎo ① topple and fall; topple over ② greatly admire

倾倒 qīngdào tip; dump; empty; pour out

倾听 qīngtīng lend an ear to

倾销 qīngxiāo sell goods at a very low price; dump

倾斜 qīngxié tilt

❷ [动] 偏向；趋向：be partial; be prejudiced; tend to｜~心 qīngxīn *admire; adore*

倾向 qīngxiàng ① tendency; trend ② prefer

清 qīng 11画 氵部

清清清清清清清清清清清

❶ [形] 纯净透明；无杂质（跟"浊 zhuó"相对）：unmixed; clear; pure and clean (the opposite of "浊 zhuó")｜~水 qīngshuǐ *clear water* / 这水很~。Zhè shuǐ hěn qīng. *The water is quite clear.*

清洁 qīngjié clean

清新 qīngxīn pure and fresh; fresh

清真 qīngzhēn ① (formal) simple and unadorned; plain ② Islamic; Muslim

清真寺 qīngzhēnsì mosque

澄清 chéngqīng

❷ [动] 使纯洁；使干净：purify;

clean
清除 qīngchú clean up
清理 qīnglǐ put in order
肃清 sùqīng

❸ [形] 清楚; 明白: distinct; clear | 查~事实 cháqīng shìshí *ascertain the facts* / 问~事情真相 wènqīng shìqing zhēnxiàng *make clear of every detail; get to the bottom of the matter*

清楚 qīngchu ①clear ②know; be aware of; understand
清单 qīngdān detailed list; detailed account
清晰 qīngxī limpid; vivid; distinct
清醒 qīngxǐng ①clear-headed; sober ② come to; come round
清明节 Qīngmíngjié the Festival of the Pure Brightness (April 4, 5 or 6, traditionally observed as a festival for worshipping at ancestral graves)
分清 fēnqīng

❹ [动] 查点; 结清: check up | ~仓 qīngcāng *check up warehouses; make an inventory of warehouses* / 我欠你的债还~了。Wǒ qiàn nǐ de zhài huánqīng le. *I've cleared up the debts that I owed you.* / 他的钱还~了。Tā de qián huánqīng le. *He has cleared all his debts.*

清查 qīngchá check
◇清晨 qīngchén early morning
清早 qīngzǎo early in the morning; early morning

蜻 qīng 14画 虫部

蜻蜻蜻蜻蜻蜻蜻蜻蜻蜻蜻蜻

See 蜻蜓
蜻蜓 qīngtíng dragonfly

情 qíng 11画 忄部

情情情情情情情情情情

❶ [名] 外界事物所引起的心理反应: feeling, certain emotion or sensation felt in the mind causing by outside world, such as love, hatred, happiness, displeasure, fear, etc. | 深~ shēnqíng *deep affection (love)* / 温~ wēnqíng *tender sentiments*

情感 qínggǎn affection
情理 qínglǐ reason; sense
情绪 qíngxù ① mood; feeling ② depression
情意 qíngyì tender regards; affection; goodwill

表情 biǎoqíng   恩情 ēnqíng
感情 gǎnqíng   激情 jīqíng
恋情 liànqíng   亲情 qīnqíng
热情 rèqíng
盛情 shèngqíng
色情 sèqíng   同情 tóngqíng

无情 wúqíng 心情 xīnqíng
性情 xìngqíng 友情 yǒuqíng
真情 zhēnqíng
托人情 tuōrénqíng
诗情画意 shīqíng-huàyì
真情实感 zhēnqíng-shígǎn

❷[名]样子；状况：situation; circumstance ｜ 灾～zāiqíng *the condition of a disaster* / 实～ shíqíng *actual situation; truth*
情报 qíngbào information
情节 qíngjié ① plot; story ② circumstance
情景 qíngjǐng scene; sight
情况 qíngkuàng situation; circumstance; condition
情形 qíngxíng circumstance; condition
案情 ànqíng 病情 bìngqíng
国情 guóqíng 行情 hángqíng
神情 shénqíng 事情 shìqing
详情 xiángqíng 知情 zhīqíng
酌情 zhuóqíng

❸[名]爱情：love; passion ｜ 恋～ liànqíng *love; romantic love*
情人 qíngrén sweetheart; lover
爱情 àiqíng

❹[名]情分；面子：favour; kindness ｜ 求～ qiúqíng *ask for a favour; plead with sb.*
人情 rénqíng 说情 shuōqíng
合情合理 héqíng-hélǐ
无情无义 wúqíng-wúyì
◇风情 fēngqíng

晴 qíng 12画 日部

晴 晴晴晴晴晴晴晴晴晴晴晴晴

[形]天空中无云或云很少：fine; clear; cloudless ｜ 天转～了。Tiān zhuǎnqíng le. *It's clearing up.* / 雨过天～。Yǔ guò tiān qíng. *The rain stopped and the sky cleared up.*
晴朗 qínglǎng fine
晴天 qíngtiān fine day; sunny day

请（請） qǐng 10画 讠部

请 请请请请请请请请请

❶[动]要求：request; ask ｜ ～她进来。Qǐng tā jìnlai. *Ask her in.* / 她～老师帮助她。Tā qǐng lǎoshī bāngzhù tā. *She asked her teacher for help.*
请假 qǐngjià ask for leave
请求 qǐngqiú request
请示 qǐngshì ask for (request) instructions
请愿 qǐngyuàn present a petition
申请 shēnqǐng

❷[动]邀请；聘请：invite; engage ｜ ～医生 qǐng yīshēng *send for a doctor* / ～专家作报告 qǐng zhuānjiā zuò bàogào *invite the expert to deliver a speech (or to give a lecture)* / 他是从国外～来的。Tā shì cóng guówài qǐnglái de. *He was invited from abroad.*

请柬 qǐngjiǎn invitation card

请客 qǐngkè stand treat; invite sb. to dinner; entertain guests; give a dinner party

请帖 qǐngtiě invitation card

聘请 pìnqǐng　宴请 yànqǐng　邀请 yāoqǐng

❸[动]敬词,用于希望对方做某事: please (term of respect used before a verb) | ～坐。Qǐngzuò. *Please be seated.* /～安静。Qǐng ānjìng. *Be quiet, please.* /～尽快回信 qǐng jǐnkuài huíxìn *please reply as soon as possible*

请教 qǐngjiào seek advice from sb.; ask sb. for advice

请问 qǐngwèn ① excuse me; please ② we should like to ask; it may be asked; one may ask

庆 (慶) qìng　6画 广部

庆 庆庆庆庆庆庆

❶[动] 祝贺: congratulate | 欢～ huānqìng *celebrate joyously* /～丰收 qìng fēngshōu *celebrate a bumper harvest*

庆典 qìngdiǎn celebration; a ceremony to celebrate

庆贺 qìnghè celebrate

庆祝 qìngzhù celebrate

❷[名]值得庆贺的周年纪念日: anniversary; annual celebration of an important event | 国～ guóqìng *National Day* / 校～ xiàoqìng *anniversary of the founding of a school*

喜庆 xǐqìng

国庆节 Guóqìngjié

穷 (窮) qióng　7画 穴部

穷 穷穷穷穷穷穷穷

❶[形]穷尽; 完: finished; limited | 无～无尽 wúqióng-wújìn *endless; boundless*

无穷 wúqióng

层出不穷 céngchū-bùqióng

❷[形]贫困; 缺少钱财: poor; with little or no money | 他过去很～。Tā guòqù hěn qióng. *He was poverty-stricken in the past.*

穷苦 qióngkǔ poverty-stricken; impoverished

穷人 qióngrén the poor; poor people

穷光蛋 qióngguāngdàn (inf.) pauper; poor wretch

贫穷 pínqióng

丘　qiū　5画 丿部

丘 丘丘丘丘丘

[名]小山; 土堆: mound; hillock | 沙～ shāqiū *sand dune*

丘陵 qiūlíng hills

秋

qiū 9画 禾部

秋秋秋秋秋秋秋秋秋

[名]四季中的第三季：autumn | 深~ shēnqiū *late autumn* / 入~以后，天气凉快多了。Rùqiū yǐhòu, tiānqì liángkuai duō le. *It gets much cooler after autumn set in.*

秋季 qiūjì autumn
秋收 qiūshōu autumn harvest
秋天 qiūtiān autumn
中秋节 Zhōngqiūjié

求

qiú 7画 一部

求求求求求求求

❶ [动]探索；设法得到：seek; try to get | ~学 qiúxué *seek knowledge* / 不~名 bù qiúmíng *not seek fame*

求职 qiúzhí look for a job; apply for a job; seek a position; hunt for a job
求助 qiúzhù turn to sb. for help; seek help (from sb.); ask sb. for help; resort to (sth.)

力求 lìqiú   谋求 móuqiú
寻求 xúnqiú   征求 zhēngqiú
追求 zhuīqiú

❷ [动]请求：beg; request; ask for | 我有事~你。Wǒ yǒu shì qiú nǐ. *I ask you a favour.; Could you please give me a favour?*

求得 qiúdé seek; pursue; hunt for

哀求 āiqiú   恳求 kěnqiú
乞求 qǐqiú   请求 qǐngqiú

❸ [动]要求；aim at; strive for | ~发展 qiú fāzhǎn *strive for development*

要求 yāoqiú
精益求精 jīngyìqiújīng

❹ [动]需要：demand | 供大于~。Gōng dàyú qiú. *The supply exceeds the demand.*

需求 xūqiú
供不应求 gōngbùyìngqiú

球

qiú 11画 王部

球球球球球球球球球球球

❶ [名]球形的物体：ball-like object; sphere; globe | 气~ qìqiú *balloon* / 雪~ xuěqiú *snowball*

眼球 yǎnqiú

❷ [名]球形的体育用品或球类运动：ball used in sports or ball game | 打垒~ dǎ lěiqiú *play softball*

球场 qiúchǎng a ground where ball games are played (volleyball, basketball, tennis, badminton, etc.); court (football, baseball, softball, etc.); field
球队 qiúduì (ball game) team

球门 qiúmén goal; net; goalpost (football, etc.)
球迷 qiúmí (ball game) fan
球星 qiúxīng ball game star; star
球员 qiúyuán (ball) player

棒球 bàngqiú　　打球 dǎqiú
点球 diǎnqiú　　发球 fāqiú
罚球 fáqiú　　　篮球 lánqiú
皮球 píqiú　　　排球 páiqiú
铅球 qiānqiú　　台球 táiqiú
头球 tóuqiú　　 网球 wǎngqiú
足球 zúqiú
乒乓球 pīngpāngqiú
曲棍球 qūgùnqiú
羽毛球 yǔmáoqiú
高尔夫球 gāo'ěrfūqiú

❸ [名] 特指地球或星体：the earth or heavenly bodies in general | 环~航行 huánqiú hángxíng sailed round the globe
地球 dìqiú　　　全球 quánqiú
星球 xīngqiú　　月球 yuèqiú
西半球 xībànqiú

区 (區) qū　4画 匚部
区 区 区 区

❶ [名] 某个特定的地理范围：area; region; district | 风景~ fēngjǐngqū scenic spot / 住宅~ zhùzháiqū residential area
区域 qūyù region; area; district
产区 chǎnqū　　城区 chéngqū
郊区 jiāoqū　　 街区 jiēqū
禁区 jìnqū　　　矿区 kuàngqū
林区 línqū　　　牧区 mùqū
山区 shānqū　　社区 shèqū
市区 shìqū　　　小区 xiǎoqū
灾区 zāiqū

❷ [动] 分别；划分：distinguish; classify
区别 qūbié ①distinguish ②difference
区分 qūfēn discriminate

❸ [名] 行政区划单位：district; region (administrative division) | 自治~ zìzhìqū autonomous region
地区 dìqū　　　特区 tèqū
◇误区 wùqū

曲 qū　6画 |部
曲 曲 曲 曲 曲 曲

[形] 弯（跟"直 zhí"相对）：bent; curved (the opposite of "直 zhí") | ~尺 qūchǐ carpenter's square
曲线 qūxiàn curve
曲折 qūzhé ① circuitous; zig-zag; winding ② complicated; intricate
曲棍球 qūgùnqiú ① field hockey; hockey ② hockey ball
扭曲 niǔqū　　　歪曲 wāiqū
弯曲 wānqū
See qǔ.

驱 (驅) qū　7画 马部

驱 驱驱驱驱驱驱驱

[动]赶走：drive out
驱逐 qūzhú drive out; expel; banish
◇先驱 xiānqū

屈 qū 8画 尸部

屈 屈屈屈屈屈屈屈

❶[动]服输；妥协：yield to; submit｜不~ bùqū *indomitable; dauntless; unyielding*
屈服 qūfú subdue; submit; yield
坚强不屈 jiānqiáng-bùqū
❷[动]委屈；冤枉：wrong; treat unjustly｜叫~ jiàoqū *complain about being wronged*
委屈 wěiqu

趋(趨) qū 12画 走部

趋 趋趋趋趋趋趋趋趋趋趋趋

[动]向；朝某个方向发展：tend towards; tend to become｜他们的意见~于一致。Tāmen de yìjiàn qūyú yīzhì. *They are reaching an agreement.*
趋势 qūshì trend; tendency; drift; current; tide
趋向 qūxiàng ①tend to; incline to ②trend; direction

渠 qú 11画 木部

渠 渠渠渠渠渠渠渠渠渠渠

[名]人工开凿的水道：canal; channel; ditch｜沟~ gōuqú *ditches*/引水~ yǐnshuǐqú *inlet channel*
渠道 qúdào ①irrigation ditch ②medium of communication; channel

曲 qǔ 6画 丨部

曲 曲曲曲曲曲曲

[名]乐曲；歌谱：music of a song｜钢琴~ gāngqínqǔ *piano music*/进行~ jìnxíngqǔ *(of music) march*
曲目 qǔmù number; items of song or performance; repertoire
曲子 qǔzi song; melody
戏曲 xìqǔ
　　See qū.

取 qǔ 8画 耳部

取 取取取取取取取取

❶[动]拿过来：take; fetch｜~行李 qǔ xíngli *collect or deliver one's luggage*/我来~自行车。Wǒ lái qǔ zìxíngchē. *I came*

603

to collect my bike.
夺取 duóqǔ　　领取 lǐngqǔ
提取 tíqǔ
❷ [动]得到；导致：get; seek | ~乐 qǔlè *seek pleasure; take delight in*
取得 qǔdé *gain; acquire; obtain*
取胜 qǔshèng *win victory; score a success*
取证 qǔzhèng *collect evidence*
换取 huànqǔ　　获取 huòqǔ
进取 jìnqǔ　　考取 kǎoqǔ
骗取 piànqǔ　　窃取 qièqǔ
争取 zhēngqǔ　　赚取 zhuànqǔ
❸ [动]采用；选用：adopt; choose; select | 可~ kěqǔ *advisable; desirable*
取长补短 qǔcháng-bǔduǎn *learn from other's strong points to offset one's weaknesses*
采取 cǎiqǔ　　录取 cǎiqǔ
听取 tīngqǔ　　吸取 xīqǔ
选取 xuǎnqǔ
◇取代 qǔdài *displace; replace; substitute for; take over; supersede*
取消 qǔxiāo *cancel; call off; abolish*

娶 qǔ　11画 女部

娶娶娶娶娶娶娶娶娶娶

[动]把女子接过来成婚（跟"嫁jià"相对）：marry (a woman) (the opposite of "嫁jià") | 他还没有~妻。Tā hái méiyǒu qǔqī. *He has not married yet.*

去 qù　5画 土部

去去去去去

❶ [动] 离开；失掉：go; leave
去世 qùshì *(of grown-up people) die; pass away*
去向 qùxiàng *the direction in which sb. or sth. has gone*
免去 miǎnqù　　失去 shīqù
❷ [动] 除掉：get rid of; remove | ~皮 qùpí *remove the peel or skin* /~掉几个字 qùdiào jǐ gè zì *cross out several words*
❸ [形] 以往的：past; former
去年 qùnián *last year*
❹ [动] 从说话所在地到别的地方（跟"来lái"相对）：go to; leave for (the opposite of "来lái") | ~北京 qù Běijīng *leave for Beijing; go to Beijing* / 我们昨天~工厂了。Wǒmen zuótiān qù gōngchǎng le. *We went to the factory yesterday.* /他已经~外地了。Tā yǐjīng qù wàidì le. *He's gone to another place.*
❺ [动] 用在动词前，表示要做某件事：used before a verb, indicating the intention of doing sth. | 你~问问他。Nǐ qù wènwèn tā. *Go and ask him.* /我们自己~想办法。Wǒmen zìjǐ qù xiǎng

bànfǎ. *We'll find a way out ourselves.*

❻ [动] 用在动词后，表示人或事物随动作离开原来的地方；表示动作行为的继续：used after a verb, indicating the tendency of moving away from the speaker or the continuation of an action ǀ 把这个给他带~。Bǎ zhège gěi tā dàiqù. *Please pass it to him.* / 蜜蜂向花丛中飞~。Mìfēng xiāng huācóng zhōng fēiqù. *Bees are flying among the flowers.* / 让他说~，别理他。Ràng tā shuōqù, bié lǐ tā. *Neglect what he is saying.*

出去 chūqù(qu)
辞去 cíqù
过去 guòqù(qu)
回去 huíqù(qu)
进去 jìnqù(qu)
上去 shàngqù(qu)
下去 xiàqù(qu)
看上去 kànshangqu

❼ [动] 用在动词或动词结构后，表示去的目的：used after a verb or a verb structure, indicating "purpose" ǀ 到厂里一看一位老朋友 dào chǎngli qù kàn yī wèi lǎopéngyou *go to the factory to see an old friend*

趣 qù 15画 走部

趣趣趣趣趣趣趣趣趣趣趣趣趣趣

❶ [名] 兴味：bent; inclination ǀ 没~ méiqù *feel snubbed*
乐趣 lèqù　　兴趣 xìngqù
感兴趣 gǎnxìngqù

❷ [形] 使人感到愉快或有兴味的：interesting; amusing; funny ǀ ~事 qùshì *interesting episode*
趣味 qùwèi ① taste ② interest
有趣 yǒuqù

圈 quān 11画 口部

圈圈圈圈圈圈圈圈圈圈圈

❶ [名] 环形；环形物：circle; ring ǀ 画个~儿 huà gè quānr *draw a circle* / 我到外面转了一~。Wǒ dào wàimian zhuànle yī quān. *I've been out for a walk.*
圈子 quānzi ① circle; ring ② circle; community; coterie
垫圈 diànquān

❷ [名] 比较特定的范围或领域：scope; range ǀ 他不是~里人。Tā bùshì quānlǐrén. *He is not an insider.; He's an outsider.*
◇圈套 quāntāo *snare; trap*
See juàn.

权 (權) quán 6画 木部

权权权权权权

❶ [名] 权力：power; authority ǀ 当~ dāngquán *in power* / 行

政~xíngzhèngquán *administrative power* / 有~处理这件事 yǒu quán chǔlǐ zhè jiàn shì *be entitled to handle this matter*
权力 quánlì authority; power
权限 quánxiàn jurisdiction; competence
霸权 bàquán 版权 bǎnquán
产权 chǎnquán 授权 shòuquán
债权 zhàiquán 政权 zhèngquán
职权 zhíquán 主权 zhǔquán

❷[名]权利: right | 表决~ biǎojuéquán *right to vote* / 生存~ shēngcúnquán *right for living* / 发言~ fāyánquán *right to speak*
权利 quánlì right
权益 quányì rights and interests
侵权 qīnquán 人权 rénquán
特权 tèquán
所有权 suǒyǒuquán
◇权威 quánwēi authority

全 quán 6画 人部

全 全全全全全全

❶[形] 完整; 齐备: complete; entire | 人来~了吗? Rén láiquánle ma? *Is everybody present?* / 手稿已经不~。Shǒugǎo yǐjīng bù quán. *The manuscript is no longer complete.*
安全 ānquán 健全 jiànquán
齐全 qíquán
安全带 ānquándài
安全感 ānquángǎn
安全套 ānquántào
十全十美 shíquán-shíměi

❷[形] 全部; 整个: whole; entire | ~校 quánxiào *the whole school* / ~过程 quán guòchéng *the entire proceeding* / ~世界 quán shìjiè *the whole world; all over the world*
全部 quánbù full
全程 quánchéng whole journey; whole course
全国 quánguó the whole nation (or country); nationwide; countrywide; throughout the country
全会 quánhuì plenary meeting; plenary session; plenum
全集 quánjí complete works; collected works
全局 quánjú overall situation
全力 quánlì with all one's strength
全面 quánmiàn comprehensive
全民 quánmín whole nation
全能 quánnéng (sports) all-round
全球 quánqiú the whole world
全体 quántǐ all; entire; whole
全力以赴 quánlìyǐfù go all out; spare no effort
全心全意 quánxīn-quányì put one's heart and soul into...

❸[副] 表示没有例外; 都: all; without exception | ~错了 quán cuò le *completely (all) wrong* /～怪我。Quán guāi wǒ. *It's all my fault.* / 我们一家～去了。Wǒmen yī jiā quán qù le. *My whole family went there together.*

全都 quándōu all; completely; without exception
完全 wánquán

泉 quán 9画 白部

泉泉泉泉泉泉泉泉泉

[名] 从地下流出的水：spring | 矿～ kuàngquán *mineral spring* /喷～ pēnquán *fountain*
山泉 shānquán 温泉 wēnquán

拳 quán 10画 手部

拳拳拳拳拳拳拳拳拳拳

[名] fist
拳击 quánjī boxing; pugilism
拳头 quántou fist
太极拳 tàijíquán

犬 quǎn 4画 犬部

犬犬犬犬

[名] 狗：dog | 猎～ lièquǎn *hunting dog; hound* /警～ jǐngquǎn *police dog*

劝(勸) quàn 4画 又部

劝劝劝劝

[动] 讲明事实和道理，使人听从：advise; persuade | ～他戒烟 quàn tā jièyān *try to advise him to give up smoking* /～他休息 quàn tā xiūxi *urge him to take a rest* / 请你～～他。Qǐng nǐ quànquàn tā. *Please try to exhort him.*

劝告 quàngào advise; persuade
劝说 quànshuō persuade
劝阻 quànzǔ dissuade

券 quàn 8画 刀部

券券券券券券券券

[名] 票据或作为凭证的纸片：certificate; ticket | 奖～ jiǎngquàn *lottery ticket* / 入场～ rùchǎngquàn *admission ticket*
债券 zhàiquàn
证券 zhèngquàn
国库券 guókùquàn

缺 quē 10画 缶部

缺缺缺缺缺缺缺缺缺缺

❶ [动] 残破：incomplete; imperfect | 残～ cánquē *incomplete*

/这本书~了两页。Zhè běn shū quēle liǎng yè. *Two pages are missing in this book.*

缺口 quēkǒu ① breach; gap ② shortfall

❷[动]短少;不够:be short of; lack | ~人手 quē rénshǒu *be short of hands* / 他们不~资金。Tāmen bù quē zījīn. *They are not short of funds.*/这花儿~水。Zhè huār quē shuǐ. *The flowers need watering.*

缺点 quēdiǎn shortcoming
缺乏 quēfá be short of; lack
缺少 quēshǎo lack
缺陷 quēxiàn deficiency
短缺 duǎnquē 紧缺 jǐnquē
空缺 kòngquē 欠缺 qiànquē
稀缺 xīquē

❸[动]应到而未到:be absent | 人都到齐了,一个也不~。Rén dōu dàoqí le, yī gè yě bù quē. *Everybody's here. No one is absent.*

缺席 quēxí absent

瘸 qué 16画 疒部

瘸瘸瘸瘸瘸瘸瘸瘸瘸瘸瘸瘸瘸瘸

[形]腿脚有病,走路时不平稳:lame; limp | 他左腿~了。Tā zuǒtuǐ qué le. *He is lame in the left leg.* / 他~着腿离开了运动场。Tā quézhe tuǐ líkāile yùndòngchǎng. *He limped off the playground.*

却 què 7画 卩部

却却却却却却却

❶[动]用在某些单音节动词或形容词后,表示结果,相当于"去qù""掉diāo":remove; get rid of (used after some monosyllabic verbs or adjectives, its meaning being similar to "去qù" or "掉diāo") | 了~一个心愿 liǎoquè yī gè xīnyuàn *fulfil a cherished desire*

冷却 lěngquè 忘却 wàngquè

❷[副]表示转折:but; yet | 这篇文章虽短,~很生动。Zhè piān wénzhāng suī duǎn, què hěn shēngdòng. *The essay is short, yet it's quite lively.* / 她有许多话要说,一时~说不出来。Tā yǒu xǔduō huà yào shuō, yīshí què shuō bù chūlái. *She had a lot to say, but at the time she was unable to utter a word.*

确(確) què 12画 石部

确确确确确确确确确确确

❶[形]肯定;坚定:definite; firm | 明~ míngquè *clear and definite*

确保 quèbǎo ensure
确定 quèdìng ①define ②definite
确立 quèlì establish
确认 quèrèn confirm
确信 quèxìn be convinced; be sure; firmly believe
确诊 quèzhěn make a definite diagnosis; diagnose

❷ [形] 符合事实的; 真实的：true; real｜~有其事。Què yǒu qí shì. *It's true. It really happened.*
确切 quèqiè definite; exact
确实 quèshí ①indeed ②true
确凿 quèzáo conclusive; authentic; irrefutable
的确 díquè　　精确 jīngquè
正确 zhèngquè
准确 zhǔnquè

裙 qún 12画 衤部

裙裙裙裙裙裙裙裙裙裙裙裙

[名]裙子：skirt｜连衣~ liányīqún *dress; a woman's dress* / 围~ wéiqún *apron*
裙子 qúnzi skirt

群 qún 13画 羊部

群群群群群群群群群群群群群

❶ [名] 聚集在一起的人或物：crowd; group｜建筑~ jiànzhùqún *building complex; cluster of buildings* / 人~ rénqún *crowd; throng*
群体 qúntǐ colony; group
群众 qúnzhòng mass
族群 zúqún

❷ [形] 成群的; 众多的：in groups; in large numbers; multitudinous
群岛 qúndǎo archipelago

❸ [量] 用于成群的人或物：used to indicate a crowd of people or a pile of things｜一~人 yī qún rén *a crowd of people* / 一~羊 yī qún yáng *a flock of sheep* / 一~蜜蜂 yī qún mìfēng *a swarm of bees*

R r

然 rán 12画 灬部

❶ [代] 这样；那样：so, like that | 果~ guǒrán sure enough; if really

然后 ránhòu then; after that; afterwards; later

必然 bìrán　　不然 bùrán
当然 dāngrán　公然 gōngrán
固然 gùrán　　既然 jìrán
竟然 jìngrán　　偶然 ǒurán
仍然 réngrán　　虽然 suīrán
天然 tiānrán　　依然 yīrán
自然 zìrán　　大自然 dàzìrán
天然气 tiānránqì
要不然 yàoburán
理所当然 lǐsuǒdāngrán

❷ [尾] 附在某些词后面，表示事物或动作的状态：suffix, attached to certain words, indicating state or an action | 显~ xiǎnrán obviously; clearly

茫然 mángrán　猛然 měngrán
泰然 tàirán　　突然 tūrán
毅然 yìrán

◇ 然而 rán'ér yet; but; however; nevertheless; still

燃 rán 16画 火部

❶ [动] 烧：burn | 蜡烛快~尽了。Làzhú kuài ránjìn le. The candle is burning away. / 火还~着。Huǒ hái ránzhe. The fire is still burning.

燃料 ránliào fuel
燃烧 ránshāo burn; light; kindle
燃油 rányóu fuel; liquid fuel, such as gasoline and kerosene, etc.

❷ [动] 引火点着：light | ~放花炮 ránfàng huāpào set off firecrackers

燃放 ránfàng set off (fireworks, etc.)
点燃 diǎnrán

染 rǎn 9画 木部

❶ [动] 用染料着色：dye | ~布 rǎnbù dye cloth / ~成黑色 rǎnchéng hēisè dye it black

染料 rǎnliào dyestuff; dye
印染 yìnrǎn

❷ [动] 沾上；传上：catch (a disease); acquire a bad habit | 病 rǎnbìng catch an illness; be infected with a disease / 他这些

坏毛病是小时候~上的。Tā zhèxiē huài máobìng shì xiǎoshíhòu rǎnshang de. *He acquired those bad habits when he was young.*

传染 chuánrǎn　感染 gǎnrǎn
污染 wūrǎn
传染病 chuánrǎnbìng

壤 rǎng 20画 土部

壤壤壤壤壤壤壤壤壤壤壤壤壤壤壤壤壤壤壤壤

[名] 泥土；松软的土：earth; loose surface layer of the earth ｜ 沃~ wǒrǎng *fertile soil; rich soil*
土壤 tǔrǎng

嚷 rǎng 20画 口部

嚷嚷嚷嚷嚷嚷嚷嚷嚷嚷嚷嚷嚷嚷嚷嚷嚷嚷嚷嚷

[动] 大声喊叫；争吵：shout; make a noise; make an uproar ｜ 大声叫~ dàshēng jiàorǎng *shout and cry* / 你别~了，孩子们都睡了。Nǐ bié rǎng le, háizimen dōu shuì le. *Stop yelling. Children are sleeping.*
叫嚷 jiàorǎng

让（讓）ràng 5画 讠部

让让让让让

❶[动] 把方便或好处给别人：give up sth. for the benefit of sb. else; give way; give ground ｜ 礼~ lǐràng *give precedence to sb. out of courtesy or thoughtfulness* / 谦~ qiānràng *modestly decline*

让步 ràngbù concede; make a concession; give in; give way; yield

让利 ràngì transfer part of interest or profit to sb.

❷[动] 把东西、权力等转给别人：let sb. else have sth. ｜ 出~ chūràng *sell one's own things* / 我把椅子~给你坐。Wǒ bǎ yǐzi rǎnggěi nǐ zuò. *Please take my seat.*

转让 zhuǎnràng

❸[动] 请人接受招待：invite; offer ｜ ~茶 ràng chá *offer sb. tea* / ~进屋里 ràngjìn wūli *invite sb. into the room*

❹[动] 容许；使：let; allow; make ｜ ~我想想。Ràng wǒ xiǎngxiang. *Allow me to think it over.* / 不~他来。Bù ràng tā lái. *Don't allow him to come.* / 他去取。Ràng tā qù qǔ. *Let him fetch it.*

❺[介] 同"被 bèi"：used in the passive voice to introduce the

doer of action, same as "被 bèi" | 这本书~别人借去了。Zhè běn shū ràng bié-rén jièqù le. *The book was lent out.* / 那个花瓶~他摔了。Nàge huāpíng ràng tā shuāi le. *The vase was broken by him.*

饶 (饒) ráo　9画 饣部

饶饶饶饶饶饶饶饶饶

[动] 宽恕；免除处罚：let sb. off; forgive | 请你~他这一次吧。Qǐng nǐ ráo tā zhè yī cì ba. *Please let him off this time.*

扰 (擾) rǎo　7画 扌部

扰扰扰扰扰扰扰

[动] 打搅；使混乱或不安宁：disturb; harass; trouble | 干~ gānrǎo *harass* / 搅~ jiǎorǎo *trouble; confuse*

扰乱 rǎoluàn disturb; harass; create confusion

打扰 dǎrǎo

绕 (繞) rào　9画 纟部

绕绕绕绕绕绕绕绕绕

❶ [动] 缠：wind; coil | ~毛线 rào máoxiàn *wind woolen thread* / ~线圈 rào xiànquān *wind coils of wire*

❷ [动] 围着转：circle | 鸟~着树飞。Niǎo ràozhe shù fēi. *The bird circled around the tree.* / 运动员~场行进。Yùndòngyuán ràochǎng xíngjìn. *The athletes marched around the arena.*

❸ [动] 不从正面通过，从旁边转进去：make a detour; bypass; go round | ~行 ràoxíng *make a detour* / ~远 ràoyuǎn *go the long way round* / ~了一个大圈子 ràole yī gè dà quānzi *make a big detour*

绕弯子 ràowānzi (fig.) beat about the bush

惹 rě　12画 心部

惹惹惹惹惹惹惹惹惹惹惹惹

❶ [动] 招引；挑逗：invite or ask for (sth. undesirable); provoke | ~事 rěshì *make trouble* / 祸~火 rěhuǒ *court disaster* / ~麻烦 rě máfan *ask for trouble; invite trouble* / ~人注意 rě rén zhùyì *attract attention* / 他的话把大家~得哈哈大笑。Tā de huà bǎ dàjiā rě de hāhā dà xiào. *What he said set everybody roaring with laughter.*

❷ [动] 触犯：offend; provoke;

tease | 我也不知道怎么就～着他了。Wǒ yě bù zhīdào zěnme jiù rězhe tā le. *I don't know in what way I offended him.* / 你到底说什么了，～他那么生气？Nǐ dàodǐ shuō shénme le, rě tā nàme shēngqì? *What was that you said to make him so angry?*

热 (熱) rè 10画 灬部

热热热热热热热热热热

❶ [形] 温度高(跟"冷lěng"相对)：hot (the opposite of "冷lěng") | ～水 rèshuǐ *hot water* / 这里的夏天很～。Zhèlǐ de xiàtiān hěn rè. *It's hot in summer here.* / 他～得直冒汗。Tā rè de zhí màohàn. *He was so hot that he kept sweating all the time.*

热带 rèdài torrid zone; tropics
热敷 rèfū (med.) hot compress
热量 rèliàng quantity of heat
热水器 rèshuǐqì hot water heater; geyser
火热 huǒrè　　炎热 yánrè
副热带 fùrèdài

❷ [动] 使温度升高：heat | 把菜～一～ bǎ cài rèyirè *heat up the dish*

热身 rèshēn warm-up
加热 jiārè

❸ [名] 生病引起的高体温：fever | 退～ tuìrè *bring down (allay) a fever*

发热 fārè

❹ [形] 情绪高；情意深厚：in high spirits; ardent; warm-hearted | ～心肠 rè xīncháng *enthusiastic; warm-hearted*

热爱 rè'ài ardent love; passionate love; deep attachment; have deep love for; love passionately (fervently, ardently); cherish a passion for; have deep love for
热烈 rèliè warm; enthusiastic; ardent
热情 rèqíng ① enthusiasm; zeal; warmth; ardour; fervour ② warm; fervent; enthusiastic; warm-hearted
热心 rèxīn enthusiastic; ardent; earnest; warm-hearted; zealous
狂热 kuángrè　　亲热 qīnrè

❺ [形] (景象)繁华、兴盛：crazy; fadish; lively | 旅游～ lǚyóurè *travel craze* / 集邮～ jíyóurè *stamp-collecting craze*

热潮 rècháo great mass fervour; upsurge
热点 rèdiǎn ① hot spot (in a certain time period); centre of attention ② (phys.) hot-spot
热门 rèmén arousing popular interest; popular
热闹 rènao ① lively; bustling with noise and excitement ② liven up; have a jolly time; have fun ③ scene of bustle and ex-

citement; thrilling sight
凑热闹 còurènao
◇ 热狗 règǒu hot dog
热线 rèxiàn ① hot line ② busy route

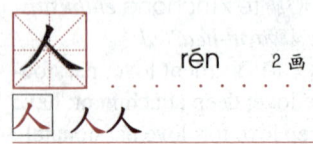

人 rén 2画 人部

人 人人

❶ [名] 人，人类，人们: human; human being; person; people | 街上～很多。Jiē shang rén hěn duō. *There are many people in the street.* / ～的大脑最发达。Rén de dànǎo zuì fādá. *The brain of human being is the most developed.*

人格 réngé ① personality; character; moral quality ② human dignity

人工 réngōng ① man-made; artificial ② manual work; work done by hand; human labor ③ manpower; man-day

人家 rénjiā ① household ② family ③ the future huband's family

人间 rénjiān world; man's world; the world of mortals

人口 rénkǒu ① population ② number of people in a family

人类 rénlèi mankind; humanity; man; human race

人力 rénlì manpower; human power; human strength or efforts

人们 rénmen people; men; public; they

人民 rénmín the people

人情 rénqíng ① human feelings; human sympathy; sensibility; human sentiment; feelings of humanity; way of human nature ② human relationship ③ favors asked or done

人权 rénquán human rights; rights of man

人群 rénqún crowd; throng; multitude

人身 rénshēn human body; person

人生 rénshēng life; human life

人士 rénshì personage; public figure

人事 rénshì ① personnel matters ② ways of the world; ways of the people ③ consciousness of the outside world

人数 rénshù (total) number of people

人体 réntǐ human body

人为 rénwéi artificial; man-made

人物 rénwù ① figure; personage ② person in literature; character in literature

人心 rénxīn popular feelings; public feelings; will of people; morale; emotion

人性 rénxìng ① human nature; humanity ② normal human

feelings; reason

人造 rénzào man-made; artificial; imitation

人质 rénzhì hostage

人行道 rénxíngdào pavement; sidewalk

人道主义 réndào zhǔyì humanitarianism

本人 běnrén 别人 biérén
动人 dòngrén 感人 gǎnrén
个人 gèrén 惊人 jīngrén
迷人 mírén 世人 shìrén
他人 tārén 诱人 yòurén
众人 zhòngrén 做人 zuòrén
机器人 jīqìrén
出人意料 chūrén-yìliào
风土人情 fēngtǔ rénqíng
风云人物 fēngyún rénwù
夜深人静 yèshēn-rénjìng

❷ [名] 指某种人：person with a particular position, occupation, duty or role | 监护~ jiānhùrén *guardian* / 领导~ lǐngdǎorén *leader*

人员 rényuán personnel; staff

爱人 àirén 白人 báirén
病人 bìngrén 成人 chéngrén
此人 cǐrén 大人 dàrén
恩人 ēnrén 法人 fǎrén
犯人 fànrén 夫人 fūrén
妇人 fùrén 工人 gōngrén
古人 gǔrén 黑人 hēirén
华人 huárén 家人 jiārén
举人 jǔrén 巨人 jùrén
军人 jūnrén 客人 kèrén
老人 lǎorén 猎人 lièrén
盲人 mángrén 美人 měirén
名人 míngrén 男人 nánrén
女人 nǚrén 前人 qiánrén
亲人 qīnrén 情人 qíngrén
穷人 qióngrén 商人 shāngrén
生人 shēngrén 诗人 shīrén
文人 wénrén 新人 xīnrén
行人 xíngrén 艺人 yìrén
游人 yóurén 友人 yǒurén
猿人 yuánrén 丈人 zhàngren
证人 zhèngrén 主人 zhǔrén
被告人 bèigàorén
被害人 bèihàirén
残疾人 cánjírén
成年人 chéngniánrén
创始人 chuàngshǐrén
代理人 dàilǐrén
代言人 dàiyánrén
当事人 dāngshìrén
发言人 fāyánrén
负责人 fùzérén
候选人 hòuxuǎnrén
老年人 lǎoniánrén
老人家 lǎorénjia
陌生人 mòshēngrén
年轻人 niánqīngrén
仙人掌 xiānrénzhǎng
嫌疑人 xiányírén
愚人节 Yúrénjié
责任人 zérènrén
主持人 zhǔchírén
主人公 zhǔréngōng
主人翁 zhǔrénwēng
工人阶级 gōngrén jiējí
未成年人 wèichéngniánrén
月下老人 yuèxià lǎorén

❸[名]指成年人：adult｜长大成~ zhǎngdà chéngrén *become a grown-up*

❹[名]指别人：other people; other(s)｜助~为乐 zhùrénwéilè *find it a pleasure to help others* / 找~帮忙 zhǎo rén bāngmáng *ask for help* / 东西被~拿走了。Dōngxi bèi rén názǒu le. *Somebody took the things away.*

人家 rénjia ① others; another; everyone else ② I; me

❺[名]每人；一般人：everyone; people in general｜无~不知 wú rén bù zhī *everybody knows (it)* / 一~一册 yī rén yī cè *one copy for each*

人均 rénjūn per capita

❻[名]指人手或人才：manpower; hand｜我们这里需要~。Wǒmen zhèli xūyào rén. *We need more hands.*

人才 réncái person of ability and integrity; talent

用人 yòngrén 专人 zhuānrén

❼[名]指人的品质、性格或名誉：moral quality or character of a given individual｜他~不错。Tā rén búcuò. *He is a kind person.* / 他~很老实。Tā rén hěn lǎoshi. *He is quite honest.*

丢人 diūrén

◇人参 rénshēn ginseng (Panax quinquefolius)

人民币 rénmínbì Renminbi (RMB)

仁 rén 4画 亻部

仁仁仁仁

[形]友爱；有同情心：benevolent; kindhearted; humane｜~义 rényì *benevolence and uprightness* / ~厚 rénhòu *honest and kindhearted*

仁慈 réncí ① benevolent; merciful; kind ② benevolence; mercy; kindness; love; humanity

忍 rěn 7画 心部

忍忍忍忍忍忍忍

❶[动]抑制；忍受：bear; endure; tolerate｜~着痛 rěnzhe tòng *endure the pain* / 我~不下去了。Wǒ rěn bù xiàqù le. *I can no longer bear it.*

忍耐 rěnnài ① exercise patience; practice patience; exercise restraint; restrain oneself ② patience; forbearance

忍受 rěnshòu bear; endure; stand; suffer

忍不住 rěnbuzhù unable to bear (resist); cannot help (doing sth.); cannot stand it anymore; be all on edge to do sth.

容忍 róngrěn

❷[动]硬着心肠；忍心：be hard-hearted enough to | 不~ bùrěn *do not have the heart to do sth.* / ~心 rěnxīn *have the heart to*

认 (認) rěn 4画 讠部

认认认认

❶ [动] 认识；分辨：recognize; know; make out | ~字 rènzì *learn the words* / ~清是非 rènqīng shìfēi *make a clear distinction between right and wrong* / 我一时~不出这个人。Wǒ yīshí rènbuchū zhège rén. *I can't recognize the man for the moment.*

认得 rènde recognize; know
认为 rènwéi think; consider; hold; believe; deem; be of the opinion that; in sb.'s opinion
认识 rènshi ① know; understand; recognize ② understand; comprehend; realize ③ understanding; knowledge; cognition; cognizance
认知 rènzhī cognize; perceive
辨认 biànrèn

❷ [动] 表示同意；承认：admit; recognize | ~错 rèncuò *admit a fault; offer an apology*
认定 rèndìng firmly believe; maintain; hold; conclude; decide; set one's mind on
认可 rènkě ① approve; accept; confirm ② sanction; approval; acceptance; confirmation
认同 rèntóng ① identify oneself with ② approve of; recognize
认证 rènzhèng (leg.) ① attest; legalize; authenticate ② attestation; authentication
承认 chéngrèn   否认 fǒurèn
公认 gōngrèn   确认 quèrèn

❸ [动] 建立或明确某种关系：adopt; enter into a certain relationship | ~徒弟 rèn túdì *accept sb. as one's apprentice*

◇认真 rènzhēn ① conscientious; earnest; serious ② take sth. seriously; take to heart; be in earnest

任 rèn 6画 亻部

任任任任任任

❶ [动] 担当；承当：take up a job; accept an assignment; assume the office of | ~课 rènkè *teach a course* / 他连~厂长。Tā liánrèn chǎngzhǎng. *He was appointed as factory director again.* / 他~教多年。Tā rènjiāo duō nián. *He has been a teacher for many years.*

任期 rènqī term of office; tenure of office
担任 dānrèn   兼任 jiānrèn
主任 zhǔrèn
班主任 bānzhǔrèn

❷[名] 职责；职务：post | 到~ dàorèn *take up the post*
任务 rènwù *assignment; mission; job; task; work; duty*
上任 shàngrèn　　责任 zérèn
重任 zhòngrèn
责任人 zérènrén
❸[动] 任用：appoint; assign sb. to a post | 他被~为校长。Tā bèi rènwéi xiàozhǎng. *He was appointed as headmaster.*
任命 rènmìng ① commission; designate; appoint ②appointment
任职 rènzhí *hold a post; be in office*
聘任 pìnrèn　　信任 xìnrèn
❹[动] 由着；听凭：let; allow; give free reign to | 放~ fàngrèn *not interfere; let alone; let go* / 不能~其自然发展 bùnéng rèn qí zìrán fāzhǎn *cannot let it go without control*
任性 rènxìng *capricious; willful; self-willed; wayward; headstrong*
任意 rènyì *wantonly; arbitrarily; wilfully; at will*
❺[介] 任凭；听凭：let go; go unchecked; let matters drift | ~你选择。Rèn nǐ xuǎnzé. *Choose as you like.*
❻[连] 不论；无论什么：no matter (how, what, etc.) | ~你怎么办，我都不过问。Rèn nǐ zěnmebàn, wǒ dōu bù guòwèn. *Whatever you do, I won't poke my nose into it.* / ~雨再大，我也要走。Rèn yǔ zài dà, wǒ yě yào zǒu. *No matter how hard it rains, I am determined to leave.*
任何 rènhé *any; whichever; whatever*

扔 rēng 5画 扌部

扔扔扔扔扔

❶[动] 掷；投：throw; cast; toss | ~球 rēng qiú *throw a ball* / ~石头 rēng shítou *throw the stone* / 请把帽子~给我。Qǐng bǎ màozi rēnggěi wǒ. *Please toss the cap to me.*
❷[动] 抛弃；丢掉：throw away; cast aside | 不要乱~垃圾。Bùyào luànrēng lājī. *Don't litter.* / 把这些破烂~了。Bǎ zhèxiē pòlàn rēng le. *Throw these rubbish away.*

仍 réng 4画 亻部

仍仍仍仍

[副] 依然；还：still; yet | ~要努力 réngyào nǔlì *should continue to make efforts* / 他虽然病了，~不肯放下工作。Tā suīrán bìng le, réng bù kěn fàngxià gōngzuò. *Although he is ill, he refuses to put aside his work.*
仍旧 réngjiù *as before; as usual;*

as of old; till; yet
仍然 réngrán still; yet

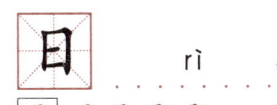

日 rì 4画 日部

日 日 日 日 日

❶ [名] 太阳：the sun ｜ ~出 rì chū sunrise
日光 rìguāng sunlight; sunbeam
向日葵 xiàngrìkuí
风和日丽 fēnghé-rìlì

❷ [名] 白天（跟"夜 yè"相对）：day; daytime (the opposite of "夜 yè") ｜ ~班 rìbān *day shift* / 夏天~长夜短。Xiàtiān rìcháng yè duǎn. *In summer, the day is long and the night is short.*
日夜 rìyè day and night; round the clock
白日梦 báirìmèng

❸ [名] 一昼夜；天：day ｜ 三~后来取 sān rì hòu lái qǔ *collect it after three days*
日程 rìchéng program; schedule; agenda on a specific day
日期 rìqī date
日子 rìzi ① date; day ② time; days ③ life; livelihood
当日 dāngrì 即日 jírì
今日 jīnrì

❹ [名] 每天；一天一天：every day; day after day
日报 rìbào daily; daily paper; daily newspaper
日常 rìcháng daily; usually; ordinarily; day-to-day; everyday
日记 rìjì diary; journal
日历 rìlì calendar
日益 rìyì increasingly; day by day
日用 rìyòng ① daily expenses ② be of daily use; be of everyday use
日用品 rìyòngpǐn articles of everyday use
过日子 guòrìzi

❺ [名] 指某一天或某一段时间：referring to a certain day or a certain period of time ｜ 往~ wǎngrì *former days* / 纪念~ jìniànrì *memorial day; commemoration day*
假日 jiàrì 节日 jiérì
平日 píngrì 生日 shēngrì
早日 zǎorì
工作日 gōngzuòrì
节假日 jiéjiàrì
双休日 shuāngxiūrì
星期日 Xīngqīrì

❻ [名] 指日本：Japan
日文 Rìwén Japanese
日语 Rìyǔ Japanese
日元 rìyuán yen

荣（榮） róng 9画 艹部

荣 荣 荣 荣 荣 荣 荣 荣 荣

❶ [形] 光荣；光彩：glory; honor; brilliance; splendour
荣获 rónghuò get or win sth. as an honour
荣幸 róngxìng be honoured; have the honour of
荣誉 róngyù honour; glory; laurels; credit
光荣 guāngróng

❷ [形] 兴盛：prosperous; flourishing; thriving
繁荣 fánróng
欣欣向荣 xīnxīn-xiàngróng

绒 (絨) róng 9画 纟部

绒绒绒绒绒绒绒绒绒

❶ [名] 柔软细小的毛：fine hair; down ｜ ～线 róngxiàn knitting wool / 鸭～ yāróng fine hair of duck; eiderdown
羊绒 yángróng
羽绒服 yǔróngfú

❷ [名] 上面有一层绒毛的纺织品：fabric with a soft nap or pile on one or either side ｜ 丝～ sīróng velvet / 灯芯～ dēngxīnróng corduroy

容 róng 10画 宀部

容容容容容容容容容容

❶ [动] 容纳；包含：hold; contain ｜ 教室小，～不下这么多人。Jiàoshì xiǎo, róngbuxià zhème duō rén. *The classroom is too small to hold so many people.*
容积 róngjī volume
容量 róngliàng capacity
容纳 róngnà ① hold; contain; accommodate; have a capacity of; put up ② tolerate
容器 róngqì container; vessel
内容 nèiróng

❷ [动] 不计较；原谅：tolerate; forgive ｜ 天理难～ tiānlǐ nán róng *intolerable injustice* / 不能宽～ bùnéng kuānróng *cannot tolerate; cannot be forgiven*
容忍 róngrěn tolerate; put up with; condone

❸ [动] 允许；让：permit; allow ｜ 不～解释 bù róng jiěshì *not allow others to explain* / 不能～他这样 bùnéng róng tā zhèyàng *must forbid him to do this* / 你～他讲下去。Nǐ róng tā jiǎng xiàqu. *Let him go on.*
容许 róngxǔ tolerate; permit; allow

❹ [名] 相貌：appearance; looks ｜ ～貌 róngmào *looks; facial features*
面容 miànróng

❺ [名] 脸上的神情和气色：facial expression; bearing ｜ 愁～ chóuróng *worried look* / 病～ bìngróng *sickly look*

笑容 xiàoróng

❻[名] 事物的景象、状态：appearance or condition of sth. | 市~ shìróng *appearance (look) of a city*

从容 cóngróng

◇ 容易 róngyì ① easy; facile ② easily; likely; be liable to; be apt to; be subject to; be open to

溶 róng 13画 氵部

溶溶溶溶溶溶溶溶溶溶溶溶溶

[动] 物质在液体中化开：dissolve | 糖~在水中。Táng róng zài shuǐ zhōng. *Sugar dissolves in water.*

溶化 rónghuà dissolve; melt
溶解 róngjiě dissolve; melt
溶液 róngyè solution

熔 róng 14画 火部

熔熔熔熔熔熔熔熔熔熔熔熔熔熔

[动] 固体加热到一定温度时变成液体：melt; fuse; smelt | ~锡 róngxī *melt tin*

融 róng 16画 虫部

融融融融融融融融融融融融融融融融

❶[动] 冰雪等受热变成水：melt; thaw | 太阳一晒，雪就开始~了。Tàiyáng yī shài, xuě jiù kāishǐ róng le. *The snow begins to thaw under the bright sunshine.*

融化 rónghuà melt; thaw

❷[动] 几种不同的东西合为一体或调配在一起：mix; fuse; blend | 交~ jiāoróng *blend; mingle*

融合 rónghé mix together; fuse; merge
融洽 róngqià harmonious; on friendly terms

柔 róu 9画 矛部

柔柔柔柔柔柔柔柔柔

❶[形] 软；不硬：soft; supple | ~嫩 róunèn *tender; delicate*

柔软 róuruǎn soft; lithe; yielding; pliable

❷[形] 温和（跟"刚 gāng"相对）：mild; gentle (the opposite of "刚 gāng")

柔道 róudào jujitsu; judo
柔和 róuhé soft; gentle; mild; amiable; tender; supple
温柔 wēnróu

揉 róu 12画 扌部

揉揉揉揉揉揉揉揉揉揉揉

[动]用手来回擦或搓：rub | ~眼睛 róu yǎnjing *rub one's eyes* / ~一~腿 róuyiyóu tuǐ *rub one's legs*

肉 ròu　6画 肉部

肉肉肉肉肉肉

[名] meat; flesh | ~体 ròutǐ *human body; flesh*

肉丝 ròusī shredded meat (esp. pork)

骨肉 gǔròu　　　肌肉 jīròu
牛肉 niúròu
酒肉朋友 jiǔròu péngyou

如 rú　6画 女部

如如如如如如

❶[动] 按照；适合：comply with | ~期完成 rúqī wánchéng *finish in time; finish as scheduled* / 不~意 bù rúyì *not in compliance with one's wish*

如意 rúyì as one wishes; to one's liking

如愿 rúyuàn have one's wish fulfilled

万事如意 wànshì-rúyì

❷[动] 好像；同……一样：like; as; as if | 湖水~镜。Húshuǐ rú jìng. *The water surface of the lake shines like a mirror.* / 坚强~钢 jiānqiáng rú gāng *as tough as steel*

如此 rúcǐ so; such; in this way; like that; like this

如同 rútóng like; as

如下 rúxià as follows

犹如 yóurú　　　诸如 zhūrú

❸[连] 如果，假如：if; in case (of); in the event of | ~不满意，可以调换。Rú bù mǎnyì, kěyǐ diāohuàn. *It can be changed to another one in case of any unsatisfaction.* / ~有事情，可来找我。Rú yǒu shìqing, kě lái zhǎo wǒ. *Come to me if you have any problem.*

假如 jiǎrú

❹[动] 比得上；赶得上：be as good as; can compare with | 自以为不~人 zì yǐwéi bùrú rén *consider oneself not as good as others*

不如 bùrú

❺[介] 表示举例：for instance; such as | 我到过很多城市，~北京、天津、上海等。Wǒ dàoguo hěn duō chéngshì, rú Běijīng, Tiānjīn, Shànghǎi děng. *I've been to many cities, such as Beijing, Tianjin and Shanghai, etc.*

比如 bǐrú　　　例如 lìrú
譬如 pìrú

◇ 如何 rúhé how; what
如今 rújīn nowadays; now

乳 rǔ 8画 丿部

乳乳乳乳乳乳乳乳

❶ [名] 乳房: breast; mamma
乳房 rǔfáng ① breast; mamma ② udder

❷ [名] 奶汁；像奶汁的东西: milk; milk-like liquid ｜ 牛~niúrǔ *milk* / 豆~dòurǔ *bean milk*

❸ [形] 初生的；幼小的: newborn; (animal) sucking ｜ ~燕 rǔyàn *baby swallow* / ~猪 rǔzhū *piglet*

入 rù 2画 入部

入入

❶ [动] 从外边到里边；进（跟"出 chū"相对）: go into; enter (the opposite of "出 chū") ｜ ~口 rùkǒu ① enter the mouth ② entrance; entry

入场 rùchǎng entrance; admission

入境 rùjìng enter a country

入侵 rùqīn invade; intrude; make an incursion; make inroads

入围 rùwéi be included among those selected; qualify

入乡随俗 rùxiāng-suísú when in Rome do as the Romans do

步入 bùrù　　出入 chūrù
介入 jièrù　　侵入 qīnrù
深入 shēnrù　　输入 shūrù
投入 tóurù　　陷入 xiànrù
引入 yǐnrù　　注入 zhùrù
转入 zhuǎnrù

❷ [动] 参加: join; become a member of ｜ ~会需要先提出申请。Rùhuì xūyào xiān tíchū shēnqǐng. *To join the association, you have to apply for membership first.*

入学 rùxué start school; go into a school; enroll at a school (college); enter (join) a school (college)

◇入手 rùshǒu start with; begin with; proceed from; take as the point of departure

软 (軟) ruǎn 8画 车部

软软软软软软软软

❶ [形] 物体松软、不硬（跟"硬 yìng"相对）: soft; flexible; supple; pliable (the opposite of "硬 yìng") ｜ 绸子比布~。Chóuzi bǐ bù ruǎn. *Silk is softer than cloth.*

软卧 ruǎnwò (of a train) soft sleeper

❷ [形] 没力气: weak; feeble ｜ 他两腿发~。Tā liǎng tuǐ fāruǎn. *His legs feel like jelly.*

软弱 ruǎnruò weak; flabby; weak-kneed

❸ [形] 容易动摇；不坚决: soft-

hearted; liable to change one's mind | 心肠～xīncháng ruǎn tenderhearted
◇软件 ruǎnjiàn software
软盘 ruǎnpán floppy disc

锐 (鋭) ruì 12画 钅部

锐锐锐锐锐锐锐锐锐锐锐锐

[形] (刀锋) 又尖又快 (跟"钝dùn"相对): sharp; acute (the opposite of "钝dùn")
锐利 ruìlì sharp; keen; pointed
尖锐 jiānruì

瑞 ruì 13画 王部

瑞瑞瑞瑞瑞瑞瑞瑞瑞瑞瑞瑞瑞

[形]吉祥的: propitious; opportune
瑞雪 ruìxuě timely snow; auspicious snow

若 ruò 8画 艹部

若若若若若若若若

❶[动]好像;如同: like; resemble | 欣喜～狂 xīnxǐ-ruòkuáng be wild with joy; go into raptures
❷[连]如果;假如: if | ～不努力学习,就要落后。Ruò bù nǔlì xuéxí, jiùyào luòhòu. If you don't study hard, you will lag behind. / 你～明天能来就更好了。Nǐ ruò míngtiān néng lái jiù gèng hǎo le. It would be better if you can come tomorrow.
倘若 tǎngruò   假若 jiǎruò
◇若干 ruògān ①some; several; a few; a certain number (amount) of ② how many; how much

弱 ruò 10画 弓部

弱弱弱弱弱弱弱弱弱弱

❶[形]力气小;实力差 (跟"强qiáng"相对): weak; feeble (the opposite of "强qiáng") | ～小 ruòxiǎo small and weak / 由～变强 yóu ruò biàn qiáng go from weak to strong / 他年纪小,力气～。Tā niánjì xiǎo, lìqì ruò. He is young and weak.
弱点 ruòdiǎn weak point; weakness; failing; infirmity
弱势 ruòshì ① on a decline; become weak ② weak underprivileged; disadvantaged
薄弱 bóruò   脆弱 cuìruò
减弱 jiǎnruò   软弱 ruǎnruò
衰弱 shuāiruò   微弱 wēiruò
虚弱 xūruò   削弱 xuēruò
❷[形]年纪小: young | 照顾老～ zhàogù lǎoruò take care of the old and the young

S s

撒 sā 15画 扌部

撒撒撒撒撒撒撒撒撒撒撒撒撒撒撒

❶ [动] 放开；张开：cast; let go | ~手 sāshǒu *let go one's hold; let go* / ~网 sāwǎng *cast a net; lay out a net*

❷ [动] 尽力使出；表现出：throw off all restraint; let oneself go | ~娇 sājiāo *act like a spoiled child; act spoiled* / ~酒疯 sā jiǔfēng *be drunk and act crazy; be roaring drunk*

撒谎 sāhuǎng lie

洒 (灑) sǎ 9画 氵部

洒洒洒洒洒洒洒洒洒

[动] 使水或其他东西分散落下：sprinkle; spray; spill; shed | 扫地前先~些水。Sǎodì qiānxiān sǎ xiē shuǐ. *Sprinkle some water before sweeping the floor.* / 黄豆~了一地。Huángdòu sǎle yī dì. *The soybeans are scattered all over the ground.*

腮 sāi 13画 月部

腮腮腮腮腮腮腮腮腮腮腮腮腮

[名] 脸颊的下半部：cheek | 双手托~ shuāngshǒu tuō sāi *cup one's cheeks in one's hands* / 两~泛红 liǎng sāi fànhóng *there is a blush in the cheeks*

塞 sāi 13画 宀部

塞塞塞塞塞塞塞塞塞塞塞塞塞

[动] 堵；填入：fill in; squeeze in; stuff | ~住漏洞 sāizhù lòudòng *fill up leaks or cracks* / 水管~住了。Shuǐguǎn sāizhù le. *The waterpipe is clogged up.* / 他用手指~住耳朵。Tā yòng shǒuzhǐ sāizhù ěrduo. *He plugged his ears with his fingers.*

◇ 活塞 huósāi

赛 (賽) sài 14画 宀部

赛赛赛赛赛赛赛赛赛赛赛赛赛

❶ [动] 比较高低或强弱：match; contest | ~跑 sàipǎo *race* / ~球 sàiqiú *compete for a ball game*

赛车 sàichē (sports) ① cycle

625

racing; motorcycle race; automobile race ② racing vehicle

赛季 sàijì season (during which matches are arranged)

赛马 sàimǎ horse racing

比赛 bǐsài　　参赛 cānsài
大赛 dàsài　　竞赛 jìngsài
决赛 juésài　　联赛 liánsài
预赛 yùsài
半决赛 bànjuésài
锦标赛 jǐnbiāosài

❷ [动] 胜过；比得上：surpass; be better than; be comparable to | 这些姑娘干活儿～小伙子。Zhèxiē gūniang gànhuór sàiguo xiǎohuǒzi. *In work these young women can put young men to shame.* / 他的力气大得～过一头牛。Tā de lìqi dà de sàiguo yī tóu niú. *He is as strong as a horse.*

三　sān　3画 一部

三 三 三

❶ [数] 数目：three | ～倍 sān bèi *three times; threefold; triple* / 一天吃～顿饭 yī tiān chī sān dùn fàn *have three meals a day*

三国 Sān Guó Three Kingdoms (220-280) (Wei, Shu and Wu)

三角 sānjiǎo ① triangle ② trigonometry

三角洲 sānjiǎozhōu delta

三轮车 sānlúnchē tricycle; pedicab

❷ [数] 表示多数或多次：more than two; several; many | 接二连～ jiē'èr-liánsān *one after another; in quick succession* / ～思 sānsī *think carefully*

三番五次 sānfān-wǔcì again and again

三心二意 sānxīn-èryì be of two minds; shilly-shally; be half-hearted

再三 zàisān　　第三者 dìsānzhě

伞 (傘)　sǎn　6画 人部

伞 伞 伞 伞 伞 伞

[名] umbrella | 雨～ yǔsǎn *umbrella* / 撑～ chēng sǎn *open an umbrella*

散　sǎn　12画 攵部

散 散 散 散 散 散 散 散 散 散 散 散

❶ [形] 零碎的；不集中的；分散的：scattered | ～装 sǎnzhuāng *be in bulk* / ～居 sǎnjū *live scattered*

散文 sǎnwén prose

❷ [动] 没有约束；松开；分散：come loose; fall apart | ～漫 sǎnmàn ① *undisciplined; careless and sloppy* ② *unorganized; scattered* / 松～ sōngsǎn ① *loose; shaky* ② *inattentive* /

把队伍~开 bǎ duìwu sǎnkāi *disperse the troops* / 行李~了。Xíngli sǎn le. *The luggage has got loosened.*

See sǎn.

散 sǎn 12画 攵部

散散散散散散散散散散散散

❶ [动] 由聚集而分开：break up; disperse | ~会 sǎnhuì *(of a meeting) be over; break up* / 大家别走~了。Dàjiā bié zǒusǎn le. *Let's not get dispersed.* / 乌云~了。Wūyún sǎn le. *Dark clouds dispersed.*

散落 sǎnluò ① fall scattered ② be scattered ③ scatter and disappear

拆散 chāisǎn　分散 fēnsǎn
解散 jiěsàn　疏散 shūsàn

❷ [动] 散布：distribute; disseminate; give out | 发~ fāsǎn *diverge; diffuse* / ~传单 sǎn chuándān *give out handbills; distribute leaflets* / 公园里~着花香。Gōngyuán li sǎnzhe huāxiāng. *The flowers smell sweet in the garden.*

散布 sǎnbù ① spread; disseminate; distribute ② be scattered here and there

散发 sǎnfā ① send out ② distribute

❸ [动] 排遣；排除：dispel; let out | ~心 sǎnxīn *drive away one's boredom* / 请打开门窗~~烟。Qǐng dǎkāi ménchuāng sànsàn yān. *Please open the door and windows to let the smoke out.*

◇ 散步 sànbù take a walk; go for a walk; go for a stroll

See sǎn.

桑 sāng 10画 木部

桑桑桑桑桑桑桑桑桑桑

See 桑树

桑树 sāngshù white mulberry; mulberry

嗓 sǎng 13画 口部

嗓嗓嗓嗓嗓嗓嗓嗓嗓嗓嗓嗓嗓

[名] 喉咙：throat, larynx

嗓子 sǎngzi ① throat; larynx ② voice

丧（喪）sàng 8画 十部

丧丧丧丧丧丧丧丧

[名] 失去；丢掉：lose | ~命 sàngmìng *to lose one's life* / 他五岁~父。Tā wǔ suì sàngfù. *He*

lost his father at five.
丧气 sàngqì feel disheartened; lose heart; become crestfallen
丧生 sàngshēng meet one's death; lose one's life; get killed
丧失 sàngshī lose; forfeit

扫 (掃) sǎo　6画 扌部

扫 扫扫扫扫扫扫

❶ [动] 用笤帚、扫帚除去尘土、垃圾等：sweep; clear away dust with broom | ~地 sǎodì *sweep the floor* / ~垃圾 sǎo lājī *sweep out the garbage* / 把房间~干净。Bǎ fángjiān sǎo gānjìng. *Clean the room.*
扫除 sǎochú ① clear away; remove ② cleaning; clean up
打扫 dǎsǎo

❷ [动] 除去；消除：eliminate; clear away | ~雷 sǎoléi *mine sweeping* / ~盲 sǎománg *eliminate illiteracy*

❸ [动] 迅速地左右移动：pass quickly along or over; sweep | ~射 sǎoshè *strafe* / 她~了我一眼。Tā sǎole wǒ yī yǎn. *Her eyes swept over me.*
扫描 sǎomiáo (electron.) scan

嫂 sǎo　12画 女部

嫂 嫂嫂嫂嫂嫂嫂嫂嫂嫂嫂嫂

[名] 哥哥的妻子：elder brother's wife; sister-in-law | 兄~xiōngsǎo *elder brother and his wife* / 表~biǎosǎo *elder cousin's wife*
嫂子 sǎozi elder brother's wife; sister-in-law
大嫂 dàsǎo

色 sè　6画 色部

色 色色色色色色

❶ [名] 脸上的神气、表情：look; countenance; expression | 面不改~miànbùgǎisè *(facing certain situation) the facial expression remains unchanged*
脸色 liǎnsè　　气色 qìsè
神色 shénsè　　眼色 yǎnsè
使眼色 shǐyǎnsè

❷ [名] 景象；情景：scene; scenery | 湖光山~húguāng-shānsè *beautiful view of the lake and hills*
景色 jǐngsè　　夜色 yèsè

❸ [名] 颜色：colour | 红~hóngsè *red* / 五颜六~wǔyán-liùsè *multicoloured; colourful*
色彩 sècǎi colour; hue; tint; shade
白色 báisè　　本色 běnsè
彩色 cǎisè　　黑色 hēisè
黄色 huángsè　　金色 jīnsè

蓝色 lánsè　　　绿色 lǜsè
特色 tèsè　　　天色 tiānsè
棕色 zōngsè

❹[名]女子的美貌：woman's beautiful looks ｜ 姿~zīsè *(of woman) good looks*

◇色情 sèqíng pornography

森 sēn　12画 木部

森森森森森森森森森森森森

[形]树木多而密：full of trees
森林 sēnlín forest

杀 (殺) shā　6画 木部

杀杀杀杀杀杀杀

❶[动]使人或动物失去生命；弄死：kill; slaughter ｜ ~鸡 shājī *kill a chicken* / ~手 shāshǒu *killer*
杀毒 shādú (of software or storage carrier of a computer) kill virus
杀害 shāhài murder; kill
暗杀 ànshā　　谋杀 móushā
屠杀 túshā　　凶杀 xiōngshā
自杀 zìshā

❷[动]战斗：fight; go into battle ｜ ~出去 shā chūqu *fight one's way out*

❸[动]减弱；消除：weaken; reduce; abate ｜ ~价 shājià *force down the price; bargain*

❹[副]在动词后，表示程度深：exceedingly; extremely (used after a verb) ｜ 气~人 qìshā rén *be exceedingly angry; hopping mad* / 笑~人 xiàoshā rén *absolutely ridiculous*

沙 shā　7画 氵部

沙沙沙沙沙沙沙

❶[名]细碎的石粒：sand ｜ 细~ xìshā *fine sand*
沙漠 shāmò desert
沙滩 shātān sand beach
沙土 shātǔ sandy soil; sand
沙子 shāzi small grains; pellets
风沙 fēngshā

❷[名]像沙一样的东西：sth. granulated or powdered ｜ 豆~ dòushā *bean paste*

◇沙发 shāfā sofa; settee

纱 (紗) shā　7画 纟部

纱纱纱纱纱纱纱

❶[名]用棉花、麻等纺成的较松的细丝：yarn ｜ 棉~ miánshā *cotton yarn* / 纺~ fǎngshā *spinning*
纱布 shābù gauze

❷[名]用纱制的稀疏的纺织品：gauze; sheer ｜ ~窗 shāchuāng *window screen*

刹

刹 shā 8画 刂部

刹 刹刹刹刹刹刹刹刹

[动] 止住(车、机器等): put on the brakes; stop | 把车子~住 bǎ chēzi shāzhù *brake the car, truck, etc.*

刹车 shāchē ① *stop a vehicle by applying the brakes; put on the brakes* ② *stop a machine by cutting off the power; turn off a machine*

砂

砂 shā 9画 石部

砂 砂砂砂砂砂砂砂砂砂

[名] 细小的石粒,同"沙 shā ①": sand; grit, same as "沙 shā ①"

傻

傻 shǎ 13画 亻部

傻 傻傻傻傻傻傻傻傻傻傻傻傻

❶[形] 智力低下;笨: stupid; muddle-headed | 这孩子有点儿~。Zhè háizi yǒudiǎnr shǎ. *The boy is slow-witted.*

傻子 shǎzi *fool; blockhead; simpleton*

❷[形] 心眼死;不知变通: (think or act) mechanically | ~干 shǎgàn *slave away at one's work; slog away at one's work* | ~等 shǎděng *keep waiting single-mindedly*

厦

厦 shà 12画 厂部

厦 厦厦厦厦厦厦厦厦厦厦

[名] 高大的房子: tall building; mansion | 高楼大~ gāolóudàshà *tall buildings*

筛

筛(篩) shāi 12画 竹部

筛 筛筛筛筛筛筛筛筛筛筛筛

❶[名] 筛子: sieve; sifter, screen

❷[动] 用筛子分选东西: sift; sieve; screen; riddle | ~面 shāimiàn *sieve (sift) flour* | ~米 shāimǐ *sift rice* | ~煤 shāiméi *riddle coal*

筛选 shāixuǎn ① *screen; sift* ② *select*

晒

晒(曬) shài 10画 日部

晒 晒晒晒晒晒晒晒晒

[动] 阳光照射;让阳光照射: (of the sun) shine upon; dry in the sun; bask | ~衣服 shài yīfu *dry clothes in the sun* | 脸~黑了。

Liǎn shāihēi le. *The face is tanned.* / 奶奶正在院子里~太阳。Nǎinai zhèngzài yuànzi li shāi tàiyáng. *Grandma is taking the sun in the yard.*

山 shān 3画 山部

山 山山山

[名] hill; mountain; anything resembling a mountain | 高~ gāoshān *high mountain* / 上~ shàngshān *go up a hill* / 冰~ bīngshān *iceberg*

山地 shāndì ① mountainous region; hilly area; hilly country ② field on a hill

山顶 shāndǐng the summit (or top) of a mountain; hilltop

山峰 shānfēng peak

山冈 shāngāng low hill; hillock

山沟 shāngōu gully; ravine; (mountain) valley

山谷 shāngǔ mountain valley; ravine

山河 shānhé mountains and rivers; the land of a country

山脚 shānjiǎo foot of a hill

山岭 shānlǐng mountain ridge

山脉 shānmài mountain range; mountain chain

山区 shānqū mountainous area

山泉 shānquán mountain spring

山水 shānshuǐ ① water from a mountain ② mountains and waters; landscape ③ traditional Chinese landscape painting

山头 shāntóu ① hilltop; top of a mountain ② mountain stronghold; faction

山羊 shānyáng ① goat ② (sports) buck

山腰 shānyāo half way up the mountain

山珍海味 shānzhēn-hǎiwèi delicacies from land and sea; dainties of every kind

登山 dēngshān

黄山 Huáng Shān

火山 huǒshān

矿山 kuàngshān

泰山 Tài Shān

中山装 zhōngshānzhuāng

◇山药 shānyao (bot.) Chinese yam

删 shān 7画 刂部

删 删删删删删删删

[动] 去掉(某些字句或内容): delete; leave out | ~改 shāngǎi *delete and change; revise* / ~除 shānchú *delete; cross out* / 这一段可以~去。Zhè yī duàn kěyǐ shānqù. *This paragraph can be left out.*

珊 shān 9画 王部

珊 珊 珊 珊 珊 珊 珊 珊

See 珊瑚

珊瑚 shānhú coral

闪(閃) shǎn 5画 门部

闪 闪 闪 闪 闪 闪

❶ [动] 迅速侧身避开：dodge; duck; get out of the way | ~开 shǎnkāi *get out of the way; jump aside* / ~过去 shǎnguòqu *get out of the way* / ~到树后 shǎndào shù hòu *dodge behind a tree*

❷ [动] 突然出现或时隐时现：flash; sparkle; shine | ~念 shǎnniàn *flash of thought* / 窗外~过一个人影。Chuāngwài shǎnguo yī gè rényǐng. *A shadow of a person flashed past the window.* / 远处灯光~了一下。Yuǎnchù dēngguāng shǎnle yī xià. *There was a flash of light in the distance.*

闪烁 shǎnshuò ① twinkle; glimmer; glisten ② evasive; vague; noncommittal

闪耀 shǎnyào glitter; shine; radiate

❸ [名] 天空的电光：lightning | 打~ dǎshǎn *lightning*

闪电 shǎndiàn lightning

❹ [动] 因动作过猛而扭伤：twist; sprain | ~了腰 shǎnle yāo *sprain one's back*

扇 shàn 10画 户部

扇 扇 扇 扇 扇 扇 扇 扇 扇 扇

❶ [名] 能摇动生风取凉的用具：fan | 折~ zhéshàn *folding fan*
扇子 shànzi fan
电扇 diànshàn
电风扇 diànfēngshàn

❷ [名] 指板状或片状的东西：leaf-shaped thing; panel | 门~ ménshàn *door panel* / 隔~ géshàn *partition screen*

❸ [量] 用于门窗等：used for doors, windows, etc. | 一~门 yī shàn mén *a door* / 两~窗子 liǎng shàn chuāngzi *two windows*

善 shàn 12画 羊部

善 善 善 善 善 善 善 善 善 善 善 善

❶ [形] 良好：wise; satisfactory; good | ~策 shàncè *good plan*
改善 gǎishàn　妥善 tuǒshàn
完善 wánshàn

❷ [形] 善良；心地好(跟"恶è"相对)：good; virtuous (the opposite of "恶è") | ~举 shǎnjǔ *philanthropic act or project* / ~事 shǎnshì *charitable deeds; good deeds* / ~心 shǎnxīn *kindheartedness*

善待 shàndài treat sb. well

善良 shànliáng good and honest; kind-hearted

善意 shànyì goodwill; good intentions

慈善 císhàn

❸[动]在某方面有专长：be good at; be expert in | ~于经营 shànyú jīngyíng *good at management*

善于 shànyú be good at; be adept in

能歌善舞 nénggē-shànwǔ

❹[动]容易：be apt to | ~变 shànbiàn *be apt to change; changeable* / ~忘 shànwàng *forgetful* / ~疑 shànyí *be apt to doubt; doubtful*

◇善后 shànhòu deal with problems arising down from an accident, etc.

擅 shàn 16画 扌部

擅擅擅擅擅擅擅擅擅擅擅擅擅擅

❶[动]超越权限自作主张：arrogate to oneself and do sth. beyond one's own authority | ~离岗位 shànlí gǎngwèi *leave one's post without permission*

擅自 shànzì do sth. without authorization

❷[动]在某方面有专长；善于：be good at; be expert in | 不~交际 bù shàn jiāojì *be not particularly good at social intercourse*

擅长 shàncháng be good at; be expert in; be skilled in

伤(傷) shāng 6画 亻部

伤伤伤伤伤伤

❶[名]人或其他物体受到的损害：wound; injury | 刀~ dāoshāng *knife wound* / 烫~ tàngshāng *scald* / ~好了。Shāng hǎo le. *The wound has healed.*

伤痕 shānghén scar; bruise

伤口 shāngkǒu wound; cut

伤势 shāngshì the condition of an injury or wound

伤亡 shāngwáng injuries and deaths; casualties

伤员 shāngyuán wounded personnel; the wounded

负伤 fùshāng 受伤 shòushāng 重伤 zhòngshāng

❷[动]损害：injure; hurt | ~感情 shāng gǎnqíng *hurt sb.'s feeling* / ~了筋骨 shāngle jīngǔ *be injured in the tendons or bones*

伤害 shānghài injure; harm; hurt

633

伤脑筋 shāngnǎojīn knotty; troublesome; bothersome
损伤 sǔnshāng

❸[动]悲哀；忧愁：be distressed | 哀～āishāng sad; sorrowful / ～感 shānggǎn filled with sorrows; sentimental
伤心 shāngxīn sad; grieved; broken-hearted
悲伤 bēishāng

商 shāng 11画 一部

商商商商商商商商商商商

❶[名]商人：merchant; businessman | 布～bùshāng cloth trader / 富～fùshāng rich businessman / 批发～pīfāshāng wholesaler
商人 shāngrén businessman; merchant; trader
厂商 chǎngshāng
代理商 dàilǐshāng

❷[名]买卖货物的活动；商业：commerce; business
商标 shāngbiāo trade mark
商场 shāngchǎng department store; bazaar
商店 shāngdiàn shop; store
商机 shāngjī business opportunity
商家 shāngjiā business establishment
商品 shāngpǐn commodity; goods; merchandise
商业 shāngyè commerce; trade; business
经商 jīngshāng 通商 tōngshāng
招商 zhāoshāng

❸[动]讨论；交换意见：discuss; consult | 面～miànshāng discuss with sb. face to face; consult personally
商量 shāngliang consult; discuss; talk over
商榷 shāngquè deliberate; discuss
商谈 shāngtán exchange views; confer; discuss; negotiate
商讨 shāngtǎo discuss; deliberate
商议 shāngyì confer; discuss
磋商 cuōshāng 协商 xiéshāng

❹[名]除法中的得数：quotient | 8被2除，～数是4。Bā bèi èr chú, shāngshù shì sì. The quotient is four if eight is divided by two.

晌 shǎng 10画 日部

晌晌晌晌晌晌晌晌晌晌

[名]正午或正午前后：noon | 睡～觉 shuì shǎngjiào (dial.) take a nap at noon
晌午 shǎngwu midday; noon

赏 (賞) shǎng 12画 贝部

赏 赏赏赏赏赏赏赏赏赏赏赏赏

❶ [动] 赐给；奖励（跟"罚fá"相对）：reward; award (the opposite of "罚fá") | 奖~jiǎngshǎng *give awards* | ~罚分明 shǎngfá-fēnmíng *be fair in meting out rewards and punishments*

赏光 shǎngguāng (pol.) may I have the pleasure of your presence (used when requesting sb. to accept an invitation)

悬赏 xuánshǎng

❷ [动] 宣扬；称赞：advocate; praise
赞赏 zànshǎng

❸ [动] 观看；品味：admire; enjoy; appreciate | ~月 shǎngyuè *enjoy the bright full moon* | ~花 shǎnghuā *admire the beauty of flowers* | 雅俗共~ yǎsú-gòngshǎng *suit both refined and popular tastes*

观赏 guānshǎng

鉴赏 jiànshǎng 欣赏 xīnshǎng

上 shàng 3画 卜部

上 上上上

❶ [名] 高处；位置在高处的（跟"下 xià"相对）：in an upper position; above (the opposite of "下 xià") | 山~ shān shàng *up in the mountain; hill-top* | ~身 shàngshēn *upper part of the body* | 往~看 wǎngshàng kàn *look up (upward)*

上边 shàngbian above; over; on top of; on the surface of

上层 shàngcéng upper strata; upper levels

上空 shàngkōng in the sky; overhead

上面 shàngmian ① above; over; on top of; on the surface of ② above-mentioned; aforesaid; foregoing

上头 shàngtou ① above; over; on top of; on the surface ② higher authorities; higher-ups

上下 shàngxià ① high and low; one's superiors and inferiors ② from top to bottom; up and down ③ relative superiority or inferiority ④ (used after round numbers) about

上衣 shàngyī upper outer garment; jacket

上游 shàngyóu ① upper reaches (of a river) ② advanced position

❷ [形] 时间或次序在前的：preceding (in time or order) | ~一次 shàng yī cì *last time* | ~半年 shàngbànnián *the first half of the year* | ~册 shàngcè *the first volume; Volume One; Book One* | ~篇 shàngpiān *first section; first chapter*

上述 shàngshù above-mentioned; aforementioned; aforesaid

上午 shàngwǔ forenoon; morning

上旬 shàngxún the first ten-day period of a month

❸ [名] 等级或质量较高的：the higher; the superior | ~品 shàngpǐn *highest grade; best of all* / ~策 shàngcè *first choice; the best way out*

上等 shàngděng first-class; first-rate; superior

上级 shàngjí higher level; higher authorities

上将 shàngjiàng general; admiral; air chief marshal

顶头上司 dǐngtóu shàngsi

❹ [动] 从低处到高处：go up; mount; board; get on | ~山 shàng shān *climb up a mountain* / ~楼 shàng lóu *go upstairs* / ~飞机 shàng fēijī *board a plane*

上场 shàngchǎng ① appear on the stage; enter ② (sports) enter the court or field; join in a contest

上来 shànglái(lai) come up

上去 shàngqù(qu) go up

上升 shàngshēng rise; go up; ascend

上台 shàngtái ① go up onto the platform; appear on the stage ② assume power; come (rise) to power

上涨 shàngzhǎng rise; go up

❺ [动] 去；往：go to; leave for | ~北京 shàng Běijīng *leave for Beijing* / 你~哪儿去了？Nǐ shàng nǎr qù le? *Where did you go?*

❻ [动] 达到；够（一定的数量或程度）：be up to; be as many as | ~百人 shàng bǎi rén *up to a hundred people* / 老张已经~年纪了。Lǎo Zhāng yǐjīng shàng niánjì le. *Old Zhang is getting on in years.*

成千上万 chéngqiān-shàngwàn

❼ [动] 登载；播出：be put on record; be carried (in a publication) | ~光荣榜 shàng guāngróngbǎng *enter the honour roll* / 他的事迹~了电视了。Tā de shìjì shàngle diànshì le. *His good deeds have been coveraged on TV.*

上演 shàngyǎn put on the stage; perform

❽ [动] 安装；拧紧：place sth. in position; set; fix | ~螺丝 shàng luósī *drive in a screw* / 这块表已经~了弦。Zhè kuài biǎo yǐjīng shàngle xián. *The watch has been wound up.*

❾ [动] 涂；抹：apply; paint; smear | ~药 shàng yào *apply ointment; apply medical liquid* / ~颜色 shàng yánsè *apply colour*

❿ [动] 按规定的时间活动：be engaged (in work, study, etc.) at a fixed time | 下午的课不~了。

Xiàwǔ de kè bù shàng le. *Classes for this afternoon are cancelled.*

上班 shàngbān go to work; start work; be on duty

上课 shàngkè ① attend class; go to class ② conduct a class; give a lesson (lecture)

上任 shàngrèn take up an official post; assume office

上学 shàngxué go to school; attend school; be at school

⓫ [动] 用在动词后，表示动作达到了目标或已经开始并继续下去：used after a verb to indicate achievement of one's goal or the beginning and continuity of an action | 锁~门 suǒshang mén *lock a door* / 考~大学 kǎoshang dàxué *be admitted to a college* / 她爱~了草原。Tā àishangle cǎoyuán. *She's fallen in love with the grasslands.*

赶上 gǎnshang
称得上 chēngdeshàng
看上去 kànshàngqu

⓬ [名] 用在名词后，表示在物体的表面或在某事物的范围以内，也表示某一方面：used after noun to indicate the surface or scope of sth. | 脸~ liǎn shang *on the face* / 车~ chē shang *in the car* / 会~ huì shang *at the meeting* / 桌子~ zhuōzi shang *on the table* / 报纸~ bàozhǐ shang *in the newspaper* / 事实~ shìshí shang *in fact; in reality; actually*

路上 lùshang 天上 tiānshàng
晚上 wǎnshang 早上 zǎoshang

◇ 上报 shàngbào report to a higher body; report to the leadership

上当 shàngdàng be taken in; be fooled; be duped

上帝 shàngdì God

上交 shàngjiāo turn over to the higher authorities; hand in

上市 shàngshì ① go (or appear) on the market ② be on the list of stockmarket

上诉 shàngsù (leg.) appeal (to a higher court)

上网 shàngwǎng access the Internet

基本上 jīběnshàng

尚 shàng 8画 小部

尚 尚尚尚尚尚尚尚尚

❶ [形] 崇高：lofty; high | 崇~ chóngshàng *uphold; advocate*
高尚 gāoshàng
时尚 shíshàng

❷ [副] 还：still; yet | 年纪~小 niánjì shàng xiǎo *still young* / 为时~早。Wéishí shàng zǎo. *It is too early to handle this; The opportunity is not ripe yet.* / ~未解决 shàngwèi jiějué *remains*

to be settled; not resolved yet
尚未 shàngwèi *not yet*

裳 shang 14画 衣部

裳裳裳裳裳裳裳裳裳裳裳裳裳裳

See 衣裳
衣裳 yīshang

捎 shāo 10画 扌部

捎捎捎捎捎捎捎捎捎捎

[动] 顺便带：take along sth. to or for sb. | ~封信 shāo fēng xìn *bring a letter to sb. (on one's way to somewhere)*

烧 (燒) shāo 10画 火部

烧烧烧烧烧烧烧烧烧烧

❶ [动] 使着火；着火：burn | ~煤 shāo méi *burn coal* / 你最好把那封信~了。Nǐ zuìhǎo bǎ nà fēng xìn shāo le. *You'd better burn up that letter.*

烧毁 shāohuǐ *destroy by fire; burn up*
燃烧 ránshāo

❷ [动] 加热使物体起变化：heat | ~水 shāoshuǐ *heat up water* / 饭~熟了。Fàn shāoshú le. *The rice is done.*

❸ [动] 一种烹调方法：stew after frying or fry after stewing | ~鸡 shāojī *roast chicken* / ~茄子 shāo qiézi *stewed eggplant* / ~羊肉 shāo yángròu *stewed lamb*
红烧 hóngshāo

❹ [动] 体温增高：run a fever; have a high temperature | ~退了。Shāo tuì le. *The fever is down.* / 孩子的脸蛋儿~得通红。Háizi de liǎndànr shāo de tōnghóng. *The child had such a high temperature that his face became flushed.*

发烧 fāshāo   高烧 gāoshāo
◇烧饼 shāobing *sesame seed cake*

梢 shāo 11画 木部

梢梢梢梢梢梢梢梢梢梢梢

[名] 条状物较细的一头：tip; the thin end of a twig, etc. | 树~ shùshāo *tip of a tree* / 眉~ méishāo *tip of the brow* / 辫~ biànshāo *end of a plait*

稍 shāo 12画 禾部

稍稍稍稍稍稍稍稍稍稍稍稍

[副] 略微：a little; slightly | 这大衣~长了一点。Zhè dàyī shāo

chángle yīdiǎn. *The coat is a bit long.* / 请你~等一会儿。Qǐng nǐ shāoděng yīhuìr. *Please wait a moment; Just a moment, please.*

稍微 shāowēi a little; a bit; slightly; a trifle

勺 sháo 3画 勺部

勺 勺 勺

[名] 用来舀东西的半球形器具：spoon; ladle | 铁~ tiěsháo *iron ladle* / 饭~ fànsháo *rice ladle*

勺子 sháozi ladle; scoop

少 shǎo 4画 小部

少 少 少 少 少

❶ [形] 数量小(跟"多 duō"相对)：few; little (the opposite of "多 duō") | 东西很~ dōngxi hěn shǎo *very few things* / 以~胜多 yǐshǎo-shèngduō *defeat the many with the few* / 这个人说得多，做得~。Zhège rén shuōdeduō, zuòdeshǎo. *The man talked much and did little.*

少见 shǎojiàn seldom seen; infrequent; rare

少量 shǎoliàng a small amount; a little; a few

少数 shǎoshù a small number; few; minority

少有 shǎoyǒu rare; few and far between

少数民族 shǎoshù mínzú minority party; minority; ethnic minority

不少 bùshǎo 多少 duōshǎo
多少 duōshao 减少 jiǎnshǎo
至少 zhìshǎo

❷ [动] 短缺；不够原有的或应有的数目：be short; lack | ~穿一件衣服 shǎo chuān yī jiàn yīfu *take off an article of clothing* / 全体同学都来了，一个没~。Quántǐ tóngxué dōu lái le, yī gè méi shǎo. *All the students have come and none is absent.* / 文娱活动~不了他。Wényú huódòng shǎobuliǎo tā. *He is a must for any recreational activities.*

缺少 quēshǎo

❸ [动] 丢失：lose; be missing | 屋里~了东西。Wūli shǎole dōngxi. *There is something missing in the room.* / ~了一本书。Shǎole yī běn shū. *One book is missing.*

See shào.

少 shào 4画 小部

少 少 少 少 少

[形] 年纪轻(跟"老 lǎo"相对)：young (the opposite of "老 lǎo")

639

| 男女老~ nán-nǚ-lǎo-shāo *men and women, old and young* / 青春年~ qīngchūn niánshào *in the prime of youth; in the prime of life*

少年 shàonián ① early youth (from about ten to sixteen) ② boy or girl in early teens; juvenile

少女 shàonǚ young girl

少先队 shàoxiānduì Young Pioneers

青少年 qīngshàonián See shǎo.

哨

哨 shāo 10画 口部

哨 哨哨哨哨哨哨哨 哨哨

❶ [名] 巡逻、警戒、防守的岗位：sentry post; post | 放~ fàngshào *stand sentry; stand on sentry duty* / 岗~ gǎngshào *sentry post*

哨兵 shàobīng sentry; guard

❷ [名] 哨子：whistle | 吹~ chuīshào *blow a whistle*

奢

奢 shē 11画 大部

奢 奢奢奢奢奢奢奢 奢奢奢

[形] 过多地花费钱财，追求享受（跟"俭jiǎn"相对）：luxurious; extravagant (the opposite of "俭 jiǎn") | ~华 shēhuá *luxurious*

奢侈 shēchǐ luxurious; extravagant; wasteful

舌

舌 shé 6画 舌部

舌 舌舌舌舌舌舌

[名] tongue

舌头 shétou tongue

长舌妇 chángshéfù

大舌头 dàshétou

蛇

蛇 shé 11画 虫部

蛇 蛇蛇蛇蛇蛇蛇蛇 蛇蛇蛇

[名] snake; serpent

舍

舍 (捨) shě 8画 人部

舍 舍舍舍舍舍舍舍舍

[动] 放弃；丢下；give up; abandon | ~弃 shěqì *give up* / ~身 shěshēn *give up one's life* / ~近求远 shějìn-qiúyuǎn *seek far and wide and set aside what lies close at hand*

舍得 shědé be willing to part with; not grudge

舍不得 shěbudé hate to part with or use; grudge

See shè.

设(設) shè 6画 讠部

设 设设设设设设

❶ [动]设立；布置：set up; arrange; found | ~宴款待 shèyàn kuǎndài *give a banquet in honour of sb.* / 总公司~在上海。Zǒnggōngsī shè zài Shànghǎi. *The headquarter is based in Shanghai.*

设备 shèbèi equipment; facility
设定 shèdìng enactment
设立 shèlì establish; set up; found
设施 shèshī facility
设置 shèzhì set up; put up; install
摆设 bǎishè　创设 chuàngshè
建设 jiànshè　开设 kāishè
增设 zēngshè

❷ [动]筹划；考虑：work out | ~了个圈套 shèle ge quāntào *set a trap*

设法 shèfǎ manage; get by; try
设计 shèjì devise; design; set up
设想 shèxiǎng ① imagine; envisage; conceive; assume ②tentative plan; tentative idea ③ have consideration for
设计师 shèjìshī ① designer ② architect
假设 jiǎshè
想方设法 xiǎngfāng-shèfǎ

社 shè 7画 礻部

社 社社社社社社

[名]指某些团体或机构：organized body; agency; society | 报~ bàoshè *news agency* / 合作~ hézuòshè *cooperative* / 旅行~ lǚxíngshè *travel agency*

社论 shèlùn editorial; leading article; leader
社区 shèqū community
社团 shètuán mass organization
社员 shèyuán member of a society, club, etc.
通讯社 tōngxùnshè
信用社 xìnyòngshè

◇社会 shèhuì society; community
社会主义 shèhuì zhǔyì socialism

舍 shè 8画 人部

舍 舍舍舍舍舍舍舍舍

[名]居住的房屋，住所：house; hut | 宿~ sùshè dormitory
See shě.

射 shè 10画 身部

射 射射射射射射射射射射

641

❶ [动] 用压力、推力或弹力送出：shoot; fire | 扫~ sǎoshè *strafe* / ~箭 shèjiàn *shoot an arrow* / ~进一球 shèjìn yī qiú *kick the ball into the goal; score a goal*

射击 shèjī shoot
射门 shèmén (sports) shoot (at the goal)

❷ [动] 液体受压通过小孔迅速喷出：jet; spout

喷射 pēnshè　　注射 zhùshè

❸ [动] 发出(光、热、电波等)：send out (light, heat, electric wave, etc.) | ~线 shèxiàn *ray* / 放~光芒 fàngshè guāngmáng *radiate brilliant light*

反射 fǎnshè　　放射 fàngshè
辐射 fúshè　　折射 zhéshè

涉 shè 10画 氵部

涉涉涉涉涉涉涉涉涉涉

[动] 牵连：involve | ~嫌 shèxián *be suspected of being involved*

涉及 shèjí involve; relate to; touch upon
涉外 shèwài concerning foreign affairs or foreign nationals
涉足 shèzú (formal) set foot in
干涉 gānshè　　交涉 jiāoshè

摄 (攝) shè 13画 扌部

摄摄摄摄摄摄摄摄摄摄摄摄摄

❶ [动] 吸取：absorb; assimilate | ~取 shèqǔ *absorb* / ~食 shèshí *(of animals) feed*

❷ [动] 摄影：take a photograph of; shoot | ~制 shèzhì *produce (a film)* / 这个镜头可不容易~。Zhège jìngtóu kě bù róngyì shè. *This scene is by no means easy to shoot.*

摄像 shèxiàng make a video recording (with a video camera or TV camera)
摄影 shèyǐng photography; shot
摄像机 shèxiàngjī camera
摄影师 shèyǐngshī photographer; cameraman
拍摄 pāishè
◇摄氏 shèshì Celsius

谁 (誰) shéi 10画 讠部

谁谁谁谁谁谁谁谁谁

❶ [代] 疑问代词，询问不知道的人：interrogative pronoun, who | 你找~? Nǐ zhǎo shéi? *Who are you looking for?* / ~来啦? Shéi lái la? *Who's coming?*

❷ [代] 指代不能肯定的人：used in a supposition to indicate someone

❸ [代] 指代任何人：anyone; whoever | 大家看～合适就选～。Dàjiā kàn shéi héshì jiù xuǎn shéi. *Select whoever you think is suitable.* / ～都可以做。Shéi dōu kěyǐ zuò. *Anyone can do it.*

申 shēn 5画 丨部

申 申申申申申

[动] 说明；陈述：state; express; explain | ～辩 shēnbiàn *defend oneself; explain oneself* / ～明理由 shēnmíng lǐyóu *explain one's reason for doing sth.*

申报 shēnbào ① report to a higher body ② declare sth. (to the Customs)

申请 shēnqǐng apply for; file an application

申述 shēnshù state; explain in detail

重申 chóngshēn

伸 shēn 7画 亻部

伸 伸伸伸伸伸伸

[动] 舒展开：stretch; extend | ～直 shēnzhí *straighten* / 他～出头来四处望。Tā shēnchū tóu lai sìchù wàng. *He stuck out his head to look around.*

伸手 shēnshǒu ① stretch (hold) out one's hand ② ask for help, etc.

伸展 shēnzhǎn spread; extend; stretch

延伸 yánshēn

身 shēn 7画 身部

身 身身身身身身身

❶ [名] 身体：body | 转过～去 zhuǎnguò shēn qu *turn round one's body* / 这套衣服挺合～。Zhè tào yīfu tǐng héshēn. *This suit fits perfectly.*

身边 shēnbiān ① at (by) one's side ② (have sth.) on one; with one

身材 shēncái stature; figure

身高 shēngāo height (of a person)

身体 shēntǐ ① body ② health

身影 shēnyǐng a person's silhouette; form; figure

身子 shēnzi body

动身 dòngshēn　翻身 fānshēn
浑身 húnshēn　健身 jiànshēn
起身 qǐshēn　　热身 rèshēn
人身 rénshēn　随身 suíshēn

❷ [名] 物体的主要部分：main part of a structure; body | 车～ chēshēn *body of a car* / 船～ chuánshēn *body of a*

643

ship / 树~ shùshēn *trunk*

❸ [名] 自身；本人：oneself | ~临其中 shēnlínqízhōng *be personally on the scene*
本身 běnshēn　亲身 qīnshēn
自身 zìshēn
以身作则 yǐshēn-zuòzé

❹ [名] 生命；一生：life | 她舍~救孩子。Tā shěshēn jiù háizi. *She sacrificed her life to save the child.*
献身 xiànshēn 终身 zhōngshēn

❺ [名] 身份、地位：status
身份 shēnfèn status; capacity; identity; honourable position; dignity
身份证 shēnfènzhèng identity card; identification card; ID card; ID
出身 chūshēn　单身 dānshēn

❻ [量] 用于衣服：(for clothing) suit | 一~新衣服 yī shēn xīn yīfu *a set of new suit*

呻　shēn　8画 口部

呻呻呻呻呻呻呻呻

See 呻吟
呻吟 shēnyín groan; moan; utter moans

绅 (紳)　shēn　8画 纟部

绅绅绅绅绅绅绅绅

See 绅士
绅士 shēnshì gentleman; gentry

深　shēn　11画 氵部

深深深深深深深深深深深

❶ [形] 从上到下或从外到里的距离大(跟"浅qiǎn"相对)：deep (the opposite of "浅qiǎn") | ~山 shēnshān *remote mountains* / 这条河很~。Zhè tiáo hé hěn shēn. *The river is very deep.* / 这个院子很~。Zhège yuànzi hěn shēn. *The yard is very deep.*
深层 shēncéng ① depth; deeper layers ② deep-going; thorough; incisive
深处 shēnchù depth; deep
深度 shēndù ① degree of depth ② advanced stage of development
深浅 shēnqiǎn depth
资深 zīshēn
根深蒂固 gēnshēn-dìgù

❷ [形] 程度高；(道理、含义等)不易理解：difficult; profound | 道理很~ dàolǐ hěn shēn *contain profound truth* / 这本书内容太~。Zhè běn shū nèiróng tài shēn. *This book is too difficult.*
深奥 shēn'ào abstruse; profound; recondite

深沉 shēnchén ① deep ② (of sound or voice) low-pitched; deep; dull ③ undemonstrative; reserved

深化 shēnhuà deepen

深重 shēnzhòng very grave; extremely serious

加深 jiāshēn

❸ [形] 深入，深刻：thoroughgoing; penetrating; profound ｜ ~谈 shēntán *discuss thoroughly* / 印象很~ yìnxiàng hěn shēn *have deep impression* / 影响很~ yǐngxiǎng hěn shēn *exert a profound influence*

深刻 shēnkè deep; profound; deepgoing

深入 shēnrù ① go deep into; penetrate into ② thorough; deepgoing

深远 shēnyuǎn profound and lasting; far-reaching

❹ [形] (感情)深厚；(关系)密切：close; intimate ｜ 交情~ jiāoqing shēn *be on intimate terms* / 两人的关系很~。Liǎng rén de guānxi hěn shēn. *The two of them have profound friendship.*

深厚 shēnhòu deep; profound; solid

深切 shēnqiè ①heartfelt; deep; profound ② keenly

深情 shēnqíng deep feeling; deep love

❺ [形] 颜色浓（跟"浅 qiǎn"相对）：dark; deep (the opposite of "浅 qiǎn") ｜ ~红 shēnhóng *deep red; crimson* / ~蓝 shēnlán *dark blue* / 颜色太~。Yánsè tài shēn. *The colour is too dark.*

❻ [形] 距离开始的时间久：late ｜ ~秋 shēnqiū *late autumn* / 夜~了。Yè shēn le. *It was late at night.*

深夜 shēnyè late at night; in the small hours of the morning

夜深人静 yèshēn-rénjìng

❼ [副] 很；十分：very; greatly; deeply ｜ ~知 shēnzhī *know very well; be fully(keenly) aware* / ~表同情 shēn biǎo tóngqíng *show deep sympathy*

深信 shēnxìn be deeply convinced; firmly believe

什 shén 4画 亻部

什 什什什什

See 什么

什么 shénme ① what ② any; every ③ something; anything ④ whatever ⑤ expressing anger, surprise, censure or negation ⑥ expressing disapproval or disagreement ⑦ things like; such as; and so on; and what not

See shí.

645

神 shén 9画 礻部

神神神神神神神神神

❶ [名] god; deity
神话 shénhuà myth
神仙 shénxiān supernatural being; celestial being; immortal
神州 Shénzhōu the Divine Land (a poetic name for China)

❷ [形] 特别高超、出奇的：supernatural; magical | ~医 shényī *highly skilled doctor* / ~效 shénxiào *magical effect* / 这事越说越~了。Zhè shì yuè shuō yuè shén le. *The more it is talked about, the more incredible it becomes.*
神秘 shénmì mysterious; mystical
神奇 shénqí magical; mystical; miraculous
神圣 shénshèng sacred; holy

❸ [名] 精神；精力：spirit; mind | 凝~ níngshén *concentrate (focus) one's attention* / 闭目养~ bìmù yǎngshén *close one's eyes and rest one's mind* / 聚精会~ jùjīng-huìshén *concentrate one's attention; be all attention*
出神 chūshén 精神 jīngshén
留神 liúshén

❹ [名] 人的表情和表现出的内心状态：expression; look
神气 shénqì expression; air; manner
神情 shénqíng expression; look
神色 shénsè expression; look
神态 shéntài expression; manner; bearing; mien
眼神 yǎnshén
◇神经 shénjīng nerve

审（審）shěn 8画 宀部

审审审审审审审审

❶ [动] 仔细地观察、考查：examine; go over | ~阅 shěnyuè *examine carefully and critically* / ~稿 shěngǎo *go over a manuscript*
审查 shěnchá examine; investigate
审定 shěndìng examine and approve
审核 shěnhé verify; check
审美 shěnměi aethetics; appreciation of the beautiful
审批 shěnpī examine and approve; examine and give instructions
审视 shěnshì look closely at; examine closely
审议 shěnyì review; deliberate
评审 píngshěn

❷ [动] 讯问案件：interrogate; try | ~案 shěn'àn *try a case* / 公~

gōngshěn *put sb. on public trial* / 受～shòushěn *be put on trial*
审理 shěnlǐ try; hear
审判 shěnpàn bring to trial; try
审讯 shěnxùn ① hearing ② interrogate; try
终审 zhōngshěn
陪审员 péishěnyuán

婶 (嬸) shěn 11画 女部

婶婶婶婶婶婶婶婶婶婶婶

❶ [名] 叔叔的妻子：wife of father's younger brother; aunt
婶子 shěnzi wife of father's younger brother; aunt
❷ [名] 称呼与母亲平辈而年纪较小的已婚妇女：form of address for a woman younger than one's mother but of the same generation; aunt | 大～儿 dàshěnr *aunt*

肾 (腎) shèn 8画 月部

肾肾肾肾肾肾肾肾

[名] kidney
肾炎 shènyán nephritis

甚 shèn 9画 一部

甚甚甚甚甚甚甚甚甚

[副] 很；极：very; extremely | ～好 shènhǎo *very good* / 欺人太～。Qīrén tài shèn. *It's going too far.*
甚至 shènzhì ① even to the extent that ② (go) so far as to; so much so that
甚至于 shènzhìyú furthermore; even to the extent that

渗 (滲) shèn 11画 氵部

渗渗渗渗渗渗渗渗渗渗渗

[动] 液体慢慢地透入或漏出：ooze; seep | ～水 shènshuǐ *water oozing out* / 雪水～进地里去了。Xuěshuǐ shènjìn dìli qù le. *The melted snow seeped into the fields.*
渗透 shèntòu ① permeate; seep ② penetrate; infiltrate

慎 shèn 13画 忄部

慎慎慎慎慎慎慎慎慎慎慎慎

[形] 小心：careful; cautious | 不～ bùshèn *careless*
慎重 shènzhòng cautious; careful; prudent; discreet
谨慎 jǐnshèn

647

升 shēng 4画 丿部

升 升升升升

❶ [动] 向上或向高处移动（跟"降 jiàng"相对）：move upward (the opposite of "降 jiàng") | ～旗 shēngqí *raise a flag* / 太阳从东方～起。Tàiyáng cóng dōngfāng shēngqǐ. *The sun rises in the east*.

升值 shēngzhí (econ.) ① revalue ② appreciate
上升 shàngshēng

❷ [动]（级别）提高：promote | ～级 shēngjí *go up one grade; promote one's status; escalate*

升学 shēngxué go to a school of a higher grade; enter a higher school
晋升 jìnshēng 提升 tíshēng

生 shēng 5画 生部

生 生生生生生

❶ [动] 生育；出生；生长：give birth to; bear; grow | ～孩子 shēng háizi *give birth to a child* / 他～于1950年。Tā shēngyú yījiǔwǔlíng nián. *He was born in 1950.* / ～根 shēnggēn *take root* / ～芽 shēngyá *sprout*

生产 shēngchǎn ① produce; manufacture ② give birth to a child
生理 shēnglǐ physiology
生日 shēngrì birthday
生肖 shēngxiào any one of the names of 12 symbolic animals associated with a 12-year cycle, often used to denote the year of a person's birth (the 12 animals are: rat, ox, tiger, hare, dragon, snake, horse, sheep, monkey, cock, dog and pig)
生育 shēngyù give birth to; bear
生长 shēngzhǎng ① grow ② grow up; be brought up; put forth
生殖 shēngzhí reproduction
生产力 shēngchǎnlì productive forces
生产率 shēngchǎnlǜ productivity
生产线 shēngchǎnxiàn production line
生儿育女 shēng'ér-yùnǚ bear (children) and raise
出生 chūshēng 诞生 dànshēng
亲生 qīnshēng 野生 yěshēng
独生子女 dúshēng zǐnǚ

❷ [名] 学习的人；学生：pupil; student | 师～关系 shīshēng guānxi *teacher-student relation* / 毕业～ bìyèshēng *graduate*

考生 kǎoshēng
男生 nánshēng
女生 nǚshēng
师生 shīshēng

学生 xuésheng
招生 zhāoshēng
博士生 bóshìshēng
大学生 dàxuéshēng
留学生 liúxuéshēng
实习生 shíxíshēng
书生气 shūshēngqì
小学生 xiǎoxuéshēng
研究生 yánjiūshēng
中学生 zhōngxuéshēng

❸[动]产生；发生：happen; engender; get | ～疑心 shēng yíxīn *become suspicious* / 惹是～非 rěshì-shēngfēi *provoke a dispute; stir up trouble*
生病 shēngbìng fall ill
生气 shēngqì ① take offence; get angry ② vim; vitality
生效 shēngxiào go into effect; become effective
产生 chǎnshēng
天生 tiānshēng

❹[动]生存；活着（跟"死sǐ"相对）：live; exist (the opposite of "死sǐ") | 复～fùshēng *come back to life*
生存 shēngcún subsist; exist; live
生活 shēnghuó ①life ②live ③ livelihood ④ work (of workers, peasants, or handicraftsman)
生机 shēngjī ① lease of life ② life; vitality
生前 shēngqián before one's death; during one's lifetime
生态 shēngtài organisms' biological and life habits; modes of life and relation to their environment; ecology

❺[形]有生命力的；活着的：living; alive | 活～～huóshēngshēng ① *real; living* ② *while still alive*
生动 shēngdòng lively; vivid
生物 shēngwù living thing; living being; organism
微生物 wēishēngwù

❻[名]生命；一辈子：existence; life | 丧～sàngshēng *lose one's life* / 逃～táoshēng *escape with one's life*
生命 shēngmìng life
生命力 shēngmìnglì life force; vitality
人生 rénshēng
卫生 wèishēng
养生 yǎngshēng
一生 yīshēng
维生素 wéishēngsù
卫生间 wèishēngjiān

❼[名]维持生活的手段：livelihood | 谋～móushēng *earn one's livelihood; make a living* / 以写作为～yǐ xiězuò wéi shēng *make a living by writing*
做生意 zuòshēngyi

❽[形]没有成熟的；没有煮熟的；没有加工的：unripe; green; raw; uncooked | ～吃 shēng chī *eat raw* / 吃～虾chī shēngxiā *eat shrimps raw* / ～黄瓜 shēng huángguā *uncooked* cucumber / 这西瓜是~的。Zhè xīguā shì shēng de. *This watermelon is not ripe yet.*

❾ [形] 没有加工或训练的：unprocessed; unrefined; crude | ~铁 shēngtiě *pig iron* / ~皮 shēngpí *rawhide; (untanned) hide*

❿ [形] 不熟悉：unfamiliar; unacquainted; strange | ~字 shēngzì *new words or characters* / 这孩子认~。Zhè háizi rènshēng. *The child is shy with strangers.*

生词 shēngcí new word
生人 shēngrén stranger
生疏 shēngshū ① not familiar ② out of practice; rusty ③ not as close as before
陌生 mòshēng
陌生人 mòshēngrén

⓫ [形] 生硬，勉强：stiff; mechanical | ~硬 shēngyìng ① *(of writing) not polished; crude* ② *stiff; rigid* / 我们不能~搬别人的经验。Wǒmen bùnéng shēngbān biérén de jīngyàn. *We cannot apply other people's experience mechanically.*

⓬ [副] 很：extremely; very | 手碰得~疼。Shǒu pèng de shēngténg. *My hand was hurt and very painful.*

生怕 shēngpà for fear that; so as not to; lest

◇生意 shēngyi ① tendency to grow; life and vitality ② business; trade
好好先生 hǎohǎo xiānsheng

声（聲）shēng 7画 士部

声 声 声 声 声 声 声

❶ [名] 声音：sound; voice | 风~ fēngshēng *sound of wind* / 笑~ xiàoshēng *laughter* / 脚步~ jiǎobùshēng *sound of footsteps* / 大~说话 dàshēng shuōhuà *speak in a loud voice*

声调 shēngdiào tone; intonation; accent
声音 shēngyīn sound; voice
大声 dàshēng 发声 fāshēng
歌声 gēshēng 呼声 hūshēng
铃声 língshēng
尾声 wěishēng
响声 xiǎngshēng
相声 xiàngsheng
心声 xīnshēng
噪声 zàoshēng
掌声 zhǎngshēng

❷ [动] 陈述；宣布；发出声音：make a sound; make known; state | ~张 shēngzhāng *make public* / ~称 shēngchēng *claim* / 不~不响 bùshēng-bùxiǎng *not utter a word; keep quiet*

声明 shēngmíng ① state; declare; announce ② statement; declaration

❸ [名] 名誉；威望：reputation | ~望 shēngwàng *popularity; reputation*
  声势 shēngshì *impetus; momentum*
  声誉 shēngyù *reputation; fame; prestige*
  名声 míngshēng
❹ [名] 声调，音节的高低升降：tone | ~调 shēngdiào *tone* / 四~ sìshēng *the four tones in Chinese*
  声母 shēngmǔ (phonet.) the initial of a syllable (usu. a consonant)
❺ [量] 用于声音发出的次数：used for frequency of utterance | 喊了一~ hǎnle yī shēng *give a shout* / 我接连叫了几~。Wǒ jiēlián jiàole jǐ shēng. *I gave out several shouts in succession.*

牲 shēng 9画 牛部

牲牲牲牲牲牲牲牲牲

[名] 家畜：domestic animal
  牲畜 shēngchù *beast*
  牲口 shēngkou *draught animal; beast of burden*
  牺牲 xīshēng

绳（繩）shéng 11画 纟部

绳绳绳绳绳绳绳绳绳绳绳

[名] rope; cord; string | 麻~ máshéng *hemp rope* / 钢丝~ gāngsīshéng *steel cable; wire rope* / 用~子捆书 yòng shéngzi kǔn shū *tie up books with rope*
  绳子 shéngzi *rope*

省 shěng 9画 目部

省省省省省省省省省

❶ [动] 免掉；减去：omit; leave out | ~一道工序 shěng yī dào gōngxù *eliminate one step from working procedure* / 这个句子可以~去。Zhège jùzi kěyǐ shěngqù. *This sentence can be omitted.*
  省得 shěngde *so as to save*
  省略 shěnglüè *skip; be elliptic; ellipsis*
❷ [动] 节约（跟"费 fèi"相对）：economize; save (the opposite of "费 fèi") | ~钱 shěngqián *save money; be economical* / ~力气 shěng lìqi *save labour* / ~时间 shěng shíjiān *save time* / ~吃俭用 shěngchī-jiǎnyòng *live frugally*
  节省 jiéshěng
❸ [名] 全国一级行政区划单位 province
  省会 shěnghuì *provincial capi-*

651

tal

省长 shěngzhǎng governor of a province

圣 (聖) shēng 5画 又部

圣圣圣圣圣

❶ [形] 最崇高的：holy; sacred | ~地 shèngdì *holy land* 神圣 shénshèng
❷ [名] 宗教徒对所崇拜的事物的尊称：sage; saint | 《~经》Shèngjīng *the Bible* / ~灵 shènglíng *the Holy Spirit; the Holy Ghost*

圣诞 Shèngdàn ① (old) the birthday of Confucius ② *Christianity* Christmas (the birthday of Jesus Christ)
圣诞节 Shèngdànjié Christmas (Day)

胜 (勝) shèng 9画 月部

胜胜胜胜胜胜胜胜胜

❶ [动] 胜利（跟"负 fù""败 bài"相对）：victory; conquer (the opposite of "负 fù" or "败 bài") | 取~ qǔshèng *win (victory)* / 打~仗 dǎ shèngzhàng *win a battle* / 他~了这盘棋。Tā shèng-le zhè pán qí. *He has won the game of chess.*

胜负 shèngfù victory or defeat; success or failure
胜利 shènglì victory; attain the goal as planned
获胜 huòshèng
优胜 yōushèng 战胜 zhànshèng

❷ [动] 超过：surpass; be superior to | 一个~一个。Yī gè shèng yī gè. *One is better than the other.* / 你的条件~过他。Nǐ de tiáojiàn shèngguo tā. *Your qualifications are better than his.*

❸ [形] 优美的（景物或境界等）：beautiful scenery; scenic spot | ~景 shèngjǐng *wonderful scenery* / ~地 shèngdì *famous scenic spot*
名胜 míngshèng
名胜古迹 míngshèng-gǔjì

盛 shèng 11画 皿部

盛盛盛盛盛盛盛盛盛盛盛

❶ [形] 繁荣；兴旺（跟"衰 shuāi"相对）：flourishing; prosperous (the opposite of "衰 shuāi") | 全~时期 quánshèng shíqī *period of full bloom* / 鲜花~开。Xiānhuā shèngkāi. *The flowers are in full bloom.*

盛开 shèngkāi be in full bloom; flourish; flower; bloom
昌盛 chāngshèng

茂盛 màoshèng
强盛 qiángshèng
旺盛 wàngshèng

❷ [形] 规模大；隆重：magnificent; grand | ～会 shènghuì *grand meeting* / ～况 shèngkuàng *grand occasion*

盛大 shèngdà grand; magnificent; flourishing

❸ [形] 普遍；广泛：popular; common; wide spread | ～传 shèngchuán *be widely known*

盛行 shèngxíng be current; be in vogue; be epidemic

❹ [形] 强烈；深厚：vigorous; energetic; abundant; plentiful; great; deep | 火势很～。Huǒshì hěn shèng. *The fire is raging.*

盛情 shèngqíng great kindness; boundless hospitality

◇ 盛产 shèngchǎn be abound in; teem with; be in season

See chéng.

剩 shèng 12画 刂部

剩剩剩剩剩剩剩剩剩剩剩剩

[动] 余下；留下：be left (over); remain | ～饭 shèngfàn *leftovers* / 盘子里～下几只苹果。Pánzi li shèngxià jǐ zhī píngguǒ. *Several apples were left in the plate.* / 所～不多 suǒ shèng bù duō *there is not much left*

剩下 shèngxià be left (over); remain

剩余 shèngyú surplus; remainder

过剩 guòshèng

尸 shī 3画 尸部

尸 尸 尸

[名] 人或动物死后的身体：corpse; dead body | 死～ sǐshī *dead body*

尸体 shītǐ dead body; corpse

失 shī 5画 丿部

失 失 失 失 失

❶ [动] 丢掉；失去：lose | ～物招领 shīwù zhāolǐng *lost and found* / 莫～良机 mò shī liángjī *don't let slip a good opportunity; opportunity knocks but once* / 不要～了信心。Bùyào shīle xìnxīn. *Don't lose your confidence.*

失掉 shīdiào ① lose ② miss

失控 shīkòng get out of control; get out of hand

失眠 shīmián insomnia

失去 shīqù lose; go adrift

失效 shīxiào lose efficiency; lose effectiveness; cease to be effective; be no longer in force;

653

become invalid

失学 shīxué be deprived of education; be obliged to discontinue one's studies

失业 shīyè lose one's job; be out of work; be unemployed

丢失 diūshī　　流失 liúshī
丧失 sàngshī　　损失 sǔnshī
消失 xiāoshī　　遗失 yíshī

❷[动] 找不着：miss

失踪 shīzōng be missing
迷失 míshī

❸[动] 没有控制住：lose control of | ~手 shīshǒu have a slip of the hand; drop accidentally; lose hand (of) / ~足 shīzú lose one's footing; take a wrong step in life / ~火 shīhuǒ catch fire; be on fire

失败 shībài ①be defeated; lose ② fail; go to the devil

冒失鬼 màoshiguǐ

❹[动] 没有达到(目的、愿望)：fail to achieve one's end | ~意 shīyì frustrated; disappointed / ~策 shīcè ① do sth. unwise ② an error in tactics, etc.

失望 shīwàng ①lose hope; lose heart ② be disappointed

❺[动] 违背；背离：break (a promise); go back on (one's word) | ~信 shīxìn break one's promise

失约 shīyuē fail to keep an appointment

❻[名] 错误：mishap; defect; mistake | 闪~ shǎnshī mishap

失误 shīwù error; fault; muff
过失 guòshī

◇失事 shīshì have an accident

师 (師) shī　6画 | 部

师师师师师师

❶[名] 军队编制单位：unit of division in the troops division

❷[名] 传授知识、技术的人：teacher; master | 我想拜您为~。Wǒ xiǎng bài nín wéi shī. I want to be your student.

师范 shīfàn ①teacher-training; pedagogical ② normal

师傅 shīfu master; (qualified) worker

师生 shīshēng teacher and student

师长 shīzhǎng ① teacher ② division commander

大师 dàshī　　　导师 dǎoshī
教师 jiàoshī　　 老师 lǎoshī
教师节 Jiàoshījié

❸[名] 掌握专门知识、技术的人：person skilled in a certain profession | 技~ jìshī technician / 医~ yīshī doctor / 设计~ shèjìshī designer / 理发~ lǐfàshī barber; hairdresser

厨师 chúshī　　　律师 lǜshī
工程师 gōngchéngshī

建筑师 jiànzhùshī
会计师 kuàijìshī
摄影师 shèyǐngshī

诗 (詩) shī 8画 讠部

诗诗诗诗诗诗诗诗

[名] 文学体裁的一种：poetry; verse; poem | 讽刺～fěngcìshī *satiric poem (poetry)* / 散文～sǎnwénshī *prose poem (poetry)*

诗歌 shīgē poem; poetry
诗人 shīrén poet
诗情画意 shīqíng-huàyì a quality suggestive of poetry or painting; poetic charm
古体诗 gǔtǐshī

狮 (獅) shī 9画 犭部

狮狮狮狮狮狮狮狮狮

See 狮子
狮子 shīzi lion

施 shī 9画 方部

施施施施施施施施施

❶ [动] 给予：give | ～礼 shīlǐ *make a bow; salute* / ～压 shīyā *exert pressure*

施加 shījiā exert; bring to bear on

❷ [动] 用上；加上：use; apply | ～粉 shīfěn *apply powder(on one's face, neck etc.)*

施肥 shīféi spread manure; apply fertilizer

❸ [动] 实行；施展：put into practice; carry out | 无计可～ wújì-kěshī *at one's wits' end*

施工 shīgōng carry out construction or large repairs
施行 shīxíng ① put (law, rules, regulations, etc.) into force; enforce; implement ② perform; administer; apply; dispense
施展 shīzhǎn put to good use; give free play to
措施 cuòshī　　设施 shèshī
实施 shíshī

湿 (濕) shī 12画 氵部

湿湿湿湿湿湿湿湿湿湿湿湿

[形] 沾了水或含水分多的（跟"干 gān"相对）：wet; damp; humid (the opposite of "干 gān") | ～衣服 shī yīfu *wet clothes* / 地很～。Dì hěn shī. *The ground is wet.* / 手～了。Shǒu shī le. *My hands are wet.*

湿度 shīdù humidity
湿润 shīrùn moist

潮湿 cháoshī

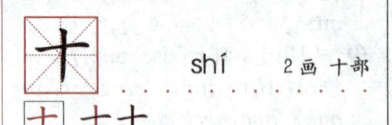

十 shí 2画 十部

十十十

❶[数]数目：ten | ～倍 shí bèi *ten times; tenfold* | ～岁的男孩 shí suì de nánhái *a boy of ten*
❷[形]表示达到顶点：topmost
十分 shífēn very; fully; utterly; extremely
十足 shízú ① pure ② 100 percent; out-and-out; sheer; downright; unadulterated
十全十美 shíquán-shíměi be perfect in every way; be the acme of perfection; leave nothing to be desired

什 shí 4画 亻部

什什什什

❶[数]同"十 shí"（多用于分数或倍数）：same as "十 shí" (often used in fractions or multiples) | ～一 shí yī *one tenth*
❷[形]多种的；杂样的：assorted; varied; miscellaneous | ～物 shíwù *articles for daily use; odds and ends* | ～锦 shíjǐn *assorted or mixed dish or refreshment*

See shén.

石 shí 5画 石部

石石石石石

[名]石头：stone; rock
石灰 shíhuī lime
石头 shítou stone; rock
宝石 bǎoshí   化石 huàshí
矿石 kuàngshí   岩石 yánshí
钻石 zuànshí
绊脚石 bànjiǎoshí
大理石 dàlǐshí
◇石榴 shíliu pomegranate
石油 shíyóu oil; petroleum

时 (時) shí 7画 日部

时时时时时时时

❶[名]季节：season | 四～ sìshí *four seasons*
时节 shíjié ① season ② a particular time; occasion
❷[名] 较长的一段时间；时候：time; times; days | 古～ gǔshí *in ancient times*
时差 shíchā ① time difference ② (astron.) equation of time
时代 shídài ① times; age; era; epoch ② the times; our age; the day; the present era ③ a period in one's life; cycle
时光 shíguāng ① time ② times; years; days

时候 shíhou time; moment
时机 shíjī opportunity; an opportune moment
时间 shíjiān time
时刻 shíkè ① a point of time; hour; moment ②constantly; always
时期 shíqī a particular period
时间表 shíjiānbiǎo timetable; schedule

此时 cǐshí	当时 dāngshí
顿时 dùnshí	临时 línshí
那时 nàshí	平时 píngshí
随时 suíshí	同时 tóngshí
一时 yīshí	有时 yǒushí
暂时 zànshí	

倒计时 dàojìshí

❸ [名] 规定的时间: fixed time
按时 ànshí　　及时 jíshí
准时 zhǔnshí

❹ [名] 小时，时间单位: hour | 下午三~ xiàwǔ sān shí *three o'clock in the afternoon*
时速 shísù speed per hour
课时 kèshí　　小时 xiǎoshí
学时 xuéshí
小时工 xiǎoshígōng

❺ [形] 当前的，现在的: present; current | ~下 shíxià *at present*
时髦 shímáo fashionable; stylish
时尚 shíshàng fashion; fad
时事 shíshì current event; current affair
时装 shízhuāng fashionable dress; the latest fashion

赶时髦 gǎnshímáo

❻ [副] 经常: frequently | ~有出现 shíyǒu chūxiàn *occur now and then*
时常 shícháng often; frequently; every now and again
时时 shíshí often; constantly

❼ [副] 有时候: sometimes | ~快~慢 shí kuài shí màn *sometimes fast, sometimes slow* / ~好~坏 shí hǎo shí huài *sometimes good, sometimes bad* / 天气~热~冷。Tiānqì shí rè shí lěng. *It's hard to predict the temperature these days; The temperature changed now and then these days.*
时而 shí'ér ① from time to time; sometimes ② now... now...; sometimes... sometimes

识 (識) shí　7画 讠部

识识识识识识识

❶ [动] 知道；认得: know; recognize | ~字 shízì *learn to read; become literate* / ~货 shíhuò *know well about the goods; be able to tell good from bad*
识别 shíbié distinguish; discern; spot
认识 rènshi　　相识 xiāngshí

❷ [名] 知识；见解: knowledge; experience | 学~ xuéshí *learning* / 见多~广 jiànduō-shí-

657

guǎng *have wide experience and extensive knowledge*
常识 chángshí
共识 gòngshí 见识 jiànshi
意识 yìshí 知识 zhīshi
知识分子 zhīshi fēnzǐ

实(實) shí 8画 宀部

实实实实实实实实

❶ [形] 充满的；没有空隙的：full; solid | ~心球 shíxīnqiú *solid ball* / ~足 shízú *full* / 里面是~的。Lǐmian shì shí de. *It's solid inside.*
充实 chōngshí 坚实 jiānshí
结实 jiēshi

❷ [形] 真实；实在：true; real; honest | 情况属~。Qíngkuàng shǔshí. *It's true.* / ~有其事。Shí yǒu qí shì. *It's a fact.*
实词 shící (gram.) notional word
实话 shíhuà truth
实惠 shíhuì material benefit; substantial
实力 shílì actual strength; strength
实体 shítǐ ①substance ②entity
实物 shíwù material object
实在 shízài ①true; real; honest; dependable ②indeed; really
实质 shízhì substance; essence
诚实 chéngshí 核实 héshí
老实 lǎoshi 落实 luòshí
朴实 pǔshí 确实 quèshí
踏实 tāshi 扎实 zhāshi
真实 zhēnshí 忠实 zhōngshí
真情实感 zhēnqíng-shígǎn

❸ [名] 实际；事实：reality; fact | 失~ shīshí *inconsistent with the fact*
实际 shíjì ①reality; practice ②practical; realistic ③real; actual; concrete
实践 shíjiàn ①practice ②put into practice
实况 shíkuàng what is actually happening
实施 shíshī put into effect; implement; carry out; effectuate
实习 shíxí practice; exercise one's skill in; do field work; intern
实现 shíxiàn realize; fulfil; carry out; bring about; come true
实行 shíxíng put into practice; carry out; practise; implement; use
实验 shíyàn experiment; test
实用 shíyòng practical; pragmatic; functional
实习生 shíxíshēng trainee
实验室 shíyànshì laboratory
其实 qíshí 事实 shìshí
属实 shǔshí 现实 xiànshí
证实 zhèngshí

拾 shí 9画 扌部

拾

拾拾拾拾拾拾拾拾拾

❶ [动] 从地上拿起来；捡取：pick up (from the ground); collect | ～柴 shí chái *collect firewood* / ～麦子 shí màizi *glean wheat* / ～了一支笔 shíle yī zhī bǐ *pick up a pen*

❷ [动] 整理；收拾：tidy up; put in order | 把你的房间～一～。Bǎ nǐ de fángjiān shíyishí. *Tidy up your room.*

收拾 shōushi

食 shí 9画 食部

食食食食食食食食食

❶ [名] 吃的东西：meal; food | 零～ língshí *snack; between-meal nibbles* / 肉～ ròushí *meat* / 面～ miànshí *cooked wheaten food; pastry*

副食 fùshí　　伙食 huǒshí
粮食 liángshi　　美食 měishí
饮食 yǐnshí　　主食 zhǔshí

❷ [动] 吃；吃饭：eat | ～肉 shí ròu *eat meat; be carnivorous* / 我们应多～蔬菜。Wǒmen yīng duō shí shūcài. *We should eat plenty of vegetables.*

食堂 shítáng *dining room; canteen*

食用 shíyòng *edible*

食欲 shíyù *appetite*

❸ [形] 可以食用的：edible | ～盐 shíyán *salt* / ～油 shíyóu *edible oil*

食品 shípǐn *foodstuff; food; provisions*

食物 shíwù *food; eatables; edibles*

史 shǐ 5画 丨部

史史史史史

[名] 历史，自然或社会以往发展的过程：history | ～学 shǐxué *science of history* / 世界～ shìjièshǐ *history of the world*

史料 shǐliào *historical data; historical material*

历史 lìshǐ

使 shǐ 8画 亻部

使使使使使使使使

❶ [动] 派遣；打发人办事：send; tell sb. to do sth. | 支～ zhīshǐ *order about; send away* / ～人去买火车票 shǐ rén qù mǎi huǒchēpiào *send sb. to buy railway tickets*

使命 shǐmìng *mission*

❷ [动] 致使；让：make; cause; enable | ～人高兴 shǐ rén gāoxìng *make one happy* / ～人信服 shǐ rén xìnfú *convince*

659

sb. / 他的学问～我佩服。Tā de xuéwen shǐ wǒ pèifú. *I admire his learning.*

促使 cùshǐ　　迫使 pòshǐ
致使 zhìshǐ

❸[动]使用：use; employ; apply | 这把刀很好～。Zhè bǎ dāo hěn hǎoshǐ. *The knife cuts well.*

使得 shǐdé ① can be used; usable ② will do; be workable; be feasible

使劲 shǐjìn exert all one's strength

使用 shǐyòng use; employ; apply

使眼色 shǐyǎnsè tip sb. the wink; wink

行使 xíngshǐ

❹[名]接受外交使命到外国去的人；奉命办事的官员：envoy; messenger | ～者 shǐzhě messenger

使馆 shǐguǎn embassy

使节 shǐjié diplomatic envoy; envoy

大使 dàshǐ　　天使 tiānshǐ

始 shǐ　8画 女部

始始始始始始始始

[动] 开始；起头：start; begin | 自～至终 zìshǐ-zhìzhōng *from beginning to end; from start to finish*

始终 shǐzhōng from beginning to end; from start to finish; all along; throughout; the alpha and omega

开始 kāishǐ　　原始 yuánshǐ
创始人 chuàngshǐrén

驶 (駛) shǐ　8画 马部

驶驶驶驶驶驶驶驶

[动] (车、马等) 飞快地跑；开动 (车、船等)：(of a vehicle, horse, etc.) speed; drive; sail | 急～ jíshǐ *(of vehicle) speed* / 停～ tíngshǐ *stop going*

驾驶 jiàshǐ　　行驶 xíngshǐ
驾驶员 jiàshǐyuán

屎 shǐ　9画 尸部

屎屎屎屎屎屎屎屎屎

❶[名]大便，粪：excrement; dung; droppings

❷[名]眼、耳等器官的分泌物：secretion (of the eye, ear, etc.) | 眼～ yǎnshǐ *gum in the eyes* / 耳～ ěrshǐ *earwax*

士 shì　3画 士部

士士士

❶[名]对人的美称：commendable

person | 勇～ yǒngshì *brave fighter*

烈士 lièshì　　男士 nánshì
女士 nǚshì

❷ [名] 指从事某些工作或有某种才能的人：person engaged in a profession or trained in a certain field | 助产～ zhùchǎnshì *midwife*

护士 hùshi　　硕士 shuòshì
学士 xuéshì　　院士 yuànshì
博士后 bóshìhòu
博士生 bóshìshēng

❸ [名] 军人：noncommissioned officer | 上～ shàngshì *staff sergeant; sergeant first class* / 中～ zhōngshì *sergeant*

士兵 shìbīng rank-and-file soldier; private

◇ 巴士 bāshì　　的士 díshì

示 shì　5画 示部

示 示示示示示

[动] 表明；把事物拿出来或指出来使人知道：show; notify; instruct | ～众 shìzhòng *put before the public* / 出～证件 chūshì zhèngjiàn *show one's ID card*

示范 shìfàn set an example; demonstrate
示威 shìwēi demonstrate; hold a demonstration
示意图 shìyìtú ① sketch map ② schematic diagram; schematic drawing

暗示 ànshì　　表示 biǎoshì
出示 chūshì　　揭示 jiēshì
批示 pīshì　　启示 qǐshì
请示 qǐngshì　提示 tíshì
显示 xiǎnshì　演示 yǎnshì
预示 yùshì　　展示 zhǎnshì
指示 zhǐshì
显示屏 xiǎnshìpíng
显示器 xiǎnshìqì

世 shì　5画 一部

世 世世世世世

❶ [名] 一代又一代：generation | ～交 shìjiāo ① *old family friends;* ② *hereditary friendship* / 四～同堂 sìshì tóngtáng *four generations live under one roof*

世代 shìdài for generations; from generation to generation

❷ [名] 人的一生：lifetime; life | 一生一～ yīshēng- yīshì *one's whole life; all one's life*

❸ [名] 时代：age; era | 当～ dāngshì *at present; nowadays*

❹ [名] 社会；人间：world | ～人 shìrén *common people* / ～道 shìdào *manners and morals of the time* / ～上 shìshang *in the world*

世故 shìgù the ways of the world
世界 shìjiè world; field
世人 shìrén common people

世界观 shìjièguān world outlook
在世 zàishì
见世面 jiànshìmian
◇世纪 shìjì century

市 shì 5画 一部

市 市市市市市

❶[名]集中做买卖的场所：market | 菜~ càishì food market (provide agricultural products mainly) / 上~ shàngshì ① be on the market; be in season ② be listed and traded on the stock market / 夜~ yèshì night market
市场 shìchǎng marketplace; market; bazaar
超市 chāoshì　股市 gǔshì
集市 jíshì
农贸市场 nóngmào shìchǎng
自由市场 zìyóu shìchǎng
❷[名]城市：city | ~容 shìróng apearance of a city / ~区 shìqū city proper; downtown area
市民 shìmín city resident; townspeople; urban inhabitant; citizenry
市长 shìzhǎng mayor
市镇 shìzhèn small towns; towns
市中心 shìzhōngxīn city centre
城市 chéngshì　都市 dūshì
❸[名]行政区划单位，分直辖市和市：city; municipality | 北京~ Běijīng Shì the City of Beijing / 上海~ Shànghǎi Shì the City of Shanghai
直辖市 zhíxiáshì municipality
❹[名]市制的度量衡单位：pertaining to the Chinese system of weights and measures | ~尺 shìchǐ a unit of length, equal to 0.33 metre / ~斤 shìjīn a traditional Chinese unit of weight, equal to 0.5 kilogram or 1.102 pounds

式 shì 6画 弋部

式 式式式式式式

❶[名]特定的规格：pattern; form
方式 fāngshì　格式 géshì
模式 móshì
❷[名]样子：type; style; fashion | 样~ yàngshì style / 发~ fàshì hair style
式样 shìyàng style; type; model
款式 kuǎnshì　新式 xīnshì
形式 xíngshì　中式 zhōngshì
各式各样 gèshì-gèyàng
❸[名]仪式；典礼：ceremony; ritual | 开幕~ kāimùshì opening ceremony / 毕业~ bìyèshì graduation ceremony; commencement / 阅兵~ yuèbīng-

shì *military review*

仪式 yíshì

闭幕式 bìmùshì

❹[名]自然科学中表示某种规律的一组符号：formula | 分子~ fēnzǐshì *molecular formula* / 方程~ fāngchéngshì *equation*

公式 gōngshì

似 shì　6画 亻部

似似似似似似

See 似的

似的 shìde as...as; seem See sì.

势(勢) shì　8画 力部

势势势势势势势

❶[名]在政治、经济或军事等方面的力量：power, force; influence | 人多~众 rénduō-shìzhòng *many hands provide great strength*

势力 shìlì force; power; influence

势利眼 shìlìyǎn ① snobbish attitude; snobbishness ② snob

局势 júshì

❷[名]事物显示出的力量：momentum; impetus | 来~很猛 láishì hěn měng *come with tremendous force*

气势 qìshì　声势 shēngshì

❸[名]自然界的外表形貌：outward appearance of a natural object | 山~ shānshì *shape of a mountain* / 风~缓和了。Fēngshì huǎnhé le. *The wind is moderating.*

地势 dìshì

❹[名]人的姿态、样子：sign; posture; gesture

手势 shǒushì　姿势 zīshì

❺[名]发展的状况或趋向：situation; state of affairs; circumstance

势必 shìbì certainly will; be bound to

趋势 qūshì　弱势 ruòshì

伤势 shāngshì　形势 xíngshì

优势 yōushì　走势 zǒushì

事 shì　8画 一部

事事事事事事事事

❶[名]事情：matter; affair; thing; business | 国家大~ guójiā dàshì *state affairs* / 他有~请假。Tā yǒu shì qǐngjià. *He asked for leave to attend to private matters.*

事变 shìbiàn ① incident ② emergency; exigency ③ events; course of events

事迹 shìjì deed; achievement; thing

事件 shìjiàn incident; event; business

事例 shìlì example; instance
事情 shìqing affair; matter; thing; business
事实 shìshí fact; reality
事态 shìtài state of affairs; situation
事务 shìwù work; routine; general affairs; transaction
事物 shìwù thing; object; matter
事先 shìxiān before the event; in advance
事项 shìxiàng item; matter
事业 shìyè ① cause; undertaking ② enterprise; facility
事务所 shìwùsuǒ office

碍事 àishì	本事 běnshi
差事 chāishi	此事 cǐshì
大事 dàshì	董事 dǒngshì
干事 gànshi	公事 gōngshì
故事 gùshi	军事 jūnshì
理事 lǐshì	领事 lǐngshì
没事 méishì	民事 mínshì
启事 qǐshì	人事 rénshì
时事 shíshì	外事 wàishì
往事 wǎngshì	喜事 xǐshì
心事 xīnshì	刑事 xíngshì
做事 zuòshì	

办事处 bànshìchù
董事会 dǒngshìhuì
董事长 dǒngshìzhǎng
理事会 lǐshìhuì
没事儿 méishìr
万事如意 wànshì rúyì

❷ [名] 职业；工作：job; work | 谋~ móushì *look for a job* / 有~大家一起做。Yǒu shì dàjiā yīqǐ zuò. *We should take part in the work with common efforts.*

❸ [名] 意外的灾祸：trouble; accident | 惹~ rěshì *make trouble; stir up trouble* / 平安无~ píng'ān wú shì *everything is safe and sound*
事故 shìgù accident; mishap
出事 chūshì   闹事 nàoshì
失事 shīshì

❹ [名] 关系或责任：responsibility; involvement | 请回去吧，没有你的~了。Qǐng huíqù ba, méiyǒu nǐ de shì le. *Please go back, your business has been cleared.* / 这件案子里有他的~。Zhè jiàn ànzi li yǒu tā de shì. *He is involved in this case.*
当事人 dāngshìrén

侍　shì　8画 亻部

侍侍侍侍侍侍侍侍

[动] 陪伴；伺候：wait upon; attend upon; serve | 服~ fúshì *attend* / ~奉 shìfèng *wait upon*
侍候 shìhòu wait upon; look after; attend; minister to

饰 (飾)　shì　8画 饣部

饰饰饰饰饰饰饰饰

❶ [动] 使美观：adorn; dress up; polish ｜ 文章需要修～一下。Wénzhāng xūyào xiūshì yīxià. *The writing needs to be polished.*
灯饰 dēngshì　　服饰 fúshì
首饰 shǒushi
装饰 zhuāngshì
❷ [动] 掩盖（缺点或错误）：cover up
掩饰 yǎnshì

试 (試) shì　8画 讠部

试 试试试试试试试试

❶ [动] 非正式地做：try ｜ ～航 shìháng *trial voyage or flight; trial run* / ～～看 shìshì kàn *have a try*
试探 shìtàn probe or explore (a question)
试图 shìtú attempt to (do sth.); try to (do sth.)
试行 shìxíng try out
试验 shìyàn trial; experiment; test
试用 shìyòng try out
试制 shìzhì trial-produce; trial-manufacture
尝试 chángshì　　调试 tiáoshì
❷ [动] 考：test ｜ ～题 shìtí *examination question* / 复～ fùshì *reexamination*
试卷 shìjuàn examination paper; test paper

笔试 bǐshì　　测试 cèshì
考试 kǎoshì　　口试 kǒushì

视 (視) shì　8画 礻部

视 视视视视视视视视

❶ [动] 看：look at ｜ ～而不见 shì'érbùjiàn *look but see not; turn a blind eye to*
视点 shìdiǎn point of view; focus
视角 shìjiǎo angle of view; visual field
视觉 shìjué visual sense; vision; sense of sight
视力 shìlì vision; sight
视频 shìpín (phys.) video frequency
视线 shìxiàn view; vision
视野 shìyě vision; a field of vision
近视 jìnshì　　凝视 níngshì
审视 shěnshì　　透视 tòushì
正视 zhèngshì　　注视 zhùshì
电视机 diànshìjī
电视剧 diànshìjù
电视台 diànshìtái
❷ [动] 观察；考察：inspect; watch ｜ 巡～ xúnshì *make an inspection tour*
视察 shìchá inspect; watch; observe
监视 jiānshì
❸ [动] 看待：regard; look upon; treat ｜ ～为知己 shìwéi zhījǐ

665

treat as an intimate friend; regard as an intimate friend

敌视 díshì　　忽视 hūshì
蔑视 mièshì　　歧视 qíshì
轻视 qīngshì　　重视 zhòngshì

是 shì　9画 日部

是是是是是是是是是

❶ [动] 联系某种事物：used like "be" before nouns or pronouns (a) 表示等同：used to identify the subject | 他～北京大学的教授。Tā shì Běijīng Dàxué de jiàoshòu. *He is a professor of Peking University.* (b) 表示解释或描述：used to explain or describe | 他～工人。Tā shì gōngrén. *He is a worker.* / 他～一片好心。Tā shì yī piàn hǎoxīn. *He is of good intentions.* (c) 表示存在：used to indicate existence | 满身～汗 mǎnshēn shì hàn *be sweating all over* / 山上全～树。Shān shàng quán shì shù. *The hill is all covered with trees.*

❷ [动] 跟"的 de"相呼应，构成"是…的"格式，表示强调：used with "的 de" at the end of the sentence for emphasis | 那所房子～石头造的。Nà suǒ fángzi shì shítou zào de. *That house is built of stone.* / 我～来看她的。Wǒ shì lái kàn tā de. *I came to see her.*

❸ [动] 用于选择问句、是非问句或反问句：used in alternative, yes-no, or rhetorical questions | 你～坐轮船还～坐火车? Nǐ shì zuò lúnchuán háishi zuò huǒchē? *Are you going by ship or by train?* / 你～累了吧? Nǐ shì lèile ba? *You're tired, aren't you?* / 你妹妹～医生还～护士? Nǐ mèimei shì yīshēng háishi hùshi? *Is your sister a doctor or a nurse?*

还是 háishi

❹ [动] 联系相同的两个词语：used between two identical words (a) 连用两次这样的格式，表示严格区分，互不相干：used in two parallel clauses to indicate mutual exclusiveness | 敌～敌，友～友，必须分清界限。Dí shì dí, yǒu shì yǒu, bìxū fēnqīng jièxiàn. *A friend is a friend and a foe is a foe, so one must be clearly distinguished from the other.* / 他～他，我～我，不是一回事儿。Tā shì tā, wǒ shì wǒ, bù shì yī huí shìr. *Don't lump us together, because we are two different people.* (b) 单用这种格式，表示强调事物的客观性：used in a clause to indicate actuality (c) 单用这种格式，表示让步，含

有"虽然"的意思：used in a clause of concession | 这东西好~好，就是太贵。Zhè dōngxi hǎo shì hǎo, jiùshì tài guì. *In spite of good quality, it's too expensive.* / 这桌子旧~旧，可还能用。Zhè zhuōzi jiù shì jiù, kě hái néng yòng. *Though the desk is old, it is still useful.* / 诗~好诗，就是长了点。Shī shì hǎo shī, jiùshì chángle diǎn. *It is a good poem, but a bit long.*

❺ [动] 用在名词前，表示适合：used before a noun, indicating appropriateness | 工具放得不~地方。Gōngjù fàng de bù shì dìfang. *The tools have not been put in the right place.* / 他来的真~时候。Tā lái de zhēn shì shíhou. *He came just at the right time.*

❻ [动] 用在名词前，表示只要、凡是：used before a noun, indicating each and every one of the kind | ~人总会犯错误。Shì rén zǒng huì fàn cuòwù. *Human being is liable to error; No human being can be free from mistakes.* / ~重活，他都抢着干。Shì zhònghuó, tā dōu qiǎngzhe gàn. *When there's tough work, he is always willing to do it.*

凡是 fánshì

❼ [形] 对；正确（跟"非 fēi"相对）：correct; right (the opposite of "非 fēi") | 自以为~zìyǐwéishì *consider oneself always be right* / 你说得~。Nǐ shuōdeshì. *What you said is right.*

是非 shìfēi ① right and wrong ② quarrel; dispute

❽ [动] 表示答应：used to answer in the affirmative | ~，我就来。Shì, wǒ jiù lái. *Yes, I'm coming right now.* / ~，我们一定完成任务。Shì, wǒmen yīdìng wánchéng rènwù. *Sure, we will be able to fulfil the task.*

◇ 可不是 kěbushì
　要不是 yàobushì

适 (適) shì　9画 辶部

适适适适适适适适适

❶ [动] 符合：fit; be suitable; be proper | 她~于做这工作吗？Tā shìyú zuò zhè gōngzuò ma? *Is she suitable for this job?*

适当 shìdàng suitable; proper; appropriate

适合 shìhé suit; fit; be made for

适宜 shìyí suitable; fit; appropriate; favourable; applicable

适应 shìyìng suit; adapt to; adjust to; conform to

适用 shìyòng suitable; applicable

合适 héshì

❷ [形] 舒服：comfortable; well | 我觉得身体不~。Wǒ juéde shēntǐ bù shì. *I'm not feeling well.*

舒适 shūshì

室 shì 9画 宀部

室室室室室室室室室

❶ [名] 屋子；房间：room | 教~ jiàoshì *classroom; schoolroom* / 卧~ wòshì *bedroom* / 会客~ huìkèshì *reception room; sitting room*

室内 shìnèi indoor; interior
室外 shìwài outdoor; exterior
温室 wēnshì
办公室 bàngōngshì
更衣室 gēngyīshì
会议室 huìyìshì
实验室 shíyànshì
医务室 yīwùshì

❷ [名] 机关团体内的工作单位：room as an administrative or working unit | 科~ kēshì *administrative or technical office* / 资料~ zīliàoshì *reference room* / 阅览~ yuèlǎnshì *reading room*

逝 shì 10画 辶部

逝逝逝逝逝逝逝逝逝逝

[动] 死亡：die; pass away | 病~ bìngshì *die of illness*

逝世 shìshì pass away; demise

释 (釋) shì 12画 釆部

释释释释释释释释释释释释

❶ [动] 放走：release; set free | 保~ bǎoshì *release on bail*

释放 shìfàng ① set free; release ② relief; rid

❷ [动] 解说；详细说明：explain; expound | 注~ zhùshì *annotate* / ~义 shìyì *explain the meaning (of a word, etc.)*

解释 jiěshì

誓 shì 14画 言部

誓誓誓誓誓誓誓誓誓誓誓誓誓誓

❶ [动] 表示决心依照所说的话去做：swear; vow; pledge | 他~守秘密。Tā shìshǒu mìmì. *He was pledged to maintain secrecy.*

誓言 shìyán oath; pledge

❷ [名] 表示决心的话：oath; vow | 他愿对他所说的一切起~。Tā yuàn duì tā suǒshuō de yīqiè qǐshì. *He was willing to take*

his oath to all he said.
发誓 fāshì　　宣誓 xuānshì

收 shōu 6画 攵部

收 收收收收收收

❶ [动] 聚集；把东西放到适当的地方：put away; take in ｜ ~工具 shōu gōngjù *put the tools away* / ~好文件 shōuhǎo wénjiàn *put the documents away*
收藏 shōucáng collect and store up; stow
收购 shōugòu purchase; buy
收集 shōují collect; gather; cull
收买 shōumǎi ① purchase; buy in ② buy over; bribe
收拾 shōushi ① put in order; tidy; clear away; gather up ② get things ready; pack ③ repair; mend ④ settle with; punish
收缩 shōusuō ① contract; shrink ② concentrate one's forces; draw back

❷ [动] 获得（利益）gain; profit
收入 shōurù ① income; revenue; receipts; proceeds ② take in; include
收益 shōuyì income; profit; earnings; gains
收支 shōuzhī revenue and expenditure; income and expenses

❸ [动] 收割（农作物）：harvest; gather in ｜ ~麦子 shōu màizi *gather in the wheat*

收成 shōucheng harvest; crop
收割 shōugē reap; harvest; gather in
收获 shōuhuò ① gather in the crops; harvest; reap ② results; gains
丰收 fēngshōu　　秋收 qiūshōu

❹ [动] 收取；收回：collect ｜ ~废品 shōu fèipǐn *collect scrap* / ~水电费 shōu shuǐdiànfèi *collect charges for water and electricity* / 借出去的书，到现在还没有~齐。Jiè chūqu de shū, dào xiànzài hái méiyǒu shōuqí. *The books lent out have not been all called in entirely.*
收费 shōufèi collect fees; charge
收复 shōufù recover, recapture
收回 shōuhuí ① take back; call in; regain; recall ② withdraw; countermand; retract
回收 huíshōu　　税收 shuìshōu
征收 zhēngshōu

❺ [动] 接到；接受；接纳：receive; accept ｜ ~信 shōuxìn *receive a letter* / ~礼物 shōu lǐwù *accept a gift* / ~徒弟 shōu túdì *take in an apprentice* / 我刚~到一份电报。Wǒ gāng shōudào yī fèn diànbào. *I've just received a telegram.*
收音机 shōuyīnjī radio
接收 jiēshōu　　验收 yànshōu
招收 zhāoshōu

❻ [动] 约束；控制：restrain; control | ~心 shōuxīn *get into the frame of mind for work; prepare to concentrate on serious things*

❼ [动] 结束；停止：bring to an end; stop | ~工 shōugōng *stop work for the day; knock off* | ~场 shōuchǎng *wind up; end* | ~尾 shōuwěi *bring to a conclusion; wind up*

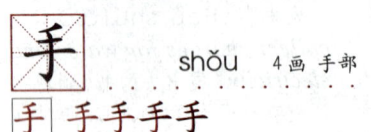

手 shǒu 4画 手部

手 手手手手

❶ [名] hand | ~拉~ shǒu lā shǒu *hand in hand*

手臂 shǒubì arm
手工 shǒugōng ① by hand; manual ② charge for a piece of handwork
手势 shǒushì gesture; signal
手套 shǒutào glove
手艺 shǒuyì craftsmanship; workmanship; handicraft; trade; art
手指 shǒuzhǐ finger
手头紧 shǒutóujǐn be short of money; be hard up
出手 chūshǒu 二手 èrshǒu
联手 liánshǒu 入手 rùshǒu
携手 xiéshǒu
左右手 zuǒyòushǒu
心灵手巧 xīnlíng-shǒuqiǎo
大手大脚 dàshǒu-dàjiǎo

❷ [形] 小巧而便于携带的：handy; convenient | ~册 shǒucè *handbook*

手表 shǒubiǎo wristwatch
手袋 shǒudài (usu. for woman's use) handbag
手机 shǒujī cellphone; mobile phone
手绢 shǒujuàn handkerchief
手链 shǒuliàn bracelet
手枪 shǒuqiāng pistol
手电筒 shǒudiàntǒng electric torch; flashlight

❸ [名] 指本领或手段：skill or means

手段 shǒuduàn ① means; medium; method ② trick; artifice
手法 shǒufǎ ① skill; technique ② trick; gimmick
手腕 shǒuwàn ① wrist ② trick; artifice ③ skill; finesse; tactics
大手笔 dàshǒubǐ
做手脚 zuòshǒujiǎo

❹ [名] 具有某种技能或做某种事情的人：a person doing (or good at) a certain job | 水~ shuǐshǒu *sailor* | 拖拉机~ tuōlājīshǒu *tractor driver*

对手 duìshǒu 高手 gāoshǒu
歌手 gēshǒu 能手 néngshǒu
棋手 qíshǒu 杀手 shāshǒu
凶手 xiōngshǒu
选手 xuǎnshǒu
助手 zhùshǒu
打下手 dǎxiàshǒu
一把手 yībǎshǒu

◇手术 shǒushù surgery
手续 shǒuxù procedure

formalitiy
得手 déshǒu
露一手 lòuyīshǒu

守 shǒu 6画 宀部

守 守守守守守守

❶ [动] 依照；不违犯：observe; abide by | ～时 shǒushí *be on time; be punctual* / ～纪律 shǒu jìlǜ *observe discipline* / ～规矩 shǒu guīju *behave well*
守法 shǒufǎ abide by (observe) the law; be lawabiding
信守 xìnshǒu　遵守 zūnshǒu

❷ [动] 保护；防卫：guard; defend | ～球门 shǒu qiúmén *keep goal* / ～住阵地 shǒuzhù zhèndì *hold the position*
守卫 shǒuwèi guard; defend
保守 bǎoshǒu　防守 fángshǒu

❸ [动] 看护；守候：keep watch; look after | ～门 shǒumén *be on duty at the door or gate; keep goal* / ～了一夜 shǒule yī yè *keep watch for the whole night* / 护士～着病人。Hùshi shǒuzhe bìngrén. *The nurse watched over the patient.* / 你在这儿～着。Nǐ zài zhèr shǒuzhe. *You keep watch right here.*
守候 shǒuhòu ① wait for; expect ② keep watch
守门员 shǒuményuán goal

keeper (in football, ice hockey, etc.)

❹ [动] 挨近；靠近：be close to; be near | ～着水的地方可以养鱼。Shǒuzhe shuǐ de dìfang kěyǐ yǎng yú. *Those places nearby the water are suitable for breeding fish.*

首 shǒu 9画 首部

首 首首首首首首首首首

❶ [名] 头：head | 昂～ ángshǒu *hold one's head high* / ～饰 shǒushì *(originally) head ornaments; jewellery*

❷ [名] 领头人；带头人：leader; head; chief
首领 shǒulǐng chieftain; leader; head
首脑 shǒunǎo head
首长 shǒuzhǎng leading cadre; senior officer
为首 wéishǒu　元首 yuánshǒu

❸ [副] 最先；最早：first; earliest | ～次 shǒucì *for the first time; first*
首创 shǒuchuàng originate; initiate; pioneer
首先 shǒuxiān ① first ② first of all; above all

❹ [名] 最高的；第一：first; primary
首都 shǒudū capital
首席 shǒuxí ① seat of honour

671

② chief
首相 shǒuxiāng prime minister
首要 shǒuyào of the first importance; first; chief
❺ [量] 用于歌曲、诗词等：used for poems and songs, etc. | 一~诗 yī shǒu shī *a poem* / 一~歌 yī shǒu gē *a song*
◇ 自首 zìshǒu

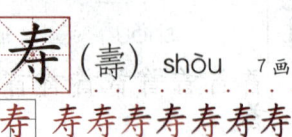

寿 (壽) shǒu 7画 寸部

寿寿寿寿寿寿寿

[名] 生命；年岁：life; age
寿命 shòumìng life span; life expectancy
长寿 chángshòu

受 shòu 8画 爫部

受受受受受受受受

❶ [动] 接受；得到：receive; accept | ~教育 shòu jiàoyù *receive education* / ~人委托 shòu rén wěituō *be entrusted by sb.*
受到 shòudào ① receive; accept ② suffer; be subjected to
受理 shòulǐ (leg.) accept (a case)
受益 shòuyì profit by; benefit from; be benefited
感受 gǎnshòu　接受 jiēshòu
享受 xiǎngshòu
❷ [动] 遭到（不幸或损害）：suffer; meet with | ~风 shòufēng *catch a cold* / ~批评 shòu pīpíng *be criticized* / ~委屈 shòu wěiqu *feel wronged*
受害 shòuhài suffer injury; fall victim; be affected
受骗 shòupiàn be deceived (or fooled, cheated, taken in)
受伤 shòushāng be injured; be wounded; sustain an injury
遭受 zāoshòu
❸ [动] 忍耐：stand; endure; bear | ~不了 shòubuliǎo *cannot bear (it)* / 这么重的担子你~得住吗？Zhème zhòng de dànzi nǐ shòudezhù ma? *Can you endure such a heavy burden?*
承受 chéngshòu

授 shòu 11画 扌部

授授授授授授授授授授

❶ [动] 交给；给予：award; give; confer | ~奖 shòujiǎng *award a prize*
授权 shòuquán empower; authorize
授予 shòuyǔ confer; award; give
❷ [动] 传授；教；讲：teach; instruct | 讲~ jiǎngshòu *give lectures* / ~课 shòukè *give lessons*

传授 chuánshòu 函授 hánshòu
教授 jiāoshòu

售 shòu 11画 隹部

售售售售售售售售售售售

[动]卖：sell | ~票 shòupiào *sell tickets*
售货 shòuhuò sell goods
售价 shòujià selling price; price
出售 chūshòu 发售 fāshòu
零售 língshòu 销售 xiāoshòu

兽（獸） shòu 11画 口部

兽兽兽兽兽兽兽兽兽兽兽

[名]指全身生毛、有四条腿的哺乳动物：beast; animal | 走~ zǒushòu *beasts*
野兽 yěshòu

瘦 shòu 14画 疒部

瘦瘦瘦瘦瘦瘦瘦瘦瘦瘦瘦瘦瘦瘦

❶[形]肌肉不丰满；脂肪少（跟"胖 pàng"相对）：thin (the opposite of "胖 pāng") | 不胖不~ bù pàng bù shòu *(of human body) of moderate size* / 身体很~ shēntǐ hěn shòu *(of one's body) have a very thin figure*

❷[形]衣服鞋袜等窄小：tight | 这件衣裳穿着~了。Zhè jiàn yīshang chuānzhe shòu le. *This dress is tight for me.* / 这双鞋我穿太~了。Zhè shuāng xié wǒ chuān tài shòu le. *This pair of shoes are too tight for me.*

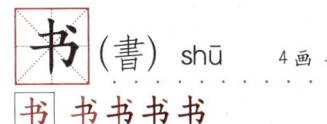

书（書） shū 4画 一部

书书书书

❶[动]写字；记载：write | ~法 shūfǎ *calligraphy*
书画 shūhuà painting and calligraphy
书面 shūmiàn written; in written form; in writing
书写 shūxiě write
书法家 shūfǎjiā calligrapher; calligraphist

❷[名]装订成册的著作：book | 丛~ cóngshū *a series of books; collection* / 新~ xīnshū *new book* / 藏~ cángshū ① *collect books* ② *a collection of books*
书包 shūbāo schoolbag
书本 shūběn book
书店 shūdiàn bookshop; bookstore; bookseller's
书房 shūfáng study room
书籍 shūjí books; work; literature
书架 shūjià bookcase; bookshelf
书刊 shūkān books and periodicals

673

书桌 shūzhuō desk; writing desk
书呆子 shūdāizi pedant; bookworm
书生气 shūshēngqì bookishness; a bookish cast of mind
读书 dúshū　　教书 jiāoshū
念书 niànshū　　图书 túshū
工具书 gōngjùshū
图书馆 túshūguǎn

❸ [名] 文件：document; paper | 说明~ shuōmíngshū (a booklet of) directions; introductory pamphlete / 申请~ shēnqǐngshū application form
文书 wénshū　　证书 zhèngshū
判决书 pànjuéshū
通知书 tōngzhīshū

❹ [名] 信件：letter | 家~ jiāshū a home letter; letter from home
书信 shūxìn letter; written message

◇ 书记 shūjì secretary
草书 cǎoshū　　隶书 lìshū
行书 xíngshū

叔

shū　　8画 又部

叔叔叔叔叔叔叔叔

❶ [名] 父亲的弟弟：father's younger brother; uncle
叔叔 shūshu father's younger brother; uncle (a child's form of address for any young man of about one's father's age)
❷ [名] 称跟父亲平辈而年纪较小的男子：form of address for a man of one's father's generation but younger | 表~ biǎoshū father's younger male cousin / 李~ Lǐ shū uncle Li

殊

shū　　10画 歹部

殊殊殊殊殊殊殊殊殊殊

[形] 特别的：different; special
特殊 tèshū

梳

shū　　11画 木部

梳梳梳梳梳梳梳梳梳梳

❶ [名] 整理头发的用具：comb | 木~ mùshū wooden comb
梳子 shūzi comb
❷ [动] 用梳子整理头发：comb one's hair | ~头 shūtóu comb one's hair / ~辫子 shū biànzi wear one's hair in braids
梳理 shūlǐ ① (text.) carding ② comb out (one's hair); dress (one's hair)

舒

shū　　12画 人部

舒舒舒舒舒舒舒舒舒舒舒舒

❶ [动] 宽松；伸展：stretch; loosen; relax | ~了一口气 shūle yī kǒu

qì *heave a sigh of relief*

舒展 shūzhǎn ① stretch; limber up ② unfold; extend

❷ [形] 轻松愉快：comfortable; at ease | ~坦 shūtǎn *at ease*

舒畅 shūchàng happy; entirely free from worry

舒服 shūfu ① comfortable ② be well

舒适 shūshì comfortable; cosy; snug

疏 shū 12画 疋部

疏疏疏疏疏疏疏疏疏疏疏疏

❶ [形] 不亲密；不熟悉：not intimate; not familiar | ~远 shūyuǎn *drift apart; alienate*

生疏 shēngshū

❷ [形] 粗心大意：careless | ~于职守 shūyú zhíshǒu *negligent of one's duties*

疏忽 shūhu carelessness; negligence; oversight

◇ 疏散 shūsàn ① sparse; scattered; dispersed ② evacuate; disperse

输 (輸) shū 13画 车部

输输输输输输输输输输输输输

❶ [动] 运送；传送：transport; convey

输出 shūchū send out; export; output

输入 shūrù bring in; introduce

输送 shūsòng carry; transport; convey

运输 yùnshū

❷ [动] 失败（跟"赢 yíng"相对）：lose; be beaten; be defeated (the opposite of "赢 yíng") | ~了两个球 shūle liǎng gè qiú *lose two scores in a match* / 他认~了。Tā rènshū le. *He admitted himself beaten.*

蔬 shū 15画 艹部

蔬蔬蔬蔬蔬蔬蔬蔬蔬蔬蔬蔬蔬蔬蔬

See 蔬菜

蔬菜 shūcài vegetable; greens; greenstuff

熟 shú 15画 灬部

熟熟熟熟熟熟熟熟熟熟熟熟熟熟熟

❶ [形] 食物加热到可吃的程度（跟"生 shēng"相对）：cooked; done (the opposite of "生 shēng") | ~菜 shúcài *cooked dish; prepared food* / 米饭~了。Mǐfàn shú le. *The rice is done.*

❷ [形] 植物的果实完全长成（跟

"生 shēng" 相对）：ripe (the opposite of "生 shēng") | 葡萄~了。Pútao shú le. *The grapes are ripe.* / 麦子~了。Màizi shú le. *The wheat is ripe.*
成熟 chéngshú

❸ [形] 常见，知道得很清楚（跟"生 shēng" 相对）：familiar; well acquainted (the opposite of "生 shēng") | 面~ miànshú *look familiar* / ~人 shúrén *acquaintance* / 这条路我~。Zhè tiáo lù wǒ shú. *I know this route.* / 我们很~。Wǒmen hěn shú. *We are very familiar with each other.*
熟悉 shúxī know sth. or sb. well; be familiar with; have an intimate knowledge of

❹ [形] 有经验；不生疏（跟"生 shēng"相对）：skilled; experienced; practised (the opposite of "生 shēng") | ~手 shúshǒu *expert hand; practised hand* / ~能生巧 shúnéngshēngqiǎo *practice makes perfect* / 他干这个活儿很~。Tā gàn zhège huór hěn shú. *He is very skillful in doing this.*
熟练 shúliàn skilled; practised; proficient

❺ [形] 程度深：deep; sound | ~睡 shúshuì *sleep soundly; be fast asleep* / 深思~虑 shēnsīshúlǜ *careful consideration*

暑 shǔ 12画 日部

暑暑暑暑暑暑暑暑暑暑暑

[形] 炎热（跟"寒hán"相对）：hot (the opposite of "寒hán") | ~天 shǔtiān *hot summer days; dogdays* / 中~ zhòngshǔ *suffer heatstroke; be affected by the heat* / 寒~ hánshǔ ① *cold and hot* ② *winter and summer — a whole year*

暑假 shǔjià summer vacation
暑期 shǔqī summer vacation time

属 (屬) shǔ 12画 尸部

属属属属属属属属属属属属

❶ [动] 为某人或某方所有；归类：belong to; be possessed by; classify | 归~ guīshǔ *belong to; ownership*

属于 shǔyú belong to; be part of
纯属 chúnshǔ   附属 fùshǔ
所属 suǒshǔ   下属 xiàshǔ
直属 zhíshǔ

❷ [动] 是：be | ~实 shǔshí *be true* / 这些纯~谎言。Zhèxiē chúnshǔ huǎngyán. *These are sheer lies.*

❸ [动] 用十二属相记生年：be born

in the year of one of the 12 symbolic animals associated with a 12-year circle | ~马 shǔ mǎ *be born in the year of the horse*

属相 shǔxiang (inf.) popular name for 生肖 (shēngxiāo)

❹ [名] 类别：category | 非金~ fēijīnshǔ *nonmetals*

金属 jīnshǔ

❺ [名] 亲属：family member; dependent | 军~ jūnshǔ *families of armymen* / 亲~ qīnshǔ *relatives*

家属 jiāshǔ

鼠 shǔ 13画 鼠部

鼠鼠鼠鼠鼠鼠鼠鼠鼠鼠鼠鼠鼠

[名] mouse; rat

鼠标 shǔbiāo mouse (of a computer)

老鼠 lǎoshǔ　　松鼠 sōngshǔ

数 (數) shǔ 13画 攵部

数数数数数数数数数数数数数

❶ [动] 查点 (数目)；一个一个地计算：count | ~数 shǔ shǔ *count* / 天上的星星~不清。Tiānshàng de xīngxing shǔbuqīng. *The stars in the sky are countless.*

倒数 dàoshǔ

❷ [动] 比较起来最突出：be particularly conspicuous by comparison | ~一~二 shǔyī-shǔ'èr *count as one of the very best* / 几个孩子中~她长得漂亮。Jǐ gè háizi zhōng shǔ tā zhǎng de piàoliang. *She is the prettiest one among those children.*

See shù.

术 (術) shū 5画 木部

术术术术术

❶ [名] 方法；手段：method; tactics | 战~ zhànshù *tactics* / 法~ fǎshù *magic arts*

手术 shǒushù　　算术 suànshù

❷ [名] 技艺；学问：art; skill; technique | 医~ yīshù *medical skill; the art of healing* / 不学无~ bùxuéwúshù *have neither learning nor skill*

术语 shùyǔ technical terms; terminology

技术 jìshù　　　马术 mǎshù
美术 měishù　　学术 xuéshù
艺术 yìshù
技术员 jìshùyuán
美术馆 měishùguǎn
艺术家 yìshùjiā
艺术品 yìshùpǐn

束 shù 7画 一部

束束束束束束束

❶[动] 捆绑；限制：bind; tie; control; restrain | 腰~皮带 yāoshū pídài *wear a belt round one's waist*

束缚 shùfù tie; bind up; fetter
结束 jiéshù　　　拘束 jūshù
约束 yuēshù

❷[量] 用于捆在一起或聚集成条状的东西：bundle; bunch; sheaf | 一~鲜花 yī shù xiānhuā *a bunch of flowers*

述 shù 8画 辶部

述述述述述述述述

[动] 叙说；陈述：state; relate; narrate | 口~ kǒushù *give an oral account* | 如上所~ rúshàng suǒ shù *as stated (mentioned) above*

表述 biǎoshù　　陈述 chénshù
叙述 xùshù
陈述句 chénshùjù

树 (樹) shù 9画 木部

树树树树树树树树树

❶[动] 立；建立：set up; establish; uphold | 建~ jiànshù *achievement*

树立 shùlì set up; establish

❷[名] 树木，木本植物的统称：tree | ~大根深 shùdà-gēnshēn *big trees with deep roots*

树干 shùgàn tree trunk; trunk
树林 shùlín trees; woods; bush; timber
树木 shùmù trees
柏树 bǎishù　　果树 guǒshù
槐树 huáishù　　桑树 sāngshù
松树 sōngshù　　杨树 yángshù
榆树 yúshù

竖 (竪) shù 9画 立部

竖竖竖竖竖竖竖竖竖

❶[动] 使物体跟地面垂直：set upright; erect; stand | ~旗杆 shù qígān *erect the flagpole*

❷[形] 跟地面垂直的（跟"横 héng"相对）：vertical; upright; perpendicular (the opposite of "横 héng") | 画一条~线 huà yī tiáo shùxiàn *draw a vertical line*

数 (數) shù 13画 攵部

数数数数数数数数数数数数数

❶[名] 数目：number; figure | 人~

rénshù *the number of people* / 序~xùshù *ordinal number* / 这个~儿不一定很准确。Zhège shùr bù yīdìng hěn zhǔnquè. *The figure may not be accurate.*

数词 shùcí (gram.) numeral
数额 shù'é fixed number; amount
数据 shùjù data
数量 shùliàng quantity; amount
数码 shùmǎ ① numeral ② number; amount ③ digital
数目 shùmù number; amount
数学 shùxué mathematics
数字 shùzì ① numeral; figure; digit; character ② quantity
数据库 shùjùkù data base; data bank
数字化 shùzìhuà digitalize; digitalization

半数 bànshù　　倍数 bèishù
变数 biànshù　　次数 cìshù
多数 duōshù　　少数 shǎoshù
算数 suànshù　　岁数 suìshù
无数 wúshù　　系数 xìshù
指数 zhǐshù　　总数 zǒngshù
大多数 dàduōshù
分数线 fēnshùxiàn
少数民族 shǎoshù mínzú

❷[名] 表示事物的量的基本数学概念：number | 分~ fēnshù *fraction* / 自然~ zìránshù *natural number*

代数 dàishù　　小数 xiǎoshù
整数 zhěngshù
小数点 xiǎoshùdiǎn

❸[数] 几；几个：several; a few | ~十种 shù shí zhǒng *tens of types* / ~小时 shù xiǎoshí *several hours* / ~百人 shù bǎi rén *several hundred people*

See shǔ.

刷

shuā　8画 刂部

刷 刷刷刷刷刷刷刷刷

❶[名] brush
刷子 shuāzi brush
牙刷 yáshuā

❷[动] 用刷子清除或涂抹：brush; clean | ~牙 shuā yá *brush one's teeth* / ~鞋 shuā xié *brush shoes* / ~锅 shuā guō *clean a pot*

刷新 shuāxīn ① renovate; refurbish ② outdo; surpass
印刷 yìnshuā

❸[动] 除名；淘汰：eliminate; remove | 他在第一轮比赛中被~下来了。Tā zài dì-yī lún bǐsài zhōng bèi shuā xiàlai le. *He was knocked out in the very first round.*

◇ 刷卡 shuākǎ swipe a magnetic card on a magnetic card reading machine (to identify the card holder or increase or decrease the amount of money deposited in the card)

679

耍 shuǎ 9画 而部

耍耍耍耍耍耍耍耍耍

❶ [动]游戏；玩：play｜出去~一~ chūqù shuǎyishuǎ *go out to play* / 孩子们在院子里~着。Háizimen zài yuànzi li shuǎzhe. *The children are playing in the yard.*

❷ [动]捉弄；玩弄：play tricks｜~人 shuǎrén *make fun of others; play tricks on others* / ~手段 shuǎshǒuduàn *play tricks* / 咱们被人~了。Zánmen bèn rén shuǎ le. *We have been fooled.*

❸ [动]舞动、表演：play with; play｜~刀 shuǎ dāo *flourish a sword; give a performance of sword play*

❹ [动]施展、卖弄：give free play to｜~笔杆 shuǎbǐgǎn *wield a pen; be skilled in literary tricks* / ~脾气 shuǎpíqi *get into a huff*

耍花招 shuǎhuāzhāo ① display showy movements in *wushu*, etc. ② play (or get up) tricks

衰 shuāi 10画 一部

衰衰衰衰衰衰衰衰衰衰

[动]由强变弱：decline; wane｜年老力~ niánlǎo-lìshuāi *old and feeble*

衰老 shuāilǎo *old and feeble; decrepit; senile*

衰弱 shuāiruò *weak; feeble; debility*

衰退 shuāituì *decay; fail; downturn; ruin; drop off; decline*

摔 shuāi 14画 扌部

摔摔摔摔摔摔摔摔摔摔摔摔摔摔

❶ [动]用力往下扔：cast; throw; fling｜他把书~在地上。Tā bǎ shū shuāi zài dìshang. *He threw the book onto the ground.*

❷ [动]从高处落下：fall off｜当心，别~下来。Dāngxīn, bié shuāi xiàlai. *Be careful to avoid falling off.*

❸ [动]因掉下而破损：cause to fall and break; break｜~得粉碎 shuāi de fěnsuì *break into pieces*

❹ [动]身体失去平衡而倒下：fall; tumble; lose one's balance｜~了一跤 shuāile yī jiāo *have tumbled over* / 他~倒了。Tā shuāidǎo le. *He fell down.*

甩 shuǎi 5画 冂部

甩 甩甩甩甩甩

❶ [动] 挥动；抡：move back and forth; swing | ～辫子 shuǎi biànzi *swing one's braid* / 他～开胳膊走路。Tā shuǎikāi gēbo zǒulù. *He walked on swinging his arms.*

❷ [动] 用力扔：throw; fling; toss | ～手榴弹 shuǎi shǒuliúdàn *throw hand grenades*

❸ [动] 抛开；抛弃：leave sb. behind; throw off | ～掉跟踪的人 shuǎidiào gēnzōng de rén *throw off a pursuer* / 被～在后面 bèi shuǎi zài hòumian *be left behind*

帅（帥） shuài 5画 巾部

帅 帅帅帅帅帅

[形] 英俊；漂亮；神气：handsome; smart | 他长得挺～。Tā zhǎng de tǐng shuài. *He looks handsome.*

率 shuài 11画 亠部

率 率率率率率率率率率率率

❶ [动] 带领：lead; command | ～队 shuàiduì *lead a team* / ～代表团访美 shuài dàibiǎotuán fǎng Měi *lead a delegation to visit the U.S.*
率领 shuàilǐng lead; head; command

❷ [形] 不仔细；不慎重：rash; hasty | 轻～ qīngshuài *hasty*
草率 cǎoshuài
　　See lǜ.

拴 shuān 9画 扌部

拴 拴拴拴拴拴拴拴拴

[动] 用绳子等系住：tie; fasten | 他把马～在树上。Tā bǎ mǎ shuān zài shù shang. *He tied the horse to a tree.*

双（雙） shuāng 4画 又部

双 双双双双

❶ [形] 两个的；两种的（跟"单 dān"相对）：two; twin; both; dual (the opposite of "单 dān") | 成～成对 chéngshuāng-chéngduì *in pairs* / ～向交通 shuāngxiàng jiāotōng *two-way traffic*
双边 shuāngbiān bilateral
双层 shuāngcéng double-deck; having two layers; of two thicknesses
双重 shuāngchóng (usu. used for abstract things) double; dual; two-sided

双方 shuāngfāng both sides; the two parties

双向 shuāngxiàng two-way

双休日 shuāngxiūrì long weekend; Satuaraday and Sunday

❷ [形] 偶数的；成倍的（跟"单dān"相对）：even; double; twofold (the opposite of "单dān") | ~数 shuāngshù *even number* / ~号座位 shuānghào zuòwèi *even-numbered seat* / ~份 shuāngfèn *double the amount; twice as much*

❸ [量] 用于成对的东西：pair | 一~鞋 yī shuāng xié *a pair of shoes* / 一~手 yī shuāng shǒu *a pair of hands*

霜 shuāng 17画 雨部

霜霜霜霜霜霜霜霜霜霜霜霜霜霜霜霜霜

[名] frost | 地上结了一层厚厚的~。Dìshang jiēle yī céng hòuhòu de shuāng. *There was a thick layer of frost on the ground.*

爽 shuǎng 11画 大部

爽爽爽爽爽爽爽爽爽爽爽

❶ [形] 舒适痛快：cool; pleasant | 凉~ liángshuǎng *nice and cool*

❷ [形] 直爽，性格开朗：frank; straight-forward; | 直~ zhíshuǎng *straightforward* / 豪~ háoshuǎng *bold and uninhibited*

爽快 shuǎngkuai ① refreshed; comfortable ② frank; outright; with alacrity

水 shuǐ 4画 水部

水水水水

❶ [名] 无色、无臭、无味的液体：water | 喝~ hē shuǐ *drink water* / 鱼儿离不开~。Yúr líbukāi shuǐ. *Fish cannot survive without water.*

水稻 shuǐdào paddy (rice); rice

水电 shuǐdiàn water and electricity

水分 shuǐfèn ① dew; moisure content; humidity ② exaggeration

水果 shuǐguǒ fruit

水库 shuǐkù reservoir

水面 shuǐmiàn ① the surface of the water ② the area of a body of water

水土 shuǐtǔ ① water and soil ② natural environment and climate

水位 shuǐwèi water level

水灾 shuǐzāi flood; inundation

水质 shuǐzhì water quality

水准 shuǐzhǔn level; standard

水蒸气 shuǐzhēngqì steam; water vapour
淡水 dànshuǐ　海水 hǎishuǐ
洪水 hóngshuǐ　降水 jiàngshuǐ
开水 kāishuǐ　凉水 liángshuǐ
流水 liúshuǐ　缩水 suōshuǐ
跳水 tiàoshuǐ　饮水 yǐnshuǐ
雨水 yǔshuǐ
流水账 liúshuǐzhàng
泼水节 Pōshuǐjié
热水器 rèshuǐqì
自来水 zìláishuǐ

❷ [名]泛指江、河、湖、海(跟"陆路"相对): a general term for rivers, lakes, seas, etc. (the opposite of "陆路") | ～陆运输 shuǐlù yùnshū land and water transportation.

水产 shuǐchǎn aquatic product
水力 shuǐlì waterpower; hydraulic power
水利 shuǐlì ① water conservancy ② irrigation works
水平 shuǐpíng ① level; horizontal ② standard; level
水源 shuǐyuán ① source of a river; headwaters; waterhead ② source of water
山水 shānshuǐ

❸ [形]稀汁: liquid; juice | 橘子～ júzishuǐ orangeade
水晶 shuǐjīng crystal; rock crystal
水泥 shuǐní cement
水仙花 shuǐxiānhuā (bot.) narcissus; daffodil

香水 xiāngshuǐ
墨水儿 mòshuǐr
汽水儿 qìshuǐr
药水儿 yàoshuǐr

税 shuì 12画 禾部

税税税税税税税税税税税税

[名]国家向征税对象征收的货币或实物: tax; duty | 收～ shōushuì collect taxes / ～款 shuìkuǎn tax payment
税费 shuìfèi tax payment; taxation
税率 shuìlǜ tax rate; rate of taxation; tariff rate
税收 shuìshōu tax revenue
关税 guānshuì　漏税 lòushuì
纳税 nàshuì　偷税 tōushuì
退税 tuìshuì
征税 zhēngshuì

睡 shuì 13画 目部

睡睡睡睡睡睡睡睡睡睡睡睡睡

[动]睡觉: sleep | 早～早起 zǎo shuì zǎo qǐ early to bed and early to rise / 孩子已经～了。Háizi yǐjīng shuì le. The baby is asleep.
睡觉 shuìjiào sleep
睡眠 shuìmián sleep

睡衣 shuìyī nightclothes; pyjamas

顺 (順) shǔn 9画 页部

顺 顺顺顺顺顺顺顺顺顺

❶ [动] 依从：obey; yield to; act in submission to | ～从 shùncóng *be obedient to; submit to* / 归～ guīshùn *come over and pledge allegiance* / 不能总是～着孩子。Bùnéng zǒngshì shùnzhe háizi. *Always coaxing the child by giving in to him has no good to the child.*

孝顺 xiàoshùn

❷ [形] 方向相同（跟"逆nì"相对）：in the direction of; along (the opposite of "逆nì") | ～流 shùnliú *go downstream*

一帆风顺 yīfān-fēngshùn

一路顺风 yīlù-shùnfēng

❸ [形] 有条理；通畅：(of writings) smooth; readable; clear and well-written | 这篇作文写得挺～。Zhè piān zuòwén xiě de tǐng shùn. *This essay has been written grammatically smooth.*

顺畅 shùnchàng smooth and easy; unhindered

通顺 tōngshùn

风调雨顺 fēngtiáo-yǔshùn

❹ [动] 使有秩序或有条理：arrange; put in order | 这段话需要～一～。Zhè duàn huà xūyào shùnyishùn. *This paragraph needs polishing.*

❺ [动] 适合；顺利：fall in with; suit; agree with | ～心 shùnxīn *be satisfactory* / 近来他做事很不～。Jìnlái tā zuòshì hěn bù shùn. *Things did not go his way these days.*

顺利 shùnlì smooth; successful; without a hitch

顺手 shùnshǒu ① smoothly; without difficulty ② conveniently; without extra trouble

❻ [介] 顺着；趁便：at one's convenience; conveniently | ～口说出来 shùnkǒu shuō chūlai *say sth. without thinking*

顺便 shùnbiàn in addition to what one is already doing; without much extra effort

顺序 shùnxù in proper order; in turn

说 (說) shuō 9画 讠部

说 说说说说说说说说说

❶ [动] 用语言来表达意思；解释：speak; talk; say; explain | ～普通话 shuō pǔtōnghuà *speak putong hua* / 一～就明白 yī shuō jiù míngbai *make clear at once after explaining* / 你说得很对。Nǐ shuō de hěn duì.

What you said is quite true.
说话 shuōhuà ① speak; talk; say ② chat; talk ③ gossip; talk ④ (dial.) in a jiffy; in a minute; right away ⑤ a kind of storytelling popular in Tang and Song dynasties
说谎 shuōhuǎng tell a lie; lie
说明 shuōmíng ① illustration; explanation ② explain; show
说情 shuōqíng plead for mercy for sb.; intercede for sb.
说不定 shuōbudìng perhaps; maybe
说大话 shuōdàhuà brag; boast; talk big
说明书 shuōmíngshū booklet of directions; (technical) manual; synopsis (of a play or film)
说闲话 shuōxiánhuà ① gossip; grumble ② chat
传说 chuánshuō 好说 hǎoshuō
胡说 húshuō 据说 jùshuō
虽说 suīshuō 听说 tīngshuō
小说 xiǎoshuō 演说 yǎnshuō
再说 zàishuō
好说话 hǎoshuōhuà
没说的 méishuōde

❷ [名] 言论;主张: theory; teachings; doctrine | ～法 shuōfa ① way of saying a thing; wording ② statement; argument
学说 xuéshuō

❸ [动] 劝告;责备: scold; blame | 他挨～了。Tā āishuō le. *He has got a scolding.* / 老师～了他几句。Lǎoshī shuōle tā jǐ jù. *His teacher gave him a scolding.*
说服 shuōfú persuade; convince; prevail on; talk sb. over
劝说 quànshuō

司 sī 5画 一部

司 司司司司司

[动] 掌管;主持: take charge of; attend to; manage
司法 sīfǎ administration of justice; judicature
司机 sījī driver; chauffeur
司令 sīlìng commander; commanding officer
司令部 sīlìngbù headquarter; command
司令员 sīlìngyuán commander; commanding officer
公司 gōngsī 官司 guānsi
子公司 zǐgōngsī
总司令 zǒngsīlìng
顶头上司 dǐngtóu shàngsi

丝 (絲) sī 5画 一部

丝 丝丝丝丝丝

❶ [名] 蚕吐的又细又长的东西: silk | 蚕在吐～。Cán zài tǔ sī. *Silkworms are spinning silk.* / 这是用～织成的。Zhè shì yòng sī zhīchéng de. *It is woven of* (from) silk.

丝绸 sīchóu silk cloth; silk

丝巾 sījīn silk scarf

真丝 zhēnsī

❷[名]像细丝的东西：something shaped as thin sticks | 铁～tiěsī *iron wire* / 肉～ròusī *shredded meat* / 铅～qiānsī *lead wire*

❸[量]表示极少的量：a tiny bit; trace | 一～风也没有。Yī sī fēng yě méiyǒu. *There isn't a breath of wind.* / 她脸上没有一～笑容。Tā liǎnshang méiyǒu yī sī xiàoróng. *There isn't a trace of smile on her face.*

丝毫 sīháo the slightest amount or degree; a bit; a particle; a shred; an iota

◇螺丝钉 luósīdīng

私 sī　7画 禾部

私 私私私私私私私

❶[形]属于个人的或为了个人的（跟"公gōng"相对）：personal; private (the opposite of "公gōng") | ～事 sīshì *private affairs* / ～信 sīxìn *personal letter*

私人 sīrén ① private; personal ② one's own man

私营 sīyíng privately owned; privately operated; private

私有 sīyǒu privately owned; private

私有制 sīyǒuzhì private ownership (of means of production)

❷[名]个人；个人的事：individual (person); one's own business

隐私 yǐnsī　　自私 zìsī

自私自利 zìsī-zìlì

❸[形]不公开的；不合法的：secret; illegal; illicit | ～下 sīxià *in secret* / ～货 sīhuò *smuggled goods*

私自 sīzì privately; secretly; without permission

走私 zǒusī

思 sī　9画 田部

思 思思思思思思思思

❶[动]考虑；想：think; consider | 深～ shēnsī *think deeply about* / 左～右想 zuǒsī-yòuxiǎng *think from different angles*

思考 sīkǎo think deeply; ponder over; reflect on

思索 sīsuǒ think deeply; ponder

思维 sīwéi thought; thinking

思想 sīxiǎng thought; thinking; idea; ideology

思前想后 sīqián-xiǎnghòu think over again and again

沉思 chénsī　　构思 gòusī

不可思议 bùkě-sīyì

饮水思源 yǐnshuǐ-sīyuán

❷[动]想念；惦记：think of; miss;

long for | 相~xiāngsī *yearning between lovers*

思念 sīniàn think of; long for; miss

❸ [名] 心情；想法：train of thought; thinking; idea | ~路 sīlù *train of thought* / 构~ gòusī ① *work out through thinking* ② *concept*

思潮 sīcháo trend of thought; ideological trend

思绪 sīxù ① train of thought ② feeling; mood

心思 xīnsi　　意思 yìsi
没意思 méiyìsi
有意思 yǒuyìsi
不好意思 bùhǎoyìsi

◇ 马克思主义 Mǎkèsī zhǔyì

斯

sī　　12画 斤部

斯斯斯斯斯斯斯斯斯斯斯斯

See below

斯文 sīwén refined; gentle

◇ 瓦斯 wǎsī
法西斯 fǎxīsī
穆斯林 mùsīlín
伊斯兰教 Yīsīlánjiào

撕

sī　　15画 扌部

撕撕撕撕撕撕撕撕撕撕撕撕撕撕撕

[动] 扯开；剥开：tear; rip | ~破 sīpò *tear up* / ~开 sīkāi *tear* / 把布~成两块 bǎ bù sīchéng liǎng kuài *tear the cloth into halves*

死

sǐ　　6画 歹部

死死死死死死死

❶ [动] 失去生命（跟"活 huó""生 shēng"相对）：die (the opposite of "活 huó" or "生 shēng") | 病~ bìngsǐ *die of illness* / ~人 sǐrén *dead person (body); the deceased* / 这棵白杨树枯~了。Zhè kē báiyángshù kūsǐ le. *The white poplar tree has died.*

死亡 sǐwáng death; doom
死刑 sǐxíng death penalty; death sentence; capital punishment
死者 sǐzhě the dead; the deceased; the departed

❷ [形] 拼命；不顾生命：to the death | ~守 sǐshǒu *defend to the death; defend to the last*

❸ [形] 固定；死板；不活动：fixed; rigid; inflexible | ~规矩 sǐ guīju *rigid rule* / ~脑筋 sǐ nǎojīn *one-track mind* / ~记硬背 sǐjì-yìngbèi *mechanical memorizing* / 窗户钉~了。Chuānghu dīngsǐ le. *The window has been nailed fast.*

❹ [形] 不可调和的：implacable;

687

deadly | 他俩是~对头。Tā liǎ shì sǐduìtou. *They two were irreconcilable opponents.*

死对头 sǐduìtou deadly enemy; irreconcilable opponent

❺ [形] 不能通过的；不流通的：impassable; closed | ~胡同 sǐhútòng *blind alley; dead end* / 把洞堵~ bǎ dòng dǔsǐ *plug the holes; stop up loopholes*

❻ [形] 表示达到极点：extreme; to death | 笑~人 xiàosǐ rén *be terribly funny* / 高兴~了 gāoxìng sǐ le *be extremely happy* / 累~了 lèisǐ le *be dead tired; be dogtired*

◇ 死机 sǐjī (of a computer) crash

四 sì 5画 口部

四 四四四四四

[数] 数目：four | ~条腿 sì tiáo tuǐ *four legs* / 我家有~口人。Wǒ jiā yǒu sì kǒu rén. *There are four members in my family.*

四处 sìchù all around; in all directions; everywhere

四方 sìfāng ① the four directions (north, south, east, west); all sides; all quarters ② square; cubic

四季 sìjì four seasons

四声 sìshēng ① the four tones of classical Chinese pronounciation ② the four tones of modern standard Chinese pronounciation

四肢 sìzhī four limbs; arms and legs

四周 sìzhōu all around

四面八方 sìmiàn-bāfāng all directions; all quarters; all around; far and near

寺 sì 6画 土部

寺 寺寺寺寺寺寺

[名] 佛教庙宇：temple | ~庙 sìmiào *temple; monastery*

清真寺 qīngzhēnsì

似 sì 6画 亻部

似 似似似似似似

❶ [动] 像；如同：seem; appear | 骄阳~火 jiāoyáng-sìhuǒ *the sun was scorching hot*

似笑非笑 sìxiào-fēixiào faint smile

近似 jìnsì   类似 lèisì

相似 xiāngsì

❷ [副] 仿佛；好像：seemingly; as if | ~曾相识 sìcéngxiāngshí *seem to have met before*

似乎 sìhū as if; seemingly

似是而非 sìshì'érfēi apparently right but actually wrong; specious

❸ [动] 表示超过：surpass | 我们

的生活一年胜~一年。Wǒmen de shēnghuó yī nián shèngsì yī nián. *Our life has been getting better year by year.*

See shì.

饲 (飼) sì 8画 饣部

饲 饲饲饲饲饲饲饲饲

[动] 喂养(动物)：raise; rear | ~鸡 sìjī *raise chickens*
饲料 sìliào forage; fodder; feed
饲养 sìyǎng raise; rear

松 (鬆❷-❹) sōng 8画 木部

松 松松松松松松松松

❶ [名] 松树：pine (tree)
松鼠 sōngshǔ squirrel
松树 sōngshù pine tree; pine

❷ [形] 不紧密；不紧张：loose; slack | 绳子~了。Shéngzi sōng le. *The rope has come loose.* / 鞋带~了。Xiédài sōng le. *The shoelace has come loose.*
放松 fàngsōng 宽松 kuānsōng
轻松 qīngsōng

❸ [形] 不坚实：light and crisp | 这点心~脆可口。Zhè diǎnxīn sōngcuì kěkǒu. *The pastry is crisp and delicious.* / 土质~了。Tǔzhì sōng le. *The soil is loose.*

❹ [动] 放开；使松：loosen; relax; slacken | ~开手 sōngkāi shǒu *relax one's hold* / ~口气 sōng kǒu qì *have a breathing spell* / 把绳子~一下。Bǎ shéngzi sōng yīxià. *Loosen the rope a bit, please.*

耸 (聳) sǒng 10画 耳部

耸 耸耸耸耸耸耸耸耸耸耸

❶ [动] 引起注意；使人吃惊：alarm; shock | ~人听闻 sǒngréntīngwén *deliberately exaggerate to create a sensation*

❷ [动] 高高地立起：tower | ~立 sǒnglì *tower aloft* / 高~入云 gāosǒng-rùyún *tower into the clouds; reach to the sky*

送 sòng 9画 辶部

送 送送送送送送送送送

❶ [动] 陪离去的人一起走：see sb. off or out; accompany; escort | ~客 sòngkè *see the guests to the door* / 到火车站~人 dào huǒchēzhàn sòng rén *see sb. off at the railway station* / ~孩子上学 sòng háizi shàngxué *take a child to school*
送行 sòngxíng ① see sb. off; wish sb. bon voyage ② give a send-off party

689

欢送 huānsòng

❷[动]赠给：give as a present; give | ~礼物 sòng lǐwù give as a present / 姐姐~我一本书。Jiějie sòng wǒ yī běn shū. *My elder sister gave me a book as a present.*

送礼 sònglǐ give sb. a present; present a gift to sb.

赠送 zèngsòng

❸[动]运去；带给：deliver; carry | ~报纸 sòng bàozhǐ *deliver newspapers* / ~信 sòng xìn *deliver a letter* / 把这些东西~到他家里去。Bǎ zhèxiē dōngxi sòngdào tā jiālǐ qù. *Take these things to his home.*

播送 bōsòng　传送 chuánsòng
输送 shūsòng　运送 yùnsòng

诵 (誦) sòng　9画 讠部

诵诵诵诵诵诵诵诵诵

[动]出声地念；朗读：read aloud; chant; recite | ~读 sòngdú *chant(a poem, essay, etc.)*

背诵 bèisòng　朗诵 lǎngsòng

颂 (頌) sòng　10画 页部

颂颂颂颂颂颂颂颂颂

[动]赞扬：praise; extol; eulogize; laud | ~扬 sòngyáng *sing sb.'s praises*

歌颂 gēsòng

搜 sōu　12画 扌部

搜搜搜搜搜搜搜搜搜搜搜

❶[动]搜索检查：search | ~身 sōushēn *search the person; make a body search*

搜查 sōuchá search; ransack; rummage

搜索 sōusuǒ search for; hunt for; scout around

搜寻 sōuxún search for; look for; hunt for; seek

❷[动]仔细寻找：look for | 仔细地~了一遍 zǐxì de sōule yī biàn *search for sth. carefully*

搜集 sōují hunt high and low for; collect; gather

艘 sōu　15画 舟部

艘艘艘艘艘艘艘艘艘艘艘艘艘艘

[量]用于船只：unit used for boats or ships | 一~油船 yī sōu yóuchuán *an oil tanker* / 两~军舰 liǎng sōu jūnjiàn *two warships*

苏 (蘇) sū　7画 艹部

苏

苏苏苏苏苏苏苏

[动] 从昏迷中醒过来：come to; become conscious again ｜ 复~ fùsū *come back to life*

苏醒 sūxǐng revive; regain consciousness; come to

俗

sú　9画 亻部

俗俗俗俗俗俗俗俗俗

❶ [名] 社会上的风气、习惯：custom; convention ｜ 旧~ jiùsú *old custom*

风俗 fēngsú　习俗 xísú
入乡随俗 rùxiāng-suísú

❷ [形] 粗俗；不高雅：vulgar ｜ 脱~ tuōsú *free from vulgarity* / ~气 súqì *in poor taste* / ~不可耐 súbùkěnài *unbearably vulgar*
庸俗 yōngsú

❸ [形] 通行的；大众的：popular; common ｜ ~语 súyǔ *common saying; folk adage*
俗话 súhuà common saying; proverb
通俗 tōngsú

诉 (訴)

sù　7画 讠部

诉诉诉诉诉诉诉

❶ [动] 说出来让人知道；陈述：tell; relate; inform; say (what is on one's mind) ｜ ~苦 sùkǔ *complaint; pour out one's woes; vent one's grievances*
告诉 gàosu

❷ [动] 控告：appeal to; resort to ｜ 上~ shàngsù *appeal to a higher court* / 起~ qǐsù *bring a suit against sb.*
诉讼 sùsòng lawsuit; litigation
败诉 bàisù　公诉 gōngsù
投诉 tóusù

肃 (肅)

sù　8画 聿部

肃肃肃肃肃肃肃肃

❶ [形] 严重；认真：solemn; serious
严肃 yánsù

❷ [动] 清除：eliminate; clean up
肃清 sùqīng eliminate; clean up; mop up

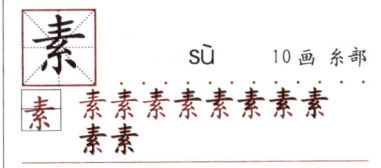

素

sù　10画 糸部

素素素素素素素素素素

❶ [形] 本色；白色：unbleached and undyed; white ｜ ~色 sùsè *plain colour*

❷ [形] 基本的；不加修饰的：native; original ｜ ~材 sùcái *source material (for artistic composition or literature)*
素质 sùzhì ① quality ② (psych-

691

ol.) diathesis
朴素 pǔsù

❸[名]构成事物的基本成分：basic element; element | 色~ sèsù *pigment*

激素 jīsù　　　要素 yàosù
因素 yīnsù　　　元素 yuánsù
维生素 wēishēngsù

❹[名]用植物制成的食品(跟"荤hūn"相对)：vegetable dish (the opposite of "荤 hūn") | ~食 sùshí *vegetarian diet*

素菜 sùcài vegetable dish

速

sù　10画　辶部

速速速速速速速速速速

❶[形]快：fast; rapid; quick; instant | 火~ huǒsù *at top speed; posthaste* / 请~回信 qǐng sù huíxìn *please reply as soon as possible* / ~去~回 sù qù sù huí *go and return quickly*

速成 sùchéng speeded-up educational program
速度 sùdù speed; rate; pace; tempo
快速 kuàisù　　迅速 xùnsù

❷[名]速度：speed; velocity | 风~ fēngsù *wind speed* / 光~ guāngsù *velocity of light* / 车~ chēsù *speed of a motor vehicle*

飞速 fēisù　　　高速 gāosù
加速 jiāsù　　　减速 jiǎnsù

时速 shísù
高速公路 gāosù gōnglù

宿

sù　11画　宀部

宿宿宿宿宿宿宿宿宿宿宿

[动]夜里住下；过夜：put up for the night | 住~ zhùsù *stay; get accommodation* / 露~ lùsù *sleep in the open*

宿舍 sùshè hostel; living quarters; dormitory

塑

sù　13画　土部

塑塑塑塑塑塑塑塑塑塑塑塑

[动]用泥土或石膏等物做成人或物的形象：model; mould | 泥~ nísù *clay sculpture* / ~像 sùxiàng *statue*

塑料 sùliào plastics
塑造 sùzào ① model; mould ② portray
雕塑 diāosù

酸

suān　14画　酉部

酸酸酸酸酸酸酸酸酸酸酸酸酸酸

❶[形]像醋的味道或气味：sour; tart; having the taste or smell of

vinegar | ~菜 suāncài *pickled Chinese cabbage* / ~葡萄 suānpútáo *sour grape* / 牛奶~了。Niúnǎi suān le. *The milk has turned sour.*

❷ [形] 悲痛；难过：grieved; distressed | 心~ xīnsuān *be grieved; feel sad* / 她鼻子一~，流下泪来。Tā bízi yī suān, liúxià lèi lai. *She felt a lump in her throat and began to weep.*

❸ [形] 微痛无力的感觉：ache; tingle; a feeling of slight pain and weakness | 腰~背疼 yāosuān-bèiténg *aching back; have a backache* / 我的腿都走~了。Wǒ de tuǐ dōu zǒusuān le. *I walked off my legs.*

蒜

suàn 13画 艹部

蒜蒜蒜蒜蒜蒜蒜蒜蒜蒜蒜蒜蒜

[名] garlic | ~泥 suànní *mashed garlic*

大蒜 dàsuàn

算

suàn 14画 竹部

算算算算算算算算算算算算算算

❶ [动] 计数：calculate; reckon | ~账 suànzhàng *do accounts; make out bills* / 能写会~ néng-xiě-huìsuàn *be good at writing and calculating*

算盘 suànpán abacus; counting frame

算术 suànshù arithmetic

测算 cèsuàn　估算 gūsuàn
计算 jìsuàn　结算 jiésuàn
决算 juésuàn　演算 yǎnsuàn
预算 yùsuàn　运算 yùnsuàn
计算机 jìsuànjī
计算器 jìsuànqì

❷ [动] 谋划：calculate | 失~ shīsuàn *miscalculate; make an unwise decision* / 暗~ ànsuàn *plot against sb.* / ~计 suànjì *scheme*

打算 dǎsuàn　合算 hésuàn

❸ [动] 料想；推测：guess; think; suppose | 我~他今天该动身了。Wǒ suàn tā jīntiān gāi dòngshēn le. *I suppose he'll set out today.* / 我~他今天会来。Wǒ suàn tā jīntiān huì lái. *I think he will come today.*

推算 tuīsuàn

❹ [动] 计算进去：include; count | 不要把我~在内。Bùyào bǎ wǒ suàn zài nèi. *Count me out.* / 明天比赛~我一个。Míngtiān bǐsài suàn wǒ yī gè. *Count me in for tomorrow's contest.*

❺ [动] 作为；当作：consider; regard as; count as | 这个~我的。Zhège suàn wǒ de. *Count this to me.* / 这件事还不能~完。Zhè jiàn shì hái bùnéng suànwán.

693

The matter has not been finished yet.

算是 suànshì ① count as ② at last

❻ [动] 算数；承认有效力：carry weight; count | 说话~话 shuōhuà suàn huà *what one says counts* / 他说的不~，你说才行。Tā shuō de bù suàn, nǐ shuō cái xíng. *It is not what he says but what you say that counts.*

算数 suànshù count; hold; stand

❼ [动] 作罢；不再计较：forget it; let it pass | ~了，别理他了。Suànle, bié lǐ tā le. *Forget it. Leave him alone.*

算了 suànle let it be; let it pass; that's enough; forget it

虽 (雖) suī 9画 口部

虽 虽虽虽虽虽虽虽虽虽

[连] 虽然：though; although; even if | 事情~小，影响却极大。Shìqing suī xiǎo, yǐngxiǎng què jí dà. *Though it is trifle, its influence is great.* / 这孩子年纪~小，志气却很大。Zhè háizi niánjì suī xiǎo, zhìqì què hěn dà. *Young as the boy is, his aspirations are very high.*

虽然 suīrán though; although
虽说 suīshuō though; although

随 (隨) suí 11画 阝(左)部

随 随随随随随随随随随随随

❶ [动] 跟：follow | ~我来 suí wǒ lái *follow me; come along with me.* / 他~我们上了楼。Tā suí wǒmen shàngle lóu. *He followed us up the stairs.*

随后 suíhòu follow; soon after
随即 suíjí immediately; presently
随身 suíshēn (bring sth.) with oneself
随着 suízhe along with; in pace with

伴随 bànsuí　　跟随 gēnsuí
入乡随俗 rùxiāng-suísú

❷ [动] 顺从；任凭；由着：let sb. do as he likes; yield to sb.'s wish | 去不去~你。Qùbuqù suí nǐ. *Whether to go or not is up to you; You may go or not as you wish.* / 这些东西~你挑。Zhèxiē dōngxi suí nǐ tiāo. *Choose as you please among these things.*

随便 suíbiàn ① casual; random; informal ② careless; in a slipshod way; as one wishes ③ wanton; willful; arbitrary ④ anyhow; anywhere; no matter

随机 suíjī ① (statistics) random ② (math.) stochastic

随时 suíshí ①at any time; at all times ②whenever necessary; as

the occasion demands
随意 suíyì at will; free rein
随时随地 suíshí-suídì at all times and all places

❸ [介] 顺便：by the way
随手 suíshǒu conveniently; without extra trouble

岁 (歲) suì　6画 山部

岁 岁岁岁岁岁岁

❶ [名] 年：year | ~末 suìmò end of the year / 年~ niánsuì age
岁月 suìyuè years
贺岁 hèsuì　　周岁 zhōusuì
压岁钱 yāsuìqián

❷ [量] 表示年龄的单位：year (of age) | 三~的孩子 sān suì de háizi *a child of three years old*
岁数 suìshu age; year
万岁 wànsuì

碎 suì　13画 石部

碎 碎碎碎碎碎碎碎碎碎碎碎碎

❶ [动] 完整的东西破成零片、零块：break into pieces; smash | 碗打~了。Wǎn dǎsuì le. *The bowl is broken to pieces.*
粉碎 fěnsuì　　破碎 pòsuì

❷ [形] 零星；不完整：broken; fragmentary | ~布 suìbù oddments of cloth / ~玻璃 suì bōli *bits of broken glass* / 琐~的事情 suǒsuì de shìqing *trivial matters; trifles*
零碎 língsuì

❸ [形] 说话唠叨：garrulous; gabby | 嘴~ zuǐsuì *talk too much; garrulous*

隧 suì　14画 阝(左)部

隧 隧隧隧隧隧隧隧隧隧隧隧隧隧隧

[名] 地道，在山中或地下凿成的通路：tunnel; underground passage
隧道 suìdào tunnel

穗 suì　17画 禾部

穗 穗穗穗穗穗穗穗穗穗穗穗穗穗穗穗穗穗

❶ [名] 谷类植物聚生在一起的花或果实：ear of grain; spike | 麦~儿 màisuìr *ear of wheat* / 谷~儿 gǔsuìr *ear of millet*

❷ [名] 用丝线、绸布条结扎成的装饰品：tassel; fringe | 金色的~子 jīnsè de suìzi *golden tassels*

孙 (孫) sūn　6画 子部

孙 孙孙孙孙孙孙

[名] 儿子的子女：grandchild;

grandson | 长~zhǎngsūn son's eldest son; eldest grandson

孙女 sūnnǚ granddaughter
孙子 sūnzi grandson
外孙 wàisūn   子孙 zǐsūn
外孙女 wàisūnnǚ

损 (損) sǔn 10画 扌部

损损损损损损损损损损

❶ [动] 减少：decrease; lose | 增~ zēngsǔn increase and decrease
损耗 sǔnhào ① loss; wear and tear ② wastage; spoilage
损失 sǔnshī ① lose ② loss; wastage
亏损 kuīsǔn

❷ [动] 损害：harm; damage
损害 sǔnhài harm; damage; injure; damnify
损坏 sǔnhuài damage; breakdown; injure; spoil; break
损伤 sǔnshāng ① harm; damage; injure; lesion; hurt; impair ② loss
损人利己 sǔnrén-lìjǐ harm others to benefit oneself

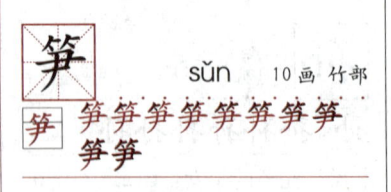

笋 sǔn 10画 竹部

笋笋笋笋笋笋笋笋笋笋

[名] bamboo shoot
竹笋 zhúsǔn

缩 (縮) suō 14画 纟部

缩缩缩缩缩缩缩缩缩缩缩缩缩缩

❶ [动] 由大变小或由长变短；收缩：contract; shrink | 热胀冷~ rèzhàng-lěngsuō expand with heat and contract with cold / 这种布下水不会~。Zhè zhǒng bù xià shuǐ bùhuì suō. This cloth doesn't shrink when washed.
缩短 suōduǎn shorten; curtail; cut down
缩水 suōshuǐ (of cloth through wetting) shrink
缩小 suōxiǎo reduce; lessen; narrow; shrink
缩写 suōxiě ① abbreviation ② abridge
紧缩 jǐnsuō   浓缩 nóngsuō
收缩 shōusuō   压缩 yāsuō

❷ [动] 没伸开或伸开了又收回去；不伸出：draw back; withdraw; recoil | 他觉得很冷，身体~成了一团。Tā juéde hěn lěng, shēntǐ suōchéngle yī tuán. Feeling cold, he huddled himself up.

❸ [动] 后退：withdraw; recoil | 退~ tuìsuō shrink back / 畏~ wèisuō flinch

所 suǒ 8画 斤部

所 所所所所所所所所

❶ [名] 地方: place | 住～zhùsuǒ dwelling place
所在 suǒzài ①place; location ② where
厕所 cèsuǒ　场所 chǎngsuǒ
处所 chùsuǒ
事务所 shìwùsuǒ
公共场所 gōnggòng chǎngsuǒ

❷ [助] 用在动词前，跟动词组成名词性词组，作定语: used before a verb to form a substantive structure which functions as an attribute | 大家～提的意见很有道理。Dàjiā suǒ tí de yìjiàn hěn yǒu dàoli. *The opinions put forward by all of you are quite reasonable.*
所得 suǒdé income; earnings; gains
所属 suǒshǔ ① what is subordinate to one or under one's command ② what one belongs to or is affiliated with
所谓 suǒwèi ① what is called; what is known as ② so-called
所有权 suǒyǒuquán proprietary rights; ownership; title
所有制 suǒyǒuzhì system of ownership; ownership
无所谓 wúsuǒwèi

❸ [助] 跟"为 wéi""被 bèi"合用，表示被动: used together with "为 wéi" or "被 bèi" in the passive voice | 被表面现象～迷惑 bèi biǎomiàn xiànxiàng suǒ míhuò *be misled by appearances.*

❹ [量] 用于房屋、学校等: for houses, schools, etc. | 一～房子 yī suǒ fángzi *a house* / 两～学校 liǎng suǒ xuéxiào *two schools* / 一～医院 yī suǒ yīyuàn *one hospital*

❺ [名] 某些机关或机构的名称: institute; office | 招待～zhāodàisuǒ *guest house* / 指挥～zhǐhuīsuǒ *command post*
诊所 zhěnsuǒ
派出所 pàichūsuǒ
托儿所 tuō'érsuǒ
研究所 yánjiūsuǒ

◇ 所以 suǒyǐ ① so; therefore; as a result ② the reason why
所有 suǒyǒu ① own; possess ② possession ③ all

索 suǒ 10画 十部

索 索索索索索索索索索

[动] 寻找；探求 search; look for; seek
索赔 suǒpéi claim damages; claim an indemnity
索要 suǒyào ask for; claim; de-

mand
摸索 mōsuǒ　　思索 sīsuǒ
搜索 sōusuǒ　　探索 tànsuǒ
◇ 索性 suǒxìng might as well; simply
线索 xiànsuǒ

锁 (鎖) suǒ　12画 钅部

锁 锁锁锁锁锁锁锁锁锁锁锁锁

❶ [名] 加在门、箱、柜、抽屉等上面防止别人打开的器具：lock | 门上装了一把~。Mén shang zhuāngle yī bǎ suǒ. *A lock was fixed on the door.*
❷ [动] 用锁关住：lock up | ~门 suǒmén *lock the door*
锁定 suǒdìng ① keep to ② finally decide ③ follow closely
❸ [动] 封闭：block; close
封锁 fēngsuǒ
◇ 连锁 liánsuǒ

T t

他 tā 5画 亻部

他 他他他他他

❶ [代] 别的；另外的：something else; somewhere else ｜ ～乡 tāxiāng *a place far away from home; an alien land*

他人 tārén another person; other people

其他 qítā

异国他乡 yìguó-tāxiāng

❷ [代] 称自己和对方以外的某个男性：he; him ｜ ～是教师。Tā shì jiāoshī. *He is a teacher.* / ～清楚这件事。Tā qīngchu zhè jiàn shì. *He knows about this.* / ～的身体很好。Tā de shēntǐ hěn hǎo. *He is in good health.*

他们 tāmen they; them

◇ 吉他 jítā

它 tā 5画 宀部

它 它它它它它

[代] 称人以外的单个事物：(third person singular for nonhuman) it ｜ ～是什么东西？Tā shì shénme dōngxi? *What is it?* / 这把雨伞你把～带上。Zhè bǎ yǔsǎn nǐ bǎ tā dàishang. *Take this umbrella with you.* / 猫饿了，喂喂～吧！Māo è le, wèiwei tā ba! *The cat is hungry, give it something to eat.*

它们 tāmen they; them

她 tā 6画 女部

她 她她她她她她

❶ [代] 称自己和对方以外的某个女性：(third person singular for female) she ｜ ～是我妹妹。Tā shì wǒ mèimei. *She is my younger sister.* / ～的男朋友是中学教师。Tā de nánpéngyou shì zhōngxué jiāoshī. *Her boyfriend is a middle school teacher.*

她们 tāmen they; them

❷ [代] 称自己敬爱或珍爱的事物：referring to sth. beloved ｜ 祖国，～是一个多么值得骄傲的名字啊！Zǔguó, tā shì yī gè duōme zhídé jiāo'ào de míngzì a! *Motherland, what a term of address worth being proud of!*

塌 tā 13画 土部

塌 塌塌塌塌塌塌塌塌塌塌塌塌

699

❶ [动] 倒下；陷下：crumple; give way; collapse | 墙~了。Qiáng tā le. *The wall collapsed.*
倒塌 dǎotā

❷ [动] 凹下：sink; slump | 他瘦得两腮都~下去了。Tā shòu de liǎngsāi dōu tā xiàqu le. *He is so thin that his cheeks are sunken.*

❸ [动] 安定；镇定：calm down; ease | ~下心来 tāxia xīn lai *set one's mind at ease; settle down (to work, etc.)*

踏 tā 15画 足部

踏踏踏踏踏踏踏踏踏踏踏踏踏踏踏

See 踏实

踏实 tāshi (inf.) ① steady and sure; dependable ② free from anxiety; having peace of mind

See tà.

塔 tǎ 12画 土部

塔塔塔塔塔塔塔塔塔塔塔塔

❶ [名] 佛教的一种多层尖顶的建筑物：a Buddhist building with many storeys and a pointed rooftop | 宝~ bǎotǎ *pagoda* / 这座~共有10层。Zhè zuò tǎ gōng yǒu shí céng. *This pagoda has 10 storeys.*

❷ [名] 塔形的建筑物：high-rise build-ing | 灯~ dēngtǎ *lighthouse; beacon* / 水~ shuǐtǎ *water tower* / 纪念~ jìniàntǎ *memorial tower; monument* / 电视~ diànshìtǎ *T.V. tower*

踏 tà 15画 足部

踏踏踏踏踏踏踏踏踏踏踏踏踏踏踏

[动] 用脚踩：tread; stamp | ~着山间小路 tàzhe shānjiān xiǎolù *walk on the paths in the mountain* / 大~步地前进 dà tàbù de qiánjìn *stride forward; advance in giant strides*

践踏 jiàntà   糟踏 zāota

See tā.

台 (臺) tái 5画 厶部

台台台台台

❶ [名] 高而平的建筑物、设备：deck; terrace | 塔~ tǎtái *bleachers* / 瞭望~ liàowàngtái *observation tower; lookout tower*

看台 kàntái   站台 zhàntái

查号台 cháhàotái

服务台 fúwùtái

❷ [名] 公共场所或室内外高出地面的设备：platform-like object; stage | 戏~xìtái *stage* / 讲~jiǎngtái *podium; stand (for instructor to stand on)*

台阶 táijiē ① footstep; bench ② an opportunity to extricate oneself from an awkward position

出台 chūtái 　　后台 hòutái
上台 shàngtái 　舞台 wǔtái
下台 xiàtái 　　压台戏 yātáixì
唱对台戏 chàng duìtáixì

❸ [名] 像台的东西或类似桌子的东西：stage-like or table-like object | 窗~ chuāngtái *window sill* / 梳妆~ shūzhuāngtái *dressing table* / 写字~ xiězìtái *writing desk*

台历 táilì desk calendar
台球 táiqiú ① billiards ② billiard ball ③ (dial.) table tennis; ping-pong
吧台 bātái 　　柜台 guìtái
阳台 yángtái

❹ [量] 用于戏剧、演出、机器、设备等：used for theatrical performances, machines, installations, etc. | 一~戏 yī tái xì *a play* / 一~机器 yī tái jīqì *a machine*

◇台风 táifēng typhoon
电台 diàntái
电视台 diànshìtái

抬　　　　tái　　8画 扌部

抬 抬抬抬抬抬抬抬抬

❶ [动] 举起；向上托：lift; raise | ~手 tái shǒu *raise one's hand* / ~起头 táiqǐ tóu *raise one's head*

❷ [动] 多人共同用手提或用肩膀扛：(of two or more persons) carry | 把桌子~过来。Bǎ zhuōzi tái guòlai. *Carry the desk over here.*

太　　　　tài　　4画 大部

太 太太太太

❶ [副] 表示程度极高，多用于赞叹：(usu. used with words of admiration) excessively; too; over | ~高兴了 tài gāoxìng le *extremely happy; too glad* / ~感谢你了。Tài gǎnxiè nǐ le. *Thanks a lot; Thank you so much.* / 这办法~好了。Zhè bànfǎ tài hǎo le. *This idea is extremely good.* / 这孩子~可爱了。Zhè háizi tài kě'ài le. *This child is extremely lovely.*

❷ [副] 表示程度过分，超过一般情况或要求：used to indicate an extremely high degree, surpassing general circumstances or requirements | 人~多了。Rén tài duō le. *It's too crowded.* / 水~热了。Shuǐ tài rè le. *The water is too hot.* / 菜~咸了。Cài

tài xián le. *The dish is too salty.*
❸ [副] 用在"不"后，减弱否定程度：used after "不" to lessen some degree of negativeness | 不~好 bù tài hǎo *not very good; not good enough* / 不~满意 bù tài mǎnyì *not so satisfactory* / 今天不~热。 Jīntiān bù tài rè. *It is not very hot today.* / 我不~喜欢这个人。 Wǒ bù tài xǐhuan zhège rén. *I am not really fond of this person.*

◇ 太空 tàikōng firmament; outer space

太平 tàipíng peaceful and tranquil; having good social order and without war

太太 tàitai ① Mrs.; madame; lady ② mistress of a household ③ wife

太阳 tàiyáng ① sunshine; sunlight ② sun

太子 tàizǐ crown prince

太极拳 tàijíquán a system of physical exercises that emphasizes balance, coordination and effortlessness in movements, designed for attaining bodily or mental control and well-being and also an art of self-defence

太平洋 Tàipíngyáng the Pacific (Ocean)

汰　tài　7画 氵部

汰 汰汰汰汰汰汰

[动] 除去差的，不合适的：discard; eliminate | 优胜劣~ yōushēng-liètài *survival of the fittest* 淘汰 táotài

态 (態) tài　8画 心部

态 态态态态态态态态

[名] 形状、样子；情况：form; shape; condition | 丑~ chǒutài *ugly performance* / 仪~ yítài *carriage; personal appearance* / 事~ shìtài *state of affairs; situation*

态度 tàidu ① attitude ② manner

表态 biǎotài　心态 xīntài

形态 xíngtài　状态 zhuàngtài

泰　tài　10画 水部

泰 泰泰泰泰泰泰泰泰泰

[形] 安定，平安：safe; peaceful | 国~民安 guótài-mín'ān *the country is prosperous and the people live in peace*

泰然 tàirán calm; composed; self-possessed

◇ 泰山 Tài Shān ① Mount Tai (in Shandong Province) ② a symbol of great weight or importance ③ (old) wife's father; father-in-law

景泰蓝 jǐngtàilán

贪 (貪) tān 8画 贝部

贪贪贪贪贪贪贪贪

[动] 不满足；一心追求（财物及其他东西）：be greedy for; have an insatiable desire for | ~玩 tānwán *be too fond of enjoying oneself* / ~财 tāncái *be greedy for money*
贪官 tānguān corrupt officials; venal officials

摊 (攤) tān 13画 扌部

摊摊摊摊摊摊摊摊摊摊摊摊摊

❶ [动] 摆开；铺开：lay out; spread out | ~开地图 tānkāi dìtú *spread out a map* / 桌子上~着几本书。Zhuōzi shang tānzhe jǐ běn shū. *Several books were laid out on the table.* / 把问题~出来 bǎ wèntí tān chūlai *make clear the problems*

❷ [动] 分派；分担：share; apportion | ~派 tānpài *apportion (expenses, work, etc.)* / 分~费用 fēntān fèiyòng *share expenses*

❸ [动] 碰上；遇到：(sth. unpleasant) befall; happen to | 倒霉的事儿都叫我~上了。Dǎoméi de shìr dōu jiào wǒ tānshang le. *I have run into all these misfortunes.*

❹ [名] 设在路边、广场上的售货处：booth; stand | 摆~儿 bǎitānr *set up a stall* / 货~儿 huòtānr *booth; stall* / 水果~儿 shuǐguǒtānr *fruit stand; fruit stall*

❺ [量] 用于摊开的液体或糊状物：used for mash-like things | 一~水 yī tān shuǐ *a pool of water* / 一~泥 yī tān ní *a mud puddle*

滩 (灘) tān 13画 氵部

滩滩滩滩滩滩滩滩滩滩滩滩

[名] 水边泥沙淤积成的地方：water's edge; littoral; beach | 险~ xiǎntān *perilous shoals and rapids*
海滩 hǎitān   沙滩 shātān

瘫 (癱) tān 15画 疒部

瘫瘫瘫瘫瘫瘫瘫瘫瘫瘫瘫瘫瘫瘫瘫

See 瘫痪
瘫痪 tānhuàn ① palsy; paralysis ② break down; be at a standstill

谈 (談) tán 10画 讠部

谈

谈谈谈谈谈谈谈谈谈谈

[动] 说话或讨论：talk; discuss | 面~ miàntán *speak to sb. face to face; interview* / 他俩~了很久。Tā liǎ tánle hěn jiǔ. *They two talked for a long time.*

谈话 tánhuà ① talk; chat ② talk
谈论 tánlùn discuss; talk about
谈判 tánpàn negotiate; hold talks
谈天 tántiān chat; make conversation
畅谈 chàngtán　访谈 fǎngtán
会谈 huìtán　交谈 jiāotán
洽谈 qiàtán
商谈 shāngtán
叙谈 xùtán　座谈 zuòtán
座谈会 zuòtánhuì

弹 (彈) tán 11画 弓部

弹弹弹弹弹弹弹弹弹弹弹

❶ [动] 用弹力发射：shoot; send forth | ~石子儿 tán shízǐr *catapult pebbles* / 皮球~了起来。Píqiú tánle qǐlai. *The ball bounced up.*
反弹 fǎntán

❷ [动] 用手指或东西拨弄、敲击：play (with one's fingers or object); beat; rap | ~钢琴 tán gāngqín *play the piano* / ~吉他 tán jítā *play the guitar*
◇弹性 tánxìng elasticity; resilience; spring
See dàn.

痰 tán 13画 疒部

痰痰痰痰痰痰痰痰痰痰痰痰痰

[名] phlegm | 请不要随地吐~。Qǐng búyào suídì tǔtán. *Don't spit, please.*

坦 tǎn 8画 土部

坦坦坦坦坦坦坦坦

❶ [形] 平而宽：smooth; level
平坦 píngtǎn

❷ [形] 没有隐瞒，直率：straightforward; be upfront about sth. | ~率 tǎnshuài *candid; frank; straightforward*
坦白 tǎnbái ① honest; frank; candid ② confess; make a confession
◇坦克 tǎnkè tank

毯 tǎn 12画 毛部

毯毯毯毯毯毯毯毯毯毯毯毯

[名] blanket; carpet | 毛~ máotǎn *woollen blanket*

毯子 tǎnzi blanket
地毯 dìtǎn

叹(嘆) tǎn　5画 口部

叹 叹叹叹叹叹

❶ [动] 叹气：sigh｜悲～bēitàn sign mournfully; lament｜长～chángtàn long sigh

叹气 tǎnqì sigh; heave a sigh

❷ [动] 赞美：praise; acclaim｜惊～不已 jīngtàn-bùyǐ exclaim with admiration; wonder at

叹词 tàncí (gram.) interjection; exclamation

感叹 gǎntàn　　赞叹 zàntàn

炭 tàn　9画 山部

炭 炭炭炭炭炭炭炭炭炭

[名] 木炭的通称：general term for charcoal｜烧～shāotàn make charcoal｜木～mùtàn charcoal

焦炭 jiāotàn　　煤炭 méitàn

探 tàn　11画 扌部

探 探探探探探探探探探探探

❶ [动] 深入寻求；试图发现(隐藏的事物或情况)：find (sth. hidden); sound; explore｜～路 tànlù explore the way｜～某人的口气 tàn mǒurén de kǒuqì ascertain (find out) sb.'s opinions or feelings; sound sb. out

探测 tàncè survey; sound; probe

探索 tànsuǒ explore; probe

探讨 tàntǎo inquire into; probe into

探险 tànxiǎn explore; make explorations; venture into the unknown

勘探 kāntàn　　试探 shìtàn
侦探 zhēntàn

❷ [动] 看望；访问：call on; visit｜～病号 tàn bìnghào visit a patient

探亲 tànqīn go home to visit one's family or go to visit one's relatives

探望 tànwàng ① call on sb. ② look about

❸ [动] 向前伸出(头或上身)：crane; stretch forward｜～出头 tàn chū tóu crane one's neck｜行驶时身体不要～出车外。Xíngshǐ shí shēntǐ bùyào tàn chū chē wài. Don't lean out of the window while the bus is in motion.

汤(湯) tāng　6画 氵部

汤 汤汤汤汤汤汤

堂塘糖倘躺

tǎng~tǎng

❶ [名] 中药的汤剂：decoction of medicinal ingredients | 药~ yàotāng *decoction* / 参~ shēntāng *a decoction of ginseng*
❷ [名] 食物煮后所得的汁液：soup; broth | 米~ mǐtāng ① *water in which rice has been cooked* ② *thin rice or millet gruel* / 肉~ ròutāng *broth*

堂

tǎng 11画 土部

堂堂堂堂堂堂堂堂堂堂堂

[名] building for a specific purpose | 教~ jiāotáng *church* / 礼~ lǐtáng *auditorium; assembly hall*
课堂 kètáng　　食堂 shítáng

塘

táng 13画 土部

塘塘塘塘塘塘塘塘塘塘塘

[名] 水池：pond | 鱼~ yútáng *fish pond* / 荷~ hétáng *lotus pool*
池塘 chítáng

糖

táng 16画 米部

糖糖糖糖糖糖糖糖糖糖糖糖

❶ [名] 食糖的总称：general term for sugar | 红~ hóngtáng *brown sugar* / 绵白~ miánbáitáng *refined sugar*
❷ [名] 糖制的食品：food made from sugar | 我请你们吃~。Wǒ qǐng nǐmen chī táng. *I'll treat you with some sweets.*
糖果 tángguǒ sweets; candy; confection
喜糖 xǐtáng
❸ [名] 糖类，即"碳水化合物"：carbohydrate, a kind of organic compound
糖尿病 tángniàobìng diabetes
葡萄糖 pútáotáng

倘

tǎng 10画 亻部

倘倘倘倘倘倘倘倘倘倘

[连] 如果；假使：if; supposing; in case | ~不小心防备，会受损害。Tǎng bù xiǎoxīn fángbèi, huì shòu sǔnhài. *You will suffer losses if you don't take precautions.*
倘若 tǎngruò if; supposing; in case

躺

tǎng 15画 身部

躺躺躺躺躺躺躺躺躺躺躺躺躺躺

[动] 身体平卧或物体横倒：lie; repose | ~在床上 tǎng zài

chuáng shang *lie in bed* / 咱们~下休息一会儿。Zánmen tǎngxià xiūxi yīhuìr. *Let's lie down for a rest.*

烫 (燙) tàng 10画 火部

烫烫烫烫烫烫烫烫烫烫

❶ [动] 被高温物体烧痛或烧伤：scald; burn | ~手 tàng shǒu *scald the hand* / 手~伤了。Shǒu tàngshāng le. *The hand is scalded.* / 小心~着! Xiǎoxīn tàngzháo! *Be careful not to be scalded!*

❷ [动] 用热的物体使另一物体温度升高或起变化：heat | ~脚 tàngjiǎo *bathe one's feet in hot water* / ~酒 tàngjiǔ *heat wine (by putting the container in hot water)*

❸ [形] 温度高：very hot; scalding | 这水太~了。Zhè shuǐ tài tàng le. *The water is too hot.*

趟 tàng 15画 走部

趟趟趟趟趟趟趟趟趟趟趟趟趟趟趟

[量] 表示走动的次数：used to indicate a trip or trips made | 走一~ zǒu yī tàng *go somewhere* / 他来了一~。Tā láile yī tàng. *He has come here once.*

涛 (濤) tāo 10画 氵部

涛涛涛涛涛涛涛涛涛涛

[名] 大浪：surging waves; billows 波涛 bōtāo

掏 tāo 11画 扌部

掏掏掏掏掏掏掏掏掏掏掏

❶ [动] 挖：dig | 他在墙上~了一个洞。Tā zài qiáng shang tāole yī gè dòng. *He made a hole in the wall.* / 井~得很深。Jǐng tāo de hěn shēn. *The well was very deep.*

❷ [动] 伸进去取；往外拿：draw out; pull out; fish out | ~钱 tāo qián *take out money* / ~出手帕 tāochū shǒupà *take out a handkerchief*

掏腰包 tāoyāobāo (inf.) ① pay out of one's own pocket ② pick sb.'s pocket

滔 tāo 13画 氵部

滔滔滔滔滔滔滔滔滔滔滔滔滔

[形] 大水弥漫：torrential | 波浪~天 bōlàng tāotiān *great waves dash to the sky*

滔滔不绝 tāotāo-bùjué pour out words in a steady flow; talk on and on in a flow of eloquence

逃 tāo 9画 辶部

逃逃逃逃逃逃逃逃逃

❶ [动] 逃跑：escape; flee; run away ｜ 他~进森林。Tā táojìn sēnlín. *He fled into a forest.*
逃离 táolí run away; escape from; flee from
逃生 táoshēng flee (or run, fly) for one's life; escape with one's life
逃脱 táotuō succeed in escaping; make good one's escape; get clear of
逃跑 táopǎo run away; flee; take flight; take to one's heels
逃走 táozǒu run away; flee; take flight; take to one's heels
潜逃 qiántáo　　在逃 zàitáo

❷ [动] 躲避：evade; shirk; run away ｜ ~难 táonàn *flee from a calamity (esp. a war); be a refugee*
逃避 táobì escape; evade; shirk
逃荒 táohuāng flee from famine; get away from a famine-stricken area

桃 tāo 10画 木部

桃桃桃桃桃桃桃桃桃桃

❶ [名] 桃树：peach tree
桃花 táohuā peach blossom

❷ [名] 桃树结的果实：peach ｜ 水蜜~ shuǐmìtáo *honey peach* / 这种~儿真甜。Zhè zhǒng táor zhēn tián. *Peaches of this kind are really sweet.*
桃子 táozi peach
杨桃 yángtáo

陶 táo 10画 阝(左)部

陶陶陶陶陶陶陶陶陶陶

[名] 用陶土烧制的器物：pottery; earthenware shaped from clay and hardened by heat ｜ ~器 táoqì *pottery; earthenware*
陶瓷 táocí pottery and porcelain; ceramics
陶艺 táoyì craft of making ceramics; ceramics

淘 táo 11画 氵部

淘淘淘淘淘淘淘淘淘淘淘

❶ [动] 用水冲洗掉杂质：wash (things, granules such as grain) in a sieve ｜ ~米 táomǐ *wash rice* / ~金 táojīn *wash for gold; pan*

淘汰 táotài ① weed out; dispense with ② die out

❷[形]顽皮：naughty; mischievous | 这孩子真~! Zhè háizi zhēn táo! *What a naughty child!*

淘气 táoqì naughty; mischievous

讨 (討) tǎo 5画 讠部

讨 讨讨讨讨讨

❶[动]出兵攻打：launch a punitive expedition against; make war on | 征~ zhēngtǎo *go on a punitive expedition*

❷[动]研究；商议：discuss; consult | 研~ yántǎo *discuss; deliberate; research*

讨论 tǎolùn discuss; talk over
讨价还价 tǎojià-huánjià bargain; haggle
检讨 jiǎntǎo　商讨 shāngtǎo
探讨 tàntǎo

❸[动]索取；请求 | ~债 tǎozhài *demand the payment of a debt* / ~教 tǎojiào *ask for advice*

❹[动]引起；招惹：provoke; invite | ~人喜欢 tǎo rén xǐhuan *likable; lovable*

讨厌 tǎoyàn ① be a pain in the neck ② nasty

◇乞讨 qǐtǎo

套 tào 10画 大部

套 套套套套套套套套套

❶[名]罩在外面的东西：cover | 书~ shūtào *slipcase* / 外~ wàitào *overcoat* / 椅~ yǐtào *slipcover for a chair*
手套 shǒutào

❷[动]罩在外面：cover with; slip over; encase in | ~上床罩 tàoshang chuángzhào *cover the bed with the counterpane or bedspread* / ~上外套 tàoshang wàitào *slip on the coat*

❸[名]同类事物合成的一组：a set of sth.
成套 chéngtào　配套 pèitào

❹[量]用于成组的东西：used for series or sets of things | 一~制服 yī tào zhìfú *a suit* / 一~茶具 yī tào chájù *a tea set; a set of tea-things* / 一~课本 yī tào kèběn *a set of textbooks*
套餐 tàocān table d'hote; set meal
老一套 lǎoyītào

❺[动]模仿；沿用：imitate; ape | 他~用了那篇文章。Tā tàoyòng le nà piān wénzhāng. *This is modelled on that article.*
客套话 kètàohuà

❻[动]用绳拴系或捕捉：harness; hitch up; capture | ~车 tàochē *harness a draught animal* to a cart

❼[动] 拉拢：try to win(sb's favour, friendship, etc.) | ～关系 tāo guānxi try to win sb. over; woo / ～交情 tāo jiāoqing try to get on well with sb. (to achieve certain purpose)

❽[动] 引出（真情实话）：coax a secret out of sb. | 他总想～我的话。Tā zǒng xiǎng tāo wǒ de huà. He is always trying to trick me into telling the truth. / 我已经把他的话～出来了。Wǒ yǐjīng bǎ tā de huà tāo chūlai le. I have coaxed the secret out of him.

特 tè 10画 牛部

特特特特特特特特特特

❶[形] 不同于一般的；独有的：special; particular; unique | ～例 tèlì special case / 能力～强 nénglì tè qiáng extremely capable

特别 tèbié ① special ② especially; specially

特产 tèchǎn special local product; specialty

特长 tècháng what one is skilled in; strong point; speciality

特点 tèdiǎn characteristic; distinguishing feature; peculiarity; trait

特定 tèdìng ① specially appointed ② specific

特级 tèjí special grade (or class); superfine

特区 tèqū special zone

特权 tèquán privilege; prerogative

特色 tèsè characteristic; distinguishing feature (quality)

特殊 tèshū special; particular; peculiar; exceptional

特务 tèwu special agent; spy

特性 tèxìng specific property; characteristic

特有 tèyǒu peculiar; characteristic

特征 tèzhēng characteristic; feature; trait

独特 dútè　　　奇特 qítè

❷[副] 专门；特地：specially; for a special purpose | 我～为看你而来。Wǒ tè wèi kàn nǐ ér lái. I came here specially to see you.

特此 tècǐ (used in a document or formal letter) hereby

特地 tèdì for a special purpose; specially

特许 tèxǔ specially permit

特意 tèyì specially

◇模特儿 mótèr

疼 téng 10画 疒部

疼疼疼疼疼疼疼疼疼疼

❶ [动] 痛：ache; pain | 肚子~ dùzi téng *stomachache* / 腿摔~了 tuǐ shuāiténg le *fall and hurt the leg* / 我牙~。Wǒ yá téng. *I have a toothache.*

疼痛 téngtòng pain; ache; soreness

头疼 tóuténg

❷ [动] 关怀；喜爱：love dearly; be fond of | 他奶奶最~他。Tā nǎinai zuì téng tā. *Granny always dotes on him most.*

心疼 xīnténg

腾 (騰) téng 13画 月部

❶ [动] 上升：rise; move upward | 彩色气球~空而起。Cǎisè qìqiú téngkōng ér qǐ. *Coloured balloons soared up to the sky.*

❷ [动] 跳跃；奔驰：gallop; jump; prance | 听到这个好消息，整个学校都欢~起来。Tīngdào zhège hǎo xiāoxi, zhěnggè xuéxiào dōu huānténg qǐlai. *The good news has stirred mass rejoicing in the school.*

奔腾 bēnténg

❸ [动] 上下左右翻动：toss up and down; turn from side to side

沸腾 fèiténg

瞎折腾 xiāzhēteng

❹ [动] 使空出来：make room; clear out; vacate | ~出时间看书 téngchū shíjiān kàn shū *spare time for reading* / ~出两间房来 téngchū liǎng jiān fáng lai *vacate two rooms* / 请你~一个空位子出来。Qǐng nǐ téng yī gè kòng wèizi chūlai. *Vacate a seat, please.*

藤 téng 18画 艹部

[名] 某些植物的茎：any plant with a long, thin stem; vine; cane | ~椅 téngyǐ *cane (rattan) chair* / 西瓜~ xīguāténg *watermelon vine*

踢 tī 15画 足部

[动] 用脚撞击：kick; play (football) | ~足球 tī zúqiú *play football* / 他一脚把门~开。Tā yī jiǎo bǎ mén tīkāi. *He kicked the door open; He opened the door with a kick.*

提 tí 12画 扌部

提 提提提提提提提提提提提

❶ [动] 垂着手拿：carry in one's hand with the arm down | ~篮子 tí lánzi *carry a basket* / ~水桶 tí shuǐtǒng *carry a bucket* / 他手里~着两条鱼。Tā shǒuli tízhe liǎng tiáo yú. *He carried two fishes in his hand.*

提包 tíbāo handbag; shopping bag; bag; valise

❷ [动] 往上或往前移：lift; raise; promote | ~价 tíjià *raise the price* / 开会日期往前~两天。Kāihuì rìqī wǎngqián tí liǎng tiān. *Advance the meeting for two days.*

提拔 tíbá promote

提高 tígāo raise; heighten; enhance; increase; improve

提前 tíqián ① do sth. in advance or ahead of time ② shift to an earlier date; move up

提升 tíshēng ① promote ② hoist; elevate

提早 tízǎo shift to an earlier time; be earlier than planned or expected

❸ [动] 举出；指出：give; point out | ~建议 tí jiànyì *put forward a proposal; make a suggestion* / ~问题 tí wèntí *ask a question* / ~意见 tí yìjiàn *make a suggestion; make a criticism*

提案 tí'àn motion; proposal; draft resolution

提倡 tíchàng advocate; promote; encourage; recommend

提出 tíchū put forward; advance; pose; raise

提到 tídào mention; refer to; bring up

提名 tímíng nominate (for election)

提示 tíshì point out; prompt

提问 tíwèn put questions to; quiz

提醒 tíxǐng remind; warn; call attention to

提议 tíyì ① proposal; motion ② propose; suggest; move

❹ [动] 说起；谈起：talk about; mention; refer to | 别再~那件事了。Bié zài tí nà jiàn shì le. *Don't bring that up again.* / 我不愿~过去的事。Wǒ bùyuàn tí guòqù de shì. *I don't want to take up the old story.*

❺ [动] 取出；拿出来：draw; take out | ~款 tíkuǎn *draw money from a bank* / ~货 tíhuò *pick up goods; take delivery of goods*

提纲 tígāng outline

提供 tígōng provide; supply; furnish; offer

提交 tíjiāo submit (a problem) to; refer to

提炼 tíliàn extract and purify; abstract; refine

提取 tíqǔ ① draw; pick up; col-

lect ② extract; abstract
提要 tíyāo precis; summary; abstract; epitome

题 (題) tí 15画 页部

题题题题题题题题题题题题题题题

❶ [名] 题目：topic; subject; title | 借～发挥 jiètí-fāhuī *make use of the subject under discussion to put over one's own ideas; seize on an incident to exaggerate matters* / 离～太远 lítí tài yuǎn *stray too far from the subject* / 出了三道～ chūle sān dào tí *set three problems (or questions)*

题目 tímù ① title; subject; topic ② exercise problem

标题 biāotí　　话题 huàtí
课题 kètí　　　命题 mìngtí
议题 yìtí　　　主题 zhǔtí
专题 zhuāntí

❷ [名]练习或考试时要求解答的问题：problem | 试～ shìtí *exam question* / 问答～ wèndátí *question-and-answer*

难题 nántí　　问题 wèntí
习题 xítí

◇题材 tícái subject matter; theme

蹄 tí 16画 足部

蹄蹄蹄蹄蹄蹄蹄蹄蹄蹄蹄蹄蹄蹄蹄

[名] hoof | 牛～ niútí *cattle's hoofs* / 马不停～ mǎbùtíngtí *without a stop; nonstop*

体 (體) tǐ 7画 亻部

体体体体体体体

❶ [名] 人或动物的全身或身体的一部分：body or part of the body | 肢～ zhītǐ *limbs; limbs and trunk* / 他从小就～弱多病。Tā cóngxiǎo jiù tǐruò-duōbìng. *He has been weak and ill ever since childhood.*

体操 tǐcāo gymnastics
体检 tǐjiǎn physical examination; health checkup
体力 tǐlì physical (bodily) strength; physical power
体能 tǐnéng (physical) stamina
体温 tǐwēn (body) temperature
体育 tǐyù physical culture; sports; PE
体质 tǐzhì constitution
体重 tǐzhòng (body) weight
体育场 tǐyùchǎng stadium
体育馆 tǐyùguǎn gymnasium; gym

人体 réntǐ　　身体 shēntǐ
尸体 shītǐ　　遗体 yítǐ

❷ [名] 物体：object
体积 tǐjī volume; bulk

体系 tǐxì system; setup

大体 dàtǐ	导体 dǎotǐ
个体 gètǐ	固体 gùtǐ
机体 jītǐ	集体 jítǐ
具体 jùtǐ	立体 lìtǐ
媒体 méitǐ	气体 qìtǐ
全体 quántǐ	群体 qúntǐ
实体 shítǐ	团体 tuántǐ
物体 wùtǐ	液体 yètǐ
整体 zhěngtǐ	主体 zhǔtǐ
总体 zǒngtǐ	

长方体 chángfāngtǐ
多媒体 duōméitǐ
正方体 zhèngfāngtǐ

❸ [名] 文字的书写形式或文章的表现形式: style; form | 字~ zìtǐ *form of a written or printed character; typeface* / 文~ wéntǐ *type of writing; literary style* / 手写~ shǒuxiětǐ *handwriting*
繁体 fántǐ　　古体诗 gǔtǐshī

❹ [动] 亲身实践或经历(某事): personally do or experience sth. | ~谅 tǐliàng *show understanding and sympathy*
体会 tǐhuì know (learn) from experience; realize
体贴 tǐtiē show consideration for; give every care to
体验 tǐyàn learn through practice; learn through one's personal experience
◇体面 tǐmiàn ① honorable ② dignity ③ handsome
体现 tǐxiàn embody; incarnate; reflect; give expression to
体制 tǐzhì system (of organization); structure

屉 tì　8画 尸部

屉屉屉屉屉屉屉屉

[名] 桌、柜等物上的抽斗: drawer | 笼~ lóngtì *a food steamer with several trays*
抽屉 chōuti

剃 tì　9画 刂部

剃剃剃剃剃剃剃剃剃

[动] 用刀刮去毛发: shave; cut off (hair, beard, etc.) | ~头 tìtóu *have one's hair cut* / ~胡须 tì húxū *have a shave*

惕 tì　11画 忄部

惕惕惕惕惕惕惕惕惕惕

[形] 小心谨慎: cautious; watchful
警惕 jǐngtì

替 tì　12画 日部

替替替替替替替替替替替替

❶ [动] 代换: take the place of;

replace | 他没来，你能～他吗？Tā méi lái, nǐ néng tì tā ma? *He is absent. May you take his place?*

替补 tìbǔ substitute for

替代 tìdài substitute for; replace; supersede

替换 tìhuàn replace; substitute for; displace; take the place of

替罪羊 tìzuìyáng scapegoat

代替 dàitì　　顶替 dǐngtì
交替 jiāotì　　接替 jiētì

❷ [介] 为；给；表示行为的对象：for | 我～你洗衣服。Wǒ tì nǐ xǐ yīfu. *Let me wash the clothes for you.* / 我真～你高兴。Wǒ zhēn tì nǐ gāoxìng. *I feel really happy for you.*

天　tiān　4画 一部

天 天天天天

❶ [名] 天空：sky; heavens | 蓝～ lántiān *blue sky* / 晴朗的夜晚满～星斗。Qínglǎng de yèwǎn mǎntiān xīngdǒu. *Stars were studded in the clear night sky.*

天地 tiāndì ① scope of operation ② universe; heaven and earth

天井 tiānjǐng ① small yard; courtyard ② skylight

天桥 tiānqiáo overline bridge; platform bridge; overhead walkway

天上 tiānshàng sky, heaven

天色 tiānsè color of the sky; time of the day as shown by the color of the sky; weather

天文 tiānwén astronomy

天下 tiānxià ① land under heaven ② rule

天长地久 tiāncháng-dìjiǔ (of love) as enduring as the universe; everlasting and unchanging

航天 hángtiān

半边天 bànbiāntiān

❷ [名] 古人或某些宗教指自然界的主宰、神、佛、仙人或他们居住的地方：abode of gods, Buddha, or immortals

天使 tiānshǐ angel

天堂 tiāntáng paradise; heaven

天安门 Tiān'ānmén Tian An Men

天主教 Tiānzhǔjiào Catholicism

老天爷 lǎotiānyé God; Heavens

❸ [名] 自然界：nature | ～敌 tiāndí *natural enemy*

❹ [形] 自来就有的；天生的：natural; inborn; innate; inherent

天才 tiāncái genius; talent; gift; endowment

天赋 tiānfù ① inborn; innate; endowed by nature ② natural gift; talent; endowment

天然 tiānrán natural

天生 tiānshēng born; inborn; inherent; innate

天真 tiānzhēn innocent; simple

and unaffected
天然气 tiānránqì natural gas

❺ [名] 气候；天气：climate; weather | 雨~ yǔtiān *wet day* / ~晴了。Tiān qíng le. *It has cleared up.* / ~冷多了。Tiān lěng duō le. *It is much colder than before.*

天气 tiānqì weather
谈天 tántiān　阴天 yīntiān
聊天儿 liáotiānr

❻ [名] 季节；时令：season
春天 chūntiān　冬天 dōngtiān
秋天 qiūtiān　夏天 xiàtiān

❼ [名] 日；一昼夜的时间；有时专指白天：day (round the clock); daylight | 每~ měi tiān *every day* / 过两~ guò liǎng tiān *in two or three days*

白天 báitiān　成天 chéngtiān
当天 dāngtiān　后天 hòutiān
今天 jīntiān　明天 míngtiān
前天 qiántiān　整天 zhěngtiān
昨天 zuótiān
礼拜天 lǐbàitiān
星期天 Xīngqītiān

❽ [形] 位置在顶部或高处的：overhead | ~棚 tiānpéng *ceiling; awning or canopy* / ~桥 tiānqiáo *overline bridge; platform bridge* / ~窗 tiānchuāng *skylight*

天线 tiānxiàn aerial; antenna

添　tiān　11画 氵部

添添添添添添添添添添添

[动] 增加：increase; add | ~人手 tiān rénshǒu *have one more hand* / ~菜 tiāncài *get more dishes* / 每人都~了新衣服。Měi rén dōu tiānle xīn yīfu. *Everybody has got new clothes.*

添加 tiānjiā add; increase
增添 zēngtiān
画蛇添足 huàshé-tiānzú

田　tián　5画 田部

田田田田田

❶ [名] 耕种的土地：field; paddy field (in some regions) | 种~ zhòngtián *till the land; farm* / 稻~ dàotián *rice field; paddy field*

田地 tiándì ① field; farmland ② wretched situation; plight
田间 tiánjiān field; farm
田野 tiányě field; open country
农田 nóngtián

❷ [动] 指蕴藏矿物的地带：zone with a workable mineral deposit
油田 yóutián

◇田径 tiánjìng track and field; athletics; track

甜　tián　11画 舌部

甜

甜甜甜甜甜甜甜甜甜甜甜

❶ [形] 像糖或蜜的味道：sweet; honeyed | 这西瓜真～！Zhè xīguā zhēn tián! *How sweet the watermelon is!* / 这种蜂蜜很～。Zhè zhǒng fēngmì hěn tián. *This kind of honey is very sweet.*

甜瓜 tiánguā muskmelon
甜蜜 tiánmì sweet; happy

❷ [形] 使人愉快；舒适：comfortable; pleasant | 这孩子睡得真～。Zhè háizi shuì de zhēn tián. *The child is sleeping soundly.* / 她嘴巴很～。Tā zuǐba hěn tián. *She is honey-lipped.*

填

tián　13画 土部

填填填填填填填填填填填填

❶ [动] 垫平或塞满：fill; stuff | ～坑 tián kēng *fill a pit* / 把沟～平 bǎ gōu tiánpíng *fill up gullies*

❷ [动] 补充：fill; replenish; supplement
填补 tiánbǔ fill (a vacancy, gap, etc.)

❸ [动] 填写：fill in; write | ～表格 tián biǎogé *fill in (out) a form* / ～申请书 tián shēnqǐngshū *fill in (out) an application form*

填写 tiánxiě fill in; write

挑

tiāo　9画 扌部

挑挑挑挑挑挑挑挑挑

❶ [动] 用肩担着：carry on the shoulder; shoulder | ～担子 tiāo dànzi *carry loads with a shoulder pole* / ～水 tiāoshuǐ *carry buckets of water with a shoulder pole* / ～行李 tiāo xíngli *carry luggage*

挑重担 tiāozhòngdàn shoulder a heavy responsibility or a demanding task

❷ [动] 选择：choose; pick out | 你帮我～一个大一点儿的。Nǐ bāng wǒ tiāo yī gè dà yīdiǎnr de. *Help me pick out a bigger one.* / 我先进去帮你～一个好位子。Wǒ xiān jìnqù bāng nǐ tiāo yī gè hǎo wèizi. *I'll go in first and reserve a good seat for you.*

挑选 tiāoxuǎn choose; select; pick out

❸ [动] 过分严格地批评细节：nitpick; be hypercritical; be fastidious | ～错 tiāocuò *pick fault* / ～毛病 tiāo máobìng *find fault deliberately; pick holes*

See tiǎo.

717

条 (條) tiáo 7画 夂部

条 条条条条条条条条

❶ [名] 细长的东西：long narrow piece; strip; slip | 金~ jīntiáo *gold bar* / 布~儿 bùtiáor *a strip of cloth*
条子 tiáozi ① strip ② a brief informal note
链条 liàntiáo　面条 miàntiáo
线条 xiàntiáo　油条 yóutiáo
面条儿 miàntiáor

❷ [名] 层次；秩序：order | 有~不紊 yǒutiáo-bùwěn *in perfect order*
条理 tiáolǐ orderliness; method; proper agreement or presentation

❸ [名] 用于分立项目：used for listing | 第一~ dì-yī tiáo *Article 1* / 逐~ zhútiáo *item by item; point by point*
条件 tiáojiàn ① condition; factor; term ② requirement; qualification
条款 tiáokuǎn clause (in formal documents); article; provision
条例 tiáolì regulation; rule; ordinance
条文 tiáowén article; clause
条约 tiáoyuē agreement

❹ [名] 写有某种内容的不大的纸片：note | 纸~儿 zhǐtiáor *a slip of paper*

便条 biàntiáo　假条 jiàtiáo

❺ [量] 用于细长的东西：used for long and thin things | 三~鱼 sān tiáo yú *three fishes*

❻ [量] 用于分项的东西：used for itemized things | 一~新闻 yī tiáo xīnwén *a piece of news; an item of news* / 几~建议 jǐ tiáo jiànyì *several suggestions*

调 (調) tiáo 10画 讠部

调 调调调调调调调调调调

❶ [动] 使配合得适当均匀：suit well; fit in perfectly | ~味 tiáowèi *flavour; season* / ~配 tiáopèi *mix; blend* / ~色 tiáosè *mix colour*
调剂 tiáojì adjust; regulate
调价 tiáojià readjust (or modify) prices
调节 tiáojié regulate; adjust
调试 tiáoshì identify and remove defects from (a machine, computer program, etc.); debug
调整 tiáozhěng regulate; adjust
空调 kōngtiáo　烹调 pēngtiáo
协调 xiétiáo
风调雨顺 fēngtiáo-yǔshùn

❷ [动] 使和解：mediate; arbitrate | ~整 tiáozhěng *adjust; regulate*

718

调和 tiáohé ① mediate; reconcile ② compromise; make concessions

调解 tiáojiě mediate; make peace

❸ [动] 戏弄；挑逗：provoke; tease; tantalize | ~笑 tiáoxiào *make fun of; tease* / ~戏 tiáoxì *take liberties with (a woman); assail (a woman) with obscenities*

调皮 tiáopí ① naughty; mischievous ② play tricks

See diāo.

挑 tiǎo 9画 扌部

挑挑挑挑挑挑挑挑挑

❶ [动] 用细长的东西拨：poke with a long, slender stick; pick | ~火 tiǎohuǒ *poke a fire* / ~刺 tiǎocì *pick out a splinter*

❷ [动] 用竿子等的一头支起：push sth. up with a pole or stick; raise | ~起帘子来 tiǎoqǐ liánzi lai *raise the curtain* / 把旗子~起来 bǎ qízi tiǎo qǐlai *hoist the flag*

❸ [动] 挑动；引起；惹起：stir up; instigate | ~起事端 tiǎoqǐ shìduān *stir up trouble*

挑拨 tiǎobō instigate; incite; sow discord

挑衅 tiǎoxìn provoke

挑战 tiǎozhàn ① challenge to battle ② challenge to a contest

See tiāo.

跳 tiào 13画 足部

跳跳跳跳跳跳跳跳跳跳跳跳跳

❶ [动] 两腿用力使身体离地向上或向前：jump; leap; move oneself suddenly from the ground | ~上马背 tiàoshang mǎbèi *leap on a horse* / 他高兴得直~。Tā gāoxìng de zhí tiào. *He is jumping with joy.*

跳槽 tiàocáo ① (of a horse) leave its own manger to eat at another ② throw up one job and take on another

跳高 tiàogāo high jump

跳水 tiàoshuǐ (sports) diving

跳舞 tiàowǔ dance

跳远 tiàoyuǎn long jump; broad jump

跳跃 tiàoyuè jump; leap; bound

❷ [动] 一起一伏地振动：move up and down; beat | 心~ xīntiào *heart beats; palpitation* / 眼皮~ yǎnpí tiào *twitching of the eyelids*

跳动 tiàodòng move up and down; beat; pulsate

❸ [动] 越过：skip; make omissions | ~了一级 tiàole yī jí *skip a*

719

grade / ~过两页 tiáoguò liǎng yè *skip two pages*

贴 (貼) tiē　9画 贝部

贴 贴贴贴贴贴贴贴贴贴

❶ [动] 把片状物粘到别的东西上：paste; stick; glue; attach a thin slip on sth. by gluing | ~邮票 tiē yóupiào *stick on a stamp* / 墙上~着一张画儿。Qiáng shang tiēzhe yī zhāng huàr. *There is a picture pasted to the wall.*
张贴 zhāngtiē

❷ [动] 靠近；紧挨：keep close to; nestle closely to | ~着墙走 tiēzhe qiáng zǒu *edge along the wall* / ~身衣服 tiēshēn yīfu *underwear* / 孩子紧~着妈妈。Háizi jǐntiēzhe māma. *The child snuggled to his mother.*
贴近 tiējìn press close to; nestle up against
体贴 tǐtiē

❸ [动] 补助：subsidize; help out financially | 父亲每月~给他一些钱。Fùqīn měi yuè tiēgěi tā yīxiē qián. *Father subsidizes him some money monthly.*
补贴 bǔtiē　　津贴 jīntiē

❹ [名] 补贴，补助：allowance; subsidy

铁 (鐵) tiě　10画 钅部

铁 铁铁铁铁铁铁铁铁铁铁

[名] iron | 钢~ gāngtiě *iron and steel* / 废~ fèitiě *scrap iron*
铁道 tiědào railway; railroad
铁路 tiělù railway; railroad
铁饭碗 tiěfànwǎn iron rice bowl — a secure job
磁铁 cítiě

厅 (廳) tīng　4画 厂部

厅 厅厅厅厅

❶ [名] 政府机关的办事部门：department of a government organization | 办公~ bàngōngtīng *general office* / 教育~ jiàoyùtīng *department of education*

❷ [名] 聚会或招待客人用的大房间：hall (for holding meetings, concerts, receiving guests, etc.) | 大~ dàtīng *hall* / 音乐~ yīnyuètīng *concert hall*
餐厅 cāntīng　歌厅 gētīng
客厅 kètīng　舞厅 wǔtīng

听 (聽) tīng　7画 口部

听 听听听听听听听

❶ [动] 用耳朵接受声音：listen; hear | ~音乐 tīng yīnyuè *listen to music* / ~电话 tīng diànhuà *answer a telephone* / 你说什么我~不清楚。Nǐ shuō shénme wǒ tīng bù qīngchu. *What did you say? I couldn't hear you clearly.*

听见 tīngjiàn hear
听讲 tīngjiǎng listen to a talk; attend a lecture
听力 tīnglì ① hearing (ability) ② aural comprehension (in language teaching)
听说 tīngshuō be told; hear of
听写 tīngxiě dictation
听众 tīngzhòng audience
听诊器 tīngzhěnqì stethoscope
打听 dǎting   好听 hǎotīng
窃听 qiètīng   倾听 qīngtīng

❷ [动] 依从；接受：accept (sb.'s advice); heed; obey | 他~不进去批评。Tā tīng bù jìnqù pīpíng. *He turned a deaf ear to criticism.*

听话 tīnghuà heed what an elder or superior says; be obedient
听取 tīngqǔ listen to

亭 tíng 9画 亠部

亭 亭亭亭亭亭亭亭亭亭

[名] pavilion | 凉~ liángtíng *pavilion*
亭子 tíngzi pavilion
电话亭 diànhuàtíng

停 tíng 11画 亻部

停 停停停停停停停停停停停

❶ [动] 止；中断：stop; cease; halt; pause | ~办 tíngbàn *close; stop certain business* / 雨已经~了。Yǔ yǐjīng tíng le. *The rain has stopped.* / 我的表~了。Wǒ de biǎo tíng le. *My watch has stopped.*

停电 tíngdiàn ① cut off the power supply; have a power failure ② power cut; power failure; blackout
停顿 tíngdùn ① stop; halt; pause ② pause in speaking
停业 tíngyè ① stop doing business ② close a business; go out of business
停止 tíngzhǐ stop; cease; halt; suspend; call off
停滞 tíngzhì stagnate; be at a standstill; bog down
不停 bùtíng

❷ [动] 停留：stop over | 我经过天津时~了一天。Wǒ jīngguò Tiānjīn shí tíngle yī tiān. *I*

721

stopped over at Tianjin for one day.

停泊 tíngbó anchor; berth

停留 tíngliú stay for some time; stop; remain

❸ [动] 放置: be parked | 飞机~在跑道上。Fēijī tíng zài pǎodào shang. *The plane is parked on the runway.* / 车~在外面。Chē tíng zài wàimian. *The car was parked outside.*

停车 tíngchē ① stop; pull up ② park (a car) ③ (of a machine) stall; stop working

停靠 tíngkào (of a train) stop; (of a ship) berth

停车场 tíngchēchǎng car park; parking lot; parking area

挺 tǐng 9画 扌部

挺挺挺挺挺挺挺挺挺

❶ [形] 直: hard and straight; erect | 笔~ bǐtǐng *well-pressed* / ~直 tǐngzhí *straight*

挺拔 tǐngbá tall and straight

挺立 tǐnglì stand upright; stand firm

❷ [动] 伸直或凸出: stick out; straighten up (physically) | ~胸 tǐngxiōng *throw out one's chest; square one's shoulders* / ~着肚子 tǐngzhe dùzi *protrude one's belly* / ~起腰 tǐngqǐ yāo *straighten up; straighten one's back*

❸ [动] 勉强支撑: endure; stand; hold out | ~过了一场大病 tǐng guole yī chǎng dà bìng *pull through a serious illness* / 他受了伤, 还硬~着。Tā shòule shāng, hái yìng tǐngzhe. *Though wounded, he was still holding out.*

❹ [副] 很: very; rather; quite | ~和气 tǐng héqi *very kind; very amiable* / 这孩子~漂亮。Zhè háizi tǐng piàoliang. *The kid is very pretty.* / 他学习~努力。Tā xuéxí tǐng nǔlì. *He works very hard in his studies.*

艇 tǐng 12画 舟部

艇艇艇艇艇艇艇艇艇艇艇艇

[名] 轻便的小船: light boat, such as a pleasure boat | 游~ yóutǐng *yacht; pleasure boat* / 潜水~ qiánshuǐtǐng *submarine*

潜艇 qiántǐng

摩托艇 mótuōtǐng

皮划艇 píhuátǐng

通 tōng 10画 辶部

通通通通通通通通通通

❶ [动] 没有阻碍，可以穿过；到达：open; be passable; arrive | ~车 tōngchē *be open to traffic; have transport service* / 四~八达 sìtōng-bādá *extend in all directions* / 这条公路~北京。Zhè tiáo gōnglù tōng Běijīng. *This highway leads directly to Beijing.*

通道 tōngdào thoroughfare; passageway; passage

通过 tōngguò ① pass through; get past ② adopt ③ by means of; through

通航 tōngháng be open to navigation or air traffic

通往 tōngwǎng lead to; go to

通行 tōngxíng ① go through; pass through ② general; current

畅通 chàngtōng　交通 jiāotōng
灵通 língtōng　流通 liútōng
相通 xiāngtōng

❷ [动] 了解；懂得：understand; know | 他~三种外语 Tā tōng sān zhǒng wàiyǔ. *He knows three foreign languages.* / 对围棋我一点儿也不~。Duì wéiqí wǒ yīdiǎnr yě bù tōng. *I don't know how to play weiqi.*

精通 jīngtōng

❸ [形] 思路和文字合理：logical; coherent | 文理不~ wénlǐ bù tōng *ungrammatical and incoherent (writing)* / 这个句子不~。Zhège jùzi bùtōng. *This sentence doesn't read smoothly.*

通顺 tōngshùn (of writing) clear and coherent

❹ [形] 共同的；一般的：common; ordinary; general | ~病 tōngbìng *common failing; common fault* / ~称 tōngchēng *general term*

通常 tōngcháng general; usual; normal

通俗 tōngsú popular; common

通用 tōngyòng in common use; current; general

普通 pǔtōng

❺ [动] 使不阻塞：be open; be capable of going through | 电话打~了。Diànhuà dǎtōng le. *The call has been put through.*

通风 tōngfēng ① ventilate; air ② divulge information

打通 dǎtōng　开通 kāitōng

❻ [动] 相来往；连接：connect; communicate | 两个房间是~着的。Liǎng gè fángjiān shì tōngzhe de. *The two rooms are connected (open into each other).*

通商 tōngshāng (of nations) have trade relations

通信 tōngxìn communicate by letter; correspond

通讯 tōngxùn communication

通讯社 tōngxùnshè news agency; news (press) service

沟通 gōutōng

723

❼[动]传达；使知道：notify; tell | ~消息 tōng xiāoxi *pass the news* / ~电话 tōng diànhuà *phone sb*.

通报 tōngbào ① circulate a notice ② circular ③ give information to

通告 tōnggào ① announce ② public notice

通话 tōnghuà ① converse ② communicate by telephone

通知 tōngzhī ① notice ② notify; inform

通知书 tōngzhīshū ① notice ② (com.) advice note

◇通红 tōnghóng very red; red through and through

卡通 kǎtōng

同 tóng 6画 门部

同 同 同 同 同 同

❶[动]一样；没有差别：be the same; be similar; be alike | ~岁 tóngsuì *be of the same age* / ~感 tónggǎn *same feeling or impression*

同胞 tóngbāo ① born of the same parents ② fellow countryman; compatriot

同步 tóngbù synchronism

同等 tóngděng of the same class, rank, or status; on an equal basis (footing)

同行 tónghǎng of the same trade or occupation

同类 tónglèi of the same kind; similar

同年 tóngnián ① the same year ② of the same age

同期 tóngqī ① the corresponding period ② the same term, year or class (at school, etc.)

同情 tóngqíng sympathize; show sympathy for

同时 tóngshí at the same time; meanwhile; simultaneously

同样 tóngyàng same; equal; similar

同一 tóngyī same; identical

同意 tóngyì agree; consent; approve

同志 tóngzhì comrade

不同 bùtóng   认同 rèntóng
如同 rútóng   相同 xiāngtóng
赞同 zàntóng

不同寻常 bùtóng-xúncháng
大同小异 dàtóng-xiǎoyì
与此同时 yǔcǐ-tóngshí
与众不同 yǔzhòng-bùtóng

❷[动]一起；共同：be together; be in the same boat | ~甘苦，共患难 tóng gānkǔ, gòng huànnàn *share weal and woe; go through thick and thin together*

同伴 tóngbàn companion

同伙 tónghuǒ ① work in partnership; collude (in doing evil) ② partner; confederate

同盟 tóngméng alliance; league
同事 tóngshì mate; colleague
同学 tóngxué ① fellow student ② study in the same school
共同 gòngtóng 合同 hétong
会同 huìtóng 连同 liántóng
陪同 péitóng 一同 yītóng

❸ [介] (a) 引进动作涉及的对象：used to introduce the object of an action | 有事～大家商量。Yǒu shì tóng dàjiā shāngliang. *Consult with people when problems arise.*
(b) 引进比较的对象：used to introduce the object of comparison | 他～哥哥一样聪明。Tā tóng gēge yīyàng cōngmíng. *He is as clever as his elder brother.* / 今年的气候～往年不一样。Jīnnián de qìhou tóng wǎngnián bù yīyàng. *The weather of this year is different from last year.*

❹ [连] 连接名词或代词，表示并列关系：together with; same as; and | 我～你一起去吧。Wǒ tóng nǐ yīqǐ qù ba. *Let me go with you.*

铜 (銅) tóng 11画 钅部

铜铜铜铜铜铜铜铜铜铜铜

[名] copper | ～像 tóngxiàng *bronze statue* / ～茶壶 tóngcháhú *copper teapot*
铜牌 tóngpái bronze medal; bronze
青铜器 qīngtóngqì

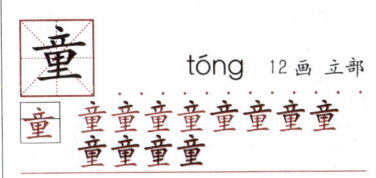

童 tóng 12画 立部

童童童童童童童童童童童童

[名] 小孩儿：child | ～装 tóngzhuāng *children's dress* / 神～ shéntóng *child prodigy*
童话 tónghuà children's stories; fairy tales
童年 tóngnián childhood
儿童 értóng

统 (統) tǒng 9画 纟部

统统统统统统统统统

❶ [动] 总括；总管：all; entirely; together
统筹 tǒngchóu plan as a whole
统统 tǒngtǒng all; entirely; completely
统一 tǒngyī ① unify ② unified
统战 tǒngzhàn united front (abbr. for "Tǒngyī zhànxiàn")

❷ [动] 管辖：be under the jurisdiction of
统治 tǒngzhì rule; dominate
总统 zǒngtǒng

❸ [名] 事物的连续关系：inter-

725

connected system; genealogy; continuum of interrelated things | 血~ xuètǒng *blood relationship*

传统 chuántǒng 系统 xìtǒng

捅 tǒng 10画 扌部

捅捅捅捅捅捅捅捅捅捅

❶ [动] 戳；刺：stab; poke | 把窗户~破了 bǎ chuānghu tǒngpò le *poke a hole in the window*

❷ [动] 碰；触动：touch; poke | 我用胳膊~了他一下。Wǒ yòng gēbo tǒngle tā yīxià. *I gave him a nudge.*

❸ [动] 揭露：expose; disclose; let out | 他把问题全~出来了。Tā bǎ wèntí quán tǒng chūlai le. *He gave away all the things.*

桶 tǒng 11画 木部

桶桶桶桶桶桶桶桶桶桶桶

[名] 盛东西的用具：barrel; pail; bucket | 水~ shuǐtǒng *pail; bucket* / 汽油~ qìyóutǒng *petrol drum (tank)*

筒 tǒng 12画 竹部

筒筒筒筒筒筒筒筒筒筒筒筒

❶ [名] 较粗的管状物：thick tube-shaped object | 笔~ bǐtǒng *brush pot; pen container* / 烟~ yāntong *chimney; smokestack* / 邮~ yóutǒng *pillar box; mailbox*

话筒 huàtǒng
手电筒 shǒudiàntǒng

❷ [名] 衣服等的筒状部分：tube-shaped part of clothing | 袖~儿 xiùtǒngr *sleeve* / 袜~儿 wàtǒngr *leg of a stocking*

长筒袜 chángtǒngwǎ

痛 tòng 12画 疒部

痛痛痛痛痛痛痛痛痛痛痛痛

❶ [动] 疼：pain; ache | 肚子~ dùzi tòng *stomachache* / 这种药可以止~。Zhè zhǒng yào kěyǐ zhǐtòng. *This medicine is a pain killer.*

疼痛 téngtòng

❷ [动] 悲伤：grieve; mourn | ~心 tòngxīn *pained; grieved* / 沉~ chéntòng *deep feeling of grief*

痛苦 tòngkǔ pain; suffering; agony
悲痛 bēitòng

❸ [副] 尽情地；极度地；彻底地：extremely; deeply; bitterly; thoroughly | ~饮 tòngyǐn *drink one's fill* / ~恨 tònghèn *hate bitterly; utterly detest* / ~改前非 tònggǎi-qiánfēi *sincerely mend one's ways; thoroughly rectify one's errors*

痛快 tòngkuài ① *very happy; joyful* ② *to one's heart's content; to one's great satisfaction* ③ *simple and direct*

痛痛快快 tòngtòng-kuàikuài ① *to one's heart's content; to one's great satisfaction* ② *simple and direct; forthright; straightforward*

偷 tōu 11画 亻部

偷偷偷偷偷偷偷偷偷偷偷

❶ [动] 暗中拿走别人的东西：steal; make off with | ~东西 tōu dōngxi *steal something* / 我的背包被人~了。Wǒ de bēibāo bèi rén tōu le. *My backpack was stolen.*

偷窃 tōuqiè *steal; pilfer*
偷税 tōushuì *evade taxes*
小偷 xiǎotōu

❷ [副] 悄悄地；趁人不备地：secretly; stealthily; on the sly | ~看 tōukàn *steal a glance; peep* / 猫~吃了主人的鱼。Māo tōu chīle zhǔrén de yú. *The cat took its master's fish on the sly.* / 他上课时~着看小说。Tā shàngkè shí tōuzhe kàn xiǎoshuō. *He kept reading a novel furtively while in class.*

偷偷 tōutōu *stealthily; secretly; covertly; on the sly*

❸ [动] 抽出（时间）：find (time) | ~空儿 tōukòngr *manage to find time (to do other things); snatch a moment* / ~闲 tōuxián *snatch a moment of leisure*

头（頭）tóu 5画、部

头头头头头头

❶ [名] head | 抬~ táitóu *raise one's head* / 扭过~ niǔguò tóu *turn one's head around*

头部 tóubù *head*
头发 tóufa *hair (on the human head)*
头脑 tóunǎo *brains; mind*
头球 tóuqiú *(football) header*
头疼 tóuténg *(have a) headache*
头昏脑胀 tóuhūn-nǎozhàng *feel giddy (or dizzy); feel one's head swimming*

回头 huítóu　　猎头 liètóu
埋头 máitóu　　摇头 yáotóu

❷ [名] 头发或头发的式样：hair; hairstyle | 剪~ jiǎntóu *(in oral) have one's hair cut* / 梳~ shūtóu *comb the hair*

白头 báitóu

❸ [名] 为首的；首领：chief; leader; boss | 这是我们的~儿。Zhè

727

shì wǒmen de tóur. *This is our chief (boss).*

头子 tóuzi chieftain; chief; boss
巨头 jùtóu
顶头上司 dǐngtóu shàngsi

❹ [形] 第一：first; number one | ~等 tóuděng *first-class* / ~号 tóuhào *number one; size one* / ~班 tóubān *the first shift*

❺ [形] 领头的；次序或时间居前的：first | ~羊 tóuyáng *bellwether* / ~一回 tóu yī huí *the first time* / ~两节课 tóu liǎng jié kè *the first two periods*

❻ [名] 物体的顶端或末端：top; tip; end | 针~ zhēntóu *the point of a needle* / 这个东西两~大中间小。Zhège dōngxi liǎngtóu dà zhōngjiān xiǎo. *The object is thick at both ends and thin in the middle.*

车头 chētóu　　镜头 jìngtóu
口头 kǒutóu　　眉头 méitóu
山头 shāntóu　　心头 xīntóu

❼ [名] 起点或终点：beginning; end | 从~说起 cóngtóu shuōqǐ *tell from the very beginning* / 从~到尾 cóngtóudàowěi *from beginning to end*

从头 cóngtóu　　带头 dàitóu
街头 jiētóu　　开头 kāitóu
源头 yuántóu
年头儿 niántóur

❽ [名] 物品的残余部分：remnant; remains; leftover | 烟~儿 yān-tóur *cigarette end* / 布~儿 bùtóur *leftover of a bolt of cloth; odd bits of cloth* / 铅笔~儿 qiānbǐtóur *pencil stub*

❾ [量] 用于牲口：used for domestic animals | 一~牛 yī tóu niú *a head of cattle* / 两~猪 liǎng tóu zhū *two pigs*

❿ [量] 用于形状像头的东西：used for sth. resembling head | 一~蒜 yī tóu suàn *a bulb of garlic*

大头菜 dàtóucài

⓫ [助] 词尾，读轻声：used as a suffix, pronounced in an unstressed way | 木~ mùtou *wood* / 念~ niàntou *idea* / 甜~儿 tiántour *sweet taste; benefit* / 有听~儿 yǒu tīngtour *be worth listening*

对头 duìtou　　跟头 gēntou
骨头 gǔtou　　罐头 guàntou
后头 hòutou　　劲头 jìntou
里头 lǐtou　　馒头 mántou
前头 qiántou　　上头 shàngtou
舌头 shétou　　石头 shítou
外头 wàitou　　下头 xiàtou
枕头 zhěntou　　指头 zhǐtou
吃苦头 chīkǔtou
出风头 chūfēngtou
懒骨头 lǎngǔtou
死对头 sǐduìtou

◇手头紧 shǒutóu jǐn

投

tōu　7画 扌部

投投投投投投投

❶ [动]向一定目标扔：throw; fling; cast; toss (toward a goal) | ~球 tóu qiú *shoot (at the basket)* / ~石子儿 tóu shízir *throw a cobblestone* / ~入江中 tóurù jiāng zhōng *throw into a river*

投篮 tóulán (basketball) shoot (a basket)

投掷 tóuzhì throw; hurl

❷ [动]跳进去(自杀)：(of suicidal behaviour) throw oneself into | ~河 tóuhé *drown oneself in a river* / ~火 tóuhuǒ *throw oneself into a fire*

❸ [动]放进去；送进去：drop; put in; cast | 把信~进信箱 bǎ xìn tóujìn xìnxiāng *drop a letter into a mailbox*

投产 tóuchǎn (of a factory) go into operation; put into production

投放 tóufàng ①throw in; put in ②put (money) into circulation; put (goods) on the market

投票 tóupiào vote; cast a vote

投资 tóuzī ① investment; money invested ② invest

❹ [动]相合；迎合：fit in with; agree with; cater to | 情~意合 qíngtóu-yìhé *agree in opinion; in love with each other* / 他俩脾气相~。Tā liǎ píqi xiāngtóu. *They find each other congenial*.

投机 tóujī ① congenial; agreeable ②speculate; seize a chance to seek private gain

投机倒把 tóujī-dǎobǎ buy low and sell high to make profit; engage in speculation and profiteering

❺ [动]寄送出去：send; deliver; dispatch | ~稿 tóugǎo *submit a piece of writing for publication; contribute to a newspaper or magazine*

❻ [动](光线等)射向物体：(of light) project | 树影~在草地上。Shùyǐng tóu zài cǎodì shang. *The tree projects a shadow on the grass*.

❼ [动]找上去；参加：go to; seek; join; enter | ~亲 tóuqīn *(in written) seek aid and live with one's relatives*

投标 tóubiāo submit a tender; enter a bid

投入 tóurù throw into; put into

投诉 tóusù ① appeal ② (of a customer) complain

投降 tóuxiáng surrender; capitulate

透

tòu　10画 辶部

透透透透透透透透透透

❶ [动] 穿过；通过：(of liquid, light) penetrate; pass through; lead or seep through | ～光 tòuguāng *be pervious to light* / ～气 tòuqì *ventilate* / 阳光～过窗户照进来。Yángguāng tòuguò chuānghu zhào jìnlai. *Sunlight came in through the windows.*

透明 tòumíng transparent; diaphanous; lucid

透视 tòushì ① perspective ② (med.) fluoroscopy; roentgenoscopy ③ see through

透明度 tòumíngdù transparency; diaphaneity

❷ [形] 彻底；清楚：thorough; clear; in a penetrating way | 我摸～了他的脾气。Wǒ mōtòule tā de píqi. *I have come to know him through and through.* / 道理讲得很～。Dàolǐ jiǎng de hěn tòu. *The reasons have been fully explained.*

透彻 tòuchè penetrating; thorough

❸ [形] 达到充分的程度：full; complete; to the extreme; to the point of saturation | 雨下～了。Yǔ xiàtòu le. *It rained drenchingly.* / 苹果还没熟～。Píngguǒ hái méi shútòu. *The apples are not ripe fully yet.*

❹ [动] 泄露；暗中说出去：tell secretly; inform on the sly | ～露风声 tòulù fēngshēng *leak confidential information* / 他给我～了个消息。Tā gěi wǒ tòule gè xiāoxi. *He told me a piece of news on the quiet.*

透露 tòulù divulge; leak; disclose; reveal

❺ [动] 显露：show; appear; look | 白里～红 báilǐtòuhóng *white touched with red*

◇ 透支 tòuzhī ① (banking) overdraw; make an overdraft ② expenditure; exceeds revenue; overspend ③ (old) draw one's salary in advance

凸 tū 5画 | 部

凸凸凸凸凸

[形] 高出四周（跟"凹 āo"相对）：protruding; raised; higher than the surrounding areas (the opposite of "凹 āo") | 凹～不平 āotū bùpíng *full of bumps and holes; uneven*

秃 tū 7画 禾部

秃秃秃秃秃秃秃秃

❶ [形]（人）没有头发；（鸟兽）没有毛：(of person) hairless; (of animal) having no hair | ～头 tūtóu *bald* / 这是只～尾巴狗。Zhè shì zhī tūwěiba gǒu. *It is a bare-tailed dog.* / 他的头有

点~了。Tā de tóu yǒudiǎn tū le. *He began to go bald.*

❷[形](山)没有草木;(树)没有叶子:(of mountain, tree) treeless; bare of leaves | 山是~的。Shān shì tū de. *The hills are barren; The hills are bare.*

❸[形]物体失去尖端;不锐利:blunt; pointless | 笔尖已经写~了。Bǐjiān yǐjīng xiětū le. *The pen point is blunt.*

突 tū 9画 穴部

突突突突突突突突突

❶[副]忽然;出人意料:suddenly; abruptly; unexpectedly | ~变 tūbiàn *sudden change* / 人口~增 rénkǒu tūzēng *dramatic raise of the population* / 气温~降。Qìwēn tūjiàng *The temperature suddenly dropped.*

突发 tūfā happen unexpectedly; break out; outburst
突击 tūjī ① assault ② make a concentrated effort to finish a job quickly; do a crash job
突然 tūrán sudden; abrupt; unexpected

❷[动]猛冲;冲撞:charge; sprint; dash forward | ~破 tūpò *break through* / ~围 tūwéi *break out of an encirclement*
冲突 chōngtū

❸[名]高于周围:protruding; projecting; prominent | ~起 tūqǐ *rise high*
突出 tūchū ① outstanding; prominent ② stress; highlight; give prominence to

图 (圖) tú 8画 口部

图 图图图图图图图图

❶[名]绘制出来的形象;图画:picture; drawing; chart | 插~ chātú *illustration* / 看~识字 kàntú shízì *learn to read with the aid of pictures* / 这张~画得太小。Zhè zhāng tú huà de tài xiǎo. *The drawing is too small.*

图案 tú'àn pattern; design
图表 túbiǎo chart; diagram; graph
图画 túhuà drawing; picture; painting
图片 túpiàn picture; photograph
图书 túshū books
图像 túxiàng picture; image
图形 túxíng graph; figure
图纸 túzhǐ blueprint; drawing
图书馆 túshūguǎn library
版图 bǎntú   地图 dìtú

❷[动]谋求;打算:plan; attempt; pursue
力图 lìtú   企图 qǐtú
试图 shìtú   妄图 wàngtú
发愤图强 fāfèn-túqiáng

❸[名]制定的计划;谋略:plan;

731

project | 宏~hóngtú *great plan*

意图 yìtú

徒 tú 10画 彳部

徒徒徒徒徒徒徒徒徒徒

❶ [名] 徒弟；学生：apprentice; pupil; disciple | 学~ xuétú *apprentice* / 门~ méntú *pupil; disciple*

徒弟 túdì apprentice; disciple

❷ [名] 指某种人（含贬义）：referring to people (derog.) | 赌~ dǔtú *gambler* / 不法之~ bùfǎzhītú *lawless person; law breaker*

叛徒 pàntú

途 tú 10画 辶部

途途途途途途途途途途

[名] 道路：way; path; road | ~中 túzhōng *on the way*

途径 tújìng way; channel

旅途 lǚtú

涂 (塗) tú 10画 氵部

涂涂涂涂涂涂涂涂涂涂

❶ [动] 把油漆、颜料等抹在物体表面：apply paint or color and so on to objects | ~上颜色 túshang yánsè *apply colour* / 他在面包上~了些黄油。Tā zài miànbāo shang túle xiē huángyóu. *He spread some butter on his bread.* / 墙面~成了天蓝色。Qiángmiàn túchéngle tiānlánsè. *The walls were painted sky blue.*

❷ [动] 抹去：blot out; cross out | ~改 túgǎi *alter* / ~去一个字 túqù yī gè zì *cross or blot out a character*

❸ [动] 随意写、画：scrawl; scribble; daub | 别在墙上乱~。Bié zài qiáng shang luàn tú. *Don't scribble (scrawl) on the wall.* / 这孩子把我的书~乱了。Zhè háizi bǎ wǒ de shū túluàn le. *The child made a mess of my book by scrawling on it.*

屠 tú 11画 尸部

屠屠屠屠屠屠屠屠屠屠屠

[动] 残杀：slaughter; massacre; butcher

屠杀 túshā massacre; butcher; slaughter

土 tǔ 3画 土部

土 土土土

❶ [名] 土壤：soil; earth ｜ ~山 tǔshān *earthen hill*
土豆 tǔdòu potato
土壤 tǔrǎng soil
尘土 chéntǔ　　泥土 nítǔ
沙土 shātǔ　　水土 shuǐtǔ
风土人情 fēngtǔ-rénqíng

❷ [名] 土地；国土：land; ground; territory ｜ 故~ gùtǔ *native land*
土地 tǔdì ① land; soil ② territory
本土 běntǔ　　国土 guótǔ
领土 lǐngtǔ

❸ [形] 某一地方的；本地的：local; native; indigenous ｜ ~产 tǔchǎn *local product; be produced locally* / ~话 tǔhuà *local dialect*

❹ [形] 不合潮流：crude; rustic; unenlightened ｜ ~气 tǔqì *rustic; countrified*

❺ [形] 民间的（跟"洋 yáng"相对）：popular; folk (the opposite of "洋 yáng") ｜ ~专家 tǔzhuānjiā *local expert* / 这个~办法很好。Zhège tǔbànfǎ hěn hǎo. *This indigenous method is very good.*

吐 tǔ 6画 口部

吐 吐吐吐吐吐吐

❶ [动] 使东西从嘴里出来：spit; force sth. out of one's mouth ｜ ~核儿 tǔhúr *spit out the pips* / 不要随地~痰。Bùyào suídì tǔtán. *No spitting.*

❷ [动] 说出来：say; tell; speak out ｜ 谈~ tántǔ *style of conversation* / ~露实情 tǔlù shíqíng *come out with the truth* / ~字清楚 tǔzì qīngchu *enunciate clearly*

❸ [动]（从口或缝隙里）长出或露出：put forth; send out; grow or expose from an opening or a seam ｜ 蚕在~丝。Cán zài tǔsī. *The silkworm is spinning silk.*

See tù.

吐 tù 6画 口部

吐 吐吐吐吐吐吐

[动]（消化道或呼吸道里的东西）不自主地从嘴里涌出：vomit; throw up ｜ ~血 tùxiě *spit blood; haematemesis* / 上~下泻 shàngtù-xiàxiè *suffer from vomiting and diarrhoea*

See tǔ.

兔 tù 8画 ⺈部

兔 兔兔兔兔兔兔兔

[名] rabit; hare ｜ 野~ yětù *hare*
兔子 tùzi hare; rabbit

733

团 (團) tuán 6画 口部

团 团团团团团团

❶ [动] 聚集；会合：reunite; gather; assemble
团结 tuánjié unite; rally
团聚 tuánjù reunite; unite and gather
团圆 tuányuán reunion

❷ [名] 军队的编制单位，一般下辖若干营：regiment, military unit, subordinated to a division and commanding several battalions
团长 tuánzhǎng ① regimental commander ② head (chief, chairman) of a delegation, troupe, etc.

❸ [名] 工作或活动的集体：group; society; circle; collective for work or activities | 代表~ dàibiǎotuán delegation / 旅行~ lǚxíngtuán tour group; touring party
团队 tuánduì team; group; organization
团伙 tuánhuǒ gang; band; clique
团体 tuántǐ organization; group; team
集团 jítuán　剧团 jùtuán
社团 shètuán
乐团 yuètuán

❹ [名] 青少年的政治性组织，我国特指共产主义青年团：political organization for teenagers, referring to the Communist Youth League in China | 青年~ qīngniántuán Youth League
团员 tuányuán ① member ② member of the Communist Youth League of China; League member

❺ [量] 用于成团的东西：used for sth. shaped like a ball | 一~面 yī tuán miàn a lump of dough / 一~毛线 yī tuán máoxiàn a ball of wool / 一~碎纸 yī tuán suìzhǐ a ball of paper scraps

推 tuī 11画 扌部

推 推推推推推推推推推推

❶ [动] 手向外用力使物体移动：push; thrust; shove | ~车 tuī chē push a cart / 把门~开 bǎ mén tuīkāi push (shove) the door open / 他把我从房间里~了出来。Tā bǎ wǒ cóng fángjiān li tuīle chūlai. He shoved me out of the room.
推出 tuīchū introduce; put out; present
推翻 tuīfān ① overthrow; overturn; topple ② cancel; reverse

❷ [动] 使事情开展：push forward; promote | 把工作向前~一步 bǎ gōngzuò xiàngqián tuī yī

734

bū *push ahead with one's work* / 又一批新产品被～上了市场。Yòu yīpī xīn chǎnpǐn bèi tuīshàngle shìchǎng. *Another batch of new products have been put on the market.*

推动 tuīdòng push forward; promote; give impetus to

推广 tuīguǎng popularize; spread; extend

推进 tuījìn ① push on; advance ② move forward; drive on

推销 tuīxiāo promote sales; market; peddle

推行 tuīxíng carry out; pursue; practise

❸ [动]把预定的时间向后延：delay; postpone; put off | 把会议～后两天 bǎ huìyì tuīhòu liǎng tiān *put off the meeting for two days*

推迟 tuīchí put off; postpone; defer

❹ [动]举荐：recommend | 大家都～他当组长。Dàjiā dōu tuī tā dāng zǔzhǎng. *People elect him as group leader unanimously.* / 你们～一个代表参加这个会。Nǐmen tuī yī gē dàibiǎo cānjiā zhège huì. *You are asked to recommend a delegate to attend the meeting.*

推荐 tuījiàn recommend

推选 tuīxuǎn elect; choose

❺ [动]根据已知的求出或想到未知的：deduce; infer; form a judgement based on known facts | 类～lèituī *analogize; reason by analogy*

推测 tuīcè infer; conjecture; guess

推理 tuīlǐ inference; reasoning

推论 tuīlùn inference; deduction; corollary

推算 tuīsuàn calculate; reckon

❻ [动]辞让；拒绝：decline; yield | ～让 tuīràng *decline* / 你问他什么，他都～说不知道。Nǐ wèn tā shénme, tā dōu tuīshuō bù zhīdào. *Whatever you ask, he always says he doesn't know.*

推辞 tuīcí decline (an appointment, invitation, etc.)

推来推去 tuīlái-tuīqù make all sorts of excuses; give the runaround

腿 tuǐ 13画 月部

腿腿腿腿腿腿腿腿腿腿腿腿腿

❶ [名] leg | 把～抬起 bǎ tuǐ táiqǐ *raise one's leg*

大腿 dàtuǐ   小腿 xiǎotuǐ
拖后腿 tuōhòutuǐ

❷ [名]器物下部像腿的东西：leg-like support beneath an object | 桌子～儿 zhuōzituǐr *legs of a table* / 我的眼镜～儿摔断了。Wǒ de yǎnjìngtuǐr shuāiduàn le.

735

The rim of my spectacles got broken.

退 tuì 9画 辶部

退退退退退退退退退

❶ [动] 向后移动（跟"进jìn"相对）：move backwards; retreat (the opposite of "进jìn") | ~敌 tuìdí *(in written) repulse the enemy* / 不进则~。 Bù jìn zé tuì. *Strive forward, or you'll fall behind.*

退步 tuìbù ①lag behind; retrogress ② leeway; room for manoeuvre

撤退 chètuì　倒退 dàotuì
后退 hòutuì

❷ [动] 离开；脱离：leave; quit; retire from | ~席 tuìxí *leave a banquet or a meeting* / ~学 tuìxué *quit school; drop out of school*

退出 tuìchū withdraw from; secede; quit

退休 tuìxiū retire

❸ [动] 下降；减退：decline; decrease; recede | ~色 tuìsè *(of colour) fade* / ~烧 tuìshāo *bring down a fever* / 潮水渐渐~了。 Cháoshuǐ jiànjiàn tuì le. *The tide is receding little by little.*

退火 tuìhuǒ (Chin. me.) relieve inflammation or internal heat

衰退 shuāituì

❹ [动] 交还（已收下或买下的东西）：return; refund; give back | ~钱 tuìqián *refund* / ~货 tuìhuò *return goods* / ~票 tuìpiào *return a ticket; get a refund for a ticket* / 快把这份礼~了。 Kuài bǎ zhè fèn lǐ tuì le. *Return this gift right away.*

退还 tuìhuán return

退回 tuìhuí ① return; send (or give) back ② go (or turn) back

退税 tuìshuì (econ.) drawback

❺ [动] 撤销（已定的事）：cancel; retract; break off

吞 tūn 7画 口部

吞吞吞吞吞吞吞

❶ [动] 不嚼或不细嚼，整个或大块地咽下去：swallow; devour; gulp down | 狼~虎咽 lángtūnhǔyàn *gobble up; wolf down* / 孩子不小心~进去一个扣子。 Háizi bù xiǎoxīn tūn jìnqu yī gè kòuzi. *The child heedlessly swallowed a clothes button.*

❷ [动] 侵占；兼并：annex; seize; take possession of | 独~ dútūn *take exclusive possession of* / ~并 tūnbìng *annex; gobble up* / ~没 tūnmò *embezzle; swallow up*

屯 tún 4画 一部

屯 屯屯屯屯

❶[动]聚集；储存：collect; gather; stock; get together; assemble | ~集 túnjí assemble; collect / ~积粮食 túnjī liángshi store up grain

❷[动](军队)驻扎：station or quarter | ~兵 túnbīng station troops; quarter troops

❸[名]村庄：village

托 tuō 6画 扌部

托 托托托托托托

❶[动]用器物或手掌向上举着东西：lean against the palm; hold in the palm | ~举 tuōjǔ hold up / ~着下巴 tuōzhe xiàba cup one's chin in one's hands

❷[动]寄放：deposit; leave with 托儿所 tuō'érsuǒ nursery; child-care centre; creche

❸[动]借故推辞：plead; give as a pretext | 推~ tuītuō plead; offer as an excuse / ~故 tuōgù give a pretext; make an excuse / ~病 tuōbìng plead illness

❹[动]请人代办：entrust; ask | ~你买本书。Tuō nǐ mǎi běn shū. Please buy a book for me. / 她~我寄这封信。Tā tuō wǒ jì zhè fēng xìn. She asked me to mail this letter for her.

托管 tuōguǎn trusteeship
托人情 tuōrénqíng ask an influential person to help arrange sth.; gain one's end through pull; seek the good offices of sb.

拜托 bàituō	寄托 jìtuō
委托 wěituō	信托 xìntuō
依托 yītuō	嘱托 zhǔtuō

◇摩托艇 mótuōtǐng

拖 tuō 8画 扌部

拖 拖拖拖拖拖拖拖

❶[动]牵引；拉：pull; drag; tug; haul | ~车 tuōchē trailer / 大船后边~着一只小船。Dà chuán hòubian tuōzhe yī zhī xiǎochuán. The big boat tugged a small one behind it.

拖后腿 tuōhòutuǐ hinder (or impede) sb.; hold sb. back; be a drag on sb.

拖拉机 tuōlājī tractor

❷[动]在身体后面垂着：trail; drag behind one's body | ~着一根长辫子 tuōzhe yī gēn cháng biànzi wear a long pigtail / 她的长裙~在地板上。Tā de cháng qún tuō zài dìbǎn shang. Her long skirt dragged on the floor.

拖鞋 tuōxié slipper

❸[动]延长时间：delay; postpone; drag on | ~时间 tuō shíjiān

737

play for time; stall (for time) / 房租他总是~着不交。Fángzū tā zǒngshì tuōzhe bù jiāo. *He is always behind with his rent.* / 会议一直~到晚上。Huìyì yīzhí tuōdào wǎnshang. *The meeting was prolonged into the evening.*

拖欠 tuōqiàn be behind in payment; be in arrears; default

拖延 tuōyán delay; put off; procrastinate

脱 tuō 11画 月部

脱 脱脱脱脱脱脱脱脱脱脱脱

❶ [动]（皮肤、毛发等）掉下：(of skin, hair, etc.) shed; drop; lose; come or fall out | ~皮 tuōpí *shed skin* / ~毛 tuōmáo *shed; lose hair or feathers* / 爷爷的头发都~光了。Yéye de tóufa dōu tuōguāng le. *Grandpa has gone bald.*

脱落 tuōluò drop; fall off (away); come off

❷ [动]取下；除去（跟"穿chuān"相对）：take off; cast off (the opposite of "穿chuān") | ~鞋 tuō xié *take off one's shoes* / ~衣服 tuō yīfu *take off one's clothes*

❸ [动]离开：get out of; break away from | 逃~ táotuō *escape* / ~险 tuōxiǎn *escape danger*

脱离 tuōlí separate oneself from; break away from; be divorced from

摆脱 bǎituō

驮 (馱) tuó 6画 马部

驮 驮驮驮驮驮驮

[动] 用背负载：carry or bear on the back | ~东西 tuó dōngxi *carry things on the back* / 他~着我过了河。Tā tuózhe wǒ guòle hé. *He carried me on his back to cross the river.*

妥 tuǒ 7画 ⺈部

妥 妥妥妥妥妥妥妥

❶ [形] 适当，稳当：appropriate; proper; suitable; sound | 这样处理恐怕不~。Zhèyàng chǔlǐ kǒngpà bù tuǒ. *I'm afraid this isn't the proper way to handle the case.*

妥当 tuǒdang appropriate; proper

妥善 tuǒshàn appropriate; proper; well arranged

稳妥 wěntuǒ

❷ [形] 齐备：ready; settled; finished | 事情已办~了。Shìqing yǐ bàntuǒ le. *It has been settled.*

◇妥协 tuǒxié come to terms; compromise

椭（橢） tuǒ　12画 木部

椭椭椭椭椭椭椭椭椭椭椭椭

[形] 长圆形：oval; ellipse
椭圆 tuǒyuán ellipse

唾 tuò　11画 口部

唾唾唾唾唾唾唾唾唾唾唾

[名] 唾液：saliva; spittle
唾沫 tuòmo saliva; spittle

W w

挖 wā 9画 扌部

挖挖挖挖挖挖挖挖挖

[动] 用工具或用手掘；掏：dig; excavate | ~土 wā tǔ *dig earth* / ~洞 wā dòng *dig a hole*
挖掘 wājué *dig; excavate*

蛙 wā 12画 虫部

蛙蛙蛙蛙蛙蛙蛙蛙蛙蛙蛙蛙

[名] 青蛙：*frog*
青蛙 qīngwā

娃 wá 9画 女部

娃娃娃娃娃娃娃娃娃

[名] 小孩儿：baby; child | 女~儿 nǚwár *baby girl; little girl*
娃娃 wáwa *baby; child*

瓦 wǎ 4画 瓦部

瓦瓦瓦瓦瓦

[名] 覆盖屋顶的建筑材料：tile | ~房 wǎfáng *tile-roofed house*
瓦解 wǎjiě *disintegrate; collapse; crumble*
◇ 瓦斯 wǎsī *gas*

袜 (襪) wà 10画 衤部

袜袜袜袜袜袜袜袜袜袜

[名] socks; stockings; hose | 尼龙~ nílóngwà *nylon socks*
袜子 wàzi *socks; stockings; hose*
长筒袜 chángtǒngwà

哇 wa 9画 口部

哇哇哇哇哇哇哇哇哇

[助] 用在句子末尾，加重语气：used at the end of a sentence for emphasis | 多好~! Duō hǎo wa! *Oh, how nice it is!* / 你别哭~。Nǐ bié kū wa. *Don't cry.*

歪 wāi 9画 一部

歪歪歪歪歪歪歪歪歪

❶ [形] 斜；偏（跟"正 zhēng"相对）：inclined; slanting (the opposite of "正 zhēng") | ~着头 wāizhe tóu *with one's head tilted to one side* / 这张画挂~

了。Zhè zhāng huà guāwāi le. *The picture on the wall is slanting to one side.* / 他总是～戴着帽子。Tā zǒngshì wāidàizhe màozi. *He always wears his hat slantingly.*

❷ [形] 不正当的；不正派的：devious, crooked | ～风 wāifēng *evil tendency; unhealthy trend*

歪曲 wāiqū twist; misrepresent

外 wài 5画 夕部

外 外 外 外 外 外

❶ [名] (空间、处所) 外边，不在某种界限或范围之内的 (跟"内 nèi""里lǐ"相对)：out; outside (the opposite of "内 nèi" or "里lǐ") | 从里向～走。Cóng lǐ xiàng wài zǒu. *Walk from the inside to the outside.* / 箱子先放在门～吧! Xiāngzi xiān fàng zài ménwài ba! *Put the suitcase outside the door for now.* / 请不要把头伸出车～。Qǐng bùyào bǎ tóu shēnchū chēwài. *Don't put (stick) your head out of the window.*

外边 wàibian ① outside; out ② a place other than where one lives or works

外表 wàibiǎo outward appearance; surface

外部 wàibù ① outside; external ② exterior; surface

外出 wàichū go out

外观 wàiguān outward appearance; exterior

外行 wàiháng layman; outsider

外界 wàijiè ① external world ② outside

外科 wàikē surgical department

外力 wàilì ① outside force ② external force

外流 wàiliú outflow; drain

外卖 wàimài ① (usu. prepared by a restaurant or a food shop) takeout ② food for takeout

外面 wàimian outside; out

外套 wàitào ① overcoat ② loose coat; outer garment

外头 wàitou outside; out

外形 wàixíng appearance; external form; contour

外衣 wàiyī coat; jacket; outer clothing; outer garment

国外 guówài	海外 hǎiwài
户外 hùwài	境外 jìngwài
老外 lǎowài	内外 nèiwài
室外 shìwài	野外 yěwài
捞外快 lāowàikuài	
门外汉 ménwàihàn	

❷ [形] 特指外国的：foreign | 中～合资 zhōngwài hézī *joint venture with Chinese and foreign capital* / 对～贸易 duìwài màoyì *foreign trade* / 他在一家～资企业工作。Tā zài yī jiā wàizī qǐyè gōngzuò. *He works in a foreign enterprise.*

外币 wàibì foreign currency

741

外宾 wàibīn foreign guest (visitor)
外电 wàidiàn news dispatches from foreign news agencies
外国 wàiguó foreign country
外交 wàijiāo diplomacy; foreign affairs
外汇 wàihuì foreign exchange
外事 wàishì foreign affairs; external affairs
外文 wàiwén foreign language
外语 wàiyǔ foreign language
外资 wàizī foreign capital
外国语 wàiguóyǔ foreign language
外交官 wàijiāoguān diplomat
涉外 shèwài 　中外 zhōngwài
古今中外 gǔjīn-zhōngwài

❸ [形] 指自己所在地以外的: other | ~省 wàishěng other provinces
外地 wàidì parts of the country other than where one is; other places

❹ [形] 在一定界限之外的; 另外: besides; in addition; beyond | 课~ kèwài after class / ~加 wàijiā in addition to / 此~ cǐwài apart from this; besides this / 计划~ jìhuàwài unplanned

除外 chúwài 　额外 éwài
分外 fènwài 　格外 géwài
例外 lìwài 　另外 lìngwài
以外 yǐwài 　意外 yìwài
之外 zhīwài

❺ [形] 家庭成员中女性一方的亲戚: (relatives) of one's mother, sisters or daughters | ~孙 wàisūn grandson; daughter's son
外公 wàigōng (maternal) grandfather
外婆 wàipó (maternal) grandmother
外孙女 wàisūnnǚ daughter's daughter; granddaughter
外祖父 wàizǔfù (maternal) grandfather
外祖母 wàizǔmǔ (maternal) grandmother

弯 (彎) wān　9画 弓部

弯弯弯弯弯弯弯弯弯

❶ [形] 不直: curved; crooked | 树枝被雪压~了。Shùzhī bèi xuě yāwān le. The branches are weighed down by the snow.
弯曲 wānqū bend; meander
绕弯子 ràowānzi
走弯路 zǒuwānlù

❷ [动] 使不直: bend | ~腰 wānyāo bend over / ~着身子 wān zhe shēnzi bend over (one's body)

❸ [名] 曲折不直的部分: bend; turn | 转~抹角 zhuǎnwān-mòjiǎo beat about the bush; speak in a roundabout way / 这条路有个~儿。Zhè tiáo lù yǒu ge wānr. There is a bend in the *road*.

拐弯 guǎiwān 转弯 zhuǎnwān

湾 (灣) wān 12画 氵部

湾湾湾湾湾湾湾湾湾湾湾湾

❶ [名] 水流弯曲的地方：bend of a river | 河~ héwān *river bend*
❷ [名] 海岸向陆地凹入的地方：bay; gulf | 港~ gǎngwān *gulf; bay*

豌 wān 15画 豆部

豌豌豌豌豌豌豌豌豌豌豌豌豌豌豌

See 豌豆

豌豆 wāndòu pea

丸 wán 3画 丿部

丸 丸丸丸

[量] 用于丸药：used for pill, bolus | 一~药 yī wán yào *a pill (bolus)* / 这种药一次吃三~。Zhè zhǒng yào yī cì chī sān wán. *Take three pills a time*.

完 wán 7画 宀部

完 完完完完完完完

❶ [形] 齐全；完整：intact; whole | ~好 wánhǎo *in good condition; intact* / ~满 wánmǎn *perfect* / ~美无缺 wánměi-wúquē *perfect; flawless*

完备 wánbèi complete; perfect

完美 wánměi perfect; consummate

完全 wánquán whole

完善 wánshàn complete

完整 wánzhěng intact

❷ [动] 完成；全部做好：fulfil; complete | ~工 wángōng *complete a project; get through* / 他翻译的那部小说已经全部~稿。Tā fānyì de nà bù xiǎoshuō yǐjīng quánbù wángǎo. *He has finished translating that novel*.

完成 wánchéng complete

❸ [动] 结束：be finished; be over | 电影演~了。Diànyǐng yǎnwán le. *The movie is over.* / 鱼离开水，生命就~了。Yú líkāi shuǐ, shēngmìng jiù wán le. *Fish will die when it's taken away from water*.

完毕 wánbì finish; complete; end

完蛋 wándàn (inf.) be done for; be finished

完工 wángōng complete a project; finish doing sth.; get through

❹ [动] 用光；没有剩余：run out; use up | 信封用~了。Xìnfēng

yōngwán le. *Envelopes are used up.* / 煤烧~了。Méi shāowán le. *Coal ran out.*

玩 wán 8画 王部

玩玩玩玩玩玩玩玩

❶ [动] 不严肃认真对待；戏弄：trifle with; treat lightly | ~世的态度 wánshì de tàidu *take a cynical attitude towards life; be cynical*

玩弄 wánnòng ① resort to; employ ② dally with ③ play with; juggle with

❷ [动] 使用(不正当的方法、手段等)：resort to (oft. foul play) | ~花招儿 wán huāzhāor *play tricks* / ~手段 wán shǒuduàn *play tricks; resort to crafty manoeuvres*

❸ [动] 游戏；做某种游戏：engage in some kinds of sports or re-creational activities | ~足球 wán zúqiú *play football* / ~扑克 wán pūkè *play cards*

玩具 wánjù toy; plaything
玩笑 wánxiào joke
玩意儿 wányìr gadget
游玩 yóuwán
好玩儿 hǎowánr

顽 (頑) wán 10画 页部

顽顽顽顽顽顽顽顽顽

❶ [形] 固执；不容易开导或制伏：stubborn; obstinate | ~抗 wánkàng *stubbornly resist*
顽固 wángù stubborn
顽强 wánqiáng indomitable; staunch

❷ [形] (小孩子)不听劝导；爱玩闹：naughty; mischievous | ~童 wántóng *naughty child*
顽皮 wánpí naughty; mischievous

挽 wǎn 10画 扌部

挽挽挽挽挽挽挽挽挽

❶ [动] 拉；牵引：draw; pull | 手~着手 shǒu wǎnzhe shǒu *arm in arm; hand in hand*

❷ [动] 向上卷：roll up | ~起袖子干了起来 wǎnqǐ xiùzi gànle qǐlai *roll up one's sleeves and begin to work*

◇挽回 wǎnhuí retrieve; redeem
挽救 wǎnjiù save; remedy; rescue

晚 wǎn 11画 日部

晚晚晚晚晚晚晚晚晚晚晚

❶ [名] 晚上：evening; night | 今~ jīnwǎn *this evening; to-*

night / 从早到～cóng zǎo dào wǎn *from morning till night* / 天太～了，快睡吧! Tiān tài wǎn le, kuài shuì ba! *It's getting late. Go to bed now.*

晚报 wǎnbào evening paper
晚餐 wǎncān supper; dinner
晚饭 wǎnfàn supper; dinner
晚会 wǎnhuì evening party
晚上 wǎnshang evening; night
傍晚 bàngwǎn
当晚 dāngwǎn
夜晚 yèwǎn
昨晚 zuówǎn

❷ [形] 迟；比规定的或合适的时间靠后：late | 来～了 láiwǎn le *be late for (sth.)* / 天已很～了。Tiān yǐ hěn wǎn le. *It's late already.* / 你8点钟去就～了。Nǐ bā diǎn zhōng qù jiù wǎn le. *You'll be late if you leave at 8 o'clock.*

早晚 zǎowǎn

❸ [形] 时间靠后的；临近终了的：late; belated | ～期 wǎnqī *later period* / ～秋 wǎnqiū *late autumn*

晚年 wǎnnián old age; one's later years

惋 wǎn 11画 忄部

惋惋惋惋惋惋惋惋惋惋惋

[动] 痛惜，同情：regret; feel sorry for

惋惜 wǎnxī have pity for; regret; sympathize

碗 wǎn 13画 石部

碗碗碗碗碗碗碗碗碗碗碗碗碗

[名] 盛饮食的器具：bowl | 饭～ fànwǎn *bowl (for rice)* / 茶～ cháwǎn *bowl (for tea); teacup*

铁饭碗 tiěfànwǎn

万 (萬) wàn 3画 一部

万万万

❶ [数] 十个千：ten thousand | 一千～人 yī qiānwàn rén *ten million people* / 一～元钱 yīwàn yuán qián *ten thousand yuan*

千万 qiānwàn　亿万 yìwàn

❷ [数] 很多；数量极大：large number; myriad | ～物 wànwù *myriads of objects* / ～家灯火 wànjiā dēnghuǒ *a myriad twinkling lights (of a city)*

万岁 wànsuì long live
万古长青 wàngǔ-chángqīng remain fresh forever; be everlasting
万事如意 wànshì-rúyì all's well and propitious; everything goes as one wishes
万水千山 wànshuǐ-qiānshān ten thousand crags and

torrents — the trials of a long journey

千变万化 qiānbiàn-wànhuà

千家万户 qiānjiā-wànhù

千军万马 qiānjūn-wànmǎ

千千万万 qiānqiān-wànwàn

❸ [副] 表示程度极高，相当于"非常 fēicháng""绝对 juéduì"：absolutely; by all means; extremely; very, same as "非常 fēicháng""绝对 juéduì" | ~难 wànnán extremely difficult; utterly impossible / 千真~确 qiānzhēn-wànquè absolutely true

万万 wànwàn absolutely; wholly

◇万一 wànyī ① just in case; eventuality ② a very small percentage

汪

wāng　7画　氵部

汪 汪汪汪汪汪汪

[形] 水深而广：(of water) deep and vast

汪洋 wāngyáng vast; boundless

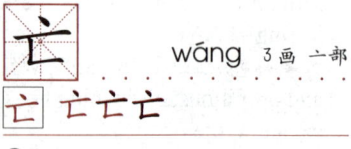

亡

wáng　3画　亠部

亡 亡亡亡

❶ [动] 灭亡(跟"兴 xīng"相对)：perish; doom (the opposite of "兴 xīng") | ~国 wángguó subjugate a nation

❷ [动] 死：die; perish | 伤~ shāng-wáng injuries and deaths; casualties

死亡 sǐwáng

王

wáng　4画　王部

王 王王王王

❶ [名] 最高统治者；最高的爵位：king; monarch | 女~ nǚwáng queen / 国~ guówáng king

王朝 wángcháo ① imperial court; royal court ② dynasty

王宫 wánggōng (imperial) palace

王国 wángguó kingdom

王后 wánghòu queen consort; queen

王室 wángshì ① royal family ② imperial court; royal court

王子 wángzǐ king's son; prince

大王 dàwáng

❷ [名] 首领；头目：chieftain; ringleader | 蜂~ fēngwáng queen bee; queen wasp / 老虎是兽中之~。Lǎohǔ shì shòu zhōng zhī wáng. The tiger is the king of the animal world.

霸王 bàwáng

网 (網) wǎng 6画 冂部

网 网网网网网网

❶ [名] 用绳、丝等结成的捕鱼或捉鸟兽的工具：net｜结～jiéwǎng *weave a net* / 渔～yúwǎng *fishnet; fishing net*

❷ [名] 形状像网的东西：sth. resembling a net｜电～diànwǎng *power grid* / 球～qiúwǎng *net (for ball games)* / 蜘蛛～zhīzhūwǎng *cobweb; spider web*

网吧 wǎngbā cybercafe; Internet bar

网络 wǎngluò ① network ② (elec.) network

网民 wǎngmín netizen

网球 wǎngqiú tennis

网页 wǎngyè web page

网友 wǎngyǒu netizen; net friends

网站 wǎngzhàn website set up by an enterprise, organization or individual, usu. consisting of a home page and many web pages

网址 wǎngzhǐ website address on the Internet

法网 fǎwǎng

联网 liánwǎng

上网 shàngwǎng

互联网 hùliánwǎng

往 wǎng 8画 彳部

往 往往往往往往往往

❶ [动] 去；向某处去：go｜人来人～ rénlái-rénwǎng *(of people) coming and going* / 这列火车开～北京。Zhè liè huǒchē kāiwǎng Běijīng. *This train is leaving for Beijing.*

往返 wǎngfǎn ① come and go ② journey to and fro

往来 wǎnglái ① contact; dealings ② come and go

交往 jiāowǎng 来往 láiwǎng

前往 qiánwǎng 通往 tōngwǎng

向往 xiàngwǎng

❷ [介] 朝；向；表示动作的方向：in the direction of; to; toward｜～前看 wǎng qián kàn *look forward*

往后 wǎnghòu from now on; in the future

❸ [形] 从前的；过去的：past; previous

往常 wǎngcháng as usual; as one used to do

往年 wǎngnián (in) former years

往日 wǎngrì (in) former days; (in) bygone days

往事 wǎngshì past events; the past

以往 yǐwǎng

◇ 往往 wǎngwǎng often; more often than not; as usual

747

妄 wàng 6画 女部

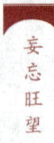

妄妄妄妄妄妄

[形] 不合实际；不近情理：absurd; rash | ~动 wàngdòng *act rashly*

妄图 wàngtú vainly attempt; try in vain

妄想 wàngxiǎng vainly hope to do sth.

狂妄 kuángwàng

忘 wàng 7画 心部

忘忘忘忘忘忘忘

[动] 不记得：forget | 这件事别~了。Zhè jiàn shì bié wàng le. *Don't forget it.* / 别~了给她写信。Bié wàngle gěi tā xiěxìn. *Don't forget to write to her.* / 我把钥匙~在家里了。Wǒ bǎ yàoshi wàng zài jiāli le. *I left my keys at home.*

忘记 wàngjì forget; overlook; neglect; dismiss from one's mind

忘却 wàngquè forget

难忘 nánwàng

备忘录 bèiwànglù

旺 wàng 8画 日部

旺旺旺旺旺旺旺旺

[形] 兴盛：prosperous; flourishing | ~季 wàngjì *peak period; busy season* / 火很~。Huǒ hěn wàng. *The fire is blazing.* / 花开得正~。Huā kāi de zhèng wàng. *The flowers are in full bloom.*

旺盛 wàngshèng vigorous; exuberant

兴旺 xīngwàng

望 wàng 11画 王部

望望望望望望望望望望

❶ [动] 向远处看：look over; gaze into the distance | 登高远~ dēnggāo yuǎnwàng *ascend a height to enjoy a distant view* / ~不到边 wàngbudào biān *boundless; vast; limitless*

望远镜 wàngyuǎnjìng telescope

观望 guānwàng

展望 zhǎnwàng

张望 zhāngwàng

❷ [名] 名声；声誉：reputation; prestige; expect

威望 wēiwàng

❸ [动] 盼望；希望：hope; expect | 丰收有~ fēngshōu yǒuwàng *a hope of a bumper harvest* / ~准时到会。Wàng zhǔnshí dào huì. *Punctuality is required for the meeting.*

绝望 juéwàng　渴望 kěwàng
盼望 pànwàng　期望 qīwàng
失望 shīwàng　希望 xīwàng
欲望 yùwàng　愿望 yuànwàng
指望 zhǐwàng

❹[动] 探视；看望：call on; visit | 拜~ bàiwàng *visit to pay one's respect*

看望 kànwàng　探望 tànwàng

危　wēi　6画 厂部

危危危危危危

❶[形] 不安全：dangerous | ~难 wēinàn *calamity; danger and disaster* / 转~为安 zhuǎnwēi-wéi'ān *take a turn for the better and be out of danger; pull through*

危机 wēijī crisis
危急 wēijí critical
危险 wēixiǎn danger
高危 gāowēi

❷[动] 使不安全；损害：endanger; imperil | ~及生命 wēijí shēngmìng *endanger one's life*

危害 wēihài harm; jeopardize

威　wēi　9画 戈部

威威威威威威威威威

❶[名] 使人敬畏的气势或使人畏惧的力量：impressive strength; might

威风 wēifēng ① power and prestige ② imposing
威力 wēilì power; might
威望 wēiwàng reputation
威信 wēixìn prestige; popular trust
权威 quánwēi　示威 shìwēi

❷[动] 凭借威力制服或压迫：deter (threaten) by force | ~逼 wēibī *threaten by force; coerce*

威胁 wēixié bully; threaten; intimidate

微　wēi　13画 彳部

微微微微微微微微微微微微微

[形] 小；轻微：minute; tiny | 细~ xìwēi *minute; tiny* / ~风 wēifēng *gentle breeze* / ~生物 wēishēngwù *microorganism; microbe*

微观 wēiguān microcosmic
微妙 wēimiào delicate; subtle
微弱 wēiruò faint; feeble; weak
微小 wēixiǎo small; little
微笑 wēixiào smile
微型 wēixíng miniature; mini-
微波炉 wēibōlú microwave oven

微不足道 wēibùzúdào insignificant; inconsiderable; negligible; trivial

略微 lüèwēi　轻微 qīngwēi

749

稍微 shāowēi

为 (爲) wéi 4画、部

为 为为为为

❶ [动] 做：do; act | 我一定尽力而~。Wǒ yīdìng jìnlì'érwéi. *I am sure to try my best.*
为难 wéinán ① feel awkward ② make things difficult for
人为 rénwéi　行为 xíngwéi
大有可为 dàyǒu-kěwéi
无能为力 wúnéng-wéilì

❷ [动] 充当，担作：act as; serve as | 选他~班长 xuǎn tā wéi bānzhǎng *elect him as the monitor* / 以你~榜样 yǐ nǐ wéi bǎngyàng *regard you as the model*
为首 wéishǒu with sb. as the leader; headed (led) by
称为 chēngwéi　认为 rènwéi
以为 yǐwéi　作为 zuòwéi

❸ [动] 变成，成为：become | 一分~二 yīfēnwéi'èr *divide one into two* / 变荒漠~绿洲 biàn huāngmò wéi lǜzhōu *turn deserts into oasis*
变为 biànwéi　成为 chéngwéi

❹ [动] 是：be | 学习期限~两年。Xuéxí qīxiàn wéi liǎng nián. *The study period is 2 years.*

❺ [介] 被（跟"所 suǒ"搭配使用）：(used with "所 suǒ" in passive voice) | ~人所笑 wéi rén suǒ xiào *be laughed at*

◇ 为期 wéiqī by a definite date
为止 wéizhǐ up to; till
See wèi.

违 (違) wéi 7画辶部

违 违违违违违违违

[动] 不遵守；不依从：disobey; violate | ~章 wéizhāng *break rules and regulations* / ~约 wéiyuē *break a contract; violate a treaty*
违背 wéibèi run counter to; go against
违法 wéifǎ break the law
违反 wéifǎn violate; run counter to; transgress; infringe
违犯 wéifàn violate; infringe; infract

围 (圍) wéi 7画口部

围 围围围围围围围

❶ [动] 四面拦住；环绕：enclose; surround | ~墙 wéiqiáng *enclosing wall; enclosure* / 青年人~着火跳起舞来。Qīngniánrén wéizhe huǒ tiàoqǐ wǔ lai. *Young people began to dance around the fire.* / 人们都~过来听他讲。Rénmen dōu wéi guòlai tīng tā jiǎng. *People gathered around him to listen.*

围攻 wéigōng ① besiege ② jointly attack sb.
围巾 wéijīn scarf; muffler
围棋 wéiqí a game played with black and white pieces on a board of 361 crosses; go
围绕 wéirào ① round; around ② centre on
包围 bāowéi
❷ [名] 四周: around; all round | 外~ wàiwéi periphery / 四~都是山。Sìwéi dōushì shān. *It's encircled by mountains.*
范围 fànwéi　周围 zhōuwéi
◇ 入围 rùwéi

桅 wéi 10画 木部

桅桅桅桅桅桅桅桅桅桅

See 桅杆
　桅杆 wéigān mast

唯 wéi 11画 口部

唯唯唯唯唯唯唯唯唯唯唯

[副] 单单;只: only; alone | ~恐 wéikǒng *for fear (that)*
　唯独 wéidú alone
　唯一 wéiyī only
　唯物论 wéiwùlùn materialism
　唯心论 wéixīnlùn idealism
　唯物主义 wéiwù zhǔyì materialism
　唯心主义 wéixīn zhǔyì idealism

维 (維) wéi 11画 纟部

维维维维维维维维维维维

[动] 保持;保护: maintain; safeguard; preserve
　维持 wéichí keep; maintain; preserve; support
　维护 wéihù safeguard; uphold; upkeep; defend; keep
　维修 wéixiū repair; service; maintain
　维生素 wéishēngsù vitamin

伟 (偉) wěi 6画 亻部

伟伟伟伟伟伟伟

[形] 优异;超出寻常: great | 雄~ xióngwěi *magnificent*
　伟大 wěidà great; grandeur

伪 (偽) wěi 6画 亻部

伪伪伪伪伪伪伪

[形] 假的(跟"真zhēn"相对): false; fake (the opposite of "真 zhēn") | ~装 wěizhuāng

pretend; feign
伪造 wěizào *forge; fabricate; falsify*
伪君子 wěijūnzǐ *hypocrite*
防伪 fángwěi 　虚伪 xūwěi

尾 wěi　7画 尸部

尾尾尾尾尾尾尾

❶ [名] 尾巴：tail | 摇头摆～ yáotóu-bǎiwěi *shake the head and wag the tail; assume an air of complacency or levity*
尾巴 wěiba *tail; tail-like part*

❷ [名] 事物的末端：end | 船～ chuánwěi *stern* / 年～ niánwěi *end of the year* / 有头无～ yǒutóu-wúwěi *to leave sth. half done; to have a beginning but no end*
尾气 wěiqì *tail gas*

❸ [名] 主要部分以外的部分；最后的阶段：remaining part; remnant | 这项工程该收～了。Zhè xiàng gōngchéng gāi shōuwěi le. *The remaining part of the project should be accomplished in time.*
尾声 wěishēng ① (mus.) coda ② epilogue ③ end
从头到尾 cóngtóu-dàowěi

❹ [量] 用于鱼：used for fish | 一～鱼 yī wěi yú *one fish*

委 wěi　8画 禾部

委委委委委委委委

❶ [名] 请人代办：entrust; appoint | ～派 wěipài *appoint; delegate; designate* / ～以重任 wěiyǐ zhòngrèn *entrust an important task to sb.*
委托 wěituō *entrust; commit*

❷ [名] 委员会、委员的简称：(abbr. for 委员 wěiyuán or 委员会 wěiyuánhuì) committee member, committee | 市～ shìwěi *municipal Party committee* / 编～ biānwěi *editorial board*
委员 wěiyuán *committee member*
委员会 wěiyuánhuì *committee; commission; council*
常委 chángwěi
党委 dǎngwěi
居委会 jūwěihuì

◇ 委屈 wěiqu ① *feel wronged; nurse a grievance* ② *put sb. to great inconvenience*

卫 (衛) wèi　3画 卩部

卫卫卫

[动] 保护；防守：defend; guard; protect | 护～ hùwèi *safeguard; protect* / 保家～国 bǎojiā-wèiguó *protect our homes and de-*

fend our country
卫生 wèishēng hygiene; health; sanitation
卫生间 wèishēngjiān toilet (room)
保卫 bǎowèi 捍卫 hànwèi
警卫 jǐngwèi 自卫 zìwèi
◇卫星 wèixīng artificial satellite

为 (爲) wèi 4画 、部

为 为为为为

❶ [介] 引进动作的受益者；给: (used to introduce the object of one's act or service) in the interest of; for | 不必~我担心。Búbì wèi wǒ dānxīn. *No need to worry about me.* / 我真~你高兴。Wǒ zhēn wèi nǐ gāoxìng. *I am really happy for you.* / 他~这本书写了一篇序。Tā wèi zhè běn shū xiěle yī piān xù. *He wrote a preface for the book.*

❷ [介] 表示原因；目的: for the purpose of; for the sake of | ~我们合作愉快干杯! Wèi wǒmen hézuò yúkuài gānbēi! *A toast to our happy cooperation!*

为何 wèihé why; for what reason
为了 wèile for; for the sake of; in order to
为什么 wèishénme why; why (how) is it that
舍己为人 shějǐ-wèirén

See wèi.

未 wèi 5画 一部

未 未未未未未

❶ [副] 没有(跟"已yǐ"相对): have not; did not (the opposite of "已yǐ") | ~成年 wèichéngnián *under age; not yet of age* / 他的健康还~恢复。Tā de jiànkāng hái wèi huīfù. *He has not recovered yet.*

未来 wèilái ① future; tomorrow ② coming; next
未成年人 wèichéngniánrén (leg.) minor
从未 cóngwèi 尚未 shàngwèi
前所未有 qiánsuǒwèiyǒu

❷ [副] 不: no; not | ~知可否 wèizhī kěfǒu *not know whether it can be done* / ~经调查，不能下结论。Wèi jīng diàochá, bùnéng xià jiélùn. *We can't jump to conclusions without looking into the facts.*

未必 wèibì may not; not necessarily
未免 wèimiǎn rather; a bit too; truly

位 wèi 7画 亻部

位 位位位位位位位

❶ [名] 位置；所在的地方: place;

753

味畏胃

location
位于 wèiyú locate; situate
位置 wèizhi ①seat; place ② position
部位 bùwèi　　车位 chēwèi
床位 chuángwèi
错位 cuòwèi　　单位 dānwèi
到位 dàowèi　　定位 dìngwèi
价位 jiàwèi　　水位 shuǐwèi
席位 xíwèi　　越位 yuèwèi
座位 zuòwèi

❷ [名] 职务；地位：position
地位 dìwèi　　岗位 gǎngwèi
学位 xuéwèi

❸ [量] 用于人（含敬意）：(polite form) used before people | 各～ gèwèi *everybody* / 一～朋友 yī wèi péngyou *a friend* / 家里来了几～客人。Jiāli láile jǐ wèi kèrén. *Some friends visit my home.*
诸位 zhūwèi

味 wèi 8画 口部

味味味味味味味

❶ [名] 舌头尝东西所得到的感觉：taste; flavour | 甜～儿 tiánwèir *sweet taste* / 这个菜～儿很鲜。Zhège cài wèir hěn xiān. *The dish tastes delicious.*
味道 wèidào taste; stink
味精 wèijīng monosodium glutamate; gourmet powder; MSG

口味 kǒuwèi　　美味 měiwèi
滋味 zīwèi
津津有味 jīnjīn-yǒuwèi

❷ [名] 气味，鼻子闻东西所得到的感觉：smell; odour | 这个～儿很好闻。Zhège wèir hěn hǎowén. *It's smelling good.*
气味 qìwèi　　香味 xiāngwèi

❸ [名] 指某种菜肴；食品：delicacy | 美～ měiwèi *delicacy; delicious food* / 野～ yěwèi *game (as food)*
山珍海味 shānzhēn-hǎiwèi

❹ [名] 意味；情趣：interest; delight | 人情～儿很浓 rénqíngwèir hěn nóng *profound empathy* / 这书越看越有～儿。Zhè shū yuè kàn yuè yǒuwèir. *The more I read this book, the more interested I become.*
趣味 qùwèi

畏 wèi 9画 田部

畏畏畏畏畏畏畏畏畏

[动] 害怕：fear | 无～ wúwèi *fearless; dauntless* / 不～艰苦 bù wèi jiānkǔ *fear no hardships*
畏惧 wèijù dread

胃 wèi 9画 田部

胃胃胃胃胃胃胃胃胃

[名] stomach｜～不舒服 wèi bù shūfu *have stomachache* / 他经常～疼。Tā jīngcháng wèiténg. *He often has stomachache.*

胃病 wèibìng stomach trouble; gastricism

喂 wèi 12画 口部

喂喂喂喂喂喂喂喂喂喂喂喂

❶ [动] 给动物吃东西；饲养：feed (an animal); raise｜～鸡 wèi jī *feed chicken* / 牛已经～了。Niú yǐjīng wèi le. *The cattle has been fed.*

❷ [动] 把食物送到别人的嘴里：send food into the mouth of a person｜～奶 wèinǎi *breastfeed; nurse; suckle* / 给病人～饭 gěi bìngrén wèifàn *feed a patient*

❸ [叹] 招呼的声音：hello; hey｜～，你是谁呀？Wèi, nǐ shí shéi ya? *Hello! Who is it?* / ～，别忘了给我来信。Wèi, bié wàngle gěi wǒ lái xìn. *Hey, don't forget to write to me.*

慰 wèi 15画 心部

慰慰慰慰慰慰慰慰慰慰慰慰慰慰慰

[动] 使人心情安适、平静：console; comfort｜～劳 wèiláo *bring gifts or entertainment for sb.*

慰问 wèiwèn express sympathy to

安慰 ānwèi　　欣慰 xīnwèi

温 wēn 12画 氵部

温温温温温温温温温温温温

❶ [形] 不冷不热：warm; lukewarm｜～水 wēnshuǐ *lukewarm water* / 夏天河水都是～的。Xiàtiān héshuǐ dōu shì wēn de. *The river water is warm in summer.*

温带 wēndài temperate zone
温度 wēndù temperature; heat
温暖 wēnnuǎn ① warm ② warmth; kindness
温室 wēnshì hothouse; greenhouse; glasshouse; conservatory

❷ [动] 适当加热；使变暖：warm up｜～酒 wēn jiǔ *warm up the wine* / 把水～热点儿 bǎ shuǐ wēn rè diǎnr *warm up the water a little*

❸ [动] 复习：review; revise｜～书 wēnshū *review one's book* / ～习 wēnxí *review; brush up*

❹ [名] 温度：temperature｜降～ jiàngwēn *lower the temperature*

温度计 wēndùjì thermograph;

thermometer
保温 bǎowēn　低温 dīwēn
高温 gāowēn　气温 qìwēn
体温 tǐwēn

❺[形]性情平和；宽厚：mild; soft; tender | ～情 wēnqíng *tender feeling; tender-heartedness* / ～顺 wēnshùn *docile; meek*

温和 wēnhé gentle; mild; temperate

温柔 wēnróu gentle; meek; pleasingly affectionate

瘟 wēn　14画 疒部

瘟瘟瘟瘟瘟瘟瘟瘟瘟瘟瘟瘟瘟瘟

[名]急性传染病：acute contagious diseases | ～病 wēnbìng (of Chinese medical) seasonal febrile diseases

文 wén　4画 文部

文文文文

❶[形]非军事的事物(跟"武 wǔ"相对)：civilian; civil (the opposite of "武 wǔ") | ～官 wénguān *civil official*

文人 wénrén man of letters; scholar; literati

❷[形]柔和；不猛烈：gentle; refined | ～弱 wénruò *gentle and frail-looking* / ～火 wénhuǒ *slow fire; gentle heat*

文雅 wényǎ elegant; refined

文竹 wénzhú (bot.) asparagus fern (*Asparagus plumosus*)

斯文 sīwén

❸[名]自然界的某些规律性的现象：certain natural phenomenon

天文 tiānwén

❹[名]字；文字：character; script; writing | 外～ wàiwén *foreign language*

文句 wénjù sentences of an article

文本 wénběn text; version

文盲 wénmáng illiteracy

文字 wénzì writing; written language

德文 Déwén　俄文 Éwén
法文 Fǎwén　日文 Rìwén
语文 yǔwén　中文 Zhōngwén
白话文 báihuàwén

❺[名]文章；公文：literary composition; writing; official document

文件 wénjiàn document

文秘 wénmì secretary; secretary work; job or post related with keeping documents and assisting one's superior in handling day-to-day affairs

文凭 wénpíng diploma

文书 wénshū ① document; official dispatch ② copy clerk

文体 wéntǐ ① type of writing; literary form; style ② recreation and sports

文献 wénxiàn document; literature
文学 wénxué literature
文艺 wényì literature and art
文章 wénzhāng essay; article
文学家 wénxuéjiā writer; man of letters; literati
古文 gǔwén　课文 kèwén
论文 lùnwén　散文 sǎnwén
条文 tiáowén　杂文 záwén
征文 zhēngwén
作文 zuòwén
做文章 zuòwénzhāng

❻ [名] 指社会科学: liberal arts | ~科 wénkē *arts* / ~教 wénjiāo *culture and education*

❼ [名] 文言: literary language; classical language
文言 wényán classical Chinese

◇ 文化 wénhuà ① civilization; culture ② schooling; education
文明 wénmíng ① civilized ② culture; civilization
文物 wénwù cultural relic; historical relic

闻 (聞) wén 9画 门部

闻闻闻闻闻闻闻闻闻

❶ [动] 听见: hear | 耳~ ěrwén *what one hears about*
闻名 wénmíng famous; renowned
举世闻名 jǔshì-wénmíng

❷ [名] 听见的事情; 消息: news; story | 见~ jiànwén *what one sees and hears; knowledge; information* / 奇~ qíwén *sth. unheard-of; thrilling, fantastic story* / 传~ chuánwén *hearsay*
丑闻 chǒuwén　新闻 xīnwén

❸ [动] 用鼻子辨别气味: smell | 这种茶叶~起来很香。Zhè zhǒng cháyè wén qǐlai hěn xiāng. *This tea smells so fragrant.* / 你~这花多香啊! Nǐ wén zhè huā duō xiāng a! *Smell this flower and see how sweet it is!*

蚊 wén 10画 虫部

蚊蚊蚊蚊蚊蚊蚊蚊蚊蚊

See 蚊子
蚊子 wénzi mosquito

吻 wěn 7画 口部

吻吻吻吻吻吻吻

❶ [名] 嘴唇: lips | 接~ jiēwěn *kiss* / 亲~ qīnwěn *kiss*

❷ [动] 用嘴唇接触: kiss | 母亲~着孩子的脸。Mǔqīn wěnzhe háizi de liǎn. *Mother is kissing her child's face.*

◇ 吻合 wěnhé ① be identical; coincide; tally ② (med.)

connect by anastomosis

稳 (穩) wěn 14画 禾部

稳稳稳稳稳稳稳稳稳稳稳稳稳稳

❶ [形] 稳固；平稳：steady; stable; firm | 船行得很~。Chuán xíng de hěn wěn. *The ship goes steady.* / 脚站~ jiǎo zhànwěn *stand steady; stand firm* / 把桌子放~ bǎ zhuōzi fàngwěn *set the table steady*

稳步 wěnbù with steady steps; steadily

稳当 wěndang reliable; secure; stable

稳定 wěndìng ① stabilize; steady ② stable; steady

稳固 wěngù ① firm; stable ② stabilize

稳健 wěnjiàn firm; steady

安稳 ānwěn　平稳 píngwěn

❷ [形] 妥帖，可靠：sure; certain; reliable | 这件事我拿得~。Zhè jiàn shì wǒ nádewěn. *I'm quite sure of it.*

稳妥 wěntuǒ reliable; sound; safe

问 (問) wèn 6画 门部

问问问问问问

❶ [动] 让人解答自己不知道或不清楚的问题(跟"答dá"相对)：ask; inquire; seek information about (the opposite of "答dá") | 不懂就~。Bù dǒng jiù wèn. *Ask for help when you meet problems.* / 我有件事要~你。Wǒ yǒu jiàn shì yào wèn nǐ. *I have something to ask you.* / 我想~你一个问题。Wǒ xiǎng wèn nǐ yī gē wèntí. *May I have a question?*

问答 wèndá question and answer

问卷 wènjuàn *questionnaire*

问路 wènlù ask the way

问题 wèntí ① problem; matter ② question; problem

反问 fǎnwèn　顾问 gùwèn
请问 qǐngwèn　提问 tíwèn
学问 xuéwen　询问 xúnwèn
疑问 yíwèn　追问 zhuīwèn

❷ [动] 关心地询问：ask after; inquire after | 前些日子他~到过你。Qiánxiē rìzi tā wèndàoguo nǐ. *He asked about you the other day.* / 我奶奶经常~起你呢！Wǒ nǎinai jīngcháng wènqǐ nǐ ne! *My grandmother concerns about you often!*

问好 wènhǎo send one's regard to

问候 wènhòu extend greetings to

慰问 wèiwèn

❸ [动] 审讯；追究：interrogate;

examine | ~口供 wèn kǒugōng *interrogate (the accused)* / 法官正在~案子。Fǎguān zhèngzài wèn ànzi. *The judge is trying a case.*

❹[动] 干预；管：intervene; interfere; care about | 不过~bù guòwèn *don't concern oneself with certain thing*

过问 guòwèn

◇问世 wènshì be published; come out

窝(窩) wō 12画 穴部

窝窝窝窝窝窝窝窝窝窝窝窝

❶[名] 鸟兽、昆虫住的地方：nest | 鸟~niǎowō *bird's nest* / 鸡~jīwō *hen coop; roost* / 狗~gǒuwō *kennel; doghouse*

一窝蜂 yīwōfēng

❷[名] 比喻坏人聚居的地方：place where evil-doers get together; lair; den | 贼~zéiwō *thieves' den*

❸[名] 指人或物体所占的位置：place occupied by a human body or an object | 挪~儿 nuówōr *move to other place*

❹[名] 凹进去的地方：hollow place; hollow part of the human body | 酒~jiǔwō *dimple* / 眼~yǎnwō *eye socket*

◇窝囊 wōnang ① feel vexed ② good-for-nothing

我 wǒ 7画 丿部

我我我我我我我

❶[代] 称呼自己或自己一方：I; me; we; our | ~校 wǒ xiào *our school* / ~公司 wǒ gōngsī *our company* / ~是学生。Wǒ shì xuésheng. *I am a student.* / 这是~的行李。Zhè shì wǒ de xíngli. *This is my luggage.*

我们 wǒmen we; us

❷[代] 自己：self | 他的忘~精神十分可贵。Tā de wàngwǒ jīngshen shífēn kěguì. *His spirit of selflessness is quite valuable.*

自我 zìwǒ

沃 wò 7画 氵部

沃沃沃沃沃沃沃

[形] (土地)肥：fertile; rich | ~土 wòtǔ *rich soil; fertile soil* / ~野 wòyě *fertile land; fertile fields*

肥沃 féiwò

卧 wò 8画 臣部

卧卧卧卧卧卧卧卧

❶[动] (人)躺下；(动物)趴着：lie; (of animals or birds) crouch; sit

759

| ～倒 wǒdǎo *lie down* | ～床不起 wǒchuáng bùqǐ *be ill and stay in bed* | 母鸡在窝里～着。Mǔjī zài wō li wòzhe. *A hen is crouching in the coop.*

❷ [动] 睡觉: sleeping | ～铺 wòpù *sleeping berth; sleeper*

卧室 wòshì bedroom

◇ 软卧 ruǎnwò

握 wò 12画 扌部

握握握握握握握握握握握握

❶ [动] 用手拿住，抓住: hold; grasp | 孩子～着笔写字。Háizi wòzhe bǐ xiězì. *The child holds a pen to write.* | 他把电影票～在手里。Tā bǎ diànyǐngpiào wò zài shǒuli. *He held the cinema ticket in his hand.*

握手 wòshǒu shake hands; clasp hands

❷ [动] 控制；掌握: hold; grasp

把握 bǎwò   掌握 zhǎngwò

乌 (烏) wū 4画 丿部

乌乌乌乌

❶ [形] 黑色: black; dark | ～木 wūmù *ebony* | ～黑的头发 wūhēi de tóufa *dark hair*

乌云 wūyún black cloud; dark cloud

❷ [名] 乌鸦: crow

乌鸦 wūyā crow

乌鸦嘴 wūyāzuǐ a crow's mouth — a hateful person whose words will bring bad luck

◇ 乌龟 wūguī ① tortoise ② cuckold

污 wū 6画 氵部

污污污污污污

❶ [形] 脏: dirty; filthy | ～水 wūshuǐ *foul water* | ～泥 wūní *mud; mire*

污点 wūdiǎn stain; spot; blemish; smirch

❷ [形] 不廉洁: corrupt | 贪官～吏 tānguān-wūlì *corrupt officials*

贪污 tānwū

❸ [动] 弄脏: defile; smear | 玷～ diànwū *stain; sully; tarnish* | 别弄～衣服。Bié nòngwū yīfu. *Don't stain your clothes.*

污染 wūrǎn pollute; contaminate

◇ 污蔑 wūmiè same as 诬蔑 wūmiè

巫 wū 7画 工部

巫巫巫巫巫巫巫

See 巫婆

巫婆 wūpó witch; sorceress

呜(嗚) wū　7画 口部

呜 呜呜呜呜呜呜呜

[拟声] 模拟哭声、风声、汽笛声等：toot; hoot; zoom | 火车～的一声飞驰而过。Huǒchē wū de yī shēng fēichí ér guò. *The train zoomed past.* / 轮船上的汽笛～～叫。Lúnchuán shang de qìdí wūwū jiào. *The ship's whistle kept hooting.*

呜咽 wūyè sob; whimper

诬(誣) wū　9画 讠部

诬 诬诬诬诬诬诬诬诬

[动] 无中生有说别人做了坏事：accuse falsely | ～赖 wūlài *falsely incriminate* / ～陷 wūxiàn *frame a case against* / ～告 wūgào *bring a false charge against; trump up a charge against*

诬蔑 wūmiè slander; defile; sully

屋 wū　9画 尸部

屋 屋屋屋屋屋屋屋屋

❶[名]房子：house | 房～fángwū *house; housing; building* / 书～shūwū *studio; study; bookshop*

屋顶 wūdǐng roof; housetop

❷[名] 房间：room | 里～lǐwū *inner room* / 外～wàiwū *outer room* / 三间～sān jiān wū *three rooms*

屋子 wūzi room; house

无(無) wú　4画 无部

无 无无无无

❶[动] 没有(跟"有 yǒu"相对)：not have; there is not (the opposite of "有 yǒu") | 从～到有 cóng wú dào yǒu *start from scratch; grow out of nothing* / 房中～人。Fáng zhōng wú rén. *There isn't anyone in the room.*

无比 wúbǐ incomparable; unparalleled; matchless

无偿 wúcháng free; gratis; gratuitous

无耻 wúchǐ shameless; brazen; impudent

无从 wúcóng have no way

无法 wúfǎ unable; incapable

无关 wúguān have nothing to do with

无理 wúlǐ unreasonable; unjustifiable

无力 wúlì ① lack strength; feel weak ② unable; incapable; power-less

无聊 wúliáo ① in extreme depression; bored ② senseless; silly

无名 wúmíng ① nameless; unknown ② indefinable; indescribable

无奈 wúnài ① cannot help; have no alternative; have no choice ② (conj.) but; however

无情 wúqíng ruthless; heartless; inexorable

无穷 wúqióng infinite; endless; boundless

无数 wúshù ① innumerable; countless ② be uncertain

无线 wúxiàn wireless; radio

无限 wúxiàn infinite; limitless; boundless; immeasurable

无效 wúxiào of no avail; invalid; in vain

无形 wúxíng invisible; intangible

无疑 wúyí beyond doubt; undoubtedly

无意 wúyì ① have no intention ② inadvertently; unwillingly; accidentally

无知 wúzhī ignorant

无所谓 wúsuǒwèi indifferent

无线电 wúxiàndiàn radio

无边无际 wúbiān-wújì boundless; vast

无产阶级 wúchǎn jiējí proletariat

无话可说 wúhuà-kěshuō have nothing to say; draw down the curtain

无可奉告 wúkě-fēnggào no comment

无可奈何 wúkě-nàihé have no way out; have no alternative

无能为力 wúnéng-wéilì powerless; helpless; incapable of action

无情无义 wúqíng-wúyì show ingratitude for favour

无穷无尽 wúqióng-wújìn inexhaustible; endless

无所作为 wúsuǒzuòwéi attempt nothing and accomplish nothing; be in a state of inertia

无微不至 wúwēi-bùzhì meticulously; in every possible way

毫无 háowú

独一无二 dúyī-wú'èr

❷ [副] 不: no; not | ~须 wúxū *need not* / ~记名投票 wújìmíng tóupiào *secret ballot*

无论 wúlùn no matter what

无论如何 wúlùn-rúhé in any case; at any rate; whatever happens; at all events

❸ [副] 不论: no matter what (whether, when, where, how, etc.) | 事~大小，都有人负责。Shì wú dàxiǎo, dōu yǒu rén fùzé. *Everything, either big or small, has been properly taken care of.*

梧 wú 11画 木部

梧

梧梧梧梧梧梧梧梧梧梧梧

See 梧桐

梧桐 wútóng Chinese parasol (tree)

五

wǔ　4画 一部

五五五五五

[数] 数目：five | ～间房 wǔ jiān fáng *five rooms* / 三～成群 sānwǔ-chéngqún *in threes and fives; in knots*

五花八门 wǔhuā-bāmén multifarious; of a wide (or rich) variety

五颜六色 wǔyán-liùsè of various (or all) colours; multicoloured; colourful

二百五 èrbǎiwǔ

三番五次 sānfān-wǔcì

午

wǔ　4画 十部

午午午午

[名] 午时，即11—13点；特指中午12点：noon; midday; the period of the day from 11:00—13:00

午餐 wǔcān midday meal; lunch

午饭 wǔfàn midday meal; lunch

上午 shàngwǔ　下午 xiàwǔ
中午 zhōngwǔ
端午节 Duānwǔjié

伍

wǔ　6画 亻部

伍伍伍伍伍伍

[名] 指军队：army | 入～rùwǔ *join the army* / 退～tuìwǔ *leave the army; be demobilized*

队伍 duìwu

武

wǔ　8画 止部

武武武武武武武武

❶[名] 跟军事或强力有关的事物（跟"文wén"相对）：military (the opposite of "文wén") | 能文能～néngwén-néngwǔ *be able to wield both the pen and the gun*

武力 wǔlì force; armed might

武器 wǔqì weapon; arms

武装 wǔzhuāng ① armed forces; arms ② equip with arms

核武器 héwǔqì

❷[名] 同搏斗有关的：of martial arts | 动～dòngwǔ *use force; start a fight; come to blows*

武术 wǔshù martial arts such as shadowboxing, swordplay, etc., formerly cultivated for self-defence, now a form of physical culture

763

侮 wǔ 9画 亻部

侮侮侮侮侮侮侮侮侮

[动] 欺负:insult; bully | 欺~qīwǔ bully; treat sb. high-handedly
侮辱 wǔrǔ insult

舞 wǔ 14画 夕部

舞舞舞舞舞舞舞舞舞舞舞舞舞舞

❶[动] 跳舞:dance | 音乐声一起,她们就~起来了。Yīnyuè shēng yī qǐ, tāmen jiù wǔ qǐlai le. *As soon as the music started, they began to dance.*
歌舞 gēwǔ
能歌善舞 nénggē-shànwǔ

❷[名] 舞蹈:dance | 交谊~jiāoyìwǔ *social dance; ballroom dance* | 她的~跳得真好。Tā de wǔ tiào de zhēn hǎo. *She is such a good dancer.*
舞蹈 wǔdǎo dance
舞会 wǔhuì dance; ball
舞台 wǔtái stage; arena
舞厅 wǔtīng ballroom; dance hall
跳舞 tiàowǔ
芭蕾舞 bālěiwǔ

❸[动] 挥动;飘动:wave; flourish; wield; brandish | ~剑 wǔjiàn *perform a sword-dance*

飞舞 fēiwǔ

勿 wù 4画 勹部

勿勿勿勿

[副] 表示禁止或劝阻;不;不要:(indicating prohibition) do not; never | 请~入内!Qǐng wù rù nèi! *No entry please!* / 请~吸烟!Qǐng wù xīyān! *No smoking please!*

务(務) wù 5画 夂部

务务务务务

❶[名] 事情:affair; business | 公~gōngwù *public affairs; official business* / 医~工作者 yīwù gōngzuòzhě *medical staff*
家务 jiāwù　　劳务 láowù
任务 rènwù　　事务 shìwù
职务 zhíwù　　服务器 fúwùqì
服务台 fúwùtái
公务员 gōngwùyuán
事务所 shìwùsuǒ
医务室 yīwùshì

❷[副] 必须;一定:must; be sure to | ~请准时出席。Wù qǐng zhǔnshí chūxí. *Be sure to be present on time.*
务必 wùbì must; be sure to

物 wù 8画 牛部

764

物 物物物物物物物物

❶ [名] 东西：thing; matter | 货~ huòwù *goods; commodity; merchandise* / 他每个周末开车出去购~。Tā měi ge zhōumò kāichē chūqù gòuwù. *He drives his car to go shopping every weekend.*

物价 wùjià price
物理 wùlǐ ① innate laws of things ② physics
物力 wùlì material resources; material
物品 wùpǐn article; goods
物体 wùtǐ body; substance; object
物质 wùzhì material
物种 wùzhǒng (boil.) species
物资 wùzī goods and materials

财物 cáiwù　　产物 chǎnwù
宠物 chǒngwù　动物 dòngwù
读物 dúwù　　　废物 fèiwù
购物 gòuwù　　景物 jǐngwù
刊物 kānwù　　矿物 kuàngwù
礼物 lǐwù　　　生物 shēngwù
实物 shíwù　　　食物 shíwù
事物 shìwù　　　文物 wénwù
药物 yàowù　　　衣物 yīwù
植物 zhíwù　　　作物 zuòwù
博物馆 bówùguǎn
动物园 dòngwùyuán
吉祥物 jíxiángwù
微生物 wēishēngwù
植物园 zhíwùyuán

❷ [名] 内容；实质：content; substance; essence | 空洞无~ kōngdòng-wúwù *(of talking or writing) have no content*

◇ 物业 wùyè real estate; property
风云人物 fēngyún rénwù

误 (誤) wù　9画 讠部

误误误误误误误误误

❶ [名] 错：mistake; error | 笔~ bǐwù *slip of pen*
误差 wùchā error
误导 wùdǎo mislead; lead astray
误会 wùhuì misunderstand; misconstrue
误解 wùjiě ① misconception ② misread
误区 wùqū long-standing mistaken idea or concept
错误 cuòwù　　失误 shīwù

❷ [动] 耽误：miss; delay | ~事 wùshì *hold things up; bungle matters* / 火车~点了。Huǒchē wùdiǎn le. *The train is late; The train is behind schedule.*
耽误 dānwu　　延误 yánwù

❸ [动] 使受损害：harm | ~人子弟 wùrénzǐdì *(of a teacher) harm the younger generation; lead young people astray*

❹ [副] 不是故意地（造成某种不良后果）：unintentionally (cause bad results); by accident | ~伤

wùshāng *accidentally injure; accidental injury*

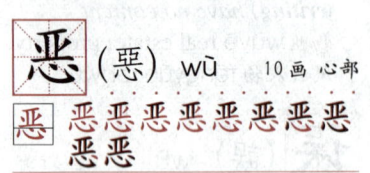

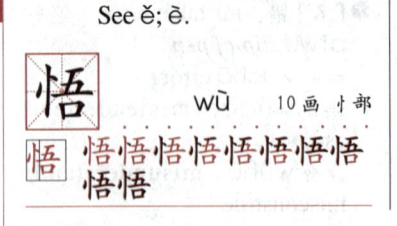

恶 (惡) wù 10画 心部

恶恶恶恶恶恶恶恶恶恶

[动] 不喜欢；憎恨：loathe; dislike; hate

可恶 kěwù　　厌恶 yànwù

See ě; è.

悟 wù 10画 忄部

悟悟悟悟悟悟悟悟悟悟

[动] 了解；觉醒；领会：realize; awaken｜我终于～出这个道理来。Wǒ zhōngyú wùchū zhège dàolǐ lai. *I've at last realized why it should be so.*

觉悟 juéwù

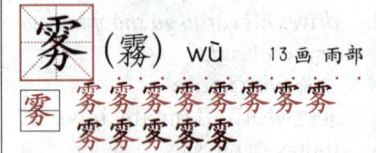

雾 (霧) wù 13画 雨部

雾雾雾雾雾雾雾雾雾雾雾雾雾

❶ [名] fog｜早上有～。Zǎoshang yǒu wù. *There is fog in the morning.*

❷ [名] 雾状的东西：fine spray｜烟～ yānwù *smoke; mist; smog* / 喷～器 pēnwùqì *sprayer*

X x

西 xī 6画 西部

西西西西西西

❶[名]方向，指日落的一边(跟"东 dōng"相对)：westward; westbound; west (the opposite of "东 dōng") | 往~去 wǎng xī qù *head westward* / 太阳~沉。Tàiyáng xī chén. *The sun sets in the west.* / 这条河由~向东流。Zhè tiáo hé yóu xī xiàng dōng liú. *This river flows from west to east.*

西边 xībian west
西北 xīběi ① northwest ② northwest China; the Northwest
西部 xībù the west
西方 xīfāng ① the west ② the West; the Occident
西湖 Xī Hú the West Lake, the most famous of all being in Hangzhou
西面 xīmian west side
西南 xīnán ① southwest ② southwest China; the Southwest
西半球 xībànqiú the Western Hemisphere

❷[名]西洋(多指欧美)：the West; Western World

西餐 xīcān Western-style food
西服 xīfú western-style clothes
西药 xīyào Western medicine
西医 xīyī ① Western medicine (as distinguished from traditional Chinese medicine) ② doctor trained in Western medicine
西装 xīzhuāng Western-style clothes; suit
大西洋 Dàxīyáng
◇西瓜 xīguā watermelon
西红柿 xīhóngshì tomato

吸 xī 6画 口部

吸吸吸吸吸吸

❶[动]把液体或气体等从口或鼻引入体内：inhale; breathe in; draw liquid or gas into the body from mouth or nose | ~了一口气 xīle yī kǒu qì *draw a breath*
吸毒 xīdú take drugs; go on drugs
吸烟 xīyān smoke
呼吸 hūxī 呼吸道 hūxīdào

❷[动]吸收：absorb; draw; suck up | ~尘器 xīchénqì *dust catcher; vacuum cleaner* / 海绵~水。Hǎimián xī shuǐ. *Sponge absorbs water.*
吸纳 xīnà draw; absorb; receive
吸取 xīqǔ absorb; draw; assimilate; extract; suck
吸收 xīshōu ① absorb; suck up;

767

assimilate; imbibe ② recruit; enroll; admit

❸[动]把别的东西引到自己方向来：attract | ～铁石 xītiěshí *magnet; lodestone* / 异性相～。Yìxìng xiāng xī. *Opposite sexes attract each other.*

吸引 xīyǐn ① attract; fascinate; appeal ② attract; draw

希 xī 7画 巾部

希希希希希希希

[动]盼望：hope | ～准时到会。Xī zhǔnshí dào huì. *Please attend the meeting on time.*

希望 xīwàng hope; wish; expect

牺(犧) xī 10画 牛部

牺牺牺牺牺牺牺牺牺

[名]a beast of a uniform color for sacrifice; sacrifice

牺牲 xīshēng ① a beast slaughtered for sacrifice; sacrifice ② sacrifice oneself; die a martyr's death; lay down one's life ③ sacrifice; give up; do sth. at the expense of

息 xī 10画 心部

息息息息息息息息息息

❶[名]呼出或吸入的气：breath | 鼻～ bíxī *breath* / 喘～ chuǎnxī *pant; gasp for breath*
气息 qìxī

❷[动]停止；歇：stop; cease | ～怒 xīnù *cease to be angry* / 歇～ xiēxī *have a rest* / 不～ bùxī *ceaseless* / 按时作～ ānshí zuòxī *work and rest according to the timetable*
休息 xiūxi
川流不息 chuānliú-bùxī

❸[名]音信；消息：news; information
消息 xiāoxi　　信息 xìnxī
◇有出息 yǒuchūxi

悉 xī 11画 釆部

悉悉悉悉悉悉悉悉悉悉悉

[动]知道：know; be informed of | 获～ huòxī *learn (of an event)*
熟悉 shúxī

惜 xī 11画 忄部

惜惜惜惜惜惜惜惜惜惜惜

❶[动]对不幸的人或事表示同情：regret; show sympathy (to unfortunate people or things) | 痛～

tōngxī *deeply regret* / 惋～wǎnxī *feel sorry for*

可惜 kěxī

❷[动] 爱护；十分疼爱：value; cherish; treasure | 怜～liánxī *take pity on; feel pity for*

爱惜 àixī　珍惜 zhēnxī

稀

xī　12画 禾部

稀稀稀稀稀稀稀稀稀稀稀稀

❶[形] 事物之间间隔大；距离远（跟"密mì"相对）：few and far between; sparse; scattered (the opposite of "密mì") | 地广人～dìguǎng-rénxī *vast, sparsely populated area* / 头发～tóufa xī *thin hair; sparse hair*

❷[形] 事物的数量少或出现的次数少：few; rare | ～少 xīshǎo *few; rare; scarce* / 物以～为贵。Wù yǐ xī wéi guì. *Rare things are precious.*

稀缺 xīquē in short supply; scarce; in pressing demand

❸[形] 含水分多；浓度小（跟"稠chóu"相对）：watery or thin (the opposite of "稠chóu") | ～泥 xīní *thin mud* / 粥太～了。Zhōu tài xī le. *The gruel is too thin.*

稀饭 xīfàn rice or millet soup; porridge

锡 (錫)

xī　13画 钅部

锡锡锡锡锡锡锡锡锡锡锡锡

[名] stannum | ～纸 xīzhǐ *tinfoil*

溪

xī　13画 氵部

溪溪溪溪溪溪溪溪溪溪溪溪溪

[名] 山间的小水流；小河沟：small stream; brook; rivulet | 小～xiǎoxī *small stream* / ～水 xīshuǐ *stream water*

熄

xī　14画 火部

熄熄熄熄熄熄熄熄熄熄熄熄

[动] 停止燃烧；灭(灯；火)：extinguish; put out; turn off (a light, fire, etc.) | ～灯 xīdēng *put out the light* / 火已经～了。Huǒ yǐjīng xī le. *The fire has gone out.*

熄灭 xīmiè go out; die out

膝

xī　15画 月部

膝膝膝膝膝膝膝膝膝膝膝膝膝膝

See 膝盖

膝盖 xīgài knee

习 (習) xí 3画 一部

习 习 习 习

❶ [动] 反复地学：practise; exercise; review | 自~zìxí self-study
习题 xítí exercise (in school work)
补习 bǔxí　复习 fùxí
练习 liànxí　实习 shíxí
学习 xuéxí　演习 yǎnxí
预习 yùxí　实习生 shíxíshēng
❷ [名] 习惯：habit | 恶~èxí pernicious habit; evil way / 积~jīxí old habit; deep-rooted habit
习惯 xíguàn ① habit; custom; usual practice ② be used to; be accustomed to
习俗 xísú custom; convention

席 xí 10画 广部

席席席席席席席席席席

❶ [名] mat | 草~cǎoxí straw mat / 凉~liángxí summer sleeping mat
❷ [名] 座位；席位：seat | 入~rùxí take one's seat / 来宾~láibīnxí guest seats
席位 xíwèi seat (at a conference, in a legislative assembly, etc.)
出席 chūxí　列席 lièxí
缺席 quēxí　首席 shǒuxí
主席 zhǔxí
❸ [名] 成桌的饭菜；酒席：banquet; feast | 酒~jiǔxí feast
宴席 yànxí

袭 (襲) xí 11画 龙部

袭袭袭袭袭袭袭袭袭袭袭

[动] 趁人不备，突然攻击：assault; attack | 空~kōngxí air raid / 偷~tōuxí sneak attack; sneak raid; surprise attack
袭击 xíjī make a surprise attack on; raid; attack by surprise

媳 xí 13画 女部

媳媳媳媳媳媳媳媳媳媳媳媳媳

[名] daughter-in-law | 婆~póxí mother-in-law and daughter-in-law
媳妇 xífù ① son's wife; daughter-in-law ② the wife of a relative of the younger generation

洗 xǐ 9画 氵部

洗洗洗洗洗洗洗洗洗

❶ [动] 用水或化学品去掉脏东西：wash; clean sth. with water,

gasoline, kerosene, etc. | ~脸 xǐ liǎn *wash one's face* / ~衣服 xǐ yīfu *wash clothes*

洗涤 xǐdí wash; cleanse

洗澡 xǐzǎo have (take) a bath; bathe

洗衣机 xǐyījī washing machine; washer

❷ [动] 除掉：clear away; eliminate

❸ [动] 冲印胶片、照片：develop film | ~相片 xǐ xiāngpiàn *process a photo* / ~胶卷 xǐ jiāojuǎn *develop a roll of film*

❹ [动] 清除：clear away; eliminate | 清~ qīngxǐ *cleanse; rinse*

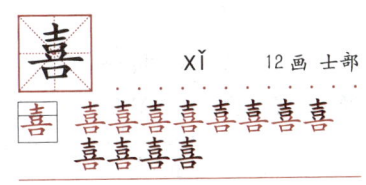

喜 xǐ 12画 士部

❶ [动] 高兴；欢乐：happy; delighted; pleased | 狂~ kuángxǐ *wild with joy* / 笑在脸上，~在心里。Xiào zài liǎnshang, xǐ zài xīnli. *With a smile on one's face and joy in one's heart.*

喜悦 xǐyuè happy; joyous

喜怒哀乐 xǐ-nù-āi-lè happiness, anger, grief and joy—the gamut of human feelings

欢喜 huānxǐ　可喜 kěxǐ
欣喜 xīnxǐ

❷ [形] 令人高兴的；值得庆贺的：happy (event); red-letter (day) | 报~ bàoxǐ *report good news* / 贺~ hèxǐ *congratulate sb. on a happy occasion*

喜酒 xǐjiǔ drinks offered to guests at a wedding; wedding feast

喜剧 xǐjù comedy

喜庆 xǐqìng ① joyous; jubilant ② a happy event or occasion

喜鹊 xǐquè magpie

喜事 xǐshì ① happy event; joyous occasion ② wedding

喜糖 xǐtáng wedding sweets (or candies)

喜讯 xǐxùn happy news; good news; glad tidings

恭喜 gōngxǐ

❸ [动] 爱好：like; have a propensity for | ~新厌旧 xǐxīn-yànjiù *abandon the old for the new*

喜爱 xǐ'ài like; love; be fond of; be keen on

喜欢 xǐhuan ① like; love; be fond of; be keen on ② happy; elated; filled with joy

❹ [动] (某种生物) 需要或适合于 (某种环境或某种东西)：(of animals or plants) have an inclination for; agree with; require | 植物一般都~光。Zhíwù yībān dōu xǐ guāng. *Generally speaking, plants have an inclination for light.*

戏 (戲) xì 6画 又部

戏 戏戏戏戏戏戏

❶ [动] 玩耍；娱乐：play; have a good time | 儿~ érxì *trifling matter*
游戏 yóuxì

❷ [名] 戏剧；杂技：drama; acrobatics | 看~ kànxì *go to the theater* / 唱~ chàngxì *sing and act in a traditional opera* / 这场~演得很精彩。Zhè chǎng xì yǎn de hěn jīngcǎi. *It was a wonderful performance.*
戏剧 xìjù drama; play; theatre
戏曲 xìqǔ traditional opera
把戏 bǎxì   马戏 mǎxì
演戏 yǎnxì   地方戏 dìfāngxì
压台戏 yātáixì
唱对台戏 chàngduìtáixì

系 (係❶) xì   7画 系部

系 系系系系系系系

❶ [动] 关联；联结：relate to; rely on; have to do with | 干~ gānxì *responsibility; implication* / 维~ wéixì *hold together; maintain*
关系 guānxi   联系 liánxì

❷ [名] 相互有关系的人或事物：people or things with interrelationship | 派~ pàixì *faction* / 直~ zhíxì *directly-related*
系列 xìliè series; set
系数 xìshù (math.) coefficient
系统 xìtǒng system
体系 tǐxì

❸ [名] 高等学校中按学科分的教学行政单位：any of teaching divisions or branches of colleges and university | 中文~ zhōngwénxì *the Chinese department* / 化学~ huàxuéxì *the department of Chemistry* / 这所大学有十多个~。Zhè suǒ dàxué yǒu shí duō ge xì. *There are more than ten departments in this university.*

See jì.

细 (細) xì   8画 纟部

细 细细细细细细细细

❶ [形] 条状物不粗或很窄（跟"粗 cū"相对）：fine; thin; slender; not great in diameter (the opposite of "粗 cū") | ~铁丝 xì tiěsī *thin wire* / 她的手指又~又长。Tā de shǒuzhǐ yòu xì yòu cháng. *Her fingers are slender and long.* / 面条切得真~。Miàntiáo qiē de zhēn xì. *The noodles are thinly cut.*
粗细 cūxì

❷ [形] 微小的：small; tiny | ~雨 xìyǔ *drizzle; fine rain* / 故事里那些很~的情节我已经记不清了。Gùshi li nàxiē hěn xì de qíngjié wǒ yǐjīng jìbuqīng le. *I can't recall the details of the story.*

细节 xìjié detail; particular

细小 xìxiǎo very small; tiny; fine; trivial

❸[形] 声音小：soft; low | 嗓音～ sǎngyīn xì *a thready voice* / 小孩子说话声音很～。Xiǎoháizi shuōhuà shēngyīn hěn xì. *The child speaks in a soft voice.*

❹[形] 颗粒小：fine; in small particles | ～沙 xìshā *fine sand* / ～末 xìmò *powder*

❺[形] 精致：delicate; exquisite | 这绸子真～。Zhè chóuzi zhēn xì. *The silk fabric is so delicate.*

精细 jīngxì

❻[形] 周密；仔细；详细：meticulous; detailed | 这人的心真～。Zhè rén de xīn zhēn xì. *This is a very careful person.* / 他对这些情况问得很～。Tā duì zhèxiē qíngkuàng wèn de hěn xì. *He made detailed enquiries about these things.*

细心 xìxīn careful; attentive

细致 xìzhì careful; meticulous; painstaking

详细 xiángxì

◇ 细胞 xìbāo cell

细菌 xìjūn germ; bacterium

干细胞 gànxìbāo

虾 (蝦) xiā   9画 虫部

虾虾虾虾虾虾虾虾虾

[名] shrimp | 对～ duìxiā *prawn* / 龙～ lóngxiā *lobster*

瞎 xiā   15画 目部

瞎瞎瞎瞎瞎瞎瞎瞎瞎瞎瞎瞎瞎瞎

❶[动] 眼睛看不见东西：be blind; be sightless; be visionless | 他～了一只眼。Tā xiāle yī zhī yǎn. *He is blind in one eye.*

❷[副] 胡乱地；盲目地；没有效果地：groundlessly; futilely; blindly; to no purpose | ～说 xiāshuō *talk nonsense* / ～着急 xiā zháojí *worry to no avail* / ～操心 xiā cāoxīn *worry about sth. unnecessarily*

瞎折腾 xiāzhēteng expend one's energy on sth. to no avail

峡 (峽) xiá   9画 山部

峡峡峡峡峡峡峡峡峡

[名] 两山之间有水流的地方：gorge; canyon; narrow chasm with steep cliffs

峡谷 xiágǔ gorge; canyon

海峡 hǎixiá

狭 (狹) xiá   9画 犭部

狭

狭狭狭狭狭狭狭狭狭

[形] 窄；不宽（跟"宽kuān"相对）：narrow (the opposite of "宽kuān") | 一条～缝 yī tiáo xiáfèng *a narrow crack*

狭隘 xiá'ài narrow; parochial; limited

狭窄 xiázhǎi narrow; limited

霞 xiá 17画 雨部

霞霞霞霞霞霞霞霞霞霞霞霞霞霞霞霞霞

[名] 彩色的云：colored cloud | 朝～zhāoxiá *rosy dawn; rosy clouds of dawn* / 晚～wǎnxiá *glow of sunset; sunset cloud*

下 xià 3画 一部

下 下 下 下

❶ [名] 低处的位置（跟"上shàng"相对）：down (the opposite of "上shàng") | 窗～chuāng xià *under the window* / 楼～lóu xià *downstairs* / 山～shān xià *at the foot of the hill* / 往～看 wǎng xià kàn *look down*

下巴 xiàba ①the lower jaw ②chin
下边 xiàbian below; under; underneath
下列 xiàliè listed below; following
下面 xiàmian ① below; under; underneath ② next; following
下游 xiàyóu ①lower reaches (of a river) ② backward position
下载 xiàzǎi download
底下 dǐxia　　零下 língxià

❷ [形] 指时间或次序靠后的：next; later; latter; late | ～星期 xiàxīngqī *next week* / ～半年 xiàbànnián *second half of a year* / 我～次再来。Wǒ xiàcì zài lái. *I'll come again another time.*

下午 xiàwǔ afternoon
下旬 xiàxún last ten-day period of a month
如下 rúxià　　以下 yǐxià

❸ [形] 指等级低的：lower | ～等 xiàděng *inferior; low-grade*

下级 xiàjí ① lower level ② subordinate
下属 xiàshǔ subordinate
低下 dīxià　　打下手 dǎxiàshǒu

❹ [动] 从高处到低处：descend; alight; go down | ～山 xiàshān *go down a hill* / ～楼 xiàlóu *descend the stairs* / ～飞机 xià fēijī *alight from a plane*

下跌 xiàdiē (of water level, prices, etc.) fall; drop
下降 xiàjiàng decline; drop; descend; fall; go down; come down
下来 xiàlái(lai) ① down; off ② grow; become
下去 xiàqù(qu) ① go down;

descend ② get; grow; become

下台 xiàtái ① step down ② fall out of power; fall from power; leave office ③ get out of a predicament or an embarrassing situation

❺ [动] 去；到(某处)：go to | ~车间 xià chējiān *go to the workshop*

下乡 xiàxiāng go to the countryside

❻ [动] 发布；投递：issue; deliver; send | ~通知 xià tōngzhī *give a notice* / ~请帖 xià qǐngtiě *send an invitation*

下达 xiàdá make known; transmit to lower levels

下放 xiàfàng ①transfer at a lower level ② transfer (cadres,etc.) to work at the grass-roots level or to do manual labour in the countryside or in a factory

下令 xiàlìng give orders; order

❼ [动] 退出；离开：exit; leave | 从左边门儿~ cóng zuǒbian ménr xià *exit from the left door* / 五号队员~。Wǔ hào duìyuán xià. *Player No. 5 is ordered to leave the playing field.*

❽ [动] 按时结束(工作等)：finish work (or study)

下班 xiàbān come or get off work; knock off

下课 xiàkè get out of class; finish class

❾ [动] (雨、雪等)降；落：(of rain or snow) fall | ~雨 xiàyǔ *rain* / ~雪 xiàxuě *snow* / ~霜了。Xiàshuāng le. *Frost occurred.*

❿ [动] 投入；放进：put in; cast | ~面条 xià miàntiáo *cook noodles* / ~饺子 xià jiǎozi *put dumplings in (boiling water); cook dumplings*

⓫ [动] 进行(棋类游艺或比赛)：play (chess or games) | ~象棋 xià xiàngqí *play chess*

下棋 xiàqí play chess; have a game of chess

⓬ [动] (动物)生产：(of animals) give birth to; lay | 鸡~蛋。Jī xià dàn. *The hens lay eggs.* / 母猫~小猫了。Mǔmāo xià xiǎomāo le. *The mother cat gave birth to a litter of kittens.*

⓭ [名] 表示属于一定的处所、范围、条件等：under (a certain circumstance); within (a certain scope) | 手~ shǒuxià *(persons)under the leadership of* / 在他的帮助~ zài tā de bāngzhù xià *with his help* / 在这种情况~ zài zhè zhǒng qíngkuàng xià *in such circumstances; in this situation*

地下 dìxià　　　天下 tiānxià
乡下 xiāngxia　　眼下 yǎnxià
之下 zhīxià

⓮ [动] 作出(某种结论、决定、判断等)：draw a conclusion; make a decision; make judgement | ~结论 xià jiélùn *draw a conclusion* / ~定义 xià dìngyì *give a definition; define* | 我的决心~定了。*Wǒ de juéxīn xiàdìng le. I am determined to do this.*

⑮[副] 用在动词后作补语：used after a verb as a complement

(a) 表示由高处到低处：down, used to indicate downward motion | 坐~ *zuòxia sit down* / 躺~ *tǎngxia lie down* / 跑~山 *pǎoxia shān run down the hill*

(b) 表示有空间能容纳：used to indicate room or space | 这房间能坐~50人。*Zhè fángjiān néng zuòxia wǔshí rén. The room can hold (seat) fifty people.* / 我吃不~这么多东西。*Wǒ chībuxià zhème duō dōngxi. I can't eat all these foods.*

放下 fàngxià

(c) 表示动作的完成或结果：indicating completion or result of an action | 打~基础 *dǎxia jīchǔ have laid a foundation* / 准备~材料 *zhǔnbèi xia cáiliào get the material ready*

⑯[量] 指动作的次数：indicating repetition of an action | 敲了三~儿 *qiāole sān xiàr knock three times* / 打十~儿 *dǎ shí xiàr give sb. ten slaps*

一下儿 yīxiàr

◇ 下场 xiàchǎng an end that a person comes to (usually bad) fate

下落 xiàluò ① whereabouts ② fall; drop

下功夫 xiàgōngfu put in time and energy; concentrate one's efforts

下苦功 xiàkǔgōng concentrate one's great efforts

◇ 私下 sīxià

吓 (嚇) xià 6画 口部

吓 吓吓吓吓吓吓

[动] 害怕；使害怕：intimidate; scare; frighten | ~人 *xià rén frightening* / 他~了我一跳。*Tā xiàle wǒ yī tiào. I was frightened by him.* / 再大的困难也~不倒他。*Zài dà de kùnnan yě xiàbudǎo tā. No difficulty can scare him.*

夏 xià 10画 夂部

夏 夏夏夏夏夏夏夏夏夏

[名] 夏季：summer | 冬暖~凉 *dōngnuǎn xiàliáng warm in winter and cool in summer*

夏季 xiàjì summer

夏天 xiàtiān summer

夏令营 xiàlìngyíng summer camp

◇ 华夏 Huáxià

仙 xiān 5画 亻部

仙

仙仙仙仙仙

[名]celestial being; immortal | ~人 xiānrén *celestial being; immortal*

仙女 xiānnǚ female celestial; fairy maiden

仙人掌 xiānrénzhǎng (bot.) cactus

◇水仙花 shuǐxiānhuā

先

xiān 6画 儿部

先先先先先先

❶ [名]靠前的时间或次序(跟"后hòu"相对)：earlier (the opposite of "后hòu") | 有言在~ yǒuyánzàixiān *make clear beforehand* / 争~恐后 zhēngxiānkǒnghòu *strive to be the first and fear to lag behind* / 你怎么不~告诉我? Nǐ zěnme bù xiān gàosù wǒ? *Why didn't you tell me earlier?*

先锋 xiānfēng vanguard; van
先后 xiānhòu ① early or late; priority; order ② successively; one after another
先前 xiānqián before; previously
先驱 xiānqū pioneer; forerunner; harbinger
领先 lǐngxiān 抢先 qiǎngxiān
事先 shìxiān 原先 yuánxiān

❷ [副]表示时间或次序在前(跟"后hòu"相对)：indicating the sequence of time or order (the opposite of "后hòu") | 我~走了。Wǒ xiān zǒu le. *I'll leave first.* / 我~说几句。Wǒ xiān shuō jǐ jù. *Let me say a few words first.* / 让老人~上车。Ràng lǎorén xiān shàngchē. *Let senior citizens get on first.*

先进 xiānjìn advanced
首先 shǒuxiān 优先 yōuxiān
预先 yùxiān

❸ [名]祖先；上代：ancestor; forefather | ~人 xiānrén *ancestor; forefather*

祖先 zǔxiān

◇先生 xiānsheng ① teacher ② mister (Mr.); gentleman; sir ③ doctor

好好先生 hǎohǎo xiānsheng

纤 (纖)

xiān 6画 纟部

纤纤纤纤纤纤

[形]细小：fine; minute | ~弱 xiānruò *slim and fragile*

纤维 xiānwéi fibre; staple

掀

xiān 11画 扌部

掀掀掀掀掀掀掀掀掀掀

[动]揭起；打开：lift | ~窗帘 xiān chuānglián *lift the window cur-*

tain / ～掉一块石板 xiāndiào yī kuài shí bǎn *take a stone plate away*

掀起 xiānqǐ ① *lift* ② *surge* ③ *start; set off*

鲜 (鮮) xiān 14画 鱼部

❶ [形] 没有变质的；新鲜的：*fresh* | ～肉 xiānròu *fresh meat* / ～奶 xiānnǎi *fresh milk* / ～蛋 xiāndàn *fresh egg*

鲜花 xiānhuā *fresh flower; flower*

鲜血 xiānxuè *blood*

保鲜 bǎoxiān　海鲜 hǎixiān　新鲜 xīnxiān

❷ [形] 滋味好：*tasty; delicious* | ～汤 xiāntāng *delicious soup* / 菜的味道真～。Cài de wèidào zhēn xiān. *The dish is really delicious!*

❸ [形] 明亮：*bright; bright-colored* | 这块布颜色太～。Zhè kuài bù yánsè tài xiān. *This cloth is too bright.*

鲜红 xiānhóng *bright red; scarlet*

鲜明 xiānmíng ① *bright* ② *distinct; distinctive*

鲜艳 xiānyàn *bright-colored; gaily-colored*

闲 (閑) xiān 7画 门部

❶ [形] 没有事情做；有空 (跟"忙 máng"相对)：*not busy; idle; unoccupied (the opposite of "忙 máng")* | 没有～工夫 méiyǒu xiān gōngfu *have no spare time (moment's leisure)* / 他现在没有事,很～。Tā xiànzài méiyǒu shì, hěn xián. *He has nothing to do now.*

休闲 xiūxián

❷ [形] 与正事无关的：*having nothing to do with official business* | ～谈 xiántán *chat* / ～人免进 xiánrén miǎn jìn *no admittance except on business*

闲话 xiánhuà ① *digression* ② *complaint; gossip* ③ *talk casually about; chat about*

说闲话 shuōxiánhuà

贤 (賢) xián 8画 贝部

[形] 善良：*kind; virtuous*

贤惠 xiánhuì *(of a woman) virtuous*

弦 xián 8画 弓部

弦

弦弦弦弦弦弦弦弦弦

❶[名]弓背两端之间的绳状物，用以发箭：bowstring; string; cord｜箭在～上 jiàn zài xián shɑng *like an arrow on the bowstring (which can't avoid being discharged)*

❷[名] 乐器上能震动发声的线：string of a musical instrument｜拨动琴～ bōdòng qínxián *pluck the string of a musical instrument*

❸[名]钟表等的发条：spring of a watch or clock｜表～断了。Biǎoxián duàn le. *The spring of the watch is broken.*｜这只钟每天要上～。Zhè zhī zhōng měi tiān yào shàngxián. *This clock has to be wound every day.*

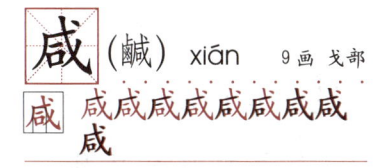

咸 (鹹) xián 9画 戈部

咸咸咸咸咸咸咸咸咸

[形]像盐那样的味道：salted; salty｜～鱼 xiányú *salt fish*｜～菜 xiáncài *salted vegetables; pickle*｜这菜太～了。Zhè cài tài xián le. *The dish is too salty.*

衔 (銜) xián 11画 彳部

衔衔衔衔衔衔衔衔衔衔衔

❶[动]用嘴含：hold in the mouth｜燕子～泥 yànzi xián ní *swallows carry bits of earth in their bills*｜～着烟斗 xiánzhe yāndǒu *have a pipe between one's teeth*

❷[动]互相连接：link up; join
衔接 xiánjiē link up; join

嫌 xián 13画 女部

嫌嫌嫌嫌嫌嫌嫌嫌嫌嫌嫌嫌嫌

❶[动]厌恶；不满：dislike; mind; complain｜讨人～ tǎo rén xián *be a nuisance*｜～麻烦 xián máfan *do not want to take the trouble; think sth. troublesome*｜她总～饭不好吃。Tā zǒng xián fàn bù hǎo chī. *She always complains about the food.*｜房子～小了一点儿。Fángzi xián xiǎole yīdiǎnr. *The house is a bit too small.*

❷[名]猜疑；可疑之点：suspicion｜避～ bìxián *avoid suspicion*｜涉～ shèxián *be suspected of being involved; under suspicion*
嫌犯 xiánfàn criminal suspect
嫌疑 xiányí suspicion
嫌疑人 xiányírén (leg.) suspect

显 (顯) xiǎn 9画 日部

显显显显显显显显显

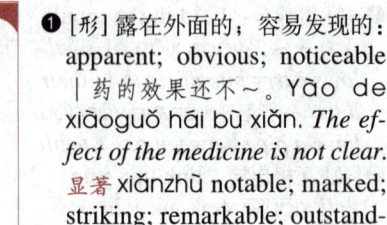

❶ [形] 露在外面的；容易发现的：apparent; obvious; noticeable | 药的效果还不~。Yào de xiǎoguǒ hái bù xiǎn. *The effect of the medicine is not clear.*

显著 xiǎnzhù notable; marked; striking; remarkable; outstanding

显而易见 xiǎn'éryìjiàn obviously; evidently; clearly

明显 míngxiǎn

❷ [动] 露出；表现：show; display; manifest | 大~身手 dàxiǎn-shēnshǒu *display one's skill to the full* / 他很~老。Tā hěn xiǎn lǎo. *He looks older than his age.* / 他~出一副非常为难的样子。Tā xiǎnchū yī fù fēicháng wéinán de yàngzi. *He looks embarrassed.*

显得 xiǎnde look; seem; appear

显露 xiǎnlù become visible; appear; manifest itself

显示 xiǎnshì ① show; display; demonstrate; manifest ② show; indication

显现 xiǎnxiàn manifest (or reveal) oneself; appear; show

显示屏 xiǎnshìpíng monitor; screen

显示器 xiǎnshìqì monitor

显微镜 xiǎnwēijìng microscope

险 (險) xiǎn 9画 阝(左)部

险险险险险险险险险

❶ [形] 地势险恶不易通过；危险：(of terrain) dangerous; perilous; difficult of access | 脱离~境 tuōlí xiǎnjìng *be out of danger* / 他总爱干那些~事。Tā zǒng ài gàn nàxiē xiǎnshì. *He tends to do dangerous things.*

险些 xiǎnxiē narrowly (escape from sth. untoward); just barely; nearly

艰险 jiānxiǎn 危险 wēixiǎn

❷ [名] 危险的情况或境地：dangerous situation | 遇~ yùxiǎn *meet with danger* / 脱~ tuōxiǎn *be out of danger*

保险 bǎoxiǎn 风险 fēngxiǎn
冒险 màoxiǎn 探险 tànxiǎn
保险柜 bǎoxiǎnguì
担风险 dānfēngxiǎn

县 (縣) xiàn 7画 厶部

县县县县县县县

[名] 行政区划单位：county (an administrative unit under the jurisdiction of a prefecture, autonomous prefecture or a central municipality)

县城 xiànchéng county seat; county town

县长 xiànzhǎng head of a county; county magistrate

现 (現) xiān　8画 王部

现 现现现现现现现现

❶ [动] 显出；露出：show; appear; become visible | ~了原形 xiānle yuánxíng *show one's true colour* / 他脸上渐渐~出了笑容。Tā liǎn shàng jiānjiān xiānchūle xiàoróng. *Gradually, a smile appeared on his face.*

现象 xiānxiàng phenomenon; appearance (of things)
表现 biǎoxiàn　呈现 chéngxiàn
重现 chóngxiàn
出现 chūxiàn　发现 fāxiàn
实现 shíxiàn　体现 tǐxiàn
显现 xiǎnxiàn　涌现 yǒngxiàn
再现 zàixiàn　展现 zhǎnxiàn

❷ [形] 目前；此刻：at the moment of speaking; present; current; existing | ~阶段 xiān jiēduàn *the present stage* / 病人~已出院。Bìngrén xiān yǐ chūyuàn. *The patient has been discharged from hospital.* / 班里~有20个学生。Bān li xiānyǒu èrshí ge xuésheng. *There are 20 students in the class.*

现代 xiāndài ① modern times; contemporary age ② modern; contemporary
现实 xiānshí ① reality; actuality; fact ② real; actual
现行 xiānxíng ① currently in effect; in force; in operation ② active
现在 xiānzài now; at present; today
现状 xiānzhuàng present situation; current situation; status quo; existing state of affairs
现代化 xiāndàihuà modernize; modernization

❸ [副] 当时；临时：impromptu; extempore | ~编~唱 xiān biān xiān chàng *make up a song as one sings*

现场 xiānchǎng ① scene ② site; spot

❹ [形] 当时就有的：(merchandise or cash) on hand | ~货 xiānhuò *merchandise on hand; spots*

现成 xiānchéng ready-made
现房 xiānfáng ready house
现金 xiānjīn cash; ready money
现钱 xiānqián ready money; cash
现有 xiānyǒu now available; existing

限　xiàn　8画 阝(左)部

限 限限限限限限限限

❶ [名] 指定的范围：limit; bound | 以年底为~ yǐ niándǐ wéi xiàn *set the end of the year as the deadline* / 一个人的精力有~。Yī ge rén de jīnglì yǒuxiàn. *There is a limit to one's energy.*

限度 xiàndù limit; limitation

限期 xiànqī ① deadline; time limit ② within a definite time; set a time limit

极限 jíxiàn　　　界限 jièxiàn
期限 qīxiàn　　　权限 quánxiàn
无限 wúxiàn　　　有限 yǒuxiàn

❷[动] 规定范围：set a limit; limit; restrict | ~三天完工 xiàn sān tiān wángōng *(the project) must be completed within three days* / 人数不~ rénshù bù xiàn *There is no limit to the number of people.*

限于 xiànyú be confined to; be limited to

限制 xiànzhì limit; restrict; confine; impose restrictions on

局限 júxiàn

线 (綫) xiàn　8画 纟部

线 线线线线线线线线

❶[名] thread; string; wire; cord | 棉~ miánxiàn *cotton thread* / 丝~ sīxiàn *silk thread*

电线 diànxiàn　　毛线 máoxiàn
天线 tiānxiàn　　无线 wúxiàn
导火线 dǎohuǒxiàn

❷[名] 像线的东西：sth. shaped like a line | 紫外~ zǐwàixiàn *ultraviolet ray*

线条 xiàntiáo (arts) line; contour; figure

光线 guāngxiàn　视线 shìxiàn
在线 zàixiàn
生产线 shēngchǎnxiàn

❸[名] 几何学上指点的运动轨迹 line; path of a moving point

曲线 qūxiàn　　　直线 zhíxiàn

❹[名] 交通路线：transportation line | 京广~ Jīng-Guǎngxiàn *the Beijing-Guangzhou Railway (line)*

线路 xiànlù ① circuit; line ② line; route

干线 gànxiàn　航线 hángxiàn
路线 lùxiàn　　热线 rèxiàn

❺[名] 边缘交界的地方：demarcation line; boundary; dividing line | 国境~ guójìngxiàn *boundary (line) of a country* / 海岸~ hǎi'ànxiàn *coastline*

底线 dǐxiàn　　　防线 fángxiàn
界线 jièxiàn　　　前线 qiánxiàn
战线 zhànxiàn　　阵线 zhènxiàn
分数线 fēnshùxiàn

❻[名] 比喻所接近的某种边缘：(fig.) brink; verge | 生命~ shēngmìngxiàn *life line; life blood* / 死亡~ sǐwángxiàn *the verge of death*

◇线索 xiànsuǒ clue; lead
出线 chūxiàn

宪 (憲) xiàn　9画 宀部

宪 宪宪宪宪宪宪宪宪宪

[名]宪法：constitution

陷 xiàn 10画阝(左)部

陷陷陷陷陷陷陷陷陷陷

❶ [动]掉进(泥土等松软的物体里)：get stuck or bogged down (in mud or sth. soft and loose) | 越~越深 yuè xiàn yuè shēn *the longer it gets stuck, the deeper it sinks* / 汽车~在泥坑里。Qìchē xiànzài níkēng li. *The car (truck) got bogged down in the mud.*

陷入 xiànrù fall into; sink into; get bogged down in; be lost in

❷ [动]想法子害人：frame (up)
陷害 xiànhài frame (up); make a false charge against
诬陷 wūxiàn

❸ [动]物体凹进去：sink; cave in | 他两眼深~。Tā liǎng yǎn shēn xiàn. *His two eyes became deeply sunken.* / 地基在下~。Dìjī zài xiàxiàn. *The foundation is sunking.*

❹ [名]缺点，不完善的部分：defect; deficiency
缺陷 quēxiàn

馅 (餡) xiàn 11画饣部

馅馅馅馅馅馅馅馅馅馅馅

[名]filling; stuffing | 豆沙~儿 dòushāxiànr *sweetened bean paste filling*
馅儿 xiànr filling; stuffing

羡 xiàn 12画 羊部

羡羡羡羡羡羡羡羡羡羡

[动]喜爱而希望得到：admire; envy
羡慕 xiànmù admire; envy

献 (獻) xiàn 13画犬部

献献献献献献献献献献献献

❶ [动]恭敬庄重地送给：offer; present; give an object or idea to a person or an organization | ~礼 xiànlǐ *dedicate a gift* / 他们向老师~花。Tāmen xiàng lǎoshī xiànhuā. *They presented flowers to their teachers.*

献身 xiànshēn devote oneself to; dedicate oneself to; give one's life to
奉献 fèngxiàn   贡献 gòngxiàn
捐献 juānxiàn

❷ [动]表现给人看：show; put on; display | ~技 xiànjì *show one's skill (in a performance)* / ~艺 xiànyì *present a performance* /

~殷勤 xiānyīnqín *do everything to please sb.; curry favor*
◇文献 wénxiàn

乡 (鄉) xiāng 3画 乙部

乡 乡 乡 乡

❶[名]农村：country; countryside; rural area | 城~ chéngxiāng *the city and the countryside*

乡村 xiāngcūn village; countryside; rural area

乡下 xiāngxia village; country; countryside

乡镇 xiāngzhèn ① villages and towns ② small towns in general

下乡 xiàxiāng

❷[名]家乡；老家：native place; home village or town | 同~ tóngxiāng *fellow villager; townsman* / 还~ huánxiāng *return to one's home town*

乡亲 xiāngqīn ① person from the same village or town; fellow villager or townsman ② local people; villager; folk

故乡 gùxiāng　家乡 jiāxiāng
老乡 lǎoxiāng
异国他乡 yìguó-tāxiāng

相 xiāng 9画 木部

相 相 相 相 相 相 相 相 相

❶[副]互相；交互：each other; one another | ~识 xiāngshí *know each other* / 两地~距太远。Liǎng dì xiāngjù tài yuǎn. *The two places are too far apart.*

相爱 xiāng'ài be in love with each other

相比 xiāngbǐ compare

相差 xiāngchā differ

相处 xiāngchǔ get along (with one another)

相当 xiāngdāng ① match; balance; correspond to; be equal to; be commensurate with ② quite; fairly; considerably; rather

相等 xiāngděng be equal

相对 xiāngduì ① opposite; face to face ② relatively; comparatively

相反 xiāngfǎn opposite; contrary; adverse; reverse

相符 xiāngfú conform to; tally (agree) with; correspond to (with)

相关 xiāngguān be interrelated

相互 xiānghù mutual; reciprocal; each other

相交 xiāngjiāo ① intersect ② make friends with

相连 xiānglián be linked together; be joined

相似 xiāngsì resemble; be similar; be alike

相通 xiāngtōng communicate with each other; be interlinked

相同 xiāngtóng identical; the same; alike
相应 xiāngyìng corresponding; relevant
相遇 xiāngyù meet
相当于 xiāngdāngyú correspond to; be about equal to; be commensurate with
互相 hùxiāng

❷ [副] 表示动作是一方对另一方的：indicating an action done by one person to another ｜ ～劝 xiāngquàn *persuade; offer advice*
相继 xiāngjì in succession; one after another
相信 xiāngxìn believe in; be convinced of; have faith in
See xiàng.

香 xiāng 9画 香部

香香香香香香香香香

❶ [形] 气味好闻（跟"臭 chòu"相对）：fragrant; aromatic; scented (the opposite of "臭 chòu") ｜ 这花真～！Zhè huā zhēn xiāng! *How fragrant this flower is!*
香菜 xiāngcài common name for coriander
香肠 xiāngcháng sausage
香菇 xiānggū mushroom
香蕉 xiāngjiāo banana
香水 xiāngshuǐ perfume; scent
香味 xiāngwèi sweet smell; fragrance; scent; perfume
香烟 xiāngyān ① cigarette ② incense smoke
香皂 xiāngzào perfumed (scented) soap; toilet soap

❷ [形] 味道好；吃东西胃口好：savoury; appetizing ｜ 饭菜很～。Fàncài hěn xiāng. *The food is very appetizing.* / 这两天吃饭不～。Zhè liǎng tiān chīfàn bù xiāng. *I have lost my appetite in these days.*

❸ [形] 睡得舒服；踏实：(of sleep) sound ｜ 睡得正～ shuì de zhèng xiāng *be sleeping soundly*

箱 xiāng 15画 竹部

箱箱箱箱箱箱箱箱箱箱箱箱箱箱

[名] 箱子：chest; box; case; trunk ｜ 皮～ píxiāng *leather suitcase* / 书～ shūxiāng *bookcase*
箱子 xiāngzi chest; box; case; trunk
冰箱 bīngxiāng 信箱 xìnxiāng
邮箱 yóuxiāng
集装箱 jízhuāngxiāng

镶 (鑲) xiāng 22画 钅部

镶镶镶镶镶镶镶镶镶镶镶镶镶镶镶镶镶镶

[动]把东西嵌入或在外围加边：inlay; mount; set an object inside another object, or on the edge of it｜~牙 xiāngyá *put in a false tooth; insert an artificial tooth* ｜~花边 xiāng huābiān *edge with lace*

详 (詳) xiāng 8画 讠部

详详详详详详详详

[形]细密；完备：detailed｜~谈 xiāngtán *detailed discussion*｜~情 xiāngqíng *the details of the matter*
详尽 xiángjìn detailed and complete; exhaustive; thorough
详细 xiángxì detailed; minute
◇端详 duānxiáng

降 xiáng 8画 阝(左)部

降降降降降降降降

[动]屈服：subdue; tame; vanquish｜一物~一物 yī wù xiáng yī wù *one thing subdues another*
投降 tóuxiáng
See jiàng.

祥 xiáng 10画 礻部

祥祥祥祥祥祥祥祥祥祥

[形]吉利；幸运：auspicious; lucky｜吉~ jíxiáng *auspicious* ｜不~ bùxiáng *ominous; inauspicious*
安祥 ānxiáng

翔 xiáng 12画 羊部

翔翔翔翔翔翔翔翔翔翔翔翔

[动]盘旋地飞：fly; hover in the air｜滑~ huáxiáng *glide*
飞翔 fēixiáng

享 xiǎng 8画 亠部

享享享享享享享享

[动]享受；得到满足：enjoy; feel satisfaction｜坐~其成 zuòxiǎngqíchéng *sit idle and enjoy the fruits of others' work; reap where one has not sown*｜有福大家~ yǒu fú dàjiā xiǎng *share joys and happiness with people*
享福 xiǎngfú enjoy a happy life; live in ease and comfort
享乐 xiǎnglè lead a life of pleasure; indulge in creature comforts
享受 xiǎngshòu ① enjoyment; treat ② enjoy
享有 xiǎngyǒu enjoy
分享 fēnxiǎng
共享 gòngxiǎng

响 (響) xiǎng 9画 口部

响响响响响响响响响

❶ [名] 声音：sound | 听不见~儿 tīngbujiàn xiǎngr *unable to hear any sound*
响声 xiǎngshēng sound; noise
反响 fǎnxiǎng 音响 yīnxiǎng

❷ [动] 发出声音：make a sound; resound; ring | 钟~了。Zhōng xiǎng le. *The clock is ringing.* / 电话铃~了。Diànhuàlíng xiǎng le. *The telephone is ringing.*
响应 xiǎngyìng respond; answer
影响 yǐngxiǎng

❸ [形] 声音大：sonorous; loud and clear | 铃声真~。Língshēng zhēn xiǎng. *What a loud bell!* / 收音机开得太~了。Shōuyīnjī kāi de tài xiǎng le. *The radio is too loud (noisy).*
响亮 xiǎngliàng loud and clear; resounding; resonant; sonorous

想 xiǎng 13画 心部

想想想想想想想想想想想想

❶ [动] 动脑筋；思考：think; ponder | ~办法 xiǎng bànfǎ *think of a way; try to find a way out* / ~问题 xiǎng wèntí *think over a problem* / 让我~一~。Ràng wǒ xiǎngyixiǎng. *Allow me to think it over.*
想法 xiǎngfǎ think of a way; do what one can; try
想象 xiǎngxiàng ① imagine; visualize; form a mental image of sth. not present ② imagination
想不到 xiǎngbudào never expect; be unexpected
想方设法 xiǎngfāng-shèfǎ do everything possible; try every means; try by hook or by crook
猜想 cāixiǎng 感想 gǎnxiǎng
构想 gòuxiǎng 幻想 huànxiǎng
回想 huíxiǎng 空想 kōngxiǎng
理想 lǐxiǎng 联想 liánxiǎng
梦想 mèngxiǎng 设想 shèxiǎng
思想 sīxiǎng 妄想 wàngxiǎng
可想而知 kěxiǎng'érzhī

❷ [动] 估计；认为：think; presume; suppose | 我~他不会来了。Wǒ xiǎng tā bù huì lái le. *I don't think he will come.* / 我~我该走了。Wǒ xiǎng wǒ gāi zǒu le. *I'm afraid I have to leave now.*

❸ [动] 希望；打算：hope to; want to; would like to | 他~去学习。Tā xiǎng qù xuéxí. *He wants to go to study.* / 我~跟大家一块儿去。Wǒ xiǎng gēn dàjiā yīkuàir qù. *I'd like to go with all of you.* / 我不~参加这个聚会。Wǒ bù xiǎng cānjiā zhège

787

jùhuì. *I don't want to go to the party.*

❹[动]惦记；怀念：miss｜我很~家。Wǒ hěn xiǎngjiā. *I am longing for home.*/ 我们很~你。Wǒmen hěn xiǎng nǐ. *We miss you very much.*

想念 xiǎngniàn long to see again; miss

向(嚮) xiàng 6画 丿部

向 向向向向向向

❶[动]朝着；对着：face｜面~窗户 miàn xiàng chuānghu *face the window* / 这间房子~东。Zhè jiān fángzi xiàng dōng. *The house faces east.*

向往 xiàngwǎng yearn for; look forward to; be attracted toward

倾向 qīngxiàng

趋向 qūxiàng

外向型 wàixiàngxíng

欣欣向荣 xīnxīn-xiàngróng

❷[名]方向：direction｜风~ fēngxiàng *wind direction* / 他~东站着。Tā xiàng dōng zhànzhe. *He stood facing east.*/ 水~低处流。Shuǐ xiàng dīchù liú. *Water flows downward.*

向导 xiàngdǎo guide

定向 dìngxiàng 动向 dòngxiàng

方向 fāngxiàng 流向 liúxiàng

去向 qùxiàng 转向 zhuǎnxiàng

走向 zǒuxiàng

❸[副]从过去到现在；从来：from past to present

向来 xiànglái always; all along

一向 yīxiàng

❹[介]引进动作的方向或对象：towards; in the direction of｜~前看 xiàng qián kàn *look ahead* / ~他道歉 xiàng tā dàoqiàn *apologize to him*

偏向 piānxiàng

项(項) xiàng 9画 工部

项 项项项项项项项项项

❶[名]颈的后部；脖子：nape of the neck｜颈~ jǐngxiàng neck

项链 xiàngliàn necklace

❷[名]事物的门类或条目：item (for itemized things)

项目 xiàngmù item

事项 shìxiàng

❸[量]用于分类别、分条目的事物：used for categories and items of things｜各~工作 gè xiàng gōngzuò *various tasks* / 逐~进行讨论 zhú xiàng jìnxíng tǎolùn *discuss issues one by one*

长项 chángxiàng

单项 dānxiàng

巷 xiàng 9画 巳部

巷

巷巷巷巷巷巷巷巷巷

[名]较窄的街道:lane; alley | 大街小~ dàjiē xiǎoxiàng *streets and lanes*

相

xiāng 9画 木部

相相相相相相相相相

❶[名]容貌: looks; appearance | 长~ zhǎngxiāng *appearance* / 可怜~ kěliánxiāng *pitiful appearance; sorry figure*

相机 xiāngjī ① camera ② watch for an opportunity
照相 zhàoxiāng

❷[名]事物的外貌或情况: appearance of an object

变相 biànxiāng　亮相 liàngxiàng
真相 zhēnxiāng

◇相声 xiāngsheng comic dialogue; crosstalk
属相 shǔxiàng
See xiàng.

象

xiāng 11画 ⺈部

象象象象象象象象象象象

❶[名]哺乳动物: elephant | 大~ dàxiàng *elephant*

❷[名]形状；样子: appearance; shape; image | 人间万~ rénjiān-wànxiàng *every manifestations of this world*

象征 xiāngzhēng ①symbolize; signify; stand for ② symbol; emblem; token

抽象 chōuxiàng　对象 duìxiàng
迹象 jìxiàng　　景象 jǐngxiàng
气象 qìxiàng　　现象 xiànxiàng
想象 xiǎngxiàng　形象 xíngxiàng
印象 yìnxiàng

◇象棋 xiāngqí Chinese chess

像

xiāng 13画 亻部

像像像像像像像像像像像像

❶[动]相似: be like; resemble | 这女孩儿~她母亲。Zhè nǚháir xiāng tā mǔqīn. *The girl takes after her mother.* / 这个角色演得很~。Zhège juésè yǎn de hěn xiāng. *He (or she) performed his (or her) role very well.*

❷[名]比照人物制成的图画、雕塑等: picture, portrait, or image made to resemble the appearance of a person | 画~ huàxiàng *portrait* / 塑~ sùxiàng *statue*

录像 lùxiàng　　偶像 ǒuxiàng
摄像 shèxiàng　图像 túxiàng
肖像 xiāoxiàng　音像 yīnxiàng
影像 yǐngxiàng
录像带 lùxiàngdài
摄像机 shèxiàngjī

❸ [动] 似乎；好像：look as if; seem | 天~要下雪了。Tiān xiāng yào xiàxuě le. *It's going to snow.* / 他~在想什么心事。Tā xiāng zài xiǎng shénme xīnshì. *It seems there is something in his mind.* / 他高兴得~个孩子。Tā gāoxìng de xiāng ge háizi. *He is as cheerful as a child.*

好像 hǎoxiāng

❹ [动] 比如：be like | ~这样的事值得我们注意。Xiāng zhèyàng de shì zhídé wǒmen zhùyì. *We should pay attention to these matters.*

◇ 像样 xiàngyàng up to the mark; presentable; decent; sound

不像话 bùxiànghuà

橡 xiǎng 15画 木部

橡橡橡橡橡橡橡橡橡橡橡橡橡橡橡

[名] 橡胶树：rubber tree | ~树 xiàngshù oak

橡胶 xiàngjiāo rubber
橡皮 xiàngpí ①rubber ②eraser; rubber

削 xiāo 9画 刂部

削削削削削削削削削

[动] 用刀斜着切去物体表面：peel; pare the surface layer of an object sideways with a knife | ~铅笔 xiāo qiānbǐ *sharpen a pencil* / ~苹果皮 xiāo píngguǒpí *peel an apple*

See xuē.

消 xiāo 10画 氵部

消消消消消消消消消消

❶ [动] 消失：disappear; vanish | 雾渐渐地~了。Wù jiànjiān de xiāo le. *The fog lifted gradually.* / 他的气~了。Tā de qì xiāo le. *He has cooled down now.*

消失 xiāoshī disappear; vanish; die away; fade away

❷ [动] 除掉；使消失：cause to disappear; eliminate; dispel | ~炎 xiāoyán *diminish or counteract inflammation*

消除 xiāochú eliminate; dispel; remove; clear up
消毒 xiāodú disinfect; sterilize
消防 xiāofáng ① fire fighting ② fire prevention and control
消化 xiāohuà digest
消灭 xiāomiè ①perish; die out; pass away ② annihilate; eliminate; abolish; exterminate; wipe out

取消 qǔxiāo

❸ [动] 度过（时光）：spend (time)

| ～夏 xiāoxià *pass the summer in a leisurely way*

❹[动] 花费；用去：spend; consume; expend

消费 xiāofèi consume

消耗 xiāohào consume; use up; expend; deplete; drain

消费品 xiāofèipǐn consumer goods

消费者 xiāofèizhě consumer

◇消极 xiāojí ① negative ② passive; inactive

消息 xiāoxi ① news; information ② tidings; news

销(銷) xiāo 12画 钅部

销 销销销销销销销销销销销销

❶[动] 熔化金属：melt (metal)

销毁 xiāohuǐ destroy by melting or burning

❷[动] 除去；使不存在：cancel; annul | 注～ zhùxiāo *write off; cancel*

报销 bàoxiāo　撤销 chèxiāo

❸[动] 出售：sell; market | 脱～ tuōxiāo *out of stock* / 试～ shìxiāo *place goods on trial sale*

销量 xiāoliàng the quantity (of goods) sold; sales made

销路 xiāolù sale; market

销售 xiāoshòu sell; market

畅销 chàngxiāo　促销 cùxiāo　供销 gōngxiāo　经销 jīngxiāo　倾销 qīngxiāo　推销 tuīxiāo　展销 zhǎnxiāo

❹[动] 消费：spend; consume | 开～ kāixiāo *expenditure* / 花～ huāxiāo *cost; expense*

小 xiǎo 3画 小部

小 小小小

❶[形] 在体积、面积、范围、规模、力量、数量等方面不及一般的或不及比较的对象（跟"大dà"相对）：small; little; petty; minor (the opposite of "大dà") | ～河 xiǎohé *small river* / ～问题 xiǎo wèntí *minor question* / 力气～ lìqi xiǎo *weak in strength* / 声音太～。Shēng-yīn tài xiǎo. *The voice is too low.* / 风～些了。Fēng xiǎoxiē le. *The wind has dropped.* / 这笔开支可不～。Zhè bǐ kāizhī kě bù xiǎo. *It's a big sum.*

小便 xiǎobiàn ① urinate; pass (or make) water; empty one's bladder ② urine ③ penis

小车 xiǎochē ① wheelbarrow; handbarrow; handcart; pushcart ② car; sedan

小吃 xiǎochī ① snacks; refreshments ② cold dishes (of Western food)

小鬼 xiǎoguǐ ① imp; goblin ② little devil (term of endearment

in addressing a child)

小姐 xiǎojiě ① Miss ② young lady

小麦 xiǎomài wheat

小米 xiǎomǐ millet

小品 xiǎopǐn originally referred to the simplified version of a sutra; short, simple literary or artistic creation; essay; sketch

小腿 xiǎotuǐ shank; lower leg

小心 xiǎoxīn careful; attentive; cautious

小型 xiǎoxíng small-sized; small-scale; miniature

小学 xiǎoxué primary (elementary) school

小组 xiǎozǔ group

小孩儿 xiǎoháir child

小孩子 xiǎoháizi child

小伙子 xiǎohuǒzi lad; young fellow (chap); youngster

小朋友 xiǎopéngyou ① children ② (form of address by an adult to a child) little boy or girl; child

小提琴 xiǎotíqín violin

小学生 xiǎoxuéshēng primary school pupil

小心眼儿 xiǎoxīnyǎnr narrow-minded; petty

小心翼翼 xiǎoxīn-yìyì with great care; cautiously

从小 cóngxiǎo 大小 dàxiǎo
渺小 miǎoxiǎo 缩小 suōxiǎo
微小 wēixiǎo 细小 xìxiǎo
大同小异 dàtóng-xiǎoyì

空中小姐 kōngzhōng xiǎojiě

❷ [形] 排行最末的：last in seniority among brothers and sisters | ~儿子 xiǎo'érzi *the youngest son* / 他是我的~弟弟。Tā shì wǒ de xiǎodìdi. *He is my youngest brother.*

❸ [形] 称自己或与自己有关的人或事物，表示谦虚：oneself, or sb. or sth. related to oneself, used to express humbleness | ~弟 xiǎodì *I myself* / ~女 xiǎonǚ *my daughter* / ~店 xiǎodiàn *my little shop*

❹ [形] 与姓氏连用，用来称呼年纪小的人：used to prefix a surname as an address for someone who is young in age | ~张 Xiǎo Zhāng *Xiao Zhang*

◇小时 xiǎoshí hour

小数 xiǎoshù decimal

小说 xiǎoshuō novel; fiction

小偷 xiǎotōu petty (or sneak) thief; pilferer

小子 xiǎozi ① boy ② (derog.) bloke; fellow; guy

小气鬼 xiǎoqìguǐ niggard; crooge; a petty skinflint

小区 xiǎoqū residential area

小时工 xiǎoshígōng casual worker paid on an hourly basis (mostly hired to do household chores)

小数点 xiǎoshùdiǎn decimal point

晓(曉) xiǎo 10画 日部

晓晓晓晓晓晓晓晓晓晓

[动]明白；知道：know; be well versed in | 知~ zhīxiǎo *know* / 家喻户~ jiāyù-hùxiǎo *be known to every household*

晓得 xiǎode know
揭晓 jiēxiǎo

孝 xiào 7画 耂部

孝孝孝孝孝孝孝

[动]尊敬并尽心奉养父母：filial; dutiful | 尽~ jìnxiào *treat one's parents with filial piety*

孝顺 xiàoshùn show filial obedience

肖 xiào 7画 ⺌部

肖肖肖肖肖肖肖

[动]相似；像：be like; resemble

肖像 xiàoxiàng portrait; portraiture

校 xiào 10画 木部

校校校校校校校校校校

[名]学校：school | 技~ jìxiào *technical school* / 夜~ yèxiào *night school* / 军~ jūnxiào *military school*

校徽 xiàohuī school badge
校园 xiàoyuán campus; school yard
校长 xiàozhǎng ① headmaster; principal ② president; chancellor
高校 gāoxiào   学校 xuéxiào
高等学校 gāoděng xuéxiào

笑 xiào 10画 竹部

笑笑笑笑笑笑笑笑笑笑

❶ [动]露出喜悦的表情；发出高兴的声音：crack a smile; smile; laugh; utter joyful sound | ~容 xiàoróng *smiling expression; smile* / 小宝宝会~了。Xiǎo bǎobao huì xiào le. *The baby smiles.*

笑声 xiàoshēng laughter
欢笑 huānxiào   玩笑 wánxiào
微笑 wēixiào
哭笑不得 kūxiàobùdé
似笑非笑 sìxiào-fēixiào

❷ [动]讥笑：ridicule; laugh at | 我做得不好，请别~我。Wǒ zuò de bù hǎo, qǐng bié xiào wǒ. *My work has not been done very well, please do not laugh at me.*

嘲笑 cháoxiào   讥笑 jīxiào

可笑 kěxiào
❸ [形] 令人发笑的：ridiculous enough to raise a laugh
笑话 xiàohua ① joke; jest ② laugh at; ridicule
闹笑话 nàoxiàohua

效 xiào 10画 攵部

效效效效效效效效效效

❶ [动] 模仿：imitate; follow the example of｜仿~ fǎngxiào imitate
❷ [名] 功用；效果：effect; desired result
效果 xiàoguǒ effect; result
效力 xiàolì ① render a service to; serve ② effect
效率 xiàolǜ efficiency
效益 xiàoyì beneficial result; benefit
长效 chángxiào
成效 chéngxiào　高效 gāoxiào
功效 gōngxiào　见效 jiànxiào
疗效 liáoxiào　生效 shēngxiào
失效 shīxiào　无效 wúxiào
有效 yǒuxiào

啸 (嘯) xiào 11画 口部

啸啸啸啸啸啸啸啸啸啸啸

[动]（人、兽、自然界等）发出长而响亮的声音：(of a person, beast and bird) make a long and ringing sound; whistle｜虎~ hǔxiào tiger growling／一声长~ yīshēng chángxiào utter a long and low cry
海啸 hǎixiào　　呼啸 hūxiào

些 xiē 8画 止部

些些些些些些些些

[量] 表示不定的数量：some｜看~书 kàn xiē shū read some books／快~走 kuài xiē zǒu go more quickly／买~东西 mǎi xiē dōngxi do some shopping／前~日子 qián xiē rìzi a few days ago
好些 hǎoxiē　某些 mǒuxiē
哪些 nǎxiē　那些 nàxiē
险些 xiǎnxiē　一些 yīxiē
有些 yǒuxiē　这些 zhèxiē

歇 xiē 13画 欠部

歇歇歇歇歇歇歇歇歇歇歇歇歇

❶ [动] 休息：have a rest｜~一会儿 xiē yīhuìr have a short rest; have a break; rest for a while
❷ [动] 停止：stop｜~工 xiēgōng stop work; knock off／~业 xiēyè close a business

协 (協) xié　6画 十部

协 协协协协协协

❶[动] 合；共同：be in coordination with; make joint efforts | ～办 xiébàn *work together*
协定 xiédìng agreement
协会 xiéhuì association; society
协商 xiéshāng consult; talk things over
协调 xiétiáo coordinate; concert; harmonize; bring into line
协议 xiéyì ① agreement ② agree on
协作 xiézuò cooperation; coordination; combined efforts; joint efforts
❷[动] 帮助：help; assist
协助 xiézhù assist; help; give assistance; provide help

邪 xié　6画 牙部

邪 邪邪邪邪邪邪

❶[形] 不正当，不正派：evil; heretical | ～说 xiéshuō *heresy* / 改～归正 gǎixié-guīzhèng *give up one's evil ways and return to the right path; turn over a new leaf*
❷[形] 不正常的：abnormal | ～门儿 xiéménr *strange; odd*

胁 (脅) xié　8画 月部

胁 胁胁胁胁胁胁胁

[动] 强迫：coerce; force | ～迫 xiépò *force*
威胁 wēixié

挟 (挾) xié　9画 扌部

挟 挟挟挟挟挟挟挟挟

[动] 威胁；强迫：coerce; force sb. to submit to one's will | 要～ yāoxié *hold sb. under duress*
挟持 xiéchí ① seize sb. on both sides by the arms ② hold sb. under duress

斜 xié　11画 斗部

斜 斜斜斜斜斜斜斜斜斜斜

[形] 不正；不直：oblique; slanting; inclined | 墙～了。Qiáng xié le. *The wall has become slanting.* / 桌子摆～了。Zhuōzi bǎixié le. *The table has not been set even.*
倾斜 qīngxié

谐 (諧) xié　11画 讠部

谐

谐谐谐谐谐谐谐谐谐谐谐

[形]配合得好：in harmony; in accord ｜～调 xiétiáo *in agreement*

和谐 héxié

携 xié 13画 扌部

携携携携携携携携携携携

[动]带着：carry; take along ｜扶老～幼 fúlǎo-xiéyòu *bring along the old and the young*

携带 xiédài carry; take along

◇携手 xiéshǒu join hands

鞋 xié 15画 革部

鞋鞋鞋鞋鞋鞋鞋鞋鞋鞋鞋鞋鞋鞋鞋

[名]shoes ｜皮～píxié *leather shoes*/拖～tuōxié *slippers*/凉～liángxié *sandals*

鞋子 xiézi shoes

布鞋 bùxié

旅游鞋 lǚyóuxié

写（寫）xiě 5画 一部

写写写写写

❶[动]绘画：draw; paint ｜～生 xiěshēng *paint from life* / ～真 xiězhēn ① *portray a person* ② *portrait*

❷[动]用笔书写；抄写：write; use a pen or brush to write characters; copy ｜～毛笔字 xiě máobǐ zì *write Chinese character with writing brush* / ～对联 xiě duìlián *write a couplet*

写法 xiěfǎ ① style of writing; literary style ② style of handwriting; penmanship

抄写 chāoxiě　书写 shūxiě

填写 tiánxiě　听写 tīngxiě

❸[动]写作；创作：compose; write (an article, book, etc.) ｜～诗 xiě shī *write a poem* / ～文章 xiě wénzhāng *write an article* / ～日记 xiě rìjì *keep a diary*

写作 xiězuò writing

编写 biānxiě　改写 gǎixiě

缩写 suōxiě

❹[动]描写：describe; depict ｜～景 xiějǐng *describe the scenery* / ～实 xiěshí *write or paint realistically*

描写 miáoxiě

血 xiě 6画 血部

血血血血血血血

[名]用于口语：blood (spoken) ｜吐～tùxiě *spit (up) blood* / 鼻子流了不少～。Bízi liúle bùshǎo xiě. *A lot of blood bled from the nose.*

出血 chūxiě
See xuě.

泄 xiè 8画 氵部

泄泄泄泄泄泄泄泄

❶[动]排出(液体、气体等): let out (fluid or gas); discharge; release | 排~ páixiè *drain* / 水~不通 shuǐxièbùtōng *not even a drop of water could trickle through; be densely packed (with people)*

❷[动] 发泄: give vent to | ~愤 xièfèn *give vent to spite* / ~恨 xièhèn *give vent to hatred*

❸[动] 透露: leak; let out | ~密 xièmì *let out a secret* / ~底 xièdǐ *reveal the inside story*

泄漏 xièlòu let out; leak; divulge; give away

泄露 xièlòu let out; reveal

◇泄气 xièqì ① lose heart; feel discouraged; be disheartened ② disappointing; frustrating; pathetic

泻(瀉) xiè 8画 氵部

泻泻泻泻泻泻泻泻

❶[动] 向下急流: flow swiftly; rush down; pour out | 倾~ qīngxiè *pour down; come down in torrents* / 水从楼上~下来。Shuǐ cóng lóu shang xiè xiàlai. *Water was poured down from upstairs.*

❷[动] 拉肚子: have diarrhoea | ~肚子 xiè dùzi *have loose bowels* / 上吐下~ shàngtù-xiàxiè *suffer from vomiting and diarrhoea*

腹泻 fùxiè

卸 xiè 9画 卩部

卸卸卸卸卸卸卸卸卸

❶[动]把东西从运输工具上搬下来: unload; discharge; remove the cargo from a vehicle | ~货 xièhuò *unload cargoes* / ~车 xièchē *unload a truck*

装卸 zhuāngxiè

❷[动] 从机器上取下零件: remove parts from a machine | 拆~ chāixiè *take apart* / ~零件 xiè língjiàn *remove parts (from a machine)*

❸[动] 解除; 推脱: get rid of; shirk; be relieved from one's office | 推~责任 tuīxiè zérèn *shirk responsibility* / ~下思想包袱 xièxia sīxiǎng bāofu *get rid of the load on one's mind*

屑 xiè 10画 尸部

屑屑屑屑屑屑屑屑屑屑

797

[名]碎末：bits; scraps | 铁~ tiěxiè *scraps of iron; iron shavings* / 木~ mùxiè *sawdust* / 纸~ zhǐxiè *scraps of paper* / 面包~ miànbāoxiè *crumbs (of bread)*

械 xiè 11画 木部

[名]工具：apparatus; tool
机械 jīxiè　　器械 qìxiè

谢(謝) xiè 12画 讠部

❶[动]推辞；拒绝：decline | ~客 xièkè *refuse to receive any guest*
谢绝 xièjué refuse; decline

❷[动]对人表示感激：thank | 道~ dàoxiè *thank* / 多~。Duō xiè. *Thanks a lot.* / 这点儿小事不用~了。Zhè diǎnr xiǎoshì bùyòng xiè le. *It's my pleasure.*
谢谢 xièxie thanks; thank you
谢意 xièyì gratitude; thankfulness
答谢 dáxiè　　感谢 gǎnxiè

心 xīn 4画 心部

❶[名]心脏：heart | 我~痛。Wǒ xīn tòng. *My heart aches.* / 她激动得~怦怦跳。Tā jīdòng de xīn pēngpēng tiào. *Her heart was thumping with excitement.*
心脏 xīnzàng ① heart ② centre
心脏病 xīnzàng bìng heart disease

❷[名]大脑；思想感情：usu. referring to the heart; mind; feeling; intention | 同情~ tóngqíngxīn *sympathy* / 她的话温暖了我的~。Tā de huà wēnnuǎnle wǒ de xīn. *Her words warmed my heart.*
心爱 xīn'ài love; treasure
心得 xīndé what one has learned from work, study etc.
心里 xīnli in the heart; at heart; in (the) mind
心理 xīnlǐ psychology; mentality
心灵 xīnlíng ① clever; intelligent; quick-witted ② heart; soul; spirit
心目 xīnmù ① mood; frame of mind ② memory ③ mind's eye; mental view
心情 xīnqíng frame of mind; state of mind; mood
心声 xīnshēng heartfelt wishes; aspirations; thinking
心事 xīnshì sth. weighing on one's mind; a load on one's mind; worry

心思 xīnsi ① thought; idea ② thinking ③ state of mind; mood

心态 xīntài mentality

心疼 xīnténg ① love dearly ② feel sorry; be distressed

心头 xīntóu mind; heart

心血 xīnxuè painstaking care (effort)

心意 xīnyì ① regard; kindly feelings ② intention; purpose

心愿 xīnyuàn cherished desire; aspiration; wish; dream

心中 xīnzhōng in one's heart

心眼儿 xīnyǎnr ① heart; mind ② intention ③ intelligence; cleverness

心灵手巧 xīnlíng-shǒuqiǎo clever in mind and skillful in hand; clever and deft

心满意足 xīnmǎn-yìzú be perfectly content (or satisfied)

爱心 àixīn 安心 ānxīn
本心 běnxīn 操心 cāoxīn
称心 chènxīn 成心 chéngxīn
粗心 cūxīn 担心 dānxīn
当心 dāngxīn 恶心 ěxin
放心 fàngxīn 费心 fèixīn
甘心 gānxīn 关心 guānxīn
狠心 hěnxīn 灰心 huīxīn
精心 jīngxīn 决心 juéxīn
开心 kāixīn 留心 liúxīn
耐心 nàixīn 内心 nèixīn
热心 rèxīn 伤心 shāngxīn
细心 xìxīn 小心 xiǎoxīn
信心 xìnxīn 虚心 xūxīn
野心 yěxīn 一心 yīxīn

疑心 yíxīn 用心 yòngxīn
真心 zhēnxīn
偏心眼儿 piānxīnyǎnr
小心眼儿 xiǎoxīnyǎnr
三心二意 sānxīn-èryì
一心一意 yīxīn-yīyì
有口无心 yǒukǒu-wúxīn

❸[名]中心；中央的部分：center; core | 手~ shǒuxīn *the center of the palm* / 圆~ yuánxīn *the center of a circle*

核心 héxīn 空心 kōngxīn
中心 zhōngxīn
卷心菜 juǎnxīncài
市中心 shìzhōngxīn

◇点心 diǎnxin

辛

xīn   7画 辛部

辛 辛辛辛辛辛辛

[形]劳苦；困难：hard; laborious | 艰~ jiānxīn *hardship*

辛苦 xīnkǔ ① hard; toilsome; laborious ② work hard; go to great trouble; go through hardships

辛勤 xīnqín industrious; hardworking

艰辛 jiānxīn

欣

xīn   8画 斤部

欣 欣欣欣欣欣欣欣欣

799

[形] 喜悦；快乐：glad; happy; joyful | 欢~ huānxīn *joyful* / ~喜 xīnxǐ *glad*

欣赏 xīnshǎng appreciate; enjoy; admire

欣慰 xīnwèi be gratified

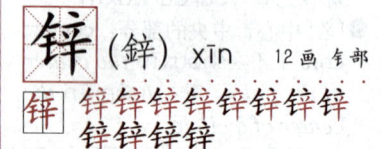

锌 (鋅) xīn 12画 钅部

锌锌锌锌锌锌锌锌锌锌锌锌

[名] zinc

新 xīn 13画 斤部

新新新新新新新新新新新新新

❶ [形] 初次出现的或刚经验到的（跟"旧jiù""老lǎo"相对）：new; fresh; up-to-date (the opposite of "旧jiù" or "老lǎo") | ~地方 xīn dìfang *new place* / ~气象 xīn qìxiàng *new atmosphere* / ~办法 xīn bànfǎ *new method* / ~事物 xīn shìwù *new things*

新款 xīnkuǎn of new model (or design, style)

新年 xīnnián New Year

新式 xīnshì new type; latest fashion; new-style

新闻 xīnwén news

新鲜 xīnxiān ① fresh ② news

新型 xīnxíng new type; new pattern

新秀 xīnxiù new star

新陈代谢 xīnchén-dàixiè ① metabolism ② the new superseding the old

清新 qīngxīn

❷ [形] 性质上改变得更好的，更进一步的（跟"旧jiù"相对）：new; made anew; renewed (the opposite of "旧jiù") | ~思想 xīn sīxiǎng *new ideas* / ~产品 xīn chǎnpǐn *new products* / 面目一~ miànmù-yīxīn *take on a new look*

重新 chóngxīn

创新 chuàngxīn 革新 géxīn

更新 gēngxīn

刷新 shuāxīn

❸ [形] 还未用过的（跟"旧jiù"相对）：brand new; unused (the opposite of "旧jiù") | ~笔 xīn bǐ *new pen* / ~衣服 xīn yīfu *new dress* / ~房子 xīn fángzi *newly built house*

崭新 zhǎnxīn

❹ [形] 刚结婚的或结婚不久的：recently married; newly married

新房 xīnfáng bridal chamber

新婚 xīnhūn newly-married

新郎 xīnláng bridegroom

新娘 xīnniáng bride

新人 xīnrén ① people of a new type ② new personality; new talent ③ newlywed, esp. the bride

❺ [副] 最近；刚刚：newly; freshly;

recently | 书是～买的。Shū shì xīn mǎi de. *The book was newly bought.* / 他是～来的。Tā shì xīn lái de. *He's a new recruit.*

新近 xīnjìn recently; lately; in recent times

新生 xīnshēng ① newborn; newly born ② new life; rebirth; regeneration ③ new student

新兴 xīnxīng new and developing; rising; burgeoning

薪 xīn 16画 艹部

薪薪薪薪薪薪薪薪薪薪薪薪薪薪薪薪

[名]指工资：pay; salary | 今天发～。Jīntiān fā xīn. *It's the payday today.*

薪酬 xīnchóu salary; pay
薪金 xīnjīn salary; pay
薪水 xīnshuǐ salary; pay; wage
年薪 niánxīn　月薪 yuèxīn

信 xìn 9画 亻部

信信信信信信信信信

❶ [形]诚实；不虚伪：honest; true; real; trustworthy | 失～ shīxìn *break one's promise*

信守 xìnshǒu abide by; stand by

信用 xìnyòng ① trustworthiness; credit ② credit
信誉 xìnyù prestige; credit; reputation
诚信 chéngxìn　威信 wēixìn

❷ [名]消息：news; message; information | 报～ bàoxìn *tip sb. off* / 那事儿到现在还没～儿呢。Nà shìr dào xiànzài hái méi xìnr ne. *There is no news about it yet.*

信号 xìnhào signal
信息 xìnxī information; news; message
短信 duǎnxìn

❸ [名]信件：letters; mail | 寄～ jìxìn *post a letter* / 送～ sòngxìn *deliver a letter* / 这是他托我带给你的～。Zhè shì tā tuō wǒ dàigěi nǐ de xìn. *He asked me to bring this letter to you.*

信封 xìnfēng envelope
信件 xìnjiàn letter; mail
信箱 xìnxiāng ① letter box; mailbox ② post-office box (P.O.B)
电信 diànxìn　回信 huíxìn
来信 láixìn　书信 shūxìn
通信 tōngxìn
明信片 míngxìnpiàn

❹ [动]相信：believe; trust | ～不～由你 xìnbuxìn yóu nǐ *it depends on whether you believe it or not* / 别～他的话。Bié xìn tā de huà. *Don't believe him.*

信赖 xìnlài trust; count on; have

801

faith in
信念 xìnniàn faith; belief; conviction
信任 xìnrèn trust; have confidence in
信托 xìntuō trust; entrust
信心 xìnxīn confidence; faith
信仰 xìnyǎng faith; belief; conviction
信用卡 xìnyòngkǎ credit card
信用社 xìnyòngshè credit cooperative

坚信 jiānxìn　　迷信 míxìn
确信 quèxìn　　深信 shēnxìn
相信 xiāngxìn　　自信 zìxìn

❺ [动] 信奉（宗教）：profess faith in; believe in | ~教 xìnjiāo *profess a religion* / ~佛 xìnfó *profess Buddhism*

❻ [动] 随意；听任：at will; at random; without plan | ~口 xìnkǒu *talk irresponsibly* / ~步 xìnbù *walk aimlessly*

◇ 信贷 xìndài credit

衅 (釁) xìn　11画 血部

衅衅衅衅衅衅衅衅衅衅

[名] 争端：quarrel; dispute | 寻~ xúnxìn *pick a quarrel*
挑衅 tiǎoxìn

兴 (興) xīng　6画 八部

兴兴兴兴兴兴

❶ [动] 开始；发出，创办：start; begin; initiate
兴办 xīngbàn initiate; set up
兴建 xīngjiàn build; construct
兴起 xīngqǐ rise; spring up; be on the upgrade

❷ [动] 兴盛；流行：prosper; rise; prevail; become popular | 时~ shíxīng *in vogue; fashionable* / 现在正~这个。Xiànzài zhèng xīng zhège. *That's all the vogue now.*

兴旺 xīngwàng prosperous; flourishing; thriving

复兴 fùxīng　　新兴 xīnxīng
振兴 zhènxīng

◇ 兴奋 xīngfèn ① be excited ② excitation
兴奋剂 xīngfènjì excitant; stimulant; dope
　　See xìng.

星 xīng　9画 日部

星星星星星星星星星

❶ [名] 星星：star | 那颗~最亮。Nǎ kē xīng zuì liàng. *That star is the brightest one.*

星辰 xīngchén stars
星球 xīngqiú celestial body; heavenly body
星星 xīngxing ① tiny spot ② star

恒星 héngxīng 火星 huǒxīng
卫星 wèixīng 行星 xíngxīng

❷[名]细小、零碎或闪亮的东西: bit; particle | 火~儿 huǒxīngr *spark* / 油~儿 yóuxīngr *a tiny bit of oil*

零星 língxīng

❸[名]比喻某种突出的、有特殊作用或才能的人: (fig.) people of outstanding talent | 球~ qiúxīng *ball-game star*

歌星 gēxīng 明星 míngxīng

◇星期 xīngqī ① week ② Sunday
星期天 Xīngqītiān Sunday (Sun.)
星期日 Xīngqīrì Sunday (Sun.)

腥 xīng 13画 月部

腥腥腥腥腥腥腥腥腥腥腥腥

[名]鱼虾等发出的气味: smell of fish or seafood | 鱼有~味儿。Yú yǒu xīngwèir. *Fish smells.*

刑 xíng 6画 刂部

刑刑刑刑刑刑

❶[名]对犯人的各种处罚: punishment; penalty; sentence | 缓~ huǎnxíng *probation; suspended sentence* / 判~ pānxíng *convict*

刑场 xíngchǎng execution ground
刑法 xíngfǎ corporal punishment; torture
刑事 xíngshì criminal; penal
服刑 fúxíng 死刑 sǐxíng

❷[名]特指对犯人的体罚: corporal punishment; torture | 受~ shòuxíng *be put to torture* / 动~ dòngxíng *subject sb. to torture*

行 xíng 6画 彳部

行行行行行行行

❶[动]走: go; walk; travel | 人~道 rénxíngdào *pavement*
行动 xíngdòng ① move about; get about ② act; take action ③ action; behavior; conduct
行军 xíngjūn (of troops) march
行人 xíngrén pedestrian
行驶 xíngshǐ (of a vehicle, ship, etc.) go; ply; travel
行星 xíngxīng planet
行走 xíngzǒu walk
步行 bùxíng 飞行 fēixíng
航行 hángxíng
平行 píngxíng
通行 tōngxíng 游行 yóuxíng
运行 yùnxíng
飞行员 fēixíngyuán
自行车 zìxíngchē

❷[名]路程; 旅行: trip; journey | ~装 xíngzhuāng *outfit for a journey* / ~踪 xíngzōng *whereabouts*

803

行程 xíngchéng route or distance of travel
行李 xíngli luggage; baggage
旅行社 lǚxíngshè
❸ [动] 流通；推行：be current; circulate | ~销 xíngxiāo *be on sale* / 全国通~ quánguó tōngxíng *circulate within the whole country*
发行 fāxíng　　风行 fēngxíng
流行 liúxíng　　旅行 lǚxíng
盛行 shèngxíng
送行 sòngxíng　推行 tuīxíng
❹ [动] 做；从事：do; perform; carry out | ~医 xíngyī *practice medicine* / 简便易~ jiǎnbiàn yìxíng *simple and easy to do*
行动 xíngdòng ① move (or get) about ② act; take action ③ action; operation
行使 xíngshǐ exercise; perform
行政 xíngzhèng administration
横行 héngxíng　进行 jìnxíng
举行 jǔxíng　　可行 kěxíng
履行 lǚxíng　　施行 shīxíng
强行 qiángxíng　实行 shíxíng
试行 shìxíng　　先行 xiānxíng
现行 xiànxíng　执行 zhíxíng
自行 zìxíng
❺ [名] 举止；行为：behaviour; conduct | 言~ yánxíng *words and deeds* / 德~ déxíng *moral conduct*
行径 xíngjìng act; action; move
行为 xíngwéi action; behaviour; conduct

品行 pǐnxíng　　罪行 zuìxíng
❻ [动] 可以：be all right; will do; can be carried out; be practicable | ~, 就这么办。Xíng, jiù zhème bàn. *All right. It's settled.*
不行 bùxíng
❼ [形] 能干；有本事：capable; competent | 你真~! Nǐ zhēn xíng! *You are really capable!* / 她教英语~吗? Tā jiāo Yīngyǔ xíng ma? *Is she competent to be an English teacher?*
◇ 行书 xíngshū running hand (in Chinese calligraphy)
　　See háng.

形 xíng　7画 彡部

形 形形形形形形形

❶ [名] 实体；生物的形体：body; entity | 无~ wúxíng *intangible* / ~影不离 xíngyǐng-bùlí *inseparable like body and shadow*
❷ [名] 形状；样子：form; shape | 方~ fāngxíng *square* / 三角~ sānjiǎoxíng *triangle*
形容 xíngróng ① appearance; countenance ② describe
形式 xíngshì form; shape
形势 xíngshì ① terrain; topographical feature ② situation; circumstance
形态 xíngtài ① form; shape; pattern ② morphology
形象 xíngxiàng image; form;

figure

形状 xíngzhuàng form; appearance; shape

变形 biànxíng　　地形 dìxíng
情形 qíngxíng　　图形 túxíng
外形 wàixíng　　无形 wúxíng
整形 zhěngxíng
长方形 chángfāngxíng

❸ [动] 现出；表露：appear; look | ～成 xíngchéng form; take form; take shape

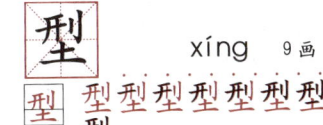

型 xíng　9画　土部

型型型型型型型型型

❶ [名] 铸造器物用的模子：mold | 模～ móxíng mould
❷ [名] 式样；类别；规格：model; type; pattern | 血～ xuèxíng blood type / 句～ jùxíng sentence pattern

型号 xínghào model; type
车型 chēxíng　　大型 dàxíng
类型 lèixíng　　微型 wēixíng
小型 xiǎoxíng　　新型 xīnxíng
中型 zhōngxíng
◇ 造型 zàoxíng
重型 zhòngxíng
外向型 wàixiàngxíng

醒 xǐng　16画　酉部

醒醒醒醒醒醒醒醒醒醒醒醒醒醒

❶ [动] 从酒醉或昏迷中恢复常态：regain consciousness; sober up; come to | 病人从昏迷中～过来了。Bìngrén cóng hūnmí zhōng xǐng guòlai le. *The patient has come out of a coma.*

清醒 qīngxǐng　　苏醒 sūxǐng

❷ [动] 结束睡眠状态或还没睡着：be awake; wake up | 孩子～了。Háizi xǐng le. *The child has waken up.* / 他还没睡～呢。Tā hái méi shuìxǐng ne. *He is still asleep.*

❸ [动] 醒悟；觉悟：come to realize (the truth, one's error, etc.); wake up to reality | 猛～ měngxǐng *suddenly wake up (to the truth)*

觉醒 juéxǐng　　提醒 tíxǐng

◇ 醒目 xǐngmù (of written words or pictures) catch the eyes; attract attention; be striking to the eye

兴（興） xìng　6画　八部

兴兴兴兴兴兴

[名] 对事物喜爱的情绪：mood or desire to do sth.; interest; excitement

兴趣 xìngqù　interest; taste
兴高采烈 xìnggāo-cǎiliè be on top of the world; be in high spirits; be in great delight

805

高兴 gāoxìng
感兴趣 gǎnxìngqù
See xīng.

杏 xìng 7画 木部

杏杏杏杏杏杏杏

[名] apricot | ~树 xìngshū *apricot tree*

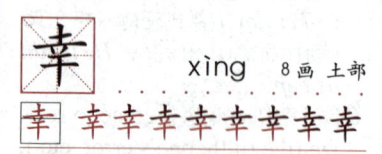

幸 xìng 8画 土部

幸幸幸幸幸幸幸幸

❶ [形] 意外地（得到好处或免去灾祸）: lucky; fortunate | ~免 xìngmiǎn *escape by sheer luck; have a narrow escape*

幸好 xìnghǎo *fortunately; luckily*

幸亏 xìngkuī *fortunately; luckily*

❷ [形] 幸福，幸运：happy; lucky

幸福 xìngfú ① *happiness; well-being* ② *happy*

幸运 xìngyùn *fortunate; lucky*

不幸 bùxìng　荣幸 róngxìng

性 xìng 8画 忄部

性性性性性性性性

❶ [名] 性情；脾气：nature; character; disposition | 个~ gèxìng *individuality* / 天~ tiānxìng *nature* / 他的~子很急。Tā de xìngzi hěn jí. *He is quick-tempered. He is a man with a short fuse.*

性格 xìnggé *nature; disposition; temperament*

性情 xìngqíng *disposition; temperament; temper*

慢性 mànxìng　任性 rènxìng

索性 suǒxìng

❷ [名] 事物的性质特征：property; quality; attribute of sth. resulting from a certain element contained in it | 药~ yàoxìng *medicinal properties* / 酒~ jiǔxìng *alcoholic strength* / 弹~ tánxìng *elasticity*

性能 xìngnéng *function (of a machine, etc.); performance; property*

性质 xìngzhì *quality; nature; character*

本性 běnxìng　秉性 bǐngxìng

党性 dǎngxìng　定性 dìngxìng

毒性 dúxìng　恶性 èxìng

个性 gèxìng　共性 gòngxìng

记性 jìxing　理性 lǐxìng

良性 liángxìng　人性 rénxìng

特性 tèxìng

一次性 yīcìxìng

❸ [词尾] 在别的词后面指性质、范围、方式等：suffix indicating a specified quality, property, scope, etc. | 积极~ jījíxìng *activeness; vigorousness* / 必要~ bìyàoxìng *necessity* / 社会~ shèhuìxìng *social nature* / 灵活~ línghuó-

806

xìng *flexibility*

❹[名]性别：sex

性别 xìngbié sexual distinction; sex

性感 xìnggǎn sex appeal; sexiness

男性 nánxìng　女性 nǚxìng

❺[名]有关生殖或性欲的：sexual | ~器官 xìngqìguān *sexual organ* / ~行为 xìngxíngwéi *sexual behaviour; sexual intercourse*

◇性命 xìngmìng life

姓　xìng　8画 女部

姓 姓姓姓姓姓姓姓

❶[名]表明家族系统的字：surname | 他与我同~。Tā yǔ wǒ tóngxìng. *We have the same surname.*

姓名 xìngmíng surname and given name; full name

百姓 bǎixìng　贵姓 guìxìng
老百姓 lǎobǎixìng

❷[动]以…为姓：one's surname is; be surnamed | 你~什么？Nǐ xìng shénme? *What's your surname?* / 我~王。Wǒ xìng Wáng. *My surname is Wang.*

凶　xiōng　4画 凵部

凶 凶凶凶凶

❶[形]不幸的(跟"吉jí"相对)：inauspicious; ominous (the opposite of "吉jí") | ~事 xiōngshì *unfortunate event (such as death, injury, accident)* / 吉~ jíxiōng *good or ill luck*

❷[形]凶恶；残暴：vicious; fierce; ferocious; brutal | 这个人长得很~。Zhège rén zhǎng de hěn xiōng. *This chap looks fierce.*

凶恶 xiōng'è fierce; ferocious; fiendish

凶狠 xiōnghěn fierce and malicious

凶猛 xiōngměng violent; ferocious

凶杀 xiōngshā homicide; murder

凶手 xiōngshǒu murderer; assassin; assailant

❸[形]厉害：(of force, strength) violent; ferocious | 闹得很~。Nào de hěn xiōng. *What a terrific row!* / 雨来得很~。Yǔ lái de hěn xiōng. *The rain poured down with a vengeance.*

兄　xiōng　5画 口部

兄 兄兄兄兄兄

❶[名]哥哥：elder brother | 家~ jiāxiōng *my brother*

兄弟 xiōngdi ① brother ② fraternal; brotherly

弟兄 dìxiong

807

❷ [名] 亲戚中同辈的年纪比自己大的男子：address for a male cousin older than oneself
❸ [名] 对男性朋友的尊称：polite form of address between men | 老~ lǎoxiōng *my dear (old) friend*

汹 xiōng 7画 氵部

汹汹汹汹汹汹汹

See 汹涌
汹涌 xiōngyǒng tempestuous; turbulent

胸 xiōng 10画 月部

胸胸胸胸胸胸胸胸胸胸

❶ [名] thorax; chest; breast | 挺~ tǐngxiōng *hold out one's chest* | 她感到~痛。Tā gǎndào xiōng tòng. *She felt an ache in her chest.*
胸部 xiōngbù thorax; chest
胸罩 xiōngzhào brassiere; bra
❷ [名] 指心里(与思想、见识、气量等有关)：mind; heart (related to thinking, knowledge, experience, tolerance, etc.) | 心~ xīnxiōng *breadth of mind*
胸怀 xiōnghuái mind; heart

雄 xiōng 12画 隹部

雄雄雄雄雄雄雄雄雄雄雄

❶ [形] 公的(跟"雌 cí"相对)：male (the opposite of "雌 cí") | ~鸡 xióngjī *cock; rooster*
❷ [名] 强有力的人：a person having great power and influence
英雄 yīngxióng
❸ [形] 强有力的：powerful | ~师 xióngshī *powerful army* | ~辩 xióngbiàn *eloquence; convincing argument*
雄厚 xiónghòu rich; solid; abundant
雄壮 xióngzhuàng full of power and grandeur; magnificent; majestic
❹ [形] 有气魄的：grand; imposing | ~心 xióngxīn *great ambition*
雄伟 xióngwěi grand; imposing; magnificent

熊 xiōng 14画 灬部

熊熊熊熊熊熊熊熊熊熊熊熊熊熊

[名] bear
熊猫 xióngmāo panda

休 xiū 6画 亻部

休休休休休休

[动] 休息：rest | ~假 xiūjià *have a holiday*

休息 xiūxi have (take) a rest; rest
休闲 xiūxián ① (agri.) lie fallow ② have one's leisure time
休养 xiūyǎng recuperate; convalesce
离休 líxiū　　　退休 tuìxiū
双休日 shuāngxiūrì

修 xiū 9画 亻部

修修修修修修修修修

❶ [动] 整理装饰使整齐美观：make neat and beautiful ｜ ~饰 xiūshì embellish; decorate ／ ~指甲 xiū zhǐjia trim one's fingernails ／ ~剪树枝 xiūjiǎn shùzhī prune a twig

❷ [动] 使破损的东西恢复原状和作用：mend; fix up; patch up ｜ ~车 xiūchē repair one's car (or bike) ／ ~机器 xiū jīqì repair a machine

修订 xiūdìng revise
修复 xiūfù ① repair; restore; renovate ② repair
修改 xiūgǎi revise; modify; amend; alter
修理 xiūlǐ repair; mend; overhaul; fix
修整 xiūzhěng ① repair and maintain ② prune; trim
修正 xiūzhèng ① revise; amend; correct ② mutilate (Marxism-Leninism); revise

检修 jiǎnxiū　　　维修 wéixiū

❸ [动] 兴建；建造：build; construct ｜ ~水库 xiū shuǐkù build a reservoir ／ ~铁路 xiū tiělù build a railway

修建 xiūjiàn build; construct; erect
修筑 xiūzhù build; construct; put up
抢修 qiǎngxiū

❹ [动] (学问、品行方面) 学习和锻炼：(of learning, character or study) study; cultivate ｜ 自~ zìxiū study by oneself ／ 进~ jìnxiū engage in advanced studies ／ 这些课我已经~完了。Zhèxiē kè wǒ yǐjīng xiūwán le. I've finished these courses.

修养 xiūyǎng ① accomplishment; training; mastery ② self-cultivation

必修 bìxiū　　　辅修 fǔxiū
选修 xuǎnxiū

羞 xiū 10画 羊部

羞羞羞羞羞羞羞羞羞

❶ [形] 不光彩；不体面：shameful; disgraceful ｜ 遮~ zhēxiū conceal one's shame ／ ~辱 xiūrǔ shame; dishonour; humiliate

羞耻 xiūchǐ sense of shame; shame

❷ [动] 难为情；不好意思：feel

embarrassed | 她~红了脸。Tā xiūhóngle liǎn. *She blushed with shyness.*
害羞 hàixiū

朽 xiǔ　6画 木部

朽朽朽朽朽朽

[动]腐烂：(of wood) rot; decay | ~木 xiǔmù *rotten wood or tree*
腐朽 fǔxiǔ

秀 xiù　7画 禾部

秀秀秀秀秀秀秀

❶ [形]美丽而不俗气：elegant; beautiful | ~气 xiùqi *delicate; elegant; fine* / 山清水~ shānqīngshuǐxiù *beautiful hills and waters; lovely scenery*
秀丽 xiùlì *beautiful; handsome; pretty*

❷ [形]特别优异的：excellent
新秀 xīnxiù　　优秀 yōuxiù

袖 xiù　10画 衤部

袖袖袖袖袖袖袖袖袖袖

[名]袖子：sleeve | 长~ chángxiù *long sleeves* / 这件衣服的~子太长了。Zhè jiàn yīfu de xiùzi tài cháng le. *The sleeves of the coat are too long.*
袖子 xiùzi sleeve
领袖 lǐngxiù

绣（繡） xiù　10画 纟部

绣绣绣绣绣绣绣绣绣绣

[动]用彩线在织物上面织制花纹、图样：embroider | ~花儿 xiù huār *embroider; do embroidery* / ~字 xiùzì *embroider characters*
刺绣 cìxiù

锈（鏽） xiù　12画 钅部

锈锈锈锈锈锈锈锈锈锈锈锈

❶ [名]rust | 铁~ tiěxiù *rust* / 刀生~了。Dāo shēngxiù le. *The knife has become rusty.*

❷ [动]生锈：go rusty | 刀刃~了。Dāorèn xiù le. *The edge of the knife has become rusty.* / 锁~住了。Suǒ xiùzhù le. *The lock got rusty and could not be opened.*

嗅 xiù　13画 口部

嗅嗅嗅嗅嗅嗅嗅嗅嗅嗅嗅嗅

[动]用鼻子辨别气味；闻：smell; scent; sniff | ~觉 xiùjué *sense of smell*

须(須) xū 9画 彡部

须须须须须须须须须

[动]应该；一定要：must; have to | ~注意身体 xū zhùyì shēntǐ *must take care of one's health*
须知 xūzhī ① one should know that; it must be understood (borne in mind) that ② points for attention; notice
必须 bìxū

虚 xū 11画 虍部

虚虚虚虚虚虚虚虚虚虚虚

❶ [形]空(跟"实shí"相对)：empty; void (the opposite of "实shí") | 座无~席 zuòwúxūxí *all the seats have been occupied*
虚词 xūcí (gram.) function word; form word
空虚 kōngxū

❷ [形]虚心；不自满：humble; modest
虚心 xūxīn open-minded; modest
谦虚 qiānxū

❸ [形]体质弱：weak; in poor health | 他身体很~。Tā shēntǐ hěn xū. *He is very weak.* / 病后他感到身体很~。Bìng hòu tā gǎndào shēntǐ hěn xū. *He felt very weak since he fell ill.*
虚弱 xūruò ① in poor health; weak; debilitated ② weak; feeble

❹ [形]假；不真实：false; sham | ~名 xūmíng *false reputation* / ~构 xūgòu *make up; fabricate*
虚假 xūjiǎ false; sham
虚拟 xūnǐ ① invented; fictitious ② suppositonal ③ digital; visual
虚伪 xūwěi sham; false; hypocritical
弄虚作假 nòngxū-zuòjiǎ

❺ [副]徒然；白白地：in vain; uselessly | ~度年华 xūdù niánhuá *idle away one's time*

❻ [形]勇气不足；胆怯：diffident; timid | 心里有点~ xīnlǐ yǒudiǎn xū *feel rather diffident*

墟 xū 14画 土部

墟墟墟墟墟墟墟墟墟墟墟墟墟

[名]ruins; place which is now deserted
废墟 fèixū

需 xū 14画 雨部

811

需 需需需需需需需需needs 需需需需需

[动]需要：need; want; require | 按~分配 ānxū fēnpēi *distribute according to requirement*
需求 xūqiú requirement; demand
需要 xūyào ① need; want; require; demand ② needs; demand; requirement; want
必需 bìxū　　急需 jíxū

徐 xú 10画 彳部

徐徐徐徐徐徐徐徐徐徐

[形]〈书〉慢慢地：slowly; gently | ~步 xúbù *walk slowly (leisurely)*
徐徐 xúxú slowly; gently

许 (許) xǔ 6画 讠部

许许许许许许

❶[动]认可；应允：allow; permit; promise | 特~ tèxǔ *give special permission*
许可 xǔkě permit; allow
不许 bùxǔ　　容许 róngxǔ
允许 yǔnxǔ

❷[动]预先答应；给予；献给：promise to give sth. to or do sth. for sb.; give a promise; dedicate (oneself to one's nation) | 我~给他一笔钱。Wǒ xǔgěi tā yī bǐ qián. *I promised to give him a sum of money.*

❸[副]或者；可能：maybe; perhaps
或许 huòxǔ　　也许 yěxǔ

❹[数]表示大约的数目或程度：indicating a rough estimation | ~久 xǔjiǔ *for a long time* / 少~ shǎoxǔ *a little*
许多 xǔduō many; much; a great deal of; a lot of

序 xù 7画 广部

序序序序序序序

❶[名]排列的先后：order; sequence | 先后有~ xiānhòu yǒuxù *in good sequence; in perfect order*
次序 cìxù　　顺序 shùnxù

❷[形]开头的；在正式内容之前的：introductory; initial | ~曲 xùqǔ *prelude* / ~幕 xùmù *prologue; prelude*
序言 xùyán preface; foreword

叙 xù 9画 又部

叙叙叙叙叙叙叙叙叙

❶[动]交谈；说：talk; chat | ~旧 xùjiù *talk about the old days*
叙谈 xùtán chat; talk together

❷[动](把事情经过)记下来或说出来：narrate; recount; relate | ~事 xùshì *narrate (in writing)* / 记~ jìxù *recount*
叙述 xùshù narrate; recount; relate

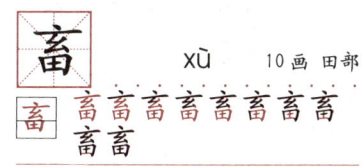

畜 xù 10画 田部

[动]饲养：raise (domestic animals)
畜牧 xùmù raise (rear) livestock or poultry
畜产品 xùchǎnpǐn livestock (animal) products
    See chù.

酗 xù 11画 酉部

See 酗酒
酗酒 xùjiǔ excessive drinking

绪(緒) xù 11画 纟部

[名]心情：mental or emotional state | 心~不宁 xīnxù-bùníng *be in a state of agitation*
情绪 qíngxù   思绪 sīxù

续(續) xù 11画 纟部

❶[动]接连；连接不断：continue; be successive | 陆~ lùxù *one after another*
持续 chíxù   继续 jìxù
连续 liánxù   连续剧 liánxùjù
断断续续 duànduàn-xùxù

❷[动]接在原有事物的后面或下面：continue; resume; extend; join
待~ dàixù *to be continued* / 这条绳子太短了，再~上一截儿吧。Zhè tiáo shéngzi tài duǎn le, zài xùshang yī jiér ba. *This string is too short. Let's join another piece onto it.*
续借 xùjiè renew (a library book)

絮 xù 12画 糸部

[形]话多；啰唆：long-winded; garrulous
絮叨 xùdao long-winded; garrulous; wordy

蓄 xù 13画 艹部

813

❶[动]储藏；积聚：store up; save up｜～水池xùshuǐchí *cistern; reservoir*

储蓄 chǔxù　　　积蓄 jīxù

❷[动]（心里）存有：entertain (ideas); harbour｜～意xùyì *premeditated*

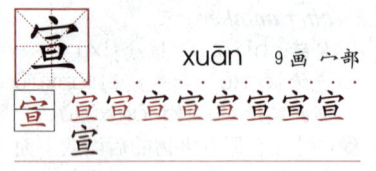

宣 xuān 9画 宀部

宣宣宣宣宣宣宣宣宣

[动]公开说出：declare; proclaim; announce｜～称 xuānchēng assert; declare; profess

宣布 xuānbù declare; proclaim; announce

宣传 xuānchuán conduct propaganda; propagate; disseminate; give publicity to

宣读 xuāndú read out (in public)

宣告 xuāngào declare; proclaim

宣判 xuānpàn (leg.) pronounce judgement

宣誓 xuānshì take an oath; swear an oath; make a vow; make a pledge

宣言 xuānyán declaration; manifesto

宣扬 xuānyáng publicise; propagate; advocate; advertise

◇宣纸 xuānzhǐ paper, a high quality paper made in Xuancheng in Anhui Province, esp. good for traditional Chinese painting and calligraphy

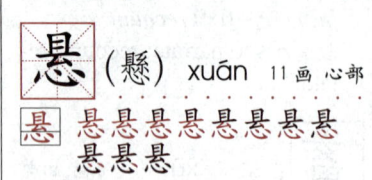

悬 (懸) xuán 11画 心部

悬悬悬悬悬悬悬悬悬悬悬

❶[动]吊，挂：hang｜明月高～。Míngyuè gāoxuán. *A bright moon hangs in the sky.*

悬挂 xuánguà ① hang; fly ② suspension

悬赏 xuánshǎng offer (or post) a reward

悬崖 xuányá overhanging (steep) cliff; precipice

❷[动]无着落；没结果：unresolved; unsettled｜～案xuán'àn *a suspended case* / 那件事还～在那儿。Nà jiàn shì hái xuán zài nàr. *The matter has not been settled yet.*

❸[动]记挂：miss; be concerned about

悬念 xuánniàn ① be concerned about (sb. who is elsewhere) ② suspense; audience's involvement in a film or play; reader's involvement in a piece of literature

旋 xuán 11画 方部

旋

旋旋旋旋旋旋旋旋旋旋旋

❶[动] 转动：revolve; circle; spin | 天~地转 tiānxuán-dìzhuàn *the sky and earth were spinning round*

旋转 xuánzhuǎn revolve; rotate; spin

盘旋 pánxuán

❷[动] 回来：return; come back

凯旋 kǎixuán

◇旋律 xuánlǜ melody

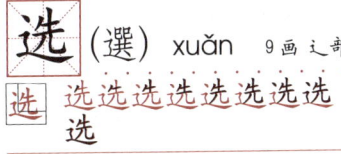

选 (選) xuǎn 9画 辶部

选选选选选选选选选

❶[动] 挑选：select; choose; pick | 筛~ shāixuǎn *screen; sieve* / ~种 xuǎnzhǒng *seed selection* / ~派 xuǎnpài *select and send*

选拔 xuǎnbá select; choose

选定 xuǎndìng decide on; settle for

选购 xuǎngòu pick out and buy; choose from a variety of goods

选集 xuǎnjí selected works

选取 xuǎnqǔ select; choose

选手 xuǎnshǒu an athlete selected for a sports meet; (selected) contestant; player

选修 xuǎnxiū take as an elective course

选用 xuǎnyòng select and use; choose and apply

选择 xuǎnzé select; choose; opt

挑选 tiāoxuǎn

❷[动] 选举：elect | ~代表 xuǎn dàibiǎo *select a representative* / ~劳动模范 xuǎn láodòng mófàn *elect the model worker*

选举 xuǎnjǔ elect

选民 xuǎnmín voter; elector

选票 xuǎnpiào vote; ballot

选中 xuǎnzhòng pick on; decide on; settle on

大选 dàxuǎn　当选 dāngxuǎn

竞选 jìngxuǎn　落选 luòxuǎn

评选 píngxuǎn　推选 tuīxuǎn

候选人 hòuxuǎnrén

削 xuē 9画 刂部

削削削削削削削削削

❶[动] 义同"削(xiāo)"：having the same meaning as "削 xiāo"

❷[动] 减少；减弱：lessen; reduce; cut down

削减 xuējiǎn cut down; reduce; slash; whittle down

削弱 xuēruò weaken; cripple

❸[动] 搜刮；掠取：plunder

剥削 bōxuē

See xiāo.

靴 xuē 13画 革部

靴靴靴靴靴靴靴靴靴靴靴靴靴

[名]boots | 皮~pí xuē *leather boots* / 雨~ yǔxuē *rubber boots* 靴子 xuēzi boots

穴 xué 5画 穴部

穴 穴穴穴穴穴

❶[名] 岩洞；窟窿；动物的窝：cave; pits in the ground or holes in some buildings; den; nest; lair | 虎~ hǔxué *tiger's lair* / 在地上挖个~ zài dìshang wā ge xué *dig a hole in the ground*

❷[名] 穴道, 人体可以针灸的部位：acupuncture point

学 (學) xué 8画 子部

学 学学学学学学学学

❶[动]学习：learn; study | ~文化 xué wénhuà *learn to read and write* / ~外语 xué wàiyǔ *learn (study) a foreign language* / ~技术 xué jìshù *learn a certain skill* / 你来教，大家~。Nǐ lái jiāo, dàjiā xué. *You teach us.*

学费 xuéfèi tuition fee; tuition
学历 xuélì record of formal schooling; educational background
学年 xuénián school (academic) year
学期 xuéqī school term; term; semester
学生 xuésheng ① student; pupil ② disciple; follower
学时 xuéshí class hour; period
学习 xuéxí study; learn; emulate
学校 xuéxiào school; educational institution
学业 xuéyè one's studies; school work
学员 xuéyuán student (usu. of a college or a training course)
学院 xuéyuàn college; academy; institute

教学 jiāoxué　　开学 kāixué
留学 liúxué　　　失学 shīxué
同学 tóngxué　　自学 zìxué
大学生 dàxuéshēng
留学生 liúxuéshēng
中学生 zhōngxuéshēng
高等学校 gāoděng xuéxiào

❷[动] 模仿：emulate; imitate; mimic | ~鸡叫 xué jī jiào *mimic the crowing of a cock* / 小男孩儿~他父亲走路。Xiǎo nánháir xué tā fùqin zǒulù. *The little boy imitates his father's way of walking.*

❸[名]学校：school
学制 xuézhì ① educational (school) system ② length of schooling

办学 bànxué　　大学 dàxué
放学 fàngxué　　上学 shàngxué
小学 xiǎoxué　　中学 zhōngxué

❹[名]学问，知识：learning; knowledge; scholarship | 博~ bóxué

broad in learning
学会 xuéhuì ① learn; master ② association
学派 xuépài school of thought; school; schools formed due to different theories and views in the same field of learning
学士 xuéshì ① scholar ② a holder of the bachelor's degree; bachelor
学术 xuéshù learning; science
学说 xuéshuō theory; doctrine
学位 xuéwèi academic degree; degree
学问 xuéwèn learning; knowledge; scholarship
学者 xuézhě scholar; learned man; man of learning
科学 kēxué   奖学金 jiǎngxuéjīn
科学家 kēxuéjiā
科学院 kēxuéyuàn
❺ [名] 学科: branch of learning; discipline | 语言~ yǔyánxué linguistics / 天文~ tiānwénxué astronomy
学科 xuékē branch of learning; course; subject; discipline
法学 fǎxué   汉学 hànxué
化学 huàxué   数学 shùxué
文学 wénxué   医学 yīxué
哲学 zhéxué
文学家 wénxuéjiā

雪 xuě 11画 雨部

雪 雪雪雪雪雪雪雪雪雪雪雪

❶ [名] snow | 积~ jīxuě accumulated snow; snow / 昨夜的~下得很大。Zuóyè de xuě xià de hěn dà. *It snowed heavily last night.*
雪花 xuěhuā snowflake
滑雪 huáxuě   瑞雪 ruìxuě
❷ [名] 颜色或光彩像雪的: (of color or gloss) snow-like; snowy | ~亮 xuěliàng *bright as snow*
雪白 xuěbái snow-white; snowy white

血 xuè 6画 血部

血 血血血血血血

[名] blood | 抽~ chōuxuè *draw blood* / 流~ liúxuè *shed blood* / 验~ yànxuè *have one's blood tested*
血管 xuèguǎn blood vessel
血汗 xuèhàn blood and sweat; sweat and toil
血压 xuèyā blood pressure
血液 xuèyè blood
鲜血 xiānxuè   心血 xīnxuè
白血病 báixuèbìng
高血压 gāoxuèyā
See xiě.

熏 xūn 14画 灬部

xuě ~ xūn

熏

熏熏熏熏熏熏熏熏熏熏熏熏熏熏

❶[动] 烟、气等接触物体，使变颜色或沾上气味：smoke; fumigate; subject things to smoke in order to change their color or smell | 烟把墙～黑了。Yān bǎ qiáng xūnhēi le. *The wall was blackened by smoke.* / 茉莉花可以～茶叶。Mòlihuā kěyǐ xūn cháyè. *Jasmine can be used to fumigate tea.*

❷[动] 用烟、火熏制食物：smoke (food) | ～肉 xūn ròu *smoked meat* / ～鱼 xūn yú *smoked fish*

旬

xún　6画 勹部

旬旬旬旬旬旬旬

[名] 十天为一旬：period of ten days
上旬 shàngxún　下旬 xiàxún
中旬 zhōngxún

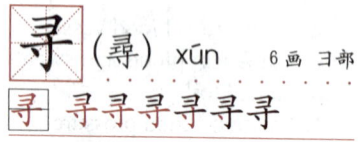

寻 (尋)

xún　6画 彐部

寻寻寻寻寻寻

[动] 找：look for; search; seek | ～人 xúnrén *look for someone* / ～物 xúnwù *look for sth. lost* / 自～烦恼 zì xún fánnǎo *bring trouble on oneself*

寻求 xúnqiú seek; explore; go in quest of

寻找 xúnzhǎo seek; look for
寻短见 xúnduǎnjiàn commit suicide; take one's own life
搜寻 sōuxún
◇寻常 xúncháng ordinary; usual; common
不同寻常 bùtóng-xúncháng

巡

xún　6画 辶部

巡巡巡巡巡巡

[动] patrol; make one's rounds; inspect
巡警 xúnjǐng policeman
巡逻 xúnluó go on patrol; walk (one's) beat

询 (詢)

xún　8画 讠部

询询询询询询询询

[动] 征求意见；打听：ask; enquire | 查～ cháxún *make inquiries (about)* / 咨～ zīxún *consult* / 探～ tànxún *make cautious inquiries about*
询问 xúnwèn ask about; inquire

循

xún　12画 彳部

循循循循循循循循循循

[动] 依照；遵守：follow; abide by; be in line with | ～序渐进

xúnxù-jiānjìn follow in proper order and advance gradually
循环 xúnhuán circulate; cycle; circle
遵循 zūnxún

训 (訓) xùn　5画　讠部

训 训训训训

[动]教导；斥责：talk to; instruct; admonish; teach | 受~ shòuxùn *get a talking-to* / 你不要~人。Nǐ bùyào xùn rén. *You'd better not to dress down people without good reason.*
训练 xùnliàn train; drill
集训 jíxùn　　教训 jiàoxùn
培训 péixùn
培训班 péixùnbān

讯 (訊) xùn　5画　讠部

讯 讯讯讯讯讯

[名]消息；信息：news; message; information | 电~ diànxùn *telegraph* / 音~ yīnxùn *news (about sb.)* / 消防队闻~赶到现场。Xiāofángduì wénxùn gǎndào xiànchǎng. *As soon as they were informed, the fire brigade rushed to the scene.*
通讯 tōngxùn　　喜讯 xǐxùn
资讯 zīxùn

迅 xùn　6画　辶部

迅 迅迅迅迅迅迅

[形]速度快：fast; swift | ~猛 xùnměng *swift and violent*
迅速 xùnsù rapid; swift; speedy; prompt

Y y

压 (壓) yā 6画 厂部

压压压压压压

❶ [动] 从上往下用力：press; push down; bring the pressure to bear on | ~平 yāpíng *flatten; even* / ~住 yāzhù *hold back; keep under control* / ~碎 yāsuì *crush into powder (small pieces)* / 乒乓球被~扁了。Pīngpāngqiú bèi yābiǎn le. *The ping-pang ball was flattened.*

压力 yālì pressure; stress
压缩 yāsuō compress; condense; reduce

❷ [动] 用强力制服；抑制：suppress; quell; crack down on | 以权势~人 yǐ quánshì yā rén *intimidate people by showing one's power* 他无法~住心头的怒火。Tā wúfǎ yāzhù xīntou de nùhuǒ. *He cannot hold back his rage.*

压迫 yāpò oppress
压抑 yāyì depress
压制 yāzhì suppress
镇压 zhènyā

❸ [动] 搁着不动；set aside; shelve; pigeonhole | 这份公文已经~了好久了。Zhè fèn gōngwén yǐjīng yāle hǎojiǔ le. *The document has been pigeonholed for a long time.*
积压 jīyā

❹ [名] 指压力：pressure; force applied uniformly over a surface
压岁钱 yāsuìqián money given to children as a lunar New Year gift
压台戏 yātáixì the last item on a theatrical programme
电压 diànyā   高压 gāoyā
气压 qìyā   血压 xuèyā
高血压 gāoxuèyā

呀 yā 7画 口部

呀呀呀呀呀呀呀

[叹] 表示惊异：expressing surprise | ~，这水真凉啊！Yā, zhè shuǐ zhēn liáng a! *Wow, how cold the water is!* / ~，这怎么办！Yā, zhè zěnme bàn! *So, what shall we do!*

哎呀 āiyā
　　See ya.

押 yā 8画 扌部

押押押押押押押

❶ [动] 以财物作担保：give as security; mortgage; pawn | ~金 yājīn *cash pledge; deposit* / 这

些首饰能～多少钱？Zhèxiē shǒushi néng yā duōshǎo qián? *How much can I get if I pawn these jewels?*
抵押 dǐyā
❷[动] 扣留，不准自由行动：detain; take into custody | 看～ kānyā *take into custody* / ～起来 yā qǐlai *put into jail; throw sb. into prison* / 他被～在警察局里。Tā bèi yā zài jǐngchájú li. *He is detained at a police station.*
关押 guānyā　　扣押 kòuyā
❸[动] 跟随着照料或看管：escort | ～车 yāchē *escort goods on a train, truck, etc.* / ～运货物 yāyùn huòwù *transport goods under escort*
◇押韵 yāyùn be in rhyme

鸦 (鴉) yā　9画 牙部

鸦鸦鸦鸦鸦鸦鸦鸦鸦

See below
乌鸦 wūyā
乌鸦嘴 wūyāzuǐ
◇鸦片 yāpiàn opium

鸭 (鴨) yā　10画 鸟部

鸭鸭鸭鸭鸭鸭鸭鸭鸭鸭

[名] duck

鸭子 yāzi duck
烤鸭 kǎoyā

牙 yá　4画 牙部

牙牙牙牙

❶[名] 牙齿：tooth | 拔～ báyá *extract (pull out) a tooth*
牙齿 yáchǐ tooth
牙膏 yágāo toothpaste
牙刷 yáshuā toothbrush
老掉牙 lǎodiàoyá
咬牙切齿 yǎoyá-qièchǐ
❷[名] 形状像牙齿的东西：sth. tooth-like | 月～ yuèyá *crescent*

芽 yá　7画 艹部

芽芽芽芽芽芽芽

[名] 植物的幼体，可以发育成茎、叶或花：sprout; shoot | 幼～ yòuyá *budlet* / 麦子已经发～了。Màizi yǐjīng fāyá le. *The wheat has sprouted.*
豆芽 dòuyá　　萌芽 méngyá

崖 yá　11画 山部

崖崖崖崖崖崖崖崖崖

[名] 高山陡壁的边：precipice; cliff | 山～ shānyá *precipice*
悬崖 xuányá

哑 (啞) yǎ　　9画 口部

哑 哑哑哑哑哑哑哑哑

❶[动]失去说话能力：lacking the power of speech; mute; dumb | 装聋作~ zhuānglóng-zuòyǎ *pretend to be deaf and dumb* / 他生来就~。Tā shēnglái jiù yǎ. *He has been dumb from birth.*

❷[形]发音困难或不清楚：husky; hoarse | 嗓子喊~了 sǎngzi hǎnyǎ le *shout oneself hoarse*

轧 (軋) yà　　5画 车部

轧 轧轧轧轧轧

❶[动]滚压：roll; run over | ~棉花 yà miánhua *gin cotton* / 把路面~平 bǎ lùmiàn yàpíng *roll the road surface flat* / 他被火车~了。Tā bèi huǒchē yà le. *He was run over by a train.*

❷[动]排挤：throw out; dispossess; disinherit | 倾~ qīngyà *engage in internal strife*

亚 (亞) yà　　6画 一部

亚 亚亚亚亚亚亚

[形]第二位的；次一等的：inferior; substandard
亚军 yàjūn second place
◇亚洲 Yàzhōu Asia

讶 (訝) yà　　6画 讠部

讶 讶讶讶讶讶讶

[动]惊奇；诧异：be astonished; wonder
惊讶 jīngyà

呀 ya　　7画 口部

呀 呀呀呀呀呀呀呀

[助]"啊"受前一个韵母a、e、o、i、ü的影响产生的音变，用在句末表示惊叹、强调等语气：used in place of "a"（啊）when the preceding character ends in sound a, e, i, o, or ü, used at the end of a sentence to indicate admiration, emphasis, etc. | 快来~！Kuài lái ya! *Come here, quickly!* / 马跑得真快~！Mǎ pǎo de zhēn kuài ya! *How fast the horse is running!* / 这个瓜~，甜得很。Zhège guā ya, tián de hěn. *The melon is so sweet!*

See yā.

烟 yān　　10画 火部

烟

烟烟烟烟烟烟烟烟烟烟

❶ [名] 物质燃烧时产生的气体：smoke; fume | 冒～mào yān give off smoke / 满屋子都是～。Mǎn wūzi dōu shì yān. *The room was filled with smoke.*
烟囱 yāncōng chimney

❷ [名] 像烟的东西：smoke-like thing | 他一溜～儿似的跑远了。Tā yīliūyānr shìde pǎoyuǎn le. *He disappeared in a flash.*
烟雾 yānwù smog

❸ [名] 烟草；烟草制品：tobacco; cigarette
烟草 yāncǎo tobacco (plant)
烟卷儿 yānjuǎnr cigarette
抽烟 chōuyān　吸烟 xīyān
香烟 xiāngyān

◇ 烟花 yānhuā ①（formal）a lovely spring scene ②（old）prostitution

淹

yān　11画 氵部

淹淹淹淹淹淹淹淹淹淹淹

[动] 浸没：flood; submerge | 庄稼被水～了。Zhuāngjia bèi shuǐ yān le. *The crops were flooded.*
淹没 yānmò flood out; drown

延

yán　6画 廴部

延延延延延延

❶ [动] 向长的方面发展：prolong; extend; protract | 蔓～mànyán spread / 绵～miányán be continuous
延长 yáncháng extend; prolong
延伸 yánshēn extend; stretch
延续 yánxù extend; continue

❷ [动] 推迟：put off; postpone | ～迟 yánchí postpone / 运动会因雨顺～。Yùndònghuì yīn yǔ shùnyán. *In case of rain, the sports meet was postponed to the first fine day.*
延缓 yánhuǎn delay; postpone; put off
延期 yánqī postpone; put off
延误 yánwù incur loss through delay
拖延 tuōyán

严（嚴）

yán　7画 一部

严严严严严严严

❶ [形] 严格；严厉：strict; stern; severe | 我们要～把质量关。Wǒmen yào yánbǎ zhìliàng guān. *We must exercise strict control over quality.* / 你对孩子管得似乎太～了。Nǐ duì háizi guǎn de sìhū tài yán le. *It seems that you are too strict with your children.*

严格 yángé strict; rigid; rigorous

严禁 yánjìn strictly forbid

严峻 yánjùn severe

严厉 yánlì stern; severe

严肃 yánsù solemn; serious; earnest

庄严 zhuāngyán 尊严 zūnyán

❷[形] 厉害的；高度的：severe; heavy; extreme | ~冬 yándōng *severe winter*

严寒 yánhán severe cold; bitter cold

严重 yánzhòng serious

❸[形] 严密；紧密：tight; close | 他的嘴很~。Tā de zuǐ hěn yán. *He is tight-mouthed.* / 把窗户关~。Bǎ chuānghu guānyán. *Shut the window tight.*

严谨 yánjǐn ① rigorous; strict; careful and precise ② compact; well-knit

严密 yánmì tight; close

戒严 jièyán

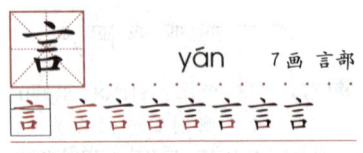

言 yán 7画 言部

言言言言言言言

❶[动] 说：say; talk; speak | 断~ duànyán *assert*

预言 yùyán

自言自语 zìyán-zìyǔ

总而言之 zǒng'éryánzhī

❷[名] 话：word; speech | 有~在先 yǒuyán-zàixiān *make clear beforehand* | 一~不发 yīyánbùfā *not utter a word*

言论 yánlùn speech

言语 yányǔ speech

传言 chuányán　发言 fāyán
留言 liúyán　　誓言 shìyán
婉言 wǎnyán　　文言 wényán
宣言 xuānyán　谣言 yáoyán
语言 yǔyán　　寓言 yùyán
发言人 fāyánrén

❸[名] 汉语的一个字：(in the Chinese language) word; character | 五~诗 wǔyánshī *Chinese classical poem with five characters to a line*

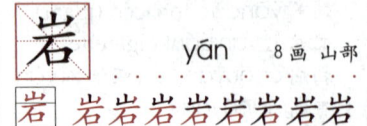

岩 yán 8画 山部

岩岩岩岩岩岩岩岩

See 岩石

岩石 yánshí rock; stone

炎 yán 8画 火部

炎炎炎炎炎炎炎炎

❶[形] 热：hot; burning hot | ~夏 yánxià *hot summer*

炎热 yánrè heat

❷[名] 炎症：inflammation | 肺~ fèiyán *pneumonia*

发炎 fāyán　关节炎 guānjiéyán
气管炎 qìguǎnyán

◇炎帝 Yándì also known as Shennong, a legendary ruler of

China in remote antiquity

沿 yán 8画 氵部

沿沿沿沿沿沿沿沿

❶ [介] 顺着：along | ～着河边走 yánzhe hébiān zǒu *walk along the river* | ～街种植了花木。Yánjiē zhōngzhí le huāmù. *Trees and flowers were planted along the streets.*
沿岸 yán'àn along the bank
沿海 yánhǎi along the coast; coastal
沿途 yántú on the way; throughout a journey
沿着 yánzhe along; follow; (act) in accordance with

❷ [名] 边缘：edge | 河～儿 héyánr *bank of a river* | 床～儿 chuángyánr *edge of a bed*
沿儿 yánr edge
前沿 qiányán

研 yán 9画 石部

研研研研研研研研研

[动] 精心思考；深入探求：research; study; look into | ～讨 yántǎo *discuss*
研究 yánjiū ①research; study ②consider; discuss; deliberate
研制 yánzhì develop; research and produce
研究生 yánjiūshēng graduate student; postgraduate
研究所 yánjiūsuǒ research institute
研究员 yánjiūyuán research fellow
科研 kēyán　　钻研 zuānyán
教研室 jiàoyánshì

盐 (鹽) yán 10画 皿部

盐盐盐盐盐盐盐盐盐盐

[名] 食盐：salt | 精～ jīngyán *refined salt; table salt* | 汤里再放点儿～。Tāng li zài fàng diǎnr yán. *Put a bit more salt into the soup.*

颜 (顏) yán 15画 页部

颜颜颜颜颜颜颜颜颜颜颜颜颜

[名] 色彩：colour | 五～六色 wǔyán-liùsè *colourful; a riot of colours*
颜色 yánsè colour; paint

衍 yǎn 9画 彳部

衍衍衍衍衍衍衍衍衍

See 敷衍

825

敷衍 fūyǎn

掩 yǎn 11画 扌部

掩掩掩掩掩掩掩掩掩掩掩

❶[动] 隐藏；遮盖：cover up; hide | 她双手～面。Tā shuāngshǒu yǎn miàn. *She covered her face with her hands.*

掩盖 yǎngài cover; conceal

掩护 yǎnhù shield; screen; cover

掩饰 yǎnshì cover up; conceal; gloss over

❷[动] 合上；关闭：shut; close | 请把门～上。Qǐng bǎ mén yǎnshang. *Close the door, please.*

眼 yǎn 11画 目部

眼眼眼眼眼眼眼眼眼眼眼

[名] 眼睛，人或动物的视觉器官：eye; human or animal organ of vision | 睁开～ zhēngkāi yǎn *open one's eyes* / 亲～所见 qīnyǎnsuǒjiàn *see with one's own eyes*

眼光 yǎnguāng eye; sight

眼睛 yǎnjing eye

眼镜 yǎnjìng glasses; spectacles

眼看 yǎnkàn ①in no time; very soon; in a moment ② look on passively

眼眶 yǎnkuàng eye socket; eyehole

眼泪 yǎnlèi tear

眼力 yǎnlì ① eyesight ② judgment

眼前 yǎnqián ① before one's eyes ② at the moment; at present; now

眼球 yǎnqiú eyeball

眼色 yǎnsè a meaningful glance

眼神 yǎnshén ① expression in one's eyes ② eyesight

眼下 yǎnxià at the moment; at present; now

龙眼 lóngyǎn

开眼界 kāiyǎnjiè

使眼色 shǐyǎnsè

势利眼 shìlìyǎn

◇针眼 zhēnyǎn

不起眼 bùqǐyǎn

偏心眼儿 piānxīnyǎnr

小心眼儿 xiǎoxīnyǎnr

演 yǎn 14画 氵部

演演演演演演演演演演演演演演

❶[动] 发展变化：develop; evolve | ～进 yǎnjìn *gradual progress* / ～化 yǎnhuà *evolve*

演变 yǎnbiàn develop; evolve

❷[动] 当众表演技艺：perform | ～杂技 yǎn zájì *perform acrobat-*

ics / ~电影 yǎn diànyǐng *act in a film* / 这个剧~得很好。Zhège jù yǎn de hěn hǎo. *The play was performed very well.*

演唱 yǎnchàng sing
演出 yǎnchū put on a performance
演技 yǎnjì acting; stage performance
演讲 yǎnjiǎng lecture; speak; address
演示 yǎnshì demonstrate; demonstration
演说 yǎnshuō make a speech; deliver an oration
演戏 yǎnxì ① put on a play; act in a play ② playact; pretend
演员 yǎnyuán actor; actress; performer
演奏 yǎnzòu give musical performance
演唱会 yǎnchànghuì vocal concert

扮演 bànyǎn　表演 biǎoyǎn
导演 dǎoyǎn　讲演 jiǎngyǎn
开演 kāiyǎn　上演 shàngyǎn
主演 zhǔyǎn

❸[动] （按程式）练习或计算：perform mathematical calculation
演算 yǎnsuàn calculation
演习 yǎnxí manoeuvre; drill; exercise; practise

厌 (厭) yàn　6画 厂部

厌 厌厌厌厌厌厌

[动]不喜欢、嫌弃：detest; be disgusted | 这几本书早就看~了。Zhè jǐ běn shū zǎo jiù kànyàn le. *I have had enough of these books.*

厌恶 yànwù detest; be struck with abhorrence
讨厌 tǎoyàn

咽 yàn　9画 口部

咽 咽咽咽咽咽咽咽咽

[动]使食物等经过咽(yān)头进入食道：swallow | 细嚼慢~ xìjiáomànyàn *chew carefully and swallow slowly* / 病人不能~东西。Bìngrén bùnéng yàn dōngxi. *The patient cannot swallow food.*

艳 (艷) yàn　10画 色部

艳 艳艳艳艳艳艳艳艳艳艳

[形]色彩鲜明夺目；美丽：gorgeous; colourful; gaudy | ~丽 yànlì *brightly-coloured and beautiful*
鲜艳 xiānyàn

宴 yàn 10画 宀部

宴宴宴宴宴宴宴宴宴宴

❶ [动] 请人吃饭喝酒；聚在一起会餐：fete; entertain sb. at a feast | 大～宾客 dà yàn bīnkè *entertain guests at a grand banquet* / 欢～ huānyàn *merry feast*
宴会 yànhuì banquet
宴请 yànqǐng entertain (to dinner); fete
宴席 yànxí banquet; feast
❷ [名] 酒席：banquet | 设～ shèyàn *give a banquet* / 盛～ shèngyàn *grand banquet*

验 (驗) yàn 10画 马部

验验验验验验验验验验

❶ [动] 产生预期的效果：prove effective; produce an expected result | 灵～ língyàn *efficacious* / 应～ yìngyàn *come true*
❷ [动] 检查；察看：inspect; examine; check | ～算 yànsuàn *verify the result of a mathematical calculation; check computations* / ～血 yànxiě *blood test*
验收 yànshōu check before acceptance; check upon delivery
验证 yànzhèng test and verify

测验 cèyàn　化验 huàyàn
检验 jiǎnyàn　考验 kǎoyàn
实验 shíyàn　试验 shìyàn
体验 tǐyàn
实验室 shíyànshì
◇ 经验 jīngyàn

焰 yàn 12画 火部

焰焰焰焰焰焰焰焰焰焰焰

[名] 火苗：flame; blaze | 气～ qìyàn *arrogance*
火焰 huǒyàn

燕 yàn 16画 灬部

燕燕燕燕燕燕燕燕燕燕燕燕燕燕燕燕

[名] swallow
燕子 yànzi swallow

扬 (揚) yáng 6画 扌部

扬扬扬扬扬扬

❶ [动] 高举；升起：raise; hoist | ～手 yángshǒu *put up one's hand* / 飞～ fēiyáng *fly upward* / ～起灰尘 yángqǐ huīchén *raise (kick up) dust*
昂扬 ángyáng　飘扬 piāoyáng
❷ [动] 往上撒：throw up and scatter | 他把土～得到处都是。Tā bǎ

tǔ yáng de dàochù dōu shì. *He scattered the earth here and there.*

❸ [动] 传出去：spread; make known | 颂~sòngyáng *sing sb's praises*

表扬 biǎoyáng　　发扬 fāyáng
宣扬 xuānyáng

◇扬琴 yángqín dulcimer

羊 yáng 6画 羊部

羊羊羊羊羊羊

[名] sheep; goat | 放~ fàng yáng *graze sheep* / 一群~ yī qún yáng *a flock of sheep*

羊绒 yángróng cashmere
山羊 shānyáng
替罪羊 tìzuìyáng

阳 (陽) yáng 6画 阝(左)部

阳阳阳阳阳阳

❶ [名] 太阳；日光：sun | 朝~ zhāo-yáng *the rising sun* / 这间屋子向~。Zhè jiān wūzi xiàng yáng. *The room faces south.*

阳光 yángguāng sunlight; sunshine
太阳 tàiyáng
太阳能 tàiyángnéng

❷ [名] 山或建筑物的南面：south of a mountain or building

❸ [形] 外露的；表面的：open; overt; outward | ~沟 yánggōu *open ditch*

阳台 yángtái balcony; veranda

◇重阳节 Chóngyángjié

杨 (楊) yáng 7画 木部

杨杨杨杨杨杨

See below

杨梅 yángméi (bot.) red bayberry (*Myrica rubra*)
杨树 yángshù poplar
杨桃 yángtáo ① another name for carambola; the fruit of carambola; star fruit ② another name for *Actinidia chinensis*

洋 yáng 9画 氵部

洋洋洋洋洋洋洋洋洋

❶ [名] 比海更大的水域：ocean; vast bodies of salt water | 太平~ Tàipíngyáng *the Pacific Ocean*

海洋 hǎiyáng
汪洋 wāngyáng
北冰洋 Běibīngyáng
大洋洲 Dàyángzhōu
大西洋 Dàxīyáng
印度洋 Yìndùyáng

❷ [形] 外来的；外国的：foreign | ~货 yánghuò *imported*

goods / ~房 yángfáng Western-style house
洋葱 yángcōng onion
❸ [形] 现代化的（跟"土 tǔ"相对）: modern (the opposite of "土 tǔ") | 土~结合 tǔyǎngjiéhé combine traditional and modern methods
◇磨洋工 móyánggōng

仰 yǎng 6画 亻部

仰 仰仰仰仰仰仰

❶ [动] 脸向上；抬头向上（跟"俯 fǔ"相对）: face upward (the opposite of "俯 fǔ") | ~着睡 yǎngzhe shuì sleep on one's back / ~起头来 yǎngqǐ tóu lai raise one's head
❷ [动] 敬慕，佩服: look up to; admire; respect | 敬~ jìngyǎng revere; venerate / 久~ jiǔyǎng have long been looking forward to meeting sb.
信仰 xìnyǎng 瞻仰 zhānyǎng
❸ [动] 依靠；借助: rely on | ~仗 yǎngzhàng rely on; look to sb. for support

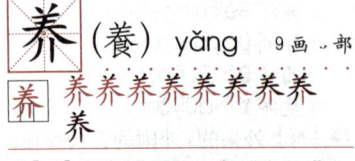

养 (養) yǎng 9画 丷部

养养养养养养养养养

❶ [动] 饲养（动物）；培植（花草）: raise (animals); grow (plants) | ~鱼 yǎngyú breed fish / ~花儿 yǎnghuār cultivate flowers
养殖 yǎngzhí breed; cultivate
饲养 sìyǎng
❷ [动] 供给维持生活必需的钱物: support; provide for | ~家 yǎngjiā support one's family / 她好不容易把这孩子~大。Tā hǎobùróngyì bǎ zhè háizi yǎngdà. She have had a hard time to bring up the child.
养活 yǎnghuo support; feed
养老 yǎnglǎo ① provide for the aged (usu. one's parents) ② live out one's life in retirement
养育 yǎngyù bring up; rear
抚养 fǔyǎng 供养 gōngyǎng
❸ [动] 生育: give birth to | 她~了个儿子。Tā yǎngle ge érzi. She gave birth to a boy.
❹ [动] 休息，调理，滋补: rest; convalesce; recuperate one's health | ~病 yǎngbìng take rest and nourishment to regain one's health / ~身体 yǎng shēntǐ recuperate
养分 yǎngfēn nutrient
养料 yǎngliào nutriment; nourishment
养生 yǎngshēng care for life; conserve one's vital powers; preserve one's health; keep in good health

保养 bǎoyǎng　疗养 liáoyǎng
休养 xiūyǎng

❺ [动] 培养；形成；修养：form; acquire; cultivate | 他~成了爱劳动的好习惯。Tā yǎngchéngle ài láodòng de hǎo xíguàn. *He has cultivated the good habit of doing physical labor.*

养成 yǎngchéng form; cultivate; develop

培养 péiyǎng　修养 xiūyǎng

氧 yǎng 10画 气部

氧氧氧氧氧氧氧氧氧氧

[名] oxygen | 吸~ xīyǎng *inhale oxygen*

氧化 yǎnghuà oxidize; oxidate
氧气 yǎngqì oxygen
二氧化碳 èryǎnghuàtàn

痒 (癢) yǎng 11画 疒部

痒痒痒痒痒痒痒痒痒痒

❶ [形] 皮肤受刺激要抓搔的一种感觉：itch, an uneasy sensation on the skin | 浑身~得难受。Húnshēn yǎng de nánshòu. *It itches all over the body.*

❷ [动] 产生想做某事的愿望：be eager to do sth.

样 (樣) yǎng 10画 木部

样样样样样样样样样样

❶ [名] 形状：shape; form | 留心别把鞋穿走~。Liúxīn bié bǎ xié chuān zǒuyàng. *Be careful to wear your shoes in a proper way, otherwise it will lose shape.*

样式 yàngshì pattern; type; style; form
样子 yàngzi shape
多样 duōyàng　花样 huāyàng
模样 múyàng　那样 nàyàng
式样 shìyàng　同样 tóngyàng
一样 yīyàng　怎样 zěnyàng
照样 zhàoyàng
字样 zìyàng
像样儿 xiàngyàngr
怎么样 zěnmeyàng
各式各样 gèshì-gèyàng
各种各样 gèzhǒng-gèyàng

❷ [名] 作标准的东西：model; sample | 式~ shìyàng *pattern* / 鞋~ xiéyàng *outline of a shoe* / 抽~检查 chōuyàng jiǎnchá *sample survey; random check*

样本 yàngběn ① sample book ② (print) sample; specimen
样品 yàngpǐn sample; specimen
榜样 bǎngyàng

831

看样子 kànyàngzi

❸ [量] 表示事物的种类: kind; type | 两~儿菜 liǎng yàngr cài *two dishes* / 四~儿东西 sì yàngr dōngxi *four things* / ~~都有 yàngyàng dōu yǒu *of all kinds; assorted*

妖

yāo　7画 女部

妖妖妖妖妖妖妖

[名] goblin; demon

妖怪 yāoguai monster; bogy; goblin; demon

要

yāo　9画 西部

要要要要要要要要要

[动] 求: demand; ask

要求 yāoqiú ask; demand; require; claim; request

See yào.

腰

yāo　13画 月部

腰腰腰腰腰腰腰腰腰腰腰腰腰

❶ [名] waist; the small of the back | 弯~ wānyāo *bend down* / 他扭伤了~。Tā niǔshāngle yāo. *He had his back sprained.*

腰带 yāodài belt; girdle

掏腰包 tāoyāobāo

❷ [名] 事物的中部: midde

山腰 shānyāo

邀

yāo　16画 辶部

邀邀邀邀邀邀邀邀邀邀邀邀邀邀

[动] 约请: invite; ask | 今天你是特~嘉宾。Jīntiān nǐ shì tèyāo jiābīn. *You are today's honoured guest.* / 我~他来参加联欢会了。Wǒ yāo tā lái cānjiā liánhuānhuì le. *I have invited him to attend our get-together.*

邀请 yāoqǐng invite

应邀 yìngyāo

窑

yāo　11画 穴部

窑窑窑窑窑窑窑窑窑窑窑

❶ [名] 烧制砖、瓦、陶瓷等的建筑物: kiln; oven; furnace used for processing bricks, tiles, or ceramics by burning | 砖~ zhuānyáo *brick kiln*

❷ [名] 土法生产的煤矿: coal pit that mines coal using old-fashioned methods | 煤~ méiyáo *coal pit*

谣 (謠) yáo 12画 讠部

谣谣谣谣谣谣谣谣谣谣谣谣

[名] 没有事实根据的传说: rumour | 造~ zàoyáo *start a rumour* / 辟~ pìyáo *refute a rumour*

谣言 yáoyán rumour

摇 yáo 13画 扌部

摇摇摇摇摇摇摇摇摇摇摇摇摇

[动] 来回摆动；使来回摆动: shake; wave; rock; turn | ~头 yáotóu *shake one's head* / ~铃 yáolíng *ring a bell* / ~扇子 yáo shānzi *wave a fan* / 小狗~着尾巴跑了。Xiǎogǒu yáozhe wěiba pǎo le. *Wagging its tail, the little dog ran off.*

摇摆 yáobǎi sway; swing; rock; vacillate

摇滚 yáogǔn rock and roll; rock (music)

摇晃 yáohuàng rock; sway; shake

摇篮 yáolán cradle

摇头 yáotóu shake one's head

动摇 dòngyáo

遥 yáo 13画 辶部

遥遥遥遥遥遥遥遥遥遥遥遥遥

[形] 远: distant; remote; far | ~望 yáowàng *look into the distance*

遥控 yáokòng remote control; telecontrol

遥远 yáoyuǎn remote; distant; faraway

咬 yǎo 9画 口部

咬咬咬咬咬咬咬咬咬

❶ [动] 用牙齿夹住或夹碎东西: bite; snap at; seize; pierce or cut with teeth | ~断 yǎoduàn *snap and break* / ~紧牙齿 yǎojǐn yáchǐ *grit one's teeth* / ~了口苹果 yǎole kǒu píngguǒ *take a bite at the apple*

咬牙切齿 yǎoyá-qièchǐ gnash one's teeth

❷ [动] 受审讯或责难时牵扯上无关或无辜的人: incriminate sb. (oft. innocent) | 反~一口 fǎnyǎo yīkǒu *trump up a countercharge against one's accuser* / 别乱~好人。Bié luànyǎo hǎorén. *Don't implicate the innocent.*

❸ [动] 读准（字音）: pronounce; articulate; be nitpicking about the use of words | ~字清楚 yǎozì qīngchu *clear articula-*

833

tion (enunciation) / 这个字他~得很准。Zhège zì tā yǎo de hěn zhǔn. *He pronounced this word correctly.*

药 (藥) yǎo 9画 艹部

药药药药药药药药药

❶ [名] 能防病、治病或消灭虫害的物品：medicine; drug; remedy | 服~ fúyào *take medicine* / 这~已经见效了。Zhè yào yǐjīng jiànxiào le. *This medicine (remedy) has taken effect.*

药材 yàocái medicinal material; crude drug

药店 yàodiàn drugstore; chemist's shop; pharmacy

药方 yàofāng prescription

药品 yàopǐn medicine; drug

药物 yàowù medication; medicine

药水儿 yàoshuǐr ① liquid medicine; medicinal liquid ② lotion

成药 chéngyào

农药 nóngyào   西药 xīyào

医药 yīyào   中药 zhōngyào

处方药 chǔfāngyào

❷ [名] 有化学作用的物品：certain chemicals | 杀虫~ shāchóngyào *insecticide; pesticide*

弹药 dànyào   火药 huǒyào

炸药 zhàyào

◇山药 shānyao

要 yào 9画 西部

要要要要要要要要要

❶ [名] 主要的内容：main points; essentials | 概~ gàiyào *essentials*

纲要 gāngyào   纪要 jìyào

提要 tíyào   摘要 zhāiyào

❷ [形] 重要：important | 紧~ jǐnyào *critical* / ~事 yàoshì *important matter*

要点 yàodiǎn essentials; key points; gist

要紧 yàojǐn important; essential

要领 yàolǐng main points; essentials

要素 yàosù essential factor; key element

次要 cìyào   简要 jiǎnyào

首要 shǒuyào 重要 zhòngyào

主要 zhǔyào

不要紧 bùyàojǐn

❸ [动] 希望得到或保有：want to keep | 我~这本书。Wǒ yào zhè běn shū. *I want this book.* / 这东西他还~呢！Zhè dōngxi tā hái yào ne! *He still needs it.* / 我想~一个房间。Wǒ xiǎng yào yī gè fángjiān. *I need a room.*

不要脸 bùyàoliǎn

❹ [动] 索取：demand; ask for | ~钱 yào qián *ask for money* / 弟弟跟姐姐~一支钢笔。Dìdi gēn jiějie yào yī zhī gāngbǐ. *The younger brother begged his elder sister to give him a pen.*

要命 yàomìng drive sb. to his death; kill

索要 suǒyào

❺ [动] 要求；请求：ask; entreat | 他~我和他一起去学校。Tā yào wǒ hé tā yīqǐ qù xuéxiāo. *He asked me to go to school with him.* / 他~我陪你去。Tā yào wǒ péi nǐ qù. *He asked me to go with you.*

❻ [动] 需要：need; take | 到那里~两个小时。Dào nàli yào liǎng gè xiǎoshí. *It takes two hours to get there.* / 这项任务~十天才能完成。Zhè xiàng rènwù yào shí tiān cáinéng wánchéng. *It will take ten days to get the work done.*

需要 xūyào

❼ [动] 应该；必须：must; should; it is necessary | ~努力学习 yào nǔlì xuéxí *should study hard* / 你说话做事都~当心。Nǐ shuōhuà zuòshì dōu yào dāngxīn. *You must be careful with your words and deeds.* / 这个箱子~马上抬走。Zhège xiāngzi yào mǎshàng táizǒu. *Carry this trunk away immediately.*

❽ [动] 准备；将要：will; be going to | 天快~黑了。Tiān kuài yào hēi le. *It is going to be dark.* / 明天他就~回来了。Míngtiān tā jiùyào huílai le. *He'll be back tomorrow.*

将要 jiāngyào

❾ [连] 如果：if; suppose; in case | 你~能来就好了。Nǐ yào néng lái jiù hǎo le. *It would be nice if you could come.* / 他~不去，我也不去。Tā yào bù qù, wǒ yě bù qù. *If he won't go, nor will I.*

要不 yàobù otherwise; or else; or

要么 yàome (conj.) or; either ... or ...

要是 yàoshi if; suppose; in case

要不然 yàoburán otherwise; or else; or

要不是 yàobushì if it were not for; but for

◇要好 yàohǎo ① be on good terms; be close friends ② eager to improve oneself; try hard to make progress

就要 jiùyào

See yāo.

钥 (鑰) yào　9画 钅部

钥 钥 钥 钥 钥 钥 钥 钥 钥

See 钥匙

钥匙 yàoshi key

耀 yào 20画 ⺌部

耀耀耀耀耀耀耀耀耀耀耀耀耀耀耀

[动] 强光照射：shine; illuminate; dazzle

耀眼 yàoyǎn dazzling
闪耀 shǎnyào　照耀 zhàoyào

爷(爺) yé 6画 父部

爷爷爷爷爷爷

[名] 祖父：grandfather

爷爷 yéye ① (paternal) grandfather ② grandpa (a respectful form of address for an old man)
大爷 dàye　　　姥爷 lǎoye
◇老大爷 lǎodàye
老天爷 lǎotiānyé

也 yě 3画 ⼄部

也也也

❶[副] 表示两事相同：also; too; either | 他~是上海人。Tā yě shì Shànghǎirén. *He is also a Shanghainese.* / 你去, 我~去。Nǐ qù, wǒ yě qù. *If you go, I'll go too.*

❷[副] 表示无论怎样,后果都相同：whether...or; no matter whether; even if | 你不说我~知道。Nǐ bù shuō wǒ yě zhīdào. *Whether you tell me or not, I knew it already.* / 即使下雨, 我~要出门。Jíshǐ xiàyǔ, wǒ yě yào chūmén. *I shall go out even if it rains.*

❸[副] 表示"甚至 shènzhì",加强语气：used for emphasis | 一颗粮食~不能浪费。Yī kē liángshi yě bùnéng làngfèi. *We should cherish even a single grain.* / 再冷的天我~不怕。Zài lěng de tiān wǒ yě bù pà. *I can stand colder weather than this.*

❹[副] 表示委婉语气：used in a hesitant or guarded way | 我看~只好这样了。Wǒ kàn yě zhǐhǎo zhèyàng le. *We'll have to leave it like that.*

◇也许 yěxǔ perhaps; probably; maybe

冶 yě 7画 冫部

冶冶冶冶冶冶冶

[动] 熔炼(金属)：smelt (metal)

冶金 yějīn metallurgy
冶炼 yěliàn smelt

野 yě 11画 里部

野

野野野野野野野野野野野野

❶ [名] 郊外：open country; the open | 旷~kuāngyě *open country*

野餐 yěcān picnic
野外 yěwài open country; field
田野 tiányě　　　越野 yuèyě

❷ [形] 蛮横；粗鲁：rude; rough; uncivilized; savage | 粗~cūyě *boorish* / 这人说话太~了。Zhè rén shuōhuà tài yě le. *The man speaks too rudely.*

野蛮 yěmán barbarous; brutal; cruel; savage

❸ [形] 不受约束的：unrestrained; abandoned; unruly | 这孩子心都玩儿~了。Zhè háizi xīn dōu wánr yě le. *After such a joyful leisure time, the child became wild and couldn't concentrate on his school work.*

野心 yěxīn ambition; careerism

❹ [形] 非人工培植、饲养的（动植物）：(of animals and plants) wild; uncultivated; untamed; undomesticated | ~草 yěcǎo *weeds* / ~鸭 yěyā *wild duck*

野生 yěshēng wild
野兽 yěshòu wild beast

❺ [名] 范围；界限：limit; boundary

视野 shìyě

业 (業) yè　5画 业部

业业业业业

❶ [名] 学业；学习的内容或过程：schooling; course of study; study process

毕业 bìyè　　　结业 jiéyè
作业 zuòyè
毕业生 bìyèshēng

❷ [名] 职业；所从事的工作：occupation; profession; employment | 就~ jiùyè *employment* / 转~ zhuǎnyè *be transferred to civilian work* / 失~ shīyè *be out of a job* / 他以做木工活儿为~。Tā yǐ zuò mùgōnghuór wéi yè. *He is a carpenter by profession.*

业绩 yèjì outstanding achievement
业务 yèwù vocational work; professional work; business
业余 yèyú sparetime; after-work; amateur

创业 chuàngyè　从业 cóngyè
待业 dàiyè　　　副业 fùyè
敬业 jìngyè　　　开业 kāiyè
事业 shìyè　　　停业 tíngyè
营业 yíngyè　　　职业 zhíyè
专业 zhuānyè
专业户 zhuānyèhù

❸ [名] 职业的类别；行业：kind of occupation; line of business | 饮食~ yǐnshíyè *catering trade*

工业 gōngyè　　　行业 hángyè

837

林业 línyè　　农业 nóngyè
企业 qǐyè　　商业 shāngyè
物业 wùyè
工业化 gōngyèhuà
轻工业 qīnggōngyè
重工业 zhònggōngyè
各行各业 gèháng-gèyè

❹ [名] 财产: estate; property | 家～ jiāyè *family property*

业主 yèzhǔ owner (of an enterprise or estate); proprietor

产业 chǎnyè

叶 (葉) yè　　5画 口部

叶 叶叶叶叶叶

[名] 叶子: leaf; foliage | 落～ luòyè *fallen leaves* / 树～ shùyè *tree leaves* / 菜～ càiyè *vegetable leaves*

叶子 yèzi leaf

页 (頁) yè　　6画 页部

页 页页页页页页

[量] 指书本中一张纸的一面: page; leaf | 一～信纸 yī yè xìnzhǐ *a piece of letter paper* / 把书翻到第 5～。Bǎ shū fāndào dì-wǔ yè. *Turn to page five, please.*

网页 wǎngyè　　主页 zhǔyè

夜 yè　　8画 亠部

夜 夜夜夜夜夜夜夜

[名] 从天黑到天亮的一段时间(跟"日 rì""昼 zhòu"相对): night; evening; the time from dusk to dawn (the opposite of "日 rì" or "昼 zhòu") | 一个寒冷的冬～ yī gè hánlěng de dōngyè *one cold winter night (winter evening)* / 几天几～也讲不完。Jǐ tiān jǐ yè yě jiǎngbuwán. *It would take days to tell the story.*

夜班 yèbān night shift
夜间 yèjiān at night
夜里 yèlǐ at night
夜晚 yèwǎn night
夜猫子 yēmāozi (dial.) ① owl ② a person who goes to bed late; night owl
夜深人静 yèshēn-rénjìng all is quiet at dead of night; in late night silence

半夜 bànyè　　黑夜 hēiyè
连夜 liányè　　日夜 rìyè
深夜 shēnyè　　昼夜 zhòuyè
开夜车 kāiyèchē
年夜饭 niányèfàn

液 yè　　11画 氵部

液 液液液液液液液液液液液

[名] 液体: liquid; fluid; juice | 血～ xuèyè *blood* / 溶～ róngyè *solution*

液体 yètǐ liquid
◇液晶 yèjīng liquid crystal

yī   1画 一部

一

❶ [数] 数目，最小的整数：one, the smallest positive integer | ~张嘴 yī zhāng zuǐ *a mouth* / ~个人 yī gè rén *a person* / ~张桌子 yī zhāng zhuōzi *a table*

一半 yībàn one half; half

一边 yībiān ①one side ②at the same time; simultaneously

一侧 yīcè one side; side

一带 yīdài area around a particular place

一旦 yīdàn ① single day; very short time ②once; in case; now that

一度 yīdù once; on one occasion; for a time

一举 yījǔ with one action; at one stroke; at one fell swoop

一旁 yīpáng one side

一时 yīshí ① a period of time ② for a short while; temporary; momentary

一手 yīshǒu ① proficiency; skill ② trick; move ③ single-handed; all by oneself; all alone

一些 yīxiē a number of; certain; some; a few; a little

一行 yīxíng a group travelling together; party

一一 yīyī one by one; one after another

一再 yīzài time and again; again and again; repeatedly

一阵 yīzhèn a burst; a fit; a peal

一部分 yībùfen a part (or section, share) of

一把手 yībǎshǒu ① a party to an undertaking; a member; a hand ② a good hand ③ first in command; number one man; a person holding primary responsibility

一次性 yīcìxìng ① once only (without a second time) ② disposable

一点儿 yīdiǎnr a bit; a little

一会儿 yīhuìr ①a little while ② in a moment; presently ③ now...now...; one moment...the next...

一口气 yīkǒuqì ① one breath ② in one breath; without a break; at one go; at a stretch

一窝蜂 yīwōfēng like a swarm of bees

一帆风顺 yīfān-fēngshùn plain (smooth) sailing

一分为二 yīfēn-wéi'èr one divides into two—everything has its good and bad sides; there are two sides to everything

一干二净 yīgān-èrjìng thoroughly; completely

一哄而起 yīhōng'érqǐ (of a group of people) be aroused to

participate action; rush headlong into mass action

一技之长 yījìzhīcháng proficiency in a particular line (field); professional skill; speciality

一毛不拔 yīmáo-bùbá unwilling to give up even a hair; very stingy

万一 wànyī   之一 zhīyī
老一套 lǎoyītào

❷ [形] 相同；一样：same; alike | 意见不~ yìjiàn bùyī *different opinions* / 大小不~ dàxiǎo bùyī *different in size* / 我们都住在~个地方。Wǒmen dōu zhùzài yī gè dìfang. *We all live at the same place*.

一般 yībān ①same as; just like ② general; ordinary; common

一道 yīdào together; side by side; alongside

一概 yīgài one and all; without exception; totally; categorically

一律 yīlǜ ① same; alike; uniform ② all; without exception

一齐 yīqí at the same time; simultaneously; in unison

一起 yīqǐ ① in the same place ②together; in company ③altogether; in all

一同 yītóng together; at the same time and place

一样 yīyàng same; equal; alike; as...as...

一致 yīzhì showing no difference; identical; unanimous; consistent

一块儿 yīkuàir ① at the same place ② together

一概而论 yīgài'érlùn treat (different matters) as the same

单一 dānyī   同一 tóngyī
唯一 wéiyī

❸ [形] 全；满：whole; all; throughout | ~身汗 yī shēn hàn *sweat all over* / ~屋子人 yī wūzi rén *a room full of people*

一共 yīgòng altogether; in all; all told

一贯 yīguàn consistent; persistent; all along

一切 yīqiè all; every; everything

一身 yīshēn ①the whole body; all over the body ② a suit

一生 yīshēng all one's life; throughout one's life

一向 yīxiàng ① earlier on; lately ② consistently; all along

一直 yīzhí ① straight ② continuously; always; all along; all the way

一辈子 yībèizi all one's life; throughout one's life; as long as one lives; a lifetime

一场空 yīchǎngkōng all in vain; futile

统一 tǒngyī
不顾一切 bùgù-yīqiè

❹ [副] 表示动作、变化突然出现：indicating that an action occurs just once or lasts for a short time

| 咳~声 ké yī shēng *give a cough* / 瞧~眼 qiáo yī yǎn *take a look*

一头 yītóu directly; headlong

一下 yīxià ① one time; once ② in a short while; all at once; all of a sudden

一下子 yīxiàzi suddenly; all at once

❺ [副] 跟"就"呼应，表示前后两件事紧接着发生：used with "就 jiù" to indicate that an action occurs immediately after another | 他~说话就笑。Tā yī shuōhuà jiù xiào. *Whenever he speaks, he smiles.* / 我~看就明白了。Wǒ yī kàn jiù míngbai le. *I understand as soon as I see it.* / 天~亮他就起床。Tiān yī liàng tā jiù qǐchuáng. *He got up as soon as the day broke.*

一…就… yī…jiù… no sooner...than...; the moment...; as soon as; once

❻ [数] 用在重叠的动词之间，表示动作是短暂的或尝试性的：used in the middle of a duplicated verb, oft. a single syllable | 看~看 kànyikàn *take a look* / 你们最好再谈~谈。Nǐmen zuìhǎo zài tányitán. *You'd better talk about it again.*

◇ 一定 yīdìng ① fixed; specified; definite; regular ② certainly; surely; necessarily ③ given; particular; certain

一连 yīlián in a row; in succession; running

一流 yīliú ① a kind; the same kind ② first-class; first-rate; top-notch

一心 yīxīn ① wholeheartedly; heart and soul ② of one mind; as one

一边…一边… yībiān … yībiān … at the same time; simultaneously

一面…一面… yīmiàn … yīmiàn … at the same time; simutaneously

一心一意 yīxīn-yīyì heart and soul; wholeheartedly

伊 yī 6画 亻部

伊伊伊伊伊伊

See 伊斯兰教

伊斯兰教 Yīsīlánjiào Islam; Islamism

衣 yī 6画 衣部

衣衣衣衣衣衣

[名] 衣服：clothing; clothes | 内~ nèiyī *underwear*

衣服 yīfu clothes; clothing; dress; garment

衣裳 yīshang clothing; clothes

衣物 yīwù clothing and other articles of daily use

841

衬衣 chènyī　　大衣 dàyī
风衣 fēngyī　　毛衣 máoyī
棉衣 miányī
上衣 shàngyī　　睡衣 shuìyī
外衣 wàiyī　　雨衣 yǔyī
浴衣 yùyī
更衣室 gēngyīshì
洗衣机 xǐyījī

医 (醫) yī　7画 匚部

医 医 医 医 医 医 医

❶ [名] 医生：doctor | 牙~ yáyī dentist

法医 fǎyī　　军医 jūnyī

❷ [动] 治疗：cure; treat | 有病应该早~。Yǒu bìng yīnggāi zǎo yī. *It's better to see the doctor in time when you fall ill.* / 张大夫~好了我的病。Zhāng dàifu yīhǎole wǒ de bìng. *Doctor zhang cured my illness.*

医疗 yīliáo treat
医生 yīshēng doctor; physician; surgeon; medical practitioner
医师 yīshī (qualified) doctor
医术 yīshù medical skill; art of healing
医务 yīwù medical matter
医学 yīxué medical science; medicine
医药 yīyào medicine
医院 yīyuàn hospital
医治 yīzhì cure; treat; heal

医务室 yīwùshì clinic (usu. affiliated to an organization, school, etc.)
就医 jiùyī

❸ [名] 医学：medicine | ~术 yīshù *medical skill* / 他不喜欢学~。Tā bù xǐhuan xué yī. *He doesn't like to study medicine.*

西医 xīyī　　中医 zhōngyī

依 yī　8画 亻部

依 依 依 依 依 依 依 依

❶ [动] 靠；依赖：fall back on; rely on; depend on | 孩子~在妈妈怀里。Háizi yī zài māma huáili. *The child held on to his mother's bosom.*

依据 yījù ① according to; in the light of; on the basis of; judging by ② basis; foundation
依靠 yīkào depend on; rely on; be dependent on
依赖 yīlài depend on; rely on; be dependent on
依托 yītuō ① rely on; depend on ② support; prop; backing

❷ [动] 顺从；听从：be obedient; comply with; listen to | ~顺 yīshùn *obedience* / 这次就~你吧！Zhè cì jiù yī nǐ ba! *I comply with your idea this time.*

❸ [介] 按照；根据：according to; in the light; judging by | ~我看，

这样办可以。Yī wǒ kàn, zhèyàng bàn kěyǐ. *In my opinion, we can do it this way.*

依次 yīcì in proper order; successively

依旧 yījiù as before; still

依然 yīrán still; as before

依照 yīzhào according to; in accordance with; in accord with

仪 (儀) yí 5画 亻部

仪仪仪仪仪

❶ [名] 礼节；仪式：ceremony; rite | 礼~ lǐyí *rite* / 司~ sīyí *master of ceremonies*

仪式 yíshì ceremony; rite; function

❷ [名] 容貌；举止：appearance; bearing | ~容 yíróng *looks* / ~态 yítài *bearing*

仪表 yíbiǎo appearance; bearing

❸ [名] 科学实验用的装置、器具等：apparatus; instrument | 测距~ cèjùyí *range finder*

仪器 yíqì instrument; apparatus

宜 yí 8画 宀部

宜宜宜宜宜宜宜宜

[形] 合适；适当：suitable; appropriate; fitting | 你做这样的工作很相~。Nǐ zuò zhèyàng de gōngzuò hěn xiāngyí. *It's very suitable for you to do such work.*

适宜 shìyí

姨 yí 9画 女部

姨姨姨姨姨姨姨姨姨

❶ [名] 妻子的姐妹：wife's sister; sister-in-law | 大~ dàyí *wife's elder sister*

姨夫 yífu the husband of mother's sister (or one's maternal aunt); uncle

❷ [名] 母亲的姐妹：mother's sister; maternal aunt; aunt | ~母 yímǔ *aunt*

❸ [名] 称年纪和自己母亲差不多的妇女：form of address for a woman who is nearly as old as one's mother

阿姨 āyí

移 yí 11画 禾部

移移移移移移移移移移移

❶ [动] 变动位置；搬迁：move; remove; shift | 向后~ xiàng hòu yí *move backwards* / 他把椅子~了一下。Tā bǎ yǐzi yíle yīxià. *He moved the chair.*

移动 yídòng move; shift

移民 yímín ① immigrant; emi-

843

grant; immigration ②migrate to another place or abroad

迁移 qiānyí　　转移 zhuǎnyí

❷[动]改变；变更：change | 坚定不~ jiāndìng-bùyí *firm and unshakable*

移交 yíjiāo ① turn over; transfer; deliver into sb.'s custody ② hand over one's job to a successor

移植 yízhí ① transplant ② (med.) transplanting; grafting

遗(遺) yí　12画 辶部

❶[动]丢失；漏掉：lose; omit | ~忘 yíwàng *forget*

遗失 yíshī lose

❷[动]留下：leave behind

遗传 yíchuán heredity; inheritance

遗憾 yíhàn regret; pity

遗留 yíliú leave over; hand down

遗址 yízhǐ ruins; relics

❸[形]特指死者留下的：leave behind at one's death; hand down | ~像 yíxiàng *a portrait of the deceased* / ~物 yíwù *things left behind by the deceased*

遗产 yíchǎn legacy; inheritance; heritage

遗体 yítǐ remains; body of the dead

疑 yí　14画 匕部

❶[动]不能确定；不相信：doubt; disbelieve; suspect; be not sure | 可~ kěyí *suspicious*

疑惑 yíhuò have doubts

疑虑 yílǜ misgivings; doubts

疑心 yíxīn suspicion; doubt

猜疑 cāiyí　　迟疑 chíyí

怀疑 huáiyí　　无疑 wúyí

质疑 zhìyí

嫌疑人 xiányírén

❷[形]不能确定的；很难解决的：doubtful; uncertain | ~点 yídiǎn *questionable point*

疑难 yínán difficult; knotty

疑问 yíwèn query; question; doubt

乙 yǐ　1画 一部

❶[名]天干的第二位：second of the Ten Heavenly Stems

❷[名]第二等的：second

◇乙肝 yǐgān (med.) hepatitis B

己 yǐ　3画 己部

[副] 表示时间的过去或事情的完成：already | 人～离开。Rén yǐ lí kāi. *They have already left.* / 雨季～过。Yǔjì yǐ guò. *The rainy season is over.* / 问题～解决。Wèntí yǐ jiějué. *The problem has been solved.*

已经 yǐjīng already
早已 zǎoyǐ
◇不得已 bùdéyǐ

以 yǐ 4画 人部

以以以以

❶ [介] 表示凭借；用、拿：with; by means of | ～少胜多 yǐshǎoshèngduō *beat the enemies who are greater in number*
以身作则 yǐshēn-zuòzé set an example with one's own conduct

❷ [介] 表示方式；按照、根据：according to | ～成绩录取新生 yǐ chéngjì lùqǔ xīnshēng *enroll students according to their performance*

❸ [介] 表示原因；因为、由于：because of; for | 他～学问深而出名。Tā yǐ xuéwèn shēn ér chūmíng. *He is famous for his learning.*

❹ [连] 表示目的：in order to; so as to | ～待时机 yǐdài shíjī *wait for opportunities*
以便 yǐbiàn so that; in order to; so as to; with the aim of; for the purpose of
以免 yǐmiǎn in order to avoid; so as not to; lest
可以 kěyǐ

❺ [介] 与其他词组合，表示时间、空间或数量的界限：used before certain localizers to indicate time, space or quantity limit | 黄河～北 Huáng Hé yǐběi *(to the) north of the Yellow River*
以后 yǐhòu after; afterwards; later; hereafter
以来 yǐlái since
以内 yǐnèi within; less than
以前 yǐqián before; formerly; previously
以上 yǐshàng ① more than; over; above ② the above; the foregoing; the above-mentioned
以外 yǐwài beyond; outside; other than; except
以往 yǐwǎng before; formerly; in the past
以下 yǐxià ① below; under ② the following
◇以及 yǐjí as well as; along with; and
以为 yǐwéi think; believe; consider
以至 yǐzhì ① down to; up to ② to such an extent as to...; so...that...
以致 yǐzhì so that; as a result
以至于 yǐzhìyú ① down to; up to ② to such an extent as to...;

845

so...that...

倚 yǐ 10画 亻部

倚倚倚倚倚倚倚倚倚倚

❶ [动] 靠着：lean on or aganist; rest on or against | 他~着门站着。Tā yǐzhe mén zhàn zhe. *He stood leaning against the door.*

❷ [动] 依靠；凭着：rely on; depend on; go by; base on; take as the basis | ~仗 yǐzhàng *rely on*

椅 yǐ 12画 木部

椅椅椅椅椅椅椅椅椅椅椅椅

[名] chair | 躺~ tǎngyǐ *deck chair*
椅子 yǐzi chair
轮椅 lúnyǐ

亿 (億) yì 3画 亻部

亿亿亿

[数] 数目，一万万：numeral, a hundred million
亿万 yìwàn hundreds of millions; millions upon millions

义 (義) yì 3画 丶部

义义义

❶ [名] 公正的、有利于社会大众的道理或行动：justice; righteousness | 正~ zhèngyì *justice* / 道~ dàoyì *morality and justice*

义务 yìwù duty; obligation
仁义 rényì
帝国主义 dìguó zhǔyì
共产主义 gòngchǎn zhǔyì
人道主义 réndào zhǔyì
官僚主义 guānliáo zhǔyì
社会主义 shèhuì zhǔyì
无情无义 wúqíng-wúyì
殖民主义 zhímín zhǔyì
资本主义 zīběn zhǔyì
马克思主义 Mǎkèsī zhǔyì

❷ [名] 意思；意义：meaning; significance | 词~ cíyì *word meaning*

贬义 biǎnyì 含义 hányì
意义 yìyì

◇ 义工 yìgōng ① voluntary work; without pay ② volunteer

艺 (藝) yì 4画 艹部

艺艺艺艺

❶ [名] 技能；技术：skill | 技~ jìyì *skill* / 工~ gōngyì *technology;*

craft
手艺 shǒuyì　　陶艺 táoyì
❷[名]艺术：art | 曲~qǔyì *folk art forms*
艺人 yìrén ① actor or entertainer (in local drama, storytelling, acrobatics, etc.) ② artisan; handicraftsman
艺术 yìshù ① art ② skill; art; craft
艺术家 yìshùjiā artist
艺术品 yìshùpǐn work of art
布艺 bùyì　　文艺 wényì
园艺 yuányì　　综艺 zōngyì

忆 (憶) yì　4画 忄部

忆 忆忆忆忆

[动] 回想；想念：recall; recollect; remember | 追~zhuīyì *recollect*
回忆 huíyì　　记忆 jìyì
记忆力 jìyìlì

议 (議) yì　5画 讠部

议 议议议议议

❶[动] 谈论；商讨：discuss; talk; exchange views on | 这个问题，你们要好好~~。Zhège wèntí, nǐmen yào hǎohǎo yìyiyì. *You must have a thorough discussion over the problem.*

议案 yì'àn bill; motion; proposal
议程 yìchéng agenda
议会 yìhuì parliament; legislative assembly
议论 yìlùn comment; talk; discuss
议题 yìtí item on the agenda; subject under discussion; topic for discussion
议员 yìyuán member of a legislative assembly; Member of Parliament
议定书 yìdìngshū protocol
会议 huìyì　　抗议 kàngyì
评议 píngyì　　商议 shāngyì
审议 shěnyì　　协议 xiéyì
争议 zhēngyì
会议室 huìyìshì
不可思议 bùkě-sīyì
❷[名] 意见；主张：opinion; view | 建~jiànyì *suggest*
倡议 chàngyì　　决议 juéyì
提议 tíyì

亦 yì　6画 亠部

亦 亦亦亦亦亦亦

[副] 也(表示同样)：also; too | ~然 yìrán *also; as the same*

异 yì　6画 巳部

异 异异异异异异

❶ [动] 分开：separate; divorce｜离~ líyì *divorce*
❷ [形] 不同的：different｜没有~议 méiyǒu yìyì *without objection*
异常 yìcháng unusual; abnormal
差异 chāyì
大同小异 dàtóng-xiǎoyì
❸ [形] 另外的；别的：other; another｜~地 yìdì *a place far away from home; a strange land* / ~乡 yìxiāng *foreign land*
异国他乡 yìguó-tāxiāng alien land
❹ [形] 新奇的；特别的：strange; unusual; extraordinary｜~味 yìwèi *a peculiar smell*
优异 yōuyì
奇花异草 qíhuā-yìcǎo
❺ [形] 觉得奇怪的；惊奇的：surprising; astonishing｜奇~ qíyì *strange*
诧异 chàyì　　　惊异 jīngyì

抑 yì 7画 扌部

抑抑抑抑抑抑抑

[动] 压；压制：press down; restrain; repress; curb
抑制 yìzhì restrain; control; check
压抑 yāyì

译 (譯) yì 7画 讠部

译译译译译译译

[动] 翻译：translate; interpret｜口~ kǒuyì *interpret* / 笔~ bǐyì *translate* / ~文 yìwén *translated text*
译员 yìyuán interpreter
翻译 fānyì

易 yì 8画 日部

易易易易易易易易

❶ [动] 交换，换：change; exchange
交易 jiāoyì　　　贸易 màoyì
❷ [形] 容易；不费力（跟"难 nán"相对）：have no difficulty in doing things; easy (the opposite of "难 nán")｜通俗~懂 tōngsú yìdǒng *easy to understand* / 这个成绩得来不~。Zhège chéngjì délái bùyì. *It was not easy job to achieve such success.*
不易 bùyì　　　简易 jiǎnyì
轻易 qīngyì　　容易 róngyì

益 yì 10画 皿部

益益益益益益益益益益

[名]好处：benefit; profit; advantage | ～处 yìchu benefit / 利～ lìyì interest / 权～ quányì rights and interests

公益 gōngyì　　受益 shòuyì
有益 yǒuyì

谊 (誼) yì　10画 讠部

谊谊谊谊谊谊谊谊谊谊

[名]交情：friendship | 情～ qíngyì friendly feelings / 深情厚～ shēnqíng-hòuyì profound sentiments of friendship
友谊 yǒuyì

意 yì　13画 音部

意意意意意意意意意意意意意

❶ [名]心思；心愿：idea; wish; desire; thought | 好～ hǎoyì kindness; good intention / 中～ zhōngyì be to one's liking

意见 yìjiàn ① idea; view; opinion; suggestion ② objection; differing opinion; complaint
意图 yìtú intention; intent
意向 yìxiàng intention; purpose
意愿 yìyuàn wish; desire; aspiration
意志 yìzhì will

诚意 chéngyì　创意 chuàngyì
大意 dàyì　　得意 déyì
恶意 èyì　　　故意 gùyì
介意 jièyì　　刻意 kèyì
乐意 lèyì　　留意 liúyì
满意 mǎnyì　　民意 mínyì
歉意 qiànyì　　情意 qíngyì
任意 rènyì　　如意 rúyì
善意 shànyì　　随意 suíyì
特意 tèyì　　　无意 wúyì
谢意 xièyì　　心意 xīnyì
用意 yòngyì　　有意 yǒuyì
愿意 yuànyì　　主意 zhǔyì
注意 zhùyì　　在意 zàiyì
注意力 zhùyìlì
三心二意 sānxīn-èryì
万事如意 wànshì-rúyì
心满意足 xīnmǎn-yìzú
一心一意 yīxīn-yīyì

❷ [名]意思；思想内容：meaning; intention | 同～ tóngyì agree / 来～ láiyì one's purpose in coming / ～思 yìsi meaning; idea

意识 yìshí be conscious of; awake to; realize
意义 yìyì meaning; sense
意味着 yìwèizhe signify; mean; imply
没意思 méiyìsi
示意图 shìyìtú
有意思 yǒuyìsi
不好意思 bùhǎoyìsi
诗情画意 shīqíng-huàyì

❸ [动]料想；推测：anticipate; expect | ～料 yìliào expectation; anticipation

849

意外 yìwài unexpected; unforeseen
出人意料 chūrén-yìliào
◇生意 shēngyi
玩意儿 wányìr
做生意 zuòshēngyi

毅 yì 15画 殳部

毅毅毅毅毅毅毅毅毅毅毅毅毅毅毅

[形] 刚强,果断:firm; resolute; staunch | 刚~ gāngyì *resolute and steadfast*
毅力 yìlì willpower; will; stamina
毅然 yìrán resolutely; firmly; determinedly

翼 yì 17画 羽部

翼翼翼翼翼翼翼翼翼翼翼翼翼翼翼翼翼

❶[名] 翅膀:wing | 双~ shuāngyì *two wings* / 鸟~ niǎoyì *wing of a bird*
❷[名] 类似翅膀一样的东西:wing-like object | 机~ jīyì *wing (of a plane)*

因 yīn 6画 口部

因因因因因因

[名] 原因:reason; cause | 前~后果 qiányīn-hòuguǒ *cause and effect* / 事出有~ shì chū yǒu yīn *there is a good reason for it*
因素 yīnsù factor; element
原因 yuányīn
◇因此 yīncǐ therefore; for this reason; consequently
因而 yīn'ér thus; as a result; with the result that
因为 yīnwèi because; for; on account of
基因 jīyīn
转基因 zhuǎnjīyīn

阴(陰) yīn 6画 阝(左)部

阴阴阴阴阴阴阴

❶[形] 天空被云遮住,不见或少见阳光的(天气):overcast; cloudy | 多云转~ duōyún zhuǎnyīn *change from cloudy to overcast* / ~雨连绵 yīnyǔ liánmián *cloudy and drizzly for days on end* / 天~了。Tiān yīn le. *It is becoming cloudy.*
阴暗 yīn'àn dark; gloomy
阴天 yīntiān overcast sky; cloudy day
阴影 yīnyǐng shadow
❷[形] 不外露的;隐藏的:hidden; secret | ~文 yīnwén *characters cut in intaglio*
❸[形] 不正大光明的;阴险的:insidious; ulterior; tricky or at-

tempting to deceive | ～险 yīnxiǎn *sinister*

阴谋 yīnmóu plot; scheme; conspiracy

音 yīn 9画 音部

音音音音音音音音音

❶[名]声音：sound | 口～ kǒuyīn *accent* / 扩～器 kuòyīnqì *loudspeaker*

音响 yīnxiǎng sound; acoustics; stereo set

音像 yīnxiàng audiovisual; sound and video recording

音乐 yīnyuè music

音乐会 yīnyuèhuì concert

音乐厅 yīnyuètīng concert hall

播音 bōyīn　　发音 fāyīn

录音 lùyīn　　配音 pèiyīn

嗓音 sǎngyīn　声音 shēngyīn

语音 yǔyīn

录音机 lùyīnjī

收音机 shōuyīnjī

❷[名]消息：news | ～信 yīnxìn *news* / 佳～ jiāyīn *good news*

银 (銀) yín 11画 钅部

银银银银银银银银银银银

❶[名] silver

❷[名] 钱或跟钱有关的事物：currency; money | ～币 yínbì *silver coin*

银行 yínháng bank

银子 yínzi silver; money

❸[形] 像银子的颜色：silvercoloured | ～白色 yínbáisè *silvery white*

银河 yínhé (astron.) the Milky Way

银幕 yínmù screen; projection screen

淫 yín 11画 氵部

淫淫淫淫淫淫淫淫淫淫淫

[形]指男女关系不正当：illicit sexual relations; lewd; lascivious

淫秽 yínhuì obscene; pornographic; salacious; bawdy

卖淫 màiyín

引 yǐn 4画 弓部

引引引引引

❶[动]向某个方向用力；拉：draw; pull | ～弓 yǐngōng *draw a bow*

牵引 qiānyǐn

❷[动]带领；引导：guide; lead | ～路 yǐnlù *lead the way*

引导 yǐndǎo guide; lead

引渡 yǐndù (leg.) extradite

引进 yǐnjìn import; introduce

引入 yǐnrù lead into; draw into
指引 zhǐyǐn
❸[动]招致；使出现：induce; attract; make appear | 用纸~火 yòng zhǐ yǐnhuǒ *kindle a fire with paper* / 他这一句话~得大家笑起来。Tā zhè yī jù huà yǐnde dàjiā xiào qǐlai. *His remarks set everybody laughing.*
引爆 yǐnbào ignite; detonate
引发 yǐnfā initiate; touch off; spark off; trigger off
引起 yǐnqǐ give rise to; lead to; set off; touch off
引诱 yǐnyòu lure; seduce
引人注目 yǐnrén-zhùmù catch sb.'s attention
吸引 xīyǐn
❹[动]用来作证据或理由：quote; cite | ~文 yǐnwén *quotation* ~用 yǐnyòng *quote; cite*
援引 yuányǐn

饮(飮) yǐn　7画 饣部

饮饮饮饮饮饮饮

❶[动]喝：drink | ~酒 yǐnjiǔ *drink wine or liquor* / 痛~ tòngyǐn *drink to one's heart's content; swig*
饮食 yǐnshí food and drink; diet
饮用 yǐnyòng drink
饮水思源 yǐnshuǐ-sīyuán think of its source when drinking water; be grateful for the source of benefit
餐饮 cānyǐn
❷[名]指饮料：beverage; drink
饮料 yǐnliào drink; beverage
冷饮 lěngyǐn

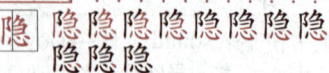

隐(隱) yǐn　11画 阝(左)部

隐隐隐隐隐隐隐隐隐隐隐

[动]藏起来不显露：hide from view; conceal | ~含 yǐnhán *imply*
隐蔽 yǐnbì conceal; take over
隐藏 yǐncáng hide; conceal; remain under cover
隐患 yǐnhuàn hidden trouble; hidden danger; snake in the grass
隐瞒 yǐnmán conceal; hide; hold back
隐私 yǐnsī one's secrets; private matters one wants to hide
隐约 yǐnyuē indistinct; faint

印 yìn　5画 卩部

印印印印印

❶[动]留下痕迹：print; leave marks | ~书 yìn shū *print books* / 翻~ fānyìn *reprint*
❷[动]使文字或图像附着在纸上或器物上：engrave; print | ~相片 yìn xiāngpiàn *print the photo* /

这部小说～了五万册。Zhè bù xiǎoshuō yìnle wǔ wàn cè. *Fifty thousand copies of the novel have been printed.*

印染 yìnrǎn printing and dyeing (of textiles)

印刷 yìnshuā print

印象 yìnxiàng impression

印章 yìnzhāng seal; signet; stamp

打印 dǎyìn　　盗印 dàoyìn
复印 fùyìn　　打印机 dǎyìnjī
复印机 fùyìnjī

◇印度洋 Yìndùyáng the Indian Ocean

应 (應) yīng 7画 广部

应应应应应应应

[动] 表示情理上必须如此：should; ought to | 搬家～早作准备。Bānjiā yīng zǎo zuò zhǔnbèi. *Things should be ready in advance when you plan to move house.*

应当 yīngdāng should; ought to

应该 yīnggāi should; ought to
See yìng.

英 yīng 8画 艹部

英英英英英英英英

❶ [形] 才能出众的：outstanding in talent

英俊 yīngjùn ① eminently talented; brilliant ②handsome and spirited; smart

英明 yīngmíng brilliant; wise

英勇 yīngyǒng heroic; valiant; brave; gallant

❷ [名] 才能出众的人：outstanding person in talent or intelligence

英雄 yīngxióng hero; heroine

精英 jīngyīng

❸ [名] 指英国：Britain

英镑 yīngbàng pound sterling

英尺 yīngchǐ foot (a measure)

英寸 yīngcùn inch

英文 Yīngwén English (language)

英语 Yīngyǔ English (language)

婴 (嬰) yīng 11画 女部

婴婴婴婴婴婴婴婴婴婴婴

[名] 初生的孩子：baby; infant | 育～yùyīng *nurse a baby* / 妇～ fùyīng *women and children*

婴儿 yīng'ér baby; infant

樱 (櫻) yīng 15画 木部

樱樱樱樱樱樱樱樱樱樱樱樱樱樱

[名] cherry | ～桃 yīngtáo *cherry*

樱花 yīnghuā oriental cherry

鹰 (鷹) yīng 18画 广部

鹰鹰鹰鹰鹰鹰鹰鹰鹰鹰鹰鹰鹰鹰鹰鹰

[名] hawk; eagle | ~捕食小兽。Yīng bǔshí xiǎoshòu. *Hawks prey on small animals.*

迎 yíng 7画 辶部

迎迎迎迎迎迎迎

❶[动] 迎接: welcome; greet; go to meet | ~宾 yíngbīn *greet the guest*
迎接 yíngjiē meet; welcome; greet
欢迎 huānyíng

❷[动] 向着;对着: against; towards | ~头赶上 yíngtóu gǎnshàng *try hard to catch up*
迎面 yíngmiàn head-on; in one's face
◇迎合 yínghé cater to; pander to

盈 yíng 9画 皿部

盈盈盈盈盈盈盈盈盈

[动] 有余;多出: surplus; have a surplus | ~余 yíngyú *surplus*

盈利 yínglì profit; gain

营 (營) yíng 11画 艹部

营营营营营营营营营营营

❶[名] 军队驻扎的地方: camp; barracks | 军~ jūnyíng *barracks*
阵营 zhènyíng

❷[名] 军队的编制单位: battalion; military unit subordinate to a regiment

❸[动] 经营;管理: operate; run | ~造 yíngzào *construct*
营业 yíngyè do business
国营 guóyíng 合营 héyíng
经营 jīngyíng 私营 sīyíng
◇营救 yíngjiù succour; rescue
营养 yíngyǎng nutrition; nourishment
夏令营 xiàlìngyíng

蝇 (蠅) yíng 14画 虫部

蝇蝇蝇蝇蝇蝇蝇蝇蝇蝇蝇蝇蝇蝇

[名] 苍蝇: fly | ~拍 yíngpāi *fly swatter* / 灭~ miè yíng *kill flies*

赢 (贏) yíng 17画 一部

赢 赢赢赢赢赢赢赢赢赢赢赢赢赢赢赢赢

❶[动]获胜(跟"输shū"相对): win (the opposite of "输shū")|这盘棋我~了。Zhè pán qí wǒ yíng le. *I've won the chess game.*
赢家 yíngjiā winner
❷[动]获得: get; obtain | ~利 yínglì *profit*
赢得 yíngdé gain; win; obtain

影 yǐng 15画 彡部
影 影影影影影影影影影影影影影影影

❶[名]影子: shadow | 树~儿 shùyǐngr *shadow of a tree* / 人~儿 rényǐngr *shadow of a figure*
影子 yǐngzi shadow
阴影 yīnyǐng 踪影 zōngyǐng
❷[名]照片;图像: picture; photo | 留~ liúyǐng *take a picture as a memento* / 合~ héyǐng *group photo* / ~集 yǐngjí *photo album*
影像 yǐngxiàng image
摄影 shèyǐng
摄影师 shèyǐngshī
❸[名]电影: movie; film | ~院 yǐngyuàn *cinema* / ~评 yǐngpíng *film review*
影片 yǐngpiàn film; movie; picture
电影 diànyǐng
电影院 diànyǐngyuàn
◇影响 yǐngxiǎng ① influence; affect ② effect

应 (應) yìng 7画 广部
应 应应应应应应应

❶[动]回答: answer; respond; reply | ~答 yìngdá *reply; answer*
应聘 yìngpìn accept an offer of employment
答应 dāying 反应 fǎnyìng
回应 huíyìng 响应 xiǎngyìng
照应 zhàoyìng
❷[动]接受;满足要求: comply with; meet the demand; accept | ~邀 yìngyāo *at sb.'s invitation; on invitation; by invitation*
供不应求 gōngbùyìngqiú
❸[动]适合: suitable | ~时 yìngshí *right; opportune; in season*
应用 yìngyōng apply; use
对应 duìyìng 适应 shìyìng
相应 xiāngyìng
❹[动]采取措施对付、处理: deal with; cope with | ~变 yìngbiàn *adapt oneself to changes*
应酬 yìngchou have social intercourse with; engage in social activities
应付 yìngfù meet; cope with;

deal with; handle
应急 yìngjí meet an urgent need; meet an emergency (or contingency)

See yīng.

映 yìng 9画 日部

映 映映映映映映映映映

[动]受照射而显出：silhouette; reflect; mirror; shine | 灯光~在墙上。Dēngguāng yìng zài qiáng shang. The light was shone on the wall. / 夕阳~红了湖水。Xīyáng yìnghóngle húshuǐ. *The water surface of the lake mirrored red under the setting sun.*

反映 fǎnyìng 放映 fàngyìng

硬 yìng 12画 石部

硬 硬硬硬硬硬硬硬硬硬硬硬硬

❶ [形]坚固（跟"软 ruǎn"相对）：hard (the opposite of "软 ruǎn") | 感觉很~ gǎnjué hěn yìng *feel hard* / 这种木料真~。Zhè zhǒng mùliào zhēn yìng. *The wood is really hard.*
硬件 yìngjiàn hardware
硬盘 yìngpán hard disk (of computer)

坚硬 jiānyìng 强硬 qiángyìng

❷ [形]（性格）刚强；（意志）坚定：unyielding; firm; resolved and obstinate | ~汉子 yìnghànzi *man of iron* / 态度强~ tàidu qiángyìng *take an unyielding attitude* / 这个人心肠很~。Zhège rén xīncháng hěn yìng. *He is hard-hearted.*

❸ [副]勉强；不肯改变主意或做法：reluctantly; forcibly | ~撑 yìngchēng *force oneself to do sth.* / 他干不了却~要干。Tā gànbuliǎo què yìngyào gàn. *He kept on doing it tenaciously in spite of his inability.*

哟 (喲) yo 9画 口部

哟 哟哟哟哟哟哟哟哟

[叹]表示祈使：expressing an imperative tone | 大家加把劲~! Dàjiā jiā bǎ jìn yo! *Everybody, let's make a greater effort!*

拥 (擁) yōng 8画 扌部

拥 拥拥拥拥拥拥拥

❶ [动]抱：hold in one's arms; embrace; hug
拥抱 yōngbào embrace; hug
❷ [动]聚到一起：throng; swarm |

大家分散点，别～在一起。Dàjiā fēnsàn diǎn, bié yōng zài yīqǐ. *Don't crowd together.*

拥挤 yōngjǐ crowd; push and squeeze

❸[动]赞成并支持：support | ～戴 yōngdài *support (sb. as a leader)*

拥护 yōnghù support; uphold; endorse

◇拥有 yōngyǒu have; possess; own

庸 yōng 11画 广部

庸庸庸庸庸庸庸庸庸庸庸

[形]平常；不高明：inferior; not brilliant; unaccomplished | 平～píngyōng *mediocre*

庸俗 yōngsú vulgar; philistine; low

永 yǒng 5画 丶部

永永永永永

[形]长久；久远：perpetual; forever; eternal | ～恒 yǒnghéng *eternal; perpetual* / 学习～无止境。Xuéxí yǒng wú zhǐjìng. *There is no end to learning.*

永久 yǒngjiǔ permanent; perpetual; everlasting; forever

永远 yǒngyuǎn forever; always; ever; in perpetuity

永垂不朽 yǒngchuí-bùxiǔ be immortal

泳 yǒng 8画 氵部

泳泳泳泳泳泳泳泳

[动]游水：swim | 蛙～wāyǒng *breast stroke* / 自由～zìyóuyǒng *freestyle swimming*

泳装 yǒngzhuāng swimming suit

游泳 yóuyǒng

游泳池 yóuyǒngchí

勇 yǒng 9画 力部

勇勇勇勇勇勇勇勇勇

[形]有胆量：brave; valiant; courageous | ～攀高峰 yǒngpān gāofēng *be brave to scale the heights*

勇敢 yǒnggǎn brave; courageous

勇气 yǒngqì courage

勇士 yǒngshì brave and strong man; warrior

勇于 yǒngyú be brave in; be bold in; have the courage to

奋勇 fènyǒng

英勇 yīngyǒng

857

涌 yǒng 10画 氵部

涌涌涌涌涌涌涌涌涌涌

❶[动]水或云气向上冒出：(of water or clouds) gush; pour; surge | 一股泉水直往上~。Yī gǔ quánshuǐ zhí wǎngshang yǒng. *A spring gushes up.*
汹涌 xiōngyǒng
❷[动]像水升腾那样冒出或升起：rise; spring; well; emerge | 许多人从里面~出来。Xǔduō rén cóng lǐmian yǒng chūlái. *Many people were pouring out from inside.*
涌现 yǒngxiàn emerge in large numbers; spring up

踊(踴) yǒng 14画 足部

踊踊踊踊踊踊踊踊踊踊踊踊踊踊

[动]往上跳：leap up; jump up
踊跃 yǒngyuè leap; jump

用 yǒng 5画 冂部

用用用用用

❶[动]使用：use; employ; apply | ~脑 yòng nǎo *use one's mind* / ~机器 yòng jīqì *use machines* / 这支笔很好~。Zhè zhī bǐ hěn hǎo yòng. *This pen writes well.*
用法 yòngfǎ use; usage
用功 yònggōng hardworking; diligent; studious
用户 yònghù consumer; user
用具 yòngjù utensil; apparatus; appliance
用来 yònglái used as; apply to
用力 yònglì exert oneself; put forth one's strength
用品 yòngpǐn appliance; article
用人 yòngrén choose a person for a job; make proper use of personnel
用心 yòngxīn attentively; diligently; with concentrated attention
用意 yòngyì intention; purpose
用于 yòngyú used as; apply to
备用 bèiyòng　采用 cǎiyòng
常用 chángyòng
动用 dòngyòng　服用 fúyòng
公用 gōngyòng　家用 jiāyòng
军用 jūnyòng　利用 lìyòng
录用 lùyòng　民用 mínyòng
耐用 nàiyòng　聘用 pìnyòng
日用 rìyòng　实用 shíyòng
食用 shíyòng　使用 shǐyòng
适用 shìyòng　通用 tōngyòng
信用 xìnyòng　选用 xuǎnyòng
引用 yǐnyòng　饮用 yǐnyòng
应用 yìngyòng　运用 yùnyòng
占用 zhànyòng　专用 zhuānyòng

惯用语 guànyòngyǔ
日用品 rìyòngpǐn
信用卡 xìnyòngkǎ
信用社 xìnyòngshè
公用电话 gōngyòng diànhuà

❷[名]功效；用处：use; function | 功~ gōngyòng *function* / 效~ xiàoyòng *function*

用处 yòngchu use; usage
用途 yòngtú use; purpose
没用 méiyòng 有用 yǒuyòng
作用 zuòyòng
副作用 fùzuòyòng

❸[名]花费的钱；费用：expense | 零~ língyòng *pocket money* / 家~ jiāyòng *family expenses*

费用 fèiyòng

❹[动]需要：need | 不~着急。Bù yòng zháojí. *Don't worry.* / 你不~多说了。Nǐ bùyòng duō shuō le. *You needn't say any more.* / 光线还够用，不~开灯。Guāngxiàn hái gòu yòng, bùyòng kāidēng. *It's still bright. No need to put on the light.*

用不着 yòngbuzháo not need; have no use for

❺[介]表示动作凭借或使用的工具、手段等：by means of

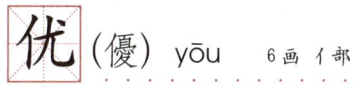

优 (優) yōu 6画 亻部

优 优优优优优优

❶[形]好；非常好（跟"劣|liè"相对）：excellent (the opposite of "劣|liè") | ~等 yōuděng *high-class; first-rate*

优点 yōudiǎn merit; strong point; advantage
优化 yōuhuà optimize
优惠 yōuhuì preferential; favorable
优良 yōuliáng fine; good; excellent
优美 yōuměi graceful; fine; exquisite
优胜 yōushèng winning; superior
优势 yōushì superiority; preponderance; dominant position
优秀 yōuxiù outstanding; excellent; splendid; fine
优雅 yōuyǎ graceful; elegant; in good taste
优异 yōuyì excellent; outstanding
优越 yōuyuè superior; advantageous
优质 yōuzhì high quality; high grade

❷[形]充足；富裕：ample; abundant; affluent | 生活~裕 shēnghuó yōuyù *lead a rich life*

❸[形]柔弱；少决断：weak; irresolute

❹[形]演员：actor; actress | 名~ míngyōu *well-known actor*

◇优先 yōuxiān priority; precedence

忧 (憂) yōu　7画 忄部

忧 忧忧忧忧忧忧忧

[动] 发愁；担心：worry about; be worried | ~闷 yōumèn *depressed*

忧虑 yōulǜ worried; anxious; concerned

忧郁 yōuyù melancholy; heavyhearted

幽 yōu　9画 山部

幽 幽幽幽幽幽幽幽幽

[形] 安静：quiet; tranquil | ~谷 yōugǔ *deep and secluded valley* / ~室 yōushì *secluded dwelling*

幽静 yōujìng quiet and secluded; peaceful

◇幽默 yōumò humor

悠 yōu　11画 心部

悠 悠悠悠悠悠悠悠悠悠悠

[形] 长久：long; longstanding | ~远 yōuyuǎn *a long time ago*

悠久 yōujiǔ long; long-standing; age-old

尤 yóu　4画 尢部

尤 尤尤尤尤

[副] 更加；格外：particularly; especially; more so; all the more | 这一点~为重要。Zhè yī diǎn yóuwéi zhòngyào. *It is especially important.*

尤其 yóuqí especially; particularly

由 yóu　5画 丨部

由 由由由由由

❶[介] 从；表示起点：from; by | ~上到下 yóu shàng dào xià *from top to bottom* / 代表团~北京出发。Dàibiǎotuán yóu Běijīng chūfā. *The delegation set off from Beijing.*

❷[介] 引进施动者，表示(某事)归(某人去做)：(done) by sb. | 这事~你作主。Zhè shì yóu nǐ zuòzhǔ. *It's up to you.* / 这个问题应该~他来解决。Zhège wèntí yīnggāi yóu tā lái jiějué. *It should be his responsibility to solve this problem.*

不由自主 bùyóu-zìzhǔ

❸[介] 表示凭借：because of; due to; owing to; on the basis of | 人体是~各种细胞组成的。Réntǐ shì yóu gèzhǒng xìbāo zǔchéng de. *The human body is composed of various kinds of cells.*

由此可见 yóucǐ-kějiàn thus it is seen that; that proves; this shows

❹ [介] 表示方式、原因或来源：used to indicate manner, reason, or source | 代表~选举产生。Dàibiǎo yóu xuǎnjǔ chǎnshēng. *The representative is created by election.*

由于 yóuyú owing to; thanks to; as a result of; due to; in virtue of ◇ 不由得 bùyóude

自由市场 zìyóu shìchǎng

邮 (郵) yóu 7画 阝(右)部

邮 邮邮邮邮邮邮邮

❶ [动] 由邮局递送：post; mail | ~信 yóu xìn *post a letter* / 他每月给家里~钱。Tā měi yuè gěi jiāli yóu qián. *He remits money to his family every month.*

邮购 yóugòu mail order

邮寄 yóujì send by post; post

❷ [名] 指邮政业务：postal; mail | ~费 yóufèi *postage*

邮包 yóubāo postal parcel; parcel

邮编 yóubiān postcode; zip code; zip

邮电 yóudiàn post and telecommunications

邮件 yóujiàn postal matter; post; mail

邮局 yóujú post office

邮票 yóupiào stamp; postage stamp

邮箱 yóuxiāng postbox; mailbox

邮政 yóuzhèng postal service

❸ [名] 邮票：stamp

集邮 jíyóu

犹 (猶) yóu 7画 犭部

犹 犹犹犹犹犹犹犹

[动] 像；如同：be like; just as | 虽死~生 suīsǐ-yóushēng *live on in spirit*

犹如 yóurú just as; like; as if

◇ 犹豫 yóuyù hesitate; be irresolute

油 yóu 8画 氵部

油 油油油油油油油油

❶ [名] 油脂的总称：general term for oil; fat; grease | 花生~ huāshēngyóu *peanut oil*

油画 yóuhuà oil painting

油料 yóuliào oil-bearing

油门 yóumén ① throttle ② (inf.) accelerator

油条 yóutiáo ① long, deep-fried, twisted dough sticks, usu. served as breakfast ② sly person; old fox

861

油漆 yóuqī paint
黄油 huángyóu　酱油 jiàngyóu
❷ [名] 某些液态矿产品或制成品：petroleum | 煤~ méiyóu kerosene
油田 yóutián oil field
柴油 cháiyóu　机油 jīyóu
加油 jiāyóu　炼油 liànyóu
汽油 qìyóu　燃油 rányóu
石油 shíyóu　原油 yuányóu
加油站 jiāyóuzhàn
◇ 油菜 yóucài rape
油滑 yóuhuá slippery; foxy

铀 (鈾) yóu　10画 钅部

铀铀铀铀铀铀铀铀铀铀

[名] uranium

游 yóu　12画 氵部

游游游游游游游游游游游游

❶ [动] 闲逛；玩耍：move around; stroll; saunter; play | ~玩 yóuwán play | 他~遍了法国。Tā yóubiànle Fǎguó. *He travelled all over France.*
游船 yóuchuán pleasure boat
游客 yóukè visitor; tourist; excursionist; sightseer
游览 yóulǎn go sightseeing; tour; visit
游人 yóurén visitor (to a park, etc.); sightseer; tourist
游艇 yóutǐng yacht; pleasure boat
游戏 yóuxì game; recreation
导游 dǎoyóu　旅游 lǚyóu
漫游 mànyóu
旅游鞋 lǚyóuxié
旅游业 lǚyóuyè
❷ [动] 在水里行动：swim; move in water | ~水 yóushuǐ swim | ~过河去 yóuguò hé qu *swim across the river* | 他一口气~了50米。Tā yīkǒuqì yóule wǔshí mǐ. *He swam 50 metres in one breath.*
游泳 yóuyǒng swim
游泳池 yóuyǒngchí swimming pool
❸ [名] 江河的一段：section of a river; reach
上游 shàngyóu　下游 xiàyóu
中游 zhōngyóu
◇ 游击 yóujī guerrilla warfare
游行 yóuxíng parade; march; demonstration

友 yǒu　4画 又部

友友友友

❶ [名] 朋友：friend | 好~ hǎoyǒu *good friend*
友情 yǒuqíng friendly sentiments; friendship
友人 yǒurén friend

友谊 yǒuyì friendship
笔友 bǐyǒu　　男友 nányǒu
朋友 péngyou　亲友 qīnyǒu
网友 wǎngyǒu　战友 zhànyǒu
女朋友 nǚpéngyou
酒肉朋友 jiǔròu péngyou
❷[形] 关系好；亲近：friendly; having friendly relations | ~好 yǒuhǎo *friendly* / ~善 yǒushàn *friendly*
友爱 yǒu'ài friendly affection; fraternal love

有 yǒu 6画 月部

有有有有有有

❶[动] 表示存在(跟"无wú""没méi"相对)：there is; exist (the opposite of "无wú" or "没méi") | ~雨 yǒu yǔ *it will rain* / ~意见 yǒu yìjiàn *have different opinion* / 那里~十来个人。Nàli yǒu shí lái ge rén. *There are about ten people over there.*

❷[动] 表示领有或具有(跟"无wú"相对)：have; possess (the opposite of "无wú") | ~本领 yǒu běnlǐng *be capable* / 我~一个弟弟。Wǒ yǒu yī ge dìdi. *I have a younger brother.* / 他~很多书。Tā yǒu hěn duō shū. *He has many books.*

有偿 yǒucháng with compensation; compensated; paid

有关 yǒuguān have sth. to do with; have a bearing on; relate to; concern

有力 yǒulì strong; powerful; forceful; energetic; vigorous

有利 yǒulì advantageous; beneficial; favorable

有名 yǒumíng well-known; famous; celebrated

有趣 yǒuqù interesting; fascinating; amusing

有限 yǒuxiàn limited; finite

有效 yǒuxiào effective

有益 yǒuyì profitable; beneficial; useful

有意 yǒuyì ① have a mind to; be inclined ② intentionally; deliberately; purposely

有用 yǒuyòng useful

有出息 yǒuchūxi have prospects of success in life; show promise

有点儿 yǒudiǎnr ① some; a little ② somewhat; rather; a bit

有效期 yǒuxiàoqī term (or period) of validity; time of efficacy

有意思 yǒuyìsi ① significant; meaningful ② interesting; enjoyable

有助于 yǒuzhùyú contribute to; be conducive to; conduce to

有口无心 yǒukǒu-wúxīn be sharp-tongued but not malicious

863

又

yòu

有声有色 yǒushēng-yǒusè full of sound and colour — vivid and dramatic

持有 chíyǒu	独有 dúyǒu
公有 gōngyǒu	共有 gòngyǒu
固有 gùyǒu	国有 guóyǒu
还有 háiyǒu	含有 hányǒu
具有 jùyǒu	没有 méiyǒu
少有 shǎoyǒu	私有 sīyǒu
所有 suǒyǒu	特有 tèyǒu
现有 xiànyǒu	享有 xiǎngyǒu
拥有 yōngyǒu	占有 zhànyǒu

公有制 gōngyǒuzhì
私有制 sīyǒuzhì
所有权 suǒyǒuquán
所有制 suǒyǒuzhì
前所未有 qiánsuǒwèiyǒu

❸ [动] 表示估量或比较: indicating estimation or comparison | 水～三米多深。Shuǐ yǒu sān mǐ duō shēn. *The water is more than 3 metres deep.* / 他～哥哥那么高了。Tā yǒu gēge nàme gāo le. *He is as tall as his elder brother.*

❹ [动] 表示发生或出现: indicating occurrence or emergence | ～病了 yǒu bìng le *be ill* / 情况～了新发展。Qíngkuàng yǒule xīn fāzhǎn. *The situation has changed.*

❺ [动] 表示一部分: indicating a part | ～人性子急, ～人性子慢。Yǒu rén xìngzi jí, yǒu rén xìng-zi màn. *Some people are hot tempered, some people are placid.*

有的 yǒude some

有时 yǒushí sometimes; at times; now and then

有些 yǒuxiē ① some ② somewhat; rather

有时候 yǒushíhou sometimes; at times; now and then

有一些 yǒuyīxiē ① some ② somewhat; rather

◇**有待** yǒudài remain; await

有机 yǒujī organic

又 yòu   2画 又部

又 又

❶ [副] 表示重复或继续: indicating repetition or continuation | 看了～看 kànle yòu kàn *look again and again* / 一年～一年 yī nián yòu yī nián *year after year* / 他今天～来了。Tā jīntiān yòu lái le. *He came again today.* / 他～立功了。Tā yòu lìgōng le. *He rendered meritorious services again.*

❷ [副] 表示几种情况或几种性质同时存在: indicating the simultaneous existence of more than one situation or property | ～快～好 yòu kuài yòu hǎo *both quick and of good quality* / ～高～大 yòu gāo yòu dà *tall and big* / 我～高兴, ～担心。Wǒ yòu gāoxìng, yòu dānxīn. *I was happy and worried at the same time.*

❸[副]表示在某个范围之外有所补充：indicating an addition to a given scope | 除生活费之外，~发给50元钱作零用。Chú shēnghuófèi zhīwài, yòu fāgěi wǔshí yuán qián zuò língyòng. *Each of them was given 50 yuan as pocket money in addition to the daily allowance.*

❹[副]表示有矛盾的两件事：indicating two contradictory things | 他~想去，~不想去，拿不定主意。Tā yòu xiǎng qù, yòu bù xiǎng qù, nábudìng zhǔyì. *He couldn't make up his mind whether to go or not.*

❺[副]表示转折，有"可是"的意思：indicating a turning of meaning, similar to "可是 kěshì" | 他想说话却~忍住了。Tā xiǎng shuōhuà quē yòu rěnzhù le. *He want to speak something but checked himself at last.* / 我想去，~怕没时间。Wǒ xiǎng qù, yòu pà méi shíjiān. *I'd like to go, but afraid of sparing no time on the occasion.*

❻[副]加强反问：used in a rhetorical question for emphasis | 我~不是外人，不必客气。Wǒ yòu bùshì wàirén, bùbì kèqì. *Please don't treat me as a guest.*

右 yòu 5画 口部

右 右右右右右

[名]（跟"左 zuǒ"相对）：right (the opposite of "左 zuǒ") | ~手 yòushǒu *right hand* / 向~拐弯 xiàng yòu guǎiwān *turn right*
右边 yòubian the right (right-hand) side; the right
右侧 yòucè the right (or right-hand) side; the right
右面 yòumiàn the right (or right-hand) side; the right
左右 zuǒyòu
左右手 zuǒyòushǒu
◇座右铭 zuòyòumíng

幼 yòu 5画 幺部

幼 幼幼幼幼幼

[形]年纪小；未长成：young; under age | ~小 yòuxiǎo *immature* / ~儿 yòu'ér *infant* / 年~无知 niányòu-wúzhī *young and ignorant*
幼稚 yòuzhì childish; puerile; naive
幼儿园 yòu'éryuán kindergarten; nursery school; infant school

诱（誘）yòu 9画 讠部

诱 诱诱诱诱诱诱诱诱

❶[动]引导；劝导：guide; lead; induce | ~导 yòudǎo *guide; induce*

❷[动]用手段引诱对方上当：lure; induce | 利~ lìyōu *lure by promise of gain*

诱惑 yòuhuò entice; tempt; seduce; lure
诱人 yòurén alluring; fascinating; captivating; enchanting
引诱 yǐnyòu

于 yú 3画 一部

于 于 于 于

❶[介]表示时间、处所、来源：indicating time, location or source | 写~北京 xiě yú Běijīng *written in Beijing* / 生~1949年 shēng yú yījiǔsìjiǔ nián *be born in 1949*

❷[介]表示对象：indicating object | 新鲜空气有利~健康。Xīnxiān kōngqì yǒulì yú jiànkāng. *Fresh air is conducive to health.* / 这样~你自己不利。Zhèyàng yú nǐ zìjǐ búlì. *It won't do you any good.*

对于 duìyú   用于 yòngyú
忠于 zhōngyú
有助于 yǒuzhùyú

❸[介]表示被动：indicating passive voice

❹[介]表示方面、原因、目的：indicating an aspect, cause or purpose | 易~了解 yìyú liǎojiě *easy to understand* / 难~实行 nányú shíxíng *difficult to carry out*

便于 biànyú   敢于 gǎnyú
急于 jíyú   善于 shànyú
勇于 yǒngyú

❺[介]表示比较：indicating comparison | 大~ dàyú *more than; bigger than* / 少~ shǎoyú *less than* / 今年小麦产量高~往年。Jīnnián xiǎomài chǎnliàng gāo yú wǎngnián. *The yield of wheat of this year is higher than last year.*

相当于 xiāngdāngyú
◇于是 yúshì thereupon; hence; consequently; as a result
不至于 bùzhìyú
甚至于 shènzhìyú

余 (餘) yú 7画 人部

余 余 余 余 余 余 余

❶[动]剩下；多出来：spare; surplus | 这个月的收支结算之后，还~50元。Zhège yuè de shōuzhī jiésuàn zhīhòu, hái yú wǔshí yuán. *After paying all the expenses of this month, there is a balance of fifty yuan left.*

余地 yúdì leeway; margin;

room; latitude

余额 yú'é ① vacancies yet to be filled ② remaining sum; balance

残余 cányú　　多余 duōyú
富余 fùyú　　其余 qíyú
剩余 shèngyú

❷[名]（某事、某种情况）以外或以后（的时间）：time beyond or after an event | 茶～饭后 chā-yú-fànhòu *over a cup of tea or after a meal; at one's leisure time* | 他工作之～爱好下棋。Tā gōngzuò zhī yú àihào xiàqí. *He likes to play chess in his spare time.*

业余 yèyú

❸[数] 零头数：more than; odd; over | 十～人 shí yú rén *more than ten people* | 五十～年 wǔshí yú nián *fifty odd years*

鱼 (魚) yú　8画 鱼部

鱼鱼鱼鱼鱼鱼鱼鱼

❶[名] fish | 煎～ jiān yú *fry fish* | 湖里～很多。Hú li yú hěn duō. *There are many fishes in the lake.*

金鱼 jīnyú

❷[名] 称某些水栖动物：term for some aquatic animals
鲸鱼 jīngyú

娱 yú　10画 女部

娱娱娱娱娱娱娱娱娱娱

[形] 快乐：giving pleasure to; amusing
娱乐 yúlè amusement; entertainment; recreation

渔 (漁) yú　11画 氵部

渔渔渔渔渔渔渔渔渔渔渔

[动] 捕鱼：catch fish
渔船 yúchuán fishing boat
渔民 yúmín fisherman; fisherfolk
渔业 yúyè fishery

愉 yú　12画 忄部

愉愉愉愉愉愉愉愉愉愉愉愉

[形] 快乐；喜悦：pleased; happy; joyful | ～悦 yúyuè *joyful; cheerful* | 欢～ huānyú *cheerful*
愉快 yúkuài happy; joyful; cheerful

榆 yú　13画 木部

867

愚与子字

yú~yǔ

榆 榆榆榆榆榆榆榆榆榆榆榆榆榆

[名] elm
榆树 yúshù elm

愚 yú 13画 心部
愚愚愚愚愚愚愚愚愚愚愚愚愚

[形] 傻；笨：foolish; stupid | ~笨 yúbèn *foolish* / ~人 yúrén *fool; simpleton*
愚蠢 yúchǔn stupid; foolish; silly
愚昧 yúmèi ignorant; fatuous
愚人节 Yúrénjié All Fools' Day (April 1); April Fool's (or Fools') Day

与（與） yú 14画 八部
與與與與與與與與與與與與與與

[形] 众多；众人的：public; popular
舆论 yúlùn public opinion

与（與） yǔ 3画 一部
与 与与与

❶ [介] 跟；引进比较或者动作的对象：with, introducing the object of comparison or action | ~人合作 yǔ rén hézuò *cooperate with others* / 此事~你无关。Cǐ shì yǔ nǐ wúguān. *You have nothing to do with it.*
与此同时 yǔcǐ-tóngshí at the same time; meanwhile
与众不同 yǔzhòngbùtóng out of the ordinary; different from the common run

❷ [连] 和；或；连接并列的词或词组：and; or (joining coordinate words or phrases) | 生~死 shēng yǔ sǐ *life and death* / 战争~和平 zhànzhēng yǔ hépíng *war and peace* / 工业~农业 gōngyè yǔ nóngyè *industry and agriculture*

◇ 与其 yǔqí rather than; better than
See yù.

予 yǔ 4画 一部
予 予予予予

[动] 给：give; grant | 免~处分 miǎnyǔ chǔfēn *exempt sb. from punishment*
予以 yǔyǐ give; grant
赋予 fùyǔ   授予 shòuyǔ

宇 yǔ 6画 宀部
宇 宇宇宇宇宇宇

[名] 上下四方的所有空间：space;

868

universe; world
宇宙 yǔzhòu universe; cosmos
宇航员 yǔhángyuán astronaut; spaceman; cosmonaut

羽 yǔ 6画 羽部

羽羽羽羽羽羽

[名] 鸟类的毛：feather
羽毛 yǔmáo feather; plume
羽毛球 yǔmáoqiú badminton
羽绒服 yǔróngfú down jacket

雨 yǔ 8画 雨部

雨雨雨雨雨雨雨雨

[名] rain | 刮风下~ guāfēng xiàyǔ *be windy and rainy* / ~过天晴。Yǔguò-tiānqíng. *The sun shines after the rain.* / 这场~下得好大啊!Zhè chǎng yǔ xià de hǎo dà a! *What a heavy rain!*
雨点 yǔdiǎn raindrop
雨伞 yǔsǎn umbrella
雨水 yǔshuǐ rainwater; rainfall
雨衣 yǔyī raincoat; waterproof
暴雨 bàoyǔ　　风雨 fēngyǔ
降雨 jiàngyǔ　　雷雨 léiyǔ
阵雨 zhènyǔ
风调雨顺 fēngtiáo-yǔshùn

语(語) yǔ 9画 讠部

语语语语语语语语语

❶ [动] 说；谈论：speak; say; talk | 低~ dīyǔ *speak in a low voice* 自言自语 zìyán-zìyǔ
❷ [名] 说的话：language; tongue; words | 甜言蜜~ tiányán-mìyǔ *honeyed words*
语调 yǔdiào intonation
语法 yǔfǎ grammar
语气 yǔqì tone; manner of speaking
语文 yǔwén Chinese (as a subject of study or a means of communication)
语言 yǔyán language; tongue
语音 yǔyīn phonetics
语种 yǔzhǒng languages
宾语 bīnyǔ　　补语 bǔyǔ
成语 chéngyǔ　德语 Déyǔ
短语 duǎnyǔ　　定语 dìngyǔ
俄语 Éyǔ　　　法语 Fǎyǔ
国语 guóyǔ　　汉语 Hànyǔ
口语 kǒuyǔ　　谜语 míyǔ
母语 mǔyǔ　　日语 Rìyǔ
术语 shùyǔ　　外语 wàiyǔ
言语 yányǔ　　英语 Yīngyǔ
主语 zhǔyǔ　　状语 zhuàngyǔ
惯用语 guànyòngyǔ
外国语 wàiguóyǔ
阿拉伯语 Ālābóyǔ

与(與) yǔ 3画 一部

与 与 与

[动] 参加：participate in; take part in | 参~ cānyù *participate in (a conference, an activity etc.)*

与会 yùhuì attend a meeting
See yǔ.

玉 yù 5画 王部

玉 玉 玉 玉 玉

❶ [名] 玉石：jade | 白~ báiyù *white jade*
❷ [形] 比喻洁白、美丽或宝贵：(fig.) pure; fair; handsome; beautiful
玉兰 yùlán (bot.) magnolia (*Magnolia denudata*)
❸ [名] 称对方的身体等，表示尊敬：(pol.) your | ~体 yùtǐ *your esteemed health* / ~照 yùzhào *your portrait*
◇ 玉米 yùmǐ maize; corn; Indian corn

吁(籲) yù 6画 口部

吁 吁 吁 吁 吁 吁

[动] 为某种要求而呼喊：appeal; plead; call on | ~请 yùqǐng plead / ~求 yùqiú *implore*
呼吁 hūyù

郁(鬱) yù 8画 阝(右)部

郁 郁 郁 郁 郁 郁 郁 郁

[动] 忧愁；烦闷：gloomy; melancholy; despondent | ~闷 yùmèn *gloomy; depressed*
忧郁 yōuyù
◇ 浓郁 nóngyù

育 yù 8画 月部

育 育 育 育 育 育 育 育

❶ [动] 生孩子：give birth to; labor
生育 shēngyù
生儿育女 shēng'ér-yùnǚ
❷ [动] 养活；培植：raise; bring up; rear | ~婴 yùyīng *nurse a baby; feed and take care of a baby* / ~苗 yùmiáo *grow seedlings*
❸ [动] 教育；培养：educate | 德~ déyù *moral education* / 抚~ fǔyù *foster* / 培~ péiyù *cultivate*
教育 jiàoyù   养育 yǎngyù
高等教育 gāoděng jiàoyù

狱(獄) yù 9画 犭部

狱 狱狱狱狱狱狱狱狱狱

[名] 监禁罪犯的场所：prison; jail | 入~ rùyù *be imprisoned; be put in prison* / 出~ chūyù *be released from prison; come out of prison*
监狱 jiānyù

浴 yù 10画 氵部

浴浴浴浴浴浴浴浴浴浴

[动] 洗澡：take a bath; bathe | 沐~ mùyù *have a bath; bathe* / 淋~ línyù *shower*
浴室 yùshì bathroom; shower room
浴衣 yùyī bathrobe

预（預）yù 10画 页部

预预预预预预预预预预

❶ [副] 事先；提前：in advance; beforehand
预报 yùbào forecast
预备 yùbèi prepare; get ready
预测 yùcè calculate; forecast
预订 yùdìng reserve
预定 yùdìng predetermine
预防 yùfáng prevent; take precautions against
预告 yùgào ① announce in advance; herald ② advance notice
预计 yùjì calculate in advance; estimate
预见 yùjiàn foresee; predict; anticipate; prevision
预警 yùjǐng early warning
预料 yùliào anticipate
预期 yùqī expect; anticipate
预赛 yùsài preliminary contest
预示 yùshì betoken; indicate; presage; forebode
预算 yùsuàn budget
预习 yùxí (of students) review lessons before class
预先 yùxiān in advance; beforehand
预言 yùyán prophecy; prediction
预约 yùyuē make an appointment
预祝 yùzhù congratulate beforehand

❷ [动] 参与：participate in | 参~ cānyù *participate in*
干预 gānyù

域 yù 11画 土部

域域域域域域域域域域域

[名] 在一定范围之内的地方：land within certain boundaries; domain | 海~ hǎiyù *sea area; maritime space*
领域 lǐngyù   流域 liúyù
区域 qūyù

871

欲 yū 11画 欠部

欲欲欲欲欲欲欲欲欲欲欲

❶ [动] 想要；希望：want; wish; yearn; long for | 随心所~ suíxīnsuǒyù at one's will
❷ [名] 欲望；愿望：desire; long for; wish | 求知~ qiúzhīyù thirst for knowledge
欲望 yùwàng desire; lust
食欲 shíyù

遇 yù 12画 辶部

遇遇遇遇遇遇遇遇遇遇遇

❶ [动] 偶然见到；碰到；遭到：meet; encounter | 相~ xiāngyù meet / 百年不~ bǎinián bùyù not occur even in a hundred years
遇到 yùdào run into; encounter; come across
遇害 yùhài be murdered
遇见 yùjiàn meet; come across
遇难 yùnàn ① die (or be killed) in an accident ② be murdered
遭遇 zāoyù
❷ [动] 对待：treat; receive
待遇 dàiyù
❸ [名] 机会：chance; opportunity | 奇~ qíyù adventure

机遇 jīyù

喻 yù 12画 口部

喻喻喻喻喻喻喻喻喻喻喻

❶ [动] 明白；了解：explain; make clear; inform
不言而喻 bùyán'éryù
家喻户晓 jiāyù-hùxiǎo
❷ [动] 打比方：by analogy
比喻 bǐyù

御 (禦) yù 12画 彳部

御御御御御御御御御御御御

[动] 抵挡；抵抗：resist; ward off; keep | ~寒 yùhán keep out the cold
防御 fángyù

寓 yù 12画 宀部

寓寓寓寓寓寓寓寓寓寓寓

❶ [动] 居住：reside; live; inhabit | ~所 yùsuǒ residence
公寓 gōngyù
❷ [动] 寄托；隐含（在事物中）：imply; place; contain | ~意深刻 yùyì shēnkè with a deep implied meaning
寓言 yùyán fable; allegory; par-

able

裕

裕 yù 12画 衤部

裕裕裕裕裕裕裕裕裕裕裕裕

[形] 财物多；充足：abundant; plentiful; affluent; ample | 家里很宽~。Jiālǐ hěn kuānyù. *The family is well off.* / 我们的时间不充~。Wǒmen de shíjiān bù chōngyù. *We don't have enough time.*

富裕 fùyù

愈

愈 yù 13画 心部

愈愈愈愈愈愈愈愈愈愈愈愈愈

❶ [动] 病好了：heal; recover; be cured | ~合 yùhé *heal* / 病~ bìngyù *recover from an illness*
❷ [副] 越；更加；表示程度的增加：used reiteratively to indicate an increase of degree | 山路~来~陡。Shānlù yùláiyù dǒu. *The mountain path becomes steeper and steeper.*

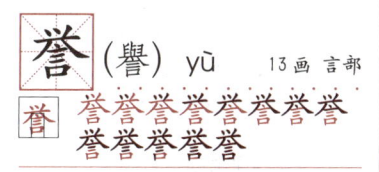

誉 (譽)

誉 yù 13画 言部

誉誉誉誉誉誉誉誉誉誉誉誉誉

[动] 名声；好名声：reputation; fame | 荣~ róngyù *honour* / 声~ shēngyù *reputation*

名誉 míngyù　　信誉 xìnyù

冤

冤 yuān 10画 冖部

冤冤冤冤冤冤冤冤冤冤

[名] 冤枉；冤屈；仇恨：wrong; injustice; grievance | 申~ shēnyuān *redress an injustice* / 鸣~ míngyuān *voice grievances* / ~家 yuānjia *enemy; foe*

冤枉 yuānwang wrong; treat unjustly

元

元 yuán 4画 儿部

元元元元

❶ [形] 为首的：chief; principal; leading | ~老 yuánlǎo *senior statesman; founding father* / ~帅 yuánshuài *marshal*

元首 yuánshǒu head of state
状元 zhuàngyuan

❷ [形] 开始的；第一：first; primary; initial | ~月 yuányuè *January* / ~年 yuánnián *the first year of an era or the reign of an emperor*

元旦 yuándàn New Year's Day

❸ [形] 主要；基本：basic; fundamental | ~音 yuányīn *vowel*

元件 yuánjiàn element; component

元素 yuánsù element; essential factor

❹ [量] 货币单位：unit of money

美元 měiyuán　欧元 ōuyuán

日元 rìyuán

◇元宵 yuánxiāo ① the night of the 15th of the 1st Chinese lunar month ② sweet dumplings made of glutinous rice flour (for the Lantern Festival)

元宵节 Yuánxiāojié the Lantern Festival (the 15th of the 1st lunar month)

园 (園) yuán　7画 口部

园 园园园园园园园

❶ [名] 种植蔬菜、花果、树木的地方：garden; plot ｜ 果~ guǒyuán *orchard* / 菜~ càiyuán *vegetable garden*

园丁 yuándīng gardener; (use of a primary school) teacher

园林 yuánlín garden; park

园艺 yuányì horticulture; gardening

花园 huāyuán

植物园 zhíwùyuán

❷ [名] 游览娱乐的场所：place of recreation; park ｜ 动物~ dòngwùyuán *zoo*

公园 gōngyuán　乐园 lèyuán

◇家园 jiāyuán

校园 xiàoyuán

幼儿园 yòu'éryuán

员 (員) yuán　7画 口部

员 员员员员员员员

❶ [名] 从事某种职业或担当某种任务的人：person engaged in some field of work or study ｜ 营业~ yíngyèyuán *shop assistant*

员工 yuángōng staff; personnel

船员 chuányuán

裁员 cáiyuán　店员 diànyuán

雇员 gùyuán　官员 guānyuán

教员 jiàoyuán　球员 qiúyuán

伤员 shāngyuán　学员 xuéyuán

演员 yǎnyuán　译员 yìyuán

职员 zhíyuán

裁判员 cáipànyuán

乘务员 chéngwùyuán

炊事员 chuīshìyuán

飞行员 fēixíngyuán

服务员 fúwùyuán

技术员 jìshùyuán

驾驶员 jiàshǐyuán

教练员 jiàoliànyuán

陪审员 péishěnyuán

评论员 pínglùnyuán

守门员 shǒuményuán

司令员 sīlìngyuán

研究员 yánjiūyuán

宇航员 yǔhángyuán

运动员 yùndòngyuán

❷ [名] 指团体或组织等的成员：

member of a group or an organization

成员 chéngyuán 党员 dǎngyuán
队员 duìyuán 会员 huìyuán
社员 shèyuán 团员 tuányuán
委员 wěiyuán 议员 yìyuán
公务员 gōngwùyuán

原 yuán 10画 厂部

原原原原原原原原原原

❶ [名] 开始的；最初的 primary; original | ～稿 yuángǎo *original manuscript* / ～意 yuányì *original intention* / ～生动物 yuánshēng dòngwù *protozoan*

原本 yuánběn ① original manuscript; master copy ② the original (from which a translation is made) ③ originally; formerly
原创 yuánchuàng originate; initiate; pioneer created
原告 yuángào plaintiff; prosecutor
原理 yuánlǐ principle
原始 yuánshǐ ① primitive; prehistoric ② original; initial; first-hand
原先 yuánxiān former; original
原因 yuányīn reason; cause

❷ [名] 没经加工的：unprocessed; crude; raw | ～煤 yuánméi *raw coal*
原料 yuánliào raw material
原油 yuányóu crude oil
原材料 yuáncáiliào raw and unprocessed materials

❸ [形] 本来的；没有改变的：original; former | ～职 yuánzhí *former post* / ～作者 yuán zuòzhě *original author* / ～单位 yuán dānwèi *the organization (company) one formerly belonged to* / ～计划 yuán jìhuà *original plan*
原来 yuánlái original; former
还原 huányuán

❹ [动] 宽容；谅解：tolerate; pardon | ～谅 yuánliàng excuse; forgive; pardon

❺ [名] 宽广平坦的地方：open country; plain; level and extensive land | ～野 yuányě *open country*
草原 cǎoyuán 高原 gāoyuán
平原 píngyuán
中原 zhōngyuán

◇ 原则 yuánzé principle; rule
原子 yuánzǐ atom
原子弹 yuánzǐdàn atom bomb; atomic bomb; A-bomb
原子能 yuánzǐnéng atomic (nuclear) power; atomic energy

圆 (圓) yuán 10画 口部

圆 圆圆圆圆圆圆圆圆圆圆

❶[名]圆周所包围的平面、圆圈：circle; sphere | 半~ bànyuán *semicircle* / 月~了。Yuè yuán le. *The moon is full*.
椭圆 tuǒyuán
❷[形]像圆形的：round; circular; spherical | 滚~ gǔnyuán *round as a ball*
圆珠笔 yuánzhūbǐ ball-point pen; ball-pen
❸[形]完备；周全：perfect; complete
圆满 yuánmǎn satisfactory
团圆 tuányuán

援 yuán 12画 扌部

援援援援援援援援援援援

[动]帮助；救助：pull by hand; hold; rescue | 声~ shēngyuán *support* / 孤立无~ gūlì-wúyuán *isolated and cut off from help*
援助 yuánzhù support; aid
救援 jiùyuán　　支援 zhīyuán
◇援引 yuányǐn ① quote; cite ② recommend or appoint one's friends or favourites

缘(緣) yuán 12画 纟部

缘 缘缘缘缘缘缘缘缘缘缘缘缘

❶[名]原因：reason; cause | ~由 yuányóu *reason*
缘故 yuángù reason; cause; sake
❷[名]边：edge; rim; fringe | 外~ wàiyuán *outer edge*
边缘 biānyuán
◇缘分 yuánfèn lot or luck by which people are brought together

猿 yuán 13画 犭部

猿猿猿猿猿猿猿猿猿猿猿

[名]ape, mammal resembling a monkey
猿人 yuánrén apeman

源 yuán 13画 氵部

源源源源源源源源源源源源

❶[名]水流起头的地方：source of a river; fountainhead | 发~ fāyuán *rise; originate from*
源泉 yuánquán source; springhead
源头 yuántóu fountainhead; source
水源 shuǐyuán
❷[名]来源；根源：source; origin |

货～huòyuán *source of goods* / 财～cáiyuán *source of income*
电源 diànyuán　根源 gēnyuán
来源 láiyuán　　能源 néngyuán
起源 qǐyuán　　资源 zīyuán

远 (遠) yuǎn 7画 辶部

远 远远远远远远远

❶[形]空间或时间的距离长(跟"近 jìn"相对)：far away in time or space; distant; remote (the opposite of "近 jìn") | 路～lù yuǎn *a long way* / 那件事离现在已经很～了。Nà jiàn shì lí xiànzài yǐjīng hěn yuǎn le. *It happened long ago.*
远程 yuǎnchéng long-range; long-distance
远大 yuǎndà high; far; great; bright
远方 yuǎnfāng distant place; far away; distance
远景 yuǎnjǐng long-range perspective; distant view; prospect; outlook; vista
远离 yuǎnlí keep away from; apart from; distance
长远 chángyuǎn
深远 shēnyuǎn　跳远 tiàoyuǎn
遥远 yáoyuǎn　永远 yǒngyuǎn
望远镜 wàngyuǎnjìng
❷[形]关系不密切：(of blood relation) distant | ～亲 yuǎnqīn *distant relative*

❸[形](差别)程度大：(of difference) (by) far | 他俩的性格相差很～。Tā liǎ de xìnggé xiāngchà hěn yuǎn. *The two persons are greatly different in personality.*

怨 yuān 9画 心部

怨 怨怨怨怨怨怨怨怨怨

❶[名]不满；仇恨：resentment; enmity; hatred | 恩～ēnyuàn *gratitude and resentment (meaning the latter in most cases)* / 结～jiéyuàn *arouse sb.'s enmity*
❷[动]责怪：blame; complain | 这件事都～我。Zhè jiàn shì dōu yuàn wǒ. *I ought to be blamed for this.* / 他老是～天气不好。Tā lǎoshì yuàn tiānqì bù hǎo. *He is always complaining about the weather.*
抱怨 bàoyuàn　埋怨 mányuàn

院 yuàn 9画 阝(左)部

院 院院院院院院院院院

❶[名]院子：courtyard | 他家屋后有个小～子。Tā jiā wū hòu yǒu ge xiǎo yuànzi. *At the back of his house, there is a small court-*

yard.

院子 yuànzi courtyard; yard; compound

❷[名]某些机关和公共场所的名称：designation for certain government organizations and public places | 电影～diànyǐngyuàn *cinema* / 科学～kēxuéyuàn *academy of sciences* / 疗养～liáoyǎngyuàn *sanatorium*

院士 yuànshì academician
院长 yuànzhǎng director; dean; chief; head; president
法院 fǎyuàn　剧院 jùyuàn
学院 xuéyuàn 医院 yīyuàn
参议院 cānyìyuàn
国务院 guówùyuàn
众议院 zhòngyìyuàn

❸[名]指医院：referring to hospital

出院 chūyuàn　住院 zhùyuàn

愿 (願) yuàn　14画 厂部

愿愿愿愿愿愿愿愿愿愿愿愿愿愿

❶[名]愿望：desire; wish | 如～rúyuàn *have one's wishes fulfilled; obtain what one desires*

愿望 yuànwàng hope; will; wish
请愿 qǐngyuàn　心愿 xīnyuàn
意愿 yìyuàn　　志愿 zhìyuàn
祝愿 zhùyuàn

志愿者 zhìyuànzhě

❷[动]肯；乐意：be willing; be ready | 他～做这个工作。Tā yuàn zuò zhège gōngzuò. *He is willing to take this job.*

愿意 yuànyì be willing
宁愿 nìngyuàn　　自愿 zìyuàn

❸[动]希望：hope; wish | 但～如此。Dàn yuàn rúcǐ. *How I wish it was true.*

约 (約) yuē　6画 纟部

约 约约约约约约

❶[动]限制：restrict; restrain; confine

约束 yuēshù constrain; confine; restrain; bind
制约 zhìyuē

❷[动]预先说定：make an appointment | 我和他～好了。Wǒ hé tā yuēhǎo le. *I have made the appointment with him.*

约定 yuēdìng agree on; appoint; arrange
约会 yuēhuì appointment; engagement; date
预约 yùyuē

❸[名]共同遵守的条文；事先商定的事：agreement; pact; treaty; regulation that both sides agree on and should abide by

公约 gōngyuē　合约 héyuē
和约 héyuē　　签约 qiānyuē
失约 shīyuē　　条约 tiáoyuē

违约 wéiyuē

❹[动]邀请:invite in advance; engage | ~他来 yuē tā lái *invite him to come* / 特~记者 tèyuē jìzhě *special correspondent*

❺[形]节俭:economical; thrifty 节约 jiéyuē

❻[副]大概;大约:about; approximately | ~五十人 yuē wǔshí rén *about fifty people* / ~一个月 yuē yī gè yuè *about a month* 大约 dàyuē

◇ 隐约 yǐnyuē

月 yuè 4画 月部

月 月月月月

❶[名]月亮;月球:moon; luna | 赏~ shǎngyuè *admire the bright full moon* / 新~ xīnyuè *new moon*

月饼 yuèbing mooncake (esp. for the Mid-Autumn Festival)
月光 yuèguāng moonlight; moonshine
月亮 yuèliang moon
月球 yuèqiú the moon
月下老人 yuèxià lǎorén ① the Old man of the Moon (the god of marriage, who has on record in a book the marriage fates of those on earth and attaches betrothed couples with a red cord which will bind them for life) ② matchmaker

❷[名]时间单位,一年的十二分之一:month; one year being divided into 12 months | 本~ běnyuè *this month* / 下个~ xià gè yuè *next month*

月初 yuèchū the beginning of the month
月底 yuèdǐ the end of the month
月份 yuèfèn month
月季 yuèjì Chinese rose
月票 yuèpiào monthly ticket
月薪 yuèxīn monthly pay
腊月 làyuè   满月 mǎnyuè
岁月 suìyuè 正月 zhēngyuè
长年累月 chángnián-lěiyuè

乐 (樂) yuè 5画 丿部

乐 乐乐乐乐乐

[名]音乐:music | 奏~ zòuyuè *play music*

乐队 yuèduì orchestra; band
乐器 yuèqì musical instrument
乐曲 yuèqǔ musical composition
乐团 yuètuán philharmonic orchestra
音乐 yīnyuè
音乐会 yīnyuèhuì
音乐厅 yīnyuè tīng
　　See lè.

阅 (閲) yuè 10画 门部

阅

阅阅阅阅阅阅阅阅阅阅

❶[动]查看;视察：inspect; review | 检~军队 jiǎnyuè jūnduì *inspect troops*

❷[动]看：read; scan; peruse | 传~ chuányuè *circulate for perusal*

阅读 yuèdú read; reading
阅览室 yuèlǎnshì reading room
参阅 cānyuè　查阅 cháyuè
订阅 dìngyuè

❸[动]经历;经过：undergo; pass through | ~历 yuèlì *experiences*

悦

yuè　10画　忄部

悦悦悦悦悦悦悦悦悦悦

[形]高兴;愉快：joyous; happy; pleased; merry; gay
喜悦 xǐyuè

跃 (躍)

yuè　11画　足部

跃跃跃跃跃跃跃跃跃跃跃

[动]跳：leap; jump; bounce | ~过 yuèguò *jump over* / ~上马背 yuèshang mǎbèi *leap onto a horse*

跃进 yuèjìn make (take) a leap; leap forward

飞跃 fēiyuè　活跃 huóyuè
跳跃 tiàoyuè　踊跃 yǒngyuè

越

yuè　12画　走部

越越越越越越越越越越越越

❶[动]跨过;经过：get over; jump over | ~墙 yuè qiáng *climb over a wall*

越冬 yuèdōng live through (survive) the winter
越过 yuèguò cross; pass over
越位 yuèwèi (sports) offside
越野 yuèyě cross-country
穿越 chuānyuè　跨越 kuàyuè

❷[动]超出(范围)：exceed; overstep; go beyond | ~出范围 yuèchū fànwéi *overstep the bounds; exceed the limits*

超越 chāoyuè

❸[形]超出或胜过一般的：better than; exceeding
优越 yōuyuè　卓越 zhuóyuè

❹[副]表示程度加深：used to indicate the deepening of degree | 风~刮~大。Fēng yuè guā yuè dà. *The wind blows harder and harder.* / 条件~来~好。Tiáojiàn yuèlái yuè hǎo. *The circumstances has become better and better.*

越…越… yuè…yuè… the more…the more…
越来越 yuèláiyuè more and

more
◇越剧 yuèjù Shaoxing opera

晕 (暈) yūn 10画 日部
晕晕晕晕晕晕晕晕晕晕

❶ [形] 头脑昏乱：dizzy; giddy | 头~ tóu yūn *feel dizzy* / 头转向 yūntóu-zhuānxiàng *confused and disoriented*

❷ [动] 昏迷；失去知觉：faint; pass out; lose consciousness | ~倒 yūndǎo *fall into a faint* / 他饿~了。Tā èyūn le. *He fainted from hunger.*

云 (雲) yún 4画 厶部
云云云云云

[名] cloud | ~已经消散。Yún yǐjīng xiāosàn. *The clouds have been dissipated.*

云彩 yúncai cloud
风云 fēngyún 乌云 wūyún
风云人物 fēngyún rénwù

匀 yún 4画 勹部
匀匀匀匀

❶ [形] 平均；均匀：even; equitable | 分得不~ fēn de bù yún *be not evenly divided* / 颜色涂得不~。Yánsè tú de bù yún. *The colour is not evenly spread.*

❷ [动] 使均匀：even up; divide evenly | 这两份儿分得不均匀，再~一~吧。Zhè liǎng fènr fēn de bù jūnyún, zài yúnyiyún ba. *These two shares are not equal. Let's even them up.*

❸ [动] 分出一部分给别人或用在别处：take from sth. and give to sb. | 我们~出一间屋子给他们住。Wǒmen yúnchu yī jiān wūzi gěi tāmen zhù. *We spared them a room to stay.* / 把你买的纸~给我一些吧。Bǎ nǐ mǎi de zhǐ yúngěi wǒ yīxiē ba. *Would you spare me some of the paper you bought?*

允 yǔn 4画 厶部
允允允允

[动] 答应；许可：permit; allow; consent; grant | 应~ yīngyǔn *consent*

允许 yǔnxǔ allow; permit

孕 yùn 5画 子部
孕孕孕孕孕

❶ [动] 怀胎：be pregnant; be in the family way | ~妇 yùnfù *pregnant woman*

881

孕育 yùnyù be pregnant with; breed; conceive

怀孕 huáiyùn

❷ [名] 胎儿：embryo; fetus

运(運) yùn　7画 辶部

运运运运运运运

❶ [动] 移动：move; be in operation

运动 yùndòng movement; motion

运行 yùnxíng operate; move

运转 yùnzhuǎn operate

运动会 yùndònghuì games; sports meeting

运动员 yùndòngyuán sportsman; athlete

奥运会 Àoyùnhuì

❷ [动] 搬运；运输：carry; transport; ship | ～货 yùnhuò *transport cargo (or goods)* / 客～ kèyùn *passenger transport* / 请把行李～到火车站。Qǐng bǎ xínglǐ yùndào huǒchēzhàn. *Please transport my luggage to the railway station.*

运河 yùnhé canal

运输 yùnshū transport

运送 yùnsòng convey

搬运 bānyùn　航运 hángyùn

❸ [动] 使用：use; wield; apply | ～笔 yùnbǐ *wield the pen*

运算 yùnsuàn operation; calculation

运用 yùnyòng exercise; use; apply

运作 yùnzuò run; implement; carry out

❹ [名] 命中注定的遭遇：fortune; luck; fate | 好～ hǎoyùn *good luck* / 不走～ bù zǒuyùn *be out of luck; have no luck*

运气 yùnqi fortune

命运 mìngyùn

幸运 xìngyùn

酝(醞) yùn　11画 酉部

酝酝酝酝酝酝酝酝酝酝酝

[动] 酿酒：ferment; brew

酝酿 yùnniàng ① brew; ferment ② have a preliminary informal discussion; deliberate on

韵 yùn　13画 音部

韵韵韵韵韵韵韵韵韵韵韵韵

[名] 韵母：simple or compound vowel (of a Chinese syllable) | 声～ shēngyùn

韵母 yùnmǔ (phonet.) the final of a syllable

押韵 yāyùn

蕴(蘊) yùn　15画 艹部

蕴 蕴蕴蕴蕴蕴蕴蕴蕴蕴蕴蕴蕴蕴蕴蕴

[动] 包藏;包含：accumulate; contain; hold in store

蕴藏 yùncáng hold in store; contain

yùn

Z

杂 (雜) zá   6画 木部

杂 杂杂杂杂杂杂

❶ [形] 多种多样的；不纯的：miscellaneous; sundry; mixed; varied | ～色 zásè *particoloured* / ～货 záhuò *sundry goods*

杂技 zájì acrobatics

杂交 zájiāo hybridize; crossbreed

杂粮 záliáng food grains other than wheat and rice

杂乱 záluàn in a muddle (jumble, mess); mixed and disorderly; at sixes and sevens

杂文 záwén essay

杂志 zázhì magazine

杂质 zázhì impurity; contaminant

复杂 fùzá　　打杂儿 dǎzár

❷ [动] 混合在一起：mix; mingle | 米里偶尔～有沙子。Mǐ li ǒu'ěr zá yǒu shāzi. *Occasionally grains of sand can be found mingled with rice.*

夹杂 jiāzá

砸 zá   10画 石部

砸 砸砸砸砸砸砸砸砸砸

❶ [动] 重物落在物体上；用重物撞击：pound; tamp; thump against sth. using a heavy thing | ～钉子 zá dīngzi *pound (or drive) a nail* / 他的左脚被石头～伤了。Tā de zuǒjiǎo bèi shítou zāshāng le. *His left foot was injured by a stone.*

❷ [动] 打坏；打破：smash; break | 碗～碎了。Wǎn zásuì le. *The bowl is smashed (broken).*

灾 zāi   7画 宀部

灾 灾灾灾灾灾灾灾

[名] 自然的或人为的祸害、不幸：calamity; catastrophe; disaster; misfortune | 天～ tiānzāi *natural calamities* / 受～ shòuzāi *be stricken by disaster* / 一场大～ yī chǎng dà zāi *a great calamity*

灾害 zāihài calamity; disaster

灾荒 zāihuāng famine due to crop failure

灾民 zāimín victims of a natural calamity

灾难 zāinàn suffering; calamity; disaster; catastrophe

灾区 zāiqū disaster area

旱灾 hànzāi　　火灾 huǒzāi

救灾 jiùzāi　　水灾 shuǐzāi

栽 zāi 10画 木部

栽栽栽栽栽栽栽栽栽栽

❶ [动] 种植：plant; grow | ～花 zāihuā *grow flowers* / ～树 zāishù *plant trees* / ～菜 zāicài *grow vegetables*

栽培 zāipéi grow; cultivate

❷ [动] 硬给安上（用于抽象事物）：impose sth. on sb.; force sth. on sb. | 他被～上了一个罪名。Tā bèi zāishangle yī gē zuìmíng. *A charge was fabricated against him.*

❸ [动] 摔倒；跌倒：tumble; fall; topple | ～跟头 zāigēntou *fall* / ～了一跤 zāile yī jiāo *have a fall*

载（載）zǎi 10画 车部

载载载载载载载载载载

[动] 记录；刊登：record; publish; carry | 登～ dēngzǎi *publish (in newspapers or magazines)* / 刊～ kānzǎi *carry in newspapers* / ～入史册 zǎirù shǐcè *be recorded in history*

记载 jìzǎi　　下载 xiàzǎi
转载 zhuǎnzǎi
　　See zài.

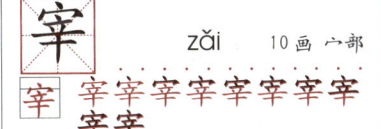

宰 zǎi 10画 宀部

宰宰宰宰宰宰宰宰宰宰

❶ [动] 杀：slaughter; butcher | ～鸡 zǎi jī *kill chickens* / ～猪 zǎi zhū *butcher pigs*

❷ [动] 比喻向顾客索取高价：overcharge; fleece; charge more than a customer should pay | 挨～ áizǎi *be overcharged* / ～人 zǎirén *soak sb.; rip-off*

再 zài 6画 一部

再再再再再再

❶ [副] 第二次；又一次：again; one more time | ～版 zàibǎn *second edition* / 请你～说一遍。Qǐng nǐ zài shuō yī biàn. *Please repeat your words.* / 这篇文章要～修改一遍。Zhè piān wénzhāng yào zài xiūgǎi yī biàn. *The article needs further revising.*

再次 zàicì once more; a second time; once again

再见 zàijiàn good-bye; see you again

再三 zàisān over and over again; time and again; again and again; repeatedly

再现 zàixiàn (of a past event)

reappear; be reproduced
一再 yīzài

❷[副]表示动作在一定时间后又将出现：used to indicate that an action will be repeated in future
再说 zàishuō put off until some time later
不再 bùzài

❸[副]表示一个动作将在另一个动作结束之后出现：used to indicate the occurrence of action after the completion of another | 吃完饭～看电视。Chīwán fàn zài kàn diànshì. *Have your dinner before watching TV.* / 你做完作业～玩。Nǐ zuòwán zuòyè zài wán. *Finish your homework before you go to play.*

❹[副] 更；更加：to a greater extent or degree | ～用一点儿力 zài yòng yīdiǎnr lì *put on another spurt* / 声音～大一点儿。Shēngyīn zài dà yīdiǎnr. *Speak louder, please.* / ～冷的天我也不怕。Zài lěng de tiān wǒ yě bù pà. *I can stand colder weather than this.*

❺[副] 表示追加补充；另外，又：used to indicate additional information; in addition; furthermore; besides | 盘里放着葡萄、鸭梨，～就是苹果。Pán li fàngzhe pútáo, yālí, zài jiùshì píngguǒ. *There are grapes, pears, as well as apples in the plate.*

❻[副]用于让步的假设句，含有"即使"或"无论怎么"的意思：(used in the conditional sentence to show concession) even if; even though | 雨～大，我们也得去。Yǔ zài dà, wǒmen yě děi qù. *We have got to go, no matter how heavy the rain is.*

❼[副]表示范围的扩大：indicating the widening of scope | ～生产 zàishēngchǎn *reproduce; continuously repeat or renew production*

❽[副]用在否定句中，有加强语气的作用：(used in a negative sentence to strengthen the mood) | 菜已经咸得不能～咸了。Cài yǐjīng xián de bùnéng zài xián le. *The dish is too salty to eat.*

在 zài 6画 土部

在 在 在 在 在 在

❶[动] 存在；生存：exist; be alive | 这座房子还～。Zhè zuò fángzi hái zài. *The house is still there.* / 他祖父还～。Tā zǔfù hái zài. *His grandfather is still alive.*
在场 zàichǎng be on the scene; be on the spot; be present
在世 zàishì be living
在座 zàizuò (in a broad sense) be seated or present at a meeting or a banquet

存在 cúnzài　　内在 nèizài
实在 shízài　　自在 zìzài

❷ [动] (人或事物)处于某个地位或处所：indicating where a person or a thing is | 书～桌子上。Shū zài zhuōzi shang. *The book is on the table.* / 我父母～北京。Wǒ fùmǔ zài Běijīng. *My parents are in Beijing.*

在内 zàinèi included

在逃 zàitáo (leg.) has escaped; be at large

在线 zàixiàn be online (of telephone); be logged on to the Internet

在乎 zàihu care about; mind; take to heart

在意 zàiyì (usu. used in the negative) take notice of; care about; mind; take to heart

在于 zàiyú ① be determined by; depend on ② lie in; consist in

潜在 qiánzài　　所在 suǒzài

❸ [动] 在于；取决于：lie in; depend on | 学习进步，主要～于自己努力。Xuéxí jìnbù, zhǔyào zàiyú zìjǐ nǔlì. *Progress in study depends mainly on one's own efforts.*

好在 hǎozài

❹ [副] 正在：indicating an action in progress | 会议～进行。Huìyì zài jìnxíng. *The meeting is going on.* / 我～看报。Wǒ zài kànbào. *I am reading a newspaper.* / 雨～不停地下着。Yǔ zài bù tíng de xiàzhe. *It is raining now.*

正在 zhèngzài　　现在 xiànzài

❺ [介] 表示动作行为的时间、地点、范围等：indicating time, place, scope, etc. | ～晚上读书 zài wǎnshang dúshū *study in the evening* / ～第二教室上课 zài dì-èr jiàoshì shàngkè *attend class at classroom 2* / ～这种条件之下 zài zhè zhǒng tiáojiàn zhīxià *under such condition*

载 (載) zài　10画 车部

载载载载载载载载载载

[动] 用运输工具装运：carry; hold; be loaded with | ～客 zàikè *carry passengers* / ～货 zàihuò *carry cargo (or freight)* / 满～而归 mǎnzài'érguī *return (home) with a full load*

载重 zàizhòng load; carrying capacity

超载 chāozài　　承载 chéngzài
搭载 dāzài

See zǎi.

咱 zán　9画 口部

咱咱咱咱咱咱咱咱咱

❶[代]我们：we; us ｜ ～班的同学都到齐了。Zán bān de tóngxué dōu dàoqí le. *Students of our class are all present.* / 哥哥，～看电影去吧。Gēge, zán kān diànyǐng qù ba. *Brother, let's go to the movie.*

咱们 zánmen ① we (including both the speaker and the person or persons spoken to) ② I ③ you

❷[代]我：I; me ｜ ～不懂。Zán bù dǒng. *I don't understand.*

攒 (攢) zǎn 19画 扌部

[动] 积聚；储蓄：accumulate; hoard; save; scrape up ｜ 他～下自己的休假时间去旅行。Tā zǎnxià zìjǐ de xiūjià shíjiān qù lǚxíng. *He has saved his vacations for a tour.* / 她把～的钱都买了衣服。Tā bǎ zǎn de qián dōu mǎile yīfu. *She spent all her savings on clothes.*

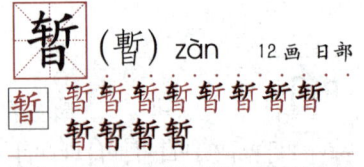

暂 (暫) zàn 12画 日部

❶[形] 不久；时间短（跟 "久jiǔ" 相对）：of short duration; transient; brief (the opposite of "久jiǔ")

暂时 zànshí ①temporary; transient ②temporarily; for the time being; for the moment

短暂 duǎnzàn

❷[副] 暂时地；临时地：temporarily; for a short time ｜ ～停 zàntíng *suspend; time-out* / ～住 zànzhù *stay temporarily (at a place)* / ～不答复 zàn bù dáfù *put off replying*

暂且 zànqiě for the time being; for the moment

赞 (贊) zàn 16画 贝部

❶[动] 帮助；支持：help; aid; assist; support

赞成 zànchéng approve of; agree with

赞同 zàntóng approve of; agree with; endorse

赞助 zànzhù support; assistance; sponsor

❷[动] 夸奖；称颂：applaud; compliment; extol; praise

赞美 zànměi praise; eulogize

赞赏 zànshǎng appreciate; admire

赞叹 zàntàn gasp in (with) admiration; highly praise

赞扬 zānyáng speak highly of; praise; commend
称赞 chēngzàn

脏 (髒) zāng 10画 月部

脏脏脏脏脏脏脏脏脏脏

[形] 有污垢；不干净：dirty; filthy; unclean | ~东西 zāng dōngxi *dirty things* / 衣服~了。Yīfu zāng le. *The clothes are dirty.* / 这间屋子~得很。Zhè jiān wūzi zāngdehěn. *This room is very dirty.*
See zàng.

脏 (臟) zàng 10画 月部

脏脏脏脏脏脏脏脏脏脏

[名] 身体内部器官的名称：internal organs of the body
心脏 xīnzàng
心脏病 xīnzàngbìng
See zāng.

葬 zàng 12画 艹部

葬葬葬葬葬葬葬葬葬葬葬葬

[动] 掩埋或处理死者遗体：inter; bury | 火~ huǒzàng *cremation* / 埋~ máizàng *bury (a dead person)* / 送~ sòngzàng *escort a coffin to its burial ground; attend a funeral*
葬礼 zànglǐ funeral; funeral (burial) rites

遭 zāo 14画 辶部

遭遭遭遭遭遭遭遭遭遭遭遭遭

[动] 碰上（多指不幸的事）：meet with; suffer; encounter (in most cases sth. unfortunate) | ~难 zāonàn *suffer disaster* / ~灾 zāozāi *be hit by a natural calamity*
遭到 zāodào suffer; meet with; encounter
遭受 zāoshòu suffer; be subjected to; sustain
遭殃 zāoyāng suffer disaster
遭遇 zāoyù ① meet with; encounter; run up against ② (bitter) experience; (hard) lot

糟 zāo 17画 米部

糟糟糟糟糟糟糟糟糟糟糟糟糟糟

❶[形] 腐烂；不结实：rotten; decayed; worn out | ~烂 zāolàn *decomposed*；*putrid* / 木头~了。Mùtou zāo le. *The wooden board is rotten.*

❷ [形]（事情或情况）不好：in a mess; in a wretched state | 你的工作做得一团~。Nǐ de gōngzuò zuò de yītuánzāo. *You've made a mess of your job.* / 你把事情弄~了。Nǐ bǎ shìqing nòngzāo le. *You've made a mess of the matter.* / 情况很~。Qíngkuàng hěn zāo. *The situation is too bad.*

糟糕 zāogāo too bad
乱七八糟 luànqībāzāo

❸ [动] 损坏；破坏：spoil; ruin
糟蹋 zāotà waste; ruin; spoil

凿 (鑿) záo 12画 业部

凿 凿凿凿凿凿凿凿凿凿凿凿凿

[动] 打孔；挖掘：bore a hole; chisel; dig | ~井 záo jǐng *sink a well* / 墙上~了一个洞。Qiáng shang záole yī gè dòng. *A hole was dug in the wall.*

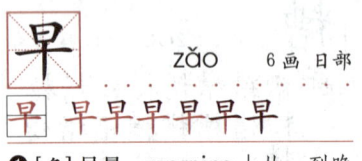

早 zǎo 6画 日部

早 早早早早早早

❶ [名] 早晨：morning | 从~到晚 cóng zǎo dào wǎn *from morning till night* / 他一~就来了。Tā yīzǎo jiù lái le. *He came here early in the morning.*

早晨 zǎochen (early) morning
早点 zǎodiǎn (light) breakfast
早饭 zǎofàn breakfast
早上 zǎoshang (early) morning
早晚 zǎowǎn ① morning and evening ② sooner or later
清早 qīngzǎo

❷ [形] 时间靠前：early in time | 今年雪下得很~。Jīnnián xuě xià de hěn zǎo. *Snow comes early this year.* / 他~年做过文艺工作。Tā zǎonián zuòguo wényì gōngzuò. *He was engaged in literary work in his early years.*

早期 zǎoqī early stage; early phase

❸ [形] 比某一时间靠前；较早：earlier than scheduled or planned; earlier | ~熟 zǎoshú *prematurity* / ~婚 zǎohūn *early marriage* / 你~点儿来。Nǐ zǎodiǎnr lái. *Please come early.*

早日 zǎorì at an early date; early; soon
及早 jízǎo   提早 tízǎo

❹ [副] 很久以前：a long time ago | 他~走了。Tā zǎo zǒu le. *He left long ago.* / 我~知道了。Wǒ zǎo zhīdào le. *I knew that long ago.*

早已 zǎoyǐ long ago; for a long time

❺ [形] 早晨见面时互相问候的话：used to greet each other in the morning | 老师~！Lǎoshī zǎo!

Good morning, teacher!

枣 (棗) zǎo 8画 一部

枣枣枣枣枣枣枣枣

❶[名]枣树：jujube tree; jujube
❷[名]枣树的果实：date; jujube | 我喜欢吃红~。Wǒ xǐhuan chī hóngzǎo. *I like red dates.*

澡 zǎo 16画 氵部

澡澡澡澡澡澡澡澡澡澡澡澡澡澡澡澡

[动]洗(身体)：wash (one's body) | 擦~ cāzǎo *rub oneself down with a towel; bathe* / ~盆 zǎopén *bathtub*
洗澡 xǐzǎo

皂 zǎo 7画 白部

皂皂皂皂皂皂皂

[名]某些有洗涤去污作用的日用品：soap
肥皂 féizào　　香皂 xiāngzào

灶 (竈) zào 7画 火部

灶灶灶灶灶灶灶

[名]烧火做饭的设备；厨房：kitchen range; cooking stove; kitchen | 炉~ lúzào *kitchen range; cooking range* / 煤气~ méiqìzào *gas ring*

造 zào 10画 辶部

造造造造造造造造造造

❶[动]做；制作：make; build; manufacture; create | ~纸 zàozhǐ *produce paper* / ~房子 zào fángzi *build a house* / 他正在~预算。Tā zhèngzài zào yùsuàn. *He is making a budget.*
造成 zàochéng create; cause; give rise to; bring about
造反 zàofǎn rise in rebellion; rebel; revolt
造价 zàojià cost (of building or manufacture)
造句 zàojù sentence making
造型 zàoxíng ① modelling; mould-making ②model; mould
创造 chuàngzào　打造 dǎzào
改造 gǎizào　　构造 gòuzào
建造 jiànzào　　人造 rénzào
塑造 sùzào　　伪造 wěizào
制造 zhìzào　　铸造 zhùzào
创造性 chuàngzàoxìng
❷[动]虚构；瞎编：invent; cook up; concoct | ~谣 zàoyáo *cook up a story and spread it around* / 编~谎言 biānzào huǎngyán *fabricate lies*
捏造 niēzào

◇ 造化 zàohuà (formal) the Creator; Nature; Creation
造化 zàohua good luck; good fortune
造就 zàojiù ① bring up; train ② achievements; attainments (usu. of young people)

噪 zào 16画 口部

噪噪噪噪噪噪噪噪噪噪噪噪噪噪

[形] (声音) 杂乱刺耳: noisy; piercing to the ear
噪声 zàoshēng noise
噪音 zàoyīn noise

燥 zào 17画 火部

燥燥燥燥燥燥燥燥燥燥燥燥燥燥燥

[形] 缺少水分; 干: dry; lacking water | 天气~热 tiānqì zàorè hot and dry weather
干燥 gānzào

躁 zào 20画 足部

躁躁躁躁躁躁躁躁躁躁躁躁躁躁躁躁

[形] 不冷静; 性急: rash; impetuous; restless; impatient | 烦~ fánzào annoyed / 暴~ bàozào irritable
急躁 jízào

则 (則) zé 6画 贝部

则则则则则则

❶ [名] 规章; 条文: rule; decree; regulation | 总~ zǒngzé general principles / 细~ xìzé detailed rules
法则 fǎzé 规则 guīzé
原则 yuánzé

❷ [名] 规范; 榜样: standard; norm; example
准则 zhǔnzé
以身作则 yǐshēn-zuòzé

❸ [连] 表示因果关系; 就: indicating relationship between cause and effect | 不进~退 bù jìn zé tuì one who doesn't make progress will be surpassed by others / 物体热~涨, 冷~缩。Wùtǐ rè zé zhǎng, lěng zé suō. Objects expand when heated and contract when cooled.

❹ [连] 表示两事物对比; 转折: indicating contrast of one thing with another | 有的勤奋工作, 有的~马马虎虎。Yǒu de qínfèn gōngzuò, yǒu de zé mǎmǎhūhū. Some people are hard at work and some do their duty perfunctorily.

否则 fǒuzé

责 (責) zé 8画 贝部

责 责责责责责责责责

❶ [动] 批评指责：criticize; accuse; blame; reproach | 指~ zhǐzé censure / 斥~ chìzé rebuke; denounce

责备 zébèi reproach; blame; reprove; take sb. to task
责怪 zéguài blame
责令 zélìng order; instruct; charge
谴责 qiǎnzé

❷ [名] 分内应做的事：duty; responsibility | 尽~ jìnzé do one's duty / 保护环境，人人有~。Bǎohù huánjìng, rénrén yǒu zé. It is up to everybody to conserve our environment.

责任 zérèn duty; responsibility
责任人 zérènrén the person who is in charge; the person who has the responsibility?
责任制 zérènzhì system of job responsibility
负责 fùzé 负责人 fùzérén

择 (擇) zé 8画 扌部

择 择择择择择择择择

[动] 挑选：select; choose; pick | ~友 zéyǒu choose friends / 饥不~食 jībùzéshí a hungry person is not choosy about his food
选择 xuǎnzé

贼 (賊) zéi 10画 贝部

贼 贼贼贼贼贼贼贼贼贼贼

[名] 偷东西的人：thief; burglar | 窃~ qièzéi thief; burglar; pilferer / 盗~ dàozéi robber; bandit

怎 zěn 9画 心部

怎 怎怎怎怎怎怎怎怎怎

[代] 怎么，表疑问：why; how | ~不去上学?Zěn bùqù shàngxué? Why don't you go to school? / 你~知我来了呢?Nǐ zěn zhī wǒ láile ne? How do you know I come?

怎么 zěnme how; What's the matter?
怎样 zěnyàng how
怎么样 zěnmeyàng how about; what about
怎么着 zěnmezhe what about

增 zēng 15画 土部

增 增增增增增增增增增增增增增增增

[动]加多;添加(跟"减jiǎn"相对): increase; add; augment (the opposite of "减jiǎn") | 倍~ bèizēng *double in amount* / 今年的产量猛~。Jīnnián de chǎnliàng měngzēng. *Output of this year has increased sharply.*

增产 zēngchǎn increase production

增幅 zēngfú increasing range; increase

增加 zēngjiā increase; raise; add

增进 zēngjìn enhance; promote; further

增强 zēngqiáng strengthen; heighten; enhance

增设 zēngshè establish an additional or new (organization, unit, course, etc.)

增添 zēngtiān add; increase

增援 zēngyuán reinforce

增长 zēngzhǎng increase; rise; grow

增值 zēngzhí (econ.) ① rise (or increase) in value; appreciation; increment ② value added

递增 dìzēng

赠 (贈) zèng 16画 贝部

赠赠赠赠赠赠赠赠赠赠赠赠

[动]把东西无偿地送给别人: give as a present; present as a gift | 捐~ juānzèng *donate; make financial or other contribution* / ~阅 zèngyuè *(of books) provide for free by the publisher* / ~言 zèngyán *words of advice or encouragement given at parting* / ~品 zèngpǐn *gift*

赠送 zèngsòng give as a present

扎 zhā 4画 扌部

扎扎扎扎

❶[动]刺: prick | ~针 zhāzhēn *give an acupuncture treatment* / 轮胎被~了。Lúntāi bèi zhā le. *The tyre was punctured.*

❷[动](军队)在某地住下: (of troops) encamp; pitch a camp somewhere and stay on | ~营 zhāyíng *pitch a camp*

驻扎 zhùzhā

◇扎啤 zhāpí fresh beer held in a jar

扎实 zhāshi ① sturdy; strong ② solid; sound; down-to-earth

See zhá.

渣 zhā 12画 氵部

渣渣渣渣渣渣渣渣渣渣渣渣

❶[名]物质经过提炼或使用后所剩的部分: dregs; sediment; residue; leftover after the essence has been taken out ｜煤～ méizhā *cinder* / 药～yàozhā *dregs of a decoction*

❷[名]碎屑：broken bits ｜面包～儿 miànbāozhār *crumbs (of bread)*

扎 zhā 4画 扌部

扎 扎扎扎扎

See 挣扎
挣扎 zhēngzhá
See zhā.

闸 (閘) zhá 8画 门部

闸 闸闸闸闸闸闸闸闸

❶[名]可控制水流的建筑物：floodgate; sluice gate; waterlock ｜水～shuǐzhá *sluice gate* / 河上有一道～。Hé shàng yǒu yī dào zhá. *A floodgate was built in the river.*

❷[名]制动器的通称：general term for brakes ｜踩～cǎizhá *step on the brake* / 脚～jiǎozhá *backpedalling brake; coaster brake*

炸 zhá 9画 火部

炸 炸炸炸炸炸炸炸炸炸

[动]把食物放在煮沸的油里弄熟：fry in deep fat or oil; deep fry ｜～油条 zhá yóutiáo *deep fried dough*
See zhà.

眨 zhǎ 9画 目部

眨 眨眨眨眨眨眨眨眨眨

[动](眼睛)很快地开合：(of eyes) blink; wink ｜～眼睛 zhǎ yǎnjing *wink*

诈 (詐) zhà 7画 讠部

诈 诈诈诈诈诈诈诈

[动]欺骗：cheat; swindle; deceive ｜欺～qīzhà *swindle* / ～取钱财 zhàqǔ qiáncái *cheat sb. out of his money; get money by fraud*
诈骗 zhàpiàn *defraud; swindle*

炸 zhà 9画 火部

炸 炸炸炸炸炸炸炸炸炸

❶[动]突然破裂：burst; blast; explode ｜玻璃杯～了。Bōlibēi zhà le. *The glass cup has burst.*
炸弹 zhàdàn *bomb*
炸药 zhàyào *explosive; dyna-*

mite
爆炸 bàozhà
❷[动]用炸药、炸弹爆破：(of an object) burst; blast; explode | 桥被~断了。Qiáo bèi zhàduàn le. *The bridge was blown up.* / 那几间房子被~毁了。Nà jǐ jiān fángzi bèi zhàhuǐ le. *Those houses were destroyed in the blast.*
轰炸 hōngzhà
❸[动]发怒：fly into a rage; flare up | 他一听就气~了。Tā yī tīng jiù qìzhà le. *He flared up at the words.*
See zhá.

榨 zhà 14画 木部

榨榨榨榨榨榨榨榨榨榨榨榨榨榨

[名]挤压出物体里的汁液：press; extract; squeeze liquid from sth. | ~油 zhàyóu *extract oil* / ~果汁 zhà guǒzhī *squeeze fruit juice*

摘 zhāi 14画 扌部

摘摘摘摘摘摘摘摘摘摘摘摘摘摘

❶[动]采；取下：pick; pluck | ~棉花 zhāi miánhuā *pick cotton* / ~帽子 zhāi màozi *take off one's cap* / 把墙上的画~下来。Bǎ qiáng shang de huà zhāi xiàlai. *Take the picture off the wall.*
❷[动]选取：select; choose; make extracts from | ~录 zhāilù *extract* / 从书中~选一段 cóng shū zhōng zhāixuǎn yī duàn *extract a passage from a book*
摘要 zhāiyào excerpt; abstract; summary

宅 zhái 6画 宀部

宅宅宅宅宅宅

[名]住所：residence; house; abode | ~门 zháimén *gate of a house* / ~院 zháiyuàn *a house with a courtyard*
住宅 zhùzhái

窄 zhǎi 10画 穴部

窄窄窄窄窄窄窄窄窄窄

❶[形]狭小；不宽(跟"宽 kuān"相对)：narrow (the opposite of "宽 kuān") | 路~ lù zhǎi *narrow path* / 这张床太~，睡不下两个人。Zhè zhāng chuáng tài zhǎi, shuìbuxià liǎng gè rén. *This bed is too narrow for two people.*
狭窄 xiázhǎi

❷[形](气量)小;(心胸)不开阔: petty-minded; narrow-minded | 气量~ qìliàng zhǎi *petty* / 这人心胸很~。Zhè rén xīnxiōng hěn zhǎi. *This person is rather narrow-minded.*

债(債) zhài 10画 亻部

债债债债债债债债债债

[名]欠别人的钱财: debt | 借~ jièzhài *borrow money* / 欠~ qiànzhài *get into debt* / 还~ huánzhài *pay debts*

债权 zhàiquán (leg.) creditor's rights
债券 zhàiquàn bond; debenture
债务 zhàiwù debt; liabilities
负债 fùzhài   公债 gōngzhài
国债 guózhài

寨 zhài 14画 宀部

寨寨寨寨寨寨寨寨寨寨寨寨寨寨

❶[名]旧时指驻兵的地方: military camp in former times | 营~ yíngzhài *military camp*
❷[名]四周围有栅栏或围墙的村子: stockade; fence | 山~ shānzhài *mountain fortress* / ~子 zhàizi *stockaded village*

沾 zhān 8画 氵部

沾沾沾沾沾沾沾沾

❶[动]浸湿: soak; welter | 露水~湿了我的衣服。Lùshuǐ zhān-shīle wǒ de yīfu. *Dews soaked my clothes.*
❷[动]因某种关系而得到: gain by association with sb. or sth.; benefit from some kind of relationship | ~便宜 zhān piányi *get a bargain* / 他这次也~了一些好处。Tā zhè cì yě zhānle yīxiē hǎochu. *He has reaped some profits from it this time.*

沾光 zhānguāng benefit from association with sb. or sth.

❸[动]因接触而被附着上: be stained with; be soiled with | ~水 zhān shuǐ *get wet* / 裤子~上了泥。Kùzi zhānshangle ní. *The trousers were stained with mud.*
❹[动]接触;染上: touch; get into (the habit) | 脚不~地 jiǎo bù zhān dì *walk as if on wings* / ~上了坏习气 zhānshangle huài xíqì *contract bad habits*

粘 zhān 11画 米部

粘粘粘粘粘粘粘粘粘粘粘

❶[动] 有黏性的东西互相连结或附着在别的东西上：glue; stick; paste | 这种糖~牙。Zhè zhǒng táng zhān yá. *This kind of candy tends to stick to the teeth.* / 两张纸~在一起了。Liǎng zhāng zhǐ zhān zài yīqǐ le. *The two sheets of paper got glued together.*

❷[动] 用有黏性的东西使物体联结起来：glue; join or connect objects with a sticky substance | 把邮票~在信封上。Bǎ yóupiào zhān zài xìnfēng shang. *Stick the stamp on the envelope.*

瞻 zhān 18画 目部

[动] 向上或向前看：look forward; look up | ~望 zhānwàng *look forward*

瞻仰 zhānyǎng look at with reverence

斩 (斬) zhǎn 8画 车部

[动] 砍断：chop; cut; kill | ~断 zhǎnduàn *cut off; chop off* / ~首 zhǎnshǒu *behead; decapitate*

斩草除根 zhǎncǎo-chúgēn cut the weeds and dig up the roots; stamp out the source of trouble

斩钉截铁 zhǎndīng-jiétiě be resolute and decisive; categorical

盏 (盞) zhǎn 10画 皿部

[量] 用于灯：used for lamps | 一~灯 yī zhǎn dēng *a lamp*

展 zhǎn 10画 尸部

❶[动] 张开；放开：open up; spread out; unfold | 愁眉不~ chóuméi bù zhǎn *wear a worried frown* / 老鹰~翅高飞。Lǎoyīng zhǎnchì gāofēi. *The eagle soared into the sky.*

展开 zhǎnkāi spread out; unfold; open up

展望 zhǎnwàng ①look into the distance ②look into the future; look ahead ③forecast; prospect

发展 fāzhǎn　进展 jìnzhǎn
开展 kāizhǎn　扩展 kuòzhǎn
伸展 shēnzhǎn　舒展 shūzhǎn

❷[动] 陈列出来供人看：exhibit; display

展出 zhǎnchū put on display; be on show (view); exhibit
展览 zhǎnlǎn put on display; exhibit; show
展品 zhǎnpǐn exhibit; item on display
展示 zhǎnshì open up before one's eyes; reveal; show; lay bare
展现 zhǎnxiàn unfold before one's eyes; emerge; develop
展销 zhǎnxiāo display and sell
展览会 zhǎnlǎnhuì exhibition
❸[动]施行：put to good use; give full play to | 一～才华 yīzhǎn-cáihuá *display one's talents*
施展 shīzhǎn

崭 (嶄) zhǎn 11画 山部

崭崭崭崭崭崭崭崭崭崭崭

[形] outstanding; excellent
崭新 zhǎnxīn brand-new; completely new

占 zhǎn 5画 卜部

占占占占占

❶[动] 据有；用强力取得：occupy; seize; take by force | 强～ qiǎngzhàn *forcibly occupy; seize* / 你一个人怎么可以～三个位子？Nǐ yī gè rén zěnme kěyǐ zhàn sān gè wèizi? *How could you alone occupy three seats?* / 做家务～了许多时间。Zuò jiā·wù zhànle xǔduō shíjiān. *It takes much time to do housework.*
占据 zhànjù occupy; hold
占领 zhànlǐng capture; occupy; seize
占用 zhànyòng occupy and use
占有 zhànyǒu own; possess; have
霸占 bàzhàn 抢占 qiǎngzhàn
侵占 qīnzhàn
❷[动]处于(某种地位或情况)：hold a certain status; be in a certain situation | ～优势 zhàn yōushì *hold an advantageous position* / ～上风 zhàn shàngfēng *gain the upper hand* / 赞成的～大多数。Zànchéng de zhàn dàduōshù. *Those in favour of it constitute the majority.*

战 (戰) zhàn 9画 戈部

战战战战战战战战战

❶[动] 战争；打仗：war; fight | 宣～ xuānzhàn *declare war* / 停～ tíngzhàn *cease fire*
战场 zhànchǎng battlefield; battleground; battlefront
战斗 zhàndòu ① fight; battle; combat; action ② militant;

fighting
战犯 zhànfàn war criminal
战国 Zhànguó the Warring States (475-221 B.C.)
战略 zhànlüè strategy
战士 zhànshì ①soldier; man ②champion; warrior; fighter
战术 zhànshù (military) tactics
战线 zhànxiàn battle line; battlefront; front
战役 zhànyì campaign; battle
战友 zhànyǒu comrade-in-arms; battle companion
战争 zhànzhēng war; warfare
备战 bèizhàn 二战 èrzhàn
奋战 fènzhàn 决战 juézhàn
抗战 kàngzhàn 内战 nèizhàn
枪战 qiāngzhàn 作战 zuòzhàn
❷[动]泛指斗争: struggle; fight | 百～百胜 bǎizhàn-bǎishèng *come out victorious in every battle; be ever-victorious*
战胜 zhànshèng defeat; triumph over; vanquish; overcome
挑战 tiǎozhàn
◇统战 tǒngzhàn

站 zhàn 10画 立部

站站站站站站站站站站

❶[动]直立: stand | 警察～在十字路口指挥交通。Jǐngchá zhàn zài shízì lùkǒu zhǐhuī jiāotōng. *The traffic policeman stands in the middle of the intersection directing traffic.* | 大家都坐着，只他一个人～着。Dàjiā dōu zuòzhe, zhǐ tā yī gè rén zhànzhe. *We all take seats except him.*
站岗 zhàngǎng stand (mount) guard; be on sentry duty; stand sentry
❷[动]停下; 停留: stop; halt
❸[名]供乘客上下或货物装卸用的固定停车点: station; stop; place set for passengers to get on or get off the bus or train, or place for loading and unloading goods | 火车～ huǒchēzhàn *railway station* / 终点～ zhōngdiǎnzhàn *terminal; terminus* / 车进～了。Chē jìnzhàn le. *The train is arriving at the station.*
站台 zhàntái platform (in a railway station)
车站 chēzhàn
❹[名]为某种业务而设立的工作点: station or centre for rendering certain services | 气象～ qìxiàngzhàn *weather station* / 保健～ bǎojiànzhàn *health centre*
网站 wǎngzhàn
加油站 jiāyóuzhàn
空间站 kōngjiānzhàn

张 (張) zhāng 7画 弓部

张张张张张张张

❶[动]打开；展开；放开：open; spread; stretch; unfold | ~嘴 zhāngzuǐ *open one's mouth* / ~开翅膀 zhāngkāi chìbǎng *spread the wings*

❷[动]扩大；夸大：magnify; exaggerate; amplify | 夸~ kuāzhāng *exaggerate; overstate* / 这件事千万别~扬出去。Zhè jiàn shì qiānwàn bié zhāngyáng chūqu. *Never let the matter out into the open.*
扩张 kuòzhāng

❸[动]陈设；布置：lay out; display | ~挂 zhāngguà *hang up (a picture, curtain, etc.)*
张贴 zhāngtiē put up (a notice, poster, etc.)

❹[动]看；望：look; glance | ~望 zhāngwàng look around

❺[动]商店开业：open a new shop | 开~ kāizhāng *open a business; begin doing business*

❻[量]用于纸、画、皮子等：used for paper, leather, etc. | 一~纸 yī zhāng zhǐ *a sheet of paper* / 两~画 liǎng zhāng huà *two pictures* / 十~皮子 shí zhāng pízi *ten sheets of leather*

❼[量]用于床、桌子等：used for bed, desk, etc. | 一~床 yī zhāng chuáng *a bed* / 四~桌子 sì zhāng zhuōzi *four tables*

❽[量]用于嘴、脸：used for mouth and face | 一~嘴 yī zhāng zuǐ *a mouth* / 一~笑脸 yī zhāng xiàoliǎn *a smiling face*
◇慌张 huāngzhāng
主张 zhǔzhāng

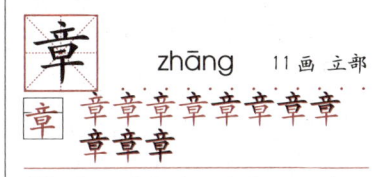

章 zhāng 11画 立部

章章章章章章章章章章章

❶[名]法则；规程：written rules; regulations | 简~ jiǎnzhāng *general regulations*
章程 zhāngchéng rules; regulations; constitution
党章 dǎngzhāng
规章 guīzhāng 违章 wéizhāng

❷[名]歌曲诗文的段落：(of book, poetry, song) chapter; section; division | 乐~ yuèzhāng *(mus.) movement* / 篇~ piānzhāng *section* / 第一~ dì-yī zhāng *chapter one*
文章 wénzhāng
做文章 zuòwénzhāng
◇印章 yìnzhāng

彰 zhāng 14画 彡部

彰彰彰彰彰彰彰彰彰彰彰彰彰彰

[动]宣扬：cite; commend
表彰 biǎozhāng

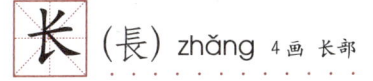

长（長）zhǎng 4画 长部

长 长长长长

zhǎng

❶ [动] 发育；生长：grow; develop | 他~得很高。Tā zhǎng de hěn gāo. *He has become very tall.* / 我去年种的花~得很快。Wǒ qùnián zhòng de huā zhǎng de hěn kuài. *The flowers I planted last year are growing very fast.*

成长 chéngzhǎng
生长 shēngzhǎng

❷ [名] 领导人；负责人：chief; head; leader

班长 bānzhǎng　部长 bùzhǎng
厂长 chǎngzhǎng
队长 duìzhǎng
家长 jiāzhǎng　局长 júzhǎng
科长 kēzhǎng　排长 páizhǎng
省长 shěngzhǎng
师长 shīzhǎng　市长 shìzhǎng
首长 shǒuzhǎng
团长 tuánzhǎng
县长 xiànzhǎng
校长 xiàozhǎng
院长 yuànzhǎng
组长 zǔzhǎng
董事长 dǒngshìzhǎng

❸ [动] 增强；增进：boost; enhance; increase | ~力气 zhǎng lìqi *gain strength* / ~见识 zhǎng jiànshi *increase knowledge; gain experience* / 他学习有了~进。Tā xuéxí yǒule zhǎngjìn. *He has made progress in his study.*

增长 zēngzhǎng
助长 zhùzhǎng
负增长 fùzēngzhǎng
See cháng.

涨 (漲) zhǎng 10画 氵部

涨涨涨涨涨涨涨涨涨涨

❶ [动] 水位升高：(of water) rise; surge | 河里的水~起来了。Hé li de shuǐ zhǎng qǐlai le. *The water level of the river has risen.*

❷ [动] (价格、情绪)提高；上升：(of prices, mood) go up; become higher | 今年，物价~了很多。Jīnnián, wùjià zhǎngle hěn duō. *Commodity prices have gone up a lot this year.*

涨价 zhǎngjià rise in price
涨幅 zhǎngfú (of price, etc.) margin or rate of rise; rise
暴涨 bàozhǎng
高涨 gāozhǎng
上涨 shàngzhǎng

掌 zhǎng 12画 手部

掌掌掌掌掌掌掌掌掌掌掌掌

❶ [名] 手的里面：palm
掌声 zhǎngshēng clapping; applause
鼓掌 gǔzhǎng

902

❷[动] 把握；主管：hold in one's hand; be in charge of; control | ～舵 zhǎngduò *be at the helm; steer a boat* / ～权 zhǎngquán *be in power*

掌管 zhǎngguǎn be in charge of; administer

掌握 zhǎngwò ① grasp; master; know well ② have in hand; take into one's hands; control

❸[名] 某些动物的脚掌：bottom of certain animals' feet; pad; sole | 熊～ xióngzhǎng *bear's paw* / 鸭～ yāzhǎng *duck's foot*

◇仙人掌 xiānrénzhǎng

丈 zhàng 3画 一部

丈 丈 丈

[量] 市制长度单位：unit of length, where 10 *chi* equals 1 *zhang* | 这座房子有一～多高。Zhè zuò fángzi yǒu yī zhàng duō gāo. *This house is more than one zhang in height.*

◇丈夫 zhàngfu husband

丈人 zhàngren wife's father; father-in-law

帐 (帳) zhàng 7画 巾部

帐 帐 帐 帐 帐 帐 帐

[名] 用织物制成的遮蔽用的东西：curtain; tent; canopy | 蚊～ wénzhàng *mosquito net* / 营～ yíngzhàng *tent*

账 (賬) zhàng 8画 贝部

账 账 账 账 账 账 账 账

❶[名] 财物出入的记录：account | 记～ jìzhàng *keep accounts* / 查～ cházhàng *check accounts*

账号 zhànghào number of a bank account

账户 zhànghù account

流水账 liúshuǐzhàng

❷[名] 债：debt; credit | 欠～ qiànzhàng *be in debt* / 还～ huánzhàng *repay a debt*

账单 zhàngdān bill; check

结账 jiézhàng

◇不买账 bùmǎizhàng

胀 (脹) zhàng 8画 月部

胀 胀 胀 胀 胀 胀 胀 胀

❶[动] 体积增大：grow in size; expand; distend | 热～冷缩 rèzhàng lěngsuō *expand with heat and contract with cold*

膨胀 péngzhàng

❷[动] 身体里一种膨胀的感觉：swell; be bloated | 肿～ zhǒngzhàng *swelling* / 肚子～ dùzi zhàng *feel bloated*

障 zhāng 13画 阝(左)部

障障障障障障障障障障障障

[动] 阻隔；遮挡：hinder; obstruct; impede; block

障碍 zhàng'ài ① hinder; obstruct ② barrier; block

残障 cánzhàng

招 zhāo 8画 扌部

招招招招招招招招

❶ [动] 用手势叫人或致意：beckon; gesture; wave hands | 用手一~他就来了。Yòng shǒu yī zhāo tā jiù lái le. *He followed when beckoned.*

招呼 zhāohu ① call ② hail ③ notify; tell

招手 zhāoshǒu beckon; wave

打招呼 dǎzhāohu

❷ [动] 用广告或通知的方式使人来：recruit; enlist; enrol (by means of ads or notices) | ~考 zhāokǎo *recruit through examinations* / ~学徒 zhāo xuétú *take on apprentices; employ or hire apprentices* / ~学生 zhāo xuésheng *enrol students*

招标 zhāobiāo invite tenders (or bids, public bidding)

招聘 zhāopìn give pubic notice of a vacancy to be filled; invite applications for a job

招商 zhāoshāng invite outside investment

招生 zhāoshēng enroll new students; recruit students

招收 zhāoshōu recruit; take on

金字招牌 jīnzì zhāopái

❸ [动] 引来（不好的事物）；惹：attract; invite; court; provoke; tease | ~苍蝇 zhāo cāngying *attract flies* / 麻烦 zhāo máfan *invite trouble* / 别~他生气。Bié zhāo tā shēngqì. *Be careful not to infuriate him.* / 这孩子真~人喜欢。Zhè háizi zhēn zhāo rén xǐhuan. *This child is so lovely.*

❹ [动] 承认罪行：make a confession of one's crime; own up | ~供 zhāogōng *confess one's crime* / ~认 zhāorèn *confess one's crime; plead guilty*

◇ 招待 zhāodài receive (guests); entertain; serve (customers)

招待会 zhāodàihuì reception

耍花招 shuǎhuāzhāo

朝 zhāo 12画 卓部

朝朝朝朝朝朝朝朝朝朝朝

[名] 早晨：morning | ~阳 zhāoyáng *morning sun*

朝气 zhāoqì youthful spirit; vigour; vitality

朝气蓬勃 zhāoqì-péngbó full of youthful spirit; full of vigour and vitality; imbued with vitality

朝三暮四 zhāosān-mùsì blow hot and cold; change one's mind frequently

See cháo.

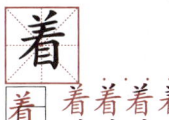

着 zhāo 11画 羊部

着着着着着着着着着着着

❶[动] 接触；挨到： touch; contact | 脚不~地 jiǎo bù zháo dì *(when running fast) the feet seem not to touch the ground; walks as if on wings*

❷[动] 感到；受到： feel; suffer | ~风 zháofēng *be affected by a draught; become unwell through being in a draught* / ~慌 zháohuāng *get nervous*

着急 zháojí get worried; get excited; feel anxious

着凉 zháoliáng catch cold; catch a chill

❸[动]用在动词后表示动作有了结果或达到目的：used after a verb to indicate the result of reaching a goal or the completion of an action | 猜~了。Cāizháo le. *(You've) Guessed right.* / 睡~了。Shuìzháo le. *He has fallen asleep.* / 他买~了。Tā mǎizháo le. *He has bought it.*

用不着 yòngbuzháo

❹[动]燃烧；发光： burn; be ignited; be lit | ~火了。Zháohuǒ le. *It's on fire.*

着火 zháohuǒ catch fire; be on fire

See zhe; zhuó.

找 zhǎo 7画 扌部

找找找找找找找

❶[动] 寻回(丢失的东西)；寻求（所需要的东西）： look for; try to find; seek | ~工作 zhǎo gōngzuò *look for a job* / ~资料 zhǎo zīliào *look for reference materials* / 我的钥匙~不到了。Wǒ de yàoshi zhǎobudào le. *I can't find my keys.*

查找 cházhǎo *寻找* xúnzhǎo

❷[动] 退还多余的部分；补上不足的部分： give change; even up; balance | ~钱 zhǎoqián *give change* / ~齐 zhǎoqí *make uniform; make up a deficiency*

沼 zhǎo 8画 氵部

沼沼沼沼沼沼沼沼

[名] 水池： pool; natural pond

沼泽 zhǎozé swamp

召 zhào 5画 刀部

召 召召召召召

[动] 呼唤；叫人来：call together; summon; gather | ~唤 zhāohuàn *call* / ~她来见我 zhāo tā lāi jiàn wǒ *summon her to my presence*

召集 zhāojí call together; convene

召开 zhāokāi convene; convoke

号召 hàozhào

兆 zhǎo 6画 丿部

兆 兆兆兆兆兆兆

[数] 一百万：million

照 zhào 13画 灬部

照 照照照照照照照照照照照照

❶ [动] 光线照射：shine; illuminate | 阳光~耀大地。Yángguāng zhàoyào dàdì. *The sun is shining over the vast land.* / 拿手电筒一一~。Ná shǒudiāntǒng zhàoyīzhào. *Light it with your electric torch.*

照明 zhàomíng illumination; lighting

照射 zhàoshè shine; illuminate; light up; irradiate

照耀 zhàoyào shine; illuminate

❷ [动] 通知：inform; notify

照会 zhàohuì ① present (deliver or address) a note to (a government) ② note

❸ [动] 对着镜子或其他反光的东西看：reflect; mirror | ~镜子 zhào jìngzi *look in the mirror* / 水面映~出朵朵白云。Shuǐmiàn yìngzhào chū duǒduǒ báiyún. *White clouds are mirrored in the water.*

❹ [动] 察看；查对：compare; contrast; check

对照 duìzhào

❺ [动] 看顾；看管：take care of; look after; attend to | ~管 zhàoguǎn *be in charge of* / 我给你~看孩子。Wǒ gěi nǐ zhàokān háizi. *I'll look after your kid.; I'll babysit your child.*

照顾 zhàogù ① give consideration to; show consideration for; make allowance(s) for ② look after; care for; attend to

照料 zhàoliào take care of; attend to

照应 zhàoying coordinate; correlate; look after; take care of

关照 guānzhào

❻ [动] 拍摄：take a picture; film; photograph | 这张相片~得很好。Zhè zhāng xiàngpiàn zhào de hěn hǎo. *This picture is well taken.*

照片 zhàopiàn photograph; picture

照相 zhàoxiàng take a picture;

photograph

照相机 zhàoxiāngjī camera

❼[名]相片：photograph; picture | 玉～yùzhào *your portrait* / 剧～jùzhào *stage photo; still* 拍照 pāizhào

❽[名]凭证：licence; permit | 牌～páizhào *licence plate; number plate; driving licence* / 无～驾驶 wúzhào jiàshǐ *drive without a licence*

护照 hùzhào　牌照 páizhào
执照 zhízhào

❾[介]按着；依照：according to; in conformity with | ～事实讲 zhào shìshí jiǎng *speak out according to the facts* / ～这个样子做。Zhào zhège yàngzi zuò. *Do it according to the sample.; Handle it accordingly.* / ～你这么一说，我就放心了。Zhào nǐ zhème yī shuō, wǒ jiù fàngxīn le. *Hearing you say so, I feel relieved.*

照常 zhàocháng as usual

照旧 zhàojiù as before; as usual

照例 zhàolì as a rule; as usual; usually

照样 zhàoyàng after a pattern or model

按照 ànzhào　参照 cānzhào
依照 yīzhào　遵照 zūnzhào

❿[介]对着；向着：in the direction; towards | ～直走 zhào zhí zǒu *go straight ahead* / ～着这个方向走 zhàozhe zhège fāngxiàng zǒu *in this direction*

罩

zhào　13画 四部

罩罩罩罩罩罩罩罩罩罩罩罩罩

❶[名]遮在外面的东西：cover; shade; hood | 口～kǒuzhào *mouth mask* / 灯～dēngzhào *lamp shade* / 玻璃～bōlizhào *glass cover*

胸罩 xiōngzhào

❷[动]套在外面；覆盖：cover; envelop; wrap | 把桌子上的菜～起来。Bǎ zhuōzi shang de cài zhào qǐlai. *Cover the dishes on the table.* / 乌云～着大地。Wūyún zhàozhe dàdì. *The overcast sky hung over the earth.* / 外面起风了，你再～上一件外衣吧。Wàimian qǐfēng le, nǐ zài zhàoshang yī jiàn wàiyī ba. *The wind is rising. Put on another coat before you go.*

笼罩 lǒngzhào

折

zhē　7画 扌部

折折折折折折折

[动]翻转：turn over; roll over | ～跟头 zhē gēntou *turn a somersault*

折腾 zhēteng ① do sth. over and over again ②turn from side

to side; toss about
瞎折腾 xiāzhēteng
See zhé.

遮 zhē 14画 辶部

遮遮遮遮遮遮遮遮遮遮遮遮遮遮

❶[动]挡住：hide from view; cover | ~雨 zhēyǔ *keep out rain* / 高楼~住了我们的视线。Gāolóu zhēzhùle wǒmen de shìxiàn. *Those tall buildings obstruct our view.*

❷[动]掩盖：cover up; cloak | ~丑 zhēchǒu *hide one's shame* / ~盖事实 zhēgài shìshí *cover up the fact*

折 (摺❻) zhé 7画 扌部

折折折折折折折

❶[动]弄断；断：break; snap | 骨~ gǔzhé *fracture* / ~树枝 zhé shùzhī *break off a branch* / 桌子腿~断了。Zhuōzituǐ zhéduàn le. *A table leg was broken.*

❷[动]挫败，损伤：suffer the loss of; suffer defeat; damage | ~损 zhésǔn *suffer the loss*
挫折 cuòzhé

❸[动]打折扣：discount | 打~ dǎzhé *sell at a discount*

折扣 zhékòu discount; rebate

❹[动]弯；弯曲：bend; twist; turn | ~腰 zhéyāo *bend one's back; bow in obeisance*
曲折 qūzhé　　周折 zhōuzhé

❺[动]转变方向；返回：turn back; change direction | ~射 zhéshè *refraction* / 他走到半路又~回来。Tā zǒudào bànlù yòu zhé huílai. *He turned back halfway.*
转折 zhuǎnzhé

❻[动]折叠：fold | ~尺 zhéchǐ *folding rule* / ~纸 zhézhǐ *paper folding* / ~衣服 zhé yīfu *fold up clothes*

❼[动]按一定的比价或单位换算：convert into; amount to | ~价 zhéjià *evaluate in terms of money*
折合 zhéhé convert into; amount to

❽[动]信服：be deeply convinced | ~服 zhéfú *be filled with admiration*

◇折磨 zhémo cause physical or mental suffering; torment
存折 cúnzhé

哲 zhé 10画 口部

哲哲哲哲哲哲哲哲哲哲

[形]明智；智慧超群：wise; sagacious; intelligent | ~人 zhé-

rén *philosopher*
哲学 zhéxué *philosophy*

者 zhě 8画 耂部

者者者者者者者者

❶ [名]用在某些词或词组后面,表示人或事物: used after certain words or phrases to indicate a class of persons or things | 强~ qiángzhě *the strong* / 老~ lǎozhě *the elder* / 教育工作~ jiàoyù gōngzuòzhě *educator*

笔者 bǐzhě	读者 dúzhě
后者 hòuzhě	患者 huànzhě
记者 jìzhě	死者 sǐzhě
学者 xuézhě	作者 zuòzhě

第三者 dìsānzhě
目击者 mùjīzhě
消费者 xiāofèizhě
志愿者 zhìyuànzhě

❷ [名]用在"二、三"等数词或"前、后"等方位词后面,指上文所说的人或事物: used with the numbers "二 èr" "三 sān", etc. to refer to things mentioned above | 前~ qiánzhě *the former* / 后~ hòuzhě *the latter* / 二~必居其一。Èr zhě bì jū qí yī. *It must be this one or the other.* / 三~缺一不可。Sān zhě quē yī bùkě. *Of these three things, no one is dispensable.*

这 (這) zhè 7画 辶部

这 这这这这这这这

❶ [代]指较近的人或事物(跟"那 nà"相对): indicating nearby persons or things (the opposite of "那 nà") | ~孩子 zhè háizi *this child* / ~地方 zhè dìfang *this place* / ~消息我知道了。Zhè xiāoxi wǒ zhīdào le. *I've heard the news already.*

这边 zhèbian this side; here
这个 zhège ① this one; this
这里 zhèli here; this place
这么 zhème so; such; this way; like this

这儿 zhèr ① here ② now; then
这些 zhèxiē these
这样 zhèyàng so; such; like this; this way

这会儿 zhèhuìr now; at the moment; at present

❷ [代]泛指: used to make a general reference

❸ [代]代替"这时候": replacing "this moment" | 我~就走。Wǒ zhè jiù zǒu. *I'm leaving right now.* / 他~才知道锻炼身体的好处。Tā zhè cái zhīdào duànliàn shēntǐ de hǎochu. *Up until now does he realize the benefit of exercise.*

着 zhe 11画 羊部

着着着着着着着着着着着

❶ [助] 表示动作的持续：indicating an action in progress | 他正吃～午饭呢。Tā zhèng chīzhe wǔfàn ne. *He is having his lunch.* / 外面正下～大雨。Wàimian zhèng xiàzhe dàyǔ. *It is raining heavily outside now.*

❷ [助] 表示状态的持续：used to indicate the continuation of a state | 窗子开～。Chuāngzi kāizhe. *The window is open.* / 桌子上放～一台收音机。Zhuōzi shang fàngzhe yī tái shōuyīnjī. *There is a radio on the table.*

❸ [助] 在动词或表示程度的形容词后加强命令或嘱咐的语气：used after a verb or an adjective to indicate a commanding or exhortative tone | 你听～！Nǐ tīngzhe. *Listen to me!*

❹ [助] 用在两个动词之间，表示动作的方式、状况等：used between two verbs to indicate the manner, condition, etc. in which an action is carried out | 顺～ shùnzhe *along* / 朝～ cháozhe *towards* / 为～ wèizhe *for*

沿着 yánzhe

闹着玩儿 nàozhewánr

See zhāo; zhuó.

贞 (貞) zhēn 6画 卜部

贞贞贞贞贞贞

[形] 坚定不变：loyal; chaste | 坚贞 jiānzhēn *staunch and faithful* 忠贞 zhōngzhēn

针 (針) zhēn 7画 钅部

针针针针针针针

❶ [名] 缝衣物的用具：needle | 缝衣～ féngyīzhēn *needle* 针眼 zhēnyǎn (med.) sty

❷ [名] 针形的东西：anything like a needle | 时～ shízhēn *hour hand* / 别～ biézhēn *pin* 指南针 zhǐnánzhēn 指针 zhǐzhēn

❸ [名] 注射用的药物：injection; shot | ～剂 zhēnjì *injection* 打针 dǎzhēn

◇ 针对 zhēnduì ① be directed against; be aimed at; counter ② in the light of; in accordance with; in connection with

针灸 zhēnjiǔ acupuncture and moxibustion

侦 (偵) zhēn 8画 亻部

侦侦侦侦侦侦侦

[动] 暗中察看；探听：detect; scout; investigate ｜ ~查案件 zhēnchá ànjiàn *investigate a case*
侦察 zhēnchá reconnoitre; scout
侦探 zhēntàn detective

珍 zhēn 9画 王部

珍珍珍珍珍珍珍珍珍

❶ [形] 宝贵的、稀有的：precious; rare ｜ ~品 zhēnpǐn *treasure* / ~宝 zhēnbǎo *treasure*
珍贵 zhēnguì precious; valuable
珍珠 zhēnzhū pearl
山珍海味 shānzhēn-hǎiwèi
❷ [动] 看重；爱惜：value highly; cherish; treasure ｜ ~视 zhēnshì *treasure* / ~重身体 zhēnzhòng shēntǐ *take care of oneself*
珍惜 zhēnxī treasure; value; cherish

真 zhēn 10画 十部

真真真真真真真真真真

❶ [形] 符合事实的；正确的：true; genuine; real; correct ｜ ~话 zhēnhuà *truth; genuine words* / 这个消息是~的。Zhège xiāoxi shì zhēn de. *This news is true.*
真诚 zhēnchéng sincere
真理 zhēnlǐ truth
真情 zhēnqíng ① the real (or true) situation; the facts; the actual state of affairs; truth ② true feelings; real sentiments
真实 zhēnshí true; real; authentic
真相 zhēnxiàng truth; fact
真心 zhēnxīn wholehearted; heartfelt; sincere
真正 zhēnzhèng genuine; true; real
真情实感 zhēnqíng-shígǎn true feelings and real intention out of genuine friendship
认真 rènzhēn　天真 tiānzhēn
半真半假 bànzhēn-bànjiǎ
❷ [副] 的确；实在：really; truly; indeed ｜ ~好 zhēn hǎo *really good* / ~冷 zhēn lěng *really cold* / 我见到你，~高兴！Wǒ jiàndào nǐ, zhēn gāoxìng! *I am really pleased to see you!* / 时间过得~快。Shíjiān guò de zhēn kuài. *How time flies!*
真是 zhēnshi really; indeed; what a shame!
❸ [名] 人或事物的原样：the original form of a person or thing
传真 chuánzhēn
仿真 fǎngzhēn　清真 qīngzhēn
传真机 chuánzhēnjī
清真寺 qīngzhēnsì
◇ 真丝 zhēnsī silk; silk cloth

911

诊 (診) zhěn 7画 讠部

诊 诊诊诊诊诊诊诊

[动] 检查病情：examine (a patient) | 出~ chūzhěn (of a doctor) make a house call | 会~ huìzhěn consultation of doctors
诊断 zhěnduàn diagnose
诊所 zhěnsuǒ clinic; dispensary
门诊 ménzhěn 确诊 quèzhěn
听诊器 tīngzhěnqì

枕 zhěn 8画 木部

枕 枕枕枕枕枕枕枕枕

[名] 躺着时垫在头下的东西：pillow
枕头 zhěntou pillow

阵 (陣) zhèn 6画 阝(左)部

阵 阵阵阵阵阵阵

❶ [名] 古代交战时布置的战斗队列；战时的兵力总部署：battle array (or formation) | ~线 zhènxiàn front; ranks; alignment
阵容 zhènróng ① battle array (formation) ② lineup
阵营 zhènyíng camp

❷ [名] 战场：battlefield; battlefront | 上~ shàngzhèn go to battle
阵地 zhèndì position; front

❸ [名] 指一段时间：period of time | 这~儿 zhèzhènr these days; recent days; recently | 他病了一~儿。Tā bìngle yīzhènr. He was ill for that time.

❹ [量] 用于延续了一段时间的事情或现象：used for an occurrence or phenomenon which continues for some time | 一~雨 yī zhèn yǔ a spatter of rain | 一~掌声 yī zhèn zhǎngshēng a burst of applause
阵雨 zhènyǔ shower
一阵 yīzhèn

振 zhèn 10画 扌部

振 振振振振振振振振振振

❶ [动] 摇动；挥动：shake; flap | ~铃 zhènlíng ring the bell
振荡 zhèndàng ① (phys.) vibration ② (elec.) oscillation
振动 zhèndòng vibration

❷ [动] 奋起；奋发：boost; rise with force and spirit | ~作 zhènzuò brace up | 精神一~ jīngshen yī zhèn feel one's spirits buoyed up
振奋 zhènfèn inspire; stimulate; excite
振兴 zhènxīng promote; develop

震 zhèn 15画 雨部

震 震震震震震震震震震震震震震震震

❶ [动] 猛烈颤动：shake; shock; vibrate | ~耳 zhèn'ěr *deafening* / 鼓声~天 gǔshēng zhèn tiān *deafening drumbeats*
震荡 zhèndàng shake; shock; vibrate; quake
震动 zhèndòng shake; shock; vibrate; quake
震撼 zhènhàn shake; shock
地震 dìzhèn

❷ [动] 情绪过分激动：be excited; be shocked | ~怒 zhènnù *be enraged; be furious*
震惊 zhènjīng shock; amaze; astonish

镇 (鎮) zhèn 15画 钅部
镇 镇镇镇镇镇镇镇镇镇镇镇镇镇镇镇

❶ [动] 压；抑制：press down; keep down | ~痛 zhèntòng *ease pain* / ~咳 zhènké *keep the cough down*

❷ [形] 安静；稳定：calm; stable; tranquil; at ease
镇定 zhèndìng calm; cool; composed; unruffled
镇静 zhènjìng calm; cool; composed; unruffled

❸ [动] 用武力守卫：keep peace by force | ~守 zhènshǒu *guard; garrison*
镇压 zhènyā suppress

❹ [名] 市镇，集镇：town
城镇 chéngzhèn
市镇 shìzhèn 乡镇 xiāngzhèn

❺ [动] 把食物、饮料等放在冰箱、冰块或冷水中使凉：cool sth. with cold water or ice | 冰~汽水 bīngzhèn qìshuǐ *iced soda* / 把西瓜放在冰水里~一~。Bǎ xīguā fàng zài bīngshuǐ li zhēnyīzhèn. *Put the watermelon in cold water to chill it.*
冰镇 bīngzhèn

正 zhēng 5画 一部
正 正正正正正

[名] 正月：the first month of the lunar calendar
正月 zhēngyuè the first month of the lunar year; the first moon
See zhèng.

争 zhēng 6画 ⺈部
争 争争争争争争

❶ [动] 抢夺；力求获得或达到：compete; contend; vie; strive | ~冠军 zhēng guànjūn *strive for the championship* / 大家~着发言。Dàjiā zhēngzhe fāyán. *People strive to be the first to express their opinions.*

913

争夺 zhēngduó fight (contend, scramble) for; vie with sb. for sth.; enter into rivalry with sb. over sth.

争气 zhēngqì try to make a good show; try to win credit for; try to bring credit to

争取 zhēngqǔ strive for; fight for; win over

争先恐后 zhēngxiān-kǒnghòu strive to be the first and fear to lag behind; fall over each other (one another) to do sth.

斗争 dòuzhēng
竞争 jìngzhēng
力争 lìzhēng 战争 zhànzhēng
竞争力 jìngzhēnglì

❷ [动] 争吵；争论：quarrel; wrangle; squabble argue back and forth | 你们在~什么?Nǐmen zài zhēng shénme? *What are you arguing about?*

争吵 zhēngchǎo quarrel; wrangle; squabble

争端 zhēngduān dispute; controversial issue

争论 zhēnglùn controversy; dispute; debate; contention

争议 zhēngyì dispute; controversy

争执 zhēngzhí disagree; dispute; stick to one's position (or guns)
百家争鸣 bǎijiā-zhēngmíng

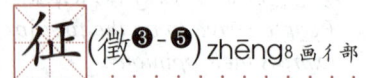

征(徵❸-❺) zhēng 8画 彳部

征 征征征征征征征

❶ [动] 远行：go on a journey | ~途 zhēngtú *journey* / 远~ yuǎnzhēng *expedition*
长征 chángzhēng

❷ [动] 出兵讨伐：go on an expedition (or a campaign) | 出~ chūzhēng *set out on an expedition* / ~讨 zhēngtǎo *go on a punitive expedition*
征服 zhēngfú conquer; subjugate

❸ [动] 政府召集或收用：call up; enlist; take over (legally, by government) for public use | ~兵 zhēngbīng *draft* / ~用 zhēngyòng *requisition*
征收 zhēngshōu levy; collect; impose

❹ [动] 寻求：look for; seek | ~稿 zhēnggǎo *solicit contributions* / ~订 zhēngdìng *solicit for subscriptions*
征集 zhēngjí ① collect ② draft; call up; recruit
征求 zhēngqiú solicit; seek; ask for
征税 zhēngshuì levy (or collect) taxes; taxation
征文 zhēngwén solicit articles or essays

❺ [名] 迹象；现象：sign; portent | ~兆 zhēngzhào *sign; omen; indication*
特征 tèzhēng

象征 xiāngzhēng

挣 zhēng 9画 扌部

挣挣挣挣挣挣挣挣挣

See 挣扎

挣扎 zhēngzhá struggle See zhěng.

睁 zhēng 11画 目部

睁睁睁睁睁睁睁睁睁睁睁

[动]张开(眼睛)：open one's eyes | 他眼睛～不开。Tā yǎnjing zhēngbukāi. *He cannot open his eyes.*

蒸 zhēng 13画 艹部

蒸蒸蒸蒸蒸蒸蒸蒸蒸蒸蒸蒸蒸

❶[动]液体受热，化为气体上升：evaporate
蒸发 zhēngfā evaporate
蒸汽 zhēngqì steam
水蒸气 shuǐzhēngqì
❷[动]利用水蒸气的热力使食物变热变熟：use steam to heat or cook food | ～馒头 zhēng mántou *steam some buns*

整 zhěng 16画 攵部

整整整整整整整整整整整整整整整整整

❶[形]有秩序；不乱：in good order; neat and tidy | 衣装不～ yīzhuāng bù zhěng *be slovenly in one's dress*
整洁 zhěngjié clean and tidy; neat; trim
整齐 zhěngqí in good order; neat; tidy
平整 píngzhěng
❷[动]使有秩序；有条理；修理：put in order; rectify; repair; mend | ～编 zhěngbiān *reorganize (troops)* / ～治 zhěngzhì *renovate* / ～修 zhěngxiū *rebuild*
整顿 zhěngdùn rectify; consolidate; reorganize
整风 zhěngfēng rectification of incorrect styles of work
整合 zhěnghé (geol.) conformity
整理 zhěnglǐ put in order; straighten out; arrange; sort out
整形 zhěngxíng (med.) plastic
调整 tiáozhěng 修整 xiūzhěng
❸[动]使受苦：make sb. suffer; punish; castigate | ～人 zhěngrén *(usu. with selfish purpose) punish someone* / 挨～ āizhěng *be the target of criticism or attack*

915

❹ [形] 完全；没有残缺或剩余（跟"零líng"相对）：whole; entire (the opposite of "零líng") | 一年~ yī nián zhěng *a whole year* / ~套的书 zhěngtào de shū *a whole set of books*

整个 zhěnggè whole; entire

整数 zhěngshù ① integer; whole number ② round number (figure)

整体 zhěngtǐ whole; entirety

整天 zhěngtiān whole day; all day; all day long

整整 zhěngzhěng whole; full

完整 wánzhěng

正

zhèng 5画 一部

正 正正正正正

❶ [形] 在中间的；不偏斜：in the centre; main | 把帽子戴~。Bǎ màozi dàizhèng. *Put your cap straight.* / 这幅画挂得不~。Zhè fú huà guà de bù zhèng. *This picture was hung slanting.*

端正 duānzhèng

❷ [形] 合乎标准的：standard; regular

正版 zhèngbǎn legal cop; official edition

正本 zhèngběn reserved copy (of a library book)

正常 zhèngcháng normal; regular

正规 zhèngguī regular; standard

正经 zhèngjing ① standard; decent ② serious ③ really; indeed

正确 zhèngquè correct; right; proper

正式 zhèngshì formal; official; regular

真正 zhēnzhèng

❸ [形] 正直的；正当的：honest; upright; right | 公~ gōngzhèng *just; fair; impartial* / ~轨 zhèngguǐ *the right (correct) path or track*

正当 zhèngdàng proper; appropriate; legitimate

正气 zhèngqì healthy atmosphere (tendency)

正视 zhèngshì face squarely; face up to; look squarely at

正义 zhèngyì ① justice ② just; righteous

❹ [动] 改去错误或偏差：make right; correct | ~音 zhèngyīn *correct one's pronunciation* / ~字 zhèngzì *correct one's words* / ~误 zhèngwù *correct errors*

改正 gǎizhèng

更正 gēngzhèng

纠正 jiūzhèng　修正 xiūzhèng

❺ [形] 基本的；主要的（跟"副fù"相对）：principal; chief (the opposite of "副fù") | ~文 zhèngwén *main body (of a book, etc.)* / ~本 zhèngběn *original (of a document)* / ~教授 zhèngjiàoshòu *full professor*

❻[形]数学上指大于零的；物理学上指失去电子的(跟"负fù"相对): positive; plus (the opposite of "负fù") | ~数 zhēngshù *positive number* / ~极 zhēngjí *positive electrode*

❼[副]表示动作的进行，状态的持续 indicating an action in progress or the continuation of a state; be doing | ~下雪呢。Zhēng xiàxuě ne. *It is snowing.* / 铃声~响着。Língshēng zhēng xiǎngzhe. *The bell is ringing.* / 他~吃着饭呢。Tā zhēng chīzhe fàn ne. *He is having his dinner.*

正在 zhēngzài in the process of; in the course of

❽[副]恰好；刚好: just; right; precisely; exactly | 大小~合适 dàxiǎo zhēng héshì *just the right size* / 这~是我们的想法。Zhè zhēngshì wǒmen de xiǎngfǎ. *This is exactly what we want.* / 我~要谈这个问题。Wǒ zhēngyào tán zhège wèntí. *I'm just coming to that point.*

正当 zhēngdāng just when; just as; just the time for

正好 zhēnghǎo just in time; just right; just enough

正巧 zhēngqiǎo just in time; in the nick of time; at the right time

◇正比 zhēngbǐ direct ratio

正面 zhēngmiàn positive

正方体 zhēngfāngtǐ cube

See zhēng.

证 (證) zhèng 7画 讠部

证 证证证证证证证

❶[动]用事实和道理来表明或推断真假: testify to; prove; demonstrate | 求~ qiúzhèng *seek to prove*

证明 zhèngmíng prove; testify; bear out

证实 zhèngshí confirm; verify; bear out

保证 bǎozhèng

辩证 biànzhèng

公证 gōngzhèng

见证 jiànzhèng

论证 lùnzhèng　认证 rènzhèng

验证 yànzhèng　作证 zuòzhèng

保证金 bǎozhèngjīn

辩证法 biànzhèngfǎ

❷[名]凭据: evidence; proof | 许可~ xǔkězhèng *permit* / 出入~ chūrùzhèng *pass*

证件 zhèngjiàn credentials; papers; certificate

证据 zhèngjù evidence; proof; testimony

证券 zhèngquàn negotiable securities

证人 zhèngren witness

证书 zhèngshū certificate; credentials

签证 qiānzhèng　取证 qǔzhèng

凭证 píngzhèng

917

身份证 shēnfènzhèng

郑 (鄭) zhèng 8画 阝(右)部

郑 郑郑郑郑郑郑郑

See 郑重

郑重 zhèngzhòng serious; solemn

政 zhèng 9画 攵部

政 政政政政政政政政

❶ [名]政治：politics; political affairs | 参~ cānzhèng *participate in government and political affairs*
政变 zhèngbiàn coup d'état; coup
政策 zhèngcè policy
政党 zhèngdǎng political party
政府 zhèngfǔ government
政权 zhèngquán political (state) power; regime
政坛 zhèngtán political arena
政协 zhèngxié the Chinese People's Political Consultative Conference (CPPCC)
政治 zhèngzhì politics; political affairs
政治家 zhèngzhìjiā statesman
廉政 liánzhèng 内政 nèizhèng
执政 zhízhèng
专政 zhuānzhèng

❷ [名]政府部门主管的业务：administrative affairs of government | 民~ mínzhèng *civil administration*
财政 cáizhèng 邮政 yóuzhèng
行政 xíngzhèng
◇家政 jiāzhèng

挣 zhèng 9画 扌部

挣 挣挣挣挣挣挣挣挣
挣

❶ [动]用力摆脱：struggle to get free | ~脱 zhèngtuō *throw off* / ~开束缚 zhèngkāi shùfù *free oneself from the bonds*

❷ [动]用劳动取得：earn; make; scrape for | ~饭吃 zhèng fàn chī *earn a living*
挣钱 zhèngqián earn (make) money

See zhēng.

症 zhèng 10画 疒部

症 症症症症症症症症
症症

[名]疾病：disease; malady; illness | 病~ bìngzhèng *symptom* / 急~ jízhèng *acute disease*
症状 zhèngzhuàng symptom

之 zhī 3画 丶部

之 之之之

❶ [代] 代替人或事物：used in place of a noun or pronoun | ~间 zhījiān between; among

之后 zhīhòu later; after; afterwards

之类 zhīlèi and so on; and so forth; and the like

之内 zhīnèi in; within

之前 zhīqián before; prior to; ago

之上 zhīshàng over; above

之外 zhīwài besides; except; beyond

之下 zhīxià under

之一 zhīyī one of certain persons or things

之中 zhīzhōng in; in the midst of; among

❷ [代] 虚用，无义：used in certain set phrases without a definite designation

反之 fǎnzhī　　总之 zǒngzhī

❸ [助] 相当于"的de"：corresponding to "的de" | 父母~心 fùmǔ zhī xīn *the expectation of parents* / 钟鼓~声 zhōnggǔ zhī shēng *sound of drums and bells*

支

zhī　　4画 支部

支 支支支支

❶ [动] 撑；架起：prop up; put up | 把伞~开 bǎ sǎn zhīkāi *put up an umbrella* / 把帐篷~起来。Bǎ zhàngpeng zhī qǐlai. *Put up the tent.*

支撑 zhīchēng prop up; sustain; support

支柱 zhīzhù pillar; prop; mainstay

❷ [动] 支持：support; sustain; bear | 体力不~ tǐlì bù zhī *be tired out*

支持 zhīchí ① sustain; bear ② suport; back; stand by

支援 zhīyuán support; assist; help

❸ [动] 伸出；竖起：prick up; protrude | ~起耳朵 zhīqǐ ěrduo *prick up one's ears*

❹ [名] 从总体分出来的部分：branch; offshoot | ~流 zhīliú *tributary*

支部 zhībù branch (esp. of the Chinese Communist Party or the Chinese Communist Youth League)

分支 fēnzhī

❺ [动] 调度；指使：send away; order about; put sb. off | ~使 zhīshǐ *order about* / 把他~走。Bǎ tā zhīzǒu. *Find an excuse to put him off.*

支配 zhīpèi arrange; control; allocate; budget

❻ [动] 付出或领取 (款项)：pay or withdraw (money) | ~工资 zhī gōngzī *receive pay* / 把钱款~给他。Bǎ qiánkuǎn zhīgěi tā. *Give him the money.*

919

支出 zhīchū ① pay (money); expend; disburse ② expenses; expenditure; outlay; disbursement
支付 zhīfù pay (money); defray
支票 zhīpiào check(cheque)
开支 kāizhī　收支 shōuzhī
透支 tòuzhī

❼ [量] 用于队伍等：(used for troops) detachment | 一~军队 yī zhī jūnduì *a contingent of troops*

❽ [量] 用于歌曲或乐曲：used for songs or musical compositions | 三~歌 sān zhī gē *three songs* / 一~曲子 yī zhī qǔzi *a melody (tune)*

❾ [量] 用于杆状的东西：used for long and thin cylindrical objects | 一~笔 yī zhī bǐ *a pen* / 一~蜡烛 yī zhī làzhú *a candle*
枪支 qiāngzhī

只 (隻) zhī　5画 口部

只只只只只

❶ [形] 单个的，极少的：single; one only; very few | ~身 zhīshēn *alone; by oneself*

❷ [量] 用于某些成对的东西的一个：used for one of certain paired things | 一~手套 yī zhī shǒutào *a glove* / 两~耳朵 liǎng zhī ěrduo *two ears*

❸ [量] 用于动物：used for animals | 一~鸟 yī zhī niǎo *a bird* / 三~兔子 sān zhī tùzi *three rabbits*

❹ [量] 用于船只：used for boats | 一~小船 yī zhī xiǎochuán *a small boat*

See zhǐ.

汁 zhī　5画 氵部

汁汁汁汁汁

[名] 含有某种物质的液体：juice | 乳~ rǔzhī *milk* / 果~ guǒzhī *fruit juice*
橙汁 chéngzhī

芝 zhī　6画 艹部

芝芝芝芝芝芝

See 芝麻
芝麻 zhīma sesame

枝 zhī　8画 木部

枝枝枝枝枝枝枝枝

❶ [名] 植物主干上分出来的茎条：branch; twig | 树~ shùzhī *tree branch* / 柳~ liǔzhī *willow branches*

❷ [量] 用于带枝子的花朵：used for flowers with stems | 一~梅花 yī zhī méihuā *a spray of plum blossoms*

知 zhī　8画 矢部

知知知知知知知知

❶ [名] 知识：knowledge; intellect | 求~ qiúzhī *seek knowledge* / 无~ wúzhī *ignorant*
知识 zhīshi knowledge; intellect
知识分子 zhīshi fēnzǐ intellectual; the intelligentsia
无知 wúzhī
❷ [动] 知道；了解：know; realize; be aware of; it is known to all; it is well-known
知道 zhīdào know; realize; be aware of
知觉 zhījué consciousness
知名 zhīmíng well-known; noted; celebrated; famous
知情 zhīqíng know the facts of a case or the details of an incident; be in the know
得知 dézhī　　须知 xūzhī
不知不觉 bùzhī-bùjué
可想而知 kěxiǎng'érzhī
❸ [动] 使知道；使了解：inform; notify; tell | 告~ gàozhī *tell*
通知 tōngzhī
通知书 tōngzhīshū

织（織） zhī　8画 纟部

织织织织织织织织

[动] weave; knit | ~布 zhībù *weave cotton cloth* / 毛衣 zhī máoyī *knit a sweater*
纺织 fǎngzhī　　组织 zǔzhī
纺织品 fǎngzhīpǐn
棉织品 miánzhīpǐn

脂 zhī　10画 月部

脂脂脂脂脂脂脂脂脂脂

[名] 动、植物所含的油质：fat; grease; tallow | 油~ yóuzhī *grease* / 树~ shùzhī *resin*
脂肪 zhīfáng grease; fat; tallow

蜘 zhī　14画 虫部

蜘蜘蜘蜘蜘蜘蜘蜘蜘蜘蜘蜘蜘

See 蜘蛛
蜘蛛 zhīzhū spider

执（執）zhí　6画 扌部

执执执执执执

❶ [动] 主持；掌管：take charge of; direct; manage | ~教 zhíjiāo *be a teacher; teach*
执勤 zhíqín be on duty
执政 zhízhèng be in power; be in office; be at the helm of the

state

❷ [动] 执行；从事（某种工作）：carry out; observe

执法 zhífǎ enforce (execute) the law

执行 zhíxíng carry out; execute; implement

❸ [动] 坚持：determine; persist | ~著 zhízhuó be steadfast / ~意要去 zhíyì yào qù insist on going

固执 gùzhí　争执 zhēngzhí

❹ [名] 凭证：written acknowledgement | 回~ huízhí receipt

执照 zhízhào licence; permit

直 zhí　8画 十部

直 直 直 直 直 直 直 直

❶ [形] 不弯曲（跟"曲 qū"相对）：straight (the opposite of "曲 qū") | 道路又平又~。Dàolù yòu píng yòu zhí. The roads are smooth and straight.

直径 zhíjìng diameter

直线 zhíxiàn straight line

笔直 bǐzhí

❷ [动] 使变直；伸直：straighten | ~起腰 zhíqǐ yāo straighten one's back; stand up straight

❸ [形] 跟地面垂直的；竖的（跟"横 héng"相对）：vertical (the opposite of "横 héng") | 立 zhílì stand upright / ~上下 zhíshàng-zhíxià perpen-dicular

垂直 chuízhí

❹ [形] 公正的：just; upright | 正~ zhēngzhí fair and honest

❺ [形] 爽快；坦率：candid; frank; straightforward | ~爽 zhíshuǎng straightforward / ~言 zhíyán speak bluntly; state one's views outright / 心~口快 xīnzhíkǒukuài be frank and outspoken

❻ [副] 一直；不转折；不间断：directly; straight; nonstop | ~视 zhíshì look straight / ~通北京 zhítōng Běijīng go nonstop to Beijing / 他冻得~哆嗦。Tā dòng de zhí duōsuo. He was so cold that he kept shivering.

直播 zhíbō ① direct seeding ② live broadcast

直达 zhídá through; nonstop

直到 zhídào ① until ② up to

直接 zhíjiē direct; immediate

直属 zhíshǔ directly under; directly subordinate (or affiliated) to

直至 zhízhì ① till; until ② up to

一直 yīzhí

◇ 简直 jiǎnzhí

侄 zhí　8画 亻部

侄 侄 侄 侄 侄 侄 侄 侄

[名] nephew; niece

侄女 zhínǚ brother's daughter; niece

侄子 zhízi brother's son; nephew

值 zhí 10画 亻部

值值值值值值值值值值

❶ [动] 遇到；碰上(某种情况)：happen to | 我们到那里时适～雨季。Wǒmen dào nàli shí shìzhí yǔjì. *We happened to arrive there in the rainy season.*

❷ [动] 担任轮到的职务：be on duty; take one's turn at sth. | ～夜zhíyè *be on night duty; be on night shift* / ～日zhírì *be on duty for the day* / ～周zhízhōu *be on duty for the week*

值班 zhíbān be on duty

❸ [动] 货物和价钱相当：be worth; what a specific sum of money can buy | 这顶帽子～十元。Zhè dǐng màozi zhí shí yuán. *This hat costs 10 yuan.*

值得 zhíde be worth; merit; deserve

❹ [名] 价值，价格：value; price | 两样东西价～相等。Liǎng yàng dōngxi jiàzhí xiāngděng. *The two are of the same value.*

保值 bǎozhí　　贬值 biǎnzhí
产值 chǎnzhí　　价值 jiàzhí
升值 shēngzhí　增值 zēngzhí
价值观 jiàzhíguān

职 (職) zhí 11画 耳部

职职职职职职职职职职职

❶ [名] 职务：duty; job | 尽～jìnzhí *fulfil one's duty* / 失～shīzhí *neglect one's duty*

职称 zhíchēng title of a technical or professional post (e.g. engineer, professor, researcher, etc.)

职工 zhígōng staff and workers

职能 zhínéng function

职权 zhíquán power (authority) of office

职务 zhíwù post; duty; job

职业 zhíyè occupation; profession; vocation

职员 zhíyuán office worker; staff member

职责 zhízé duty; obligation; responsibility

求职 qiúzhí　　任职 rènzhí
专职 zhuānzhí

❷ [名] 职位：position; post | 在～zàizhí *be in office* / 调～diàozhí *be transferred to another post* / 兼～jiānzhí *hold two or more posts concurrently; part-time job*

辞职 cízhí　　公职 gōngzhí
就职 jiùzhí

植 zhí 12画 木部

植植植植植植植植植植植

❶ [动] 栽种：plant; grow | ～树 zhíshù *plant trees*
移植 yízhí　种植 zhòngzhí
❷ [名] 植物：plant
植物 zhíwù plant
植物园 zhíwùyuán botanical garden

殖 zhí 12画 歹部

殖殖殖殖殖殖殖殖殖殖

[动] 生育：breed; multiply | 增～ zēngzhí *proliferation*
殖民地 zhímíndì colony
殖民主义 zhímín zhǔyì colonialism
繁殖 fánzhí　生殖 shēngzhí
养殖 yǎngzhí

止 zhǐ 4画 止部

止止止止

❶ [动] 停住，不再进行：stop; halt; cease | 闲人～步 xiánrén zhǐbù *admittance to staff only*
停止 tíngzhǐ
❷ [动] 使停住；阻拦：prohibit; check; hold back | ～血 zhǐxuè *stop bleeding* / ～痛 zhǐtòng *relieve pain*
防止 fángzhǐ　禁止 jìnzhǐ
制止 zhìzhǐ　中止 zhōngzhǐ
终止 zhōngzhǐ　阻止 zǔzhǐ
❸ [动] 截止：end; terminate | ～于本月末 zhǐ yú běn yuè mò *end at the end of this month*
截止 jiézhǐ　为止 wéizhǐ
❹ [副] 只有：only | ～此一个 zhǐ cǐ yī gè *just the only one*
不止 bùzhǐ

只 (祇) zhǐ 5画 口部

只只只只只只

[副] 仅仅：only; just; merely | 教室里～我一个人。Jiàoshì li zhǐ wǒ yī gè rén. *I am the only one in the classroom.* / ～你一个人去，行吗？Zhǐ nǐ yī gè rén qù, xíng ma? *How do you think about going there by yourself?*
只得 zhǐdé have no alternative but to; be obliged to; have to
只顾 zhǐgù ① be absorbed in ② merely; simply
只管 zhǐguǎn ① by all means ② merely; simply
只好 zhǐhǎo have to; be forced to
只能 zhǐnéng can not but
只是 zhǐshì ① merely; only;

just ② simply ③ however; but then

只要 zhǐyào so long as; provided

只有 zhǐyǒu only; alone

不只 bùzhǐ

See zhī.

旨 zhǐ 6画 匕部

旨旨旨旨旨旨旨

[名] 意思；目的：purpose; aim; purport | 主～zhǔzhǐ *purport*

宗旨 zōngzhǐ

址 zhǐ 7画 土部

址址址址址址址

[名] 建筑物的地点：(of buildings) location; site | 住～zhùzhǐ *address* / 校～xiàozhǐ *location of a school*

地址 dìzhǐ　　网址 wǎngzhǐ

纸 (紙) zhǐ 7画 纟部

纸纸纸纸纸纸纸

[名] paper | 信～xìnzhǐ *letter paper* / 这～太薄了。Zhè zhǐ tài báo le. *The paper is too thin.*

纸巾 zhǐjīn paper towel; towel
纸张 zhǐzhāng paper
报纸 bàozhǐ　　稿纸 gǎozhǐ
剪纸 jiǎnzhǐ　　图纸 túzhǐ
宣纸 xuānzhǐ

指 zhǐ 9画 扌部

指指指指指指指指指

❶ [名] 手指头：finger | 食～shízhǐ *index finger*

指甲 zhǐjia fingernail
指头 zhǐtou finger
戒指 jièzhi
手指 shǒuzhǐ
大拇指 dāmuzhǐ

❷ [动] （手指或物体的尖端）对着：point to; point (a finger, stick, etc.) at | 用手一～yòng shǒu yī zhǐ *point at sth. with one's hand (or finger)* / 时针～着12点。Shízhēn zhǐzhe shí'èr diǎn. *The hour hand points to twelve.*

指针 zhǐzhēn indicator
指南针 zhǐnánzhēn compass; guideline
指手画脚 zhǐshǒu-huàjiǎo ① make gestures; gesticulate ② make indiscreet remarks or criticisms

❸ [动] 意思上针对：refer to; direct | 那句话不是～她的。Nà jù huà bùshì zhǐ tā de. *That remark does not refer to (direct at) her.*

❹ [动] 点明：point out; indicate

(the direction); guide | ~方向 zhǐ fāngxiàng *point out the direction*

指标 zhǐbiāo target; quota; norm; index

指出 zhǐchū point out

指导 zhǐdǎo guide; direct

指点 zhǐdiǎn give directions; show how

指定 zhǐdìng appoint; assign

指挥 zhǐhuī command; direct; conduct

指教 zhǐjiào (pol.) give advice or comments

指控 zhǐkòng accuse; charge

指令 zhǐlìng ① instruct; order; direct ② instruction; order; directive

指明 zhǐmíng show clearly; demonstrate; point out

指南 zhǐnán guide; guidebook

指示 zhǐshì ① indicate; point out ② instruct ③ directive; instruction

指数 zhǐshù index number; index

指引 zhǐyǐn point (the way); guide; show

指责 zhǐzé censure; criticize; find fault with

❺ [动] 仰仗;依靠:depend on; rely on; count on; lean on | 你不应~着别人生活。Nǐ bù yīng zhǐzhe biérén shēnghuó. *You should not depend on others for living.* / 单~着他一个人办不成事情。Dān zhǐ zhe tā yī gè rén bànbuchéng shìqing. *We cannot count on him alone.*

指望 zhǐwàng look to; count on

至 zhì 6画 至部

至至至至至至

❶ [动] 到:reach; to; until | 由南~北 yóu nán zhì běi *from south to north*

至今 zhìjīn up to now; so far; to this day; to date

直至 zhízhì

无微不至 wúwēibùzhì

❷ [副] 至于:so far as to; to such an extent

至于 zhìyú ① as for; as to ② go so far as to

甚至 shènzhì   以至 yǐzhì

不至于 bùzhìyú

甚至于 shènzhìyú

❸ [副] 最;极: very; most | ~高无上 zhìgāo-wúshàng *most lofty* / 感人~深 gǎnrén-zhìshēn *move sb. to the depth of his (her) soul*

至多 zhìduō at (the) most

至少 zhìshǎo at (the) least

志 zhì 7画 士部

志志志志志志志

❶[名]意愿;决心: ambition; ideal; will; aspiration | 立~lìzhì *resolve; be determined*
志气 zhìqì aspiration; ambition
志愿 zhìyuàn aspiration; wish; ideal
志愿者 zhìyuànzhě volunteer
斗志 dòuzhì　同志 tóngzhì
意志 yìzhì　壮志 zhuàngzhì

❷[名]文字记录: written or printed documents; records; annals | 人物~rénwùzhì *biographical notes and data*
杂志 zázhì

❸[名]记号: mark; token; sign
标志 biāozhì

帜 (幟) zhì　8画 巾部

帜 帜帜帜帜帜帜帜帜

[名]旗子: banner; flag
旗帜 qízhì

制 (製❶) zhì　8画 丿部

制 制制制制制制制制

❶[动]制造;做: make; manufacture; produce; turn out | ~版 zhìbǎn *plate making* / ~图表 zhì túbiǎo *draw a chart*
制品 zhìpǐn product; production; goods
制造 zhìzào make; manufacture
制作 zhìzuò make; manufacture
复制 fùzhì　　录制 lùzhì
试制 shìzhì　　研制 yánzhì

❷[动]订立;规定: work out; draw up; formulate; stipulate | ~服 zhìfú *uniform; livery*
制订 zhìdìng work (map) out; formulate
制定 zhìdìng lay down; draw up; formulate; draft
编制 biānzhì

❸[名]制度;准则: system; institution | 体~tǐzhì *system of organization* / 全日~学校 quánrìzhì xuéxiào *full-time school*
制度 zhìdù system; institution
法制 fǎzhì　　学制 xuézhì
专制 zhuānzhì
公有制 gōngyǒuzhì
股份制 gǔfènzhì
私有制 sīyǒuzhì
所有制 suǒyǒuzhì
责任制 zérènzhì

❹[动]约束;限定: rule; control; inhibit; restrict; limit
制裁 zhìcái sanction; punish
制约 zhìyuē restrict; condition
制止 zhìzhǐ curb; check; prevent; stop
抵制 dǐzhì　　管制 guǎnzhì
控制 kòngzhì　　牵制 qiānzhì
强制 qiángzhì　　限制 xiànzhì
压制 yāzhì　　抑制 yìzhì

质 (質) zhì 8画 厂部

质 质质质质质质质

❶ [名] 客观存在的实体；质地：matter or substance as it is | 铁~ tiězhì *iron* / 流~食物 liúzhì shíwù *liquid food*
地质 dìzhì 　　物质 wùzhì
杂质 zázhì
蛋白质 dànbáizhì

❷ [名] 事物的根本特性：nature; character; property; quality
质变 zhìbiàn qualitative change
本质 běnzhì 　　变质 biànzhì
品质 pǐnzhì 　　气质 qìzhì
实质 shízhì 　　水质 shuǐzhì
素质 sùzhì 　　体质 tǐzhì
性质 xìngzhì 　　资质 zīzhì

❸ [名] 质量：quality | 劣~ lièzhì *poor quality* / 保~保量 bǎozhìbǎoliàng *guarantee both quality and quantity*
质量 zhìliàng quality
材质 cáizhì 　　优质 yōuzhì

❹ [形] 朴实：simple; natural; plain
质朴 zhìpǔ simple and unadorned; unaffected; plain

❺ [名] 抵押品：pawn; mortgage; pledge; guaranty
人质 rénzhì

◇ 质疑 zhìyí call in question; query

治 zhì 8画 氵部

治 治治治治治治治治

❶ [动] 治理；管理：rule; govern; manage; administer | ~家 zhìjiā *manage a household* / ~国 zhìguó *administer a country*
治安 zhì'ān public order; public security
治理 zhìlǐ administer; govern
统治 tǒngzhì 　　整治 zhěngzhì
政治 zhèngzhì 　　自治 zìzhì
政治家 zhèngzhìjiā

❷ [动] 惩罚：punish; bring sb. to justice | 处~ chǔzhì *punish* / 大家决定~~他。Dàjiā juédìng zhìzhì tā. *We've decided to teach him a lesson.*

❸ [动] 医疗：treat; cure; heal | ~病 zhìbìng *cure a disease*
治疗 zhìliáo treat; cure
防治 fángzhì 　　医治 yīzhì

❹ [动] 消灭(害虫)：eliminate; wipe out (pests) | ~蝗 zhìhuáng *eliminate locusts*

❺ [动] 研究(学问)：study or research | ~学 zhìxué *pursue one's studies*

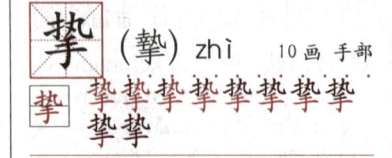

挚 (摯) zhì 10画 手部

挚 挚挚挚挚挚挚挚挚挚

[形] 真诚而恳切：earnest; sincere | 真~ zhēnzhì *sincere; cordial* / ~友 zhìyǒu *bosom friend*

诚挚 chéngzhì

致 (緻)❸ zhì　10画 至部

致致致致致致致致致致

❶ [动] 给予；向对方表示(礼节、情义等)：extend; send; deliver (respects, good wishes, etc.) | ~意 zhìyì *give one's regards* / ~谢 zhìxiè *express one's thanks* / ~欢迎词 zhì huānyíngcí *make a welcome speech*

致词 zhìcí make (deliver) a speech

致电 zhìdiàn send a telegram (cable)

致敬 zhìjìng salute; pay one's respect to; pay tribute to

❷ [动] 引起；使实现：bring on; incur; invite; lead to achieve; reach | ~病 zhìbìng *cause a disease*

致富 zhìfù become rich

致命 zhìmìng causing death; fatal; mortal; deadly

致使 zhìshǐ cause; result in

导致 dǎozhì　　　以致 yǐzhì

❸ [形] 精密；精细：precise; delicate

精致 jīngzhì　　　细致 xìzhì

◇标致 biāozhì

秩　zhì　10画 禾部

秩秩秩秩秩秩秩秩秩秩

[名] 次序：order; sequence

秩序 zhìxù order; sequence

掷 (擲) zhì　11画 扌部

掷掷掷掷掷掷掷掷掷掷掷

[动] 扔；投：throw; cast; fling | ~铁饼 zhì tiěbǐng *throw a discus* / ~手榴弹 zhì shǒuliúdàn *throw a grenade*

智　zhì　12画 日部

智智智智智智智智智智智

❶ [名] 智慧；见识：wisdom; wit; intelligence; resourcefulness; insight | ~勇双全 zhìyǒngshuāngquán *be both brave and resourceful*

智慧 zhìhuì wisdom; intelligence

智力 zhìlì intelligence

智能 zhìnéng intellectual ability

才智 cáizhì　　　理智 lǐzhì

❷ [形] 聪明，有见识：wise; knowledgeable; experienced | 明~ míngzhì *sensible*

机智 jīzhì

滞 (滯) zhì 12画 氵部

滞滞滞滞滞滞滞滞滞滞滞滞

[动] 流通不畅；停留：stagnant; motionless; sluggish | ~留 zhìliú *be delayed; be detained* / ~销 zhìxiāo *unsalable; unmarketable*

停滞 tíngzhì

置 zhì 13画 四部

置置置置置置置置置置置置置

❶ [动] 设立；安排：place; put; set; keep | 配~ pèizhì *dispose; deploy*

布置 bùzhì　处置 chǔzhì
设置 shèzhì　装置 zhuāngzhì

❷ [动] 买：buy; purchase | 添~新设备 tiānzhì xīn shèbèi *purchase some new equipment* / ~了一些家具 zhìle yīxiē jiājù *have bought some furniture*

购置 gòuzhì

❸ [动] 放：lay; put | 放~ fàngzhì *lay up* / 搁~ gēzhì *put aside* / ~于桌上 zhì yú zhuō shang *place sth. on the table* / ~之不理 zhìzhī-bùlǐ *ignore; brush aside*

安置 ānzhì　　　　位置 wèizhì

稚 zhì 13画 禾部

稚稚稚稚稚稚稚稚稚稚稚稚稚

[形] 幼小：childish; young | ~气 zhìqì *childishness*

幼稚 yòuzhì

中 zhōng 4画 丨部

中中中中中

❶ [名] 中心：centre; middle | 居~ jūzhōng *in the centre* / 正~ zhèngzhōng *midmost*

中部 zhōngbù central section; middle part

中东 Zhōngdōng Middle East

中锋 zhōngfēng (sports) centre forward (as in football); centre

中间 zhōngjiān centre

中心 zhōngxīn centre; heart; core; hub

中央 zhōngyāng ① centre; middle ② central authorities (of a state, party, etc.)

中原 zhōngyuán Central Plains (comprising the middle and lower reaches of the Yellow River)

集中 jízhōng
党中央 dǎngzhōngyāng
市中心 shìzhōngxīn

❷[形] 位置在两端之间的：middle; mid | 月~ yuèzhōng *in the middle of a month*
中断 zhōngduàn suspend; break off; discontinue
中介 zhōngjiè ① intermediary; medium ② broker; middleman; agent
中立 zhōnglì neutrality
中年 zhōngnián middle age
中途 zhōngtú halfway; midway
中午 zhōngwǔ noon; midday
中旬 zhōngxún the middle ten days of a month
中游 zhōngyóu ① middle reaches (of a river) ② the state of being middling; mediocre
中止 zhōngzhǐ discontinue; suspend; break off
中秋节 Zhōngqiūjié the Mid-Autumn Festival (15th day of the 8th lunar month)
途中 túzhōng
❸[名] 里面；在一定范围内：in; among; amid | 家~ jiāzhōng *in the family; at home* / 空~ kōngzhōng *in the air, in the sky* / 水~ shuǐzhōng *in the water*
从中 cóngzhōng
当中 dāngzhōng
其中 qízhōng 心中 xīnzhōng
…之中… ...zhīzhōng...
空中小姐 kōngzhōng xiǎojiě
❹[名] 表示事情正在进行：used after a verb to indicate an action in process | 讨论~ tǎolùn zhōng *being discussed* / 昏迷~ hūnmí zhōng *in a state of unconsciousness* / 正在研究~ zhèngzài yánjiū zhōng *be under research; be under study*
❺[名] 性质、等级在两端之间的：medium; intermediate | ~级 zhōngjí *intermediate* / ~篇 zhōngpiān *medium-lengthed* / ~层 zhōngcéng *middle level*
中等 zhōngděng ① medium; moderate; middling ② secondary
中队 zhōngduì ① (mill.) military unit corresponding to a company; squadron ② a unit composed of several groups
中型 zhōngxíng medium-sized; middle-sized
中学 zhōngxué ① middle school ② a late Qing Dynasty term for Chinese traditional learning; Chinese learning
中老年 zhōng-lǎonián the middle and old aged (people)
中学生 zhōngxuéshēng middle school student
❻[名] 指中国：China | 古今~外 gǔjīn-zhōngwài *ancient and modern, Chinese and foreign*
中餐 zhōngcān Chinese meal; Chinese food
中国 Zhōngguó China
中华 Zhōnghuá ① the Chinese nation ② China

931

中式 zhōngshì Chinese style
中文 Zhōngwén the Chinese language; Chinese
中药 zhōngyào traditional Chinese medicine
中医 zhōngyī ① traditional Chinese medical science ②doctor of traditional Chinese medicine; practitioner of Chinese medicine

❼ [动] 适于；合于：be suitable for; be fit for; be good for | ~看 zhōngkàn be pleasant to the eye / ~听 zhōngtīng be pleasant to the ear / ~用 zhōngyòng be of use

◇ 中山装 zhōngshānzhuāng Chinese suit
    See zhòng.

忠 zhōng 8画 心部

忠 忠忠忠忠忠忠忠忠

[形] 赤诚无私，尽心竭力：loyal; faithful; dedicated | ~心 zhōngxīn loyalty / 尽~ jìnzhōng devote oneself heart and soul to
忠诚 zhōngchéng loyal; faithful; staunch
忠实 zhōngshí true; faithful
忠于 zhōngyú be true to; be loyal to; be faithful to; be devoted to
忠贞 zhōngzhēn loyal and steadfast

终 (終) zhōng 8画 纟部

终 终终终终终终终终

❶ [名] 最后阶段；结局（跟"始 shǐ"相对）：end; the last stage (the opposite of "始 shǐ") | 年~ niánzhōng end of a year
终点 zhōngdiǎn ① terminal point; destination ② finish; finishing line (of a track event)
终端 zhōngduān terminal
终结 zhōngjié end; final stage
终审 zhōngshěn (leg.) last instance; final judgment
始终 shǐzhōng 最终 zuìzhōng

❷ [动] 结束；完了：end
终止 zhōngzhǐ stop; end

❸ [形] 从开头到最后的：from beginning to end | ~日 zhōngrì whole day / ~生 zhōngshēng all one's life
终年 zhōngnián ① the age at which one dies ②all year round; throughout one's life
终身 zhōngshēn lifelong; all one's life

❹ [副] 到底，毕竟：in the end; eventually | ~将成功 zhōng jiāng chénggōng will succeed in the end
终究 zhōngjiū eventually; in the end; after all
终于 zhōngyú at (long) last; in the end; finally

钟 (鐘) zhōng 9画 钅部

钟钟钟钟钟钟钟钟钟

❶ [名] 金属制成的音响器具：bell, hollow metallic musical instrument made of copper or iron | 警~ jǐngzhōng *alarm bell*
❷ [名] 计时的器具：timepiece; clock | 挂~ guàzhōng *wall clock* / 闹~ nàozhōng *alarm clock*
钟表 zhōngbiǎo clocks and watches; timepiece
❸ [名] 表示时间或时刻：time as measured by hours or minutes | 六点~ liù diǎnzhōng *six o'clock* / 休息十分~ xiūxi shí fēnzhōng *have a break of ten minutes*
钟点 zhōngdiǎn ①time for sth. to be done or to happen ②hour
钟头 zhōngtóu hour
钟点工 zhōngdiǎngōng casual worker paid on an hourly basis (mostly hired to do household chores)
点钟 diǎnzhōng 分钟 fēnzhōng

衷 zhōng 10画 亠部

衷衷衷衷衷衷衷衷衷衷

[名] 内心：heart; inner feelings | 苦~ kǔzhōng *difficulties that one is reluctant to discuss or mention* / 由~ yóuzhōng *(words, wishes, etc.) from the bottom of one's heart*
衷心 zhōngxīn heartfelt; wholehearted; cordial
初衷 chūzhōng

肿 (腫) zhǒng 8画 月部

肿肿肿肿肿肿肿肿

[动] swell; bloat | 消~ xiāozhǒng *subside a swelling* / 脚~了。Jiǎo zhǒng le. *The foot is swollen.*
肿瘤 zhǒngliú tumour

种 (種) zhǒng 9画 禾部

种种种种种种种种种

❶ [名] 生物传代繁殖的物质：seed; breed; strain | 选~ xuǎnzhǒng *select seeds*
种子 zhǒngzi seed
良种 liángzhǒng
❷ [名] 人种：race | 黄~ huángzhǒng *the yellow race* / 白~ báizhǒng *the white race*
种族 zhǒngzú race
❸ [名] 类别：type; category | 兵~ bīngzhǒng *a combat branch of one of the armed forces; arm* /

工~gōngzhǒng *type of work in production*

种类 zhǒnglèi *kind; type; variety*

种种 zhǒngzhǒng *all sorts (kinds) of; a variety of*

各种 gèzhǒng　品种 pǐnzhǒng
物种 wùzhǒng　语种 yǔzhǒng
各种各样 gèzhǒng-gèyàng

❹[量] 用于人或事物的类别: *kind; type; class; category; breed; species* | 一~动物 yī zhǒng dòngwù *a kind of animal* / 三~机器 sān zhǒng jīqì *three types of machines*

See zhòng.

中　zhōng　4画 丨部

中中中中

❶[动] 正好对上;恰好符合: *fit exactly; hit* | 打~ dǎzhòng *hit the target (mark)* / 你没猜~。Nǐ méi cāizhòng. *You didn't guess right.* / 你说~了。Nǐ shuōzhòng le. *You've hit it.*

中标 zhòngbiāo *get (or win) the bid or tender*

中奖 zhòngjiǎng *draw a prizewinning ticket (or win a prize) in a lottery; get the winning number in a bond*

看中 kànzhòng
选中 xuǎnzhòng

❷[动] 受到;遭到: *be affected by; undergo; suffer* | ~毒 zhòngdú *be poisoned* / ~暑 zhòngshǔ *suffer heatstroke* / 腿上~了一枪 tuǐshang zhòngle yī qiāng *be shot in the leg*

See zhōng.

众 (衆) zhòng　6画 人部

众众众众众众

❶[名] 许多人: *many people; crowd; multitude* | 公~ gōngzhòng *the public*

众议院 zhòngyìyuàn *House of Representatives; Chamber of Deputies*

众所周知 zhòngsuǒzhōuzhī *as everyone knows; as is known to all; it is common knowledge that*

大众 dàzhòng
出众 chūzhòng
观众 guānzhòng
民众 mínzhòng
群众 qúnzhòng
听众 tīngzhòng
与众不同 yǔzhòng-bùtóng

❷[形] 许多(跟"寡 guǎ"相对): *many; numerous (the opposite of "寡 guǎ")*

众多 zhòngduō *multitudinous; numerous*

众人 zhòngrén *everybody*

种 (種) zhǒng 9画 禾部

种种种种种种种种种

[动] 种植: plant; grow; crop | ~树 zhǒng shù *plant trees* / ~庄稼 zhǒng zhuāngjia *grow crops*

种地 zhòngdì cultivate the land
种植 zhòngzhí plant; grow
播种 bōzhòng
耕种 gēngzhòng
接种 jiēzhòng
　　See zhǒng.

重 zhòng 9画 丿部

重重重重重重重重重

❶ [形] 分量大 (跟"轻qīng"相对): heavy; weighty; hefty (the opposite of "轻qīng") | 这些铁块很~。Zhè xiē tiěkuài hěn zhòng. *These iron bars are very heavy.* / 这件行李~得很。Zhè jiàn xíngli zhòngdehěn. *This piece of luggage is very heavy.*

重读 zhòngdú (phonet.) stress
重伤 zhòngshāng a severe injury
重型 zhòngxíng heavy-duty; heavy
重工业 zhònggōngyè heavy industry
笨重 bènzhòng
沉重 chénzhòng
繁重 fánzhòng
挑重担 tiāozhòngdàn

❷ [名] 重量; 分量: weight; heft | 加~ jiāzhòng *increase weight* / 这条鱼有多~? Zhè tiáo yú yǒu duō zhòng? *How much does the fish weigh?*

重量 zhòngliàng weight
重心 zhòngxīn ① centre of gravity ② heart; core; focus
比重 bǐzhòng　举重 jǔzhòng
体重 tǐzhòng

❸ [名] 重要: important | ~任 zhòngrèn *important task* / ~地 zhòngdì *important place*

重大 zhòngdà great; weighty; major; significant
重点 zhòngdiǎn focal point; stress; emphasis
重要 zhòngyào important; significant; major
贵重 guìzhòng

❹ [动] 重视: attach importance to; lay stress on | 敬~ jìngzhòng *revere* / 看~ kànzhòng *value*

重视 zhòngshì attach importance to; pay attention to; think highly of; take sth. seriously; value
保重 bǎozhòng
慎重 shènzhòng

935

注重 zhùzhòng
着重 zhuózhòng
尊重 zūnzhòng
❺ [形] 程度深：deep; serious | ~病 zhòngbìng *serious illness* / ~伤 zhòngshāng *severe injury*
惨重 cǎnzhòng
加重 jiāzhòng 深重 shēnzhòng
严重 yánzhòng
❻ [形] 不轻率：prudent; discreet | 慎~ shènzhòng *cautious; careful; circumspect; gingerly* / 稳~ wěnzhòng *sedate* / 自~ zìzhòng *self-respect*
从重 cóngzhòng
隆重 lóngzhòng
郑重 zhèngzhòng
庄重 zhuāngzhòng
　　See chóng.

舟

zhōu　6画 舟部

舟舟舟舟舟舟

[名] 船：boat | 小~ xiǎozhōu *small boat* / 轻~ qīngzhōu *light boat*
龙舟 lóngzhōu

州

zhōu　6画 丶部

州州州州州州

❶ [名] 旧时的一种行政区划：prefecture; administrative division in old times

❷ [名] 一种民族自治行政区划：autonomous prefecture
◇神州 Shénzhōu

周

zhōu　8画 冂部

周周周周周周周周

❶ [动] 环绕；循环：surround; cycle; make a circuit; make a circle | ~转 zhōuzhuǎn ① turnover ② have enough to meet the need
周折 zhōuzhé twists and turns; setbacks

❷ [形] 全面；普遍：all; whole | ~身 zhōushēn *the whole body* / ~游 zhōuyóu *travel round* / 众所~知 zhòngsuǒzhōuzhī *as is known to all*

❸ [形] 完备；完善：with no detail missing; thoughtful | ~全 zhōuquán *comprehensive* / 考虑不~ kǎolǜ bù zhōu *be not well advised; do not think out (over)*
周到 zhōudào attentive and satisfactory; thoughtful; considerate
周密 zhōumì careful; thorough

❹ [名] 圈子：circle | 圆~ yuánzhōu *circumference of a circle* / 绕校园一~ rào xiàoyuán yī zhōu *make a circuit of the campus*

❺ [名] 周围：circumambience; circumference

周边 zhōubiān (mech.) periphery

周围 zhōuwéi around; round; about

四周 sìzhōu

❻ [名] 时间的一轮: (of time) round

周年 zhōunián anniversary

周期 zhōuqī period; cycle

周岁 zhōusuì one full year of life

❼ [名] 星期: week | 上~ shàngzhōu *last week* / 下~ xiàzhōu *next week* / 这学期共二十~。Zhè xuéqī gòng èrshí zhōu. *There are twenty weeks in this term altogether.*

周报 zhōubào a weekly newspaper or periodical; weekly

周刊 zhōukān a weekly publication (e.g. a magazine, a supplement to a newspaper, etc.); weekly

周末 zhōumò weekend

洲 zhōu 9画 氵部

❶ [名] 河流中的陆地: land in a river | 沙~ shāzhōu *sandbar; shoal* 三角洲 sānjiǎozhōu

❷ [名] 大陆及其附属岛屿的总称: continent; one of the principal land masses of the earth and its surrounding islands | 亚~ Yàzhōu *Asia* / 地球上有七大~。Dìqiú shang yǒu qī dà zhōu. *There are seven continents on the earth.*

澳洲 Àozhōu　　非洲 Fēizhōu
美洲 Měizhōu　　欧洲 Ōuzhōu
北美洲 Běiměizhōu
大洋洲 Dàyángzhōu
南极洲 Nánjízhōu
南美洲 Nánměizhōu

粥 zhōu 12画 弓部

[名] porridge; congee; gruel | 大米~ dàmǐzhōu *rice gruel* / 奶奶一天吃三顿~。Nǎinai yī tiān chī sān dùn zhōu. *Grandma has porridge for her meal three times a day.*

宙 zhōu 8画 宀部

[名] 指古往今来无限的时间: time, conceived as past, present and future

宇宙 yǔzhòu

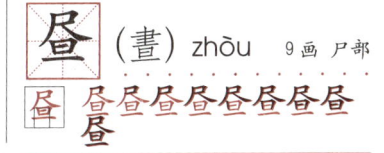

昼 (晝) zhōu 9画 尸部

[名]白天(跟"夜yè"相对):day; daytime; daylight (the opposite of "夜yè") | 白~ báizhòu *daylight; day*
昼夜 zhòuyè day and night; round the clock

皱 (皺) zhòu 10画 皮部

皱皱皱皱皱皱皱皱皱皱

❶[名]脸上或物体上的折纹:wrinkle; furrow; rumple; crumple
皱纹 zhòuwén wrinkle; crease
❷[动]聚拢;使产生折纹:wrinkle; furrow; shrivel | ~起额头 zhòuqǐ étóu *wrinkle up one's forehead* / 这料子容易~。Zhè liàozi róngyì zhòu. *This cloth material creases easily.*

珠 zhū 10画 王部

珠珠珠珠珠珠珠珠珠珠

[名]pearl | 珍~ zhēnzhū *pearl* / 夜明~ yèmíngzhū *a legendary luminescent pearl*
珠宝 zhūbǎo pearls and jewel; jewelry
珠子 zhūzi ① pearl ② bead
◇珠江 Zhū Jiāng the Zhujiang River

圆珠笔 yuánzhūbǐ

株 zhū 10画 木部

株株株株株株株株株株

[量]用于植物,相当于"棵kē": used for plants, equal to "棵 kē" | 一~桃树 yī zhū táoshù *a peach tree*

诸 (諸) zhū 10画 讠部

诸诸诸诸诸诸诸诸诸诸

[代]众;许多:all; various
诸多 zhūduō (formal) (used for abstract things) a good deal; a lot of
诸如 zhūrú such as
诸位 zhūwèi ladies and gentlemen; you; comrades
诸如此类 zhūrú-cǐlèi things like that; such; and so on; and so forth

猪 zhū 11画 犭部

猪猪猪猪猪猪猪猪猪猪

[名]pig | 小~ xiǎozhū *pigling; piglet*

竹 zhú 6画 竹部

竹 竹竹竹竹竹竹

[名] bamboo | ~林 zhúlín *bamboo forest* / ~园 zhúyuán *bamboo garden*
竹笋 zhúsǔn bamboo shoots
竹子 zhúzi bamboo
文竹 wénzhú

逐 zhú 10画 辶部

逐 逐逐逐逐逐逐逐逐逐逐

❶ [动] 赶走：drive out; expel | 被~出祖国 bèi zhúchū zǔguó *exile sb. from his country*
驱逐 qūzhú   追逐 zhuīzhú
❷ [动] 挨着（次序）：(of order) one by one | ~日 zhúrì *day by day* / ~字讲解 zhúzì jiǎngjiě *explain word by word* / ~个清点 zhúgè qīngdiǎn *check one by one*
逐步 zhúbù step by step; progressively
逐渐 zhújiàn gradually; by degrees
逐年 zhúnián year by year; year after year

烛（燭）zhú 10画 火部

烛 烛烛烛烛烛烛烛烛烛

[名] candle | 红~ hóngzhú *red candle*
蜡烛 làzhú

主 zhǔ 5画 丶部

主 主主主主主

❶ [名] 拥有权力或财产的人：owner | 债~ zhàizhǔ *creditor* / 业~ yèzhǔ *proprietor*
主人公 zhǔréngōng leading character in a novel, etc.; hero or heroine; protagonist
主人翁 zhǔrénwēng master
得主 dézhǔ   地主 dìzhǔ
店主 diànzhǔ   公主 gōngzhǔ
雇主 gùzhǔ   君主 jūnzhǔ
❷ [名] 邀请并接待客人的人（跟"宾 bīn""客 kè"相对）：host (the opposite of "宾 bīn" or "客 kè") | 宾~ bīnzhǔ *guests and host*
主场 zhǔchǎng home court; host arena
主人 zhǔrén host
东道主 dōngdàozhǔ
❸ [动] 主持；负主要责任：manage; direct; be in charge of | ~讲 zhǔjiǎng *master speaker; conduct a lecture*
主办 zhǔbàn direct; sponsor
主编 zhǔbiān ① chief editor (compiler); editor in chief ②

939

share the major responsibility of editorial work of (a newspaper, magazine, etc.)

主持 zhǔchí ① take charge (care) of; host; manage; direct ② preside over; chair ③ uphold; stand for

主管 zhǔguǎn ① be responsible for; be in charge of ② person in charge; supervisor

主任 zhǔrèn director; head; chairman

主席 zhǔxí ① chairman (of a meeting); chairperson ② chairman or president (of an organization or a state)

主持人 zhǔchírén anchorperson; compere; toastmaster

民主 mínzhǔ　自主 zìzhǔ
班主任 bānzhǔrèn
不由自主 bùyóu zìzhǔ
独立自主 dúlì-zìzhǔ

❹ [名] 主见；见解: hold a definite view about sth. | 有~见 yǒu zhǔjiàn *have definite views of one's own* / 我一时觉得心里没~。Wǒ yīshí juéde xīnli méi zhǔ. *I didn't know what to do at the moment.*

主义 zhǔyì doctrine
主意 zhǔyi decision; definite view
主张 zhǔzhāng ① advocate; stand for; maintain; hold ② view; position; stand; proposition
作主 zuòzhǔ
帝国主义 dìguó zhǔyì

共产主义 gòngchǎn zhǔyì
官僚主义 guānliáo zhǔyì
人道主义 réndào zhǔyì
社会主义 shèhuì zhǔyì
唯物主义 wéiwù zhǔyì
唯心主义 wéixīn zhǔyì
殖民主义 zhímín zhǔyì
资本主义 zīběn zhǔyì
马克思主义 Mǎkèsī zhǔyì

❺ [形] 自身的；从自身出发的: subjective

主动 zhǔdòng initiative
主观 zhǔguān subjective

❻ [名] 当事人: client; person or party concerned | 失~ shīzhǔ *owner of lost property* / 买~ mǎizhǔ *buyer* / ~顾 zhǔgù *customer; client*

❼ [名] 基督教徒对上帝、伊斯兰教徒对真主的称呼: (Christianity) God; Lord; (Islam) Allah

天主教 Tiānzhǔjiào

❽ [形] 最重要的；最基本的: main; primary | 以预防为~，治疗为辅。Yǐ yùfáng wéi zhǔ, zhìliáo wéi fǔ. *Put prevention first, and treatment second.*

主导 zhǔdǎo leading; dominant; guiding
主角 zhǔjué leading role; lead; protagonist
主力 zhǔlì main force; main strength of an army
主流 zhǔliú ① mainstream; main current; mother current ② essential or main aspect; main

trend

主权 zhǔquán sovereign rights; sovereignty

主食 zhǔshí staple food; principal food

主题 zhǔtí theme; subject; motif

主体 zhǔtǐ ① main body; main part; principal part ② subject

主演 zhǔyǎn act the leading role (in a play or film); star

主要 zhǔyào main; chief; principal; major

主页 zhǔyè homepage

主语 zhǔyǔ (gram.) subject

主人公 zhǔréngōng leading character in a novel, etc.; hero or heroine; protagonist

拄 zhǔ 8画 扌部

拄拄拄拄拄拄拄拄

[动] 用棍棒等顶住地面来支撑身体: lean on (a stick, etc.) | 拄拐棍儿 zhǔ guǎigùnr *walk with the help of a stick*

煮 zhǔ 12画 灬部

煮煮煮煮煮煮煮煮煮煮煮煮

[动] 把食物或东西放在水中加热: boil; cook; stew; heat food or other things in a container filled with water | ~饭 zhǔfàn *cook rice* / ~面 zhǔmiàn *cook noodles* / 水~开了。Shuǐ zhǔkāi le. *The water is boiling.*

嘱 (囑) zhǔ 15画 口部

嘱嘱嘱嘱嘱嘱嘱嘱嘱嘱嘱嘱嘱嘱嘱

[动] 吩咐, 托付: enjoin; advise | 遗~ yízhǔ *will; testament*

嘱咐 zhǔfu enjoin; tell; exhort

嘱托 zhǔtuō entrust

叮嘱 dīngzhǔ

助 zhù 7画 力部

助助助助助助助

[动] 帮: help; assist; aid | ~学金 zhùxuéjīn *grant-in-aid*

助教 zhùjiào assistant (of a college faculty)

助理 zhùlǐ assistant

助手 zhùshǒu assistant; helper; aide

助长 zhùzhǎng encourage; abet; foster; foment; put a premium on

帮助 bāngzhù	补助 bǔzhù
辅助 fǔzhù	互助 hùzhù
借助 jièzhù	救助 jiùzhù
捐助 juānzhù	求助 qiúzhù
协助 xiézhù	援助 yuánzhù
赞助 zànzhù	资助 zīzhù

自助 zìzhù

住 zhù 7画 亻部

住住住住住住住

❶ [动]居住；住宿：live; reside; stay | 他家～在北京。Tā jiā zhù zài Běijīng. *His family live in Beijing.* / 他在旅馆～了一夜。Tā zài lǚguǎn zhùle yī yè. *He put up for the night in a hotel.*

住房 zhùfáng housing; lodging
住户 zhùhù household; resident
住所 zhùsuǒ dwelling place; residence; domicile
住院 zhùyuàn be in hospital; be hospitalized
住宅 zhùzhái residence; dwelling
居住 jūzhù

❷ [动]停止：stop | ～手 zhùshǒu *stop; stay one's hand; hands off* / 雨～了。Yǔ zhù le. *The rain has stopped.*

不住 bùzhù

❸ [动]作动词的补语：used as a complement after a verb

（a）表示停顿或静止：used to indicate "stop" | 拖～tuōzhù *pin down* / 挡～dǎngzhù *shelter* / 一句话把他问～了。Yī jù huà bǎ tā wènzhù le. *He was made speechless by the question.*

（b）表示稳当或牢固：used to indicate a steady or firm state | 站～zhànzhù *halt* / 拿～názhù *grasp* / 记～jìzhù *keep in mind* / 把～方向盘 bǎzhù fāngxiàng-pán *hold the wheel firmly*

注 zhù 8画 氵部

注注注注注注注注

❶ [动]灌入：pour; fill | ～入 zhùrù *pour into; empty into* / 大雨如～。Dàyǔ-rúzhù. *The rain is pouring down.*

注射 zhùshè inject

❷ [动]（精神、目光等）集中在某一点上：concentrate; fix | 专～ zhuānzhù *concentrate one's attention on*

注目 zhùmù gaze at; fix one's eyes on
注视 zhùshì look attentively at; gaze at
注意 zhùyì pay attention to; take note (notice) of
注重 zhùzhòng lay stress on; pay attention to; attach importance to
注意力 zhùyìlì attention
关注 guānzhù
引人注目 yǐnrén-zhùmù

❸ [动]用文字解释字句：annotate; explain with words | 批～pīzhū *provide critical and explanatory notes for; annotate*

and comment on
注解 zhùjiě annotate; explain with notes
注明 zhùmíng give clear indication of
注释 zhùshì explanatory note; annotation

❹ [动] 登记；记载：record; register | ～销 zhùxiāo *cancel; write off*
注册 zhùcè register
◇ 注定 zhùdìng be doomed; be destined

驻 (駐) zhù 8画 马部

驻驻驻驻驻驻驻驻

❶ [动] 停留：halt; stay
驻足 zhùzú halt; stop; go no further

❷ [动] (部队)停留在(某地)；(机构)设立在(某地)：(of troops or organizations) be stationed; encamp | ～美大使 zhù Měi dàshǐ *ambassador (of certain country) to the U.S.A* / ～京记者 zhù Jīng jìzhě *resident correspondent in Beijing*
驻扎 zhùzhā (of troops) be stationed; be quartered

柱 zhù 9画 木部

柱柱柱柱柱柱柱柱柱

[名] 柱子：post; pillar; column | 门～ ménzhù *door post*
柱子 zhùzi post; upright; pillar; column

祝 zhù 9画 礻部

祝祝祝祝祝祝祝祝祝

[动] 表示良好的愿望：wish; express good wishes | ～你一路顺风！Zhù nǐ yīlù-shùnfēng! *Wish you have a pleasant trip!*
祝福 zhùfú blessing; benediction
祝贺 zhùhè congratulate
祝愿 zhùyuàn wish
庆祝 qìngzhù   预祝 yùzhù

著 zhù 11画 艹部

著著著著著著著著著著著

❶ [形] 明显：marked; outstanding
显著 xiǎnzhù

❷ [动] 显露出：show; prove
著名 zhùmíng famous; celebrated; well-known

❸ [动] 写作：write | 编～ biānzhù *compile; write* / 《家》是巴金～的。Jiā shì Bā Jīn zhù de. *The Family is written by Ba Jin.*

❹ [名] 作品：work; book; writing

943

| 名 ~míngzhù *famous work* / 巨~ jùzhù *monumental work*
著作 zhùzuò *work; book; writings*

铸 (鑄) zhù 12画 钅部

铸铸铸铸铸铸铸铸铸铸铸铸

[动] *cast; found* | 这口钟是铜~的。Zhè kǒu zhōng shì tóng zhù de. *This bell is cast with bronze.*
铸造 zhùzào *casting; founding*

筑 (築) zhù 12画 竹部

筑筑筑筑筑筑筑筑筑筑筑筑

[动] 建造；修建：*build; construct* | ~路 zhùlù *construct a road*
建筑 jiànzhù   修筑 xiūzhù
建筑师 jiànzhùshī

抓 zhuā 7画 扌部

抓抓抓抓抓抓抓

❶ [动] 聚拢手指握住：*grab; seize; catch* | ~一把米 zhuā yī bǎ mǐ *take a handful of rice* / ~住他的胳膊 zhuāzhù tā de gēbo *hold his arm*

❷ [动] 用指甲或爪在物体上划：*scratch; scrape at sth. with nails or claws* | ~痒 zhuāyǎng *scratch an itch* / 猫用爪子~东西。Māo yòng zhuǎzi zhuā dōngxi. *The cat scratches things with her claws.*

❸ [动] 把握住；不放过：*grasp; seize; hold* | ~时间 zhuā shíjiān *make good use of one's time; find time (to do sth.)*
抓紧 zhuājǐn *firmly grasp; pay close attention to*

❹ [动] 加强领导；特别注意：*stress; pay special attention to* | ~纪律 zhuā jìlǜ *stress discipline* / ~重点 zhuā zhòngdiǎn *stress the essentials* / ~工作 zhuā gōngzuò *give special attention to work*

❺ [动] 捉拿；捕捉：*arrest; bust; catch* | 他被~起来了。Tā bèi zhuā qǐlai le. *He was arrested.* / 老鹰~住一只小鸡。Lǎoyīng zhuāzhù yī zhī xiǎojī. *The chick was snatched by an eagle.*
抓捕 zhuābǔ *arrest; catch*
抓获 zhuāhuò *catch (a criminal, etc.); capture; seize*

爪 zhuǎ 4画 爪部

爪爪爪爪

[名] 鸟兽的脚：*claw; paw* | 鸡~子 jīzhuǎzi *chicken's claw*

拽 zhuài 9画 扌部

拽拽拽拽拽拽拽拽拽

[动] 拉：pull; drag; haul ｜ ~紧 zhuāijǐn *taut* / 把门~开 bǎ mén zhuāikāi *pull the door open*

专 (專) zhuān 4画 一部

专专专专专

❶ [形] 集中在一个方面的；单一的：devoting one's attention to a particular person, occasion, purpose, etc.; focus on one thing; special ｜ ~卖 zhuānmài *monopolize* / ~爱看小说 zhuān ài kàn xiǎoshuō *particularly like to read novels*

专长 zhuāncháng speciality; special skill or knowledge
专程 zhuānchéng special trip
专辑 zhuānjí ① special issue or column (of a periodical or newspaper) ② monograph; book published by an academic organization on the research into a specific topic
专家 zhuānjiā expert; specialist
专科 zhuānkē ① specialty; special field of study ② vocational school
专栏 zhuānlán special column
专门 zhuānmén special; specialized
专人 zhuānrén person specially assigned for a task or job
专题 zhuāntí special subject; special topic
专心 zhuānxīn concentrate one's attention; be absorbed in
专业 zhuānyè ① special field of study; specialized subject; specialty; discipline ② specialized trade or profession; special line
专用 zhuānyòng for a special purpose; for special use
专职 zhuānzhí ① sole duty; specific duty ② full-time
专注 zhuānzhù concentrate one's attention on; be absorbed in; devote one's mind to
专业户 zhuānyèhù specialized household

❷ [动] 独自掌握或享有：monopolize ｜ ~权 zhuānquán *arrogate all powers to oneself; monopolize power*

专利 zhuānlì patent
专政 zhuānzhèng dictatorship
专制 zhuānzhì ① autocracy ② autocratic; despotic
专卖店 zhuānmàidiàn franchised shop

砖 (磚) zhuān 9画 石部

945

砖

砖砖砖砖砖砖砖砖砖

❶ [名] brick | 瓷～cízhuān ceramic tile
❷ [名] 形状像砖的东西：anything shaped like a brick | 茶～cházhuān brick tea / 冰～bīngzhuān ice cream brick

转 (轉) zhuǎn 8画 车部

转转转转转转转转

❶ [动] 改变(方向、位置、形势、情况等)：(of orientation, position, situation, condition, etc.) turn; shift; change | ～身 zhuǎnshēn turn around / 向左～xiàng zuǒ zhuǎn turn left / ～眼之间 zhuǎnyǎn zhījiān in the twinkling of an eye / ～过脸来 zhuǎnguò liǎn lai turn around one's face

转变 zhuǎnbiàn transform; change
转动 zhuǎndòng turn; move; turn round
转化 zhuǎnhuà change; transform
转换 zhuǎnhuàn change; transform
转机 zhuǎnjī a favourable turn; a turn for the better
转入 zhuǎnrù change over to; shift to; switch to
转弯 zhuǎnwān turn a corner; make a turn
转向 zhuǎnxiàng change direction; turn towards
转移 zhuǎnyí ① shift; transfer; divert ② change; transform
转折 zhuǎnzhé a turn in the course of events
转基因 zhuǎnjīyīn transgenic
好转 hǎozhuǎn 扭转 niǔzhuǎn
旋转 xuánzhuǎn
运转 yùnzhuǎn
周转 zhōuzhuǎn

❷ [动] 把一方的物体、意见等带给另一方：pass on; transfer (objects, letters, opinions, etc.) | ～送 zhuǎnsòng pass on; transfer / 这件礼物托别人～给他。Zhè jiàn lǐwù tuō biérén zhuǎngěi tā. Ask somebody to pass on the gift to him. / 请你把我的意见～给他。Qǐng nǐ bǎ wǒ de yìjiàn zhuǎngěi tā. Please pass on my opinion to him.

转播 zhuǎnbō relay (a radio or TV broadcast)
转达 zhuǎndá pass on; convey; communicate
转告 zhuǎngào pass on (a message); communicate; transmit
转交 zhuǎnjiāo pass on; transmit
转让 zhuǎnràng transfer the ownership of sth.; make over
转载 zhuǎnzǎi reprint sth. that has been published elsewhere;

reprint
See zhuǎn.

传 (傳) zhuàn 6画 亻部

传 传传传传传传

❶ [名]记叙某人生平事迹的文字：biography | 小~ xiǎozhuàn *brief biography* / 外~ wàizhuàn *unauthorized biography* / 自~ zìzhuàn *autobiography*
传记 zhuànjì biography
❷ [名]叙述历史故事的作品：story or novel relating historical events or personages |《水浒~》Shuǐhǔzhuàn *Water Margin*
See chuán.

转 (轉) zhuàn 8画 车部

转 转转转转转转转转

[动]围绕着中心运动：turn; rotate | 轮子~得很快。Lúnzi zhuàn de hěn kuài. *The wheel turns very quickly.*
转动 zhuàndòng turn; revolve; rotate
See zhuǎn.

赚 (賺) zhuàn 14画 贝部

赚 赚赚赚赚赚赚赚赚赚赚赚赚赚

[动]获得利润（跟"赔 péi"相对）：make a profit; gain (the opposite of "赔 péi") | ~钱 zhuànqián *make money*
赚取 zhuànqǔ make (profit, advantage, etc.); gain

妆 (妝) zhuāng 6画 丬部

妆 妆妆妆妆妆妆

[动]修饰；打扮：apply makeup; make up | 梳~ shūzhuāng *dress one's hair and apply makeup*
化妆 huàzhuāng
化妆品 huàzhuāngpǐn

庄 (莊) zhuāng 6画 广部

庄 庄庄庄庄庄庄

❶ [形]严肃；不轻浮：serious; grave; sedate | 端~ duānzhuāng *dignified; sedate*
庄严 zhuāngyán solemn; dignified; stately
庄重 zhuāngzhòng serious; grave; solemn; sedate
❷ [名]村子：village | 农~ nóngzhuāng *farm*
村庄 cūnzhuāng
◇庄家 zhuāngjiā banker (in a gambling game)
庄稼 zhuāngjia crops

桩 (樁) zhuāng 10画 木部

947

桩

桩桩桩桩桩桩桩桩桩桩

❶ [名] 插入地里的柱子: stake; pile | 木~ mùzhuāng *wooden stake* / 桥~ qiáozhuāng *bridge pier*

❷ [量] 用于事情,相当于"件jiàn": (of things) piece; item | 一~小事 yī zhuāng xiǎoshì *a trifle* / 一~生意 yī zhuāng shēngyì *a business; a transaction*

装 (裝) zhuāng 12画衣部

装装装装装装装装装装装装

❶ [名] 衣服,特指演员的化装: outfit; clothing; costume | 春~ chūnzhuāng *spring outfit* / 童~ tóngzhuāng *children's wear (clothing)* / 卸~ xièzhuāng *remove stage makeup and costume*

服装 fúzhuāng
军装 jūnzhuāng
时装 shízhuāng
西装 xīzhuāng
泳装 yǒngzhuāng
中山装 zhōngshānzhuāng

❷ [动] 装饰;打扮: dress; attire; deck out; play the part (or role) of | ~点 zhuāngdiǎn *decorate* / 他在戏里~一个老头儿。Tā zài xì li zhuāng yī gè lǎotóur. *He acts as an old man in the play.*

装饰 zhuāngshì decorate; adorn; ornament; deck
装修 zhuāngxiū fit up (a house, etc.)
包装 bāozhuāng

❸ [动] 做出某种假象: pretend; feign; make believe | ~睡 zhuāngshuì *pretend to be asleep* / ~听不见 zhuāng tīngbujiàn *pretend being difficult to hear* / 他~出一副可怜相。Tā zhuāngchū yī fù kěliánxiàng. *He assumed a pitiable look.*

假装 jiǎzhuāng
乔装 qiáozhuāng

❹ [动] 把东西放进去;容纳: load; pack; hold; put sth. into a vessel | ~箱 zhuāngxiāng *pack a box* / ~车 zhuāngchē *load a truck* / 货运列车上~满了器材。Huòyùn lièchē shang zhuāngmǎnle qìcái. *The freight train is fully loaded with all kinds of equipment.*

装卸 zhuāngxiè ① load and unload ② assemble and disassemble
集装箱 jízhuāngxiāng

❺ [动] 安装;把零件配成整体: install; fit; assemble | ~电话 zhuāng diànhuà *fit a telephone* / 机器已经~好了。Jīqì yǐjīng zhuānghǎo le. *The machine has been installed.*

装配 zhuāngpèi assemble; fit

together

装置 zhuāngzhì ①install; fit ② installation; unit; device; plant

安装 ānzhuāng

武装 wǔzhuāng

组装 zǔzhuāng

◇装备 zhuāngbèi ①equip; fit out ② equipment; outfit

壮 (壯) zhuāng 6画 士部

壮 壮 壮 壮 壮 壮

❶ [形] 强健有力：strong; robust | 他身体很~。Tā shēntǐ hěn zhuàng. *He is sturdy.*
健壮 jiànzhuàng

❷ [形] 雄伟；气势盛：magnificent; grand | ~美 zhuàngměi *grand and beautiful*
壮观 zhuàngguān grand (magnificent) sight
壮丽 zhuànglì majestic; magnificent; glorious
壮烈 zhuàngliè heroic; brave
壮志 zhuàngzhì great aspiration; lofty ideal

❸ [动] 加强：strengthen; make better | ~声势 zhuàng shēngshì *lend impetus and strength* / ~胆子 zhuàng dǎnzi *boost somebody's courage*
壮大 zhuàngdà grow in strength; expand; strengthen

状 (狀) zhuāng 7画 丬部

状 状 状 状 状 状 状

❶ [名] 外形；形状：shape; form | 奇形怪~ qíxíng-guàizhuàng *grotesque shapes*
状态 zhuàngtài state; condition; state of affairs
形状 xíngzhuàng

❷ [名] 情况：state; situation; condition | 现~ xiànzhuàng *present state of affairs* / 病~ bìngzhuàng *symptom (of a disease)*
状况 zhuàngkuàng condition; state; state of affairs
罪状 zuìzhuàng

❸ [名] 起诉书：written complaint; plaint | 诉~ sùzhuàng *plaint; indictment* / ~纸 zhuàngzhǐ *written complaint*
告状 gàozhuàng

◇状语 zhuàngyǔ (gram.) adverbial modifier; adverbial
状元 zhuàngyuan ① Number One Scholar, title conferred on the one who came first in the highest imperial examination ② the very best (in any field)

撞 zhuāng 15画 扌部

撞 撞 撞 撞 撞 撞 撞 撞 撞 撞 撞 撞 撞 撞

949

❶[动]物体猛然相碰：knock; bump into; run into; strike; collide | 他被自行车～倒了。Tā bèi zìxíngchē zhuāngdǎo le. *He was knocked down by a bike.* / 两辆小汽车在交叉路口相～。Liǎng liàng xiǎoqìchē zài jiāochā lùkǒu xiāngzhuāng. *Two cars collided at the junction.*
碰撞 pèngzhuàng
❷[动]偶然遇到：meet by chance; run into | 这事儿让我～见了。Zhè shìr ràng wǒ zhuāngjiàn le. *I ran into it by chance.*
❸[动]试探：try | ～～运气 zhuāngzhuāng yùnqi *try one's luck*

幢 zhuàng 15画 巾部

幢幢幢幢幢幢幢幢幢幢幢幢幢幢幢

[量] 用于房屋：used for house | 一～楼房 yī zhuàng lóufáng *a building*

追 zhuī 9画 辶部

追追追追追追追追追

❶[动]紧跟在后面赶：chase (or run) after; pursue | ～随 zhuīsuí *follow*
追捕 zhuībǔ pursue and capture
追赶 zhuīgǎn quicken one's pace to catch up; run after; pursue
追逐 zhuīzhú ① pursue; chase ② ask; quest
追踪 zhuīzōng follow the trail of; track; trace
❷[动]回顾过去：recall; reminisce | ～忆 zhuīyì *recollect* / ～述往事 zhuīshù wǎngshì *recall and recount one's experiences*
追悼 zhuīdào mourn over people's death
❸[动]事后补办：retroactively; posthumously | ～加 zhuījiā *add to (the original amount)* / ～认 zhuīrèn *admit or confer posthumously; recognize retroactively*
❹[动]力求达到某种目的：try hard to achieve an aim | ～求 zhuīqiú seek; pursue
❺[动]特指追求异性：court | 两个小伙子都在～这位姑娘。Liǎng gè xiǎohuǒzi dōu zài zhuī zhè wèi gūniang. *Both young men are paying court to this girl.*
❻[动]查究：trace; look into; get to the bottom of | 这件事不必再～了。Zhè jiàn shì bùbì zài zhuī le. *It is unnecessary to get to the bottom of the matter.*
追查 zhuīchá investigate; trace; find out
追究 zhuījiū look into; find out; investigate

追问 zhuīwèn question closely; make a detailed inquiry

缀 (綴) zhuì 11画 纟部

缀缀缀缀缀缀缀缀缀缀缀

[动] 装饰：embellish; decorate | 衣服上~满了珠子。Yīfu shang zhuìmǎnle zhūzi. *The garment is studded with beads.*

点缀 diǎnzhuì

准 (準❶❷) zhǔn 10画 冫部

准准准准准准准准准准

❶ [名] 标准：standard; norm | ~绳 zhǔnshéng *criterion* / 水~ shuǐzhǔn *standard; level* / 以这个为~ yǐ zhège wéi zhǔn *take this as the standard*

准则 zhǔnzé norm; criterion; rule

标准 biāozhǔn

标准化 biāozhǔnhuà

❷ [形] 正确无误：accurate; exact; precise | 瞄~ miáozhǔn *take aim; hit the target* / 他射门很~。Tā shèmén hěn zhǔn. *He is great at scoring the goal (usu. in soccer games).* / 他发音不~。Tā fāyīn bù zhǔn. *His pronunciation is not standard.*

准确 zhǔnquè accurate; exact; precise

准时 zhǔnshí punctual; on time; on schedule

❸ [动] 允许：allow; grant; permit | 不~小孩入内。Bùzhǔn xiǎohái rù nèi. *Children are not allowed in.* / 公司~他两周假。Gōngsī zhǔn tā liǎng zhōu jià. *The company grants him two weeks' leave.*

准许 zhǔnxǔ permit; allow

批准 pīzhǔn

◇准备 zhǔnbèi ① prepare; get ready ② intend; plan

拙 zhuō 8画 扌部

拙拙拙拙拙拙拙拙

[形] 笨；不灵巧：clumsy; awkward; dull; stupid | ~劣 zhuōliè *clumsy; inferior*

笨拙 bènzhuō

捉 zhuō 10画 扌部

捉捉捉捉捉捉捉捉捉捉

❶ [动] 握；拿：grasp; hold; clutch | ~笔 zhuōbǐ *hold a pen* / ~刀 zhuōdāo *hold a knife*

❷ [动] 抓；捕：catch; capture | 活~ huózhuō *capture sb. alive* / 猫~老鼠 māo zhuō lǎoshǔ *cats*

catch mice / 小偷儿被~住了。Xiǎotōur bèi zhuōzhù le. *The thief has been caught.*
捕捉 bǔzhuō

桌 zhuō 10画 木部

桌桌桌桌桌桌桌桌桌桌

[名] 桌子：table; desk | 餐~ cānzhuō *dining table* / 书~ shūzhuō *writing desk*
桌子 zhuōzi table; desk

卓 zhuó 8画 十部

卓卓卓卓卓卓卓卓

[形] 不平凡；超出一般：eminent; outstanding; remarkable | ~见 zhuójiàn *brilliant idea*
卓越 zhuóyuè excellent; remarkable; outstanding; brilliant

浊 (濁) zhuó 9画 氵部

浊浊浊浊浊浊浊浊浊

[形] 液体有杂质不透明：muddy; turbid; murky; impure | 污~ wūzhuó *filthy*
混浊 hùnzhuó

酌 zhuó 10画 酉部

酌酌酌酌酌酌酌酌酌酌

[动] 估量：deliberate; weigh and consider; mull over | ~量 zhuóliàng *consider; use one's judgment* / 请~情修改。Qǐng zhuóqíng xiūgǎi. *Make alterations according to the situation.*
酌情 zhuóqíng take into consideration the circumstances; use one's discretion

啄 zhuó 11画 口部

啄啄啄啄啄啄啄啄啄啄

[动] 鸟类用嘴取食物：peck; (of birds) take food with the beak | ~食 zhuóshí *peck at food* / 鸡在~米。Jī zài zhuó mǐ. *The chickens are pecking at the rice.*

着 zhuó 11画 羊部

着着着着着着着着着着

❶[动] 接触；挨上：touch; contact | 附~ fùzhuó *attach to; adhere to* / ~陆 zhuólù *land; touch down* / 飞机已经~陆。Fēijī yǐjīng zhuólù. *The airplane has landed.*

❷ [动]使接触或附在别的物体上：apply; attach; touch or contact another thing | ~笔 zhuóbǐ *set pen to paper* / ~眼 zhuóyǎn *view from the angle of* / ~色 zhuósè *colour*

着手 zhuóshǒu put one's hand to; set about

着想 zhuóxiǎng consider (the interests of sb. or sth.)

着重 zhuózhòng stress; emphasize

❸ [动]穿：wear (clothes); dress | 身~红衣 shēn zhuó hóngyī *be dressed in red* / 穿~得体 chuānzhuó détǐ *dress oneself appropriately*

穿着 chuānzhuó

See zháo; zhe.

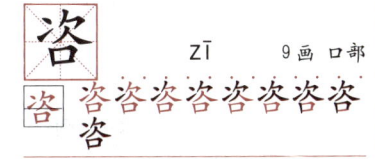

咨 zī 9画 口部

咨咨咨咨咨咨咨咨咨

[动]商量：consult; take counsel; seek advice; discuss with others

咨询 zīxún seek advice from; hold counsel with; consult

姿 zī 9画 女部

姿姿姿姿姿姿姿姿姿

[名]体态：posture; carriage; bearing | 舞~ wǔzī *a dancer's posture and movements*

姿势 zīshì posture; gesture

姿态 zītài ① posture; carriage ② attitude; pose

资(資) zī 10画 贝部

资资资资资资资资资资

❶ [名]钱财；费用：money; fund; expenses

资本 zīběn ① capital ② what is capitalized on; sth. used to one's own advantage

资产 zīchǎn property; capital fund; assets

资费 zīfèi expenses

资金 zījīn fund; capital

资本家 zīběnjiā capitalist

资本主义 zīběn zhǔyì capitalism

资产阶级 zīchǎn jiējí capitalist class; bourgeoisie

出资 chūzī　　工资 gōngzī
合资 hézī　　　集资 jízī
投资 tóuzī　　　外资 wàizī

❷ [名]身份、条件或经历：endowment; ability; background and experiences | ~历 zīlì *qualifications and record of service; seniority* / 师~ shīzī *teaching staff; faculty*

资格 zīgé qualifications; requirements

资深 zīshēn senior; having high credentials or seniority
◇资料 zīliào ① means ② data; material
资讯 zīxùn information; info
资源 zīyuán natural resources; resources
资质 zīzhì natural endowments; intelligence
资助 zīzhù help another with money
物资 wùzī

滋 zī 12画 氵部

滋滋滋滋滋滋滋滋滋滋滋滋

❶ [动] 生长；繁殖：grow; multiply; propagate ｜ ~养 zīyǎng ① *nourish* ② *nutriment*
滋长 zīzhǎng grow; develop
❷ [名] 味道：flavour; taste
滋味 zīwèi taste; flavour
◇艾滋病 àizībìng

子 zǐ 3画 子部

子 子子子

❶ [名] 儿子：son ｜ 父~ fùzǐ *father and son* / 独生~ dúshēngzǐ *only son*
子弟 zǐdì sons and younger brothers; juniors; children
子孙 zǐsūn children and grandchildren; descendants
子女 zǐnǚ sons and daughters; children; offspring
儿子 érzi　　　　太子 tàizǐ
王子 wángzǐ
独生子女 dúshēng zǐnǚ
❷ [名] 泛指人：generally referring to human beings
弟子 dìzǐ　　　　老子 lǎozi
男子 nánzǐ　　　女子 nǚzǐ
骗子 piànzi　　　妻子 qīzi
小子 xiǎozi
书呆子 shūdāizi
伪君子 wěijūnzǐ
小孩子 xiǎoháizi
小伙子 xiǎohuǒzi
夜猫子 yèmāozi
不法分子 bùfǎ fènzǐ
花花公子 huāhuā gōngzǐ
知识分子 zhīshi fènzǐ
❸ [名] 卵：egg ｜ 鱼~ yúzǐ *roe* / 鸡~儿 jīzǐr *(hen's) egg*
❹ [名] 植物的子实：seed ｜ 菜~儿 càizǐr *vegetable seeds*
瓜子 guāzǐ　　　莲子 liánzǐ
种子 zhǒngzi
❺ [名] 小而坚硬的块、粒：small hard lump or thing in grain ｜ 棋~儿 qízǐr *chessman; piece* / 石~儿 shízǐr *small stone; pebble*
子弹 zǐdàn bullet; cartridge
◇子公司 zǐgōngsī subsidiary company; subsidiary
案子 ànzi　　　　杯子 bēizi
被子 bèizi　　　　鞭子 biānzi

车子 chēzi
稻子 dàozi
架子 jiàzi
卷子 juǎnzi
裤子 kùzi
李子 lǐzi
骗子 piànzi
鞋子 xiézi
桌子 zhuōzi
爱面子 àimiànzi
摆架子 bǎijiàzi
醋坛子 cùtánzi
过日子 guòrìzi
卖关子 màiguānzi
命根子 mìnggēnzi
绕弯子 ràowānzi
钻空子 zuānkòngzi

橙子 chéngzi
分子 fēnzǐ
轿子 jiàozi
孔子 Kǒngzǐ
老子 Lǎozǐ
粒子 lìzǐ
桃子 táozi
银子 yínzi

仔 zǐ 5画 亻部

仔仔仔仔仔

[形] 细密：careful; attentive; meticulous

仔细 zǐxì ①careful; attentive ② frugal; economical

紫 zǐ 12画 糸部

紫紫紫紫紫紫紫紫紫紫紫紫

[形] 红和蓝合成的颜色：purple | ～菜 zǐcài (bot.) laver

紫禁城 Zǐjìnchéng the Forbidden City (in Beijing)

自 zì 6画 自部

自自自自自自

❶ [代] 自己：self; oneself | ～修 zìxiū self-study; study by oneself

自卑 zìbēi feel oneself inferior to others; be self-abased

自称 zìchēng call oneself; claim to be; profess

自动 zìdòng ① voluntarily; of one's own accord ② automatic

自发 zìfā spontaneous

自费 zìfèi at one's own expense

自豪 zìháo have a proper sense of pride or dignity; be proud of sth.

自己 zìjǐ ① referring to the person mentioned earlier in the sentence ② oneself

自觉 zìjué ① (usu. used in the negative) be conscious ② on one's own initiative; conscious

自律 zìlǜ (formal) self-discipline; restrain oneself

自满 zìmǎn be complacent; be self-satisfied

自杀 zìshā commit suicide; take one's own life

自身 zìshēn self; oneself

自首 zìshǒu ① (of a criminal) voluntarily surrender oneself; confess one's crime; give oneself up ② make a political recantation; surrender to the enemy

自私 zìsī be selfish; be self-centered

自卫 zìwèi self-defense; defend oneself

自我 zìwǒ self; oneself

自信 zìxìn self-confident; confident

自行 zìxíng ① by oneself ② of one's own accord

自学 zìxué study on one's own; study independently; teach oneself

自由 zìyóu ① freedom; liberty ② free; unrestrained

自愿 zìyuàn voluntary; of one's own accord; of one's own free will

自治 zìzhì autonomy; self-government

自主 zìzhǔ act on one's own; decide for oneself; keep the initiative in one's own hands

自助 zìzhù self-help; DIY; self-service

自来水 zìláishuǐ running water; tap water

自行车 zìxíngchē bicycle; bike

自治区 zìzhìqū autonomous region

自负盈亏 zìfùyíngkuī (of an enterprise) assume sole responsibility for its profits or losses

自力更生 zìlì-gēngshēng rely on one's own efforts; self-reliance

自相矛盾 zìxiāng-máodùn contradict oneself; be self-contradictory

自言自语 zìyán-zìyǔ talk to oneself; think aloud; soliloquize

自由市场 zìyóu shìchǎng free (or open) market

独自 dúzì　　各自 gèzì

亲自 qīnzì　　擅自 shànzì

私自 sīzì　　大自然 dàzìrán

不由自主 bùyóuzìzhǔ

独立自主 dúlì-zìzhǔ

❷ [副] 自然；当然：certainly; of course; naturally | 老王的这些意见，～有道理。Lǎo Wáng de zhèxiē yìjiàn, zì yǒu dàolǐ. *Lao Wang's opinions surely hold true.*

自然 zìrán naturally; in the ordinary course of events

❸ [介] 从；由：from; since | ～小 zìxiǎo *since childhood* / ～这个月开始 zì zhège yuè kāishǐ *since this month*

自从 zìcóng since

自古 zìgǔ since ancient times; from time immemorial

自始至终 zìshǐ-zhìzhōng from start to finish; from beginning to end

出自 chūzì　　来自 láizì

◇ 自在 zìzài free; unrestrained

字 zì　　6画 宀部

字字字字字字

❶[名]文字;记录语言的符号:word; character | 常用~chángyòngzì *everyday words* / 这篇文章大约有5 000~。Zhè piān wénzhāng dàyuē yǒu wǔqiān zì. *This article has about 5,000 words.*
字典 zìdiǎn dictionary
字画 zìhuà calligraphy and painting
字母 zìmǔ letters of an alphabet; letter
字样 zìyàng ① model of written characters ② printed or written words (which succinctly inform, instruct, warn, etc.)

别字 biézì　　　赤字 chìzì
错字 cuòzì　　　汉字 Hànzì
数字 shùzì　　　文字 wénzì
数字化 shùzìhuà
金字招牌 jīnzì zhāopai

❷人的姓名或别名:style name | 大诗人李白~太白。Dà shīrén Lǐ Bái zì Tàibái. *Famous poet Li Bai styled himself Taibai.*
字号 zìhao ① the name of a shop ② (dial.) reputation
名字 míngzi　　　签字 qiānzì

❸[名]字体:form of a written or printed character | 斜体~xiétǐzì *italics* / 黑体~hēitǐzì *boldface; boldface type*
繁体字 fántǐzì
简体字 jiǎntǐzì

❹[名]字音:pronunciation of a word or character | 咬~清楚 yǎozì qīngchǔ *pronounce words clearly*
◇老字号 lǎozìhào

宗 zōng 8画 宀部

宗宗宗宗宗宗宗宗

❶[名]派别:sect; faction; school | 正~zhèngzōng *orthodox school*
宗教 zōngjiào religion
宗派 zōngpài faction; sect

❷[名]主要的目的和意图:principal aim; purpose
宗旨 zōngzhǐ aim; purpose

综 (綜) zōng 11画 纟部

综综综综综综综综综综综

[动]总合在一起:put together; sum up | ~述 zōngshù *summary*
综合 zōnghé ①comprehensive; multiple; composite ② synthesize
综艺 zōngyì comprehensive arts

棕 zōng 12画 木部

棕棕棕棕棕棕棕棕棕棕棕

See 棕色
棕色 zōngsè brown

踪 zōng 15画 足部

踪踪踪踪踪踪踪踪踪踪踪踪踪踪踪

[名] 脚印；痕迹：footprint; track; trace | ～影 zōngyǐng *trace; sign* / 跟～ gēnzōng *follow the tracks of* / 失～ shīzōng *lose the tracks of; missing*

踪迹 zōngjì trace; track
追踪 zhuīzōng

总 (總) zǒng 9画 心部

总总总总总总总总总

❶ [动] 聚集；汇合到一起：assemble, put together; sum up | 汇～ huìzǒng *assemble; collect; gather together* / ～起来说 zǒng qǐlai shuō *to sum up*

总分 zǒngfēn total (score, marks); overall
总共 zǒnggòng in all; altogether; in the aggregate
总和 zǒnghé sum; total
总计 zǒngjì amount to; add up to; total
总结 zǒngjié ① sum up; summarize ② summary; summing up
总之 zǒngzhī ① in a word; in short ② anyway; anyhow
总而言之 zǒng'éryánzhī in short; in a word; in brief; to make a long story short

❷ [形] 全部的；全面的：overall; general; total | ～动员 zǒng dòngyuán *mobilization on an overall scale* / ～趋势 zǒng qūshì *general trend* / ～的情况对我们有利。Zǒng de qíngkuàng duì wǒmen yǒulì. *The situation is favorable to us in general.*

总额 zǒng'é total
总量 zǒngliàng gross; total
总数 zǒngshù total; sum total
总体 zǒngtǐ overall; total

❸ [形] 概括全部的；主要的；为首的：chief; head; general | ～纲 zǒnggāng *general principles* / ～店 zǒngdiàn *head office (of a firm); flagship store* / ～编辑 zǒngbiānjí *editor in chief*

总督 zǒngdū governor-general
总裁 zǒngcái director-general (of a political party); president (of a company); governor (of a bank)
总监 zǒngjiān inspector general; chief inspector
总理 zǒnglǐ premier; prime minister
总统 zǒngtǒng president (of a republic)
总务 zǒngwù ① general affairs ② person in charge of general

affairs

总经理 zǒngjīnglǐ general manager; president

总司令 zǒngsīlìng commander in chief

❹[副]一直；一向：always; invariably | 你晚上～看电视吗？Nǐ wǎnshang zǒng kàn diànshì ma? *Do you always watch TV in the evening?* / 他～能找到借口。Tā zǒng néng zhǎodào jièkǒu. *He would invariably find excuse for himself.*

总是 zǒngshì always; invariably

❺[副]毕竟，总归：after all; eventually; sooner or later | 迟做～比不做好。Chí zuò zǒngbǐ bù zuò hǎo. *Better late than never.* / 你不要着急，问题～会解决的。Nǐ búyào zháojí, wèntí zǒnghuì jiějué de. *Keep calm. The problem will be settled sooner or later.*

总得 zǒngděi must; have to; be bound to

总算 zǒngsuàn ① at long last; finally; eventually ② considering everything; all things considered; on the whole

纵 (縱) zòng 7画 纟部

纵 纵纵纵纵纵纵纵

[形]竖；直(跟"横 héng"相对)：vertical (the opposite of "横 héng") | ～线 zòngxiàn *vertical line* / 排成～队 páichéng zòngduì *stand in column formation*

纵横 zònghéng in length and breadth; vertically and horizontally

走 zǒu 7画 走部

走 走走走走走走走

❶[动]跑：run | 奔～ bēnzǒu *run; rush about; run errands; be busy running about*

逃走 táozǒu

东奔西走 dōngbēn-xīzǒu

❷[动]步行：walk; go | 行～ xíngzǒu *walk* / 孩子会～了。Háizi huì zǒu le. *The child has learned to walk.* / 他慢慢地～了几步。Tā mànmàn de zǒule jǐ bù. *He took several steps slowly.*

走道 zǒudào pavement; sidewalk; path; walk; footpath

走访 zǒufǎng ① interview; have an interview with ② pay a visit to; go and see

走廊 zǒuláng corridor; passage

走路 zǒulù ① walk; go on foot ② leave; go away

走弯路 zǒuwānlù to take a roundabout route; to take a

wrong path
竞走 jìngzǒu

❸ [动] 离开：leave | 他刚~。Tā gāng zǒu. *He's just left.* / 我明天要~了。Wǒ míngtiān yào zǒu le. *I am leaving tomorrow.*
出走 chūzǒu

❹ [动] 移动；挪动：move; drive; sail | 钟不~了。Zhōng bù zǒu le. *The clock has stopped.* / 你这着棋~坏了。Nǐ zhè zhāo qí zǒuhuài le. *You've made a bad move.*

❺ [动] 漏出；越过范围：leak; let out; escape | 球~气了。Qiú zǒuqì le. *The ball leaks.* / 他说~了嘴。Tā shuōzǒule zuǐ. *He made a slip of the tongue.*
走漏 zǒulòu leak out; divulge

❻ [动] 改变或失去原样：depart from the original; lose the original shape, flavour, etc. | 茶叶~味了。Cháyè zǒuwèir le. *The tea has lost its flavour.* / 衣服穿~样儿了。Yīfu chuān zǒuyàngr le. *The suit has been worn out of shape.*

❼ [动] 经过（某种途径行动）：go through a certain procedure | 这笔钱不~账了。Zhè bǐ qián bù zǒuzhàng le. *This sum of money need not be shown in the account.*
走私 zǒusī smuggle
走后门儿 zǒuhòuménr get in by the back door; secure advantages through pull or influence; get sth. done through pull

❽ [动]（亲友间）往来：visit (relatives or friends) | ~亲戚 zǒu qīnqi call on relatives / 他们两家~得很勤。Tāmen liǎng jiā zǒu de hěn qín. *The two families visit each other very often.*

◇ 走狗 zǒugǒu running dog; lackey; flunkey; stooge; servile follower
走势 zǒushì trend; tendency
走向 zǒuxiàng ① run; trend; alignment ② move towards; head for; be on the way to

奏 zòu 9画 一部

奏奏奏奏奏奏奏奏奏

[动] 用乐器表演：play (a musical instrument) | 独~ dúzòu (instrumental) solo / ~乐 zòuyuè strike up a tune / ~国歌 zòu guógē play the national anthem
伴奏 bànzòu   演奏 yǎnzòu

揍 zòu 12画 扌部

揍揍揍揍揍揍揍揍揍揍揍揍

[动] 打人：beat; hit; strike | 揍~

āizòu *get a thrashing* / 他被人~了一顿。Tā bèi rén zòule yī dùn. *He was beaten up by somebody.*

租 zū 10画 禾部

租租租租租租租租租租

❶[动]出代价使用：rent; hire; charter | ~房 zūfáng *rent a house* / ~车 zūchē *rent a car*
租金 zūjīn rent; rental
❷[动]把东西借给别人，收取费用：lend sth. to others in return for rent | 转~ zhuǎnzū *sublease; sublet* / 房子已经~出去了。Fángzi yǐjīng zū chūqu le. *The house has been leased out.*
租界 zūjiè concession (in former time, a tract of land in a Chinese port or city supposedly on lease to, but actually seized by, an imperialist power and put under its colonial rule); settlement
出租 chūzū　出租车 chūzūchē
❸[名]出租所收取的钱或实物：rent; rental | 收~ shōuzū *collect rent* / 减~ jiǎnzū *reduce rent*
房租 fángzū

足 zú 7画 足部

足足足足足足足

❶[名]脚：foot | ~迹 zújì *footmark*
足球 zúqiú ① soccer; football ② football (the ball used in playing either soccer or American football)
立足 lìzú　　涉足 shèzú
❷[形]充足,足够：enough; ample; sufficient | 不~ bùzú *insufficient; not enough*
足够 zúgòu enough; ample; sufficient
充足 chōngzú　满足 mǎnzú
十足 shízú
美中不足 měizhōng-bùzú
❸[动]完全可以；值得：be worthy of | 他~可以担任翻译工作。Tā zú kěyǐ dānrèn fānyì gōngzuò. *He is fully qualified as an interpreter.*
足以 zúyǐ enough; sufficient
足足 zúzú fully; as much as
微不足道 wēibùzúdào

族 zú 11画 方部

族族族族族族族族族族族

❶[名]家族：clan | 家~ jiāzú *clan; family*
贵族 guìzú
❷[名]民族；种族：nationality; race | 汉~ Hànzú *the Han nationality* / 各~人民 gè zú rénmín *people of all nationalities*
族群 zúqún social and cultural

group of people bound together by a common language, religion, belief, customs, pedigree, race, history, geography and other factors; group of people with certain common features
民族 mínzú　　种族 zhǒngzú
少数民族 shǎoshù mínzú

阻 zǔ　7画 阝(左)部

阻阻阻阻阻阻阻

[动]拦挡：hinder; block; obstruct | ～力 zǔlì the force of resistance
阻碍 zǔ'ài hinder; block; impede
阻挡 zǔdǎng stop; resist; obstruct
阻拦 zǔlán stop; obstruct; bar the way
阻挠 zǔnáo obstruct; thwart; stand in the way
阻止 zǔzhǐ prevent; stop; hold back
劝阻 quànzǔ

组 (組) zǔ　8画 纟部

组组组组组组组组

❶ [动] 结合；构成：organize; form | 重～ chóngzǔ reorganization
组成 zǔchéng ① form; make up; compose ② formation; composition
组词 zǔcí (gram.) auxiliary word
组合 zǔhé ① make up; compose; constitute ② association; combination
组建 zǔjiàn put together (a group); form
组织 zǔzhī ① organize; form ② organization; organized system
组装 zǔzhuāng put together; assemble
改组 gǎizǔ

❷ [名]由若干人结合成的单位：group; small unit consisting of a few people | 互助～ hùzhùzǔ mutual aid group
组长 zǔzhǎng group leader
小组 xiǎozǔ

祖 zǔ　9画 礻部

祖祖祖祖祖祖祖祖

❶ [名]家族中较早的上辈：ancestor; forefather
祖国 zǔguó mother country; one's country; homeland; native land
祖先 zǔxiān ancestry; ancestors; forebears; forefathers
❷ [名]父母的上一辈：grandparents; grandfather | 外～母 wàizǔmǔ (maternal) grandmother
祖父 zǔfù grandfather
祖母 zǔmǔ grandmother
外祖父 wàizǔfù

钻 (鑽) zuān 10画 钅部

钻钻钻钻钻钻钻钻钻钻

❶[动]穿孔;打眼:drill; bore | ~孔 zuānkǒng *drill a hole* / 在木板上~个眼儿 zài mùbǎn shang zuān ge yǎnr *drill a hole in the wooden board*

❷[动]深入研究:study intensively; dig into
钻研 zuānyán study or scrutinize thoroughly

❸[动]穿透或进入:get into; go through; make one's way into | ~山洞 zuān shāndòng *go into a (mountain) cave* / 孩子~到水里去了。Háizi zuāndào shuǐ li qù le. *The child dived into the water.*
钻空子 zuānkòngzi avail oneself to loopholes (in a law, contract, etc.); exploit an advantage
See zuān.

钻 (鑽) zuàn 10画 钅部

钻钻钻钻钻钻钻钻钻钻

[名]钻石:diamond | ~戒 zuànjiè *diamond ring*
钻石 zuànshí ① diamond ② jewel (used in a watch)

See zuān.

嘴 zuǐ 16画 口部

嘴嘴嘴嘴嘴嘴嘴嘴嘴嘴嘴嘴嘴嘴嘴嘴

❶[名]口的通称:general term for "口 kǒu" | 张~ zhāng zuǐ *open one's mouth*
嘴巴 zuǐba mouth
嘴唇 zuǐchún lip
打嘴仗 dǎzuǐzhàng
磨嘴皮 mózuǐpí
乌鸦嘴 wūyāzuǐ

❷[名]形状或作用像嘴的东西:anything shaped or functioning like a mouth | 烟~儿 yānzuǐr *cigarette holder* / 瓶~儿 píngzuǐr *the mouth of a bottle* / 茶壶~儿 cháhúzuǐr *the spout of a teapot*

❸[名]指话语:speak; talk | 别多~! Bié duōzuǐ! *Shut up!*
插嘴 chāzuǐ   吵嘴 chǎozuǐ

最 zuì 12画 曰部

最最最最最最最最最最最最

[副]表示程度达到极点超过所有同类的东西:(indicating that a certain attribute has surpassed all people or things of the same kind)most; least; best; to the

963

highest or lowest degree | ~大 zuì dā *the biggest* / ~快 zuì kuài *the fastest* / ~高级 zuì gāojí *the most advanced* / ~喜欢 zuì xǐhuan *like most*

最初 zuìchū initial; first

最好 zuìhǎo best; first rate

最后 zuìhòu ① final; last; ultimate ② finally; eventually

最佳 zuìjiā ① (phys.) optimum ② the best

最近 zuìjìn ① recently; lately; of late ② in the near future; soon

最终 zuìzhōng final; ultimate

罪 zuì 13画 四部

❶ [名] 犯法的行为：crime; guilt | 认~ rènzuì *confess one's guilt*

罪恶 zuì'è crime; evil

罪犯 zuìfàn criminal; offender; culprit

罪名 zuìmíng charge; accusation

罪行 zuìxíng crime; guilt; offence

罪状 zuìzhuàng facts about a crime; charges in an indictment

犯罪 fànzuì

替罪羊 tìzuìyáng

❷ [名] 苦难；痛苦：suffering; pain; hardship | 遭~ zāozuì *suffer hardships* / 受~ shòuzuì *endure suffering; suffer mental agony or physical pain; have a hard time*

活受罪 huóshòuzuì

醉 zuì 15画 酉部

[动] 因喝酒过量而神志不清：be drunk; be intoxicated | 他喝~了。Tā hēzuì le. *He is drunk.* / 他喝得烂~。Tā hē de lànzuì. *He is dead drunk.*

麻醉 mázuì

尊 zūn 12画 寸部

[动] 敬重：show respect for | ~师 zūnshī *respect one's teacher*

尊称 zūnchēng a respectful form of address; honorific title

尊敬 zūnjìng respect; honour; esteem

尊严 zūnyán dignity; honour

尊重 zūnzhòng respect; value; esteem

遵 zūn 15画 辶部

[动] 依从；按照：abide by; obey; observe; follow; comply with | ~命 zūnmìng *obey the command; comply with one's wish* / ~医嘱 zūn yīzhǔ *follow the doctor's advice*

遵守 zūnshǒu observe; comply with; abide by

遵循 zūnxún follow; abide by; adhere to

遵照 zūnzhào obey; conform to; comply with; act in accordance with

昨 zuó 9画 日部

昨昨昨昨昨昨昨昨昨

[名] 今天的前一天：yesterday | ~晚 zuówǎn *yesterday evening; last night* / ~夜 zuóyè *last night*

昨天 zuótiān yesterday

琢 zuó 12画 王部

琢琢琢琢琢琢琢琢琢琢琢琢

See 琢磨

琢磨 zuómo turn sth. over in one's mind; ponder

左 zuǒ 5画 工部

左左左左左

[名] left | ~手 zuǒshǒu *left hand* / 汽车朝~转弯。Qìchē cháo zuǒ zhuǎnwān. *The car turned left.*

左边 zuǒbian the left; the left (left-hand) side

左侧 zuǒcè the left; the left (or left-hand) side

左面 zuǒmiàn the left (or left-hand) side; the left

左右 zuǒyòu the left and right sides

左右手 zuǒyòushǒu right-hand man; capable assistant

作 zuò 7画 亻部

作作作作作作作

❶ [名] 进行某种活动：engage in a certain activity | ~报告 zuò bàogào *deliver a speech* / ~指示 zuò zhǐshì *give instructions* / 我已经~了最大的努力。Wǒ yǐjīng zuòle zuìdà de nǔlì. *I've done my best.*

作案 zuò'àn commit a crime or an offence

作法 zuòfǎ way of doing things; practice

965

作风 zuòfēng style; style of work; way
作业 zuòyè ① school assignment ② work; task; production; operation
作用 zuòyòng ① act on; affect ② action; function ③ effect
作战 zuòzhàn fight; conduct operations; engage in a battle
作证 zuòzhèng ① be used as evidence ② testify; give evidence; bear witness
作主 zuòzhǔ decide; take the responsibility for a decision

操作 cāozuò 炒作 chǎozuò
动作 dòngzuò 发作 fāzuò
工作 gōngzuò 合作 hézuò
协作 xiézuò 运作 yùnzuò
制作 zhìzuò 恶作剧 èzuòjù
副作用 fùzuòyòng
工作日 gōngzuòrì

❷ [动] 当作；作为：regard as; take sb. or sth. for | 他们把我当~自家人看待。Tāmen bǎ wǒ dàngzuò zìjiārén kàndài. *They looked upon me as their family member.*
作废 zuòfèi become invalid
作客 zuòkè (formal) sojourn; be a visitor
作为 zuòwéi ① conduct; deed; action ② regard as; look on as
称作 chēngzuò
当作 dàngzuò 看作 kànzuò
以身作则 yǐshēn-zuòzé

❸ [动] 创作；写：write; compose | ~曲 zuòqǔ *compose music* / ~文章 zuò wénzhāng *write articles or essays* / ~诗 zuòshī *compose a poem*
作家 zuòjiā writer
作品 zuòpǐn works (of literature and art)
作文 zuòwén write a composition
作者 zuòzhě author; writer

❹ [名] 作品：work; writings | 佳~ jiāzuò *an excellent work*
杰作 jiézuò 著作 zhùzuò

❺ [动] 装作：pretend; affect | 装~ zhuāngzuò *pretend*
◇作物 zuòwù crop
农作物 nóngzuòwù

坐

zuò 7画 土部

坐 坐坐坐坐坐坐坐

❶ [动] sit | 请~ qǐngzuò *Please sit down* / 他~在沙发上。Tā zuò zài shāfā shang. *He sits in the sofa.*

❷ [动] 乘；搭（交通工具）：take; travel by | ~船 zuòchuán *by ship* / ~飞机 zuò fēijī *by plane* / ~火车 zuò huǒchē *by train*
乘坐 chéngzuò

❸ [动] (建筑物) 背对着某一方向：(of a building) have its back towards | 这所房子~北朝南。Zhè suǒ fángzi zuòběi cháonán. *This house faces south.*

坐落 zuòluò (of a building) be situated; be located

❹ [动] (把锅、壶等) 放在 (炉火上): put (a pan, pot, kettle, etc.) on a fire | ~锅 zuòguō *put a pot on the stove* / ~一壶水 zuò yī hú shuǐ *put a kettle of cold water on (the fire)*

◇ 坐班 zuòbān keep office hours

座 zuò 10画 广部

座座座座座座座座座座

❶ [名] 座位；位子：seat; place | 入~ rùzuò *take one's seat*
座次 zuòcì order of seats; seating arrangements
座谈 zuòtán have an informal discussion
座位 zuòwèi seat; place
座谈会 zuòtánhuì forum; symposium; informal discussion
座右铭 zuòyòumíng motto; maxim
讲座 jiǎngzuò   在座 zàizuò

❷ [名] 放在器物底下垫着的东西：stand; pedestal; base | 支~ zhīzuò *pedestal; support; abutment* / 钟~儿 zhōngzuòr *clock pedestal* / 花盆~儿 huāpénzuòr *flowerpot stand*
座儿 zuòr seat; place

❸ [量] 用于较大的固定物体：used mostly for large and fixed objects | 一~桥 yī zuò qiáo *a bridge* / 一~山 yī zuò shān *a mountain*

做 zuò 11画 亻部

做做做做做做做做做做做

❶ [动] 干；从事某种工作或活动：do; make; produce; manufacture; engage in manual and mental work | ~工作 zuò gōngzuò *work; do the job* / ~买卖 zuò mǎimai *do business* / 你们~了一件好事。Nǐmen zuòle yī jiàn hǎoshì. *You have done a good thing (deed).*
做操 zuòcāo do gymnastics; do calisthenics; do exercises
做法 zuòfǎ way of doing or making a thing; method of work; practice
做饭 zuòfàn do the cooking; prepare a meal
做工 zuògōng do manual work; work
做梦 zuòmèng have a dream; dream
做人 zuòrén ① conduct oneself; behave ② be an upright person
做事 zuòshì ① do work; do a deed; handle affairs ② work; have a job
做鬼脸 zuòguǐliǎn make a face;

make a long nose; pull a face

做生意 zuòshēngyi do business; carry on trade

做手脚 zuòshǒujiǎo juggle things; put up a job

做文章 zuòwénzhāng ① write a composition ② make an issue of sth.; make a fuss about sth.

❷[动]制造: make | ～衣服 zuò yīfu *make clothes* / 这些工艺品都是手工～的。*Zhèxiē gōngyìpǐn dōushì shǒugōng zuò de. These handicraft articles are all handmade.*

❸[动]充当; 成为: be; become; act as | ～教员 zuò jiàoyuán *be a teacher* / ～翻译 zuò fānyì *act as an interpreter; do translation* / ～父母的 zuò fùmǔ de *as parents; being one's parents*

做客 zuòkè be a guest; call on sb.

❹[动]结成某种关系: form or contract a relationship | ～亲戚 zuò qīnqi *(of two families) become relatives by marriage* / ～朋友 zuò péngyou *make friends with*

❺[动]用作: serve as; be used as | 树皮可以～造纸的原料。*Shùpí kěyǐ zuò zàozhǐ de yuánliào. Bark can be used as material of papermaking.* / 那间屋子现在～了库房。*Nà jiān wūzi xiànzài zuòle kùfáng. That room is used as a storeroom now.*

叫做 jiàozuò

附录

常见部首名称和笔顺

Commonly Used Names of Radicals and Order of Strokes

部首 Radicals	名称 Names	例字 Examples	笔顺 Order of Strokes
匚	匠字框	巨医	一匚
卜	上字头	占贞	丨卜
刂	立刀旁	刑刚	丨刂
冂(冂)	同字框	同周	丨冂
亻	单立人	化仇	丿亻
厂	反字旁	反后	一厂
夕	危字头	危争	丿夕
勹	包字头	包句	丿勹
几	风字头	风凤	丿几
亠	六字头	六亡	丶亠
冫	两点水	冲次	丶冫
丷	兰字头	并关	丶丷
冖	秃宝盖	写军	丶冖
讠	言字旁	订认	丶讠
凵	凶字框	凶画	凵
卩	单耳旁	却印	卩
阝	左耳旁	阳际	阝
阝	右耳旁	邦那	阝
厶	私字头	允台	厶
廴	建之旁	廷延	廴
艹	草字头	艺节	一十艹
廾	弄字底	弃弄	一ナ廾
尢	尤字身	尤扰	一ナ尢
兀	尧字底	尧	一丁兀
扌	提手旁	扔扫	一十扌

969

常见部首名称和笔顺

部首 Radicals	名称 Names	例字 Examples	笔顺 Order of Strokes
弋	式字框	式	一弋弋
囗	国字框	回困	丨冂口
丷	光字头	当尚	丶丷丷
亻	双立人	往很	ノノ亻
彡	三撇儿	形影	ノノ彡
犭	反犬旁	犯狼	ノ犭犭
夂	折文儿	务复	ノ夂夂
饣	食字旁	饥饭	ノ𠂎饣
爿	将字旁	壮状	丶丨爿
忄	竖心旁	忙怀	丶丶忄
宀	宝盖儿	安完	丶丶宀
氵	三点水	汉汗	丶丶氵
辶	走之儿	进远	丶㇊辶
⺕	录字头	录绿	𠃍ⴷ⺕
彐	寻字头	寻归	𠃍ヨ彐
纟	绞丝旁	红级	𠃋𠃋纟
幺	幼字旁	幻幼	𠃋幺幺
巛	三拐儿	巢	巛巛巛
耂	老字头	考孝	一十土耂
⺌	竖心底	恭	丨⺌⺌⺌
攵	反文旁	故救	ノ𠂉攵攵
罒	采字头	妥受	一𠃋𠃋罒
火	火字旁	炸炮	丶丶𠂉火
灬	四点底	煮照	丶丶灬灬
礻	示字旁	视祥	丶㇇礻礻
皿	皿字底	盐监	丨冂皿皿皿
钅	金字旁	钉针	ノ𠂉𠂉钅钅
疒	病字旁	疮疯	丶亠广疒疒

部首 Radicals	名称 Names	例字 Examples	笔顺 Order of Strokes
衤	衣字旁	补被	` ㇇ 衤 衤 衤
癶	登字头	登瞪	㇇ ㇇ 癶 癶 癶
虍	虎字头	虑虚	｜ ⺊ 卢 广 虍 虍
⺮	竹字头	第策	ノ 𠂉 𠂉 ⺮ ⺮ ⺮
𦍌	撇尾羊	差着	丶 丷 䒑 兰 兰 𦍌
⺶	羊字头	美羔	丶 丷 䒑 兰 羊 ⺶
艮	垦字头	恳良	㇆ ㇆ ヨ 艮 艮 艮
⻊	足字旁	跌跑	｜ 口 口 ⻊ ⻊ ⻊ ⻊
釆	番字头	悉释	一 ㇀ 丷 平 平 采 釆
豸	豹字旁	豺豹	ノ 𠂊 𠂊 豸 豸 豸 豸
龺	朝字旁	韩戟	一 十 ⺊ 古 古 古 直 龺
隹	隹字旁	雄雌	ノ 亻 亻 亻 仁 仹 隹 隹

[说明]

(1) 凡单独成字或易于称说的部首，如“山、马、日、月、厂、鸟”等，本表未收录。

(2) 有的部首有几种不同的叫法，本表只取较为通行的名称。

汉字书写笔顺规则
Basic Rules for Writing Chinese Characters

规则 Rules	例字 Example	笔顺 Order of Strokes
先横后竖 Horizontal strokes precede vertical strokes.	十	一十
	丰	一二三丰
先撇后捺 Downward strokes to the left precede those to the right.	人	丿人
	大	一ナ大
从上到下 Strokes are written from the top to bottom.	三	一 二 三
	豆	一丆百亘豆豆
先左后右 Strokes are written from left to right.	环	一二干王玌玡环环
	啊	丨口口口叮呵呵呵啊
从外到内 Enclosing strokes precede enclosed strokes.	问	丶门门问问问
从内到外 Enclosed strokes precede enclosing strokes.	函	了了了孑承承函函
	延	丿丿千正延延
先里头后封口 First enclosing strokes, then enclosed strokes and finally the stroke at the bottom.	目	丨冂月目目
	回	丨冂冋冋回回
先中间后两边 Vertical strokes in the middle precede strokes on either side.	办	丆力办办
	承	了了了孑丞丞承